谨以此书
献给中国民间文艺工作者

中国民间文艺家协会 70年学术史

A 70-Year Academic History of Chinese Folk Literature and Art Association

中国民间文艺家协会 编

学苑出版社

图书在版编目（CIP）数据

中国民间文艺家协会 70 年学术史 / 中国民间文艺家协会编 . -- 北京：学苑出版社，2020.11
ISBN 978-7-5077-6071-2

Ⅰ . ①中… Ⅱ . ①中… Ⅲ . ①中国民间文艺家协会—学术思想—思想史—文集 Ⅳ . ① I057-53

中国版本图书馆 CIP 数据核字 (2020) 第 214567 号

责任编辑： 洪文雄
编　辑： 郭人杰
书籍设计： 张亚静
排　版： 罗家洋
出版发行： 学苑出版社
社　址： 北京市丰台区南方庄 2 号院 1 号楼
邮政编码： 100079
网　址： www.book001.com
电子邮箱： xueyuanpress@163.com
联系电话： 010-67601101（营销部）、010-67603091（总编室）
印　刷　厂： 北京雅昌艺术印刷有限公司
开本尺寸： 210 mm × 285 mm　1/16
印　张： 46.25
字　数： 965 千字
版　次： 2020 年 11 月第 1 版
印　次： 2020 年 11 月第 1 次印刷
定　价： 480.00 元

中国民间文艺家协会 70 年学术史编委会

名誉主任：冯骥才

主　　任：潘鲁生　邱运华

副 主 任：（按姓氏笔画排序）

　　　　　万建中　马雄福　王勇超　韦苏文　叶舒宪

　　　　　乔晓光　刘　华　李丽娜　吴元新　沙马拉毅

　　　　　苑　利　索南多杰　程建军

总 主 编：潘鲁生　邱运华

副总主编：周燕屏　吕　军　侯仰军　徐岫鹃

执行主编：冯　莉

顾　　问：刘晓路　毛巧晖

编　　辑：谢桂华　王素珍　张志勇　朱芹勤

联　　络：杨惠惠　丁红美　李　航

摄影摄像：吴京男　林治政　杨尚志

前 言

从人民中来，到人民中去

——中国民间文艺家协会 70 年

潘鲁生

今年，中国民间文艺家协会成立 70 周年了。1950 年 3 月，我国民间文艺领域的资深专家与著名学者发起成立了"中国民间文艺研究会"，郭沫若任首任理事长，钟敬文和老舍任副理事长。沈雁冰、周扬、吕骥、赵树理、郑振铎、柯仲平、田汉、江绍原、丁玲、艾青、胡蛮、程砚秋、欧阳予倩、吴晓铃、魏建功、游国恩、阿英、马健翎、李季、安波、光未然、蒋天佐、戴爱莲、田间、连阔如、王亚平、柯蓝、陈荒煤、李伯钊、周巍峙、王春、林山、俞平伯、孙伏园、马可、张庚、常惠、古元、王尊三、张仃、杨绍萱、容肇祖、黄芝岗、楼适夷、贾芝、常任侠、吴晓邦等文学、历史学、民俗学、人类学、民族学以及音乐、舞蹈、美术、戏剧、曲艺等领域的文化艺术名家成为首批理事。高峰在望，大家云集，开始在全国范围内统一组织实施中国民间文艺的传承、保护与研究工作，民研会成为民间文艺保护发展与研究的专门机构。1987 年 5 月，"中国民间文艺研究会"更名为"中国民间文艺家协会"，一直致力于组织、规划、指导全国性民间文学、民间艺术及民俗文化的考察、采集、保护、传承工作，实施中国民间文化遗产抢救与保护，开展国内外有关民间文化的学术交流、展览展示、民间文艺表演活动，举办民间文艺"山花奖"评奖，保护民间文艺工作者权益，全方位服务推动中国民间文艺事业发展。70 年来，民间文艺融入时代，参与社会转型期的文化建构与发展，走过了一段坚实的历程。从中华人民共和国成立之初，继承解放区民间文艺传统发展群众文艺活动，到 20 世纪 50 年代以来，对民间文学进行集成性的采集与研究整理；从 21 世纪开启中国民间文化遗产的抢救工程，到新时代，以人民为中心，传承发展中华优秀传统文化，实施"中国民间文学大系"和"中国民间工艺集成"两大工程；70 年来，几代民间文艺的收集者、研究者、创作者和千千万万基层工作者，以高度的文化自觉面对现代化与传统的激烈碰撞，行走田野，默默耕耘，为传承中华民族的匠心文脉做出了坚实的奉献。如果说面向未来需要更深刻地理解历史，那么，在新中国民间文艺的发展历程中，这种坚定的文化自信、学术追求和使命担当，就是文化薪火相传走向发展的基础和动力。民间文艺的生机和活力正是我们民族文化创造力最生动的表征。

一、民间文化的守护

中国民间文艺研究会从成立之初就将根本任务确立为"广泛地搜集我国现在及过去的一切民间文艺资料，运用科学的观点和方法加以整理和研究"。第一届代表大会理事长郭沫若在成立大会上的讲话中指出，本会组织专家学者开展民间文艺搜集、整理、研究工作的目的：保护珍贵的文学遗产并加以传播，学习民间文艺的优点，从民间文艺里接受民间的批评与自我批评，从民间文艺里获得最正确的社会史料，发展民间文艺。周扬主席在成立大会的开幕词中提出："成立民间文艺研究会是为了接受中国过去的民间文艺遗产"，"今后通过对中国民间文艺的采集、整理、分析、批判、研究，为新中国新文化创作出更优秀的更丰富的民间文艺作品来"。由此开始在全国范围内统一组织实施中国民间文艺的传承、保护与研究工作。在"民研会"的积极组织和推动下，从20世纪50年代初开始，民间文艺作品的搜集整理掀起高潮，各民族神话、史诗、传说、故事、歌谣、长诗等得到系统、科学、全面地采集和整理，形成了席卷全国的全民性民歌搜集与创作运动热潮。不仅出版了一系列歌谣集、民间故事等丛书，而且通过专家学者对民间文艺的阐述，为民间文艺正名，从几千年的中国文学史、文化史中找到了民间文艺的伟大贡献，一部分民间文学作品进入文学史。1956年10月2日，《人民日报》发表社论《重视民间艺人》，1958年4月14日，再次发表社论《大规模地收集全国民歌》，肯定了前期各民族民间文学的搜集成果。这一时期的民间文艺思想和学术构想，对今天的民间文艺学科建设、跨文化理论研究以及新时代民间文艺工作都有重要先声与启示意义。

20世纪80年代，西方文艺思潮涌入，在传统与现代、中国本土艺术与西方中心主义艺术的交流与冲突中，以钟敬文主席为代表的民间文艺研究者坚持对民族民间文化艺术的学术立场,以数十年如一日的坚守与付出编纂民间口传文化巨著,足迹遍及山村田野,以执着的文化追求力挽狂澜,避免民族民间文化的瑰宝散佚在转型冲击的浪潮中。1983年,民间文学三套集成,即《中国民间故事集成》《中国歌谣集成》《中国谚语集成》调查编纂工作启动,此后历经数十年,全国编纂出版90卷。民间文学三套集成工作实践经验及其系列田野调查与普查成果,为21世纪中国民间口头文学的抢救与保护工作竖起了一座文化丰碑。

进入21世纪,面对经济快速发展过程中民族民间传统文化受到的冲击,在冯骥才主席的带领下,中国民间文艺家协会于2001年组织实施"中国民间文化遗产抢救工程",动员全国广大民间文化工作者对民间文化遗存进行广泛深入的普查,盘清民间文化家底,取得了综合性的田野文化成果。这期间,确立中国民间文化保护的体系和对象,以文字、图片、录音、摄影、摄像存立体记录,对各种文化事项作综合调查,全面呈现和展示我国民间文化生态,得到了全国各地的认同和响应。随着《中国木版年画集成》等一批学术成果的出版,全社会掀起了民间文化关注与抢救保护的热潮。

新时代,传承发展中华优秀传统文化,把人民对美好生活的向往作为奋斗目标,民间文艺开启了新的征程。由中国文联牵头组织,中国民间文艺家协会实施的中国民间文学大系出版工程正式启动,在全面搜集整理中国民间文学文本及汇通民间文学理论体系的基础上,甄选出版中国民间文学的原创文献,为中华民族文化保留弥足珍贵的鲜活文化记忆。同时,中国民间文艺家协会还组织编纂《中国民间工艺集成》,系统辑录和整理长期处于散佚状态的民间工艺,填补我国在民间文艺集成编纂方面的空白,从国家文化发展战略层面推进民间工艺的传承和转化,从而在文化传承、工艺发展、乡村振兴等方面发挥积极作用。

二、学术立会的传统

中国民间文艺家协会始终秉承学术立会的传统,以严谨的学术研究作为民间文艺保护、传承与创作发展的支持和保障。钟敬文主席等老一辈开创者注重民间文艺研究的顶层设计，提出民间文艺思想和学术构想，提出了民间文艺学"原理研究""历史研究""批评评论""方法论和资料学"的学科体系，强调"田野作业"的研究方法，指出既要注重客观地调查和比较，也要关注社会生活的特性，以强烈的学科意识引领我国民间文艺的发展。在这样的学术视野和学风带动下，民间文艺工作者从更开阔的生活和文化源流上看待民间文艺，努力把民间文艺的经验现象深化为学理认识，深化对于中国民间文艺发生发展的基本脉络与面貌、美学精神和文化特征的研究与探索，建构中国的民间文艺学科。几十年来，民间文艺家协会团结专家、民间文艺家在理论研究、田野调研、保护实践、创办学术刊物开展交流等各方面都取得了扎实的进展。事实证明，民间文艺的学科建设、跨文化理论研究以及严谨扎实的田野调研有助于我们认清研究对象，把握发展规律，明确工作方法，是开展实践和解决现实问题的重要基础，发挥了积极作用。

民间文艺的抢救保护实践始终建立在田野作业的基础上，强调民间文艺采集与研究的科学性和全面性。民研会成立伊始通过的《征集民间文艺资料办法》明确要求："应记明资料来源、地点、流传时期及流传情况等；如系口头传授的唱词或故事等，应记明唱讲者的姓名、籍贯、经历、唱讲的环境等；某一作品应尽量搜集完整，仅有片断者，应加以声明；切勿删改，要保持原样；资料中的方言土语及地方性的风俗习惯等，须加以注释。"此文件明确了新中国民间文艺事业的人文理念、科学方法、发展路径，为全国范围内开展民间文艺活动定下基调和规范。贾芝、刘锡诚等前辈都曾深入就"搜集民间文学作品必须坚持'忠实记录'的原则""要特别注意保留生动的民间语言"以及"要把采录和研究结合起来"等方法和机制做出阐释。冯元蔚主席等扎根少数民族地区开展调研，将民族民间文学的作品采录拓展到民族文学史、民族语言学、民族哲学的广阔领域，将民族民间文艺的调研经验、研究方法和理念贯穿到中国民间文艺保护与发展的工作实践之中。进入21世纪，冯骥才主席倡导和组织实施的"中国民间文化遗产抢救工程"，高度重视学术理论对田野方法的支持，致力建构符合我国实际的文化工作方法论，积极引入文化人类学、民俗学以及文化遗产保护最前沿的理念和方法，为抢救和保护工作提供科学的理论指导，形成了田野作业的学术方法体系。

民间文艺的研究与保护应遵循民间文艺的规律。新时代，响应中央部署实施中华优秀传统文化传承发展工程，《中国民间文学大系》《中国民间工艺集成》两大工程"文""艺"并举，相辅相成，旨在编纂出版世代传承的民间文学大系，辑录和整理长期处于散佚状态的民间工艺。《中国民间文学大系》的编纂始终关注民间文学的"活态性、生活性、历史性和文化性"，注重"大系"的"科学性、广泛性、地域性、代表性"，科学系统地开展编纂工作。《中国民间工艺集成》的编纂深入把握传统工艺的经验实质，把握传统工艺的生活基础和价值，重视发掘工艺思想，关注历史发展过程中传统工艺创新演化的节点、条件和转化机制，系统梳理传统工艺创新转化的动因、路径和规律。"两大集成"旨在为生活存录，为劳动者立传，为匠心文脉的创造者立档存志，在编纂过程中强调学术规范，深入把握民间文化的本质和发展规律，从而讲好中国故事、弘扬中国智慧、传播中国精神。

三、服务人民的使命

民间文艺从人民中来，到人民中去，是人民群众的文化创造，也是维系乡愁记忆、追求幸福生活的精神食粮。在基层文艺工作中，民间文艺工作者致力于使人民成为民间文艺的主角，不断梳理和保护具有地方特色的民间文艺，做细做精基层文化活动，使基层群众有舞台，有热情，有传承，有创造，唱响民歌，创作民艺，传诵优秀的民间故事，不断丰富城镇社区和广大乡村的民间文化生活。民间文艺工作者深入生活、扎根人民，悉心把握民间文艺的需求，汲取民间的文艺营养，努力创作具有乡土基础、生命活力、文脉传承的民间文艺作品，夯实民间文艺的生活基础，更好地服务人民、服务生活。

几十年来，中国民间文艺家协会组织开展了一系列民间文艺的基层文化活动。在"我们的节日"主题活动中，充分发挥民间文艺传承民俗、广接地气的优势，紧紧抓住"人民的节日人民办，人民的节日人民过"的特点，在传统节日的重要发源地、流传地，在节日特色鲜明、群众参与广泛的地区，在边疆或内陆偏远地区少数民族聚居区，开展地域特色浓郁、群众喜闻乐见、形式多姿多彩、具有时代风貌的节庆文化活动。不仅让春节、元宵节、清明节、端午节、七夕节、中秋节、重阳节七大传统节日在民俗传承和文化内涵得到了进一步的挖掘和弘扬，也使得诸多沉寂已久、濒临消亡的地域性节庆礼仪或二十四节气习俗等重新回归民众的视野与生活，让各民族群众充分享有传统节日带来的人伦亲情与过节欢愉。中国民协特别注重利用民俗节日，面向群众，面向基层，面向社会，以展览、展示方式，举办大型专题民间文艺活动，在群众游艺活动中，培养对传统节日的情怀，激发对本土文化的热爱。通过传统民俗节日这一特定时间与特定区域人群空间联结在一起，很好地激发和调动了民众对传统节日的记忆，以及他们对民间艺术的热爱。

加强民间文化传承，促进民间文艺创作，中国民协实施了一系列落地举措。其中，"山花奖"的评选，是一种扎根乡土、心系人民、潜心创作、服务社会的引领和示范，通过民间文艺的精品创作、学术研究和发展实践，更好地坚守中华文化立场，传承优秀传统文化，弘扬中国精神，传播中国价值，塑造中国形象，凝聚中国力量；更好地立足当代中国现实，推进优秀传统文化创造性转化与创新性发展；更好地扎根生活、服务人民。中国文联、中国民协共同主办的"中国民间艺术节"迄今已举办11届，展现民间文艺成果，展示地域文化品牌，对弘扬优秀传统文化、丰富群众文化生活、服务区域文化经济发展发挥了积极作用。与此同时，通过命名民间文艺之乡、建立中国民间文化保护与传承基地和研究中心等途径，促进各地培育民间文化品牌，整合民间文化资源，加强民间文化建设。中国民协还在全国各地举办了各种形式的"中国民间工艺传承人培训班"，培养优秀民间工艺传承人，推动民间文化保护传承，促进民间文化产业发展。

新时代，在一系列文化展览和交流活动中，广大民间文艺家坚定文化自信，进一步参与到讲好中国故事、弘扬中国智慧、传播中国精神的文艺创作中来，民间文艺展现了新时代的生活气象和精神。中国民协联合全国各省市自治区及地方民协开展一系列丰富多彩的活动，故事会、秧歌节、山歌展演以及"中国民间工艺品博览会"等异彩纷呈，各地针对不同领域、不同年龄段的专题性传承人培训活动持续开展，使民间文艺在新时代在祖国各地续写生活的史诗，续传匠心文脉。在党的关怀下，民间文艺事业繁荣发展，展现生活风貌，融入时代气息。在"中国精神·中国梦"全国农民画创作展中，广大农民画创作者坚守民间美术特色，突出"农民叙事"风格，书写了变迁中的乡愁记忆，描绘了发展中的乡村风貌，表现了农村田野上的中国梦，产生了积极反响。在上海合作组织青岛峰会的艺术表演中，民间年画、风筝、剪纸作为富有特色的艺术语言，展示了美好的生活画卷。在共庆新中国70华诞的宴会现场，选用陕西民间剪纸纪念品《普天同庆》和山东民间面塑作品《盛世欢歌》作为陈设，寄托了人民群众对中华人民共和国70华诞的美好祝愿。

新时代，习近平总书记从中华民族伟大复兴的历史高度对文化发展的重要意义做出深刻阐释，从社会主义文艺的本质与规律出发对"以人民为中心"的文艺发展方向做出部署。新时代，民间文艺传承与发展的文化使命、工作方法、作风理念等提升到了新的高度、新的境界、新的视野。即我们不仅要以回望历史、珍视遗产的视野看待民间文化的传统和艺术，更要以奋斗的生活、人民的需求看待民间文艺的使命和方向；我们不仅要采撷研究民间文艺的精品瑰宝，还要脚踩坚实的大地，接地气，助发展，让民间文艺保持田野的芬芳，维系最真切的乡愁，激荡时代的心声；我们不仅要以艺术的视野看待民间文艺，还要回归人民的生活、社会的发展理解民间文艺。乡村的手艺、节日的歌舞、民间的口头文学等等不仅是传统和历史的产物，也将融入新时代的创造，在新时代的文化、经济、生态等领域发挥综合多元的作用。在党的文艺方针指引下，民间文艺步入了新的发展历程，也将如遍野山花，维系乡愁记忆，高扬民族文艺精神，英姿摇曳，生机盎然，迎来新的繁荣。

潘鲁生

2020年10月

中国民间文艺家协会

70 年

【学术史】

目录

第一部分　口述

002　民研会：辉煌70年 / 王平凡

009　我与民间文艺的情缘 / 刘　超

022　阅尽千帆始识君，褪去浮华归本真 / 董　森

029　我的民间文学人生 / 张　文

036　从事云南民间文学集成工作是我一生的骄傲 / 刘辉豪

048　我记忆中的新疆民间文学发展之路 / 张运隆

059　民间文学的铁杆分子 / 段宝林

068　寻找自己——关于民间文艺的探问和思考 / 刘魁立

078　中国民间故事集成县卷本示范卷的编纂历程 / 贾国辉

088　为人作嫁半生缘 / 刘锡诚

100　民间文艺园地中追故事的人 / 刘守华

114　做学做人终身求 / 郝苏民

125　这个是压倒一切的工作 / 农冠品

134　我和民间文学 / 马　捷

142　我与中国民间文艺家协会的相识、相知 / 陶立璠

152　《格萨尔》的故事 / 降边嘉措

163　默默耕耘在民间文艺园地里 / 贺　嘉

169　谚语一干就是20年 / 李耀宗

177	集成真是文化长城	/ 董梦知
185	田野就是我们的课堂	/ 叶春生
198	走向田野　倾听史诗	/ 郎　樱
205	希望有更多的民间文学传薪人	/ 顾希佳
215	民协的工作像一条河	/ 冯骥才
230	我一辈子就干了这一件事——三套集成	/ 孙丕任
240	与故事结缘 40 年	/ 张　余
248	贾芝与民研会	/ 金茂年
262	集成工作没有止步	/ 冯志华
273	我是"文化长城"的一块砖	/ 郑一民
284	上海民协八九十年代的发展历程	/ 陈勤建
294	民间文学集成　23 年苦与乐	/ 韦兴儒
303	发现谭振山	/ 江　帆
321	我是民协的老兵	/ 王　恬
330	一代人有一代人的使命	/ 罗　杨
339	民协的工作代代传承	/ 向云驹
348	相遇·相知·相伴——我与新疆民间文学的 40 年	/ 马雄福
360	要做国家最关切的事	/ 白庚胜
374	民间文学　拿命来搏	/ 韦苏文

第二部分　自述

- 390　周扬与中国民间文艺 / 杨亮才
- 395　复兴"歌谣"的责任担当 / 马汉民
- 398　民间文艺是民族文化的根 / 刘　琦
- 405　大地的吻 / 康新民
- 410　贵州民间文学与民间美术普查札记 / 余未人
- 416　栉风沐雨——与民协同行数十年 / 龙海清
- 420　25年筑"长城"，苦中有甜 / 黄金钰
- 426　缘分、工作与希望 / 陶思炎
- 432　学术立会　砥砺前行 / 刘晔原
- 436　吉林故事集成为全国"打样" / 曹保明
- 441　与集成相伴的日子 / 马　青
- 446　牛粪火味香醍醐 / 张宗显
- 452　难忘的三套集成普查 / 刘朝宽
- 457　打开几近尘封的时光记忆 / 李路阳
- 472　我与河南民间文学三套集成 / 程建军
- 477　自行车轱辘底下出集成 / 甄　亮
- 482　我最大的财富就是民间文化 / 郭晋渊

491	具有典型时代特征的民间文学集成	/ 李 松
499	最难忘的还是福建民间文学三套集成工作	/ 汪梅田
507	另一种燃情岁月	/ 孟 燕
514	忆往云烟过　民协未尽缘	/ 李 扬
519	中国非物质文化遗产保护的先行者——周巍峙同志与民间文学三套集成	/ 唐晓刚
523	岁月的记忆——我与《中国谚语集成·宁夏卷》的缘	/ 陆阁丽

第三部分　论文

530	中国民协与藏族《格萨尔》史诗的发掘名世	/ 李连荣
542	中国民协与《玛纳斯》搜集保护	/ 阿地里·居玛吐尔地
554	民研会与《江格尔》史诗的学术史	/ 刘思诚
572	新文艺·民族遗产·学术研究——民间文学"搜集整理"的三重旨向	/ 漆凌云
584	民研会对民间文学讲述家的搜集、记录与研究（1950—1966）	/ 冯 莉
598	组织建设与项目管理——中国民间文学三套集成学术回顾与反思	/ 王素珍
611	中芬民间文学联合考察	/ 毛巧晖
619	中日联合江南地区民俗调查	/ 王 京
629	保护与行动——中国西部少数民族民歌保护行动	/ 刘晓路
639	站在未来看现在——对中国木版年画价值的再认识	/ 王 坤

654　《中国民间剪纸集成》与中国剪纸研究 / 朱芹勤

671　数字化的民间文化长城　手掌上的"民间四库全书"——中国口头文学遗产数字化工程综述 / 侯仰军

682　振兴传统节日　促进优秀民族文化传承 / 萧　放

692　中国民间文艺家协会传统村落保护理论建设与实践 / 蒲　娇　唐　娜

704　中国民间文学大系出版工程的编纂思想与新时代人文理念 / 潘鲁生　邱运华

715　编后记

第一部分

口述

民研会：辉煌70年[1]

王平凡

访谈时间	2019年12月17日
访谈地点	北京双桥农场椿萱茂老年公寓
访 谈 人	冯莉、王素珍[2]
整 理 人	王素珍、王素蓉[3]

王平凡，1921年生，陕西扶风人。1940年后在延安陕北公学院学习，1951—1955年在马列学院学习、工作；1955—1964年，任中国科学院哲学社会科学部文学研究所党总支书记、办公室主任；1964年后，任外国文学研究所党总支书记、副所长，1977年曾担任中国社科院政治部副主任；1980年后任中国社科院文学研究所党委书记、副所长，少数民族文学研究所党组书记、所长。曾任中国民间文艺家协会秘书长。

一、民研会成立

中国民间文艺研究会（以下简称"中国民研会"）是在党中央关怀下成立的。在中国民研会成立70周年之际举行纪念，回忆70年的历程，总结经验教训，以利更好地为我国社会主义文化建设服务。

1950年3月29日，中国民研会在北京成立。周扬主持会议，郭沫若、茅盾、老舍、郑振铎都讲了话。会议通过了《中国民间文艺研究会章程》《征集民间文艺资料办法》。选出正副理事长3人，理事长郭沫若，副理事长老舍、钟敬文，理事47人。4月12日，召开第一次理事会，选出常务理事11人：周扬、吕骥、艾青、赵树理、俞平伯、欧阳予倩、程砚秋、常惠、郭沫若、老舍、钟敬文。各组负责人，秘书组组长：贾芝；民间音乐组组长：吕骥、马可；编辑出版组组长：蒋天佐；民间文学组组长：钟敬文、楼适夷；民间美术组组长：胡蛮；民间戏剧组组长欧阳予倩；民间舞蹈组组长：戴爱莲。

中国民研会成立70年，成绩很大，贡献辉煌。首先，在民研会的组织和领导下，开展了全国范围内的民间文学调查和研究，各地成立民研会分会，建立了民间文学调查和研究的机构。其次，在民研会的倡导下，56个民族展开了民间文学的搜集、整理和研究，各个民族的文化得到了很好的保存和传承。最后，民研会组织和领导的民间文学普查范围之广、规模之大，到现在仍然是史无前例的。

我于1955年调到中国科学院哲学社会科学部文学研究所，比贾老（贾芝——整理者注）晚来一年。当时，贾老任民间文学组组长，我担任党的组织工作。我们接触较多，贾老谈民间文学问题，对我有一定影响。我对他很尊敬，称他为师。这期间，民研会面临着归属问题。周扬同志指示，由文学所暂管起来。文学所党组决定，由毛星同志负责。我也时有到民研会处理过具体问题。

贾老一直兼任民间组和民研会工作。他曾对自己的工作做过这样的概括："我从中国民间文艺研究会成立到参加文学所工作，筹建少数民族文学所，一贯主张组织工作和研究工作并行，而且把组织工作放在第一位，在实践中进行某些理论、作品研究。因为中国民间文学处在开拓时期，不做组织工作就不能开拓资源，建立这门新的学科。相对地说，组织工作多了也影响专题研究，但我宁愿做些牺牲，关门研究不可能开拓。我认为，在组织和调查中成长起来的研究家是会成为名副其实的专门人才的。"

二、民研会与民族文学

关于少数民族文学研究所成立是由谁提出的，这个问题一直存在争议。有人说是钟老（钟敬文——整理者注）提出要建立少数民族文学研究所，也有人认为是由贾老提出建立的。据我了解简述如下：1978年6月2日，中国文联召开全国委员扩大会议，期间，中国民研会召开座谈会，交流民间文学事业发展建设问题。马学良和钟敬文两位教授提出成立少数民族文学研究所。周扬表示百分之百的赞成。马学良、钟敬文两位教授功不可没。1979年，中国社科院新建和筹备研究机构成立，向中央写了报告。"报告"中列有少数民族文学研究所和云南分所。中共中央秘书长胡耀邦批准了这个报告。关于所的领导人选由乔木同志决定，任贾芝同志为所长，马学良为副所长。

1979年6月，由各民族院校联合在成都召开的《中国少数民族文学作品选》教材编写会议上，决定成立"中国少数民族文学学会"。这个学会是1978年兰州举行《中国少数民族文学作品选》教材编写会上提出的建议，后由中国社会科学院文学研究所、中国民研会、中央民族学院、西北民族学院、西南民族学院等14个单位联名倡议，经过协商，请示中宣部批准后正式成立。周扬被邀请担任名誉理事长。周扬同志

---

[1] 整理过程中部分内容参考了王平凡口述、王素蓉整理：《文学所往事》（北京：金城出版社，2013年）以及王平凡的相关文章。

[2] 冯莉，《民间文化论坛》副主编、中国文联民间文艺艺术中心副研究员。王素珍，中国文联出版社有限公司副编审。参与访谈人：王素蓉、金茂年、李航。

[3] 王素蓉，中国作家出版集团《长篇小说选刊》杂志社编审。

说:"别的学会、协会理事长我都不当,我只当少数民族文学学会名誉理事长。"1981年2月15—19日,中国民族文学学会首届年会在北京民族学院举行。出席这次年会的有来自13个省(自治区、直辖市)的93位代表(包括汉、蒙古、藏、壮、回、白、土、朝鲜、满、锡伯、苗、彝、瑶、怒、维吾尔、侗、俄罗斯等民族),提交会议的学术论文七十多篇,宣读了四十余篇。它对少数民族文学的定义、界说、范围、划分标准展开不同视角的讨论,提出不少新的意见。钟敬文教授对少数民族民间文学做了专题报告,贾芝同志对会议做了总结。他认为这次年会思想性强,学术气氛浓,学术水平高。18日下午,周扬同志接见全体代表,并做了重要讲话,题目是《谈民族文学研究工作》。他说,研究范围要广一些,要加强民族团结和相互交流,不应互相隔绝。民族文化很丰富,要挖掘。它是金矿石,但要整理研究,从矿石中提炼出金子来。

少数民族文学所在建所初期,最迫切要解决的问题是如何培养队伍问题。在"六五"期间恢复所的建制时,全所仅25人,其中只有两名副研究员,这显然与一个研究所的要求是不相称的。1984年,在中国社会科学院研究生院设立了少数民族文学系,由副所长马学良教授任系主任,招收攻读少数民族文学硕士研究生。招收藏族文学、蒙古族文学、维吾尔族文学、苗族文学、彝族文学研究生各1名。钟敬文教授、马学良教授为我们培养高级研究员、博士生,做出了特殊贡献。贾芝同志在调查研究工作中,为培养科研人员队伍,做出了突出成绩。我们科研人员,通过工作实践,成为民族民间文学研究的骨干,许多人都有在国外留学或研修、讲学经历。他们是我国民族文化研究事业的稀有人才,是民族文学研究所建设及民族文化事业发展的重要力量。1985年,中国博士后制度正式建立。少数民族文学研究所建立起从硕士到博士、博士后的培养基地,不仅为本所,而且为本学科源源不断地输送了许多人才。这样集中地大量地为少数民族文学培养高级人才的教育基地在全国是绝无仅有的。这是我国民族文学事业工作者的骄傲。

1983年,我们把藏族史诗《格萨尔王传》作为所的重点任务,报全国哲学社会科学规划会议,经专家学者评审通过,被列入"六五"国家科研重点项目。第6个5年,哲学社会科学的重点一共94项,包括261个课题,《格萨尔》就是文学方面的一个项目。民族史诗列入国家五年计划科研项目,这还是第一次,它表明了我们党和国家对《格萨尔》搜集、整理、研究工作十分重视。《格萨尔》原是民研会科研重点任务,钟老果断决定交由中国社会科学院少数民族文学所牵头,并在实际工作中大力支持,这对民族文学学科建设和发展具有深远意义。

三、主持民研会工作及与钟老的交往

钟老学识渊博。他是从"五四"走过来的学者,他的民间文艺学道路,直接受到"五四"歌谣学运动及此后的民俗学运动的推动。他把民间文艺学作为毕生奋斗的事业。他的理论视野和学术站位都很高。马昌仪在《求索篇——钟敬文民间文艺学道路探讨》[4]一文中讲道,钟老早年就与马列主义有密切的关系。中华人民共和国成立后,钟老即以毛主席《在延安文艺座谈会上的讲话》精神为指导,从事民间文学事业,一直在周扬同志领导下从事工作,认真贯彻党的文艺路线、方针和政策,取得了很大成就。

1989年,钟老点名要我去协助工作,他请刘魁立来动员我。刘魁立告诉钟老:"他身体不好,不会来的。"钟老说:"他身体再不好,总比我年轻吧!我都八十多岁了,还没说身体不好,这不能成为理由。""民研会的工作是一项重要的工作,关系到全国各民族文化事业,现在是困难时期,这项工作要有人来抓。你把道理给他讲清,我相信他会来的。"钟老的话感动了我,我再没有理由拒绝,就同意了。此时,钟老又想到以什么名义叫我到民研会来,让刘魁立和我商量,我说,我是民研会常务理事,就用这个名义吧。钟老高兴地同意了。

1990年3月16日,民研会主席办公会决定,鉴于机构不健全,由常务理事、前秘书长王平凡临时主持日常工作。我到民研会参加了三次学术活动——庆祝民研会成立四十周年纪念活动,参加第二届全国民间文学评奖,参加中国齐鲁神话学术讨论会。

第一,参加"纪念中国民间文艺家协会创立四十周年会",1990年4月25日在中国文联大楼举行。钟敬文主席对40年来我国民间文艺事业,从机构建设、队伍壮大、出版繁盛等方面,做了全面、系统、深刻的总结。他特别指出,藏族的《格萨尔王传》、柯尔克孜族的《玛纳斯》和蒙古族的《江格尔》等伟大民族史诗,有的已译成了汉文出版,有的则陆续用本民族语出版,并部分译出问世。还有,民研会与民委、文化部共同领导并主编的民间文学(故事、歌谣和谚语)三套集成,是宏大的民间文学作品丛书。现在部分省、市卷已在付印或编订,将来全书出齐,则不仅在祖国的民间文学园地里建立起一座巨厦,也将在世界人民文化史上矗立一个文献金库。

钟老还深刻论述了民间文艺的搜集、研究及发扬,不仅有文化史意义,而且对社会主义新文化建设具有重要作用。这是创造具有中国特色社会主义新文化不可忽略的一招棋。它还关系到新文化地位胜负的全局。从这一点看,我们从事民间文艺的搜集、研究,并发扬其优秀部分的工作,其意义无疑是庄严和重大的。钟老总结说,由于事业本身的重要性,由于会内同志的努力和各分会同志的协助,它到底取得了一定

---

[4]《民间文艺集刊》第4集,上海文艺出版社,1983年。

的成绩。而这些成绩的取得，更重要的原因，还在社会主义的现实背景，在党和政府的文化政策正确领导和实际资助。否则，要获得今天的成果，是无法想象的。钟老的讲话，获得全体同志的热烈掌声。钟老主编的《中国民间文艺学的新时代》，反映了我国各省区市各民族民间文学的方方面面，具有很高的学术价值。概括地讲：成绩伟大，贡献辉煌！

第二，参加第二届全国民间文学评奖。1989年7月18日—8月5日，举办第二届民间文学评奖会。[5] 9月20—24日，中国民协与大连市经济技术开发区管理委员会，联合在大连市举办首届中国民间艺术节，来自云南、贵州、四川、安徽、新疆、陕西、山东、山西、内蒙古等地16个民族的民间艺术家和工艺美术大师进行了表演，15个省区市展销了民间艺术品，并向第二届全国民间文学评奖的获奖作品《祭天古歌》《密洛陀》《天牛郎配夫妻》等81部作品授奖。

第三，召开中国齐鲁神话讨论会。1990年5月26日，中国齐鲁神话讨论会在济南召开，钟敬文教授、著名神话研究专家袁珂等参加会议。我在会上作了《十年来中国神话研究现状和问题》的发言。会议开得生动活泼，贯彻了党的文艺政策。会后，参加会议的代表参观了泰山。钟老兴致勃勃，要和我上玉皇顶。为了钟老安全，我劝他不要上去。就这样，我俩坐在宾馆聊天——聊民间、聊民俗。钟老热爱并关心着自己为之奋斗一生的民间文艺事业。

2001年，钟老住院了，我去医院看他，他跟我谈了许多，其中谈到一位长期从事民间文学研究工作、后担任领导工作的同志。钟老说，前一段这位同志告诉他，就是因为听了钟老的话，到少数民族文学研究所做领导工作，结果是眉毛胡子都烧光了。钟老笑着回答他，你是眉毛胡子烧光了，但你要知道你的功劳，你这十年替我们少数民族民间文学事业做了多少好事？一花独放，远不如春色满园呢！我们这些人，想得都要宽阔一些的，你不是为一个人工作，是为国家民族的文化在工作，你花的时间，中国人不会忘记你的，都会记得你的功劳。一个人成为一个学者有什么了不得？这些民族都有你的学生，这是多少倍呀？多好的事情呀！钟老曾经对他的学生说过：民族的脊梁自然要承担压力和责任，可这根脊梁必须有人去做。

2002年初，钟老仙逝。为此，我女儿王素蓉写下了纪念文章，题目是《吾侪肩负千秋业 不愧前人庇后人——百岁老人钟敬文探望记》[6]。这其中，也包括了我对中国民俗学泰斗钟敬文教授的深切怀念！

[5] 评奖组织委员会：钟敬文主席任主任委员
副主任委员：
王平凡（中国少数民族文学学会理事长）
刘魁立（中国社会科学院少数民族文学所所长、研究员）
廖东凡（中国民间文艺家协会副秘书长）
委员：（按姓氏笔划排序）
丁汀（中国民协音像部副主任、副编审）
马振（中国民协常务理事、编审）
王一奇（副编审）
吉星（中国民协常务理事、副编审）
许钰（北京大学中文系教授）
祁连休（中国社会科学院文学研究所研究员、民间文学室主任）
贺希格（蒙古族，中央民族学院文学艺术研究所副教授）
段宝林（北京大学中文系教授）
哈焕章（锡伯族，中国社会科学院少数民族文学研究所编审）
赵亦吾（蒙古族，中国曲艺家协会书记处书记，中华说唱艺术研究中心副理事长）

[6] 王素蓉：《吾侪肩负千秋业 不愧前人庇后人——百岁老人钟敬文探望记》，《人物》，2002年第3期。

四、寄语民协

民研会的 70 年历史，钟老、贾老、马老三位先生是重要的倡导者、参与者、见证者。我建议书写民研会的历史、回顾民协学术史，首先要做好这三老的传记和回忆录。钟老和贾老我前面已经谈过。

马学良是中央民族大学教授，是我国著名的语言学家，马老在参与恢复民研会工作期间，积极贯彻国务院对我国古籍出版和少数民族文化事业提出的"三救"方针：救人、救书、救学科。他为少数民族民间文学的搜集整理、翻译出版以及研究做出了杰出的贡献。马老在他的《新学术之路》中说："我终身事业的发端是在大学时期。我的老师罗常培先生、沈兼士先生、魏建功先生，他们三位为我奠定了基础。而投身少数民族语言文化事业则是闻一多先生给我埋下的火种，最后有幸作为方桂先生的弟子，进入语言学的殿堂，并成为学风正、学术空气浓的科研机构历史语言研究所的一员，更是莫大欣慰。我一向信仰名师的教诲、益友的切磋，北大、史语所是我学业成长发展的沃土，也是我学术和事业的出发点。"

1938 年，他随"湘黔滇旅行团"途经湘西，在闻一多教授的指导下调查苗族语言、民俗、民谣、神话。马老回忆：

"在湘黔滇旅行团，闻先生要我跟他一块儿调查采风，从此以后和闻先生的关系越来越密切。抗战全面爆发后，闻先生告别清华园，抛弃了故纸堆，走向新的征途。"

"我学习他对民俗民风的看法，结合文学研究，也是他给我研究民间文学、民俗的一个很大启发。"

他曾多次深入苗、瑶、彝等民族地区进行调查研究，为记录、整理、翻译我国民间文学提供了丰富的经验和科学典范。《云南彝族礼俗研究文集》、《阿细人的歌》（阿细语、汉语对照）、《阿诗玛》（彝、汉对照）、《苗族古歌》、《彝族祭歌》等。

1979 年，为抢救柯尔克孜族英雄史诗《玛纳斯》，民研会约请著名歌手居素普·玛玛依到北京来，组织记录、翻译这部史诗的口传本。为了照顾他的生活、饮食，并可与本民族的人交谈，贾芝同志将他安排住在中央民族学院，并委托马学良先生负责关照。他不但在记录工作上给予具体指导，而且关心歌手的生活，顺利完成史诗《玛纳斯》的抢救工作。1983 年，在广西桂林召开的全国文学学科工作规划会议上，马先生特别提出将编写《藏族文学史》列入规划。此外，他还强调将搜集整理《格萨尔》的工作列为"六五"规划。后来，他又主持编写了《中国少数民族文学史》。

周扬与民间文学也是民研会学术史的重要内容，周扬对我国三大史诗的调查、搜集、整理和出版给予了很大的支持。同时，民研会、文学所民间文学组、少数民族文学所的建立和发展都离不开他的支持。

当然,民协学术要发展,为实现"两个一百年"的奋斗目标,需要做好规划工作。民间文学学术的发展,资料很重要,资料的收集要全面,同时要注意保存和利用。

访谈手记

在金茂年老师的推荐下,我们争取到了访谈王平凡老先生的机会。当我们抵达公寓时,王平凡先生和他的女儿王素蓉老师已经等候多时。王平凡先生长期工作在文艺科研战线,和民协的关系非常特别,他曾担任民研会秘书长、主持民研会工作。我们请他口述,他不仅爽快答应,并且一早就在等待我们的到来。先生明年就是百岁老人了,身形依然矫健,脚步非常轻快,前几天刚从海南度假回来。我们在公寓的图书馆开始此次访谈。先生是陕西人,乡音不改,我们需要请他的女儿帮忙翻译才能听懂。好在我们谈的人和事都是彼此相对熟悉的,先生的谈话简洁而严谨,很快我们在不借助翻译的情况下,也能听懂他的口述内容。

先生谈起民协的历史,谈起他熟识的人和事,深情而不失公允。先生是做领导工作的,对民协70年历史,他特别强调:钟老、贾老、马老三位先生是重要的倡导者、参与者、见证者。他提出,书写民协的历史、回顾民协学术史,首先要做好这三老的传记和回忆录。

先生对民协此次组织70年学术史口述项目非常支持,他不仅了解民协发展的历史,更确信民协的未来发展方向:民协学术要发展,为实现"两个一百年"奋斗目标,需要做好规划工作。

我与民间文艺的情缘

刘 超

访谈时间	2019年12月18日、2020年1月10日
访谈地点	北京东城区安定门外东河沿8号楼
访 谈 人	冯莉、王素珍[1]
整 理 人	王素珍

刘超，1926年生，江苏丰县欢口人。深受民间文艺滋养，热爱民间文艺。曾在微山湖西抗日根据地、冀鲁豫边区文工团从事宣传工作。1953年调至华北局宣传部，分管戏剧工作，后被推荐到中央文学讲习所进修。1954年到文联，支援民间文艺研究会开展业务工作，后担任《民间文学》编辑部主任、秘书长，全面主持民研会工作。1965年调回文联负责外事工作。1972年参与主持领导全国影展办公室工作，后担任中国摄影出版社总编辑、编审。

一、少年时代的民间文艺滋养

我是江苏人，出生于江苏丰县欢口，欢口是一个历史悠久的古镇。说起我的籍贯还有一个故事，我专门写了一篇文章《请君猜我的家乡在何处》，你们有兴趣可以看看。大家一看这题目都觉得奇怪，自己的家乡叫别人猜，为什么呢？因为很多人听我说话以后都给我安排籍贯，一听我说话就问：你是哪里人，你是山东的吧？其实我的家乡是江苏徐州丰县，刘邦的家乡，江苏最北部，跟山东交界。我们的生活习惯都是北方的。

我是1942年离开家的。我弟兄四个，三个哥哥都先后参加了抗日，我很自然地被带到革命队伍里来了。我十几岁就进入抗日根据地（当时叫微山湖西抗日根据地），属于冀鲁豫边区。山东有四个湖，最南边的微山湖，根据地建在微山湖西边，叫"湖西抗日根据地"。我们当时对外称"抗日高小"，也叫"流动剧团"，主要参加演出、参加宣传，唱抗日歌曲，组织宣传队。1944年，我进入了湖西抗日中学（简称"湖中"，是我们湖西抗日根据地的一个名牌）。这里先后培养了一批干部子弟。

我的家庭是比较富裕的。我爷爷辈经营两个工厂，一个榨油厂，一个酿酒厂，有个店号叫金盛，金盛油厂、金盛酒厂。在农村来讲，这是很富裕的，当时在丰县北部是比较有名气的。这个家是我祖父创起来的，但是我父亲不愿意经营这些。我弟兄四个，从抗日开始，都走上了革命道路。我们全家是在抗日期间分散了，以后再也没团聚过。

解放战争中，我大哥随刘邓大军南下到河南的潢川，在那儿牺牲的。我二哥当时为了支援抗日、搞宣传，参加"苏鲁豫"支队的一个骑兵团。为了响应号召，动员大家抗日，骑兵团对外宣传叫黑马团、白马团，当时的一个口号是"有钱出钱，有力出力"，但要求自己买马、带马。我们家买了一匹马，支援二哥参加苏鲁豫支队骑兵团。当时家里的房子，酒厂、油厂将近一百间房子，全拿出来提供给抗日，训练抗日壮丁，培养抗日骨干。

当时的欢口镇，文化比较发达，说书唱戏的比较多。我家里比较富裕，我对文艺的接触比较早、比较多。我喜欢看戏听戏，听说书，听评书、大鼓书、河南坠子，只要有演戏，只要有说书的，晚上就去看、去听。我喜欢看书，小人儿书、小说，《三侠五义》《绿牡丹》等。我从小就喜欢这些文艺活动，这对我后来搞文艺工作影响很大。所以，如果说我的（文艺）老师是谁，那就是农村的民间文化。

参加革命以后，我十几岁就开始写点东西，很有意思。我1942年在抗日高小就跟老百姓学踩高跷，学会了以后带着小孩踩高跷，自己编写歌词，一边扭一边唱。我利用民歌小调来填词，填词以后教给大家唱，写了不少那样的歌词。有一首是这样的：

穷人家真是难，没地又没钱；

穷人家"二八"吃碗饭，

越想越是难，嗨嗨哟，

哎嗨嗨哟，越想越是难，嗨嗨哟。

这首歌唱了以后，在民间一直流传。后来，有人将它当民歌收集上来，在《民间文学》上发表了。这有点像当年伊萨科夫斯基民歌体诗一样，用民歌体写的诗变成民歌了，老百姓都接受。

二、民间文艺宣传工作

我在湖西抗日根据地，一边学习一边参加地方工作：搞宣传，开展群众运动，发动群众抗日。开始的时候，湖西抗日根据地叫苏鲁豫边区，抗日形势非常之好，统一

---

[1] 参与访谈人：李静（刘超夫人）。

战线搞得很好。1939年冬天到1940年出现了一个"肃托"。混到党内的一个坏分子叫王须仁，他利用权势，通过集训，杀害咱们的干部，杀了湖西的干部三百多。这么一来，革命受到挫折，抗日根据地被镇压了，缩小了。刘少奇当年到延安开会路过湖西的时候，说它是"一枪打穿的根据地"（意思就是非常小，一枪可以打穿了）。

解放战争后期，我到了冀鲁豫边区文工团搞创作，分管创作组，主要写一些战斗英雄的、支援前线的、参军保田的剧本，也写诗、写报告、写歌曲，连曲子都写，当时写的水平不太高，都是为了宣传。一直坚持到1948年冬天。1949年10月，为了治理黄河，奉中央的命令，在冀鲁豫边区的基础上成立了平原省。我就从创作组调到平原省宣传部，开始管行政工作和机要工作。我是从那时候接触摄影的。当时省委为了工作需要，从华北人民革命大学分来了一个青年，他以前在北京他叔叔的照相馆当学徒。他负责照相，到北京买器材。摄影是新鲜事，我年轻好奇，拿了个折叠式相机，开始接触摄影。

后来中央决定，每一个宣传部要主编一个宣传员手册。省委宣传部主办《宣传员手册》，我因为喜欢写东西，就主动要求编《宣传员手册》。我负责主编文艺专栏，每一期占一半内容。每一期两组连环画，我编好后，负责美术的人画插图；每一期的诗歌都有用民间小调填的歌曲、快板、唱志愿军英雄的唱词。那一段时间我创作比较多，也是我工作最得意的时候。这样一直到1952年底，平原省撤销。

1953年1月，我被调到华北局宣传部文艺处，正好赶上中央文学研究所招第二期学生。为培养青年专家，中宣部跟团中央联合办中央文学研究所，丁玲是负责人。从大学里直接招来一批大学生，从各个根据地、解放区选了一批有一定创作经验、有一定成就的人。开始一期分两批，我是参加第二期。我们领导考虑我是青年，又有写作基础，就批准我了，但有个原则：去那里学习可以，学习完了以后还得回去。就这样我关系转到文学研究所，参加学习培训了。这时候文学研究所属作家协会管，又改成中国作家协会文学讲习所，"文革"后改成文学院，即鲁迅文学院，这一名称到现在还保留着。

我们那一期是最好的一期，36个学员都是在各个根据地有一定学术成就，单位重点培养的对象。我在那儿学习了整整两年，对我后来搞文艺工作影响特别大。在我学习期间，1954年华北局大区撤销。当时华北局的干部有一部分到文联，文联需要人，中宣部也需要人。中宣部领导找我谈话，两个地方让我选，要么在中宣部，要么到文联，文联现在最需要人。我那时候年轻，很想写东西，劲头儿憋得很足，就选了文联。

三、到文联搞文艺创作

1949年的夏天七八月份开的文代会，文代会上成立了文联。1954年，文联才刚刚筹备、建摊子，开始工作、调人。阳翰笙原来是文教委的副秘书长，调来以后当文联党组书记。他1902年生人，也是老革命了，八一南昌起义都参加了。

文联成立很早，真正起步开展工作的时候是1954年。我到文联，主要负责审查干部。当时工作单位进人太杂，各方面的人都有。我就跟阳翰笙以及从华北局来的张雷、于翔一起，开始搞审干工作。

新中国成立初期，成立人民文学出版社，贾芝从延安到了北京以后，就在人民文学出版社。人民文学出版社当时人员也是非常不齐，有那么几个人在一个编辑室。据贾芝回忆，有一天周扬到了编辑室以后，就跟他提出来要不要成立一个民间文艺研究组织，说要成立一个民研会，后来就酝酿了，一直到1950年3月29日正式成立。中央比较重视，毛主席喜欢民歌，喜欢群众文艺。所以，成立的时候，有郭老（郭沫若）、钟敬文、贾芝等人参加，当时几个协会的负责人都成为民研会理事。民研会成立以后并没开展工作，也没人。后来中科院成立一个社会科学部，要成立一个文学研究所，文学研究所就把北大的一批教授，像余冠英、黄药眠等纳入到文学研究所，郑振铎当所长，何其芳当副所长。1954年，民研会办公地点设在演乐胡同74号，关系还在文学所。我来的时候，吃的是文学所的饭，但是活动、工作都在文联，双重领导。民研会创刊《民间文学》杂志，我去那儿的时候，第一期刚出来。民研会有个叫方紫的，这个同志资历很老，她是办公室主任。还有一个叫阮艾芹的女同志，也是从延安来的。

这个时候民研会碰到一个什么问题？人员十几个挺复杂，有的不是专业出身，有的有历史问题。

民研会的情况复杂，一个是任务重，再一个贾芝当时住在北京大学，他的关系一直在文学所，没转到这边来。办公室主任方紫和人事秘书阮艾芹两位女同志一再向翰老（阳翰笙）请求，叫文联支持民研会，派人来加强民研会的领导工作。翰老也考虑，民研会无人管，也不能不管。经过研究考虑，翰老动员我，派我去民研会支援。

说实话，我不愿意。为什么呢？我刚毕业，刚到文联，很想写点东西，我要再换个地方，到民研会去，离创作就更远了；但是作为一个年轻同志你又不能不听党的指挥，你还得服从工作需要。翰老一再动员，民研会这边一再要求，我就说去。翰老给我两个任务：第一，你去了以后，协助组织工作；第二，帮助把业务开展起来。架子搭起来，走上正轨了，你再回文联来。他给我许了这个条件，我就到了民研会。

四、民研会初期学术活动及云南采风

到了民研会以后，我住的也很远。贾芝住在北大，他每天跑。民研会的几个同志过去没有基层工作经验，住的那个院子又怕出问题，他们连个宿舍也没有，白天办公，晚上就搬个毯子睡觉。我就跟他们一块儿住在演乐胡同，星期六回家看看。

我还有一个任务，帮着搞业务，我是歌谣组的组长。我是写诗的，对民歌比较熟悉，我过去在农村收集民歌。民间文艺工作到底怎么搞，我那时没头绪。民研会成立以后，编了《民间文学集刊》，1950年到1951年，编了3册。"五四"运动时期，北大《歌谣》周刊刊发了民间文学；特别是毛主席延安讲话以后，鲁艺的也去采风，但这些都是个别的，不成规模。我们这么大一个国家，这么多民族，到底怎么搞民间文学？当时中央也没明确怎么搞，但是明确了一条：民研会应该是以收集传统的为主。民间文学主要是过去的；新的有，但是不成熟、不多，重点应该放在收集过去。过去民间文学都停留在口头上，民间故事口头流传，民歌口头歌唱，每一次唱，每一次说都有变化。所以，我们提出一个口号："人走歌息，要抢救。"但是怎么抢救？这么大的国家，这么多人口，靠手工式的工作方法不行，必须通过发动全国力量一起来，这样才能适应当时国家形势。

这个时候，我提出来要搞调查。但是到底怎么收集，怎么整理，我也没有经验。我就和孙剑冰交换了意见，他来民研会比较早，参与编辑《民间文学集刊》。我跟孙剑冰是老乡，他也是丰县人。我提议我们两个组织个小班子，回丰县，在丰县做个试点。由于熟悉群众，我们可以通过当地的政府跟文化机构在丰县普查，收集一下民歌、民间故事，这样摸索出经验，再在全国推广。

我们酝酿的调查，贾芝很支持；跟所长何其芳谈，他也很支持。大家觉得既然这样子，可以组织个大的调查组。民研会出三个人，我一个、陶阳、李星华。文学所的毛星很有兴趣，调查采风组，他们也出三个人，一个青林、一个孙剑冰、一个毛星。当时就考虑，我们6个到哪里去做调查呢？毛星不主张到丰县去了，他主张到没人调查过的地方去，最后就确定去云南。

去云南可不是小问题。路上怎么走？那时候听说云南、贵州、四川有瘴气，这个东西一沾上就跟鼠疫一样，不得了的，要命的。后来我们从北京出发，坐火车到广西南宁，到南宁以后，为了不在路上感染疾病，坐飞机到昆明。这在当时是了不得的。去之前采购设备，那时候想要录音机，没有，有钱也买不到。后来买了照相机，想留点影像资料。

前面说我会点儿摄影，这时候用上了。我找空军的一个摄影记者帮着到百货大楼买了两台相机，一台禄莱，一台德国的徕卡，花了四千多块钱。这些在当时都是不得了的事儿。

我们六人坐三天三夜火车到的广西南宁，在南宁停了一天以后，坐小飞机去昆明。那时候坐的飞机是美国的运输机，颠簸得很厉害，连座位也没有，拿个小凳子靠旁边一坐。飞机从南宁到昆明三个多小时，路途倒不算远，小飞机也很不安全，第一次坐飞机挺新鲜的，这里面还有好多故事。

我们去之前要给云南发电报，告知他们我们要去人了，让人家有个思想准备，毛星不同意。毛星是四川人，这个同志原则性很强，但是个性也极强。结果，我们就没给人家打招呼。一下飞机，大家都傻眼了，我们上哪里去？飞机场当时有车子给拉到售票站、拉到市内。到了市内，该上哪儿去？我们都带着大包小包，李星华身体又不好，岁数又比较大，青林是卞之琳刚结婚的夫人。大家都背着大行李，我们找了个板车拉着行李满街跑，跑来跑去，后来孙剑冰出了个主意说："我给黄铁打个电话。"黄铁何许人？她是延安老同志，云南省委宣传部文艺处处长。孙剑冰也是鲁艺的，他们是同学。他给黄铁打了个电话。黄铁一听，挺不满意，说你们走之前该给我们打个招呼啊，起码安排一下你们住在哪里。她问我们在哪里，说你们别动，马上派人来接你们。那时候不像现在汽车这么方便，黄铁用吉普车把我们接到翠湖饭店，一个宾馆。

我们就住在那儿，酝酿到哪儿调查，怎么调查。最后确定分成两个组，到两个地方。毛星、李星华、陶阳他们到大理；我跟孙剑冰、青林到丽江去调查纳西族。后来青林有事回北京了。丽江的两个纳西族青年，一个牛相奎，一个木丽春，当时他们初中刚毕业没工作，给我们当翻译，每月给他们工资。我们是1956年8月31号走的，到冬天11月才回来。

当时我们分工的时候，孙剑冰提出叫木丽春给他当口译，牛相奎给我当口译。在采访民歌的时候，歌手说一句，翻译口译一句，我们记录。调查回来以后，分头整理。回来我住在演乐胡同，贾芝也搬到那儿，住在一块儿。我整理了一部分，不到100首，整理稿弄完以后，让贾芝看。贾芝看了以后很满意，说每一首都好。毛星当时负责我们那次调查，把稿子给毛星看。毛星比贾芝严格一点，他说得精选一些。他看完以后，选出七八首，说：这几首你考虑一下，不用就不用了。我跟他说：我记录的只是一部分，孙剑冰那还记录了不少。等他交了稿以后，我们两个汇到一块，可以成为一本书。结果孙剑冰不知为什么一直没交，我这时候跟毛星说再等一等。毛星说：不等他了。他不交，等他整理出来以后再说，这个先出一本。

李星华在大理找了故事家讲了百个故事，回来以后整理了白族民间故事。杨亮才当时在他们那个组当翻译，他是洱源县文教科副科长，这个同志工作一直不错。陶阳他们没记录太多作品，毛星就决定把杨亮才调到民研会来。毛星给杨亮才写了一封很长的信，叫他继续收集作品，杨亮才在那儿就收集了大量的民歌，因为他是白族人。白族大本曲就是咱们汉族的说唱文学。经过一年的收集，杨亮才来了北京，民研会给安排住的地方。他一边帮着李星华整理白族民间故事，一边叫陶阳配合他整理白族民歌。这样的话，我们的调查出来了三本书：《白族民间故事传说集》《白族民歌集》《纳西族的歌》。[2]

何其芳对这三本书非常重视，当时作为文学研究所的研究成果，交给人民文学出版社出版的。这三本书对推动全国民间文学的收集整理起了很大的作用。[3]一直到几十年之后，我到贵州、云南去，他们包括白庚胜等人都说，这三本书对少数民族民间文学事业推动太大了，说看到《纳西族的歌》这本书以后，知道我们民族还有这么好的东西，这给他们从事民间文学研究很大信心。当时人们对民间文学认识不够，我们到云南以后，还得边宣传边做民间文学搜集，通过党支部向群众宣传，通过宣传让全社会认知民间文艺的价值和作用。所以，当时这个调查对全国来讲推动很大。首先对少数民族聚居的省份是个很大的推动，少数民族聚居的省份民间文艺事业的兴起，又逐步推动了内地省份，有的率先成立了省民间文艺研究会，对民间文学的搜集工作也逐步展开。自此，民研会和全国各省区市的民间文艺工作，也就全面"健康"有序地开展起来。[4]

民研会成立初期，各协会的负责人都是理事，这时候冯雪峰说了句玩笑话，说你们这不成了"第二文联"了吗？这个话是玩笑话，也是实在话，因为文联的权威都是民研会的理事。

民研会边调人边搭架子，有《民间文学》刊物可以作为学术阵地。民研会是个带有研究性质的群众性质的文艺团体，面对党交给的如此繁重的任务，既不可能发号施令，又不能靠手工业式的工作方法，只能靠深入调查研究。当时是民研会投入工作，产出成果，摸出经验以后推广，再通过刊物和丛书来加以推动。这个时候各地都开始意识到，原来民间文学这么重要。就这样，民研会慢慢调人，有了编辑部，一个研究部，一个办公室，一个资料室，1958年为了采集新民歌还成立了采编部，后来慢慢地推动各省把分会建立起来了。同时新民歌给民间文学带来好形势，把民间文艺工作推向一个高峰。所以，这个时候，用董森的话说，是民研会发展的黄金期。这个时期，培养了一批骨干，都是大学毕业的，民研会的架子搭起来了，业务也开展起来了。

---

[2] 李星华记录整理，中国科学院文学所民间文学组主编：《白族民间故事传说集》，北京：人民文学出版社，1959年。杨亮才、陶阳记录整理，中国科学院文学所民间文学组主编：《白族民歌集》，北京：人民文学出版社，1959年。刘超记录整理，中国科学院文学所民间文学组主编：《纳西族的歌》，北京：人民文学出版社，1959年。

[3] 云南的调查采录组带动了云南、四川、贵州等省广泛开展深入调查和采风，云南大学中文系的同学对傣族进行了长时期的调查采录，发现了傣族多部长篇叙事诗。贵州在省文联副主席田兵同志的组织领导下，对苗族、彝族、侗族等各民族的民间文学进行了深入发掘，陆续出版了《苗族古歌》及民间文学资料几十本。四川编选了《四川民歌》，陆续出版了彝族史诗《勒俄特依》等。青海对《格萨尔王传》进行了发掘、整理并翻译出版。新疆发现柯尔克孜族《玛纳斯》，民研会调查采录组赴新疆采录翻译《玛纳斯》6部。（张文：《亦师亦友话贾芝》，《民间文化论坛》2012年第5期）

[4] 刘超：《不知疲倦的播谷鸟》，贾芝：《真情呼唤 共铸辉煌——庆贺贾芝百岁文集》，北京：中国文联出版社，2016年，第326页。

五、郭沫若与民研会

郭老（郭沫若）跟民研会之间的关系太重要了，不谈郭老来谈民研会就非常不完整了。为什么这么说呢？因为一般人对郭老不了解，一说郭老是民研会的主席，有的人知道，有的人甚至都不知道。一般人认为郭老的名声太大了，谁也没想到他会兼民研会的主席。话又说回来，兼主席到底做不做工作，一般人都会表示怀疑：这么高的领导还兼着小协会的主席，实际工作中干事不干事？这里有一个问号，有一个误解。所以，我想谈谈郭老跟民研会的关系。

从1950年民研会成立起，到郭老去世，他是民研会的主要领导（开始叫理事长，后来改为主席）。还有一个特点，那就是当时中宣部的副部长，后来常务副部长周扬一直是民研会的副主席。这很有特点，为什么这么说呢？民研会在中央看起来如此重要，摆在这么一个位置上，叫郭老兼着主席，中宣部的常务副部长兼副主席。所以说，这就把民研会推到一个很特殊的地位。民研会虽小，它的位置不是说重要得不得了，但回到了它应该有的一个正常位置。文学艺术界，一半是专业的，一半就是民间的，既包括专业的研究也包括社会团体活动。所以，从这一点上来说，把郭老放在民研会是有道理的。当时它叫中国民间文艺研究会，是有它的道理的，因为民研会是带有研究性质的学术团体，又具社会性。它不像专门的研究团体如社科院（过去叫文学研究所），它同时是要面对社会，有社会性质的。也就是说，民研会带有研究性、社会性双重属性，是特殊的文学艺术团体。

郭老与民研会的关系，我想集中谈两个具体事例。一个是《红旗歌谣》。《红旗歌谣》从提议到出版，我都参与见证了。《红旗歌谣》不能不讲，它对民间文艺工作有很大的促进，在世界上有很大的影响。第二个就是郭老用一个半天的时间谈民研会的工作。

（一）《红旗歌谣》

1958年，中央确定了总路线：鼓足干劲儿，力争上游，多快好省地建设社会主义。年初开了一次中央工作会议，这个时候新民歌就出现了，周扬同志向中央推荐了十几首（大概十五六首）民歌，这十几首民歌就纳入中央会议正式文件，作为会议的资料。毛主席在会上看到以后非常兴奋，在讲话里谈到：每一个开会的省委书记发给一张纸，回去以后每个人记录收集当地的民歌1—2首，加到一块就有几十首了。主席一提倡，人民日报马上发了篇社论《大规模地收集全国民歌》[5]。《民间文学》编辑部就新民歌问题专访了郭老，郭老对此发表了讲话[6]，把新民歌运动推向了高潮。为了适应这

---

[5]《大规模地收集全国民歌》,《人民日报社》, 1958年4月14日。

[6]《郭沫若同志关于大规模收集民歌问题答本刊编辑部问》,《民间文学》, 1958年5月号。

一新形势，我们专门成立一个采编部，负责汇总新民歌的发展情况和问题。陶建基是编辑部主任。他是民主人士，是个老编辑，一开始就跟贾芝在人民文学出版社一个编辑组，一直支持民研会工作，"文革"后到红楼梦研究所当副所长去了，就没回来。

1958年底，民研会开始酝酿出选集：新民歌出现这么多，是不是编一本有代表性的新民歌选集。经过酝酿，我们建议周扬同志来主编，具体初选工作由我们民研会来做。周扬同志听了这个意见以后非常高兴，经过考虑，出了个主意。他说，以郭老的名义来编更合适。然后就跟郭老商量，郭老很客气，还是让周扬同志来编。推来推去，最后达成一个意见。郭老说，以他跟周扬同志两个的名义来编。在当时，郭沫若跟周扬一起编一本书，就这个事儿本身来讲，在理论思想界、文艺界各方面来说都是大事。

定下来以后，初选歌谣的具体工作由民研会采编部和《民间文学》编辑部的歌谣组共同来做。从全国各地报刊发表过的歌谣中选，只要有好的，他们选出来，我来看。当时周扬同志给我规定一条，他说：你每天下班前选个20—30首，下班吃过饭后选一组送到我的办公室，我连夜看完，选过以后送给郭老。当时就这么说的，我们每天选一组20—30首，下班送到周扬那里，周扬连夜看完以后再送给郭老。

这么大约送了一个多月，大概一千多首，最后告诉我们暂时先不要选了，再等一等，看看情况再说。郭老和周扬同志就在我们送去的基础上选了300多首。这本书以哪的名义来出，这个问题很有意思。当时比较优秀的出版物的出版是有分工的，好的文学、文艺作品是人民文学出版社出；一般的文艺作品是作家出版社出；政治方面的图书由人民出版社出。但我们这本书既不交给人民文学出版社出，也不交给文学所，而是红旗杂志出版社出版，所以很特殊。《红旗》是党中央的一个机关刊物。歌谣选本编好了以后，一开始并没有正式出版，而是出了个征求意见本，大32开，封面是用的"红旗"两个字，是毛主席题的，歌谣配的是郭老的两个字。第一次征求意见本用了藏蓝的封面，印了一部分发给各方面征求意见，这是内部的、不公开的。经过一段征求意见以后，郭老又做了个别的修改调整，没大动，1959年正式出版。出版的时候，红的封面，红颜色套封，郭老新题的字，叫"红旗歌谣"。1959年正式以红旗杂志社名义出版，一下在世界上就传开了，大概出现了8种译本。因为那时候中国的东西，世界都在瞪着眼睛看着呢！有真的热爱的，也有人敌视中国，要研究中国，特别是民间的东西，通过民歌来看一个国家的动向。《红旗歌谣》出版以后，对我国的民间文艺事业是个很大推动。这么一来，各地都重视民间文艺了。随着新形势的发展，我们民研会借着这个东风，各地建立了分会，出现了一批民间文艺骨干力量。

（二）红豆寄相思——记郭老一次工作谈话

郭老当时兼着民研会的职，并不徒有虚名，他是很负责任的。郭老的这一次工作谈，主要是说明郭老对民研会的工作介入不介入这个问题。那是1962年3月或4月中的一天，郭老的秘书通知我们说：郭老刚从海南视察回来，准备找你们谈谈民研会的工作，重点谈《红旗歌谣》下一步的工作。时间安排在明天上午，看你们有时间没有？

当然，郭老找我们谈话，我们再忙也得挤出时间去。那时候我们有问题、有需要会主动找郭老。郭老每次都很高兴地安排时间来见面，有时一块儿谈，有时是开大会。民研会如果做报告、需要他讲话出面，只要打招呼，郭老都支持。

这一次是他主动打电话来，说要谈一谈。本来我一个人去也可以，当时我代理秘书长。但我有个习惯，每次到中宣部开会、到郭老那儿去谈工作，都拉一两个民研会的主要领导一起去，大家可以帮着记一下，避免领会时出现偏差。于是我就通知了当时民研会领导小组的成员贾芝和吉星。第二天上午9点，我们仨一块儿到郭老那儿去的。郭老当时住在西单北大街路东一个胡同路北的一个大院里，门牌号我记不太准确了。院子很大，有点像学校的操场一样，也没树，光秃秃的。进门往右一拐是三间平房，作为会客室谈工作。我们是按时到的，郭老跟他的秘书都在那儿等着呢。他的会客室很简单，靠东边一排书柜摆了一些书，其他没什么装饰，西边摆了一套沙发。中间摆了个方桌，周围有几把椅子，很简朴。为什么采取这个形式呢？郭老耳朵不好，一直是靠助听器。我们三个加上郭老，一共四人，一人一边，郭老戴的是老式助听器，助听器的线就放在桌子上，我们就开始谈。

一开始从哪儿谈起很有意思，我按谈话的顺序来说。郭老刚从海南回来，我们就问起他的海南之行。郭老说，这次到海南去住了十几天，他这是第一次去，以前没去过海南。他一生去海南两次，后来又去了一次。他说这次去搞清楚一点：红豆的生长过程。郭老观察社会很细，说到这的时候，秘书就从他东边的书柜里拿了两小瓶，小瓶子装的小红豆，颗粒比豆子大一点儿。那天我一看这红豆非常高兴，它红得透亮，上面有一个黑的，漆黑，就跟油光漆一样亮的。我很喜欢，主动说：郭老，能不能给每个人分发几颗留个纪念。郭老说：好啊！边说先给了我十几颗，然后给贾芝，给吉星。秘书拿记录纸给我们包上，我非常高兴，回来以后把它保存在玻璃瓶中。

过去我看见过红豆，没太引起注意，这次看到特别高兴，还是郭老送的，就更高兴了。为此，郭老去世以后，我写了篇文章，叫《红豆寄相思——记郭老的一次工作谈》，这个文章写完以后也没拿出来发表。[7]

郭老很平易近人。红豆分好以后，他就说了，去海南路过广州，广州文艺界要求

---

[7] 刘超老师对该文章的介绍：这篇文章是我自己很认真写的，比下面说的还细，大概七八千字。

开一次文艺座谈会，重点谈诗歌。郭老是大诗人，在这个座谈会上，郭老给大家出了两个题目。今天他把这两个题目说出来，要考考我们。

第一个题目，"红豆生南国，春来发几枝。愿君多采撷，此物最相思。"过去古诗文没有标点，如果给王维这首诗断句的话，标点符号怎么打？

我们当时有点懵了，没有这个思想准备。后来郭老说：这次我到海南以后才弄清楚红豆的生长过程。红豆是一种灌木植物，有点像北方的荆条一样。[8]他说："我考察了一下王维的经历，他没到过南国（海南），不知道红豆的生长过程。所以，他第二句是个问号，春来发几枝？他按北方的习惯推想红豆是春天发芽生长，但春天到底长几枝他不知道。所以，这一句应该画个问号。"当时我们一听，真佩服郭老，他心真细。

郭老还说，我们都读了一辈子了，到底怎么画这个标点，大家都没弄清楚。通过这次考察以后，搞清楚了。红豆在海南一年四季生长，它这个落叶是换叶的，新的叶子长出来以后老叶子落了，但始终是青枝绿叶，一直在成长，不存在冬天休眠夏天生长的问题。这是一个问题。

第二个，他说：毛主席诗词，每一首都好，我都喜欢，其中我最喜欢的两首。一首就是《沁园春·雪》，"北国风光"那首，这首是最有代表性，最出名的。当时毛主席到重庆会谈，柳亚子拿出来发表以后，国民党很震惊，诬蔑主席要当皇帝。第二首是《忆秦娥·娄山关》。"西风烈，长空雁叫霜晨月。霜晨月，马蹄声碎，喇叭声咽，雄关漫道真如铁，而今迈步从头越。从头越，苍山如海，残阳如血"。他顺口就朗诵了一遍。郭老谈话，虽然谈工作，但谈得比较自由。他问："你们说这首词是反映的一天时间还是概括当时的形势？"

这的确有点儿不大好说，郭老到底什么意思我们也搞不清楚，都是他自问自答。他说我考察了一下，这首词字面上看，写的是一天，实际上是概括了当时的革命形势。遵义会议之后，确立了毛泽东同志的领导地位，指导思想也比较明确了，但是当时革命的形势还非常危险。他为什么写一天呢？从遵义到娄山关正好是一天的行军路程。郭老考虑问题多细，他亲自考察了一下。主席的诗词看起来是一天，实际上是反映当时大的革命形势。他说光盲目乐观不行，当时革命处于非常危险的处境，国民党在围攻，革命向何处去？根据地建在什么地方？当时一点底也没有。所以，一出娄山关就跟出了雄关一样，但是前景还是相当艰险的。他说，这首词，我非常喜欢。

听他讲完，我们不能不佩服郭老。谈起文艺来，谈起艺术来，他作为艺术家诗人的那份激情豪放又显露出来了，非常自由，但是他在治学上是非常严谨的。我们从来没考虑过王维的诗应该怎么标点，主席诗词应当如何理解，这些都没考虑过。

---

[8] 刘超老师说后来他跟老伴儿去海南证实过，红豆在海边长得就跟篱笆一样。

谈完这个以后，下面的题目就转了，都是他自己在那儿说。他说咱们言归正题，周扬同志跟你们说了吗？

我们忙问：哪个方面的问题？他说，《红旗歌谣》出版之后，毛主席看了，毛主席很喜欢民歌，他认为编得不够精。根据主席这个意见，我跟周扬同志反复考虑，要不要再选一个续集再出一本。但是现在这本出来以后，在世界影响很大。大家对《红旗歌谣》的认识都定型了，如果马上出续集，效果不一定好。所以，暂时就不编续集。

后来郭老又提出一个新的倡议：咱们不妨解放一下思想，具体工作还是由你们来做，从《诗经》选起，一直到现在的新民歌。把所有民歌中的优秀作品都选出来，我和周扬同志两个出面，再编一本纯民歌的《新国风》，也编300首，咱们争取跟《诗经》媲美。《诗经》两千年了，《诗经》不全是民歌，国风是民歌部分，大雅、小雅就是文人作品了，这个大家都知道的。

郭老说的我们都表示支持。他说：这样子，你们负责部署一下，广泛收集材料，从《诗经》部分开始，把从古到今的民歌选出来，印成资料本发给专家学者，大家集思广益，从里面精选300首。

我们从郭老那儿回来以后就着手做这个工作。以采编部为主，选出来以后打印成资料，分发给一些专家学者，有代表性地征求意见，这个工作一直在进行，收集了大量的材料，一直到"文革"，后来这个事儿没办成。后来，上海新文艺出版社取了个巧，把初步选的那一部分印成了几本资料，当时民研会这个工作是我在那儿做的，印了四册《民歌资料选》。

这个谈完了以后，紧接着我又提出下一个议题。我说："郭老，今年是毛主席延安文艺座谈会讲话20周年，咱们刊物上准备反映一下，是不是请您写点纪念性文字？"郭老说好，很高兴叫秘书拿纸来，他说："我说你们记。"这个时候我考虑，如果郭老说，我们记，反复整理稿子，文字一推敲，刊发的时间会来不及；同时，当时中央并没部署20年要搞全面的纪念活动，刊物有所反映，但不要大搞了。那时候我年轻，脑子也快一点，但是有些话不能太直接说了。我说："郭老，是不是这样子更好。您说，我们记，这样当然很好，但时间比较仓促，是不是请你方便的时候写一段话，咱们刊物上反映一下？"郭老很平易，喜欢听别人的意见。他说：也好。他叫秘书记下来这个事儿。这时候都快到12点了，从9点开始一直谈到快12点了。郭老说：还有什么问题？我说郭老，还有一个小问题，咱们《民间文学》创刊的时候，没有请你题刊名，是从你的各种书体字里选出来的"民间文学"，就是现在用的，是繁体字。我说："这样的话，请您再给题一个。"郭老说好，叫秘书马上记下来。到此为止，接近12点了，我们已经谈了将近三个钟头。

几天之后，我们就收到郭老用毛笔（他喜欢用毛笔）写的一篇文字，还有给刊物重新题的"民间文学"四个大字。他的题字、纪念主席讲话，在《民间文学》1962年第5月号上发表了。

最后，我再补充说几句。我到民研会，是一个老党员，服从革命需要。但是有一点很好，因为我受民间文艺的影响是很深的，热爱文艺工作。革命阵营尽管要求你一切服从，但是它照顾到你的兴趣和喜爱。可以说，民间文艺是我的启蒙老师。所以，我参加革命以后，不是在当地宣传部门做宣传工作，就是做文艺团体的文艺工作。到民研会14年，我主要做了哪些工作？概括而言，就是为民间文艺事业搭桥铺路。从没有到有，从小到大，最后把工作基本上全面展开。

后来，我虽然离开民研会没再回去，但感情还是在民间文学这方面。

访谈手记

刘超老师20世纪50年代被文联组织派去民研会支援工作，后离开民研会，前往摄影出版社工作。在访谈前，我们对他的了解只限于两个关键词：云南采风、歌谣组组长。

当我们真正见到刘超老师时，发现老爷子精神矍铄、风度翩翩，而且谈话风趣有逻辑，叙述自带韵律。他从儿时的记忆聊起，少年时代的他在民间文艺的滋养下，才情禀赋都得到充分的发挥。在革命年代，他填词写歌从事文艺创作，积极参与宣传工作。在民研会，他担任歌谣组组长，前往云南采风，整理出版《纳西人的歌》。尽管由于历史的原因，他转而做客"摄影界"，但无论是兴趣爱好上还是思想情感上，民间文艺始终让他魂牵梦绕。

刘超老师对民间文艺和民协的关切与热爱，在我们获得第二次访谈机会时，更深刻地体会到了。我们第一次进行的访谈非常顺利，刘超老师后来又想起了郭沫若同志跟民研会的关系不仅特殊，而且在实际工作上有过指导，这在民协历史上，应该是浓墨重彩的一笔。于是，我们又约了第二次访谈，刘超老师集中谈了郭老与民研会的关系，以两件事为例：红旗歌谣和郭老的一次工作谈。

阅尽千帆始识君，褪去浮华归本真

董 森

访谈时间	2019年11月19日
访谈地点	北京西三环中路10号双旗杆社区
访 谈 人	冯莉、王素珍
整 理 人	王素珍、周利利[1]

董森，1928年出生，北京人，编审职称。抗战时期就读于西南联大附中，1950年清华大学毕业后调至《学习》杂志任助理编辑、编辑，后在中宣部宣传干部训练班进修一年，被评为中直机关模范工作者。1958年调至中国民间文艺研究会从事民间文学的编辑与研究。曾任中国民间文艺出版社副总编辑，中国民间文艺家协会理事，并兼任中国歌谣学会、中国谚语学会、中国楹联学会理事。1988年退休。

　　我是1958年调到民研会的，在此之前的生活经历中，可以说既有过一帆风顺，也有过一头碰上的坎坷。

　　我年轻时懵懵懂懂，只因羡慕那些当外交官的，1946年报考清华时选择了政治学系。1948年北京解放，我才第一次接触到马克思主义，当我学到一些党的政策，并了解到革命工作现实需要时，才感到自己所学的专业和理想与现实是有很大差距的。1950年我从清华毕业后，随即被调到中宣部《学习》杂志从事政治理论工作。从1950年一直工作到1958年，在这8年期间里，由于工作上的需要，曾较系统地学习了马列主义理论，并在编辑业务上接受了较为严格的训练。1951年至1952年，组织上为了培养我，曾调我脱产去中央宣传部干训班，学习了一年多的政治理论及宣传业务课程。1952年秋，我以优良的成绩结束学习返回原单位。此后因工作表现突出，曾被奖评为中直机关模范工作者，当过团支部书记，也当过工会主席。我在《学习》杂志工作这8年，可以说还是个很积极的小青年。

　　1958年，《学习》杂志停刊，我遂调到中国民间文艺研究会来。一开始我还很看不上这项工作，觉得那些歌谣、故事很土，甚至土得掉渣。

一、中国歌谣选

1959年前后，在郭沫若先生提议下，民研会准备出版民间文学选集，其中包括故事选集、歌谣选集。我分在采录编选部工作，正好参加了由郭沫若主编的《中国歌谣选》第一阶段近代和当代歌谣部分资料本的作品收集，以及第二阶段全书初选稿的选编工作。当时还有一位和我一起工作的同志名叫陈建瑜，我们大约花了三年的时间，歌谣选集才有了初步的样子。正是在这三年的时间里，我因在阅读和选编中接触到大量的民歌，始从这些歌谣里逐渐发觉到，歌谣虽土，但土的里面有它的美感，一种极其纯朴和真挚的美感；土的里面也有它的学问。因为这些看似很土的东西，却是一代代历史的同路者，也像是一面面社会的镜子。从那时开始我才感到自己真正踏进了民间文学这个万紫千红的文艺领域，而且从感情上由衷地爱上了民间文学。

除了在采编部工作外，我还一度在研究部从事国外民间文学理论动态的英文译校工作。其中翻译的英文论著有《非洲人民的民俗及信仰》《西班牙的民俗研究》《意大利民俗学者》《非洲口头艺术研究》(《民间文学参考资料》第四辑、第八辑)。校译的英文论著有《民俗学研究在英国》《芬兰的民俗学研究》《德国民俗学研究特征》《土耳其民俗学简介》《澳大利亚的民俗学》(《民间文学参考资料》第八辑)。

贾芝本是社科院民间文学研究室主任。1974年，他回所后给我写了一个条说："我还想把当年选编的歌谣初选稿编订出版。望你也到这边来，一起把它弄好。"他所指的歌谣初选稿包括两本：一本是中国近代歌谣选；一本是新民歌选，也就是通常所说的新民歌。经贾芝之手，我先是借调，1975年后我由借调转正调到社科院。我参加了对陕西、秦皇岛等地仅有的一些新故事活动的调查，并在借助郭老的支持，使得《中国歌谣选》的编选得以再次上马的情况下，参加了该套丛书征求意见稿的编选，及最后一稿的编定工作。

1976年，科研工作从此得以恢复。我怀着异常庆幸的心情，先是选定了农民起义传说及民间童话作为研究课题，一面撰写有关论文，一面编选出版了《历代农民起义传说故事选》。

1978年，文联及所属各协会逐步恢复工作，我再次调回民研会，先是参加《民间文学》复刊筹备工作。当时老民协的人都自己找工作去了，有的到电影家协会，有的到中国艺术研究院，回来的人不多，就是我、吉星、杨亮才、张文、李毅等。所以，只能先把《民间文学》办起来，刊物恢复后，民研会很多人才慢慢回来的。

---

[1] 周利利，中国文联理论研究室干部。

二、田野采风

1961年，我曾和李星华、刘锡诚到河北省乐亭县去采风。我和刘锡诚还特意到海边一个渔村里去找渔民搜集故事。我找到了两个老渔民，在他们所讲的故事中，一再提到海神娘娘（其实就是妈祖）。我当时还不知道妈祖是个什么人物，后来才知道这个妈祖在广东、福建和台湾一带可了不得，是人们信仰的神。但在北方却始终没有妈祖故事的流传，人们也很少知道妈祖这个名字。我觉得，那次能在北方渔民那里搜集到有关妈祖的故事，应该是很难得，也是很宝贵的。

在采风工作方面，我于1964年下过一次乡，是调查山东省邹平县的知识青年怎样利用讲民间故事开展农村的文艺活动。他们的活动很有开创性，也很有成就。我特意写了一篇调查文章，在刊物上发表。

此外，我还收集过焦裕禄的故事。那是1965年在纪念焦裕禄逝世一周年当地开大会时，我跟陶建基和张帆去的。当时在纪念大会上有很多当地的干部介绍焦裕禄的事迹。其中有些事迹说得很生动，颇有故事的味道，我觉得很好，就记录下来。回来后，稍稍加工，就成了我整理出的《风雪探茅屋》《幸福桥》《焦书记大摆风箱战》那三个故事。

值得一提的是，1965年我和刘锡诚去西藏进行的那次采风活动。我记得那年正赶上西藏自治区成立，中央派代表团前去庆贺，我们就跟着代表团一起坐飞机去了。当晚到拉萨后，我们住在一个招待所里。第二天早上我把窗帘一打开，哇，对着我们窗户的正是令人想念已久却难得一见的布达拉宫。大概是到拉萨的第二天，人家领着中央代表团去参观布达拉宫，我们也跟着去了。因为受达赖集团叛乱的影响，布达拉宫好像全都空空的。我们看到了达赖的卧室。那里的房屋都很矮，达赖的床位、宝座好像只比地铺高一些，房屋内的摆设都没有动。金的、银的等等物件，一律都在那儿摆着。我们这些人进去后，好像也没人跟着，随你到处走。布达拉宫确实是很雄伟，不过当我们看到它周围那一片片的荒草，给人的感觉却是到处都很荒凉。

我们在拉萨没待多久，就前去日喀则了。那里是我们采风的第一站。从拉萨到日喀则，坐汽车走，中间必须经过一处夜间住宿的地方麻江。没想到，麻江竟然海拔高达五千多米。拉萨海拔三千多米，已经让我头疼不已，这五千多米对我来说，更是受不了。夜间睡觉时，我憋坏了，感到喘不上气来，只好到院子里张大嘴吸气。直到第二天早上，汽车开动，往西面下坡路走去，我才逐渐喘出气来。可以说，这是我一生中最难忘的一夜。

到了日喀则。当地政府给我们找了一个当年老班禅手下懂汉语的翻译。有了翻译，我们的工作就好做多了。为了接触到更多的采访对象，我和刘锡诚是分别活动的。我的感受是，不论是对个别人的采访，或是三五成群的交谈，有了语言上的交往，就有了情感上的交流。藏族同胞都是很热情，他们习惯把内地去的同志称为"汉族大哥"，对我们很是亲切。这次只用了几天的工夫，我就搜集到了不少的歌谣，也搜集到了几个故事，包括我已经整理发表过的那篇《借青稞》。

从日喀则往南走到萨迦，是我们要去采访的第二个地方。那是一个很古老的城市。我们去的时候已经很荒凉了。晚上寂静无声，除了几声狗叫外，什么声音都没有。我曾听说那里原是喇嘛各教派中花教的领地，当年曾无比繁华，且到处都是红绿相间的琉璃建筑，很是壮观。可惜，不知什么时候就破败了。好好的一座古城，竟然落得如此荒凉，真是令人感叹不已。

我们在萨迦住在一个看似贵族的藏式楼房里。贵族都跑了，房子空着。当地的县政府好像也在那里办公。有一次，我在楼下看到一位老者，像是县委书记，五十多岁，正抱着一个氧气袋睡觉呢。他年岁已不小，看来身体也不好，在那艰苦的环境下，竟然抱着氧气袋坚持工作。因为他正睡觉，我没有跟他说话，也没能打招呼。我只在他门口站了一会儿，一种同情和敬佩之感油然而生。

我们采风的第三处是一处名叫勒布的门巴族聚居区。该区远在喜马拉雅山南侧，紧贴边境，毗邻不丹。我们先去该区所属的错那县政府联系工作。县长得知我们前去采风，非常热情地接待我们先住下，第二天一早，还为我们安排了两匹马，并派了一个小青年，扛着一挺冲锋枪步行为我们带路。

那一路才叫危险呢。从喜马拉雅山南侧往下走，全都是拐来拐去，且几乎是直上直下的S形路。那些路本来就很窄，那匹马还偏偏不愿意走中间的平路，而愿意走边上长着小草的土路，那土路恰恰又紧挨悬崖边上。我骑着那匹马，一路走着一路揪着心。还有一件事，说起来挺可乐。我们骑马往山下走了一段路，那位小青年一直在地上跟着走，因为扛把枪，越走越累。他索性把枪递给了我，让我帮他背着，他好轻省点。我从未背过冲锋枪，如今骑马背枪地在高山幽谷中沿着那险坡一路走，虽然觉得很有些紧张，倒也欣欣然感到风光无限。

下到山下以后，先是看到边防部队的一处哨所，我们还在部队搭的帐篷里住了一宿。当时在西藏就是这样，你无论走到哪里，人家一瞧你是内地来的，看样子又是工作人员，就把你看作自己人一样，不再多问什么，而且尽量照顾你。

门巴族聚居区属于海洋气候，草木茂盛，与山北面荒漠高原地貌和气候完全不一样。门巴族人的装饰很奇特，头上戴着小帽，黄边褐顶，还留有缺口。女人则背上披着一张牛皮，毛朝里，板朝外，他们认为，这身牛皮可以避灾除患。门巴族的语言和藏族不同，这种情况使我们的采录工作遇到些困难。他们唱什么先要翻译成藏语，再由藏语译成汉语。不过即便这样，我们还是搜集了不少当地的民歌。比如其中的一首：

   天上飞的仙鹤呀，
   请把翅膀借我一用吧！
   我多想飞到北京去，
   见见恩人毛主席啊！

  门巴族人唱的这些民歌，不仅情感质朴，而且想象力也很丰富，是别具情趣和美感的。

三、民间文艺出版社

  1980年，开始筹建中国民间文艺出版社，我调至出版社，先后担任编辑部负责人及副总编辑。中国民间文艺出版社刚开始成立时，是贾芝担任社长，好像还兼总编辑。社长和总编辑后来换了几个。编辑部的人不多，十人左右，也没有怎么分工，稿子来了归谁谁就看，也不分类。有一个出版科管出版的，还有个会计，稿源大部分是投稿。出版社出版上千种图书，及时、集中反映了中国民族民间文化的采录、研究成果，保存、抢救了不少民间文艺珍品。在这期间，我责编过《吴歌》《爬山歌选》《俗谚》《歇后语大全》《印尼民间故事集》《红军在贵州的故事》等三十余部，约七百万字，并与杨亮才共同主编了十三卷本、四百万字的各民族谚语大全《谚海》。

四、民间文学的文学性与科学性

  在搞中央布置的三套集成时，据我所知，有的地方还搞出了自己的集成，比如江苏南通就搞了一套包括当地8个县，且是一县一本的精装本集成。他们编好以后，就是经由咱们中国民间文艺出版社给出的。南通市属于地市级，1989年能编选出这样好的精装本，很不容易。在编辑这套书的过程中，他们约我到南通去帮助出主意并解决一些在编选过程遇到的诸如作品的入选标准和字词修改方面的问题。有一个我还记得，他们提到有个故事里说昭君是山西人，需不需要改？我说不必改，应保留原样，只需加注说明"昭君本是湖北人，此处依原样未动"就可以了。他们都是文化馆的人，搞当地的集成工作虽感到有些生疏，但和我们搞全国性的三套集成一样，工作态度始终是很细致，且是很认真的。

关于民间文学，我还有两句话要说。一个是，我认为民间文学集成甭管哪套集成，在大家的心目中，好像有了集成了，民间文学的搜集工作就算完成了。我说未必。中国那么大，山川田野，无边无际，老百姓平常讲的故事、唱的歌谣，我们没有搜集到东西有的是。民间文学的搜集工作不能停下来。

另一个是，我不知道现在的民间文学是不是包括那些写出来的新故事。我们好几个人，包括我、杨亮才、陶阳等，总觉得将这些新故事归类于民间故事名不副实。新故事写得再好终归不是民间文学。胡乔木同志曾经打过一个比方：民间文学就像一枚铜板，一面是文学性，另一面是科学性，两者是绝对不能分开的。离开了文学性就不是故事了，离开科学性就不是民间的了。民间文学是出自口头的、来自民间的，它是流传的、传承的，这几条是起码的要求。用笔写出来的故事，形式是故事，却不是民间故事。我建议在民间故事方面，我们要继续重视老传统的、搜集整理出来的故事。至于写作的新故事，不是不能出，可以称作《故事新编》。这类新故事，上海早就出版过，而且发行量很大。但是他们并没有管它叫"民间故事"，而是叫《故事会》。我们从来不反对用故事的形式去写现代的、配合党的政策和有教育意义的东西。我们只是认为这些作品应该归入作家文学。个人的东西写得再好也是个人的，不能叫民间文学。外国也有许多个人写的东西，如丹麦的《安徒生童话》、德国的《格林童话》等，它们流传得也很广，甚至全世界都知道。但它毕竟是安徒生的作品、是格林兄弟的，从来没人说它们是民间文学。

联系到我前面提到还有许多的民间文学和作品有待继续挖掘、搜集。我同时还建议，应该给它们一些发表的园地，在期刊上发表或结集出版。如果根本不再提倡，也无处发表，谁还搜集？

五、寄语民协70年

关于中国民间文艺家协会70年，我觉得对民协来说，这个70年太重要了、太特殊了。为什么呢？过去没有人搜集民间文学，只有少数几个像顾颉刚那样的老学者搜集过，至于大规模的搜集更没人搞，旧社会哪个政府也没搞过。新中国这70年，一开始就成立了中国民间文艺研究会，抓住时机，在那些世代传承下来的故事、歌谣还普遍活在人们口头上的时候，而且那些能够讲唱这些故事、歌谣的群众也都健在的时候，下大力气组织各地民间文学工作者和爱好者，通过逐年的深挖和搜集，终于成绩满满，并完成了民间文学三套集成的工作。中国民间文学三套集成，这是一个宝贝，就像国宝一样的。我们抓住这个时代了，没放弃它，也只有这个时代才能有这样的成绩。以前没有，以后也很难。

我之所以这样说，是因为民间文学和其他任何形式的文艺工作有所不同。譬如戏剧、不论是哪种地方戏，过去有人唱，今后也仍会有人继续唱下去；美术，不论是哪派画家，过去有人画，今后也会继续画下去。唯独民间文学在搜集工作上是有时间性的、是时不我待的。我们抓住这70年，还搞出了民间文学集成，这是我们最大的胜利。所以，我认为，对民协来说，这70年实在是太难得、太宝贵，更应该说是太幸运了。正因为如此，我们要特别珍惜这70年，庆祝这70年！

你们这次前来访问我，谈了这么多的问题，不仅谈出了我心里许多话，还帮我回忆起很多几乎被我早已淡忘了的事儿。这很难得，我也很高兴。谢谢你们！

访谈手记

今年92岁的董森老师，让我们一见面就领略了谦谦君子之风，言语不多，却妙趣横生。他从小立志要当一名外交官，清华政治系毕业未能如愿以偿，误入"土得掉渣"的民间文艺，却意外识得"土"里特有的淳朴美、真挚美，心甘情愿地将自己的一生奉献给了民间文艺事业。访谈中，他深情回忆起去西藏采风的往事，感慨民间文学搜集整理的重要性，并寄语民协成立70周年！

2020年1月9日，我如约一早来到马甸双旗杆社区董森老师家。我快递给他的整理稿，他花了一周时间，从头到尾看了一遍，改了一遍。董森老师是编审，对编辑工作一丝不苟。接过他改完后的稿子，我非常震撼，从文章的段落到字句，甚至标点，都有改动，且改必有据，我们花了四个小时完成最后的修改誊写工作。感谢他对民协的深情寄语，感谢他对我们工作的鼎力支持。尤其感动的是，我把修改稿带回家后，董森老师还几次来电告知，文中有一处，他本来用的是"趔趔然"，形容他当时既自豪又揪心，后来觉得不妥，想用"悠悠然"，几番斟酌考虑，最后确定用"欣欣然"。他的学识、他的认真、他的严谨都让我敬佩不已、感动不已。

我的民间文学人生

张 文

访谈时间	2019年11月11日
访谈地点	北京朝阳区金台西路2号院
访谈人	冯莉、王素珍[1]
整理人	王素珍、周利利

张文（1929—2020），山东桓台人。1949年入华东革大学习，1950年结业并调干到山东大学中文系学习，1953年毕业。1956年调入民间文艺研究会工作。1987年获得编审职称。曾任中国民协书记处书记、常务理事、研究部主任，《民间文学》主编，《中国民间文学集成》编委，《中国歌谣集成》常务副主编。著有《民间文学入门》《民间文学论集》等，发表多篇论文，搜集整理民间故事三十多篇。曾获中国民协特别贡献奖、文化部特殊个人贡献奖。

一、去民研会报到

我算了算，我在民协待的时间是比较久的。现在还活着的，我是年龄比较大的一个了。我是1956年的五四青年节到民研会报到的。

我是山东大学毕业的，大学学的中文。1949年4月解放军过江的时候，我在常州的一个中学上高一。解放军问我，是参加工作还是回去？大部分同学都说："我们还是回济南去吧，回济南继续上学。"到了济南，我考入华东大学。这所大学实际是培养干部的，我们属于华东大学的社三部。在华东大学读了一年，1950年的冬天，我们就毕业了。组织上说一下分配这么多干部下江南，也用不了，就留下学习吧。把留下的人分到中文系、历史系、艺术系、政治系等5个系去。后来高教部觉得（华东大学）成立这么5个系，教授师资都缺乏。当时，全国高校正在进行院系调整，就将我们合到山东大学去了。当时的山东大学还在青岛，我们这批学生在那儿成立一个大班，中文系一个班108个人。这一个班怎么教啊？当时有名的教授陆侃如、冯沅君，还有萧涤非、高亨等人都在中文系，给我们大班上大课。1953年，中央需要大批的干部，按照山大的规定,我们应该是四年毕业,正好原华东大学副校长张勃川说:"我了解那个学校,那批学生都受过马列主义教育,叫他们提前毕业吧。"这样,我们就提前都毕业了。

我们那个班七十多个人毕业,到北京的有四十多个,(其他的)有的留在山大,有的去了东北。像李希凡、陶阳、蓝翎,加我,都是直接分配到北京的。陶阳跟我是同班同学,当时他分到北大当哲学助教。他在北大待了两年,觉得自己是学中文的,不愿意当哲学助教,就提出来调到民研会了。他大概是1955年到的民研会。我到北京后,被分配到现在的理工大学教书,当时叫北京市工农速成中学,属于北京市。我是1956年通过陶阳去的民研会。

我为什么去呢?那时候我在学校教书教了两个学期,身体出了问题,肺结核吐血,到医院检查,说是肺部有孔洞。医生说:"你不能教书了,休息吧。"休息了大概一年,我提出来说:"我肺病虽然好了,以后也不好再教书了,传染学生怎么办?"当时那个校长就跟北京市的教育部门商量让我多休息两年。我对校长说:"我还能在这儿教书吗?说实在的,我教不了。我大学毕业,20多岁。但学生20岁的,30岁的,40岁的都有,都是老大哥。人家实际上语文水平也不低,就是认字认得少一点。"我就提出来要调走。

那个时候,有陶阳在民研会这个关系,我跟陶阳说了我的情况,陶阳跟贾芝一说,贾芝问:"他肺病,到咱们这儿行吗?"就没有再议。陶阳继续打听,联系上了科学院。当时科学院《文学遗产》主编陈翔鹤说:"(张文)这个人我知道,他有文章登在我们《文学遗产》。既然是这种情况,肺病已经好得差不多了,那就调来吧。"最后是科学院下的调令。贾芝当时也是科学院文学所的,贾芝说:"他是先跟我们联系的,既然来的话,先上我们那儿去吧。"接着学校教务处通知我:"调令来了,调令来了,你去报到吧,去科学院。"我很疑惑,说:"我上哪儿?去科学院?"我就找陶阳,说:"怎么搞的,是科学院下调令叫我去?"他说:"是科学院下调令,但你还是到这儿来。"于是,1956年五四青年节,我就到民研会来报到了。

二、我和《民间文学》

(一)当歌谣编辑

我刚到民研会的时候,民研会没有几个人,就一个编辑部,一个办公室,还有一个研究部。办公室管人事、日常工作,就那么两个人,高鲁当时当办公室主任。办公室下还有一个资料室,资料室就是管图书的。研究部就路工一个人,他既是研究部的

[1] 参与访谈人:李航。

人,又是编辑部的主任。[2] 他除了在那儿睡觉以外,写他的诗,有时候搞考古,还搞书籍收藏。"文革"时,他从江苏、浙江那一带搞了好多古典书籍回来,咱们图书馆里也有他的一批东西。

编辑部当时有3个主任,老干部高鲁,诗人路工,再就是有名的汪曾祺。汪曾祺以前是老舍的部下。当时,老舍是咱们《民间文学》的编委,也是民研会的理事。民研会成立的时间比较早,1950年成立的,大家都说民研会是个"小文联"。(文联其他)协会的领导都在民研会当理事[3],比如,老舍、赵树理,还有"五四"时代从事俗文学史研究的郑振铎,这批人都是《民间文学》的编委。

《民间文学》编辑部里分故事组,歌谣组这两个组。那时编辑部在演乐胡同74号,办公室很紧张,有3个小院。中间小院,北边3间房是故事组,南房是歌谣组,西房就是办公室。当时我去的时候,王一奇也刚到故事组不久。王一奇是故事组组长,贾芝的夫人李星华(她是李大钊的女儿)、何其芳的夫人牟决鸣,还有卞之琳的夫人青林都在他这一组。

当时,歌谣组人少,就刘超和陶阳两个人。我就去了歌谣组,在那儿当歌谣编辑。我到那儿不久,1956年7月,科学院和民研会组织了一个采风组,把歌谣组的刘超、陶阳都调走了,上云南采录民歌。民研会去的有刘超、陶阳、李星华和青林,科学院的孙剑冰,还有毛星。他们6个人由毛星带队,从北京坐车到南宁,经广西去云南。

采风的成果有:陶阳跟杨亮才的《白族民歌集》、刘超的《纳西人的歌》、李星华的《白族民间故事传说集》[4]。民研会的我清楚,科学院的我就搞不清楚了。

采风还有一个收获,就是把杨亮才采来了。杨亮才原来是白族一个县[5]的,大概是宣传科长。他们下去以后,杨亮才给他们当翻译,后来陶阳、李星华他们几个人觉得他还行,就调民研会来了。所以我说,采风采回一个人来。杨亮才本身是少数民族,对民歌懂得也多,在家乡他可以随便对歌的,给他们做翻译当然就方便多了。杨亮才到民研会以后,先是在歌谣组待了一个阶段,后来就调到办公室去了。当时民研会编辑部实际上就是干部储存部,外面调人来就放在编辑部,过几天以后哪个地方需要了又把他调走。

1956年,陶阳、刘超一走,歌谣组就剩下我一个。后来,歌谣组又调来了西采和吴超。高鲁是编辑部主任,也兼着办公室主任。高鲁对我说:"你先代理吧,代理歌谣组组长。"我说:"好,我就代理吧。"我只能边干边学。民研会成立以后,聚攒了大量的稿子,故事、歌谣在书柜里放了一层又一层,堆满了一整间平房;每天地方的来稿也很多,而当时全国就这么一个《民间文学》刊物,可以想象工作量有多大。那个

---

[2] 关于路工的事,刘锡诚有专门的文章《回忆访书家路工》。路工:《访书见闻录》,上海古籍出版社,1985年。

[3] 当时民研会各组负责人:秘书组组长贾芝,民间音乐组组长吕骥、马可,编辑出版组组长蒋天佐,民间文学组组长钟敬文、楼适夷,民间美术组组长胡蛮,民间戏剧组组长欧阳予倩,民间舞蹈组组长戴爱莲。(《民间文艺集刊》第一册,新华书店,1950年。)

[4] 李星华同志记录整理的《白族民间故事传说集》,陶阳:《我与民间文学》,贾芝主编:《新中国民间文学五十年》,北京:大众文艺出版社,2004年,第513页。

[5] 应该是洱源县,杨亮才当时在洱源县文教科任职。(杨亮才:《先生之风 山高水长——忆恩师毛星先生》,选自杨亮才:《守望民间的人们》),北京:知识产权出版社,2011年。

时候管理很严格，每一次来稿稿件、地址都要登记，看完以后你的处理意见，退掉还是留存，都要有记录。我们当时进行过统计，光湖南省一个月就来了800篇稿子。开始的时候，西采、吴超把稿子给我以后，我从好几百件稿子里选了70篇，然后交给编辑部。编辑部编委会开会时，把这些稿子送给当时曲协的领导陶钝，陶钝也是咱们的编委，陶钝看后返回来只剩了10篇。从欣赏水平，从美学观点来说，人家老同志还是比较严格。我吸收这个经验以后，编稿子就方便多了。到后来，我编过的稿件，到汪曾祺这一关，都很容易通过，他对我说："行了，你就这么编就是了。"汪曾祺是编辑部主任，他是诗书画都懂的才子，很能干。平常你看他没有事儿，游游逛逛，这儿翻翻，那儿翻翻。但是稿子连歌谣带故事、小戏一起给他，他一夜处理完，第二天就可以发稿。他的编辑能力是很强的。

我就从那个时候当歌谣组组长。当时《民间文学》是月刊，主要刊登故事、歌谣，地方小戏，谚语和一些民间音乐等作品，也刊登一些研究文章，像毛星、贾芝他们写的文章，还有政策性的一些文章。

采风工作结束，刘超回来当编辑部主任，陶阳管理论，我管歌谣，铁肩管故事。1958年开始新民歌运动[6]。报纸、歌谣那么多怎么弄？周扬跟郭沫若号召《民间文学》编辑部的干部，"要耐得寂寞，要埋头苦干"。除了刊物发表以外，当时周扬同志看民歌这类稿子很多，他们还组织编选《红旗歌谣》[7]，其实红旗歌谣大部分都是编辑部已经发表过的。《红旗歌谣》后来找好多人来编，贾芝带了一批骨干，另外，还从中宣部调了一大批人来帮助看稿子。从四川也调来一批大学生，但没多久就调回四川了。1958年7月，还开了一个大会。[8] 就在现在的商务印书馆那个楼，当时叫文联大楼，在礼堂里，郭沫若、周扬，各协会的理事都来了。

有一个阶段我去研究部搞调查，编辑部有时候人少了，就调钟敬文先生的学生张紫晨[9]去管歌谣组。1962年，《民间文学》才变成双月刊。1965年我去山东曲阜搞"四清"，这时候张紫晨、刘锡诚来管编辑部。钟先生的研究生潜明兹在《民间文学》歌谣组待了一段时间。

（二）《民间文学》复刊

1966年，《民间文学》就停刊了。1969年干部下放，我被下放到天津团泊洼干校。1972年回京，我被调到文艺研究院戏剧组，搞了好几年戏剧。杨亮才也在文艺研究院，他当时是文艺研究院院长秘书。1979年的夏天，杨亮才找到我，说："老张，民研会要恢复，你回去吧。"我说："既然恢复，那就当然回去了。"回来一看，民研会的大部分干部都没回来。当时，贾芝、毛星、杨亮才是民研会恢复工作的领导小组。贾

---

[6] 1958年4月14日，《人民日报》社论：《大规模地收集全国民歌》。

[7] 除了《红旗歌谣》，还编选过《中国各地歌谣》，1959年9月8日，民研会《〈中国各地歌谣〉编选说明》。

[8] 可能是1958年7月9日的"全国民间文学工作者大会"。大会通过了"全面搜集、重点整理、大力推广、加强研究"的工作方针。选举郭沫若为主席，周扬、老舍、郑振铎为副主席，会议期间，举办了"民间文学展览会"。

[9] 当时写作"张子臣"。后改为"张紫晨"。

芝去文艺研究院宣布，说："咱们民研会恢复工作了，刊物先恢复吧。其他慢慢人调齐了再说。"于是1966年6月停刊的《民间文学》，到1979年底终于又复刊了。我管的复刊，写的复刊词。[10]

当时编辑部有我、王一奇、董森，我们三个组成编辑部。贾芝（对我）说："你抓总，你管事儿。"下面还有原来编辑部的马捷、李树星、关艳茹、冯志华，还有科学院从人民日报调过去的黄泊苍。编辑部10个编制，后来慢慢就填满了。我抓总，王一奇还管故事组，董森管歌谣组，董森跟关艳茹两个人在歌谣组。

后来又调来了周忠枢。周忠枢是马学良的学生，原来在科学院少数民族语言调查所。云南地区有个少数民族，当时每年要找一个络腮胡子漂亮的杀了祭祖。去云南调查时候，周忠枢主要调研少数民族的语言和文化，他当时年轻，就让人逮去了，幸好他是工作队的人，动不得，就把他放了。他回来以后说："我再也不去了，我也不在科学院了。"后来他下放到北京一个工厂夜校当老师。他调查研究《重逢调》一段时间，还是有成果的。我看了他写的一些东西觉得挺好，我说："这个稿子可以用，不过翻译有点问题。"但当时因为我们干部下放，那稿子就在抽屉里压了一年。我回来以后，在编辑部发现这稿子怎么还在我这儿？就把周忠枢叫来，在当时文联大楼底下一个小茶座，按照他记录的原文意思说一遍，对照他原来的翻译，我给他翻译了一遍，两个人一起又重新翻译了一遍。后来文章发表出来，翻译的效果还不错。文章在《民间文学》[11]期刊发表以后，很快《人民文学》出了单行本。我跟贾芝说："你看这个人还不错。"就把他从工厂调到编辑部来了。

那个时候，每年都召开一次编辑部会议，请科学院、北师大研究民间文学专家来开会，请他们提提意见建议，出出主意。

三、我和民间文学集成

民间文学三套集成是在1981年理事扩大会上提出的，这是民研会成立以后第一个理事扩大会。[12]当时各地的理事、常务理事提了好多意见，比如南京的马春阳、浙江的季沉，还有山西的刘琦，提出"搞个集成吧。民间文学门类太多了，先搞三种，一个就是故事，一个是歌谣，一个是谚语"，称作"三套集成"。当时钟敬文、贾芝、马学良三位老先生都同意。到1983年西山会议的时候，慢慢地，民研会的人都往回调了，人也多了，民研会有人管了，好像是比较安定一点了，就确定搞集成。当时刘魁立、张紫晨做了记录，搞了一个初步规划。钟老是故事卷的主编，贾芝是歌谣卷的主

---

[10]《复刊词》刊于《民间文学》，1979年第1期。也见张文：《民间文学论集》，北京：大众文艺出版社，2013年，第111—114页。

[11] 周忠枢翻译整理：《重逢调（傈僳族长歌）》，《民间文学》，1962年第1期。

[12] 1981年12月29日至1982年1月2日，中国民间文艺研究会常务理事扩大会，提出在普查的基础上，编纂《中国民间故事集成》《中国民歌民谣集成》《中国谚语大观》（简称民间文学集成或三套集成），并形成决议。

编，马先生是谚语卷的主编。故事卷主要是钟先生领队，副主编包括刘魁立、许钰、张紫晨，贺嘉的故事卷副主编是后来添上去的，他原来是集成办的主任。谚语卷由马学良组建队伍，副主编是陶阳、陶立璠和李耀宗。歌谣卷贾芝就定了，副主编是陶建基和我。陶建基不久就走了，后来就我管事儿。30个省市的歌谣卷，每一卷我基本上看三遍，别人分一部分看，提提意见，建议怎么改。然后我都得再看一遍，才能发稿。歌谣卷后来加了马捷、金茂年、吴超，还有音协的晓星。期间组织召开了三次会议[13]，就翻译、编委等进行商讨，大家提出意见修改，到庐山会议基本上就定下来了。然后开始普查。普查可费了事儿了，据当时统计，动员全国普查人数差不多十来万，规模和人数都非常大。

我参与了普查工作手册的制定，编辑体例基本上是在三次会议后形成的，大家讨论定下来以后，因为各个省的情况不一样，云南少数民族多，问题比较多一点儿，四川少数民族也不少，还有新疆也不少。所以，这几个卷有什么问题，大家商量着来处理。

"三套集成"的歌谣首卷是广西卷，但它算不上示范卷。广西卷主编是蓝鸿恩，副主编农冠品、过伟。广西卷也没经验，到现在问题还是不少的，一个是翻译问题，一个是各个民族的编法。真正的示范卷是湖北卷，但是湖北卷发稿最晚。金茂年（把稿子）放在她的抽屉里，别的卷都发了，快完事儿了。我说："金茂年，你那个（书稿）还（准备）生小的还是怎么的，你不发？"她说："那拿出来，发了吧。"后面（湖北卷）还加了一个谜语村。湖北省民研会的李继尧负责湖北卷，他比较内行，同时也很下功夫。李继尧拉来一大摞原稿，叫我们去看稿子，到那儿一看，我说："李继尧，你可真能干，你这是抓官差啊。"李继尧说："我一个人，我怎么办？"说实在的，各地民研会也好，有时管这个事儿的就是一个人、两个人，两个人就算多的了，一个人是真困难。贾老（贾芝）看完湖北（歌谣）卷的资料，干脆让李继尧来北京修改。李继尧把自己关在旅店里，按照贾老提的意见对这些材料进行修改、补充，可以说克服了人力不足的困难才完成了集成卷的工作。

实际工作中，各地情况很不一样。因为《民间文学》出版的蒙古族的资料比较多，他们就根据那个东西编，内蒙古卷就给你拿来了。我说没有普查，他说有啊，都有啊，各个地方都有。我说："你那县卷本，上哪儿去了？"（他回答我说）没有。所以，他基本上没下去普查。

1987年在杭州召开首届编选工作会议之前，开过一个甘肃兰州会议，会上将三套集成纳入"十部文艺集成志书"。[14]但是因为七大集成在财政部已经立项，三大集成错过了申请时间，并且因为三套集成单独办的时候，财政部拨付了经费但是没有出版

---

[13] 1984年9月，在云南召开了有25个省、自治区、直辖市民研会参加的全国民间文学集成工作座谈会，着重讨论了普查、采录、翻译等工作中如何贯彻"三性"（科学性、全面性、代表性）问题。1985年10月，在贵州省举办了有26个省、自治区、直辖市派员参加的培训班、座谈会，讲解、研讨贯彻各套集成作品的分类以及编选中如何贯彻"三性"要求。1986年9月，在江西举行学术讨论会，围绕贯彻"三性"要求，对采录作品时怎样做到忠实记录、慎重整理的问题，及集成资料统一分类编码保管的问题，进行了讲解和讨论。张文：《民间文学集成工作的回顾》，《民间文化论坛》，2009年第5期。

[14] 1986年8月24日至9月2日，中国民间文艺研究会主席、中国民间文学集成副总主编钟敬文率团参加在兰州召开的全国文艺集成志书编纂工作会议。会上讨论了将三套集成纳入"十部文艺集成志书"。

经费。《歌谣卷》是咱们出版社出的,杨亮才管出版社,后来杨亮才任总编委会主任。周巍峙当副主编后,将整个十大集成统一管起来,咱们出版社整个没再管出版。因为出版经费,他跑来跑去,想办法解决。

1956年的五四青年节,我到民研会报到,一直到现在就没动窝。我从最初的一名民间文学新兵,边干边学,一辈子主要做的是民间文学编辑学工作。"民间文学是文学"我们不仅要收集、保存,更要研究和发展,要有陈可推,要有新可出。

访谈手记

我们事先在电话里约好了进行口述史访谈,张文老师对我们的工作非常支持。当我们来到他家附近,还在犹豫不知进哪个单元门时,他竟从窗户里招呼我们,原来他已经在等候我们的到来。张文老师记忆惊人、思路清晰,他从1956年五四青年节到民研会报到开始谈起,讲述了半个多世纪在民研会(民协)的工作。从最初的一名民间文学新兵,边干边学,成长为"从土里挖金子的著名民间文学编辑家"。"民间文学是文学",我们不仅要收集、保存,更要研究和发展,要有陈可推,要有新可出。聆听他讲述民研会早期的学术史,我们又新鲜又激动,在他的讲述中,那些人、那些事,格外鲜活。当访谈结束,已是夜幕降临,我们依依不舍跟他告别时,老先生起身相送,一一握手。走出楼道很远,我们仿佛依旧能感受那殷殷期待的目送……张文老师是我们民协70年学术史口述访谈的第一人,这次访谈开了个好头,给了我们信心和力量。

2019年12月12日,我将整理稿打印好送给张文老师审订。整整一下午的时间,张文老师一字一句把整个稿子阅读完毕,并就某些表述进行了修改审订。2020年5月11日,张文老师因病在北京逝世。他为中国民间文艺事业倾注了一生的心血和热爱,我们深刻缅怀他!

从事云南民间文学集成工作是我一生的骄傲

刘辉豪

刘辉豪，1932年生于重庆潼南。1950年参加革命工作，1957年考入昆明师范学院（今昆明学院）中文系，1961年毕业。1978年调入云南省民间文艺家协会工作直至离休，先后任民协秘书长、常务副主席、云南省民间文学集成办公室主任，研究员职称。在云南省民间文艺家协会工作40年来，刘辉豪主持了云南民间文学集成工作以及少数民族民间文学调查、搜集整理、出版工作，取得突出成就，多次获得国际组织、国家和省部级奖励。

访谈时间	2019年11月15日
访谈地点	云南昆明五华区
访谈人	张多[1]
整理人	张多

一、从事民间文学集成工作始末

我今年88岁了，中国人把这个年纪叫作"米寿"。我1950年参加工作，曾在重庆的西南军政委员会工业部工作，1952年我们部门搬迁到云南，1953年1月1日我随部门到达昆明，就是昆明交三桥这个地方。从1953年到今天已经66年了。

来到昆明后，在妻子支持下我报考了昆明师范学院中文系，1961年毕业。毕业后分配到云南省文化局工作。我在文化部门工作时，当时的副省长是老一辈革命家刘披云，他分管文教工作。我在文化局（今云南省文化旅游厅）做办公室主任，因此跟刘披云副省长打交道比较多。后来1975年我从文化部门到云南民族学院（今云南民族大学，下文统一用现名）任教。1977年，刘披云到云南大学当党委书记兼校长。因为我原来在文化厅工作，又是中文系毕业，云南大学正好需要人才，刘披云校长就把我从云南民族学院调到云南大学。

1978年，云南省文学艺术界联合会恢复，包括云南省民间文艺家协会，需要一批人。云南省委认为需要一批原先在文化系统工作的"老人"

出来主持工作。而我正好是原来的"老人"之一。当时文联主席叫陆万美，陆万美是老革命，是昆明人。他跟当时的云南大学校长林亮说："林校长，那个刘辉豪原来在文化系统工作，叫他回来。"当然，我也有一点搞民间文学的基础，又学的中文专业。当时云南大学人才已经很多，不缺我一个。于是林校长就找我谈话。林校长说："刘辉豪，陆局长叫你回去，我是舍不得让你走的。看看你的意见怎么样？"我说："林校长，本来我也是文化系统的，我同意去民间文艺家协会。"就这样，我去云南省民间文艺家协会当负责人了。很快，就正式成为云南省民间文艺家协会秘书长了。

1978年我在云南省民间文艺家协会就主要抓民间文学调查。我们开始参与全国性的"民间文学集成"工作是1983年，做到1992年我退休，退休了之后，我又继续工作了大概5年。1997年我就正式退下来，开始休息了。

全国"三套集成"最早是从云南开始的。云南开展民族民间文学工作成绩很突出，最早的全国的集成工作会议是在我们这里召开的。1984年9月，中国民间文艺家协会在昆明召开"全国民间文学集成工作会议"，由云南省民间文艺家协会承办，在云南民族学院召开。在这之前，1980年国家高教部委托云南大学中文系举办"少数民族民间文学师资培训班"，这也是一次重要的全国性民族民间文学学术活动。

其实我们云南的集成工作比这个全国工作会议还要早一点，我们1983年就开始了。中国民间文艺家协会觉得我们开展工作好，省委领导（赵廷光）也重视，所以说全国的民间文学集成工作是从云南开始的。云南的情况很特殊，民族多，而且民间文学工作是民族工作的重要组成部分。当时许多搜集整理的作品很不错，比如说我们整理出版的《阿诗玛》影响就很大，应该说全国乃至世界上一些国家都知道《阿诗玛》。

1983年我到北京开会，中宣部领导周扬也很肯定我们的工作。这次会议是中国民协组织的，具体名称我记不清了，就是一次民间文学集成的前期动员会议。周扬出席了会议。我回来之后，大约是1983年8月的时候，我给省委汇报，听取我汇报的就是赵廷光。他那个时候是省委副书记，很支持，他就觉得应该重点开展这项工作。同时，省委同意、批准成立一个云南民间文学集成编辑办公室。这个在全国可能是成立最早的"集成办"。

到2003年，民间文学集成的文本搜集整理基本差不多了。省卷本送到北京审查定稿以后，才决定正式出版集成。

---

[1] 张多，云南大学文学院副教授。参与访谈人：高健、黄静华。

二、民间文学集成工作的方法

我在"三套集成"工作开始就撰写了《云南民族民间文学集成的编辑体例》(以下简称《编辑体例》)。宏观的体例以"民族+文体"为原则,下面再详细制定了正文、注释、附记、图片、录音、后记等部分的编写原则。这个《编辑体例》当时在好几个工作会议上都讲过,后来在各个州市开展的集成工作培训班也多次讲过。体例的主要用意是,民间文学资料全部搜集到各级民间文学集成工作办公室之后,如何整理、汇编,以及为什么要搞民间文学集成,怎么样搞民间文学集成?方法、原则、过程、指导思想都在里边了。

《编辑体例》大概1983年底到1984年初这个时候就已经有了初稿了。后来我在相当多的会上讲过多次,又不断修改完善。当时云南省民间文艺家协会在全省举办了若干民间文学集成培训班。基本上各个州市、很多重点县都办过,培训了相当多的人才。我们要求大家要掌握这个原则,编一套书,怎么个编法,要有个原则,有个指导思想。

2018年"庆祝改革开放40周年与云南民族民间文学"研讨会上,许多同志讲民间文学集成取得了一些什么样的成就,很少谈到成就是怎么取得的?是按照什么原则编写的?这一点,在后来我们的会议上渐渐讲得少了。这也导致我们现在相当多的同志,并不完全知道工作原则。我自己还是有一点自豪的,我在这个指导思想上是下了工夫的。我觉得这对以后搞编辑工作,可能有一点参考价值。

撰写这个《编辑体例》是从我们云南的实际情况出发。云南有这么多的少数民族,有这么丰富的民间文学作品。云南各个民族有不同的历史,有的来自东面,有的来自北面,有的是云南的本土民族,都有不同的情况。那么如何编辑?我们历史上的一些编辑家,已经发明出各种各样的编辑体例,这些我都参考了。但最重要的是结合我们云南的实际情况来确定编辑体例。在我们民间文学集成工作的第一次会上,乃至后来若干次会上,我就反复讲到这个体例,尤其是注释。注释很重要,不仅要注释民族语言的理解,还要注释文化的信息。

当时我主张"忠实记录"这一点。必须要忠实记录,作品要全面、要忠实记录,但是同时也必须鉴别它的科学性。歌手张三唱,李四也唱。两个人唱同一个作品不会完全一样的,那么是忠实于张三的,还是忠实于李四的?这时候就要鉴别了。可能李四唱的内容和张三的不同,也可能张三唱的东西把民族发展的另外一个阶段的东西加到里头去了,那么你说他忠实不忠实呢?古代的东西有现代的内容,它就有不真实的地方了。歌手是口传啊!他并没有科学的文字对不对?比如说歌手要做些比喻的时候，比喻里头就会有现代化的东西。它就可能不是那种古老的比喻，古老的生活环境。古老的生活环境当中没有那个内容。那么你说这个忠实，忠实于哪个？是忠实于你呢，还是忠实于他？这就是说忠实记录的同时，我们也要鉴别，必须要科学地进行分析。这个分析就要有历史知识。某个民族发展到什么生活阶段，他们生活在这个环境中，不会出现哪些东西。我举个简单的例子，比如说"我们在地下滚麻线团、滚皮球"，究竟是"麻线团"先有呢，还是"皮球"先有呢？肯定是麻线团先有，滚麻线团才符合那种古老的历史真实。皮球是后来出现的，是不是？

作为搜集者来讲啊，听歌手唱，我们也不干预他，他要怎么唱就怎么唱。唱完以后，搜集者怎么对待同样内容的不同作品，特别是史诗。这就需要鉴别啊，不能说你们两个唱的是两部作品，其实唱的是一部作品。最后在集成阶段，两个人唱东西我们要综合，成为一件作品。比如我们说史诗，拉祜族的《牡帕密帕》，你不能搞出好多部《牡帕密帕》来，只能是一部。我搞的就是第一部《牡帕密帕》，后来也有人来搞了若干部，我看了一下，大同小异，都没超过我那个范围。但是不管谁搜集的，我们都要鉴别它的真实性。哪些情节可取，哪些情节不可取，哪些细节可要可不要，我们都要进行鉴别，这样才比较科学啊，是不是？

当时我们没有更多考虑到学术的需要，只考虑到某一个民间文学作品，它的科学性怎么样，真实性怎么样？比如我们说"真实"，什么是真实？更多的要考虑民间文学流传地的群众喜不喜欢听。比如唱古老的史诗，那么应该是我们的先民、原始社会流传的东西啊，老百姓都很喜欢听。他们通宵听，坐到火塘旁边听。所以还是需要群众的喜爱。他听到这些东西，觉得是一种安慰，是一种精神鼓励。听众从中感受到我们先民，怎么过来的哟，好艰苦哦，真是太不容易了！有些时候，听众感动得流下眼泪来。有些艺人发挥得更丰富、更生动。也有的艺人是我的师父怎么唱，我就跟着怎么唱。当然也都有歌手自己的发挥，他唱到有些地方，就情不自禁要丰富了。但是他们都没离开这个主题的原则，大体没有离开这个事实的真相，这样我们才可以把它收集进来。

当时在各地举办培训班的效果很好，得到了中国民间文艺家协会的大力支持，中国民协请很多专家到云南来。当然我们云南也有专家。像我们在各地办培训班，不是我来讲，是像云南大学的张文勋老师这样的著名专家来讲。后来慢慢地，我也来讲，因为我也是学中文的嘛。那时候，我们邀请的有史学老师、民族学老师、民俗学老师，全方位培训基层集成工作者。我记得我们也请过乌丙安老师，辽宁大学的，从沈阳请过来讲。我们这些地方的民俗学老师、史学老师，应该说他们也相当有水平。我今天来看，他们对云南的历史、民族、民俗比较熟悉，对汉文学和民族文学也都比较熟悉。当然,我们主要是需要有民俗学和文学功底的老师,像我们说的杨知勇、刘绮,他们搞过《阿诗玛》的这一批人,他们也来讲过。我计算了一下数字,好像是一万二千多人次。那个时候因为全面都要搞啊,各个民族啊,各个县份都搞啊,所以要有这么多人。

他们是民间文学的爱好者,有一定的文化基础。他们对少数民族的文学比较了解,而且有兴趣。或者有一些是文化馆、文化局的干部,或者是民族事务委员会、图书馆的干部。反正都是和文化工作有关的,他们愿意来学习,我们都培训。我们组织各个州市文化局或者民族事务委员会的学习,他们都参与。我们去各地讲课培养了一万多人。因为要搜集那么多的资料,需要人手,我粗粗统计了一个数字,那个时候搜集的民间文学资料有一亿二千多万字,实际上后来不止这个数字,远远超过这个数字。

翻译也很重要。我们的翻译工作也是下了工夫的。20世纪50年代就开始培养翻译人才,非常不容易。那个时候,兼通汉文和民族语文的知识分子少,省里请他们来培训、开会、学习。要做翻译,当然他要有一定的基础。比如说汉语一句不懂,学起来肯定困难。少数民族文字要翻译成汉文,还要会写汉字。所以就要有一定的汉语文基础,又精通民族语文,才能进一步培训。

翻译者如果是本民族,语言要过关啊。我最早是在拉祜族地区搞民间文学搜集,那个时候翻译就相当困难哪。政府派了两个翻译跟着我,两个都是女同胞,都二十多岁,通一点汉话,但是要翻译民间文学还是不行。当然她们民族语言完全听得懂,汉语懂得不是很多。她们俩跟着我去翻译,歌手唱一段比如说三五分钟,我就问她们唱的什么意思。她们讲汉语慢,表达能力欠缺,我就要慢慢想,她说的是什么意思,再记录下来。记录下来我就反复跟她们说,要跟歌手核实是不是这个意思?很多时候歌手和翻译都说"是的是的""对的对的",这就只能说勉强准确。

像我那个时候就去调查时比较困难,唱一句需要翻译一句,很麻烦、很不容易。所以像收集一个长诗,少则六七百行,多则一两千行。歌手唱几天几夜,白天又不能收集,白天要劳动。白天我跟着他们下田、插秧、穿埂子,要上山去找猪食。晚上等他回来以后,因为山上回来已经很累了,要做饭吃,又不像我们现在锅锅灶灶那么快。你等到他差不多晚上10点多钟才有空,来了从10点唱到夜里起码两三点,晚上搞那么四五个小时,搞到深夜,大家都很累。

三、拉祜族、哈尼族民间文学搜集整理

我最早是在澜沧县的木嘎、克朵这两个乡搜集拉祜族史诗《牡帕密帕》。歌手喜欢唱什么我们就记录什么。我在澜沧县就碰见这两个歌手，最喜欢唱史诗，唱《牡帕密帕》。最早我在木嘎也搜集了三天三夜，然后我到了克朵，克朵到木嘎大概有七八里，跋山涉水也不好走，我又在这里搞了两三天，都是收集这个作品。当然澜沧县其他地方的歌手也喜欢唱《牡帕密帕》，但是我觉得唱得最完整的就是木嘎和克朵这两个地方。

歌手的名字叫扎莫。我们集子上有他的名字，因为他是最早唱的。第二个叫李拉二，也是个老年人。那个时候他们都六十几岁了，我们还是年轻人。

云南省委宣传部主持很多民族调查，我们是其中一个调查队。我那个时候是昆明师范学院的学生，我参加了调查。我们那个队是27个人。其他还有楚雄的、红河的、怒江的。还有一次大规模的调查是1958年云大师生的调查。云大有些前辈老师现在还在，比如说张福三老师，当时都参加了调查。

遗憾的是，那时候搜集《牡帕密帕》的第一手资料我这里没有了。拉祜族史诗最早是在《边疆文艺》发的，后来云南人民出版社出版。《山茶》杂志社又把原始资料拿来，把没有经过我的加工整理的文本又发表了。

因机缘巧合我去整理哈尼族的神话《奥色密色》。那时候我已经在云南省民间文艺家协会了，当时云南省民间文艺家协会、云南民族学院有一些老师就是红河的哈尼族，他们搜集到哈尼族创世神话的资料，请我看了这些资料，又请我加工、整理。当时我和哈尼族同事李爱群、钱勇给这些搜集者开过若干次会议，就那部作品跟他们进行讨论。

大概我在1978年之前就已经看到这部分资料了，但是我反复在看，和他们一起研究。后来正式整理发表在《山茶》上。讲述这个神话的是云南民族学院的哈尼族老师和学生，可能有几个现在还健在。我当时给他们开会，把其他哈尼族学生也请来，白天办公、晚上开会。开了两三场会议后，大家基本没意见，最后才定稿的。那个会议的研讨过程勉强还可以；这个也算是哈尼族的创世史诗。

《奥色密色》在"三套集成"省卷本没有收。因为考虑到《奥色密色》来源多样，也不是一位著名歌手唱的，我们在集成里收的都是有代表性的、古老的歌谣史诗。我听说云南省民间文艺家协会现在还在汇编那些民间文学作品。左玉堂老师是做彝族的，他前不久跟我说又要集成，各省的统一送给北京，这次搞的是叫《中国民间文学大系》。

四、对"三套集成"工作的评价

当时"三套集成"的县卷本有的是按一个一个县出的,有的是按民族出的,还有些是综合的了。因为某个县若有好几个民族,只有每个民族都选出来,这样在当地才通得过。如果说单出哪一个民族,就不公平。所以县卷本多半是带有综合性的。

那时候每个县、市都成立了集成办公室,当然也不是所有的。有的是指定县市文化馆里的某个部门分管民间文学集成。也有的抽调专人,成立了集成办的,有专人来负责。不然我们那么大个动作,全省性的,上亿字的资料,那不是少数人搞得出来的。原来数过单是骨干成员就一万二千多人,必须要大量的人来搞。

"民间文学集成"培养了好多人,不仅是文化人才,也培养了政治人才,对云南的民族地区治理很起作用。

比如说云南大学,像傅光宇教授、张福三教授、李子贤教授,当然还包括我们的张文勋教授,他们都受民间文学调查的影响,在民间文学研究上有突出成就。他们因为有民间文学调查的成绩,在这方面进一步发展,提升为教授,这个可以说是他们做学问的最重要的起点。

还有录音的问题也很有意思,那时磁带是很少见的。我们说是要求录音,但是录音带很少,没钱买,不像现在到处拿个手机都可以录了,那个时候很困难。我们民间文艺家协会有钱的时候倒是买了几台录音机。大部分的调查都是现场记录,甚至是现场翻译。20世纪60年代初期这一批调查者,花了很大的工夫,很艰苦。当时走路啊,一整天背着背包、棉絮走,走一段以后把背包放下来,背包上都是一层汗水,是湿的。我们跋山涉水,路很不好走。像城市出生的娃娃,脚很容易起泡、打出血来。我小时候在农村待过、锻炼过,走路还走得。

那个时候哪去找旅馆?我们自己捆个铺盖卷儿,自己的衣服裹到里头,背着走,一天走个七八十里路都很费力了。那个不是康庄大道,要跋山涉水。我到澜沧县去的时候,走到山上那些地方也找不到泉水喝,那个喉管里头就像一层纸壳子塞着,渴得不得了,难过得很。然后找到点水,干净不干净都不管了。到村里人家住下来,一倒下去就睡到天亮,天亮以后又要走。到一个地方去调查,至少要走一天两天路,这种情况是很普遍的。我看过一些同志到怒江去是最艰苦的,怒江那个地方的交通,比大理、思茅那些地方就差多了。

现场翻译、现场记录,这种工作方式会存在翻译不准确的情形,这个是难免的。因为条件的限制,没有办法。正因为如此,如果有多个作品谈同一个故事内容、史诗内容,我们就用好些作品对照着来看。我们不是凭一个作品、凭一个人唱的,就发表成篇。比如说同样一个故事,有的叫"龙女的故事",有的叫"龙姑娘",四五个地方都在讲"龙姑娘的故事"。我们就看哪个最完整、最有特点,然后以它为主,参考其他文本,这就带有综合特质。许多发表的民间文学作品不完全是哪一个人的,都要写明是两三个人口述整理。民间文学工作者要对搜集的文本进行综合判断、去粗取精、去伪存真。如果你是文学系的学生,文字上不通顺的话,可以帮它顺一顺。有些歌手、故事家讲话时语序颠倒的、前言不对后语,我们作为文学系的学生就有职责稍微调整一下,这种情况也是有的。什么叫"完全的忠实记录",不可能是完全的忠实。因为民间的东西那么杂,有时候非得有些调整。所以像我们中文系的学生,云南大学、昆明师范学院、蒙自师范专科学校这样的中文系的学生,都参与这个工作。那时候大学生不多,多半是基层干部参与搜集整理。

多个文本的综合工作方式,其中一个很重要的原因就是因为单个作品的记录它有可能反映不了这个民族作品"真实"的一面。有的歌手自己也有局限,有才能比较高的,也有差一点的。还有记性差一点的,唱得不连接了、不连贯了。那么这种我们只有考虑综合连接起来,成为一个比较完整的、从头到尾的、符合逻辑的、语言规范的作品。有些民族语本身就是主谓宾跟汉语顺序不一样,翻译不出来,有的歌手都跟你颠倒着说汉语。

正因为这样,我们编辑体例里就说到注释问题。民间文学很多东西需要注释,怎么注释,大体上我们都有思考。比如地名、人名、地方文化知识、演唱的情况等等都需要有注释。中国民间文艺家协会多次表扬过我们、表扬过云南省,我们有很多先进个人、先进集体,这都是因为我们编纂"三套集成"确实下过工夫。我们也感谢中国民间文艺家协会曾经鼓励我们、帮助我们。

我在中国民间文艺家协会开会的时候也讲过我们的经验。我记得那个时候中国民协的马振参加这个会议,他也很肯定我们这个工作原则,后来中国民协的贺嘉更了解这一套工作方法的价值。当然,别的省有没有借鉴云南这个做法,我不清楚,各省有各省的情况。但我自己以为,云南这一工作做得比较成功。我们的编辑体例既有前辈编辑工作的各种原则经验,又有云南民族民间文学的特点。

歌手都是劳动人民,他唱的歌,在这个地方就很有影响,我们一请他,很多就来参加了,村民晚上没事就来听。那时候我们物质条件差,我们是大学生,一天是四两粮,我们白天只吃二两粮。晚上唱歌时,我们就拿出粮食来在火塘旁边煮稀饭,熬这么一锅稀饭,一人喝一碗。不光歌手,听众、老人也要喝,喝这么半碗,一个人喝一点。我们自己有多余的钱,三角、两角钱,就要买一罐酒。唱到深夜有点冷了,又疲倦了,那么给歌手喝口酒,我就在那个情况下学会了喝酒、抽烟,所以我现在还抽点烟。我们的粮食白天二两怎么够吃,我们年轻人跋山涉水,就在山里面去刨山药,野山药。野山药就放在火塘旁边烧,烧熟了之后剥了皮吃。我们那个时候健康状况很差,1959年到1960年那个时候我们班上很多人因为营养不良得病,搞搜集更是困难。

基层搜集整理人员、歌手都没有额外报酬。你喝了我一点稀饭,喝了我一点酒,我们就这样子合作了。他们也觉得很高兴,说我们是"毛主席派来的"(泛指政府)工作队,都喊张同志、王同志。在他们观念中都觉得,你们是为了百姓来的,到我们这里来给少数民族搜集自己的歌,听我们讲故事,很高兴。我们的民族关系也在这个过程中更加团结紧密,民间文学搜集整理起到了这个作用。许多我们接触过的村民,他们都说,过去旧社会哪里会有政府把我们这些东西列为正式文学品种来搜集,只有我们共产党专门派人来搜集民族的歌谣故事。哪怕是些情歌、只言片语的传说,你能够唱什么讲什么,我们什么都收,这样确实密切了政府与人民群众的关系。那个时候我到拉祜族地区待了4个月,去的时间一长,拉祜语我可能听得懂百分之三十。拉祜族群众觉得很亲切,很感谢人民政府,认为我们是毛主席派来的。这个工作我觉得在那个历史时代是很起作用的。

五、对"三套集成"利用问题的看法

云南民族民间文学的搜集整理,到今年为止是66年。其中有14年工作停顿,就是1963年到1977年。从1953年开始到现在,去掉14年,我们云南省一直在进行民间文学的调查工作,后期汇编工作现在还在做。我有一种感觉,60多年了,现在仍然是汇编集成,但研究很薄弱,你们大学老师应该承担这个研究任务。

我有个比喻,中国文化有《四库全书》,少数民族的《四库全书》是什么呢?我们有大量的民间文学集成,民间文学文本,这就是我们少数民族的《四库全书》,这是我们认识云南各个少数民族古代文化的百科全书。它是我们云南各个民族的古典文学,中华人民共和国成立初期它处于原始社会奴隶社会、农耕社会,因此各种文化形态我们都有啦,算不算少数民族的《四库全书》?我们文艺工作者、文化工作应该像对待《四库全书》那样看待少数民族民间文学。

我们现在还在编辑整理这些东西,而且大部分是过去出过的,21世纪初还没有脱离编辑工作。所以对文本的研究我们很薄弱。此外,现在仍需要开展新的搜集,尤其是少数民族文字文献。比如纳西族的东巴经,现在还有相当一部分没有翻译,而且人手也缺乏。彝文经籍我也问了一下左玉堂老师,也有相当多的没有翻译过来。傣族的也一样，虽然我们现在看到的傣文文献已经不少了，翻译成了汉文的也不少了，但是还有很多，不说几万卷，几千卷还是有的，翻译是有限的。年轻人要热心，懂得民族语言，又要学会翻译，这是很艰难的。我们纳西族有一位专家——戈阿干。他本身就懂汉文，中央民族学院毕业的，跟我是同事。他也懂纳西文，翻译了很多东西。他说纳西语东部方言的很多语言问题，现在他都弄不清楚。他如果插手东部方言的东巴经籍，那些人还有想法，就连他们本民族都有点隔阂。所以这个东西怎么抢救，这就是你们年轻一代的任务了。

左玉堂也跟我说过，比如楚雄，有个研究所也翻译彝文经籍，但他们进度很缓慢，人力也不够。德宏、西双版纳也有研究所，都是任务繁重。特别老年人都不在了，能够讲这种古老文化的都是比我还老的。我都88岁了，我们都懂不了多少，像你们年轻人更难办。

没人给年轻人讲了，那不就断掉了吗？所以我现在想告诉你们的就是，面对现有的我们那一代搜集的资料，你们怎么研究？我的想法是，传承发扬民族文化，要"博精于内，贵达于世"，要专精也要博学，要对它熟悉，然后贵在发扬，变成我们后辈可以利用的东西。我们碰到困难了可以去查《四库全书》，"三套集成"也要为今天社会和人民服务，它要起这个作用，不然摆在那个地方，摆得再多我们不过问，也不研究它，能起什么作用？所以"贵达于世"，"贵"在什么地方？就是要传达出来，为我们后辈所利用。当今的文艺工作者要有热心于这个事业的人，包括你们大学老师来研究它。汉民族就善于利用古老的文化遗产，如此丰富的古老文明，被改编成历史题材现代戏剧或者文学样式，这都对我们民族民间文学的利用有启发。

换句话说，"三套集成"束之高阁干什么，是装饰品吗？摆在图书馆里边好看？现在年轻学者的观念、视角都比我们要强。像云南大学中文系比较重视民间文学，研究水平也不错。我想，今后的事情，起码在云南来讲，相当多的任务是寄托在云南大学的文学院。

那么多的东西，那么多的财富，我们怎么利用？我们这辈都老了，我算是活得比较长的了，好些比我年轻的都不在了，更多歌手能活到88岁的也不多了。前两天我又打听到，陶学良也不在了，现在还剩郭思九，你们可以找他访谈。

六、文类界定的标准问题

在处理原始资料的时候，怎么界定神话、故事、史诗、长诗，分类很重要。我们是按照它的题材内容来分的，比如说史诗好鉴别，就看篇幅和内容丰富程度。叙事诗、抒情诗大体是按表现形式和内容不同来区分。

有一点要强调，我觉得搞民间文学，不是搞历史，而是搞文学。但是我们从民间文学里边得到相当多的历史观念的启发，不同历史阶段的民间文学，反映的内容是对应我们人类历史的某一个阶段。比如说采集时期、狩猎时期、农耕时期。当然也有阶级斗争的时期，反映战争的多半是奴隶主互相之间的搏斗，这个在傣族、纳西族等民间文学里边有。

民间文学作品整理出来以后，都须取一个名字或标题。但是其实有很多作品在民间没有很明确的像标题一样的东西。比如说《牡帕密帕》叙事讲的是"做天做地"，民间一般还是有个名字，去形容"天是怎么做出来的，地是怎么做出来的"。我专门请了一个云南省民族事务委员会的拉祜族专家，请教讲述"做天做地"这个内容的名字怎么取，就叫汉语的"做天做地"行不行？他想了好久，他通拉祜语，说汉语的名字不好，要稍微文艺点，改成《牡帕密帕》，就符合拉祜语的面貌和习惯——天怎么创造的，地怎么创造的。"帕"就是"创造"，"牡"就是"天"，"密"就是"地"。比如龙女的故事、搬家（迁徙）的史诗等，我们都要从民族的习惯用语中找到意思相近的表达，而且听起来要雅一点。

比如说史军超当初给哈尼族迁徙史诗起名叫《哈尼阿培聪坡坡》，在发表的时候大家都还在讨论用哪一个？我觉得《哈尼阿培聪坡坡》这个好，说明它是迁徙的故事，又符合哈尼族歌手习惯用的词组。我觉得像《哈尼阿培聪坡坡》这样的翻译是比较好的。这是哈尼族的东西，但汉民族经过注释一解释也看得懂。这部史诗整个都是叙述迁徙的过程，讲哈尼族如何从西北、经过大渡河来到哀牢山这些地方来。它很有历史价值，读这些东西也能给我们建立一个历史观念。所以取名字也要符合民族语言习惯和历史观念。我也是在学习、阅读少数民族民间文学的东西，慢慢才意识到要用历史的观念看待作品。集成出版阶段，我们邀请各民族的学者、歌手召开了很多会议讨论标题，哈尼族的也参加了，什么名字最好还是尊重讨论的意见。

所以本民族学者、歌手的意见很重要。比如《牡帕密帕》还有个名字《牡逮密逮》，他们参加讨论的同志也觉得不好听，《牡逮密逮》就是做天做地，和《牡帕密帕》一样的。但许多拉祜族人比如说札约（他后来成了文工队长），觉得还是《牡帕密帕》好听，就用这个名称了。

访谈手记

2018年秋在昆明初次见到刘辉豪先生时，他已经87岁高龄，但是思路清晰、走路健步如飞，出乎我的意料。刘辉豪先生是云南省民间文学"三套集成"工作的主要领导者和负责人，这次访谈也主要围绕"三套集成"工作展开。听完刘先生讲述当年的历史以及自己的评价，我深深感到后人看待学术史一定不能主观臆断。许多过去的民间文学务实工作，并没有如后世著述中阐释的那么偏拗、多义，很多一线工作者就是怀着对民间文艺事业的热诚与朴素之心来工作的。

我们对前人局限性的批评，也不能站在小圈子和纸面上说话，而要与前人共情，带着历史的眼光，才能充分、客观地对待过去的工作。特别是刘先生谈到，20世纪50年代到80年代的云南少数民族民间文学调查，绝不仅仅是一个民间文学的研究活动，其对整个民族团结、民族认同的大局都有至关重要的作用。这一点往往不容易被民间文学研究者充分领悟，从而总是将矛头指向搜集整理的科学性、加工改编的问题。

我记忆中的新疆民间文学发展之路

张运隆

访谈时间	2019 年 11 月 20 日
访谈地点	新疆乌鲁木齐天山区妇联家属院
访 谈 人	金蕊[1]
整 理 人	金蕊

张运隆，1933年生，重庆人，祖籍四川渠县。研究员。1949年参加中国人民解放军，1951年参加中国人民志愿军。1956年考入兰州大学中文系，1960年毕业。曾先后在中国科学院新疆分院文学研究所、中国作家协会新疆分会、中国民间文艺研究会新疆分会、新疆民间文艺家协会工作。曾任新疆民间文艺家协会副主席兼秘书长、新疆民间文学集成领导小组成员兼办公室主任。《中国民间文学集成·新疆卷（汉文本）》主编、中国民间文艺家协会理事、中国故事学会常务理事、新疆民间文艺家协会顾问等。1995年12月退休。

一、跨越六千里与民间文学相遇

（一）从巴渝山城到西域边疆

我老家在重庆。1949年，我进入二野十二军成为一名中国人民解放军战士。1951年我参加了抗美援朝战争，一晃4年就过去了。1955年回国之后去了江西上饶，待了一年我开始准备考大学，考大学时我很盲目，一心只想考到没去过的地方，想多出去看看。因为我是四川重庆人（当时没有重庆直辖市），我当兵的时候出川经过汉口，去了河北，然后抗美援朝时随军穿过东北，最后从朝鲜回来我又去了江西。可以说，我已经领略过祖国的东北、华东、华中和西南了，唯独没有去过的就只剩下了西北，于是我想，那大学就去西北读吧。就这样，我考进了兰州大学的中文系汉语言文学专业。1960年从兰州大学毕业后，我选择报名前往新疆，那时的我对新疆一无所知，只知道新疆是个少数民族地区。当时国家号召支援边疆、支援少数民族地区，作为年轻人的我就怀着报效祖国的热情报名来到这里。填志愿时，三个志愿我全部都填的是新疆，可以说是铁了心要来支援边疆。当时的火车还到不了乌鲁木齐，中途转了汽车才到达。刚下汽车，乌鲁木齐街上的场景就吸引了我的注意力，当时街上的少数民族群众很多，穿的全是我以前没见过的民族服饰，很漂亮。

（二）与民间文学结缘

到了乌鲁木齐，我被分配到了社会科学院文学研究所，当时叫中国科学院新疆分院文学研究所。当时研究所和自治区文联是共用一个办公场地的，研究所的所长就是文联的党组书记刘肖芜同志。那时候，研究所只有五六个人，其中有三四个汉族同志，两三个少数民族同志，都毕业于北京大学、复旦大学、山东大学、中央民族学院等内地学校。除了少数民族同志懂民族语言和中央民院的同志在校期间学过蒙古语之外，我们几个都不懂少数民族语言。因为我当时还没有定下自己研究什么，所长刘肖芜同志就问我，工作上有什么打算，今后准备朝哪方面发展，是准备做研究还是有其他方面的打算。我大学的专业是汉语言文学，当时对民间文学还挺感兴趣，我就说，那我就来搞民间文学吧。就这样，我的工作方向暂时定了下来。当时我对民间文学的认识仅限于课堂上老师讲的内容，并没有进行过深入的了解，但我感觉还不错，而且民间文学内容丰富多彩，于是我就在这样一种心理的驱使下走上了民间文学的道路。

当时新疆是维吾尔族、哈萨克族、柯尔克孜族、回族、蒙古族、塔吉克族、塔塔尔族、锡伯族、达斡尔族、俄罗斯族等少数民族聚居地区，多数民族都有自己的民间文学。我当时既不懂他们的语言又不懂他们的文字，而当我研究民间文学这样一个涵盖范围极广又极其注重语言文字的领域时，我是一头雾水，一上手就抓瞎了。事实上民间文学研究分为好多种，主要包括韵文类和散文类两种，韵文有长诗、民歌、祝词、谚语，散文包含故事、逸闻逸事等。例如哈萨克族有一种特殊的民间文学形式叫"且先"，它是民间艺人通过说来表达情感的。说的内容有两种，一种是挖苦、讽刺，另一种是表彰、祝福。虽然新疆的民间文学种类很丰富，但是对于究竟要研究哪一块的问题，很长时间我都毫无头绪。因为有一个最大的问题困扰着我，那就是，既然我要研究一个民族的民间文学，那么最起码我要懂得这个民族的语言。

二、与《玛纳斯》的不解之缘

（一）整理《玛纳斯》翻译稿

在1955年到1957年的两年里，文联的汉文编辑部曾经开办过一本新疆的汉文文艺月刊——《天山》，编辑部的同志去南疆组稿时，了解到南疆的柯尔克孜族有演唱

---

[1] 金蕊，新疆大学人文学院教师。参与访谈人：巴杜木加甫、祁云梅、王敏。

玛纳斯的玛纳斯奇（专门演唱玛纳斯的民间艺人），就从他们那儿收集了《玛纳斯》第二部分的少数片段（赛麦台依和阿依曲诺克的婚礼片段），回来以后就在《天山》上发表了，引起了巨大的轰动，轰动的主要原因是中国从前被外国人认为没有史诗，而史诗《玛纳斯》的发现则推翻了这一结论。作为柯尔克孜族英雄史诗，它在柯尔克孜族群众中影响巨大，几乎无人不知，在其他少数民族如哈萨克族、蒙古族等游牧民族的群众中也是被知晓的。《天山》编辑部在做介绍时也说，在《玛纳斯》发现之前，外国人包括部分本国人都认为中国没有史诗，但现在中国发现了史诗，而且它还是活在口头上、流传在人民群众当中的，是口耳相传的活史诗，所以大家对它的发现感到无比的激动和高兴。当时，还有好多同志还不知道什么是史诗。当然，我们搞文学的知道《荷马史诗》之类的外国史诗，我们在学校就了解过，但对于新疆少数民族的史诗我们同样是全然不知的。

作为中国少数民族三大史诗之一的《格萨尔王传》，在内容上要比《玛纳斯》丰富，《格萨尔王传》有一百多万行，从字数上来说也要比《玛纳斯》多。但是《玛纳斯》包含了上下几百年的历史，可以回溯追至前五代的历史，忠魂流传千年，影响了无数子孙后代，而且它的影响范围也并不局限于新疆，据考证，它的影响范围到达过东北、华中、北京等地。后来我们找到了一个叫居素普·玛玛依的玛纳斯奇，据说他可以连续唱好几个月不间断，光他一个人就可以唱出二三十万行史诗。

由于《玛纳斯》在新疆、在全国，甚至在世界上都可以算有名的史诗，于是新疆组织了一个玛纳斯工作组，专门下乡收集《玛纳斯》，前后总共组织了3次。第一次是由自治区文联（当时的社科院文学研究所）和克孜勒苏自治州联合组织的，第二、第三次的组织者稍有变化，当时我并没有参加收集工作，我主要参与的是《玛纳斯》收集回来以后的文字编辑工作。因为少数民族同志翻译的汉语文字水平和艺术水平有限，翻译出来的文字错别字较多，句子也不是很通顺，所以文字内容上晦涩难懂，读者不容易看懂，因此，就由我们文学研究所的同志来对翻译稿进行初步的编辑工作，理顺文字。当时我们刚从大学毕业，文字功底还算是比较好的，这项工作就由我、复旦大学的刘前斌和山东大学的秦俊武等人负责，我们几个负责的是《玛纳斯》翻译稿汉文的初步整理和编辑工作。

当时自治区文联的刘发俊同志代表文联参与了《玛纳斯》的3次收集工作，他是工作组的副组长，中国民间文艺研究会的陶阳是组长。虽然我没有参与具体的收集工作，但是对于收集工作我也是知道一些情况的，特别是第三次收集回来以后，已经到了"文化大革命"后期，为了保护《玛纳斯》这一珍贵的文化遗产，当时的中国民研会副主席兼秘书长贾芝同志——他本身也曾经亲自参与了3次《玛纳斯》收集工作中的两次——为了保护《玛纳斯》不被破坏就指示陶阳把它带到北京。结果到了北京以后，《玛纳斯》文稿在北京丢失。

（二）寻回遗失的《玛纳斯》

因为《玛纳斯》是新疆的民间文化遗产，到1982年，新疆成立了《玛纳斯》领导小组，由自治区党委专门下发文件，派我和刘发俊同志两人到北京去"追讨"《玛纳斯》文稿，这个"追讨"过程相当有故事性。

我和刘发俊同志带上自治区党委的介绍信到北京去，专门要把这部分《玛纳斯》要回来，因为它是我们新疆的民间文化遗产，是我们宝贵的精神财富。首先，《玛纳斯》的演唱者在新疆，其次，《玛纳斯》的多次收集整理及翻译工作都是由新疆主持的，并且基本上所有的人员（相关收集人员）都在我们新疆，当然北京也有，像刚才所说的胡振华、陶阳等人，陶阳是中国民研会专门做民间文学的同志，他在收集整理工作方面很有经验。我和刘发俊去了北京以后，先找到了中国民研会。之所以找中国民研会，是因为《玛纳斯》第一次、第二次收集工作的领导组的组长是由中国民研会的秘书长兼副主席贾芝同志担任的，中国民研会的陶阳同志则负责具体工作，是工作组的组长。我们去了民研会，民研会的同志就说不知道文稿的去向，找不到了。那怎么办呢？后来我们听中国民研会的同志说在中央民族学院还保存了部分《玛纳斯》的翻译手稿，那是中央民院的胡振华教授从新疆带回来的。胡振华教授是专门做柯尔克孜语研究的，他早在1955年至1957年中央组织少数民族语言调查小组的时候就参与了《玛纳斯》的收集工作。

当时我动身去北京之前，自治区文联，当时叫文艺创作研究室，党组书记王玉胡同志专门把我提拔成了民研会的副秘书长。他说，你去北京带上职务，你现在是民研会的中层干部，去北京要《玛纳斯》的时候就比较方便，再带上区党委的介绍信成功的可能性更大。结果去了中央民院之后，中央民院的党委书记宗群同志由于业务繁忙一直未能相见，等了差不多一个多月根本就没有见着他本人。而当时刘发俊家里有事，他就先回新疆了，就剩我一个人在北京等着。中央民院党委办公室的秘书就对我说，宗群同志很忙，你先回去等着，什么时候有空了我会打电话叫你。结果我在新疆办事处待着，等了一天又一天，始终等不到一个见面的机会，期间我也曾多次打电话，还是被告知宗群同志没空见我。万般无奈之下我找到了国家民族事务委员会（下文简称"民委"），因为中央民院是属于民委管的，民委的主任说帮我给中央民院打电话，结果还是不尽如人意，民委也没有办法。后来我找到了从新疆调到北京的一位新疆维吾尔自治区党委副书记，当时就任中共中央统战部的副部长，他听到我们求助的是关于新疆的《玛纳斯》的事情后，就决定帮我们给民委打电话问一下，满怀热情的电话打过去却还是没有解决这个问题。他推荐我去找邓力群同志，邓力群当时是中央书记处的书记，曾经在新疆工作过，对新疆也很有感情。我那时还年轻，因为不知道中央书记处具体在哪儿办公，就打听到了他家在哪儿，还跑到了他家里，当时他正在睡午觉，他的夫人接待了我，我把情况给他夫人说了之后，他的夫人答应帮我转告邓力群，让我回去等消息，当时我还是有点担心，要是这件事情到头来还是解决不了那该怎么办。结果第二天早上我接到电话，说邓力群同志已经给中央民院打过招呼了，我可以去办事了。我放下电话一刻也不敢耽误，马上跑去中央民院，这次宗群同志很客气地见了我，还拍着我的肩膀对我说他工作太忙不了解情况，然后就安排了他们办公室主任与我做交接工作，并举行交接仪式。当时中央民院总共保存了八部《玛纳斯》的翻译手稿和部分原稿，我们一本一本全部登记造册签字盖章，装了大大的一皮箱，拿到后我就立即返回乌鲁木齐交给了刘发俊同志，这件事情总算得到了圆满的解决。我们新疆的民间文化得到了充分的发展与传播，也确保了民间文化保存的完整性。

三、呕心沥血终成伟大工程——"三套集成"工作始末

（一）山重水复

1984年国家民委、文化部、中国民协三家联合组织了关于三套集成收集、整理、编辑、出版的工作。当时有一个红头文件，文件中提到具体工作由民研会负责组织，于是当时新疆民研会的领导就把这件事情交给了我。我知道三大集成的编写工作是国家的重点工程，是纳入了国家五年计划的一项工程，所以我感到很荣幸。

我当时也只是满腔热情，就愉快地接受了这个任务，根本就没有考虑更多。事后一看808号文件的附件《关于编辑出版民间文学三套"集成"的意见》，才知道事情并不那么简单，而且越仔细看《意见》，越觉得任务异常繁重。《意见》提出对三套集成的要求，别的暂且不说，仅一个普查就把我难倒了，这在我们新疆谈何容易！新疆总面积166万多平方公里，占全国面积的1/6，东西长2000公里，南北宽1650公里。新疆辖15个地、州、市，95个县、市、区。此外，还有新疆生产建设兵团（当时兵团归自治区领导），兵团辖14个师、局，172个县级团场。这么大的范围，这么多的单位，走马观花转一圈，少说也得几个月。这还仅只是新疆的面积和单位，按《意见》的要求，少数民族地区，有民族文字的民族，都要用民族文字记录出版。新疆当

时有 13 个主要民族，其中少数民族就有 12 个，常用的民族语言、文字的也有 7 种。要把他们的故事、歌谣、谚语先用本民族文字记录出版，仅这一项工作，就比单纯的汉文记录出版繁杂得多；再加上"做好汉文翻译工作"的要求，工作量更要翻倍。如此大的工作量，不要说我一个人，就算是倾入新疆民研会的全部人马，到 1996 年也难完成，而 1986 年完成更是天方夜谭！

1984 年 9 月，我们新疆的集成工作，除安排了我一个人分管外，已没有人手可以分配了。这时，中国民研会在昆明召开全国民间文学集成工作座谈会，使我认识到了肩上的任务之重。会后，我立即主动向民研会和文联领导汇报情况，同时提出如何在新疆开展集成工作的初步设想。可能我的汇报强调集成的重大意义不够，设想也不十分具体，并未引起领导的重视。汇报过后几个月也没见领导对开展集成工作有什么具体明确的指示。新疆的集成工作，还是只停留在人们的期待之中。这一期待就是一年，直到 1985 年 11 月中宣部发出《转发民研会〈关于编辑出版中国民间文学集成第二次工作会议纪要〉的通知》以后情况才发生了改变。《通知》中所说的民间文学集成第二次工作会我参加了，会上，各省市自治区交流了开展集成工作的情况和经验。交流中大家一致认为：实现集成编辑出版规划，关键在于要有一定的人力和物力，而人力和物力的解决，又在于领导部门的重视和支持。这次会上交流的先进省市开展了民间文学整理、编选、出版……但这项工作实在是过于复杂，的确像是老虎吃天，很多省市的负责人都感到无能为力，甚至不知道该从什么地方下手。

于是我开始写第一份关于民间文学集成的报告去寻求财力和人力支持，至此，新疆民间文学集成工作总算是开始了（尽管这是在纸上谈兵，但总算开始了）。说起来令人难以置信，新疆民间文学集成的第一份报告，我竟写了几个月。这倒不是说这份报告文字上有什么特殊的讲究，主要是建议成立民间文学集成领导小组的部分比较烦琐。这领导小组应该由哪些单位、什么人组成，看起来像跑几个单位，定几个人那般轻松，做起来却不是那么简单。我也记不清自己究竟跑了多少次，反正每个单位我都专门请示汇报过，就这样，几个集成领导小组的人员才落实下来。人员落实了，给宣传部的报告当然也就送上去了。1987 年 6 月 9 日，自治区党委办公厅、自治区人民政府办公厅联合发出《批转自宣传部〈关于编辑出版新疆民间文学集成的报告〉的通知》，决定"按全国统一规划，结合我区情况立即着手在全疆范围内组织出版新疆民间文学集成"，并成立自治区民间文学集成领导小组，进行民间文学集成工作。6 月 10 日，集成领导小组开会，我汇报了全国集成工作发展形势及我区集成工作现状。汇报完毕后，领导小组当即做出加速我区集成工作步伐的三项决定：一、建立并健全各级集成领导小组和工作班子；二、培训集成工作骨干成员；三、按总方案制订的原则和要求，开展普查搜集和编选工作。同时还决定让我兼集成领导小组办公室主任。加速我区集成工作步伐的决定确实很好，只是办公室的工作人员在哪里？开展集成工作的专款又在哪里？没有人，没有钱，领导小组的决定怎么落实？

（二）柳暗花明

当时民研会专搞集成工作的仍只有我一人，于是，我又怀揣44号文件跑自治区编委，跑自治区财政厅，想要解决人、财两大首要问题。最后，经过多次与编委、财政厅的同志研究并请示有关领导后，编委同意批给文联5个事业编制，组成新疆民间文学集成领导小组办公室，与民研会合署办公；财政厅同意1988年给集成办拨5万元启动金，以后的经费，由文联统一报财政厅，财政厅按专款批拨。

按自治区集成领导小组的决定，集成办首先要抓各地集成领导小组和办公室的建立和健全。因为新疆面积的确太大，按要求需组建班子的单位也太多，而且当时集成办虽说是有了5个专干编制，但拟调的人员尚未调来，集成办还是只有我一个人，根本无法全疆跑。最后，我采取普遍号召与抓有代表性的点的思路，采用以点带面的办法，先用电话要求各地按44号文件规定组建集成领导小组和办公室，随后即从民研会借出几个同志，分别下到地州和兵团，重点督促他们尽快组建班子，协助他们抓县、市和师、局的工作。我当时就同民研会一位维吾尔族同志一起，到南疆最具代表性的喀什地区，直接见了地区领导，提出开展地区集成工作的建议，在我们的协助下，他们很快建成了地区及所辖各县的领导小组和办公室。有了班子，又趁热打铁，集中地、县集成工作班子，办骨干培训班。针对参加培训的骨干都是非专业人员的问题，通过实际的操作讲解的方法，使他们初步掌握了科学地普查搜集和整理编选的基本方法。培训班结束后，我们就要求从各县来的同志回去后立即向县上汇报，抓紧时间组织培训各城、乡工作人员并开展普查搜集。

到1988年，各地集成工作干部在当地党政领导的支持下，通过电视、广播等多种渠道，采用座谈会、黑板报等各种办法广泛宣传，使编辑出版民间文学集成一事家喻户晓，众所周知，其间还涌现出不少群众积极献民歌、献故事、献手抄本、献坊间印本的感人事迹。因为各地集成干部的广泛宣传，一些老歌手、老故事家也打消了顾虑，献出了自己深藏于心的故事歌谣。一些少数民族歌手、故事家在得知此次普查搜集的目的是要永远保存他们民族可能失传的口头文学作品的消息后，更是主动找采录员记录他们知道的东西。

还记得我们在哈巴河县遇见的一位80多岁的老歌手，老人家本已卧病在床，听说县上来人要采集他知道的歌曲后，十分激动，不顾自己的病痛，硬是让他两个孙子把他扶起来，他一边被扶着，一边为采录的同志唱了几十首已无人会唱的古老的歌谣。所有集成工作者们都不畏严寒酷暑，在物质条件十分匮乏的情况下，自带干馕，风餐露宿，跋山涉水，深入农村牧区、深山老林，力争不漏掉本地区每一个重要歌手、故事家。终于，经过全疆上万名各族集成工作者1989年、1990年两年的努力，我区集成工作取得了关键性的胜利。到1991年7月，我区大部分市、县，兵团师、局已完成普查搜集，搜集到了大量各族故事、歌谣、谚语（粗略统计超过一亿字）。收集到的这些东西到最后还需要整理出来，临到我退休前，差不多该出书的单位百分之八十都出了书。我退休前三套集成全国卷还没有出来，光是把县卷本写出来了，当时已经铅印出来的故事、歌谣、谚语的县卷本有400多本，每一本最薄都有两厘米，最厚的有20厘米厚。县卷本出来了，我们三套集成的基础就有了，修筑万里长城的基石就有了。

四、关于学术工作的那些事

（一）最爱哈萨克民间长诗

我整理的哈萨克族长诗比较多，现在都还在出版社放着。原本编辑部主任看了以后觉得很不错，答应出版，但后来又由于种种原因暂时不能出版，就搁置了，书名叫《哈萨克族民间长诗选》，我总共整理的哈萨克族长诗有两万九千多行。整理的9个长诗中，我最欣赏的是一个叫作《克孜吉别克》的民间长诗，讲的是吐努干想找一个天下第一的姑娘做他的妻子，找了很多地方都没有找到，结果来了一个外地人告诉他在某个地方有一个天下第一的姑娘叫吉别克。于是吐努干就专门去找这个吉别克姑娘，途中他看到一个富丽堂皇的驼队，认为吉别克一定在这个驼队里面，结果介绍人说吉别克不在那里，然后他们又走了好长时间，看到了一个搬家的驼队，他又认为吉别克一定在这里，结果介绍人又告诉他吉别克也不在这里，于是继续往前走，就这样一次又一次见了好多个驼队，最后终于见到了吉别克姑娘。见到本人后他觉得吉别克姑娘真的是此女只应天上有，之后他们就准备结婚。就在这时，卡尔玛克来了，卡尔玛克抢占了他们的地盘并想霸占吉别克，吉别克设计把想霸占她的卡尔玛克杀了，最终有情人终成眷属。我觉得作为长诗来讲它很有韵味，也很有悬念，整首诗大概有七千多行。

我最遗憾的事情就是没有完全掌握哈萨克语，虽然直到现在我整理的哈萨克族民间故事都得到了哈萨克族、汉族同志的认可，但我本身并不会说哈萨克语。我在整理这些民间故事时并没有采用原来的单纯转录的翻译方法，这种方法是保持原文不动，完全照搬译文（整理出来后跟原文相比），一字一行都是可以对上的，我们之前在整理民间文学三大集成的时候就是用的这种方法，来保证它的原汁原味。

但是单纯转录的翻译方法不适用于对长诗的整理。一是比较死板，无法体现哈萨克族长诗的优美；二是它并没有考虑汉语读者的阅读习惯与行文逻辑，因此我不主张用这种方法来整理诗歌。我更加主张当前翻译界普遍认可的"信""达""雅"的翻译原则。在整理时我主张人物、主题、主要情节三不变，但是具体的诗歌翻译则更加注意语言优美化和行文的逻辑，就像朱生豪翻译的《莎士比亚》那样看起来既有原来《莎士比亚》的特点，按照汉语的语法来看也有很美的文笔。我更倾向于这种方法，所以我基本就是按照这种方法来整理哈萨克族长诗的。

（二）回首来时路，寄情新时代

我觉得整个民间文学工作离不开两方面的帮助，一个是要紧紧地依靠党委，可以说三套集成没有党委的大力支持是干不成的，其他任何工作都是如此。另一个就是要依靠广大群众，尤其是民间文学，因为民间文学就是民间的，它来源于民间，离开了群众，离开了歌手，离开了民间艺人，那就什么都搞不了。当然，同行之间也要互相了解，互相借鉴，互相帮助，提供一些参考意见，这也是相当重要的。

如果单纯就三套集成而言，前两点尤为重要。从我自己的切身体会来讲，没有党委，没有群众，根本完成不了任务。我们花了10年的时间搞出了这么多本书，这些书的确是来之不易的！当时我们的工作人员为了找一个民间歌手，自己背上干粮就开始跑，不能坐车到达的地方，就只有骑骆驼、骑毛驴，有这种代步的交通工具的地方还算好的，很多时候他们只能步行，跋山涉水深入一线。他们为了民间文学事业费尽千辛万苦，但其实他们搞民间文学的时间并不长，绝大多数人也不是搞民间文学出身的，都是从其他工作岗位上临时派来的。也正是这样，我们的工作人员做集成工作真实的经历才格外令人佩服。

当时我主要负责培训参与收集工作的人员。我每到一个地方就跟当地的宣传部、文化局、文化馆领导先讲，你给我找人，找了人我就给他们上课，讲怎么搜集、怎么选择、怎么整理。特别是怎么搜集、怎么整理、怎么编辑，哪些东西不要也不能漏掉，哪些东西是不能用的，这些极为重要。我们当时的原则是不管它是好的还是坏的都要先收集，因为在群众中什么样的文学都有，所以我们不管它是什么，先将收集工作完成。之后要出书的时候，我们就开始慎重地选择和编辑，有些特别具有代表性的，选上一两篇，但是要慎重，要确保它确确实实是具有代表性的。这里就存在一个对民间文学的认识问题，有些民间文学虽然看起来不怎么样，但是它确实隐藏着一些很深刻的东西。比如说一些地方的民歌叫年轻人去摇树摘果子，用石头去打野兽，这是一首民歌，从我们看来，这不就是大白话吗？但是仔细一想，这个可是真正地道的原始民歌，反映出采集时代人们那种欢快的劳动生产生活。这短短几句话就反映出一个社会和时代，但如果不注意这些深刻的引申义，就很容易忽略它，遗漏珍贵的口头文学作品。当然这样的故事还有很多，比如在哈萨克族民间故事中，很多反映的都是当时人们对社会和自然灾害的一种认识，我们现在看就容易忽视它。

有的幻想故事很有意思，例如有一个哈萨克故事，它讲的是一个木匠、一个油漆匠、一个毛拉，三个人到树林里去，看到一块木头，他们就把这个木头捡起来。木匠把它雕成一个美女，油漆匠把她油成很漂亮的颜色，毛拉给它念经，给它赋予灵魂。因此，这个木雕美女会唱歌、会跳舞。这本来是一件很好的事情，但是他们三个人却为此开始争执，都说这个是自己的，三个人开始争抢，最后打架，打得一塌糊涂。姑娘一看这个情况，就对三个人说，我原来以为人间是多么的美好，现在看来并不是这样，我来了还不到一天就只看到了人们的吵吵闹闹，算了，我还是回去吧。说完了以后就倒在地上，又变回了曾经的那个木头。这个故事看上去是天马行空，不切合实际，但是仔细分析一下，这里面反映的社会问题很深刻。这种类型的民间故事在新疆民间文学中还有很多。

有部分人认为传统文化在现代社会失去了它原有的文化特色，我认为这是很自然的现象。任何事物都在发展，民间故事也是要发展的。我们现在拿到任何一个民间故事，仔细去深究它最原始的内涵，我们就会发现很多民间故事本身其实并不像我们所看到的那样，它在传承、讲述的过程中不断被加入新东西，而民间文学的特点恰恰就在于这个地方，它本身随着时代的发展，在不断地变化，这是很自然的。

有人认为民间文化未来会走向灭亡，我认为这是不可能的。民间文化绝对不会走向消亡，它只会不断发展，反映新的思想。所以从发展的角度来看，民间文化肯定要发展，它不会固定、拘泥于一种形式，当然，如果我们把它整理出来，印刷成文字出版，它就不会再变化。但是在收集过程中也会有变化，同样一个故事，不同人的讲述是不同的。整理也是如此，每个人有不同的艺术水平和文化修养，整理出来的东西也会随之出现各种各样的不同。

因为民间文化的整理、发展也总会出现各种各样的问题，我们要做的就是始终坚持民间文化的正确导向，引导新时代的青年人投入到民间文学的研究中去，使更多的青年人能注意到我们国家、我们民族优秀的民间文化，使我们的民间文化能够源源不断地传承发展下去，不至于成为无本之木、无源之水。

访谈手记

初见老先生是在2019年冬天，那时的他已经87岁高龄。由于2018年才做过脑部手术，身体欠佳的他每天都需要在家吸氧半个小时。但即便如此，他对我们的到来还是倍感高兴，和我们一见如故，拉着我们侃侃而谈。张运隆先生是我们新疆维吾尔自治区民间文学"三套集成"奠基工作的主要负责人，除此之外，他还是史诗《玛纳斯》收集、寻回工作的知情者与参与者。因此，此次访谈主要围绕"三套集成"工作和对《玛纳斯》收集、寻回工作的回忆展开。听完张老师的回忆，作为晚辈，我对以张老师为代表的民间文学工作者充满了敬仰之情。想当年，资金匮乏、人员不足，却还能有那么多的一线工作者依然满怀对民间文学朴素的热爱，以抢救、传承民间文化遗存为己任，用满腔热血奔走在草原牧场、山林野地。横跨1986年至1995年，他们用长达10年时间收集民间故事、歌谣、谚语，果然不负众望，圆满完成了党和人民的重托，为新疆的民族团结事业和民间文化遗存的保护工作做出了巨大贡献。新疆的少数民族众多，民间文化遗存浩如烟海，俯拾即是。今天，我们在回顾前人的研究时难以想象到他们当年做收集工作时的艰辛，难以想象他们当年为了抢救遗存、传承文化时的呕心沥血。可以说，字字血泪，篇篇精华，来之不易。正因如此，在使用材料做研究时一定要避免自己的主观臆断，顺应时代大势、用客观角度去抒情表意。只有这样，才能有颜追忆前辈们的艰辛，才能更坚定自信地站在前辈们的肩头，摘得新时代学术的桂冠。

民间文学的铁杆分子

段宝林

访谈时间	2019年11月26日
访谈地点	北京海淀展春园西路五道口嘉园
访 谈 人	张志勇[1]
整 理 人	张志勇

段宝林，1934年生于扬州，1949年参军，曾任华东作家协会机要秘书，1958年毕业于北京大学中文系，留校任教至今。北京大学教授、北京民协名誉主席，著有《中国民间文学概要》《笑话：人间的喜剧艺术》《非物质文化遗产精要》，编有《民间文学词典》《中国民间文艺学》《中华民俗大典》（35卷）《中外民间诗律》（均为第一主编）。曾获中国民间文艺山花奖、意大利人类学彼得奖等国内外大奖。

一、从军队到北大

我1949年参军，当兵当了一年多，学的是密电码。因为我学得比较好，1951年就调到上海华东局去了。从军转政，但是保留军籍，随时可以调回部队，到现在我还保留军籍，需要译电码的时候就可以干。

后来我"不安心"工作，因为密电码就像机器似的，码变汉字，汉字变码，没有创造性，我想要有创造性。我特别喜欢看书，买了好多书。我们的领导是新四军的老同志，特别爱护年轻人，知道我爱学习，就让我管理图书室，后来又把我调到华东作家协会做机要秘书。华东作家协会，夏衍是主席，副主席有巴金、章靳以，另外柯蓝是秘书长，孔罗荪是副秘书长，我们就在一起，我当机要秘书，给他们保管机密文件，他们看党刊什么的到我这儿来。党组开会我做记录。就这样待了半年。

1954年正好大学扩招，毕业生不够，高中毕业生太少，就动员年轻干部去报考，我就去考了。就在1954年，我考到北大中文系。在整个华东区我是第五名的成绩，还不错的，学密电码记忆好。在北京大学学习了四年，第一年全部课程都得了五分（优等），获三好积极分子和优秀生奖章。

二、我的导师——贾芝和王瑶

1958年大学毕业，我就留在北大讲民间文学课。当时北大给我到社科院找导师，社科院何其芳同志推荐贾芝同志做我的导师。贾芝同志大家都了解，他是从延安鲁艺来的。

贾老对我是很好的。导师就是一辈子的事儿了。我经常到他家去，至少一两个星期要见一次面，汇报我学习研究的情况、讲课的情况，把讲稿拿去，请他指正。贾老的爱人是李星华同志，李大钊同志的女儿，1956年她就到云南去调查民间故事，是和陶阳、毛星他们一起去的。她对我也有很多指导。

60年代搞教学改革，1962年以后教育部提出来要精炼课程，精炼的结果是把民间文学给冲掉了。大部分学校的民间文学教师都去充实基础课去了，有的调去搞现代文学，有的搞古代文学，有的搞文艺理论，民间文学课作为选修课就可有可无了，大多数学校基本上没有这个课了。钟老改行搞现代文学了。他们也让我改行，教现代文学去。我们教研室副主任说，你看人家搞现代文学的都出国了，到越南、印度尼西亚去讲学，你搞现代文学肯定好。

我为什么一直没改呢？王瑶先生做我的导师。他是搞现代文学的权威，让我跟他学，我就拜他为师了。结果他说："你那个民间文学很重要，你千万别放掉。我的导师闻一多、朱自清都非常重视民间文学。闻一多研究神话，朱自清研究歌谣，都有专著，对我们影响很大，很重要。你千万别丢了民间文学，还是以民间文学为主，现代文学你就看《鲁迅全集》，主要看鲁迅怎么重视民间文艺的。"后来我就找了好多鲁迅的书来看，鲁迅确实对民间文艺非常重视，他写了一篇《不识字的作家》，是全面论述民间文学的。

王瑶先生当时还是副教授，很会指导学生，他的思想是非常活跃的，他对每个学生都因材施教，学术路子都不一样。

我当时是文学史教研室秘书，就是给教研室主任跑腿的。现代文学组，古典文学三个组，有王瑶、游国恩、林庚、吴组缃四个组长，他们开会的时候我都参加。党委统战部那时候还经常让我到王瑶他们家去，发生什么事情了都要了解他们的反应，我就跟他们聊天，他们也知道，把他们的想法告诉我，对我特别关照。

三、民间文学的一员

1960年，国家民委要调查西藏的民间文学，参加人员有社科院的孙剑冰、祁连

---

[11] 张志勇，《中国艺术报》专题部副主任。

休、卓如，我的导师贾芝同志让我也跟他们一起去调查，当时还有民研会的安民——后来支援边疆调到宁夏去了。我们几个人组织了一个国家民委工作团，一起到西藏去调查，团长是民族宫的马扎布。我们到了西藏的拉萨、日喀则，还有山南这些地方，从4月一直调查到8月，调查了4个月。我们骑着马，有的时候一整天骑马，因为还没有公路，主要靠骑马。西藏地方很大，从一个庄园到另外一个庄园有的时候要骑半天、一天，下了马之后走路腿都不利索了。那个马还比较老实，团长马扎布是蒙古族。他说你要骑蒙古马可受不了，蒙古马会跳会跑，这西藏草不好，马跑不快，走着、骑着都还可以。

从西藏调查回来之后我就参加了文代会。那是1960年的第三次全国文代会。当时中国民协是林山同志当秘书长，他就让我代表北京，代表民间文学方面参加。这是我第一次参加文代会。

因为60年代我坚持讲民间文学课，是唯一的一人，所以他们对我都很重视。到1979第四次文代会，我就成了双重代表，我是北京代表团的代表，同时又参加中直代表团了。我说我的基础在北京，我还是参加北京的活动吧，就没有参加中直代表团的活动。

四、民协的根在延安

民协最开始不叫"中国民协"，叫"中国民间文艺研究会"，理事长是谁呢？是郭沫若。为什么他作为中国文联的主席又当民协的理事长呢？因为民协是搞民间文艺的，民间文艺是人民的创作。我们是人民共和国，人民的地位是比较高的。当时郭老是理事长，老舍、钟敬文是副理事长，贾芝同志是秘书长，另外还有毛星等，都在民协。到第二届，周扬是副主席。民协一开始就和郭老、和周扬同志、贾芝同志有关系，林山、孙剑冰等许多老同志都是从延安来的。所以，我们讲民协的根子是在延安。

再早一点，可以追溯到北大的歌谣研究会和《歌谣》周刊。

民间文艺原来在中国历史上是不受重视的，但是西方还比较重视。"五四"时期，刘半农、周作人他们留过学的，就首先把民间文艺搞起来了。他们当时就在北大任教，歌谣研究会还有北大的一些其他教授，其中有一个也是我的老师——魏建功先生。中华人民共和国成立后，魏建功先生在北大中文系教书，他就向我讲了"五四"时期《歌谣》周刊的一些情况，他说不光《歌谣》周刊，"五四"时期的其他一些刊物,像《新生活》,还有《妇女杂志》,都是有民间文艺的。"民间文学"这四个字就是胡愈之最早在《妇女杂志》的一篇文章里提出来的。所以,我们民间文学的根是很深的,和整个新文学运动,和整个现代文学史关系很密切。

但是最提倡民间文艺的还是在延安文艺座谈会以后,毛主席提出文艺工作者要向人民群众学习,要到群众中去,于是何其芳同志、贾芝同志,还有毛星、孙剑冰等鲁艺的师生就到民间去调查,后来编了一本《陕北民歌选》,何其芳主编的,都是鲁艺的学生调查的。另外,鲁艺的大音乐家冼星海特别强调音乐要学习民歌。这些影响很大。

五、钟敬文对我创新的启发

钟敬文先生老家在潮汕地区,他受《歌谣》周刊的影响,也搜集民歌。后来他到中山大学当助教,也讲民俗学。在1928年,中山大学还办了一个《民俗》杂志,《民俗》杂志第一期就叫《民间文艺》,第二期以后才改成《民俗》,但是它主要内容还是调查民间文艺,民间文学的东西比较多。

由于中华人民共和国成立前民间文艺不受重视,也没有专门的课,钟先生教的还是写作、新文学等,并没有专门讲过民间文学课。中华人民共和国成立以后,学习苏联,苏联高尔基重视民间文学,有人民口头创作课(基础课),钟老就开始讲民间文学课,先是在北大讲;1952年院系调整,北大从城里搬到西郊来了,钟老说路太远,而且民间文学往往排在第一节,赶不及,就没讲下去,后来就在北师大讲。他带了好多研究生,从1952年开始,有乌丙安、张紫晨,后来有陈子艾、潜明兹等,在培养民间文学学生方面做了很多工作,有很大的贡献。

我第一次和钟老见面是在1961年,在民研会看河北省的民间艺术表演,然后座谈。钟老有个发言,说这些东西很好,是一种"活鱼",很鲜活的。这个印象我比较深,影响了我后来在民间文学方面提出的一个新理论,就是立体性的问题。我们中华人民共和国成立初期学苏联的民间文学理论:人民口头创作的特点有三大性,一个是口头性,一个是集体性,一个是变异性。但我觉得这三性不足以概括整个民间艺术,民间文学的内容特征没有体现,它的活动方式也没有体现。所以,我后来提出,民间文学的内容特征是直接人民性。这和作家文学不一样,作家往往间接地代表人民来写东西,所以,他是间接的;而民间文学是直接表现人民的思想、人民的生活和文学趣味。所以,直接人民性是民间文学内容的特征。1985年,我写过一篇文章《论民间文学的立体性特征》,这个立体性创新就是受钟老的启发,说民间文艺是一种活的文艺,有立体性，它是活在民间的，实实在在地对人民的生活、人民的思想起作用。比方说劳动号子、劳动歌谣，对劳动起好作用，很多民间故事是教育小孩的，有教育作用。这就是民间文艺活的艺术特点——立体性，民间文学是动态的立体文学。

我经常到钟老家。离得还比较远，但我骑车进城路过师大，就到他家小红楼去坐坐，他很热情，每次都跟我聊很长时间。主要就聊民间文学，他过去怎么搞歌谣，搞民俗学会的，还有对现代一些歌谣的看法，谈得很开心。他对年轻人特别热情，他在师大讲课的时候对我60年代一个人坚持民间文学教学评价特别高。他说，中华人民共和国成立初期带的二十多个研究生全部都改行教别的课了，就是段宝林最能坚持，有张志新的精神，在大会上让大家向我学习，做民间文学的铁杆分子。

六、我和民间文学三套集成

要谈民间文艺集成的话，其实最早是音乐工作者搞起来的。最早是陕西文联，他们在20世纪60年代就开始提出来搞民间音乐集成。后来，中国民间音乐集成就放在音乐家协会，1978年他们就开始搞中国民间音乐集成，首先就是民间歌曲集成，还有民族民间器乐曲集成，还有戏曲音乐、曲艺音乐、舞蹈音乐，共五大音乐集成。后来因为舞蹈音乐要结合舞蹈，所以改为"中国舞蹈集成"，由舞蹈家协会负责。

我是搞民歌的，吕骥同志希望我参加他们民间歌曲歌词的编审工作，我就参加了。他们怎么做呢？他们组织了全国的音乐工作者进行民歌普查——把全国民歌都记录下来。从县开始，县文联的音乐家，让他们去记录本县的民歌，然后集中到省里面来，县卷本、省卷本，这样搞起来。后来我和贾芝同志都参加了他们的编审工作。当时贾芝同志是中国民研会秘书长，我跟贾芝同志讲，我们民间文学这么多东西，也应该搞集成。后来贾芝同志就报到文化部，周巍峙同志当时在文化部，他很支持。这样就另搞了民间文学三套集成——歌谣集成，民间故事集成，谚语集成，还有民间谜语等等没有列入。这个工作从1979年的时候就开始了，但是正式发文件已经在80年代，1984年正式开始。

改革开放初期，钟老那时候右派的问题还没有完全解决，他参加民研会的工作比较晚一点儿。贾芝同志从中华人民共和国初期民研会成立，一开始就主持工作，在50年代团结了好多民间文艺家，像路工、孙剑冰、陶建基等。贾芝同志在民研会开启了很多工作。各省市的民协分会原来只有云南、四川很少的地区有，其他地区都没有。改革开放以后，全国各省市都有了民协，这样民协就成了各省文联的一个重要团体了。这方面，贾芝同志在组织上做了很多工作，全国各地到处跑，鼓吹民间文艺，这是要大力肯定的。

三套集成开始的时候，几位主编都找我，希望我参加他们的工作。马学良先生希望我参加谚语集成，贾芝同志希望我参加歌谣集成，钟老希望我参加故事集成，可是我住得比较远，工作起来不方便，就没有明确答应。后来他们以为我不想参加，这样我就没有参加具体工作，编审的时候会帮他们编审编审。当时有些民间文学三套集成调查、编选的研讨班、培训班，我都积极参加，给他们讲课。印象比较深的是在民族大学三套集成讲习班，我给他们讲了关于民歌方面的科学调查规范——立体性和立体描写方法等等。

七、研究歌谣的诗律

我主编了三本民间诗律的书，都是在北大出版社出版的。第一本是《民间诗律》，当时请老诗人臧克家同志写了序，贺敬之同志题了书名。王力先生也写了序，他是研究汉语诗律学的。他在序言里说，原来认为民歌是没有诗律的，但是看了这些文章之后，改变了他的看法，觉得民歌确实还是有很多很好的诗律。

后来我又编了第二本，叫《中外民间诗律》，请冯至先生写序指导。冯至是"五四"时代著名诗人、我的老师，他是外国文学研究所的所长，我到他家去，他很热情，还给我倒茶，我说不敢当。我送给他民间诗律，他一看就说外国的太少了，就三篇，一篇是季羡林写的印度两大史诗的民间诗律，还有一个是俄罗斯的，一个是缅甸的。冯至先生特别好，发动他们外国文学研究所里的人，好多语种的老师，都写外国的民间诗律。所以，《中外民歌诗律》就包括了十几个外国的诗律了。

后来我又编了一本《古今民间诗律》，就成了一个系列。《古今民间诗律》是从古到今的，我请了中文系研究古代汉语、研究《诗经》的音韵学老师唐作藩先生写《诗经》的民间诗律。

这三部诗律著作分别请著名诗人贺敬之、中国音韵学会会长周祖谟教授和著名文学史家、书法家吴小如老师题签；请著名诗人臧克家、冯至、公刘写序。

我的老家扬州，民歌小调很好听，《茉莉花》就是我们扬州的。从1984年到1987年，我讲民间文学课的时候，都要带着学生调查实习半个月。北大经费比较多，师大同行就很羡慕我们，他们的实习都是到中学里讲课，不能去调查民间文学，因为他们是师范嘛，培养老师的。我们几个教师，带着几十名学生调查民间文学，在扬州的几个县里，民歌、歌手都很多，调查到很多资料，也出过一些油印的民间文学调查资料集。扬州市的三套集成是我给写的序，我的老家嘛。我们的调查成果对他们很有用。我还经常去参加云南、广西的歌圩、赛歌活动。广西的过伟同志、云南的杨知勇同志和我的关系都很好，我们一起编民间诗律的三本书。

新诗要学习民歌，咱们收集了很多歌谣，从诗律的角度去研究，对写新诗也很有好处。比如押韵的概念，《辞海》《汉语大辞典》解释押韵就是句尾的韵母相同，它只讲尾韵，对汉语来说并不全面，汉语里还有头韵，还有腰韵。而蒙古族民歌则全是头韵，它不重视尾韵。西南好多少数民族民歌有腰韵，傣族民歌就是押腰韵，还有壮族民歌，押腰韵、腰脚韵。

民歌中有好多种不同的韵式，打破了过去《辞海》的定义。如果不懂民间文学，就容易以偏概全了。押韵应该是头、尾、腰，只要韵母相同都是押韵，不能说腰韵、头韵不是押韵。

八、笑话的喜剧美学创新

除了民歌，在民间故事里我侧重研究笑话，从美学上来研究笑话，出过一本《笑话：人间的喜剧艺术》，是北大出版社出的。

为什么选择笑话呢？因为我出身比较苦，10岁以前父母双亡，在外祖母家里寄人篱下，心情很苦闷。但是太苦了也不行，要自得其乐。所以，我就比较喜欢听说书，听笑话，看笑话，这样调节自己的心情。

我研究笑话，就用我一贯喜爱的美学理论来衡量。西方美学认为喜剧是什么呢？亚里士多德就说喜剧是一种丑，微小的丑，是不太美的笑话，车尔尼雪夫斯基甚至说喜剧的本质就是丑。我觉得民间笑话中的一些主人公并不丑啊。我重点研究阿凡提，到新疆去调查过阿凡提。后来就写了一篇文章，讨论民间笑话的喜剧美学价值，对传统的美学经典提出了挑战，然后到国外去参加国际学术讨论会，受到了国际民间叙事研究会主席劳里·航柯的高度评价，使他对西方美学的局限性有了明确的认识。在此书序言里，对此有所记述。

笑话是生活的调剂。我成了笑话的主人公——开玩笑的对象，我也不在乎，有人很严肃的，很在乎这个，我就没关系，开开玩笑嘛。讲课的时候，还有平时在生活中，跟学生爱开玩笑。在中文系流传我的许多迷糊笑话，陈熙中、张钟还封我为迷糊协会会长，王力先生为名誉会长。最早流行的经典笑话是：

有一次我坐公共汽车到王府井新华书店买书,把钱都用光了,最后剩了5分钱,回不来了。我发现还有几张邮票,拿邮票买票,售票员说:"没关系,你下次再来补就行了,我们不要邮票。"我回来跟他们一讲,他们都说我很幽默,而且也很迷糊,于是就叫我"段迷糊"。当然,王力先生,还有好多老师也有这个问题。

他们说中文系有一个迷糊协会,就让我当会长,王力先生是名誉会长,研究聊斋的马振方是秘书长兼组织部部长。所以,这都是笑话。

九、民间文学很重要

我的那本《中国民间文学概要》是1981年正式出版的,但是60年代油印了两次。第三次文代会回来,我就开始讲民间文学课。这个课开始不是给中国学生讲的,当时外国留学生主要是苏联和东欧的,他们特别重视民间文学,一来就要求讲民间文学。以前,钟老培养了一个民间文学教师,叫朱家玉,在北大教民间文学课,1957年失踪了,之后民间文学课就没有人讲了。留学生要听怎么办?我当时在文艺理论教研室,我说我去讲吧。于是就一面讲,一面写讲稿。1960年给外国人讲了之后,1961年就给中国同学讲。到了1962年,系主任说,每门课都要有教材,于是民间文学课就印了一次讲义。1966年初,又印了一次讲义。

因为有这个基础,出版社刚成立的时候,社长麻子英同志就让我把讲义给他出版,印出来之后,就拿到德国莱比锡参加世界书展。他说所有去参展的书中最受欢迎的就是你这本书,因为外国人对中国民间文学特别感兴趣,民间文学最能代表一个民族的文学特点,文学的民主当然就要重视人民的创作。

这本书的整个架构和苏联的完全不同,按照林庚先生的指示,以介绍作品为主,于是就按照故事、神话传说、童话寓言、歌谣、谜语、谚语、说唱文学、民间小戏,分门别类来讲。原来苏联的体系是按照文学史的体系来讲的,从原始社会的民间文学、奴隶社会民间文学,到封建社会民间文学、半封建社会民间文学。我觉得这么讲和文学史重复,就打乱了它的体系,按照民间文学作品理论的体系来讲,分成总论和分论两大部分。总论里讲了两个问题:第一个问题是,什么是民间文学,民间文学的特点、范围和作家文学有什么不同;第二个问题是民间文学的价值。第一个问题是本体论,第二个问题就是价值论。

民间文学的价值,我把它概括成三大价值:一是实用价值,它在人民生活当中,在劳动当中,在恋爱当中,在娱乐当中,它们有实用价值;二是科学价值,马克思、恩格斯、列宁、毛主席是怎么用民间文学来证明或者是解释他们的理论的,很多社会科学家利用民谣或者是谚语来证明他们科学的理论;三是艺术价值,有艺术鉴赏价值,人民群众怎么欣赏它,知识分子怎么欣赏它,有借鉴价值,作家学习民间文学,来创造新的作品,像《王贵与李香香》,甚至《红楼梦》里都吸收了很多民间文学的成分。

我研究的结果就是,所有的文学形式,诗歌、小说、戏剧都是首先从民间文学当中产生,然后经过作家学习提高发展出来的。后来概括成一个理论,就是民间文学和作家文学相结合的规律——雅俗结合律。我编过一本《西方古典作家谈文艺创作》,就发现所有第一流的大作家都很重视民间文学,我把它概括成雅俗结合律,这也是我提出来的一个新的理论。

此外,我除了提出上述民间文学本体论、价值论的理论创新之外,在方法论上也有创新——提出了立体描写的方法。过去《歌谣》周刊,还有外国人,他们记录民歌、民间故事都是光有一个文本,一首歌就完了,我认为这还不够,应该根据民间文学立体性特征,把谁唱的,怎么唱的,用什么曲调,群众的反应怎么样,社会效果怎么样,都应该作为一个立体的文学描写记下来。所以,我就提出了立体描写的方法。这个方法论创新学术界还是比较肯定的。台湾文化大学著名的学者金荣华教授和他的弟子,都说这个立体描写的方法非常重要,是我们新中国民间文学理论的一个创新。

民间文学为什么很重要?

第一点,民间文学是整个文学最古老的祖先,口头文学几万年前就有了,文字的历史只有三千多年。第二点,所有的文学形式,像四言诗、五言诗、七言诗、词、曲、小说、戏曲,都是从民间文学当中创造出来的。第三点,第一流的大作家都是向民间文学学习,受过民间文学的哺育。第四点,所有的文学高潮,像唐诗、宋词都有一个学习民间文学的过程,最后形成文学高潮。

访谈手记

采访段宝林老师那天,天气特别冷,室内却温暖如春。段老师娓娓道来,一个半小时的讲述浓缩了数十年的悠悠往事,思路清晰,故事有波澜,却不紧不慢,给人留下特别深刻的印象。从中,我们看到一位49年从军的老兵如何走上民间文学之路;从中,我们看到现代文学史上那些重要的名字,他们对民间文学的发展起到怎样的至关重要作用。段老师是个有心人,厚厚的几本相册,都是细心整理和分类的,按照时间线,老人一边翻,一边解说,里面既有个人成长的轨迹,也诉说着现当代文艺发展进程中的风云际会。

寻找自己
——关于民间文艺的探问和思考

刘魁立

访谈时间	2019年12月13日
访谈地点	北京西直门南大街
访 谈 人	冯莉、王素珍[1]
整 理 人	王素珍

刘魁立，1934年生，河北静海（今属天津）人。1953年毕业于哈尔滨外国语学院。1961年获苏联莫斯科大学语言文学副博士学位。历任黑龙江大学中文系副教授，中国社会科学院文学研究民间文学所研究室主任，中国社科院少数民族文学研究所研究员、所长，《民族文学研究》主编以及《民间文学论坛》主编，中国民俗学会理事长，中国民间文艺家协会副主席，中国少数民族文学学会副理事长。

一、莫斯科留学

我接触民间文学、在这方面的情感培育，应该说很早。

1934年，我出生于昂昂溪（现齐齐哈尔市的昂昂溪区）。不久，全家定居海拉尔。海拉尔是一个非常小的城市，当时受日伪政权统治。1945年以前，这里居住着汉、满、蒙古、回等多个民族，再加上俄国人、日本人、朝鲜人，总共不过三万人，生活方式多姿多彩。

我们每逢过年的时候，都会有各种仪式，那些仪式直到现在，仍让我感到特别温馨。寒冬腊月，天非常非常地冷，好不容易把屋子烧热了，每家都暖暖和和的。可是在除夕的晚上，临近子夜时分，家家户户一定要把所有的门都打开，去迎神。迎来了之后，所有的门又都关上，屋子里重新温暖起来。这个时候会摆上一张桌子，大家都围坐在那儿，桌子正位放有一个碟子、一个碗、一副筷子。吃年夜饭之前，要祭拜先祖，给他们磕头。当然，也要给家里的老人磕头。我记得那个时候还要剪窗花、剪挂在门上的"挂钱"。我当时也学会了剪"挂钱"，还能够把一张不大的红纸剪成一个网状的装饰纸，把它剪得非常非常大，盖在上供的馒头上。

小的时候，我有个表哥。他教我唱的就是民歌《好一朵茉莉花》。那时候，我就觉得那个调子怎么那么好听。当然，当时也听过其他的一些民间传说、民间故事。所有这些都培育了我对于民间文化的那种最初的、懵懂的情感。

1955年我被公派到莫斯科大学学习。期间我多次随同导师鲍米兰采娃教授一起到乡下去做考察。那个时候对于外国学生没有这个要求，但是我觉得，要想了解苏联社会，就应了解整个苏联、了解俄罗斯的文化，了解俄罗斯农村、了解俄罗斯人。于是我就跟着老师一起下去考察。我们到乡下去做考察，是很认真的，之前要做充分细致的准备。考察用的铅笔都有明确要求：必须是圆的，不能用带棱的。长时间用铅笔写字，带棱的铅笔会硌手。下乡时，每个人要带好米和糖块，糖块是给孩子们准备的。另外，就是需要准备好访问提纲。当时调查的就是民间文学，包括民歌、民间故事。到一个村庄，就这么一家一户地去走，一家一户地去访问。由于这样一个原因，我对于俄罗斯实际状况的了解比其他同学要深切一些。另外，我也得到了在实践中更好锻炼俄语的机会，因为经常接触的都是俄国普通老百姓，都是俄国同学。

在大学期间，学校并不要求外国留学生一定提交学年论文。但我觉得既然来留学，就得像个样子，所以就认真完成学年论文，同时也跟着下乡考察。我发表的第一篇论文就是下乡考察的一个成果。因为有了这个基础，我慢慢地对民间文学产生了兴趣，产生了情感。当时我们学习文学史，也是从希腊、罗马文学，古典文学开始，到中世纪、文艺复兴，18世纪、19世纪一直都学下来。在比较的过程中，我觉得民间文学这一部分是我们每一个民族文化发展的一个基础。

一开始我派出去的时候是做研究生，那时候我才21岁，觉得自己的知识储备是不够的。所以，我后来就提出申请，要求改为大学生，最后得到了我们大使馆、我们教育部和苏联教育部的同意。我念了两年大学，就又申请改回去当研究生了。莫斯科大学的研究生院一般是三年。在改回去当研究生时，就把专业改成了民间文学。这期间逐渐培养了我对民间文学深厚的热爱之情。

我副博士学位论文的主题是民间故事，俄罗斯的民间故事。当时我的导师问我选什么样的题目，是中国的还是俄罗斯的？我说，既然到俄罗斯来学习，就应该学习俄罗斯这里的一些问题和这里的实际状况。于是就选了俄罗斯1861年农奴制改革前后民间故事对于现实的某种折射。[2] 应该说，民间故事很难直接对现实有那么直白、那么深刻地反映的，因为它是按照传统走的；然而，人们生活在自己的时代，就不可能不在自己的口头传统里加上自己时代的印记。人们总是以现实眼光、感受和口吻，来表述自己对于传统的承接。所以，我就想解决这样一个问题：传统和现实的关系。现实如何在幻想中显露某些影像，哪怕是隐含的、模糊的影像。这就需要非常好地认识到

---

[1] 参与访谈人：李航。
[2] 副博士学位论文《俄国农奴制改革时期民间文学的幻想与现实问题》。

传统是什么，但同时也看到这些讲述人他们是怎么来接受传统、怎么来表达传统的。

我在莫斯科学习了两年即将转入研究生院时，曾回国参加1958年的民间文学工作者代表大会。那个时候，贾芝和李星华两位前辈还非常年轻，他们在王府井和平宾馆找我谈了有关苏联的情况。另外，在会议期间，我参加的是北京的讨论组，那些老领导以及常惠、容肇祖、常任侠、杨成志等老学者都在这个组里，我也受益非常多。这大概就是我最初和民研会（也就是后来的民协）发生的关系。那时候我就加入了民研会。

《民间文学》杂志，它不仅登载一些作品，也有很多理论性文章，是当时民间文学领域唯一的重要阵地。我曾在《民间文学》上发表过一篇文章，就是关于搜集工作的那篇文章[3]。文章提出来"记什么""怎么记"这样一些非常重要的、关键性的问题。我提出，应该本着一个忠实记录的原则来做田野工作，只要是老百姓热爱的、喜欢的，我们就应该记。至于将来编辑、发表，那和记录是不同范畴的事儿。那篇文章引发了一场关于民间文学搜集整理问题的讨论。出现了差不多有近十篇的反对文章，有的还言辞激烈。这是发生在1957年的事。这对于仅仅23岁、刚刚入门、还在学习的我来说，那真是一场很大的风波。但是这一事件也锻炼了我，告诉我无论在什么条件下，都应该本着讲求实际、坚持真理的精神来做学问。这大概也是对我的一次很好的教育。

二、到社科院文学所工作

1961年我毕业回国后，本来应该到民研会或者当时的科学院文学所来工作。当时是中宣部领导文学所的，文学所的贾芝、王平凡、毛星这些老领导同时也是民研会的领导。他们有问题就直接找周扬同志汇报。后来，我调到北京，也有幸跟着这些老领导到周扬家里去过。

很长一段时间，文联的主席都是兼任民研会主席的，郭沫若、周扬都曾经担任过民研会主席。起初，民研会被人叫作"小文联"。为什么呢？民研会最早成立时，包括秘书组、民间音乐组、编辑出版组、民间文学组、民间美术组、民间戏剧组、民间舞蹈组等7个组，贾芝同志是民研会秘书组的组长。[4]民研会当时是相当风光的，因为各个组都在这儿，后来才分别独立出去。

当时科学院哲学社会科学学部，秘书长姓宋，叫宋一平。1961年秋我刚回国，还没有分配工作。贾老（即贾芝）就说，你到科学院来工作，因为在这之前还没有人是专门学民间文学的，你是唯一科班出身的人，你到这里来工作。然后宋一平召见，告

---

[3] 刘魁立：《谈民间文学搜集工作——记什么？如何记？如何编辑民间文学作品？》，《民间文学》，1957年6月号。

[4] 民研会设7个组，秘书组组长：贾芝；民间音乐组组长：吕骥、马可；编辑出版组组长：蒋天佐；民间文学组组长：钟敬文、楼适夷；民间美术组组长：胡蛮；民间戏剧组组长欧阳予倩；民间舞蹈组组长：戴爱莲。

诉我说现在组织要找谈话。谈话的时候问我的意见。我说我服从分配。

当时哈尔滨俄语专科学校已经改为黑龙江大学了，我们学校的老校长王季愚特意到北京来。王季愚校长原来是左联的，在上海就认识周扬同志。后来她到了延安，当时在延安有一个鲁艺，她是延安鲁艺的。抗大还有一个叫俄文大队的单位，好像她同时也在俄文大队工作。1945年后她来到东北，建立了一个俄语专科学校，叫俄专，后来改名叫外专，即哈尔滨外专。黑龙江大学是1958年在哈尔滨外专基础上扩建的，加入了其他的一些系。所以，直到今天，这个学校的俄语教学是全国最好的。

王季愚校长说："这个学生我得要回去。我们的学生你们已经要走好多了。"科学院说："他是唯一学民间文学的、有学位的人。我们的研究工作需要他。"我们校长在那儿坚持，最后我就回到了黑龙江大学。学校很希望我到俄语系工作。我说："我能不能不到俄语系，到了俄语系就是教语言。这别人也可以教，我觉得还是讲民间文学的专业知识更好一些。"于是，我就被分到中文系，讲中国民间文学。

我在黑龙江大学工作期间，准备在黑龙江做赫哲族伊玛堪说唱的调查。那时民间文艺研究会在各省有分会。我在黑龙江民研会制订了一个很庞大的计划，想分门别类去做调查，各个民族的，各种行业的，包括抗联的。来北京之前，我们已经做了赫哲族、满族、朝鲜族的、抗联的故事传说调查，进行了一些资料搜集。比如到宁安做满族民间文学调查，到牡丹江地区做朝鲜族民间故事调查，到黑、吉两省交界处做抗联传说调查。在镜泊湖做调查时，零下四五十度的天气，我和哈师院马名超老师坐在货车的敞篷车厢上，在供销社拉盐车的盐袋子上赶路，沿着镜泊湖冰封的湖面，从北湖头到南湖头，三个多小时，差点儿被冻坏。当时陆续整理出一些记录，在宁安报纸上还发了一个专版。

1977年，在中国科学院哲学社会科学部基础上正式组建了中国社会科学院。转年，贾芝、王平凡、毛星等老领导派人到我们学校去调我。我记得是仁钦道尔吉带着介绍信去的。校长说，如果上级领导下调令我们服从，如果"商调"，那我们不同意。[5] 1979年，社科院请示上级单位，4月发出调令。我很快就买了火车票，来北京报到。

正好赶上1979年5月4号中国民研会在民族宫召开纪念"五四"运动60周年座谈会。顾颉刚、钟敬文、容肇祖、杨成志、常惠、常任侠、马学良、贾芝、毛星、居素普·玛玛依等人参加了座谈。[6] 从此以后我就到了社科院文学所的民间文学室。一开始，我继续整理以前的调查资料，多次列席贾芝主持的研究恢复民研会工作的会议。同时准备1979年全国少数民族诗人歌手座谈会的有关材料，当时这个座谈会是作为很重要的项目来抓的。[7] 1979年八九月，在香山八大处，我就一直参与准备工作，贾老的讲话及其后来在民间文学工作者代表大会上的讲话，我都参与起草。徐国琼、杨亮

[5] 什么叫"商调"？那就是两方面单位经过商量都同意，这边单位同意要，那边单位同意放，才能调动工作。——口述人补充说明。

[6] 中国民间文艺研究会筹备组在北京民族文化宫召开纪念"五四"运动六十周年座谈会。顾颉刚、钟敬文、常惠、容肇祖、常任侠、杨成志、于道泉、毛星到会并发了言。柯尔克孜族著名歌手居素普·玛玛依应邀参加会议。会议由筹备组组长贾芝主持。（中国民协大事记，1979年5月）

[7] 7月25日 在民族文化宫召开全国少数民族诗人歌手座谈会准备工作碰头会。会议由江平主持。国家民委路达、马寅，文化部许里，民研会贾芝、杨亮才，中央民院张养吾出席，会议决定歌手座谈会由国家民委、文化部、中国民研会三家联合举办，会议还讨论通过了领导小组及办公室人员名单。8月4日 中央批准国家民委、文化部、中国民间文艺研究会《关于召开全国少数民族诗人、歌手座谈会的报告》。胡耀邦同志在报告上指示："这是件好事，我赞成。"9月25日至10月4日 全国民间诗人、歌手座谈会在北京召开。全国18个省、自治区45个民族的代表123人参加了会议。（中国民协大事记，1979年7月、8月、9月、10月）

才和我，我们三个人，住在一个招待所里，起草贾芝同志的讲话、参与整个会议的筹备活动。在这期间，我参与的基本上是民研会的工作。最早就是筹备1979年10月30日至11月16日开的会——"全国文学艺术工作者第四次代表大会"及"中国民间文学工作者第三次代表大会"。[8] 邓小平代表党中央发表讲话，茅盾致开幕词，周扬做题为《继往开来，繁荣社会主义新时期的文艺》的报告，夏衍致闭幕词。

在很长一段时间，社科院文学所民间文学室的领导同时也是民研会的领导，实际上是在具体领导全国的民间文艺工作。1980年召开少数民族文学概况编写工作会议，我参与起草贾芝同志的报告。开会有时就是在贾芝同志家里，就是演乐胡同64号。那时候民间文学室领导可以直接向中宣部、向周扬同志汇报请示工作。"少数民族文学概况"项目就是中宣部直接下的命令。何其芳做文学所所长的时候，毛星、王平凡、贾芝等几位，都是老延安，各省的宣传部部长，很多也是延安鲁艺的，他们都特别重视民间文学。这个传统从《在延安文艺座谈会上的讲话》开始就有了。大家一直在关注民间文学、民间文化。大家都按照这个指导思想工作。当时的民间文学工作在全国各地发展得都很好。

三、民间文学三套集成

关于民间文学三套集成，有这么几件事情我觉得挺重要。

民间文学三套集成的工作开始得很早，贾芝、王平凡、毛星几位前辈从民研会恢复工作以后，多次议论过在全国范围内大力开展民间文学新的搜集和出版工作。1983年，在八大处开会的时候，我们就已经具体布置这项搜集和整理、出版民间文学作品的工作安排。我有幸参与讨论和具体设计这项工作方案。民间文学三套集成工作是经中宣部批准，是中宣部、国家民委、民研会联合发动的。在西山会议上研究确定，请钟老、贾老、马老这三位分别担任民间故事集成、歌谣集成、谚语集成的主编，同时还拟议了协助主编工作的人选。我参加民间故事卷，协助钟老工作。协助贾老编歌谣卷的有张文、陶建基。谚语卷有两位，一位是陶立璠，另外一位是李耀宗。当时我有一个想法，希望能有史诗叙事诗这一类作品的集成。谚语当然也很重要，但是我觉得谚语各个省卷会重复太多。最后还是确定做谚语集成。后来我在少数民族文学所工作期间，就特别强调史诗这项研究工作。

在三套集成故事卷里，我提议并且坚持无论如何要在《中国民间故事集成》的省卷本里选出若干个最多见的，也就是流传最广泛的故事类型来，同时以地图的形式明

---

[8] 此处参考了《中国民俗学大事记》，以下资料来源于中国民协大事记，1979年10月30日至11月16日，第四次全国文代会在北京召开。邓小平代表党中央、国务院致《祝词》。周扬做了题为《继往开来，繁荣社会主义新时期的文艺》的报告。11月4日至10日 中国民间文学工作者第三次代表大会在北京召开。钟敬文致开幕词。贾芝在会上做了《团结起来，为繁荣和发展我国的民间文学事业而努力》报告。周扬当选为主席，钟敬文、贾芝、毛星、顾颉刚、马学良、额尔敦·陶克陶、康朗甩当选为副主席，王平凡任秘书长。

确标识出这些类型的地理分布情况。这样不仅可以在一定程度上增加卷本的学术含量,而且可以为以后的研究提供一定的信息和可资借鉴的模式和方法。我坚持加上故事类型地图,这项工作花费我相当多的精力。现在来看,还是有意义的。一开始吉林卷就没做,有的省不愿意做。我说,不做,整个故事卷就难以通过。这个故事类型图要比任何一篇文章都重要。故事类型图做出一个故事讲述和流传的地理方位,这样就能提供这个故事传播的空间分布情况。做出故事的空间标识,由此出发就可能寻出故事传播的分布情况。口头传统的分布、文化流布的走向也可能通过故事类型图体现出来,每个地方的文化特点、价值判断的特点都可能在这里体现出来,这实际上是折射了当地人群的文化取向。故事类型地图的编制,实际体现了故事流传的现状,即故事是怎么活在当下、活在民间的。这个地图本身的意义特别重要,但是各个省卷本情况不一样,不是所有省区都做得那么令人满意。有的人或许没有意识到做类型图的重要性,另外也和做这项工作的人的水平有关,如果我们今天再做的话,情况就会完全不同。

说远一点,民间传统不是孤立存在的。民间传统是"人同此心,心同此理",广泛认同、世代认同,才能成为传统。一个故事传与不传、流传得广与不广,它的分布一定是有原因、有道理的,这种广泛程度可能说明整个人群的某些重要文化特点、整个人群的基本的文化价值观。我在六十多年前就谈到重复记录的重要性,从那个时候起我就关注故事流布情况。文化的交流体现在其中。日本讲这个故事,中国也讲这个故事,彼此之间的距离一下子就拉近了,这就叫认同。这个认同是情感的碰撞,情感的交流。咱们通常说同样的民间故事在汉族和其他民族都有流传,这就是自觉的或者不自觉的情感认同。

我后来在文章中说,所有的故事研究都会努力去寻求答案,各个学派都会在一个问题上翻跟斗,这就是故事雷同性问题。为什么你讲这个故事,我也讲这个故事,雷同性本身是所有的故事学家回避不了的问题。你知道各个民族、不同人群,语言是不同的;讲的故事何以就相同了呢?照理说很奇怪嘛!比如世界许多地方不少民族都有灰姑娘故事流传。所有学派都关注雷同性问题,功能学派、人类学学派、历史地理学派、心理分析学派都要回答这个问题,他们之间的差异只是回答的方式不同、答案不同而已。

三套集成故事卷,我是副主编,各卷的评审我都参与了。所有编审工作出力最多的是冯志华女士,有的省卷本还不只讨论一次。有人把民间文学三套集成形容为"民间文化的万里长城",我觉得再加上各地出版的上千本县卷本,这种比喻并不为过。作为20世纪中国口头传统的剪影,它具有特殊的非凡的历史价值。但是,三套集成中大概有几个问题比较难处理：

头一个问题是，有一些故事不是原本的记录，是经过了一定程度的改写，即通常所说的"整理"。我觉得这是一个遗憾。因为这种整理，在民间语言、民间故事真实样貌的保存方面，损失了很多。出现这种情况，客观的原因是那个年代记录的手段、方法跟不上，还做不到全面真实地记录。

当时没有录音机，一开始我还学过亚文速记。在俄国学习的时候，刚刚出现民用磁带录音机。我们外出进行田野考察，第一次分配给我们一台刚刚进入市场的录音设备。我导师不交给俄国同学，怕他们不认真，说中国的学生特别仔细，让我管着这个录音机。等回到中国，就没有这个条件了，没有录音机，不像现在随便拿个手机都可以录了。由于时代的客观以及部分主观的原因，在三套集成里，我最感到遗憾的就是这一点。

再有一点就是关于民间故事的相关材料我们很少记录。辅助材料、相关的信息，能够为我们将来的分析和研究提供非常非常重要的信息。谁讲的？他多大年岁？这两条，三套集成里虽有说明，而其他，如他怎么学来的？他都给谁讲？讲述的环境？听众的状况？这些都没有加以辅助说明。用现在的话说，就是缺少一个公共空间、公共文化空间。故事讲述，不能就光是那个作品，不能光是干巴巴的文字记录。就好比说演戏，如果你完全没有听众、没有观众，那个戏就演不下去。所以，一定要把观众搁进去，必须有这个所谓的空间。可是这个空间涉及的一些问题，比如时间、对象、当时的气氛，如果所有的这些全都没有，那实际上就等于是一个非常干瘪的东西，还是把民间故事当作一个像作家创作的书面作品。口头传统具有整体性，我们没有完全体现它的整体性，各整体性要素间失去了应有的联系。在这方面，我们过去没有关注到民间文化的系统性和整体性。当然，这种状况也可以理解：不能用科学版本来要求三套集成。

参与民研会的工作，还有一件事。1982年，组织委派我主持《民间文学论坛》的创刊工作，陶阳是副主编，他是民研会的工作人员，具体工作大都是他操持的。有一个协助他工作的年轻人，叫徐纪民。陶阳当时还在建国门外的文学所，说是要向我请示汇报工作。我说咱们两个是朋友，是同志；咱们两个讨论问题，是朋友之间的讨论。《民间文学论坛》创刊号是1982年出刊的，陶阳说我非得有一篇不可。我就赶出一篇评述民间故事类型索引挺长的论文，好像有两万多字。[9]

---

[9] 刘魁立：《世界各国民间故事类型索引述评》，《民间文学论坛》，1982年第1期。

四、国际交流

说到国际交流,大概情况是这样的。最早的时候,改革开放初期第一次到中国来访的是日本学者。日本来了一个庞大的代表团,由臼田甚五郎带队,当时他大概是日本民间文化组织或者中日友好组织的领导人,带了很大的代表团,几乎是从事中国民间文化研究或者是和这个有一定关系的人都来了。[10]当时,他们提出来的一个问题,我们是不是可以合作编辑类似AT那样的民间故事类型索引?那个时候很多人对"AT"、对"民间故事类型索引"这些如今大家都耳熟能详的术语还不清楚,不知道怎么回答。于是让我回答,我说:我们目前的工作,最最重要的是民间文学资料的搜集。我们的人手、我们所有的精力都放在这方面,至于说将来它的类型索引的编纂,仿照AT或者用新的原则和方法来做,可能是晚一步的事情。后来,我就写了那篇《世界各国民间故事类型索引述评》,把民间故事类型做了一个全面的介绍。在我担任中日韩亚洲民间叙事文学学会会长期间,继续朝着这一方向努力。1982年,我和王松先生组团回访日本,分别发表了学术报告,关敬吾等著名学者出席了我们的座谈会。

再有就是陪同贾芝出访芬兰、冰岛,首次搭建与芬兰、冰岛进行学术交流平台。后来,劳里·航柯还曾亲自到中国来做过调查。1985年初,我还在中国对外友好协会纪念《卡勒·瓦拉》出版150周年的会上,做学术报告《和平与劳动的颂歌》。同一年初秋,航柯来京,在芬兰使馆由大使向贾芝和我授奖。80年代中期,我们和芬兰就建立了比较好的学术联系。后来我个人还几次到过芬兰。有一次,航柯和德国学者海西希,他们给联合国教科文组织起草关于保护民间传统文化、民间文学、保护非物质文化遗产的建议书。他们先期曾经做过沿着丝绸之路的一次调查,在此期间,邀请我和印度学者参加研讨会。1988年,我在南斯拉夫诺维萨德市,参加为纪念塞尔维亚伟大民俗学家乌克·卡拉季奇诞辰二百周年召开的"文化与民间文学"国际学术研讨会,宣读论文《今日中国的民间歌手》,会议代表虽不足十人,但都来自不同国家。同时参会的还有世界著名的塞尔维亚史诗学研究家洛德先生以及俄罗斯著名学者古雪夫等。

此外,我有幸同日本稻田浩二教授、韩国崔仁鹤教授,共同组织创建了亚细亚民间叙事文学学会。学会的学术交流定期开展,三国学者携手共进,学术贡献与日俱增。同俄罗斯学术界以及同美国民俗学会,建立正式联系、开展广泛学术交流,我也多方努力,积极参与。

---

[10] 1980年中,日本口承文艺学会访华代表团,应中国民间文艺研究会的邀请,来我国访问,该团在北京期间,与民研会同志进行了两天的学术座谈。对方在会上做报告的,为臼田甚五郎、大林太郎两博士和内田琉璃子教授,我方为贾芝同志和我。钟敬文:《三十年来我国民间文学调查采录工作——它的历程、方式、方法及成果·附记》,《钟敬文全集》.5.第二卷,民间文艺学卷.第二册 神话传说学 谜语与谚语 民族民间文学》,北京:高等教育出版社,2018年,第336页。

五、民俗学会成立

中国民俗学会的发起和成立,我知道的情况大概是这样的。

1979年春我调来北京,去看望钟敬文先生。钟先生那时正在起草成立民俗研究所的倡议书。我去拜访他时,他跟我讲了这件事。钟老拿出一个文稿来,当时已经有一些签名了。他说我们有一个建议。这个建议就是后来的7位教授的建议书。[11]杨堃先生从云南调来北京,当时是住在招待所。钟先生是坐公共汽车到他那儿去的,跟他谈,请他签名,这是钟老跟我说的,这一细节我记得特别清楚。

在钟敬文当民研会主席时,钟先生提议设一个民俗学部。1979年11月1日,中国文学艺术工作者第四次代表大会及中国民间文学工作者第二次代表大会期间,文联主席周扬主持会议并发表讲话,强调了民俗学研究对我国社会主义四化建设的重要意义:"我们国家的民俗学工作,还没得到应有的重视,应该建立专门研究机构,开展这方面的工作。……在专业机构未建立前,先设立一个民俗学部,由中国民研会领导,尽快地把工作做起来。"会议印发了《建立民俗学及有关研究机构的倡议书》。当时,胡乔木是社科院院长,胡乔木院长在医院调阅了这份倡议书。他认为,当时成立民俗研究所的条件不是特别成熟,可以先成立一个学会,由相关专家牵头筹备。

1979年底,中国民研会落实周扬的讲话精神,设立"民俗学研究部"。1980年6月,在杭州举行的中国民研会浙江分会第二次会员代表大会期间,为响应7位教授的倡议,于彤、陈玮君、莫高同志提出《开展浙江民俗学研究工作的三点建议》。11月23日,中国民研会浙江分会设立"民俗学研究组"。1982年7月30日,中国民研会在北京召开"全国培训民间文学工作骨干经验交流会"期间,钟敬文先生以"民俗学研究部"的名义,再次举行了民俗学情况座谈会。[12]

1982年6月,中国民俗学会筹备会在京成立,钟敬文教授任主任委员。1982年8月,中国民俗学会筹备组致函中国社会科学院副院长兼秘书长梅益同志,希望批准成立中国民俗学会。1982年10月,中国社会科学院批准成立中国民俗学会。当时社科院四大秘书之一,就是主管文学、历史、考古等研究领域工作的高德同志,负责具体办理这件事。在参加相关会议的时候,他说社科院在这方面没有专业人,请钟老来全面负责这件事。钟老就对高德说,"你们自己有人啊。就叫刘魁立负责联系就行了"。因为民俗学会是由社科院管理的。于是我就协助钟老,完成了学会章程起草等一整套工作。

1983年5月21日,中国民俗学会第一次代表大会在工程兵招待所召开。当时季羡林、杨堃、杨成志、容肇祖等都来了,阵容非常强大。大家一起在招待所住四人间

---

[11] 1979年11月1日,顾颉刚、白寿彝、容肇祖、杨堃、杨成志、罗致平、钟敬文七教授发出《建立民俗学及有关研究机构的倡议书》。

[12] 此部分整理参考了《中国民俗学会大事记》(中国民俗学会秘书处/施爱东:《中国民俗学会大事记(1983—2013)》,中国民俗学会,2013年)。

上下铺，这些老人在这个房子里住下铺，上铺空着。年轻人都是上下铺、吃大锅饭，一起讨论学会的未来发展，氛围非常好。那次大会总共花了两三千块钱吧。

当时这个学会不是以社科院名义成立的组织。准确地说，学会是挂靠在文学所，由文学所代管的民间组织。民俗学会的这些会员包括各大学、各省区的学者、社科院的学者以及民研会的会员，从宽泛的意义上说，都是跨界的。比如各个大学从事民间文学教学的，民间文学也是民俗学的一部分，所以，民研会一部分会员也成为了民俗学会的会员，包括咱们民协现在的一些领导，部分副主席，也是民俗学会的成员；反过来说，民俗学会的一些人包括各个大学的教授、研究生，也是咱们民协的会员。在中国民俗学会成立前后，中国民研会各地分会或成立民俗学组，或成立民俗学会。中国民研会与中国民俗学会的关系始终是非常密切的。

2020年是中国民间文艺家协会成立70周年，我表示热烈祝贺！70年不过是历史进程的一瞬，中国民间文艺家协会及其前身民间文艺研究会却在这期间，在民间文化诸多领域的保存、保护、推进和弘扬方面，做出了巨大贡献。借此机会，特别感恩以往先贤的开创基业之功；同时，也对民间文艺界时代精英表达深深的敬意。有他们的努力，中国民间文化事业必将前景灿烂，成就辉煌！

访谈手记

刘魁立先生热爱民间文艺事业，从未停止关于民间文艺的探问与思考。20世纪50年代他在苏联求学时随导师做乡村考察，1956年在《民间文学》上发表第一篇论文，之后加入民研会成为会员。1980年前后，民研会成立"民俗学部"，他积极推动中国民俗学会筹备及成立工作。同时，他与《民间文学论坛》结下学术缘分，并担任民间文学三套集成故事卷的副主编。国际交流方面，他不仅保持与俄罗斯的学术来往，还参与欧洲、日本等地区的国际民俗学术交流。2019年，刘魁立先生获"中国文联终身成就民间文艺家"荣誉。

中国民间故事集成县卷本示范卷的编纂历程

贾国辉

访谈时间	2019年7月1—2日、12月13—15日
访谈地点	湖南石门楚江站东路4号
访 谈 人	漆凌云[1]
整 理 人	史伟丽、金媛[2]

贾国辉，1934年生，湖南石门人，湖南省"桩巴龙"传说的非遗传承人。1952年就读于桃源师范学校，1955年参加工作，从教8年后调任石门县文化馆文学干部。80年代文学普查时任《中国民间故事集成湖南卷·石门县资料本》主编。此书被誉为中国民间故事集成第一本示范卷。1995年从石门县文化馆退休。获国家文化部、中国民协等部门颁发的先进工作者奖、中国民间文学集成特别贡献奖、常德市劳动模范奖等奖项。

1934年，我出生于湖南石门的一个书香世家，家中自祖父一辈起就以教书为业。1955年，我从桃源师范毕业后，也曾在教师岗位工作8年。我对文学的热爱深受父母亲的影响。我的母亲原是大户人家的小姐，虽然不识字，但旁听过家塾老师授课，会背很多诗词，小时候常常教我背诗。父亲是小学校长，从小重视子女的教育问题。那时我每日都要背诵《千家诗》，四年级便能整本背诵，直到现在我还能流利背诵出来。这些为我以后的文学道路打下了坚实的基础。我从小学三年级时就养成了写日记的习惯，每天都会记录，"文革"中断后续写，至今已写日记约26本。

一、我与民间文学

小时候，我慈利县的四姑奶奶很会讲故事，她可以讲上百个故事。以前，慈利和我们老家隔座大山，她小脚走不了那么远，要坐轿子来，来了以后一般要留她住个把月。我从五六岁起就听她讲巧女的故事、野人家家的故事等,自此便在心中埋下了一颗民间文学的种子。我对李自成的传说感兴趣是在中学时期,那时我就读于石门县初级中学。老师提倡郊游,我们郊游到夹山寺时,申悦卢老师就讲了李自成在夹山当和尚的故事,这使得我对李自成的传说产生了很大的兴趣,但是我那时并没有自觉搜集民间故事的意识。1952年,我考入桃源师范学校后,语文组的老师举行《阿诗玛》长诗的朗诵。我听后就对民间文学产生了极大的兴趣。我发现自己的家乡石门也有许多像《阿诗玛》这样的长诗,如《姜女下池》[3],就着手搜集。

1955年元月份我参加工作,从教8年,在这8年中我辗转于不同的学校。我先后在《湖南文艺》发表了很多文章,因此1963年被县文化馆看中调到石门县文化馆担任文学干部,由于当时人手不够我还兼任了音乐、曲艺干部。此时我有两个重要工作:一为创作新的唱词,重点培养业余作者,创办《石门文艺》,发表业余作者作品;二为搜集民间文学。因为对民间文学极其热爱,我经常关注此方面的杂志并订阅了《民间文学》,所以对搜集整理工作有一定的认识。我此时的搜集注意到讲述人、时间和原汁原味等搜集原则。我认为民间文学的科学性很重要,不能造假。

1981年,石门县夹山发现了"奉天王"即李自成的墓葬,引起了政府的高度重视,地委宣传部部长杨杰主持成立"李自成调查小组",分为文物、文献和民间传说三个小组,我负责民间传说组。为了搜集李自成的传说,我到过好多个县市进行普查,现在有印象的有石门县、临澧县、津市、慈利和大庸,总共搜集的传说有一百八九十篇,后来挑选了几十篇编成《夹山与李自成》一书(内部印刷),此时我已经开始注意讲述人、职业、年龄、文化程度等信息。

二、我与《中国民间故事集成湖南卷·石门县资料本》

在民间文学三套集成中,我担任了石门县卷本的主编。上级(常德)下发编撰民间文学三套集成文件后,就选择了在石门办试点。这可能是考虑到我对民间文学的热爱,而且我那时在这方面小有名气,在市里编的内部刊物中发表、推荐了一些民间文学作品。我的民间文学工作得到市里部门的认可,1984年10月,湖南省民间文学工作会议暨理论研究座谈会议在汉寿召开。我在会上专门做了《我们是怎样搞普查试点》的发言。[4]彭燕郊教授对此很感兴趣,会后同我谈,说:"石门可以成立一个民间文学组织。"所以我回来后就成立了一个组织来搞试点,主要是我和文化馆的一些人负责。

---

[1] 漆凌云,湘潭大学教授。

[2] 史伟丽,湘潭大学文学与新闻学院2018级民间文学研究生。金媛,湘潭大学文学与新闻学院2018级民间文学研究生。

[3]《姜女下池》是傩愿戏的必演节目。在石门,孩子出生后,每逢3、5、7等奇数岁时,父母就要向傩愿菩萨祈福许愿,来年再去还愿。12岁是最为重要的一次,等小孩子度过这个年岁,就意味着他们已经健康长大了。还傩愿类似渡关仪式,傩愿戏是还傩愿必不可少的环节,除了《姜女下池》外,《土地戏》也是必演戏目。

[4] 贾国辉:《我们是怎样搞普查试点》,《湖南省民间文学工作会议暨理论研究座谈会议文件汇编》,1984年。

1984年3月上旬到中旬，我们在石门县的杨坪乡开展了民间文学普查试点，参加普查的共6人（文化站辅导员4人，当地业余作者1人，文化馆干部1人）。我们主要做了这些工作：

一是确定普查范围。不仅要搜集故事、歌谣、谚语，我还有意识地指导他们搜集歇后语、谜语、民间曲艺、民间叙事诗等资料，但这些资料没有印刷出版，而是以原始资料的形式保存在了石门县文化馆。

二是培训普查员。普查员包括各乡镇的文化站站长和重点业余作者，以前都没搞过民间文学采录。我告诉他们，普查时不要辨别精华与糟粕都要搜集，记录要忠实，语言不能加工，不能随意添加，要记录讲述人的姓名、年龄、性别、家庭住址、文化程度、职业、流传地点、采录题目、搜集时间、来源等信息，要做到"家家到、户户落"。我还要他们记录讲述人的表情动作，但他们可能忘记了，就没有记录。不过我自己搜集的时候有记录，如肖卯秀讲故事时的情景与动作，我记录在了附记里。肖婆婆讲《蛤蟆当皇帝》的故事很有意思，故事里的方言很有特色，像"三大小"就是"三个老婆"；"廊场"就是地方的意思。我向肖婆婆搜集故事时，她就在自家门前，一边用脚盆洗衣服一边向我讲述故事。她一般在家里讲给子女、亲戚听。农村办喜事了，客人围在一起，请她讲故事；夏天没有电扇，在阴凉的地方放几把椅子或是一张竹床，一些小娃娃就来听她讲故事。我那次共搜集到她5个故事，故事都比较长，故事性很强，均为一次性讲完。

我们前后一共进行了四次的普查培训，时间分别是1983年12月、1984年3月、1985年7月和1986年，共培训辅导员和业余作者120次。印象最深的是前两次，1983年冬天，举办了第一次普查骨干学习班，省民协秘书长陶立同志专门组织民间文学研究的专家来给我们上课，这次主要是向文化站辅导员传授民间文学的基本知识和搜集民间文学的方法。第三次民间文学普查骨干学习班是在1985年7月6日至7月8日举办的，当时有36人参加，有文化站辅导员、业余作者，还有几个湘潭大学来这里采风的学生。这次学习班由湖南师大的巫瑞书老师和湘潭大学的杜平老师讲课，主要是针对普查中遇到的问题进行"战地练兵"。讲的内容不仅包括民间文学的搜集，还有民间文学的整理，特别是结合三套集成的编纂，重点讲述民间故事、民间歌谣和民间谚语的搜集与整理。当时的省民间文学集成办主任龙海清、常德地区民研会主席孙伟、地区民间文学集成办主任黄军怀等都多次到石门来指导我们的工作。没有他们的指导，我们的工作不会进行得那么顺利。

三是办普查试点。第一次试点定在了阳坪公社。1983年11月我在阳坪乡主持试点工作。当时我带领晏友淼、程集田等几个文化站辅导员一起做试点工作。试点人员进入阳坪公社后，恰逢公社开支部会议，我争取到了在会上发言的机会。在会上我为民间文学正名，讲"民间文学不是糟粕，是民族民间文化遗产"。端正了基层干部的认识。我还在会上安排了试点的搜集整理工作，普查员分成几个小组与要到的大队负责人接上头。在下大队前我再次对普查员讲了田野作业的经验，反复强调要讲述人用地方方言讲故事，用口头语言记录，详细记录讲述人信息；在搜集工作中要向基层干部普遍了解搜集对象，选择重点调查对象，还要与搜集对象建立感情；搜集时要选择适当的时间，不能耽误人家做农活；还有恰当的搜集场所，虽然一般都是在讲述人的家里进行，但是那个时候大屋场在农村还有一定的数量，找准对象后，在大堂屋或室外采录，这样又讲又唱，围过来的人就越多，大家你一句我一句，搜集到的故事就越多，还有办红白喜事的人家也是很好的搜集场所；最好能以故事引故事，以歌引歌消除对方的戒心等。原计划试点工作开展半个月左右，但是刚进行五六天我就被点名抽调到常德烟厂工作组做宣传工作。我被调走后，试点工作便草草结束了，因为没有主要负责人，那一年石门县三套集成工作几乎停滞，除了试点阳坪乡采录颇丰外，其他16个文化站交上来的故事总共只有12篇。

一年后，我谢绝了地委领导让我留在地委机关工作的建议，毅然回到石门县文化馆主持三套集成工作。当时陶立还来信，对我进行了表扬。回到文化馆后，我本着"以点带面"的原则，又在燕子山乡办试点，因为当时的燕子山乡文化站辅导员（就是现在的石门县报社主编孙开国）在民间文学普查时很积极，普查做得非常好。他的祖父孙明斗就是个故事家，能讲很多故事。我决定9月15日至21日就在燕子山开现场会，还专门编了一本孙明斗的故事集让其他普查员充分了解民间文学普查的"三性"（就是科学性、全面性、代表性），召集全县的文化站辅导员再次学习，再次实践。现场会上，每人发了一本打印的《孙明斗讲述的故事》，作为他们参考整理的样本，又邀请了故事讲得好、距离文化站比较近的故事家龙占才为辅导员们讲述《瞎子充亮子》的故事。他们用笔记，我也用笔记，还用录音机现场录音，然后与会人员拿出自己的笔记与录音对比，找出差距。我现场讲评后，又让与会人员下大队去搜集。这样从理论到实践，再从实践回到理论回到实践，理论—实践，实践—理论，多次反复，终于培养出了一批比较合格的普查员。我要求他们对故事讲述人的身份职业不能有歧视，杨坪乡有人会唱民歌，但是以前是妓院的妓女。我就说："不要排斥她，可以向她搜集民歌。"有些故事家曾挨过批斗，开始很难发动，需要在感情上缩短距离。

一次我到燕子山乡一个村，找一个会讲故事的老人。他在五雷山当过道士，知道很多故事和民歌，但不敢讲。我去找他时就有意识地帮他干活并且问他会不会唱歌和讲白话[5]，老人说："唱歌在'文革'时都是黄色东西。"我解释说："现在不这么认识,现在都是民间艺术遗产。"我就先给他讲,以故事引故事,以歌引歌,他便讲开了。还有搜集民间文学时不要鉴别,都要搜集,有些因果报应、鬼神信仰的故事,我要求普查员,不管讲述人讲什么都要怎么讲怎么记,不管黑色的黄色的,都要如实记录,这就是"下去一把抓,回来再分家"。但是选进资料本的时候就要注意了,关于生理缺陷的、烧火佬倌的故事等都不收进去,但有记录。对于迷信、报应之类的故事,好多人都不敢搜集。我在编辑《石门民间故事集成》时把一些鬼怪的故事收集在内。虽然一些人经历了"文革"害怕了,但是我不害怕。还有"荤白话",我虽然没有出版,但是我有一个专门的档案。后来有位同志专门编过一本荤白话,还有人向我要稿,有人就专门研究荤白话。在燕子山会议结束时,我便宣布 10 月份为全县普查月,他们普查了半个月左右就交上来一些普查资料。那时已经有录音了,之前没有录音,在燕子山开现场会时,每一个普查员发两盘磁带录音,但是磁带不太好保存,现在已经放不出来了。

搜集故事时一般是讲述人讲一遍,两个人同时记录。如采集易法松的故事是我和晏友淼同时记录,但是最后用的是晏友淼的记录稿。普查交给我的稿子,我看到有些我收集到的别人也搜集的故事,就用别人的。后来编《石门民间艺术集成》时,我把之前自己收集了没有用的故事和他人搜集没有用过的整理出版。搜集比较复杂的故事时一般不重复搜集,也是讲述人讲一遍,就能完整记录,但是有的文化站辅导员无责任感,交的东西很草率,不完整。对于故事情节好,但不完整的这些故事,我要求相关辅导员找到最初的讲述人重新记录。最特别的就是《多机溜》这一篇。《多机溜》故事原来是阎于辉的孙子讲述的,我认为故事基础好,但是句子前言不搭后语,就让当时负责搜集这个故事的文化站辅导员再次搜集,找出最初的讲述人是阎于辉,最终石门县卷中收录的《多机溜》是阎于辉亲自讲述的版本。

在搜集过程中我们发掘出了一些故事家,一般是通过问当地领导和群众,再通过这些会讲故事的挖出其他的故事家,这叫作"藤上牵瓜"。有些是根据我的经验发掘出的故事家,讲故事较多的职业就是理发师、木匠、裁缝、老师、医生等。我说下村之前要重点去找七老:老教师、老中医、老船工、老匠人(木匠、瓦匠、篾匠、裁缝、剃头匠)、老道士、老巫师、老艺人。石门卷里《吃白佬》故事的讲述者张先志是个木匠。当时人们会请木匠到家中打造家具。木匠听得多,干活时、休息时听人讲,走村串户,接触面广,所以他的故事就比较多。还有易法松就是给人上门理发,人们叫他"剃头师父""袋诏"[6]或"口袋诏"。理发完主人请他吃饭,他给人讲故事。他讲故事时,喜欢边吸着旱袋烟边讲故事。我是在杨坪乡发现他,当时记录了他二三十则故事。后来我专门把他请到我岳母家来讲。这些都是在石门民间故事资料本

---

[5] 方言,即讲故事。

[6] 袋诏:袋子里放着皇帝的诏书。满族入驻中原以后,就让汉人束发修辫子。皇帝下诏:留头不留发。

出来之后的事情。但是瓦匠的故事就少，高空作业旁边没有人，掌握的故事也就少了，铁匠也很少讲故事，因为打铁要集中精力。裁缝比木匠掌握的故事更多，这是与职业有关的，而且男性讲述也会多一些。

我当时要求各文化站都要将搜集来的资料编成故事资料本、歌谣资料本和谚语资料本，有辅导员的文化站都编了故事资料本和歌谣资料本，但有些站收的谚语少，就没编成资料本。他们编资料本时对分类不了解，一般都是交上来之后我们再分类，有些书上的故事如《西游记》中的故事，我都会删掉。我们搜集的石门县故事，是用石门方言讲述的民间故事，哪怕这个故事不是发生在石门，只要用石门方言讲述有特色就可以收录。县里的编辑工作就是在各文化站资料本的基础上展开的。我负责故事集成的编撰，鲍明清负责歌谣集成，余业培负责谚语集成，同时我又是三套集成的主编，其实三个资料本我都有负责。

最先编的是故事集成资料本。可能是因为工作比较突出，1986年5月20日下午，省里决定那年的中秋左右在石门开现场会，现场会上一定要拿出故事集成资料本，当时时间很急迫，我就计划要在五月份进行一次调查扫尾工作，看看还有哪些地方因为没有文化站辅导员或是其他原因没有交上来故事的，就赶紧去搜集，消除空白乡。有些是我自己去的，像南坪乡没有文化站辅导员，我由乡政府介绍去当地会讲故事的李元高家过了一晚。他们家在山上很高，有很多蛇，很多人劝我不要去，但是当时南坪乡没有出故事，为了消灭空白乡，所以我一定要去采录故事。他当时讲述了十多个故事，但是故事特点不太突出，入选的故事较少。

编故事卷资料本时，《中国民间文学集成工作手册》还没有出来。我们手里只有编辑方案，但是不具体，我就是重点把握"三性"原则。我自己很喜欢民间文学，长期订阅《民间文学》，虽然当时没有讲到要注重口语化，但是钟敬文、张紫晨、乌丙安等都强调口语化，这对我编纂故事卷的影响很大。在编辑时，我抽调在普查中成绩突出的辅导员晏友森、程昌波、易先学、孙开国、盛中华组成编辑班子来参加编辑工作。抽调的人都没有搞过编辑工作，我又以《瞎子充亮子》做试验田，手把手地教他们编辑故事。《瞎子充亮子》这篇故事一是不长，二是完全用石门方言讲述，三是通篇没有一个形容词，所以我就选了这一篇。我把记录稿、录音稿和整理稿给他们看，通过录音稿来校对记录稿，记录稿用钢笔记录，与录音稿不同的地方用红笔标出来，在这个基础上整理。通过对比使他们明白什么是科学整理。其中有一个细节，瞎子吃螺蛳肉，肉掉在地上，他误捡了一坨鸡屎吃了，为了充亮子，说了句"倏然就变味哒"，其中的"倏"原来记为"肃"并加了注释，后来翻字典发现"倏"既同音又合语意，便改了过来，不加注释了。当时我们还列举了一篇不是在忠实记录的基础上整理的稿子《莲梗上为什么会长刺》，那篇故事是整理者小时候听父亲讲过，父亲去世后根据记忆整理的。虽然故事性很强，语言也很优美，但是有加工，不全是民间口头语言，虽然发表过但是也不能给收录进去。还有些人自己在刊物上发表的民间传说，但找不到讲述人，这样的也不能收录。有人提出把自己听过的故事整理出来，这样也是不行的，整理者和讲述者不能是同一个人，谁也不能保证没有人不会把自己编的故事加进去，尤其是长期从事民间文学搜集整理工作的，编出来的故事几乎能以假乱真，所以讲述人很重要。这又一次使编辑者们受到了教育，整理一定要科学，不能随意。我们编辑人员都很认真，他们都是逐字逐句推敲，遇到拿不准的会给我来信，尤其是易先学，他拿不准的字句都会给我来信，有一封他的来信中列出了11个不确定的字句让我给出意见。石门方言与普通话发音差距较远，如"那个人""那么多""傻""仍然"等这些应该用普通话还是依据方言发音记成同音字的问题，还有"好吵"的用法等他都会很认真地和我讨论。

编辑工作从1986年6月16日开始，8月5日向印刷厂交第一批稿，八月底校完三稿，前后花费了两个多月的时间。故事卷经过了三次筛选，筛选总的是按照"三性"的要求来的，要注意甄别真假好坏，注意合理选材，选内容有石门特色的，讲述有个人特色的，作品有科学研究价值的故事。当然也要科学地整理故事文本，不改变时代背景，不改变和拔高主题，不随便增删情节，尽量保持讲述人的语言风格，还有正确地对待石门方言等。这是总的要求，而每次的筛选也会有不同的侧重点。编辑人员分工处理几个乡镇文化站的稿件，一筛重点看人民性和可读性，筛掉宣扬色情、封建迷信色彩浓厚、赞美假恶丑和嘲笑人们生理缺陷的故事，筛掉不是口头流传的没有忠实记录的假的民间文学。这次编辑们从180多万字的资料中筛选出来的稿件我全部都有过目并进行了讲评；二筛重点看科学性和整理定稿，这次他们从中筛选出了五百多篇故事，我再讲评。在审阅故事时，对于其中一些不恰当的部分，我会稍有改动，但改动不大，改动的地方很少，很多都是表达方面的问题；三筛重点看全面性和代表性，我们选出了221篇故事为定稿。在筛选的时候我们考虑到了石门的少数民族——土家族，但是石门土家族的汉化比较普遍，搜集的故事难以分清是土家族的还是汉族的。最后是省集成办派巫瑞书教授来指导工作，他指导了每篇故事的分类。编辑时故事有分正文与异文，以正文为主，异文加注，只说怎么讲，介绍不同的细节或附全文。

这本故事资料本编的比较成功。在中秋节的石门现场会上，省民协的领导等对我们的工作表示了认可。1986年9月23至10月5日，民间文学三套集成总编委会在江西庐山召开了以民间文学集成作品记录和整理的忠实性问题及集成资料统一分类编码为主题的专题学术研讨会。乌丙安教授在会上也对我们的工作表示高度的肯定，他认为故事分类比较好,失误少,二百多篇故事中只有八九篇需要调整,故事文本中的"哒""吵"也很有地方特点。乌教授认为我们这个本子不应该叫《石门县资料本》,应该叫《中国民间故事集成·湖南省石门县卷》,也就是在这个会上《石门县资料本》作为示范本面向全国推广。我记得当时除了台湾、西藏外其他各省都买了,要30本、50本的都有,但是当时由于经费的原因在县印刷厂印刷时只印了1000本,我曾向领导反映多印一些,但是意见没有被采用。后来各地都要,刚开始有的地方给5本,但是要的地方太多了,只能一个地方给一本,他们后来都又把工本费寄过来了的。

三套集成的搜集整理工作比较顺利,各个文化站辅导员积极性都很高。这一方面是因为我做事之前有详细的规划与安排,前期的动员工作做得比较好,当时的支部书记都很支持集成工作,热情招待;另外一方面,当时的搜集整理者大部分都是我培养出的业余作者,对我都比较信服,能积极响应号召;还有就是要有评比,奖罚分明,激发各个文化站辅导员调查搜集的积极性。我们在1985年5月的时候宣布要对各个文化站辅导员的搜集工作进行评比,定下搜集故事的目标,没有完成任务的给予适当的惩罚,优秀的就评出先进集体与先进个人,给予精神与物质的双重奖励。再一个要向广大文学爱好者征集民间文学资料,如果被选上给一定的稿费,这个当时有文件,我觉得这个很好,能发动更多的人参与进去,搜集更多的资料。

当然,在80年代民间文学三套集成的普查工作中也留下了一些遗憾。我在阳坪搞试点时,发现一个木匠很会讲故事,但是他身体不好,躺在床上没讲多少,再去时已经去世了。还有就是普查得不彻底,有一些故事家或歌手都没有普查到。有一个老人会唱很多民歌,但是在普查时没有发现,他的民歌没有收录进去,这些都很遗憾。

民间文学和三套集成的工作对我的影响很大。我2000年出版的一本书《妈妈留下的丝包头》就深受民间文学的影响,有许多素材都来自民间。因为三套集成工作,我也得了几个奖项,1988年被文化部、民协等单位评为先进工作者,1999年被选为常德市劳动模范,2010年民协还授予我特别贡献奖,等等。

三、坚持不懈的搜集

资料本出来以后我依然没有放弃搜集故事。我对普查员说:"你们这次发现的故事家,可以继续深入'钻探'。开始是'普探',现在叫'深挖'了,要一个一个地'探',不要普查了。"之前讲到的故事家易法松,在资料本出来之后,我专门把他请到我岳母家,又记了72则,白天记晚上也记。那是个冬天,我们在火炉旁边烤火边听他讲故事，我大概记录了他二三百个故事，但是资料本后来一直没找到。后来的"深挖"响应的人不多，有两三个文化站做了，像刘宏忠、付依绒就很积极，深挖中交了资料本。当时的文化站辅导员都是半脱产，工资低，三套集成工作结束以后，几乎没有人再从事民间文学方向的工作了，他们有的外出打工了，有的转成了干部，但是大多都没有放弃写作，如孙开国、晏友淼等。

三套集成工作结束后，我一直在石门文化馆做文学干部，直到1995年从县文化馆退休，创办了老年诗社，但是一年后被老干诗社取代。我现在仍在搜集民间文学，附近哪里有什么红白喜事我都会去看看，因为那里人多，讲故事的、唱民歌的一般会有，我拿着小本本听人家讲就记下来。我还搜集"桩巴龙"的传说，2018年被认定为省级"桩巴龙"传说的非遗传承人。我家里的四个女儿、四个孙儿也都会讲故事，尤其是我大女儿，讲得很好。我很喜欢保存资料，之前三套集成的原始资料和我自己生活中的一些手稿至今都有保存，片语只字都不舍得扔。我当时搜集的李自成的传说的手稿现在都还在，装订在了一起。平时我会把商场的购物小票、药店小票和水电费票等都保存下来夹在一起，留着做一些手记，记一些新民谣。看电视时我也有电视笔记本，看到有趣的故事就记下来。

我认为现在再次做《中国民间文学大系》出版工程是个大好事。有人说"民间文学慢慢会消失"，但我一直认为民间文学不会消失。对于一些新产生的民谣、笑话、故事、谚语，我都一直在搜集。目前我已经整理出了一本民间韵文笑话，搜集的新民谣也可以编成一本书了。虽然时代在变，但是这些民间的东西依然可以真实地反映出人们的生活与心理，所以我会不断地搜集下去。

访谈手记

贾国辉老师长期在石门当地从事文化工作，担任《中国民间故事集成湖南卷·石门县资料本》主编。此书被誉为中国民间故事集成第一本示范卷。2019年7月1日，当我们到达贾老家楼下，看见临街卷帘房中借着阳光、微颤着双手，一笔一画认真伏案写字的老人时，顿时激动不已。贾老有一个习惯，喜欢收集各种资料，家人专门为他在楼下腾出一个铺面房用以存放。偌大的房间堆满了旧书杂志和他的手稿，因为年代久远，纸张都有不同程度的泛黄蒙灰。贾老就坐在右前方的书桌旁，桌边用书隔出仅供一人行走的通道。每日早晨，拉开卷帘门，大片的阳光便倾泻而入，洒在他的书桌上。贾老就在这里继续他晚年对民间文学的采录与回忆，完成了与我们的对话。我们在2019年下半年前后三次对贾老进行了采访。期间，贾老不厌其烦地为我们讲述他采编三套集成的经历和经验，兴致来了，能给我们即兴讲故事笑话、唱歌谣，还特意为我们翻找出了许多80年代采录民间故事的珍贵手稿和出版资料。那一方小室仿若民间文学的宝矿，不仅给我们的编撰工作提供了极大的方便，对编撰《中国民间文学大系·故事·湖南卷》也具有非同寻常的意义和价值。

贾老自小就对文学憧憬，少年便熟读古典名著，《千家诗》更是随口念来，后来深受民间文学吸引，自觉民间文学是其他文学的母亲，是文化之根，便一直坚持收集民间文学，从青年到暮年，六十余年从未中断过。走前，我们将整理的采访稿给了贾老一份，第二天早晨辞行时，贾老熬夜将用红笔校改了一遍的稿子交给我们，对于采访中不确定的时间、名称等，也都重新核对了。他说看到你们就觉得民间文学后继有人了。

为人作嫁半生缘

刘锡诚

刘锡诚，1935年生，山东昌乐人。1957年毕业于北京大学。历任中国民间文艺研究会编辑研究人员，新华社翻译、编辑、记者，《人民文学》编辑部评论组长，《文艺报》编辑部副主任、主任，中国民间文艺家协会驻会副主席、党的领导小组组长、分党组书记，中国文学艺术界联合会研究员；《民间文学》《民间文学论坛》《评论选刊》《中国热点文学》主编。

访谈时间	2019年11月19日
访谈地点	北京东城区安定门外东河沿8号楼
访谈人	冯莉、王素珍
整理人	王素珍、周利利

一、在民研会的初期

我是1957年9月4日北京大学毕业后到中国民间文艺研究会（以下简称中国民研会）工作的，1971年7月从文化部（静海）团泊洼干校分配到新华社，前后是14年。

在北大上学时，就曾翻译过苏联学者的理论文章和消息报道，投给《民间文学》杂志，稿子都是经编辑部的负责人汪曾祺发表的。到中国民研会后，与汪曾祺在一个单位工作。那时他虽然还没有后来在文坛上的成就和名声，但我知道他在西南联大时曾经师从沈从文，在写作上深得沈先生的真传和称赞，青年时代就发表和出版过《邂逅集》等文学作品。他早期在北京市文联，一面编《说说唱唱》，一面写作，文采独具，才华超群，在北京文坛上是大家公认的才子。

在单位里，我们朝夕相处了一年多，我一直把他尊为老师。那时，他年仅37岁，几乎整天坐在办公室里吞云吐雾，伏案秉笔，不是改稿编刊，就是写东西。平时他都是用毛笔写作和改稿，一行行行书小楷，清秀而透着灵气。但是他写完一张张的稿纸，总是团成一卷，扔进身边的纸篓和麻袋里，于是废稿堆成了一座座小山。我很纳闷，对他在写作上的那种刻苦磨炼很不理解，到了后来才悟出，汪曾祺之所以能够成为一个文学的大家，才华固然十分重要，与他当年孜孜不倦的苦苦锤炼与追求也是分不开的。

记得他在《民间文学》1956年第10期上发表过一篇题为《鲁迅对于民间文学的一些基本看法》，在1958年第4期上发表过一篇论述义和团故事的文章《仇恨·轻蔑·自豪》。他在刊物上发表文章和民间文学作品，有时用曾芃这个笔名，如在《民间文学》1956年第4期上发表的他修改写定的鲁班故事《锔大家伙》，用的就是曾芃这个笔名。

大约是在1957年的上半年，他收到了已故神话学家程憬（程仰之）先生的遗孀沙应若女士从南京寄给他的一部程憬的遗稿《中国古代神话》，请他帮忙出版。他给主管丛书出版的陶建基写了一封信，请他处理。

> 建基同志：
>
> 这是前中大教授程憬（此人你或当认识）遗著《中国古代神话》原稿及校样——此稿似曾交群联出版社，已付排印，不知曾出书否，由他的夫人沙应若寄来给我的。我与沙应若初不认识，她来信说是顾颉刚叫她寄来的。
>
> 我拆开看过，只看了个模样，未看正文。你翻翻看看，这一类的书我们出不出？若可以，似可找公木、顾颉刚校阅一下。
>
> 程夫人沙应若在南京第八中学。
>
> 关于这部稿件的情形，可问问顾颉刚先生。
>
> 曾祺（1957年）

程憬于40年代毕业于清华大学，后在中央大学教书，不幸于50年代英年早逝。陶建基接到汪曾祺的信后，又将书稿转给了主持研究工作的路工先生。我来单位报到后，路工就将程憬的稿子和汪曾祺的信一起交给我来处理。我看过稿子后，将其送交（哲学社会科学）学部文学研究所的文学理论家毛星同志，请他代为审阅，他接受了；后又请历史学家顾颉刚先生为这本著作写了序言。

我接手这部书稿时，汪曾祺在张家口的一个农业研究所。所以他并没有看到程憬遗稿的处理结果，也没有可能亲笔复信回答沙应若和顾颉刚的拜托。后来，这部由铅排校样和毛笔手稿混合组成的文稿，从此就不知下落了。1996年我的老伴马昌仪听顾颉刚先生的大女儿顾潮说，程憬先生这部书稿和顾先生的序言都保存在她那里，便借来看，但遗憾的是书稿只剩下了半部，其余的半部不见了。40年后，我在整理书简和资料时，竟然找出了汪曾祺这封被尘封了多年的信件。

多年以后，程憬的那本遗稿，由青年学者、北大中文系的陈泳超老师帮忙出版

---

[1] 参与访谈人：刘晓路、李航。

了[2]，他为此书的出版发表了一篇题为《一个抒情的人道主义学术史家》[3]的文章，交代了我和马昌仪参与处理这本书稿的过程。有趣的是，他选用的题目套用了此前我写的一篇评论汪曾祺的文学创作的文章《一个抒情的人道主义者》[4]。

我在研究部工作的时候，一共有三个人。主任是路工，还有就是张紫晨和我。当时我们有三方面的工作：自己写点东西，编辑民间文学理论方面的书和内部参考，还要出去做调查。

1958年第一期《红旗》半月刊上发表了周扬的《新民歌开拓了诗歌的新道路》长文，这一年的3月，毛主席在成都会议上发出关于搜集民歌的号召，在全国开展了"新民歌运动"。我和《民间文学》编辑部的老编辑铁肩同志，在路工先生带领下赶赴山东烟台的芝罘岛，去做新民歌调查，记录了许多新民歌，接触了烟台这个地方很多关于海盗、妈祖的故事传说。

结束了在芝罘的采风，铁肩回编辑部编稿发稿，我和路工途经济南南下江苏南京。此时的江南已是春意阑珊。我们在江苏省文化局局长周邨、宣传部副部长钱静人等的建议和指导下，来到了著名的吴歌之乡常熟县白茆乡。在白茆乡政府的办公室里，县文化馆和乡文化站的工作人员第一个就把陆瑞英找来。那时，陆瑞英是乡里的卫生员，以唱四句头山歌在当地颇有名气。在过去白茆塘的山歌对唱中，她曾经被推选为对唱的首席女歌手。她的肚里不仅贮藏了许多传统山歌，还有随机应变的能力，能够在后援者的支持下临场即兴编创。当陆瑞英来到我们跟前时，我们发现，她就是我们老远看到的那个光着脚丫子一面踩水车一面唱歌的年轻女孩子。在那个狭窄而又光线并不充足的办公室里，坐在办公桌对面的陆瑞英，从"一把芝麻撒上天，肚里山歌万万千；南京唱到北京去，回来还唱两三年"之类的"引歌"开始，一路给我们唱下来，既有新民歌，也有旧民歌，但主要的还是当地人耳熟能详的旧民歌、薅草歌和莳秧歌一类的劳动歌，也给我们唱了几首"盘歌"。"盘歌"富有知识性和情趣性，语言机敏而曲调高亢，给我们以阡陌山野间的开阔感舒展感。但她没有给我们唱情歌。我们知道，情歌只适合在田野里唱，而不适宜在家里和在室内唱，尤其是与我们面对面唱。她给我们的印象是：性格开朗，会唱很多山歌（田歌），没有拘束感，唱歌是她抒发内心情感的一个渠道。她歌喉很圆润，音域开阔，很耐听，无疑是一个很合适的民间歌手调查对象。可惜的是，后来她唱歌唱坏了嗓子，不能再唱山歌了。

我们是带着任务下来的：第一是要调查当地新民歌创编的情况，第二是要按毛主席的指示，搜集些新、旧民歌回去。新民歌创编的情况，是由乡里的负责人向我们介绍的，而搜集民歌，则主要靠陆瑞英给我们演唱了。陆瑞英的嗓音甜美，被人们称为"金嗓子"。在20世纪五六十年代的万人山歌会上，人们常常能听到她的优美歌

---

[2] 程憬：《中国古代神话研究》，顾颉刚整理，陈泳超编订，北京：北京大学出版社，2011年。

[3] 陈泳超：《一个抒情的人道主义学术史家》，《中国艺术报》，2014年3月21日。

[4] 《钟山》，1998年第3期。

声。当时，农村做水利工程，组织全市各地的农民会集一起挑土方、做水利，挑灯夜战，并开展劳动竞赛。作为文艺骨干，陆瑞英被安排到工地上为民工们唱山歌，唱好人好事。有一年开挖白茆塘河，有关部门又叫陆瑞英去唱山歌。那年冰冻三尺，天气十分寒冷，但民工们大搞水利的热情十分高涨。陆瑞英白天、晚上连续唱山歌，患了感冒，但仍坚持到工地一线唱山歌，结果把喉咙给唱哑了。陆瑞英的嗓音嘶哑后，当时的省民间文艺家协会副主席、后来就任文学研究所所长的周正良十分关心，主动给她写信，勉励她另辟蹊径，讲民间故事。从此之后，她就逐渐以讲述故事为主了。周正良的这一建议，才有了五十年后，即2007年，北京大学陈泳超教授和周正良两人用吴语方言记录稿与普通话整理稿对照的《陆瑞英民间故事歌谣集》[5]的问世。

白茆采风结束之后，我和路工继续上路，辗转奔赴福建。先是沿着闽江乘船而下，第一站是福州，继而去闽西老革命根据地上杭以及厦门海防前线。在闽西革命根据地搜集了一些第二次国内革命战争时期的红色歌谣，在厦门海防前线和福州搜集了一批战士歌谣，以《福建前线战士歌谣》为题发表在《民间文学》1959年1月号上。后编成一本《海防前线战士歌谣选》，交由上海文艺出版社于1959年出版了。在江西老苏区，搜集红色歌谣，在那里我发现了一本当年中央苏区瑞金编印的《革命歌谣选集》（《实话丛书》之一），便把那里面的歌谣全部抄下来，在1959年第3期的《民间文学》上选发了一组，加了编者按，并撰写了一篇《读〈革命歌谣选〉的〈代序〉和〈编完以后〉》加以介绍。后又内部出版了《革命歌谣》一书。

受白茆民歌和民歌手陆瑞英的激发，我对民间歌手产生了浓厚的兴趣，于是从福建直驱安徽省肥东县，去访问已经有点名气的女农民歌手殷光兰，并撰写了一篇题为《民间歌手殷光兰》的文章，编入中国民间文艺研究会主编的《向民歌学习》（民间文学论丛之二）一书中，交由作家出版社于1958年7月出版。那个时代，向民歌和民间歌手学习，是文艺界特别是诗歌界提出的一个响亮的口号并形成风气。中国民研会主编的《大规模搜集全国民歌》（作家出版社，1958年）和《向民歌学习》两种丛书相继出版后，中国民研会和《诗刊》编辑部联合召开了座谈会。殷光兰所唱的"门歌"（有些地方称"锣鼓歌"）这种本来只流行于皖中地区的民间演唱形式，一下子知名于全国，殷光兰也被中国民研会所看重，请她参加了1958年7月16日在北京举行的全国民间文学工作者大会，并和全体代表一起到中南海接受了毛泽东主席的接见。

20世纪五六十年代，在民间文学的搜集整理问题上，产生过激烈的争论。人民教育出版社整理的《牛郎织女》和李岳南的评论，刘守华对这种做法提出异议；其次，时在莫斯科大学学习的刘魁立，撰文对著名搜集者董均伦搜集整理的民间故事及其搜集整理方法，提出商榷，引发了争论。关于搜集整理问题的论争持续了很长的时间，

---

[5] 常熟市古里镇人民政府、中国俗文学学会编：《陆瑞英民间故事歌谣集》，北京：学苑出版社，2007年。

发表文章的不只《民间文学》一家刊物，云南的《边疆文艺》也发表过不少这类文章，到1962年，在研究部主任路工的领导下，由我编辑了以中国民研会署名的《民间文学搜集整理问题》（第一集），收集了当时的一些有代表性的文章。

1962—1963年，署名中国民研会研究部编《民间文学参考资料》，共出了9辑[6]，发表了包括苏联、日本、意大利、美国、英国等国学者的外国民间文学理论和资料，数量可观。

1960年，世界学界在莫斯科发起第一届非洲学家会议，并且1962年在加纳大学召开，研究非洲、拉美第三世界的民间文学成为重要课题。我接受任务，1962年1月完成了《非洲民间文学的一些情况的研究报告》，在此基础上，《民间文学参考资料》上刊发了一个非洲民间文学和民俗专集。

第四辑重点发表苏联学者关于英雄史诗的论文、李福清的《万里长城的故事与中国民间文学的体裁问题》、日本村山孚的《中国民间故事的解说》等。第五辑编发的主要是意大利学者朱泽吉·柯吉亚拉《欧洲民俗学史》一书中的一章《泰勒和原始文化》、苏联学者古雪夫的《美学问题与民间文学》、英国学者K.M.伯利格斯《编写一部民间故事词典》等文。

第八辑全文翻译了《美国民俗学杂志》组织的世界各国民俗学历史和现状的专题研究，包括英国、德国、芬兰、挪威、西班牙、意大利、土耳其、俄罗斯、加拿大、墨西哥、日本、玻利维亚、澳大利亚、非洲15篇，还有蒙古学者好尔劳的专著《论蒙古民间故事》的全文。第九辑编发的是史诗研究专集，包括苏联瑞尔蒙斯基、麦列丁斯基、普洛普等著名学者关于史诗的研究论文。

从1963年起，我负责编辑《民间文学工作动态》（内刊）。《民间文学工作动态》由中国民研会研究部、中国科学院文学研究所民间文学组编印，第1号于3月2日出版。

当时翻译和编辑的苏联民间文学理论文章和著作，最重要的有代表性的是：克鲁宾斯卡娅、希捷里尼可夫著《民间文学工作者必读》（马昌仪译，作家出版社1958年1月）、多人合集《苏联民间文学论文集》（作家出版社1958年7月）和索科洛娃等著《苏联民间文艺学四十年》（刘锡诚、马昌仪译，科学出版社1959年5月）。

我在中国民间文艺研究会研究部，除编辑了几本民间文学理论书外，还担任了《民间文学参考资料》的编辑和苏联民间文学理论的翻译工作。

受所能接触到的原文材料的限制，加上为配合工作，当年所翻译的苏联民间文学理论并不是人家的精深的理论，只不过是一些最基础的东西和在当时苏联期刊上发表的文章。至于苏联民间文学理论研究中的一些有代表性著作，我们都没有介绍过来。

---

[6] 第一辑：58页，1962年2月；第二辑：152页，1962年7月；第三辑：153页，1962年10月；第四辑：216页，1962年12月；第五辑，272页，1963年4月；第六辑：176页，1963年8月；第七辑，346页，1963年9月；第八辑，365页，1963年11月；第九辑，161页，1964年11月。

与研究部并列的一个机构是丛书组，在文联大楼的三层（记得是329房间）。工作人员有陶建基、李星华、陈戈华等。他们的任务是从1950年民研会成立以来积累起来的大量自然来稿中，挑选出有价值的来稿作为"留参稿"收藏起来。这批留参稿是中国民研会成立以来按照科学观点所做的一件学科建设的基础性工作，贡献极大。这批资料，开始阶段放在329的内室里，后来转移到文联大楼地下室的一间仓库里。不知什么时候流散了。可惜啊！那是多少人的心血和智慧啊！他们还从1958年新民歌运动以来积累的来稿中编选了一部《红旗歌谣》。初编工作就是陶建基和吉星两人做的。

为向中华人民共和国成立10周年献礼，成立了献礼办公室，调集人马，并对原有的"丛书组"做了调整。陶建基先生被委任为献礼办公室的副主任，我被调去当秘书。除了我以外，还有那年刚毕业的大学毕业生牟钟秀（北师大）等。陶先生是民主党派，中华人民共和国成立前就在国统区用曼斯的笔名翻译过苏联作家伊凡·柯鲁包夫的长篇小说《鼓风炉旁四十年》，我上中学时就读过的，后来曾在人民文学出版社供职。他为人谦和厚道，严于自律，从不剑拔弩张，学识渊博，又有编辑出版工作经验。

1958年之后，中国民研会及其研究部，以及地方分会，开始有意识地强调按照"忠实记录，慎重整理"的原则进行有组织的科学的采集。同年，研究部派路工和我到福州和厦门海防前线搜集战士歌谣出版了《海防前线战士歌谣选》、发表了调查报告（《民间文学》1959年第1期）之后，1959年5月研究部组织了到江苏省常熟县白茆公社进行的民歌调查，参加调查者有路工、张紫晨，江苏的周正良、钟兆锦、陆瑞英，这次调查采录的成果，出版了《白茆公社新民歌调查》（上海文艺出版社，1960年）。1962年夏，中国民研会派李星华、董森和我到河北省乐亭县沿渤海地区调查搜集渔民的民间故事；同年冬，又派陶建基、潜明兹等到湖南江华瑶族自治县进行的民间文学调查，调查报告《湘西采风杂记》和搜集的作品发表在《民间文学》（1964年第2期）上。1965年8—10月，董森和我与当地学人才旺冬久、洛布到西藏的山南藏族聚居地区和错那县门巴族聚居地区进行民间文学调查，搜集的部分作品《西藏藏族民歌》和《西藏门巴族民歌》发表在《民间文学》（1965年第6期）上。

特别值得记一笔的是1964—1966年中国民研会派员参加的柯尔克孜族英雄史诗《玛纳斯》的采录，这是一次中国民间文学发展史上重要的科学搜集采录工作。这部史诗的正式记录工作开始于1960年，中央民族学院的师生在新疆乌恰县根据"玛纳斯奇"铁木尔的演唱记录了《玛纳斯》第二部《赛麦台依》，并发表于《天山》（汉文）和《塔里木》（维吾尔文）上。1961年中国民研会、新疆文联、新疆文学研究所、克孜勒苏柯尔克孜自治州州委和中央民族学院，抽调人员组成史诗《玛纳斯》工作组,记录了 25 万行(其中居素普·玛玛依演唱 117000 行,曾印为《玛纳斯》上下两册)。[7] 1964 年,中国民研会、中国作家协会新疆分会、中共克孜勒苏柯尔克孜自治州州委宣传部组成《玛纳斯》工作组,并邀请中央民族学院语文系参加,深入柯尔克孜族地区进行补充调查。参加这次调查的人员有:中国民研会的陶阳(组长)、郎樱,新疆作协的刘发俊(副组长)、赵秀珍;柯尔克孜自治州的玉山阿里、帕孜力、阿不都卡德尔、尚锡静;中央民族学院语文系的沙坎·玉买尔和赵潜德。进入翻译阶段后,人员还有增加。这次补充调查,又搜集了 294200 行。通过补记和新记,基本上把著名"玛纳斯奇"居素普·玛玛依演唱的《玛纳斯》6 部全部记录下来,并译成汉文。保存在中国民研会资料室中的全部手稿,"文革"中在转运外地过程中,不幸遗失。"文革"后,曾在中国文联资料室中堆积的资料中找回大部分。[8]

少数民族史诗的搜集出版,从 1958 年 7 月起就纳入了中国作协、中国民研会和文学研究所的工作日程。其时蒙古族史诗已先后有两种版本问世,边垣编著的《洪古尔》[9];琶杰演唱的《英雄格斯尔可汗》也在这一年问世。规模最为宏伟的藏族英雄史诗《格萨尔》的搜集翻译工作,便显得特别紧迫和突出起来。为了促进《格萨尔》的搜集工作,经中央宣传部批准由青海省担纲开始全面搜集,组织上派我赴青海去与省文联联系落实。

我要去的西宁,那时还不通火车。在一般人的观念中,西宁离北京是那样的遥不可及。常常叫人想起大唐的文成公主远嫁吐蕃王松赞干布,在唐蕃古道上骑马乘轿的苍凉。从甘肃的柳园到西宁的铁路,国庆节要通车,实现兰州到西宁的铁路全线贯通。对我来说,这可是个好消息。我买到了从柳园到西宁的火车票,登上了第一趟去西宁的试通车的旅程。

我到西宁出差的使命是落实中宣部转发的文件,尽快组织对藏族史诗《格萨尔》开展实地调查采录和资料搜集。青海省被指定为西藏、青海、甘肃、四川、云南、新疆、内蒙古 7 个《格萨尔》流传省区的首选地。我拜访了省委宣传部副部长兼文联副主席、作协主席程秀山同志。他被誉为青海文学的开创者和奠基者。接待我的是他的两个部下:《青海湖》编辑部的左可国和王歌行。还有刚从中国民研会下放到这里的徐国琼。同年 12 月 18 日,程秀山带着他们编印的六十多本《格萨尔》内部资料本来京汇报工作。北京召开了《格萨尔》工作座谈会。在老舍先生主持下,讨论和部署了藏族史诗的抢救和搜集工作。我们把他带来的这套青海文联编印的《格萨尔》资料本,收藏在王府大街 64 号当时中国文联的地下室的一间库房里。

---

[7] 见胡振华:《柯尔克孜族英雄史诗〈玛纳斯〉的搜集、翻译、整理工作应当尽快上马》,《民间文学工作通讯》,1979 年第 4 期。中国民间文艺研究会筹备恢复小组、中国社会科学院文研所民间文学组编:《民间文学工作通讯》,1979 年第 4 期。
[8] 陶阳:《英雄史诗〈玛纳斯〉工作回忆录》,见钟敬文主编:《中国民间文艺学的新时代》,甘肃:敦煌文艺出版社,1991 年,第 261—270 页。
[9] 1951 年由商务印书馆出版第 1 版后,1958 年作家出版社印行了第 2 版。

二、《民间文学》杂志

《民间文学》创刊于 1955 年 4 月。自创刊至 1957 年，编辑委员会由钟敬文、贾芝、陶钝（以上为常务编委）、阿英、王亚平、毛星、汪曾祺 7 人组成。1957 年，钟敬文和汪曾祺被错划为右派，改由阿英任主编。1958 年春天之前，编辑部的负责人是汪曾祺，秘书是吴超；吴超又兼负责评论稿件的处理。下分故事组、歌谣组。《民间文学》每期都有"编后记"，1958 年之前多由汪曾祺执笔。1957 年调来一个新的编辑部主任江橹。之后一段时间里编辑部由陶建基负责了。1965 年 8 月，我接手主持《民间文学》编辑部的工作，任编辑部评论组代组长并负责编辑部的日常工作。

《民间文学》在编刊中，过去主要靠自然来稿，从基层涌现出来的搜集者能提供大量传统的可读性强的民间文学作品，像山东的董均伦、江源夫妇，河北的张士杰等。作为刊物的编者，我们逐渐发现和发表了一些反映农民起义的民间作品，如水浒传说、义和团传说、捻军的传说、抗英传说等。这就开启并促进了刊物对新创作的民间故事——新故事的提倡。提倡新故事，获取新的材料，体现为人民服务的方针。

三、编辑《民间文学论坛》

《民间文学论坛》（季刊）创刊于 1982 年 5 月，贾芝的《发刊词》指出办刊宗旨是："发展马克思主义的民间文学理论，发表对我国众多的民族的各种形式的民间文学作品的研究成果，期望对马克思主义的中国民间文艺学有所建树，为繁荣社会主义新文艺创作，发展马克思主义的社会科学研究，促进我国社会主义的精神文明建设做出贡献。"

《民间文学论坛》前后已经 38 年了，刊名有好几次变更，现在的刊名叫《民间文化论坛》；主编先后更换了 13 任。作为民间文学（化）界的理论学术刊物，在文艺风雨当中，在提升学科水平和培养队伍素质两方面起了一定的积极作用，但由于主编水平不一和社会思潮发展两方面的原因，也导致了刊物发展的不平衡、学术质量的起伏等历史变迁。

第一任主编贾芝，副主编刘魁立和陶阳，没有设编委会。实际工作是陶阳在做。出到 1983 年第 4 期（总第 7 期）。

第二任主编陶阳，从 1984 年第 1 期到 1987 年第 6 期。总共编了 21 期。

第三任主编是我（刘锡诚），从 1988 年第 1 期到 1991 年第 2 期，也没有设编委会。

第四任主编空缺，1990年我调到文联去了。1991年第3期到第6期没有设编委会。

第五任主编是冯君义，1992年第1期到1994年第1期没有设编委会。

第六任主编是刘魁立、贺嘉，没有设编委会，编到1998年第4期。1999年第1期改刊名为《民间文化》，月刊，从一个学术性刊物改编成一个普通的读者阅读的杂志。

第七任主编是贺嘉，1999年第1期到2000年第3期，2000年第1期开始改为月刊。

第八任主编向云驹，2000年第4期到2003年第4期，也没有设编委会。

第九任，总编辑是白庚胜、孟白，副总编辑是向云驹，主编是王善民、王锦强。2004年6月20日复刊《民间文化论坛》，中国民间文艺家协会与学苑出版社合办，设顾问、编委会。因为没有经费，就跟学苑出版社合办，学苑出钱，出了2007年第3期（总第155期）后停刊。

第十任社长是高育武，主编是刘德伟。2008年12月20日复刊，刊名《民间文化论坛》，双月刊。

第十一任社长是高育武，主编是刘晓路。2009年第1期到第6期。设立了学术委员会，冯骥才任主任，白庚胜、罗杨任副主任。

第十二任社长高育武，主编刘德伟。2010年第1期到2013年第6期，设立了学术委员会，冯骥才任学术委员会主任，白庚胜、罗杨任副主任。从2011年第4期起，刘德伟任社长兼主编，取消了学术委员会，设特约编委王锦强、侯仰军。2012年第3期（总第241期）起聘任我（刘锡诚）和陶立璠为特约主编。2012年第4期，冯骥才为名誉主编。

第十三任主编是安德明，副主编冯莉，特约主编刘锡诚、陶立璠。

我于1983年调到中国民研会担任驻会副主席和分党组书记到1990年去职这段漫长的时间里，除了担任《论坛》主编外，曾对《论坛》的编辑思想和编辑队伍的素质，陆续发表过一些主导性的意见，起过一定的作用。我很看重《论坛》在民间文学界的影响和作用，要办好《论坛》，关键是提高编辑的文化素质和学术水平，提倡编辑要学者化。为了培养编辑队伍、提高刊物品质，《论坛》编辑部办了两件大事：第一，于1985年创办了刊授大学；第二，1985年和1989年先后举办了两届"银河奖"的评奖。

《论坛》办刊授大学，目的是为了培养和提高民间文学队伍的素质。刊授大学校长由我担任，教务长吴超，参加工作的有刘晔原、李路阳、徐纪民等。刊授课程，应约写教材的，有我的《原始艺术论纲》、谢选骏的《神话学》、吴超的《歌谣学概论》、刘守华的《故事学纲要》、乌丙安的《民俗学与民俗调查》、段宝林的《中国俗文学概要》、屈育德的《中国民间文学史略》、张振犁的《民俗学》、张紫晨的《传说学》等等。此外，还有《民族学基础知识》《民间文学原理》《美学概论》等等。刊授大学培养了不少人才，像云南的章虹宇、广西的过竹等民间文艺学家。《论坛》自1985年开辟"刊大园地"栏目，刊载刊授大学动态和理论信息，如1985年第1期封底，刊载了《中国民间文学刊授大学招收第一期学员》，第2期刊载本刊编辑部的《努力办好中国民间文学刊授大学》，第4期和第6期刊载了龚文的《中国民间文学刊授大学在南通进行面授》、刘锡诚的《原始艺术论》，1986年的"刊大园地"刊发了本刊编辑部的《天生我材必有用——祝刊大学员结业》。

关于"银河奖"。第一届"银河奖"的评奖开始于1986年。获奖者有：一等奖共3名，有杨堃的《论神话的起源与发展》，乌丙安的《论中国风物传说圈》，林河、杨进飞的《马王堆汉墓飞衣帛画与楚辞神话南方民族神话比较研究》；二等奖共9名，有袁珂的《古代神话的发展及其流传演变》，张振犁的《中原古典神话流变初议》，龙海清的《盘瓠神话的始作者》，汪玢玲的《天鹅处女型故事研究概观》，刘守华的《佛本生故事与傣族阿銮故事》，车锡伦的《八仙故事的传播和上中下八仙》，陈建宪《从信息革命看资料工作的紧迫性》，王晓华的《论民间文学的本质特征》，段宝林的《论民间文学的立体性特征》。1986年《论坛》开辟了"银河奖"专栏，刊载了记者关于首届银河奖的报道以及获奖名单。

第二届"银河奖"的评奖是1989年。获奖者有16位学者。他们是：刘尧汉、叶舒宪、马昌仪、宋兆麟、阎云翔、杨堃、吴超、靳玮、张振犁、杨宏海、刘守华、刘魁立、刘晔原、富育光、毕尔刚、张紫晨。三十多年来，《论坛》刊物上发表了许多好文章，仅两届"银河奖"就评出来了49篇优秀文章。两届"银河奖"评选出了20世纪80年代在刊物上发表的优秀民间文学论文和调查报告，这些论文不仅代表了《论坛》这一刊物的学术水平，而且也能够代表中国民间文学界在那个时代的理论水平。

通过办刊授大学和举办"银河奖"评奖这两个措施，《论坛》培养了许多优秀的作者，有些人已经成为国内外知名的学者了。

《论坛》在培养和提高编辑人员素质方面还提出了一个重要措施，就是组织他们到民间去做民俗文化、地域文化、行业文化的实地调查。我选最重要的举几个例子。

第一个是渔村民俗调查，叫庙岛—屺岶渔民调查。第一次渔村民俗调查是在1988年6月，《论坛》编辑部同人为成员，我为课题组长，提出了一份题为《历史变革中的渔村民间文化》的调查提纲，拟对以渤海中的庙岛为中心，对沿海岸线和近海岛屿渔村的民间文化、民俗、民艺、民间文学进行一次实地考察。第二次渔村民间民俗文化的调查是在1988年9月。这次调查由彭文新撰写了调查报告《屺姆岛村民俗文化调查》，发表在《民间文学论坛》1989年第5期上，部分照片发表在《民间文学论坛》1992年第2期上。第三次渔村民间民俗文化调查，是在1991年4月谷雨前后。成果有刘锡诚《谷雨海祭——山东岁时记》及这次考察的图片发表在台北《汉声》杂志第41期（1992年5月）的《民间文化简帖》上；在国内发表于济南出版的《走向世界》1993年1月第1期。

第二个调查是天津葛沽皇会调查，时间是1990年2月，农历正月。这次参加调查的人有吴超、贺嘉、李凌燕、李亚沙、金辉、刘晓路，最后的成果《葛沽皇会有遗韵》，发表在台北的《民俗曲艺》1990年10月的第67—68期，也发表在《民间文学论坛》2005年第3期。

第三个调查是丝绸之路调查。1990年，在新疆天池开完少数民族的会以后，我们就到伊宁等地去调查，这次参加的人除了我，还有刘士毅、李路阳、金辉、彭文新、周燕屏、扬之水。1990年6月15日我写的《丝绸之路民俗文化考察计划》，中国民协主席办公会议批准，纳入《民间文学论坛》杂志1990年工作计划。这次的考察的目的是收集采录丝路沿线的民俗事项和民间文物学，考察沿线群众的信仰、礼仪、史传、典故、异闻等民俗文化，所得出的资料编辑成册出版，并根据调查撰写调查报告，或者专辑著，通过考察培养和锻炼干部的田野作业能力和著述研究水平。考察时间根据人力、物力情况，1990年7月到8月，考察自兰州到敦煌一段儿，第二期由敦煌至兰州收集材料暂时不安排，考察的专线选点兰州、皋兰、武威、山丹、张掖、酒泉、嘉峪关、安西、敦煌。特别要说一下的就是山丹，新西兰的文化名人路易·艾黎在山丹待过，他把自己的材料全部交给了山丹县，他自己也留在山丹县。我为此专门去了一趟山丹，并写了文章。

以上是我作为《论坛》主编或我主持民研会工作时倡导编辑人员在案头工作之外，也要找机会深入民间做田野调查、获取社会知识、提高编辑能力的例子。因为我很强调编辑的学术修养和素质，一个学术刊物的编辑必须是一个学者化的编辑。如果我们编辑提不出新的问题，提不出新的观点，那么这个刊物就不可能站到读者的前面，就不可能发出引领性、导论性的文章。

从《民间文学论坛》到《民间文化论坛》，经历了漫长的时间。《论坛》是民间文学界和民间文化界的一个公共的学术园地，是几代人苦心经营起来的，要坚定不移地守住学术品格，为发展和提升中国特色的民间文艺学理论体系做出应有的贡献。《论坛》不是工作刊物，不是通俗文艺刊物，而是一个国家级的民间文学方面的学术刊

[10] 6册，花山文艺出版社，1994年。
[11] 10种，中国广播电视出版社，1996年。

物，是这一学术领域的一个标志。刊物的任务，是要参与建设和发展中国特色的民间文艺学，努力将其办成学界的"龙门"。

我退休之后，成为一个名副其实的"边缘人"。但我仍然在编纂出版了《中国民间信仰传说》[10]《中国民间故事精品文库》[11]之后，编纂了大约百多种丛书，为传统民间文化的存续做了一些有益的工作。

访谈手记

刘锡诚先生是中国民协发展历史的重要亲历者和见证人。他1957年加入中国民研会，曾担任《民间文学》《民间文学论坛》主编、《民间文化论坛》特邀主编。此次访谈，我们主要谈的内容也是有关期刊的。他治学严谨，口述时涉及的具体事件，都已经提前查阅过资料，力求准确。中国民协及其主办的期刊是民间文学界几代人苦心经营起来的公共学术园地；其始终提倡从民间文化生态土壤中提取问题、归纳问题。无论是研究人员还是期刊编辑，都注重学术修养和文化素质的培植，不断从田野调查和实践工作中发现新问题，发表新观点，坚守学术品格，努力为发展和提升中国特色的民间文艺学理论体系做出贡献。

我们在他的口述中，可以回首中国民协及其创办的期刊在不同历史时期的适时谋划与整体布局；聆听民间文学爱好者和工作者们个体鲜活故事的豪迈与柔情；细品民间文学瑰丽奇妙的想象与一咏三叹的绵长……

民间文艺园地中追故事的人

刘守华

访谈时间	2019年11月7日、11月16日
访谈地点	湖北武汉华中师范大学主校区
访 谈 人	孙正国[1]
整 理 人	孙正国

刘守华，1935年出生，湖北仙桃人。1957年华中师范学院（今华中师范大学）毕业留校任教至今，从事民间文学的教学和科研工作。曾任华中师范学院中文系主任。现任华中师范大学文学院教授、博士生导师，非物质文化遗产研究中心主任，《中国民间文艺学年鉴》主编；湖北省民间文艺家协会名誉主席，亚洲民间叙事文学会理事等。代表著作：《民间童话概说》《中国民间故事史》《比较故事学》《民间故事类型研究》《道教与中国民间文学》等五部著作获得全国高校人文社科优秀成果奖。2007年获中国民间文艺家协会山花奖成就奖。

我能在民间文艺学园地60多年中耕耘不息并有所成就，显然不能完全归功于个人兴趣，而应当把个人的努力置于新中国70年来历史变迁的时代洪流中考察，才切中肯綮。正是在新中国重视民族民间文化开发研究，并在一浪高过一浪的推波助澜中，我才能置身其中得以顺畅耕耘，并获得社会激励而勇往直前。这就是我平时常引用的八个字：谋事在人，成事在天。这里所谓的"天"没有什么神秘意味，它就是时代潮流，就是国家大局。

一、第一篇学术论文与"向科学进军"的时代潮流

我从小就接触到家乡江汉平原的很多歌谣和故事，养成了对民间文艺的兴趣。后来在洪湖师范学校的学习生活给了我特别多的机会去认识民间文艺。记得我的语文老师王功品先生，他毕业于武汉大学，高度评价解放区具有民间文艺特色的新文艺作品。同学们深受其影响，一起排演了《王贵与李香香》的小歌剧。我又阅读了钟敬文先生主编的《民间

文艺新论集》[2]，得到了民间文艺知识的启蒙。当时我有幸被县政府筹办土地改革展览安排去搜集洪湖革命歌谣及相关的故事传说。我利用空闲时间，辑录部分歌谣投到新创刊的《说说唱唱》杂志发表出来。这让我兴趣倍增，相继写成《洪湖老革命根据地人民对红军的歌唱》、《洪湖渔民的歌声》和《渔民闹革命的故事》三篇文章。[3]可以说，正是洪湖师范学校的这些读书写作与社会实践，让我真正与民间文艺结缘。

说到民间文艺工作方面的第一篇学术论文，还是我大学期间的事儿。1956年党和政府面向全国知识分子发出"向科学进军"的伟大号召[4]，青年大学生积极响应号召，成立课外学习小组，请专业老师指导科研活动。当时华中师范学院中文系没有开设民间文学课程，恰好何奇雄老师从北京师范大学钟敬文先生那里进修回来，于是我们建立民间文学小组，邀请何老师做指导老师。他也成为我正式学习民间文艺学的第一位启蒙老师。现在想来，我们这一代学者中，很多人都是在全国掀起的"向科学进军"的滚滚热潮中迈入科学研究的神圣殿堂的。这一年，催人奋进的时代号角激励我刻苦钻研，完成了民间文学方向的长篇论文《谈民间讽刺故事》[5]，《长江文艺》作为重点文章刊发，《编后记》还作了专门推介："在评论方面这期发表了刘守华的《谈民间讽刺故事》，提出了民间讽刺故事中的一些重要问题，值得我们重视和进一步研究。"不久，论文被《儿童文学论文选》收录[6]。《谈民间讽刺故事》是我进入民间文艺领域发表的第一篇学术论文，是民间文艺兴趣所开的一朵小花，它得益于很多老师的教诲与指导。

1956年，我的第一篇学术论文发表之后，《目前的儿歌创作》紧接着刊登于同年6月2日的《光明日报》。1956年《民间文学》刊发我的论文《慎重地对待民间故事的整理编写工作——从人民教育出版社整理的〈牛郎织女〉和李岳南同志的评论谈起》[7]，《编后记》这样写道："我们十分欢迎这样比较简短、切实、结合当前实际问题的文章。"由此引起一场关于民间故事整理工作的热烈的学术讨论。

这三篇论文的相继发表，大大地激发了我对民间文艺的浓厚兴趣与探索意识，因此，我把1956年看作是自己从事民间文艺理论工作的起点。

二、加入民研会与新中国之初的文化大潮

1950年3月，在新中国百废待兴之际，党和政府就率先组建中国民间文艺研究会（以下简称中国民研会，后更名为中国民间文艺家协会，以下简称中国民协），而且推举文化巨匠郭沫若先生为首任理事长，从文艺的和学术的两个侧面来建设中国的民间

---

[1] 孙正国，华中师范大学文学院教授。

[2] 钟敬文编：《民间文艺新论集》，北京：中外出版社，1950年。

[3] 前两篇分别发表在《湖北日报》1952年7月29日副刊和1952年10月1日的国庆征文专栏，后一篇发表在1953年第23期的《展望》杂志上。

[4] 1956年1月14日至20日，党中央在北京召开了全国知识分子问题会议，提出"向科学进军"口号，周恩来总理作了《关于知识分子问题的报告》。会后制订出我国第一个发展科学技术的长远规划，即《1956年至1967年科学技术发展远景规划》。

[5] 刘守华：《谈民间讽刺故事》，《长江文艺》，1956年第6期。

[6] 长江文艺出版社编辑出版：《儿童文学论文选》，武汉：长江文艺出版社，1957年3月。

[7] 刘守华：《慎重地对待民间故事的整理编写工作——从人民教育出版社整理的〈牛郎织女〉和李岳南同志的评论谈起》，《民间文学》，1956年11月号。

文艺事业。由此，中国民研会成为总揽全国各地各兄弟民族民间文艺工作的核心团体和工作机构，它与高校、地方文化部门并称中国民间文艺工作的"三驾马车"，奔驰向前，共同构成了在全世界罕见的推进民间文艺事业发展的独特体制。这可以作为中国特色社会主义文化制度来看待了。

我于1957年加入中国民研会，1960作为湖北省代表参加了第三次全国文代会。[8] 1986年被推举为民研会湖北分会副主席，1991年任主席，2001年不再担任民协主席职务，前后担任湖北省民间文艺家协会正、副主席达15年。其间，曾参与组建中国故事学会并任副会长。我至今还保留着湖北省民协名誉主席的身份，这既是一种荣誉，更是一种责任。我在这几十年的学术活动，可以说都是依托中国民协这个大网络来进行的。1957年毕业留校任教，从事民间文学课程的教学，就一直主要以湖北省的地方民间文艺充实教学内容，因而获得了湖北省政府授予的高校教学改革一等奖。

在中国民研会主持的各项工作中，我所参与的为中国民间文学刊授大学编写故事学教材一事，仍历历在目。当时还协助做了一些刊授大学故事学课程的教学活动，成为我难以忘怀的学术往事。这件有意义的工作是与中国民间文学集成的宏大文化工程相关联的。1985年这项文化工程紧锣密鼓地启动之际，为加速培养民间文艺学专业人才，中国民研会决定开办中国民间文学刊授大学。繁重的教务长这一职务由吴超先生担任，由于那时我正担任民研会湖北分会的副主席，就安排我协办此事。我现在还保留着当时湖北省报名参加刊授大学学习的50名学员名单，结业时有19人获得"优秀学员"奖励。其中有一名学员叫郑伯成，由中国民协资助，选送到华中师范大学中文系民间文学专业即我的门下进修一年。这些学员中的许多人，后来都成为湖北省编纂中国民间文学集成以及几年后实施非物质文化遗产保护工程的骨干力量，如黄永林、何红一、鄢维新、周濯街、王友兵、黄耕、李征康等。后来成为华中师范大学副校长、创建国家文化产业研究中心的黄永林，至今还保存着一整套刊授大学教材。他们在民间文艺事业中的显著成绩，同当年在刊授大学吸取教益密切相关。

当时已有多所高校开设了以《民间文学概论》为通用教材的选修课程，但内容较为单薄，而且在中文系内选修者很少。刊授大学面向社会上的民间文学爱好者，多为基层文化工作干部，约请相关专家新编民俗学、神话学、传说学、故事学、歌谣学等共13种教材，故事学即约我编写。[9] 这些教材尽可能吸纳新知，赶编赶印，以最快速度印发给全国各地学员，很快在全国掀起了一个普及民间文艺学知识的热潮。我就此集中精力学习研究民间故事学的相关理论知识，赶编刊授大学《故事学》教材，于1988年交付华中师范大学出版社出版，后来又修订再版，成为沿用至今的研究生教材。[10] 由此可见，刊授大学的创办，成为新时期以最为便捷方式培育急需人才同

---

[8] 1958年6月4日成立湖北省采风委员会。湖北省文联于1980年2月召开全委扩大会议，传达贯彻第四次全国文代会精神，会上成立中国民间文艺研究会湖北分会筹备小组。1980年12月在武昌召开首届代表大会，正式建立中国民间文艺研究会湖北分会，从1987年起，中国民间文艺研究会更名为中国民间文艺家协会，湖北分会也相应地更名为湖北省民间文艺家协会。

[9] 中国民间文学刊授大学讲义包括：《民间文学原理》(《民间文学论坛》编辑部编)、《神话学》(谢选骏编)、《传说学》(主讲人 张紫晨)、《故事学纲要》(主讲人 刘守华)、《歌谣学概论》(主讲人 吴超)、《中国民间文学史略》(主讲人 屈育德)、《民俗学与民俗调查》(主讲人 乌丙安)、《民族学基础知识》(主讲人 陶立璠)、《中国俗文学概要》(主讲人 段宝林、汪景寿)、《美学概论》(主讲人 杨辛 甘霖)等。(此注根据黄永林教授提供的讲义资料原件整理，特此致谢！)

[10] 刘守华：《故事学纲要》，武汉：华中师范大学出版社，1988年。2006年，华中师范大学出版社出修订版。

时有力促进学术整合的创新之举。我在2016年为吴超先生的文集《在民间文化摇篮中》[11]作序时，特地为中国民协的这一创举点赞。

三、参编《中国民间故事集成》与改革开放的时代主潮

中国民间文学集成这一宏大文化工程，是由文化部、国家民委和中国民协三家合作完成的，被誉为"民族文化长城"，我被推举为总编委会中的湖北委员，又分工担任《中国民间故事集成·湖北卷》的副主编。除参与部分编选工作及合作撰写前言之外，还赴京参加了湖北卷的评审工作，听取《中国民间故事集成》总主编钟敬文先生的终审意见。他以近百岁的高龄之身，滔滔不绝地讲了一个多小时。钟老从初稿中抽出一些篇目来讨论，看起来具体而细微，却又常常从学理上给以深入阐发，给我们有益启示。我边听边记，写下好几页，回来后认真修订。《中国民间故事集成·湖北卷》于1999年9月顺利出版。

中国民间文学三套集成是由国家民委、文化部、民研会联合发起的，而这全国一盘棋却是由党和政府的文化部门来主持的。"五四"以来成长、积累、汇聚在中国民研会这个学术殿堂的几代民间文艺学家，均全力以赴投身其中。钟敬文、贾芝和马学良三位先生分别担任《中国民间故事集成》《中国歌谣集成》《中国谚语集成》的总主编，统率三路大军，终于以二十多年的艰辛劳作完成了这项伟大的文化长城工程。我以自己的切身感受写成长篇评论《中国民间故事集成的特色与价值》，着重表达了对世纪老人钟敬文先生的功德颂赞。[12]

这里我也想讲一下自己担任湖北省民协负责人的基本情况。我和湖北省民协以开拓精神普查调研、积极开发民间文艺新花，在编纂民间文学三套集成时，发现、记录和开发了湖北省民间文艺领域最有代表性的"三家三村"。"三家"是指三位宜昌市的故事家，他们是刘德培、刘德方和土家族女故事家孙家香。[13]"三村"是指三个民间文艺特色村落，它们是丹江口市的伍家沟故事村、吕家河民歌村和宜都市的青林寺谜语村。我将"三家三村"引进华中师范大学民间文学专业，我的教学与科研活动因之焕发了新的气象。在此过程中得到了中国民协的鼎力支持，钟敬文、贾芝两位先生欣然给《伍家沟村民间故事集》《孙家香故事集》《青林寺谜语选》题词。[14]贾芝先生还亲赴鄂西山村青林寺参观访问，刘锡诚先生也深入鄂西北武当山下的伍家沟村听村民讲故事、唱民歌。正因为如此，这些山野奇花得以在当代中国文苑中显露它们的奇光异彩。

---

[11] 吴超:《在民间文化摇篮中》，北京：中国文联出版社，2016年。

[12] 刘守华:《中国民间故事集成的特色与价值》，《北京师范大学学报》，2010年第2期，《新华文摘》2010年第15期全文转载。

[13] 刘德培（1912—2000），刘德方（1938— ）身份证上写作刘德芳，孙家香（1919—2016）。

[14] 韩致中主编，李征康录音、整理:《伍家沟村民间故事集》，北京：中国民间文艺出版社，1989年。刘守华主编，孙家香口述，萧国松整理:《孙家香故事集》，武汉：长江文艺出版社，1998年。丁开清采录:《青林寺谜语选》，北京：大众文艺出版社，1999年。

我作为来自洪湖地区为民间文学所吸引、于20世纪50年代跨进民间文艺学领域的小青年，耕耘至今已成为白发老人。在中国民协，我由普通会员到总会理事和分会主席，以及中国故事学会副主席，由相关刊物的热心读者到重要撰稿人。可以说，中国民协已成为我自己的学术家园；相关负责人、刊物编辑和工作人员已成为我的良师益友。这在一定程度上折射出新中国文化学术的璀璨光芒。我为此深感自豪！

四、主编《中国民间文艺学年鉴》与新世纪的学术观察

编辑出版《中国民间文艺学年鉴》（以下简称《年鉴》）的初衷，源于我和华中师范大学民间文学学科带头人陈建宪教授在教学科研工作的一种感受：希望本学科的学术研究每年有一个年度评鉴。这样不仅可以增进学术史的整体理解，而且能为人才培养提供非常有价值的文献基础。我们经与中国民协、中国社会科学院文学所民间文学研究室、华中师范大学出版社精诚合作，特别是实际参与编务的约50位工作人员的辛勤劳动，从2001年起，至2010年，已出版10卷。这令人喜悦振奋。

《年鉴》的主体，由我们选录的八百多篇文章构成，其中全文选载约400篇，每辑《年鉴》附录的论文目录索引达一千余篇。我们的选编工作首先是期刊网上按综论和民间文学艺术的各个体裁搜索和通览全部文章，然后一步一步筛选能代表学术新进展的成果，汇集成书。在着眼于文章本身学术价值的情况下，适当照顾到作者队伍构成及地区分布的合理性。从中既可以看到许多年事较高的老一代学者如乌丙安、刘魁立、刘锡诚、刘守华、金荣华、过伟、仁钦道尔吉、郎樱、车锡伦等人孜孜不倦的身影，也欣喜地看到一大批中青年学人在此园地奋力耕耘，如吕微、叶舒宪、陈建宪、江帆、尹虎彬、巴莫曲布嫫、万建中、高有鹏、刘宗迪、陈泳超、林继富、刘晓春、施爱东等，以及一大批民间文学、民俗学专业的博士和硕士研究生在此领域纵横驰骋。由钟敬文先生辛勤培育并亲自率领、以高校为基地的民间文艺学队伍，构成支撑这门学科的中坚力量。

在回顾《年鉴》10年的主要成绩时，不能不提到中国正在实施的非物质文化遗产保护工程。2002年我们筹划出版《年鉴》时，以冯骥才为主席的中国民协就着手抓抢救中国民间文化遗产的工作，2003年获得文化部支持，2004年8月中国签字加入联合国教科文组织制定的《保护非物质文化遗产公约》，2005年3月由国务院发布《关于加强我国非物质文化遗产保护工作的意见》，确立了"政府主导，社会参与，合理利用，传承发展"的工作方针。2011年2月由全国人大通过并实施《中华人民共和国非

物质文化遗产法》。它不但是前所未有的一项最大规模的文化工程，也将中国民间文艺事业推进到一个历史新阶段。这是因为：

其一，中国政府按联合国教科文组织制定的国际公约，将非物质文化遗产划分为10大类。1950年组建中国民研会时，民间文艺中本来就涵盖了民间音乐、民间美术、民间舞蹈和曲艺等。在中国学术传统中，它们都属于民间文艺的各个层面，因而我们现在所谓的非物质文化遗产，民间文学再加上民间音乐、美术、舞蹈和说唱、戏曲表演艺术，实际上占了半壁江山。"五四"以来的中国学界所关注的主要是歌谣、故事等民间文学门类，近10年的非遗保护工程促使各项民间表演艺术大放异彩，民间文艺门类更趋丰富多样，从而也大大丰富了《年鉴》的内容。

其二，这次非遗保护工程的要点之一是建立从地方到国家的名录体系，对那些拥有重要价值的非遗代表作实施有针对性的保护；要点之二是强调活态保护，不仅要保护相关传承人，还要建立一些文化的生态保护区（如故事村、民歌村、民间艺术之乡等）。在政府主导下实施活态传承虽是试验性的，却开拓了民间文艺学的新境界。

其三，按"政府主导，社会参与"及将"科学性"置于首位，聘请相关专家参与项目保护名录及传承人资格评审的方针，几年来努力实施的结果显示，我们已建立起一套保护非遗的初步制度体系。虽然存有重申报、轻保护和发展不平衡的种种缺失，但是各个地方都重视非遗项目，民间文化园地许多学人的积极投入已形成普遍态势。

以华中师大为例，师生被省市多个地方吸引去参与有关民间文艺项目的研究开发，或在一些富于民间文艺资源的地方建立教学科研基地，开展田野调查，从而给民间文学教学与学术研究带来了勃勃生机。

在编辑出版工作中，我们力求以严谨的科学态度来选取文章、评论学术，摒弃非科学的个人成见和拉帮结派的庸俗作风。以钟敬文先生为代表的中国民间文艺学家不计个人名利地献身于人民文化事业的崇高品格，时刻激励着我们脚踏实地，在这个并不为世人所看重的学术园地做出可观业绩。《年鉴》能出版10卷，是我们同中国民协、中国社科院民间文学研究室还有华中师大出版社，为推进中国民间文艺事业而精诚协作的结果；是我们所在的华中师大文学院鼎力相助、众多同人支持和鼓励的结果。我们愿意把这套《年鉴》视为中国民间文艺学界集体给予中华文化宝库的献礼。

百岁老人钟敬文先生曾给我题词："吾侪肩负千秋业，不愧前人庇后人。"正是钟老的启迪激励，有力地催生了这套《年鉴》。中国社会生活领域的全面深化改革，非物质文化遗产保护工程和各项文化事业的繁荣，使得发展民间文艺事业的机遇与危机并存；作为一个已拥有百年历史且蕴含中华文化深厚积累的人文学科，出版《年鉴》，创建这个独特的学术文化窗口，受到学术界的广泛关注。

五、建构中国民间故事学体系与中国学术的百年总结

《光明日报》刊出《刘守华：把民间故事点石成金》长文的初稿，本有一个平实标题"刘守华民间故事研究评述"，刊出时，《光明日报》编辑却改用了一个颇为别致的标题，这其实是来自我所写的《中国民间童话概说》[15]一书的"后记"。这部小书是经过多年琢磨才得以问世的，我在完稿时情不自禁地写下一段话：

> 人们编织故事的材料都是日常生活里极普通平凡的事物。它们就在孩子们周围，可是经过说故事的人加以夸张渲染，就在眼前呈现出一个闪耀奇光异彩、隐藏着无穷奥秘的童话世界，简直是点石成金！它们刺激了我的想象力和好奇心，使我和劳动人民创造的童话艺术从此结下难解之缘，由此开始领略民间口头文学的美妙。

"点石成金"不但新鲜别致，也用最为简括的语言，道出了我用几十年岁月探求民间故事这一民族艺术宝藏的良苦用心。

这里我讲两个"点石成金"的实例。有一个通称为"求好运"的幻想故事，讲一个绰号"穷八代"或"穷十代"的小伙子，因不甘心世代受穷的悲苦命运，便下决心出门去寻求好运；在旅途中遭遇到同样为苦难所困扰的几户人家托他问事解困，他都热心应承下来；可是千辛万苦到达神圣居留地之后，那儿的规矩却是"问一不问二，问三不问四"。他本着"先人后己""做好事不问前程"的精神把自己的事情撇下，问清了他人所托付的三件事，后来在他人的酬报中他也获得财宝与美好婚姻，实现了"同舟共济"的圆满结局。

我用跨国跨民族的比较文学方法来解读研究这个故事，从1979年9月在《民间文学》杂志上发表《一组民间童话的比较研究》，到2012年2月27日于《光明日报》发表《一个蕴含史诗魅力的中国民间故事》，前后追踪研究达二十余年，其间还撰写过六七篇和他人商榷讨论的文章。最早它是一个流行欧亚多国的著名故事，起源于古代佛经故事，后来在世界各地传承与变异，仅中国异文就达两百多篇；在中国各族民间故事百花园中以绚烂多彩的姿态引人注目。它所表达的迫切要求改变自己不幸命运和勇敢求索而又同舟共济的美好精神品格，不但在历史上而且在中国新时期浪潮澎湃的民工潮中仍持续闪现光彩，完全具有史诗般的魅力与价值。我将与之相关的口头故事文本和中外学者研究成果汇集成一本篇幅达50万字的大书《一个蕴含史诗魅力的中国民间故事》[16]，受到读者好评。民间故事伴随民众的日常生活流行于田间地头，茶余饭后，初看贱如草芥，深入细致地进行文化解读，常有点石成金之效。

再以故事讲述家为例。鄂西五峰县山区的刘德培老人，他家庭贫寒，只读过两年

---

[15] 刘守华：《中国民间童话概说》，成都：四川民族出版社，1985年。

[16] 刘守华：《一个蕴含史诗魅力的中国民间故事》，北京：北京大学出版社，2016年。

私塾，从11岁起即给人帮工，从种地、修屋、背脚运货到办理红白喜事，爱唱歌，讲故事和演皮影戏，足迹遍及鄂西十几个县，能讲述五百多个故事。因多才多艺，生活阅历丰富，讲述的故事格外精彩动人。这些故事经王作栋采录写定，于1989年以《新笑府：民间故事讲述家刘德培故事集》的书名由上海文艺出版社出版，获得广泛好评。[17] 他不但被湖北省文化部门于1983年授予民间故事家光荣称号，还被联合国教科文组织的专家调查采访，认定为中国著名的十大民间故事家之首，被誉为"国宝"。他的老伴就讲："我那老头子就像一窝洋芋，不是各级领导和专家把他挖出来，他就烂在地里了！"

另有一位鄂西土家族女故事家孙家香，本是一位不识字，连县城也没有去过的山村老奶奶，却能讲三百多则故事。1997年我带领学生去她家采风，她从地里回来连草帽也未脱下，就坐在凳子上讲起故事来，话语如同拧开水龙头那样滔滔不绝。所讲故事经萧国松录音后整理写定，编成《孙家香故事集》[18]。那次采访后回到武汉向新闻界汇报，《湖北日报》记者当即撰写成一篇独家新闻《长阳发现一杰出土家族女故事家》在报上刊出，宜昌市也将其作为1997年发现的文化名人予以彰显。后来又被评选为国家级非遗传承人。

因为会讲故事，讲得多又讲得好，他们被尊为国之瑰宝。山野民众以自己的艺术智慧编织出这些美妙故事是点石成金，学人发现解读这些故事的魅力与价值，是又一次的点石成金。

可以说，1956年在《民间文学》杂志上发表《慎重地对待民间故事的整理编写工作——从人民教育出版社整理的〈牛郎织女〉和李岳南同志的评论谈起》，是我跨入民间文艺学领域的标志性论文。六十多年来，共计刊出长短评论文章四百多篇，出版学术论著十余种，[19] 另外还选编了七八种民间故事选集问世。我简单地介绍一下这些著作。

《中国民间童话概说》[20]，是我于1956年在华师中文系上学时用蚂蚁啃骨头的方式动笔，经过20多年的探索琢磨，数易其稿，于1982年定稿，1985年出版的，1995年获全国高校人文社科优秀成果二等奖。书中对五十多篇中国各族民间童话代表作作精细解析，并就童话艺术源流、童话传统形象与艺术特征、中外童话故事交流比较、民间口述故事搜集整理以及新童话的创作等进行研讨。此书在中国历史新时期问世后，广受好评。香港《文汇报》刊出旅居海外的谭达先博士的书评，说它"研究的观点新、资料新、方向新、方法新，建立了独创性的民间童话科学的新体系，在促进当代中国民间童话理论科学的发展上做出了重要的贡献"[21]。高丙中博士评价此书："本书的写作历时二十余载，数易其稿，是作者精雕细刻的代表作，也代表了中国童

---

[17] 刘德培讲述，王作栋整理：《新笑府：民间故事讲述家刘德培故事集》，上海：上海文艺出版社，1989年。

[18] 刘守华主编，孙家香口述，萧国松整理：《孙家香故事集》，武汉：长江文艺出版社，1998年。

[19] 包括《中国民间童话概说》、《比较故事学》、《中国民间故事史》、《中国民间故事类型研究》（主编）、《道教与中国民间文学》、《佛经故事和中国民间故事演变》、《故事学纲要》、《民间故事的艺术世界》以及《一个蕴含史诗魅力的中国民间故事》、《中国民间文艺学百年耕耘录》等。

[20] 刘守华：《中国民间童话概说》，成都：四川民族出版社，1985年。

[21]《文汇报》，1986年5月11日。

话研究的一个新的高度和深度。"[22] 民间童话即幻想故事，是世界民间故事中最丰富优美的组成部分，该书力求古今中外融会贯通，以充裕工夫精细琢磨，因而它成为我投身于故事学研究的基底之作，具有较强学术生命力。1984年5月，刘锡诚主持的中国民间文学理论建设座谈会对此书予以有力支持。

在诸种著述中，影响最大的是有关比较故事学研究的几种书。最早问世的是《民间故事的比较研究》[23]，曾获中国比较文学图书评奖二等奖。此项研究申报列入教育部社科规划。1995年上海文艺出版社出版《比较故事学》，2003年又以《比较故事学论考》的书名推出增订版。[24] 它是以摸着石头过河的方式，就跨国跨民族跨学科故事比较的总体构想，不断进行追踪探索，在二三十年间似断实连地写成系列论文发表而积累成书的。据此，乐黛云、王向远教授所著《比较文学研究》这部学术史专著认为："新时期在比较故事学方面投入最大，成果最多，影响也最大的，当推刘守华教授。"比较故事学研究是我借助改革开放的东风，向国内外学界前辈吸纳新知，增强学力，与时俱进的一段重要学术经历。

下面再说一说可以作为本人代表作的《中国民间故事史》及与之配套的几种书。

《中国民间故事史》是1991年立项的一个国家课题。以《中国民间故事史的建构》为题，刊于1994年第2期《华中师范大学学报》的论文即是它的开题报告，随即被人大报刊复印资料选载，受到学界关注。它是用一气呵成的工夫，以七八年时间的紧张耕耘而成书。[25] 出版社精心编校，仅所引述的几十种古籍，责编找来原书一一校对就花去半年时间。最初在书市并不看好的这部书，想不到竟然很快销售一空，以致我给研究生上课也无书可读，只好用复印本来将就。商务印书馆2012年重版此书，2017年再出第三版。

此书从历代笔记小说和佛经、道藏这三大系列古籍以及百年来采录印行的故事文本中，去粗取精，选取素材，力求贯通古今，搜罗广博。在文学史体系建构上，虽沿用了上溯先秦两汉，下迄明清以至20世纪的纵向结构，却别具匠心，以每一时期容纳故事较多而精美的文本（如《搜神记》）为重点，选取若干具有代表性的故事类型，上挂下联，探索其文化脉络，构成故事板块；然后以这些块板衔接成故事史链条，将微观剖析与宏观鸟瞰融为一体。我国著名民间文艺学家、中国社科院学部委员刘魁立于1997年在对《中国民间故事史》的结项评审书中，作了中肯深入的评论，他写道："本书规模宏伟，取材丰富精当，思路开阔而深入，历史线索清晰。全书具体而微，既有对一定历史时期代表性作品的历史阐释，同时也有对各个历史时期的总体论评，以时代统领对作品的认识和分析，以作品提炼和佐证时代之特征，相辅相成，相得益彰，确是一部弥补空白，具有开创意义、学术价值很高的科学著作。我以为此书当列

---

[22] 乔默主编：《中国20世纪文学研究论著提要》，北京：北京大学出版社，1994年，第919页。

[23] 刘守华：《民间故事的比较研究》，北京：中国民间文艺出版社，1986年。

[24] 刘守华：《比较故事学》，上海：上海文艺出版社出版，1995年。《比较故事学论考》，哈尔滨：黑龙江人民出版社，2003年。

[25] 刘守华：《中国民间故事史》，武汉：湖北教育出版社，1999年；北京：商务印书馆，2012年、2017年。

为一等。"此书近年已被列入中华学术外译规划之中，正由暨南大学翻译学院和山东曲阜师范大学翻译学院分别译成英文、日文。

之后，我又申请到教育部一个"中国民间故事类型与传承研究"的课题，选取60个常见故事类型及刘德方、孙家香两位故事讲述家进行研究，在我主持下，吸纳顾希佳、江帆、林继富三位学人合作，经三年琢磨，写成《中国民间故事类型研究》[26]一书，获全国高校人文社科优秀成果三等奖。与之相关的《野山笑林》和《孙家香故事集》[27]也随之出版。故事类型研究属于现代民间文艺学中绽开的新花，钟敬文先生就是亚洲学界的先驱者。我们通力合作完成的这部论著，在故事学的推进上令人耳目一新。由于它是按类型划分，而且是以新中国诞生后新近采录的故事文本为主体进行评说，因而它实际上是以古代故事为主线的《中国民间故事史》的姐妹篇。

在《中国民间故事史》的总体构想中，本设有道教故事与佛经故事两章，但在此书中未能展开，它们便成为我加深加宽故事史研究的两个侧翼，我因此殚精竭虑投入其中了。我以佛经故事研究为题，申报教育部社科项目获得资助，通读《大藏经》中的上千篇故事，写成系列论文，主体文章刊于《佛学研究》获得好评，后来编辑成《佛经故事与中国民间故事演变》[28]，并获得中国民间文艺家协会山花奖。

作为中国本土宗教的道教，对民间文化的浸润更深，我从小即深受道教信仰的影响，80年代起在以武当山道教文化为亮点的湖北民间文化研究开发热潮中，我和相关学人一道，组建湖北省道教学术研究会（任副会长），多次上武当山采录研究关于"活神仙"张三丰的传说故事，随后又在中国道教协会的支持下，撰写出《道教与中国民间文学》一书。[29] 民间传统宗教信仰和民间文艺特别是故事传说，两者常常呈现出水乳交融般的密切关系，将佛道文化因子纳入民间叙事范畴做深入解析，可使故事史研究更为厚实。

从中国民间童话研究到比较故事学研究，再到中国民间故事史研究，可以说就是我六十多年来投身于故事学研究的三大块板。另有三部书也应该提到，一是列入"晚霞文库"的《民间文学：魅力与价值》[30]，计53万字，辑录70篇文章，以评说荆楚民间文艺为主体，也是我担任湖北省民间文艺家协会正副主席时采风掘宝的工作记录。

二是2014年由华中师大出版社出版的《非物质文化遗产保护与民间文学》。我于2002年在以冯骥才为首的一批文化人关于抢救保护民间传统文化遗产的呼吁书上签名，随后即投身于政府实施的非物质文化遗产保护工程之中，除在校内被推举为非遗研究中心主任，又在省市兼任专家委员会主要成员，参与多项活动。这部30万字的文集所辑40篇论文，即是对列入省级和国家级保护名录的二十多项民间文学代表作的评说与推荐。还有华中师大出版社于1988年作为民间文学研究生专业教材出版的《故

---

[26] 刘守华：《中国民间故事类型研究》，武汉：华中师范大学出版社，2002年。

[27] 刘守华主编，余贵福采录、黄世堂整理：《野山笑林》，北京：大众文化出版社，1999年。刘守华主编，孙家香口述，萧国松整理：《孙家香故事集》，武汉：长江文艺出版社，1998年。

[28] 刘守华：《佛经故事与中国民间故事演变》，上海：上海古籍出版社，2012年。

[29] 1991年于台北文津出版社作为"中国道教文化丛书"的首册推出，几年后又在北京中国友谊出版公司推出简体字增订版，并于2016年获全国高校人文社科优秀成果二等奖。

[30] 刘守华：《民间文学：魅力与价值》，北京：大众文艺出版社，2007年。

事学纲要》，它原是1985年中国民间文艺研究会创办的民间文学刊授大学，作为教材特约撰写的；后经修订，在华中师大出版社两次印行。因属民间文艺学领域中"故事学"这一分支学科首次以教材框架而成书，将故事体裁区分、故事传承、故事叙述艺术、故事发展简史、故事采录与研究等做了较为系统的论述，学界评论它"第一次对中国民间故事学理论体系进行建构"[31]，充分肯定了的学术价值，但这一建构还只是就现有故事学成果的综合反映，具有初步尝试的特质。

这几十年我在中国民间故事学方面的耕耘所得，有幸于2018年获得国家出版基金资助，将合编成10卷本《刘守华故事学文集》，由华中师范大学出版社出版。

六、"三位一体"：在民间文艺学领域耕耘不息的研究动力

大约10年前，我曾写过一篇小文章谈到："我于1957年从母校华中师范学院中文系毕业留校，投身于民间文学专业已达半个世纪。将个人兴趣、教师职业和社会责任三者融为一体，在这一园地经历风风雨雨不息耕耘，饱尝为学的苦与乐。一个人对某种事业有兴趣，持之以恒自会有所成就，如果与自己的职业和社会担当相契合，在这'三位一体'中就会乐而忘倦，勤奋难息了。可是这'三位一体'在人群中往往难于圆满实现，我可以说是幸运儿之一。"

但我这60载是在新中国华诞70年中度过的，因此不能撇开这一宏观历史巨变来观察学人的个体命运，而应紧密联系社会主义新中国的时代风云来探究学人的人生轨迹与为学之道。2001年，我曾在加拿大出版的《文化中国》杂志上发表《中国民间文艺学百年足迹》一文，篇首即就新中国诞生和这门新兴学科的发展做了一段简要概述：

> 刚过去的20世纪，在中国历史上是一个风雷激荡，翻天覆地的历史时期，觉醒的广大民众走上历史舞台，演出了一幕又一幕威武雄壮的史剧，从根本上改变了中国的面貌，也改变了自己的命运。千百年来紧密伴随民众生活，真实记录他们历史足迹，直接抒写他们爱憎苦乐与梦想追求的民间口头文学也相应地备受文化界的关注，终于构成一门现代人文学科——民间文艺学，并获得较充分发展。从"五四"时期北京大学成立歌谣研究会，创办《歌谣》周刊，到90年代规模宏大的民间文学三套集成陆续问世；从鲁迅称道众多的民间故事讲述为"不识字的作家"，到毛泽东亲自倡导采集民歌；从《故事会》这样的刊物每期发行几百万份，到一系列口头文学家的口述故

---

[31] 见黄永林：《刘守华：把民间故事点石成金》，《光明日报》，2019年1月21日。

事专集纷纷出版问世、享誉全国并走向世界,等等,诸多事例构成为中国文化史上别开生面的崭新篇章。[32]

我60年来投身于民间文艺学的治学生涯,就是在这不平凡的时代激流中闯荡过来的。

最后,我要谈谈自己所在的华中师范大学中文系发展民间文学专业的情况。1960年我自编《民间文学》教材,铅印成册,紧跟北京师范大学钟敬文先生的脚步,开设了民间文学课程。20世纪80年代中国历史跨进改革开放历史新时期以来,我从湖北省中学语文教材编写组归队复业,一面开设民间文学课程,同时还在集体编撰的《中国当代文学》大学通用教材中,独立设置"中国当代少数民族文学"专章,将少数民族的民间文学和作家文学糅合在一起给予评说。我和陈建宪、黄永林共同发展华中师大民间文学专业,从1987年起,获得硕士、博士授予权,开始招收培养硕士、博士,成为培育民间文学专业人才的重要基地,1993年我们学校的民间文学专业教学成果获得"湖北省人民政府教学改革一等奖"。

我们专业坚持国际学术交流,坚持对外开放的教学科研思路,民间文艺学这样的小学科出人意外地更显活跃。首先是美籍华裔学者丁乃通教授,于1985年应邀来华师大讲学,作为芬兰历史地理学派研究中国民间故事的权威学者,他不但给华师文学院的民间文学小班讲学达一月之久,并直接指导我就AT461"求好运"故事作跨国比较研究;又指导陈建宪、黄永林将他的英语故事学论文集《中西叙事文学比较研究》译成中文出版,还介绍我和陈建宪加入国际民间叙事研究会成为会员并促成其几次参与民间叙事的国际研讨会。

同日本的学术交流更频繁。我与东京都立大学的饭仓照平教授密切交往,在日本学刊上发表故事学论文,并应邀赴该校讲学。同日本以野村纯一教授为首的学人组成中日学术代表团,分别在日本和鄂西进行关于故事传承的联合考察,于2004年在东京出版《日中昔话传承之现状》的考察报告。随后我和刘魁立又积极参与组建以中日韩学者为主体的亚细亚民间叙事文学学会,积极参与举办了几次专题研讨会。又同日本学界合作,编辑出版了《中国·日本·韩国民间故事集》[33]。

在这期间,我们还邀请俄罗斯著名汉学家暨民间文学研究家李福清前来讲学,评介他的代表作并就故事研究进行学术对话。

正是在积极投入对外开放的一系列学术活动中,我校民间文学专业师生的学术视野便一直处于学术前沿位置,获得国内外学界的尊重。

2018年,我又被华中师范大学聘为"桂岳特聘教授",以此来让我发挥余热,为专业发展尽一些力量。华中师范大学中国语言文学专业,成为我校两个全国"双一

---

[32] 原载于加拿大出版的《文化中国》2001年4月出版的第6卷第4期,修订稿刊于《湖北民族学院学报》(哲学社会科学版),2004年第1期。

[33] 刘守华、金和经、小泽俊夫等编:《中国·韩国·日本民间故事集(1牛郎星和织女星 2木鸟 3枣核)》(中日韩对照本,精装彩色插图版),中日韩儿童童话交流事业实行委员会,2004年。

流"建设学科之一,民间文学为其长期经营的特色学科。2018年,我的专著《中国民间文艺学百年耕耘录》出版[34],前20篇文章是我对前辈及同辈师友钟敬文、季羡林、贾芝、丁乃通、李福清、谭达先等的忆念,后60篇是对门内门外弟子新作的序文。此书列入华中师范大学中国语言文学"双一流"学科建设文库,也是对新中国70华诞的庄重献礼。

这里我还想补说一点,我们在考察中国现代民间文艺学发展历史时,通常都是以毛泽东《在延安文艺座谈会上的讲话》所提出的文艺的工农兵方向作为新文艺事业转折发展的标志,这已成为一项共识。近年我才得悉毛泽东早在1940年11月17日写给周扬的一封信中,就曾批评他关于文艺上利用旧形式问题的讨论文章中,"有把古代中国与现代中国混同,把现代中国的旧因素与新因素混同之嫌",并鲜明地指出:"所谓民主主义的内容,在中国基本上即是农民斗争,即过去亦如此。农民,基本上是民主主义的,即是说,革命的,他们的经济形式,生活形式,某些观念形态,风俗习惯之带着浓厚的封建残余,只是农民的一面,所以,不必说农村社会都是老中国。"[35]毛泽东这封信直至2002年收录《毛泽东文艺论集》才正式发表,为众人所知,它有力地促使当时一些左翼文艺家端正对农民的认识,逐步改变贬低或忽视以农村为根基的中国民间文艺的偏见,《讲话》的相关内容即根源于此,它实际上是毛泽东创造性地运用和发展马克思主义,在中国革命的全部进程中重视农村、重视农民历史作用的基本思想的体现。新中国诞生后,从中国民间文艺研究会的组建及其覆盖全国的活动,以及郭沫若、周扬、贾芝、赵树理等著名文化人纷纷热心地投身于这一边沿性小学科,应该从此处求得合理解释。这就是民间文艺学在新中国的存在发展有着强韧生命力,不同于其他国家只属少数学人爱好的主要原因。

毛泽东关注民间文艺,是立足于他对肩负民主主义历史使命的中国农民整体的高度评价,是对马克思主义历史唯物论的发展,将这一思想贯穿在中国革命的总路线中,这就构成为支配中国共产党文化事业的主导倾向,我在几十年的学术生涯中对此已有深切体验。

毋庸讳言,事业发展的不充分不平衡,在民间文艺学方面,更显突出。这既同中国民间文艺学的事业基础薄弱有关,也同轻视下层民间文化这类传统偏见的挤压相关,因而民间文艺领域的相关学人往往处境艰难,事业成功须付出更多艰辛。可是就总体而论,以比较眼光来看,中华人民共和国70年在民间文艺学方面所达到的广度与深度,却是其他国家所无法企及而令国人自豪,并对其更美好发展前景满怀自信的。

---

[34] 刘守华:《中国民间文艺学百年耕耘录》,上海:上海文艺出版社,2018年。

[35] 龚育之:《首次发表的毛泽东致周扬的一封信》,《学习时报》,2002年6月10日。

学术史　●第一部分 口述　○第二部分 自述　○第三部分 论文

访谈手记

　　岁月是风的哨声,春夏秋冬不停地吹响变奏曲。记录岁月的一代学者们,读懂了乡风民俗,拓展了民间文艺研究的广阔天地。刘守华先生就是记录岁月的学者。

　　先生的学术之路几乎与新中国同步。新中国成立之初,他在洪湖师范学校就发表了搜集革命歌谣的文章。这样的学术背景让这次以纪念民协70周年为主题的访谈显得特别有意义。先生重视学术与时代关系,将个人与时代紧密结合。他认为,个人成功的学术之路应归功于顺应时代大潮,他正是在高度契合时代发展潮流中推进学术研究,参与社会文化服务的。访谈中,先生也系统地阐述了追踪研究方法,列举了运用此方法在比较故事学、求好运故事、黑暗传等方面取得的突出成果。正是坚持了这一研究方法,先生逐渐形成了以比较故事学为方法论拓展、以中国民间故事史为研究领域的成果卓著的学术特色。

　　如果说,把握时代脉搏、注重学术积累是先生的治学方法的话,那么,钟爱民间文艺、坚守初心不改则是先生的本体论立场。他谈及民间文艺,回忆青年时代搜集革命歌谣的光辉岁月,情不自禁地演唱改自民族的歌剧选段《洪湖水浪打浪》,声情并茂中那份心系家乡、热爱民间文艺之欢乐溢于言表,绽放出火热青春的灿烂之光。也许只有从这种穿透岁月的民间文艺之爱中,才能发现先生取得丰硕学术成就的秘密所在吧!

做学做人终身求

郝苏民

访谈时间	2019年10月19日、12月12日
访谈地点	北京朝阳区昆泰嘉华酒店、甘肃兰州民族花苑
访 谈 人	毛巧晖[1]
整 理 人	毛巧晖

郝苏民，回族，1935年生，宁夏银川人，1954年12月毕业于西北民族学院语文系蒙古语言文学专业。1986年获得由中国社科院、文化部、国家民委等颁发的史诗挖掘工作优异成绩荣誉证书。1992年被授予发展高教事业做出突出贡献证书，享受国务院政府特殊津贴；1993年获"全国优秀教师"荣誉称号；2007年6月，被文化部评为全国非遗保护先进工作者；2007年获第八届中国民间文艺山花奖·民间文艺成就奖；2009年12月被评为第三届国家民委突出贡献专家；2013年，获国家新闻出版广电总局第三届中国出版政府奖·优秀人物奖。

一、从事民间文学研究的学术发端

1950年末，我在兰州筹办西北民族学院（今西北民族大学）期间，出于少时家庭影响的兴趣所致，对1950年3月29日北京出现"中国民间文艺研究会"（以下简称民研会）的信息，格外敏感好奇。它强烈地吸引着我这个边塞少年，让我莫名向往。在我那个年纪的人眼里，郭沫若、茅盾、老舍、田汉这些大人物在中学时早已耳熟能详，加之民研活动里频繁出现的新名字周扬、钟敬文、贾芝以及我陌生的人名，通通都在我心里被列入是新政府高官一类。一个懵懂少年，以"大人物"想象大人的世界，本属自然也不见怪。之后，我到张川小河乡参加土改，总不忘在贫下中农里搜集长工苦歌。能想到这样去干，最直接的原因便是民研会的活动和民歌类新书，《民间文艺集刊》等也引起我兴趣的不断勃发，吸引着我心向往之。1952年我考入蒙古语文本科，毕业后留校做助教，便自然地和少数民族文学艺术打起了交道。我们的教学，直接导入少数民族民众生动活泼的口语，翻译蒙古族民歌、谚语、故事等，既是我的专业，又是我个人爱好的直接追求。我是1954年底毕业的，新中国第一批学习民族语言的学生,我将蒙古族民歌翻译成汉文,同时把中国古代笑话翻译成蒙古文发表在《内蒙古日报》上。

1955年《民间文学》月刊的创办,更是推动了我朝少数民族民间文化发展自己的专业方向。那时我每天都在一种极度亢奋中度过,与预科蒙古族少年们同住一室,一起跌打滚爬使我很快进入蒙古语的口语世界里,其乐融融。我在蒙古文版的《内蒙古日报》上翻译汉族民间笑话;我也把蒙古文的谚语、民歌、故事汉译后投给《人民日报》邓拓主编的副刊,以及《民间文艺集刊》《中国青年报》《民间文学》和《甘肃文艺》《草原》等。有一阵,我的翻译活动达到疯狂,从晨起夜睡到吃喝拉撒,都陶醉在讲蒙古语搞翻译的迷恋中。在我不曾与内蒙古当时本行名家胡尔查先生谋过一面的情况下,我俩通过信件协议拟合作汉译《格斯尔可汗传》。可见,那时民研会的成立及其活动,对民族地区我辈"民族青年"所受影响的精神面貌之一斑。

二、民研会及其民间文学研究

1978年某月,杨亮才同志突到兰州,带来民研会重新恢复工作的消息。圈子里有传言说:亮才兄是从云南基层被"伯乐"相到京城的"南蛮"俊才。他很善解基层人意,敦厚耿直,唯不善学京韵时言,滇乡出身的他操京话能把"云南"话说成"越南"话的乡音。大概是他从我们惊诧的眼神里看出来了虽有惊喜也存狐疑的微妙神色吧,便特意说出了领导小组成员的名单:贾芝是组长,还有钟敬文、毛星、马学良、杨亮才等。我们立即有一种雨过天晴后预感的喜悦。但不久,我就在出差地新疆得知贾芝夫人李星华病重的信息。第一反应是中国共产党创始人之一的李大钊烈士遗孤这时能走吗?接着,贾芝的名字跳进心里"哎呀,今后贾芝怎么办?"心有酸楚。我匆匆为病人买了哈密"炮弹瓜"赶到北京,想略表对她的仰慕与敬意。当我与中央民大搞史诗的一老师被热情的杨亮才带到演乐胡同贾芝家时,贾芝只淡淡地细声对我们说:"她已经不能吃任何东西了,谢谢你们。"我们不敢叨扰,默默离去。

1979年10月30日—11月16日,全国文学艺术工作者第四次代表大会、中国民研会第三次全国代表大会在京举行。我作为"带帽下达"名额代表出席会议。这是我第一次进入人民大会堂开会。在半个月的会议期间,也是我近距离地和贾芝接触时间最长的日子。这之后我与贾芝便开始了长达33年的直接与间接的、或公或私的牵连与交往。可以说是从泛读、细读,到品读、悟读与体悟的全过程。我曾和内蒙古著名作家、文学翻译家漠南(安柯钦夫)、胡尔查二兄陪同他在内蒙古呼和浩特调研(1981

---

[1] 毛巧晖,中国社会科学院民族文学研究所研究员。
参与访谈人:张歆

年8月);在甘肃,我作为当时省民协负责人之一,陪同他为团长的民研会采风团到莲花山花儿会采风(1983年7月);在青海,我们一同参加史诗研讨会议;我也同他一起出席在新疆召开的"中国《江格尔》研究会成立大会暨首届年会"(1991年1月);后来我先后还参与过"三套集成"工程;中国社会科学院少数民族文学研究所(后改称民族文学研究所)主持的"格萨尔史诗办"以及"少数民族文学史、概况"编写以及"评奖"等等工作与各类活动。在这个长达30年的过程里,我对贾芝从"大人物""官员""肃然起敬"的心态、拘谨忸怩,不知不觉首先转变为非常自然的"同志关系"。当面称呼他为"贾芝同志",而背后也常常直呼"贾芝"。心里的他,是个性诗人、是"草根"学者,也是可亲的长者。大伙在他面前,既没想到需巴结而有做作之态,也不曾提防因不恭他而被计较记恨。我在十分频繁的接触中,也从无一次发现他气势汹汹,或故作严肃,也无京官见面就"谆谆教诲"的作秀;更不曾见过他"威风凛凛"的架势。从没一次听到他借叙往昔光辉而透露自己政治背景和"大人物"的关系以炫耀个人;他的和蔼可亲,平易近人以及与大家,特别对来自地方基层同人能打成一片,总有一副本分朴实的人性真相。这已是大家,尤其各民族地区同行人士的普遍共识。大家和他熟稔到毫无顾忌地谈笑风生,甚至调侃戏谑。

  一次我们在呼和浩特参加研讨会,期间和贾芝同吃同玩,有说有笑。当时内蒙古文联主席是个十分幽默好玩的"顽皮"作家,他故意神秘兮兮,竟又语出惊人地对着贾芝直说:"贾老,你这次到下边来得太好了,我们民族地区,牧民耿直豪爽,蒙古人的阿凡提叫巴拉根仓,这个巴拉根仓呀可不同阿凡提。他讲的笑话可荤哩,荤得哪——能把你肚子笑破,你敢听吗?怕不怕!"在场者一下子盯着贾芝看,作家得意地列出"挑衅"姿态等待,大有看老头儿如何对付调皮年轻人的架势。只见贾芝好不嗔怪地嘿嘿两声说:"你这个家伙最好吃羊肉,全是荤的,连你我都不怕,还怕个甚?!"大家哄堂大笑。当然也有传言,说贾芝有时在某些具体事上不免固执或叫倔强一点。但他长期的部下亮才兄说得最准最好。"你和贾老打架谁赢谁输?"杨亮才答:"平局。"看看,能在上司手下不输,拿到一个"平局",还继续无忧无虑地陪到底,愉快地一干就是半个多世纪,谁也没离开谁。除下级的亮才同志个人因素外,大约这个领导的待人、用人也可说明一二吧。

  老少边地区基层民间文学工作者里有不少人都认识贾芝、喜欢贾芝。有事可直接"通天"找贾芝,无须辗转托人。大家都说,有事求贾芝没有复杂的顾忌,无论求教他难题的解决,汇报基层民间文化情况,还是求他写序、题词,或求他的墨宝,他多不拒绝而给予满足。像甘肃庆阳的民间艺人王光普、静宁县的王知三。听说还有陕西的、云南的,基层找他的人没有不敢见他的,传为佳话。这是因为甚至到了70—80年代，在我们高校里时有"一字难求"的教授先生，令基层歌手和文化工作者感到大学者不易接近。贾芝在"老少边"文化工作者的心里不知何时树起了一个温和、亲切、爱笑弯了眉眼的天真老人形象。这一点亮才兄可以说把他描画活了。

远看像个逃荒的，

近看像个要饭的；

仔细一看：

是中国社会科学院的。

这话竟然是他自己笑着转告大伙的。他童心不泯，如天真无邪的童子！这是多么难得！果然是仁者寿！

有一年在石家庄开一次大会，我提前一天赶到了目的地，打听会议报到处人员有谁已到会？答曰："贾芝来了，因感冒卧床休息。"我办完入住手续，洗毕去看望他。刚一进门，他就认出我来，立即起身说，"哎呀郝苏民同志你来了？"接着伸出双手紧紧握着我……这时他流出了眼泪，像一个无助的孩子向亲人倾诉。我赶快让他躺下安慰他，并给他讲起阿凡提的故事。果然不到十几分钟后，他又嘿嘿地笑起来，好像什么事情也不曾发生过一样。让人可爱得心疼。

贾芝身份不凡，但和同事、朋友们始终是布衣姿态，不论年纪大小，职务高低，相交如故，童心一片，不存块垒。晚年以来尤其如此。他逢盛世，高寿年华。回想半个世纪以来，也算忘年之交的我与贾老，不管初期的"神往"仰视，岁月阴晴时我的思忖，还是对他晚年的不息追求的我思。他都给了我一个人生之路上真实如水、生动鲜活的示范：做人、做事、对人、对己。

民研会是全国各民族民间文艺工作者自愿结合的群众性文艺学术团体，也是第一届"文代会"后成立的第一个团体。民研会对我有很大影响在于它"研究会"的"学术性"。促使我将专业学习和业余爱好的民间文学、民族文化紧密结合在一起。它开新中国民间文艺"采风""记录"风气之先，也形成了一种口头文学采录的新范式。在采录中，更为关注与强调思想性。我还记得当时"民研会"通过的《征集民间文艺资料办法》。实际上民研会对当时民间文学研究的理论布局与学科规范，对今天民间文艺学科建设、跨文化理论研究以及新时代民间文艺工作都有重要启示意义。而这种整体性的布局到了80年代初期发生了改变，在民协与高校、研究机构之间形成了一种张力，"学院派"开始对理论格局和学科规划起着主导作用。现在我们所看到的高校里的民间文学学科是相对于外国文学、古代文学、现代文学而言的"民间文学"。北京大学的歌谣运动提倡的是"走向民间"，将民间的资料挖掘出来。中国迈入现代化以来，现代大学之中学科建设与学科分类不断被整合与细化。但是我们要知道的是，学科是一种范式，是一种便于教学和研究的知识分类。中国高等院校过去没有民俗学，就叫"民间文学"，这一学科的提出当归功于北京师范大学的钟敬文先生。但是我们中国现在的民俗学也好，民间文化也好，总归不是官方的、精英的文学。现在的学科设置之中将其归属到汉语言文学之中。民间文学不仅仅是文学，其实是文化，包括了文学的形态，民间文学也不能等同于民俗。搞民间文学实际上涉及了更广阔的民俗，也涉及了少数族群之间的差异，成为民族文化关系的一种研究，"非遗"的出现，对我们认识中华民族主体文化与各少数族群多元文化之间"多元一体"关系，更具启迪。

而民研会关注的是更广泛的社会，它更多反映的是民间文化。从当时的人员组织结构来看，涵盖了文学、历史学、民俗学、人类学、民族学等学科。而被划归到中文系的"民间文学"，所研究的仅仅是其"文学性质"。这个"文学"就往往局限到"汉文学"一方，很少能达到含各族群文学的"中华民族"局面上。比如对"四大传说"的研究，到了学生做论文的时候，哭诉没有文章可以做了，这就是田野做得不到位的结果。"学院派"里面的民间文学或者说民间文艺学（后面涉及名称的变化），主体做的还是民间文学，或者我们严谨一些——民间的文学。这实际上是有很大的局限性。根据毛泽东思想，延安时期"民间文学"应当是更为广泛的。但是从学科史的角度看，民间文学学科在一定时期内维系了民俗学在中国的延续。钟敬文先生倾尽毕生心血保住了"民间文艺"之根。

就民间文学研究的深度和广度来看，学院派中对"阿凡提""秃尾巴老李""机智人物故事"等类型的研究，更偏向文学的研究。这实际上是学者为了研究起的名字，不是老百姓起的名字。这一点在少数民族民间文学的研究中尤为突出。当涉及口头流传的民间文学时，故事实际上承载的是一个民族的思想史。年鉴学派的欧达伟（R. David Arkush）和董晓萍的相关研究可说明问题。欧达伟研究中国民间思想史，去河北当地听地方戏。故事梗概都是小伙子爱上了小姐，遇上了灾难，克服之后，两人团圆了；或者分离，分离后心灰意冷，你自杀，我和你共存亡，演过来演过去都是这些。欧达伟就发现，老百姓看戏有时候也不看（表演）。为什么呢？这些都是老一套，都背下来了。老百姓看的是里面的人情世故。这已经不完全是故事，不完全是文学的功能，而是文化了（他们欣赏唱腔和表演流派艺术）。按照钟敬文先生后来所说的，叫作"记录的文学"。董晓萍后来开拓"跨文化"研究，界定民俗学是"说话的民间文化"，这实际上与后来的民间文学理论中的"口头传统"有所吻合。我们的"学院派"确有功劳，只能说在中国特殊的情境下，它有价值。但是它不是民俗学，它不是民间文化，它（侧重）其文学层面，实质上是将其文化"剥舍"。民研会对多民族民间文学的搜集和整理，摸索总结调查采录口头文学的经验，既是当时中国少数民族识别工作的一部分，也是新中国民间文艺独特性之建构，带有一定的预见性，奠定了民族民间文学资料体系建设的研究工作，这在有语言无文字的人口较少民族层面，尤显突出。

三、学科建设

中国各民族的分布与文化发展之间呈现出来的是一种"犬牙交错"的状态，文化的交流中产生的一种"和而不同"的生活状态，是最值得我们关注的地方。人口较少的民族，如裕固族、保安族、土族、东乡族、撒拉族以及羌族等，他们的语言、宗教和生活方式都各自具有其特点，同时又和周边的民族发生着密切联系。无论从历史发展、地缘关系，还是民族流布、区域文化来说，西北地区一直是一个具有特殊性地位的区域。现在回过头来看，20世纪50年代，伴随着和平解放大西部——进军西藏、新疆，凸显出少数民族干部的急需，应运而生的是民族学院的诞生。那时，中央西北局关于西北民院的办学方针，就是这样指挥和要求的：一切从革命需求出发，一切从当地实际立足。所以，学以致用。西北民族学院首创的大学本科专业里，设立了"语文系"，内设蒙古、藏、维吾尔三个民族的语文专业，主要招收汉、回、满等不懂少数民族语文的学员。直到60年代，民族学院基本是以民族地区发展中急需的专业和管理人才为主的学科建设，没有现在所说的民族学、社会学与民俗学等学科之说。学校学科真正发展都是在改革开放之后的这40年里的事了。1997年教育部调整学科分类目录之后，我校的社会人类学·民俗学系（研究所）就建立了。我们挂这个牌子是第一家。一开始叫社会人类学·民俗学研究所，紧接着就是社会人类学·民俗学系、学院，民俗学放到了所，紧接着放到了系、学院，作为法定的高等院校一级机构，西北民族学院是第一个。

为什么先从民俗学开始？为什么要把四个学科捆绑起来？关于这个问题的解析，得从当时民俗学形势发展、学校教学环境和学科内部关系来谈。

西北民族学院复办伊始，学校领导以崭新的姿态开始新的征程。第一个大动作就是在1978年10月组织召开了全国性的大会——"兰州会议"，会议的正式名称是"中国少数民族文学教材编写暨学术研讨会"。钟老等一批老、中专家学者在会上做了专题报告。会议的直接成果非常明显，钟敬文的《民间文学概论》会后立马开始组织编写，于1980年出版；马学良主编的《中国少数民族文学作品选》于1981年出版；会议酝酿的"中国少数民族文学学会"在1979年西南民族学院召开的第二次学术研讨会上正式成立。民间文学、民俗学在全国范围燎原的形势、学校党政领导的重视以及老一辈民间文艺学家的学术积淀,为我校民俗学专业的开创和发展提供了广阔的平台和坚实的支撑。正是在这样的时代条件下,民俗学学科建设才由小到大。

学科的区别在于不同的视野,大一点是人类学,整个人类的问题,小一点是一个国家的问题,再小一点是一个民族的问题、社区的问题。加之生活本身已经给我们补充了条件,一定程度上提供了前期实践经验。我放弃了少语系,成立了西北民族研究所,接着成立了社会人类学·民俗学研究所和系,第一个系所合一是在这里,紧接着就把四个学科捆绑起来一起办。在大西北人文社科学界第一次出现了人类学、民俗学的学科建制,填补了西北地区高校社会学、人类学、民族学、民俗学专业从未有过的科研与学科空白,也在西北民族学院首出"系所合一"的教学形式,把科研直接引入课堂教学。不久,在费孝通先生的力荐下,又借教育部为北京大学批办社会学人类学高级研讨班的契机,我们与北京大学、国家民委民族问题中心合作在兰州举办了第六届中国社会人类学高级研讨班。费先生的指导有二:一为扶持西北民族学院社会学、人类学等专业的开创;二为开发大西北培养专业人才。费老亲临我校为我系揭牌,并在会间作了主题讲演,充分肯定了人类学、民族学、社会学及民俗学培养少数民族出身的专业人才的重要性和迫切意义。

四、《西北民族研究》的创刊及发展理念

《西北民族研究》1986年创刊,当时的办刊条件极其不足,从主编到编辑基本上都是兼职。即便如此,我们还是凭借努力获得了学界广泛认同,被评为CSSCI来源刊物,已成为国家社科基金资助学术期刊、民族学与文化学类核心期刊。围绕着这个刊物算是培养了一批学者。费孝通先生在1988年为《西北民族研究》的题词是"从实际出发,研究西北社会经济情况,为开发边区做出贡献"。

其实《西北民族研究》还有很多不足,我们主要是关注到了两点:一是"全国胸怀""世界眼光"下的"西北"区域性的属性,核心是抓区域性学术文化之间的互动关联与特色(我们经常念叨的是陕甘宁青新,又加西藏、内蒙古和四川的学术视野。时刻关注其走向,并找到自己的方位)。二是密切关注这个区域里的各民族学术文化的特色,但不丢掉"一体"与"多元"之间的关系。有了这些构想,不等于事事都做得到位,这就需要主编带领团队所有成员持之以恒地坚持和及时灵活地适应。办刊过程中,要紧紧围绕地域特色、民族特色、学科特色确立期刊办刊宗旨,同时还要考虑

所刊文章对于中华民族文化建设的贡献。

综合性的学术杂志和"学报"有所不同,一份"学报"是一所具体高校整体学术水平常态性的展示。既是一种成果投向社会,又是通过成果的研制、"生产"来培养人才的过程,和本高校的总目标是一致的。但是,每所高校必有它重点发展的特色学科,而侧重展示本校最强势、最特色学科的成果和展示其人才,就成为本校学报最应主打的选项和板块、栏目。我认为,办刊物最大的忌讳是把刊物办成了随意来稿的文章汇编。本刊办刊的主旨、主打的栏目、编刊的风格和刊风应该是从主编到全体编刊人员经常清晰和坚持的原则。要培养自己的作者队伍,要形成自己刊物独有的学术追求,不明确本校主打的专业学术,只注意刊物的"杂志"的"杂",每期没有明确的主编意图,就会暴露出刊物的随意性。刊物始终没有形成和坚持自己最富特色的板块和栏目,及其常存不衰的作者队伍,就会失去存在的实力。

五、民俗学与"非物质文化遗产"保护

民俗究竟是什么?我们现在研究民俗也好,民间文学也好,或是对学术史进行梳理,要注重口述史的研究,关注当下的日常。我认为学术和政治是不可分割的。这些学术都是和生活有关系的,而生活本身是和国体有关系的。你想甩都甩不脱的,所以最直接的、老百姓的、大多数人的生活就是民俗了。民俗的生活方式以及影响这种生活方式的思维方式就是一个民族的基本的文化的母体。我是回民,我就有这个体验,我上小学没有上过一年级到三年级,我一上学就到四年级,为什么呢,因为我在家里面背的《古文观止》(现在大学才上这个)。少年时的我脑子里读书就读这些。读的是《古文观止》,练的是汉文书法(假期或有到寺院学点阿拉伯文),这是中国的历史性国情。

中国民俗学从北大的歌谣运动起始,但歌谣运动并没有说是民间文学,也没有说是民俗学。歌谣是什么?是"歌"和"谣",严格说起来就是老百姓唱的歌,是没有专门作词和作曲的歌,中华人民共和国成立后叫"民歌",过去都叫"歌谣"。虽然是歌谣运动,到后来民间故事也被收集进来,实际上是"民间文学"这个词的前奏。从实质来看,它并不是单纯收集歌谣,而是走向民间,把民间的资料挖掘出来,相对于作家的文学叫"民间文学"。民间文学、民俗学里面也包括歌谣,不过包含的内容更多了。实际上,叫作"歌谣"也好,叫作"民间文学"也好,到后来发生了实际的转移,转移到了语言以外的行为上。这些年从美国得到的民间文学理论中的新词叫"口

头传统",出现了一个世界范围的文化活动叫"非遗",这三个一对照,有的是相同的,有的是同而有异的,后来越来越把行为放进去。我们现在所说的民间文学,或者叫"民俗学",或者"非物质文化遗产保护",一大圈子里面,涉及的内容是一门专门的学问,已经成为学科建设,如果用庞大的理论来涵盖,那就是民俗学。根据现在的趋势来看,一体多元更加明显,有的既不是文学也不是民俗,而是民间文化。从学科的角度来说,不同时间里、不同群体在不同的文化空间里的生活方式、语言规则和思想意识,表现在文学、行为及心理精神心灵层面,从一个侧面来说叫"民俗学",从另一个侧面来讲叫"民间文学",还可以叫"口头传统",也包括现在联合国倡导的非物质文化遗产。再简明一下,中国在"五四"运动后才有了一个思想上和精神上的大革命,摆脱了以帝王将相为代表的封建文化,走向世俗,走向民间。如果放在这样一个中国思想发展的百年画卷中,叫作"歌谣运动"、叫作"民间文学"、叫作"民俗学"、叫作"口头传统",其实是一个事物发展过程的不同称呼(况且"民间文学"的"民",其内涵也总随时代而变迁)。

改革开放后,民俗学恢复重建。我把民间文学和民俗学打包到一块儿看,还有社会学、民族学和人类学,看它们之间的亲属关系。这些交叉学科启发我们考虑中国的民间文学应该怎样正确定位。我最近有一本书《笑问客从何处来——人类学者的田野考察故事》。我写的"前言"是:

> 多元一体——这是不曾中断绵长历史形成的伟大中华文化的结晶,并非由任何个人或"群体"独立"打造"的言说,我们这个教学、科研、服务于"课题"的组合体,就是一个"中华民族"事实真相的"个案"。
>
> 我们的团队包含汉族研究少数民族的学者,本民族研究本民族的学者,少数民族研究他族的学者,在国外做田野的我国学者,也有跨"亲属学科"和交叉学科研究的各国家族群的学者,共同组成新时代具中国学派的特色与学术气质。

王铭铭的"序言"是:

> 以"岷山过后"团队为例,其引领者郝苏民先生一人,"骑过了多种牲口,做过了好几个梦",跨越界限,自身成为关联不同文明的有机体,而他桃李满天下,门徒们各自扮演着他的"分身"角色。

我们觉得这样干,从民俗学的角度来看,现在我们自己研究自己,就解决一个我者和他者的问题。我所谓的"人类学"是一个大概念,应该包括人类学、民俗学、社会学。比如我去边疆的工作经历:"四人帮"还没有粉碎的时候,部队的人要学俄语或者蒙古语。当时他们发现我懂,就让我带部队的学生,语言是有差别的,但表达的感情是共同的。你对他好，他能体悟出来。我带的那些学生临走的时候，好多蒙古人都哭，男孩子临走的时候都给拿钱，买缎子，做蒙古袍。我问他们给学生钱干什么，这些蒙古人说这些娃娃没有花的啊，我们钱用不完。这是我的娃娃。认成孩子，起了蒙古名字。还有的女孩子认了蒙古族干妈，她们给钱、给衣服。感情是人类统一的，就看你怎么看这个问题。

从学科历史的角度来看，中国的民间文学在一定时期内维系了民俗学在中国的延续。非遗是民俗学的另一个分支，研究对象包括口头传统、语言民俗、民间文学以及民间艺术等。非遗工作面临两个最主要的问题，一是深度保护，二是发扬光大，其中牵涉的问题相当纷繁复杂。我们拿传统技艺类的瓷器打个比方，中国的瓷器蜚声海内外，瓷器怎么烧？釉子怎么弄上去？烧多长时间？这都是传统技艺，而且因地域、历史、受众等差异，形成了风格迥异、五花八门的烧制技艺，各有各的拿手作品。如果全世界的人都知道瓷器就中国的最好，中国的最地道，买瓷器一定要买中国的，这就打开了市场。有艺术，有技术，就打开了市场。评成"非遗"了，出名了，身价自然就高了。以前用炭烧，现在用煤气烧行不行？"放三天，晒三天，阴三天，太阳底下干三天。"遇到阴天的话，四天成不成？英国人喜不喜欢这个颜色？阿拉伯人喜不喜欢这个颜色？这就是研究民俗。阿拉伯人喜欢白的，怎么把颜色改成白色？这是策划，也是创意。目的很明确，就是怎么用现代的方法把它改造，继承过去的同时，广泛采用新的技术来生产。"非遗"是一个附带的身价，最终会落实在经济效益、文化效益和社会效益上。

关于民间表演艺术或者口头传统类的非遗项目，面对的却是另外一个全新的保护话题。皮影是大家耳熟能详的综合性民间艺术，我最早把甘肃的皮影弄到文化部，被评为国家级非遗项目。2011年，中国皮影戏被联合国教科文组织列入"人类非物质文化遗产代表作名录"。皮影戏是出名了，但问题也来了。伴随着时代与科技的发展，有着深厚基础的大剧种的观众都在不断流失，何况皮影戏。听的人少，看的人少，戏箱入库，一年到头很难见到三轮车拉着戏箱出现在乡间的路上。怎么办？他们开始卖皮影。皮影戏是啥？月亮出来后，把灯点上，在一个幕框子里，用皮影变化各种表演姿势，同时配合演唱，整个过程就叫作"皮影戏"。它是动态的、完整的，皮影只是里面的艺术造型道具，要动，演唱，人看着才新鲜，不是刻个皮影放在那里给人观赏。我们在思考，能不能根据这个原理找出儿童们看懂的呢？比如说编成童话故事，弄成一个个活灵活现的动物，猫和老鼠、狼吃羊、老鹰捉小鸡之类的故事都可以做。在原先老一辈的基础上认真体会，设计动物的动作，儿童一看就懂。在基础不变的情况下，要学技术，变成别人欣赏的艺术，就能更好地存在和发展。非遗是附着在物质上的，它不附着在物质上，你看不见摸不着，附着在物质上才能显示非物质性。拿古琴来说，不是古琴是非物质，它只是形态，放在那个地方没用处，只有会弹琴的人弹了古琴的曲子，弹奏出的声音和韵律是世界没有的，是用物质的弦、木材、人来弹奏曲子，全部加起来才是古琴的非物质文化遗产，而不是琴本身。将非遗工作放在大的文化空间来分析，就是怎么正确地对待一个民族的文化，怎么理性地对待一个整体的文化。吃一顿饭，一个桌子只有一个菜，一个桌子有十个菜，选哪个？当然挑着吃好，天天玉米面，谁都不愿意。我们要承认多元文化，多元比一元要好。人的心思和技能是多种多样的，过去互相不接触，不明白，现在以"非遗"把文化的多样性推给人类。不同族群的文化多样性体现在不同的创造发明上，宣传人类有多种智慧，让大家一起来看，多欣赏对方，少来点战争，才会美人之美，又可美美与共。这也是民俗学在非遗研究中要坚守的重要理念。非遗在民众当中，在田野当中，民俗学工作者要俯下身子认真做调查。非遗是"根"，用的时候不能照搬，要跟上时代长新花。光守住原始的，但欣赏对象变了，最后只能进博物馆。再者，原样也保不住。不同的环境，不同的空间，需求是不一样的。真学问会随着环境的改变而改变思维，在基础上加以延伸；假学问你把真活儿给它，它就歪曲了。最后，我借用费孝通先生的一句话来结束吧："新时代、新形势、新问题，需要新的胆略、新的智慧，深望后继有人，创出个新天地。"

访谈手记

在访谈中，先生不厌其烦地回答我们提出的诸多问题，字里行间，我们听到最多的词就是"心向往之"。"高山仰止，景行行止，虽不能至，然心向往之"。先生用这句话总结自己对民间文学长达半个多世纪的研究生涯。先生对待学术的蓬勃向上的激情与活力深深打动了我们这些后辈，他将自己的生命体验、民族意识和国家认同融入自己的学术之中，深深扎根于西北这片多民族文化交融之地，在民俗学者与教育工作者双重身份的转换中，"躬身低调于内外，俯首尽责本分事；做学做人终身求，肤浅张扬一笑之"。先生对我们后辈的学习及生活也极为关心，访谈间，多有点拨之语，往往先生的一句话，能让我们有醍醐灌顶之感。虽已84岁高龄，但先生言谈间并无一丝暮气，言及兴奋之处，眉宇间亦能一瞥当年边地少年之意气。

这个是压倒一切的工作

农冠品

农冠品，壮族，1936年生于广西大新五山乡，1956年考上广西师范学院（广西师范大学的前称）中国语言文学系，1960年分配到广西壮族自治区文联工作至1996年退休。曾任广西壮族自治区文联专职副主席，党组成员，研究员，广西民间文艺家协会第三、四届主席，第五、六届名誉主席，中国民协第五、六届副主席，《中国歌谣集成·广西卷》主编，《中国民间故事集成·广西卷》副主编，广西民间文学作品精选系列丛书编委会副主任、主编之一，《壮族神话集成》主编等。

时　间	2019年11月16日、2019年12月8日
地　点	广西壮族自治区文联宿舍
访 谈 人	陆晓芹、农丽婵、梁春仙[1]
整 理 人	农丽婵

一、情缘

我1936年出生，我的家乡在广西大新县五山乡，一个比较偏僻的乡村。我在民国时代就读小学了。小时候，读书期间经常帮家里放牛，做点小工，后来我考上全茗高小。读了一年半，没有毕业，因为游击队开始活动了。记得读书时候，生逢乱世，老师分两派，一派是投奔国民党的，另一派是进步青年，进步的老师经常唱《解放区的天是明朗的天》这首歌。

1950年我考上了龙门初级中学，读了一年，土匪暴动，休学了大半年。平息土匪后，我继续复学。读了三年，后来考上了龙州县高级中学。

1956年，我考上了广西师范学院（广西师范大学的前称）中国语言文学系读了四年。大学期间，我曾参加了采风活动，如到桂东南收集太平天国时期革命歌谣和材料。

我算是一个新中国成立后广西民间文学界的实践者吧。在读大学的时候，我开始整理一些民间歌谣，如《两兄弟分家》，老祖母唱的催眠曲等。这些民间文学作品在《漓江》文艺期刊发表后，我进入这个"围城",就再也没有出来过。当时收集的资料是来自家乡大新县的,如《斗雷王》《七仙女》等这些都是听老祖母、母亲讲的。祖母和母亲是我民间文学的启蒙老师。祖母抱着我的小弟时候,她拍着小弟的后背唱催眠曲。我根据壮话的意思,进行了忠实的翻译。当时没有留有壮话版的歌谣,但我的翻译一般比较接近原来的意思。

我毕业后分配在广西文联,从事民间文学工作。1960年,广西宣传部到我们学校去选人,选中了我和其他同学,一共5个,充实了广西的文化系统,其中3个到文联,2个到文化厅,有潘荣才、韦生进、黄承辉、梁发源几位同学。工作后不久,"文化大革命"开始。那时,我正进行采风活动,但民间文学属于批判范围,我那时候不太想从事民间文学工作。1972年,我回到了文化系统参加社会调查。"文革"以后,1980年文联得以恢复,从那以后三十多年里我都在区文联工作,一直从事民间文学工作。

我对从事民间文学工作刚开始也感到自卑。我被分配在文联先是搞民间文学,后又转到《广西文艺》诗歌版当主编8年,社会上有人说,老农是搞民间文学的,不懂诗歌。于是,我慢慢地写多了一点。写诗歌只是想试试自己那方面的本事而已。当时社会上看不起民间文学,因为民间文学工作者的原创性不是我们的,是农民的,民间文学工作者主要是收集资料,大家觉得没什么了不起的,并且民间文学比较简单,多是单线的,不像诗歌、散文那么细腻,用优美的语言描写。

中华人民共和国刚成立时,我在广西各个地方到处走,先是收集壮族民间文学,后是瑶族、侗族民间文学,不断地串村走寨,和农民在一起。收集瑶族民间资料的时候,不知被山上的蚂蟥咬了多少次。业余时间太少,所以没有写小说。

在收集三套集成的工作中,我担任了《中国歌谣集成·广西卷》的主编,《中国故事集成·广西卷》的副主编。我后来还完成了《壮族神话集成》,这本书是在"三套集成"的基础上挑选的,包括对文本的摘抄,包括研究的一些文论。从20世纪80年代开始做这个工作以来,我全身心投入这项工作里边,有近十年的时间吧。这个是压倒一切的工作。《中国歌谣集成·广西卷》得到了铜鼓奖,在全国获得了优秀编辑奖、星火奖;《中国故事集成·广西卷》也获得了全区和全国的奖励。

我认为,民间文学工作者和其他文学工作者最大的区别是我们更深入民间,"草根"性更浓了。我们民间文学工作者接触最多的是劳动人民,接触他们的审美观和审美价值。壮族山歌唱的是歌唱老百姓的爱情,这和新诗有明显的不同。老百姓怎么想,就怎么唱。

关于民间文学主要的研究方法,我认为还是尊重原创的比较好,科学性、艺术性也要尊重,包括民间的心理动态,如韦苏文就搞了壮族悲文化的研究。

钟敬文先生搞民间文学融入很多学科,如民俗学、民族学,相互融合。新世纪以

---

[1] 陆晓芹,广西民族大学教授。农丽婵,广西崇左幼儿师范高等专科学校教师。梁春仙,广西民族大学教师。

来，民俗学比民间文学的研究氛围要浓一些，纳入了一些社会文化、旅游、非遗等元素。

那个时期搞三套集成的初衷主要是为了继承民族遗产，组织民间文化工程，包括开展民间文学、民间戏剧、民间歌曲等一系列的工作。当然也与钟敬文、贾芝、周扬等人的推进有关，这些老一辈的文艺家是搞民间文学出身的。后来，20世纪八九十年代以后，民俗学、民间文艺和民间文学相互渗透，它的利用价值和社会地位也慢慢地得到了提高。

二、过程

（一）前期的酝酿

"三套集成"工作是20世纪80年代才正式开展的。1961—1965年，广西也有采风队，那时候叫广西民间文学研究会。我是其中之一，还有从北京来的曹廷伟先生，他曾是贾芝先生手下的同志。他之所以留在广西，是觉得刘三姐的山歌迷人，于是决定留下来支援祖国的边疆。曹老师后来一直留在广西，和我一起去采风。他是贵州人，经常被山蚂蟥咬，但他还是坚持工作，算是我很好的战友吧。他编过《广西民间故事辞典》等。在采风期间的资料都在民协资料室保存。我们曾经进行归类整理，如故事、歌谣、神话等，后来民协的资料室越来越拥挤，就处理了一部分。我曾经建议广西师范学院搞民间文学的老师过来拿走一部分。过伟老师自己印了一部分。

（二）全面发动和收集

广西是1985年开始开展"三套集成"工作的。由国家民委、文化部、中国民间文艺研究会向全国下文，发动编纂出版"三套集成"。但其实是十套，包括曲艺、地方戏、民间音乐等方面，区文化厅负责7本，区文联主要负责3本：包括民间故事、歌谣和谚语。我们主要分为三个阶段：第一阶段是每个县都要成立落实的机构，进行普查收集。

我是广西三套集成歌谣组的副组长，组长是黄勇刹；故事组的组长是蓝鸿恩，谚语组组长最初是曹廷伟，后来是黎浩邦，最后是黎浩邦任主编。我是壮族故事和歌谣组的组长，副组长有很多位同志。进入分类终审后，过伟负责故事组的主编，我后来担任了歌谣组的主编。

最初参加全国的民间文学工作主要有云南、贵州、广西，三套集成时，各省都收集了，都成立了三套集成办公室。其他省市是后起之秀，广西的财力欠缺一些，陕西、河北这些省市的财力很充足。广西财政对这项工作大概拨款了二三十万元人民币，各县也拨款一部分。有些县很穷，财政拿不出多少钱，后面一部分铅印，一部分油印。油印就是刻钢板。我没有参加刻钢板，主要是县里面请人印的。南宁地区管23个县，南宁地区有几个县是刻油印，如大新、宁明等，刻印的时候，把拉丁文、壮文也刻印上去了。印好了之后分发给有关单位，收集好后再向自治区交资料本，也就是说，县交到地区，再交到自治区。

广西三套集成工作投入的力量很大，当时是全民发动，全身心地投入。财政困难的县份也运作。各县都设有三套集成办公室，有三五个人来负责。一般成立专门的小组，成员是专职的，从三套集成办公室领取劳务费，他们是文化馆和文联的搞民间文化的工作的干部。他们是带着奉献精神工作，报酬比较少。他们访问民间故事家和歌手要买些酒、肉。我们出差单位报销差旅费，伙食费等，去访谈歌手，要买些礼貌性的酒和肉。有些歌手爱喝酒，就买些酒给他们。有些出来几天几夜的唱歌，就给他们劳务费。

（三）记录、整理和润色

第二阶段是各个县编辑资料；第三个阶段是各个民族选送代表作。我们先进行分类，再挑选有代表性的作品上报。我们进行了反反复复的挑选。广西歌谣分上下卷。因为广西是刘三姐的家乡，广西是歌谣卷里的领头卷。

我们工作的优势是种类比较齐全，如甘肃主要是花儿。广西的歌谣种类比较多，如苦情歌、劳动歌等。稿件整理出来后，我们到北京又反复审核了好几次，我先是去了两次，后来黎浩帮又去了。

三套集成编辑工作有个要求就是科学性，要求保存原貌、风格和特点。我们在挑选歌谣的时候制定了相关的标准，那就是先按民族的类别进行挑选，挑选具有代表性的，重复的就删除，所以我们现在看到的歌谣卷一般没有重复的歌谣。歌谣的挑选面临着很多问题，比如说押韵。我们的方法是：南宁地区有几个壮文文稿，由他们组直接翻译，翻译的时候要求做到"信达雅"。壮族歌谣从壮语转为汉语后很难体现押韵的风格，有些只能意译，但是主题不能改变，如苦情歌的受难受苦的主题。语法表达存在一些差异，比如壮语是定语后置。因此按照通行的歌谣体来整理，但我们也要求主题不能胡乱篡改，苦歌就是苦歌，情歌就是情歌。

我对文稿进行了修改，因为感觉到民间的语言相对比较粗糙。如有几首壮族悲歌我亲自润色过的，即使翻译后文学性还是不足，于是，我按照主旋律加以润色，如

《特华之歌》《达备之歌》等，《达稳之歌》由韦其麟老师来润色。

歌谣卷从收集到编辑的筛选，翻译整理大概花了3—5年。壮族很多是土语，要组织人员进行翻译，每一首歌都记得很清楚的，演唱者、地点、时间等都记录得很清楚。《达稳之歌》《达备之歌》《特华之歌》都是经过我的再整理。1958年之后编《壮族文学史》的时候就发动人来收集，就在上林和新城等地发现这几首长歌了，后来都写进了《壮族文学史》。《达稳之歌》《达备之歌》《特华之歌》这些长歌有土俗字唱本。那几首歌主要是五言体。我们先是深入到民间里面找，和当地有些民间歌手谈心后，他们就献出了土俗字唱本。有些是县文化馆的干部找到他们谈心后，他们才肯献出来。忻城那几首歌是勒脚体的，艺术性很高，经过翻译后，不完全是五言。关于土俗字，我们不能完全看得懂，多是一句一句问歌手，然后进行对译。这些长歌有很多唱法，我们选比较流行的那种唱法。它们的主题多是诉苦式，讲个人的遭遇和命运。

歌手唱了几天几夜的唱本，当时没有录音机，我们基本上是用笔记录。如我去收集苗族民歌的时候基本上是一句一句地记录。唱几句就叫其他人翻译一下。当地的小学老师都懂得苗语的。

搞三套集成最难的就是少数民族语言的翻译问题。桂林柳州那边壮族主要用桂柳话汉语来唱的，录下来就是作品了，但是百色、红水河一带都是唱土话（壮语）的，要请既会壮语，又会汉语的人来进行口头翻译。语言的问题是一个大的问题。《布洛陀》《密洛陀》都是请他们本民族的专家进行翻译。我们后来搞《布洛陀》《密洛陀》克服了这个毛病，采用国际音标、壮文、对译、意译，这样更科学了。

编壮族卷时分几个小组，先在小组里边筛选，再到区卷，编审。搞故事卷的比不上汉族地区，没有那么准确，主题和中心没有改变，但是转化为汉语，特色丢掉了。有些小学老师在翻译的时候，会或多或少地把创作意图添加进去了。一些汉族学者只能从主题和意义上进行研究。每个民族都有自己民族的内行人参加，如侗族的吴浩，毛南族的蒙国荣，仫佬族的龙殿宝，壮族比较多，比如说柳州的蒙光朝，他们是地方的文化人士。总的来说，当时广西流传的，不管是歌谣、故事、神话，比较著名的基本上收集到了，但现在再去收集的话很多已经不存在了。现在的年轻人很多不会唱，太可惜了。

（四）归档和延伸

当时也保存了当地壮话版的歌谣。现在还有一些保存在广西民协资料室里。我们整个工作从20世纪80年代中期一直延续到90年代末，谚语卷是最后出版的。全国的很多省市也是在那个时候完工。我们广西23个县一共出了23本精选本，曾经得到贾芝先生的支持。后来因为经费问题，民间文学面临着边缘化，一些工作没有很好地开展下去。

广西区文联有财政补贴，后来各县进入全面整理工作遇到了一些困难，如整理归档、印刷和出版等。进入20世纪90年代以后，有些"三套集成"的相关机构不存在了，人员变动很大。如县长等领导成员的调动，再加上民间文学工作附着在各县文联的组织里面，很多县的文联只有一两个人，人才奇缺。刚开展工作的时候，人才比较充足，我们从广西各个地方吸纳大学生来参加我们的工作，但广西师大之前有民间文学课，后来走向边缘化。北京的很多大学民间文学不再是必修课程，这些都与时代的变化有关。

三套集成这项工作基本上做完了，但还有一些遗憾。在收集的过程中，我们对非遗保护工作重视不够，但总的来说，还是回归了人性和人情。比如，我们重视神话传说的收集。以前认为神话传说的是妖怪，没有得到重视，"三套集成"后，神话被摆到了一个十分重要的位置，广西各地代表性的神话基本上都被收录了。《广西民间故事选》里，可以找到各个民族的神话传说。在这个过程中，一些东西被遗漏，如宗教、节日等，特别是宗教信仰这方面重视得不够。现在各个民族挖掘具有代表性的宗教文化，如壮族的"末"没有被列入。我后来又编了一本广西民间故事精选本（《广西民间文学作品精选系列丛书》），把广西所有的民间故事都浓缩在里边了。

（五）经验和遗憾

广西开展"三套集成"的经验有三条：第一条，依靠基层，即使没有经费，当地的群众也很配合我们的收集工作。以前我们依靠了相当多的小学老师，他们有一定的文化。农民可以讲述一个民间故事，但有时候对故事理解没有那么深刻。

我们下去搜集的时候，有个手册，相当于向导和引路。当时收集"三套集成"没有涉及经费的问题。有些歌手唱歌唱到深夜的时候，我会给他们买点酒和肉。收集三套集成的时候，他们没有说要经费。到后来，20世纪末以来，我参加了古代典籍的整理，他们知道了这些资料的文化价值，如我们收集《布洛陀》的民间唱本的时候，一些农民提出了要些补助。

第二条经验是我们广西几乎每个民族都有自己的业务骨干，如彝族的王光荣，毛南族有卢国荣等。这些同志就是种子，给他们负一定的责任，如让他们担任一些职务，如主编或副主编等，让他们懂得自身的价值，由他们来领头，搞收集工作，并把权限交给他们。我们壮族有很多个负责人。宜州唱山歌的风气比较浓，收集歌谣这块重要的工作任务就分给他们。

第三条经验就是，收集材料以后进行分类和归档。这个工作我们做了不少，但也有一些遗憾。因为有些人员变动后，材料没有及时上交，所以有些珍贵的油印本已经遗失了。在三套集成收集的过程中发生了一些有趣的故事，如巴马的盲人的歌手唱了几天几夜的情歌后，找到了自己的妻子；歌王黄三弟唱歌，粉丝很多，也找到了他的人生伴侣等。

三、评价

（一）收集范围扩大

中华人民共和国成立以来，中国民间文学三套集成是比较全面和彻底的一次。1958年编壮族文学史的时候，我们也收集过一次，编瑶族和仫佬族文学史的时候也收集过，但那时候的民间文学讲阶级斗争太突出了。三套集成收集范围扩大了，包括神话故事传说、歌谣、谚语等，收集范围比较前面几次都扩大了。

（二）培养了一批人才

这项工作培养了如黄桂秋等一些从事民间文学研究的年轻人。黄桂秋最初在师专毕业后，分配在崇左师范，他搞研究还可以，后来调他到古籍办，才参加了布洛陀、麽经的研究。除了黄桂秋以外，还有韦苏文。黎浩帮原来是写小说的，后来调他来当三套集成办的副主任，就专门从事民间文学了。大学里面的教师也参加了三套集成，如覃德清、杨树喆参加研究和推广。杨树喆参加师公戏的研究，获得了博士学位，覃德清做社会学研究。

（三）为作家文学提供了文学元素

三套集成反映了老百姓的心声，提供了艺术手法，很多民间的手法为作家文学提供了艺术元素。民间文学的审美价值、审美观给作家文学提供了很多启发。

收集到民间的资料后，我们不能锁在抽屉里边。收集起来、整理、编辑后，民间文学应该又回归民间。我主张民间文学来自民间，最后都要回到民间，并加以利用。如刘三姐的民歌，后来拍成电影后，最后还不是回到民间？所以民间文学不能沦为一种文人的弹唱。

作家文学应该也从这个方面得到借鉴。一些新诗书写题材越来越窄，沦为内心自我情感的抒发，没有和大局结合，和社会形成一种交流，时代气息不浓。没有和时代形成对话。只是抒个人的情,范围太窄。我国古代就有文以载道之说。我们读李白杜甫的诗歌,能读到当时的政治背景,诗人的个人命运和时代相连,但这个主要靠作家个人创作的努力,有些选择通俗一些,有些选择含蓄一些,这是个人的风格问题。

(四)提升民众对民间文学的认识

中华人民共和国成立初期,我刚参加工作,当时民间文学被认为是支流,虽然也提倡搜集民间歌谣,但那时候提倡搜集红旗歌谣,歌谣的时代性是很突出,但艺术性很弱。80年代搞三套集成以后,全国各地都受到影响,民间文学的地位有所提升。到了90年代,搞非遗,各地的民间文化被纳入当地生活,民间文学影响就更深了。

四、与中国民协的互动

中国民协在三套集成中起到引导、发动、推荐和推广的作用,民间文学来自民间,又回到民间,民协就负责做这项工作。

在收集"三套集成"的过程中,中国民协除了发放资料以外,还开展一些相关的指导工作。我们到北京审稿的时候,专家对上交的材料提出了意见,如哪些地方不足,该从哪些地方进行改进等。歌谣领头卷出版的时候,贾芝先生来过广西,还有责任编辑朱芹勤,她是广西歌谣卷的责编,她来得最多。

他们坐火车,或者坐飞机来。他们来的次数多了,对我们感情也比较深了。我们至少要审阅两三次才能上交。中国民协派人来审阅,或者请我们上北京送稿件。歌谣组的总编要请区内外的专家审稿,主要请对民歌有研究的专家。钟敬文先生负责故事卷的总编,贾芝是负责歌谣卷的,段宝林先生也参加了。我是广西歌谣卷的主编,故事卷的副主编。故事卷主要由过伟老师来分任务。我和方先生负责壮族故事这一块的审订和润色,每个组审订完后再统一由过伟先生审订。既分,又合,分工合作。我修改润色的工作大概需要一年以上的时间,不只是几个月的事情。

我开始去北京的时候是坐火车,几天几夜,开一次会两三天,坐一次车又两三天。后来财政宽松一些,才能坐飞机,要三个半小时。中国民协给我印象最深的是杨亮才、张紫晨等先生。

访谈手记

结识农冠品老师，做农冠品的诗歌研究五年有余，但从未以民间文艺家的身份审视过农老师，这次访谈让我再次加深了对农老师的认识。我深深觉得，以前试图从他的诗歌图解他的内心的方法和途径的文学研究方法是如斯肤浅，如斯简单。农冠品首先是一位民间文艺家，然后才是一位本土的壮族诗人。他的诗歌受多彩民族文化魅力的激发，源于诗人对民族文化和民间文学处境的深刻反思，表达了一位民间文艺家对诗歌艺术的探索。令我感动最深的是农冠品老师对民间文学工作一生的坚守。中华人民共和国成立初期，他接手了民间文学工作后，就开始了长达半个多世纪的探索和追求，从不言放弃。他不畏惧困难，不埋怨生活，常年深入广西边远山区，和汉族、壮族、瑶族、侗族人民在一起劳动、生活，被山蚂蟥不知道咬了多少回，忍饥挨饿，为国家和民族收集资料。在收集三套集成期间，他全身心地投入，兢兢业业地工作。这项工作从收集、编辑和出版有近十年时间，他把中年旺盛的精力无私地献给了祖国和民族。那一刻，我才明白了五年前我到他家乡大新县五山乡做田野调查，乡亲们埋怨他常年不回家乡探亲的缘由。其实，他何尝不想回家呢。

我和民间文学

马 捷

访谈时间	2019 年 11 月 13 日上午
访谈地点	北京朝阳区北沙滩 1 号院中国文联 A 座 2 楼
访 谈 人	冯莉、王素珍[1]
整 理 人	王素珍、周利利

马捷，1936 年生，黑龙江齐齐哈尔人，1951 年加入中国人民志愿军第 19 兵团文工团，1952 年赴朝鲜前线慰问演出。1956 年，在《大众电影》杂志社当记者、编辑。1965 年，在中国电影出版社《电影歌曲》当编辑。1979 年，进民研会《民间文学》当编辑，后担任编辑部主任、副编审，曾任中国民间文学三套集成办公室常务副主任、主任。

一、志愿军文艺小兵

我 1936 年 1 月出生在黑龙江省齐齐哈尔市。那时我家里生活特别困难，3 岁的时候父亲就去世了，母亲一个人带着我们三姐妹，我是老三。大姐师范毕业，一直做教师，她已经过世了。二姐比我大三四岁，也没上过什么学。我们家乡刚一解放的 1946 年，她就参军了，在东北军区文艺工作团当文艺兵。我的二姐夫是李百万，就是电影《白毛女》里演王大春的那个演员，他现在也去世了。那时我的二姐和二姐夫在长春电影制片厂工作，因为家里太穷了，念不了书，就把我接到长春，想让我在电影制片厂里边工作边学习。但是人家觉得我太小了，没办法独立生活，就没要我。我姐夫觉得老家黑龙江是回不去了，干脆参军吧。他找到他的老战友十九兵团文工团团长，这样就把 14 岁的我放到文工团。他说："这么小，干脆学舞蹈吧。"当时我年纪小，个儿也挺矮的，学声乐没变声，学戏剧我又不感兴趣，学舞蹈，我还挺喜欢的。就在中央戏剧学院学习。记得当时戴爱莲、吴晓邦都在那里，虽然没有直接教过我们，但是他们在那儿做示范，我们都去学习、参观的。

1951年,我从黑龙江到了北京。那时就觉得这个城市跟我们老家齐齐哈尔不太一样。齐齐哈尔是日本人占领多年的地方,房子也都是日本式的。到了北京,红墙绿瓦的建筑挺多,而且北京那么大,比我们家乡大多了。

1951年到1953年,我在中央戏剧学院学舞蹈,类似委培生,要穿着军装上课,一起学习的都是十三四岁的小兵。这三年期间,我去朝鲜有一年多,因为我是志愿军第十九兵团文工团的文艺兵,是要下连队、要上朝鲜战场给战士演出的,唱歌、跳舞、演戏都得学、都得会。

那个时候文工团讲"一专三会八能"。一专三会:专,我的专业是舞蹈,三会是"会写、会跳、会唱",我可以写东西,写不了剧本,编个快板、山东快书这些小玩意儿还是可以的。然后"八能"就多了,比如下连队,给战士演出,帮战士洗衣服,你哪怕就一点儿小本事,也算是"八能"里的一个。

在朝鲜,飞机每天都那么嗡嗡地叫,我们坐着大卡车往前线走。飞机一来,枪声只要一响,我们的车马上就停下来,大家都钻到车底下不敢动。他那飞机不像现在飞那么老高,它就贴着树梢飞,不管有人没人就扫射,你要碰着了那就完了,那毕竟是战争。其实那时候挺无知的,要是枪弹把汽车打着了,躲在车下的我们都活不了。但是不懂啊,(我们)都是十几岁叽叽喳喳的小孩儿。

记忆中,最惨痛和感慨的是演出中的牺牲。我们正在那儿演出,不晓得是特务报信儿还是怎么回事,美国飞机就直冲过来了,虽然朝鲜到处都是树,但是演出总归有灯光的,飞机一看有灯光就过来扫射。当时牺牲了三个人,其中有一个副团长,还有两个文艺战士,一个男兵,一个女兵。教训是惨痛的,也是应该汲取的。后来每每在工作最困难、最做不下去的时候,我都会想到这些:我当年还去过朝鲜呢,这点儿困难算什么。

后来,我从文工团转业转到《大众电影》杂志做记者。那时候年轻,不怕跑路,上海电影制片厂、长春电影制片厂、西安电影制片厂,还有北京电影制片厂,就这么来回来去地跑,写通讯、写报道。1955年,我调到了电影出版社,编辑《中国电影歌曲》。哪一部电影有了能够流行、唱起来的电影歌曲,就跟作曲者要来稿子,定期编成小册子,当时发行量还是很不错的。

二、《民间文学》编辑部

《民间文学》一复刊我就来了,那是1979年11月。那时候民研会不在文联大楼,

---

[1] 参加访谈人:李航。

是在前海西街17号,编辑部在东四八条。我来到了《民间文学》,接待我的是编辑部主任张文。那时候十大协会有那么多的人,工作单位人员编制又特别少,只能自己去找单位。我原来在电影家协会,想换一个新的环境。再说,我那时候都快40岁了,再不抓紧干,没有时间干了,于是就到民研会这儿来了。当时编辑部有张文、王一奇、董森几位老同志,还有一些我们后来去的:关艳茹、黄泊苍、华吉庆,还有傅信,其实我也是三四十岁了,他们还叫我们年轻同志。

刚复刊的时候,《民间文学》编辑部分为评论组、故事组、歌谣组这么三个部分。因为我在《大众电影》最早是做记者,后来在影评组搞评论;于是张文同志说:"我希望你还是搞评论。"这样,我就调到评论组。《民间文学》刊物原来是小本32开,复刊后改成16开大本。但民间文学没有多少评论可搞,后来,张文就说:"算了吧,你别搞评论了,还是搞故事。"我就又开始搞故事,歌谣参与得不多。

三、民间文学集成办公室

进入编辑部几年之后,就让我搞三套集成了。三套集成是钟敬文、贾芝、马学良他们三位老同志倡议并上报国家民委、文化部共同决定,把民间文学作品搜集起来编成套书,并签发了三个单位的红头文件,大家都挺兴奋的。因为当时的民间文学界太沉闷了,似乎一点儿活气都没有,跟整个社会好像不搭界。大家觉得这个集成应该搞。于是让我到了集成办公室。集成办公室的主任是马振。马振资格很老,是一个很好的老同志,当时已经六十多岁。马振说:"我马上退休了,你在这儿就一直干下去吧,你还年轻。"当时我还算年轻,比他是年轻了二十多岁。可是到集成办公室工作,离我热爱的编辑工作远了些,怎么办?我思想斗争了很久,最后还是服从组织分配,去了集成办公室。最早的集成办公室就我们两个人:二马,人家经常把我们两个搞混,他那个"振"和我这个"捷"都是提手偏旁,经常把我叫马振,把他叫马捷。马振同志没搞多长时间,这班子还没建起来的时候就退休了。当时只我一个人,什么都没有,一个新的摊子,没人、没办公室、没经费,特别是没经费。

我在编辑部会议室旁边找到一个小黑屋当办公室。那个屋子没有窗户,进屋要开灯的,我就把办公桌搬到那儿。没有电话机,就到组联部去打电话。当时马振没退休,但是身体不大好,有什么事儿常要到他家去请示、商量。所以,那时候民研会、他家、我家,就这么三角地来回跑。后来马振退休了,集成办公室从研究部调来李凌燕,从外单位调来刘晓路,加上一个年轻的小临时工叫王艳的,我们四个人,这就算起家了。

三套集成工作的苦和累是尽人皆知的。苦，是因为没有经费；累，是因为这项工作史无前例，没有前车可鉴，什么工作都要摸索着干。三套集成最大的问题是没有经费。搞集成得下去讲课培训，需要告诉人家什么叫集成，为什么要搞这么一个集成，怎样搞这个集成。我们都得写提纲，都要下去讲课培训，一个省、一个省地办讲习班。当时除了海南，全国所有的省，我几乎都跑到了。讲习班需要把县里民协的人都请来，那是很不容易的。我们没有经费，下面县里更没钱。离我们办讲习班地址不远的，基层同志自己花钱坐公交车来，那也得几十块钱。就这几十块钱人家找我报，我上哪儿找钱去？我自己的差旅费还没地儿报呢，就那么难。当时，不可能每个省都办讲习班，就按照行政区划分，将文件和信息下发出去。比方说华东六省作为一个区在杭州办讲习班，东北三个省在吉林办讲习班，西北在银川等等。这几个省同时都提出来经费的问题。因为底下的经费比上面更困难。我说："谈什么都可以，就别谈钱。我出差费还没着落呢，你光有车票给我报销了，还有你住旅馆的补贴怎么办，我还没有着落。"大家也觉得实在没办法了，说："你们发一个文件吧，否则我们实在弄不出钱来。"这样，国家民委、文化部、民协三个单位联合发文，就说要编辑这么一部大书，需要经费，需要人力，请求给予支持。这个文件的原件，我退休的时候都已经交回原集成办了。有了这个文件，经费暂时解决了，但是全部都解决是不可能的。在当时那种情况不可能，就现在也不可能。因为要出差，老得出去，特别是下面的工作人员，背起包来就下去，下去就住到人家家里去听讲故事，说歌谣。那就不是说光住宿费的问题了，你在人家住、在人家吃，你不得给人点儿报酬啊？那就更难了。他们提出这些问题，我觉得也是不好解决。后来文件一次一次地发下去，到最后怎么解决的，我也不知道了。可能解决了，或者解决一部分。我们去办讲习班的时候，宾馆的钱是地方出，吃饭我们给补贴。吃饭都是十个人一桌，比方说，一个人一天交五块钱，我们补贴五块钱。这就算把这个问题解决了。

几次讲习班，授课老师请的是钟敬文、贾芝、马学良。马学良出去的少些，因为他有课，钟先生那么大年纪，出去得很多，贾芝也出去得多。因为有这几个老先生在那儿坐镇，我们工作就好办一些。那时基层同志工作热情挺高，比如有吉林大学中文系教授乌丙安先生讲了搜集与整理的关系，中国民协资料室主任吴一虹同志讲了资料的鉴别和保存问题，还有江苏镇江文化馆长康新民同志就搜集与整理的关系等等做了详尽的报告与讲述。这些同志表现了极高的热情和奉献精神。没多久他们就把一批一批的稿件寄来了。

说实话，集成当时什么样，谁都不知道，别说我不知道，就是当时的领导也不知道。那个时候我写简报，除了汇报工作进度，每次都缺不了经费问题。我们打报告给国家民委要经费，但是没要来。还好当时得到前文化部代部长周巍峙同志的支持。周巍峙是老同志了，也是名人。周巍峙亲自抓文化部的七套集成，他一看民研会有民间文学三套集成，就说："正好，加起来十大集成，咱们一块办吧。"就这样，他在财政部使劲儿，通过行政渠道发下文件，基层才算有了一点儿编辑经费。经费问题算是初步解决了。但是，到最后欠民研会的差旅费都没还上，我也还不上。这个集成说实话，周巍峙是起了很大作用，他对十套集成，特别是三套集成帮助很大。他知道，领导不支持这工作办不成，他也知道我工作很困难。所以，他给了我很大支持。他讲一句话人家才给我们拨点钱。拨了多少钱？15万。够什么用的？一个全国性的会议就几十万出去了。但是也不错了，有15万啊。这是我印象最深的，通过周老给办的。

通过开办讲习班，基层的同志们都知道集成是怎么回事儿，应该怎么办了，于是就让他们自己去搜集，去编辑，然后把稿子交上来。审稿应该是民协、文化部、国家民委进行集体审稿，但其实主要还是民协自己审稿。歌谣卷主编是贾芝，谚语卷主编是马学良，故事卷主编是钟敬文。故事卷钟敬文带着许钰、张紫晨教授编审。

在这整个过程中有苦也有甜。甜是交了好多朋友，基层那些同志特别朴实、热情，几乎是没有任何额外的要求。就希望解决经费问题，你说这有多朴实？但恰恰就是这个最根本的经费问题我解决不了，其他都好办。这些朋友，有些到现在还有通信联系。

我退休后，看到民协那儿有出版了的集成书一大排，那是挺壮观的，真是不错的。想想当年白手起家的情景、那十几年，就这么酸甜苦辣四个字。

集成办有分工：李凌燕负责故事卷审稿，朱芹勤负责歌谣卷审稿，刘晓路负责谚语卷审稿。朱芹勤刚从北大毕业，刘晓路当过解放军，父亲也是位领导。李凌燕，后来去了美国，她们都很年轻，都没有搞过民间文学。冯志华原来在陕西群众文化艺术馆工作，调到《民间文学》编辑部后，负责民间故事版面，后来协助钟老进行三套集成故事卷的审稿。

借讲习班我们还召开了各种各样的小会，有什么问题提出来，能解决的当时解决，解决不了的我带回北京，再跟上面沟通。就是这么多年没搞过普查搜集整理，怎么搞？三位老者解决了不少的问题，他们告诉我们怎么去普查，怎么整理。杭州开全国工作会议的时候，钟敬文讲怎么样搜集整理，当时他还有病，是带病工作。普查其中有一个最核心的也是最难解决的问题，就是怎么样搜集整理，搜集和整理这个关系怎么辩证，怎么执行，这个钟先生讲得最好。当时出了简报的，不知后来集成办是否存稿。三位老先生除了住宿、吃饭、交通费用我们能给报销之外，别的什么钱都没有，连讲课费都没有，人家就是贡献。没有经费，我只好向他们表示抱歉，好在他们也都理解。

每次会议都有简报、会议记录，比方说集成办公室开会，就是我们四五个人开会，只要做了决议都出简报，这个简报都要分送各省集成办，送钟敬文、贾芝、马学良，送给民研会，还要送给周巍峙，这些属于公文性质的，都得认真办到。简报是编辑部人员负责整理排版印刷，然后分送民协及各省市、部门的。

四、向专家约稿

第一次见到钟敬文先生，是1979年。当时我在《民间文学》编辑部评论组工作，我去他家约稿。对他的印象很好：他是一位七八十岁的长者，和蔼可亲。我事先没预约，因为不知道他家里的电话号码，编辑部也没有人知道。那时候张文是编辑部主任，我问他："我要访钟敬文先生，去约稿，怎么办？"他说："你先打个电话。"我给北师大总机打电话，但是没要到号码。张文就说，那你只好自己登门拜访。我想办法打听到他家住址，就上门拜访，还好，他在家。钟敬文先生特别亲切，是一位挺可爱的老先生。当时，我崇敬的心是有的，但是没有距离感。他也很随和，说：坐。那我就坐吧。他坐在办公桌那儿，旁边有个沙发。我就坐在那个沙发上。他儿子在里屋，出来跟我点点头。我印象特别深的是，钟先生对他说，"你去吧！"他儿子当时也不年轻了，好像也三十多岁了。"你去吧"，就像我跟我儿子说话似的，你去吧，去吧，就那种感觉。我觉得挺亲切的。

跟钟先生约的稿子是关于"五四"运动60周年的，请他谈一些感想。编辑部张文主任之前说，咱们也不好跟老先生规定题目，他愿意谈什么就谈什么。我就把编辑部的意图跟他说："我们想搞这么一个栏目，想请您说几句话。"他想了想，就说："我写几句吧。"我说："那太好了，我什么时候来拿稿？"他说："我打电话给你。"我就把电话留给他，过了几天，他就写出来了，我就去他家里取稿。那时我家住西城区六铺炕，离北师大很近，我走两站路就到他家了。那时我经常到他家里去，跟他女儿、他儿子也挺熟悉。细想与钟先生接触这几年，没见他穿过西服，他总是穿着对襟中式上衣或长衫，平整、挺拔。

1982年，我已经离开编辑部了，有一次钟老过生日，大概是88岁生日，是米寿。编辑部让我去看钟老，并让我给他买点儿礼品。我也不知道买什么，我说："那老先生吃什么、看什么，还是喜欢什么？"张文就说："老先生没牙，给他买点儿软糯些的食品，香蕉或者橘子。"我说，那也好。我买了一大把香蕉，还买了好多橘子还是柑子我忘了，反正黄的，一大堆，拎着去看他。我给他送东西就那么一次。另外，钟敬文老先生生日，编辑部给他买过一个大瓷花瓶，很高。那还不是我拿去的，我扛不动，那是买了以后让卖家送去的，我没上门。他知道是编辑部送的，因为写了条了。他打电话表示感谢，电话是张文接的。这三位老先生中我特别喜欢去拜访钟敬文、去看他。因为我家跟他家很近，我住六铺炕，他在北师大，穿一条马路就到了。有一次我没有什么事儿，只是想去看看他，结果他不在家。我出来以后看他从教学楼那边走过来，慢慢地走着。他看见我，说，小马，你来了。又跟我握手。也没什么特定话题，随便聊，就站在花坛旁边聊了大概有一刻钟。

当时除了跟钟先生约稿，还跟马学良、贾芝约过稿子。我跟贾老的夫人金茂年挺熟的，因为同在一个单位，有些约稿的事通过金茂年就说了。有的时候金茂年说："这事儿我不管，你自己去。"就告诉我什么时候贾老在家，什么时候贾老没客人，偷偷地告诉我、报信儿。然后我拎起包来就到他家里去了。那时不好随便去的，老人家都有好多事儿，要么有客人，要么自己写东西，不好打搅。马学良那儿我去得更少，因为他在民院。马先生主要讲民族方面的学术问题，好像给《民间文学》写过一两篇文章，不多。这三位老先生我跟马学良联系得最少，主要跟钟先生联系得多，那真是长者。在他面前你不会感到紧张，特别随便，也倍感亲切。

五、重回《民间文学》

我是1991年55岁退休的。那时集成书还没出来，只是前期工作做了，编选的首卷都还没出来。前期主要是搞普查和培训，就是把班子给搭起来，把这事儿给"呼隆"起来。

1987年已经普查完了，最艰苦的事儿做完了。我在1987年、1988年又回到《民间文学》编辑部担任主任。因为评论栏目已经取消了，我就帮助张文审一部分故事稿。我把编辑部三个部分的稿子都攒起来，做完版面上的工作，觉得可以了，编好目录交给主编。他审完通过了再退给我，我再编排目录发到工厂，我就做这个工作。那时候评论已经没有，就是故事歌谣，还有一些零碎稿件集起来，最后我定稿之后，再交给主编，并由主编签字发到工厂。

中国民协70周年，我想说：民间文学在民间，扎根在人民，是人民的文学。一定要发扬光大，这是根本，应该永远做下去。

访谈手记

访谈这一天，北京大风降温，天寒地冻。在东直门的草园胡同口，我见到了一头银发、精神矍铄的马捷老师。她14岁加入中国人民志愿军第19兵团文工团，1952年赴朝鲜前线，参加慰问演出。退伍后投身记者、编辑事业，为《民间文学》杂志，特别是中国民间文学三套集成早期的普查与培训殚精竭虑。马老师性格耿直要强，她波澜壮阔的一生经历，娓娓道来，淡定而从容。访谈结束，她看到大楼里的钢琴，径直走上前去，弹奏一曲。人生啊，有故事，有纷争，有精彩，有苦也有甜，我们有幸聆听，更愿意与大家分享。

2019年12月19日，整理稿我事先快递给马老师，她花了整整一周的时间，字斟句酌将所有内容审定。本来我们约好前几天见面，结果北京下了一场大雪，我不敢让八十多岁的马老师出胡同来接我。这一天我来取稿子，看着稿子上马老师用颤抖的手非常认真写的修改意见，心底敬佩之情油然而生。

我与中国民间文艺家协会的相识、相知

陶立璠

访谈时间	2019年11月20日
访谈地点	北京昌平区龙城花园
访谈人	冯莉、王素珍[1]
整理人	王素珍、周利利

陶立璠，1938年生，甘肃兰州永登人。1965毕业于北京师范大学中文系。中央民族大学民俗学资深教授，国家非物质文化保护专家委员会委员，中国亚洲非遗工作委员会专家委员会主任，中国民间文化遗产抢救工程专家委员会委员，《中国民间文学大系》出版工程学术委员会顾问。主要著作：《民族民间文学基础理论》（1985）《民俗学概论》（1987）《神秘新奇的世界——民族民俗审美谈》（1997）《中国风俗发展简史》（2018）等。任《中国民俗大系》（31卷本，2005，甘肃人民出版社）总主编。

一、难忘1978年

我是中央民族大学的退休教师。我与中国民间文艺家协会（以下简称中国民协）的关系，属于中国民协体制外编制，但从业务关系上，我又是中国民协体制内的学者。某种意义上，我的学术活动与民协的关系更加密切。改革开放40年来，我是中国民协重要活动的直接参与者。

回顾我和中国民协的接触，是在"文革"以后。原来我在中央民族学院（现中央民族大学）讲授《文学理论》《古代文论》等课程，业余研究少数民族文学。1978年以后，我的教学、研究方向，完全转到民间文学和民俗学。引起我学术生涯的这种变化，很重要的原因是1978年的"兰州会议"。兰州会议是由西北民族学院（现西北民族大学）发起组织召开的"中国少数民族文学教材编写暨学术讨论会"。这次会议是"文革"以后规模最大，也是最有影响的一次会议。按照钟敬文先生的说法，这是一个里程碑式的会议。因为这时候开始思想上的拨乱反正，民族文学终于迎来了初春的景色。我当时在中央民族学院做了很长时间的民族文学研究，中央民族学院和西北民族学院是兄弟院校，于是我接到邀请，参加了这次教材编写会议。

说来也巧,就在我赴兰州的途中,在首都机场,遇到了中国民间文艺研究会(简称中国民研会,1987年改为中国民间文艺家协会,简称中国民协)参会的杨亮才先生。他作为中国民研会恢复重建领导小组成员,应邀参加这次会议。他有篇文章《同是民间守望人——祝贺立璠兄七十岁生日》[2],专门回忆了兰州会议的情景。之后的岁月里,亮才兄常常推荐我参加中国民协的学术活动,并介绍我加入中国民协。于是我和中国民协相识、相知,相伴至今。

这次兰州会议,钟敬文先生参加了。那时钟老76岁,身体还很健朗。大家也都精神振奋,想干一些事情。压抑了多年的学术低迷状态一扫而空。我那时还很年轻,四十岁左右。参会的也是一些和民族文学有渊源的像我这个年龄的中青年,如柯杨、段宝林、魏泉鸣、郝苏民等。1978年的兰州会议,对动员和组织民间文学研究力量,开展民间文学研究,起到了十分重要的作用。

这一时期是民研会恢复、重建时期。贾芝、杨亮才、陶阳、张文等民研会的老同志组织进行了一系列的学术活动。为恢复和重建民间文学学科,大家走到了一起。

二、民间文艺的80年代

继兰州会议之后,1979年夏,在成都又一次召开了"少数民族文学教材编写会议"。这次会议的另一成果是发起成立了"中国少数民族文学学会"。学会的名誉理事长:周扬;理事长:贾芝;副理事长:马寅、马学良、王沂暖、额尔敦·陶克陶和王松;秘书长:杨亮才;副秘书长:陶立璠、段宝林、魏泉鸣、忠禄(锡伯族)、黄勇刹(壮族)、李瓒绪(白族)。20世纪80年代,是中国民间文艺的复兴时代,中国少数民族文学学会先后在北京、广西武鸣、吉林延边、新疆乌鲁木齐召开多次学术会议,推动包括少数民族文学在内的中国民间文艺研究。这些活动都是在民研会的参与指导下进行的,因为民研会是群众性的组织,团结了全国的民间文艺研究者。当时所有的民间文学研究者,无论是从事教学的,还是从事研究的,都团结在中国民研会周围。中国民研会组织了许多学术会议,做了很多有意义的事情。

这一时期,全国各高等文科院校普遍开始讲授民间文学课程。这是一件大事情。因为只有民研会这个组织还不行,还必须在高校里培养民间文学人才,在高校本科恢复民间文学的教学。在北京,北京大学、北京师范大学和中央民族学院率先开设民间文学课程,其他地方的一些高等院校,如辽宁大学、兰州大学、西北民族学院,也都恢复了民

---

[1] 参与访谈人:李航。
[2] 杨亮才:《守望民间的人们》,北京:知识产权出版社,2011年。

间文学的课程。同时，教材的编写也跟上来。最早出版的有钟敬文先生主编的《民间文学概论》[3]、乌丙安的《民间文学概论》[4]、张紫晨的《民间文学基本知识》[5]、段宝林的《中国民间文学概论》[6]、陶立璠的《民族民间文学基础理论》[7]，以及云南朱宜初和李子贤主编的《少数民族民间文学概论》[8]。这些都是当时比较早的一批概论性的著作，为民间文学的全面恢复打下了非常好的基础。

1983年中国民俗学会的成立，也和民研会有着非常密切的关系。首先，成立中国民俗学会的倡议，是由时任民研会副主席的钟敬文先生，联合顾颉刚等7位教授提出的，并在中国民研会第二次全国会议上，再次发出呼吁。[9]在这一呼吁下，许多地方成立了相应的民俗学研究小组。其次，中国民研会专门成立了民俗学部，钟敬文担任主任。当时民研会成立民俗学部说明民俗学研究已引起国家机构的重视。后来，中国民俗学会的成立得到胡乔木、周扬等一些领导的重视。1983年的春天，中国民俗学会正式成立。

此外，和民间文学相关的国家重点项目纷纷上马。从20世纪80年代初开始，我参与了《中国大百科全书》的编写。《中国大百科全书》是由德高望重的文化学者姜椿芳先生牵头的。《中国大百科全书》这个大工程，中国民研会也是积极的参与者。当时我们参与的主要是《中国文学卷》。《中国文学卷》里有两个分支，一个分支是民间文学，由钟老担任主编；还有一个分支是少数民族文学，由马学良先生担任主编，我和刘魁立担任副主编，从框架的拟定、组稿、撰稿，到最后的修订，主要是由我来完成。借着这个项目，我跑遍了全国民族地区，和作者见面、约稿，进行沟通。《中国文学卷》少数民族文学分支有200多条，收录少数民族作家、作品和民间文学作品，这在中国文学史上也是从来没有过的。第一版《中国大百科全书》工程历时15年（1978—1993），1994年74卷本的《中国大百科全书》获第一届国家图书奖荣誉奖，这是一件很了不得的事情。中国从来没有编过百科全书，因为这套书，专门成立了中国百科全书出版社。

80年代还有一个国家级项目是"中国民间文学集成"，习惯称作"民间文学三套集成"。这个工程主要是中国民研会主持的。项目进行得很艰难。从课题的申报到最后结项中间经过很多曲折。民间文学三套集成后来并入周巍峙部长主持编纂的"中国民族民间文艺十套集成志书"。这一工程从动议到1989年，用了七八年的时间进行民间文学普查。而这次普查，从民间文学研究角度来讲是空前的，动员了全国的力量，涉及200万人次。各地的民间文学爱好者和专家都参与了这次调查。在完成普查的基础上，大部分县市编辑出版了各个县（市）卷本。

1989年以后，三套集成进入案头工作，编纂出版国卷本。三套集成由民间故事、歌谣和谚语构成。民间故事卷钟敬文先生任主编，刘魁立、许钰、张紫晨任副主编。歌谣卷贾芝先生任主编，张文、陶建基任副主编。谚语卷马学良先生任主编，陶阳、陶立

---

[3] 钟敬文主编：《民间文学概论》，上海：上海文艺出版社，1980年。

[4] 乌丙安：《民间文学概论》，沈阳：春风文艺出版社，1980年。

[5] 张紫晨：《民间文学基本知识》，上海：上海文艺出版社，1979年。

[6] 段宝林：《中国民间文学概要》，北京：北京大学出版社，1985年。

[7] 陶立璠：《民族民间文学基础理论》，南宁：广西民族出版社，1985年。

[8] 朱宜初和李子贤主编：《少数民族民间文学概论》，昆明：云南人民出版社，1983年。

[9] 1979年11月1日顾颉刚、白寿彝、容肇祖、杨堃、杨成志、罗致平、钟敬文七教授发出《建立民俗学及有关研究机构的倡议书》。

璠、李耀宗任副主编。这一项目从起步到完成，前前后后用了大概25年时间，四分之一世纪。大家都是业余从事编辑工作，靠的是一种奉献精神。比如我们这些人在学校都是从事教学工作的，但为了完成集成工作，随叫随到。在编辑过程中，严格要求，保证学术质量。和民间故事卷、歌谣卷比起来，谚语卷是比较难做的项目。一方面，谚语一句两句就是一条；另外，普查工作也不好进行。即便是这样，我们也千方百计，想尽办法补充材料，三审三校，反复好多次。《中国民间文艺十套集成志书》被称为"文化长城"，三套集成是其中的重要组成部分，如果没有三套集成，就是一个缺陷了。周巍峙部长更是为十部文艺集成志书殚精竭虑。没有钱给找钱，没有人找人，最后才圆满完成了这个大工程。

80年代完成的两项工程：《中国大百科全书》《中国民间文艺十部集成志书》意义重大。意义在哪里？以三套集成而言，就是为传统文化，特别是为民间文学的保护、抢救赢得了非常宝贵的时间，起码争取了20年的宝贵时间。如果今天再次去做普查的话，无论你动员多少人，是不可能收集来那么多珍贵的资料，而且当时都是民间文学专家们参加的。按照民间文学特殊的规律，我们在信息的采集量上是做得比较好的。特别是经过层层筛选把关的国卷本，具有很高的价值。这一工程如果放在别的国家，可能没办法进行，这就是社会主义制度集中人力办大事的优越性吧。国外的学者也很羡慕这一点。1991年我在日本筑波大学做访问学者的时候，筑波大学的副校长小泽俊夫（他是大家熟悉的指挥家小泽征尔的哥哥）约见我，因为他也是从事民间文学研究的。我给他讲了三套集成的普查、编辑工作，他听了非常感动。觉得这件事情非常有意义。对于国外学者来讲，它的影响也很大。前两天我还见到日本奈良大学的真锅昌弘教授，他是研究日本歌谣的。他问我，三套集成是不是出全了？我说，出全了，已经出版了。我还告诉他，我们还建起了民间文学数据库，数据库把县卷本也收进去了。现在他们看到的是国卷本，数据库什么时候能够完成应用，那就是下一步的事情了。

1983年8月，中国民俗学会成立后，开办中国民俗学和民间文学讲习班，在中央民族大学举办。当时正值暑假，场地借用学生宿舍和办公楼的地下室。中国民研会杨亮才先生参与了这个培训班筹备，他代表民研会，也代表中国少数民族文学学会。这次讲习班全国来了150多人，分民俗学和民间文学两个班，进行了为期一个月的培训。给讲习班讲课的都是我国著名民俗学家、民族学家、社会学家、语言学家、宗教学家和民间文艺学家，如钟敬文、费孝通、马学良、杨堃、杨成志、容肇祖、常任侠、白寿彝、罗致平、罗永麟、宋兆麟、张紫晨、刘魁立、陶立璠、张振犁、柯杨等。我曾经有一篇文章《难忘一九八三》回忆了讲习班举办的情况。[10]当时特别缺乏民俗学、民间文学人才，办讲习班是最好的应急办法。这种讲习班一共办过两期，一期是在中央民族学院，二期

---

[10] 1983年8月，中国民俗学会举办全国民俗学讲习班，这次讲习班的演讲汇编成《民俗学讲演集》张紫晨编，北京：书目文献出版社，1986年。

是在门头沟。[11] 平常大家戏称"黄埔一期"和"黄埔二期"。讲习班成员结业以后,都成为各地研究的骨干,现在好些人都成了大学或研究机构的教授。

整个80年代是中国民间文学发展的黄金时期。虽然这个领域按照钟老和老一辈先生的说法是"惨淡经营",没有什么经费,但是人们的精神状态都比较好,不计名利,不计报酬。中国民间文学界的专家学者,在中国民研会的协调组织下做了很多工作,召开了很多学术会议,成立了很多学会,像神话学会、歌谣协会等。通过有组织的学术活动,凝聚力量。在整个80年代和90年代,很多事情都是白手起家做起来的。比如民研会在这一时期,以《民间文学论坛》为阵地,举办了中国民间文学刊授大学。刊授大学设置的课目很多,除民间文学外,还包括了社会学、人类学、民族学、原始艺术等等。当时我们的教学任务很重,记得分配给我的任务是撰写《民族学》教材[12]。在中国民间文学刊授大学教授民族学的时候,我正在中央民族学院讲授《民俗学》,接到任务后,阅读了大量的人类学、社会学、语言学、原始艺术等方面的书籍。因为从事民间文学的人,没有广博的知识是很难进行研究的。中国民研会大概是1985年开始举办中国民间文学刊授大学,培养了不少人才。这个时期,中国民研会做了非常有益的工作,从保护和传承民间文学角度讲,赢得了时间。所以,后来提到非物质文化遗产保护,大家都觉得保护工作不是现在才有,不是从申遗保护才开始的,我们早就呼吁这个事儿了,是不是?

1986年,中国民研会响应联合国科教文组织的号召,在人民大会堂召开过一次民间文学保护座谈会,希望通过呼吁,国家以立法的形式来保护传统文化。[13] 钟敬文先生作了长篇讲话,还形成一个建议书。可见,我们在80年代,就已经呼吁保护传统文化,而且付诸行动,三套集成就是一个很好的例子,它为后来的非物质文化遗产保护打下了非常好的基础。当初大批的专家参与了三套集成的普查,了解掌握了中国民间文化的传承和保存状况。后来这些人都参与到国家非物质文化遗产保护专家委员会工作,大家对什么样的东西应该成为国家项目很熟悉,能做到胸中有数。从这种意义上讲,中国民研会在民间文化保护方面还是先知先觉,不但有想法,而且有行动。21世纪初,民间文化遗产抢救工程也是如此,中国民协表现出强烈的责任和应有的担当。

对传统文化的传承和保护,民间文艺工作者有不可推卸的责任。人才的培养必须从基础理论的学习开始。《民间文学概论》就是告诉大家一种基础的理论方法。现在好多研究深入不下去,就是因为概念不清楚,确定不了研究方向在学科里的定位。我自己是从这几个方面努力的:一是基础理论;二是积累大量的民俗和民间文学资料,就是所谓的"资料学";三是风俗史和民间文学史的研究。《民间文学概论》《民俗学概论》是我用功最勤的方面。在本科阶段,概论是必修课程。到了研究生阶段,那就是资料学、风

---

[11] 第一期是1983年8月,第二期是1987年9月。

[12] 陶立璠:《民族学基础知识》,中国民间文学刊授大学讲义。

[13] 1986年5月26日,《关于抢救、保存、保护民间文化的倡议书》。

俗史和专题研究。在80年代，我就发动学生搜集民俗资料，编印了《少数民族民俗资料》5册，将近300万字。在这个基础上，90年代开始，大概用了10年的时间，编辑出版《中国民俗大系》。《中国民俗大系》分省立卷，31卷，将近1400万字，2004年由甘肃人民出版社出版。我写过一篇文章《〈中国民俗大系〉出版5周年祭》，回忆这一工作的艰难曲折。当时没有一分钱的课题经费，还是把这件事情办成了。最近出版了我写的《中国风俗发展简史》[14]，算是我教学经历的一个总结。基础理论，资料学，历史文献的研究，这三个方面合起来才是中国民俗学的一个完整的理论框架和结构。现在的民俗学、民间文学研究，最缺整体的布局，只抓一点，不及其余。我们应该从中国民俗和民间文学现状出发，做好研究规划。钟敬文先生提出了建设中国民俗学派的问题。中国民俗学，能不能建立学派？我们应该有这个自信，我是有信心的，可惜年龄大了，力不从心。今天年轻的学者，应该很好地研究钟先生的学术思想。我在北京师范大学讲演时，对年轻的学子们说："这个任务是你们的，钟先生培养了三十多位博士，你们拿不下来这个课题吗？"就从三个方面出发，有专门研究中国文献历史的，有研究基础理论的，有做专题研究的，建设中国民俗学派，这是可以做到的。

三、中国民间文学三套集成

"集成"概念最初是中国民协提出的。开始叫中国民间文学集成，后来约定俗成叫"三套集成"。"集成"的意思就是集大成。因为当时民研会的工作已步入正轨。经过80年代，实际上不只是80年代，"文革"前中国民协已经有了非常好的工作积累，民间文学方面的搜集整理工作一直在进行，无论是少数民族的还是汉族的，积累了不少的资料；到了"文革"以后，搜集整理工作的视野更开阔了。有了前几十年的积累，大家觉得应该做一个比较大的工程，能够把已经收集到的民间故事、民间歌谣，民间谚语等，做成集成类的大项目。起初，这个项目的设计上也有它的问题，比如歌谣集成还有很多类型的作品没能收录，如民间叙事长诗，英雄史诗等。中国的民间叙事长诗是很丰富、很发达的。原来以为汉族没有叙事长诗，现在湖北咸宁、神农架地区发现几十部民间叙事长诗。还有英雄史诗《格萨尔》《玛纳斯》《江格尔》等，一提起来都是几十部。像《格萨尔》，原来说是五十多部。前几天我到青海，青海民协主席索南多杰说有一百多部，而且内容都能贯穿起来。《玛纳斯》8部已经搜集完。《江格尔》有二十多部。这样看来，还有好多工作要做。现在启动的"中国民间文学大系"出版工程，正是三套集成的延续、发展。现在国家经济发展了，也重视了，这个工程可以做得更好。中国民协

---

[14] 陶立璠、宋薇笳:《中国风俗发展简史》，北京：学苑出版社，2018年。

在抓紧数据库的建设，这为中国民间文学大系出版工程打下了很好的基础。将来数据库建好以后，会给中国民间文学大系出版工程提供很多方便。但是这个工程要抓紧，一是中国民协要抓紧，一是要配备一定的人力去做好这件事情。

当年编纂谚语集成的时候，编委会成员走南闯北，每到一处，都是先看卡片，上万张卡片，一盒一盒分类编排。看完卡片提意见，修改后形成打印书稿，复审再提出意见，再作修改，最后终审交付出版，非常严格。三套集成从普查到编辑出版，培养了一支优秀的民间文学队伍。比如谚语集成，从概念到分类，遇到许多问题。怎么办？办讲习班，统一认识，明确体例。把三套集成的人员集中到北京，用十多天的时间，讨论体例和分类。如谚语卷编辑，除明确概念界定外，集中讨论编选过程中如何避免重复、去留问题。假谚怎么识别，谚语跟俗语、歇后语的区别。从不同的角度讲解：副主编陶阳讲原则性的东西，即三性问题；本人讲在选编过程中怎么避免谚语条目的重复；李耀宗从语言学角度，讲怎么区别谚语和俗语、歇后语的区别等。三套集成的意义是什么？是带出来了一支队伍。

《中国谚语集成》出了30卷，印象比较深的是首卷《宁夏卷》。宁夏是回族自治区，地方小，收集到的谚语也不多，但是这一卷给我们一个很大的启示：就是明确了最后进入国卷本的谚语应该怎么编，应该有什么样的水准要求，怎么严格地按照编辑体例实施编纂。记得当年编《宁夏卷》的时候，河北省把编的打印稿拿到会议上来，我们翻阅后发现完全不合格。从第一卷我们吸取教训，必须要有严格的编辑体例要求。按照这个标准，后来其他各卷的编辑就比较顺利。

另外，谚语卷编辑印象比较深的还有少数民族谚语。西藏、新疆、内蒙古的谚语，非常有民族特色和地区特色。内蒙古的牧业谚语，是生产经验、生活经验的总结。西藏藏族谚语，新疆维吾尔族谚语也具有鲜明的民族特色和地方特色。关键是少数民族语言的翻译，你不能按照汉族的谚语格式套路翻译。为此民研会组织召开过专门的关于翻译问题的会议。新疆、西藏费了很大劲儿完成谚语条目的翻译，但是编辑力量不足，于是编辑部协调力量，帮助西藏、新疆、内蒙古完成谚语卷的编辑出版任务。

此外，谚语中有些谚语以歌谣的形式表现，特别是少数民族谚语，这种谣谚现象更多。还有一些谚语，早就被爱好者编辑出版，像山西的《马首农言》[15]，收集作为《山西卷》的附录，以丰富该卷的内容。又如藏族的英雄史诗《格萨尔》，这样大部头的著作，好多谚语在里面，我们也建议摘录，形成《格萨尔谚语》附录在《西藏卷》。

在谚语集成审稿中，我们还注意到歌谣和谣谚的不同。歌谣一般是反映生活、思想、感情的，谣谚则侧重讲道理，带有哲学、道德意味在里面。三套集成有歌谣集成，一般在歌谣卷里收录的，谚语卷就不收。如果歌谣卷认为是谣谚的，转到谚语卷，经认

---

[15]《马首农言》的作者为晋中地区寿阳籍清代文人祁寯藻。这些谚语大多依然在寿阳（春秋时称马首邑）广大群众之中流传。《马首农言》搜集记载的不仅有农谚、方言、地势、气候、农具、病虫害、畜牧、水利等多方面的农业技术，而且还记述了祀祠、织事、物价、人情、风俗、古建等方面的民风俗尚和社会知识。

真鉴别、讨论，收录在谚语卷。

谚语集成是按照内容分类编排的，具体到每一类，在谚语条目的编排上，在实践中形成一定的编排技巧，如"凤头法""聚串法""去重法"等。

三套集成始终是在中国民协的规划、协调和指导下进行的，虽然经历的时日很长，但自始至终，都在保证编纂的质量。实践证明，三套集成是中国民协举全国之力完成的一大文化工程，为中国民间文学大系出版工程积累了成功的经验。

四、中日联合民俗考察

1989年，由日本历史民俗博物馆研究部主任坪井洋文率队的日本民俗学访华团到北京。他们在北京师范大学访问，与钟老见面时，提出了中日民俗学者联合进行民俗考察的建议，得到钟老的同意。但是不久，坪井洋文去世，这一任务落到福田亚细男教授身上。福田先生向日本文部省申报，得到批准。于是组织中日两国民俗学者联合进行民俗文化考察。这次考察的地域主要是中国的江苏、浙江地区。联合考察团日方8位学者，中方也是8位学者。日方团长福田亚细男，中方团长张紫晨，我任副团长。

这次考察历时三年，分为三个时段。第一年摸底考察，第二年正式考察，第三年撰写考察报告并做补充调查。我把这个归纳为"一步三回头"。民俗考察必须要有这样一个过程，不能像我们国内有些学者的考察，都是"一去不回头"。第一年在江苏苏州白茆乡考察，主要是摸底，看中国民俗文化的现状究竟是什么样的。第二年去了日本的茨城县、千叶县、冲绳县，做日本南方民俗文化考察。第三年到浙江金华、兰溪，最后到丽水。在丽水主要是对畲族村落进行考察。考察结束以后，大家分工合作，有考察村落民俗的，有考察农耕民俗的，有考察卫生医疗的，还有考察信仰习俗的。这次考察所写的论文，收录在福田亚细男编的成果报告书《中国江南的民俗文化》。

1991年完成江南民俗考察之后，紧接着日本筑波大学佐野贤治教授申请到日本文部省的考察经费，进行中日联合的第二次考察。这次考察同样为期三年，主要内容是汉族周边地区的少数民族民俗文化（主要是纳西族、彝族）。对云南纳西族地区进行了两次考察。第二次考察后期，从纳西族地区转移到四川凉山州美姑县进行考察。第三次又回到云南纳西族地区考察。

后来，中日联合调查继续进行，而且主要由中国民协组织，浙江民间文艺家协会秘书长王恬自始至终参与了考察活动。从时间上讲，中日联合调查在福田亚细男先生的指导下，先后进行大概20年。20年是一代人的光阴啊。我曾写过一篇文章《一代人的光阴》，回忆中日联合考察活动。

中日联合民俗考察的意义在哪儿呢？要知道，当年中国民俗学正在恢复和重建时期，不仅缺乏人才，更缺乏科学的田野作业训练；而日本学者在这方面有着很好的经验可以吸取。当时参与考察的中国学者，大部分都很年轻，白庚胜、巴莫曲布嫫、周星、刘铁梁、何彬、尹成奎那时年龄都算小的，江苏的周正良，浙江的朱秋枫，北京的张紫晨和我算是中年人。浙江民间文艺家协会的王恬女士，一直是这个项目积极的协调者，她从第一次到最后一期都参加了考察。我曾对王恬说，你的贡献太大了。

这次考察，对于怎样进行民俗学田野作业，让中国学者受益匪浅。不间断地用20年的时间，多次进行民俗田野考察，考察又进行得这样顺利，这在中日民俗学合作与交流方面，树立了很好的榜样。

作为民俗学者来讲，深入自己的课题，去研究或者教学，是本职。除此之外，我们还需要一批有组织能力的、有活动能力的学者，协调各方，形成凝聚力。这是改革开放40年来的民俗学实践证明了的。自己做学问是一个方面，也可以做得非常好，但是你要把周围的学者团结带动起来，特别是一些地方的学者，需要去帮助他们、发现他们，给他们提供一些方便的条件。有一些课题是需要地方学者协助的，像我们编纂《中国民俗大系》，尽管没有课题经费，各省的民俗学家还是乐意参与撰写。不计名利，为了把各个省卷编好，让更多人了解中国的民俗文化的全貌，大家都尽心尽力去做。不管10年也好，8年也好，要把《中国民俗大系》最后完成。遗憾的是这套丛书国内发行得很少。这套书即将由学苑出版社再版，书稿都修改好了，但现在出版审查出现新的情况，包括内容的审查等等。我催促出版社抓紧一些，希望读者能早日见到这套丛书。

在国际学术交流方面，中国民协这些年来做了许多工作，中日联合民俗考察是做得最出色的，坚持了20年。此外中国民协还开展了许多国外的交流、展演活动，取得不小的成绩。希望今后注意资料的积累，进一步加强民间文化理论研究。中国民协有一个很好的理论阵地——《民间文化论坛》，可以刊发更有学术价值的论文。中国民协这么大一个群众团体，有深厚的民间文化资源，要很好地利用它、研究它。《民间文化论坛》的前身是《民间文学论坛》，初创时期《民间文学论坛》影响很大。80年代我在日本访问时，每到一个图书馆，都能看到书架上有咱们的杂志《民间文学论坛》，感到很亲切。

拉拉杂杂谈了如上的经历和感受，而且许多是退休以后的学术经历，这要十分感谢中国民间文艺家协会给了我退休后发挥余热的机会。和民协同人相遇、相知，是我一生最大的荣幸。

学术史 ● 第一部分 口述　　○ 第二部分 自述　　○ 第三部分 论文

访谈手记

陶立璠教授一生从事民族民间文学和民俗学理论研究和教学。久闻陶老师多才多艺，今天我们前往龙城花园，未见其人，先在楼道里饱览了他的书画墨宝。诗情画意的陶老师讲起民间文学、民俗学，娓娓道来，带我们穿越时空，来到20世纪80年代。在中国民研会倡导和组织下，中国民间文学队伍不仅重新集合起来，而且日益发展壮大，开创了中国民间文学搜集、抢救、保护和研究的"黄金时代"：建立了中国少数民族文学学会、中国民俗学会、中国神话学会等研究组织；创办《民间文学论坛》学术理论刊物、主办刊授大学、编写教材、培训培养人才；开展民间文学三套集成、中日联合调查等学术活动。……我们听得入了迷，陶老师养的三只可爱的小猫咪也跟着入了迷！

《格萨尔》的故事

降边嘉措

访谈时间	2019年11月18日
访谈地点	北京朝阳区北苑家园
访谈人	冯莉、王素珍[1]
整理人	王素珍、周利利

降边嘉措，藏族，1938年生，四川甘孜巴塘人。1950年8月参加中国人民解放军，1951年随军进藏到拉萨，在西藏军区文工团任文艺战士，兼作翻译，参加了进军西藏、解放西藏的全过程。1954年9月在西南民族学院学习，1955年毕业留校当教员，讲授藏语文。1956年9月调入北京，在国家民委翻译局担任翻译。1958年翻译局与民族出版社合并，从事藏文翻译和编辑出版工作。1980年，成为中国社科院副研究员，后担任研究员和博士生导师。主要从事藏族文学研究，重点是藏族英雄史诗《格萨尔》。

一、两个故事——红军长征的故事和《格萨尔》故事

我出生在康巴地区，即四川甘孜州巴塘县。巴塘县就在金沙江边，过了江就到了西藏。那里是茶马古道的必经之路，是一个多民族、多宗教、多文化、多语言交汇的地方；也是红军走过的地方。人们常常用"爬雪山、过草地"来形容长征的艰难与悲壮，"爬雪山、过草地"成为长征的象征。雪山、草地都在我的故乡，我的家乡也是《格萨尔》广泛流传的地方。正因为这样，可以说我是听长征的故事和《格萨尔》故事长大的。

我出生的时候，刚好红军从我们那儿过去，留下了许许多多关于红军的传说和故事。受这种影响，我写过一本书《这里是红军走过的地方》，有八十多万字。还有一本刚写完叫《红军从我家乡过》，四十多万字，即将由新世界出版社出版。

再一个就是听《格萨尔》故事。为什么呢？这和我们家乡有关系。我们家乡地处茶马古道核心地段，过去号称"五省通衢"，五省即四川省、西康省、云南省、青海省和西藏。西康省解放后并入四川省，就是

现在的甘孜藏族自治州。我从小就爱听大人唱歌、讲故事。大家都说，藏族是"歌舞的海洋"。藏族人会走路的时候就会跳舞，会说话的时候就唱歌，民歌、歌舞非常丰富。但是，我觉得在这个"歌舞的海洋"里，最主要的民间艺术有三种：一种是热巴舞，大家看过的《东方红》那里面就有热巴舞；再一个就是藏戏，藏戏历史悠久，有人说有一千多年的历史，有人说五六百年，至少比京剧历史要悠久得多；第三个就是《格萨尔》说唱。这三种流浪艺人里，《格萨尔》说唱艺人的生活又最苦，社会地位最低。《格萨尔》说唱艺人被称作乞丐，真的是流浪艺人，什么都没有，可怜得很。大家知道农奴制度很残酷，农奴制度与封建社会所不同的最大的地方，封建社会是地主剥削贫雇农，但是他们有人身自由，比如我不愿意受你剥削，我不种你的地，我可以到别处去。农奴制度的残酷就是人身依附，你是农奴主的奴隶，那么你祖祖辈辈都是农奴主的奴隶。所有农奴生下来的孩子都有主人，都要交人头税，表示人身依附关系。比如热巴艺人、藏戏艺人都要交，但是《格萨尔》说唱艺人不需要交"人头税"。他们交什么呢？乞讨税。后来我到了北京，也有机会去世界别的国家和地区，发现世界上没有一个国家或民族，乞讨的人还要交"乞讨税"。这充分说明在旧的封建农奴社会，《格萨尔》说唱艺人地位的低下。

藏族地区山高水深，地域辽阔，人烟稀少，土匪也很多，社会不安宁，经常发生各部落之间的部落仇杀，武装械斗。说唱艺人要自己一个人云游四方，去说唱《格萨尔》，那是很困难的，甚至可以说是很危险的，人身安全都得不到保障，所以他们常常跟朝佛的香客、跟热巴艺人或者跟着马帮走。马帮给他点儿吃的，他就给他们演唱，他就靠乞讨为生。我从小就听艺人讲《格萨尔》故事长大的。

我们县城到金沙江边直线距离只有18千米，过了金沙江就到了西藏。从小就听《格萨尔》，这是我和《格萨尔》的渊源。再一个是对艺人的生活、对马帮他们也有一些了解，我的外公就是一个马帮，我和他们接触得比较多。马帮的生活并不像大家想象的那种浪漫，也是很苦的。所以，从小我就受到民间文化艺术的熏陶，从小我对下层民众的苦难生活有比较深的了解，感同身受。这两件事情后来对我自己的生活经历和文学创作都产生了重要影响。

二、《格萨尔》研究小组

康巴地区的《格萨尔》说唱艺人比西藏那边多得多，《格萨尔》说唱艺人主要就是在康巴地区，比如玉树、甘孜、果洛等地。中华人民共和国成立以后，党和国家对

---

[1] 参与访谈人：李航。

《格萨尔》的收集整理很重视。早在1952年青海省文联就成立了《格萨尔》研究小组，开展对《格萨尔》的搜集整理。这是我们国家最早的研究机构，很多人都不知道这件事情，我后来听钟老和贾老他们讲的。青海省文联是在五省藏族聚居区里成立最早的一个，文联的主席就是程秀山同志。程秀山是延安时期的老干部，他们和贾老差不多，都是在周扬同志领导下从事民间文学研究。他们是我们党内第一批从事民族民间文学研究的领导同志和专家学者。

青海在1952年成立《格萨尔》研究小组，那时候整个西藏解放才一年，西藏是1951年解放的，其他藏族聚居区民主改革什么的都没进行，内地在进行土改。我于1955年第一次到北京，1956年到北京参加"八大"的翻译，后来就留在国家民委翻译局工作，专门翻译党中央、国务院的有关文件和国家领导人的讲话。后来翻译局和民族出版社合并了。1958年"大跃进"的时候建设十大建筑，如现在的民族宫、人民大会堂，我们都参加了义务劳动。

1958年民研会要收集整理《格萨尔》，中宣部批准民研会的报告，这是新中国成立以后党和国家关于《格萨尔》工作的第一个文件，具有重要的历史意义。为什么呢？1958年收集整理《格萨尔》，作为1959年国庆十周年大庆的献礼。十周年大庆非常隆重，中央决定把《格萨尔》作为一个献礼的内容，说明中央对《格萨尔》高度重视。1958年还开展了"新民歌运动"，这和民研会也有关系，为国庆十周年献礼，民研会组织收集采录新民歌。1958年藏族新民歌收集得很多。当时我们就知道民研会在领导和组织这个工作，民研会自己没有懂藏文藏语的人，好像连一个藏族同志都没有，主要靠的是中央民族学院和西藏公学（西藏民族学院的前身）的学生搜集新民歌，并决定由民族出版社出版。当时为了正面宣传西藏的民主改革和新西藏的成就，中宣部和西藏自治区党委都很重视，我比较爱好文艺，领导就把编辑出版藏族新民歌的任务交给了图旺同志和我。

图旺同志是一位很优秀的翻译，曾经给毛主席当过翻译，我给周总理当翻译，他翻译水平很高，也比我大几岁。当时上级很重视，我们翻译、编辑藏、汉对照民歌。我们国家的第一本藏族的民歌《藏族新民歌》，就是1959年出版的，西藏工委书记张经武写的序言，藏汉对照的民歌。那时候我就知道有关部门在收集《格萨尔》，以青海《格萨尔》研究小组为主。当时就两件事情，一个是新民歌，一个是《格萨尔》。

当时我们翻译藏、汉对照民歌。藏族新民歌很多是翻身农奴唱的，有些也不是。有些是汉族同志，包括我们西藏军区文工团的创作人员编写的。我曾在西藏军区文工团工作，大家都认识。汉族同志写的歌词，歌颂共产党，歌颂农奴翻身解放，然后我们又把它翻译成藏文。大量的还是藏族民歌，是群众自己创作的，其中也包括仓央嘉措的情歌，与新民歌一起收集，新的旧的就分不清了。那时候毛主席亲自号召"采风"，大家政治热情很高，不像现在讲版权、著作权、署名、稿酬等等，那时还没有这些概念。当时郭沫若和周扬编的《红旗歌谣》，我们都翻译成藏文。所以，当时就知道民研会的规格很高，主席是郭老（郭沫若），副主席是周扬、钟老（钟敬文）他们这些德高望重的大家名家，我对他们十分崇敬。反右时钟老被打成右派了，常务副主席是贾老（贾芝）。所以，1958年的时候我们就认识，民研会少数民族干部少，他们经常找民委，找民族学院和民族出版社。当时我也见过周扬同志，民研会有什么事情就找统战部和民委。周扬给民族学院讲过课，周扬非常受尊重，他们都称"周扬老师"。民研会写给文联，文联写给中宣部，转到民委、统战部，那些领导人都说"周扬老师"的指示我们就要照办，工作很顺。那时候我就知道周扬，也见过周扬，他一表人才，风流倜傥。

当时我的主要任务是翻译马列、毛主席著作和中央有关文件。《格萨尔》的收集整理工作是1952年开始的，1958年达到高潮。后来的事实证明，早在1958年中央有关部门对西藏问题的认识比较充分，比较正确，具有远见卓识。中宣部主要领导人都是很有文化的，颁发的两个文件，现在看来都具有重要的影响和意义。一个是要求有关部门组织编写《藏族文学史》，另一个是要求有关部门组织力量搜集整理藏族英雄史诗《格萨尔》。《格萨尔》工作当时要求在5省藏族聚居区，加上内蒙古和新疆地区开展，涉及范围几乎包括半个中国。这在历史上是没有过的。

当时西藏还没民主改革，所以编写《藏族文学史》的任务就交给了中央民族学院。青海比较有基础，把收集《格萨尔》的主要任务就交给了青海，其他藏区配合。青海文联负责，主要是青海省委宣传部副部长黄静涛（蒙古族）、文联主席程秀山两位主持工作。我的老家四川即康巴地区是《格萨尔》广泛流传的地方，也开始收集，收集了很多资料。当时最大的问题就是没有意识到民间说唱艺人的价值和意义，主要收集了一些手抄本、木刻本，然后组织翻译。改革开放以后，我们参与这个工作，直接到那儿，发现有《赛马称王》《英雄诞生》《霍岭大战》等二十多部、七十多本异文本。所谓"异文本"，这个概念首先是西北民族学院的王沂暖教授提出来的。就是说，同样一部《赛马称王》，有西藏的艺人讲的，也有青海地区、四川藏区的艺人讲的，故事内容基本相同，但又有差异，各有特点，形成了不同的版本，所以称作"异文本"。这一时期《格萨尔》的搜集整理和翻译出版工作，由民研会指导，主要在青海进行，取得了很大成绩，具有开拓性、开创性的价值和意义，为后来的工作奠定了坚实的基础，也积累了一些经验，应该给予充分肯定和尊重。

1959年，我们国家下了很大的功夫，为中华人民共和国成立十周年国庆献礼，最后献了什么？青海民族出版社出版了半部《格萨尔》藏文本。从1958年发文件到1959年才整理出版《霍岭大战》上部，因为《霍岭大战》篇幅很长，分上下两部。下部经过二十多年，在改革开放后才出版，可见工作之艰难。汉文版由上海文艺出版社出版。

三、到社科院从事《格萨尔》研究

1979年，中央主持召开第四次文代会，邓小平同志做了重要讲话。人们普遍认为第四次文代会具有重要的历史意义。很多老同志怀着激动的心情说：文艺的春天来到了。民研会也就从那时候开始恢复工作。我参加了这次重要的会议，但不是代表，我给参加会议的藏族代表担任翻译。当时钟老好像还没落实政策，但是他出席会议了。民研会的代表主要是贾老（贾芝），马老（马学良），马老后来担任民协的副主席，又是我们少文所的副所长。还有王沂暖教授和西藏等地的藏族代表，他们在这个会议上一起提出，要为《格萨尔》平反昭雪，得到周扬等领导同志的支持。"文革"期间受到批判的作品很多，但是，在我的印象里，在全国的文代会上，大家一致提出要求平反的只有藏族英雄史诗《格萨尔》。这也说明《格萨尔》有它的代表性和典型性，影响面很广，后来在《格萨尔》大事记里我也专门写了这件事。我虽然不是代表，但作为翻译，参与了全过程。而现在很多代表已经不在了。

1979年的文代会意义十分重大、十分深远。民研会也是在这一年恢复工作的，少数民族文学所也是这一年筹备，1980年正式成立的。贾老是我们所的第一任所长，副所长是马学良和冷拙。冷拙是位老红军，挺厚道的老同志，主管行政。

那时民研会和少文所的客观物质条件很差，连办公地点也没有，到处租房子住。两个单位的主要领导是重叠的，业务上有联系，关系十分密切，工作开展得很顺利。我认为80年代初是我国民间文学的黄金时期，也是《格萨尔》事业的黄金时期。

我是1980年报考社科院的。当时社科院面向社会招生，这是社会科学院成立以来第一次，也是迄今为止唯一一次向社会公开招聘科研人员。少数民族文学所当时还没地方，租的房子，连答辩的地方都没有。我们报考的人有八九个，就是借中央民族学院少语系教室，答辩委员会主任是格桑居勉，他是中央民族学院少语所的教授，成员有贾芝、马学良、马寅，还有刘魁立。马寅是国家民委民族文化司副司长，是延安来的老八路，也是民族出版社的副总编辑，兼少文所筹备领导小组成员。我报考的是副研究员，就在那儿答辩。答辩进行了三天，被录取了，我成了当时我们国家藏族的第一个副研究员，也是我们所的第一个副研究员。

投票以后，贾老和马老就问我："降边同志，你到我们所以后，你打算做什么？"我说：我过去长期从事翻译出版工作，业余写作，创作了长篇小说《格桑梅朵》，所以，我还是想一边搞文学创作，一边搞当代文学研究。因为我也知道，如果要纯粹搞文学的话就要到作协去，在文学所不搞研究是不行的。贾老说："你有从事翻译的经验，自身的经历也很丰富，写小说是可以的，这是好事儿，我们支持。但是你了解藏族史诗《格萨尔》吗？"我说我知道《格萨尔》。贾老和马老让我讲讲对《格萨尔》的认识。我就汇报了我对《格萨尔》的了解和认识。

贾老说："让你搞《格萨尔》行不行？"我说我搞不了。我知道《格萨尔》精深博大，很难搞，在过去24年的时间里，我翻译了马列、毛主席著作，也看过黑格尔等西方学者关于史诗的论述，所以，我对西方文化，希腊史诗、印度史诗也并不陌生。我就知道研究史诗是很难的，所以我说我搞不了。

后来贾老就问："如果组织上要你搞，你有什么想法？"我说：《格萨尔》真的是很伟大，我从小就听艺人讲，印象很深，在群众中广泛流传。中国有史诗，而且是很伟大的史诗，我们应该做好收集整理工作。这个工作解放初期就开始进行了。你们几位一直在领导这个工作。现在西藏师范学院（即西藏大学的前身）的旦真他们几位老师就把扎巴老人找来，成立了我们国家的第一个《格萨尔》研究所。旦真老师是马先生的学生，他们正在记录整理《格萨尔》艺人扎巴老人的说唱本。据说，扎巴老人是一位非常优秀的说唱艺人。在峨眉会议上，萨主任和贾老对他们的工作给予高度评价，称赞扎巴老人是"国宝"。旦真他们提出要建设有中国自己特色的《格萨尔》学。我们相处几十年，经常交换意见，前几年他们才回西藏工作。我认为他们讲得很有道理。因为我翻译过马列著作，而且毛主席《在延安文艺座谈会上的讲话》藏文的第一版我参加了翻译，1956年就翻译了。所以，我在他们的意见的基础上做了一些发挥，当时我就提出，应该建立以马列主义、毛泽东文艺思想为指导的、有中国特色的《格萨尔》学的科学体系。"中国特色"不是现在才说的，是有案可查的，1980年我就提出建立以马列主义、毛泽东文艺思想为指导的，有中国特色的《格萨尔》学的科学体系。贾老他们参加了延安文艺座谈会，对毛主席的文艺思想有很深的了解，有深厚的感情。所以他们都认为我关于建设《格萨尔》学的设想很好，有创造性，给予充分肯定和鼓励。贾芝是少文所所长、马学良是副所长，好像我已经是所里的人了，开始给我布置任务了，"以后来所了要深入研究，不断完善"。

当时评委会就把招考的情况报到我们院里，院里给予积极评价。社科院向全国招聘人才，当时作为一件大事，新华社发消息，在《人民日报》和《光明日报》同时刊登了。文中还提到降边嘉措同志提出建设有中国特色的《格萨尔》学科学体系是很有建树的，受到专家们的高度评价。[2]

我看了报纸以后赶紧就跑到民院去了，对马先生说，我说得很清楚，不是我提出，是西藏师范学院的老师们先提出的，我只是按照我的理解讲了这个，做了一些阐述。这个发明权是西藏师范学院的。马老说，说是你提出来的，也没有什么错，也不存在什么创作权的问题。你提出这个观点是好事，评委给予鼓励也是应该的。

我就这样被录取了，胡乔木院长亲自签署聘书，我成了我们所的第一个副研究员，也是藏族的第一个副研究员。

1月8号我就到我们当时的院部报到，我们所当时在马神庙租的房子，后来又搬到玉渊潭，所以我们调侃说：我们少文所就像游牧民族。

我8号报到，10号贾老和马老就找我谈话，任命我担任藏族文学研究室主任。他们两位都是民族民间文学领域的老人，强调说，这是新中国成立以来成立的第一个专门从事藏族文学研究的研究机构，说明社科院和国家民委领导对藏族文学事业非常关心和重视。

两位领导讲得很对，我也是"老民委"，知道他们谈话的分量。少文所的藏族文学研究室不但当时是我们国家第一个藏族文学研究室，40年的时间过去了，就是在现在，也是唯一一个。西藏自治区和其他有藏族聚居区省份至今也没有专门从事藏族文学研究的"藏族文学研究室"，都是在别的部门兼顾着做一点。然后，他们郑重地把研究《格萨尔》的任务交给了我。

（一）"做好抢救工作，是当前的第一要务。"

贾老和马老对我说："做好抢救工作，是当前的第一要务。"我报考社科院之前两个月，1980年4月，国家民委和中国社科院少数民族文学研究所在四川峨眉山联合召开了第一次《格萨尔》工作会议，被称为"峨眉会议"。当时我们所是双重领导，由国家民委和社科院双重领导，国家民委副主任萨空了和贾芝共同主持。萨空了也是我们民族出版社的总编辑、社长，是我的老领导。萨主任当时就给我们讲了有关情况。西藏的同志在会上汇报了开展搜集整理的情况，特别汇报了扎巴老人的情况，说他是一位著名的《格萨尔》说唱艺人，他的演唱内容非常有特点。萨空了和贾芝充分肯定了西藏同志所做的卓有成效的工作。称赞扎巴老人是一位国宝级人物，应该很好地加以保护，做好扎巴说唱本的记录整理工作。"峨眉会议"以扎巴老人为例，强调了做好搜集整理工作的迫切性。

贾老说，为了加强对全国《格萨尔》工作的指导，经中宣部批准，由国家民委、

---

[2] 1980年9月26日，人民日报在第一版，光明日报以头版头条的显著位置报道了我院向社会公开招聘科研人员的消息，其中特别提到，降边嘉措提出建设以马列主义、毛泽东文艺思想为指导的、有中国特色的《格萨尔》学的学科体系的观点，很有创见性，得到专家们的高度评价。新华社向全国播发了这一消息。

文化部、中国文联和社科院成立全国《格萨尔》工作协调小组，负责指导和协调全国的《格萨尔》工作，办公室就设在我们所。其范围包括西藏、四川、青海、甘肃、云南、内蒙古、新疆7个省区，学术活动范围几乎遍及半个中国。贾老说，我们的工作已经开展了，《格萨尔》不但是你们藏族文学室的重点，也是我们所的重点课题，也是民研会的重点工作之一。贾老和马先生都是民研会的副主席。而周扬同志既是我们社科院的副院长，又是中国文联主席兼民研会的主席，直接领导两个单位。

不久，院里正式任命贾芝同志担任全国《格萨尔》工作协调小组组长，任命我为副组长兼办公室主任。当时只有我一个人，藏族文学研究室和《格萨尔》协调小组办公室，实际上是一个班子，两个牌子。

我1月报到，3月底就到了西藏大学，那时还叫西藏师范学院。我找扎巴老人，采访他们，还有玉梅，一位著名的女艺人。当时西藏社科院没有成立，西藏大学也都没成立。我们1980年就开展工作，一方面收集整理《格萨尔》，另一方面协助、帮助各地建立协调小组，并开展工作。

概括起来说：当时的主要任务是抢救人，重新组织队伍。按当时的政策，允许用招生的办法来调干部，解决户口问题。我们所培养了第一批从事《格萨尔》研究的硕士生、博士生。这在《格萨尔》事业发展的历史上是没有过的，意义是重大的，影响是深远的。

50年代初是《格萨尔》的第一个黄金时代，第二个黄金时代是80年代初期和中期。所以说，《格萨尔》事业和国家的命运真的是联结在一起。为庆祝中华人民共和国成立70周年，康巴卫视找我录制《我和我的祖国》的时候，我说，我个人的命运、《格萨尔》事业和藏族文学的命运是一致的，与祖国大家庭的命运是一致的，真的是这样。

（二）《格萨尔》研究被列入国家重点科研项目

1983年，根据中央的指示，全国哲学社会科学规划会议第一次把哲学社会科学纳入国民经济发展计划之中。1953年开始，我国实行发展国民经济第一个五年计划，到第五个五年计划中，只有经济建设，不包括哲学社会科学。这一次全国哲学社会科学规划会议是在桂林开的，被称之为"桂林会议"。我参加了桂林会议，遵照周扬副院长的指示，我们在会上提出，建议把《格萨尔》纳入国家重点科研项目。马学良先生说，编写《藏族文学史》很重要，西藏工作有特殊性，中宣部早有指示，还专门发有文件，建议把《藏族文学史》的编写任务，也纳入国家项目。经过与会专家学者的审议，一致通过。当时不要说民间文学，民族文学，全国关于少数民族学科，纳入"六五期间"国家重点项目的就这两项。重复一下,一是《格萨尔》研究,另一个是《藏族文学史》。后来在"七五""八五"期间继续把《格萨尔》纳入国家重点科研项目。

"桂林会议"以后,1984年中宣部就发了〔1984〕7号文件,决定成立全国《格萨尔》工作领导小组。任命刘魁立担任组长,任命我为副组长兼办公室主任。此外有关鹤童(文化部民族文化司司长)、殷海山(国家民委文化司司长)、陶阳(民研会书记处书记)担任副组长。西藏、青海、四川、甘肃、云南、内蒙古、新疆7个省、区都有人参加。各地都很重视。全国《格萨尔》工作领导小组就从那时开始轰轰烈烈地在全国开展了工作。

桂林会议之后,1984年我们在拉萨召开了七省区的《格萨尔》说唱艺人演唱大会,这是全国第一次召开《格萨尔》说唱艺人演唱会,影响很好。

(三)让《格萨尔》走向世界

1985年2月,是芬兰著名英雄史诗《卡勒瓦拉》出版150周年,民协组织代表团,贾老是团长,成员有我和人民文学出版社的孙绳武(他负责主持翻译《卡勒瓦拉》汉文版工作),还有民协一个翻译一起去了芬兰。当时管得很严,出国还要建立党支部,因为他们两位老同志走动不方便,让我担任中国代表团的党支部书记,负责与大使馆联系。

贾老在大会上介绍了中国少数民族史诗;我讲《格萨尔》说唱艺人,主要介绍了扎巴和玉梅,引起了他们的关注。那时候芬兰报纸头版头条报道了我们代表团的活动,当时还举行了记者招待会,几十个国家,大概两个多小时,那些记者只给我们两个人提问题。[3]

我们参观了芬兰少数民族学会、他们的档案馆、关于《卡勒瓦拉》的资料。《卡勒瓦拉》资料当时也很多、很重要,保存得也很好,但是我第一个感觉就是他们的资料比我们差远了,真是小巫见大巫。那次会议上,有一位教授叫航柯,另一位叫海希西,他们对贾老和我两个说:"你们的《格萨尔》很重要,《格萨尔》应该申报世界非物质文化遗产。我们两个是联合国教科文组织的学术委员,可以帮你们说话。"海希西当场就邀请我到波恩大学参加中亚史诗研究。

回国后,我立即向院领导和钟老汇报,他们都非常重视这件事。《格萨尔》在很多方面真的是走在全国民族民间文学和藏学研究的前面,起到了引领和带头的作用。

1986年我们召开了《格萨尔》工作总结、表彰大会,乌兰夫、习仲勋、杨静仁、阿沛、班禅、贺敬之等领导人都来了。四位副委员长,一位国务委员,中宣部副部长、文化部代部长参加,到目前为止是我们所组织的最高规格的、最辉煌的学术活动。大会在人民大会堂召开,昔日乞丐,今日国宝,扎巴老人这位在旧西藏农奴社会备受苦难和屈辱、被农奴主斥为"乞丐"的说唱艺人,昂首挺胸走进庄严的人民大会堂,接受国家领导人的亲切接见和嘉奖,他老人家感到非常自豪,非常高兴。

(四)民研会与《格萨尔》事业

民研会即现在的中国民协,成立到今年整整70年了。我自己觉得,民研会的工作与我国的《格萨尔》事业有着密切联系。前面谈到,从20世纪50年代开始,全国的《格萨尔》工作就是在民研会的领导下进行的,我虽然没有参加,但知道全过程。

我是1981年成为民协会员的。我参加作协是1980年,当时是两位副主席,周扬和陈荒煤介绍的,规格应该说很高。那是在一个特殊的历史条件下发生的。国家民委和中国作家协会于1980年召开全国少数民族文学创作会议,当时,整个中央国家机关和北京市没有一个中国作协会员,整个西藏自治区也没有一个中国作家协会会员。听了汇报,周扬同志感到很惊讶,说这怎么行?中华人民共和国成立都三十多年了,一批藏族作家也成长起来了。我们的工作没有做好。那我们几个做介绍人,按照作协章程规定,也是允许的。这样,我们几个藏族作者和诗人,由作协领导人直接介绍,加入了中国作家协会。

第二年,即1981年,民研会开会,讨论《格萨尔》工作,让我汇报。当时我还不是民研会会员。贾老和马老就说,我们按周扬主席的办法,介绍降边同志入会吧!钟老等人也表示同意。这样我就加入了民研会。

当时我们少文所,实际上是三重领导,即国家民委和社科院直接领导,给经费,给编制。而民研会在业务上给予指导。这与当时的领导人有很大关系,周扬同志既是中宣部副部长,主管文艺工作,又是文联主席,民研会主席,还担任我们社科院副院长,研究生院院长,这几个部门都归他直接领导。钟老、贾老、马老等几位老同志也在这几个部门担任领导。因此,那时是我们《格萨尔》工作的黄金时期,奠定了很好的基础。

钟老对《格萨尔》工作一直非常关心和重视,他多次说过,《格萨尔》不但是我国藏族同胞的,也不仅仅是中华民族的,它是属于全人类的,是人类的文化遗产。他晚年在友谊医院住院的时候还把我叫去,让我汇报工作。钟老对《格萨尔》的翻译工作非常关心,钟老语重心长地说:"降边,现在一个很重要的任务就是《格萨尔》的翻译,你要把这个工作负责起来。你现在在编精选本,藏文《格萨尔》精选本40卷,这个基础上你要把它翻译成汉文。"

---

[3] 芬兰报纸在介绍记者招待会的情况时说:"各国记者只向中国代表提问。"《土尔库报》《晨报》《赫尔辛基报》等各大报纸以头版头条的显著位置报道中国代表的发言,并配发贾老和我的照片。芬兰广博电台和电视台反复播放有关信息,说:"中国是一个史诗宝库,史诗在中国还活着。"评论说,"这是一个使人们感到极大振奋的新消息。"会议期间,芬兰总统毛诺·科伊维斯托还单独接见了贾芝团长,给予很高的礼遇。

后来钟老口述,让我的博士生周爱明记录,给中国社科院、国家民委等几个部门写了一个报告,建议加强翻译工作。贾老也很关心和重视翻译工作,生前抱病给中宣部写了一个报告。

(五)《格萨尔》唐卡

大家知道,唐卡是藏族特有的一种绘画艺术,内容主要是绘制佛教的内容,再一个是医药的唐卡和历算的唐卡,也有《格萨尔》唐卡,藏语叫"仲唐"。过去不受重视,大部分是说唱艺人自己绘制的。我在主持《格萨尔》工作期间,极力提倡和推广《格萨尔》唐卡,努力提高《格萨尔》唐卡的艺术质量,扩大它的社会影响。2003年,我主编了我国第一部《格萨尔》唐卡画册,由外文局主管的中国画报出版社出版,用汉文、英文对照,向全世界发行。

今年我又主编了三卷本《格萨尔》唐卡,由四川民族出版社出版。我还编了一个唐卡画册,叫《看唐卡讲格萨尔故事》,汉英对照。已经发排,即将由新世界出版社出版。刚才讲了,在旧西藏,说唱艺人没有社会地位,不受重视,《格萨尔》唐卡也不受重视。《格萨尔》唐卡是改革开放以后兴盛起来的,得到了各级人民政府和有关部门的关心和支持。与佛像唐卡不同,绘制《格萨尔》唐卡是不赚钱的,需要得到各有关部门的关心和支持。改革开放以来,《格萨尔》唐卡的发展,充分证明党和国家对藏族文化艺术的关心和重视。我认为,《格萨尔》唐卡的发展前景还是很远大的。

访谈手记

隆冬的北京,虽然艳阳高照,却是寒气逼人。我们从地铁站出来,骑着共享单车去了绣菊园。走进降边嘉措老师的家中,一股暖意迎面而来。客厅里大幅照片是蓝天白云下的布达拉宫,雄伟壮观;墙上挂有多幅唐卡,桌上放着热腾腾的酥油奶茶,香甜可口的点心。这一切都和今天我们要访谈的主题相关,降边嘉措老师要给我们讲述《格萨尔》的故事。

他从小是听艺人讲《格萨尔》故事长大的,和《格萨尔》有着割舍不断的情缘。今天,他跟我们分享了他所熟知的《格萨尔》英雄史诗的演唱故事,他自己从事《格萨尔》史诗搜集、整理和研究的往事。同时,他也回忆了中国民研会在组织和主持《格萨尔》搜集、整理和研究方面所做出的重要贡献。正是由于国家层面有组织的抢救工作,《格萨尔》事业迎来了发展的"黄金时代",并开始走向世界!

默默耕耘在民间文艺园地里[1]

贺 嘉

访谈时间	2019年11月15日、2020年1月10日
访谈地点	北京北沙滩1号院、北三环中路10号1号楼
访 谈 人	冯莉、王素珍[2]
整 理 人	王素珍、周利利

贺嘉，1939年生，1964年从吉林大学中文系毕业，分配到《民间文学》编辑部任编辑。1977年至1983年在人民文学出版社先后任儿童文学编辑和《当代》杂志编辑。1983年重返中国民协，曾任《民间文学》杂志副主编、编辑部主任，《民间文化论坛》杂志主编，中国民间文艺家协会书记处书记、副秘书长，中国民间文学集成总编委会办公室主任，编审，发表民间文学与儿童文学论文多篇。

一、与民间文学结缘

1964年，我毕业之后就到中国民间文艺研究会了。我毕业于吉林大学，就是原来的东北人民大学。我中学是在东北师大附中读的，上大学的时候就直接上了吉林大学。

为什么到民研会呢？当时我毕业论文写的是一个区里讲故事的事儿。我到那个地方，不大了解情况，就找了当地文联帮着我联系。在民研会吉林省分会的帮助下，才完成我的毕业论文。这时候，中国民研会的刘锡诚正好在东北办事到了吉林省文联。省文联的人跟刘锡诚说："你们要人不？这小伙子正好是研究民间文学的，对民间文艺挺感兴趣。"刘锡诚就让我去北京，去中国民研会工作。我想，我哥哥在长沙的解放军八一队当大队长，父母去世得早，我每年都要去长沙看哥哥，上北京不正合适吗？就这样，1964年8月，我就去了民研会。

当时中国民研会在王府井大街，我在《民间文学》编辑部当编辑。刚到的时候，我从一大堆稿子里面挑，挑出来之后我看，看完之后我觉得合适的，给编辑部的那些老同志再审一遍。当时编辑部有北师大钟敬文先生的学生张紫晨,他是带我的老师,也是我老乡。他后来到北师大工作了。那时民间文学大概分为两部分,一个是作品,一个是论文、评论。

二、当编辑

我是1975年从干校回来的。在干校的时候,朝阳师范招老师。我和郎樱我们俩只要有一个人回北京,另外一个就能保证也回去。出于这个,我说那我去。就这样,我在朝阳师范的语文组里当了一段时间老师,一直到1979年文联恢复,我又回到民研会来。在回民研会前,中间有段时间,我到人民文学出版社当编辑。社长韦君宜对我格外不一样。后来韦君宜听说我走了就火了,见到我把我骂了一通。我还记着原话:"你不就想当官嘛,你当官能当过我吗?"为什么呢?因为我在文学出版社当编辑的时候,韦君宜有一个稿子大家看,就我发现有一处不合适,结果一下挑出来。挑出来之后韦君宜一看果然如此,赶紧改掉。就这样韦君宜对我有点印象,舍不得我走,把我骂了一顿,说我回民研会是为了当官儿。

民研会恢复工作,在西单商场旁边的一个小平房办公。刘锡诚让我回去。我在《民间文学论坛》待过一段时间,我不擅长搞理论,主要还是做编辑。

三、三套集成

(一)"三性"原则

中国民间文学集成是一项宏伟的文化工程。[3]中国民间文学三套集成按照全面性、代表性、科学性三性原则进行编纂,实际上号召大家开展工作,大原则是按照全面性。全面性是什么意思?第一,包括全国各地区、各民族的作品;第二,包括故事、歌谣、谜语的各种内容、形式、类型、风格的作品。你到了一个县或者一个村,是不是进行一个全面普查,是不是就只找了几个老头、老太太一对付,一说就完了。全面性要求你要在一个村里,或者一个地区里通过全面性的普查找出一些比较有代表性的东西。全面性就是一个基础。全面性就是基本上掌握大的情况,然后才能谈代表性。

代表性指的是:第一,入选作品应注意在地区、民族、内容、风格、类型等方面具有代表性;第二,在同一作品中应注意质量,精选其中最完整、最优秀、最有特

---

[1] 口述史整理过程中参考了贺嘉《民间文学与儿童文学》(大众文艺出版社,2009年)。

[2] 参与访谈人:李航。

[3] 贺嘉:《中国民间文学集成是一项宏伟的文化工程》,《民间文学论坛》,1989年第4期。

色者。

科学性包括，第一，入选作品必须是真正的民间口头文学作品；第二，采录时必须坚持忠实记录的原则；第三，尽可能将与作品有关的资料同时记录下来；第四，少数民族民间文学作品的翻译，应该力求忠实、准确。概括而言，科学性有两个方面，一个是操作上的科学性，再一个是最后成文之后的科学性。

科学性、全面性、代表性三者是相互联系密不可分的，科学性是"三性"的核心。三套集成中入选作品要求：坚持忠实记录原则，保持民间文学原貌；各种相关信息齐备，包括讲唱者、采录者的情况，采录时间，采录地点等；通过注释和附记等形式交代与作品有关的民俗文化背景资料；附录部分如：主要民间故事类型分布图、常见民间故事类型索引、歌谣集成的"类序"、常见歌谣类型分布图、常见方言对照表等，都从不同侧面增强了民间文学三套集成的科学性。

（二）钟老与三套集成

三套集成工作是从1984年下发文件开始。集成办公室有马振和马捷，后来增加了刘晓路、朱芹勤、冯志华，还有李凌燕。普查的时候办班，搞培训班，还到各处去，新疆还搞了翻译会议。三套集成的翻译会议是在乌鲁木齐开的，我还陪着外宾去看居素普·玛玛依，结果居素普·玛玛依指着我说："这是我的女婿。"

钟先生是民间故事主编，我兼副主编。故事卷把最早的吉林卷作为首卷，以安徽卷结束。

广西歌谣卷，宁夏谚语卷，吉林故事卷，这三个是三套集成第一批示范卷。1987年，民间文学集成在杭州召开了首届全国编选工作会议。这次会议是在普查工作即将结束，编选工作即将开始的阶段召开的。在此之前，钟先生就说："到杭州去把这三个作为示范卷进行讨论，看现在有什么问题，还有以后怎么搞。"会议按照三套集成编选总方案的要求，统一认识、交流情况、对编选工作中有关问题进行了讨论研究。钟先生主持了这次会议，并就集成编选的一些问题发表了他的见解。钟老认为，总方案规定三套集成应该是"具有高度文学价值"的提法固然很好，但要实事求是，他认为改成"较高"的提法更为合适。对于民间文学集成科学性的要求，钟先生在《民间文学集成的科学性等问题》《关于故事记录整理的忠实性问题——写在〈民间故事、传说记录、整理参考材料〉的前面》《三十年来我国民间文学调查采录工作——它的历程、方式、方法及成果》等文章以及讲话中，多次明确提出，对已经出版的中国民间故事集成卷本的科学性的评价，钟老秉着实事求是态度。他说："从总体上看，能达到百分之七十以上就不错。"

年近百岁的钟老把每次参加各省卷的审稿会，作为自己学习和了解民间文艺实际的机会。福建省故事卷主编季仲描述审稿会上的钟先生：他时而倾听大家发言，时而戴着花镜看稿子。目力不济时，又拿起一把放大镜瞄稿子。各位编委发言时，他很少插话，清瘦的身子埋在几乎完全失去弹性的旧沙发里，闭目养神。……当一个问题争议不决，当谁的发言有欠精当，钟老的耳朵竟能逮住这间大会议室任何一个角落发出的声音，忽然睁开眼睛，支起身子，只要三言两语，就廓清云雾柳暗花明。

对于分类，集成编选条例虽有明确规定，但钟先生常说：地方上的分类和我们的分类，要比较比较，决不能以我们的就好，看地方的有道理，也可以照办。1999年，在中国民间文艺家协会第五届六次常务理事扩大会议上，钟先生充分肯定了集成工作所取得的成绩，对于将来的工作，他提出：三套集成工作我们已经做了一半，还有一半没完成。但是，我们必须要完成。这个工作有的地方因为经费的关系或者人事的关系，没有及时赶上，我希望大家再接再厉，还没完成的，一定要把它完成。这个是我们民族的重大的文化事业，大家参与了这个工作，对民族是有贡献的。我们的后代不会忘记你的功劳的……我虽然现在年纪这么大了，在我有生之年，我还是要尽我的力量来干，与大家一起完成这个工作。

2002年1月，钟老去世前，专门把我叫到跟前，握着我的手叮嘱我：保住集成，保重自己！我非常感动，钟老逝世前念念不忘的仍是中国民间文学集成。

（三）重视民间故事讲述家

民间故事讲述家不但是民族文化遗产出色的收藏者和传播者，同时也是充满艺术个性的再创造者。民间文学的继承与发展无疑与民间故事讲述家以及民间歌手、民间艺术演唱家等的劳动分不开的。三套集成非常重视民间故事讲述家，一大批讲述家成为中国民间文艺研究会或其他地方分会的会员，著名的民间故事讲述家刘德培、金德顺、傅英仁等都先后被当地有关部门授予"故事家"的光荣称号。

尊重民间故事讲述家，对于民间文化工作者来讲，最重要的一点是，要对故事家所讲述的故事进行忠实记录和慎重整理。在三套集成采录中，我们虽不是一字不动，但为了保持民间文学作品的原貌，采录时，要尽量运用现代化的工具，最好进行录音、录像。三套集成坚持民间文学作品的真实性和科学性，反对那种按照整理者或报刊编辑的个人意愿，进行大删大改，甚至改头换面，移花接木。忠实记录、慎重整理是我们进行民间文学采录工作的原则，也体现了我们对民间文学创造者劳动的尊重。

尊重民间故事讲述家，我们民间文学搜集整理者和编辑、出版部门就要保护他们的版权和经济上的合法权益。三套集成作品注明了讲述者、采录者、采录时间、采录地点以及讲述者的相关情况。

在三套集成普查中,我们发现了一批民间故事家和民间歌手。在采录中,那些才华出众的民间故事传承者便引起搜集者特殊的兴趣,大家把他们誉为民间故事讲述家。全国发现能讲50个以上故事的民间故事家9901人,能唱50首以上民间歌手14556人。辽宁省发现能讲百则故事的故事家一百余人。其中,谭振山能讲600则,薛天智能讲1080则,李占春能讲216则,姜淑珍能讲一百三十余则。辽宁省为11位故事家编印了他们讲述故事的专集。在河北耿村、湖北伍家沟、重庆走马镇等地,发现了相当数量的故事家群。三套集成将普查工作同对歌手、故事讲述家的发掘工作有机结合起来,《集成工作手册》明确要求,普查人员在调查访问中"特别要注意与歌手、故事讲述家、民间艺人及师公赞哈等重要传承人的接触与调查了解"。对于重点故事讲述家和歌手不仅掌握他们的民间文学蕴藏、传承,还要专门为他们撰写"小传"。编辑三套集成的过程,一方面推出一大批像金德顺、刘德培、谭振山等这样的故事讲述家,另一方面这些优秀故事讲述家的出现,也推动了民间文学的普查工作。

对民间故事讲述家的发掘和研究,我国民间文学工作者早已关注了,但是,把讲述家作为民间故事传播系统中一个重要的多能性的环节来考察,把讲述家作为主体和研究对象来开展我们的采录和研究工作,在三套集成时代,还是一个新课题。

在三套集成工作中,对民间故事讲述家的理论探讨,增强了对民间故事讲述家的重视,同时也推动我国民间文学的各项工作。当时,就民间故事讲述家的研究方法,就提出了平面研究、立体研究、比较研究、综合研究等。[4]

从20世纪80年代开始实施的全国范围内编选和出版中国民间文学三套集成,即《中国民间故事集成》《中国歌谣集成》《中国谚语集成》,是一项宏伟的文化工程。这项工作是在广泛深入进行普查采录基础上进行的。在1984年至1990年6年时间里,全国共搜集民间故事一百八十四万余篇,歌谣三百零二万余首,谚语七百四十八万余条,总字数超过40亿。中国民间文学三套集成大规模的民间文学普查,不仅对我国各地民间文学的蕴藏进行了一次科学勘测,掌握了一些不同品类的民间文学流布情况,而且发现和挖掘了一大批民间故事讲述家和民间歌手。三套集成的编纂按行政区划立卷,编辑出版民间文学三套集成共90卷(除香港、澳门、台湾卷未出),总字数超过2亿字。

---

[4]贺嘉:《关于民间故事讲述家的研究方法》,《民间文学与儿童文学》,大众文艺出版社,2009年,第10—17页。

访谈手记

2019年11月15日,我们约了郎樱、贺嘉老师进行口述史访谈,但因为时间的原因,主要做的是郎樱老师的口述,贺嘉老师未能展开来谈。2020年1月10日下午,我又前往他们在马甸双旗杆的家中,进行第二次口述访谈,主要请贺嘉老师谈中国民间文学集成的问题。

事先我准备了很多问题,跟贺嘉老师提问时,他都非常认真,饶有兴趣地听着,然后回答我:"我都忘了。"每一次听贺嘉老师说我忘了,郎樱老师就会从旁边房间走出来说:"这个咋不记得呢?我都记得,你怎么不记得?你自己干了一辈子的事,咋能不记得了?"贺嘉老师像个做错事的小朋友憨憨地笑着说:"其他事我都忘了,但我记得钟敬文先生嘱咐我的话'保住集成,保重自己'。"岁月流逝,返璞归真的贺嘉老师,什么都忘了,就是铭记着:集成就是我们的生命!

谚语一干就是20年

李耀宗

访谈时间	2019年11月20日
访谈地点	北京海淀区中央民族大学家属院
访 谈 人	张志勇
整 理 人	张志勇

李耀宗，笔名光芒，1939年生，四川西充人。中央民族大学原文学系教授。国务院特殊津贴专家。中国作家协会、中国民间文艺家协会、中国楹联学会会员。1962年毕业于中央民族学院语文系，留校工作。历任中国谚语学会副主席兼秘书长，中国民间文化遗产抢救工程专家委员会委员，"中国民间文学集成"常务总编委暨《中国谚语集成》常务副主编，《中国谚语熟语数据库》总纂，"中国民间文学大系出版工程"学术顾问，中央电视台特约评论员。获《中国民间文学集成》特别贡献奖。

一、对谚语情有独钟

我小时候上过私塾，喜欢古的东西，信而好古，集成是把民间的"古"采集下来。文献的"古"，典籍的"古"是另说了。

中华民族历史很悠久，这是一个套话，怎么悠久，我们怎么去考证它悠久，历史源在哪里？在没有文字的时候，我们有没有历史记录，文字比我们的历史要短得多。汉字源于何时，这是学术问题，有多种说法，但有一条我敢肯定，它绝对没有民间文学早。汉字起源之前，我们有好多民间歌谣、民间诗歌，还有谚语。

谚语是民间文学当中最早的。当民间还没有故事产生的时候，谚语就出来了。为什么我对谚语情有独钟呢？民间文学是悠久的，谚语更悠久。我喜欢谚语。

二、因集成和民协结缘

我跟民协接触是1979年，从做民间文学三套集成开始。1989年，

1999年，2009年，2019年，40年了。

跟民协接触，使我重上了两个大学、三个大学都不止了，学到很多东西。一是向老专家学习，还有向老百姓学习，还有向项目学习。我没什么成就，或者成绩很小，但是就这点成就，首先是得益于中国民协的活动，尤其是三套集成活动。那是一种社会大学，书本上学不到的，老师教不了的，但是我是拜民间为师，学到了好多东西，这是不容否认的。

三、听"三老"讨论集成

1979年，中国民协还在西单太仆寺街39号办公，钟老（钟敬文）、贾老（贾芝）、马老（马学良）——马老是我的老师，给我上课的老师——三老在那里开会，我当秘书做记录。三老说，民协应该有点作为，搞个什么能传之后世的东西。他们就有各种议论，真是敞开胸怀来谈，怎么把老祖宗的东西记载下来，出书，传之后世。

这是非常美好的一个创意，还不错，正好赶上了改革开放。1978年起实行改革开放了，但是还没波及文艺系统。1980年，改革开放已经声势比较浩大了，于是到1980年就正式酝酿做什么。

当时有多种说法，民间文学大观，民间文学总汇，有集成，还有民间文学志书。翻来覆去折腾到1984年，大家意见不统一。当时贾芝先生很有头脑，他也比较坚持己见，钟老也拿他没有办法，马学良老师是中间的，两边来撮合。三老三足鼎立，幸好是三老，不是四老，不是两老。这样的话，书名得以最后在1984年定下来，叫作民间文学集成。"集成"这个概念谁提出来的，现在很难考证了，因为当时七嘴八舌说了很多，我都记不清是哪一次会议上，但是集思广益的结果，是没有错的。我是当事者，几乎每次会都参加，负责记录。

民间文学的集成是集民间文学之大成。民间文学的集成是不是我们的发明创造呢？当然不是了。古人民间文学也有好多集成，只是它集小成，没集大成。《诗经》里面好多诗歌来自民间，只是小收集，不是大收集。但孔子伟大之处就是他有这个"集成"的概念。民间文学集成最早可以追溯到先秦，先秦追溯到孔子。孔子是述而不作，对民间文学很尊重，故事可以讲，但是不要创造，他主要是谈编辑工作，包括作品的编辑，他主张按原样。

四、为什么谚语也要做集成

集什么成？搞几套？这个就争论比较厉害了，又争论了两年，一直争论到1986年，各抒己见。

争论比较小的是，故事集成没得说，歌谣集成也没得说。但谚语集成就有得说。为什么有得说呢？

谚语是民间语言或者叫民俗语言，钟先生的大学教材《民俗学概论》"民间语言"这一章是我执笔写的，钟老主编，这是他给我下的任务。当时就有好多争论。谚语、俗语、惯用语、行话，多了，我所记载的不下10种，或者十几种。我们集什么成，如果是集民间俗语那就热闹了，首先"俗语"的概念混乱不清，为了避免某些不必要的无休无止的争议，我们求大同存小异，把当时酝酿比较成熟、涵盖面最广、流传最悠久的，而且可编性最强的谚语选出来，叫谚语集成。

编谚语集成要对谚语下个定义，什么叫谚语。从古到今我收集了三十多个定义，有的不是专门对谚语下定义，但是先秦古籍、秦汉以后好多古籍谈到谚语时有些表述。因此，就要定义一个基点，我们立足于哪个基点上来编中华人民共和国或者中华民族的谚语集成，最后选定了现在这个谚语定义，是我博采各家之长总结概括的一个。

钟老、贾老、马老对谚语争论了很长时间，最后要编书，不得已大家就点头了。贾老的思维比较有个性，常常和钟老争论，马老在中间调和。钟先生认为谚语就是谚语，这是他的原话；贾老认为谚语是民间的语言，它的不确定性很强，应该弹性更多。这两者对立比较厉害。马老的意见就是，可以有严格的科学概念，但是不必太拘泥。他们问我，我说同意三位老师的话。我不是调和，我觉得三个人说的都有道理，谚语的概念做窄不行，过宽又失科学性，稍微调和一下可以。我在以后写的很多东西，包括总编纂的方案，都比较重视这个。

五、谚语一干就是20年

要上马了，1985年在贵阳召开了第一次民间文学讲习班，让我去讲谚语。许钰先生去了，还有张文，一个讲故事，一个讲歌谣。讲课之余去游览黄果树瀑布，在那留个影。这是我第一次跟民研会讲谚语。

钟老、贾老、马老他们几位年纪大没有去，我们是代表编委会去的。我在编委会当谚语集成的副主编,后来由于具体工作做得比较多,又叫常务副主编。事实上跑腿的具体工作我都在做,几乎大小文件都是我在起草。对谚语集成我是很有感情的,我是一个联络者,联络全国的谚语工作者,从1980年酝酿,到21世纪初全部出齐。

这当中有个曲折。搞到1985年没钱了,后来周巍峙同志知道了,说到我们这儿来,我们有7套,你们参加了就是10套了。他们原来叫"艺术集成",我们加入了就改成了"文艺集成志书"。从1986年开始,我们加入了中国民间文艺集成志书,是中宣部批准,而且纳入国家项目,不光是经费来源解决了,还有一个问题也解决了,什么呢?号召力解决了。通过中宣部下文来宣传三套集成和别的志书,这一下集成如虎添翼。

1986年以后,集成工作就腾腾腾快速前进,到1987年、1988年普查工作告一段落,就进入编撰。1987年到1988年,为了收集资料,我们动员了全国各省市自治区的民间文学工作者来普查民间故事、谚语、歌谣。当时搜集的谚语很难确切统计,有的地方普查好,有的地方普查差,总体来讲,包括重复在内的有四五十万条,刨去异文变体,得到30万条。

谚语的甘肃卷是21世纪初才出版见书,从1984年正式上马,到各省市自治区省卷本全部见书,大约持续了20年,其中普查持续了6到8年。为什么编书持续时间长?一个是经费原因,还有一个是人力原因。宁夏是第一个出省卷本的,它是我们的试点。

六、科学性、代表性、全面性

科学性、代表性、全面性这三性定得非常之好,体现了三个老专家的智慧。有时候,我看他们三个人意见不一致的时候,当个小砝码看往哪儿放。三个老人都比较信任我。

我觉得民间文学集成当中最不能忘怀的就是科学性。首先要明确什么是谚语,然后再明确要收哪些谚语,然后再明确怎么编排谚语。首先要分类,不要小看分类,科学研究说到底就是分类研究。我们民间文学集成的谚语分了11类,后来又搞了一个数据库,调整了一下,因为数据库的量比纸质出版物要大得多,所以就敞开搞了几十种分类的方案。

谚语集成的分类不敢说已经很到位了,但是至少在古今谚语出版物当中,到目前为止是最能经得住推敲的。只要是谚语,到这儿就能找到它的户头。他们三老凭心而论也是负责的表现。"文章千古事,得失寸心知",这是杜甫的诗,文章传到后世是得是失我这个作者应该知道才对。后人没有能力来纠正你,但是评论是有权利的。我们为什么要做遗憾的事情呢?

为什么要有代表性?由于谚语之多,让你很难面对。没有代表性,这个书没法编。因此,我们要最有代表性的一个版本。三大集成当中打架最厉害的是谚语,三个老师最头疼的是谚语。我就是啃酸果了,咬在嘴里吐不出来又不好咽下去。

有些比较淫秽的,或者反映剥削阶级思维的,这怎么办呢?还是要有利于读者,有利于后学。并不是有闻必录,还要有代表性。代表什么?代表开卷有益,没有益的不拿进来。老先生说,这种谚语一条不收不好,收多了不好,收露骨不好,收一点点让读者知道谚海里还有这么一类就够了。

什么叫全面性?流行的面广不广是全面性,流行的版本多不多也是全面性。

有的像谚语又不是谚语,说不是谚语又有谚语的味道。比方,这个话是古籍里引用过的,如果把它作为谚语,它出自文人之手,应该叫格言,可是如果把它叫格言,又未必是他自己的话,因为当时民间也有谈的。格言和谚语就很难区别。比如"唇亡齿寒"是格言是谚语?"唇亡齿寒"见诸典籍多得是,可是究竟老百姓讲在前还是文人讲在前,很难考证。还有像"开卷有益",像"近朱者赤,近墨者黑""闻过则喜""知足常乐",并不全是成语,有的就是当时的谚语,由于作家在引用,一传再传成了他的话了。所以,我们只能根据普查,老百姓讲得多了就把它叫谚语,因为作家讲的格言也来自民间,再者,作家也是民的一部分,错不到哪里去。

七、搞民间文学要吃得苦

当时对谚语不太重视,我们发牢骚的时候,就说"顾故事",顾得上故事;"搁歌谣",把歌谣放在一边;"延谚语",把谚语往后拖延。"顾故事,搁歌谣,延谚语",这就是我们的新"谚语"。各个地方的普查最不重视的就是谚语,最重视是故事,其次就是歌谣,最后是谚语,但是我们不管那么多,你怎么延谚语你延吧,我们是矢志不渝。

我个人对谚语是比较感兴趣的,谚语保存了中华民族最基本、最古老、最普及的智慧文化。一个人这一辈子就不讲谚语,不可能。不讲故事有可能,不说歌谣也有可能,但是不讲谚语是绝对不可能的。在三大集成当中,谚语占有一个特殊的地位,强调谚语并不否定其他两卷,只是说谚语更具特殊性,普及性,生命力更强。在谚语卷出版过程当中，碰到困难的时候，中国民协是好样的，还是比较重视，开过好多次论证会、座谈会，不仅如此，还做谚语集成的后续工作，搞数据库，只有数据库才能更方便地把谚语这份遗产继承下来。

我们是集了全国谚语学者的大成，把他们的成果，田野的成果，研究的成果积累起来。由于搞集成，全国谚语的研究工作者形成了一支队伍，不要小看这支队伍，它现在越来越壮大，在文化强国当中起着非常重要的作用。伟大的作家都非常重视民间文学，你读鲁迅全集，里面好多谈到谚语，专门谈民间语言。真正成就伟大的作家，必须重视民间文学，这是他的乳汁。一个小孩不好好吃妈妈的奶，这个小孩很难强壮的。

中国民协是三大集成的大本营。当年普查的时候，我是全国各省市除了西藏、台湾没有去，都走遍了。民协现在的副秘书长周燕屏，那时候还是小姑娘。当时马捷跟我联系得多，有的时候一起去考察。具体工作是刘晓路，他是责任编辑。朱芹勤也是编辑，是歌谣卷。

歌谣和谚语常常打架，因为有谚谣，谚语形式的谣，究竟他们收，我们收，两家都要争。谣谚和谚谣是不一样的，谣谚是我们要收，我们不收谚谣。白菜炒猪肉，猪肉炒白菜，两种菜一样吗？应该不一样。量多量少，比例大小的问题。以前为这事儿，每次开会我都反复讲，大家说李老师怎么这么较真，我说不较真咱们没法编书。

搞民间文学的要吃得苦，吃不得苦就别搞民间文学。说到"民间"这两个字，你就得准备和民间同甘共苦，要不然别搞民间的东西。田野是搞民间文学的最重要的基本功，你过去下了乡，现在不去也不行，要不停下去呼吸新鲜空气。

搞民间文学的人都知道，有故事篓子，谚语篓子，歌谣篓子。某一个地区，比如湖北刘德方，他能一口气讲四百多个故事。谚语篓子就不像故事篓子形象那么鲜明，只是说相对地讲，他能说出很多谚语来。我们以谚引谚，我说一条他说一条，我再说两条他说两条，以谚引谚，采集谚语的时候是这样的，用谚语来引谚语。

据说朱光潜讲过一句话，说汉无长歌，要有就是《孔雀东南飞》；要不就是历史上有过，当代没有。前两年，我到湖北去，在黄石赛龙舟当嘉宾，身旁有一位是咸宁的，她说他们那儿有长歌，一唱上千行，一句话提醒了我，后来推荐给湖北民协，我也去考察了一次，见已搜集了三十多部长篇作品。朱光潜说了"汉无长歌"，这个说法已经立不住了。不光咸宁，别的地方也会有长歌的，但再不收集就没有了！我们去搜集的时候，那些老太太六七十岁了，一口气要唱多少行，吃了饭继续唱，有叙事的，有抒情的，主要是叙事的。很长的一个故事都能唱出来，唱上千行。

民协的工作更加眼睛向下，当石头沉在水底，不要当浮萍浮在水面。民间文学就是民间文化长河产生的。我绝不相信民间文学已经死亡，但是我又坚决相信：再不抢救就可能死亡，或者濒临死亡。

八、民族大家庭的文化合影

台湾有个叫朱介凡的谚语学者，90年代到大陆来访问的时候，走访过我。他看到大陆刚刚出的谚语卷本，兴奋到极点了，他说："我一宿没睡觉，你们幸福啊，有条件出这么大的集成。"他出的谚语研究收了多少？两三万条。他弟弟当了大军官，但是他一直在跑民间收集谚语。他非常羡慕我们谚语集成，他来的时候，我把已经编好的宁夏卷，还没出版的打印本给他看，哎呀，他感动得不得了。他到我家里来，而且还请我吃饭，对我非常敬重。他不是敬重我，他比我年长二十多岁，他是敬重我们这份事业。

我们谚语集成在大陆，在海峡对岸，还有在海外，影响也是很大的。我去美国的时候，一个华美协进社把我请去，不谈别的就谈谚语集成，他们手里有。我们的劳动没有白费，世界华人对谚语集成赞美有加。我们做了一项令世界华人赞不绝口的好事儿。如果我们不出谚语集成，我们的后人，海外的华人，就很难见到这么丰富多彩的谚语。

三大集成表面看起来是民间文学业务的一个项目，事实上是一个传承中华民族文化基因的一个断不可少的政治项目。

习近平总书记讲"以人民为中心"。为什么要以人民为中心？看看三套集成，人民在国家生活当中，从古到今起了什么作用，这就是一个非常好的具体诠解。它不是虚的，是实的。你看三套集成，老百姓有那么多的活动，那么多对于历史的推动。三套集成是文化项目，同时也是政治课题。中华民族为什么是多元一体的民族共同体，请你看看三套集成。从各民族的民间故事看到好多互相的交流，谚语也是如此。一条谚语在好多民族流传。中华民族从古到今就是密不可分的一个整体，一个共同体。各民族的谚语、故事都在集成里得到体现，而且好多故事你中有我，我中有你，很多民族的形象出现在某一个故事里。

三套集成是民族大家庭的文化合影。三套集成的价值在于：它对国家统一、民族团结起了不可替代的纽带作用。不是我参与了这个工作就这么说。三套集成的贡献之大，很难几句话把它说全。三套集成的作用、意义、价值，怎么夸、怎么讲，都不过分！

访谈手记

这些年和李耀宗老师接触比较多,但正式登门采访,这是第一次。李老师很健谈,经过他的描述,40年前钟老、贾老和马老关于三套集成的讨论场景如在眼前,栩栩如生。只是可惜,由于年代久远,当时他所记的笔记没能找到。采访的间歇,他也会偶尔宕开,传授一些人生经验,比如,他会说:"眼睛要向下,当石头沉在水底,不要当浮萍浮在水面。"话很生动,很有启发。采访过后几天,接到他的电话,说是找出来一些关于三套集成的照片和资料。我再次登门,一起翻阅这些发黄但是整整齐齐的剪报、宣传页、油印讲义、通信录、会议通知、会务指南,以及"民间文学集成讲习会留影"这样的重要照片。李老师说,还有一张照片,是在绍兴考察,赶上发大水,大家蹚河而过的场景,但照片忽然又找不到了。过了几天,找到之后,又专门翻拍托人发了过来。这种有心、用心特别令人印象深刻。毕竟,三套集成里凝结着他们那一代"集成人"的大量心血。这才有了这部"民族大家庭的文化合影"。

集成真是文化长城

董梦知

访谈时间	2019 年 11 月 21 日
访谈地点	北京西城区前门西大街
访 谈 人	张志勇
整 理 人	张志勇

董梦知，1939年生于山东青州，长于青岛，后考入西安地质学院，1960年毕业分至北京地质学校任教。1985年调入北京市文联，曾任《北国风》杂志编辑、北京民协秘书长、驻会副主席、北京市文联理事、中国民协理事。1999年底退休。1987年在北京民协任职（兼任北京市民间文学集成办公室主任）完成了国家艺术科学重点项目《中国民间故事集成·北京卷》《中国歌谣集成·北京卷》《中国谚语集成·北京卷》的编纂出版工作，荣获文化部"特殊贡献个人奖"（2004年）。

一、从《北国风》到民协

1985年，我调入北京市文联，在《北国风》杂志做编辑，1987年调到北京民协任秘书长，主持协会常务工作，参与民间文学三套集成北京卷的工作。

北京是启动集成比较早的。1984年，中国民协（当时叫民研会）和文化部、国家民委共同发文之后，北京民协就承担起北京卷的组织编纂任务了，先向文联打报告，再通过文联向市机关打报告。当时管这个的是陈昊苏副市长，他给批的。他批了以后就成立了一个编辑委员会，编辑委员会的主任就是北京市文联的书记宋汛，还有老书记陈模。其他还有市委宣传部、文化局有关领导。当然，包括我们协会的主席张紫晨、副主席李克以及段宝林、许钰、刘铁梁等教授，这些都是成员。

编委会刚成立不久，我就调过来了。原来做这个工作的是协会的秘书长赵日成，他干了不到两年就调到中国民协了，在《民间文学》杂志社工作。我从《北国风》杂志调到协会接替他，从这个时候开始，就把整个工作接过来了。

二、和中国民协上下联系

当时,这块工作主要是和中国民协贺嘉对接,他是三套集成总编委会办公室的主任,我们上下联系。先是办班,学习文件,弄清楚搞集成是怎么回事儿,怎么搞法儿,包括钟老(钟敬文)、贾老(贾芝)、马老(马学良),这三大集成的全国主编都给讲课,讲课以后我们就都清楚了。我们民协就是搞民间文学、民间艺术的,对这方面都大致了解,一讲课就知道怎么去做这个工作,这个书怎么编。

咱们交上去的是初稿,中国民协按照他们的统一体例、规格进行编辑。比如说,你这个卷本要突出有北京特点的,稿件比例要增大,现在比例小了,要有个调整。怎么调整,也是中国民协提出来,你得达到百分之多少,比如故宫传说达到百分之几。这样我们回来就得重新调整,和他们来来回回、上上下下的好几次,最后才通过终审。

哪个省都一样。外省都来住到这里,和他们一块。我们北京的倒还方便,一开会就在一块儿,电话联系也不断。中国民协主要是贺嘉负责。和贺嘉一起的还有刘晓路,冯志华,还有个女孩朱芹勤。他们负责具体编辑上的事情。当时中国民协的领导是钟敬文,他是主席,秘书长是刘锡诚,刘锡诚主持日常工作。

三、北京民协怎么搞集成

开了培训班,武装头脑之后,我们开始了第一个工作,就是先成立北京市的民间文学集成办公室。有的省叫民间文学编辑部,咱们叫"民间文学集成办公室"。上面有主编、副主编、编委,有工作就对口找他们。具体工作是这个办公室来做。办公室就在我们民协,我是协会的秘书长,又兼着办公室主任,实际上就是一套人马两块牌子,还是这几个人。我们一共4个人。当时文联一个协会就一两个人,我们给增加了两个名额是编辑,这样我们协会的人员在文联除了作协就是最多的。

机构成立后,我们就一个一个区县地跑,向各区县文化局、文化馆传达精神,说服动员,然后共同协商,建起区县民间文学集成班子。经过几个月的奔波,18个区县班子全部建立起来。各区县再抓乡、镇(街道)文化站,选拔文化干部、语文教师、业余作者组成采风队伍。紧接着,一场大规模采风开始了。他们下到各村庄、社区进行普查、搜集当地的民间故事、传说、歌谣、谚语。各区县再根据乡镇采风来的作品进行审订、甄别、筛选出代表本区、县的故事传说,编印本区县资料本,最后上报给我们审订,编纂成书。

当时全国31个省（区市）统一行动。我们也是，组织业余作者、中学老师、文化干部去采风，一个村子、一个村子采，一个街道、一个社区地做，基本上不遗漏，地毯式的，空前绝后的大采风。的确是空前，自古到现在没这么大规模的采风。汉代建立乐府机关采风，那是官员的采风行为，是了解民情，采集诗歌。咱这是全民发动，等于"人民战争"，空前绝后。全国参与人员是几百万人，北京就上万人。北京人少。北京是省级单位不错，但它地域小，咱们北京这个地域还不够新疆的一个县大呢。有的地方光区县就有上万人参与。

每个区县组织这些业余作者、老师、文化干部下去采风的时候，都是要先培训，先办班。我们办班不是一个区县一个区县办的，而是一起办。我们在密云水库招待所搞了一个大型的学习班，全市各个区县的集成班子负责人都去了，好几十个人。我们好几个人都去讲了，一个是张紫晨，一个是许钰，还有贺嘉，他们一个讲课，一个讲条例，一个讲方法。培训完了，他们再回去培训他们本区的采风队。

这个采风是有对象的，上岁数的老人，本地人，能讲故事的——年轻人没有几个能讲民间故事了。现在三十多年又过去了，还有几个健在？所以这次的采风是绝后的，是一项抢救性的文化工程。把这些故事一个一个采集上来。采集上来进行整理，整理完了以后，各个文化站送到区县，区县的班子就把搜集上来的东西进行甄别筛选，选出代表本区县的故事。像延庆主要是长城的故事，八达岭的故事特别多，整个出了一本"长城集"。像门头沟是永定河。山区还有寺庙。都有特点。搜集起来最后出一个资料本，资料本汇集到我们这儿。全市18个郊区县最后都汇集到我这儿。

但是有些工作不好做，有的区县怎么也推不动。有的区县重视，有的不重视。这个事情就是思想性的工作。咱们也不是直接领导，人家听咱们的是听咱们的业务，是不是？人事什么的人家不听你的，你管不着我，我也不拿你的工资。有的区县，它就不出，最后我们也没办法。你们搜集的资料有吧，有的话拿来，最后把那个拿来了。只有原始的资料，没有出书。

1987年底，全市18个区县已有14个送来了资料本，加上其他区县以后送来的手抄本，共计民间故事、传说达一千余万字。我们组成了以权威学者、专家、教师为主的审稿班子，开始了北京卷的审订编纂。按总编委会的统一标准，对汇集上来的作品进行审阅、甄别、衡量，最后选订出637篇122万字代表北京特征和古都风貌的民间故事，编纂成书。1991年向总编委会送审，经过审订，并与我们反复磋商，几上几下，于1992年通过了终审。它是全国第三部通过的国家卷本。至此，历时7年的《中国民间故事集成·北京卷》完成了。

四、这个工作有点难做

咱们做这个工作有些难点。

第一个是推动的时候比较难。有的时候就推不动。当时刚开放,提倡市场经济,有没有经费?给不给拨款?一听没有拨款,没有拨款的事儿没法干。咱们就讲,这些将来要入国家卷的,各区县的资源搜集起来,是给你各区县立传。有的做工作,勉强答应了,答应了有的做,有的就很被动,经常下去督促。这是一个困难,磨嘴皮子。

再一个就是经费问题。我们没有经费,他们也没有经费。现在想起来,也就是那个时候能做这种大工程。当时计划经济还没完全消除,刚改革开放,市场经济刚进来,还保持着计划经济那个形式,上面下任务我们底下做,不管有钱没钱。现在你要这么做,没钱根本理都不理你,你没钱我干嘛给你做,我使什么做。比较难的地方就在这里。

编辑的过程、采风的过程也是很难的。我们曾经组织过几个采风队,包括北师大的,北京大学的学生。许钰、张紫晨是北师大教授,中文系的。段宝林是北大中文系教授。我们组织学生采风,到矿上,到门头沟矿采风,听矿工讲一些矿工的歌谣。也到运河采过风。

说实话,有些作者,各区县的,我们都知道,那都是搞文学的,为了找老人讲故事,自己花钱买瓶二锅头去,带点儿小礼品,引导他讲故事。咱们都说,河北搞三套集成,郑一民说在集市上贴出广告来,讲一个故事给一个烧饼,免费给。没有钱吃饭的,就排着队来,我给你讲一个故事你给我一个烧饼。北京有人就用二锅头来换。也是得做工作。

编辑过程中也有些困难。刚开始的时候,18个区县整个搜集上来将近1000万字。量大,我们就发现重复的太多。重复是难免的。但重复得太多了。像刘伯温修北京城,哪个区都有。有特色的开始比较少。

我们开整个编辑部的会议,研究这个问题,要突出各区县特色,突出北京首都的特色。北京是古都,它有故宫的传说,有帝王的传说,这些是外地没有的,他们没有这个优势,咱们得突出这个。帝王将相的故事肯定是最有特色的,主要流传在城区。最后又组织力量,专门搜集这部分。各区搜集各区有特点的民间文学,延庆、怀柔搜集长城,门头沟搜集寺庙,大兴搜集永定河,丰台搜集卢沟桥这些方面的。这样整个越来越有特色,最后北京卷还是搞得很不错的。其中故事卷,咱们北京是全国第三个,第一是辽宁,第二是吉林,第三就是咱们。

五、钟老关心北京集成

继辽宁卷、吉林卷出版后，排到北京卷时，国家统一拨款出书的章程改为由各省自筹资金出版，北京卷因资金无着落被搁浅了，哪知这一搁竟是6年。我们在继续编纂其他两卷的同时，又为故事卷的经费而奔波了。我们就找文联，文联说咱们没有这笔经费。是，上面没有给文联。通过文联向上面要呢？文联说这可以。但是要的话还是从我这儿张罗。我就给市里打报告。写什么申请，陈述咱们的理由，就是批不下来。那会儿国家经济也困难。折腾了5年，最后通过何鲁丽副市长拨出了10万元出版经费。那会儿10万块钱就了不得了。

"十部文艺集成志书"只有三套集成是文联管，文联里面就是民协管。其他7套都是文化局管。所以，那还是真费脑筋，一边咱们得做着歌谣、谚语两套集成，一边还得要着故事卷的出版资金。最后批下来了，又有个麻烦，什么麻烦呢？就是北京的出版社和总规划办的纠纷。这不又咬住了，咬住以后又下不来。我说怎么故事卷就这么难啊。

最后，1997年春节，北京市政协副主席代表政协看望钟老钟敬文先生，慰问完了就问钟老还有什么要求。钟老对自己的事儿一句话没提，就提了集成，说："你看故事集成的北京卷是走在全国前面的，但是像辽宁卷、吉林卷他们都出来了，北京卷因为经费问题到现在出不来，现在又赶上一个出版社问题，是不是市领导能过问一下？"他说："我这老民间文学工作者，希望在有生之年还能看到北京卷的出版。"他那会儿已经快一百岁了。

当然，政协对这事儿比较重视。他们看望完了以后，接着贺嘉就给我打电话，说："老董我告诉你个好消息，市领导看钟老，你这个事儿有眉目了。"我马上就去北师大找钟先生了，我说："钟老，市领导来看您了？"钟老说："啊，是来看我了。你们这个事儿我也和他提出来了。"我说："提出来是提出来了，这是个口头上的事儿，咱们是不是落实到文字上最好。"他说："你说怎么着？"我说："就趁这个机会您给市领导写封信，把这个事儿说一下。"钟老说："好，我说着你写。"他就说了北京集成的事儿，希望市领导过问一下，因为出版社纠纷到现在卡住了，出不来。他说完了以后，我给他整理了一下，他看了一遍，签上字。我马上就送市委宣传部李志坚部长。事情就这样解决了，按统一规定由总规划办出。

解决了以后，第二年春天就开始交付印了，到1998年底出书。就在采风编书的十几年里，又有二十余位民间故事家去世了。当时若不抢救，有些口头文学就永远消失了。

过了年，我就拿到新书了，拿到新书我就去看望钟老。那是1999年春节刚过，我带着刚出版的《中国民间故事集成·北京卷》去看望钟老，钟老挺高兴地说："出书了，太好了，快拿给我看！"钟老像得了件宝物似的翻阅起来。这时我从心里泛起一股深深的感激之情，感谢钟老对北京民间文学集成的关怀和支持。

他对自己的工作环境怎么就只字不提呢？这个功勋卓著的学者一直都没有书房，他说过："我没有专职的书室。"他虽然住着一栋小楼的整一层，可他的书太多了，有上万册，所有空间都被书挤满了。进门时要小心，门开不到底，因为门后都是书；走路时要小心，别把码在走廊一边的"书墙"碰倒了。他那10平方米的写作室，除了桌椅、沙发就是书。其他屋里全是书。客厅也全是书，他柜子里的书都满了，道上也是书。到处是书，搞文的就是这样。他在这里做学问、辅导研究生、接待来访者、商讨工作……连我都为他叫屈，可他并不把这些放在心上。他这么困难都没说。那会儿房子还没改革呢，都是国家分的，不是有钱就能买，像他这个级别，像他这个全中国民俗学之父，博士生导师，中文系主任，完全可以再给他扩大一下，给他个书房什么的，当时他要提意见的话，一定能给他解决。他对自己的事儿不提，就提咱们的事儿，所以，我特别感动。

后来，在人民大会堂三套集成表彰会展览的时候，放了个大照片，是我和钟老同看"北京故事卷"的合影。钟老高洁的人品特别打动我。

六、退休了继续干集成

北京这三套集成最后出齐是21世纪之初。

我是1999年底退休的，退休的时候还没完成。这里面有个教训，我在全国交流会上也讲过：采风的时候，大家以采集故事为主，歌谣、谚语当成副产品，主要是找谁讲故事，歌谣，谚语，那是随便问问。歌谣和故事不一样，故事一个人能连着讲好多个，你叫他讲歌谣连着说10首，说20首？他是断的。谚语是碰上什么事儿说什么，碰上吃饭了，讲"饭前先喝汤，大脑不受伤"，吃完饭以后讲"饭后百步走，活到九十九"。这个事儿赶上就说，没赶上他想不起来，所以，比较困难。

最后故事卷编完以后再编歌谣、谚语卷的时候发现数量不够，歌谣全市才搜集了两千多首，这两千多首不是就两千多首，是搜集了好几万首，好多重的，合并以后就剩两千多首，数量上就差得多。谚语的话将近一万条，也不够。最后我们又通过市委给各区县发了一个文，二次采风，专门采歌谣和谚语。搞过之后，各区县出资料本，延庆县出延庆歌谣谚语集，门头沟区出门头沟歌谣谚语集。二次采风以后，搜集上来一大批，还觉得不够丰富，因为北京地域小，就这么大的地方，流传的就是这些东西，和其他大省不一样，光四川一个省就上亿人，比北京多了10倍。所以，就比较困难。

最后，我们又搞了两次座谈会，一个是歌谣会，一个是谚语会。歌谣会就专门围绕歌谣专家，出过歌谣书的歌谣作家，包括咱们的会员，他们把个人搜集的全拿出来了，有的人搜集几百首。这下子行，而且还很有地方特色。我们在采风过程中也去找有地方特色的，比如商业谚语，我们在商界找这种人，矿区谚语就在矿区找，包括首钢，搜集钢铁工人的谚语就找他们，找出这些特点搞了一部分谚语。我们什么办法都想过，把中文小说里的谚语都找出来，那时正好有一些大学生，每年快毕业的时候都会到我们协会来实习，我们就让他们去翻书，像《儿女英雄传》《红楼梦》这些小说，包括老舍的小说，他们从头到尾看，有谚语就挑出来，这样补充。

北京故事卷出版后，我也年届60岁，退休了。而尚未完成的两卷集成，由于接班的同志业务不熟，工作近于停滞状态两年多。后又找到我，恳请我继续完成余下的工作，但无报酬，只有那点微薄的审稿费，那还是集成志书启动之初20世纪80年代定的，到了21世纪也没改变。这比起写作品来是既无名又无利。干不干？集成工作是功在当代、利在千秋的文化大业，做了这么多年了，各区县的老集成人都是我的亲密战友，全市好几百人做这个工作，再加上提供故事、谚语、歌谣的就上万人，是不是？不把它编纂出版，怎么对得起他们？怎么对得起国家？即使牺牲个人的利益，放下写作，也要干！于是我又重操旧业了。

从此，我又忙碌起来。组织人再搜集歌谣，再搜集谚语，再一块审稿，在家审稿，电话联系各项业务，跑协会，跑总编委。研究讨论，定稿，送审各项事宜，整天忙忙碌碌。同楼邻居见我还问："你是干'补差'吧？"就这样干了四五年，和同事们一起完成了《中国歌谣集成·北京卷》《中国谚语集成·北京卷》的后续编纂工作，于2006年先后送审，2009年6月和8月陆续出版。于是这历经二十余年，凝聚着上万人心血的三套集成北京卷终于出版了。这是北京文化界的一件大事，这是一份无价的文化遗产。

七、集成真是文化长城

2009年，中华人民共和国成立60周年国庆大典刚结束，10月11日全国"十部文艺集成志书全部出版总结表彰大会"在人民大会堂召开。

这一新中国成立以来我国最大的文化工程胜利竣工，我参加大会并被授予"特殊贡献个人奖"。虽然没有任何奖金，但我最珍惜这份荣誉，它是对我二十多年集成工作的肯定。虽然我也写过不少的作品并获奖，但我最看重的是这项大奖。一想起我为国家盛世修典做了一份贡献，我终生都感到欣慰。

我铭记着我们中国民协主席钟敬文先生为集成工作者作的诗句：吾侪肩负千秋业，无愧前人庇后人。

这边开着大会，对面的国家博物馆搞的集成展览，全国的书都出了，一个省10卷，30个省300卷，真是像长城，文化长城。

访谈手记

11月21日，按照约好的时间，笔者来到董梦知先生家。走出电梯，刚想搜索门牌号，发现董先生已经站在电梯口等着。董先生的家中，卧室和书房很难做出区分，到处都是书和相关的资料。此次采访的主题是关于民间文学三套集成北京卷的工作。这是一项持续了二十余年的事业。董先生刚到北京民协就接手这一工作，一直到退休之后仍兢兢业业。笔者跟随他的回忆所及，仿佛置身时空隧道，快速经历了那一段历史。采访结束几天后，接到董先生的电话，说是又找到一些当年的照片。笔者再次登门，一边翻看照片，一边听他讲述过去的点点滴滴。照片里，有钟敬文这样的民间文艺大家，更有许多不知名的民间文艺工作者。规模宏大的集成成果于2009年展出，被赞誉为"文化长城"。正是有了他们数十年如一日的工作，这文化的长城才能筑造起来。

田野就是我们的课堂

叶春生

叶春生，1939年出生于云南河口，原为中山大学民俗研究中心主任、中国民俗学会副理事长、国际民间叙事文学研究会（ISFNR）会员，广东省民间文艺家协会顾问、广东省民间文化遗产抢救工程专家委员会主任。1959年考入中山大学中文系学习，1964年考入北京师范大学中文系，1978年调回中山大学中文系任教，迅速开设了《民间文学》课程，并担任中山大学中文系副主任，期间组织出版了《民俗》《民俗学刊》《中国非物质文化遗产》刊物，成立了中山大学民俗研究中心。

访谈时间	2019年3月21日、3月28日、4月18日、9月1日、9月20日、10月28日、11月25日
访谈地点	广东中山大学南校区蒲园区
访 谈 人	张寒月[1]
整 理 人	张寒月

一、20世纪50年代的中山大学民间文学教学

1959年我考入中山大学中文系学习的时候，是谭达先老师为我们上民间文学课程，他为民间文学发展做出过很大贡献，任何事都亲力亲为。他五十多岁还去香港读博士，著述非常勤奋。但在当时他给我们讲的，主要还是民间文学，对于民俗学只是传达了一个模模糊糊的概念，学术界很多人对民俗学也不了解。我从报考研究生开始，就是立志要研究民俗学、民间文学，发扬中山大学的民俗研究传统。我从北师大研究生毕业以后先去内蒙古，后来又在信宜县工作了10年，但我始终没有忘记最初的理想，走到哪里都在当地搜集民间文学，后来1978年如愿回到中山大学，开始了职业的民间文学研究和教学。

在我回到中大前，谭达先可以说是中山大学唯一一位民间文学教师。除了在1953年9月到1954年7月这个学期，有位胡毓寰的教授是和谭达先一起开设了"民间文学"课，1955年这位教授退休了，那之后中大的民间文学研究事业都是由谭达先一个人负责。谭达先本身也是国立中山大学中文系毕业的，1951年开始在中文系任教，1980年申请前往香港离

开中大。我记得,他在1954年至1956年期间,还曾去到北师大民间文学进修班跟着钟老学习过,后来给我们开设了"中国人民口头创作课程",当时上谭老师课的学生前后有四五十人,当然不是每个人每次都去。他的课最大的特点是内容丰富翔实,所讲内容皆有根有据,均是事实。另一个特点是每次上课他都背一大摞书放在讲台上,课前课后任同学翻阅,也以此说明他所讲内容均有出处,书上都能查到。有次上课他还提到在1958年7月的时候,他同全国第一届民间文学代表一起得到了毛主席的接见。

在我1978年刚调回中大时,还是谭老师开着民间文学课,我每次课都去旁听,想要向谭老师学习吸取更多经验。他每次带学生出去进行调查,我也跟着一起去,多在广州周边调查。在和谭达先的接触、相处中,最令我印象深刻的是他对于民间文学那股热情和执着。我记得当年谭老师有时还会去市二宫和文化公园讲民间文学,那里有固定的说书位置,他会背着很多书去,把书摆放在桌子上任来人翻阅,自己则讲民间文化趣事,也吸引不少市民来听,我也曾去听过几次,他讲得非常之有趣生动。后来他1980年到香港以后,我们经常有书信来往。我知道他刚去香港时是十分艰难的,因为那边不承认他在内地的学历文凭和过往的教学经历。为了生活,他只能选择继续在香港大学攻读硕士和博士研究生,在59岁的时候顺利拿到博士学位。但那时他依然坚持着他的民间文学志趣,前前后后写了8本民间文学著作,像《中国民间文学概论》《广东民间谜语选注》都是在这时期完成的。之后他每次回来广州,都会背着一大包书,基本都是与民间文学相关的书籍。1991年的时候,他移居去了澳大利亚与儿女团聚,还花了很大一笔钱把他的民间文学书籍全运过去,足见他对民间文学的热爱之情。

二、20世纪80年代后的中山大学民俗学的复兴

谭达先离开中山大学后,我从1980年上半学年开始为本科生开设民间文学选修课以及写作课,当时特地赶写了《民间文学论纲》以供学生上课参考,这本论纲就是后来曾被多所大学用为民间文学教材的《简明民间文艺学教程》的雏形。在民间文学课堂上我常以民间趣闻趣事带动气氛,学生积极性都很高,选修民间文学课程的学生逐渐增多。在上课过程中,我特别强调田野调查,鼓励学生们走入田野,去搜集第一手的民间文学知识。

1993年9月,我开始招收民间文学研究生,第一届有施爱东和徐霄鹰两位学生,

[1] 张寒月,中山大学中国语言文学系民俗学专业2018级硕士研究生。

我为他们开设了"民间文学概论"和"经典作家论民间文学"两门课程。施爱东毕业后留校了，成为我的学术助手，帮助我做过很多事，包括编辑刊物、出版图书、申报博士点，以及作为"大师兄"协助管理我后来招收的研究生等。1999年，中山大学获准招收民间文学专业博士研究生，成为继北京师范大学之后第二所可以招收民间文学博士研究生的高校，我的第一届博士有三人，施爱东、徐霄鹰、蒋明智。

我在中山大学任职二十多年，2006年退下讲台，期间共带了五十多个博士和硕士研究生，以前我常常帮助学生们去做田野调查，拓宽他们的知识面，或者带领他们做项目、参加各地的研讨会，在实践中锻炼才干。他们中的大多数现在仍都继续奋斗在民间文学的田野上。比如，施爱东现在在中国社会科学院文学所工作，蒋明智和朱爱东在中山大学任教，储冬爱和刘兴东在华南理工大学任教，朱雄全在中央民族大学做研究，还有其他许多的学生，都在各个高校或者研究机构，为中国的民间文学、民俗学发展做贡献，他们都令我感到非常欣慰。此外，当时中山大学民俗学、民间文学事业的发展在其他方面也取得了很多成果。

三、创办学术期刊

我刚到中大不久，大概是1986年的时候，我用自己在刊授中心任职的酬金，自费设立了"振兴中山大学民俗奖"，奖励在民俗学和民间文学学习中表现突出、刻苦钻研、致力民俗调查和民间文学搜集整理的学生。还将学生们优秀的民间文学作业自费刊印成书，这就是1986年7月出版的《民俗》辑刊，没有书号，就是内部印刷的教学用书，同时我也寄赠给许多业界同行，许多我们这一辈的民俗学者像刘锡诚等人，都还保存着我的那些小册子。

我创办《民俗》辑刊的初衷是为了将当时学生们的优秀作业保留下来，绵延我校萌发于半个世纪前的民俗学研究事业。当时在给学生开设民间文学课程时，大家都颇为踊跃，很喜欢这门课程。每年寒暑假，都有一批学生，利用回乡的机会，深入村寨渔村采风问俗，做了很好的田野调查练习。还有三批同学，远道跋涉到云南搜集毕业论文的材料。这些都是极其宝贵的民间文学资料，如果只是检查完作业就丢在一边，未免太过可惜。于是我自费将它们刊印成书，并请钟敬文先生题写了书名。《民俗》辑刊共出了五期，2001年3月印出了最后一期，它是改革开放后中山大学民俗学恢复后早期发展的见证。第一、二期虽间隔一年，但都顺利刊行，到第三期因为多方原因被迫中止，从1989年到1998年，稿件保留了长达9年，直到1998年12月才得以付梓，后来又分别于2000年和2001年出版了第四、第五辑，每期只印了500本，大部分供教学使用，也有一部分寄赠给了全国各地的业界同行。许多社会人士，甚至一些政府官员，比如原来的广东省委副书记蔡东士，都对我们这项事业非常支持。在编排体例上，到第三辑后，刊物的目录体系、民间文学的题材分类更加细化，比如，我们把故事类细分为了人物故事、普通故事和新故事等。五辑《民俗》的刊行受到社会各界人士的好评，许多同行和朋友纷纷来信，恭贺中山大学民俗学传统的再次恢复。

在编印《民俗》辑刊的时候，中山大学民俗学还处于刚刚起步阶段，由于时代及其他现实条件的制约，《民俗》辑刊的刊印还是受到很大限制的。后来由中山大学民俗研究中心主办的《民俗学刊》就有了不一样的发展基础。它于2001年11月问世，较之于先前的《民俗》，这套刊物的发行得到了中文系领导和多方企业家的资金支持。我们秉持"关注民众，贴近民生，再创辉煌"的理念面向全国征集稿件，这一办刊理念是符合当时时代发展趋势，契合民众精神文化要求的。进入改革开放新时期，经济发展速度显著提高，尤其是在作为全国经济发展领头者的广州，国外新鲜事物不断涌入，国际间的文化交流也逐渐频繁，民众对文化发展有了新的需求。民俗文化作为文化生活的重要组成部分，更应积极走进生活，关注民生，反映民众精神文化诉求。因此在编辑《民俗学刊》过程中，我们更多的是想为民众生活服务，反映民众的心理、愿望、呼声，帮助他们提高文化素养，发展生产，改善生活质量，使民俗文化的发展与现代经济文化的发展并行不悖。

从内容上看，《民俗学刊》更加具有鲜明的时代特性。首先是国际化发展，我们积极与国际文坛交流接轨，从第二辑开始设置了中英文双语目录，方便国内外学者检索；连续刊登国际民俗学界研究的动态简讯，开设域外民俗学栏目，刊载了5篇相关文章；在第六辑中专设"日本民俗学专集"，含6篇翻译文章。其次，是对国内各地区间的民风民俗的重点关注。《民俗学刊》总计刊出了20篇"区域民俗学"的论文，其中有关岭南区域民俗的就占了7篇。再次，中山大学中文系领导还对我们的两大特色研究方向——民俗学和戏曲研究进行了调整融合，因此还派生了戏曲民俗研究的新方向。

还有一个很重要的方向，就是对民俗文化产业、应用民俗学的关注。中国加入世界贸易组织后，在经济全球化背景下，第三产业发展势头高昂，以文化为核心竞争力的旅游业和文创产业成为服务行业的重要部分，而民俗文化作为一个民族文化中最接近民众生活，最能反映民族独特品格和地区不同生活文化的标志性符号，自然成为重点开发利用方向。地方政府纷纷利用当地的民俗风情打造文化旅游招牌以吸引游客，以往默默无闻的民俗文化被旅游热潮推至台前。学者们也开始在文章中思考将民俗研究理论成果与民众现实生活、经济文化的开发利用结合起来的效度和可持续性发展的问题。比如邓启耀的《传统文化处境中的现代民俗文化产业》、于芳等人的《观光与民俗文化保护》等论文，都从不同方面讨论了新时期经济发展对民俗文化的利用。

在现代社会发展前进潮流中，传统文化的生存及其在其中可扮演的角色等问题在当时备受关注，2001年12月20日，为对这些问题进行集中讨论，我们和中国民俗学会联合举办了为期三天的"现代社会与民俗文化传统"国际研讨会，这次研讨会也是向我的老师钟敬文先生致敬的一个贺寿会，48位国内外学者聚集于中山大学，研讨了新时期民间文化传统与现代化的问题，会议的主旨也是在于"关注民众，贴近民生"，想要更好地推动我们的传统民俗文化为新时期民族文化建设，为社会经济发展服务。

我们在编辑《民俗学刊》期间作出了有一个小变化，就是《民俗学刊》2005年6月出至第八辑以后就更名为《中国非物质文化遗产》，该刊出了四辑后于2006年12月停刊。从大气候的角度上看，这一变化主要是为了顺应世界文化发展保护潮流以及国家文化保护政策。进入21世纪，经济全球化浪潮打破了国际间以往相互隔离的壁垒，它在为多数国家带来巨大经济效益的同时，也在一定程度上使得区域间发展模式趋同，独特性逐渐磨灭。以中国为例，在西方文明的不断涌入过程中，民众面对陌生的文化模式多是茫然的，他们迫切想要内向地寻找本土文化的独特符号标明自身独立存在的意义，"寻根文学"学派是这种思潮的主要代表。民族自豪感激励着人们开始保护优秀传统文化，这种保护热情在2001年我国的昆曲艺术被列为首批"人类口头和非物质遗产"代表作名录之后，更加高涨，2004年全国人大常委会批准联合国《保护非物质文化遗产公约》在中国施行，标志着中国非物质文化遗产保护工作正式全面启动。从小气候来说，是因为东家变了，过去的《民俗学刊》，主要是我利用自己的个人影响力，向社会支持者筹集资金出版这本杂志，后来我们的杂志影响越来越大，民俗学在中山大学中文系的学科格局中的地位变得越来越重要，中文系领导决定由系里划拨资金，由中山大学出版社支持出版，同时能够兼顾其他学科的发展需求。

在一定程度上，"非物质文化遗产"这一概念所包含的内容，比如传统戏曲、各类表演艺术、民歌、史诗、民间节日文化等，早就包含在民俗学的研究范围内，不过时代发展的东风将它们都整合至"非物质文化遗产"这面大旗之下。受非物质文化遗产保护热潮的影响，民俗学受到了空前的重视，日渐成为显学。为此，2002年，我们在中文系两大传统优势学科的基础上整合成立了"中山大学中国非物质文化遗产研究中心"，并且于2004年11月被确立为教育部人文社会科学重点研究基地，中心设有三个主要的研究方向，一是民俗学研究，二是王季思、董每戡二位学者开创的戏剧戏曲研究，三是为适应新的需要而设立的非物质文化遗产保护研究。由于学术领域扩大了,已经不再局限于原来的民俗学,所以将《民俗学刊》更名为《中国非物质文化遗产》,由中山大学中国非物质文化遗产研究中心主办。在内容上,《中国非物质文化遗产》涉及的领域更加广泛,其中"非遗"研究为主题的文章比例上升。《中国非物质文化遗产》出版了四辑后停刊了,主要是由于刊号的问题。由于我们的刊物影响大,办得好,在国家新闻出版总署拿到了正式刊号,所以,从2007年11月我们采用了《文化遗产》这一刊名发行,这是国家正式期刊,这也让中山大学民俗学事业的影响力更上了一层新台阶。

从《民俗》小册子到如今一直在延续的《文化遗产》,这四本具有接替承续关系的杂志,凝聚着我们这一代中山大学民间文学工作者的心血,是中山大学民俗学从重新起步,恢复传统到再创辉煌、绵延先贤遗志,这二十多年曲曲折折成长历程的历史见证者。

四、成立研究机构、编辑丛书

在1985年中山大学民间文学研究工作的开展中,我指导了当时的本科生朱雄全成立了"中山大学民俗学社",还聘请了广东省民研会《天南》杂志的领导,人类学系的梁钊韬教授、容观夐教授等专家担任民俗学社顾问。这一社团虽归属于中文系,但面向全校招纳成员,社员以中文、人类学系学生为主,也有其他学科学生,约有30人[2]。现在中国社会科学研究院民族学与人类学研究所工作的张继焦,以及在云南大学任教的马京,都是当时的社员,民俗学社的活动扩大了民俗学在全校的影响力,我们的民俗事业后继有人了,这一点是让我非常欣慰的。

另一个影响较大的机构是"中山大学民俗研究中心"。2001年3月5日,我基于中山大学悠久的民俗学研究历史和蓬勃发展的前景,以及我们当时所取得的一些成绩,在校学术委员会评议会上提出成立民俗研究中心的请求,得到顺利通过。民俗研究中心的成立,是对我们前期工作的最大肯定,更激励着我们继续前行,它为中山大学民俗学发展提供了更高一级的平台。前面也谈到,民俗中心成立后,我们发行共8期《民俗学刊》,扩大了中山大学民俗学在学界的影响力,这是中国民俗学发展史上绚烂的一笔,同时也意味着,历经二十多年,我们在摸爬滚打中走过了中山大学民俗学前期的恢复之路。

紧接着在2002年,我带领学生一起重新出版了《中山大学民俗学丛书》。这套丛书是20世纪20年代就已出版,是"国立中山大学"时期民俗事业发展的结晶。1927

---

[2] 本部分补充材料由中央民族大学朱雄全教授提供,非常感谢朱教授的帮助。

年11月8日,《国立中山大学语言历史学研究所周刊》第一次刊出了有关"民俗学会刊行丛书"的消息,随后在中山大学的一批学者顾颉刚、容肇祖、钟敬文、杨成志等就着手编纂中国民俗学史上第一套民俗学丛书——《中山大学民俗学丛书》,他们进入乡野,对中国各地民俗风情进行整理编辑成书。丛书的第一本是1928年3月出版的由杨成志、钟敬文合译的《印欧民间故事型式表》,到1930年5月出版最后一本《祝英台故事集》,三年间共出版了37种39本图书,计二百二十多万字。这一工作直至1930年结束,其他还包括有被誉为中国民俗学开山之作的顾颉刚的《孟姜女故事研究》《妙峰山》,以及钱南扬的《谜史》、娄子匡的《绍兴歌谣》,还有《苏粤的婚丧》《台湾情歌集》等,这些都是当时重要的民俗学学术研究成果,也是中国民俗学的珍贵史料。但一直到21世纪初,这套书却是四处飘散,有的甚至流失海外。作为正行走在民俗田野上的我们,应当承担起重新搜罗整理此套丛书的责任,使先辈的心血不至付诸东流,同时也是希望能为今后对民俗学感兴趣的后人们开启一扇窗,帮助他们走进往昔充满生机的民俗世界,体悟先辈的民俗研究理论与方法,进而承续我们中山大学民俗研究的传统和精神。

2001年12月22日,在"现代社会与民俗文化传统"国际研讨会闭幕式上,我就代表"中山大学民俗研究中心"向学界同人宣布了我们即将进行的一项重大工程——重新搜集、整理、出版《中山大学民俗学丛书》。2002年初开始,在校系各方领导的支持下,我们通力合作,借助一切可能有用的渠道,搜寻海内外多家图书馆。其中令我印象比较深刻的是,有一本儿歌集,大陆怎么也找不到了,后来是我们以前的一位硕士彭伟文,她在日本读书发现了这本书,按照日本图书馆管理规章制度,馆藏的珍本是不能整本复印的,只能复制一半,后来的另一半,是一位台湾学者看到我们在网上发布的消息后,从台湾给我们印过来的,所以这本书真是多方合力而得。整套丛书的搜集整理工作历时一年有余,终于在2003年初将全部书稿集纳齐备,我的所有研究生利用休息时间,一个字一个字自己录入,然后交换校对,最终整理出来,后来由黑龙江人民出版社以《中山大学典藏民俗学丛书》的名义重新出版。这套丛书分上中下三册,大32开,内附有原书插图及有关说明。民俗丛书的成功出版凝聚了中山大学三代民俗学人的心血,实现了凿井人的心愿,也为我们开启了一条承续之道,我和我的学生们后来也继承着"中山大学民俗学会"关注民众的传统,秉持"一为学术,二为文艺,三为民生"的理念出版了《俗眼向洋》《岭南圣母的文化与信仰》《岭南民俗事典》等系列著作,为该套丛书注入新鲜血液,也是希望这套丛书能够一直承续,绵绵无绝期。

五、提倡"区域民俗学"研究

首先我自己个人的民间文学研究志趣和道路是从"区域"开始的。在我的文章《进出蛮荒说不惑》中开篇写到这样一句话"我从蛮荒走来,又走进蛮荒里去"。这里的"蛮荒"就是指荒芜的世界,未经开发的地方。我是从云南河口走出来的,在当时人心中那是个蛮荒之地,保留着原生态的生活,在这座神奇美丽的小城中,多民族人口杂居,语言驳杂,有越南人、瑶人、沙人以及云南人,在无形中,我学会了一些壮语、瑶话、越南话,各民族的民俗风情在我幼小的心灵中留下深刻的印象。我的外祖母家位于坝洒乡,那里是沙人聚居区,他们常以"沙歌"叙事言情,我的舅舅当初在谈恋爱时,喜欢唱"鸭伴"(沙人情歌),常在家里编唱,有时还手舞足蹈的,给了我深刻印象。还有一位芙嫂,她是歌场最会唱歌的歌手,出口成章并且能够连唱几十首,时常根据她自己的人生经历编出新内容,叫我久久沉浸于其中并将我带进了歌谣的王国。我在我的家乡领略到了民间文学的魅力,之后我又重新回到这片蛮荒之地中去寻找民间文学知识,1964年我从中山大学中文系本科毕业时,就以"歌头"的艺术为主题写成了《歌头初探》后发表于《民间文学论丛》上。

我对"区域民俗学"这个理念的提出和践行又是以"岭南"为入手点进而扩展到全国的。俗话说"百里不同风,千里不同俗",这里的"百里"与"千里"的空间距离,就是区域的概念。中国幅员辽阔,社会整体发展不平衡,各地区间在政治、经济、文化上都有差异,这些差异必然对民众的思想、行为、生活习惯都会产生一定的影响,而民众的生活理念,他们奉为人生哲学的固有模式,也会对政治经济政策的制定,主流文化的导向有所左右。特别是民俗活动的参与,甚至会使以上生活现象发生剧变,在这种背景下,我提倡"区域民俗学",就是旨在研究特定区域内由于人文地理的原因而形成的具有共同特点的民俗事象的成因、特征、功用、关系等。基于此,我编写了《区域民俗学》一书,这是当时全国唯一一本介绍区域民俗学的著作。

我记得已故的著名民俗学者王文宝先生,他一直非常关注中山大学的民俗研究进程,对我们的工作提出过很多宝贵的意见和支持,在2001年12月20号时,他还向我们中山大学民俗研究中心捐赠了一些宝贵文物,其中包括江绍原先生在中山大学开设"迷信研究"课程时所判的7分试卷、四幅1928年广州中山大学民俗学会的照片等。就是他曾最早将团结在我身边的民俗学群体命名为"岭南民俗学派"。我从16岁来到广州,20岁考入中山大学中文系,至今扎根于岭南已六十多年,这期间我走遍了广东的大街小巷,看遍了山山水水,结识了各色人物,"岭南"是我著作中的一大关键词。1986年我出版了《岭南风俗录》，其中收录了岭南特有的风俗一百三十多则，并解释了这些风俗的来源、含义及其纪念性；2000年出版了《岭南民间文化》，从口承文艺、有形民俗、心意现象三方面深入讨论了岭南民间文化的特征及演变；2001年出版的《岭南民俗事典》收录岭南民俗词目975条。我也带着我的学生四处走访，对广州部分区域的民俗进行了搜集整理，如《广府民俗》《珠海民俗》《顺德民俗》，直至今日，由我个人写就或和他人合作的岭南民俗相关论著约32种。

"岭南民俗学派"作为中国现代民俗学的一个地域流派，是对区域民俗学理论的成功践行，其重要意义更在于启发人们进一步认识到，对中国文化的宏观解读，离不开对各地域文化进行具体而微的历史考察。多年来，我和我的学生们一直秉持"立足岭南，放眼全国"的研究视角，想要将以区域为研究主体的方法推广到更广阔的的领域。我感到欣慰的是，他们一直也在坚守在这片田野上，把我们中山大学民俗研究的传统发扬光大。

我们"岭南民俗学派"开展研究工作时，最大的特征就是重视田野调查。田野调查是第一性的，是民间文学知识的来源。对于我们民俗学者而言，"田野"就是我们的家，只有走进田野，我们才能汲取养分，才能得到"活"的材料。在我们最初学习民间文学的时候，民间文学的概念就是"来自民间的学问"。也就是说，民间文学不是死的，不是书本上的教条理论，而是要你亲自去看，亲自走出来的学问。作为民俗学者，在开展田野调查时，一定要自己亲力亲为，深入其中亲自体验，这样才能体会到其中真正的意义。我在北师大跟随钟敬文先生读书的时候，老师就特别强调田野调查，并一直将其作为学术信条教诲我们。我们第一次见面他就曾对我谈到：我们搞民间文学的，要扎根在民间，田野就是我们的课堂，研究民俗学，离不开田野作业，它能帮助我们取得第一手资料。老师早期在潮汕平原搜集整理的《疍歌》《客家情歌》等生长于那片土地上的优美曲调一直深深地吸引我，他行走在田野上的足迹为我提供了仿效性。同时，我们到民间去考察，搜集素材，还要严格恪守现实观察原则，遵守精确记述的科学原则，"忠实于原形"，在整理时也一定要慎重，慎重地加以补充或改订。还有就是"参与调查"，这也是钟老对我的指导，他要求我们调查者深入到被调查的群众中去，与他们共同生活，从生活方式的参与，进而到文化心理、民族意识的参与，这样得到的材料才真实可靠，研究才有坚实的基础。

后来我在搜集整理《广州的故事和传说》、撰写《岭南民俗事典》《岭南民间文化》时，都以此为首要搜集原则，将其作为我的学术方针，跑遍了岭南的山山水水，访问各种各样的人物。我尤其关注一些"特型"人物，如寺庙的住持、老中医、老渔民、风水先生等，他们自幼生长于岭南，是岭南风俗文化最权威的解码人。我从他们身上学到的许多东西，远比搜集到一些精彩故事和民俗事象还有价值，那是书斋里永远学不到的真正的"民俗学"。总的来说，我们搞民俗学的人，就得扎根在民间，田野就是我们的知识源泉，研究民俗学离不开田野作业，它能帮助我们取得第一手资料。深入异地他乡做田野调查诚然是辛苦的，但是只要我们能在其中有一点收获，能流传于后人，那也是值得的。

六、我对民俗文化经世致用的理解

我比较注重发挥民俗文化的效用性，以前常会带领学生一起去参加区域文化建设会议，自己也曾主办过"现代社会与民俗文化传统"这一国际性会议。其实道理很简单，民俗作为民族文化的一部分，是与民众生活联系最紧密的，它是"民众生活中经过千百年陶冶沉淀下来的，按照优胜劣汰原则，留存下来的当时代的先进文化，最能体现一个民族、一个地区的民众精神和心理特点"的一部分，表现了民间的智慧、知识和经验，它具有表达一个地区最独特精神文化的特质。因此民俗文化须得关注民众，反映民众的心理、愿望、呼声，帮助他们提高文化，发展生产，改善生活，才能实现其意义。

再者，就民俗学本身而言，它不只是一种学术、一种文学，还是一种技能。在现代经济社会的发展中可以转化为生产力，可以在旅游经济的开发中创造巨大的经济价值。以民俗文化为核心打造标志性文化观光符号早已成为旅游开发的主要模式。以肇庆的旅游文化开发为例，在肇庆当地与龙有关的地方很多，新兴的龙山、龙母庙、鼎湖山等，我早在20世纪80年代就提议可以将这些资源整合进一条旅游线路中。这条旅游线路后来搞得很成功。2004年，当时龙母庙的收入就已占县财政收入的60%。就岭南而言，作为对外开放的先行区，优越的地理位置推动商品经济的发展，对社会文化生活和心理产生了深远的影响，促成了岭南人偏重商业追求经济发展的倾向。同时外来文化、新鲜事物的不断涌入、交流使得岭南文化素有开放兼容，经世致用的特点，作为岭南文化的重要一翼，与民众生活息息相关的民俗文化，更应该发扬这一传统。推动民俗文化与现代社会发展结合，开发与保护民俗文化资源，促成其由传统到现代，由民间资源向商旅产品的转化，将民俗学的理论拓展与现代化实践语境交融互动，同时也强化了民俗学的入世意识，扩大了学科的社会影响。

最后，从民俗文化本身的发展来说，我们在推动民俗文化与时俱进的同时，也是民俗文化再发展再创新的过程，当然必须得保持其自身的本土文化特质，这个过程我将它称为"活保"。市场经济背景下,民俗与旅游文化开发相结合,如果开发者对传统民俗文化意义理解准确,能够对其加以有效利用,那么一方面,在经济的发展中输入文化成分,流露出更多的人文关怀,可以提高景点的文化品位,创造品牌效应,生产民俗文化本身以外的价值,显著提高区域经济效益。同时通过这样的方式,可以增强民族自豪感,民众认识到我们民族有这么多宝贵的东西,就可以增强我们爱国爱乡的情感,增强民族的凝聚力。另一方面也延续了民俗的命脉,让它在民间生根开花,一代一代地传承才能永葆生命力。而我们民俗工作者的任务就在于通过我们的参与研究,帮助决策机构寻找一个契合点,既展示民俗的魅力,民俗本来的意义,又助旺旅游的市场;既弘扬了文化,又振兴了经济。

七、我与广东省民间文艺家协会的合作

我和广东省民协的合作一直很密切,先后担任了副主席和学术顾问。因为民协的领导知道我是研究民间文学的,就邀请我去参加或者是指导一些民间文化活动的开展。我和广东省民协上一任主席罗学光的关系很好,经常一起去到广东各区域采风。大概是2000年的时候,我们在现在的黄阁发现了古老的麒麟舞,当时大家都很激动,组织专家团队对当地的麒麟舞进行艺术指导,并且动员他们代表广东省参加了中国首届广场民间歌舞大赛。后来这支队伍在比赛中获得了"山花奖",是中国民间文艺最高奖项。因为在当时麒麟舞是还未被列入《中国民族民间舞蹈集成》中,中国舞蹈家协会秘书长刘春香在看完麒麟舞表演后大为赞赏,称它"填补了民间舞蹈的空白[3]"。黄阁麒麟舞获奖后在广东省引起了很大的轰动,几乎所有的电视台都开始报道麒麟舞,黄阁镇的居民发现自己早已习以为常的舞蹈表演竟能有如此大的影响力,对其更为重视。在当地政府和广东省民协的指导下,他们开始以麒麟舞为依托开展各种文化活动。比如"麒麟文化节""麒麟舞大赛",邀请其他地区如湛江、汕尾、中山、东莞各地的麒麟舞队前来参加比赛,这就以黄阁为中心带动了全省麒麟文化的发展,很大程度上提高了传承群体发展麒麟文化的积极性。最突出的应是东莞樟木头镇的村民,他们在看到黄阁麒麟文化兴盛后备受鼓舞,立志也要将樟木头的麒麟舞发展起来。于是,2003年樟木头镇举办了中国首届麒麟舞大赛,共有来自香港、澳门、山西、河南、浙江、云南等8个省和地区的21支民间麒麟参赛队在樟木头镇进行大巡游,其中还有两支少数民族的麒麟舞队给大家留下了深刻的印象,分别是青藏高原的藏民族麒麟舞《天降吉祥》和云南彝族的《特色麒麟舞》。麒麟文化是早期参加广东

---

[3] 本部分内容由前任广东省民间文艺家协会主席罗学光提供补充材料,非常感谢罗主席的帮助。

省民协活动被关注的重点，我们也先后于2002年和2004年编写了《黄阁麒麟文化》以及《中国麒麟文化》两本书。

当时和广东省民协组织开展的类似活动还有很多。比如2005年在汕尾举办了首届"泛珠三角"民间艺术节，珠三角地区9个省加香港、澳门两个特别行政区共21支队伍参加比赛。2006年我们在番禺举行了中国首届民间飘色艺术展演，2008年举办第二届。广东省民协在当时来说应该是全国各地民协组织中活动办得多而且办得很好的。

作为中国民间文艺家协会团体会员，广东省民协和中国民协的合作也很多。前面说到的中国首届麒麟舞大赛就是由中国民间文艺家协会主办、广东省民间文艺家协会和樟木头镇协助承办的。2004年，我们加入了由中国民间文艺家协会发起的"中国民间文化遗产抢救工程"的队伍中，我是广东省抢救工程的专家委员会主任。当时和大家一起深入村落，去到很多地区进行调查，记录各地的民间故事、风俗或者是民间美术工艺等内容。关于广东的民间工艺还出了4集的《广东民间工艺精品集》。也是在这个过程当中，广东省民协率先开展了"古村落"认定的工作。我们把中国民协的认定标准与广东的实际情况相结合，拟定了一个基本标准，即在广东范围内，清代以前形成的，现存历史文化实物和非物质文化遗产比较丰富和集中，能较完整地反映某一历史时期的传统风貌、地方特色、民俗风情，具有较高的历史、文化、艺术和科学价值的村落。比如花都的塱头村就是我们去考察的，他们村有很多明清时代流传下来具有岭南建筑风格的古屋，布局规整，保存都比较完善。在认定完成以后，我们请时任广东省书法协会主席题字"广东省古村落"，做成牌匾举行挂牌仪式。当地村民都感到很光荣，挂牌当天，整个村落张灯结彩，村民们敲锣打鼓地庆祝，许多在外务工的村民更是特地回来参加这个仪式。在结束基本调查认定以及资料收集工作后，我们总共命名了一百余座古村落，编撰出版了《广东省古村落》系列丛书，同时建立了《中国民间文化遗产抢救工程资料数据库》。

我印象比较深刻的一件事是2009年认定花都狮岭镇成为"广东省盘古文化之乡"。在当地居民提出想要被命名为盘古文化之乡的要求后，罗学光主席就前去进行了几次采风，都没办法决定是否能给予命名，他就邀请我一同前去调研。去了当地我了解到狮岭镇每年的农历八月十二都会在盘古王庙庆祝"盘古王诞"，并且在当地还流传着《盘古王伏龙降狮》的传说，还有一个文化景点盘古王公园，可以看出盘古文化在当地是深入民心的，具有很大影响力。我就跟罗学光说，可以把狮岭镇认定为"广东省盘古文化之乡"。

我和广东省民协合作其实是一个互助的过程。我个人作为学术顾问、专家委员会成员,为他们工作的开展提供了很多宝贵的指导意见,同时在参加民协这些活动的过程中,我,包括我的学生像朱钢、储冬爱他们也深入到各地进行了采风,搜集民间的文化风俗,对我们自己帮助也很大。

访谈手记

2019年11月25日,对叶春生教授的整个访谈工作画上了句号。尽管已是初冬,广州的太阳却仍坚守在岗位,从中大西区走回东区的路上,我回想着这一年里与叶教授的每次交谈。叶教授虽已年迈,但谈及民俗学、民间文学相关问题时他依旧兴致高昂,努力地回想往事为我提供信息,也非常耐心地指导我写作。犹记得第二次前去教授家里时,他为了让我能够对中山大学民俗学发展历程、对其本人的学术思想有更深入的认识理解,特地去楼下储物室为我翻找《叶春生民俗学论集》一书赠予我,诸多此类相处细节至今依旧令我动容。

我本人非常荣幸有此机会跟叶老师交流学习,也承蒙叶教授的爱人张老师以及施爱东、王霄冰、刘晓春、朱雄全、陈鸿逵、罗学光等师友对我的帮助支持,这次访谈工作得以顺利完成,特此感谢。

走向田野 倾听史诗

郎 樱

访谈时间	2019年11月15日、2020年1月10日
访谈地点	北京北沙滩1号院北三环中路10号1号楼
访 谈 人	冯莉、王素珍[1]
整 理 人	王素珍、周利利

郎樱,1941年生,1965年毕业于中央民族学院少数民族语言文学系维吾尔语言文学专业。1965年分配至中国民间文艺研究会,被派往新疆参加《玛纳斯》工作组,参与《玛纳斯》翻译工作。现任中国科学院荣誉学部委员,中国社会科学院民族文学研究所研究员。长期从事新疆民族文学与史诗研究。主要著作有:《〈福乐智慧〉与东西方文化》《〈玛纳斯〉论断》《〈玛纳斯〉论》《民族英魂玛纳斯》《柯尔克孜族民间文学概览》《北方民族文学比较研究》《中国史诗》等。

一、参与《玛纳斯》翻译

我1941年生于天津,小学、中学、大学时光都是在北京度过的。我是在中央民族学院读的维吾尔语言文学专业。1963年12月,我到新疆库尔勒地区进行了半年的实习,第一次踏上新疆的土地。实习期间,我们住在维吾尔族农民家里,与他们同住、同吃、同劳动。我所在的阿瓦提公社距县城库尔勒最远,外出要骑毛驴或骆驼。为了深入了解维吾尔族民众的生活与习俗,我还挂职担任大队妇女队长。维吾尔族民众的婚丧嫁娶、节庆活动,都邀请我参加。半年实习生活结束了,我与维吾尔族民众结下了深厚的情谊。

1965年7月,我大学毕业,分配到民协的前身中国民间文艺研究会工作,当时我24岁。因为我是学维吾尔语的,我到单位报到后,领导安排我到新疆阿图什《玛纳斯》工作组从事翻译工作。《玛纳斯》工作组是由中国民间文艺研究会和新疆维吾尔自治区文联、克孜勒苏柯尔克孜自治州三方构成的。工作组的领导有民研会的贾芝、新疆的刘玉湖、克孜勒苏柯尔克孜自治州州长塔伊尔。阿图什《玛纳斯》工作组的组长是陶阳、刘发俊，我去之前，他们已经在那负责《玛纳斯》的普查和翻译工作。

我是1965年8月去的。那时候交通很不方便，我们坐了5天5夜的火车抵达乌鲁木齐，停留1天，又乘坐颠簸的长途汽车。长途车清晨走，晚上停，由于旅店床位有限，尤其是女床位更少。一停车，我便提着沉重的行李小跑，才能得到一个床位，否则只能坐在旅店厅堂里过通宵了。坐汽车又坐了7天，才到达新疆西南边境的小城阿图什。他们雇用一个驴车来接我，我带的都是四季的衣服，还有书。

那时候，《玛纳斯》工作组普查最大的收获是发现了歌手居素普·玛玛依。当时居素普·玛玛依是在他的家乡阿合奇县，他通常半天演唱，半天劳动，7个月他唱了5部《玛纳斯》。后来《玛纳斯》工作组成立以后，就邀请他到《玛纳斯》工作组，进行补唱，并演唱了史诗的第6部。工作组入驻在阿图什克孜勒苏柯尔克孜自治州州府大院的一排平房里。那个时候阿图什是一条土路，没有几间平房，我们集中住在一排平房。

我和学柯尔克孜语的学姐尚锡静住一个屋子。我们那时候生活也特别简单、挺艰苦的，但是在那儿大家都挺努力。当时，陶阳是我们组长，还有自治区文联的刘发俊，他们两个负责具体工作。《玛纳斯》工作组按照一个汉族加一个柯尔克孜族的方式，将人员分为6个翻译小组。当时在那个环境下，大家都挺努力的。因为有两个小时时差，新疆差不多相当于北京时间8点就停电。时间紧迫，没电我们天天就点着蜡烛翻译。

组长陶阳和刘发俊说："我们必须得加紧翻，翻成汉语在全国、全世界上都会有影响。"当时苏联吉尔吉斯斯坦最著名的《玛纳斯》演唱大师仅演唱了玛纳斯家族三代的英雄事迹，而我们新发现的居素普·玛玛依，已经能唱玛纳斯家族6代英雄的事迹。后来居素普·玛玛依又演唱了两部，成为世界上唯一一位能够完整演唱玛纳斯家族8代英雄事迹的歌手。当时我们的任务就是要齐心协力把我国歌手演唱的《玛纳斯》翻译成汉文，介绍出去。这两个组长还是挺有感召力和想法的，大家也很团结。每个月大家聚在一起进行学术讨论。我特别幸运，就是跟居素普·玛玛依老人一个组。到组里他要补唱玛纳斯。因为他习惯一边劳动一边唱，当时请了好多当地的歌手到组里，这样就让他有一个观众群。所以，他唱得特别好，补唱了第六部。那时候，我们没有录音设备，只有笔，柯尔克孜族语组的同志拿笔进行手记，这个人手累记不下去，另外一个人开始记，手都麻了。那时候居素普·玛玛依47岁，正是精力旺盛的时候，他一演唱就停不下来。大家都说："成了，您休息休息吧。"他还演唱。能听到居素普·玛玛依的演唱，也不是很多人能够有这个机会的。

我在那儿一直待了9个月，6部《玛纳斯》基本上都翻译完了。后来，"文化大革

---

[1] 参与访谈人：李航。

命"开始了。我们就赶紧停下工作回了北京。要不我们还会在那儿,翻译都翻完了,柯文的也有,翻译汉文的也有,再接着弄就是润色,我们都抄了。陶阳每次都看,看完给插条,不懂的让再看。所以,居素普·玛玛依就一直都是在那儿演唱,补唱。

回北京的时候,除了第二部玛纳斯留在新疆维吾尔自治区文联之外,我和陶阳两个人把剩下的都打了箱子,有柯尔克孜文的,有翻译的,一起都带回了北京。

二、艺研院到社科院

1969年,我们就到了文化部团泊洼五七干校。文联各协会都下放干校,先是住在老乡家里,后来到团泊洼住宿舍。团泊洼后来盖了小平房,有那几间房子说给夫妻间,给我和贺嘉分了一间房,那时我们带孩子呢。

我在干校跟着精通日语的王怡同志学日语了。在干校好多年,我就天天去,干完活儿就跟他学日语。所以,我后来也翻译了几本书。贺嘉是1975年回北京的,我1976年回来的。回来的时候民研会还没恢复,我被调至文化部艺术研究院音乐研究所。

1979年,艺术研究院音乐研究所的所长组织调研组去新疆调研。我跟着他调研有一个多月,那个时候去了好多地方,南北疆都去了。到了喀什,这是维吾尔人聚居之地,也是维吾尔文化的摇篮。街上可以看到马车、驴车、牛车、骆驼车。妇女们都戴着面巾。我们在茶馆里聆听维吾尔族歌手演唱的叙事诗"达斯坦"。我们去了阿克苏、库车、拜城等地,我们在拜城参观了著名的克孜尔千佛洞,在吐鲁番参观了著名的阿斯塔纳地下陵墓。这次调研,我对当时新疆的民情、民俗与文化有了更多的了解。

1980年,文化部艺术研究院收到日本方面邀请,组织了一个由白鹰院长为团长,由资深音乐家、美术家、舞蹈家组成的赴日代表团。在日本访问了一个多月,去了好多地方,拜访学者、参观大学、观看演出。

后来社科院成立了少数民族文学研究所,马学良先生是副所长,那是我以前的老师,大学时的系主任。他到了那儿以后就推荐我。那时候刚建所,我1983年到的社科院,一直到现在,在民族文学研究所。以前叫少数民族文学研究所,后来改叫民族文学研究所。

因为我是学维吾尔语的,到了民族文学研究所以后,在西北民族研究室从事维吾尔古典文学研究。这是我的业务专长,也是我热爱的专业,我对此机会非常珍惜。我赴新疆维吾尔地区进行调查,虚心向维吾尔族学者与民众请教。这期间我潜心研究维吾尔古典名著，用整整一年时间对照突厥语原文，维吾尔语现代译本和汉文译文三种文字，撰写了专著《〈福乐智慧〉与东西方文化》，出版后引起较大关注，并被译成维吾尔文出版，销售一空。我研究维吾尔古典名著，能得到维吾尔族民众的认可，是我最大的欣慰。不久我又连续发表多篇研究文章，有了一些影响，并被任命为西北文学研究室主任。不久担任民族文学研究所的副所长。

三、《玛纳斯》史诗调查

1986年，中国少数民族史诗被列入国家社科基金项目。中国三大英雄史诗是少数民族史诗的代表性作品，在国内外享有盛誉。三大史诗中，藏族英雄史诗与蒙古族英雄史诗都已有学者进行研究，而柯尔克孜族英雄史诗缺少专人研究。所长刘魁立找到我，说："你过去做过《玛纳斯》调查，现在我们那儿有降边（嘉措）是研究《格萨尔》的，仁钦道尔吉是研究蒙古《江格尔》的，就是《玛纳斯》没人，你过来研究。"我年轻时曾参加过《玛纳斯》的翻译工作，有机会承担国家社科基金项目的子项目柯尔克孜族史诗《玛纳斯》的研究工作，我当然乐意，就这样我开始走上研究《玛纳斯》的道路。

《玛纳斯》是"活态"史诗、是口头史诗，这部史诗在柯尔克孜族民众中口耳相传。我们国家记录、翻译的《玛纳斯》文本挺多的，尤其是被誉为"当代荷马"的居素普·玛玛依，已经完整演唱了23万行的8部《玛纳斯》。但是除了文本之外，它怎么在民间流传，它的听众是谁，听众互动是什么，是在什么样一个语境下演唱，这些都没有。记录本子有很多都能搜集到，但是后面除了文本之外，它的口头传承，还有和歌手的互动，这是没有的。为此，我再次走出书斋，开始深入柯尔克孜族牧区，访问史诗歌手，聆听史诗歌手的演唱，观察歌手与听众的互动。这些年一直都是做田野，掌握了许多鲜活的资料，深刻认识到《玛纳斯》在柯尔克孜族民众心中的神圣意义。可以说，这部史诗已经成为这个民族的精神支柱和民族魂。我80年代开始调查研究《玛纳斯》，做田野有时去两个多月，有时三个月。比如在婚礼、婚宴上见着的歌手，我们都是约到家里，一定要让他到自己熟悉的环境和他熟悉的听众中去演唱。在新疆有些地方特别遥远，我们都住在老乡家。调查组有男、有女，人数最多的时候加上司机、陪同，一共七八个人，老乡家就有一间客房，那我们就都挤在一个床上，我就在边上。田野调查就是这样艰苦，但作为研究者，只有深入田野，才能有所作为，研究工作才能扎实。

有的时候要去特别偏僻的地方，比如穆斯塔山海拔4400米的地方，有的地方不通车。不通车我们就坐摩托车，我们三个人租了三辆摩托车就去那儿。柯尔克孜人特别热情，有一次我们到那儿去，并没有提前打招呼，直接就住到一户人家里了。人家就宰羊招待，我还一直以为这户人家是我们组里谁的一个亲戚呢，结果发现根本不是。住在牧民的家里，他们都特别纯朴。我们说："你宰个羊挺贵的，留下三百块钱给孩子上学吧。"他生气了，绝对不要，说："这是看不起我们吗？"后来我们没办法，我们到哪儿就给买点儿方糖、茶叶什么的，送这些东西他们才收。后来比如访问歌手，我们都给劳务费，虽然不多吧，二百多块钱，他就写一个收条。

我们沿着天山骑摩托车比较好走，但是从帕米尔一直走到塔什库尔干，那边有的地方就没有路了，挺偏僻的。我们有的时候想上厕所是个问题，尤其是女性。有的时候那儿也没有厕所，又不能在人家房子旁边方便。我们住在一块儿的就说你上厕所不能一个人去，太危险。所以，我哪敢喝水？也不敢喝水，也不敢喝汤。

最早版的《玛纳斯》汉译资料本，是民研会新疆分会1961年铅印的。当时《玛纳斯》资料很多，我们给资料箱加厚实运回北京来了。"文革"期间有一个一号文件，就说要把所有的资料都转移到湖北山里去。那个时候我们在干校，后来干校解放军领导找的别人，就另外打的一个箱子。军队找的人，他们就给倒换了一个箱子，那个箱子就不结实，折腾碎了。文联所有的资料都混在一起了，不光《玛纳斯》，各协会所有的文书都混了。等"文革"结束后，我们再去找《玛纳斯》的资料，才知道这些资料已经都乱套了。最后怎么办呢？都散了，都放到一个大屋子里。我们五个人，陶阳、李亚沙、我，还有两个人，一块在那个大堆里翻，翻《玛纳斯》文本。陶阳着急，我们也着急。最后翻来翻去也没翻出来，后来陶阳说那不成，就花了三千块钱请人帮忙整理那堆资料。所以，这样就找出来了，但是找出来也不全了，都散了。最后找出来有那么一箱子，柯文的也很少了，汉文的也很少，但是还是有一些。我记得是第五部比较完整一点儿。我翻译的那部都是手抄的，还有找到的艾什·马特演唱的汉译本是全的。陶阳当时就说："这些资料是居素普·玛玛依精力旺盛的时候唱的，情节内容特别丰富，等到他七八十岁的时候，再让他唱一遍。"后来，除了第二部没唱，其他的他都补唱了。因为我搞这个研究，我就知道他每次唱的都不一样。这次翻找出来的资料，当时民研会的马振、陶阳都觉得很珍贵，本来是打算将整理好的这些"失而复得"的资料作为资料本印出来。但当时民研会条件不允许，没有经费做这个工作。后来，陶阳他们认为资料存放在社科院少文所由我保管比较放心。当时，少文所刚建起来，我也刚调过来负责《玛纳斯》史诗研究工作。为了保险起见，我当时把这份资料全部复印了一份，寄给新疆民协。少文所资料室留存的《玛纳斯》手抄本的原件，我和阿地里·居玛吐尔地花了不少时间和精力，给每一份资料都做了说明，包括手抄本的基本情况（歌手和演唱内容），同时标注了资料所有权：中国民协、社科院少文所和新疆民协三家共有。这些珍贵的资料虽然没有印刷出版，但还是保留在了社科院少数民族文学研究所的资料室，可以留待以后研究《玛纳斯》史诗之用，也算是对当年《玛纳斯》工作组和参与这项工作的所有人有了一个交代，我也安心了。

1979年，胡振华把歌手居素普·玛玛依接到中央民院一年多进行补唱。[2] 补贴他的钱是民研会出的，因为中央民院少数民族多，他吃饭方便一点儿就住在那儿。我一直保持跟居素普·玛玛依的联系，从我24岁在玛纳斯工作组的时候就认识，大概有50多年了。我们到新疆，居素普·玛玛依跟外宾介绍贺嘉时，都说这是我的女婿。他就像是我的导师和父亲。另外，我所有的论著都是以居素普·玛玛依的唱本为研究对象的，我看过60年代的唱本，也看过他70年代的，差别还是很大的。因为他原来唱了六部，又加了两部。原来第六部中死了的人物，还得让他们复生，这就差别太大了，尤其是第六部，跟以前的完全不一样。特别是演唱风格和演唱内容都有很大的差别。我和柯尔克孜族的学者玉塞因阿吉·阿萨勒共同翻译了艾什·玛特的第一部汉译本。他写的一篇论文是关于《玛纳斯》为什么叫《玛纳斯》，有他自己的一些理解，具有他自己的独创性。

我以新疆阿合奇县的《玛纳斯》演唱大师居素普·玛玛依的唱本为主要研究对象，撰写、出版了几部著作：《〈玛纳斯〉论析》《〈玛纳斯〉论》，丛书《中国少数民族史诗〈玛纳斯〉》，普及读物《民族英魂〈玛纳斯〉》。其中《〈玛纳斯〉论》荣获中国民协颁发的"山花奖·著作奖"一等奖。

我和仁钦经常合作，第一次是1987年，我们两个合作主编了一个论文集《阿尔泰语系叙事文学与萨满文化》，《史诗研究丛书》（七部）是我们两人合著的，包括三大史诗和南方史诗，也有西厥史诗。最近我们又合著出版《中国史诗》。

最后，我要谈谈我国三大史诗《格萨尔》《江格尔》《玛纳斯》的区别。《格萨尔》是三大史诗中最长的一部，其与藏族的宗教有着很大的关系，格萨尔的结局是升天成仙。《江格尔》描述的征战场景，每一次征战就是一部《江格尔》，其最后结局是建立了理想国。《玛纳斯》属于谱系式史诗，玛纳斯在征战中被杀害，下一代玛纳斯成长、征战、被杀害，一直讲述到第六代、第八代玛纳斯的故事，其特别突出的是它的"悲剧美"。总体而言，其他两部都带有大团圆、圆满色彩，唯有《玛纳斯》的悲剧美最为突出，这一点值得史诗研究者们关注。

---

[2] 胡振华在中央民族学院带柯尔克孜语班，1961年他带着学生去新疆实习，正好当时要搞《玛纳斯》，所以，就参与了早期的搜集。

访谈手记

和郎樱、贺嘉老师约好访谈的时间,我去马甸双旗杆社区门口接他们。郎樱老师带了不少《玛纳斯》的书籍和资料,因为我们今天要口述的重要内容就是民协组织的《玛纳斯》调查和翻译整理工作,她是重要的参与者和见证人。

郎樱老师上学的时光都是在北京度过的,1965年进入中国民研会工作,报到后直接被派往新疆参加《玛纳斯》翻译工作。她坐了5天的火车,再换汽车,花了7天7夜才抵达新疆阿图什。当时,陶阳为组长的《玛纳斯》工作组分成6个小组,夜以继日将居素普·玛玛依演唱的6部《玛纳斯》史诗翻译成汉文。她不仅参与了翻译整理工作,而且自此与《玛纳斯》、居素普·玛玛依结下了不解之缘。"文革"时,翻译工作被迫中断,但6部《玛纳斯》柯尔克孜族语和汉语资料本装箱都由陶阳和郎樱带回北京。

希望有更多的民间文学传薪人

顾希佳

访谈时间	2019年11月20日
访谈地点	浙江杭州师范大学晓风书店
访 谈 人	袁瑾[1]
整 理 人	袁瑾

顾希佳，1941年生，浙江嘉善人，杭州师范大学人文学院研究员，杭州师范大学浙江省非物质文化遗产研究基地常务副主任，中国民俗学会理事，浙江省民间文艺家协会原副主席，浙江省文化与旅游厅非物质文化遗产专家委员会委员。长期从事民俗学、民间文学、传统文化方面研究，迄今已发表学术论文117篇，出版各种著作60种，先后主持及参与国家级科研项目10项，主持省级科研项目5项。

一、初入民间文艺领域

我进入民间文艺，特别是民间文学方面的研究，实在是说来话长，而且有很多都是题外话。我大学学的是数学专业，1962年毕业。那个时候我们国家正处于3年自然灾害时期，中央提出了"调整、巩固、充实、提高"八字方针，各地都相当困难。很多大学都撤销了，或者合并了，毕业生也都分配不了。我们数学专业，当时有一大批人都分配到财贸系统去了，我也跟着到财贸系统去了，具体就在海盐县供销社工作，这样一直到"文化大革命"结束。

大约是20世纪70年代末，当时海盐县文化馆需要人，县里觉得我比较适合，就把我调到文化馆去了。把我调到文化馆也跟我那段时间的工作很有关系，因为那个时候我正好帮助农村业余文宣队排演一个海塘号子的节目。海塘号子又叫塘工号子，历史上钱塘江出海口每年都要修海塘。修海塘需要打夯、搬运石头，塘工们就要唱一种劳动歌，就叫塘工号子。70年代的时候，海盐有大量塘工号子存在，当地一些文艺骨干都会唱。我呢，就帮他们整理了一下，排出一个节目。这个节目演出以后，很受欢迎。于是县里边的领导就知道我这个人大概是懂音乐的,海盐文化馆就把我借过去了。到了文化馆以后,刚开始我的工作重点还不是民间文学,是民间戏曲,做戏曲调演的事,然后写剧本。我不是戏曲学院毕业的,就只得硬着头皮写。

在文化馆工作期间,我就跟省里边文学艺术界的人士有了些往来,这段交往也是非常有意义的。我在海盐文化馆的时候,有很长一段时间负责编辑《海盐文艺》。即使到现在,很多文化馆都还保留着这个传统,就是有一本自己编的刊物。《海盐文艺》就是海盐文化馆编的综合性刊物。这本刊物,跟省里的、北京的文学刊物有点区别,它不能完全发小说。基本上每期发两三篇小说,两三首诗歌,再拿出一些版面给戏曲,另外也有民间文学,至于美术摄影的,也要留些版面。

当时《浙江日报》要稿子,由于历史的原因,向作家约稿难度很大,他们的编辑就要到各个市县去找稿子。浙报编辑部副刊组组长刘耀林老师到我们文化馆来一看,发现我们的刊物编得很好,他就拿了几篇到《浙江日报》上发表了。那个时候,我们海盐县业余作者的文章整版整版地在《浙江日报》"副刊版"上发表。这样的机会,现在是想都不敢想的,但是在那个特殊的时代,就给了业余作者这样一个机会。于是我就跟浙江省里有关方面的、文艺界的领导、作家慢慢熟悉起来了。

二、民间文学搜集整理工作的开始

我是怎么开始民间文学的工作呢?有两个契机,很生动。有一次,刘耀林告诉我,当时出版社想找一批书来再版。因为 80 年代的时候,图书市场开始恢复,没有那么多合适的作者来写新书,于是就把目光瞄向了老书,走再版这条路。一找,发现五六十年代浙江人民出版社出版过很多书,内容很丰富,小说、散文、戏曲都有,但是拿来一看,似乎都不能再版了。因为书的内容已经不太适应当时社会现实的需要了,反倒是民间故事不存在这样的问题。于是那个时候就重点抓了一本《西湖民间故事》,这本书发行量很大,可以说是一炮打响了。《西湖民间故事》的搜集整理为什么80 年代的时候能够继续做起来呢?有一个原因就是虽然故事内容离我们现实生活有一定距离,隔了几百年甚至上千年,但是它的理念没错。它要赞成的、要反对的,今天还是要赞成的、还是要反对的,没有发生偏差,这是一种文化遗产、文学遗产,可以拿来阅读。这也是民间文学的魅力。于是,那个时候省里许多老专家就跟我讲,你愿意的话,就去关心关心民间故事吧。

我以前也不注意民间故事的,当然小时候也听过民间故事,但是把它当作一个事

---

[1] 袁瑾,杭州师范大学文化创意学院副教授。参与访谈人:徐佳靖。

业来做，是没有这个想法的。因为那个时候的年轻人，如果是一个文学青年的话，关心的往往是小说、散文、诗歌，最多再加上电影剧本。即便是现在，也是这样一个态势。他们往往并不关心民间故事。80年代，民间故事突然兴旺起来了，这个现象是全国性的，不仅是浙江。代表作就是《西湖民间故事》，还有不少刊物，比如上海有个《故事会》，浙江有个《山海经》，都是在那个年代里产生出来的，很受欢迎，发行量都是几十万、几百万的。刊载了许多祖祖辈辈传下来的好故事。正是在这样的社会氛围下，我就开始关注民间故事这方面的内容了。非常幸运的是，我搜集整理的民间故事发表很顺利。不单单是在《山海经》上发，还拿到《故事会》发，北京的刊物也发。

另外一个契机是70年代中国民间文艺研究会浙江分会成立了，这是最早的名称，中国民间文艺研究会在50年代就成立了，后来就改名叫中国民间文艺家协会了。这个协会是研究民间文艺的，50年代大家的观念是民间文艺代表的是劳苦大众的文艺，才是我们共产党要关心的文艺。因此，它叫"中国民间文艺研究会"是对的，我现在也认为这个名字很恰当。它指的是全体人民来研究民间文艺，当然研究民间文艺的人不一定是农民，也可以是专家，这个范围就很广了。第一届理事长，我记得是郭沫若。

浙江分会的第一位主席是唐向青，他是个老干部，参加过新四军，打游击出来的。我是第一批会员，刚成立的时候没有多少会员的，也并不是每个市、县都有人加入的。后来协会的名称也改了，慢慢改成了浙江省民间文艺研究会，不是分会了。按照体制的要求，上下级关系要断开了，所以就有了改名的要求。后来又把名字改成了"浙江省民间文艺家协会"，到现在还是用"民间文艺家协会"这个名字。80年代的时候，群艺馆、文化馆是省里主要的文化阵地，文联各个协会慢慢才健全起来。民间文艺家协会也是这样的发展过程，现在不仅有省里的，各个市县区也都有了。

那个时候搜集整理民间故事的人很多，我只是其中之一。每个地方市都有，他们都很出色，做了大量工作。我那个时候在海盐文化馆工作，无非就是跟省里文艺界人士的来往比较密切一点而已。为什么密切呢？这是因为我在文化馆主要负责辅导创作。我辅导的创作内容很杂的，小说、散文、诗歌、戏曲、曲艺，统统都要涉及的。我帮那些作者改稿子，然后拿到《浙江日报》以及其他一些刊物去发表。发表了，我也不署名，是哪个作者写的就是哪个作者，我连加个名字都不加的。所以，我就跟这些地方上的业余作者建立起了非常好的关系，到现在为止，关系也都很好的。当时不管是文化馆也好，文联也好，整个文艺界对民间文学的重视程度要比现在高。在当年作家文学整体式微的大环境下，民间文艺本身的活力就表现出来了。

三、"三套集成"前浙江省的民间文学搜集工作

浙江省的民间文学搜集整理工作,在20世纪60年代就开始了。比如说朱秋枫老师,他在50年代就已经出版《浙江民歌选》了,所以他是真正的老前辈。还有陈玮君老师,他是老浙大毕业的,抗战的时候跟着老浙大西迁,在那里读书,浙大毕业以后,一直在温州的中学里教书,后来到了省里,担任《东海》杂志的编辑。陈玮君对我们浙江省民间文学的发展贡献很大,他是我在民间文学研究道路上的领路人,林正秋老师也是他的学生。他的辈分是很高的。浙江省民间文学发展历史上两件大事都和他有关系。一是《西湖民间故事》的出版,二是温州民间叙事长诗《高机与吴三春》的搜集整理。另外,他的儿童文学创作在全国都是很有名的,获过奖。

先说《西湖民间故事》这本书,前面已经讲过了,这是一本很有影响力的民间故事集。出版的时候署名是"杭州市文化局主编",不过这是一个单位,总归要有一个具体编写的人吧!陈玮君就是那时候的主编,却一直没有署名。现在他已经去世了,这个也是他的故事了。但是关于这本民间故事集的出版,我们还是不能抹掉陈玮君的功劳的,作为历史的记录者,我们还是要公允地搞清楚这部书编纂的真实情况的。

另外一件事是长诗《高机与吴三春》的出版。50年代陈玮君老师就开始整理《高机与吴三春》,它原来是温州鼓词,这个故事也被改编成了地方戏曲,在温州很有影响。这首长诗主要讲的是温州织绸工人和富家小姐的恋爱故事。高机是一个织绸工人,吴三春是当地的一位富家小姐。吴三春看高机织绸织得好,就和他谈起了恋爱,然后私奔了。与梁山伯祝英台一样,这个故事最后的结局也是一个悲剧。这就是我们浙江民间文学不应该忘记的两个具有代表性的里程碑的成果。

在做"三套集成"之前,浙江省民协就已经做了很多工作了,那时候有两条工作的主线。一条是理论研究,特别是关于民间故事的研究,白蛇传研究、梁祝研究、孟姜女传说研究,还有吴歌研究。这些研究与姜彬先生很有关系,在他的主持下,江浙沪召开了一系列学术会议。姜彬先生是上海社会科学院文学所所长,也是一位新四军老干部,他对民间文学非常感兴趣,而且在民间文学界的地位和声望也很高。那时候江浙沪三地搞民间文学的理论研究,其实也是全国性的,凡是学术会议,北京的高校也都是有代表参加的。相比之下,北方那个时候的活动就没有南方搞得那么火热了。在姜彬先生的影响下,浙江省民协几乎每年也都要开一次学术会议,这个频率和重视程度我觉得是非常了不起的。学术会议不单单是出成果,更重要的是培养了一批人才。因为有这么个交流活动,大家就有了积极性,有了写作的动力。浙江民协办的会议,除了两省一市的学者来参加,国内其他地方的学者也会来,会议常常带有全国性

的影响。所以学者们在会上交流论文，水平也就有了很大的提高。这样的学术研讨会搞得非常好。

第二条就是那个时候出版社非常支持出版民间文学类的书籍。七八十年代、90年代初，浙江文艺出版社出了不少民间文学作品集，有好几套丛书，我记得有一套《浙江民间文学丛书》，还有一套叫《山海经丛书》。《浙江民间文学丛书》是标准32开本，有《浙江风物传说》《浙江民间歌谣》《东海鱼类故事》《徐文长的故事》等。《山海经丛书》出得很好，都是32开本的，可以放到口袋里，内容也很丰富，有《西施的故事》《乾隆下江南的传说》等等。这些套书，我现在家里还有。这里就形成了一个很好的良性循环，作者写好了，有发表、出版的渠道，能够拿到稿费，也有人交流。比如有的作品在《山海经》杂志上发表，再收到《山海经丛书》里，又到《浙江民间文学丛书》里再出版。所以那个时候，搜集整理民间文学的人很多，要看民间文学的人也很多，出版社不愁销路和市场。这样慢慢地就形成了一个读者与作者的队伍。

民间故事可以在当地搜集，服务于当地老百姓，发表在当地的一些刊物上，也可以向省里面投。省里最早的刊物是省群众艺术馆的《群众演唱》，后来改名《文化娱乐》。这是省群众艺术馆的机关刊物，刊发的内容范围比较广，民间文学、戏曲曲艺都会发，也会发小说。《山海经》是省民间文艺家协会的刊物，早期还有一本《东海》杂志。《东海》是省文联办的文学类杂志，兼顾着民间文学类别。省民协90年代还办过一本《风俗》杂志，跟《山海经》杂志并列的。后来因为期刊整顿，民协只能保留一本，就保留了《山海经》，把《风俗》硬邦邦地砍掉了。

当时北京、上海也有一些具有全国影响力的刊物，比如上海的《故事会》，北京的《民间文学》。《民间文学》办得很早，50年代，民间文艺家协会成立以后就有了。这本刊物主要就是发表民间文学作品的，也有一两篇理论性探讨的文章，对当时全国的民间文学工作进行一些理论上的指导。比如刘魁立老师当年就在《民间文学》上发表过论文，讨论民间故事搜集整理过程中改不改的问题，他就提出不能轻易改动，那么也有人提出可以改，也非改不可，两种观点争论得非常厉害。

四、"三套集成"工作与理论探讨

"三套集成"工作开始的时候，我还在海盐工作，后期我调到了杭州。"三套集成"工作的过程很长，时间跨度很大，前后差不多有20年，这期间我的工作也有变动。我担任的是浙江省故事卷的副主编，主编是季沉，另外还有三个副主编，一位是浙江文艺出版社的编辑朱承斌,一位是莫高,也是老同志,都已经去世了。我们要永远铭记他们当年的贡献。我是当时副主编里最年轻的,所以承担的工作也相应多一点。那个时候所有省内各地搜集来的稿子经过初选就到了我这边。我呢,一批一批到杭州来拿,拿了稿子就回海盐,在海盐编,编好了送杭州。就这样来来回回,"故事卷"的主体也就慢慢成型了,最后我还完成了"前言"的撰写。我们的省卷编得还是比较出彩的,受到许多专家学者的肯定。

浙江省"三集套成"的工作成果很丰富,它的优点是每个县市区都出了铅印本。具体来讲分成两个系列,一个叫地市级公开出版物,每个地级市都公开出版了集成卷。另一个系列就是县卷本,比如海盐卷、海宁卷、桐乡卷、平湖卷、诸暨卷、上虞卷等,全省各个县都出齐,不过那是内部出版的资料本。这个过程中,省卷的编写也在同步进行。有几个地市的故事卷出得比较晚,要到2000年以后才陆续出齐,不过这个问题对省卷的编写并没有太大的影响。因为不论是省卷还是地市卷,编写依据的基础都是县区搜集的资料,我们省的普查基础材料十分充分,可以反反复复地挑选,这样编纂出来的质量就过硬了。我省歌谣、谚语卷的编纂工作也都是这样逐级编纂精选而成的。

在"三套集成",特别是在"故事卷"的编纂中,也有许多理论问题要讨论,第一个就是故事改还是不改。关于这个问题,说起来也很复杂。有人说一字不改,我认为一字不改是做不到的,口头语言变成书面语言,是非改不可的。当然,这个"改"是有所改、有所不改的。我不主张改主题,不主张改主要情节,这是绝对不能改的,但是文字要改。特别是我们南方人讲话,满嘴的土话,要是都写出来,还有谁能够读懂呀?当年有过这样一个例子,苏州有一些业余作者搜集了苏州的民间故事,一字不改,辑录在一起,就请上海的大专家来看。这些大专家都是苏州人,有出版社工作的,有宣传部工作的,也有社科院工作的,可是都看不懂,很费力。海盐当年也有一个例子,著名方言学家胡明扬是海盐人,有一年他回海盐来,我们就认识了。后来,我们编海盐民间故事集成的时候,我给他写了一封信,请他给我们一两个稿子。胡明扬当年研究方言时搜集的海盐民间故事相当珍贵的。那是他年轻的时候搜集的,那时候我们还没出世呢,所以就很希望他能够提供故事。后来他就寄来了一个很有名的故事——《狼外婆》,我们就放到了三集成的"海盐卷"里。他搜集的这个故事要比我们早很多,我们都是七八十年代搜集的,他是50年代搜集的。但是很难看懂,需要大量的注释。南方话嘛,"吃饭"不说"吃饭","走路"不说"走路",几乎每个字都有当地的说法。杭州人、海盐人,都不一样的,都有自己的方言,很难用汉字表达的。语言的问题,作家文学中也是存在的,比如鲁迅、茅盾,他们的作品也是动过一番脑筋的,保留了一些最有代表性、有地方特色的词汇,什么"杀千刀"呀,什么"棺材板"呀，留下了一点就很有特色了。其他诸如"你""我""他""吃饭""走路"，就不用方言了。这个如何处理方言的问题，在当时的民间文艺界争论还是很大的。

然而最主要的问题还不是在这里，最大的问题是改动要符合当时的主流意识形态，这当中最有名的一个例子就是"洋人盗宝"的故事。其实历史上流传的都是"胡人盗宝"的故事。有人专门就这个问题研究过，这个类型的故事中有徽州朝奉盗宝、江西朝奉盗宝等。我们杭州也有一个很有名的故事，就是关于龙井茶的来历。说当年龙井山上有座庙，庙门口有个破石臼，石臼里头攒了不知道多少年的水，很脏很脏。有一天，有个不知道哪里来的朝奉路过，看了之后问庙里边的尼姑："你这个石臼很好，我要买，我给你几十两银子，你卖不卖？""好的好的，我卖的。"尼姑听了也很高兴。于是朝奉说："我明天来抬！"庙里的尼姑一看他出这么高的价钱来买我一个破石臼，总归要弄弄好的吧。于是她就把这里头的水全部倒掉，倒掉以后刷刷干净，把上面的青苔全部刷干净，弄了干干净净一个石臼，放在那里。第二天，朝奉雇了几个人来抬这个石臼，一看这个清清爽爽的样子，就回去了，不要了。后来才搞明白，这个石臼里的水非常珍贵，是仙水。尼姑把这个水倒在了18棵茶树下，因为有了这个仙水，所以这18棵茶树就长得特别好，后来就成了18棵御茶树了。这个类型的故事全国都有，从唐代以来一直有。但是到了20世纪50年代就兴起了一股风，把它改成"洋人盗宝"，朝奉变成了洋人、传教士，意思是说那个时候传教士是不做好事的，专门来盗宝的，把我们中国的好东西都拿走了。所以说民间文学的改编也是受到当时社会思想的导向影响的。

回过头来说我们浙江，浙江应该说成果是比较大的，你看《西湖民间故事》到目前为止证明还是比较好的，当然也不排除是不是有个别作品经过了过分的修改，或者说有整理者主观意愿方面的东西在里面。一般认为，白蛇传故事的记录整理还是比较好的。梁祝、济公、观音等的故事大多记录得很好。就是《西湖明珠》这个故事，说天上掉下来一颗珠子，就变成了西湖，这个故事是有争议的。《西湖民间故事》的搜集整理工作我没有参与过。那个时候，我还在海盐，没有参加到这个工作当中。

此外，筛选故事的原则最重要的是一定要民间口头的，这个非常明确。但是讨论的问题也有很多，有一些到现在还没解决，比如我印象很深的一个问题就是故事的全国性与地方性的问题，形象一点来讲就是"全国粮票"和"地方粮票"哪个重要。这句话是什么意思呢？比如"狼外婆"的故事就是所谓的"全国粮票"，应该每个省市县都有，这个故事是非收不可的，因为他是我们中华民族的文化代表。但是这个故事又普遍不受重视，因为他是全国普遍性的故事，地方上可收可不收。对地方来讲，搜集者更希望收入那些能够反映地方文化特征，反映当地名胜古迹、文化名人的故事，就是所谓的"地方粮票"。比如海宁要陈阁老,绍兴要徐文长等。如果是会稽,就要讲会稽山的风光,你怎么去讲黄山、泰山呢,这些地方跟我们这个地方又有什么关系呢?对不对。事实上,民间故事里有很多故事是没有办法找到主人的,没办法找到一个归属地、发源地,这样的故事就不收了吗?那么对民间文学事业来讲,是不是一个巨大的损失呢?所以在看待地方粮票重要还是全国粮票重要的问题上,大家觉得是地方粮票重要,但在生活中好像还是更关心全国粮票吧!这个道理很简单,全国粮票的身价要比地方粮票高呀!比方讲你到了山东,你能拿浙江的粮票买到面条吗?但全国粮票就可以。大概就是这么一个道理吧。其实这个讨论到今天也还没有结束,在非遗保护中同样存在着类似的问题。

五、《中国古代民间故事长编》与《祭坛古歌与中国文化》的出版

说起《中国古代民间故事长编》(6卷本),从我在海盐文化馆的时候就开始编了,这件事我做了三四十年。这个过程很辛苦,也是明知不可为而为之。当时我跟北京一些专家讨论这个问题,大家都觉得我要做的是个很有价值的项目,应该做。但是怎么做?谁来做?真的很困难。古籍浩瀚,书本来就多,甄别也很难。有个典型的例子就是唐传奇中的洞庭湖柳毅传书。它肯定是个民间故事,但是你看故事的原文又会觉得它是作家文学,是骈体文,写得水平非常高,绝对不是口头语言,所以有些学者就是这么说,志怪是比较接近民间故事的,传奇就跟民间故事比较远了,这是一个观点。可见甄别挑选是很难的。但是总的说来这件事又是有价值的、应该做,我就硬着头皮去做了。

整理古籍中的民间故事,这个想法最早是刘耀林先生提出来的。他当过浙江民间文艺家协会的主席,当过浙江文艺出版社的社长,也当过浙江古籍出版社的社长。我跟他的关系非常密切,我们在一起交谈的时候,他就提到古籍中也有很多民间故事,可惜没有人去整理。钟敬文先生也有这样的观点,比如晏子使楚是不是民间故事,张良拾鞋的故事也被记录到了《史记》中,你当它是历史著作也可以,文学著作也可以,但大家认为这还是一个民间故事。所以古籍中有民间故事,这一点是可以肯定的,但哪些是民间故事呢?没有人做过全面的盘点。有的人说,现在电脑发达了,可以利用电脑系统来检索,比如输一个"诸葛亮"进去,关于诸葛亮的资料就出来了,没有必要再做这么辛苦的整理。但是不是电脑里跳出来的资料都是民间故事呢?这个恐怕就不是电脑系统可以辨别的了。而且,除了一些经典名著外,古籍资料还有不少

没有进入电脑系统，这些书籍更加重要。我编写民间故事长编的时候，有不少资料就是千方百计从港台图书馆里搞来的，大陆的图书馆还没有。

做的过程很漫长。我是个不懂电脑的人，要做长编都要手写。为了找资料，我得去各个图书馆找书，找来了就在图书馆把它抄下来，当然也有一部分借回家里抄，抄完了，还要及时校对。所以这个工作量相当大。1992年，我调入了杭州师范学院，起先在图书馆工作了半年。那时候，图书馆有个咨询室，我就在那里。有人来咨询呢，你就回答一下他们的问题，没人来呢，你就自己看书。这个岗位现在看起来很微不足道，不过对我却是极好的机会。咨询室里放了很多工具书，我每天在里面上班，就是看书、抄书，这段时间我整理了很多东西。面对这样一种情况，也有人替我打抱不平。我说，知识分子有张桌子就好了，就够了，别的不要了。而且还有一个便利条件是，杭师大图书馆古籍部藏书很丰富，我就常常去那里找书。当时我们学校离杭州大学图书馆也很近，我就常去那里看书、抄书。这样我的整个编纂过程就加快了很多。那时候认识的朋友也多了，比如刘守华老师，他在民间文学领域有很大的成果，跟他交流交流就有很多启发。还有台湾的金荣华老师，也给了我很大的帮助。我在这部书的后记里也写了，我编这部长编是抛砖引玉，这样的事情中国民间文学界应该有人去做。你看，现在有人做诗论，做词论的也有，做什么的都有，就是没有人做古代民间故事，其实古代民歌也应该有人做呀。没有人做，因为太冷门了。三四十年代，顾颉刚先生做孟姜女故事，他就可以把所有相关传说都找出来，当然那个时候其实很困难，故事也没有找全，但是他最后形成了自己的理论。这样的研究，今天还是一座很难超越的丰碑。

在编写中，我受到《管锥篇》的启发，整理中将自己的一些思考融入其中。摘录古籍中的某一个故事，我就会把相关的所有资料都放到"附录"里面去，有的时候附录要大大超过正文故事的本身。因此，我认为这6卷本《长编》还是能够反映我的学术观点的，并不仅仅是古籍作品的罗列。

整个编纂过程实际有两个成果，一是《中国古代民间故事类型研究》，这是一部理论专著；一是《中国古代民间故事长编》6卷本，大概有350万字。这两项成果在同一年获得了两项国家社科基金的资助，这在当时的学校也是十分轰动的。但是我更希望看到有后继者的深入研究。

再说《祭坛古歌与中国文化》的出版也是很有戏剧性的。有一年我到重庆大学参加"中国社会史学会年会"，做了一个主题发言，发言的题目是《萨满、傩和吴越神歌的比较研究》，大家都很感兴趣。我研究社会史，是从文化史的角度打开的视角。我比较东北的萨满，西南的傩，东南的神歌，这三种文化现象，看看有什么相同的地方，有什么不同的地方，为什么不同，讲出道理，讲出历史根源、地理根源、文化根源。这是不是社会史研究？是的，但是那时候还很少有人这样做。正因为我的这次发言，人民出版社历史室的编辑就向我约稿，后来就有了《祭坛古歌与中国文化》的出版。这本书出版以后，台湾的商务印书馆又再版了，改书名为《祭坛神歌》。所以，民俗学的研究还是要勤于思考，不要局限于某一个学科的界限，而是要扎扎实实地思考，学而不思则罔。不想的话就是做个教书匠，一天到晚背书，也没有多大前途。想通了，你有新的观点出来了，那你就进步了。

民间文学的研究也是这样，仅仅是搜集整理，最后还是不能有所突破。要学会比较，比如说从浙江的民间故事，到江苏的民间故事，再跟山西的民间故事比较看看，有什么相同、有什么不同。或者是口头的民间故事与书面的民间故事之间的比较，发现有什么值得研究的地方，甚至于中国的和外国的民间故事进行比较研究。这样才能有所突破。

访谈手记

2007年春天，我第一次见到顾希佳教授。那是我硕士毕业进入杭州师范大学工作的第二年。彼时的我，并没有在自己的专业——民俗学领域内工作，而是进入了学校的"国际合作与交流处"，从事外事工作。那时候，顾希佳教授正在招募"蚕桑生产习俗调查"小组的成员，听闻我的硕士专业是民俗学，便亲自给我打了电话。那一次见面的具体情形已经记不清了，但对我的影响却很大。正是因为这个契机，我才没有中断民俗学、民间文学方向的学习与研究。此后的十余年中，虽然我也经历了诸多生活和工作上的变化，但顾教授一直引导着我在这条专业的道路上前行，步伐从不迟疑。

借"纪念中国民间文艺家协会成立70周年口述史访谈"之机，我第一次完整地了解到顾教授的学术生涯与生活经历，并将之前零零碎碎的诸多记忆串联起来了，受益良多、心有所悟。印象最深刻的是顾教授在图书馆工作的那段经历，在旁人为他"打抱不平"的时候，他却"静静"地完成了一部如今被相关研究者引为经典的著作——《祭坛古歌与中国文化》。《中国古代民间故事长编》（6卷本）的编纂，更是见证了一位学者三十余年勤勤恳恳、无欲无求的耕耘，实在令人钦佩。而他为浙江省民俗学的发展，特别是为民间文学搜集、整理与研究工作所做出的贡献，则有目共睹。

认真做事，常常思考，勇于否定自己，是顾教授时常挂在嘴边的话，他自己也是这样做的。我辈后学者自当奋勇，以追随前辈脚步，继续前行。

民协的工作像一条河

冯骥才

访谈时间　2019年11月27日
访谈地点　天津大学冯骥才文学艺术研究院三楼
访 谈 人　冯莉、张志勇
整 理 人　张志勇

冯骥才，1942年生于天津，祖籍浙江宁波，中国当代作家、画家和文化学者。现任中国文联荣誉委员、中国民协名誉主席、天津大学冯骥才文学艺术研究院院长、国家非物质文化遗产名录专家委员会主任、中国传统村落保护专家委员会主任等职。他是"伤痕文学"代表作家，其"文化反思小说"在当今文坛影响深远。作品题材广泛，形式多样，已出版各种作品集二百余种。作品被译成英、法、德、意、日、俄、荷、西、韩、越等十余种文字。他在2001年至2016年担任中国民间文艺家协会主席期间，倡导与主持了中国民间文化遗产抢救工程。

一、第四代次文会上和民协结缘

我对中国民协最早的印象应该在1979年，第四次文代会的时候。

当时给天津一些代表名额，我，蒋子龙，还有一个世界语的诗人苏阿芒，几个年轻人，我是最年轻的。当时作协的名额不够了，跟我商量，我还是文代会代表，但是以民协的代表进来，因为我的小说里有一些民间文化的东西。当时天津市民协没有恢复。所以我就以（中国）民协的代表来参加了当时的第四次文代会。

这是"文化大革命"之后各个协会恢复后的第一次大会。开会的时候我在那儿坐着，台上的人大部分都不认识，台下的人认识几个人。那个时候是最早的接触。

我是从1988年任天津文联的主席，在那之前，从70年代末到80年代末，我一直是天津市文联的副主席。天津的民协是我给恢复的。所以，我跟民协还有很多的关系。跟我后来进入中国民协好像也有一点儿很神秘的联系。

二、没想到做民协主席

这个事儿，我根本没想到。开始，我是以作家的身份做了中国文联的副主席，因为中国文联的主席团里必须得有作家。作协和文联是并列的，但是作协得有一两个代表进入中国文联主席团。当时中国作协是派我，还有诗人李瑛，还有谁我不记得了，好像只有我们两个人，1988年做了中国文联的副主席，做了二十几年。

到了21世纪初的时候，民协要换届改选，中国文联的党组书记高占祥同志，还有中宣部，希望我到民协去做一个兼职主席的工作。我一开始不同意，因为怕分精力，我当时写小说正在高潮。他们说不会耽误我太多的时间，一年也就开一些会，就是挂个名，没有什么实质的工作，我也不必到北京去，还在天津，民协主要的大事儿跟我说一说。我说那为什么让我去呢？因为民协以前很多的主席都跟作家有关系，比如郭沫若也好，周扬也好，老舍也好，都跟作家有关系。所以，这次民协换届的时候希望一个作家过去做主席，希望我能接受。

组织上安排你去了，你再拒绝也不合适，既然不是占太多的时间，我也就同意了。因为它究竟还是一个人民团体，不是政府机关。做官我不会做的，但是作为一个人民群众团体，又是挂一个名，又不是实职，我就去了。

我到那儿以后，一选举挺好，没想到民协对我这么欢迎，大家都很欢迎我，我是全票。这我没想到，因为我不是专业搞民间文学、民俗学的，他们怎么会接受我呢？

可能跟我的文学有关系吧。在20世纪80年代的时候，我也是公众比较知道的作家，比较熟悉的作家。所以，大家很欢迎，让我做了民协的主席。但是没想到我身上还真有民协的影子，民协工作的对象就是民间文化，因为作家总是对这块土地有一个关切。一块土地里最深的东西是人的精神，人的灵魂，还有地域里文化的精髓，这些东西实际都在民间文化里，这也就是民协工作的主要内容。

三、我们关切的问题都一样

进去以后，跟大家一接触，都是知己知音，都聊得来，而且关切的问题也一样。那时候我就想到各地方跑一跑。就在全国各地跑的时候，它一下子跟我另外做的一些事情连在一起。20世纪90年代中期的时候，我生活的天津这个城市开始发生变化，改革第二次浪潮之后，城市开始大拆大建，很多城市墙上都写着"拆"字，很多我熟悉的非常有价值的历史建筑当作历史的弃物一样被推平了，很多原有的一些城市特征、城市历史没有了，这是我特别关切的事情。

所以，那时候只要一拆特别重要的建筑，我就着急，就要发声，就要找相关的一些领导，城市的管理者，或者找拆房子的相关部门，包括开发商。我想挽救这些东西。在1994年天津拆老城的时候，我就组织了大批文化学者，天津地方的民俗通，建筑学家，还有摄影家，组织了各方面上百人对老城进行考察。

因为当时的一个计划就是要把老城全部铲平，报纸宣传得很可怕，说要把天津的老城变成香港的铜锣湾，而且还有男人街，有女人街，让你站在老城里不知道是在天津。我说如果站在天津城里不知道是在天津，那就太可怕了。当时我就觉得，我要做一件事情。一介书生，没有别的办法，首先就是组织人先把天津拍照下来，把整个老城拍照下来。

这件事情如果再找根源，可以找到更早。有一次我在整理手稿档案的时候，发现了一部手稿。这部手稿大概是56年前，我22岁的时候，在天津城里来回跑，我那时候搞美术，也喜欢民间艺术，就发现一些老建筑的砖刻很好，天津的民间艺术很发达，杨柳青年画、泥人张等。我的自行车后面放了一个凳子，拿绳子绑着，找人借了一个旧照相机挂在脖子上，就骑着自行车在天津城里转，把所有我看到好的砖刻全拍下来了，不但拍下来我还做了记录，不但做了记录，我还把哪条街的砖刻比较多，哪条砖刻比较少，全用粗细线标识出来，画了一个天津砖刻的分布图。我还找到了刻砖刘，当时他七十多岁，像我现在这个年龄。在老城里的老作坊找到他后，我问他比如影壁，比如门楼，比如女儿墙，每个部位的砖刻叫什么名字，然后又把这些结构都画成了结构图。当时我写了一个叫《天津砖刻艺术》，最近我把它出版了。我做完这以后，当时有计划把杨柳青年画、风筝魏、刻砖刘、天津的玩具、天津地毯等天津的民间美术全做下来。我想我有这样的一个背景，这个背景完全是自发的，没有人让我这么做，我也不知道我为什么这么做，也许是一种情怀吧。

有这样一个背景，所以，在1994年天津老城要拆的时候，我就开始组织人把老城每条街每条胡同全部跑过来，把重要的建筑、门楼、影壁，里面的院落，室内室外的细节全部拍摄下来。后来我们做了一套《天津老房子》。因为这件事情影响很大，市里开始重视，当时天津的市长是李盛霖，后来他到北京当交通部的部长。他找我谈，说你有什么建议可以提，我说天津是一个很大的桃，你把这个桃吃了但得给我留一个核儿，留下老城中间这一部分，就是狮子街。老城得留一点痕迹，不能全部荡平。这是一个。这个狮子街旁边有一个三套三进的院子，非常好的建筑，我说这个院子作为一个标本你留下来。他问你干什么，我说做一个老城博物馆。他说做老城博物馆干什么？我说把所有老城里留下来的能够证明老城历史文化和老城特征的这些细节都保留在博物馆里。他说那这些东西怎么来？从哪儿来？我说号召老百姓捐，我们搞一个捐赠博物馆，老百姓谁捐了谁就会关心这个博物馆。他说怎么让老百姓捐？我说这个事儿交给我，我去办。我的办法就是卖画，卖完画以后带着一堆钱搁在包里，看哪儿有好东西我就买，买完以后我就把东西放在这个房子的门口，然后我在那儿拿了一个话筒公开做了一个演讲。我说我们要离开老城了，老城养育了我们天津人的世世代代，我们离开老城的时候要把属于老城的东西，后代应该知道的东西放在这个博物馆里。当时很快就收到了一万多件。这个博物馆里所有东西都是捐献的，现在那个牌子还是我写的。

老城博物馆就留下了，十字街市里也同意留下来了，把鼓楼也恢复起来了。那个时候大拆大建很厉害，还有一条老街叫估衣街，天津老城的历史600年，估衣街可能还要老，正好估衣街要大规模地改造，当时我就带了很多志愿者保护老街。这个过程很激烈，当时也有领导不理解我的做法，也有不同意的，但最后他们还是同意把最重要的建筑留下来。估衣街里最主要的一段儿还是留下来了。

我是在这个保护老城的高潮刚刚结束的时候到中国民协去的。

四、喊出抢救民间文化

民协工作跟城市的历史建筑和街区保护没有关系，因为这属于文物局的事儿，不属于民协。民协做民间文化。政府管理部门叫非物质文化遗产，有一部分是民间文化，概念不同，但本质是一样的。

到民协以后，在全国各地跑的时候，我感到我们的民间文化基本上到处是风雨飘摇，很多地方都有曲终人散的感觉。但是当时我看到的东西实际要比现在还多得多。我当时就有一种激情，既然在这个位置上了，就要用民协组织的力量做几件事情，我就跟民协的主席团来谈这个事儿。

正好在2001年的时候，钟敬文先生住在北京301医院，我和刘铁梁一起去看他。钟老当时告诉我几个事儿，一个要恢复《民间文化论坛》，我说"这个您放心，您交给我的事儿我准把它办了"。我把我遇见的民间文化的问题告诉他，说我们得要做抢救了。他赞成。他告诉我另一个事儿，说要在北师大开一个民俗学研讨会，他请了几个老先生，一个是于光远先生，一个是季羡林先生，还有一个是启功先生，等等，他说我希望你去。我说您让我去我就一定去。我跟钟老早就比较熟，我很尊敬他，我也很喜欢他，说话很诙谐的一个人。

开这个会的时候，几位老先生都在，我们是有备而去的。之前就在民协讨论好了，请向云驹秘书长起草了一个宣言，就是要抢救民间文化的宣言，准备在会上请大家签字。以那个会做一个起点，签了字这个民间文化抢救就开始了。很多年轻的学者都在会上发言，很多北师大搞民俗学的研究生，还有一些其他大学的研究生。他们最后希望我讲几句。我说你们都做民俗学、民间文化的研究，民俗和民间文化在我们大地上，可是你们知道你们研究的对象要死了吗？我说："它们已经奄奄一息了，你们听到它们的呼叫了吗？他们马上就要消亡了，你们还在书斋里抢救，你们的书桌应该搬到田野上去。"

"把书桌搬到田野上"就是那次会上提出来的。我说，我们这代学者的书桌不应该搁在书斋里，而应该搁在田野上。我那天说实话挺有点煽动性。完了以后我们就把那个宣言拿出来了，先请了季羡林、启功和于光远签字，然后请所有参加会议的学者都签字。签完字以后，这个事情就喊出来了。

五、在中宣部和文化部演讲

当时我们提出的是，要对960万平方公里56个民族的一切民间文化做一个盘清家底的地毯式考察，这么大的举动你得先要得到中央的支持。正好我是政协委员，从1981年当了35年的政协委员，做了7届，我在政协做了好些次发言，这次就写了一个关于抢救民间文化遗产的提案。提案交上去以后，我记得好像没有两个月的时间，就接到一个通知，中宣部让我去谈这个事儿。

当时是两个人，一个我，一个是文联的党组书记李树文，我们两个人到中宣部去谈。当时中宣部的部长是丁关根，第一副部长是刘云山，还有刘鹏，后来去体委当主任了，还有李从军，后来到了新华社当社长。几个部长全在，我一口气讲了两个小时，因为太着急，希望他们能够认可。我觉得那天口燥舌干，喝了好些杯水。可是很有意思，他们找我谈，也是想听我谈，想知道我们的论据是不是充分，我们到底是怎么想的。他们实际已经有了想法。所以，关根同志在跟我谈的时候，他并不跟我交流，他只是反问我。

他这个反问方式有点像王志做《面对面》的方式。他说："有这么严重吗？"他老是这种口气。"这么做值得吗？"都是用这个口气。"你们做得了吗？"都是用反问的口气问我。他越问我我越着急。这个事儿好像不容易被领导认可。等我说完了以后，关根同志说："这件事情我们必须做。"我当时就觉得，哎呀，一下放下心来了。

他说:"钱怎么来?"几个部长说,钱还得财政部拨款。财政部怎么拨款?拨给文联吗?我们是宣传部对口,财政部直接拨到文联是不顺的。后来刘鹏提了一个想法,他说最好还是按三套集成的办法,钱拨到文化部,由文化部和中国文联合作。钱到了文化部以后,文化部再把该给文联的钱给文联。

说好了,由云山同志和孙家正同志联系,沟通之后,他们通知我跟李树文同志到文化部去再讲一次。到文化部那次阵势很大,不仅是孙家正作为部长参加,还有一两个副部长和所有司的司长全参加了。我又讲了两个小时,但是比上次稍微容易点儿了,因为讲过一次了,预演过了,所以,这次讲得比较顺。

讲完以后,家正同志也认为这个事儿是必须做,这是一件大事儿。我们中华民族遇到了一个文化的转型期,实际是文明的转型期,是从农耕文明向工业文明、现代文明的转化。在这个转化过程中,原来创造的很多文化很可能会丢失。这个转化,它有时候很剧烈,不可能安下心来去理性地选择,如果不有序地把它抓起来的话,很可能一些东西就丢失了。可能丢失的那一部分恰恰是一个民族在转型过程中必须继承的东西。所以,这个时候,国家要管理起来,学界要发挥它的力量,对所有的民间文化进行抢救整理。

当时的概念就是抢救和保护。抢救的工作主要是我们文联、民协来做,因为我们是专家,我们知道哪个东西必须抢救,哪个东西有价值,哪些东西最紧要、濒危。我们以抢救为主,保护是政府的工作,因为文化遗产的第一保护人是政府。所以,当时就这么分开做。文化部做中国民族民间文化的保护工程,中国民协因为中宣部认可了,也发文了,而且列入了国家社科基金的特别委托项目,就开始做中国民间文化遗产抢救工程。这是2002年。我作为中国文联的代表,又被安排在文化部做整个保护工程的副主任,兼专家委员会的主任,这样同时做起来。

六、"非典"过后,正式启动

启动的时候,要做很多计划。当时中国民协的书记是白庚胜,秘书长是向云驹,我们之间可以讲上一天。我有时候在天津,有时在北京,要在天津的话,一天可能要通好多次电话来研究。

民协以前做的事情主要是民间文学,看家的东西就是民间文学,缺一些民间艺术的人,民艺学的学者。到现在看还是缺的一些东西,比如民间音乐、民间戏曲、民间曲艺等,还是缺了一些人。民间美术还好,这个主席团里像张锠是搞民间美术的,另外还有一些骨干，比如潘鲁生、乔晓光，当时他们都很卖力气。开始做的时候也包括古村落，讨论的就是各抓一块，然后总体做。

总体要做是2003年，可是刚开始就"非典"了。正好维也纳的政府请我写一本维也纳游记类的散文集，给中国人看的，我就答应了。那个时候是春天，还有很多文学冲动，奥地利以前去过几次，也比较熟。到了那儿之后"非典"了，中国跟奥地利的飞机停飞了，我回不来了。我很快把维也纳该调查的调查完了，调查完以后，萨尔茨堡的州长听说我在维也纳，又请我去了将近一个月做调查。后来这两本书很快写出来了。我着急回不来，他们说你回来也没用，到了机场就得给你扣起来，然后搁到一个地方得搁十几天，检查你身上确实没有SARS病毒的话，才能把你放出来。再说也没有飞机，要飞到法兰克福拐弯回来。所以，我就安心在那儿等着，倒是认真研究了一下民间文化到底应该怎么做。

回来之后的一个月，"非典"一过去，社会一放开，可以开大型会议了，我跟庚胜、云驹就商量，赶紧开会，在人民大会堂。那个会特别大，还先对媒体开了一个预备会，在那个预备会上，我一上台就讲了一句话，我说："我们是做民间文化工作的，你们是不是听到了民间文化在拨打120，在紧急呼救？"这句话是给媒体听的，第二天北京的媒体都说，"冯骥才说民间文化在拨打120"，就把抢救的声音喊了出来。过了几天到人民大会堂开会，我就把准备好的一篇稿子在那个会上讲出来了，就是《民间文化遗产抢救为什么做，做什么和怎么做》。这是我想的最主要的问题，我们为什么要做这件事情，我们到底要做什么，我们怎么做？全是新问题。

我讲了一个概念，这个概念很重要，我跟向云驹讨论过好几次，我们现在开始面对的民间文化，跟以前的学者有一点儿不同，以前的学者面对的是民间文化，我们面对的是民间文化遗产。提出了"遗产"的概念。它如果是遗产，就是前一个历史阶段创造的、我们这个历史阶段必须继承的、不能丢弃的，而且必须保护抢救的这一部分东西。

这是我们工作的对象。关键是怎么做？最重要的一点，我们对待某一项文化，比如东巴舞，不仅对待东巴的舞蹈，也要对待它背后的文化，它的民俗学意义、人类学意义，还包括地方史的，我们全面面对。跟以往学者做的都不一样，我们必须要有这样一个文化观、遗产观来对待它。我们特别强调的是"遗产"。

2002年底，朱仙镇搞年画节的时候，我们已经提出来，年画要做抢救。我们提出了一整套的想法，就是要做年画，不像以往只做画，只是把画搜集来，然后研究画，不是做图像学的年画，要研究年画的历史，它的地域特征，它的习俗，年画的分类——当然也包括年画的图像，它的制作工艺流程，它的工具，它的传承谱系，它的张贴方式、张贴习俗，它的销售方式，它的制作口诀……这一套体系全要做，把每个东西抢救出来的时候不能单纯把它从土地里拔出来，而是要把它带着土保护起来。

这样做当然很累，这是毫无疑问的，因为它是全新的事情，过去民协没这么做过工作，但是它有一个让我们非常自豪的事情就是，我们确实接地气，非常了解实际情况，而且跟下面很容易做沟通。我们非常了解一个地方的文化，也了解哪些人知道这个地方的文化，他们能够做工作。我在中国文联工作那么些年，对各个协会都很了解，民协最大的特点就是接地气。因为接地气，民协做过三套集成的调查，而且成就非常大。如果没有三套集成，就不能想象我们手里到底还有多少口头文学。这也是后来我们坚持要做口头文学遗产数字化工程的一个最重要原因。

这是我们整个协会对文化的责任，时代的责任。回想起来，这十几年做这件事情靠的是什么？我觉得靠的是一种强烈的责任感、使命感。协会的几十人，上下调动那么大的力量，得到国家的支持，我们对节日的呼吁国家支持了，对很多项目的呼吁国家都给予了很大支持。因为这是为了国家、为了民族的未来做的。我经常还讲一句话，"我们每代人都有一个责任，我们像火炬手一样，历史的火经过我们的手，不能让它灭了，还得让它熊熊燃烧，然后把这个火炬交给我们的后人"。我记得每次开会我都要讲这个话，讲到我们这一代人的责任，我们不是为我们自己工作的。现在想起来，那时候全国各地跑，这儿可能忽然开一个萨满的会，那儿忽然开一个傩的会，那儿开一个剪纸的会，各地协会的秘书长带领工作人员和学者都来了，大家分外亲热，想各种办法做成这件事情，这件事情以前谁都没做过。

还有一个最重要的事儿，就是我们得到了老百姓的呼应。我们确实对于唤起民众的自觉起到了作用。记得有一次在政协会上，李长春同志讲了一个话，他说我们前些年谁知道非遗，不就冯骥才这些人给闹起来的。

想起2008年汶川地震的时候，民协组织一批专家跑到汶川，跑到北川去，去的时候山上大石头还骨碌下来，很多道儿都给堵上了。我们拿了一个特别通行证，先拿消毒水浑身喷，都喷湿了，然后到前线。那时候我就怕羌族的文化消失了，那一次的地震很恶毒，所有羌族的聚居地都是震中。回来后，我和向云驹写了一个羌族文化读本给小孩，当时我还买了五千本，羌族的学生每人一本。还编了一套羌族口头文学的资料，四卷本，有100万字左右。我们在汶川地震之前把绵竹年画也抢救出来了。青海玉树地震，我们也在这之前把它的文化抢救出来了。我当时有一种感觉，是我以前没有过的，我们的生命跟我们文化的生命是连在一起的，文化的存亡跟我们的关切是紧紧连在一起的。

民协一块儿工作的同志，庚胜、云驹他们，这十几年来的时间，我们有很大的凝聚力，有很清晰的工作目标，我们知道为谁做，做什么，尽管我们的经费不足。做事情没有钱，得想办法。为什么我要成立基金会要卖画呢？卖了三次画。有一次在苏州卖画的时候，卖完画以后忽然有一种感觉，这屋子里都是我喜欢的画，以后这个画我永远见不着了，因为买画的人是谁我也不知道，他拿回家可能锁柜子里，也可能这一辈子再给他儿子传下去，我就再也见不到了。画跟文学不一样，你把书印出来它总是可以流传的，画就是一张，就是原作，没有原作你什么都没有。所以，我最后说，你们所有人都请出去，我就一个人在屋子里待着，我请摄影师来，给我和我周围的画拍一张照片吧。这些展完了我就家徒四壁了。后来想一想，这也不是个人有多大的损失，我想到的是我跟文化的关系。这些年，从城市保护的时候就遇到很多挫折，甚至遇到一些阻力。有些阻力我现在都不愿意再说了，因为一说到阻力就要说到具体的人，我和具体的任何人都没有矛盾。我觉得，这个时代给我们的就是这样一个使命，我不做别人也做，再说我又不是一个人做，是一大群人做，而且有的人比我做的还好。我最近一直在想，想找出一些人来，做一个你们这样的工作，做他们的口述史。

到今天，谁也没说我的事情做完了，谁也没有把它当工作做，说我现在退休了不做了。没有，都是七老八十，都在做，没有一个停下来的。他们作为知识分子，他们跟文化的命运是连在一起的。我觉得这是我们民协的一个非常可贵的精神。你们采访了一些老学者，看看他们心里关切的什么东西。他们就是走不出书斋了，在书斋里，他们的笔还是跟文化紧紧地连在一起。所以，我觉得要好好挖掘这些，这是我们民协的一个传家宝。

七、为什么做传统村落保护

我们的调查从 2001 年开始，2002 年就开始做抢救工程了，国家的非遗名录从 2006 年开始评定。评定的时候，我们抢救的成果都已经出来了，大家知道哪个东西比较重要，由地方开始往国家报，国家成立专家委员会，我当时在专家委员会当主任，把好的东西挑出来进国家名录。先进县一级，由县一级到市一级，市一级到省一级，省一级到国家一级。现在国家一级是 1372 项。县、市、省、国家四级名录是多少项的？十万项。没有进入名录，但是已经登记的是 80 万项，这是了不起的。

我们的文化确实是了不起的，因为我们的文化太大了，我们地域辽阔，自然不同，民族不同，风俗习惯不同。我们的文化太多样化了，正是因为多样化才体现中华文化的灿烂。我们保护文化就是保护文化的多样性。2011 年的时候，国家的四级名录基本上把这块土地上所有的民间文化，从民俗到民间文学、民间艺术，其他包括武术、中医……基本都查清楚了，我们心里有根了。所以，我在《人民日报》写了篇文章，说我们已经进入了后非遗时代或者叫非遗后时代。因为名录定下来了，保护对象清楚了，保护工作才真正开始。保护需要国家研究，因为随着社会进程的变化，文化产业的发展，文化思想的发展，消费文化的冲击，文化保护不断遇见新问题，国家必须要讨论这些问题。

但作为专家学者，我觉得还有一块抢救是我们没有做的，也是我特别担心的传统村落。

我们一开始做民间文化调查的时候，预备先做一本普查手册，做这个手册的专家小组最早的是乌丙安先生，选择的点是山西后沟村，当时有向云驹、乔晓光、潘鲁生，十多个人，还有山东电视台的樊宇，他是做视觉人类学的。我们在那儿调查的时候，就想把后沟村作为古村落的一个对象，一个范本，做一个古村落抢救的手册，然后又调查了一下旁边祁县的剪纸，准备做一个民间文化抢救的普查手册。但是古村落不好做，因为它不是一个单纯的文化，它又是一个生活的社区，是古老的农耕文明遗留至今的社区，它是一级政府，这个跟做单纯的文化是不一样的。

到了2010年左右的时候，我们想先把最好的村落挑出来，做那么一个中国古村落代表作，民协的主席团开会通过要做这件事情，但跟谁做呢？跟清华大学做。所以，我们到了清华大学，跟院士陈志华开的会，还有罗德胤，罗哲文先生也在。

当时我们选择的地方是在安阳和邯郸这个地区。为什么要选这个地区？因为这个地区正好在中华民族一个特别的位置上。它上边是河北，下边是河南，左边是山西，右边是山东，正好山河、东西南北，向四面放射来做这件事情。当时也说得热泪盈眶，很激动。陈志华拿一张纸条，拿铅笔颤颤巍巍写了两句话，我一看眼泪差点出来，他写的是艾青的那两句诗："为什么我们的眼里总含着眼泪，是我们爱这块土地爱得太深沉。"我觉得这样的学者，这一代人真是让人感动。他就写了这两句话，我们决心要做这件事儿了。

正好国务院发了一个文，要建立历史文化名村的保护条例。我就跟云驹说，咱们把这个事儿先按一下，看看他们做得怎么样，如果符合我们的想法，那么国家做更好，可以直接动用政府的系统，另外，经费也没问题。可是等一等，发现不行，跟我们想法不一样。政府是由上往下做，上面向下面发一个文，下面逐层往上报文件报材料，上面评议。我们是专家在下面调查，调查有价值的东西整理出来，然后专家再评议。这两种不一样。我们的专家是直接到一线去的。我觉得还得由我们做。但有个问题，我们没那么大力量。另外，我们民协做村落的人太少，我们大部分人都是研究单项的。

正好在2011年的时候，中央文史研究馆60周年，在人民大会堂开会，当时我是国务院参事，所有参事都参加，温家宝总理主持会。温总理在会上主持的时候，看有我的发言，他说："冯骥才你说吧。"我说："我说一个村落问题。"当时因为很激动，我都脱稿了。我说，我们现在的村落遇见了非常大的困难，我们是一个创造了五千年辉煌灿烂文化的民族，但是我们破坏自己文化，在世界上也是头一号的。当时王蒙坐在我前面，回头直看我，认为我别把话说得太过了。可是我当时已经忍不住了，因为我太着急这事儿了。我说将来我们怎么对我们的后人讲？

我为什么着急？

有一次，我在河南开封参加一个活动，参加完以后，我想看一看河南、河北、山东、山西的乡村怎么样，就坐着汽车从河南穿过去，穿过太行山横着过去，然后到山西金柱、平顺、长治这些地区。走了两天，我看了觉得非常凄凉，90%的村落基本都空了，有一个村子，可能主人觉得那门还值钱，把门就卸下来了，外面刮风就把叶子刮到屋子里了，我在屋子里站着的时候才知道，叶子一旦刮进屋子里是刮不出来的，没有任何一个风能进去把这叶子刮出来。所以，里面堆的叶子越来越多，墙角有一大片叶子，你用叶子不同的颜色就能看出来它已经好些年了。但是窗户台上都是碗，那个树洞里还有土地爷像，他们都没带走。他们离开土地了，也用不着土地爷了。

那个村庄，现在可能是开发旅游了，开发旅游倒挺合适，都是石头垒的，很漂亮。

后来我到了晋中，我去看谢家大院。谢家大院是一个明朝的村落，那个村落整个变成废墟了，长出好多树来。有几户人家都是周围县里打工的，晚上骑个破车回来住那儿，反正那个房子不要钱的，早起再到那个地方工作去。

所以，我那天跟总理对话的时候是挺激动地讲这个话，但是我没想到总理的回答真是让人特别感动。总理说，我们不能让我们后代看不见我们自己的家园，不知道我们自己是从哪里出来的。我记不清原话了，大致是这个意思，必须要保护我们的传统村落。他在会上说的让我觉得浑身发热。

讲完了话以后，散会出来，我带的iPad，回去路上一看，全是写冯骥才对话温总理保护古村落，全是这新闻。那个时候新闻发得很快，当时在现场就发了出来，全是这新闻，古村落一下子闹起来了。

总理抓工作是非常快的，国务院抓工作是很快的。

比如，我在两会期间提了一个提案，春节必须三十放假，不能初一放假。初一放假是民国时定的，是破旧立新按照西方的方式定的，中国人真正过年，不是初一，是三十。老百姓到了三十单位还不放假,大伙儿都着急回去,领导开恩了,到四点多钟说你们早点儿走吧,实际店铺都关门了,天南地北的兄弟姐妹回来买东西也买不着。所以,我在两会写了一篇,建议国家把春节放假挪到三十。

写完以后没过俩月,发改委给我打电话,问你是冯骥才?我说是。他说那个提案你写的?我说我写的。他说我告诉你,国务院通过了。我那天就特别高兴这个事儿。

再说古村落。有一天,他们就告诉我住建部要来人,我没想到会来那么多人。我认为住建部来找我谈谈,可能总理有什么指示了,就做了一个准备,按照政府的工作方式怎么做村落,跟非遗一样,建立中国传统村落名录,先把好村子挑出来。

第二天我在学院,他们来了,我就跑下去了。来了十好几个人,好几个司长,还有女孩抱着鲜花,说国务院要立这个项目,有住建部、文物局、文化部和财政部,总理是很有想法的,他知道这个事儿要用钱,所以就定了四部局成立中国传统村落这个项目,请我做这个项目的专家委员会主任。到现在我还是这个专家委员会主任。

过了两年以后,换届了,克强总理上来了。第一次政府工作报告座谈会在中南海召开,就叫我去了。当时有几个人,体育界是林丹,搞农业的是袁隆平,我就提村落,我想我盯住的一个事儿,因为克强总理上来了,他对前后的过程得要了解。这个事儿对总理来说不是很大的事儿,他还有很大的经济的事儿,外交的事儿……总理这条线可别断了。所以,我又提了一下。总理当时就把话筒接过来了,认为这是特别重要的事情,必须要保护。没多久,总理就批了100个亿,每个村子给了300万。那个会上我也说得很迫切,我那个题目叫作《传统村落保护需要国家大力支持》。

现在传统村落已经评了5批了,6819个村落,比我原来想象的还多,原来我想应该有5000个好村子。我跟住建部交换意见,他们估计最后比较好的优秀的村子应该在8000个左右。我想,到了8000个之后还应该再回应一下,因为这些年会有变化的,不达标的或者有其他变化的,或者是过分旅游已经面目全非的,或者改造过分的,可能要删掉一批。

我现在不在民协任职了,但还是名誉主席。实际上是主席和不是主席不重要,你做不做,关切不关切我们的文化,才是最重要的。我们永远站在第一线,不会退下来,这是肯定的,永远关切最重要的问题。

今年我们学院里开了两个会。一个是木版年画。木版年画一直是我们的一条线,从开始做抢救,这个专项是我抓的,现在越做越好,而且也非常有深度,在国际上也很有影响。我们今天就是要为木版年画做科学支撑,做它的科学体系,包括年画的理论,年画的研究,还有年画的审美,就是年画美学,年画文化学,还有年画史,最后的目标是年画学。这是一个过程。我们开这个会就是怎么样建立年画的科学体系。用科学体系来支持民间文化，这是我们学界应该做的。政府有政府的方式。我们学界必须要让它的根，它的元气不能散了。要非常明白自己的经典在什么地方。如果失去你的经典，失去你看家的东西，那就完了。学界要在这方面非常坚定，非常明晰，非常严谨。

传统村落是另一个会，讨论空心化问题。现在我们已经评了六千多个村落，六千多个村落里将近一半已经开始空心。我们楼下有一个村落展览，现在还没撤，是2016年定的中国传统村落，2019年定的国家历史文化名村，但是这个村子里还有13个人。都是老人。而且这个村子有很多房子一响就塌了，因为没人住的房子特别容易塌。空心化不是谁对谁不对的问题，而是你怎么对待的问题。

这个世界由农耕文明向工业文明转化的时候，村落都面临着一个问题，就是大批的人迁徙到城市，村落被遗弃，包括欧洲的一些先发国家，也都是这样。但是我们怎么对待这里面的遗产，这是一个问题。如果它不是国家重点保护的传统村落，那可以不管它，但是如果它是我们的保护对象，我们就得要想办法。

这个会影响很大，住建部的领导都请来了，他们认为很重要，我做了一个建议，建议首先把所有已经定完的传统村落，提供一个传统村落遗产清单。就是说，你必须填写一个清单，到底我的村落里有什么东西，在什么位置上，谁保护？过些日子我们拿清单检查你，如果你清单里的东西没有了，损失多少的时候我们给你黄牌，再损失多少的时候我们就给你撤掉了。一个村落里有祖宗像，有家谱，这里必须登记。如果将来这个村落人都走了，文物贩子把这些东西都买了，什么都没有了，连这个村落姓什么都不知道了，还叫什么传统村落。所以，必须要非常严谨地对待我们的遗产，不能草率。住建部特别赞成，我们正给它设计这个清单。

八、民间文学是看家的东西

口头文学一直是我们民协看家的东西，最重要的东西，也是一个民族民间文化里最关键的东西。

一个民族的民间文化里是三大项，一个是民俗，一个是民间文学，一个是民间艺术。民间艺术各个门类都有自己的经典，但有的经典是大的，有的经典是小的。你比如说民间艺术里的年画、剪纸就是大的，因为它里面有讲不完的故事，有太多样性的地域性。口头文学不说了，是我们目前所有集成里最重要的。民俗，最重要的就是节日，因为节日是一个民族一年里生活的高潮，我们现在国家保护的有7个节日，元宵、清明、端午、七夕、中秋、重阳、春节，这7个节日又是最重要的。

从20世纪20年代，北大那个时候就重视民间文学，一代一代传承有序的学者参与其中，为什么呢？因为民间文学跟整个国家的文学紧密相连，精英文化离不开民间文学。文学史的第一部《诗经》，就是民间文学的一本集成，它表现了我们民族的思想、精神、价值观，包括审美，还有语言，它比任何艺术都重要，甚至是我们刚才说的艺术。我们的绘画，传统的工艺，民间的戏剧，很多就来自于民间的故事，民间的传说。

所以，民间文学是最重要的。但民间文学又是最容易丢失的，一旦不说就找不着了。它跟剪纸年画不一样，剪纸年画就在那儿摆着。现在大伙儿在手机上说段子，传统的民间文学就忘了。但是有些东西忘不了，因为你生活中还要不断地用它，谚语要不断地用。

我们在历史上经过了几次比较大的民间口头文学的整理，最大的一次就是三套集成，然后就是我们民间文化抢救的这次整理。到了2008年、2009年这个时间，我们有一个想法，把几十年来中国民协保存着的大量口头文学普查的打印本、抄本整理下来。所以，我们就下决心先做数字化工程，而不是大系，目的是先记录，分类，不让它丢了。我们不能让几代人搜集整理的东西在我们手里丢失。实际上我们是在抢救的基础上进行一次再抢救。汉王科技股份有限公司帮了我们很大忙，短短几年记录下来8亿8700万字的字数，现在搜集的又有差不多这个体量。

这是中华民族宝贵的财富。当时我有一个建议，整理完了以后把它印出来，当时我想就印200套，如果20万字一本的话，估计要出8000本到10000本，等于16亿到20亿字。当时我在北京好几个会上呼吁，希望中国赚了钱的人证明自己不是土豪，支持一下这件事情，结果没有人呼应。看来这个土豪的帽子一时半时摘下来不容易。但是我还想呼吁，希望将来有人能够站出来，为文化多做一点事儿，不是在国外市场上买一张莫奈的画、凡·高的画来显示自己有文化，而是真正珍爱自己的文化，像我们的谚语。我们的祖祖辈辈，很多的农耕经验，就是靠谚语流传下来，很多民族的历史如果没有《格萨尔》《玛纳斯》，对民族的历史就茫然无知了。它太重要了。我们民协直到现在还坚持在做。这件事情一直要做下去。

关于口头文学，我还想提两个，一个就是社会各界支持，这是全民的事儿，不只是国家的事儿，大家有钱都应该支持。还有一个，我知道国家社科基金还没有列入，我觉得必须要列入，不在于国家社科基金给多少钱，而是列入以后才能调动更多的学院资源，它需要很多专业的人才做。大学有的时候需要这个项目是国家社科基金的。

如果多少东西从我们这代人手里流失了，我们的后代就会有多少东西不再拥有。我们的民间文学整理出来就是中华民族另一部四库全书。

这件工作真是千秋万代的事儿。

大系工程是顺着一直下来的。

民协的工作像一条河一样,中间没有任何中断,从原来的三套集成,接上民间文化遗产抢救,然后就开始做数字化工程,数字化工程以后,一开始没钱,就做总目,后来国家给了钱了,就开始做大系。

中国民协成立70年了,我们最骄傲的是,我们这个协会是最接地气的,直接跟文化的命运联系在一起。我们对中华民族的文化传承弘扬负有不可推卸的责任,而且是第一责任,最重要的责任。我们确实有一些人拿出一生来做奉献,他们表面上默不作声,但是他们的情怀感动了我。这个情怀成为我们广大人民的情怀的时候,我们的民族才能真正有文化自信。

访谈手记

按照约定的时间,我们一行5人从北京赶到天津大学采访冯骥才先生,原计划一小时的采访不知不觉就过去了两个小时。时值隆冬,冯院高墙上的爬山虎已经凋尽,但屋里温煦如春。话题从1979年的第四次文代会谈起,那时他就和民协结下了缘分。四十年来保护和抢救民间文化的历史,如流水一般娓娓道来:农耕文明向工业文明的时代转型,风云变幻中飘摇不定的民间文化,国家对文化建设的宏大决策,知识分子的呼吁与行动……组合成了一曲低回而磅礴的交响。访谈中有个细节令人印象深刻,他在太行山一带考察古村落,路过一个旧屋,门已经被卸下来了,外面刮风就把叶子刮到屋子里了,而他,"在屋子里站着的时候才知道,叶子一旦刮进屋子里是刮不出来的,没有任何一个风能进去把这叶子刮出来"。这何尝不是民间文化的命运缩影?从2001年到2016年,冯骥才在中国民协主席任上工作了15年,上任时启动了中国民间文化遗产抢救工程,退休后又担任中国民间文学大系出版工程学术委员会主任。他在多个场合谈起他和他的同事们,"我们像火炬手一样,我们历史的火经过我们的手,不能让它灭了,还得让它熊熊燃烧,然后把这个火炬交给我们的后人"。

我一辈子就干了这一件事——三套集成

孙丕任

访谈时间	2019 年 11 月 13 日
访谈地点	辽宁沈阳沈河区
访 谈 人	隋丽[1]
整 理 人	隋丽

孙丕任，字朝散。1944 年生于河北昌黎，1945 年随父母来京。高中就读北京铁路二中。1968 年毕业于北京大学中文系。曾任辽宁省文联书记处书记，省民间文艺家协会秘书长。2000 年受聘为沈阳市文史馆研究员。曾编注《康熙诗选》《乾隆诗选》《历代帝王诗选》《中国古代军事诗词歌精选》等。主编《中国民间故事集成·辽宁卷》《中国歌谣集成·辽宁卷》《中国谚语集成·辽宁卷》。2008 年获文化部"中国民间故事集成"编纂成果一等奖。1998 年获联合国教科文组织颁发的荣誉证书。

一、老太太都知道有个"三进城"这回事

1984 年底开了一个全省的会，把各县的宣传部部长都请来了，做了一个动员大会。我被任命为三套集成工作小组的办公室主任。会上向全省各县市宣传部门发了文件，号召开展民间文学三套集成的工作，当时声势确实是挺大的。当时的新民县（现在是新民市）发动得挺全面的，用大喇叭广播，老太太都知道有个叫"三进城"（其实是三集成）的这么回事儿。文化馆的一位工作人员特意买个自行车去采访，当时买自行车是挺大的事儿。我们第一步就是做发动，要出版县卷本和区卷本。

当时开了不少会，如县区卷本示范会，最早是在锦县开的。他们是先出来的一本书，咱们组织全省集成的工作者，到那里去学习参会，但又觉得锦县本不太完善。三集成卷刚开始的时候，钟老（钟敬文）就特别强调科学性、代表性、全面性这三点，在会上也一再强调和宣传。到下面去检查，发现北镇本更好，内容更充实。这样我们又在北镇开现场会，其他各县也都去人。在 1984 年底开了动员会，1985 年开了一个县卷本的表彰会，当时县本和区本还没出全呢，但是我们表彰的县区已经做

到了，奖励的钱也不多，大概也就100块钱，然后给一个证书，下面挺受鼓舞的。

乌丙安先生对咱们集成工作进行了很多理论上的指导，这对集成工作是非常重要的。比如说故事家的问题，他很早就提了出来，在开始的时候就提出来了，要重视、发现故事家。所以咱们在理论指导下，也特别有意地去发现故事家。我们工作过程中跟下边这些骨干也强调，要注意发现故事家，故事家是故事篓子，他们是故事的源泉。到了咱们省卷本，就把这些故事家的劳动成果有所体现，比如能够讲50则故事的，我们都列了一个表，一共大概11个人，我们都列了故事家小传，里面都有详细的资料，这样我们就出了11本集子。有些故事家的故事还是挺精彩的。例如，鞍山的那个故事家讲的就很精彩，还有岫岩三老人，是在集成工作之前就发现了。当时还没开始三套集成呢，他们的书就已经出来了，是在王明希先生的指导下完成的。

很多故事家讲的故事真的是非常精彩，谭振山、薛天智、姜淑珍……都出了单独的故事集。三套集成故事卷附录里，全省各县、区的主编和编辑我都给他们列的表，还有民间故事讲述家简表，前面是小传。

二、为三套集成献身

这里面也有一些很感人的事，至今不忘。比如沈阳市的一个区民协工作者姓肖，叫肖玉成，他有心脏病，他在整理稿子的时候怕别人打扰，就把门反锁起来，自己在办公室里面整理稿子，突然心脏病突发，就伏在稿子上去世了。

还有挺感人的一个事迹，盘锦市的一个叫郝勋的同志，他是文化馆具体的工作人员，他整理搜集上来的故事，整理完稿子生病了，他对家人说："我死了之后用我的稿子包着我的骨灰给我安葬。"后来他去世了，为了集成鞠躬尽瘁，我很感动。

当时北京负责我们教研组工作的刘魁立先生，他是具体负责我们故事卷，也是负责全国故事卷。另外还有两位先生，许钰和张紫晨，两位已经过世了，和他们的接触比较多，但和刘魁立先生接触更多，他当时说的话很感人，我都给记录下来了。刘魁立先生深情地说："我们就是有一批这样的人，为了我们的集成事业牺牲了生命，付出了很多心血。"说的话挺让我感动。这样的例子确实挺多的。像郝勋还有肖玉成同志都是直接牺牲在他们的工作岗位上的。

为了集成工作，大家都很拼。当时很大的一个难题就是钱的问题，包括市卷本和县卷本，甚至到了省卷本，都是需要解决经费的问题。当时有一次，比如辽西就比较困难，经费紧张，在朝阳我就是一个市一个市地跟着他们市级干部到处跑，跟着县

[1] 隋丽，辽宁大学文学院民俗学专业副教授。

长、宣传部部长喝酒，他们说："喝完酒咱们就有钱了。"没办法，我们就真跟着喝酒，那个时候还有点儿酒量，喝得五迷三道，最后钱也就给了。后来有一次跑到喀左县，实在是喝不动了，要玩儿完了，喝怵了，实在受不了了。

当时和下面没有微信，全靠书信，我无意中保留了一封信。这封信是韩雪峰写的，写她不屈不挠地找市里要印刷民间三套集成经费的事。（信中内容）"终于，我的建议奏了效，感动了铁岭市的上帝和财神爷⋯⋯"把铁岭县卷的钱凑齐了，印了出来，（这封信）太珍贵了。县卷本在1987年就先出齐了，在县卷本出齐的基础上开始出市卷本。

我当时工作挺有干劲的，为什么呢？因为下面这些同志有责任心，一呼百应，不计较，包括这些故事家也都挺可爱的，有的时候拿两瓶酒，有的时候什么也没有，到后来你这么无偿地占有人家劳动就不行了，很多故事家就是自愿地讲，这一点也是挺难得的。

有些工作者或者故事家，因为三套集成的工作而改变了命运。故事家薛天智出了一本故事集。后来通过集成工作使他的命运有所改变，还是区的政协委员。铁岭的民协负责人韩雪峰，她自始至终做这个工作，就有点入门了，还写了一本书《辽北红高粱》。后来她当了民协主席和市文联的副主席。还有一个叫王光的女士，她是锦州民协的负责人。后来一直从事锦州辽西那一带的民俗学、民间文化的研究。大洼县二界沟刘则亭，也是我们集成的骨干，现在也是专家。他研究古鱼雁文化，他现在出了一个故事集，现在是国家级故事传承人。他参与了大洼县卷本的工作，我们经常在一起开会，他也就走上了学术研究的道路，他的工作专业化了。他是个有心人，他自己建立了一个家庭民俗馆（古鱼雁文化民俗馆）。

三、辽宁的集成工作名不虚传

咱们的书陆续寄到北京之后，受到北京的重视，1987年北京来人参加咱们的集成表彰会。钟先生还特地给咱们写了一封信，那个信我没保留，后来发表在民间文学1987年或者1988年上。钟先生写了一封很中肯很热情的一封信，对咱们工作的肯定。

1987年底，我们召开了集成表彰会。当时北京派了集成办的主任、中国民协书记处书记贺嘉来参加我们这个会。提到咱们省民协的集成工作，给予表扬和肯定。（对着资料念）贺嘉说："我来辽宁第二个任务是向大家学习的，我负责集成工作的时间不长，到总集成办以后得到的第一个信息就是辽宁的集成工作是非常突出的，继而看了总集成办其他同志到辽宁搞的调查报告以及关于辽宁集成工作的有关资料,特别是源源不断寄来的辽宁各县、区卷本,我感觉辽宁的工作的确名不虚传。……辽宁的同志曾总结出一条经验,干集成工作须有'铜头、铁嘴、飞毛腿'的精神,展示在我们面前的每一本资料集都闪烁着这种精神!"

市卷本的会我们是1988年的4月在阜新召开的,在那里开的现场会,市卷本动员大会,我们就这样一个步骤一个步骤就转到市卷本的工作上来。

这里面还要追溯一下1988年的3月18号,那一天北京集成办派了两个同志到咱们这儿来。一个是李凌燕,一个是刘晓路,他们郑重地把故事卷第一本省卷的任务交给我们,希望我们尽快出省卷。

从1988年开始,市卷本和省卷本的先期工作同步进行。大连、沈阳的市卷本是上、中、下三本,都是公开出版的。各市、县、区卷本我都保留了一本,都是有薄有厚,有的上下两本,有的上中下三本,差不多加一起150本。附录部分都有记录。

北京的刘魁立老师来过几次,具体负责的同志李凌燕、刘晓路来过多次,有时以开会、书信或者简报的形式对我们的工作进行指导。

除了简报还有其他内部的讲话,比如乌丙安老师开会的讲话,还有一些整理者写的论文,有的是单篇打印的,印成册子的也不少,有的就是我们对下面的要求有关的内容。我们有过内部的材料,叫《辽宁民间文学》。那时候有些会议精神上面都有。

北京关于省卷本的要求都比较简单,不是太烦琐,简洁就容易执行。

辽宁省卷本和市卷本的加工中一再强调它的科学性,下面这些同志对科学性的理解也是根深蒂固的。故事本身还是比较接近原始状态的。

说到这个省卷,1988年的3月18号,我们接到了北京这个任务,准备做故事卷的第一个示范本,当时有我、江帆还有王老师。后来在工作过程中我们想,我们不一定争第一,咱们市、县卷本都出齐了,就没怎么太急着去做,但是也一直在进行。

后来第一个出版的是吉林卷,前面我们曾经到吉林去学习过,甚至我们还到河北、河南也去学习过,这样我们了解了周边的这些省卷本的情况,我们辽宁卷的特点就在比较中表现出来的,我们有这样一个指导思想。他们出完了第一卷,我们也借鉴了它的缺点不足,吸收了一些优点。

第二个北京卷也抓得很紧,感觉北京还是拿我们当样本,为什么呢?因为这里面有两个图表,这是在刘魁立先生的提议和指导下,我们绘制的这个图表。各省分布图,少数民族分布图各省都有的。其中辽宁省的重点传说分布图,将重点传说列了一个图,如海王传说、张作霖传说、老李传说、海神娘娘传说、山峰传说、庙宇传说、塔的传说、盐的传说、荞麦的传说、烟草的传说……还有故事类型分布图,这两个都是江帆老师做的，是江帆老师的功劳。本来咱们不想做，因为太繁难了，后来刘魁立老师一再强调说这个很重要，这个都是根据AT分类法做的，根据辽宁的市区卷本完成的，比较标准。

其他省都没有做这个，这是我们辽宁最有特色的，这个事儿都是江帆做的，刘魁立老师指导的。制作这个图是很费劲的，一个小标签一个小标签地往上贴，选中26个常见类型故事，用数字符号的形式标志在辽宁省地图上，在图上标满了圆圈，这些图是由江帆创编的，费了好大的工夫，制作同样不易。我们请了以敬业著称的《辽宁音乐生活》美编卢士耀先生，因为全省统一的市县卷本的封面就是他设计的，大方得体，有民族特色，他为人虚怀若谷，不厌其烦，他的敬业精神我们就是由此认识到的。数百个数字序号他用镊子夹住，往图上粘的，每个序号只有筷子头般大小。刘魁立先生看了图，大加赞赏，又进一步提出再编一个索引，要把图中的26个常见故事标注到市县卷本中的页码，这个工作量太大，我们几次谢绝了，后来刘魁立先生一再坚持，我们只有答应了。这事儿的工作量就是把这150个的市县区本翻阅26遍，说实在的，我对这项工作有点畏惧，还是江帆女士自荐。1991年，她关在屋子里，用整整一个月的时间完成了。

这个稿子印刷出来是1994年的年底。当时据说是出版经费上遇到了一些困难。我当时心里边还挺忐忑，还悬着。所以我写了这么一篇纪念文字，是我一个同学督促我的，说："丕任，你这干了10年了，应该做一个小结。"我说："行吧！"这样我就把这个写下来了，发表在一个内部刊物《沈阳社会科学》上，后面还有点感慨，把这个过程简要地记述下来了：

> 我最近接到北京有关部门的通知，据云，集成出版经费遇到了极大的困难，需要各省协助解决经费，每本书的出版经费为20万元。各社会贤达和团体视其出资多少给予列名或上像的荣誉。在这里我郑重吁请各位社会贤达、各社会团体为我省歌谣卷、谚语卷慷慨出资，有意者请与辽宁省民间文艺家协会联系。

看我写下这篇文章的题目时，小女说："爸爸的文章应该是《十年甘苦话集成》。"山妻接下说："你就写《十年甘苦话集成》吧！"小女和山妻的话很幽默，道出了"名""利"二义。

> "围城"是指有阅读价值，"市场"是指有经济价值，我的文章哪敢有此奢望，不过自道甘苦罢了。"名"我倒是忝在主编之职，责任所系也就当仁不让了。至于"利"则无从说起，省卷出后，国家因为财政困难，没有编辑费（吉林已有先例）。让我衍化了诗哲普希金的话，过去的一切都是美好的，

特别是那些因了创造性的劳动而辉煌的过去。感谢我的老友卜维义先生,是他提议我写下这篇文字的。多年来他对我的工作深为理解,对我的寂寞的工作给过很大的精神上的支持,使我像沙漠中的旅人一样,不断得到粮与水的补给而奋然前行。这次又是他给了我这样一个机会,对十年的集成工作做了一个回顾,不属官方文字,纯任个人兴趣。詹詹小言,昭昭心迹,谢卜君兼谢读者。

这段文字有点调侃的意思,但这个过程,我都给写下来了。

市卷是我们三个人分头到各市去,把他们的稿子一个字一个字地审查。这些市卷本都要审查。都读了一遍,看它是不是符合三性,科学性、代表性、全面性,三性的原则始终贯穿着编辑工作,当然这里边也有个筛选过程,有的我们删掉了,有些挺好就让他们再改。

市卷本都是经过我们三个人的审查审出来的,县卷本没有。县卷本东西那么多,我们不可能做到每个县每个区都看。县卷本可能那个更接近原始。但市卷本编辑修改的成分也不是太大的。主要就是语法不通的地方、错字的调整。

我们省卷本呢,当时大会上说,从市卷本中选了一些,市卷本以外的县卷本中也选了一些。不全是从市卷本当中选的,也有从县卷本当中直接选录的。里边还是做了大量的工作,比如说你的注释。注释我都全部读了一下,调整了一下,语言上更规范一些。增加了一些附记。附记主要是记录一些差异的地方,有些异文差别比较大,我们是全篇选录的。附记就表现出来这个甲文和乙文、丙文的一些差异。

在编辑的过程中得到北京总部的一些具体的指导,但有些细节也给我们带来了一些麻烦,我在这里边也讲到过。比如什么呢?我举个例子,"文盲"这个称呼,就是很通常很常见的说法,原来咱们就把低文化程度叫文盲,但老先生(钟敬文先生)说这"文盲"不太尊重人,后来就用"无文化",后来又说"无文化"也不太准确,能讲故事这是有文化,不能叫无文化,又改成"不识字"。从"文盲"改到"无文化"又改到"不识字",这一改不要紧,我们这整个就都得改。这是一个小例子。

还有个别的一些词,一些口语的汉字表达,方言的汉字表达,有些用字也不完全一样。北京要求完全统一,像"没成想",到底哪个"成"?哪个"想"?开始说法不一样,后来就都写成成人的"成"、成婚的"成"等等。这样的细节很多,都得考虑到修改的问题。

比如"那旮旯",在咱们这个东北方言里也挺多,硬要统一,有时候也不是那么太科学的。本来就是一种音译表达,这些小的细节,老先生(钟敬文先生)非常认真。在故事的分类上,老先生都给具体指导。有一次我和江帆去北京开会,老先生就给我们这些分类做个调整。就坐在床上，当时全是纸质的，在那儿翻，很认真的。就是老先生们的这种工作态度，他们这种学术操守，给我们挺大触动的。

当时，钟老先生曾经几次参加咱们辽宁省卷的审稿工作。因为咱们在前边儿，老先生给过很多的指导。刘魁立先生是我们这个工作具体的指导，也几次到辽宁来，我和江帆还到过他家。他是学俄语出身的，有时候还跟他讲讲俄语上的一些事儿。还有中国民协的负责人刘锡诚先生，他是北大俄语系毕业的，俄语非常好，翻译过苏联的一些民间文学学术著作，他是具体指导和负责这个工作的。当时最早的动员会上，我还记得他说，我们一定要科学完成这个工作。这些老先生的个人魅力，对我和江帆都是一种鼓舞，现在想起来确实觉得是幸事。江帆后来到钟先生那儿做了一年的访问学者。

1994年，辽宁省故事卷出版了，这当时是全国的第二本。当时其他的还都没出呢，实际上就以我们这个做样本，做范本了。

四、编纂歌谣卷和谚语卷

辽宁故事卷完成之后我就想歇口气儿，后来江帆调走了，先是到其他的协会，1994年的下半年她就调到电视家协会当秘书长，1996年调辽大了。后来编歌谣卷和谚语卷我就有点畏难了，因为她是得力助手。我也干累了，确实太累了，就想拖一拖再说。到了2000年，新世纪了，我也快退休了，想赖一赖，就把这事儿赖过去了。我是2004年退休。2002年的春天，北京集成办的一个负责同志，叫刘佳，是个女士，她陪着周巍峙，周巍峙曾经当过文化部部长，那时候是什么职务就不太清楚了。他们俩来了，然后就找到文联，说一定要把歌谣和谚语卷出来。

回了北京又拨了点钱，临退休之前我就找了个助手，就在两年的时间里边，把这两卷的草稿搞出来了，非常匆忙和草率，很粗糙的，打印出来，匆匆忙忙就交到北京了。交到北京后2004年我就退休了嘛，退休后我也寻思就不管了，但是心里边也还是有一些不甘。我干了一辈子这事，也没有一个最终的结果。到2006年8月，北京给我打电话，让我去开会，我就去了。我那两卷的主编呢，就提了些意见。当时咱们交的那个卷啊，确实非常粗糙。那一宿我就没睡觉，睡不着觉，寻思这么大个工作，又落在我的头上，我又是退休的，怎么整呢？开会吧，2006年8月24号，开会又提了很多要求。当时刘晓路，还有陶阳、陶立璠、李耀宗，他们都是北京的专家和领导，反正就提了很多意见，包括注释、分类、错别字等，提了挺多的。

主要是对谚语提的，后来谚语完了又是歌谣，都提出了一些意见。

我确实感觉担子很重。那时候我已经退休了，2004年退休了刚准备享受生活，我就出去游玩儿，上龙门、洛阳。2006年给我来电话的时候我正在杭州玩儿呢，然后我跑到北京。跑到北京开完会又回来了，回来之后就投入工作了，也没有找助手。我觉得我还是相信自己的力量，找助手吧，我碰到过这个问题，助手整的那些东西我还得重新弄。

这样我就先搞的歌谣，用了一年的时间。这个也是费了挺多的心血。歌谣的一些初审会，也提了那些问题，然后我就一条一条落实，歌谣卷都要落实。包括错字、后面的后记。从民间歌曲卷里也选取了一些曲谱和歌谣。

用了一年多时间。我就在这工作过程中吧，一点一点心沉下来了。因为我还是能够沉下心来工作的，基本是早晨一段，上午一段工作，下午一段工作，晚上一段工作。一年之后，把这整出来了，整出来之后交到北京，交到北京提了意见，我又做些修改，然后就同意了，当时是2007年的6月，那种心情真是非常高兴。

然后就接着搞谚语卷。这样我就更有信心了。什么事儿只要沉下心来，一点一点地干，没有好的办法，没有任何投机取巧的办法。谚语卷实际上比歌谣卷更不好弄。它的分类最难。当时我们做一个非常细致的工作，就是把这个卷本里的所有谚语都收集上来，收起来之后都是卡片嘛，做完卡片，接着就是去重，重复的非常多，很多谚语各个县都有流传。后来我们这些分类吧，拿到北京，好些都不合格。2007年9月，我住院手术。后来北京来了两个人，就把我这些卡片运回去了。然后帮着把这些分类调整，最后就是一些专家帮我们分类。这样就没有什么毛病了。分类完了之后，我又做一些注释和其他一些修复工作，就完事儿，这两卷就完成了。谚语卷也是用了一年时间，2008年期间完成。

当时还有这么件事，我向文联领导写了一份保证，这个保证书是领导让我写的，确保哪一年交卷。我自己在上面还摁了手印。这张军令状我当时一直放在办公室的玻璃板下面。

五、余任三卷之主编，一生足矣

三套集成是中国民间文学的一个大搜集、大整理、大出版的浩大工程，动员了全国无数人。我们省里，就有各市基层办的同志，然后还有下边的这些讲述者、采录者，可以说是全民动员，中国历史上没有这样的一种行动，也不可能有这样的行动。

尽管在过去也有过很多的整理工作，也有一些斐然的成绩，像冯梦龙搞的那个《山歌》啊，《挂枝儿》啊，现在也有两大本，挺可观的。那具体说到东三省，说到辽宁，像这样的著作都没有。我刚才又想到谣谚，也都是历史上有数的民间文学的收集工作。至于辽宁真是没有，文人那些作品，大多还都是流人的作品，土生土长的本地人的作品很少。所以至少在辽宁地面上，三套集成是一个空前的工程。这么大规模的收集整理活动，最后还见到书了，尽管书流传得很少，但是它毕竟保存下来了，所以是很了不起的一个工程，这是一个国家行为，也说明只有在盛世，在财力、物力、人力有保证的前提下，才能完成这么大的一个工程。

现在这些故事家大部分都谢世了。我们当时采录的时候，都四十多了，年龄都很大了，这经过三十多年的历程，恐怕那些人都没了。他们这些后人呢，也都没继承先人的事业。像谭振山老先生，他还有后人在接着讲故事吗？现在整个社会环境、文化氛围都不一样了。其实那时候就是在抢救。谭振山老先生，出了两大本故事集，这个故事集变成物质的东西，流传下来了。

这些东西现在看，第一点价值就是藏之名山，传诸后人。我在辽宁卷前言里边都讲过。先考虑不了那么多，先把这整理出来。集成最大的工作就是保存。要不然你到现在，又过若干年之后，再去找一个故事家给你讲，这真不行。

回想起来，我一辈子就干了这一件事——三套集成，大部分心血都投入上面了，挺值得的，挺欣慰的。我是三卷的主编。后来我问北京的一些同志，我说以前全国有没有过三卷一个人主编的，他们说没有。我就是这独一份三卷主编，所以我就特别感慨。三套集成都出版之后，我写了一首诗：

中国民间文学三套集成辽宁卷全部出版，余董其事，乃乐观厥成

九域道铎盛业宣，披寻廿载竟芊眠。

一生有幸躬三帙，百感交纷阅万难。

世代歌吟传野陌，民间文化筑崇垣。

瓣香筚路思宗匠，闲啜清茗淡看山。

苏联的民间文学专家李福清，当时在北大中文系念书，他说，一个民间文学工作者，一辈子能参与编辑这样的大书，已经足矣。他在看到故事卷之后说的这句话。诗里的宗匠谓钟敬文先生，先生曾多次躬亲指导辽宁省故事卷的审稿和最后定稿工作，我亲聆教诲，受益良多。先生有一个座右铭是：正直、勤奋、淡泊，我把它奉为圭臬。

一生有幸躬三帙，我任三卷之主编，可谓一生足矣。

访谈手记

对孙丕任老师一直是久仰大名，总听到江帆老师提起他，说他是北大才子，非常有才华，在辽宁省民协时曾经一起共事。因此接到采访孙丕任老师的任务时，第一感觉是非常激动和兴奋。

顶着初冬的寒风，我和学生辗转倒车，从沈阳的最北边，来到位于沈阳东南边的孙老师的家。孙老师和老伴热情接待了我们。孙老师为人谦逊，特别认真，他说接到我发给他的访谈提纲，特意回原来的老房子去找过去三套集成时期的资料。在我们到来之前，刚从老房子那边回来。他领我去书房看，书房里尘封许久的箱子也都打开了，敞着口。孙老师对这次采访很看重，他说，这么多年过去了，这是第一次有人来采访那段经历。他说他退休了，回想这一辈子的工作，就干了这么一件事，编辑三套集成，这件事花去了他二十多年的时间，倾注了大量的心血。

孙老师把他找出的资料一一打开，摊到茶几上，除了集成资料本，有当年的文件、通信、手稿、书信，还有好几本影集。面对这些老物件，孙老师仿佛穿越回到了三十多年前。照片上，那时的孙老师意气风发，一头浓密的黑发，频频出现在各种会议和研讨会现场。在那些工作照中，我们也看到了一些熟悉的身影，钟敬文先生、乌丙安先生、刘魁立先生，以及像大学生一样的美丽的江帆老师。

孙老师语速很慢，但思路非常清晰缜密，经常能把我岔开去的话题又拽回来。对于辽宁民间文学三套集成的工作，他如数家珍。

在孙老师身上，我看到了老一辈民间文艺工作者身上共有的一些品质——正直、勤奋、淡泊，以及为了事业以身殉钟，无怨无悔的奉献精神。

与故事结缘 40 年

张 余

访谈时间	2019 年 12 月 9 日、12 月 20 日
访谈地点	山西太原中海寰宇小区
访 谈 人	侯姝慧[1]
整 理 人	侯姝慧

张余,1945年生,山西省民俗协会副会长,山西省非物质文化遗产保护专家委员会委员,山西大学文学院客座教授,硕士生导师。曾任山西省民间文学三套集成办公室主任,中国民间文艺家协会理事,中国民俗学会理事。出版专著《民间文学与民俗学基础》(1994年),主编《中国民间故事集成·山西卷》(1999),参与编著《山西民间故事大系》(商务印书馆2017)。1997年获文化部文艺集成志书编撰成果奖;2001年获首届中国民间文艺山花奖·学术著作奖;2004年获文化部特殊贡献个人奖。

一、我是怎样走上民间文艺事业道路的

我在 20 世纪 80 年代曾参加中国民间文学三套集成工作,参与组织了山西省及省内各地市民间文学三套集成的编撰工作。从那个时候起,我就和民间故事结了缘。也是从那时候开始,我投身到搜集整理民间文学作品,研究地方民俗文化的事业当中。这一路走来,已有 40 年了。我就从参与山西省民间文学三套集成工作前、工作中和集成工作结束后三个阶段说说我与民间故事 40 年的故事吧。

我是 1964 年从交城中学毕业后考进北京师范大学中文系,说起来也挺有意思的,那个年代是先报志愿后考试,两眼一抹黑,也不知道自己成绩怎么样,报也是瞎报。我出生在农村,除了县城,其他再远的地方也没有去过。为什么报北师大呢?因为吃饭不用自己掏钱。我父母年龄大,家里经济条件不太好,就报了北京师范大学。

从 1969 年开始,学校给我们发生活费了,离校是 1972 年。离校后,我回到了山西。我这算是好的,好多同学就回不到他的家乡,那个时候,分配政策是"三北",东北、西北和华北,大部分到了内蒙古,

到东北的,到新疆的,能够回到家乡的不是太多。我本身就是山西人,正好属华北,就回来了。正赶上吕梁地区刚刚组建,原来没有吕梁。为了老区的建设,中央决定组建个新的地区——吕梁地区,就把交城、文水、汾阳、孝义划入了吕梁地区,我是交城人,所以自然地到吕梁工作了。当时的军代表把我分到政工组文教办公室,文教办公室又分为教育(办公室)和文化(办公室),根据我的专业,就到了文化办公室,文化办公室后来又演变成了文化局。粉碎"四人帮"以后,这就逐步地走向正轨。地区文化馆是新组建的,就让我到当时的吕梁地区文化馆,后来改成了群众艺术馆。

1980年,吕梁文化馆刚刚成立。我在文化馆的工作重点是恢复民间文艺这一块,有民间文学培训班,民间剪纸培训班、民歌、民间舞蹈培训班等。搞得轰轰烈烈,也有成果,受到了各方面的表彰。我们除了民间剪纸还有版画,版画作品曾到天津、大庆展览。艺术馆专门腾出一层来,搞吕梁地区民间艺术展览。1981年省文化局还在吕梁召开现场会,予以推广。我们还办了两期民间剪纸培训班,现在山西剪纸非物质文化遗产里面的王计汝,是我们省第一个被评为民间剪纸国家级传承人的,她就是民间剪纸培训班的人。在剪纸方面,还有另一个名叫郭梅花,也是我们剪纸培训班的学员,现在是山西省剪纸艺术协会的主席。郭梅花的剪纸和王计汝的剪纸不一样,王计汝是传统的,就是传统的老太太,想怎么剪就怎么剪;郭梅花年龄小,又学习了美术方面的基本知识,所以她就有一种创新性,特别是她后来的剪纸和奥运会结合在一起,宣传奥运会。近年来,太钢生产出一种特殊的手撕钢,这钢比纸还柔软,比纸还薄,她就用手撕钢做剪纸材料,也是一种创新。她们两位是我在吕梁的时候培训出的两个代表。

研究方面比较有代表性的是临县"伞头秧歌"。当地的老百姓不叫"伞头秧歌",就叫秧歌、闹秧歌。我把吕梁的秧歌特点做了些调查研究,"伞头秧歌"不光是临县、柳林、离石一带有,陕北米脂等地方都有。后来我专门到陕北榆林地区做调查,正月十五去调查,回来后写了一篇文章《秦晋伞头秧歌概说》,我带着这篇文章参加了在北京召开的"东亚民俗国际学术讨论会",后来发表在《民俗研究》上。"伞头秧歌"现在也成了非物质文化遗产代表性项目。后来郭丕汉等写了《伞头秧歌》,汾阳何守法写了《汾孝地秧歌》。现在伞头秧歌、地秧歌都成了非物质文化遗产,郭丕汉、何守法也被认定为非物质文化遗产的代表性传承人。

当时围绕民间文艺的基层工作逐渐热闹起来了。1983年,顾颉刚、钟敬文编了《孟姜女故事论文集》,等于是把民间文学解放出来了,我当时对这些都比较感兴趣。在吕梁工作期间,我还负责组办过一期针对基层工作者的民间文学培训班。这本《民间文学常识讲稿》(1981年)就是那个时候编出来的。原来的封皮是自己拿毛笔写

---

[1] 侯姝慧,山西大学文学院副教授。参与访谈人:陆经纬。

的。当时概论那种书比较少,《民间文学概论》刚出来。这就是当时找杂志,以及一些其他资料整理编写的。后来,刘涛主编把这本讲稿编选到《三晋学人手稿珍藏丛书》中了。

工作做着做着,就有了新的机遇。我除了在文化馆组织民间文艺方面这几个培训班以外,自己还搜集整理民间故事,当时还在《山西民间文学》《晋阳文艺》等刊物发表了几篇,其中有一个《三个鸡蛋的故事》被评为《晋阳文艺》民间文学优秀作品,颁奖会请了些专家,颁奖专家是许钰先生。我在北师大读书时认得许钰,虽然他当时在资料室工作,没给我们讲过课,但毕竟是中文系的师生关系,一说非常体贴。许钰先生当时告诉我一个消息,教育部委托钟敬文先生办民间文学教师进修班。我说我不是教师啊,许钰说没关系,不是教师也没有关系,其他行业的也行。然后我就去找领导说要去进修一年多将近两年的时间,有的领导不让走,有的领导让走,最后还是让走了。

这次学习对我来说真是非常重要。大学时候遇上"文化大革命",没学上东西。1982—1983年进修以后,进步很大。一个是较为系统地学习了专业理论知识,再一个就是懂得了一些做学问的方法,这个很重要。培训班上感受最深的是钟老(钟敬文)的教导。我曾经写过一篇文章叫《钟敬文的学术贡献和治学方法》。一个星期天,我们进修班的学生讨论这一段时间的收获和感想,钟敬文先生礼拜天也不休息,他进来了。他听完我的发言,插了一段话,这段话非常重要。他说你们现在学的这些知识都是先人、别人讲的,包括我们那时候学他主编的《民间文学概论》,他说都是别人的东西,做学问要有自己的东西,要讲别人没有讲过的,自己要有些发现,而且要让别人觉得讲得对才行。钟老的点拨很要紧,这段话对我后来的启示特别大,这句话里就包括,做学问第一是要传承、学习别人的东西,第二你还要有创新,你要发现新的东西,而且你还要写出来,写出来你还得得到别人的承认。当时不理解,现在才越来越知道了,这太有分量了,当时觉得高深莫测,经过几十年的学习,现在的感受就比较深了,而且理解了这个意思。我们讲创新,实际上钟老讲的就是这个意思,你要创新,第一要有传承,第二要有创新,而且让人觉得你说得对。1994年,我的第一本学术著作《民间文学与民俗学基础》由山西高校联合出版社出版,许钰写了序。钟先生写了两句话:"普及民间文艺学知识是我国学界的重要任务之一,这部书的刊行,无疑是我们完成这种任务的有益助力!"这本书印出来,钟老特地又写信要了10本书,送给国际友人。这本书的特点是什么呢?就是用大众化的语言讲民间文学和民俗学基本的知识,好多人看了说不像学术著作,像是散文著作。我当时用的标题都很通俗易懂,用形象化的散文语言概括民间文学、民俗学的相关理论要点,以引起读者的兴趣。如山曲虽小意思多——民间歌谣概述；二十四时花信风——岁时节日风俗等章节。这本书出来后有些大学用它当教材或者是辅助性教材，印了2000本都销走了。

进修回来以后，我又回到吕梁文化馆。当时中央要求实现干部"四化"：年轻化、知识化、专业化和革命化，这样地委就把我从文化馆调到了吕梁地委党史办公室。原来在文化系统，一下调进了一个新成立的机构，在那儿待了一年多一点吧，我当时是吕梁党史办第一任主任。

二、投身山西省及各地市民间文学三套集成的组织编撰工作

接下来就是三套集成了，1984年，由国家文化部、国家民族事务委员会和中国民间文艺研究会联合发布了一个文件，叫文民字〔84〕第808号文件，在全国范围内搞民族民间文艺集成志书，其中民间文学就有三套，就是咱们说的"三套集成"，《中国民间故事集成》、《中国歌谣集成》和《中国谚语集成》。中国民间文艺集成志书是件伟大的工程，可谓是文化长城。这个工作，从我的感觉来说，没有周巍峙部长搞不成，周巍峙作为部长，值得后辈永远怀念的有几件事：一件就是《志愿军战歌》，他的代表作品。第二个就是《东方红》，实际上他就是组织者，没有他组织，《东方红》就排不出来。第三件事，就是他在退休前后，把咱们的中国民间文艺协会这三套集成纳入了"十部文艺集成志书"，这是了不起的文化工程。每个省里10本，全国加到一起就是300多本。

1985年，省委宣传部把我从吕梁调到省文联民间文艺家协会。为什么呢？因为当时咱们省这三套集成没有专人搞。开展这个工作各省情况都差不多，没有专人做。不过，吕梁不放我。后来我考虑，我还是愿意搞业务，不愿意做行政领导。为什么我愿意呢，也和我进修有关系，我舍不得这个专业。再弄的话，是另一个专业。1985年春天，我来到集成办公室，正式开始集成工作。

1985年的冬天，成立了山西省民间文学集成领导组，领导组下设集成办公室，我就成了办公室主任。这个集成办公室在行政上就是个处级单位，我在吕梁的时候党史办公室就是正处单位，我对这些不感兴趣，关键是喜欢这个业务。1986年3月召开的全省民间文学集成会议，依照中央的808号文件，号召地区和县都成立这个集成领导组，还成立了编委会，这样在全省就把工作部署下去了，所以就是发动群众，全面部署那个时候形势挺好的，一下就把地区和县里的文化工作者发动了起来，特别是文化部系统，因为文化馆，县里也有，地区也有。至于文联，有的县有，有的县没有，通

过这个工程就把文化部门都聚到了一起。具体到咱们民间文学就是三套集成,在下面主要是靠地、市、县的文化馆。当时各个地区、市、县又纷纷依照中央808号文件,成立了民间文学集成领导组和编辑班子。这项工作就在全省铺开了。这个发动工作做了一年,全省11个地市我都去过,主要是宣讲集成工作的意义,普及集成编撰的理论和知识。

有一些地区工作非常突出,比如临汾地区浮山县,是一个山区县,小县,也是个贫困县。当时浮山县文化馆馆长辛作梅,对文化工作非常热心,而且动手很快,出了三本书,一个故事集成,一个歌谣集成,一个谚语集成。我们在浮山县开了现场会,引起很大的轰动。民间文学、民间故事到处都有,但为什么能够在地方率先出三本县卷本,因为有人。1987年11月4日,朔县召开民间文学集成编选工作会议,当时集成办的顾问马振,民间故事集成副主编许钰专门到会指导,把县卷本的编选提到日程上了。一开始的时候是全面发动,很多文化工作者就愿意把手里的收集整理的故事奉献出来,有些小学生让老奶奶们给他们讲故事,说谚语。当时那是十分了不起的事情。会讲故事的人特别多,那个时候把这些宝贵的资料保留下来,是很伟大的一个群众性活动。

通过这两个会议,就把县卷本的编选提到日程上了。集成办公室有一个《民间文学集成工作手册》,这个手册非常好,里面讲了一个总的指导原则,强调要坚持"三性"原则:科学性、代表性、全面性。这是钟老、马老(马学良)和贾老(贾芝)他们一再主张的。下面就是具体讲故事、歌谣、谚语怎么选编。这个"三性"非常的重要,科学性大家刚开始就不太明白。收集整理民间故事是群众性的,怎么整理,水分很大,有些人就是看了些小说,把情节就套用在上面,包含了创作成分在里面,不是原汁原味的。集成工作的全面性一方面是指各个省市都不要落下。用吉林省吴景春的话就是万里长城不要在我们这出现一个豁口,这是地域的全面性;另一方面是作品的全面性,品种要全。代表性就是好里面选更好。三性里面科学性最重要,不能搞成自我创作,比如我整理李连生的创作,都是通过录音,录下音来再整理,这就是科学性。1989年的时候,全省118个县就有80个县出了县卷本,共八十多本,有些乡镇也出了乡镇本,比如说盂县南娄乡。

1989年冬天可以说是第二个阶段了,之前的5年时间是第一个阶段。第二阶段是1989年底,要进入国家卷的编选阶段。1989年底成立省卷编委会,省委编委会主编是刘琦,我是常务副主任,还吸收了一些其他成员。另外成立了三卷的编辑班子,民间故事我是主编,张四维和范金荣是副主编;民间歌谣的主编是刘琦,常务副主编是杨进开,还有两个副主编郭丕汉和张怀奇;谚语主编是靳欣文和胡志毅。这就等于进入国家卷的编纂阶段了。

从 1990 年开始，把全省二十余人都集中到太原，在纺织招待所，二十多天分故事、谚语、歌谣三组进行编选。当时我重点抓的一个是谚语，一个是故事。为什么我主抓谚语，因为谚语的主编靳欣文是新绛县地方志办公室的主任，这项工作是他的业余工作，他是个了不起的专家，但我怕人家后面有变，就先抓谚语。所以率先编出来的是谚语卷，最早出版的也是《中国谚语集成·山西卷》，这个在全国也算出得早的。

再说故事卷，我们初选了 1700 篇，250 万字，到 1990 年 9 月 16 日到 26 日进行了故事卷的初审，初审时许钰先生来了，带着研究生吴新杰。初审从 1700 篇里选了 890 篇。1990 年 12 月，我和范金荣把初审后的稿子送到北京。1994 年 4 月 21 日，"中国民间故事集成山西卷审稿会"在北京中纪委招待所召开，有许钰、冯志华、李凌燕等，山西有我、张四维和范金荣参加，一个星期的时间，非常紧张。专家们给了修改和加工的意见，让我们用一年时间修改，初审稿算是通过了。1995 年 3 月我和范金荣把二稿送到北京。送到北京以后，专家提修改意见，我们又返回山西加工。到 1995 年 11 月，我们第三次去北京，在通广招待所审稿。这次参加会议的有钟敬文主编，许钰副主编、刘魁立副主编、贺嘉主任，责任编辑冯志华，山西就是我，张四维、范金荣，这等于就是终审了。会后，我们三个在北京住在白云观招待所做了扫尾工作。1999 年 3 月《中国民间故事集成·山西卷》在北京出版，最终选定的是 598 篇故事，114 万字，52 张照片。选编的故事从最开始 1700 篇压到 600 篇，压缩了三分之二。遗憾的是许钰先生 1997 年去世，这个书 1999 年出版，他没能看到。三个卷本，实际上是八条汉子（张余、张四维、范金荣、杨进生、郭丕汉、张怀奇、靳欣文和胡志毅）把所有精力都放在上面，十几年时间，最终完成了这项工作。

三、后集成时代的研究工作

2003 年联合国教科文组织颁布了《保护非物质文化遗产公约》，2004 年中国也加入了这个公约，到 2011 年颁布了《中华人民共和国非物质文化遗产法》。我是第一批山西省非物质文化保护专家组成员之一，工作一直在继续，现在我还是专家组成员，所以，我就把这个后集成时代和非物质文化遗产保护衔接起来了，结合到一起。具体到民间文学方面，我做了两件事情，一个是和原山西省非物质文化遗产保护中心主任赵宗悦策划编辑，出版了《山西民间故事大系》。集成工作结束以后，我、范金荣和杨进生每人都保存了一些县卷本，感觉这些资料实在太珍贵了，遗散了非常可惜。于是大家商量把手头的县卷本汇集到一起，精选一部分出来，计划出版《山西民间故事大系》。这件事情得到非遗中心的大力帮助，我们选了6000个故事，2018年，由商务印书馆正式出版发行。全书从传统文化角度将山西分为五大片区，晋北、晋中、晋东、晋南、晋西。每个片区5本，共25本。体例基本沿袭集成的体例，稍有变动。这套书能出版，首先是我们三人当时是中年，能活到现在；第二个是资料保存齐全；第三个呢，这个工程需要钱，这套书最后能得以出版，需要感谢默默付出的所有人。

第二件是《山西民间故事类型索引》的出版。这个工作也是特别费劲。这件事情的缘起，是2001年刘魁立先生在北师大英东楼布置下来的，当时参会的有辽宁、上海、浙江、武汉、山西七八个省的民间文学专家，他号召各个省编一个按地域分的"故事类型索引"，最终全国汇总起来，弄一个总的《中国民间故事情节类型索引》。我是从2004年开始着手，范金荣看到我进度太慢，我们俩就开始合作，2004—2018年我们把县卷本13500故事做情节卡片，一共是13500个情节卡片，从里面归纳抽绎，最后形成1205个类型。这本书也由商务印书馆在2019年出版了。前前后后将近20个年头了。

2009年，文化部出了一本书，叫《构筑文化长城的人们》，把编选集成这项工作比喻成修筑中国民间文化万里长城，我觉得非常形象。在这项工作中，不仅仅是我，还有许许多多地方学者们都付出了心血和汗水。如果从1981年我编写《民间文学常识讲稿》算起，到现在已经整整40年了，作为一名民间文艺事业的老兵，我衷心祝愿中国民间文艺家协会成立70周年的庆祝活动成功，祝愿我们国家民间文艺事业蒸蒸日上！

访谈手记

认识张余老师是我 2009 年来到山西大学工作的时候，那时他还是我们山西大学民俗学（含中国民间文学）专业的客座教授，整个学期都会为我们专业的研究生上课，所以接触就多了起来。张老师气质儒雅，为人谦和，令人心生敬意的是他对民间文艺事业的那份执着追求的精神。这些珍贵的山西民间文学资料集和著作是张老师将近四十年不断积累、研究的结晶。为了自己喜爱的事业他坐定了冷板凳，付出了毕生的精力！他对集成工作中的同伴们情深义厚，2012 年前后，他曾指导我对山西省民间文学三套集成工作做出杰出贡献的九位专家进行了口述史调查，集成工作中的喜悦与收获，艰辛和付出我感同身受。当时我针对九位地方文化学者在非物质文化遗产保护工作中尴尬的文化身份定位撰写了文章《非物质文化遗产保护视野下地方民间文艺采录工作者的定位研究——以山西民间文艺采录工作者为例》，希望能够引起关注。我们现在说传承并发扬优秀的中国传统文化，正是 80 年代有了像张老师这样的一大批地方文化学者的努力，才将这些珍贵的资料整理存留了下来，才有今后的传承、研究和发展。作为地方学者，他们努力的成果和精神正是修筑中国民间文化万里长城的一块块的基石！

贾芝与民研会

金茂年

访谈时间	2019年11月13日
访谈地点	北京东城区干面胡同
访 谈 人	冯莉、王素珍[1]
整 理 人	王素珍、周利利

金茂年，1946年生，曾任中国民协组联部主任，《中国歌谣集成》副主编、副编审。编著有《中国民间故事选》《延安文艺丛书·民间文艺卷》《中国新文艺大系·民间文学》(1949—1966)、《延安儿女》(两卷)、《中国解放区文学书系·民间文学篇》《中国解放区文学书系·说唱文学篇》《炎黄汇典·民间传说卷》《播谷集》《贾芝集》《拓荒半壁江山》《真情呼唤 共铸辉煌——庆贺贾芝百岁文集》等十余种。

一、民研会的成立

贾芝和柯仲平是1949年5月到北京，随西北代表团[2]来参加第一届文代会的，10月他被分配到文化部的编审处。那时候，处长是左联时期的蒋天佐，贾芝负责通俗文艺组，实际上他在延安就开始从事通俗文艺方面的工作了。和马可、安波、古元、蔡若虹、艾青、何其芳等人，他们一起全都下乡采风，开始搜集民歌、民间故事和陕北说书，把好多陕北的盲艺人集中起来。他们那个时候就已经开始进行了采风和整理，收集民间文艺。当时成仿吾在教学，毛主席还说让他搜集民歌。毛主席书桌上有咱们的《民间文学》，胡乔木对贾芝说的，毛主席看《民间文学》。

贾芝负责通俗文艺组的时候，参加了老舍先生和赵树理同志创办的《说说唱唱》(刊物工作)。1949年12月14日，他向赵树理汇报通俗文艺工作计划。他充满信心地说："这是我们自己这么说哩，如果说还用'文坛'两个字的话啊，将来真正的文坛是在这里！"

1949年12月22日上午，赵树理同志来，一块与天佐同志研究了通俗文艺组工作，过午一点钟，到周扬同志那里去请示：工作方向大体明确了，任务是编审全国说唱演义一类的模范性的文艺作品，以及各种形式的民间文艺。同时，拟专设一民间文艺研究会，专事后者的搜集整理，此外，要组织一部分人创作示范性的作品。[3]

到1950年3月左右，吕骥找周扬要求成立一个中国民间音乐研究会。周扬说，那就把其他都包括进来，成立一个民间文艺研究会。吕骥说，"那将来就没有音乐了。"周扬对吕骥说："不会的，你还在里面嘛。"吕骥说："我在里面也不能起什么作用。"贾芝那时候也是要成立民研会，吕骥要成立他的民间音乐研究会。吕骥在延安的时候也搜集民歌，艺术研究院现在还保存有他当时搜集的档案。那些搜集来的资料都像传单似的，有的是手写或刻印的，打字的都不多。当时也是新旧民歌都搜集，不是光搜集革命的民歌。我印象最深的是其中有一个《审录》，就是《苏三起解》中的一节。

1950年初，他们正紧锣密鼓筹备中国民间文艺研究会成立大会。

"有一天，周扬同志来到我们编审处，正巧只有蒋天佐和我在。他随便地一歪身子坐在我们办公桌上翘着腿闲谈起来。说到，要我到未来的民研会工作。要我向上海良友丛书公司的主编赵家璧学习。他说：'赵家璧只有一个皮包就编出了一套丛书，只要到处组稿就可以了。'"[4]

中国民研会于3月29号召开了成立大会。成立大会（的情况）我是听贾老说的。那时候，他们是在文化部的院里，要开这么一个会，各界的人都去了，艾青、田汉、阳翰笙……特别多的人。提理事的时候特别有意思，[5]谁喊一个名字就是一个理事，喊到最后，周扬说够了够了，喊到名字的人就是理事了。这样民研会就成立了。在会上周扬主持，郭沫若、茅盾、老舍、郑振铎、钟敬文先生都讲话了[6]，还通过了咱们协会的章程和征集资料的办法[7]，这些后来发表在《民间文艺集刊》。贾芝是秘书组的组长。当时决定出版一套中国民间文艺丛书，确定了一些选题。

贾芝在民研会，大小事儿都管。3月29日成立大会，4月10号第一次理事会。贾老兼作民研会的会计，他的上衣口袋就是民研会的钱柜。

4月13日找人刻了一枚图章后，前天回了几封信。[8]今天又到处去买房子要找一个会址。还要找干部。北京市要开第一届文联，又要送纪念品做礼物了。因为要购买文具等等，今天暂领一小笔经费，于是又兼作会计，口袋里就是钱柜。

4月17日晚饭后，和曼斯同志到南纸店买了一幅大红金心的"中堂"，准备送给北京市第一届文代大会；又买玉版宣纸一张，请郭老（郭沫若）题"民间文艺研究会"几个字，刻一个牌子。

---

[1] 参与访谈人：谢桂华、李航、杨尚志。

[2] 全称为：西北文艺工作代表团。

[3] 民研会的成立和恢复以及相关活动，金茂年老师根据贾芝先生的日记进行叙述和解读。为方便读者，统一将引述日记原文的部分用引用字体标注。

[4]《播谷集》，人民文学出版社，1994年，第74页。

[5] 会议以自由提名方式推选理事47名。郭沫若被选为理事长，老舍、钟敬文为副理事长。

[6] 郭沫若：《我们研究民间文艺的目的》，老舍：《老百姓的创造力是惊人的》，原载《民间文艺集刊》第一册，新华书店，1950年。

[7]《中国民间文艺研究会章程》《征集民间文艺资料办法》。《民间文艺集刊》（第一册）有专载，一、本会成立经过纪要；二、本会理事会及各组负责人名单；三、本会章程；四、本会征集资料办法；五、本会本年度预定出版丛书目录；六、本会收到资料目录。

[8] 周扬当时殷切地嘱咐贾芝："收到来信时，要每信必回。"贾芝一直坚持到老。

4月24日编选组全体去开地,准备种西红柿,劳动了两个钟头。下午,钟敬文先生来,筹备民间文艺研究会第一次常务理事和小组联席会。有天佐同志参加谈了一个下午:关于批准要求入会者,资料报酬版权问题,刊物、干部、出版计划等等。

4月25日上午发了民间文艺研究会第一次常务理事和小组长联席会的通知后,又去参加劳动。

二、民研会早期学术活动

民研会那时候特别重视出版书,策划了一套书,一共有15种。秦腔音乐交给吕骥了,河北民歌也是吕骥作序的,蒙古民歌是安波的,陕北民歌有严辰编的[9],还有何其芳也有一本,这都是协会最早出的书。

"民间文学丛书"是协会编的最早的丛书。封面是古元设计的印花布。海燕书店刊行,人民文学出版社、新文艺出版社等出版发行,这些都是民间文艺研究会主编。

编这些书的时候和各地的人也有联系。比方《爬山歌》是韩燕如编的,他拿来的爬山歌跟信天游似的,两句两句的,他都是记录在一条一条的纸上,一个一条。那时候纸少,也不舍得。他拿过来时是乱七八糟一大堆纸条。贾芝和陶建基帮着整理分类排序,才编成书。[10]之前还编有《陕北民歌选》《东蒙民歌选》《信天游选》《嘎达梅林》等。

9月12日上午整理《民间文艺集刊》第一期稿件,并稍加修改,例如标题或个别辞句的通顺等。

何其芳要写《论民歌》,让贾芝找一些民歌故事。贾芝约马可写了《马头琴及其他——蒙古民间音乐杂记》,[11]约了好多人写,《民间文艺集刊》里还是理论的多,作品少。他的延安的老战友们搞文艺的比较多,艾青开始还参与过。另外,艾青还出版过一本剪纸选。

1950年10月13日《民间文艺集刊》第一册算是发了稿,上午发的,前天请郭沫若先生题了封面。

民研会还编了一本民歌《中国出了个毛泽东》。新中国刚成立的时候,民间文学作为劳动大众的文学,随着人民大众当家做主,一下就改变了过去受歧视的地位。发掘民族文化遗产被列入建设社会主义第一个五年计划,然而旧的观念影响还在,民研会潜伏着被扼杀的危机。

---

[9] 此处应该是严辰编的《信天游选》(上海文艺出版社,1959年),何其芳、张松如辑编的《陕北民歌选》(上海文艺出版社,1962年),都是民研会主编的民间文学丛书。

[10] 韩燕如编:《爬山歌选》,中国民间文艺研究会主编民间文学丛书,人民文学出版社,1953年。

[11] 马可:《谈谈采录少数民族音乐(通信)》,《民间文艺集刊》(第一册),新华书店,1950年,第66—69页。

民研会成立没多久，整个文化部的编审处都调去组建人民文学出版社了，所以，贾芝和蒋天佐都调到人民文学出版社了。当时贾芝是人民文学出版社古典文学和民间文学的组长，这样就把民研会带到人民文学出版社了。

1951年的12月，贾芝跟阳翰笙去广西柳城县土改，这时候民研会就没人管了。丛书已经出了，何其芳、公木[12]的《陕北民歌选》，安波的《东蒙民歌选》和《信天游选》，《民间文艺集刊》也出了三册[13]。等贾芝1952年6月从广西回来的时候，民研会工作已经停滞很久了，光未然的《阿细人的歌》也放了一年多，没有出版。

1953年1月，老舍、赵树理等开《说说唱唱》的编辑方针会，在《说说唱唱》里也增加了民间文艺的部分和文章。

> 1953年6月19日晚上，和剑冰谈将来工作的进行问题。看来民间文艺还是单有一个刊物比较好，和《说说唱唱》混一起，对于需要民间文学作品的人极不方便。丛书能出到十五本以上，影响就可比较显著，但还需要多写研究性的文章；仅整理出版，还使工作处于低级阶段。我觉得问题的研究也需要有一个全盘打算，不能只作专题研究。

之后，他们自己单独出书、做刊物。1955年4月《民间文学》创刊。[14]《民间文学》1956年3月号刊登了老舍在作家协会上的一个《关于兄弟民族文学工作的报告》。编后记明确说，民间文学工作者和一切民间文学爱好者都应当为实现这个报告中所做出的号召而加倍努力，适时提出了搜集整理和研究的问题。

1956年9月，韩燕如、胡尔查到东蒙了解情况，准备内蒙古自治区成立大会。那时候胡尔查在翻译《格萨尔》，还有《洪古尔》[15]。

1956年8月底到11月，民研会派调查组到云南大理、丽江进行调查采录[16]。1958年的4月，请内蒙古的艺术馆馆长，还有山西昔阳的文化馆馆长，湖北红安县的宣传部长座谈，谈农村的诗歌，赵树理和肖三也出席了。1958年7月召开全国民间文学工作者大会，贾老在会上做报告《采风掘宝，繁荣社会主义民族新文化》，提出"全面搜集、重点整理、大力推广、加强研究"的十六字方针和"忠实记录、慎重整理"的工作原则。

那时候民研会的研究主要是为基层服务，告诉他们怎么搜集、怎么忠实记录，一直到80年代恢复民研会的时候这些仍是主要工作。争论的主要焦点：是"改旧编新"还是"忠实原作"一字不动。可能到现在还是有这个问题。

---

[12]公木（1910—1998），原名张永年，又名张松甫、张松如，笔名公木、木农，今河北辛集市人，著名诗人、学者、教育家。

[13]第一册新华书店出版于1950年9月，第二册人民文学出版社出版于1951年5月15日；第三册人民文学出版社出版于1951年9月1日。

[14]我现在保存有贾芝起草的《民间文学》申办报告和当年民研会工作总结。——金茂年补充。

[15]民研会最早的有一本小丛书叫《洪古尔》，实际上那是《江格尔》的一部分，那时候都不知道。——金茂年补充。中国民间文艺研究会主编，边垣编写：《洪古尔》，商务印书馆，1950年。1958年，作家出版社修订版。

[16]当时民研会与社科院文学所各派出3位同志，一共6位同志参加。其中，民研会刘超、陶阳、李星华，文学所毛星、孙剑冰、青林。

三、80年代民研会恢复研究工作的情况

实际工作从1978年就开始了。1978年4月,中国民研会恢复筹备,贾芝是领导小组组长。5月在文联全委会就恢复各协会交换意见。贾芝和他的同事们开始加班加点,在各种临时办公处所、包括木板房和自己简陋住处不停地召开会议,筹划和完成了恢复中国民研会、恢复《民间文学》刊物、创办中国民间文艺出版社、编选民间文学丛书、编选《中国歌谣选》、筹建少数民族文学所、恢复中国少数民族文学史的编写工作、创建中国少数民族文学学会、创刊《民间文学论坛》等多项重要工作。

这一时期,他们顺应时代做了许多有益的事情,主要是策划组织了各种大型的全国性会议,为民间文学搜集、整理研究提供了方向性的指引,包括为《格萨尔》、"花儿"、《江格尔》平反;为民间艺人、民间歌手平反;接《玛纳斯》说唱大师居素普·玛玛依到北京录音记录作品;为恢复少数民族文字奔走;为萨满教和满族文学研究冲破禁区开拓道路……

> 1978年5月31日今晨与亮才商量,拟恢复民研会与恢复《民间文学》两个草案,供座谈交换意见参考。
>
> 晚上筹备组开会,研究了明天下午各协会分别开会,就恢复协会交换意见。我拟了一些邀请名单和民研会恢复问题座谈会的开法。
>
> 6月1日下午,各协会分别开会,就恢复问题交换意见。邀请了十位同志,钟敬文、马学良、傅懋勣、常任侠,贵州邢立斌,云南李鑑尧[17],广西[18]、内蒙布赫、田间、陶阳、杨亮才参加。发给大家两个方案:恢复民研会、恢复刊物。大家一致认为恢复越快越好。会后,我到周扬同志家向他汇报大家的意见,他赞成我们的方案。

1978年的7月3号研究《民间文学》稿件。这是最早的、协会恢复之前的两期稿件。

> 7月3日上午看周扬同志谈《红旗歌谣》[19]校样,周扬要我写后记。下午邀请陶阳、张文、吉星、亮才在文学所研究《民间文学》复刊一二期的稿件,董、王参加。

他和孙剑冰1962年编辑《中国民间故事选》,"文革"后1978年又增补重新编两本民间故事选。后来还编《中国歌谣选》。就《中国歌谣选》去听周扬的意见,周扬说:主要太政治化了,艺术性少。后来就遵照周扬的意见又改了。贾芝遵照周扬的意见,负责文学所规划问题中的民间文学、少数民族文学方面。成立少数民族文学所是杨亮才起草的报告。

---

[17] 即李鉴尧(1930—2007),云南鹤庆人,中国民间文学三套集成云南卷编辑委员会主编。

[18] 日记上没写,空缺,可能是陆地。

[19] 1958年,新民歌运动,民研会开始选编有代表性的新民歌选集,1959年正式出版由郭沫若、周扬编的《红旗歌谣》。"文革"后,民歌选编的工作还在继续。

1978年8月8日到东四八条开会，通过各协会编制。民研会45人，编辑部不计在内。分配民研会小车一辆，吉普车一辆。

8月9日和毛星研究《民间文学》第一、二期编法，要有战斗性、打破禁区、发展争鸣。

8月12日八点半，赶到文学所，召开民研会筹备恢复小组第一次正式会议，出席的有钟敬文、马学良、毛星、吉星、杨亮才和我。董森、黄泊苍参加。（贾芝）宣布中宣部批文的通知，我汇报了西苑会议以后筹备工作的情况，讨论了两个问题：今后民研会的工作和复刊问题。

8月22日在东四八条开会，林默涵传达恢复各协会向中宣部请示报告，下年纪念"五四"是重要内容之一，讨论了建房问题。

11月28日，张文起草的《民间文学》复刊词，修改添加数处。

12月20日，到前海与胡振华、杨亮才、吉星研究《玛纳斯》工作计划，看《民间文学》复刊号清样。[20]

12月31日，让杨亮才到民族学院了解情况，解决居素普·玛玛依的生活补助问题。

1978年的12月，民研会已经把居素普·玛玛依接到北京，让他唱《玛纳斯》，全部录音。安排他住在民族大学，是因为他比较习惯民族的环境，让胡振华负责具体事宜。

1979年1月6号，在毛星家开筹备组会议，讨论民研会代表大会的内容、开法。出席的有钟敬文、马学良、毛星、吉星、杨亮才，讨论第四次民研会召开代表大会的内容和开法。

1979年2月8日到昆明参加文学学科规划会议和全国少数民族文学史编写工作座谈会。征求成立少数民族文学研究所云南分所的意见。24日到贵州考察，当时是《民间文学》刊物，还有《玛纳斯》的工作一起在推进。

1979年5月11日在民族文化宫召开"纪念'五四'运动六十周年座谈会"，请老专家聚会，回忆"五四"歌谣研究，征求对工作的意见。常任侠腿跌断，他也拄着拐来了。常惠、顾颉刚、杨成志、于道泉、钟敬文、居素普·玛玛依也来了。还有马学良、毛星、刘魁立和会内一部分同志。会后留老先生吃便饭，过午两点多才回家。[21]

1979年6月11号，成立了中国少数民族文学学会。贾芝是理事长。少数民族文学学会也做了好多工作，其实也是民研会民间的学会。它召开学术年会、学术讨论会，还办过刊物。少数民族文学学会和社科院可能关系也挺近，和咱们民研会也挺近，杨亮才、王平凡、刘魁立都曾是这个学会的领导。

民研会1979年开歌手大会那是一个大事儿。1979年7月就开始筹备，但是批下来是

[20]《民间文学》1979年第一期（1月号，总第108号），有复刊词，并刊载了周扬：《〈中国歌谣选〉序》，肖华：《大力提倡民歌》，田恒江：《让"花儿"开得更加鲜艳——记甘肃康乐县的封山禁歌》，刘玉、吴辰旭搜集《莲花山"花儿"选》，贾芝：《喜赞莲花山的新"花儿"》等。

[21] 此部分与《真情呼唤 共铸辉煌——庆贺贾芝百岁文集》（中国文联出版社，2016年，第319页）贾芝日记摘抄对照，并请金茂年老师核对所引日记原文。

1979年8月8号，3号将报告送给胡耀邦，4号他就批了"这是件好事儿，我赞成。"之后，协会就决定把歌手大会作为当前的工作重心，派人分路到各地帮助选定歌手，刊物配合采访。歌手大会是在北京举办的。

1979年9月25到10月4号在北京召开"全国少数民族民间歌手民间诗人座谈会"[22]，45个民族，123名代表，贾芝做工作报告《歌手们，为"四化"放声歌唱吧！》。

1979年11月4日到11日第四次全国文代会期间，召开中国民间文学工作者第三次代表大会[23]，周扬任主席，钟敬文致开幕词，贾芝作《团结起来，为繁荣和发展我国的民间文学事业而奋斗》报告。毛星致闭幕词。11月11日是少数民族文学学会第一次见面会。11月13号在西苑饭店召开的是青海、甘肃、四川、西藏、内蒙古、云南6个省区代表研究《格萨尔》的抢救问题。《格萨尔》的工作算是走出"文革"浩劫的第一步。11月12日与马学良、王平凡、毛星、胡振华、刘肖芜商定《玛纳斯》工作组的问题。

> 12月25日下午，原要与程远一块去找王平凡、毛星，王平凡自己来了。把毛星接来。我们研究：规定民研会成立党组的名单。会的工作由主席、副主席、秘书长、副秘书长组成的部务会议领导，部务会议成员中的党员组成党组。另商量了明年的外事活动。

1980年3月创办中国民间文艺出版社。

1980年4月去四川峨眉山，应该是6个省区，云南那时大雪封山没去，就是5个省区的《格萨尔》工作会议，第一次《格萨尔》工作会议就在峨眉山。[24]那时候我还没来，李亚沙参加了。会后又去云南昆明，听云南代表的汇报，接着又去贵州考察。

1980年9月，去广西参加中秋节山歌会，就是打倒"四人帮"之后第一个歌会，在广西柳州。五十多天走了广西和云南两个省区，十几个县。当时我刚到民研会，还不懂。贾芝到一个地方就讲搜集整理，怎么搜集，怎么整理，什么叫民间文学作品，一再强调"忠实记录，慎重整理"、整理、改编和再创作三者的区别。说改编得再好不是民间文学，但是也欢迎改编和创作。

1981年2月13日到19日，少数民族文学学会的首届学术年会。

1981年2月21日，主持召开第二次七省区《格萨尔》工作会议。

1981年5月12日到16日，参加中国民研会首届学术年会开幕式，作题为《开拓民间文学研究的广阔领域》的总结发言。前三年是每年一次学术讨论年会。

1981年7月18日，召开中国蒙古族文学学会首届年会，发表讲话《少数民族的民间文学要进行系统的建设》。

---

[22]《民间文学》1979年11月号刊发了《全国少数民族民间歌手民间诗人座谈会特辑》。会议由国家民族事务委员会、文化部、中国民间文艺研究会召开，开幕式由林默涵同志主持，杨静仁同志致开幕词。

[23] 1979年11月4日至10日，中国民间文学工作者第二次代表大会在北京召开。第一次的代表大会是1958年7月召开的。后来因为把民研会成立大会作为第一次代表大会，后面的会议都相应的往后推，即1958年为第二次，1979年为第三次。

[24] 1984年4月，中国民间文艺研究会和中国社科院少数民族文学研究所在四川峨眉山联合召开第一次《格萨尔》工作会议，被称为"峨眉会议"。

1981年12月29日,主持召开中国民研会常务理事扩大会,提出并通过决议:编选出版《中国民间故事集成》《中国歌谣集成》《中国谚语大观》(后改为《中国谚语集成》)。周扬同志出席并合影。

1982年1月,创办《民间文学论坛》。1982年5月,召开《格萨尔》第三次工作会议。

四、民研会学术交流活动

80年代,中国民间文学得以恢复和发展,同时,民研会也感受到了中国民间文学走向世界的紧迫性。这一时期,协会的国际国内学术交流工作比较多。

(一)与日本口承文艺学会交流

1978年6月16日,在对外友协会见日本民间文学专家小泽俊夫。

小泽俊夫(著名指挥家小泽征尔的哥哥)当时是国际民间叙事研究会的副会长,劳里·航柯曾任会长。小泽俊夫邀请贾老加入国际民间叙事研究会,还把在英国召开第七次代表大会的通知给了他。他介绍了日本民间文学的工作,并推荐了日本大阪民俗博物馆的君岛久子。

君岛久子翻译中国民间故事有数百篇,她还翻译了《西游记》《格萨尔王传》(缩写版)等名著。她一生献身学术,为两国人民的友谊做出了宝贵贡献。她还翻译了一篇肖甘牛的苗族民间故事《灯花》。《灯花》是写一个灯花姑娘非常勤劳,男主都林变懒惰失去一切,在姑娘帮助下重新振作的故事。这篇故事救了现实生活中的母女三人。因为离婚,丈夫抛弃了他们,这个女的想不开就要自杀,结果她在流动的图书车上借到了这本书,读了这个故事以后,重新振作起来。当时这被传为一段佳话,是君岛久子翻译的这篇。我还写过一篇叫《灯花以外的故事》记录这段故事。

小泽俊夫是一家来的,他妈带着他们,小泽俊夫和小泽征尔,因为他们都是在中国长大的。那时就和日本开始学术交流。

两年后[25]君岛久子来访民研会,贾芝主持召开座谈会。君岛久子报告了日本及大阪国立民族学博物馆研究民间文学的情况。她用比较研究法,结合历史记载,证明日本天鹅型故事是从中国流传过去的,不是其固有的。她特别讲了她翻译苗族民间故事《灯花》在日本挽救母子三人的故事。

1980年12月,民协又接待臼田甚五郎为团长的日本口承文艺学会代表团,包括

---

[25] 1980年11月19日到26日。

直江广治、伊藤清司、加藤千代、野村纯一等。君岛久子又来了，君岛久子、大林太良、松居直、内田琉璃子，他们是日本口承文艺学代表团的。臼田甚五郎、大林太良、内田琉璃子分别报告，贾芝作《中国民间文学研究的现状和方向》，双方就故事分类等问题进行讨论。他们还带来关敬吾先生的意见与赠书，诚邀贾芝1981年6月访日。

1981年5月，接待稻田浩二为团长的日本昔话通观代表团。他们还做了一个报告会，贾芝讲的是《中国民间故事搜集、研究的历史和现状》。双方就调查方法、比较研究以及合作问题进行了讨论。

1981年10月，接待日本伊东市市长石井基为团长的《灯花》代表团，主角是因读中国民间故事而放弃轻生的北岛岁枝女士及她的一双儿女。中国妇联主席康克清在人民大会堂接见了这位普通的日本妇女，她成为了友好与和平的使者。

1981年12月，君岛久子、白鸟芳郎访华，专事贾芝访日问题来华。

1982年3月，贾芝一行3人访日。贾芝报告中国近几年民间文学的新发展与民俗学的恢复。日本朋友特别赞赏《格萨尔》的发掘出版与研究工作。有学者以冲绳民间故事与白族民间故事作比较，一致认为中日两国隔海相望，民间故事传说长久相互流传，比较研究是很有意义的课题。研究口头文学是一门国际性的学问，我们也应该研究日本民间故事，双方交流是很有意义的事情。贾芝还重点访问了大阪国立民族学博物馆，呼吁著名学者成立共同研究会，定期交流。

不久，君岛久子、小泽俊夫、白鸟芳郎偕福音馆出版社长松居直等来访，不仅就民间故事的比较研究与分类法进行探讨，还就合作出书问题签订协议。之后，我会派出访问学者王松、刘魁立、郎樱，邀请日方学者来华联合考察等等，民研会把这种学术关系扩大推广到各研究机构、大专院校和各省民研会，中日学术交流日益频繁起来。

（二）与丁乃通、航柯、金荣华等的交往

1978年7月23日，在和平宾馆会见美籍华人丁乃通，他为中西文化交流架起一座桥梁，航柯就是通过他认识的。丁先生也提出来让贾老参加国际民间叙事研究会。

丁乃通先生1980、1981、1985年三次回国做学术交流，在多次报告会中介绍国外各种民俗学流派与研究动态，还提出办一本英文刊物介绍中国。他主动担当义务英文主编。1989年9月的一天，他倒在校改稿件的办公桌前，为中国民间文学事业鞠躬尽瘁。

1983年9月，贾芝赴芬兰、冰岛考察。在火车站迎接他的航柯主席第一句话就是："您的到来，是一个历史性的事件。"这次访问主要是考察博物馆，为建立中国民俗博物馆做准备，同时了解芬兰的民族史诗《卡勒瓦拉》在促进民族意识觉醒与芬兰语言文学形成方面不可估量的作用。

1985年2月,贾芝参加"卡勒瓦拉与世界史诗大会",与会者来自几十个不同国家。会上,他介绍了中国史诗《格萨尔》,芬兰学者为史诗在中国还有人演唱,还活着,兴奋不已。就是这次大会,芬兰总统接见了他。[26] 双方还就将中、芬民间文学学术交流列入政府签订的协定中进行了磋商,具体落实便成就了中芬两国联合在广西三江的调查。那次,贾老带着降边嘉措和孙绳武,3个人从北京坐火车到莫斯科,7天7夜,经过西伯利亚。贾老说,到西伯利亚下去在站台上走一圈吧,结果,走一圈把耳朵冻掉一层皮。然后再换飞机到芬兰,回来的时候坐飞机到莫斯科,再坐火车回来。

1985年3月,航柯教授依据1985—1987年中、芬文化交流协议,做出两国学者学术讨论与实地调查的初步计划寄给贾芝。10月,航柯教授来华,协商讨论中芬两国联合考察计划,确定具体时间、地点、会议讨论与实地考察内容。

1986年4月,中、芬两国学者在南宁召开了"中芬民间文学搜集保管学术研讨会",之后到广西三江侗族地区对6个自然村的民俗节日、民歌及故事进行调查采录。

还有咱们和台湾的学术关系,也是通过丁乃通建立的。

1985年7月8日,我们去接金荣华。那时候机场没这么大,三层楼,他在门口那儿站着,我们就走过去了。没经任何人介绍,谁也没见过谁,连照片都没见过,什么都没有,我们就认定他是金荣华,他也认定我们是谁。第一次统战部接待,安排他去敦煌、去上海,他在大陆有什么问题都给解决。第二次是河北郑一民给安排考察耿村故事村。这样耿村一下就火了。还有河北省委书记李文珊也特别重视,河北又往前推了一步,开了国际会议。金荣华再来时去了承德,由陈钧安排的。陈钧那时候在通俗小说研究会。2018年,我们去找吉林曹保明接待金荣华。至今,30多年,他的足迹踏遍祖国的20多个省市、自治区,考察与了解各民族、各地区的民间文化,推动我们学术方面的合作和发展。金荣华与马汉民、董晓萍、李继尧、王恬等人都建立了联系。

我们1994年第一次去台湾,那时候还特别难批,整整折腾了一年多才把这个手续办妥。学术会议在台北图书馆办的。正巧还碰到李福清也在那儿。有一张照片是贾芝跟李福清在台湾,丁乃通的夫人许丽霞也在那儿。

1996年4月,国际民间叙事研究会北京学术研讨会胜利召开,有来自五大洲24个国家的57名代表和中国包括台湾在内15个省市自治区的9个不同民族的41名代表。百余名学者在会上宣读论文,突破语言的障碍进行了深入的学术交流。所以,国际民间叙事研究会主席雷蒙德(挪威)特别高兴,说这是他们有史以来办的最好的一次会。最遗憾的是当时收论文的时候,国际部的说不要收论文。虽然贾芝不同意,但论文收得很少。我们用了一年多的时间,一封一封地写信催那些人,把原文寄来了。资料很珍贵,交给协会,也没有出版,现在情况如何也不清楚了。

---

[26] 芬兰广播电台和电视台反复播放,说"中国是一个史诗宝库,史诗在中国还活着"。会议期间,芬兰总统毛诺·科伊维斯托还单独接见贾芝团长。降边嘉措:《谈谈老所长贾芝老》,《真情呼唤共铸辉煌——庆贺贾芝百岁文集》,第371页。

民协在北京开国际会议的时候，我打电话请钟敬文先生出席，钟先生就来了。那次布赫也去了，因为是个人请的，他只出席，不讲话。高占祥等都去了。为这个会议，金荣华特别感动。他跟他的学生说，一定要参加北京学术研讨会，因为用中文作为大会发言的机会可能只有这一次，他在国外参加国际会议都是英文或者法文，唯有这一次可以用中文发言，他说这是一种骄傲。后来就安排他做一次主持，他主持特别棒，因为他见多识广，英语说得也好，中英文切换特别流利自如。

五、民间文学歌谣集成

我是1980年来民协的，来了没多久就去广西参加中秋歌会。我一开始不知道什么叫民间文学，贾芝那时候到哪儿都说《格萨尔》，我想知道什么叫《格萨尔》。我跟着去，在江河山野，一下走了15个县，印象就特别深了，对民间文学就有感情了。后来，我还写了一篇《我的民间文学启蒙在山河田野间》。

广西的黄勇刹是一个壮族诗人，他陪着一起走。他会唱民歌，搜集民歌，他写过《刘三姐》。当时下去采风的时候，贾芝每次讲话、和黄勇刹聊天，我都录了音。

我们去三江的时候，到林溪公社还没有电灯呢。晚上他们开一个晚会表演节目。你就看着那漫山遍野的火把都聚拢来了。夜晚，我们听老歌手吴仲儒唱歌。

那时我在组联部跟着王文宝编通讯。通讯一直发到县里，只要和协会有联系、有关系的全都发。后来改叫《民间文艺界通讯》。动态是研究部，通讯是组联部做。组联部主要搞国内、国外的组织联络，了解各省的研究情况、存在的问题。原来每期是一个月，后来又不定期。因为没有印刷经费，开始弄成小本，小本不行又弄成纸页，之后又编成小本子。《民间文艺界通讯》属内刊，要准印证，还得找北京市出版署批，找中宣部盖章。

歌谣集成首卷是广西卷。贾芝他看得慢，我就把整卷都看了，然后给他挑出来哪儿有问题。后来我就做审读员，再后来就是副主编，还做过责任编辑、责任副主编。

在编歌谣集成的过程中，我学到了好多东西。因为如果你不编歌谣集成，你肯定看不了全国那么多省的歌谣，也不会一首一首去看。看得多了就不一样了，而且每个省编得都各有特点。

我觉得编得最好的是李继尧主编的湖北卷。他真是一个"传奇"，无论是歌谣还是故事，他都了如指掌。他特别能干，而且特别执着。编湖北卷的时候，我是他的责任编辑。他就在我们胡同口找了一个小旅馆住下了。白天到我这儿来，我跟他说意见。晚上他回去改,第二天又拿过来,就这样连续两个多星期流水作业。不止一次,好多次都是这样。他说,人家给他起外号叫"饿蚂蟥",吸上了就不松口。而且从湖北卷开始,我们要求在前言和概述里把整个歌谣的内容、分类、特色写清楚,还要求他写类序,如生活歌特点、情歌特点等。他写得特别快。如这一类序,我看到他哪个地方写不好,第二天他就又拿一个。你说哪儿不好,他立刻就改了。他脑子里东西太多了,太丰富了。我要求他在前言里把他们省最典型的、最漂亮的宝贝亮出来。湖北民歌最有特点的,他都能知道。他在基层还帮助了好多人,比如王作栋、刘德培。1987年,有一次,他把贾芝约去了。两个人就坐着长途汽车转了好几个县。后来有人批评李继尧,说他胆子真大。李继尧特别深入基层,你看歌谣卷的分类,好多是从湖北卷发现增补的。咱们原来按内容分类的有生活歌、情歌、仪式歌,但是有些特殊的,它有特殊的形式,你把它拆开以后显不出它的特点了。比如《薅草锣鼓》,在按内容分类的同时保留它特有的形式;湖北特别有特色的《乞丐歌》。西藏最有特色的是《强盗歌》,就是特别仗义的,当时大家一听,就说这强盗不行,叫侠客或者什么,最后一看,那歌名还真不能改,就得按照他原来那个《强盗歌》。这些歌谣还有一个特点,你要把它背景写清楚,也许歌谣只有4句,在什么情况下唱的,怎么唱的,就特别重要。加上背景,你就觉得这歌谣特别丰富了。所以,哪个省歌谣卷的主编研究得彻底,哪个省就编得最好。

六、贾芝趣事

贾芝一点儿钱的概念也没有。开国际会议的时候我不会打字,就在街上打字铺里打。打字的钱、复印的钱都是我从贾芝的工资里垫付。他老说,你老从我这儿拿钱干嘛呀?我又不是民研会的会计。我们办事时留一堆票,有时候就报了,有时候就丢了,反正就稀里糊涂。他说,够花就得了,别管了。白庚胜等几位同事到我们家看贾芝。贾芝说,女儿从美国给他寄了200美元。"我现在有很大的一笔钱,你们谁需要用钱找我。"后来我说:"你那一大笔钱在哪儿呢?"他说:"在你那儿。"全国各地的人到我们家,我一天上下楼送人就得七八次。那会儿也没那么多餐馆,到吃饭的点了,在我家吃饭,我得变出饭来。他还四处张罗:"哎,到我们家吃饭,她会做鱼。"李继尧、马汉民,还有山西的朋友就住在我们家。贾芝说:"别找地方了,就住我们家。"因为那时候,他们出差费也少,报销也困难。我们家那屋特别小,他们就睡沙发。我得做饭,还得开旅店。

以前民协各省分会只有8个，恢复的时候才把全国的协会都成立起来。贾芝一个一个省找，有的写信，有的就直接去。许多省的宣传部长就是他延安老战友，黑龙江省宣传部长，贾芝就找他，让他重视民间文学，给编制，给经费，成立分会。最后一个成立的是安徽。贾芝在会上说，现在全国都成立分会了，只有台湾和安徽没有。安徽省领导坐不住了，回去就成立了。我们1980年去广西、云南的时候，都是省委书记和宣传部接见。所以，那时候就趁着宣传部长、省委书记出来，他就说民间文学非常重要，给经费，给人。民研会不是一下成立一个机构，全国各地都有的，而是这样慢慢弄起来的。

各分会做的工作真的很多，还特别扎实，广西出了40本参考资料。协会学术的根基还是挺深的，不能说大学有学术研究咱没有，咱协会把全国各省的人才都组织起来了。浙江的季沉、上海任嘉禾、江苏马春阳和山西刘琦，甘肃郝苏民、内蒙古胡尔查、河北郑一民、广西黄勇刹，蓝鸿恩，蒙光朝……能干的人真多；当时各省的省委书记有的直接挂帅，有的积极支持。这些都是当时靠协会动员起来的。贾芝说：我就是个"吹喇叭抬轿子的"。贾芝自己的学术著作比较少，他的《民间文学论集》《新园集》《播谷集》差不多都是解决工作中实际问题的。

三套集成是因为吕骥让贾芝编中国民歌集成，他觉得咱协会也应该有自己的集成，就在会上提了，大家都愿意。他又找周扬，周扬愿意当集成总主编。贾芝特别耿耿于怀的是：三套集成是一个独立的，结果成了十套集成的一部分了，周扬的总主编被拿掉了。

贾芝特执着，歌谣卷他连标点符号都给人改。有人说，你这不会当主编，主编是别人提什么问题，就说"嗯，嗯，可以，不行。"他特别生气，说："我不会那样干。"贾芝和各地的关系特别好，像郝苏民说的："我们找贾老一点顾虑都没有，求他什么事儿都行。"解决房子的，解决职称的、出书的，给人写信、题词，写序，什么事儿都有。我们家有好多人的书稿，他答应给人出。我说你别答应，你的书还没人给出呢。他的《播谷集》还是自己拿一部分钱出的。

贾芝在延安中学时候的学生可能有近百人，我们编两本《延安儿女》，就是这些学生写的。原来我们那小屋只有50平方米，他那些学生进来了，就替他抱不平。他一点儿都不着急："我住小房子得死，他们住大房子也得死。"开始也没给他解决医疗，他说："那我不得病。"他老教育我："别去说，只要咱们能凑合生活就行了。"

学术史　● 第一部分　　○ 第二部分　　○ 第三部分
　　　　　　 口述　　　　　　自述　　　　　　论文

访谈手记

　　金茂年老师是贾芝先生的夫人。她给我们讲述了贾芝先生日记里记录的民研会历史以及她80年代以后所亲历的民研会组联外事工作和贾芝先生趣事：民研会成立之初有"小文联"之称，理事会成员及各组组长都是当时文学艺术领域内的权威。民研会成立后积极开展各种学术调查、研究活动，如创办《民间文艺集刊》《民间文学》，策划出版民间文学丛书，组织云南采风调查。

　　70年代末期，民研会筹划和完成恢复工作，包括恢复《民间文学》、创办中国民间文艺出版社、编选民间文学丛书、编选《中国歌谣选》、筹建少数民族文学所、恢复中国少数民族文学史的编写工作、创建中国少数民族文学学会、创刊《民间文学论坛》、组织民间文学三套集成普查和编纂出版，开展国际学术交流等。

　　贾芝先生一直重视民间文学的组织建设和学术研究。正是在他积极倡导、精心组织和执着努力下，民研会从成立，到发展壮大，开创了民间文学事业不朽的篇章。当时人们对民间文学的热爱和激情不仅书写了他们不悔的青春岁月，同时也培育和浇灌了民间文艺之花，愿民间文艺之花永远绽放！

集成工作没有止步

冯志华

访谈时间	2019年11月12日
访谈地点	北京朝阳区北沙滩1号院中国文学艺术界联合会A座二楼
访谈人	冯莉、王素珍[1]
整理人	王素珍、周利利

冯志华，1946年生，浙江余杭人。1969年7月毕业于西安音乐学院。自1979年起，先后在中国民间文艺家协会的《民间文学》编辑部、中国民间文艺出版社和中国民间文学三套集成办公室的《中国民间故事集成》任编辑。撰写有《八仙人物传说纵横谈》《鬼城故事漫笔》《读〈金德顺故事集〉》《纪文道和他讲述的故事》等多篇论文和评论。与人合作纂写有《民间故事十家》《中外机智人物故事大鉴》《中国民间故事通览》等著作。编选有《八仙传说故事集》《道教故事大观》等多种民间传说故事集。

中国民间文学集成工作应该和前期协会工作总方针是一脉相承的，是水到渠成的一项重大文化工程。我是协会的一个普通编辑，我亲身经历了这一项浩繁的工程，而且，刚刚整理了《中国民间故事集成》大事记，脑子里还记得很多东西。回顾我这十几年的工作，想起当时审稿的场景，回忆起来，还是觉得挺幸福的。

一、《民间文学》编辑部

中国民协原名为中国民间文艺研究会（以下简称民研会）。当时民研会的主要领导都是一些文化界的大家。贾老（贾芝）是秘书组的组长，钟老（钟敬文）是民间文学的组长，前面的主席、副主席，有郭沫若、周扬、老舍等。我理解，那时已看到了口耳相传的民间文学这种民俗现象有逐渐萎缩的趋势，所以，已经把"研究"放在重要位置了。

我是从陕西省群众艺术馆调到民研会的。1979年8月到京，9月老祁（祁连休）把一大摞中外民间故事书籍给我，说："这一个月你就啃这些书，有什么疑问找我吧，别的事情不要做了。"我一个月就看中国的、外国的，各种民间故事。因为我在陕西省群众艺术馆从事编辑工作，所以，到《民间文学》编辑部，对编辑程序基本上是熟门熟路。上班前，我们先拜访了贾老，贾老说："啊，你学音乐的。"他说，在日本研究民歌，歌和谣是不分家的；而我们民研会主要是从文学角度研究民歌和民谣，民歌音乐部分的研究，是音乐研究所的事。他问我："你能够采录民歌吗？"我说："没问题。可以记谱。"贾老特高兴，说："就这么定了，就这么定了。"

1979年7月，《民间文学》复刊。过完国庆节，我就正式去上班了。在东四八条那间大办公室，十几个人挤一屋子办公，编辑部主任张文把我介绍给大家，那个时候我心里还挺胆怯的。当然慢慢地，大家关系都熟了。当时，计划供应的时代过去了，生活条件一点一点开始好起来，大家的工作热情都特别高，对民间文学事业也很专注。那时就主任王一奇和张文是老民协的，故事组华积庆是北大毕业，黄泊苍是川大毕业，歌谣组关艳茹是北大毕业，周忠枢是民族学院毕业，理论组祝绳武是南开毕业。周忠枢20世纪50年代跟随费孝通的民族调查工作组到云南搞调查，后来碰到一些事情回北京，去了工厂。民协派张文去找他，把他调到了编辑部，此后他陆续整理多篇傈僳族叙事长歌，在刊物上发表。当时编辑部阵容很强，各组工作配合很默契。

我记得，"全面收集，忠实记录，慎重整理，加强研究"的十六个字方针，是民研会业务部门始终遵循的工作方针。编辑部的所有编辑每年要定计划，下去搞调查、搜集故事、组稿，了解活态民间文学的现状，写故事短评等。编辑部马捷曾到北京回民区采录了回族故事。华积庆到山东采访了故事家尹宝兰、胡怀梅，并记录她们讲述的故事。我们故事组4个人把全国各大区分片负责，当初我分管西北、东北、华北地区的稿件。一年中有三个月安排集中发稿，其他时间除看稿外，就可下去组织稿件，我曾采访了河北故事讲述家纪文道，听他讲述故事，写采访记。1982年少数民族文艺会演时，我采访了畲族、高山族的编创、演职人员，写采访记、编排一组少数民族民间故事发在刊物上。我采访畲族的文章随后发表在《人民日报》副刊上。我觉得，那几年对我的锻炼很大。当时编辑部的气氛很好，每一个人都动笔。1982年，主编王一奇退休了，高鲁从山西调来任编辑部主编。他是当年贾老的老战友，长时间在山西出版社工作。他对大家要求更严，每期谁任责编，出刊以后，把一本期刊拆散了贴在墙上，让大家看，大家挑毛病，有错别字没有看出来的，有病句的。如果谁出的问题多，就会很没面子。高鲁还会操一口浓重的四川话说："那个谁，我高鲁说话毫不留情，你还要加强学习。"所以，大家工作基本上都很认真。我觉得，这给当时的编辑部树立了一个严肃活泼的好风气，现在想起来，对那段时间还是挺怀念的。

---

[1] 参与访谈人：李航。

编辑部当时还经常组织北大、北师大、中国社科院文学所、中央民族学院等单位的年轻学者，开专题研讨会，把大家团结在一起，气氛非常好。有一次，快到中午吃饭时间了，民族学院的金锦子说："我来给大家做朝鲜辣白菜！"开完会，她就挽起袖子拌起了买来的白菜。吴薇说："我给大家做卤面。"虽然那时条件很差，但是大家都很愉快，都很开心。无论学术气氛，还是彼此间的关系，都是那么融洽、那么祥和，现在想起来那个阶段还非常好。

在编辑部，我们已经看到传统的民间故事在逐渐减少。比如说，从1982年以后，第一年传统民间故事重复率达20%，再过一年到30%，说明传统的故事在萎缩，传承人和讲述氛围越来越少。记得一次开故事集成审稿会，下着大雨，刚好一位法国学者来北师大交流。我们开完会，陈子艾老师说，我们一起去听听。这位法国学者在会上讲了一个"脖子上瘿疤瘤的故事"，他是在数据库里查到的这篇作品，他认为格林童话时代已不复存在。但这个故事在我国20世纪80年代早期还有流传，在朝鲜族、藏族流传较广。传统民间文化趋向式微，是社会发展的必然，不以任何人的意志为转移。发达国家是这样，我们也不例外。从我们办刊方向的慢慢转变，也可以看出这种变化。

20世纪70年代末，《民间文学》是文联系统最早复刊的一家。我们办刊强调：知识性、趣味性、可读性，所以我们也以这个"三性"原则去组稿。结果，上来的文人传说，较多是根据笔记小说或者县志重新创作的故事，但是它们可读性强，又有知识性，也有一定的趣味性，深受读者喜爱。当时的《民间文学》杂志在整个文联系统的刊物中，发行量最高，达70万册。那个时候，我们日子很好过，作家文学那时还不如我们呢。后来慢慢伤痕文学走向高潮，我们便开始萎缩。这种流变在社会发展进程中都是很正常的事情。

这时，上海文艺出版社出版的刊物《故事会》，在全国引起很大反响，发行量最高时达数百万册。新故事的题材，多为反映新时代的新面貌，针砭社会不良现象，或是历史题材新编。它通俗短小，易讲、易记，深受读者喜爱。我们编辑部也陆续收到一些新故事稿件，为适应新时期的读者需求，弥补传统民间故事的不足，大家决定开辟"新故事"栏目。我们也积极参加地方举办的新故事研讨会，探讨新故事的发展趋势、新故事的属性等。我认为，新故事创作，是群众文化，属于短篇通俗小说。

二、集成与十六字方针

1983年以后,贾老(贾芝)调到中国社科院少数民族文学所当所长,工作重心转到那边去了。民间文学编辑部搬到西单太仆寺街,刘锡诚调到中国民协,老民协的贺嘉也调回编辑部任主任,廖东凡从西藏调来任秘书长。廖东凡、刘锡诚都是学者型的领导,工作作风相当地好,大家的向心力、凝聚力很强。根据形势需要,从1987年起,中国民间文艺研究会正式更名为中国民间文艺家协会。

随着社会的快速发展,全民族文化水平的提高,以及传播渠道的多样化发展趋势,传统口耳相传的民间文学也在加速衰亡。故事传承、讲述人大多年事已高,"抢救"口头文学,全面普查民间文学的工作,提上了议事日程,它将为日后的民间文学乃至多学科的研究工作保存翔实可靠的基础资料。经中国民间文艺家协会倡议,1984年5月,由中华人民共和国文化部、国家民族事务委员会和中国民间文艺家协会联合发布了《关于编辑出版〈中国民间故事集成〉〈中国歌谣集成〉〈中国谚语集成〉的通知》(文民字〔84〕第808号,简称"三套集成")。可以说,三套集成和十六字工作方针一脉相承,是十六字方针的延续、实践和发展。

同年,中国民协三套集成办公室成立,在山东威海召开的中国民间文学集成第一次工作会议,传达了编撰三套集成的"通知"精神。当时一个上级红头文件大家都很重视,会后各省层层落实,扎扎实实地工作。那时候,我还在《民间文学》编辑部。三套集成办公室组织老专家到各省去办培训班讲课,了解落实情况。当时集成办没什么钱,秘书长廖东凡通过在财政部工作的北大老同学关系,批了一笔钱。所以下去搞这些组织工作有了经费,下去走得挺多的。他们下去搞调查,层层发动,把地区、县、乡、文化馆站的文化干部先调动起来。过去因为我们搞民间文学有基础、有积累,很多民间文学爱好者自发地参与进来,参加培训班,作为各省县乡的业务骨干下去采录,组成浩浩荡荡的普查大军。历时6载,他们奔赴工矿企业、山野乡村、草原滨海,进行了全方位的普查、采录、编纂县卷工作。最后这些普查的县卷资料本汇总到各省编委会,经反复遴选、核查,收入省卷,送交协会的三套集成办公室。

1986年5月,经文化部艺术科学规划领导小组研究决定,将民间文学三套集成正式列入艺术学科的国家重点研究项目。至此,三套集成纳入"十部文艺集成志书"。

三、《中国民间故事集成》

（一）"三性"原则

1990年，《中国民间故事集成》的审稿、出版工作开始进行。以钟老为主编，张紫晨、许钰、刘魁立为副主编，组成全国编辑委员会。在三套集成中，故事集成最复杂，它的题材极为丰富，涉及的社会内容广泛深入。所以，钟老常说，歌谣和谚语比较好搞，因为形式比较固定，它是要押韵的。即使一些老歌手即兴演唱，看到什么就能唱什么，最后都能把韵押上。谚语有一定的哲理性，要改要费心思，也是不容易。唯有散文体的故事，整理的自由度较大，多有加工润饰、资料整理、回忆录之类的问题出现。钟老一再强调，我们要把真正的文化遗产留给子孙后代，要把真实的面貌反映在我们的国家卷本中，不要把个人感情、个人的东西拿进来。这是很重要的一点，有些东西可能文笔很差，逻辑关系不通，但是你一看，它的确是真东西，不要做大的修改就可以。省卷发现那么多问题，现在要费大力气解决。学术上我们没有更多的预设，就一点，贯彻全面性、代表性、科学性的"三性"原则。全面性，主要指题材的全面和故事地域覆盖的全面；代表性，包括作品题材、门类的代表性和地域特色的代表性；科学性，主要指忠实记录，忠实体现讲述人的讲述风格，以及包容与作品有关的所有信息。我们在看稿过程中要遵循这个"三性"，否定掉我们原来办刊的"三性"。但是办刊中"三性"的东西，往往会被当作地方特色带到我们集成卷里，我们要做很多鉴别和去伪存真的工作。从县卷本遴选、编纂省卷，最后由30个省市自治区的卷本汇集为国家卷。很多省、市集成办的成员从普查开始便一头扎到底，像吉林、辽宁、云南、上海、浙江、福建、贵州等省市，他们对县卷，对普查作品非常熟悉，有很深厚的感情，也知道编辑整理民间故事时要把握的度，就搞得好一些，三性原则也把握得好一些。省卷编委会的编纂人员，多是各地民协从事民间文学的业务人员，比我们有能力、专业水平高的人多的是，我们要向他们学习，而不是他们来学习。

还有一个问题是，随着时间的推移，一些省市搞集成的人越来越少了，都是新手接的。很多人没有搞过普查，加上原来对民间文学知识知之甚少，在编纂过程中分类分不好，异文也搞不好。我觉得，我们那个时候不把好关、不保护，今天就保护不下来。我们对附记、异文、注释都有严格要求，发现问题及时提出来，并提出解决方案。故事注释篇幅有限，不能完全包括，于是放在附记里。"附记"是体现卷本科学性、增强信息量的重要部分。其内容有：与故事直接有关的地理、民俗知识，文化背景资料；不适合作异文处理的故事梗概，或不同情节的扼要简述；讲述者的情况及其他背景情况，流传情况等。附记只介绍情况，不考证，不加任何评论，只将现有成果加以归纳，扩大信息量，增强科学性、学术价值。

在审稿会上，我们对作品逐篇逐类地分析，提出存在的问题、具体删改意见。有一些省编委会的成员说："想不到你们看作品这么细致，像刮篦子一样，（我们）都觉得诚惶诚恐。但是你们讲完以后，我们心里特别明亮，回去以后怎么改，从哪里入手，都清楚了。"他们这些话讲得非常真诚。我们从内心感谢全国各地成千上万的故事传承者、民间文学爱好者和省卷的编辑人员，正是他们的辛勤汗水和付出，才换来今天的巨大成果。

（二）抢救与保护

西藏的次仁玉珍，在我们要编集成的时候去世了。她曾是一个地区的副专员，西藏自治区文联副主席，搜集整理、出版了《藏北民间故事集》。她整理的故事有一种苍凉的美，汉语文字水平相当高，西藏卷选用了她不少采录的故事。廖东凡在西藏工作期间，翻山越岭、走街串巷，采录了大量藏族民间故事，被选入卷本。采录是非常非常辛苦的前期工作，西藏的同志要骑马翻雪山过草地，到地广人稀的山区、牧区，找到人都不容易。陕西的同志说，他们骑着车子到山里，遇到石头不能过了，就把车子扛在肩上，布口袋里装馒头背着去采录。

宁夏地处西北高原，山地贫瘠文化落后，三套集成的普查经费十分困难。民院毕业的藏族编辑杨永圣对我说，他们两个负责故事的年轻人，利用开地区专员会的机会，闯进会议室，给专员们讲编纂故事集成、普查工作的重要，但现在经费短缺，工作无法开展。他们的热情得到专员们的理解和支持，后来批了钱，工作很快得到落实，一场空前规模的民间文学普查、采录工作在全自治区展开，参加人数近万。

普查采录工作十分紧迫，在此过程中不断有谢世的老人，毕竟年纪大了，讲述人说不行就不行了。所以我们这个抢救过程，对"抢救"两个字的含义体会得非常深刻。我们从《民间文学》办刊到搞民间文学集成一路走来，到今天，这个抢救工程已经不可能再复制啦。20世纪50年代、80年代采录时，一些地区的交通闭塞，经济落后，生产形式和生活环境没有大的变化，许多神话、远古传统故事保留完好。像云、藏、川、贵等地区，原始形态的民间故事纯之又纯，大量被记录下来的故事，弥漫着古朴的风情，飘溢着泥土的芬芳。

三套集成的普查采录工作耗时6年，全国一共编纂县卷资料几千册。有些地区县乡因为太贫穷，用蜡版刻字、油印县卷资料，有的甚至送来的是手抄本。而在发达地区，像福建的侨乡较有钱，他们踊跃集资，自发出了镇卷、村卷资料本。无论是油印、手抄，还是自己出钱，这种热爱中华传统文化，踊跃参与保存民族文化遗产的热情,都让我们非常感动。

(三)准科学资料版本

1990年以后,三套集成的省卷审稿工作历时14年。实际上前后加起来凑了个整数,前面6年,后面14年,到2004年整整20年,最后终审完是到2007年,共计23年。中国民间故事集成由总序(许钰先生执笔)、目录、凡例,前言,作品、后记,六部分组成;卷首有全国、省市自治区编辑委员会名单、与作品有关的图片五十一二幅、各省市的行政区划图、常见故事类型分布图,或加传说分布图。卷末有民间故事家简介、常见故事类型索引、方言对照表、各省故事县卷资料本一览表。我们认为比较有价值的是故事类型索引和故事类型分布图。我们要求,类型索引既不按照德国的AT分类法来写(因为它是母题分类,我们多数人对情节母题的概念不很清楚),也不按美籍华人学者丁乃通编的中国民间故事类型来做(他是借助于AT分类法来写的,不通俗,一般人看不懂),我们是概括故事情节,也算是中国特色吧。要求将类型写完以后,把流传在什么地方做成类型索引分布图。很多省不愿意搞,因为这样很麻烦,有的省写了五六个类型,有的搞得多一些,但总是跨出了第一步。钟老说:"我们总要留下一点儿有分量的东西,给以后的研究工作者留下相对比较翔实的资料。我们是准科学版本,还不能完全说科学版本。"在审稿当中,我们和各省不断磨合,因为一些看法问题、一些感情问题,还有受极左思潮的影响,需要转变观念的问题。所以,钟老说:"我们的三套集成工作是在最好、最佳时机进行的,解放思想,各省情况都比较好。所以,我们一定要给后人留下有价值的东西,留下真正的民间文化遗产,它是研究工作不可或缺的基础学科资料。"

(四)编稿审稿的故事

这方面的故事,要具体到各个省。我举一两个例子。1992年审吉林卷,张紫晨老师得癌症住进医院,他在病床上一直坚持审阅稿件,帮助吉林省修改前言。

当时的河南卷审稿工作也费了力气。初审会上,河南卷副主编张楚北介绍说:"我们坚持突出河南特色,大路货作品一概不选,尽量避免和外省重复,所以幻想故事就选得偏少一些。"针对这个问题,我们专门进行过讨论,指出大路货和土特产的辩证关系,大路货影响大流传广,体现流传的覆盖面,价值更大。钟老说:"土特产和大路货的问题,就是地方性和全国性的问题。地方的就是全国的。你从中国历史发展(来看),有多少次大的社会动荡、民族迁徙,人口的自然流动,对民间文化的流变产生了重大的影响。如果你没有这些故事,这个故事在这(某)个地域成为空白,由此会给研究工作造成一些误判。"经我们反复做工作,河南重新核查县卷,终审会时基本补上了,并补写附记说明流传情况。我们现在附记增加得很多,在附记中,可能有些民间故事、风俗传说中提到的风俗,婚丧嫁娶习俗已不存在了,但故事讲述家们还能讲出有关其来历的传说,留下一些文化遗迹,这是最珍贵的。当时的要求就是,哪怕故事不全也要保留下来,像这种都用附记形式记录下来。这就是价值。这种价值超越了故事本身。

河南卷的神话分类存在一些分歧,许钰先生在病床上一直惦记着。终审会前,我去家里看望许先生,向他汇报工作。那时候他已是肺癌晚期,痰咳不出来,很痛苦。他喘着粗气艰难地给我讲对河南神话分类的看法,讲两句就讲不出来了,拿着小痰桶上气不接下气。我看着他痛苦的样子,便说:"许先生您不要讲了,休息一会儿吧。"许师母在旁边说:"你让他讲吧,再不讲出来,他就永远带走啦。"我心里难过极了,赶快从包里拿出笔纸,隐忍着心疼把它记录下来。到第二个礼拜开会的时候,我把见许先生的情景讲给大家听,并且把记录的他"对河南神话分类的思考"在会上念了。刘魁立流出了眼泪,钟老说:"志华,你把它整理一下。这是他经过深思熟虑说的话,希望你们不要辜负许先生,尽量按照他的意见分类。"最后,大家都退一步,河南神话分成"开天辟地和人类起源神话""文化创造和英雄神话"两大类。这样他们也接受,我们也勉强接受。

傍晚,我们开完会,陈子艾老师告诉我说,许先生又住进了医院,可能不行了。晚饭后,我陪着河南的两位副主编和文学所民间文学室的吕微,一起到医院去看许先生。他们对许先生说:"冯志华在会上传达了您的建议,我们一定按照您说的办。"许先生笑了笑,都没有力气了,他拉着我的手,说:"河南神话的分类对其他省都有影响,互相妥协达成一致,这是最好的。"他嘱咐我说了几句话,没想到,竟成最后的握别!4天以后,许先生便去世。许先生对我工作的支持、帮助极大,每次审稿会,他都会说:"志华,你尽情地讲,不限时间。"而当时每个人发言都限时间。因为我原来在《民间文学》工作多年,对各地故事比较了解。我觉得这是一种信任,是对我最大的鼓励。许先生平易近人、呵护提携后学的品格,让我感动至深。所以,我们也的确是全身心扑在这个工作上。

我们的三套集成,是两年后(1986年)才并入文化部的七套文艺集成志书的。七套集成是由当时的文化部代部长周巍峙发起牵头,报上去特批的艺术学科国家重点研究项目,有充足的科研经费。我们这三套集成很穷、没有钱,到最后给我们出版留下很多遗憾,这些遗憾都是钱闹的。钟老跟大家一样,开始的审稿费都是200块钱,没有多一分钱。我们的编审们自我戏谑道:人家开会都是到度假村、有山有水的地方,我们开会却是在马路牙子边上。因为我们找便宜的,那时候钟老还能出来,中纪委招待所有熟人便宜,给我们价格优惠,要不就是文联宿舍旁边的德胜饭店,的确都是紧靠马路牙子。我们每一分钱都抠着用,我去报账的时候,财务室的说:"冯老师,你怎么这么多一块钱、一块钱的小票。"因为那时候打小面的,不管到哪儿,上车一块钱。我用家里的小轱辘车拉上所有的稿子,上那个小面的去送稿。一般会议都有专门负责会务的,我们集成办公室每人负责一套,送稿子是我,安排、部署各省进京开会日程的是我,他们的吃住行全由我一人安排,审稿会记录是我。快到吃饭了,我赶快要去落实吃饭事宜,我不走又不行,就请别人帮忙记录。那时候工作很辛苦,风风火火的。我经常去北师大,有人说:"我可喜欢看到你风风火火的样子,可有气质。"我听了很欣慰,有满足感。

我再举西藏卷和安徽卷的例子。因为西藏的特殊情况,去采录了很多东西,最后由于人事调动和一些内部矛盾,资料几尽散失。2000年的时候,主编强巴班宗到京,只拿来一堆零散的稿子,也没有分类。我粗略看了稿子,立刻打电话给已经调到统战部《中国西藏》任社长的老领导廖东凡,我说:"西藏的来了,我要请你帮忙一起看。"我们用了一个礼拜时间,几个人分头看稿。看完就在廖东凡家里开了一个简单的初审会。大家认为,西藏是一个善讲故事的民族,口头文学蕴藏极其丰富,目前文稿内容单薄,缺项较多,立卷尚不成熟。否定了以后,我到钟老家汇报情况,决定成立在京临时编纂小组,协助西藏完成故事卷。钟先生指出,要尊重西藏民间故事自身的特色,尊重藏族语言文学的表达方式,谨慎做好修编工作。我们特聘廖东凡(统战部《中国西藏》杂志社原社长、总编)、大丹增(藏族,藏学中心副总干事)、祁连休(社科院文学研究所研究员,20世纪60年代初曾进藏调查采录民间故事)、罗桑旦增(藏族,民族大学藏学研究院副教授)、李坚尚(中国社科院民族研究所研究员,20世纪60年代随民族学院小分队进藏采录)等在京的西藏民间文学、民俗学专家学者参与编纂,特聘廖东凡为西藏故事卷常务副主编,执笔撰写西藏卷"前言"。我们汇集了西藏民协现存的汉文故事资料本、原主编大丹增存留的资料,以及已出版的汉文版各类西藏民间故事集十多种。当时天气很热,老专家们每月定期开会,提出问题,补充缺项,研究编纂方案。根据作品,增加了人物、地理、宗教、民俗知识的"附记"和注文,由廖东凡、李坚尚分头负责撰写。还增加了西藏常见故事类型索引和民间故事讲述家小传等。根据专家们的建议,增加了西藏本土民族门巴族、珞巴族故事和回族、汉族等民族的故事,充分体现了卷本的全面性、代表性和科学性。

审稿会上,钟老对重新修编的西藏故事卷非常满意,尤其对廖东凡的前言真是赞赏有加。他说:"我一连看了两遍,背景清楚,文字精彩。西藏的故事泛泛都提到了,

第三部分讲故事本身既是中国的，也是西藏的，与东中部地区雷同的很少，但又有与汉族文化的交流，说明是内行的大手笔，问题很少。"

我们花了整整一年时间，付出很大的辛劳，得到了钟老的充分肯定。廖东凡说："我们一颗心总算落到肚子里，放心了。"

类型索引是我写的，大概有十几个，我写好了以后又交给刘魁立最后定稿。类型分布图是廖东凡帮着做的。藏族神话以解释世界形成，人类出现，万物产生为主要内容，生活在喜马拉雅山山区的珞巴、门巴等民族神话是最丰富的，是该地区民间文学的主体。千百年来，这个地区的生产生活形态、环境没有大的变化，许多原始神话都原封不动地保留下来，被学界认为是神话研究的活化石。我们将其中具有代表性、最重要的部分都选入了卷本，我觉得西藏卷分量还是可以的。最后，西藏民协在集成故事卷基础上又增加了一些作品，汉译藏，出版了藏文本。

安徽卷可以说是多灾多难的一卷。他们搞普查的时候，当时安徽民协领导、故事卷主编黎邦农，在普查结束正编纂省卷本的时候，突发脑溢血去世。资料全在他的妻子手上，不拿出来。后来聘请搞过新故事的文联创作组成员哈尔宜接手任主编。结果他送来的文稿，杂乱一堆，还有新故事，既没有分类，也没有前言、凡例等，总之一切附件都没有。我看实在不行，就把我们自己手头所有的安徽县卷本拿出来一本一本看，把初步选出来的作品拿到协会复印，当时协会的复印机几乎都让我垄断了。我重新分类后交给哈尔宜，让他拿回去做编辑工作。初审会后，他拿回去刚修订一半，就突发心脏病去世了。最后这任主编叫孔凡仲，曾把安徽的资料本重新整合、改写，出版了一套《安徽民间故事集》（10册）。他拿来后，我分送给总编委各位审阅，大家认为，丛书改写成分太大，不能入选集成卷。我把原来的资料又给他，跟他不断电话沟通，安徽卷编纂工作终于完成。这是全国30个省、直辖市分卷本的最后一卷，总编委会全体同仁在经历了16个春秋的辛勤劳作之后，终于进入《中国民间故事集成》全书的收尾阶段。这天，大家以无比欣慰的心情投入到终审会讨论。副主编刘魁立说："孔凡仲临危受命，功德无量，我们表示由衷的敬意！"孔凡仲在叙述了全卷编纂的坎坷经历后说："值得庆幸的是，在此期间，始终得到总集成办同志在技术方面给予的细致入微的帮助和指导，方使卷本的编纂工作少走许多弯路，并在短时间内较好地达到了预期目标。"能得到他的认可，我心里特别欣慰。

我在大事记结尾写道："中国民间故事集成全书编纂告罄，在此，我们可以告慰在漫长的审稿过程中不幸离世的主编钟敬文先生，副主编张紫晨、许钰先生，特约审读黄泊苍先生的在天之灵，告慰所有为集成工作奉献过的逝者，中国民间文化的传承者、采录者、基层各级文化馆站的编辑人员，因为我们的共同付出，中国民间故事集成将在2008年内全部付梓。民族文化万世留芳，民族精神永放光华。"

继"集成"后，中国民间文艺家协会将全国县卷资料输入数据库，为研究者查阅、引用提供方便；福建省民协正式出版了所有县卷资料本，用办刊挣的钱买了两套房子，按照资料室对温度的要求，长期保存县卷，给日后有志从事民间文化研究的年轻人提供学术资料；江苏省编著出版了《江苏民间故事史》；浙江省出版了《浙江民间故事类型》；山西省民协出版了《山西民间故事大系》（5卷）、《山西民间故事情节类型索引》……总之，各地成果频出。

至今，集成工作没有止步，民间文学事业还在继续。

访谈手记

冯志华老师是祁连休老师的夫人，他们为民间文艺事业倾注了满腔的热爱之情和激昂的青春年华。冯志华老师是中国民间文学故事集成的责编，为故事卷的编纂、审稿和出版做出了非同一般的贡献。我们联系她进行中国民间文艺家协会70年学术访谈口述时，她正忙着修改中国民间文学三套集成的大事记。激情燃烧的岁月，如诗如歌的民间文艺，可亲可爱的故事家，执着严谨的民间文艺家，太多的故事值得回味、值得讲述。

在她的讲述中，不仅有作为亲历者的回忆，更有理论层面的总结和反思。我们喜欢听冯老师讲述《民间文学》编辑部的故事：团结、紧张、严肃、活泼；我们喜欢听冯老师讲述民间文学前辈们一丝不苟的工作往事，他们心系民间文学事业，为中国民间文学三套集成奔走呼号、呕心沥血、不计个人得失……在这里，民间文学学术史不仅鲜活生动，而且温情脉脉。

我是"文化长城"的一块砖

郑一民

访谈时间	2019 年 11 月 21 日
访谈地点	河北省民间文艺家协会郑一民办公室
访 谈 人	张琼洁[1]
整 理 人	张琼洁

郑一民,1946年生,河北内丘人,享受国务院政府特殊津贴专家,中国文联命名的首批"德艺双馨"艺术家。曾任中国民间文艺家协会副主席,河北省文联副主席,河北省政协委员、常委。现为中国民间文艺家协会顾问、河北省民间文艺家协会主席、河北省徐福千童会秘书长、河北省燕赵文化研究会会长、河北省文史馆馆员。长期从事文学创作及民族民间文化研究和管理工作,在国内外报刊发表论文、小说、散文、民间文学、电视剧本等作品860余万字,出版专著、编著36部。

　　我是郑一民。1946年,我出生在河北内丘的一个小山村,父亲是老红军、老革命,祖上世代习练梅花拳。至今家里还珍藏着一块民国初年乡亲们赠送给曾祖父梅花拳拳师郑恒荣的匾额,上面写着"急公好义"四个大字。正气卓然的家教家风给了我刚强开朗的性格,崇德尚义的品性。我自小酷爱文学,从中学起,就立志成为一名作家,后来考入河北大学中文系。我是"老五届",上了5年大学,毕业留校工作了5年。1974年被调到省文物事业管理局,1984年被调到省文联工作。从此之后,我和"三套集成"结下了一生的情缘。开始着手筹划(河北省民间文学)"三套集成"时,我38岁,10年的材料搜集整理,10年的编辑出版,直到现在73岁,我已经在这个战线上奋战了几十年,依然做着与河北民间文艺事业息息相关的事情。回想起来,二十多年与"三套集成"打交道,毕生事业也与"她"水乳交融,难舍难分。

一、临时受命,半生情缘

与"三套集成"缘分的"前世今生",还要从工作开始前十年说起。1974年,我从河北大学被调到省文物事业管理局,开始从事文字编辑工作。由于读书时遭遇"文革",我并没有很扎实的文化基础,文字功底很弱。为了弥补短板,我开始大量阅读书籍,习字写作。盛夏酷暑,用沙发巾浸水披肩,双脚泡在深水盆中坚持;严冬无暖气,一夜烧七八块蜂窝煤坚守。我喜欢蘸笔写作,这样可以有效地把写作与练字结合起来,当时攒起来的废笔尖足足装满了一个大笔筒。到了80年代,已经发表了《告别猴年之前》《山庄奇案》等十几篇中短篇小说,出版了第一部专著《神医扁鹊的故事》。当时很多人看好我的创作能力,我也认为自己会一直在文学创作这条道路上走下去。但没有想到的是,时代和工作需要把我带入到了一个完全陌生的民间文化殿堂之中。

1979年,文化部和国家民委、文联等部门联合发起全十部文艺集成志书工程(《中国民间歌曲集成》《中国戏曲音乐集成》《中国民族民间器乐曲集成》《中国曲艺音乐集成》《中国民族民间舞蹈集成》《中国曲艺志》《中国戏曲志》《中国民间故事集成》《中国谚语集成》《中国歌谣集成》)。这个工程是中华人民共和国成立以后,国家进行传统文化基础建设的工程,是重新修筑民族精神和民族灵魂的工程。其中的中国民间文学"三套集成"被称为"世纪经典"和"文化长城"。从1979年三位民间文艺泰斗钟敬文、贾芝和马学良的初步构想,到1984年《关于编辑出版〈中国民间故事集成〉〈中国歌谣集成〉〈中国谚语集成〉的通知》文件的正式签发,再到各省市县分卷普查编纂出版,计划用20年的时间完成。就拿河北省"三套集成"来说,从1984年接到任务开始筹备,经过两年的培训动员,全省范围大普查到1995年截止,直到2002年《歌谣卷》出版,河北省全部的"三套集成"卷本出版完成,前后整整历经了18个年头。

人一辈子能有几个20年?一旦加入,这一辈子就得扎进去。根深扎在民间,日子移到田间地头。我从文物局调动到文联,源于河北省"三套集成"的工作需要。可能我比较符合"具备相关工作背景""出过学术专著""有一定社会影响的年轻人"这些条件,才被选中。实话讲,虽然这个事很伟大、很光荣、很重要,却是一件费力不讨好的谁都不愿意干的事。它需要几十年时间的投入,耗费尽青春,把自己的专业丢掉,最后还可能干不出一番事迹。但是从另一个角度说,这一次工作调动不仅意味着我"被选择",也是我"选择"的结果。我本身喜欢历史文化,在之前单位积累了一定文物保护知识和写作编辑水平。但那是物质文化的文物保护,而这一次是口头的精

---

[1] 张琼洁,河北大学文学院讲师。

神文化的"文物保护",是对我之前工作领域的一次转折和突破。我是农民的儿子,天生对民间文学有一定悟性和情感,同时又喜欢文学、写小说,所以进入文联,我很幸运。和三套集成结下不解之缘,也是我这辈子做的最有意义的事情之一。这一次选择,是我人生的一个拐点,一个新的起点。

当时很多人受传统思想的影响存在一种误区,对民间文化有一种歧视心理。认为写小说写散文有名有利,干这个一天到晚上山下乡挺辛苦,还不容易出成绩。但是我感到这是一个新生的事业,与其在一条道路上拥挤,不如去另外一条未知的道路上探访。大家都在文学这辆车上,互相碰撞,当然也会产生一些荣誉感和成就感,但是不如开辟一个新战线更有意义。民间文学是文学艺术之母,我相信自己可以开垦出一片处女地,可以蹚出一条路来。而且,现在反过头来看,我并不认为我全身心将精力投入到三套集成中去的同时,放弃了"作家梦"。进入到文联之后,我一面张罗着河北省民间文学"三套集成"的推进工作,一面和一些作家探讨学习了不少东西。比如,当时我和铁凝的办公室对门开,铁凝在阴面,我在阳面。遇到都在办公室的时候,大家就会聊一聊手头的工作,说一说自己对文学的认识。直到现在大家不在一起工作了,也还都是时常问候畅谈文学友谊的老朋友。

二、起步维艰,渐入正轨

1984年5月,文化部、民委、民间文艺研究会共同签发了文民字第808号文件《关于编辑出版〈中国民间故事集成〉〈中国歌谣集成〉〈中国谚语集成〉的通知》,出台了《关于编辑出版民间文学三套"集成"的意见》,签署了《中国民间故事集成·河北卷》《中国歌谣集成·河北卷》《中国谚语集成·河北卷》编纂出版协议书。根据国家社会科学规划领导小组和总编委会要求,同年10月,河北省文化厅、河北省民族事务委员会、民研会河北分会向省委上交了《关于编辑出版〈中国民间故事集成〉〈中国歌谣集成〉〈中国谚语集成〉河北分卷的请示》。《请示》获得时任省委副书记高占祥同志的批示。河北省民间文学"三套集成"工作的帷幕就算正式拉开了。

万事开头难,我当时的职务是"河北省民间文学三套集成"办公室负责人。办公室就我一个人,"是官也是兵"。我的办公条件是:一间房隔了一半,有一张只有一个抽屉的小桌,上面可以放一个暖瓶,这是我的办公桌;从食堂搬的木质方凳,这是我的办公椅;再放一张单人床,这是我办公休息的地方。关于经费问题,我去找当时分管文化的省委副书记李文珊(高占祥已经调往文化部)说明了情况,省里十分支持我的工作，先是拨了3万元，后来追加到5万元。

开始的两年（1984年、1985年）应该说工作最难开展。尤其是下到各市县去宣传、培训普查人员时，总是碰壁。人家会问我，你是专家吗？搞过这个吗？我说没有，人家就会反问你，你都没搞过这个，还怎么教我们搞？当时我就暗下决心，再苦再累也要把这个事情推进下去。就这样，我用了一年（1985年）的时间，把全省所有县市跑了一遍，同时按照上级培训精神和内容，组织省、市、县大大小小的培训两千多次，培养队伍三万多人。动员参加普查的各界人士达到五十多万人。

就拿普查藁城耿村来说。1985年一天，一个叫"靳春利"的小伙子来到我办公室，说他们村是说"假话"村，我很纳闷，怎么还有人说自己说的是假话呢？其实他说的"假话"就相当于我们说的"瞎话"、笑话、故事。他说："你去看看，我们村人都会讲故事。"于是，石家庄地区文联就组织了一个19个人的普查队伍去耿村考察。这一看不要紧，发现原来这是一座金光四射的民间文学宝库！果然村民们讲各种故事、掌故、笑话、口头语、谚语、侃语蔚然成风。一百多个故事家被发现并记录在册，一千多个民间故事被抢救整理出来。从此之后，耿村故事发掘了15年，前后经历了15次"普查"。

但是，耿村故事普查并不是一帆风顺的。一开始我们四处"碰壁"。老百姓们还是有所提防，闭口不谈，以为我们是来找"封资修"典型，整黑材料的。一问会不会讲故事，都摆手说不会，但是转过身去就给村里其他人讲开了。我们一次又一次地做工作，拿着文件给大家普及知识，提高认识，慢慢地他们才开始说起来。到1987年的时候，"耿村故事"又被有些人误认为是1958年的"浮夸风"复燃，被说成虚报夸大、弄虚作假。基层的普查人员知道了，咬破手指给我写了血书：我们以生命担保耿村民间故事是真实存在的，并非浮夸造假，我们要坚持普查下去，哪怕不给我们任何报酬，我们也要坚持普查下去！我一看非常动容，把血书转给当时的省委分管领导李文珊同志看了。他当时就拍着桌子说："胡闹！明天我到耿村，看谁还说三道四！"省委领导到耿村实地考察后，将耿村现象报到国家有关部门，引来了众多专家和媒体的关注和到访。经过实地考察，大家一致认为这是河北乃至全国的"一个重大发现"，是非常珍贵的"居落文化典型"。这场风波也就渐渐平息下来了。耿村就此也开始全国闻名，甚至走出国门，走向世界了。它吸引了美国、法国、日本等十几个国家的民间故事专家学者和爱好者前来观摩交流学习，成为河北一张名扬海内外的文化名片。"故事村"概念也填补了世界故事理论的空白。

我们的普查队员都是从各市、县、乡抽调的，包括文联、民协、县文化馆、乡文化站、中小学师生，15个人组成一个普查队，每一次普查为期45天。普查队驻村的条件非常艰苦，和当地老百姓同吃同住。夏天身上被虱子、跳蚤咬得一塌糊涂，冬天手脚生了冻疮。但是所有人都任劳任怨、无私奉献。村民们讲故事劲头十足，队员们记故事热情高涨。有的时候晚上普查队员躺下休息了，又听到外面敲门说："我又想起十好几个故事，你起来吧，不然我明天可能就忘了。"就这样，大家白天听故事，晚上记录整理，有时候甚至加班加点、通宵达旦，就为了能在有限的时间内记录到更多的故事。

我再举一个普查队伍中的典型——时任耿村普查队队长的杨荣国。她是从行唐县下面一个乡的文化馆抽去到耿村故事普查队的。当时她还不是普查队长，只是普查队伍中的一员。她敬业到什么程度呢？回家结婚，在家只住了一天，第二天就又去耿村普查了。当时我们都还不认识她，一听到这事都惊呆了，竟然还有这样疯狂的人！过年的时候，大家都放假在家过节。她大年初三就回去耿村普查去了，别人都还没到，她就到了。你说她为什么这么积极？她是把这个当成了一项事业，意识到了这是她成长进步的阶梯。人只要有了信仰，潜能就是无限的，什么困难都能克服，都能坚持下来。杨荣国坚持了下来，从原来乡文化站到县文化馆帮忙，再后来因为工作先进获得省级奖励，调到了县文化馆，解决了农转非户口，最后调到省民协。她由一个农村出身高中毕业的姑娘，到现在是省民协副主席兼秘书长，正处级干部，正高三级的待遇。可以说，她在与大家共筑"三套集成"长城的同时，也改变了自己的命运，谱写了人生的辉煌。

事业是无声的，你为事业做了贡献，会实实在在地感受到事业给你的回馈和回报。慢慢地人们认识到辛苦的付出是有价值的。参加的人越来越多，积极性越来越高。"三套集成"不仅培养出了一大批优秀的文化工作者，还培养出一群优秀的干部，在全省范围内起到了示范效应。当时奋斗在一线的普查人员很多被评为劳动模范。后来成为省政协委员、人大代表的19人，成为市县级政协委员的三百多人。

事业的成就，引起各级领导高度重视。1986年，省委副书记李文珊同志担任了河北省"三套集成"领导小组组长，组员由5个厅长组成。办公室也前后进了两个工作人员成为我的助手，我成了办公室主任。有了省级领导牵头，各市县的领导都参与到这个工作里去了，工作也就好开展了。"三套集成"办公室共7个编制，每年财政拨8万元经费。1988年在国家开评专业技术职务工作中，河北省三套集成单成系列，共评了8个正高级职称，49个副高级职称，五百多个中级职称。

三、八方学习，上传下达

河北省民间文学"三套集成"从开始筹备，到资料搜集整理，再到编辑出版，前后经历了18年的时间。如果将这18载缩成剪影，里面有着上级领导专家们悉心讲授的谆谆话语，有省地市县各级政府的关心支持，有基层普查人员的辛勤忙碌。那些年，我们一边忙着八方学习，一边忙着上传下达，"三套集成"办公室成为了国家通往地方的缔结纽带。

1984年，"全国首届民间文学集成工作座谈会"在昆明召开，我当时跟随河北省文联主副主席、河北民研会主席李盘文参加会议。会议由时任中国民间文艺研究会书记处书记的马振同志主持。大会特邀了王松、杨知勇、戈阿干等8位同志分别就"民间文学集成与普查问题""民间文学集成的'三性'问题""民间文学的采录与翻译"等问题展开讲座研讨。

昆明会议之后，全国性的会议几乎一个季度一次。从国家到地方，会议频繁召开，各省轮流承办，贵阳、威海、兰州、银川、南京、呼和浩特等都举办过。钟敬文、贾芝、马学良、周巍峙、徐守正、刘魁立、乌丙安、陶立璠、陶阳、刘锡诚等全国名家都齐数到场。每次各省集中在一个地方，进行经验交流，先是专家学者讲座、参会者提问题、专家答疑、布置新任务。中国民间文学"三套集成"这条路怎么走，大家也都是摸着石头过河。一方面开会动员大家普查、深入发掘、规范整理，一方面也在探索编纂的纲目方案（经验）。在指导地方工作的同时，也向各地方吸取经验，反馈问题、探讨问题。有一次在庐山开会，本来会议应该结束，人员准备散会下山了，后来在会议讨论过程中发现了新问题，临时决定将会议延长两天。就是这种"不达目的不罢休"的精神，各省参会人员才能把会议精神和指示方针吃透、理解透，才能回去传达准确，组织本省会议。有时会议按卷本分为3个会场，各省确保一人到分会场，每次每省至少3个人参加（河北省除了我还有武占坤、浪波、宋孟寅等），这样才能全面、准确传达下去。

接受了国家层面的会议精神和指示方针，接下来最要紧的事情就是千方百计地把基层人员动员起来，尽快投入到这个事业里面。但是要拉起一支专业队伍，从非专业逐渐到专业需要一个过程。所以要逐个县进行培训，而且有的县不是培训一次两次，而是经过多次培训。我们除了自己下到各市县宣讲、动员之外，还邀请中国民协的专家学者们来河北讲课、考察、调研，深入到基层普查人员的日常工作中寻找问题、解决问题。这样的讲课平均一个月进行一次。

记得当时最忙的时候，我5天跑了7个县。从石家庄出发坐火车或者汽车到县城给县乡级人员培训,然后跟随普查人员下到乡村去考察。考察结束后,可能就搭乘当地农家拖拉机或者骑自行车去另一个县。有的县与县之间离得很近,就几十里地,我就骑自行车或者搭车加步行。到了以后就讲,讲完就走,有的时候连面条也来不及吃,赶到下一个县去吃饭,吃完接着讲,讲完再赶下一个县。现在回想,就是年轻身体好。现代人很难想象,在那个没有手机、电脑,更没有互联网的年代,所有的会议都只能靠座机提前联系好,然后就在约定的时间地点等待,容不得半分差池和更改。

印象最深的是去承德开会。我从石家庄坐火车十多个小时,早晨5点到。承德各县之间距离很远,地市县文联和民协的同志为了不让我再奔波,在宾馆里等了一夜,守了一夜,就为了等我过去听我把最新的会议精神和专家意见传达给他们。我当时一见面特别激动,当场就落泪了。这是怎样的一种学习精神和工作精神?我的体会是:民族文化的价值在于,它是我们民族的灵魂。一旦触动了这个灵魂,人们所爆发和持续的激情,是任何文件和政策都无法替代的。而且不光是专业工作者的激情,还有老百姓的激情。"文革"后,经济上解放了,文化上也解放了,老百姓重新认识自己的文化,加上国家政策的支持,就把这个"火"点着了。

四、齐心协力,共筑"长城"

从1984年到1995年,普查工作持续了11年。先是各县根据自身情况进行密集普查,一年进行几次45天一期的普查,后来一年一次进行抢救性普查。普查和编辑出版同时进行。1987年,省文联、省文化厅、省委宣传部、省民族宗教局等部门召开河北省"三套集成"编审研讨会,商议确定省分卷主编、副主编,以及编纂细则。确定之后再把主编、副主编召集过来开会。有的分卷主编副主编并不是一次决定的,而是根据个人情况和工作需要反复商量反复确定。比如歌谣卷主编一开始是叶蓬,但是因为他年纪大了,身体不好,无法胜任。最后确定为浪波。

截止到1988年,短短4年里全省搜集整理民间故事、歌谣、谚语等民间文艺资料达7.6亿字,编印文学集成卷本726部,正式出版五百多部,2.7亿字。这些数字意味着什么?在那个计算机还不普遍的年代,这7.6亿字和726部的集成卷本需要依靠一线普查人员手写记录,几易其稿;然后交给录入人员用最原始的打字机手动敲出;再经过编审人员校对最后方能刊印出书样。这么大部头的浩瀚巨制是不可能依靠一个人或者几个人完成的。726卷中其中186卷是我亲自审订的。其他参与审订工作的还有文联系统的叶蓬、浪波、宋孟寅、肖杰等,高校系统的武占坤、王占福、焦茂林、郭伏良等。在编纂过程中不断将稿件送审中国民协,中国民协的专家们提出修改意见返回到省里,编审们修改后再送审,再打回,继续修改,反反复复无数次,一卷才最终成书。

河北的"三套集成"经验绝不仅仅是一个人的经验或一个部门的经验,而是千千万万的工作者、参与者手拉着手、肩并着肩奋斗开路的经验结晶。万人大军齐心协力、共同修筑"文化长城"。我在其中只是作为一块砖头、一枚钉子,起到了连接和枢纽的功能。工作过程虽然艰辛,但我时刻感受着来自各方同志们的关心与爱护。

我再举个简单例子。1989年,工作进入到深入普查、巩固、汇集的阶段。那一年的会议特别多,工作推进会、总结会、表彰会、经验交流会,大概两个月就开一次。有一次全省的工作会和培训会在一起召开。赶上我夫人生病住院需要照顾,我两个儿子当时还小也需要人照顾,我又正好要主持工作会议。当时哪里像现在叫外卖这么方便,我只好买了西红柿和面包放家里,把门锁死,让两个儿子在家里待一天。开完会赶紧回家,做完饭往医院送饭。下午再过来主持会议,然后再回家做饭、送饭。我年轻时候都是我夫人理解、支持我的工作,照顾我多一些。每次想到这里我觉得特别对不起她和孩子。在最忙的那几年,我几乎没怎么顾过家里,都是她一边上班一边操持家庭。这一次她病倒,我是单位、家、医院三头跑。当时没有汽车,就是骑自行车,我家离单位还很远,这样会议一直持续了好几天,我也跑了好几天。有一次中间会议休息,我从主席台上下来,大家看见我脸色不太好,赶紧搀扶我坐下来。有同志连忙给我泡了一杯奶粉,赶紧让我喝了,好好休息一会儿。我当时可能是有些低血糖,体力不支。喝了奶粉之后,又休息了半个小时,感觉好一些了,继续主持会议。

还有一次,我带了一个由49名普查骨干人员组成的参观团在保定开了两天会,开完会一路沿途调研,坐汽车到了涞源、涞水、蔚县,火车到大同,一直到运城,与山西省进行经验交流。当时在涞水野三坡赵家堡山上长城考察,在爬一段山路的时候,我因为长期劳累晕倒了,什么都不知道了。这几十个人就举着我、抬着我下山,直到我醒了以后仍然不放心让我自己走路,一直轮换着把我抬下山。当时有同志把这一幕拍了下来。后来我一看那个照片自己都掉泪了。工作很辛苦,感情很深厚。我和同志们的关系不是领导和部下的关系,而是兄弟姐妹般的坚固的亲情、友情。大家心往一处想、劲往一处使,齐心协力,互帮互助。从1988年开始,河北三套集成工作始终处于全国前列,这些成绩和燕赵儿女慷慨无私的精神是分不开的。

1988年10月,北京的阳光格外灿烂。由文化部、国家民委、中国文联和全国艺术科学规划领导小组主办的"全国十大文艺集成志书首届表彰大会"在人民大会堂召开,河北省成为全国典型。各省派出一位代表进行15到20分钟的发言,我当时代表河北省在规定时间内进行了发言。发言结束后，时任文化部部长的周巍峙同志说：你敞开了说，河北省的发言不受时间限制。那次表彰，河北省成为全国获奖最多的省份，包括"先进集体奖""先进个人奖"，还有各项专项奖，被树为标兵。消息传来，河北省委为省民协举行了表彰会，高度肯定了省民协取得的卓著业绩，称赞"率先冲出洼地""为全省人民争了光"，《河北日报》头版发表评论员文章"要想有地位，必须有作为"。

五、经验汇总、再创新篇

如果将河北省民间文学"三套集成"的成功经验浓缩为一句话，我认为就是"走群众路线"。这么大规模、大范围、长时间的民族文化工程，仅靠专业队伍是不可能完成的。20年中，我们广泛发动、调动人民群众的集体智慧才能力量，包括普通的基层文化工作者、工人农民同胞们，以及奋战在各条战线上的同志们。

除了"走群众路线"外，我认为还有几个方面：

第一，我们在学习、贯彻了全国民间文学"三套集成"宗旨方针后，在借鉴了其他省份工作经验后，在广泛进行省内实地调研后，确立了一套适合本省民间文学工作范式和流程，并形成了国家、省、地、市、区、县各层级立体交叉互动的沟通模式。其中一个"秘籍"就是从1985年开始印发"民间文学三套集成通讯"。从1985年第一期文化部、民委、民协的808号文件，省委副书记李文珊同志依据808号文件的重要批示开始，一直到1991年"中国耿村国际学术讨论会专辑"，一共印发了22期。各期中，有的是以"专号"形式印发的，如1985年第三期"编辑规划方案专号"，1986年第七期"普查和搜集整理经验专辑"，1987年第九期"河北省民研和集成工作表彰大会专辑"、1987年第十期"抚宁县民间文学集成经验专辑"等。更多的"普刊"记录了每一次国家民协领导、河北省领导、各方专家学者们研讨会、座谈会，记录了各市县阶段性成果。我们就是通过这样一本本小册子，将全省上下团结起来，上知国家相关政策方针、下晓人民群众口头文学动态。各层级"三套集成"工作人员通过这些小册子进行内部交流，放眼全国乃至世界。

第二，我们的工作不仅朝下关注民间民众文化，还将眼光向外延展国际视野。河北省文联成立以来组织召开的三个国际学术研讨会，全部和"三套集成"有关。一是"耿村故事村国际学术研讨会"，二是沧州千童镇"徐福东渡国际学术研讨会"，三是"武安傩戏国际学术研讨会"。这些国际会议都得益于三套集成的挖掘与探寻，反过来也促进了河北省民间民俗文化的进步。

第三，我们坚持全国"三套集成"定下的"科学性、代表性、全面性"工作三原则。把一些不太适宜入选"三套集成"的500个荤故事保存了下来。虽然不能入选，但这些荤故事也是老百姓的日常生活，也是我们民族走过来的路。我们有义务和责任记录、保存，以供学术研究。

第四，河北省民间文学"三套集成"还衍生了其他相关的民间文学成果和民间文化事业。比如，我们在河北省"民间文学集成"普查和搜集、整理的基础上，组织编撰出版《河北民间文学丛书》，包括关汉卿传说，清西陵传说，清东陵传说，衡水湖的传说等各个专辑，177位骨干民间文艺工作者拥有了自己的编著和专著。他们从民间文艺热爱者转变成具有研究能力和传播能力的文化传播者。还有耿村民间故事专辑《耿村民间故事大观》《耿村民间故事一千零一夜》等。这些丰富的资料不仅展现了燕赵民间文化的深远历史和雄厚蕴藏量、十分珍贵的具有欣赏和研究价值的口头文学作品，同时也发现了大批出色的故事家、歌手和民间文学新人。人才，同样是集成工作的丰硕成果。我们陆续推出了"王密荣烧饼换故事""耿村大故事家靳正新""耿村大故事家靳景祥""耿村故事夫妻张才才和侯果果"等人物专号。

民间文学的繁荣发展，也带动了民间工艺美术、民俗文化的发展思路。为了挖掘出民间工艺潜藏的巨大社会效益和经济效益，提高艺人的社会地位，打破束缚着河北民间文艺发展事业的羁绊，我们再次走向民间，走访身怀绝技的老艺人。经过大量调查研究，谋划运作，1998年，河北省组织实施开展了"河北省民间工艺美术家"和"河北省民间工艺美术大师"的评选活动。一种被认可的感觉，对荣誉的敬重，点燃了数千名老艺人的激情。许多民间艺人争相传播这一喜讯，他们不远千里把自己珍藏多年的佳作送到评委会。这一次评选报名人数超过1500人，经过筛选评定，最终有346人获得了荣誉称号。

2014年6月，河北省民协按照中国民协、中国摄协的通知精神，联合河北省摄协启动了河北省传统村落立档调查工作。一年的时间，我们普查出217个古村落并为其建立图文档案，推荐了88个传统村落列入国家级保护名录，主持和启动了《河北省传统村落图典》编纂工作。历时3年，于2018年6月出版。这项工程借鉴了"三套集成"普查工作经验，锤炼了民间文艺工作者、摄影师队伍，培养了一批留得下、待得住的文艺志愿者。

可以说，河北省民间文学"三套集成"作为全省文化事业标杆持续影响着其他民间文化事业。这些成果已经不属于"三套集成"，而是延伸到当代文化建设工程之中，并为当代文化建设打下基础，留下种子。2005年，"河北省民间文学三套集成办公室"

改为"河北省民间文化遗产研究中心",继续服务于河北省民间文化事业。

最后,我认为,民间文学"三套集成"给我们留下的财富不仅限于对这项国家工程的答卷,更重要的是促进了人们意识的觉醒。它唤醒了人们对民间文化保护的意识,提高了人们对民间文化价值的认识,激活了人们对民间文化的热爱心理,使人们对民间文化保持着持之以恒、一以贯之的热忱和钟情。

访谈手记

10年前,偶然间我翻到《中国民间故事全书·河北·易县卷》,阅读过郑一民主席为此撰写的"代省序",得知他一直致力于河北省民间文学文化事业。这一次,以中国民协成立70周年纪念活动的访谈任务为契机,我有幸结识了郑主席。初次见面交谈,我深深感受到他几十年如一日耕耘在燕赵民间文学沃土上的一片赤子之心。

感念之余,反观自身。作为一名初出茅庐的后生,凭借几点浅薄的基础知识和对民间文学的几分热爱进入到这个研究领域。几年来,在这个令人心之想往的新天地间,田野实践浅尝了几次,奔波劳苦体会了几分。其中有苦有甜,有喜有悲。我也曾经兴奋过,惊喜过,抱怨过,气馁过,各种情感交杂在一起。

高山仰止。渐渐地我发现,在前辈人几十年深耕不辍的坚韧精神和对民间文化一以贯之的真挚情怀面前,自己的一点点个人悲喜显得那么渺小和微不足道。对于前辈人而言,一生的耕耘需经过数十载春华秋实的积累与沉淀之后,才会显现出最终的轨辙轮廓。那些曾经对伊始成败得失的计较已经不再重要。因为,此时此刻,个人身心都已和这份事业、这片土地融合到了一起。

上海民协八九十年代的发展历程

陈勤建

访谈时间	2019年12月5日
访谈地点	上海华东师范大学国际汉语学院陈勤建办公室
访 谈 人	尹笑非[1]
整 理 人	尹笑非

陈勤建，1948年生于上海。华东师范大学终身教授，享受国务院政府特殊津贴，上海市非物质文化遗产保护工作专家委员会副主任、上海市非物质文化遗产保护工作协会副会长、上海炎黄文化研究会副会长。曾任上海民间文艺家协会副主席。先后共出版《中国民俗》《文艺民俗学导论》《中国鸟文化》《东方的罗密欧与朱丽叶——梁祝口头遗产文化空间》等十余部专著，发表学术论文百十余篇，主持各类社科项目十余项。研究成果获教育部第二届社科中国文学二等奖（排序第一）、中国山花奖一等奖等。

一、与民协结缘

1973年我进入华东师范大学中文系学习，1976年毕业留任华东师大中文系。经过华东师大中文系几次内部的专业考核，我在文艺理论方面的考核成绩第一。我的恩师徐中玉先生感到很高兴，就决定让我去担任罗永麟先生的助手。罗永麟先生是华东师范大学民间文学理论学的专家，当时刚刚恢复工作。经过一段时间的助手工作，系主任徐中玉先生感到我应该有一个更全面的学习，所以就亲笔写信给北京师范大学中文系的钟敬文教授，推荐我进入当年全国高校民间文艺学青年骨干教师讲习班，这样我开始受到了民间文学方面的系统教育。

学习归来后，上海民间文艺家协会1980年刚刚成立时缺少人手，罗永麟先生感到我只有理论知识还不够，还需要去实践，所以推荐我到上海民协协助工作。从此以后就一发不可收拾，在民协干了18年。我当时在上海民协的工作也是很奇特的，起初是协助工作，后来上海文联与民协希望可以调我正式进入民协。但是华东师大徐中玉先生以及后来的系主任齐森华先生认为，我们华东师大也需要这样的学科，这一学科也是中文系不可缺失的一部分，坚持我不能离开大学，但可以同时为民协工作。当时的体制是这样的，华东师大归教育部管，上海民协是属于地方的，两个体制之间不是直接领导的关系。所以上海市宣传部和上海市文联几次到我们学校来商定我到文联工作的事情，几次都没谈成，最后妥协的意见是我可以继续在上海民协为民协工作，但人不能离开华师大，出现了这样的一个特殊的组织安排。我的人事关系在华东师大中文系，继续担任文艺学方面的教学工作，行政工作不参与了，组织关系则转移到上海文联。这样我就一半在文联一半在师大。

经过一段时间的实际工作，我于20世纪80年代中期，协助当时的秘书长、《采风报》主编任嘉禾先生工作，做他的助手，成为了上海民协的副秘书长，《采风报》的副主编。1990年以后任嘉禾先生退休了，我就任上海民协秘书长，主持协会的日常工作并担任《采风报》主编、《民间文艺季刊》理论刊物的副主编。所以说从1980年开始，我几乎是没有享受过任何大学寒暑假的待遇，全部是在民协工作，除了教学以外，几乎天天在文联上班。1998年我回到学校以后担任学院系主任和院长工作，后来又在民协担任两届副主席，一直到去年才正式卸任。因此，我和上海民协的关系从1980年正式进入到去年领导工作卸任，可以说整整干了38年。

二、上海民协的辉煌

当年我们上海民协在上海文联中间虽然只是个小协会，但在实际工作中曾经取得过很大的成就。在今天我们总书记强调文化自信、建设社会主义文化强国的新时代，我们回顾上海民协在过去取得过的成绩和辉煌，还是有一定意义的。

第一点，我们在对于协会自身业务、这个协会的理论研究和专业整个的认知方面，在全国领先。1980年以前，上海民协是上海作家的民间文学组，1980年后独立出来，改名为民间文艺家协会。以"民间文艺家协会"命名的，在中国是第一个。中国民间文艺家协会是在借鉴了上海改名的思考而更名的，原来是叫中国民间文学研究会，上海改为民间文艺家协会以后，在中国文联开会的时候也更名为中国民间文艺家协会。这个改名的意义是什么？之前我们的研究就是民间文学的研究，但现在我们把民间艺术、美术部分加入进来，这个在1949年到1980年的中国是具有开创性的。

在这个过程中不能忘记一些前辈，这些前辈首先倒不完全是我们民间文学研究会的前辈，而是上海美术界的一些前辈：像程十发先生、徐昌酩先生。是他们首先呼吁倡导的。徐昌酩先生后来是上海美术家协会常务理事、副主席，直到先生晚年在上海

---

[1] 尹笑非，华东师范大学国际汉语文化学院副教授。
参与访谈人：王润苗。

文联大会上碰到我，还跟我说："小陈啊，你是清楚的，你要记住，不要把我们忘了。这个协会的成立我们起了很大的推动作用的！"我说我绝对不会忘。记得那是1980年的初春，赵景深、姜彬、程十发、罗永麟、任嘉禾、王文华等近十位老先生，及我和华师大中文系的几位相助接待的学生，相聚在上海龙华寺，商议成立协会之事。程十发先生再次陈述了他和徐昌酩等民族风格画家的意见。经过大家讨论，决定把民间美术加进去，协会名称为"民间文艺家协会"。程十发先生兴趣盎然，当场作了一幅浓郁民族风的画，这幅画原来一直保存在我们协会里的，表示民间文艺研究开辟了新的领域，象征民间文艺繁荣的景象。这个事情的重大意义就是把许多民间美术艺术部分归入到我们研究的视野里面。事后，经上海宣传部审核批准正式更名为"民间文艺家协会"，赵景深先生任协会首任主席，姜彬、罗永麟等为副主席。在此基础上，我们协会内部设立了民间美术组，民族风的油雕画专家曾罗夫先生就是当时的负责人，后来又加上了姚元龙。我们现在协会的主席李守白先生的父亲当时也经常积极义务协助工作。上海美影厂的厂长特伟先生及美术工作者全部加入了民协，开创了上海民间文艺研究的新篇章。

第二点，我们在专业领域的划归，除了增加了民间艺术，还把民俗找回了家。"民间文学"在我们学界当时的英文名为：folk literature and art，直译为"民间的文学和艺术"。当时上海民协主办，上海文艺出版社出版的《民间文艺季刊》英文名 folk literature and art quarterly，也沿袭这一中国式英文名称。但是改革开放后，一次我在北京，遇到当时民协的驻会领导贾芝先生谈起此事，他说：这个英文名称有问题，不准确。他还说，开放后中国民协也想打开国际交流的通道，但是，用这一英文名称，我们在国外竟然一个对应的机构都找不到，国际上没有这样的英文名称的，这个是我们自己搞的中国式的英文名称。把英语的民间、文学、艺术加起来组成了民间文学艺术，导致我们无法与国外联络，所以我们在国际上一时找不到对象，弄得研究面很窄。1980年后，上海首先将民俗放在了我们协会专业研究里面，虽然打着民间文艺的旗号，但是我们的内涵丰富了，这在全国也是率先的。从1979年到1983年，北师大、中央民大先后举办了全国中青年高校民间文学和民俗的讲习班，是在理论层面上，而我们则是在实践层面上，做到民间的文艺和民俗的贯一。所以上海民协八九十年代对学科内涵范畴的理解，在当时国内也是走在前面的。

另外，上海民协是全国最早开办民间美术、手工艺品的展示会、展览会的机构，上海首届民间工艺和美术展览会是上海民协搞起来的。当时李守白的父亲腿脚不大好，经常跳来跳去地工作，我们都看在眼里，守白也是从这个时候进入的，那时他还年轻。上海首届全国民间美术、手工艺展是我们上海民协搞的，后来才被政府和其他部门接管。蓝印花布的研究最初是上海在做，后来对一个日本老太太的触动很大，其实她就是从我们这里把材料拿回去的。金山农民画进入商品旅游市场也是从我们这里开始的，金山农民画就是从我们这里和香港、澳门以至国外多方联络，然后由多种渠道转出去，当初金山农民画还处于自己创作这样的处境，是我们让它进入了流通市场。

还有，全国率先引领新理念，把民俗资源变成旅游资源为社会服务，也是在上海地区。我们在1984年就提出了"千年古镇"游，走在了前列。民协第一个组织会员和市民到同里、周庄古镇进行考察。我们1989年4月写了专门的请示报告和建议书给上海市宣传部，并希望他们转呈国务院，在改革开放现代化的发展中，要借鉴日本等国家好的经验，充分利用农村的民俗资源，因地制宜，搞乡村一村一品发展地方特色经济。当时据说已经到了国务院，但由于1989年的多种原因，这个事情就慢慢淡下去没了声音。但是我们国家前几年也提出了这样的口号，我听说后想，当初采纳我们的乡村的建议，今天可能会更好。

第三点，我们是全国第一个白手起家，创建了全国第一个刊登民间文艺作品的《采风报》，以及进行民间文学、民间艺术、民俗、人类学研究的理论刊物《民间文艺季刊》。《采风报》的主编是任嘉禾先生，后来我做过副主编。当时改革开放没几年，"文革"刚过也不久，民众需要新的信息，民间文艺又是当时比较流行的现象。创业时候是很辛苦的，没有钱，要办报纸谈何容易？当时任嘉禾先生很有魄力，借了钱，当时能不能赔光还不知道，就开始办《采风报》。报纸出来以后人家不知道，组织了一些学生沿街去卖。哪些学生？华师大中文系，复旦大学中文系77、78届的学生。《采风报》后来越来越兴旺，最高的时候我们发行了130万份。钱还掉了，还赚了不少。《采风报》是半月报，每月全国来的稿件，几大卡车，作协的大厅里面，堆的全是我们采风的稿件。我们自力更生，编辑部的编辑人员的工资都是自筹经费的。三分钱一张的采风报，养了十来个人，还先后购买几套房产解决编辑的生活问题。我们理论刊物《民间文艺季刊》一年出四期，每期有二十几万字。经费是《采风报》的自筹经费。那个时候的核心刊物不是现在理解的，以哪个学校为主的，过去以中国的各大出版社为主。上海文艺出版社，一级出版社，《民间文艺季刊》，一级刊物。不是一级出版社的，就不是一级刊物。我们系统的，跟我差不多的和比我年轻些的专家，都是这个刊物培养出来的。另外，每期国际发行量也有上千册，现在也很少有国内刊物能达得到这样的国际影响力。

三、民间文学吴语协作区

从80年代初开始，上海民协建立了长三角两省一市吴语协作区，江苏省、浙江省、上海市的民协，再加上苏、锡、常几个特殊地区，组成四方会议，关注研究共同拥有的民间文艺资源。以吴歌研究为例，我们开了五六次吴歌研究讨论会，搞了至少五六次以上的采风。当时吴歌研究影响很大，我们甚至后来在武汉地区，还开了一个长江中下游地区的吴歌演唱会，当时乐坛"西北风"的歌曲传播比较广泛，而我们提出要刮"东南风"，把吴歌传唱开来。我们白蛇传、梁山伯与祝英台传说、孟姜女这些专题，采风、研讨一个接一个，还有都市民俗研究，我们《中国民间文化》还开了几个专题，最后是吴越地区稻作文化的专题调研和研究，吴越民间信仰和相关的著作实际上就是在这些研讨会的基础上，由两省一市吴语协作区一二十位专家共同调研采录书写的。

两省一市吴语协作区的工作流程，一般由我作为上海民协的秘书长做联络协调，三个省市轮流坐庄。上海民协主席姜彬先生为主要的主持，但是其他省民协的主席贡献也不少，江苏省民协主席马春阳、浙江省民协主席季沉，他们与姜彬一样都是新四军培养出来的干部，他们同时也爱好民间文学、民间艺术，各自搞得相当地红火。所以，当时我们两省一市每年大约开两次会，确定上半年下半年的工作，后来这些成果被中国民协采纳了，中国民协有一年的全国代表大会报告，专门就这个问题有一段话，表彰两省一市吴语区协作区的经验研究成果。在这个影响下，北方地区发起了北方旱作区民间文学协作群。后来这样的研究和协作群通过中国文联和中国民协总的研究报告，影响到全国各地区。

改革开放以后，民间文学得到承认，民间文学欣欣向荣。但是过去搜集整理的内容，有些方面已经不够了，大家需要新的采集。这新的采集不能受到行政区域划分的限制，我们考虑到两省一市虽然行政区域划分不同，但是属于同一个吴语文化圈，有些问题是交织在一起的。单凭一个省市的调研，难免有疏漏和不完全，所以当两省一市吴语协作区一成立，首先搞的就是采风采集。

在两省一市的框架下，我们定期每年进行一到两次的领导开会，共同商讨每年的调研以及理论研究方面的工作，取得了很大的成就。比如我们两省一市吴歌的采集，有很多东西被挖掘出来了，而且影响很大。比如说上海方面主要有哭嫁歌、哭丧歌的调研，是由任嘉禾先生和王文华先生负责调研采集的；这些书出来以后学界也颇为震动，没想到汉族地区也有这些哭嫁的形式。记得当时土家族的一个学者到上海来，看到这个情况感到很奇怪，说哭嫁是我们土家族的，怎么上海也有呢？近几年土家族请我去考察，在研讨中间，我发现一个问题。土家族说他们是逆流而上到重庆的，我问有没有漏网的，顺流而下到长江边上浦东。他们问为什么？我说这个很好理解，有逆流而上的就会有顺流而下的，逆流难顺流容易啊，这些人流落到浦东地区就可能是浦东哭嫁歌的源头，大家都觉得很有意思。这是一个很新的研究，土家族与当今吴语区关系的研究，这在现在还没展开，但是可以提供一个思路。

我们当时两省一市共同研究更多的还是挖掘共同的东西，比如说五姑娘。五姑娘处于浙江嘉善、上海青浦、江苏吴江这些地方，属于汾湖流域这样一个文化圈子，有共同的乡土风气，语言也相通，只是行政区划不同，这样三省市一联合就解决了很多问题。五姑娘的问题目前学界还有不少争论，这很正常，苏州认为五姑娘是长歌，浙江认为是短歌，这方面争论是存在的，但是后期的研究把这个问题解决了，不是长歌短歌的问题，而是后期演唱的时候调歌，也就是歌手在演唱中间会把其他歌曲拉到演唱的序列里面，所以能长能短。我想这个研究更能说明省际问题，对当时的争论有个解决。后来开了好几次吴歌方面的研讨会，还办了几次叙事歌的表演节。

但我们不能忘记的是，除了浙江的季沉还有江苏的金煦、马汉民，无锡的朱海荣先生的功劳，他们在吴歌方面的研究做很大的贡献。吴歌研究表面上讲是两省一市（上海市江苏省浙江省）的研究，但从文化上讲主要在苏州和无锡地区，所以苏州的民间文艺家金煦、马汉民先生，无锡的朱海荣先生他们实际上既是协会方面的负责人，也是民间文艺家，在采集方面十分有经验，做出了不可磨灭的贡献。此外还有上海文艺出版社钱舜娟女士，还有王文华先生，这些人应该说对吴歌研究做出了不可磨灭的贡献。还有在梁祝的研究中，宁波的赵兴旺先生有很大的功劳，他其实也是个老干部，中华人民共和国成立后从事民间文学的工作，他很重视民间文艺的采集工作，对梁祝古籍的保护也起到了很大的作用，这些都是我们不能忘记的人。

四、中国民协对地方的支持

上海民协90年代以前，全称"中国民间文艺家协会上海分会"，业务上接受中国民协的领导和指导，故与中国民协关系密切。除日常工作如三套集成等工作外，中国民协的理论刊物《民间文学论坛》对我们的支持很大，我们经常进行沟通，有过很多交往。我们上海民协当初能取得这些成就和北京中国民协对我们的帮助支持是分不开的。中国民协主席钟敬文先生带着我们去过贵州调研，举办首届中日和中国青年学者论坛。当时乌丙安先生、张紫晨先生等都出席了。钟敬文先生的研究生，也全部出席了，日本方面有广田律子等出席。有一个小花絮，让我对钟敬文十分感激。大会开始，钟先生说他一个人主持会议比较累，要推荐一位学者协助主持。大家都以为会推荐一些年纪比较大一点的先生帮他主持，结果他说：推荐上海的陈勤建先生做大会的主持。当时我是相当不安和感动，事后我想可能因为钟敬文先生弟子很多，不知道该推荐谁好，外来的和尚好念经嘛。这件事情震动很大，当天晚上，喝完酒后钟老师的很多学生跑到我房间来痛哭，我就安慰他们，毕竟我是外来的人嘛，老师不知道该叫他们谁好了。

为积极响应中国民协"三套集成"的工作，我们也是全面铺开，将工作交代到各个区县去，在任嘉禾先生的带领下到各个区县进行各方面的调研。我们不能忘了一个人物——王士君老师，他是上海师范大学的老师，对民间文学特别热爱，自己也搜集整理了很多谚语俗语。他后来参加"三套集成"的工作，我们上海"三套集成"的三套书，故事卷、谚语卷、歌谣卷基本上都是经过他的手才正式出来的。很可惜由于种种原因他连署名都没有，我们感到十分遗憾，现在他已经过世了，实在是太可惜了。

另外受国内学术思潮和中日民俗调研的影响，上海准备发起江南稻作文化的研究。由于我们当时没有经费支持，我找到了中国社科院原钟敬文先生的研究生程蔷和她的先生董乃斌夫妇二人，提出希望能得到社科方面的资金支持，两位都觉得这个研究很有价值，通过中国民协副主席刘魁立先生的协助，这个项目得到了中国社科特别经费一万块钱支持。这个很感谢当时中国民协的领导刘魁立先生，他当时既是民协的副主席，也是中国社科院少数民族文学院研究所的所长，还是国家社科基金评委，在他的斡旋下得到了经费。拿到这笔钱之后，我开始联络江苏浙江方面的专家，由姜彬先生牵头出面，第一次以吴越民间信仰为主的调查全面展开，下面的积极性很高，把关于稻作信仰的东西都挖掘出来了，这些东西都在《民间文艺季刊》中上发表，汇集成册。后来江南稻作文化研究也是在此基础上展开的。姜彬先生也从关注民间文学的研究转向了民间信仰、民间文化方面的研究。这两本书成功出版，要感谢江浙两省地方的民间文艺工作者和专家，他们提供了很多素材。在我们《民间文艺季刊》中可以看到这些素材原初的样貌，这对我个人后来的鸟信仰研究也很有帮助。

中国民协对地方民协的帮助，还有很重要的一事，是刘锡诚先生做分党组书记主持协会工作时对全国民间文艺青年骨干理论研究的培养。我、叶舒宪、刘晔原、蔡大成、姚宝萱、王强、金辉、宋萱、李路阳等都是第一批骨干班的人员。国外与芬兰合作，国内到深圳考察培训。上海浙江江苏二省一市吴语协作区学仿效中国民协也在各地办了培训班。大部分人员后来都成为中国民协与各省市民协和民间文艺研究的骨干。现在，北大陈泳超教授，上海复旦郑元者、郑土有教授，江苏民协驻会副主席、秘书长张丹等就是在当年培训中脱颖而出的。

五、与日本的合作研究

除了与其他省市的交流与合作，我们与日本民俗界也有密切的关系，这其中影响最大的就是中日环东海农耕民俗的调查。这个是由中国民协主导的，开始是由北师大的教授张紫晨先生主持，后来是中国民协领导林相泰先生挂帅。日方由福田亚细男教授主持，菅丰教授坚持始终，其他人员有轮换。从20世纪80年代末到2000年初前后十几年的联合调查，我们一批中国学者通过田野作业，吸取日本的研究方法，在交流中得到了很多启发。我记得当时北京参加的还是一个博士刚毕业的学生叫白庚胜，就是当时的成员之一，担任翻译工作，后来白庚胜博士成了中国民协的领导和中国文联的领导。我一开始作为地方人员参与协助的工作，第一期在江苏常熟地区，但第二期以后，钟先生张紫晨要求我全程加入，所以21世纪初全过程我都参加了。

我们进行了十多年江南民俗调查，同时也到日本去做调查。这个项目是日本文部省、学术振兴会和中方中国民间文艺家协会的合作项目。我们参加了常熟、太仓、苏州、浙江宁波、桐乡、温州、温宁、象山和上海等沿海地区的民俗调查。考察队一般是由日方8个教授、中方8个教授和1个领队组成。中方长期参加的学者是刘铁梁先生、刘晔原先生和我，其他一些地方上的专家也会相应地轮换参加。这些资料极其丰富，今天看也是有价值的，而且是不可再得的。上海世纪集团看到这些材料后准备全部译成中文出版，后来因为媒体改革没有做成，但这个材料保留下来，对于了解如何对沿海地区的民俗进行调研是很有帮助的，只可惜一直未能翻译出版。

上海除了中国民协主导的和日本共同完成的环东海民俗调查外，我们对日本的民俗也有了进一步了解，因为去了日本的很多地方，除北海道外，其他地方全都跑遍了。与上海交往的日本方面还有一个歌谣研究会——民谣研究会联合考察和研究，臼田甚五郎和小岛美子等学者参加的。这个合作是在乌丙安先生的联络下促成的。乌先生对我工作的帮助一直非常大，20世纪80年代我在华师大首开民俗课的时候，乌先生都过来坐镇授课的。臼田甚五郎是日本的国学大师，小岛美子是一个搞民俗音乐的专家，他们几个人在日本国内的声望甚高，这是我们在日本考察时感知到的。

臼田甚五郎是国学大师，他研究民谣。他有一次安排我们去村落神社，我们到里面游客的禁区处，一些日本的神龛都给我们看。这些一般是看不到的，那时我们才发现，日本的神龛是空无一物的，这让我想到了中国古代的"大象无形"，这种无形的偶像。为什么我们当时能进去看呢？后来我才知道，日本神社的神主，不少都是他的学生。小岛美子教授，搞民俗音乐，她在东京马路上走，不断有人给她鞠躬。我们还纳闷为什么给她鞠躬啊，后来我们才了解到，她经常在电视上讲日本的民谣，日本的民众都认识她。她跟我们来上海做吴歌的研究，来上海苏州采风，我们在她陪同下去日本采风，这是20世纪80年代后叶的事情了，我们还做了吴歌和日本歌谣的比较研究。

交流中有一事，感到很震惊。我第一次参加日本全国的歌谣大会，这个大会上，日本高校的文学博士教授出席的有七八十个，什么概念呢？全日本在80年代中期具有博士学位的文学教授不超过一百个，我见了七八十个，可见日本的学界对民间文学的重视。大会发言的都是日本的知名教授，有一个叫作阿部的古典文学著名的大咖教授，谈笑风生，畅谈日本传统歌谣。相比我们高校中间有一些非民间文艺学方面的教授对民间文学冷漠的态度来讲，完全是相反的。所以我第一次深深感觉到民间文学与国家文学的密切关系，在日本是典范。这对我们中国文学界来讲，是值得深思的问题，为什么我们不重视这个问题？后来日本的教授给我讲：以不懂为耻，日本古典文学的专家如果不懂民歌民谣，那是不完整的专家。这是我万万没想到的，也给了我极其深刻的印象。一个日本的专家说，作为古典文学的研究者，不了解民歌民谣怎么算是专家呢。这是我在国内听不到的声音。

上海民协和日本另一个交流是以田仲一成为首的日本传统戏剧、歌舞剧方面的专家。他们把我和姜彬先生列入中日乡村祭祀艺术的研究项目中。如今，田仲一成先生是日本的院士，日本一共144个院士，规矩是死一个补一个。总额不变。其中文科院士16个，有关文学方面的院士两个，一个是做日本国学研究的，一个是做东亚包括海外文学研究的。他是后者。现在年龄很大了，九十多岁了，对中国很友好。当时他邀请我到日本去的时候我感到很惶恐，毕竟还年轻，还称我先生。我到日本才知道先生头衔，只有两类人能称，一类是医生，一类是大学教授。他认为我虽然年轻，但是是日本母文化——中国文化娘家来的使者，所以要尊称。他们的研究，在中国主要考察傩戏和目连戏，我们到日本考察能乐和歌舞伎，包括日本的传统艺能。戏曲研究应该是戏剧专业的事情，但中国搞古典戏剧的专家不关心这些。他们找不到中国搞民间戏曲的专家，所以找到了我们。我们在上海郊区及南通、桐乡、绍兴等地，当时我们国家还比较保守，虽然当地同意，但是有封建迷信的不宜公开，就找了个屋子，关起门来表演给我们看。

通过傩戏这些具有祭祀意义的戏曲的研究，我对中国戏曲的看法有了重大的改变。就是我们戏剧的发生与傩文化密切相关，傩的活动是我们数千年的一个驱邪除魔的仪式，随着时代的发展，仪式信仰的成分衰退，表演的成分上升，就成为了戏剧的萌芽。而目连戏刚好是这方面的转折点，中国的傩将佛教的经义、佛教故事糅合起来，变成了一个过渡的阶段，成为不脱离信仰的艺能——戏剧的雏形：一方面宣传佛经的教义，一方面表演。我前两天受绍兴文化局的邀请，观摩了当年我陪田仲一成先生 1987 年考察过的目连戏。目连戏的演出过程一开始时祭鬼神，再招鬼神来，然后送鬼神，这个和傩的程式是呼应的。中国的傩的活动与佛经故事的融合就是目连戏，目连戏唐宋时期就已发展，尤其是宋代。我感到很可惜的是，参加了关于中日祭祀艺术，特别是傩戏的考察活动，却没写文章。一方面是因为我精力不够，另一方面则是当时的语境下国内这类题材没有发表的空间。

访谈手记

冬日暖阳满满洒在办公桌面，陈勤建教授八点半准时大步流星跨门而入，爽朗寒暄后笑眯眯坐在了转椅上。从我跟随陈勤建教授读博士，到现在已经有 15 年，听过陈老师太多的故事，但这还是第一次听他如此全面地讲起民协的那些事儿。1980 年到 2018 年，一段段的往事、一串串的人名张口即来，说到精彩之处哈哈大笑，愤懑之处拍案叹息，这就是 38 年与民协相融相生的时光酿造的真情吧。

从陈老师的口述中，我也是第一次了解到民俗学研究领域的拓展、理论期刊的最初创立，都始于民协的工作。想当然地以为民俗学专家的成长基于各高校教育平台，殊不知民协的工作和刊物对学者田野调研、地域协作、国际学术交流曾起到过极为重大的影响。我们今天所提倡的江南文化的跨地域研究，所专注的都市民俗学研究，其实早在 20 世纪 80 年代就已在民协系统的平台上，各地专家与地方人士热情满满的配合下，轰轰烈烈地展开了。历史钩沉，却似明灯，照亮来路的同时也隐约照亮我们前进的方向。这便是口述史的意义所在。

民间文学集成 23年苦与乐

韦兴儒

访谈时间	2019年11月24日
访谈地点	贵州贵阳花溪区贵州民族大学十里河滩校区
访 谈 人	陈刚、刘丽丽[1]
整 理 人	陈刚

韦兴儒，笔名巴伦，布依族，1951年11月生于贵州省安顺市镇宁县扁担山，贵州师范大学中文系毕业，曾任贵州省第五机械工业局宣传干事、贵阳市公安局宣传干事、贵州省民间文艺家协会副主席（1984—1989）和主席（1989—2009）、中国民间文艺家协会理事，曾担任民间故事集成、歌谣集成的副主编，组织编写《中国谚语集成·贵州卷》《中国民间故事集成·贵州卷》《中国歌谣集成·贵州卷》，在民间文学集成编撰工作中成绩突出，1991年被国家评为"先进工作者"，2010年被中国民协授予"贡献奖"。

一、贵州省集成办公室的成立

三套集成是国家文化部、国家民委、中国民研会三家联合发起的，中国民研会负责具体操作。我们省里面也按照中央的做法，由省文化厅、省文联、贵州省民委三家组成，以文联为主，组织人员联合办公。办公室就在文化艺术研究院楼紫云庵那栋楼里。《十部文艺集成志书》编委总共有7间办公室，当时政府还是比较重视的，我在那里原来有一个办公室。

省民委、省文化厅组成了一个领导小组。我记得当时领导小组组长是田兵先生，他是贵州省文联的副主席。他17岁在八路军里面就写诗，是很聪明的一个老诗人。领导班子下面有个集成办公室，当时文化厅的一个处长是办公室主任，民协老主席龙玉成老师是副主任。工作人员有《贵州日报》退休的一个老编辑杨浩清老师，还有一个贵阳5中的语文老师——马泽群，他喜欢写京戏剧本。当时我们三套集成办公室有5个人。在普查之前，我们经常要分头下去做培训。潘光华老师是苗族，他专门讲民俗和谚语。贵州日报的杨浩清老师讲谚语、歌谣。我当时分管神话、民间歌谣古歌部分的采录。培训时我专门讲民间故事和歌谣的收集整理。

民间文学田野作业最早的时候叫"搜集整理",后来才统一改成"采录"。当初的口号是"中国文化长城,十大集成志书"。"十部文艺集成志书"有三套是民间文学:中国民间故事集成、中国歌谣集成、中国谚语集成。

二、三套集成工作经费开支与培训经历

普查工作做的时间不长,主要是后期编书越做越没钱,越做越困难。当时没有固定经费,通过办公室打报告到财政厅。第一年第一次启动经费是5万元,当时是王朝文老省长表态先拿5万块钱给三套集成办作为启动资金。中国民间文学三套集成启动工作会,是1986年5月份在贵州开的。要到北京买很多资料,要培训省级的人才,还有聘任人员的工资,每一个月好像是200块钱,很艰难。省里给的5万块钱,再加上各地州市提供点资金,我们就开始轮流办班。各个地州市我都讲过课,因为那时我年轻点。

基本是一个地州办一个培训班。时间最长的是遵义,办了一个星期。遵义集成办的主任是文化局的老局长,他能叫部下掏钱出来。办一个星期培训班的,会抽两天的时间在城郊做一个试点考察。毕节地区做得比较认真,连乡镇的文化干部都过来了。

我去黔西南州做了3天的培训,是黔西南州民委拿的钱。铜仁地区是民委拿的钱,黔南州也是民委,黔东南是文化局,这个要看各地具体情况。当时做培训班都很节俭的。毕节文化局请工人自己来煮饭、炒菜,给培训班吃,住的是招待所,当时不知道什么叫讲课费,因为没钱。政府太穷了,但就是支持。我们到各地州都先跟下面打好招呼,住宿费自己掏,吃饭就跟培训班一起。那时候政府的经费太困难了,改革开放没几年,交通又不方便,两天才走到铜仁。公共汽车爬坡又慢,坐公共汽车到毕节,要在黔西住一个晚上,到铜仁是在玉屏住一个晚上,到兴义是在花江住一个晚上。那时候做田野作业交通很不方便,有一次我走八十多里路,扛了一个相机,按照地图从水城走到一个布依山寨,走完以后发现从六枝去还要近一点。

我到各地州都讲过,专门讲民间文学、民间故事和歌谣的收集整理。当时很年轻,才34岁,一上台先讲弗洛伊德、荣格那一套理论,否则他们看到培训老师年轻,不肯听。我用实例讲本能、潜意识。其他老师是照北京发的讲义讲,我们都有中国民间文学集成普查工作手册。一般来参与普查工作的学员年龄都不很大,讲完课学员们喜欢和我在一起聊天。

---

[1] 陈刚,贵州民族大学副教授。刘丽丽,贵州民族大学副教授。参与访谈人:刘苗、徐小玲、蒋元元。

当时参加了三套集成办公室1987年在庐山举办的一个全国培训会，贵州就我一个人去，好像半个月，时间蛮长的。当时请了好多名家，其中有陶立璠先生。后来陶立璠老师手上有篇博士论文，一大半是写布依语、布依文，他看不懂，就说拿给贵州的韦兴儒老师看，只要他签字就算数。

三、选编民间文学三套集成的指导思想

（一）兼有民俗文化背景的立体性采录

当时我们做培训班的时候，经常提到一个主要观点：在采录过程中，关于民族歌谣，我们不但要关注这首歌谣歌词怎么唱、有多少句、是什么寓理，而且还要进行立体性采录，就是同时采录它的民俗和文化背景。要把立体的、活态的采录作为我们工作的指导思想，这样的采录分量和价值就要高得多。

前不久布依族学会在多彩贵州城举办了一个歌谣研讨会。研讨会上我说，歌谣唱得好不好、歌词好不好，在于它动不动情、情从何来？情就从民俗和文化背景来。你离开了民俗和文化背景，你就感动不了别人。我们到各地州上课、实践，都很讲究"立体性的采录"。我老强调情从何来，因为一个故事、一首歌谣要传承、展示、引起别人的关注，那展示出来的内容没有情是不行的。所以我们在做这个工作的时候，要注意它的立体性，进行立体的、活态的采录。

记得当时在我手上的稿子有一百六十多万字，我住在人民日报出版社专门处理这一本书稿。在北京处理了12天后我把稿子扛回贵州，觉得还达不到我设想的要求。回来以后我就组织各民族的专家，请他们在每一首或某个类型的歌谣后面把民俗和文化背景写上去，当时歌谣卷里收了大概十七八个世居民族的歌谣，人数较少的几个民族由一个专家写，大的几个民族分别请一个专家写。当时1000字120块钱，我告诉专家写得越多越好，我花钱跟你买稿子，就按你的草稿数稿费给你，你别怕啰唆。从工作开始到最后成书的时候，我就要把它做活。有些个民族歌谣的背景材料比收进去的歌谣篇幅还大。

后来《中国歌谣集成·贵州卷》在全国民间文学三套集成总结会上都得到表扬。能做到这种状态不容易，有的省的歌谣集成，一大本书全部只是歌谣。

我原来对这一行也不怎么了解，因为我从贵阳市公安局政治部的一个警官调到省文联做民间文艺学，跨行跨得太大。幸好我是师大中文系毕业的，有一点语文基础，当时就翻了很多的资料。"立体性采录"的指导思想，就在我编的《中国歌谣集成·贵

州卷》中体现出来。

（二）选编的作品应有深厚的文化背景

在编选中，要挑选富有哲学思想的。我主要参加故事卷的编辑和后期处理工作，故事卷的导读一万四千多字是我写的，歌谣卷的导读是我的前任老师龙玉成写的。龙老师去世多年后，因语法修辞等问题，后来我将歌谣卷导读重新编辑。当时普查工作在全省号称是扫荡性的普查，一处不漏，资料太多了，像遵义出的卷本是一到十三本，一本三十来万字。怎么挑选这些材料可以支撑起贵州卷民间故事集成和歌谣集成，这个很关键。要挑那种哲学含义比较深，文化背景比较深厚的，做出来后别人看到觉得好，我们自己也觉得比较厚实。

在选编作品过程中，一定要关注作品深层次的哲学上的思考，主要关注作品背后的东西。郭堂亮做民语编辑，他出了一套《布依族古歌选》[2]。书里面有首关于造天地万物的一首布依族古歌。它是双语，上面是布依语，下面是国际音标，然后是一个字对一个字的直译，第四排才是译语。他叫我写导读，我就提到一个布依族神话。这部古歌表现出布依人也包括南方民族，与西方神话、中原神话的一种不相同的哲学思想。为什么呢？创天创地的这个人，我们叫人神，人和神合一起变成力噶（布依语，大力神之意），力噶把天地撑上去又垮下来，最后把自己牙齿拔下来，把天钉稳在上面，牙齿就变成了很多星星。下面又感觉没白天黑夜，天一直都是黑的，他把自己左眼掏下来，挂在天上变成太阳，把右眼扒下来，放在天上变成月亮，然后地上太平了。他在上面累得吐血了，吐的血变成云彩，他倒在大地上死掉后，骨骼变成山脉，血管变成河流。

这种创世神反映这个民族的观念和其他地方不一样。这个神最后消失了，他在人们的信仰中没有一席之地，既是人，又是神。我们的神是无私奉献的，奉献完以后他没要求后人给他什么回报，没有要求后代把他当神来供奉，在民间信仰里就消失掉了。他不像西方神，为人类、为大自然的发展做了贡献以后，要给他立一个雕塑，天天去祭拜。包括我们贵州这些民族，这些神人呐，苗族的蝴蝶妈妈也好，侗族最早的龟婆孵蛋，布依族创世始祖，他们后来在民间信仰里都没有雕像，没有信仰地位，也没有牌位。他创造完万物，把人类创造出来，把山水创造出来以后，却只在神话里面留存，在民间信仰里无所求。

---

[2] 分上下两卷，贵州人民出版社，2010年。

四、少数民族歌谣中宗教仪式歌的田野采录

(一)注意仪式与民俗文化背景相联系

我们现在做的三大卷中,特别是仪式歌,就在很多宗教仪式中传承,本来那是经书,但在收到民间文学集成歌谣卷里时,我们只能把"经"字改成仪式歌。《中国民间故事集成·贵州卷》字数要少点,有一百二十多万字。《中国歌谣集成·贵州卷》原来有一百六十多万字,后来北京那边说太厚了,要求压缩,最后由他们压成148万字。歌谣卷里面收录了我采录的作品《请龙经》[3]。

我自己掏钱请布依族的老摩公唱,老摩公在汉语里叫祭司。我在采录"请龙"的时候是在大年三十吃完晚饭以后,他自己做的,平时不会做。有些农户因为当年家境很不好,家里面多灾多难,就要把龙请回来,就是在正月的逢神逢龙日的晚上布摩来做仪式。

要把祭祀仪式全部记录下来,才会知道他那经文念出来到底是怎么回事,才能理解它和民俗文化现象的关系。布摩拿一个鸡蛋埋在柱头上,就是在农村最高的柱子脚下,挖个坑埋个鸡蛋,后面还有几句经文,翻译的内容大致是:"拿金子来埋金子,拿银子来埋银子,在仓库里,不准谁来动,不准谁来偷。"

因为我去做《请龙经》的采录,才让我理解了这样一个民俗文化现象。有一次我带领菲律宾的客人到黄果树石头寨,看见用稻草串起一串鸡蛋壳,挂在大门的左手边。一般情况是妇女坐月子吃鸡蛋,满月以后都要挂一串鸡蛋壳放在大门的左手边,剩下的蛋壳就倒在路边,任由过路的牲畜啊、人啊来踩,踩碎后就风化没了。

菲律宾的客人问我这个到底是什么意思,当地人也不知道是什么意思。后来我联想到采录的《请龙经》:"拿金子来埋金子,拿银子来埋银子,埋在仓库里面不准谁来动。"我就想到鸡蛋的蛋黄象征金子,蛋白象征银子,蛋壳就是仓库,他家刚生了一个小孩,就把坐月子吃完后的蛋壳挂一串在家门口,他意思是这个小孩刚刚诞生,我家已经把仓库腾空等你了,你金子和银子就滚滚而来,来装满我家仓库就行了,就是这个含义。所以当地老百姓一代又一代流传着这个风俗。

好多专家、朋友看着就莫名其妙,不明白为什么把一串鸡蛋壳挂在门边呢。如果我不去做《请龙经》的采录,估计也解释不清楚。所以咱们在做民俗也好,在做民间文学的田野作业也好,一定要注意到它的细节。

(二)注意仪式与民族语言相联系

有一次我去关岭拍一个专题片,搜集《古谢经》[4]的原唱和一整套仪式。"古谢"

---

[3] 此作品在1997年由贵州人民出版社出版后《布依族摩经文学》一书中名为《青龙经》。

[4] 贵州民族出版社,1992年。

是布依族语的音译，其含义是超度正常死亡的亡灵，超度非正常死亡的亡灵又有另外一套经文。我自己做电脑处理，又做摄像。我特别强调需要注意的两个细节是引魂幡（引魂杆）和竹篮，应该给出特写镜头。

引魂杆是根很长的大毛竹，上面挂着幡，就把死人的灵魂引导到竹竿上去。在布依人概念里没有天堂，竹竿上是老祖宗生活的地方。在引魂幡的竹竿下面，有一个剖成两半的竹筒，每半竹筒上有个稻草人，这个要先特写拍下来。布依族把从一个地方搬到另一个地方不叫作迁徙而叫迁移。我们就从广东、广西梧州这一带一直迁上来，这都是我们古百越人的地盘，所以在自己家的地盘搬来搬去叫迁移，不叫迁徙。我们迁移的时候是坐船上来的，现在这个亡灵要回祖宗生活的地方，他也要坐船下去，劈成两半的竹筒就像一条船，上面有两个稻草人，这些都是《古谢经》中整个祭祀仪式用的物品。

在砍牛之前要围绕牛转圈"赶鬼场"，《古谢经》中有专章解释赶场原因。其中有个场景，有的家里有媳妇几十个，每个人都把一个小竹篮背在腰带上，竹篮里面有一把稻谷。我说拍摄时要把最右边小竹篮扫一排，然后做几个特写镜头。在布依语里灵魂和种子是同一个词，都叫"fan"，即"番"，古布依语把灵魂和种子当一回事。只有把这一个字联系到另一个字的时候，才知道它指的是灵魂还是种子。因为我们是以稻谷为主的民族，竹篮里面装的既是灵魂，又是稻谷的种子。

在民间文学田野作业的时候，这些都是很有意思的。如果把"番"用汉语翻译篮子和谷子，就难以理解其真正含义了。装在一个小竹编篮子的谷子，在布依语中既是灵魂，也是种子，因此篮子里装的是正在超度的去世老人的亡魂，还是人类生存需要的种子。做田野作业的时候，还有很多值得注意的，特别是进入某个点某个村寨之前，要先了解一下他们的风土人情。

五、编纂三套集成贵州卷最遗憾的事

编纂三套集成贵州卷的最大遗憾就是翻译问题。因为是我编的歌谣卷，布依族的歌谣大概不到 1/3 是从布依语翻译成汉语的，大概有 4/5 是从瑶族的语言翻译成汉语的，侗族可能也只有 1/3，苗族大概不到 1/5。其他民族全是汉语歌谣，实在没有人才去做翻译，只好将就。民间故事也好，歌谣也好，出版出来或者当时收集上来的东西，直接用民族语言翻译的太少，这个是最大的遗憾。

现在要做也很遗憾，因为我们各民族都没有那么多人才，不像新疆、西藏，从小时候到初中都在用他们的语言教学。贵州培养的少数民族人才许多都当官去了。现在要在贵州做也还是最大的一个遗憾。而且文字翻译，特别是文化类型的翻译，不是件容易的事情。

当时中国民协组织了关于三套集成的讨论会。在会议上，我专门谈民间文学翻译中的文化十字架跨越，它有横跨，还有竖跨，除了翻译，还要有平行语言的思考。我把布依语翻译成汉语，要考虑这种文化现象在布依族语言里是什么状态，翻译成汉语，在汉族语言里这种文化现象又是什么状态。翻译过来的东西既要保持原味，又要让别人看得懂。竖跨就是历史，历史地思考问题。民间文学特别是歌谣有很多古民族语，像我刚才说的"番"，现在小年轻人只知道是粮食的种子，并不知道也是古布依语的灵魂。应考虑从历史上看这个词应该怎么翻译。

关于翻译我举个例子。当时是我们安顺出的布依族《古谢经》，超度正常死亡的亡灵的那部经书。第一稿初审时拿来给我看，我发现了问题。一个是老摩公杨开座，一个是说布依语的韦绍熙，一个是写诗的王芳礼，三个人一起翻译，结合得很好，他们能把中国的民族文化转换成诗一般的语言。但在纵向思考的时候，他们对历史都不是很了解，有几个地方不妥。其中最明显的一个地方是关于布依语"jing"的翻译。第一句讲到洪水滔天的时候，布依语"huimiao"翻译起来就是"淹到王的床，淹到王的蜡烛"。我认为那是原始社会时期，不是国王，而是女王的床。原始社会时期还没蜡烛。我告诉他们要做历史的纵向思考才行。第二句他翻译成"淹了女王的烛"，我认为不对。我说"jing"这个词在我家乡是小孩到河边去割小米秆做的裙子叫"jing"。我们编草鞋用的糯谷草，一把一把的糯谷草也叫"jing"。它是一个名词，也是一个单位词。我说翻译成"淹到女王的床，淹到女王的草裙"就对了，后来他们突然醒悟说："这个翻译太准确了！确实是草裙。那时候穿的肯定是草裙，她还是女王。"所以翻译中横向比较，就是一个语言文化到另一个文化的跨度，纵向就是深度的比较、深度的延伸，牵涉很多的历史知识。像这句话把它翻译成蜡烛别人一看就会发现肯定不对，你要把精神内涵翻译出来。小孩做的小米秆草裙和糯谷稻草鞋的计量单位都叫"jing"，我把它们联系在一起，翻译成女王的草裙。即使专门研究民族语言文学的，对文化领域可能清楚，但是对历史深度的那种跨越就不一定了解。所以我讲民间文学翻译的十字架中文化跨越的问题，是语言历史深度和语言文化形态的跨越。缺少这样的专业翻译人才，这个是永远的遗憾。

贵州优秀的传承人较分散，唱歌歌手有一些优秀传承人，"budedan"（布依语），最出名的是罗甸的黄米石念（女，1920年出生，文盲，农民），她连自己的汉语名字都说不清楚，是靠我们给她翻译成黄米石念，这是布依族最出名的歌手。

六、民间文学普查工程孕育年青人才

我就举一个简单例子。1987年的时候潘定智老师以三套集成办的名义，掏钱带了民院（现为贵州民族大学）的36个学生，再加上各地州民间文学集成办来的一批年青人，当时应该差不多60个人，到镇宁去做民间文学普查工作试点。我带了一个组到我家乡黄果树上游扁担山去，那个组有一个小伙子是民大中文系的，后来他对民间文学、民俗田野作业特别感兴趣。他第一步就先借了我一台相机到遵义（之后给搞丢了），他家是遵义道真，做贵州的古墓墓铭考察，毕业后就到镇上中学当高中语文老师。他一直对民族文化、民间文学的田野作业比较感兴趣，在道真教了好像一两年的书后，在一个暑假，拿了一个月的工资从云南进去，从新疆出来，竖着走了一趟西藏，考察当地文化，最后回来在北京建筑出版社出版了《西藏游记》。结果"建筑文化"专栏招聘人才，他一考就考进去了，后来成了主编。最后因为他比较有功底，又考到香港凤凰卫视国际教育部当主任。

民大出了不少的人才，我看有六七个都是通过那一次民间文学普查培养出来的。我带去那一个组，有个叫程麟的学生，他通过那一次民间文学普查工作，对民间文学产生了比较大的兴趣，后来一毕业就到《贵州民族报》当编辑，做了几年编辑，现在是省监察厅一个处长。

第一个感慨就是我那帮民间文学集成办公室的老同事全走了。第二个感慨，我最辉煌的那个年代，就是三四十岁在一起，花了二十年多年的时间泡在民间文学三套集成里面，从1996年到2010年工作结束，这段时间正好是我35岁到50岁以前，这黄金时间全都用到那里面去了。第三个感慨，做这个工作确实带出来不少人才，提高年青人对民间文学、民族文化的兴趣，然后有一帮人后面就一直从事这个工作。

访谈手记

自接到中国民协的采访任务后，就开始联系韦兴儒老师。最初，找了一个电话号码，可总打不通，不免忐忑不安。几经周折，又找了另外号码，当听到电话中爽朗的声音，心里的石头终于落了地。本想去他家，可年近七十的老人家执意要自己来民大接受采访，民大在山上，那几天又阴雨连绵，路面湿滑，还是有些担心。初次见面，老人家性格开朗，健步如飞，精神抖擞。说起民间文学"三套集成"工程，老人家侃侃而谈，感慨万千，我们都不忍心提问已准备的问题。他的青春年华献给了这项文化工程，经历了普查、收集、编选等环节，在编纂收稿的阶段，当年并肩作战的老师和同事纷纷离世，重任压在他的肩头。这项巨大的工程激发了许多年轻人对民间文学、民族文化的兴趣，甚至影响他们的一生。然而在少数民族地区，人力、物力的匮乏，专业翻译人才的稀缺，导致很多民族色彩浓厚的传统文化没有被收录进来。这不得不说是此次民间文学普查工程中的一大憾事，也是后集成时代应当继续努力的方向。

发现谭振山

江 帆

访谈时间	2019 年 11 月 14 日
访谈地点	辽宁大学故乡书园
访 谈 人	隋丽[1]
整 理 人	隋丽

江帆，1952年生，辽宁沈阳人，1984年毕业于辽宁大学汉语言文学专业，1990年辽宁大学民俗学专业硕士研究生结业，师从乌丙安教授；1999年北京师范大学文学院访问学者，师从钟敬文教授。1986年至1994年任职辽宁省文联民间文艺家协会，为副主席；1994年至1996年任职辽宁省电视艺术家协会，驻会秘书长；1996年至2012年任职辽宁大学文学院民俗学专业教学。出版学术著作近二十部，发表学术论文七十余篇，学术成果曾获中国民间文艺山花奖、中国文艺评论奖、理论文章一等奖等国家级奖项及辽宁省政府奖项。

一、所有事情的起因都源出于热爱

故事家谭振山的调查研究算是我深耕过的一块儿学术自留地。后来对故事家的生存环境的文化调查，还有像辽东满族、辽西大杖子村等，这些都是我的学术自留地。在一个地方做过有点深度的田野，你就可以把它作为自己的学术自留地。

说到发现谭振山的过程，起初倒没有明确的理性导引，所有事情的起因，都是源出于热爱。

1984年、1985年全国开始搞民间文学三套集成，那时候我在辽宁省文联民间文艺家协会工作。

辽宁三套集成的编委会主任是乌丙安教授，乌老师是主编，我和孙丕任是副主编，我们两人是常务，从事具体编纂工作。整个辽宁故事卷编纂我就干了10年，我后来曾在一本书的后记上写到做这项工作的感受——十年磨一剑，值了！可以说，我是把自己人生最好的一段时光都用在干这件文化工程上了，但是现在回想起来，我也无怨无悔。为什么呢？因为热爱。我喜欢民俗文化，民间文化。

我在大学中文专业毕业之后，先在杂志社做编辑。开始也搞文学创作，喜欢作家文学，自己也写小说，写散文。但是自从听了乌丙安老师关于民俗学的几次讲座之后，我就对民俗学产生了非常强烈的兴趣，而辽宁民协的主席就是乌老师。后来我的兴趣就移到这个专业上来了，直到1986年，调到辽宁省文联民间文艺家协会。为什么把我从杂志社调过去呢，因为我是编辑，而辽宁省民间文学三套集成工作刚刚开始，缺少编辑。当时辽宁省民协有孙丕任，还有一位老先生叫王明希。我们三人是老中青配置，我30岁出头，孙丕任40多岁，王明希老先生60多岁。他俩都是诗人和词人，每人写一手好诗，学问也非常好，我从他俩身上学到好多东西。

二、寻找"民间故事传承人"

开始编三套集成故事卷的时候，我们协会就有分工：孙丕任负责神话和传说编纂，我负责故事编纂，负责故事家鉴别。那时候全国还没有形成明晰的关于故事家的研究理念，没有形成聚焦故事家群体这样的视角。在三套集成启动之前，辽宁省其实就已先行开始了对故事家的关注和研究，但是也只是在辽宁省范围内，因为辽宁省有乌丙安老师。

记得是1983年到1985年的时候，辽宁就出版了《满族三老人故事选》[2]，是当时岫岩县的张其卓和董明两人搜集整理的，他们都是岫岩县文化部门的干部。张其卓是辽大中文系毕业的老大学生，当时已是岫岩县文化局的副局长，董明是文化馆的干部。他俩1983年、1984年在岫岩县乡文化调查的时候，一个偶然机会，发现当地一位特别会讲故事的满族老大娘，进而由一个接触到俩，由俩接触到仨，就这样挖掘出满族三老人故事家。

在辽宁还有更早的，是1983年出版的《朝鲜族女故事家金德顺讲述的故事集》，是裴永镇整理的。裴永镇是部队干部，他发现了一个朝鲜族老大娘特别能讲故事，在沈阳苏家屯区住，就是金德顺老人。他把老人讲的故事都采录下来后，在上海文艺出版社出版了故事家金德顺的专集。在我做三套集成之前，辽宁已经出版了这两部故事家的故事专集。在当时，金德顺的故事集应该是中国第一部故事家作品专集。金德顺老人年轻时是在黑龙江省五常市的农村生活，晚年才来到沈阳周边的女儿家住，后来去世了。

碰巧的是，我在1995年曾参与了中日韩三国联合的一个国际项目，随同课题组到黑龙江五常市农村调查朝鲜族民俗文化，我承担的是朝鲜族民间信仰调查。有一天在

---

[1] 参与访谈人：邢天月、常莹莹、武静静、庞聪、张国莉、胡佩佩、朱研、白鸽。
[2] 辽宁春风文艺出版社，1984年。

五常地区的朝鲜族村子调查时，听当地人说，金德顺年轻时曾在这个村子生活了几十年。我一听，这还了得，马上就跟当时调查团的团长，日本的竹田教授请示：我可不可以调整调查内容，在这个村子做故事家金德顺的追踪调查。因为金德顺是中国第一个出版了个人专集的女故事家，我以前听过金德顺讲故事，讲得非常好，她虽然是用朝鲜语讲的，但是能看出她的讲述风格和听众反应。这些故事出版后，她在学术界内很快就出名了。金德顺虽然去世了，但是我们能来到她年轻时生活了几十年的村子，那也是特别难得的。所以我当时就调整了调查选题，不做民俗信仰，改做金德顺的追踪调查，课题组批准了。当时课题组有一个韩国学者，是韩国中央大学的金善丰教授，他后来出任了韩国民俗学会会长，他在组里也承担别的专题，但听说我要做金德顺的追踪研究，就问我可不可以一起调查？我说当然可以。后来我们就一同做了金德顺的调查。

辽宁的两部故事家专集出版时，都是乌老师写的序言。后来乌老师在辽宁省民协的内部资料《辽宁民间文学论集》上发表了《论民间故事传承人》一文。我们尊重事实，尊重文献，可以说乌丙安老师是我国第一个明确提出"民间故事传承人"概念的学者。他结合满族三老人和金德顺的发现过程提出这一概念，从理论上提出搞民间文学三套集成对故事家、传承人的关注是非常重要的。乌老师的概念和理论，在我的工作中很快就得到印证了。当时是20世纪80年代，我们都是用那种大的手提录音机到农村采录故事，那时农村还是传统的样子，有比较好的故事讲述环境，还有人在讲故事，这也是东北的民间传统。但是，你拿着这样的一个机器下去，漫无目的地进了村子，打听谁会讲故事，谁会说书讲古，常常碰不到有价值的线索。在这种情况下，后来渐渐就发现，你东找一个人讲两段，西找一个人讲两段，费了好大气力，也就搜集到零散的几十个故事。可是你要是能在当地找到一个善讲故事的人，他不但会讲这几十个故事，而且讲得都比别人好，这就是民间故事传承人。

在调查中还发现，每个人的讲述能力是不一样的，有的人属于传统的消极携带者，有的人就是传统的积极携带者。我们要发现传统的积极携带者，真正的讲述者，就是乌老师所说的民间故事传承人。我们决定先在辽宁做这个试点，所以说辽宁是全国较早启动了对故事家的研究。

当时辽宁行政区划是33个县，全省所属城市有55个市区，每个县每个区的文化馆都成立了民间文学集成办公室。辽宁的集成培训做得特别好，集成队伍庞大。鼎盛时乌老师培训过八千人，号称八千子弟兵，几场大型培训是在沈阳市文化宫进行的。我们省有专家资源，做好培训工作不难，乌老师培训这八千子弟兵时，指导大家怎么做三套集成的普查、采录、整理和编纂工作，明确提出不要停留于一般讲述者。一般的讲述者中有的人讲得好,也要采录,但重点是要关注故事家,寻找故事家,发现那些特别能讲故事的人。这些人在当地差不多都有绰号,叫什么"故事篓子""张大白话""李大咧咧""铁齿钢牙",等等,这些都是故事家的绰号,是当地人给起的,非常有特点。这些人基本上能把一个地区的故事全覆盖,他们讲述过程中还有修补故事的才能,能把不合理的情节自然地给合理化了。那么,什么样的人是故事家呢?你在一个讲述的场合里观察,他是最能控制住听众的人,眼神都不让你走散,随时随地拽着听众跟着情节走。这些人喜欢讲故事,讲得也生动,搭个场就讲故事,掌握的故事数量也多,上面还有传承故事的老一辈,能记得谁给他讲的这些故事等。其中一些有走南闯北经历的故事家,会的故事就更多了。

所以说,我们辽宁在关注故事家方面是先行了一步。

三、故事家擂台赛

说一说谭振山,怎么发现他的?当时说要注意发现故事家,培训后就见效了,各地都开始注意能讲故事的人,因为我在省文联民协,工作分工让我负责故事家,当时有个词叫"报矿",就是哪个地方发现故事家就报告省里。我那时不断接到电话,说我们这里发现故事家了,你来看看不?这也说,那也报,我尽量都去看一看。

最有意思的就是新民县,现在叫新民市,在沈阳近郊。怎么有意思?说江帆你过来不,我们这边发现好几百个故事家。我说怎么?好几百?哎呀,好几百!我说,说准了,到底多少?他们说二百多。就是100个作为一个县也太多了啊。我说你们知道什么是故事家吗?哎呀,他们都能讲。都哪儿的?有县城的,五行八作都有,农村的最多。我说,你们发现这么多故事家,我得怎么去看啊?这样吧,先把能讲50则以上的统计统计,看看有多少人。后来给我打电话,50则以上的拉出名单了,那时没有电脑,全靠手记统计。统计后发现,有几十人呢。我说好,就把这些能讲50个以上的故事家集中到一起,我上你们新民县一起看,不然一个人一个人地鉴别,我也没有那么多时间,看不过来啊。就说当时的文化干部多可爱啊,现在都很难这么调动了,当时真就把全县50则以上的故事家全给聚到一起,集中到新民县农林局的招待所,就是一个普通旅社,房间都是木板床,挺简单的。然后我就去了,一看,人还是太多了,听不过来。这么的吧,每个人讲一个故事,我们在下面听,听一天两天三天都行。当时省里就让我自己上新民县的,没想到是这么大阵势。

几十个故事家,回想起来,后来有名的一些故事家谭振山、王树铮、杨久清,他们都在场。每个人只能讲一个，因为都是能讲的人，多数是农民，平时没机会参加这样的活动，能到县里开会讲故事，那是天大的事儿了，对他们来说太重要了。这些人聚到一块儿，因为县城不大，许多人互相认识，有的不认识，但是听说来的都是各方高手，都能讲50个以上的故事，每人讲一个，这是擂台呀，这就是打擂了。

进入田野你会发现，真正的故事家，他才不在乎什么领导啦、学者啦。就是习主席来听故事，他讲起来也一样。因为这些人一旦进入讲述状态，根本就没有表演意识。他和职业演员不同，职业演员永远有表演意识，而对民间故事传承人来说，讲故事就是他们的生活，不是表演，没有表演意识。他们开始面对人多或者摄录机器可能会紧张，但是一旦讲起故事，发现下面都是忠实的听众，他们不但不紧张，而且比平时讲得还好，善于现场即兴发挥，这是故事家和职业艺人非常重要的区别。他们完全无视于县领导和所谓省里来的人，无视我们的存在，彼此之间的状态就是在打擂。

那一次我真是非常有幸听到了一些高水平的故事，像大故事家杨久清老人，他能讲1000则故事，一口京腔，讲得非常生动。记得他讲完一段就匆匆忙忙走了。杨久清老人是回族，家在新民县农村。回族有经商传统，喜欢做一些小买卖，杨久清那时卖油炸糕，家里6个孩子，他需要养家，不能耽误油炸糕买卖。他急急忙忙讲了一个故事就走了。

插一个有意思的事儿，当时沈阳还有一个有名的故事家，跟谭振山齐名，叫李占春，两人年龄也差不多，李占春家在苏家屯区的李家大院儿，后来我介绍祝秀丽的博士论文做他的讲述研究。谭振山在新民的打擂会上脱颖而出后，我开始对他进行关注，写了一些论文。有一天，李占春老人斜背着一个军用书包，风尘仆仆地来到辽大，在学校门口打听找我。我下课后，在蕙星楼楼口见到他，很惊讶，问："李大爷你怎么来了？"他说："我到沈阳来看看你！"没说几句话之后，他就问我："你咋不研究我呢？"那时候谭振山已经成名，去过日本了。我也发表过一些研究谭振山的论文了，他很不服，说："我的故事好，不比谭振山差，你咋不研究我呢。"他是沈阳苏家屯区的故事家，新民县打擂没有他，也是非常可爱的一位老人。

谭振山最初是由新民县罗家房乡政府的文化干部李会元在做民间文学三套集成普查时发现的，是李会元将这条线索报到县文化馆，文化馆才将谭振山统计到故事家之列，通知他到新民县参加了这次故事擂台会。应该说，发现谭振山，李会元功不可没。

那次擂台赛上谭振山讲的是《当良心》，这是一个道德训诫故事。在那次打擂会上，王树铮讲的是张大帅府的传奇，新民文化馆前两年也给王树铮的故事出了专辑，他也能讲500多则故事，是高中语文老师，当年被打成右派了，但他有文化，他的故事当初我没太看好,因为他的故事带有文学描写和文人腔调。而谭振山讲的《当良心》是什么样感觉呢?非常质朴,没有眉飞色舞,也没有语气声调的强调,我也不认识他,但是他的故事娓娓道来,故事挺长,挺生动。谭振山也是第一次参加这样的活动,就是一个普通农民,家有8个孩子。当时他给我的印象是,故事太质朴了,生动,一点都不渲染,就是平静地讲述。哎哟,讲得挺有意思,挺好。记得当时还有一些女故事家讲故事,反正那次故事会我都听完了。确实有一些故事家,看他们的现场状态,的确带有故事讲述大家风范,讲故事时细节处理得特别好。那时候没人怀疑故事是不是赝品,或者有没有传统谱系,那时候跟传统还是连着的,生活没走出传统,讲故事也都带着这个背景。

四、初次去谭振山家

现在再回过头来说说那两个字:热爱。要说当时继续研究谭振山,其实已经和故事卷的编纂工作没太大关系了,也和我在民协的工作没有关系了。我就跟孙丕任(协会领导)说,想把新民的情况向他汇报一下,觉得那里的故事家挺有意思。我还给他讲了一个故事,说我想再了解了解他们。他说那就你去呗。那时候做故事家的研究,在故事卷上已经没有什么可体现的了,但是我没有多想。后来调辽大当老师或者从事这个专业,包括后来有没有什么课题申报,将来学术研究是否定位往这方向走,当时完全没有考虑,也考虑不到这么远,反正就是热爱,就是喜欢,就是觉得挺好的。协会领导孙丕任挺支持我,说如果你愿意继续关注,愿意研究,单位支持,只要你把本职工作完成就好,你可以请假去谭振山那里调查。

当时我家也没有电话,座机也没有,我就把谭振山家地址住哪个村给记下来了。我一看是新民的,就想从新民走。实际上后来知道了,到他家那个村儿从新民走很绕远的,在沈北这边走能近一点。然后我等工作不太忙的时候,就上谭振山家去了。

我知道他家在太平庄,就往新民那边打电话。他们告诉我,你可别到这来,上这来就远了,你得在沈阳长途客车站买车票,到他家那条线路的终点站叫月牙儿河,买长途汽车票。县里还问用不用我们陪着一起去,我说不用,我就自己到那儿看看就行。就这样,我就在某一天早晨坐上长途客车上谭振山家了。实际上他家是不通汽车的,线路终点是非常有诗意的名字,叫月牙儿河,但是我是在一个非常没有诗意离他家最近的地方下车的,车站叫老牛圈。

总而言之上了车,一个非常破旧的大客车,四壁漏风,晃悠悠的。那时候是冬天，我穿着一件蓝白印花布的棉衣，车一开动，咣当咣当的，很快我就发现情况了，敢情这个车上有一半的人都相互认识，因为他们都是住在沈阳近郊的农民，都在一个客车线沿途住着，他们有的到沈阳办事，有的来看病，有的来买东西，有的来串亲戚。开车以后人们就开始唠嗑："哎，二叔你干啥去了？""我去辽宁中医抓药。""我去我姑娘家串门。"人们就开始唠嗑，很快他们也发现问题了，就是我和他们不一样。现在不觉得怎么样，当时我穿那件蓝白印花布的棉衣还是挺另类的，有点时尚元素。他们发现我不一样，旁边的人问我："姑娘你上哪儿啊？"因为看我穿的样子，还拿着一个出差的包包。那客车是站就停，车上人有的还拿着土篮子，干什么的都有。他们一看我就是城里人，拿个包包。我说我到太平庄。一说去太平庄，周围有几个人就有反应，因为在农村都能攀上亲戚，上下村屯都有熟人，就有人问我："哎呀，你到太平庄谁家呀？"我说到谭振山家。他们马上就说："哎，老谭头啊，是你家亲戚啊？"我说不是亲戚。又问：那你上他家干啥去？是啊，我上人家干啥去，这个事当时还真不好解释，我说我去听故事，这是很让人费解的一件事。听故事去。你上他家去听故事？那就对了！那老头是能讲。你听那干啥呀？那时候不像现在非遗保护，社会有语境了，那时候整个社会都没这种状态，碰上这些质朴的乡亲，反正长途车也没事儿，我就开始讲，我是干什么的，哪个单位的，我怎么认识的谭振山，我喜欢听他讲故事……我解释完这一通之后，这周围突然就活跃了："哎呀，你找那老头就找对了，那老头有学问！"这是第一个评价，还有就是："人家是上知天文下知地理！"这都是我当初在车上听他们说的原话。"那老头有学问，没有他不知道的事儿。"然后该我问了："你听过他讲故事吗？"他说："听过呀。"我问啥时候听的，他说1962年修水库，冬天水利基本建设工地上，月牙河修水库的时候出民工，听过谭振山讲故事。那月牙儿河和谭振山家附近的老牛圈还隔着几十里呢。什么叫故事家？就是讲故事在方圆百里上下连屯都有名有号！

一个农民，因为讲故事这么有名，这还是挺少见的。我对故事家的理解是一点点加深的。当时觉得1962年就听过他讲故事，这么早，而且两地还相隔这么远。就这样，我和他们咣啷咣啷坐着大客车，这个客车也是慢点，等我到老牛圈下车时，太阳都快落山了。我就着急了，关键是下车还有五里旱路呢，五里还是十五里来着，那段路现在已经有短途小客车了，还有一些小蹦蹦车来回跑短。

下车后我只能赶紧走。当时刚开春，道路翻浆，一路泥泞。我是一脚泥一脚水，后来两个脚都拔不动了。路还挺远，我就打听，一打听就说不远，马上就到了；老牛圈到太平庄真挺远啊。从太阳没落山到落山了，我才走到太平庄。进村后挨家打听，总算找到谭振山家了。

我一进院儿，谭振山看到我都愣了。因为没有任何迹象，也没有人通知他，也没有电话。他只是前两天在县里看到我听他的故事，怎么没几天我就找到他家来了？我就一个人，还背着个包。他特别吃惊，但他认出我了。其实那天他在县里讲完故事以后，晚上散会时候，我跟他说过，谭大爷你的故事讲得真好，我挺爱听，我什么时候去你家听故事呀。他答应得挺好，但没成想我真的去了。我说：谭大爷我来了，来听你讲故事了。他可高兴了，叫他老伴，那时候我管她叫大姨，后来就全都改称呼了，把他们院里养的鸡杀了一只，因为那时候冬天还没过去，农村冬天没有农活，只吃两顿饭。我去的时候天有点晚了，已经快到晚上了，他们就现杀的鸡。他们这个村也没有什么超市，离周围饭店还有一段距离，没有东西可买来招待客人，要么就炒鸡蛋，要么就杀只鸡，这就是最高礼遇了。晚上在他家的小火炕上放个小炕桌，谭振山个子很高，一米八的个头，在小炕上盘着腿，晚饭是炖的鸡，大米饭，还炒了点鸡蛋什么的，就是挺隆重地整了几个菜。我印象中炖的鸡端上桌好像净是骨头，那溜达鸡瘦啊，真正是地上跑的笨鸡。农村也不大会炒菜，这鸡叫老婶做得黑乎乎的，酱油放多了，反正可瘦了。为什么有这个印象呢？因为我当时真是饿了，和谭振山对着坐，就我们俩上桌吃饭，谭振山家有8个孩子，地下还有谭丽敏等小孙女，一个比一个矮，站了一帮大人孩子，她老伴儿也在地上站着。我就叫大姨一块坐过来吃饭，她说你俩先吃。这是为什么啊？我挺不习惯。时间长了后来他儿女跟我介绍说，谭振山这人礼大，家教非常严。他孙女后来也说，我爷爷一个眼神过来，啥也不用说，我爸和我叔他们什么也不敢做。细想想，辽河边一个农民，几代务农，5个儿子，他都在村里边给娶上媳妇了，还都盖了房子。在过去农村养家的话，这得是一个什么样的农民？就是非常严格的好庄稼把式！他没有任何别的来钱道道，能给5个儿子在当地都娶上媳妇，足不出村都给盖上房子，这太是本事了。

所以这个老人能成为一个大故事家，实际上也表现出他对乡村生活的组织能力，对生存环境的掌控能力，他是非常带有乡村精英品质的一个人。所以他的家教严格。陪客人吃饭，就是他和我，家里其他人都不能上桌。在农村，平常见不到肉，杀鸡也是个大事。我去了一次以后就知道他家情况了，再去他家时，我一般都是事先在沈阳买好几个菜的食材，带过去一做就行，都是方便做的，比如花生米、干豆腐、熟食香肠，再买两块生肉，连生带熟，这四个菜我都备齐了。做田野最基本的要求就是要有礼貌，尽量不打扰别人的生活。你若打扰人家的话，就一定要以礼还报。你打扰了人家，人家还要招待你吃住，还要把祖宗三代都告诉你，人家图什么呢？你又凭什么呢？所以要建立田野中良性的互动关系，就一定要礼高于人，一定要这样做，毕竟你给人家带来了打扰。

五、谭振山与他的五位前辈故事传承人

谭振山的记忆力特别好,你问他听谁讲的这个故事,他张嘴就来。据谭振山介绍,他的故事主要是前一辈的 5 个重要传承人讲述的,这 5 个人传给他的故事有八百多则,剩下二百多则是散着听来的。

在这五个前辈故事传承人中,一个很重要的传承人是他奶奶,就是他的祖母孙氏。孙氏没有名字,娘家开大车店。在早盛京(今沈阳)到北京是一条大御路,清代皇帝祭祖走的那条道叫大御路。孙氏娘家是在大御路虎石台那边开大车店的。他奶奶在没出嫁之前,一直帮着娘家在大车店做杂事,有机会听走南闯北住大车店的人讲故事,所以她会讲很多故事。我统计过谭振山从他奶奶那里听的故事有 78 则。他奶奶讲的都是哄孩子的故事,什么老虎妈子、老猴子精那种故事。我曾问过谭振山,在你家族和乡邻那么多前代传承人中,你认为谁的故事讲得最好?谭振山的原话是:"要说土故事,还是我奶奶讲得好!"可见他的奶奶在世时应该是一个好的故事家,是讲故事很生动的人。

爷爷去世以后,谭振山的奶奶坐堂招夫,带着一帮孩子在家招上门女婿。他的继祖父赵国宝,一个木匠被招来了,赵国宝家在太平庄对面的辽河那岸。赵国宝对谭振山特别好,那时候谭振山才几岁,继祖父常常把他放到腿上给他讲故事,和亲爷爷没两样。这个赵木匠走南闯北做木匠活,会讲很多当地的故事,见识很多,很多故事就是赵国宝讲的,有二百多则。

还有一个人对谭振山故事影响很大,就是他的伯父谭福臣。谭福臣是阴阳先生,看风水的,一辈子没结婚。谭福臣看阴阳宅风水看得挺好,生意很好。谭振山小时候,他们家那一带闹土匪,家里曾把谭振山送到伯父家待了几年,后来还想把谭振山过继给他的伯父,但此事终了未成。后来我在一篇调查报告里写到谭振山的这段回忆,就是他听到的大量看风水的故事、阴阳宅的故事、鬼故事、狐仙故事,差不多都是伯父讲的,他伯父信狐仙,会画各种神灵牌位,给人看阴阳宅嘛。这其中有一个比较奇怪的现象,就是谭振山的一千多个故事中,有一部分是"荤故事",荤故事就是和性有关的故事。谭振山为人正派,从来不在人前讲这种故事,他不像有的男人,喝点酒,愿意讲这类故事。他不,从不讲这类故事,但是他听过了,也就掌握了这类故事。他说这些荤故事有很多是伯父给他讲的。我曾问是什么时候,他说 12 岁以前在伯父家生活的那几年。我就想,他的伯父,漫漫青灯长夜的,为什么会给一个孩子讲荤故事?他没结过婚,可能是性苦闷,是一种宣泄吧。所以能看出故事的功能,一个一辈子没结婚的男人,在过去没有电的时代,他个人的一种宣泄,他以为小孩子听不明

白,但是谭振山却全都记住了。其实有的荤故事情节很风趣,很智慧的,有的是传播性的知识,故事有这一功能。

还有一个是传承人叫国生武。国生武也是一个怪人,是他们村的私塾老师。谭振山小时候村里有私塾,私塾先生姓国,国家的国。国生武是什么样的人呢,他也一辈子没结过婚,这个先生常常在一些农历节日画些神像和神符挨家送,收一点钱。国生武讲过不少故事,课上给学生讲,课下在村子里面讲。

还有一个传承人叫沈斗山,这人外号叫沈大学生,是个老饱学。在科举时代,他一辈子屡考屡不中,一个饱学之士,只能窝在乡里。谭振山的很多故事是听他讲的,沈斗山一辈子怀才不遇,在乡邻面前他不讲那种炕头地头故事,喜欢讲历史人物传说,风物传说,文人故事,这方面知道得特别多,可能是以这样一种方式在乡邻面前表现自己的身份和学问吧。

我统计过,这5个人加一起,是八百多个故事。其中每一位传承人的故事都有他的时代、职业、身份特点。还有,从故事内容处理上,故事类别上也能反映出来职业的,阶层的,信仰的东西,彼此间有着相对的界限,挺明显的。

我那时候总上谭振山家去,眼看着他把原先住的房子翻盖了,又在翻盖的新房子旁边压(盖)了一个小偏厦,就是他们老两口后来住的房子。1987年刚去他家的时候,我还没有照相设备,后来才开始留一些资料。开始阶段就是拿着那种大录音机去录故事,谭振山的故事就这么一篇篇累计地存下来了。

六、野村先生来了

1988年春天,日本的三位学者来到沈阳,他们是野村纯一,依田千百子,还有一位年轻学者。野村先生已经去世好几年了。还有他的夫人野村敬子,夫妇两人都研究日本故事家,野村是东亚地区故事家研究领域很有影响的学者。他1988年到辽宁时,担任翻译的是马名超,马先生是哈尔滨师大的教授,比乌老师年长几岁,乌老师视他为兄长。马先生日语特别好,研究东北民俗。后来我才知道,野村他们当时来辽宁,是想了解辽宁民间文学三套集成的情况,因为他听说中国发现了一些故事家。

那时候刚打开国门不久,对外交流非常少。有日本学者来,对省文联来说是件大事。日本学者是乌老师和马名超老师陪同来的,我和孙丕任都参加了座谈会。参加会议的有省文联的主席,省委宣传部的领导等人。省文联会议室的座位摆成椭圆形,乌老师给大家介绍了日本学者和马名超先生。野村不会汉语,我也不会日语,介绍时就是彼此点点头。依田千百子是大阪大学的女教授,也是研究故事家的。依田教授也不会汉语,大家都点点头打了招呼。坐下后,说日本学者想了解辽宁省民间文学三套集成。省委宣传部领导、文联主席都讲了话,这些过程我都没有什么印象了。

我当时三十多岁,太年轻了,也没参加过这类会。但是我第一次看见野村先生,对他印象不是很好。为什么呢?因为他就坐在我斜对面,那样子几乎就是半躺在座椅上。我小时候抗日战争的电影看多了,里面经常有那种经典的脸谱化的日本鬼子形象,留一小撮仁丹胡。野村不懂汉语,他也分不清在座的这些领导都是谁,说了些什么,马先生也没给他全部翻译。而且最重要的是,我是后来听说,他来中国后挺烦这些过程,到各地都是先接触不到学者,都是先有一帮官员给他讲这讲那,所以他就这样靠着,没往心里去。可我那时候年轻,当时一看他的姿态,民族情绪就上来了:这不是日本鬼子嘛!这么傲慢,这么不尊重我们,半躺式坐那儿,大大咧咧的,还留着小仁丹胡,撇着那样的眼神。我对他印象特别不好。

总而言之,前面的过场挺烦琐的。后来介绍辽宁省民间文学三套集成的具体编纂,孙丕任先介绍说,辽宁省发现一批故事家,由江帆介绍一下,她负责故事家。我就开始介绍辽宁的故事家。这时候我注意到,野村坐直身子了,还从包里拿出一个小录音机,放在我的面前,他才开始工作。我一边介绍,马先生也凑到他跟前逐句翻译。其实之前我们并不知道他想了解什么,原来他就是为故事家而来的。我当时是宏观上介绍一下,辽宁省通过对故事家的挖掘,现在大体发现了多少位故事家,男的多少,女的多少,都在什么年龄段,讲什么类型的故事,比较好的有哪几位等。接着又重点介绍了其中比较突出的那几位:谭振山、李占春、薛天智、姜淑珍、满族三老人、金德顺。我说有的故事家我还到家里做过调查访谈。野村是外国学者没有避讳,散会时,没和领导周旋,直接拿着录音机又找上我开说。马先生翻译说:"野村先生说想看一两位你刚才提到的辽宁故事家,想问你可不可以?"这事我不能马上回答,得听领导的,因为我也不知道可不可以带他们去下边看故事家,那时是1988年,我们都还没有改革开放的意识。我马上就跟文联主席说了,他说:"就近看看沈阳市的吧,薛天智、姜淑珍,不都在沈阳市内嘛。"我说:"我想让他们去看谭振山。""谭振山在农村呢!"我说:"谭振山的故事真挺好的,要看最好去看谭振山。"几个领导就在一边研究,不一会儿就回答野村说:"可以看,但是,要看谭振山得等三天以后。"

为什么得等三天呢?原来这三天修了条路!就是从老牛圈到谭振山家的那条土路,我一脚泥一脚水走的那条路。原来当时是春天,道路正在返浆,泥泞得不成样,路两边是稻田,土路已经被大车压得不像样了,汽车根本开不进去。结果就这三天给垫平了,变成了一条硬面的沙石路。谭振山后来还跟我说:"这就算咱借上光了,修条道。"我也说值得啊,咱们等三天,修了一条路。

三天后,我带野村去谭振山家的时候可就不一样了,省里的领导跟着,从省委宣传部到文联,省文联下面还有市文联,还有报社、电视台、新民县文化部门、乡里的领导……都开着车,好长的一个小车队,呼拉拉全都去了,就为了听谭振山讲故事。

乌老师说这些人中午要在村里吃饭,吃什么好呢?我说吃大米饭炖豆腐,就是农村做的豆腐,不用做其他复杂的菜,一饭一菜就行。乡里面说负责准备这顿饭,告诉谭振山,要借他家那地方做饭,好几十人啊。讲故事时,我担心他一个农民没见过这场面,怕他紧张,发挥失常。事实证明我错了,什么叫故事家?故事家一旦讲起故事来,进到他自己的那个"场",才不在乎这个那个呢。谭振山一句日语也不懂,野村也不懂汉语,但他主要是给野村他们三个日本学者讲。我事前说你讲啥故事都行,反正他们也听不懂。结果他那天讲了几个故事,狐狸媳妇啥的,像聊斋那样的故事,讲得都特别好。那天野村在他家录了几段故事,录得都挺好的。

野村上谭振山家那天,吃饭时,他家炕上、地上、院里,哪儿都放的桌子,人满满的,就是大米干饭炖豆腐。吃饭时,我在地上这桌,炕上那桌是谭振山、乌老师和几位日本学者,地上这桌有省、市领导,这屋子里就这两桌。正吃饭,谭振山站起来了,说他家老四(谭振山四儿子谭文海)刚生了一个男孩。谭振山让老四抱过来给野村看,说:"你看啊,我有8个孩子,早就当爷爷了,可前面都是孙女,刚得到一个大孙子,今天满月,还没起名,请野村先生给起个名吧。"

乌老师和马名超就给野村翻译,翻译完,我看野村和依田都挺严肃的,表情挺郑重,两人用日语小声商量了一会儿。后来乌老师跟我说,起名这件事在日本民俗中是挺重要的仪式,让谁给孙辈孩子起名,像认干祖父一样,所以这不是简单起名的问题。可能谭振山没想那么多,就抱给野村先生让给孩子起个名,当时野村好像还查了一下,斟酌后给起了个名字叫谭洪彦,接着就掏出一个日元的大红包送给孩子。这个小插曲后来被在场的《辽宁日报》记者写了报道,叫"中日友好谱新篇"。

野村特别高兴,老四抱着孩子给野村行了个礼,野村和依田分别掏出名片给老四。野村当时就表态,让老四好好抚养洪彦,说孩子长大以后上大学时,欢迎到日本去上学,学费我全部负担。乌老师对我说,野村先生说这话是很认真的。

七、故事不重要,讲故事的人是最重要的

我从野村教授身上学到了不少东西。那次去谭振山家,返程的路上我们坐同一辆

小客车，在那条新修好的道上，车里有我和野村先生，同行的日本学者，还有马名超老师。野村用日语跟我交谈，我听不懂。正好道旁有个老母猪，刚下完崽儿，带着一群猪崽儿，正是哺乳期的母猪，滚了一身泥，瞅着可脏可丑啦！野村看见了，指给我，问了一句什么。马先生翻译，说野村先生问您，这个猪漂亮吗？当时我觉得挺不礼貌的，问我这个猪漂亮吗，怎么说？我就笑了笑没说什么。野村说："我觉得非常漂亮。"马先生翻译了，我也只能笑笑，这话不好接。但野村马上接着说："我觉得它非常漂亮，因为我是从小猪崽的角度看的。"从小猪崽的角度？马先生告诉我，他叫野村纯一，日语有野猪的意思，所以他说从小猪崽儿的角度看老母猪非常漂亮。我这才觉得野村非常诙谐幽默，后来更发现他真的是很好的学者，心地坦荡，说话也非常幽默。

　　当时在车上，他还说了一些非常重要的话。野村先生告诉我说："故事不重要，讲故事的人是最重要的，是值得你一生去研究的。"说实在话，当时马先生翻译这些话以后，我真是百思不得其解，心想，谭振山的故事多重要啊，怎么还不重要？而且，让我研究谭振山一生，我把他的故事都录下来不就完事了吗？还有什么可研究的呢？

　　后来我才意识到，他这些话真是深刻，是学术上的思考。但是当时我不理解，他说的那些话，我是逐渐明白的，后来还在一篇论文里引用了野村说的这段话。现在明白了，我们对俗有兴趣，是因为我们对民有兴趣；我们对故事有兴趣，是因为我们对讲故事的人、对他们的心事有兴趣，关注他们内心所想。所以，讲故事不重要，讲故事的人很重要。我们走进故事是为了研究人，如果不是抱着这样一个目的，就和一般的听众没有区别。如果想研究故事，把它作为学术的对象，讲故事的人就非常重要了。所以野村先生这个观点特别深刻，他在很早就有这样的一个认识了。在当时中国民间文学学术研究语境中，大家似乎还都没想到这些问题，都还没有意识到这一点。

八、越是社会底层的研究对象，越需要以诚相待

　　野村先生自从认识了谭振山之后，又专程到沈阳来见谭振山一次，还带着他的夫人野村敬子。那次因为时间匆忙，没到村里去，而是把谭振山接到辽大的五洲园（宾馆），在五洲园见面的。后来1991年在河北省召开第一次耿村民间故事国际学术研讨会时，野村为耿村会议论文集写的序言，其中提到了辽宁故事家谭振山。耿村是一个故事村，村里能讲故事的人很多，但他在序言里专门介绍了谭振山。在这次会后他又到沈阳，跟我说："我这次来中国，不能去看谭振山了。"但是，他给谭振山带了礼物，我印象非常深刻，是一把电动剃须刀。那时候这是稀罕货，我们一般人消费还没到这

层次,还没有这个东西,他专门从日本带来送给谭振山。野村敬子还给谭振山带了一个被面,是送给谭振山的小孙子谭洪彦的礼物。那被面,野村敬子在五洲园宾馆打开给我看了,是一个红色的锦缎被面,上面全都绣的孩子,都是日本的服饰,百子图,日本民俗的纹样,特别珍贵。

其实这些年,谭振山作为一个辽河边上的普通农民,真是收到过不少有特点的礼物。张举文教授从美国来,我带他到谭振山家访谈,他送给谭振山美国大学校队的棒球帽。后来我发现,谭振山的儿媳妇扒苞米时在头上戴的就是那个帽子。我说:"小立敏哪(谭振山的孙女,故事传承人),你爷爷那些好东西,下场都不是很好啊。"因为还有一件运动服,也是外国学者送的,带有国外大学的标识,挺时尚的,也让他儿媳妇在家扒苞米的时候穿了。

日本学者对中国的一个普通农民这么好,让我感动。野村认识谭振山,就是因为谭振山讲故事讲得好。真正的学者的价值取向是不同于世俗的,我觉得这个是非常珍贵的。野村先生和谭振山交往的这些细节,给我的印象非常深刻,强烈地影响了我。他和他的研究对象的互动,能看出确实是纯洁的、纯粹的,他从内心深处,对他的研究对象的文化是非常尊重的。他在礼节上对人非常尊重,没有什么回报要求,他在文化上就是这样一个取位。

后来加盟谭振山研究的陈益源(台湾成功大学教授)也是这样。作为人文研究的学者,一个受过良好学术训练的学者,应该有这样的田野姿态。越是那些普通的、社会基层的,乃至底层的研究对象,越需要我们以诚相待,用心呵护。因为他们有内心敏感和非常自尊或者脆弱的一面,可能会非常注意交往中的这些方面。所以,我觉得野村先生以这么高礼遇和规格来对待他们,对谭振山,对故事家的影响其实也是非常大的。他们的这种文化自豪感、文化自信心,就都油然而生了。

九、第一个走出国门讲故事的人

1992年,野村邀请谭振山去日本参加"1992年世界民话博览会",是有几十个国家学者参加的国际学术会议。中国学者他邀请了三位,乌丙安老师、我和谭振山。所以谭振山也成为第一个受邀走出国门讲故事的故事家。

1992年,以我们国家当时改革开放的程度来看,一个农民能走出国门到国外讲故事,在当地可是一个轰动事件。在我个人生活中也是一个很重要的事件。为什么?因为当时我们都还没有出国的经历。当时国家对公职人员出国还有800块钱置装费,这待遇现在早就取消了。

当时我在省文联工作,是公职人员,我有置装费,乌老师也有。可谭振山是农民就没有,他没有单位。怎么办?我就找新民县的民政局解决,县文化馆没有这笔款,文化局也不行。新民县民政局说也解决不了,谭振山不是编制内的。然后我就找新民县主管这方面工作的副县长,我说谭振山是代表国家形象出国,这服装的问题怎么办?后来县里特批,让县民政局拿出800块钱给老人买服装。我挺高兴,谭振山就更高兴了。

1992年,800块钱是非常多的一笔钱。谭振山就跟我说:"江帆,我这钱能不能不买衣服,这钱你给我,我穿我儿子的西服去,不就省下了。"我说:"不行,你一个是得买套西服,另外在日本活动一周,你至少还得买三件衬衫,还得买领带,不能重样。另外,还得买双皮鞋。"但是谭振山的脚大骨拐(大脚趾骨)太大,这一辈子都不能穿皮鞋,只穿家做的布鞋。但是我说不行,西服革履,你要是穿双布鞋,扎条领带不配套啊。我就领他上五爱街买了一双特大号的皮凉鞋,前后不露脚的,挺软的。我们是夏天去日本,我说这一个星期你得有衣服换。然后到五爱街买了套比较便宜的西服,两件衬衫,他儿子又给拿了一件,三件衬衫,还有领带。

那时没有直飞日本的飞机,我们和乌老师三人在北京机场民航宾馆住了一晚。晚饭后,谭振山说,你上我房间来,我把我到日本要讲的故事再给你讲一遍。因为他也紧张啊。我说,你就用汉语随便讲。当时还给他做了一套中国华北农民穿的那种汗褡,就是像布背心似的样式,让他在日本讲故事时穿,还有一件对襟的中式布褂,让他以中国农民的传统装束给外国学者讲故事。我说你可以穿西装开学术会,但你讲故事的时候,穿传统的衣服更好。那晚,他又讲了一遍"狐女小青",就是狐狸媳妇的故事,聊斋类的故事,狐狸精媳妇。

十、五年:从"谭大爷"到"老叔"

为什么说这个细节?就是我从1987年认识谭振山,到了1992年,已经5年了。这期间,我对他的称谓已经改口了,不叫谭大爷了,而是叫他老叔,是谭振山要求我改的口。我已经和他认识5年了,有一天闲聊时,我说我老家是河北人。他说往上数他的老家也是河北永宁府人,来辽宁移民五代了。因为我老家是河北唐山人,他一听,就觉得可亲近了,说从你爸这论我们都是河北老乡啊。再问我父亲多大岁数,比他年长几岁,他就坚持让我改口管他叫老叔了,以家庭这种长辈来排序了。他一再说,你不能管我叫谭大爷,你得管我叫老叔,你爸比我大嘛,就叫我老叔,叫他老伴老婶。

我常常想,其实这种改口,应该是我们学者在田野中得到的一个非常高的认同,他是拿你当家人看待了。从"大爷"到"老叔",这是一个质的转变。你管他叫"谭大爷"的时候,他可以告诉你:"我不信狐仙,那都是迷信。"你叫"老叔"以后,在北京民航宾馆,他讲完狐狸小青的故事,我又问:"老叔,你信不信这个狐仙啊。"这是认识他5年以后,已经改口老叔的时候,他怎么回答?他说:"那玩意儿才灵呢,你可不能不信啊。"(众人笑)这是他的原话,我印象特别深。当时他就说:"那玩意才灵,你可不能不信。我给你讲两个事,就村里边儿,东头第二家怎么怎么的……"这个就是非常真实的细节。我刚才说过,我们之所以对故事感兴趣,是因为对讲故事的人感兴趣,他的心事在这,这是他内心真实的东西。所以你得走近他,有的时候,要用5年的时间,你才能走进一个人的内心世界,他才能向你坦露真实的东西。

十一、谭振山未能成行的台湾之旅

1997年,我在江西参加一个会议,是旅游与民俗类的国际会议,会上认识了当时还在台湾中正大学的陈益源教授。会后我们一直保持联系,他对谭振山很感兴趣,后来他专程上辽宁来见谭振山。

这个时候的谭老叔已经见多识广了,这回我又带个台湾学者前来,谭振山已经很习惯了。我把陈益源带到他家,陈益源听他讲故事,觉得特别好,很有研究兴趣。他也和我一样,坐在谭振山家的小火炕上听故事。想想看,一个台湾教授坐在东北火炕上,也随着我叫谭振山老叔,多有意思。在谭振山家住了几天,谭振山带着我们俩在村里边四处走走转转。当时是冬天,稻田里都是雪,三个人在田埂上走,指指这儿,指指那儿,谭振山就讲,这有什么故事,那有什么传说,后面还有小狗跟着欢跑,我现在回想起来都觉得特别好。陈益源教授比我小,他叫我老姐,说:"老姐,我想跟你一起研究谭振山。"

这是1997年,他认识了谭振山。1998年他在台湾申请了学术项目,我们开始联手对谭振山展开调查和研究。

陈益源加盟对谭振山调查与研究之后,他在台湾的教学中经常向学生们介绍大陆的这位著名故事家。他给我讲过一件有意思的事:一次,他给学生考试,在试卷中设计了一个知识点,名词填空"谭振山",答案填"大陆著名故事家"即可。可是有一个在职研读学位的学生因为缺课,恰巧没有听到这节课,不掌握这个知识点。学生都有这个本事呀，这个学生看了题面，猜想一下，就填写了"一座高山的名字"。陈益源说完，我们两人都大笑。他笑过后对我说，这学生答得也没错，谭振山真的就是民间文化的一座高山！在陈益源加盟这一研究期间，还有一件事，就是他当时在台湾中正大学执教，指导他的研究生林丽容完成了《谭振山及其讲述故事之研究》的硕士论文，8万字。林丽容在撰写学位论文期间，陈益源特地带她到辽宁，找上我，我们一起到谭振山的家，对他进行了调查访谈。林丽容的学位论文完成后，她特意装订了一本送给谭振山，谭振山一直珍藏着。

从1998年陈益源在台湾申请了研究课题，到2010年研究成果在台湾出版，这个项目应该说做的比较深入和实在。项目成果《中国辽宁故事家谭振山及其研究》是在台湾乐学书局出版的，出版时陈益源教授是在台湾文学馆召开的新闻发布会，我到会了，当时台湾主流媒体全到场了。

2010年台湾的这次发布会陈益源特别想邀请谭振山前去，谭振山也特别想去。他此前多次跟我说：哎呀，有机会我真想到台湾去一趟。因为陈益源已经来过沈阳多次了，到他家去过多次，在他家住过；有时候陈益源来，我也把谭振山请到沈阳，住在我家，我们在沈阳见面，这来来往往多少回了。谭振山对陈益源非常有感情，所以特别想去台湾。但是辽宁省和沈阳市台办没批准，因为2010年的时候，谭振山已经是国家级传承人，是国宝了。当时老人年龄大了，又是夏天开会，他血压有点高，担心他身体有问题，所以没让他去。没办法，最后我们采取让谭振山录了一段视频，带到台湾播放，后来批准非遗保护单位新民文化馆的宋馆长一起去了。

在台湾，我们说谭振山老人年龄大了，身体不太好，不能前来，特意录了视频放给大家，就在会上把视频播放了。视频里谭振山在他家小火炕旁边坐着，说的那些话可朴实了，与会的人很感动。会后，台湾《联合报》头版刊发了文章和谭振山的截图，通栏大标题就是——"全中国最会讲故事的人"。

十二、农耕文化最后的歌者

2006年申报第一批国家级非遗项目时，谭振山项目的申报材料和论证是我做的。当时也不知道第一批非遗项目该报什么能获批。我作为辽宁省非遗保护专家组成员，向省文化厅提议说，民间文学类的非遗，谭振山的故事可以申报。但是当时国家有关部门规定非遗项目不能以个人命名申报，可是谭振山这个项目要是不以他个人名字申报的话，项目又无法成立。怎么办呢？后来我想，还是叫"谭振山口头文学"，就只能这样申报了。

申报材料首页有一个800字的项目摘要,我当时写了这样一层意思:故事以人为载体,当年搞民间文学集成时发现的像谭振山这样的老一辈故事家、学者有很多人都已经离去了,可谓人走歌歇。谭振山讲述的故事承载着中国五千年的农耕文化,他的故事就是东方的《天方夜谭》,是中国的《一千零一夜》,他也可能就是中国农耕文化最后的歌者了。以后即使再出现能讲1000则故事的人,讲的肯定不是他这样的传统故事了。因此从某种意义上来说,谭振山就是中国五千年文化最后的歌者。如果不将这笔财富列入国家非遗名录予以保护,岂不成千古遗憾!我后来专门写过一篇《农耕文化最后的歌者》论文,论证他的故事的价值与意义。最后这个项目真就获批了第一批国家非遗名录,在首批528个项目中,谭振山是唯一以个人名字入选的项目。

这个项目成了第一批国家级非遗项目之后,影响很大,中央电视台《东方之子》给他做了专题报道,日本的放送协会专门坐飞机到沈阳,到他家拍摄,当时还有山东电视台、天津电视台等,有不少媒体都专程前来采访,找我带他们去拍摄谭振山。就这样,他成为知名度很高的国宝级故事家。

访谈手记

初冬的沈阳,寒风夹带着北方的冷峻之气,辽宁大学的故乡书园里却是温暖和煦,春风拂面。江帆老师被一群学生团团围坐在中间,不时有欢声笑语传出。这样的访谈氛围是我特意安排的。难得有机会和江帆老师如此系统地、正式地谈论她对民间故事家谭振山的发现过程和长达24年的学术追踪研究经历,因此特意安排了研究生旁听。

谭振山是江帆老师最初踏入民俗学的第一个研究对象,也是相知相交二十多年的亲如家人的"谭老叔"。关于谭振山的追踪研究奠定了江帆老师在民俗学界的学术影响力。见到研一的同学,江帆老师非常高兴,她借助这样一个见面机会,也给同学们上了一堂生动的田野调查课。通过与谭振山的交往经历,对谭振山的调查和研究,不停地向同学们传递着关于田野中的人文关怀、田野中的伦理等理念,告诉同学们对待田野中的研究对象,尤其要真诚相待。她花了5年时间走进了谭振山的内心世界,从"谭大爷",改口叫"谭老叔",这是研究对象对一个学者最大的接纳与肯定。江帆老师还从研究角度告诉同学们,做民俗研究要有两条腿,入乎其内方有热情,出乎其外方有高志,讲了一些她田野的经验与研究心得。

江帆老师非常有访谈经验,作为被访谈人也特别有经验,事先看了我列的三十来个问题,就明白了我的采访意图。访谈中,基本上不需要太多话题引导,就娓娓道来。两个多小时的访谈干货满满,文中特地精选了部分关于谭振山发现过程的口述资料。其中包含了大量的20世纪80年代民间文学三套集成时代的一些事,有很多生动的细节展现出那个时代学人的敬业精神和对民间文艺的热爱,还有很多鲜为人知的中、日、韩学者间交流的往事。

我是民协的老兵

王 恬

王恬，1954年生，研究馆员，曾任浙江省民间文艺家协会副主席兼秘书长。多次组织参与国际、国内重大民间文艺活动和大型国际合作研究项目，多次承办全国性的手工艺展览，策划全省民间文艺与群众文化讲习班。参与编辑出版《中国民间故事集成·浙江卷》《浙江民俗大观》等，撰写发表多篇学术论文和文章。曾获全国文艺集成志书编纂成果二等奖、联合国教科文组织"在发掘、保护、传播民间文化和发现培养人才方面做出突出贡献"组织奖、荣获中国文联、中国民协中青年德艺双馨会员称号。

访谈时间	2020年1月20日
访谈地点	浙江杭州凤起路198号
访 谈 人	袁瑾[1]
整 理 人	袁瑾

一、我与《山海经》杂志社

我是1981年6月进入浙江省民间文艺家协会工作的（前身是中国民间文艺研究会浙江分会）。刚来的时候，我主要在《山海经》杂志社工作。《山海经》杂志是1981年3月由民研会浙江分会创办的，属于协会的刊物。由于杂志刚创刊需要人，季沉副主席就把我从杭州市园文局所属的事业单位借调过去了。因为我之前的工作是在工会搞宣传的，加上又喜欢文学，而且家在杭州，工作调动就比较方便。我们民协的老主席陈德来同志也是因为杂志社的需要，从余杭县文化馆调入杂志社工作。

我到了杂志社之后，就全身心地投入了《山海经》的工作了。季沉是《山海经》创始人，杂志封面上"山海经"三个字是鲁迅先生的字，这是他从鲁迅的手稿里一个字一个字挖出来的。放在杂志的封面上很有文化内涵，这三个字也就一直沿用到现在。因为是创刊初期，知道的人不多，发行就成了个问题。季沉老师点子很多，中华人民共和国成立前，他在上海从事地下党工作，主要就是从事学运工作，很有一套工作经验和方法。他就想出一个办法，发挥老本行的优势——让一些爱好文学的中文系大学生来帮忙搞推销。于是，我们就联系了复旦、浙大（当时称杭大）的学生，利用他们在我们这里实习的机会帮助我们搞发行。这些学生都很能干，他们拉着三轮车，到火车站、汽车站去兜售，一本《山海经》售价2毛6分。这样《山海经》的销售市场就打开了，知道的人越来越多，影响也越来越大了。这既锻炼了这些实习的大学生，同时也给我们杂志社有力的支持，效果非常明显。杂志每期的发行量从创刊时的一两万册直到最辉煌时期的220万册。做这个工作的时候，当时我也是二十几岁的小姑娘，跟他们都是好朋友，后来他们实习结束了，还送给我一本影集，每个人都有一张照片，留作纪念。这段美好时光至今想来还是很值得回忆的。

后来，杂志社发展了，人也多起来了。大概1982年曹启文从杭州大学毕业，进了杂志社，现在是省作家协会副书记，陈惠芳从文联调入杂志社。八九十年代《山海经》发展迅猛，很快成为全国发行量最大的一份期刊，省内几乎可以说是人手一册，小孩子、学生尤其喜欢，在全国十分有影响。80年代也是民间文学刊物出版发行的黄金时期，出版市场上有一批民间文学、民间文化的杂志，比如上海的《采风》，山西有《山西民间文学》，江苏有《乡土》，还有我们浙江的《山海经》，市场相当繁荣。这四省的刊物创办人也是当时民间文艺界最有名望的"四条汉子"———浙江季沉，上海任嘉禾，江苏马春阳和山西刘琦。

到了1986年左右，情况发生了变化。《山海经》杂志社跟当时的民研会浙江省分会脱开了，虽然还是协会主办，文联主管的，但实际上在行政级别上已经和协会平行了，成了一个"独立"的处级单位。这个时候，陈德来同志就转到了《山海经》杂志社，专门负责杂志了。杂志跟协会分家一部分也是为了适应文联创收的要求，《山海经》杂志每年要向文联上缴一定数量的创收款，这样也获得了相对独立的经营权。这在当时并不是单一的现象，比如浙江省展览馆也是类似的情况。杂志社脱离协会的时候，我也面临着个人的选择，是去杂志社还是继续留在民协。我考虑再三，最后还是决定留在民协，那个时候"三套集成"的工作也开始了。此后的十几年里，我的大部分工作便跟"三套集成"联系在了一起。

我进入文联是从最基层的工作做起的。初入浙江民协的时候，它还叫中国民研会浙江省分会。1987年，北京的"中国民间文艺研究会"改名为"中国民间艺术家协会"，地方上也跟着纷纷改名，所以我们也改成了"浙江省民间文艺家协会"。改名"民协"之后，我一直在民协岗位上主持民协的日常工作。我从二十几岁进入省民协一直在这一岗位工作到五十几岁退休，有朋友看了都笑话我说，你怎么几十年都不挪窝的呀！我笑笑，我是做具体工作的，时间长了，各种情况就比较了解了。早期哪里有什么电脑系统，我们几百个会员的资料，都要靠手写出来的。我手脚很快的，基本

---

[1] 参与访谈人：洪梓琳。

上写过的东西，情况就掌握了，有的会员人不一定见过，但是一听名字马上就知道几几年出生的、在哪里工作的了。现在都是用电脑了，字也写不好了。我是 2008 年因为协会性质由事业转参照公务员提前退休的，在省民协常务副主席、秘书长的岗位上退的。不过退休之后也是在各地奔波，参加各种活动，总还离不开民间文艺呀！这两年倒是空下来了，可以整理整理一些资料了。

二、浙江省民间文学"三套集成"的搜集和编纂

"民间文学三套集成"的搜集和编纂工作，在国家层面上是 1984 年发起的，我们浙江省走得比较早。事实上，我们省早在"三套集成"正式文件下发之前就已经开始了民间文学的普查工作。1980 年和 1983 年就进行了两次普查。省里正式启动是在 1985 年底。

1986 年 9 月，浙江省宣传部、省文联、省文化厅、省民委，4 个省级单位联合发文要求认真做好中国民间文学"三套集成"浙江卷的编撰工作，有了这样一个通知，经费也到位了，所以 1986 年工作就全面铺开了。省里成立了"浙江省民间文学三套集成办公室""浙江省民间文学集成领导小组""中国民间文学集成浙江卷编辑委员会"。当时的浙江省委宣传部部长王家扬担任总主编，副总主编是季沉、朱秋枫和蒋风。季沉是省民协驻会的副主席，朱秋枫老师在浙江省艺术研究院工作，也是我们"歌谣卷"的主编，蒋风是著名的儿童文学家，在浙江师范大学工作。此外还有委员 21 位，都是我们省里民间文艺界的老同志，包括陈德来、吕洪年、莫高、钟伟今、张长弓等。另外，还聘请了铁瑛做我们的总顾问，唐向青、陈玮君做顾问。省里面总的班子就这样建立起来。

1986 年 12 月，省里召开了第一次民间文学集成工作会议，会上就把这项工作布置下去了。全省各地群众艺术馆、文化馆的专业干部和民间文艺家协会的理事，大概一百三十多人参加了这次会议，会后把工作精神带了回去，具体展开工作了。

首先是各地相对应的机构陆续成立，参照省里的结构，全省各地市县也相继成立了相关编纂委员会，委员会一般是由县文联、文化局、宣传部，包括群艺馆的主管领导构成，下设具体承担工作的办公室，也就是编辑部。办公室的命名都冠以"××县"，比如"宁海县民间文学集成办公室""遂昌县民间文学集成办公室"等。办公室的工作人员基本上都是搞专业的，包括了县文化馆、群众艺术馆的民间文学干部、骨干等。此外，每个委员会还有理事、常务理事若干名。这样一来，从上到下整个体系

就顺了,这一点对后续工作的开展十分有必要。

这样到1987年的时候,全省大普查就开始了。以前各个地方做普查,都是地方解决经费,4个省级机构联合发文之后,工作就有了经费和组织上的保障。不过做整个省的民间故事、歌谣和谚语普查,工作量也是很大的,面也铺得很开,一时之间,我们也不知道从哪里下手。这时候还是季沉同志提出,要先搞试点,从县一级的集成办开始,这样"故事卷"就确定了余杭和东阳两个地方。东阳县负责的是一位叫周耀明的中学老师。他本身就是一位民间文学爱好者,对当地的情况也十分熟悉。我呢,就带着杭州大学中文系的学生下到东阳,开始首批试点工作。我们到了东阳以后,就跟当地的集成办公室联系,组织学生开展普查工作,做好记录,积累资料。东阳启动以后,接着就是余杭。余杭的普查我没参加。那么两个试点工作结束以后,全省就开始推广,每个县的编委会具体推进普查工作。这是"故事卷"的情况。

"谚语卷"的试点是在绍兴县搞的。我们省的"谚语卷"主编陶汇章就是绍兴人,他的工作做得非常细致。开头,他花了4年时间进行谚语的普查、征集。光是卡片就摘抄了两大箱子,每一张上面都做了数字标记。很遗憾,这些资料在省文联搬家的时候都遗失了。这样扎实的前期工作之后,才开始进入编纂。

至于"歌谣卷",我的记忆中是没有试点县的,因为歌谣相对而言比较纯粹一点,主要的类型,有哪些有名的地方民歌,还是比较清楚的。"歌谣卷"是朱秋枫老师负责的,也是在1986年成立省里的领导小组,1987年在全省范围内普查,一共采录到歌谣有6.7万首。

普查主要是以县为单位进行的,在各地工作开展的过程中,我们省集成办公室的工作人员经常要跑下去指导。因为县里的同志没有做过这个工作,不知道怎么开展,我们就去给他们做辅导。我们下去主要是解决搜集中遇到的实际问题,比如怎么把握"科学性、全面性、代表性"这个标准,怎么解决记录时候方言的问题等,有时候也会提出复查和补充调查的要求。这个工作从1985年底开始,到1989年10月以后,又开始帮助各个地市县选编地方卷本。辅导地方的同时,我们也会有意识地遴选一些比较好的条目,准备以后省卷编纂的时候用,这样做目的性就很明确了。

我们1986年3月17—18日开了第一次民间文学集成的经验交流会,1987年开了第二次经验交流会。为了便于工作,办公室出了《浙江省民间文学三集成工作通讯》,送到钟老、刘锡诚老师这些北京的专家这里。浙江省的工作做得比较扎实,这一点北京的专家都非常肯定的。1987年9月,中国民间文学集成首届编选工作会议就在杭州召开,就在西湖边的新新饭店召开,还在绍兴县搞了一个现场会。钟敬文、周巍峙这些专家领导都亲自来浙江指导工作的,这对我们是一个极大的鼓舞和鞭策。

到了1988年，全省就进入编选出版的阶段了。各个县市区先各自选编各自的卷本，各个地区的编选工作是同步的。在选编的时候，县市区卷本都是按照"故事""歌谣""谚语"三套来做的，11个地市卷都是公开出版的，不过也要看各地具体的经费情况了。经费充足的，就出三卷本，经费少一点的，就合起来出个两本，一本的也有。像杭州的话，就有上下两册，每个地方都不大一样的。比较多的情况是把歌谣和谚语合在一起，故事的量比较大，就单独成一卷。县卷，大部分都是没有经费的，所以就弄个印刷本、内部发行，都是小32开本铅印的。我印象中情况比较好的大概是淳安、余杭、东阳、定海等。淳安是由省会员王召里，余杭是张长弓，东阳是周耀明负责试点工作的，他们都是民协的骨干，做事很放心的。这样到1992年，97个县的县卷陆续都出齐了，到1993年11个地市的地市卷也都出来了，两样加起来约有一百三十余册。地市卷本因为数量较多，出版工作就由浙江文艺出版社和中国民间文艺出版社两家分担。正式出版的都是大32开本，有精装的，也有平装的。

有了这么坚实的基础，从1991年开始，我们进入到省卷的编纂中了。省卷素材的来源主要有4个渠道。第一个就是从地市卷、县卷里面选。我参加过故事卷的编纂，我们就把认为好的故事选出来，放到省卷中。第二就是地市县区的推荐。省里面下发了一张表，请各地推荐普查中比较有代表性的作品，还有"五四"以来在报刊书籍上发表的优秀民间文学作品，故事、歌谣、谚语等，都要的。第三条渠道就是个人自荐，我认为我有好的作品，你们没给我收进去，那么我就自己推荐到集成办公室。还有一条途径是我们办公室的工作人员自己到普查资料中挖掘。各地交上来的普查资料很多，没有印成书，都是记录稿、卡片什么的，我们都能看到的。我们就去翻，从里面选。比如我知道某个故事很典型的，怎么没收进去呀，我就会去普查资料里找。如果没有资料，再打电话到市里或者县里的集成办公室，请他们补充调查。应该说，整个工作做得蛮细的。

如谚语卷的工作，陶汇章老师先根据普查的资料做卡片，做好以后还要进行门类的比对，查漏补缺。比如说缺少生活类的了，缺少农事类的，就要去补充。省卷的选条主要依靠各个地市推荐，地市卷的则来自县卷。谚语省卷一共用了38989张卡片，有三万八千多条。然后再按照笔画顺序排列，这个过程中发现还是有不少重复的。县卷有的，地市卷又收了，然后个人推荐的又收了，要剔除这种重复的、雷同的、差不多意思的选条。再把所有谚语选条初分成11个类别来进行编纂；在这个基础上，分细目，编排定位。"歌谣卷"也是这样操作的。

我们做的"谚语卷""歌谣卷"基本上都没什么问题，正式送到北京终审都是一次通过的。这当然跟当时北京的专家在编纂过程中的指导是分不开的，比如刘锡诚老师、陶立璠老师等都给了我们很大的支持。这两卷都是1995年正式出版的。

那么"故事卷"的搜集工作情况怎么样呢？其实跟"歌谣卷""谚语卷"是同步的，1987年全省普查的时候就有十六万八千九百多篇，2亿多字。1992年县卷本出来的时候，一共收的故事是22881篇，3176万字以上，总字数在当时有过统计。最后"故事卷"是1997年正式出版的。

这就是我参加过的浙江省民间文学"三套集成"工作的大体情况。从1986年到1997年，"故事卷"正式出版，前后经历了11年。

三、中日联合考察团在浙江

"中日联合调查"这个项目是从1989年开始的，它是中国民间文艺家协会的一个对外交流项目。项目开始前，中国民协就组织到浙江和江苏两个地方来选点。浙江这边是我带队去考察的，江苏那边是陶思炎老师带队考察的。当时，我选了两个点，一个是丽水，一个是金华。丽水是到畲族地区，80年代末，这些地方相对落后，农村的生活设施都还比较简陋，用的还都是旱厕。但是反过来说，那里的民风也很淳朴，到了人家家里他们会端出米酒给你喝，那种感觉今天不大感受得到了。我们下去踩点的时候，队伍里有做方言翻译的，本身就是当地有名的民歌手，唱得很好的，有的调查对象在五六十年代到过中南海，给毛主席、周总理唱过民歌的。所以，从这些人身上，大家就能感受到一种文化的原生性。经过考察，日本方面就选定了浙江的丽水、金华、兰溪。日本方考察团团长福田亚细男教授就在会议上讲，有了第一次的合作就会有第二次，有了第二次就会有第三次。这样一来，这个项目就从1989年一直持续到了2010年结束。

1990年3月，考察团到了浙江金华的曹宅镇、丽水畲族的山根村和兰溪的姚村。1992年夏天组建了"中日江南农耕文化联合考察团"，8月至9月之间，去了瑞安、苍南、温州的瓯海区、奉化溪口、余姚河姆渡村、宁波的一些地方，还有桐乡、湖州。1993年9月，中国考察团到了日本新潟县、熊本县郊区考察等。1993年12月又对湖州，还有奉化溪口、宁波镇海、北仑等地进行了考察。成果是出了《中国浙江的民俗文化》论文集。1996—1998年期间，就对丽水、温州地区进行了调查，出了《中国浙南的民俗文化》论文集。在上海松江地区，出了一本《中国江南村落的民俗志的研究》。2002—2005年，是对象山、温岭的民间信仰调查，后来也出了一本《中国江南沿海村落民俗志》。最后一次是2007年8月—2010年8月对浙江衢州廿八都、三门源的调查，一共去了4次，2011年出了《中国江南山间地域民俗文化及其变容》论文集。就这样，每次考察都有一个主题，间隔三四年不等，一共有6次，持续了20年。项目得到了日本文部省科学研究经费的支持，前后大概花了一个亿的日元，一共出了6本论文集。

这期间我主持策划实施了几次国际性会议，如2006年在嘉善西塘召开了"中国古村落保护（西塘）国际高峰论坛"、2007年在海盐召开了"第二届江南民间文化保护与发展（海盐）论坛"、2009年在宁波鄞州召开了"中日非物质文化遗产保护（鄞州）论坛"、2009年在日本神奈川大学开了"中日非物质文化遗产保护"会议、2010年在北京开了"中日非物质文化遗产保护论坛"。

考察团里中日双方成员都有的，日方团长是福田亚细男教授，他也是整个考察团的团长；中方副团长最早是张紫晨教授，他去世以后就是陶立璠教授。日方其他学者都是福田教授挑选的，他们往往有自己的研究专长。比如有的日本学者是研究木制作的，他的关注点就是传统的木建筑结构。也有研究方言、戏曲、丧葬习俗的。中方学者以北京的为主体，也是在轮替的，前前后后有张紫晨、刘铁梁、白庚胜、何彬、周星、巴莫曲布嫫、向云驹、刘晓路、冯莉等。还有江浙沪地方上的学者也参加到其中，比如陶思炎、陈勤建、朱秋枫、周正良、陈德来、曹启文、吴刚戟等。

这项工作实施的很长一段时间正是我主持浙江省民协工作的时候。说实话，我要挑的担子很重的，特别是国家安全方面的部门盯得很紧张，我们除了配合日本学者的调查，也要遵守国家的相关外事安全方面的规定。我们要联系的部门很多，有省里、市里的外事办公室，安全局，地方民协，还要跟地方政府去协调。每次出发考察，没有大量的前期工作是不行的。到了带队出去，你还要时时刻刻提着心，首先就是人员问题，一个队伍全部加起来都有三四十个人，翻译就有十好几位，有日文翻译，还有方言翻译，就算是北京来的专家学者也听不懂当地的方言，所以基本上是每个人都有一位翻译的。再加上地陪、司机其他人员，数量就不少了。八九十年代，丽水、金华都还是比较闭塞的，只有涉外宾馆可以住。那么，我们只能是晚上赶到市里，早上出发，跋山涉水进到村里，还要注意饮食方面的卫生安全等。我还记得到东门岛去，轰隆隆地摇着船过去，天气非常的热，中午就在古戏台上休息一下。

带着日本学者去偏远的农村考察，当地农民的态度也是一个问题。这是有历史原因的，我们到舟山的时候，当地农民就要赶他们走，因为当年日本军队侵略过这些地方，不少农民有亲人就死在侵略战争中，所以地方上的情绪也是有的。这些问题，省民协都是要担责任的，我是带队的，我就要顶出去，要维护日本考察团的人身安全，也要安抚当地人的情绪，让他们理解我们工作的目的和意义。

我们组织这个工作都是实实在在的，一开始调查就有21天，后来的调查基本上都是十几天起步的，绝对不是走马观花。这么庞大的队伍，这么长时间，浙江民协当时要挑多重的担子！这个联合调查项目在全国都可以算得上是唯一的了。

这个项目带给我们浙江最大的好处就是学习了一套方法，培养了一支队伍。我记得省文化厅非遗处原来的处长王淼曾经跟我说过，王老师呀！你们是我们浙江省非物质文化遗产工作的先行者呀！他讲这个话是对的，我们那时候就跟着日本考察团学习到了很多调查的方法。他们问的问题非常细致，甚至可以说是琐碎了，每天回到驻地都要坐下来比对笔记，认真讨论，这种严谨的态度就很值得我们学习。现在非遗工作的开展，除了三套集成的基础工作外，有不少点都是那个时候被发现的。每次考察完，不管中方还是日方，调查团正式成员都会被要求写一篇调查报告的，最后汇编起来成了一册。我当时也写过两篇，一篇是关于廿八都的，一篇是关于龙游民间文化的。大家对考察都是有思考的，也留下了东西，能够对后来的工作有益。

2008年我就退休了，项目持续到了2010年。刘晓路老师还保留了我们给福田教授切蛋糕过新年的照片。陶立璠老师很仔细，照片的时间经过他查找的记录，是2010年12月31号至2011年1月3号，我带着他们中日学者在绍兴安昌古镇参加我策划的"我们的节日（安昌）——春节文化论坛"时所摄。因为刚好是元旦，日本人1月1号元旦就是新年，我们就在一起切蛋糕、过新年。这张照片拍的就是那个时刻，我们这些一起调查过的人感情到现在还是很好的。

我在民协工作了一辈子，留下最多的就是书了。不过可惜的是，我们现在很多材料都失散了。比如说"三套集成"全套，包括市县卷本的，当初我们赠送给了浙江图书馆一套，北京的中国民协，还有国家艺规办等有关部门分别都有完整的一套。不过我们自己协会倒是失散很多，因为几次搬家，资料室的变迁，人员的变化等。这个都需要时间慢慢再去整理吧。希望能将这些民间文化的财富留存下来！

▲ 学术史　　●第一部分　　○第二部分　　○第三部分
　　　　　　　口述　　　　自述　　　　论文

访谈手记

民间文艺家协会常常被戏称为"小文联"，足可见其所涉文艺门类之广，工作内容更是关乎民间文艺的方方面面。王恬老师便是这样一位几十年如一日地在浙江省民间文艺家协会无私奉献的民间文艺守护者与组织者。从二十几岁到退休，她身上始终不灭的是对这项事业的执着与热情。

中国民间文学"三套集成"浙江卷的组织、编纂工作，"中日联合考察团"的筹备、组织与实施，是王老师民协工作中的两件大事。历时之久，跨越区域之广，所涉部门之多，发动民间文艺学者、专家、群众之众，取得的成果之丰硕，在今天看来也是难能可贵的。这两个项目所积累的资料、培养的学者队伍，特别是地方文化工作者队伍，为后来的浙江省非物质文化遗产的普查与申报工作打下了深厚的基础。

不仅是在王老师身上，在从事非遗田野调查的实践中所接触到的众多地方老文化工作者身上，我们都能感受到这一份质朴而执着的感情。每每在这样的时候，我们除了深深地鞠躬、紧紧地握手之外，几乎无法用语言表达内心的感动。从老一辈的身上，我们要了解的是历史，要学习的是他们的担当意识和责任感，要承继的是一份事业。

一代人有一代人的使命

罗 杨

访谈时间	2019 年 12 月 13 日
访谈地点	北京朝阳区北沙滩 1 号院中国文联 A 座 3 层
访 谈 人	张志勇
整 理 人	张志勇

罗杨，1956年生于北京，中国民间文艺家协会顾问、中央文史研究馆特约研究员。先后在国家文物局、文化部、中国文联等工作，2007年至2016年任中国民协分党组书记、驻会副主席，主持了此间中国民协的各项重大工作及活动。

一、赶上民协的蓬勃发展

我是 2007 年到的中国民协。

到中国民协之后，我首先去拜访冯骥才主席，冯主席跟我说了一句话，我至今还记得非常清楚。他说："民间文艺是一部百科全书，博大精深，内容丰富，但是同时呢又很简单，又很好进入。"民间文艺我以前接触过，但是没有专门去研究，冯主席跟我说，你别担心，为什么呢？民间文艺就是我们生活中的文化，就是我们身边的文化，只要用心就能够很快地切入。

冯主席是我们民间文艺领域的一面旗帜，也是一个鼓手。2005 年，那时候我还在文联工作，冯主席给政协的一个提案，后来被评为优质提案，就是提出设立文化遗产日。2006 年我们国家就实行了这个制度，把每年 6 月的第二个星期六定为我们国家的文化遗产日。冯主席还有一个提案是关于传统节日放假的，增加了清明、端午、中秋，后来也很快得到了落实。

可以说，我到民协的时候，是恰逢其时，正是民间文艺或者叫非物质文化遗产保护风起云涌，在时代大潮中奔腾向前的这样一个时刻。我觉得自己还是非常幸运的。到协会工作之后，在冯主席的指导下，在广大民间文艺工作者的支持下，在我们协会全体工作人员的努力下，我们共同经历了民间文艺事业的蓬勃发展。

二、特殊的 2008 年

到民协的第二年，2008 年，发生了"5·12"特大地震。这对当时我们正在做的民间文化遗产抢救工作产生了深刻影响。

地震之后不久，冯主席就带我们奔赴了灾区。那时向云驹同志还在民协，担任秘书长，我们一起去的。我们去的是北川。穿上了防护服，一直走到受灾最严重的核心区。

进去以后，看到的情景让我们特别难受。走到北川中学的时候，冯主席还从地震的土堆里捡出来几个学生的作业本。他提出建议说，很多地震实物都应该搜集起来，建立一个博物馆，放在里面作为一种见证。

四川的一些民族民间艺术也遭受了重大损失。在地震灾区，我们到了一些民间艺术传承人家里，比如在绵竹，我们拜访了一位八十多岁的年画艺人，向他了解地震后的受灾情况，一起想应对的办法。

羌族的文化保护也是从 2008 年开始的，延续了好多年，包括羌年、羌族民歌、羌绣、羌族口头文学，等等。北川是羌族自治县，也是唯一一个羌族自治县，后来因为地震全毁了。在抗震救灾的同时，我们很快也关注到羌族文化的损失，而且很快采取了措施。那一年申报世界非遗，我们国家有两项，其中有一项是属于"急需保护的非物质文化遗产名录"，就是羌年，联合国教科文组织也非常支持，很快就批复了，第二年就列入了这个名录。

我们迅速调整工作，把对羌族文化的抢救列为工作重点，后来在人民大会堂开了一个紧急保护羌族文化遗产的座谈会，出了一个论文集，冯主席取的名，叫《羌去何处》，副标题是紧急保护羌族文化遗产专家建言录。面向广大的青少年，又推出了一本《羌族文化学生读本》，是冯主席和向秘书长编写的。后来，在地震一周年之际，还出了《羌族口头遗产集成》（四卷本）和《濒危羌文化——"5·12"灾后羌族村寨传统文化与文化传承人生存现状调查研究》，作为这样特殊一天的纪念。这些努力不仅让更多的人了解到羌族及其文化现状，唤起了社会各界参与保护羌族文化遗产的自觉意识，也在中国乃至世界文化遗产的救灾史上写下了重要一页。

2008年还有一件大事,就是北京奥运会。当时我们就组织了民间艺术走进奥运村,举办了"祥云小屋"的活动。那里是奥运会运动员所在的核心区,一般想进到奥运核心区域还是不太容易的。那会儿安保也很严,运动员基本都没往外走的,我们的活动就是在它的核心区。活动是由第29届奥组委、中国文联、中国民协、北京市文联共同举办的。北京奥组委文化活动部顾问刘春香是民协的老同志。我们带进去了挺多民间文化项目,精选了年画、剪纸、风筝、刺绣、布艺、泥彩塑、面塑、脸谱、草编、葫芦雕刻、皮影、民间玩具等,适合现场演示和便于与来宾交流互动。祥云小屋成了奥运期间最具特色和影响力的文化项目,可以说赢得了奥运会的"文化金牌"。

我觉得,民协的工作应该在围绕中心服务大局方面有所建树,有所行动。

三、继续推进抢救工程

民间文艺门类太多了。我们国家的非遗资源根据有关数据,就有80万项,这是一个多么庞大的数字,是一个多么丰富的领域,确实千头万绪,抓不着头脑。如果说我有一些熟悉的话,因为我本科学的是历史专业,后来研究生学的是社会学,跟文化人类学也有关系,所以对文化的发展史,对民间文化的相关研究有一些积累。

但另一方面,形势也很严峻,就像冯主席曾经说过的一句话,"在我们中华的大地上,在山坳里,在田野中,平均每分钟都有一项迷人的民间文化在我们的眼前消失。"我们这个时代正好处在了从农业文明向工业文明转型的关健点上,就在这种转型的过程中,世界各国都意识到了,有很多非常美好的奇妙的文化遗产可能会随着我们时代的前进,离当代人的生活渐行渐远,因而被我们忽视,被我们忘记,甚至被丢失。

也是在这个大背景下,中国民协在2002年启动了中国民间文化遗产抢救工程,这是国家的重大文化工程,对后来的非物质文化遗产保护工作也起到了先导作用。抢救工程有十几个专项,一直在稳步推进。这是一项长期的工作,一个专项动辄要花上10年,没办法一蹴而就。

比如,中国木版年画集成是抢救工程的龙头项目,也是2002年启动的,历时9年多才得以完成,2011年我们在人民大会堂举办了成果发布暨总结表彰会。其成果为我们民族建起了一部有血有肉的木版年画历史档案和文化档案,使木版年画这枝既古朴又华美、既磅礴又秀雅的民间艺术之花重放异彩。

原来的项目一直在推进,深化,同时也在启动新的专项,比如中国口头文学遗产数字化工程,中国唐卡文化档案,中国传统村落立档调查,等等。

中国民协成立于1950年，郭沫若、周扬、老舍、郑振铎、钟敬文等老一批文化人是协会的奠基人。从20世纪50年代开始，协会就开始搜集口头文学，甚至还有很多资料都是中华人民共和国成立前的，比如，周作人抄录的民歌民谣，还有刘半农手抄本的民歌民谣。

有一次，冯主席到协会，看到了我们几十年以来的口头文学收集成果，特别激动，他觉得这个太珍贵了，向中宣部汇报之后，就在2010年底启动了中国口头文学遗产数字化工程。到我离开工作岗位之前，数字化录入工作基本完成了。这一工程的规模超过了8亿字，可以说是一部民间的"四库全书"。

《中国唐卡文化档案》也是一个非常重要的项目。2012年3月和4月，中国民协分别在北京和天津召开了两次专家论证会，明确了《中国唐卡文化档案》的思路和做法，决定采取档案记录的形式对中国唐卡艺术当代传承现状和发展进行立体全面的田野调查和科学阐释。2013年，中国唐卡文化档案全面启动普查工作。这个项目得到了中宣部的批准和经费的支持，列入了国家社科基金特别委托项目。

这个工作比较特殊，一方面进展起来很艰难，因为唐卡所涉及的情况比较复杂，但是另一方面艰难中又非常顺利，因为得到了各方面的支持。协会里具体负责这个项目的是冯莉同志，她做得也很辛苦，也很累，我看她每次从藏区回来，脸都晒得黑黝黝的，但是她都非常高兴，总是有收获，总是有进展。藏族同胞对她的工作非常热心，也非常关心。这是为国家的文化遗产、为藏族人民的文化遗产来做档案，是一份完整、科学、负责任的总结。

协会工作千头万绪，要提纲挈领，抓几个大事儿，大项目，这里面既要有学术性，照顾到研究的科学性，同时也要有丰富的活动。除了学术研究之外的文艺活动，像鼓舞鼓乐，民歌展演，工艺博览……我觉得也是不可缺失的一部分，因为有很多民间艺术家需要通过这种活动在舞台上展示他们的技艺，同时通过活动和他们联系起来，让他们在奔腾的时代潮流中闪烁出璀璨的浪花。

四、古村落保护是很亲切的工作

因为父亲是从事古建保护工作的，我受家庭影响，对这方面有一些了解，所以，到一些古村落考察之后，觉得非常亲切，就有那种似曾相识的感觉。过去我也专门写过皇家园林、皇家陵墓、皇家宫殿方面的一些文章。古村落实际上也是中国古建筑的一个门类，只不过它是民间的建筑。比如像园林，颐和园是皇家园林，但是到了南方,苏州园林、常州园林都是私人园林,而且很多来参加皇家园林建设的工匠,实际上都是民间的艺人和匠人。比如建造紫禁城的是香山帮,香山帮就是苏州的。所以,看到这些古村落里的雕梁画栋、榫卯结构都有这种亲切熟悉的感觉。

2009年,那会儿我父亲还在,梁思成和林徽因在北京的一个故居要被拆除,在社会上引起很大争议。冯主席知道梁林故居要拆的消息以后给我打了个电话,问我,"有这么个事儿,你父亲知道不知道?"父亲是梁思成先生的弟子,我说他知道,好多人正在采访他说这个事儿。现在最主要的问题就是,这个故居没有被列入文保单位,从文物上保护有一些困难。后来冯主席说:"咱们得去看看,找时间一定得去,梁林在我们国家现代文化史上太有影响了。"后来我们就去了,冯主席就说要发出声音,后来我就给北京市专门写了一个报告,以冯主席的名义,写给市里主要领导。冯主席提出保护梁林故居,并不是要建一个多么大的馆,哪怕立个牌子,或者立一个小的碑,让人知道曾经有这段历史就可以。另外,他建议北京市应该规划发布一个文化地图,在地图上把这些需要保护关注的遗迹都标出来。后来呢,也没有保下来。当时还出了一个词,叫作"保护性拆除""维修性拆除",大家都挺反感。

这种情况在广大的乡村地区更为普遍,情况很不乐观。2011年,在纪念中央文史研究馆成立60周年座谈会上,冯骥才先生对话温家宝总理,为古村落保护再进一言,他说"我们的古村落现在空前地进入一个消亡的加速期",提出要保护古村落,这个建言得到温总理的重视,认为古村落的保护实际上把它扩大来看,就是工业化、城镇化过程中对于物质遗产、非物质遗产以及文化传统的保护。

有了国家层面的重视,很快就启动了相关工作,评定古村落,保护古村落。这个评定和保护工作就归口到了住建部的工作职能之中。后来,2012年9月,经传统村落保护和发展专家委员会第一次会议,将习惯称谓"古村落"改为"传统村落"。《中国传统村落保护名录》现在已经命名了5批共6819个传统村落,而且每个命名之后国家都给经费资助。

2013年的时候,中央城镇化工作会议提出,"让居民望得见山,看得见水,记得住乡愁",为传统村落保护指明了方向。中国民协又紧跟总书记的"乡愁"理念,围绕传统村落和古村落开展了一系列活动。

传统村落中蕴藏着丰富的历史信息和文化景观,是悠久的中国农耕文明留下的最大遗产。其实,中国民协很早就在做这块儿工作。2002年,中国民间文化遗产抢救工程在山西后沟村做示范调查的时候,我们就提出要保护古村落。但是最开始主要是鼓与呼,没有引起全社会的重视,一直到2011年和2013年,我觉得这是两个重要节点。现在,传统村落保护已经纳入国家的发展战略和国家对整个乡村振兴的总体规划之中。中国民协在这方面也起到了一定的作用。

我们在古村落普查和抢救呼吁的过程中，发现有很多古村落虽然被我们发现了，被我们认识了，现在人们也开始保护了，但是它仍然在岁月的侵蚀下不断地风化瓦解。同时，在城镇化建设、新农村建设的过程中，一些人为的建设性破坏也是很难避免的。所以，我觉得我们应该尽快地把它记录下来，把它整理出来，就想到了出一套丛书，凡是我们协会命名过的，我们去考察过的，我们知道的这些村落，我们掌握了相关的文化信息，都应该给它出书存志。所以，2014年6月，中国民协又启动了中国传统村落立档调查项目，为确保立档调查工作的有序与最终成果的科学与完整，中国传统村落保护与发展研究中心制定了《中国传统村落立档调查田野手册》，并赠送给参与该项目的民间文艺工作者。这个中心由中国民协和天津大学共同建立，冯骥才主席亲自来抓。当时我们设想要出5000本，但是这是一个庞大的工程，也需要经费、人力、财力、物力很大的支持，现在这个工作还在陆续推进之中。

立档调查的工作河北是完成最早的，2017年开了新闻发布会。这个工作由郑一民主席挂帅，他是我们中国民协的顾问，原副主席，很早就介入到村落保护之中。在太行山区，在河北，有很多石头村，什么意思呢？就是这里的房屋建设，因地制宜，用石材，没有木梁，也可能内部有木梁但看不着，完全都是用石头垒起来的，整个村你就看到一片石头，也是很奇特，很奇迹的。

在古村落保护方面，我觉得广东这个地方有一个特别大的特点，它对外开放早，特别现代，经济发展非常快，但是广东人反而特别有家乡意识，对古村落保护也有先知先觉。广东我去过很多地方，汕头、汕尾、梅州、清远，都有很多古村落，当地人的认识水平非常高。很多广东人很早就到海外成为华侨了，但是落叶归根这样一种思乡乡愁的情结几代人都不断。无论走多远，天涯海角，世界各地，每年祭祖的时候都要回乡祭祖，一个家族都要聚集到祠堂。他们有这样一种特别浓厚的乡愁意识，古村落保护方面的书甚至有的比我们出得还早。

我们很多地方的古村落都各有各的特点。比如说广东，它一般是祠堂保护得比较好，所以家族文化传承也比较好。像河北，主要是山村，像太行山脉，前面我说的石头村，还有湖边的村，比如白洋淀。而贵州又有少数民族风情的特点，特别是苗寨、侗寨，而且那些村里的民间文化保存得特别丰富，特别完整，像小黄侗寨是世界家喻户晓的，它的侗族大歌又传承得特别好。我去过一个水族的村，有一种马尾绣，现在传承得还非常好，甚至成立起民间文化的组织来集体传承和宣传这个马尾绣。

古村落保护，其实最大的一个困难就是认识问题，就是在社会上还没有真正把总书记所说的"记住乡愁"那样一种思想，化为包括我们的领导和群众在内社会各界的一种行动。

有一次,我到温州的楠溪江考察,正好碰见清华大学的陈志华先生。陈志华先生跟我说,山上有一个他认为中国最美的古民居,再来的时候却被烧毁了。古村落保护,首先要解决失火的问题。但当时没意识到这个。楠溪江两岸的古村落非常多,而且一路沿着富春江下来,两边是山,村落都沿山在河边溪边上建的,景色非常美。2001年时,凤凰卫视的副台长赵群力在永嘉县林坑村航拍系列纪录片《寻找远去的家园》,那时航拍是坐着飞机拍的,不幸飞机失事,后来在那儿为他建了纪念馆。片子后来也播了,非常好,凤凰卫视是较早关注到古村落的电视台。

所以说,对待文化遗产,对待古村落,思想观念的问题一定要转变,一定要跟上总书记的乡愁思想。还有,我们的村落太大太多,保护经费仍然没有保证。还有工匠问题,过去建一个房子都是几年,甚至几十年,我看过有些雕梁画栋,一个工匠得两年才能雕刻出来,那真是灿烂迷人,现在恨不得3个月就建起来,有的都拿机器雕,建筑技艺也有很多失传。还有制度的安排,得灵活变通。这些都造成了很大的难度,而且一时还很难扭转。

五、对文化遗产的思考和期望

1972年,联合国教科文组织大会通过了《保护世界文化与自然遗产公约》,我们国家在1985年加入了这个公约。现在,物质文化遗产的理论和概念已经比较清晰,比较成熟了。后来,联合国教科文组织大会又通过了《保护非物质文化遗产公约》,我国的昆曲和古琴艺术分别于2001年和2003年入选世界非遗名录。我们国家公布第一批国家级非遗名录是2006年,到现在一共公布了四批,总共1372项。与物质文化遗产相比,非物质文化遗产的理论和概念还有待完善。

中国民协做民间文艺的工作和文化部做非遗的工作其实是有些不一样的,有交叉,有融合,但是也不全一样。比如说,大部分非遗都是民间艺术,但是我们最初加入联合国非遗公约的时候申报的那几项,古琴、昆曲、京剧,还有书法,在我们现在的概念中都不是民间艺术,都是经典艺术、高雅艺术,但是随着工作的开展大家会发现,这种情况几乎绝迹了,后来的完全都是民间艺术。

作为遗产,还有一个面临濒危的问题。需要抢救保护的时候它才列入非遗的名录和保护的名单。像书法这种,当然不像过去成为一种全民性的文化行为,而是越来越专业化,但是并没有濒危,从事书法的人也越来越多。

为了让人更好理解，不妨笼统地说，其实民间文艺就是非遗，非遗大部分都是民间文艺的内容。随着非遗的制度建设更加完善，对民间文艺保护也更加有益，它变为遗产，大家对它的看法完全就改变了，从过去一种体制外的民间散落的民间文化，变成国家政策、法律、制度上要给予支持、给予保护的遗产了。

我专门写过一篇文章叫《从守望者到传承人》，过去那个时代对民间文化只能是守望，因为大势已去，人亡艺绝很难转变，但是通过非物质文化遗产的理念转变，通过一种世界性的眼光，把它变成遗产，艺人变成传承人，就能使民间艺术这支灯火在我们一代一代人的传承中点亮下去。我觉得这是一个非常大的改变，也影响到了社会大众的评价观念。如果说这是民间艺术，人们自然会拿出一套评判的标准，它是先进的还是落后的，是科学的还是迷信的，是糟粕还是精华？但是如果说这项民间艺术是遗产，那就需要拿出另一套标准，怎么继承，怎么发展，就需要国家力量的支持，需要全民族的扶持。这是一个很大的转化过程，是一种文化的先觉和文化的自觉，也是我们现在经常说的文化自信的一种提升吧。

从非遗这个概念来讲，严格地说是非物质的、看不见摸不着的，但是实际上它和很多能看得见摸得着的物质是不可分割的。所以，有时候这个就比较难把握。过去我在国家文物局工作，也搞考古和古建工作，我觉得如果分类起来它算物质文化遗产。到民协之后从事民间文艺和非物质文化遗产保护的工作，我发现实际上物质文化遗产是和非物质文化遗产密切不可分割的。

比如，如果作为历史文化名城的北京只有故宫、长城、颐和园，没有像景泰蓝、京剧等，它就会失掉北京作为历史文化名城的底蕴和韵味。反过来，比如我们经常说孟姜女哭长城的故事，如果你没有看到绵延起伏雄伟灿烂的万里长城，你可能只是听过孟姜女的故事，就不会有那种特别引人的神奇魅力。所以，虽然我们非物质文化遗产是看不见摸不着的，但是很多都是和我们所说的物质文化遗产密切相连的，这就像一个硬币的两面，它是不能分开的。

2016年，我从民协退休，在中国民协工作了9个年头。2020年，民协成立70周年了。我觉得一代人有一代人的担当，一代人有一代人的使命，希望民协今后在潘鲁生主席的带领下，在邱运华分党组书记的带领下，我们的民间文艺事业越来越红火，让我们祖国的优秀文化遗产在保护中传承，在传承中发展，在发展中不断绽放出新的生机和活力。

访谈手记

　　罗杨书记在民协工作的近十年间，笔者和他约过多次采访，每次的话题都很具体，比如关于口头文学遗产数字化，关于传承人保护，关于古村落保护，关于梁林故居……这一次的采访有所不同，不像过去那么具有工作性质，相对地更有个人感悟。受到父亲罗哲文先生的影响，罗杨对古建筑、古民居、古村落怀有特别的热情，最近几次见到他也都是在这个领域的活动上，当然，古村落保护也是本次访谈的一个重点。采访中，他并不讳言自己不是民间文艺的科班出身，相反，他可以说是从"物质的"文化工作进入到"非物质的"文化工作中来的，这种跨界颇有启发性，正如他在采访中所说，如果没有亲身体验到万里长城的雄伟，孟姜女哭长城故事的魅力和震撼就要减弱了许多。尽管近几年在园林古建领域"重拾旧业"，他也并没有停下对民间文艺的继续关注和思考。

民协的工作代代传承

向云驹

向云驹，土家族，1956年生，湖南湘西人，高级编辑，中国文艺评论家协会副主席，中国文学艺术基金会副理事长兼秘书长，享受国务院特殊津贴专家。中国民间文艺家协会理事、原秘书长。著有《非物质文化遗产的若干哲学问题及其他》《大国文化复兴》《非物质文化遗产学博士课程录》《中国人文地理与生态美学》《中国少数民族原始艺术》《中国少数民族审美意识史纲》《草根遗产的田野思想》《解读非物质文化遗产》等。两获中华优秀出版物奖，获中国新闻奖，获中国文联文艺评论著作奖一等奖、文章类一等奖等。

访谈时间	2019年11月26日
访谈地点	北京朝阳区安苑北里22号楼
访谈人	张志勇
整理人	张志勇

一、加入民协这条战线

我个人跟民协渊源还是很深的。

1982年初，我在民族学院（现中央民族大学）读书，钟敬文先生他们办了一系列民俗学的班。当时，民俗学复兴，我们学校也有一大批教授研究民俗学，马学良先生还是中国民协的副主席。我当时准备考研究生，方向是理论和作家文学，但是因为民族文学、民俗学、民间文艺学也是考试内容，所以就开始接触，知道那个民俗学班是很红火的，也知道了一大批学者，知道这边有一个很大的事业，在设计规划民间文学三套集成。

后来读了马先生的研究生，他是导师组的组长，因此对中国民协也有了一些间接的了解，但是没想到我最后也走到这条战线上来。

读研究生的时候，艺术起源、原始艺术研究比较热，民协的刘锡诚老师当时开有几个讲座，我去听过。讲座是关于原始文化和原始文学的，正好跟我的兴趣比较吻合，因此就开始关注到中国民协。

毕业以后，我分到文化部少数民族文化司工作，从事民族民间文化工作，内容上和民协有一些交叉，关联度比较高，应该说有了点儿铺垫，后来又从机关去办报纸，在中国文化报工作很多年，一直专注理论方面，包括民间文艺的理论。但这都还在外围。偶尔也去过太仆寺街，当时的中国民间文艺出版社出了不少好书，比如《金枝》。当时社会上有一股文化热，西方的人类学理论开始大火，民间文艺出版社出了很多这方面的书，涉及人类学、民俗学、文化理论，是一个重要的出版重镇。那时候也开始知道《民间文学论坛》。

当然，没想到过了若干年，1997年，我到文联来工作。半年多后就正式调入民协，任分党组成员、副秘书长、秘书长，成为民协光荣的一员了。从1998年，直到2010年，在民协工作了12年多。

我到民协一开始分管民间文学三套集成和刊物。通过这几个刊物，通过三套集成，同民协的老干部、老专家，学术界的著名学者有了广泛的接触，向他们学习到很多东西。

故事、歌谣、谚语这三套集成，钟老、贾老和马老一人管一片，同他们接触比较多。我记得特别深，钟老对刊物、对学术非常上心，多次嘱咐。马老知道我是民族大学毕业的，说在民协工作很好，这是块很大的学术领域。贾老因为本身就是民协的老同志，对协会的了解非常全面，接触得更多一些，包括主持工作的陶阳、刘锡诚、张文、吴超、杨亮才，都有深入密切的了解。最大的感觉就是，这一块文化底蕴很深，从事的工作默默无闻，但是很有意义，为我们国家的文化发展做出了重要贡献。

钟老、贾老、马老他们对三套集成非常重视，注入了大量心血，编审过程中一字一句非常仔细地修改、讨论，把学术关，把质量关。审到故事卷的时候，钟先生无论如何都是要出席的，整个过程始终参与。三套集成在国际国内都有很大的影响，这个工程很大，在学术上发现了一系列问题，比如关于收集整理的方法，具体怎么去做，民协负责统筹工程的实施，在学术层面进行充分的学术讨论，拿出一个可行的方案，再贯彻执行到基层文化工作者行动中去。这在实际上也回答了国外对我们科学性上的一些质疑。我个人认为，这些老先生的把关保证了这个重大工程的学术质量，对后来的工程是有很大影响的。后来的任何一个工程我们都坚持学术性、科学性，否则的话就会导致你的材料别人敢不敢用的问题，因为他质疑你的科学性。不能费了这么大的人财物，最后做出来是一堆废品。这种对国家事业的责任心，是民协的一个非常好的传统。

钟先生他们那一批学者学贯中西，对国外的学术发展很清楚，同时，中国的民间文艺有什么样的价值，以前做的怎么样，现在应该怎么做，中国的民俗学往什么方向发展，为什么要进行大面积的收集，收集整理以后将来怎么使用，怎样跟国际上发生学术对话,这些大的问题一直都在他们的视野中。直到现在的非遗保护,我们的学术研究一直站在一定的国际高度,站在世界的前沿,在向国际一线看齐,甚至走得更前一点儿。这也是民协很宝贵的一个学术经验。

二、民协有"四大战役"

在中国民协,我也经常回溯民间文艺的学术发展史和学科发展史,北大歌谣运动是一个重要的节点,延安文艺运动也是一个重要的节点。中国社会近代化的进程中,出现了"五四"新文化运动,民间文化在文化转型中起了很重要的推动作用,它是白话文的一个重要构成,一个重要铺垫。延安文艺运动推动文学、音乐、美术这一整套文艺样式确立了人民的立场,肯定了人民的创造,提出文艺家要和人民相结合,文艺要源于生活、高于生活,在这个转折中,民间文艺是一个底盘,也是一个重要推手。

在中国文艺近代化和现代化的进程中,民间文艺是发挥过重大作用的。新中国成立以后延续了这样一个思路,把深度和广度向全国覆盖,从"五四"的歌谣一个点向整个民间文化辐射。

就是在新中国成立后这样一个全面覆盖、全面推广的过程中,成立了中国民间文艺家协会(当时叫中国民间文艺研究会),而且开始了大规模的对口头文学的调查。中华人民共和国成立60周年时我总结说,我们实施了"三大战役",又过去了10年,加上正在进行的中国民间文学大系出版工程,现在是"四大战役"。

第一次是新中国成立以后就进行的口头文学的全面调查,在汉族地区进行普查,收集和整理,另外,也覆盖了少数民族地区,历史上没有过这样的统一规划,这是一个很大的动作。

实际上,在那个时候就提出了两个概念,一个是遗产的概念,一个是抢救的概念。20世纪50年代初,钟先生提出"重要的文化遗产",在云南明确提出了"抢救",因为已经发现很多东西开始消失。另外,社会也在大转型,特别像少数民族地区,社会制度跨越式进入社会主义,原来的原始制、奴隶制、封建制的,还有农奴制下的文化形态,就要转型消失,把它作为遗产进行抢救性的记录是很重要的。这些民族需要它的文化来证明它不是凭空的,是有独特文化创造的,这对民族身份的确认,民族文化的自信,民族特色和民族个性的保持,结合新社会进行发展,是非常重要的。

第二次是20世纪80年代初启动的三套集成。中国这么多民族,这么大的地域,这么多的人,这么丰富的口头遗产,不可能某一个人,某一个团队,某一个学校,就能把这个工作做成。北大歌谣运动,只能把歌谣、儿歌这样一些局部、零散的口头文学做一个收集整理。延安文艺运动只对延安地区做了普查收集。全世界没有另外一个国家,文化没有中断,还有这么多口头表达、口头讲述的活态存在。三套集成的完成,大概10亿多字的收集成果,整理出来大概几亿字的出版物成果,仅故事就有一百八十多万篇。这个工作是非常了不起的。但是实际上,三套集成还只是"三套"集成,史诗、叙事长诗,很多都没收进来。另外,民间文化本身是一体化的,还不能光说口头文学这一部分,还要有民俗的普查,民俗背景上整个民间文化的普查,因为民间音乐、舞蹈、美术是一整套的体系。

我到民协的时候,三套集成差不多接近尾声,普查的工作已经做完了,后面属于编纂、整理、出版。这个时候就涉及下一步怎么做,又面临社会的剧烈转型,于是启动了中国民协的第三个重大工程:中国民间文化遗产抢救工程。

三、做抢救工程是历史的合力

这几次大工程都跟社会转型有关。封建王朝坍塌,进入辛亥革命后的现代社会,这是一个转型期。延安革命文艺发展是一个转型期。中华人民共和国成立,进入一个全新的社会主义制度,是一个转型期。到了80年代,改革开放以后,农业社会向工业社会转型,也是一个大的时代转型期。每一个转型时期都提出了民间文艺的任务,提出了民间文化工作做什么的问题。

三套集成完成以后,一方面要对它进行研究、阐释、保护、利用、发展,再一方面要把这样的学术经验延伸到其他更多正在消失的民间文化,因为口头文学有时离不开它的文艺表达,很多口头文学就是在民间文艺的演示中来展示的,很多口头文学在民俗活动中都是民俗流程的一部分。

民间文化有一个重要的特性,就是整体性,把口头文学单一地摘出来以后,看不到它后面的背景,很多文化信息都损失了。所以,要扩大抢救的范围。

另外,民间艺术的损失也特别严重,特别多,而且一损失就看不见了。民间美术有很多东西,最著名的以年画为例,50年代初有一百来个著名的产地,到了80年代的时候只剩一二十个,我们大概算了一下,只剩十几个,很多地方经过我们抢救复兴了,又挖掘出来一些东西,后来补充到二十几个。从一百多个到只剩下一二十个,就说明这个时候抢救的任务很迫切。

这个时候遗产的概念也越来越被看重。物质文化遗产的保护力度越来越大,而且成效越来越高，我们的故宫、长城进入世界遗产以后，一下子受到广泛的关注。中国民协是以民间文化、民间文艺、口头文学这样一个对象为主要工作任务的群体，当然马上就会想到我们面临的最迫切任务是什么。联合国教科文组织又开展了人类非物质文化遗产的抢救和保护，实际我们比它还走在前面，正好吻合了后来这样一个国际上的文化行动。

这个时候中国民协提出中国民间文化遗产抢救工程，我觉得是水到渠成。冯骥才先生担任了新一届中国民协的主席后，分党组和主席团多次研究，民间文艺界最急迫的最重要的任务是什么，做什么样的工程能够显示民间文艺界的力量，显示民间文化的重要性。之前冯先生在天津把文化遗产保护做得风生水起，在全国有很大的影响。他想把天津局部的经验在全国进行推广，我们的抢救工作也要向全国铺开，大家不谋而合。

所以，在21世纪初，就进入了中国民间文化遗产抢救工程的时间节点。可以说，有个历史的合力、合流汇聚到一块儿，形成一个新的方向。

钟敬文先生很支持这个工作。当时发出民间文化遗产抢救的呼吁就是在北师大钟先生主持的一个会议上。钟先生是文化奇才，过去是著名的诗人，又是著名的民俗学家，国内那批文化大家都是他的好朋友，启功先生、季羡林先生、于光远先生、任继愈先生、张岱年先生，大家对他的事业也都非常支持。

这也是冯骥才主席跟钟先生商量好的。钟先生要在北师大开一个学科建设的会议，冯骥才先生说，我们可不可以在这个会上把民间文化遗产抢救的事儿向社会发出一个呼吁，让与会学者共同签名，引起更广泛的关注。钟先生当然大力支持，大家都在上面签名表示赞同。

这个呼吁书是我和冯先生起草的，我根据冯先生的大概意思来执笔，最后冯先生修订。这个呼吁书后来被广泛引用，广泛传播，产生了很广泛的影响。后面就进入了工程的实施。冯骥才先生在全国政协很有影响，他又是民进中央的副主席，中国文联的副主席，本身社会关注度又很高，他的多重身份也引起了很大关注，推动了工程进展。

抢救工程有十好几项，木版年画成就最突出，还有民间故事、泥彩塑、民间剪纸，唐卡正在强力推进，古村落有相当一部分成果。另外，还有民间美术大典，虽然成果只是个别省的，但是做得挺规范，标准很高。

民间文艺就在民间，老百姓自己有东西，但是他也不一定知道。我们的文化发展中，民间文艺并不被人们看重，一直有雅俗之争，阳春白雪和下里巴人，下里巴人有时还是一个贬义词。所以，对民间文艺有一个社会如何认识的问题。中国民协一直呼吁要重视民间文化的价值，它在底层，具有最广泛的覆盖性，具有最深厚的历史深度和文化高度，但又是最被忽略的，最容易被放弃的。

可以说，中国民协是我们文化价值观转变的一个重要推手。我们推动了民间文化的保护，推动了文化自觉，推动了对人民创造的文化的丰富性、多样性和活态性的认识，推动了对民间文化和人民生活紧密程度的认识。现在全国老百姓没有人不知道非遗。哪一个艺人都说我是非遗传承人，而且都引以为豪，争当这样一个传承人。过去不是这样，一说民间文化，生怕被别人当成旧的东西，落后的东西，低级的东西。现在整个观念发生了翻天覆地的变化。民间文化抢救工程的实施，除了具体的成果，还转变了全民文化价值观念。

四、工作手册是个优良传统

民协的工作是代代传承，三套集成的时候，一个重要的经验就是要有工作手册，这个工作手册把所有会出现的技术问题、学术问题都做得非常具体。比如怎么收集，怎么记录，怎么录音，录音之后文字怎么顺下来。另外，要记录哪些东西，比如记录的时间、地点，人物口述时，这个人的年龄、身份，讲述的这个故事、神话或者传说是在多大范围流传，是从哪儿听来的，等等，都是科学调查重要的内容。

当然，还可以往前说，整个民俗学、人类学学科的发展过程中，很早就有调查手册这样一个学术传统。这套东西都有学术规范和学术训练。在三套集成工作的过程中，关于收集整理的方法就专门进行过学术研讨，《民间文化论坛》也专门开过专栏讨论这个问题，还把一些特别有经验的专家的一些方法进行过推广。

进入抢救工程的时候，它变了对象，比如民间美术或者木版年画，我们就要针对这个特殊的对象设计它的调查提纲，设计它的工作范本。记录上还有一个新问题，过去主要是文字，录音机没那么普遍，录音机很贵。你想想，80年代初的时候有一个砖头录音机都会扛到街上跳舞，我们民间文学工作者并不是人人都能配备录音机的，主要还是靠笔头来记录。抢救工程是21世纪初开展，这时科技已经很发达了，录音已经不算什么，摄像已经开始大量使用了，而且民间美术都是造型艺术，有形象的，光文字描写还不能生动地呈现，别人还是看不清楚到底是个什么东西。所以，录像、照相变成很重要的技术手段，我们要求尽量配备这些东西，怎么使用这些东西，也需要一些技术规范。如果没有一个工作手册，是很难指导具体工作的。抢救工程一开始，我们就选了山西榆次的后沟村作为示范调查，然后把这个示范调查方式纳入到工作手册中去，这个方式可以推广到其他村，按照同样的工作方法来展开。后来每一个新的领域，我们都会制作一个工作手册。

在西方人类学史上，工作手册是局部的，是个别学者的个人设计和个人经验，没有像我们国家这样制度化、体系化、规范化，而且变成一个普遍使用的统一方法，这是一个巨大进步，有中国特色，值得在学术史上给它一个高度评价。

五、率先做传承人口述史

传承人是一个全新的调查对象。对传承人怎么记录？这就出现了口述史的问题。传承人口述史这样一个新概念，也是中国民协重要的学术贡献。

传承人身上是有宝贝的，满身的技艺，他不一定讲得出来，怎么引导他讲出来，记录下来，是很重要的。涉及工艺、匠艺、技艺的技术要讲述，还得讲述传承从哪儿来，中间有什么创造体会，做这个东西的历史，有什么寓意含义，成长的过程，这一套讲述非常重要。国家命名的传承人很多都去世了，如果不把这些东西讲出来，随着他走了，留下了一两个作品，但是这个作品什么含义，什么情况下运用，怎么创作出来，师傅怎么教他，他为什么比别人技高一筹，这些东西如果流失了，实际上是把核心技术带走了。我们做传承人工作的时候就发现口述史很重要。

冯骥才先生一直有做口述史的传统，在这方面特别有经验。中国民间文化杰出传承人，我们命名了一百多个，做成书的几十个，后来冯骥才先生带领天津大学的团队把关于年画的所有重要传承人都做完了，大概有二十多个，一大套。后来又专门做了一个传承人口述史的方法论的国家重大课题，在学术上进行了总结。

传承人要做口述史这个学术要求，或者把它作为一个重要的保护方法，是中国学术界的贡献。整个非物质文化遗产保护里都没有这样的明确要求，所以说这也是中国学术界很前沿的贡献。

冯先生做过"一百个人的十年"，把文学方法带入到这个领域里来。我们国家历史学界的口述史这一派，说到中国口述史的发展，冯先生的贡献是绕不过去的。当然，口述史本身在美国先做起来，后来影响到国内，台湾有些人做，大陆这一二十年比较火。钟先生的大公子钟少华，也是搞历史学口述史的一个重要人物，也是学界里绕不过去的。冯先生对历史学的口述史有推动，对文学的口述史有推动，对非物质文化遗产保护的口述史有推动。民间文化的口述史里，我们基本上成了一派，而且是率先做，成绩最大的，其他方面都受到这个影响，学术发源地在这里，学术成就最高的也在这儿，系统化总结出理论成果的也是在这里。

六、从集成、抢救工程到大系

从三套集成到抢救工程是由点到面,从民间文学这个点到民间文艺这个面;从抢救工程到大系是从一个面向另外一个面扩大;从集成到大系又是从点到面,是从民间文学向各门类的民间文学、大民间文学扩大。

原来三套集成是歌谣、故事和谚语,现在中国民间文学大系(以下简称大系)包括小戏,说唱,还有俗语,谜语,还有史诗,叙事诗。原来故事里神话也没有分全,谚语基本是狭义的谚语,很多很精彩的民间语言没进来,现在谜语也进来了。

三套集成虽然也丰富多彩,也到了极致,但还应有更精彩的呈现,才能了解民间文学的丰富性。我接触过少数民族民间讲的寓言,精彩至极,一点都不亚于格林童话、伊索寓言,非常棒的很多,但如果没有集中呈现,就看不出这样一个面貌出来。原来的三大史诗就是海量的,叙事长诗傣族就有五百多部,汉族的有江南十大民间叙事诗,这些在中国历史上都没有被记录,没有被呈现,这块儿如果完整呈现,文学史都要重新改写。民间还有很多神话,典籍记载的在民间都有流传,但是在三套集成里看不到这些亮点,都淹没在大分类里。

所以,民间文学大系在三套集成的基础上的呈现,不是重复的呈现,它有更新的呈现,门类更细,样式更多,品种更丰富。前面我们做过大量普查,心里基本有底,后来这几十年陆陆续续一直都在收集整理,有些收集整理只是在局部地方呈现,没有放在这样一个国家平台。这些资源有重新整合的必要性。它是一个基础,让今后学术的发展有更多研究对象,有更大的整体性,它是和非遗保护接轨的,它是一个水到渠成的过程。

从进程上来说,大系是第四大工程,第四大战役,对前面的工作是一个螺旋式上升。有很多有价值的东西还没有纳进来,这次再不纳进来将来也会消失看不见了。

大系进入中办、国办中华优秀传统文化传承发展工程,这是一个高规格的定位。三套集成是文化部、国家民委和中国民协三家发文,抢救工程是国家社科基金特别委托项目,文化部和中国文联开展,民间文学大系是中办和国办两办文件定位,应该说平台更高,档次更高,力度更大。在十九届四中全会会议审议通过的《中共中央关于坚持和完善中国特色社会主义制度 推进国家治理体系和治理能力现代化若干重大问题的决定》中,把"推进中华优秀传统文化传承发展工程"写在里面了,而大系是其中的一个重要工程。在推进国家治理体系和治理能力现代化方面,在国家制度建设方面,我们这个项目也是有机构成的一部分。

七、对未来怀有更多期许

四个工程,四大战役,四个阶段,一步步在深入,一步步在提高,一步步在产生更广泛、更深远的影响,一步步进入国家的文化发展和制度建设的有机构成中,越来越成为学界的事情,政府的事情,人民的事情,国家的事情。一开始,民间文化保护可能仅仅是学界的事情,后来成为包括老百姓和政府某些部门的事情,现在上升到国家层面,成为全政府、全社会的事情,而且和未来发展紧密结合,是建设社会主义现代化强国的一部分,是实现中华民族伟大复兴中国梦的一部分。我觉得这也是中国民间文艺界的一个巨大贡献,是一个荣誉,也是一个使命和责任。

2020年,中国民协就成立70周年了。我参加过中国民协50周年、60周年的纪念活动。我觉得,我们新的10年庆祝,应该能够展现更多的成果,能够展示民间文艺事业发展的荣誉和对未来的期许。中国民间文艺是和中国人民的生活息息相关的,中国民间文艺是我们悠久古老文明的一个重要构成,中国民间文艺肩负巨大的责任和使命,它也有光明的、光辉的前途。

访谈手记

对向秘书长的采访,约在他的办公室,在处理完手头的工作之后,他迅即进入我们要谈的主题:民间文化遗产抢救工程。这项工作持续至今近20年,可讲述的故事很多,但作为亲历者,他并没有太拘泥于细节的陈述,而是把视角放在了民间文艺与时代转型的关系上,并兼及"五四"、延安时期、中华人民共和国成立初、改革开放等时代,甚至在谈起求学、工作以及与民协的渊源等经历时,也流露出这种对"历史的合力"的思考。10年前,他在民协任秘书长,笔者作为编辑向他约稿,回顾新中国成立60年来的民间文艺发展,他总结为"三大战役"。10年过去了,加上民间文学大系,"三大战役"变成"四大战役"。采访快结束时,他特别补充说,"推进中华优秀传统文化传承发展工程",是写在在十九届四中全会的决定里的。的确,民间文艺是我们悠久古老文明的重要构成,它是时代转型的文化底盘,它在未来的作用令人期待。

相遇·相知·相伴

——我与新疆民间文学的40年

马雄福

访谈时间	2019年11月15日
访谈地点	新疆乌鲁木齐友好南路文联大厦
访 谈 人	巴都木加甫、王敏[1]
整 理 人	金鑫[2]

马雄福，回族，1956年生。现任中国民协副主席、新疆文联副主席、新疆民协主席。2007年被评为自治区有突出贡献的优秀专家。翻译的《哈萨克民歌选》，责编的《江格尔》《女性文学与美学》《回族知识辞典》，撰写的《回族丧葬文化略论》《新疆汉文图书出版形式和问题研究》等20多种图书和论文获全国、省市、地区的奖励。负责的国家课题：中国文艺集成志编纂出版·新疆民间故事、歌谣、谚语三套集成，任总编；柯尔克孜族英雄史诗《玛纳斯》汉文翻译出版；《中华民俗大全·新疆卷》（任主编）等。

一、与民间文化相识

我与民间文化结缘是40年前的事了，1979年9月我从新疆大学哈萨克语专业毕业之后被分配到新疆人民出版社。当时的新疆人民出版社对于人才的要求非常严格，刚分配进去必须要先到校对室实习一年，学习主要的编辑业务。由于我的学术素养尚可，半年后我就通过了编辑部与校对科联合鉴定，转到了汉文编辑部民族文学室。当时老一辈的翻译艺术家、编辑以及文学作家都聚集在新疆人民出版社，但在那时，国家正处在文学复兴中，文学编辑也是青黄不接，可以说，我是出版社唯一一个应届毕业生。在这个断档期里，学习语言的人才比较紧缺。于是从1981年开始，除了平时的出版工作以外，我和我们少数民族文学研究室的科室主任李正阳、赵世杰（阿凡提故事的翻译者）三个人创办了一个不定期出版的丛刊——《新疆民间文学》，从1981年到1989年丛刊共创办了13期，主要刊发一些民间文学作品、评论以及一些与民间文学相关的信息资料。丛刊一经刊发就在社会引起了很大影响。当时我一边编书，一边从事民间文学的组稿、修改、加工、翻译、整理等工作，承揽的事情非常多。这些事情一方面锻炼了我，另一方面也使得我对民间文化产生了非常浓厚的兴趣。1984年新疆人民出版社列了一个各少数民族文种丛书的选题，当时哈萨克民族民歌翻译的任务便由我负责。我用了将近一年的时间来搜集、整理、翻译哈萨克民歌，终于在1985年我出版了人生中的第一本书——《哈萨克民歌选》。能够刚走出校门不久就出版了自己的书，这对于我个人的鼓舞很大。在这本书中，我一方面汲取了前辈们在"信""达""雅"等翻译上的经验，另一方面也充分展示了自己在文学表现上的特点。当时在《新疆日报》上，几位著名的评论家都给予了很高的评价。在这个过程中，我接触了民间文学的各种艺术形式，包括史诗、长诗、民间歌谣、谚语、神话等各个民族不同类型的民间文学作品，也更加深刻地意识到新疆真是个民间文学的大海洋，文学资源极其丰富，哺育了一代又一代的人从远古走向现代再走向未来。民间文学是我们新疆各个少数民族的精神宝藏，它滋养着各族群众的精神生活。

这段时间出版社又列入了好几套民间文学方面的丛书，包括民间故事、民间歌谣、民间谚语，这三种内容的书籍在新疆人民出版社是按照民族分类出版的。而我所接触的文稿更多侧重于民间文学、民间文化这方面的内容，于是我就与民间文学结下了不解之缘。在这之后我将更多的精力放在翻译上，特别是对谚语、俗语的翻译。《哈萨克民歌选》出版之后，我又陆陆续续与别人合集出版了许多关于新疆少数民族谚语的集锦，共有两三万章。当时我们没有电脑，只能用小卡片翻译整理，先用两种文字对照把意思翻译出来，然后再整理。为了使汉语系的读者看得更清楚，更具汉文的语法修辞逻辑关系，我们对文稿进行了一次大幅度的修改整理，整理之后再找少数民族中懂汉语的、表达能力比较强的老前辈审定。就这样，到90年代初我们就已经出版了《新疆少数民族谚语集锦》《新疆五民族谚语选》《新疆少数民族俗语选》《新疆少数民族谜语选》等7部作品。在这期间，我还参与了对全国的一些涉及民族文学、民间文学方面的大型书籍的供稿，其中包括为《民间文学大观》《民族文学字典》等四部大型工具书供给词条。此后，我跟民间文学结下了深厚的情谊。

在那期间我也申报了一些选题，包括维吾尔族古典文学大系、新疆少数民族天山丛书等大型作品。因为少数民族包括小说和散文在内的现代文学的起步都比较晚，所以这些大型作品更多是在民间文学的基础之上发展起来的。维吾尔族最早的小说就是20世纪50年代在我们出版社出版的《克孜勒三项》，这也是我们出版的第一部长篇小说。过去很多东西都是通过民间故事或诗歌表现出来的，很少使用小说和散文，小说和散文都是后期出现的。蒙古族有很多当代作家，但他们的作品很少被翻译成汉语，例如道·蒲岱就是蒙古族中新一代的作家，他的作品多以诗歌和小说的形式来创作，但很少有被翻译的，在新疆类似于道·蒲岱这样的作家还是比较多的。我曾经为其写

---

[1] 巴都木加甫，新疆大学民俗学专业研究生。王敏，新疆大学历史学院民族学专业研究生。参与访谈人：金鑫、祁云梅。

[2] 金鑫，新疆大学人文学院教师。

过一篇文章,道·萧岱十分激动,因为这么多年来他的作品从未有过翻译版本。我因此而感到十分遗憾,汉族读者根本都不知道蒙古族会有这样一位极具影响力的作家。我呼吁大家去关注这些少数民族作家的成长,感受他们身上火热而奔放的情感,理解他们独特的生活方式,只有真正了解他们,才能突出他们的价值。

与此同时,在民间文学上的研究也使我的工作有了一些变动。1995 年,由于在《玛纳斯》汉译本审读工作中的突出表现,我被调到自治区文联新疆民间文艺家协会主持工作,在那以后,我终于可以名正言顺地为全疆的民间文化服务。在这几十年的时间里我主持了民间文学、民间艺术和民俗学等方面的一些研究、普查与深度整理,并开展了大量的田野调查,成效颇丰。

二、与三套集成的故事

(一)令人肃然起敬的守望者

中国民间文学三套集成是国家非常重视的一项大工程,也是我们国家有史以来首次进行的如此大规模的民间文学的普查、搜集和整理工作,这项工作也被专家誉为"文化长城的修复工程"。对民间文学开展如此大规模的工程,在任何国家都是不可能实现的,只有在中国共产党的领导下,我们的民间文化才能被给予这样的高度重视。我们国家对民间文学的定位非常准确,民间文学的搜集、整理和传承工作都是政府行为,所以辐射范围也非常广。国家有方案、有计划、有投资,各个省市有机构、有指导、有组织。比如像新疆,当时的民间文学集成办就已经设立到县级,而且自治区党委常委还亲自挂帅参与了工程的建设。当时我们的口号是不漏掉一户人家,要走巷串户,要深入基层,仔细检查每个角落。搜集是我们民间文学三套集成普查中的一项重要任务,在这个过程中,有很多事情令我感慨良多。

当时我还在出版社,由于新疆"三套集成"普查工作战线拉得比较长,在国家规定的时间内我们就已完成了县卷本的搜集、整理和出版工作(县卷本就是由各个县组成三套民间文学集成办公室。他们组织的班子经过专业人员的培训,按照我们编撰大纲的要求,深入基层,通过几道传承手续,包括先采录,后整理,再记录成文字,最后分类整理出来)。在这个过程中,由于新疆面积大且交通不便,所以采录工作基本上就是靠跋山涉水完成的。给我印象最深的、触动最大的就是新疆各族人民对民间文化本身的执着和热爱,以及他们对民间文化敬畏的心态,他们对于自己本民族文化的责任感和担当精神即使在今天看来也是很难得的。在他们看来,文化是共享的,是民族的财富，是他们应该向国家和社会奉献的一种东西。老百姓们争先恐后，踊跃找采集员记录他们的所知所闻。正因如此，虽然搜集工作只开展了短短的几年，但是成效显著。正是由于这些民间传承人对于本民族文化的挚爱，我们的工作才得以迅速地向前推进。

另外，我感触较深的就是他们先进的文化背景。他们认为民间文化的传承并不是个别艺人的事情，而是全民传承。在这种文化背景下，民间文化传播的穿透力和影响力是极大的。当时，民间文学的传承人就相当于我们现在的学校、文化站、电台，那个地方只有他们的声音，只有他们的身影。多年来，民间文化代代相传直至今日，这本身就证明了民间文化强大的生命力。所以说通过民间文学三套集成的普及、搜查、整理再到后来出版，整个过程中令我感触最深的就是广大人民群众的这种精神，他们不愧是民间文化的守望者。

（二）现在的集成和未来的集成

回顾过去的成果，我们按宝塔型的结构组织整理新疆的民间文学三套集成，成果还是比较好的。首先整理出的是以各民族语言记载的县卷资料本，其中正式出版的有包括维吾尔文、哈萨克文、柯尔克孜文、蒙古文、锡伯文、汉文6种文字在内的共432册资料本，基本上80%以上的县市都出了县卷本。县卷本的出版不仅有利于我们民间文化的传承，而且也为我们后来编撰省民间文学卷本和国家卷本奠定了基础。正是因为有这些基础，我们在做省民间文学资料本时，才都以县卷资料本为基础筛选翻译。民间文学县卷资料本在1995年时已经出版了一部分，我来到民间文艺家协会后加快了出版的进度。后来在县卷资料本的基础上，根据新疆特殊的语言情况又重新筛选了一次，按文种划分出省民间文学卷本。因为县卷资料本有大量的重复内容，且变体译文比较多，于是我们便选取了其中一部分比较有代表性的作品进行出版，比如说哈萨克族、维吾尔族、柯尔克孜族、蒙古族、锡伯族这5个民族就单独立卷，乌孜别克族、塔吉克族、塔塔尔族这三个民族合并立卷，剩下的汉族、回族、达斡尔族、满族、俄罗斯族这5个民族合并立卷。在新疆三套集成的出版过程中我们还出版了一套新疆长诗，特别是哈萨克族的长诗。因为我们把民间叙事长诗也作为采录的内容，所以可以说，在全国是三套集成，在新疆是四套集成。花费4年时间完成省民间文学卷本之后，我们便开始了国家卷本的出版工作。在国家卷本的出版过程中我们将主要精力放在翻译上，首先由各民族组成自己的编委会，按照民间文学的类别选择各民族的优秀文化，然后再组织一个庞大的翻译班子，进行翻译润色，完成之后就送到中国民间文学三套集成总编委会，根据他们的反馈意见与原文核对，与此同时，再补充一些包括图片、照片、传承谱系以及传承分布图和传承人资料的一些注释及辅助材料。这项工程非常浩大，投入的人力也特别多，我们获得了很多第一手资料，这些资料都是数以千万计的。三套集成这项壮举是我们国家文化发展史上规模最大的工作，也是新疆民间文学最全面的一次普查。

少数民族文化实际上就是一部口述文化史，新疆被誉为民间文化资源最丰富的省区，是天然的民俗博物馆，在这方面的美称美誉比较多。通过长期对民间文化进行搜集、整理和研究，我们可以清晰地看出新疆民间文化发展史的确是一部特别的口述文化史。以少数民族长诗为例，哈萨克族就有三百多部长诗，蒙古族有一百多部，维吾尔族、柯尔克孜族也有很多，仅仅这四个民族长诗的数量将近有七百多部，这是多么珍贵的资源啊，新疆着实是民间文学的宝库！民间长诗是民间文化承载量最大的一种形式，因此说民间长诗的搜集、整理、传承和保护是民间文化传承发展的重要工作。我曾把长诗比喻为少数民族文化史中的二十四史，汉文化的历史是用文字来记载的，而少数民族文化史却是通过民间长诗口口相传的，可以说，少数民族文化史就是一部口述史。

虽然说我国民间史诗和长诗的工作在近些年来进步迅速、规模不断扩大，但是有一件事仍令我感触颇深。1999年，我到吉尔吉斯斯坦参加了一个国际民间史诗成立大会，会上宣布在立陶宛发现了三百多部长诗，联合国教科文组织便把立陶宛命名为"世界长诗之国"。我听到这句话时内心五味杂陈，我们新疆四个民族当时就有700部长诗，就哈萨克族来讲，可能比立陶宛整个国家的长诗还要多。而当时我们国家，特别是我们新疆的民间长诗确实不为外人所知，所以回来之后我就坚持要把民族长诗的保护和传播作为一个重点课题来做。

2005年，随着我国非遗工程的启动，民间长诗被列入国家级、自治区级文化遗产，把民间长诗的保护推动到国家层面、自治区层面。回顾这项工作的研究历程，从2000年之后，我们在过去初次长诗搜集整理的基础上，进行了二次普查收录；同时民间文艺家协会也将长诗的收录工作作为一项常态化的任务，每年都进行必要的采录工作，只要我们发现一个长诗艺人，就不惜一切代价进行抢救性的采录工作。截至目前，对于新疆地区流行的多数长诗我们已都具备了第一手资料，这就是民间文艺家协会多年来工作的成果。我们最大限度地发现传承人，进行传承人培训，经过多年的培训、采录和宣传推广，我们传承队伍的人数也有了极大增长。

习近平总书记曾在多次讲话中提到三大史诗，高度评价了民间长诗拥有的社会影响力和对世界文明的贡献，然而民间长诗现在仍然还没有完全向世人展示。如今，三大史诗中的《玛纳斯》《江格尔》已经列入联合国教科文组织的重点保护项目，属于人类共有的世界文化遗产,《格萨尔》也被列为国家级重点保护项目。我们今后的发展方向也将继续围绕三大史诗及其他长诗的收集、翻译、出版等工作。当前看来,目前最重要的是要通过翻译把史诗长诗推向外界。推向外界不仅是要翻译成汉语,还要翻译成其他语言。现在已经翻译成英文、日文、西班牙文等几种外语,但是数量仍然是比较少,仍需继续向外推广介绍。我们还要通过更多的艺术形式全方位地介绍新疆地区具有代表性的优秀作品。此外,在传承人的保护与发展方面我们也做了长期的规划。首先就是要推动传承人进校园,让更多的青年人了解新疆丰富的文化底蕴,让更多的人看到知道了解,直至热爱史诗、长诗这种艺术形式。

在专注于民间文学的发展与传承过程时,我也注意到了一种不太好的趋势,那就是新疆民间文化传承人群不断式微的这个趋势。为了扭转这一趋势,我们开办了一系列民间传承人培训班。民间文化的传承在过去一直作为民间自娱自乐的文化,只在民间广泛流传。因为在当时的文化条件下,老百姓在艺术形式上没有更多的选择,所以民间文化是他们唯一的选择,也是他们比较可取、比较常用的文化娱乐形式。

随着现代化的发展,特别是城镇化、工业化、信息化时代的到来,艺术的种类更加多样,民族与民族之间,国与国之间通过互联网的交流也更多更频繁,种类繁多的艺术形式蜂拥而来,我们的年轻人不可避免地会被外界的信息所迷惑。为了保护传统文化,让每位青少年更加了解自己的先祖文化、民族文化和传统文化,我们在传统文化的保护上做了更多的培训、宣传、推广工作。这项工作从表面上看是对传承人的培训,但实质上,它更多的社会意义在于让全社会都知道我们中华传统文化,了解中华传统文化。因为传统文化是我们的根文化、血液文化,是我们每个人核心价值观的基石,我们一切文化的根本都是从传统文化中来的,所以我们才会利用培训、演唱、学术交流等多种形式让更多的人尊重、了解、认识自己的传统文化,了解自己文化的根。任何一个人都不能做无本之木、无源之水。年轻一代可以接受外来文化,但是外来文化不是我们本民族的文化,它可以补充我们的文化。作为一个民族的人,首先应该了解的是自身的文化,这就是我们的基础教育工程要做的事情。我们通过这么多形式,就是要唤醒更多的人,特别是唤醒年轻人对民间文化、对中国传统文化的认识了解。通过传承人的培训,提高他们的社会地位,使他们了解传统文化的重要性,从而影响年轻的一代。在四大文明古国当中,我们是唯一一个没有断流的国家,少数民族也属于中华民族,在少数民族传统文化的传承传播发扬问题上也不能打折扣。

在培训过程中我们也有了意外的收获,没想到培训会有如此大的社会效果。原先我们把目光只盯在一些有传承基础的民间艺人身上,后来我们发现有很多人也在关注培训会的事情,还有一些人对史诗长诗的演唱非常感兴趣,所以我们的培训面逐渐扩大，逐渐将重点放在青年人身上，培养他们对传统文化的一种敬畏心态。年轻人也可以通过互联网、微信等渠道将自己演唱的作品发表出去，引起更多的人关注民间史诗和长诗的发展。我们也把它作为一种推广经验，现在《玛纳斯》也形成了这种形式。南北疆之间的交流、各地州之间的交流在不间断地进行，这远远超越了我们当初所设想的效果。

三、总说民间文学的研究

（一）那些困扰的问题

在这么多年研究民间文学的过程中，我们也遇到了很多的问题，困扰我们最大的问题，就是新疆的语言障碍问题。20世纪八九十年代，我们新疆有一批老的文学翻译家，这批老艺术家为我们新疆的民间文化、民间文学的翻译方面做出了突出的贡献。但随着老一辈翻译人才相继离开，民间文学的翻译一直处于一种青黄不接的状态，到目前为止，翻译力量依然相当不足。这就导致我们虽然有更多更好的一些民间文学作品，却依旧没办法和广大汉语系读者见面，也很难为外界所了解。一个好的文学编辑不仅要懂语言，而且还要了解各民族的生产生活方式，甚至可以说，后者比前者更重要。正是因为这些条件的限制，民间文学的翻译对于翻译人员的要求还算是比较高的。我们现在所面临的问题一方面在于真正从事文学翻译的人比较少，这与我们长期以来对文学翻译的态度是分不开的，文学翻译一直没有被作为一种养家糊口的职业而存在，因而很少有人选择文学翻译的工作；另一方面，由于基数的缺少，我们优秀的翻译人才更是少之又少。这些因素都影响了我们工作进度的安排和对民间文学的传承保护发扬。

我在一些特定场合曾经一再强调过"诗是不能翻译的"这句话，其实我强调的是文学翻译的任务并不是说仅仅是一种文字转化成另外一种文字，而是一种对寓意的理解，是一种对民族文化在一个非常了解的基础上的一种情感表达。文学翻译，特别是史诗翻译，也是对史诗文学的二次创作，它不仅要求翻译人员熟练掌握原文，更要求翻译人员对各民族的生产生活方式有充分的了解、对汉语阅读的语法修辞理解各方面有一定的把握。只有这样，才能在翻译过程中将文化的内容和灵魂都充分地表达出来。

其次，我们一定要呼唤更多的民众更加了解本民族的民间文化。民间文化的保护是全社会的事，这是我们各级组织都应该清醒认识的一点。这份任务，这份责任，这份担当应该得到从组织方面、从党委政府层面的高度重视。新疆的民间文化如同一座冰山，我们所看到的只是冰山一角，还有很多部分都不为人知，亟待我们去发掘。以文化自信为例，如果我们对于本民族的文化不了解、不重视，那么文化自信也就无从谈起。

习近平总书记一再强调民间文化的重要性，文化兴则国运兴，文化强则民族强。对于新疆的传统文化，我们一定要将它作为一门必修课。只有不同文化相互了解，各个民族之间的相互尊重才会增强，才会相互了解，相互认识。文化了解是各个民族之间相互了解的最好途径，也是最便捷的途径，因为文化是没有国界的、没有民族的。

民间文化的保护也是一种文化生态的保护。文化生态就是有一种文化环境，一种传统文化传承发展保护的氛围。文化不能被断章取义地搞成一种偏实用主义、掐头去尾的东西。我们一定要尽可能确保民间文化的完整性、客观性、科学性、真实性。

现在民间文化的保护还存在一个问题，它重点反映在非遗保护上，具体表现是重申报、轻保护。在申报上面，大家的积极性很高，但是在保护上，特别是在保护的投入上做得还不够，甚至比较少。政府在这方面要加大力度，从文化的保护原则上来说，文化的保护是三位一体的，但政府需要起到主导作用，这就凸显了政府在文化保护过程中的重要性。文化的保护，首先离不开政府的主导，因为民间文化的保护是政府行为，第二个离不开专家的参与指导，第三个离不开传承人和传承地的参与，只有这三者相互支持，相互补充，传统文化才能得到有效的保护。现在大多数人都存在着一种错误的倾向，总认为"外来的和尚好念经"，花更多的精力从外面请一些专家学者来做讲座，但实质上最了解本土传统文化的还是本土的专家学者。可以说，有些传承人和基层民间文艺工作者做得也是很好的，他们身上都有很多可贵的经验和方法。所以在民间文化的保护上，不要一直眼光向上，我们还要眼光向下，一定要认识到保护民间文化也要保护传承人，要对传承人给予更多生活上、情感上的关注。一方面，政府要从津贴上解除他们的后顾之忧；另一方面，我们文化工作者一定要在文化情感方面投入更多，这是我们做好民间文化传承工作的一个重要方向。

在旅游业的推广和发展上，民间文化一定要占据主体地位。民间文化的社会影响力决定了它的主体地位，如果把支撑民族文化发展的基础工程——民间文化放到一边，那旅游业发展就无从谈起。此外，我们一定要摆正自己的态度，文化学习者、政府工作人员一定要尊重民间艺人，民族文化的发展不是喊出来的，必须要有实际有效的行动，所以我们首先要从尊重传统文化、尊重传承人开始，转变态度，转变观念。

(二) 我们的民间文艺家协会

民间文化本身是一个完整的生命体。从表现形式上来讲，民间文化主要有三种，民间文学、民间艺术以及民俗仪式，民间文化就是通过这三种文化形式来表现的，它们也是民间文化的主要传承载体，这三者共同构成了我们民间文化的整体。这三者是相互依赖，相互补充，共同形成的，它们三者为民间文化构成了发展关系，三者缺一不可。总的来说，它们三者的关系应该是一种有分工，有责任，有互补，也有整体的关系。

当前，有很多人都说民间文学走进校园就会丧失它的原真性，我觉得这种说法真是太片面了。民间文化传承主要是一种技艺传承，一种文化精神的传承。过去由于生产生活方式的局限，我们只能选择单一的演唱形式，现在我们可以用各种艺术形式来表现史诗、长诗。我们不能把传播形式作为民间文化特有的东西把它固定下来，而且如果这样做，也会使得民间文化处于一种文化的壁垒中没办法突破。我们现在处于一种文化的生态圈中，民间文化的传承离不开受众群体。如果仅仅局限于一种形式，那么我们面临的就是受众群体的大范围流失，我们是选择拘泥于一种艺术形式而丧失文化，还是为了文化的传承发展而拓展更多的艺术形式呢？答案显然是毋庸置疑的。

对于民间文化的传播，我们首先应该认同一种说法，那就是，民间精神的传播是民间文化的基因，我们需要传播的是它的精神内涵。我们要把民间文化作为一项事业，作为一种文化符号，作为一种民族的文化生命来传承。所以说要利用各种艺术形式来传承民间文化，这是我们当代对民间文化传承与保护最需要的一种形式和观念。民间文化最大的一个特点就是它的活态性，它是一个活性传承的东西，一旦失去了活性传承的特点，它就失去了民间文化的本义，一种文化如果不在民间传播了，那么它也就不能再称之为民间文化了，它就只能被叫作历史。正是因为民间文化独特的活态性，民间文化的传承才一定要适应当代社会的发展。民间文化最大的属性就是推动社会文明进步，传递真善美。民间文化存在的价值是由它的社会价值所决定的，因而只有努力使民间文化适应社会发展，满足社会需求，才能发挥民间文化的最大价值。

新疆民间文化最大的特点就是文化的种类多、储藏量大、各民族之间的交流交往密切，这个势头一直都没有中断。新疆各民族共同的生活环境决定了各个民族相似的生产方式，也决定了新疆的民间文化就是各个民族在不断的交流、融合、发展的过程中创新创造发展出来的，离开其存在的空间它可能就会自生自灭，难以维系。所以说一种艺术形式只有在交流交往过程中互相补充营养，才能够汲取更多有价值的东西，为自己赢得发展的活力，促进民间文化不断发展进步。

在进行文学研究的过程中，我们还参与甚至还组织了国际学术交流论坛，以论坛的形式来吸取经验成果，提高我们民间文学研究的广度与深度。新疆是民间文化的资源大省，但由于在民间文化民俗学的研究方面可能还比较滞后，于是在自治区党委宣传部和自治区文联的主导下，我们召开了多次国际学术研讨会，其中包括开展《玛纳斯》《江格尔》《格萨尔》以及民间文化民俗学方面的国际研讨会。一方面满足了我们工作的需要；另一方面也培养扩大了我们的研究队伍，汲取了更多的学术方法，使我们新疆的民俗民间文化研究和发展保护传承更上一个台阶。我们一直将研究特别是通过学术研讨会这种形式视为交流切磋的方式，以此来解决我们在研究过程中遇到的部分问题，大家达成一种学术上的共识。此外，新疆民间文艺家协会与中国民间文艺家协会也经常召开学术例会，进行学术创作与研究。

民间文艺家协会虽然隶属于文联，以协会的形式存在，但是民间文艺家协会实际上是一个研究实体，与其他的协会不一样。民间文艺家协会脱胎于中国民间文艺研究会新疆分会，1989年之后改称协会，但是实际上，目前民间文艺家协会的科室划分和工作方案都是研究性质的。民间文艺家协会在自治区文联有着双重身份，一方面作为一个组织、联络、协调服务的协会；另一方面还作为一个研究实体，承担新疆民间文化的研究推广保护工作。现在又成为非遗方面七个项目的保护责任单位，所以目前民间文艺家协会的工作围绕非物质文化遗产来进行，主要从民间文化和民俗学两个方面入手。

在民俗学的研究上面，协会近些年来也是收获颇丰。2006年，我们承担了中国民俗学会安排的《新疆民俗大典》的任务，这本书历时8年，涵盖了新疆各民族的民俗事项，总共有二百多万字，六百多个词条，最近正处于修改阶段。这项课题也是一项国家级的课题，动员了全社会的力量，涵盖了新疆各个民族的民俗事项，并对其进行了必要的梳理整合。这本书对于研究民间文化和民俗学的人来说是一个基础性的资料，也是一部工具书。虽然我们很辛苦，也花费了大量时间，但是我觉得这件事情非常值得。

四、民间文化的新征程

我们还准备在新疆每个县都整理出版一份县卷民俗志，虽然由于经费原因一直搁置，但是课题仍然在列，现在各个县市文化内容极少，特别是民俗事项的文本资料几乎没有。俗话说，盛世修志，在当前这样一种发展阶段，我们应该有这样一本民俗志。随着工业化的快速发展，很多传统文化的东西正在消亡，我们现在做的这项工作还带有抢救性质。现在各个省市都在大力发展旅游业，在这一背景下县卷民俗志的作用也更加凸显出来。这样看，现在它应该作为自治区的一个重大课题而存在，我们应该动员全社会的力量把县卷民俗志的编撰工作尽快地抓起来，做起来，因为这是一件功德无量的事情，也是一件对子孙后代大有裨益的事情。

传统文化的种类比较多，特别是民间艺术的表现形式也比较多，这中间还包括很多国家级课题，古村落保护就是其中的一项重点工程。在古村落的考察与保护中，我们度过了相当漫长的时间。截至目前，新疆先后公布了很多古村落，并将其纳入保护范畴。在项目开始之初，我们严格按照调研大纲上的要求进行了三年的前期调研，调查的范围比较广，数据要求比较精细、准确，从中获取了大量信息和资料，这也为我们积攒了充足的田野调查经验。但是现在我们自治区古村落的申报工作发展得不太平衡，北疆比较多，南疆比较少，但是从中国民协的角度来看，我们的完成度还是比较好的。

我们进行了"'一带一路'探源工程"，这是中国文联、中国民协根据"一带一路"的发展提出来的一项工程。我们主要负责的是"一带一路"中阿凡提故事类型的调研工作，这项工作我们前后用了两年时间，目前已经交稿，也即将出版。

我们还进行了新疆机智艺人、笑话大师的传承谱系调研，把故事也做了一些分类，目前已经以研究论文集的形式上交。

我们在2007年接受了中国社会科学院民族研究所"一带一路民间文化多样性"的一个研究工程，探究新疆少数民族文化表现的多样性，我们承担的部分是丝绸之路上民间文化的表现形式和特点特色，我主要负责回族民间文化的研究。

从2015年开始，国家对全国剪纸工程进行调研，各省市需要出不同的卷本，2016年我们接手这个课题，经过一年时间的调研，2017年底初稿已经成型，2018年根据专家的修改建议进行了一定的修改与补充，今年年底我们要把这些稿件审定完成，组成《中国剪纸集成·新疆卷》并全部交稿。

2016年，中国民协换届。次年，中办、国办印发《关于实施中华优秀传统文化传承发展工程的意见》，其中，中国民间文学大系出版工程由中国民协具体执行。各个省市都把自己民间文学作品中间具有代表性的、具有特色的作品推荐到大系国家文库中去，文库包含了各民族的民间故事、歌谣、谚语、神话、传说、谜语、小戏等十多个类别。把文学作品以汉文的形式放到国家文库里面统一出版，2025年以后，我们要把这些基础的东西通过民间文艺的形式分门别类地向世界推广介绍，这是国家的一个重点优先工程，新疆不能错过这个机遇，这也是向世界展示中华文化的一个机遇，除了依靠自身力量，我们还要更广泛地依靠社会力量，把我们新疆各民族优秀的、最具代表性的、最有分量的文学精品佳作推荐到国家文库中去，向世界展示我们优秀的中华文化。

虽然我在这些年来曾获得了一些荣誉，但是这些奖励都不足挂齿。从民间文化工作这方面来讲，我是个幸运儿，也是个获益者。新疆丰富多彩的民间文化滋养了我，也使我在这方面获得了一些荣誉，获得了一些学习的机会。我非常感谢新疆各族人民在历史发展长河中创造出来的这么伟大的民间文化，我作为新时代的学者赶上了这个好时机。由于工作的关系，我能尽早接触到民间文化这项工作，在很多人还没有关注它的时候，我们就已经开始研究这件事情了。从出版社到民间文艺家协会，我的工作岗位发生了一些变化，但工作实质并没有发生什么变化，只是搜集整理研究更具体化。在出版社我以编书为主，到了民间文艺家协会，可能涉及的、面对的则是新疆各民族民间文艺事业，我的担子更重了、责任更多了，但视野也更加广阔了，这就是磨砺与成长。

这些年来我们一方面按部就班地开展工作，另一方面也根据新疆文艺的实际制订了一些工作计划，正因如此，今天才能有秩序有步骤地向大家介绍新疆民间文化这座大山。我相信随着民间文艺家协会的工作不断推进，在国家的重视、党的正确引导之下，民间文艺事业，特别是新疆的民间文艺，必将有一个更加美好的明天。

访谈手记

2019年11月20日访谈马雄福老师的时候，距离马老师的64岁生日只有3天时间，距离他的退休年龄也已经过了3年了，但马老师依然在岗位上兢兢业业地奋斗着。他兴致勃勃地为我们讲述了自己这么多年来的研究成果，这其中也不乏遗憾，马老师感叹这么多年来新疆的民间文化走过了一个快速而又艰难的道路，联想到这么多年来新疆的民间文化集成所经历的从无到有、从有到精的这段过程，我不禁感叹这是一代人乃至好几代人用自己的一生所取得的成果。新疆民间文化的发展离不开这些兢兢业业的守望者，同样也离不开那些最普通的收集者与传承人，正是他们不畏艰苦、跋山涉水，才使得这些优秀的民间文化有了与我们见面的机会。同时我也深刻地意识到新疆民间文化的传承与发展不仅仅是文学方面的成就，更重要的是它代表着民族文化的顺利输出，也承载着民族平等的依托与使命，只有意识到这一点我们才能真正了解民间文化对于一个民族的重要意义，也才能理解这一工作对于马雄福们的深刻意义。

要做国家最关切的事

白庚胜

访谈时间	2020年1月17日
访谈地点	北京海淀区潘庄东路1号院
访 谈 人	张志勇
整 理 人	张志勇

白庚胜，纳西族，1957年出生于云南省丽江县一个农民家庭。博士，研究员。1980年从中央民族学院毕业后在中国社会科学院工作，并先后在中央民大、北师大攻读博士学位、从事博士后研究，师从马学良教授、钟敬文教授。2001年至2006年在中国民协担任分党组书记、驻会副主席。先后兼任中国少数民族文学学会理事长、中国民俗学会副理事长、中国人口文化促进会副会长、国际纳西学学会会长、国际萨满学会副主席、中国纪实文学研究会会长。著有《白庚胜文集》。至今，主持"中国民间文化遗产抢救工程""中国少数民族文学发展工程""象雄经典翻译研究工程"等。

一、在故事和歌谣中成长

我从小就喜欢听故事，喜欢看故事书。村里，学校里，只要有人讲故事我都喜欢听。加上我母亲张淑女懂很多故事，远房哥哥白庚生虽然双眼失明但很能讲故事，我从小受到很好的熏陶。纳西族故事家赵进修、木丽春编排了很多故事到处讲。只要他们讲故事我就去听。我这个人记性好，好读书，走到哪里都到人家家里去借书看，只要有人扎在一起讲故事，我就喜欢去听。

我生于1957年，上学时没有书读，又是世世代代文盲家庭出身，没有书本积累。怎么办？我就只好去听人民群众那些口头文学遗产，用故事滋养自己的心灵。

我们村有个水库叫团山水库。每年，水库底下几十个村的年轻人，都要住到我们村里来修这个水库，怕山洪来了大坝不稳。白天，他们干活很累；晚上，他们喜欢走来走去，物色自己的意中人。白族人和纳西族人都在马路上对歌、跳舞，我们什么也不懂，就在人群里穿来穿去，闹着好玩。就这样，对讲故事和对歌，我从小就很熟悉，很热爱。民间文学真是伟大的母亲,她教会了我许多人生的道理,以及表达能力。

二、从丽江到北京

在学校,我的数理化学得好。当时,我们家乡流传一句话:"学好数理化,走遍天下也不怕。"它也给人安全感。我哥哥是"文化大革命"前的中学生,那时没书读,我就把他上中学的课本悄悄读完。从而,在1974年中考时,我主要以一篇作文《一件小事》,考取全县应届毕业生第一名,上了丽江师范学校。毕业以后,我当了物理、语文老师,被分在一个附属中学。学生大多和我同岁,都十六七岁,孩子教孩子。

后来,县里办第八高中,决定派一个人到北京去学语言。因为我们学校是云南省教育革命先进典型,很醒目,我又年轻又能说点普通话,上级就选了我。那年我19岁。

当时,先是说1976年不招生了,等到1977年再正式考试招生。我也就做好了下一年再正式报考的准备,自认为考个大学还是没有问题的。结果,12月份突然来通知,说我们这届作为最后一届工农兵学员还得去。就这样,我就到了中央民族学院汉语言文学系学习。

本来要"三来三去"回丽江,结果分配工作时全班都分了,唯独我一个没分配。而我为毕业早就做好了准备,只要一宣布分配单位,就可以马上买火车票回家。两天以后,学生处藏族老师杨峰悄悄告诉我,说我被留在了中国科学院。我说不可能,我学汉语言文学,怎么可能留在科学院呢?后来才知道,中国社科院1979年才从中国科学院分出来,杨老师把社科院说成了科学院。而且,中国社会科学院分出来以后,成立了一个少数民族文学研究所,我被分了那里。结果,云南不干,让我回去,说我已经被分在云南省委办公厅。那时的社会风气真好,我没有为留在北京做任何活动,也根本不懂,完全是禹克坤、陶立璠这些善良、正直的老师推荐,以及自己年年都是三好学生、优秀团员,毕业论文《"三吏""三别"的人民性》又得到指导教师曲教授给了个"有创造性的发现"评价的结果。当时,王前同志在中国社科院人事局,她到中央民族学院来物色人,就查阅我的论文,然后决定把我留下。那时,少数民族文学所已有所长、书记,但我和蒙古族同学斯琴孟和成了最初的研究人员。

三、坚定走民间文学的路

到少数民族文学所时我才23岁，没有老师带，也没有人规定你搞民间文学，还是搞作家文学、文艺理论。

上大学时，我们工农兵学员不教外语，我就决定乘机先把外语拿下来，因为那时已经对外开放。在我看来，对外开放首先是对懂外语的人开放。于是，我找了福绥境街道办事处办的夜校每晚自费学日语，白天则去中央民族学院、北京大学、北京师范大学、中国社科院文学所，听王福翰、裴嘉岭、钟敬文、刘再复、何文轩、潜明滋、段宝林、刘魁立、陈子艾等先生的讲座，文学史、美学、文学创作、文学批评、民间文学等书都大量阅读，最后决定做民间文学研究。我认为，对民间文学从小就熟悉，学术性也很强，它与国际学术界的交流机会还多。比如，那时日本和中国的民间文学交流很多，经常有人到北师大、中央民族学院、中国社科院来访问。我与中原律子、西胁隆夫等日本学者就是那时认识的。走这条路，能很快和国际民间文学交流接轨。

见我确定了研究方向后，老所长贾芝、王平凡鼓励我到底下搞调研，说田野作业的工夫越扎实越好。于是，我在1982年回到家乡丽江、宁蒗纳西族地区搞调研，回来后写了一篇文章《纳西族"猎歌"试辨》，探清了纳西族长诗《猎歌》来源及演变过程。王平凡同志原来是西北野战军警卫团政委、文学所与外文所的创建者之一。他看了以后特别高兴，说这篇文章写得好，并指定发表在我们所刚创刊的《民族文学研究》杂志上，后来还在全国及社科院连得了好几次奖。至今，我都非常怀念这段往事，以及王平凡老领导。是他教我做人、做事，给了我很好的学术起点，逐渐在社科院站稳了脚跟，直至后来成了研究员、教授、副所长，中国少数民族文学学会理事长，中国民间文艺家协会副主席。

1982年，日本学者伊藤清司先生到中央民族学院访问，曾被我们所请来讲课，但那时没有懂日语的人，哪像今天都会点外语了。那怎么办？我们所的科研处负责人王克勤同志看我学了半年的日语，就让我来做翻译。这简直是天大的笑话，哪有学半年外语就能翻译的？他原来是海军司令部的，说没关系，就是要在战争中学习战争。后来，他把稿子交给我说，反正你音标会读，基本句型你懂，里面很多汉语文献查一查古书就完了，不懂的再查。就这样，我用两天的时间把那篇讲稿全部翻译出来给伊藤先生看。后来的讲座会上，他念一段日文，我翻译一段中文，硬是完成了任务，学到了他做学问的一些方法，也成了他的朋友。他把自己的著作《日本神话与中国神话》送给我，成为我接触国外神话研究的起点。后来，我陆续翻译了其中的许多篇在国内作介绍。我记得当时他那篇文章叫《古典与民间故事》，被我翻译发表在了《云南社会科学》杂志上。

《日本神话与中国神话》对我的启发很大,里边既研究日本神话和楚辞的关系,也研究日本神话和苗族神话的关系,还有三分之二的篇幅研究日本神话和纳西族神话的关系。我爱不释手,第一次感到我们纳西族的文学那么有价值,国际上那么重视,更坚定了我走民间文学道路的信心。日本人可以研究纳西族,我们自己为什么就出不了像样的论文论著?从此,我下定决心,此生不搞文艺理论,也不搞作家文学、文学创作,就是要在民间文学研究上走到底。这直接导致了我日后的博士论文研究的是纳西族东巴神话,《东巴神话研究》《东巴神话象征论》等就是这方面的成果。

就在其后不久,听说北京大学要招收1983级民间文学硕士研究生,王克勤同志问我想不想考考?我虽读了大量的书,发表了一些论文、译文,外语也学了一段儿,但信心不是很足。另外,我只是工农兵学员,叫大专生,连本科生都不是,对考北大和全国名校学生一块竞争,没多少信心。但王克勤同志说,他已经找了段宝林老师,让他为少数民族文学所培养一个研究生,应该试一试。为了感谢他的一片好心,我买了四卷本中国文学史、四卷本古代汉语,以及现代汉语等书籍在宿舍突击了几个月参加考试。考试结束了,但没结果。这次研究生没有读成,段宝林先生就让我和他的几个研究生一起来旁听民间文学概论课。就这么一步一步往前走。

四、向日本学者学习

到了1986年,社科院要组织人员参加出国留学考试,我们所郎樱先生和我一块儿报的名。不知是何原因,后来郎樱先生突然不去,只剩下我自己。一考,我在全院唯一考中。在经半年培训后,我作为我所第一个公派留学生,于1987年秋到了日本大阪大学文学部进修学习,导师是小松和彦先生。他搞民间文学,非常棒,很有独立见解,决不跟风,《神灵的精神史》就是其代表作。我对色彩的兴趣,就开端于对这本书的学习。在一年的时间里,我读书很勤。小松先生常对人讲起:当今的日本学生已经很少见庚胜君这样的嗜读之人。此人必成大器。所以,当我延长半年学习期时,国内停止资助,小松先生给了我15万日元的赞助,我也每礼拜六、礼拜天去打点工补贴生活。

在这段时间,由于小松先生、金泽照美女士的介绍,我和日本的一些民族学家、民俗学者、民间故事家如白鸟芳郎、君岛久子等先生有了广泛的接触。比如,君岛久子是研究中国民间故事的大家,为中国民间文学界翻译的书可能已有四十几部。她不断到中国访问,而且对中国学者特别友好,还写过一篇关于纳西族《人类迁徙记》的文章。我便给她做助手近半年,到现在我们都还保持着非常良好的关系。

我学成回国时,日语口语已经基本过关,笔头也基本没问题,中国社科院、北师大、中国民协、北大有民间文学、民俗学类重大活动都请我翻译。由于国际学术交流我比较在行,人熟学科熟,我在工作中如鱼得水。这都是中国社会科学院培养的结果,我一直对王洛林、江蓝生等老领导充满感恩之情。

1989年,我们所就与中国民俗学会、日本民俗学会连续做5年的合作研究。刘魁立所长派我做张紫晨会长的助手任秘书长,和日本学者搞江南民俗调查研究。在与他们的合作中,我学习日本学者的田野作业、小题大做的研究风格。就这样,我的研究从纳西族扩大到汉族,从边疆扩大到东南,从民间故事扩大到民俗学、民间文化。其实,民间文学在国外也被视为民俗学的口承文艺部分。有趣的是,在此过程中,我与日本学者福田亚细男、佐野贤治、小林忠雄、小熊诚诸先生成为好友。特别是与佐野贤治先生的相知相识,为我第二次公派留学日本创造了良好的条件。

五、师从马学良先生

刚开始和日本方面做江南农耕民俗文化调查,我就得知中央民族大学要招研究生。陶立璠先生是我大学时代的老师,便建议我来报考。后来,已晋升为研究生院领导的、我原来大学时的班主任禹克坤先生说,你还是考马学良先生的民族民间文学研究生为好。马先生的学术和你的学术发展方向更对路,还可以连读博士。我说这样不太合适吧,我跟陶立璠有师生关系,本来我都因北大那次伤了心而不再想考研了,是陶老师劝说才回心转意的。禹先生告诉我:"陶先生我们是同事、好朋友,他会同意你考马先生的学生,更何况你考上考不上还不好说呢。"

结果,1990年我在全校考了第一名,在职读了马先生的民族民间文学调查研究专业研究生。比之陶先生的民俗学,这个专业的确离我的工作性质更近一些。马先生是当代著名的语言学家、民间文学家,兼任过我们所的副所长。他真正的功夫是用语言学的那套东西促成对民间文学、文化的解释。从索绪尔、梅耶、乔姆斯基、罗常培、李方桂、桥本万太郎,到西田龙雄、马提索夫等,我都跟着马先生学,将基础语言学、社会语言学、文化语言学、转换生成理论、地理语言类型学等全都做了梳理,感到语言学是社会科学里最严谨的科学。那时,光一个国际音标就二百来个符号,我都按马先生的教导学了半年,做到所有语言都能听、都能辨、都能发声,只要听见的就能用符号来写,能使读、写、听自由转换。马先生告诉我,你最好不要搞纯粹的语言学,那很枯燥,最好把语言作为文化材料、用语言学的方法研究文化。很多人不懂这个,而懂了这套方法的人,可以将它用在任何一个人文学科上。

有一天,我又去听课,见马先生夫妇正在戴着老花眼镜看书。见我进来,他喊我一声:"庚胜,这是你写的吗?"原来他正在看我发表在《民间文学论坛》上的《〈黑白战争〉象征意义辨》。原来,纳西族有部长诗叫《黑白战争》,过去一直认为是光明和黑暗的战争,是哲学象征性的战争。我从白匈奴和黑匈奴到彝族的白彝和黑彝、伊朗的白羊王国和黑羊王国,一直到突厥民族曾普遍存在的黑白二元对立思想、苯教的二元起源论进行考察后,认为《黑白战争》这部史诗既有后来的象征意义成分在里面,但还有复杂的历史意义,有一个最早的二元对立统一宇宙结构在纳西族文化中的转换问题。我说:"是我写的。"两位老人问我还有别的稿子吗?我说还有一篇叫《揭开"玉龙第三国"的秘密》,是分析纳西族青年的死后世界"玉龙第三国"的。我介绍说,纳西族年轻人死后,忠于爱情的人的灵魂能进入那个世界,而不忠于爱情的人则进不去。玉龙第三国是一个什么性质的王国一直没有人研究,所研究的都是殉情的社会原因,而我研究的是它的空间性质。那是"他界",我们是在"我界",我要分析"他界"和"我界"之间分属什么不同的空间?纳西族的青年人为什么要殉情?与这个空间有何关系?过去,那些父母之命、媒妁之言不让他们婚姻自由,所以死后去投奔自由王国的解释方法已经远远不够。我要从玉龙第三国的形成、它的观念对年轻人的吸引力来解释它的精神意义,揭开"玉龙第三国"的秘密。

过了不久,老师告诉我不要再读硕士了,那太浪费时间,就提前读博士吧!对此,我很吃惊,也一点信心没有。我连学士学位都没有,怎么一下子报考博士?他说,你的外语一点问题也没有,专业水平已经够了,公共课再跟别人一块复习一下就不会有问题。在马老师的鼓励下,我匆匆应试,结果没有给老师丢脸,外语考了99分,公共课考了93分,专业课考了90分。事后老师告诉我,专业分不能给你90分以上。要那样,得你带我了。就这样,我没有本科学位、硕士学位,直接拿的博士学位。

有趣的是,在考马先生的博士研究生的同时,因社科院要每个研究所推荐一人参加公派赴日本攻读论文博士学位,我们所在不知我已报名考马学良先生博士研究生的情况下,帮我报了名。我只好两边同时考,以防万一。结果,日本那边考上了筑波大学历史人类学系民俗学论文博士研究生,导师是日本民俗学会会长宫田登先生。两年后,因宫田先生调到其他大学任教,我的导师换成了平山和彦先生。平山先生极有学问,人又好,曾经是日本民俗学界第一个研究生。马先生这边,我考上的是语言文化学专业。从此，我开始了连续多年半年在国内、半年在日本的学习生活。

六、钟老教我回答时代的问题

1996年、1997年，我在国内外分别获文学博士学位后，就向马先生提起想做他的博士后。但他告诉我，国家规定不能在导师手下继续做博士后。那我提出可不可以去做费孝通先生的？因为我和他的社会学也能对接得上，《江村调查》不都是田野作业成果么？马先生说：你的专业与费老不一样，还是去读钟敬文先生的民俗学为好。你是搞民间文学、文化学、民俗学的，而钟老正是民俗学和民间文学最高权威，我们俩又互相了解。钟老人好，学问大，跟你对路。我说："那好，我听您的。"说完，马老师就给钟老打电话。钟老看过我的书和文章，为我的《纳西族民俗与色彩》写过序，还是我的博士答辩委员会主席，马上表示接受。

到了北师大，钟老问我博士后想研究什么？我说这几年一直研究色彩，中国人没有研究过文化性的色彩，所以我要专门写一部《中国色彩文化概论》，还想写10本一套的中国色彩文化丛书，出版社都已经签了合同。钟老说不行，你这本书只有你懂，色彩文化你什么时候写都可以，退休下来弄也没人超过你。但现在你要做国家最关切的事儿，一个知识分子要对得起国家，要回答时代提出的问题。我说，那您说我应该做些什么？他说现在城市化、现代化、全球化来势凶猛，中国的民俗、民间文化、传统文化都受到极大的冲击，所以你应该腾出手来先做这方面的工作。别人做不了，而你是有组织能力、有抱负的人，你先做这个事儿。

我被钟老的国家责任感深深地感动了，就想选个题目从纳西族入手解决普遍性问题。我回了一趟丽江，见纳西族的语言正在消失，很少有小孩懂纳西语了；纳西族服装没人穿了，传统的房子变成水泥房了；故事传说没人讲了，民俗节日也没人过了。丽江如此，改革开放的前沿深圳会怎么样？广东会怎么样？江苏、浙江又会怎么样？全民族的传统文化都消失的那一天，中国文化还存在吗？我就跟老师讨论，那么落后的丽江都已经这样了，其他地方的传统文化受到的冲击可能比这个严重得多。我能不能以纳西族入题，讲如何解决整个中国文化遗产保护的问题，题目就叫《急剧变化中的纳西族民间文化及其对策》？钟老听后说就搞这个，非常好。导师、导师，就是这样把我导到了一个新的战线、新的境界、新的高度。

在这个题目里，我阐发了中国民间文化遗产抢救保护的完整理论，提出中国当前最紧急的问题与解决办法应该是抢救性保护，然后是传承、转型、创新。这个题目做完后，北师大把它作为优秀论文推荐到国家有关部委，而社科院则把我送到中央党校去进修。其间，还有过这样一个插曲：1999年，在征得钟先生同意的基础上，刚担任副所长不久的我，一边致力于中国社会科学院少数民族文学研究所改革，一边主持召开有23家在京学术单位参加的"西部文化建设座谈会"，表示中国不能走美国的西部开发的老路，应以建设为主，主要搞保护性建设。这个会议的精神与我日后的博士后论文是完全一致的。

七、中国民协工作新思维

2000年，我还在中央党校进修，就接到中宣部打来的电话让我去一趟。干部局王丽英局长说："中国民协一把手的位置空了很久，协会内部也处于困境，冯元蔚、贾芝、金茂年、杨亮才等一批老同志一次次联名写信，要求把你调到民协去。我们想听听你的意见。"我说，民协那边的情况我不熟悉，我更喜欢学术研究。她说，民协工作学术性强，互不影响。但我怕难以单独胜任做那么大一个事业的掌门人。当时，劝我别去的人也真不少。有的说，社科院是国家部委，何苦去个社会团体？有的说，你这一去，中国多了个官僚，却少了个大学者；也有的说，在文联，宁可到机关当个处级，也没有人去民协当个局级。结果，这一调动就是近一年。中宣部坚决要调，社科院坚决不放。

到了2001年10月1号，那天正好是八月十五，中宣部又来电话催。王洛林同志跟我说："庚胜，我们真是不愿意放你走。你上任后少文所刚起色不小，院里已经开会决定你们所恢复为正局级建制，但中组部、中宣部已经第七次来社科院调你了。我倒也发现你这个人跟别的读书人不太一样，有责任心、奉献精神，组织能力强，不只是学问做得好。"我说，我知道您的厚意、记住了您的大恩，那我就不再麻烦您了。那时，我真是恋恋不舍，毕竟在社科院的怀抱生活了21个年头。在这里，我从一个农民的儿子，逐渐成长成了一个高级知识分子，并有了自己的小家庭。社科院把一切荣誉都给予了我。

离开社科院到中国民协报到后，只见它处在落日黄昏，要钱没钱，要地位没地位，要知名度没知名度，要影响力没影响力，被人喊作"农民协会"，内部还矛盾重重，委屈了刘春香、向云驹两位同志苦苦支撑。我感叹中国民协今非昔比、辉煌不再，不是郭沫若、周扬、钟敬文、冯元蔚当主席时候的民协，也与大名鼎鼎的冯骥才先生当新主席格格不入。而曾几何时，中国民协是中国文联内学者云集、名满天下的协会,贾芝、李星华、汪曾祺、刘超、陶阳、孙剑冰、刘锡诚等都是耳熟能详的大家,《民间文学》《民间文学论坛》、中国民间文艺出版社等都曾经是她的骄傲。

我走访了所有协会老领导,看望了所有在职职工家庭。大量的调查表明,中国民协要振兴,一是要坚决拥护党的领导,具体体现在坚决执行中宣部、文联党组的决定决议,建设好中国民协分党组;二是工作对象要变,光搞民间文学的时代已经过去。民间文学仍要继续主做,这是我们的传统与优势,但要扩大到民间文化、民间艺术,即"三民兴会";三是要内外两制,既有体制内做主体,又有体制外力量加入;四是要与大专院校、科研院所做大联合,弥补学术力量不足问题;五是要继续做好三套集成工作,恢复《论坛》,但将"文学"改为"文化",端正《民间文学》办刊方向,建立民间文艺研究所,办好民间文艺山花奖学术成果奖,每年举办一届民间文艺论坛;六是继续办好中国民间艺术节、中国民间工艺博览会,扩大影响力;七是加大干部队伍培养力度,该退的退、该处理的处理、该提拔的提拔、愿进修的资助,只准调入硕士学位以上业务人员;八是加强对专业委员会、基地、之乡的领导工作,根据实际表现及作用坚决处理一批、整顿一片、新建一批,建立民间文艺新秩序;九是规范并加快会员发展工作,强化会员服务力度,把协会办成会员之家;十是推进民间文艺对外、对港澳台交流,拓展活动空间,为人类进步与祖国统一尽力;十一是尽快改善办公条件与干部职工生活条件,以提振精神;十二是为老干部提供最好服务,并依靠他们开展各项活动。

经过协会内部讨论,上报协会主席团及文联党组同意,这一切很快得到扎扎实实的实施与推进,使中国民协开始突围。

在依靠老同志办会方面,三套集成编辑工作是一个例子,都靠的是民协老先生们。比如出《中国民间故事全书》两千多卷,我做主编,但请杨亮才先生和关艳茹女士具体做事,起了很好的作用。赵光明先生在剪纸、农民画力量聚集方面也功不可没。在社会上,冯元蔚、姜彬、张自强、马汉民、汪玢玲、段宝林、乌丙安、刘魁立、薄松年、陶立璠、曲六乙、贺学君等专家学者,都为中国民协的振兴做了很多贡献,而且都无偿奉献。那时候国家很少有经费,我们一个为期10年的国家级"中国民间文化遗产抢救工程"启动经费才30万元。

抢救工程是2002年启动的。不幸的是,2003年SARS来了,什么都弄不了了。什么活动都不能干了,我们只能在京组织讲故事活动抗非典,集中精力探讨民间文化遗产抢救的学术问题。2005年,文联党组安排我去中央党校中青班学习一年。在2006年被选为十七大代表、中国文联党组成员、书记处书记后,我于2007年从中国民协彻底调到中国文联,联系中国民协工作,分管出版工作、后勤服务中心工作、学术委员会工作、晚霞工程领导小组工作，开始了新的征程。但是，直到今天，我仍然一直挂念着曾与我同甘苦、共患难5年整的战友们，并继续力所能及地为民协出点力。

八、搞个纲举目张的大工程

我到中国民协工作前，冯骥才先生与我、刘春香、江明惇、林德冠、郑一民、赵书、张锠、农冠品、曹保明、余未人、刘铁梁，已经分别担任第六届协会主席团主席、副主席。对于我的到来，冯主席热烈欢迎，并在其后的工作中一直予以配合。冯主席比我大15岁，是当代著名作家、民进中央副主席、全国政协常委、中国文联副主席，又一直呼吁保护传统文化，而我是党派来主持中国民协日常工作的，我非常尊重他。上任后，我们俩不断分析中国民间文艺乃至整个中国文化在全球化、都市化、工业化、后现代化冲击下的命运，以及我们这代人、我们这届主席团应承担的责任与使命，商量搞"中国民间文化遗产抢救工程"，让中国民间文艺家协会的一切工作纲举目张。一征求意见，冯君义、张文、陶阳、卢正佳等民协前领导纷纷表示支持。我说，冯主席影响力大，上下呼吁的事您多做，家里的事、学术的事、组织管理的事我来做。

当时有人说不能叫"抢救"，太恐怖了，太危急了，搞个保护工程就行了。我们俩商量的结果是，还得叫抢救。保护是永恒的，但现在这个阶段是抢救性的保护，以后再搞别的保护、传承。抢救工程一启动，整个舆论都往我们这儿走。"抢救"太抢眼了。这就是冯骥才先生，他很懂舆论的敏感点、热点在哪里。文化部知道我们要搞抢救工程，就搞了个国家工程——"中国民族民间文化保护工程"。孙家正同志当时是文化部部长，周和平副部长分管这方面的工作，请冯骥才任领导小组副主任，我任成员兼专家组副组长。

当时国家还不富裕，文化思想还不那么解放。有人就质问：冯骥才与白庚胜这两个小资产阶级狂热分子，他们要抢救什么？有的人甚至说，他们要抢救的是地方主义、民族主义、封建主义。我们建议国家立法保护优秀民间文化，就有所谓的"专家"直接反对。不少领导同志见了我，也常常关心地提醒说："庚胜同志啊，可要注意防止封建性的糟粕，吸取民主性的精华。"但中国文联周巍峙主席、李树文书记、甘英烈副书记，特别是中宣部刘云山部长支持做这个事儿，并给了30万元的启动经费，让我做工程主持人。最让我感动的是，周巍峙主席虽已年近90岁，婉拒出任工程领导，但仍然十分关心这项工作，建议把史诗、叙事长诗也一并加以抢救保护。有一个清晨，8点还没到，我就在办公楼下碰到周老。一问，才知道老人家是来找我谈工程实施建议的，令我大为感动。

搞抢救工程，开始时还真有点悲壮。第二天就要开发布会向全国发布，很多省里都派了宣传部、文化厅的官员来参加，但直到前一夜，我们还没有红头文件，还没有资金支持。而全球化来势那么凶猛，国家怎么对待自己的文化、自己的民间文化遗产？现在终于有人要干了，全国的新闻媒体都在关注着我们。

那天晚上，在东直门总参招待所冯主席卧室里，他对我说："庚胜，你怕不怕？咱哥俩这是背水一战。过去，搞这事儿都是封建迷信、右派。"我说我是留学回来的，知道历史文化发展的根基在哪里。我反过来问他，您怕不怕？他说不怕，这一辈子什么都见过了，还怕什么呀？活着，就是为民族做点事呗。我说，冯主席，您是什么都见过什么都不怕，我是什么都没见过还怕什么？我们做的是对民族和国家有利的大事儿，我不知道什么叫怕。但是，从明天起，不是怕不怕的问题，关键看我们怎么开展工作了。

因为有共同的追求，那几年我跟冯骥才主席配合不错。几乎大事小事，我都与冯主席通气、征求意见，还每季度去天津看望一次。他名气大，影响大，主要在社会舆论上给我们的工程做宣传，同国家领导人见面时，帮着反映工程的困难，但他也亲自做剪纸集成和木版年画集成丛书。这两套书，他是主编，我是常务副主编。另外，主席团分工我主编《中国民间故事全书》，刘铁梁主编县卷本《中国民俗志》丛书，余未人主编《民间艺术》丛书，后来我又主编《中国唐卡集成》丛书，这些他也过问。虽然说赤手空拳干起，但我还是要特别感谢几位同志：一位是全国人大常委会副委员长许嘉璐先生，一位是新闻出版总署柳斌杰署长，一位是我在中央党校学习时的同学、原劳动和社会保障部就业司司长于法鸣先生，一位是中央台著名主持人朱军先生。

许副委员长是冯骥才先生他们民进中央的主席。老人家几乎是动员了他们整个民进的力量做我们的后盾，让我们长精神、有底气。

见我来访，知道工程不易后，柳署长对我说："庚胜，你们做了一件功德无量的事儿。钱我给不了，我没有钱，但我能帮你一个事儿。我是管新闻出版的，你出版工程成果的书号全给了。"这太好了，有了书号，当地有文化积累，我们推进了抢救工程。我前几天在中央电视台做一个节目，还专门谈到柳斌杰署长的贡献。不能忘了在困难时帮过我们的人。

于法鸣司长在中央党校听了我的一场报告后，说极为感动，想帮工程做点事，但也是没有钱。我说那没有关系，我们可以在就业培训上做点文章。我编一套民间工艺教材，你在你们部的出版社出，这不就帮了工程，我们又帮了就业？有了这套书的指点，将可以为多少中国的无业者、待业者、民间文艺爱好者解决就业问题？他说这办法好,我们就主编出版了《中国民间工艺教材丛书》,都由联合国工艺大师级的人写,效果很好,连出了许多版。

至于朱军先生,他在为我做《艺术人生》节目时,了解到抢救工程的意义、价值、困难,当场捐出自己的半年工资予以支持。虽然中国民协不能接受私人捐助,但其义举还是感动了无数的民间文艺工作者和战斗在抢救工程第一线的同志,尤其是我。

九、民协工作要有理论支撑

目前,经我所在单位党组同意,我的文集很快就要出版,总计50卷约2500万字,基本都是关于文化遗产保护抢救的。我的意思是,我们做民间文化工作要有理论思考,因为民间文化太博大精深,必须有理论的把握、哲学性的思索,否则容易迷失方向。为此,在组织管理之余,我就民间文化的保护论,作了价值保护论、体系保护论、国际保护论、国家保护论、民间保护论、法律保护论、技术保护论、人才保护论、资源保护论、品牌保护论、市场保护论等专题研究,就民间文化传承论作了生活传承论、生产传承论、生命传承论、教育传承论、学术传承论、传媒传承论等探讨。柳田国男先生出过《传承论》,但不是我们这种做法。我们是站在中国的土地上,解决21世纪的中国文化问题。2007年,我应邀去日本介绍中国的文化遗产保护现状,就有日本学者感叹:中国人后来居上,远远走在了日本之前。

由于我已经不在研究所,只能改变自己的学术方式,或者做报告,或者搞讲座,不停止理论思维,在实践中产生问题,用理论指导实践,不能做、也没有做无头苍蝇。这些年,我探讨并应用于实践的理论,包括有民间文化主体论、本体论、结构论、功能论、历史论、安全论、主权论、保护论、传承伦、价值论、审美论,以及研究方法论等,并把它们一一写成书。前几天遇到文化部周和平原副部长,还说:"庚胜,你给中国民间文化遗产抢救保护搭好的理论框架,到现在还管用。"其实,中国优秀文化遗产保护工作之所以做得好,根本的原因在于中国共产党的文化成熟,以及广大群众的参与,我们个人只是在其中做了一点点工作而已。不了解这一点,就不能得到起码的知识。尤其在人民文化面前,我反对打造文化英雄、文化救世主。

我现在还在搞自己的理论研究,原来搞文化遗产抢救理论,后来搞文化产业理论,为的是让人们从理论上搞清,不是一切文化都可以搞产业,但有一部分确实可以搞,而且还一直存在着。酒文化不是产业吗?茶文化不是产业吗?家具文化不是产业吗?反过来讲,不是所有的文化都是产业,都能做成产业,而且不应该是产业。哲学能是产业吗？历史能是产业吗？都不行的。民间文化里的一部分可以搞，如陶瓷、鼻烟壶等工艺性很强的部分，可以产生巨大的社会效益、经济效益。你承不承认它，它都存在。到现在，我又在研究产业文化理论，认为搞文化的人应该进入到产业文化的阶段，把所有的产业提升出文化来。文化产业与产业文化根本不是一回事，但有连接，可以转换。我还一直搞文化安全论、文化主权论、丝绸之路文化、地名文化。比如，我们现在关注丝绸之路，在西线、东线之外，还有一个东北线和中线。东线是西安到河北张家口再到东北，然后有一条线进入西伯利亚跨白令海峡到了美洲，还有一条线是从东北往朝鲜去到日本。东北老工业基地要振兴起来，要纳入"一带一路"，有重大的国家战略、资金、项目、人才等支撑。随着北冰洋解冻、白令海峡越来越活跃，中国必须在"一带一路"东线提前布局。中线以河南为起点，由此往南走到湖北，湖北再往南走到湖南，再往南走到四川。四川叫蜀，蜀就是蚕，"蚕丛及鱼凫，开国何茫然。尔来四万八千岁，不与秦塞通人烟"。四川朝贵州、云南走，过缅甸到孟加拉、印度、巴基斯坦、伊朗、伊拉克，再向西到非洲，向北到希腊、罗马。这是最早的丝绸之路。汉以后才以走西域为主。这是由于汉朝时候滇国阻断了中原和西部世界的联系，汉武帝只好开拓沙漠这条线，把滇给避开。现在，这几个省近7亿、8亿人民的力量一旦投入到"一带一路"中，那将是无穷的力量，可以大大丰富"一带一路"的内涵。

在"一带一路"文化中，民间文艺积淀太丰富了，蚕、嫘祖、马头娘娘信仰、马明王菩萨信仰、丝织文化等数不胜数，中国民间文艺工作就可以大有作为……

十、遗憾还是多多

一个人在社会上的作为，受历史条件的影响太大太大。在中国民协工作5年间，依靠中宣部、中国文联党组的坚强领导，冯主席及主席团全体同志的全力合作，特别是协会机关所有干部职工的众志成城，各专业委员会、各团体会员单位、各位会员的理解支持，我做了一些工作，有一定的成绩，但因非典肆虐半年、到中央党校学习一年、自己的能力有限、水平不足，仍然留下许多遗憾。比如说，我设计了《中国民俗志》《中国服饰集成》《中国傩文化集成》《中国萨满文化集成》之后，只有启动没有实施；《唐卡集成》《中国民间口头与非物质文化遗产推荐丛书》半途收官；《民间文学》网络版创刊未竟……这些无疑与时代提供的条件不足、人力财力有限有关，但主要还是自己的主观与实际脱离太远。而克服这些不足，正是我所寄托于我的后来者的。

学术史　●第一部分　口述　○第二部分　自述　○第三部分　论文

访谈手记

我参加工作时，白书记刚从民协调任文联，此后偶尔也会见到，也常听人说起他的热情、豪爽，做过一些应时的访谈。这回，是第一次正式专访。去之前，冯莉跟我说，有个很有意思的事儿，1956年，也就是他出生前一年，民协的老专家曾经去他的家乡丽江调研民间文学，特别巧，你顺便确认一下。果不其然。采访就从他的童年说起。他的语速很快，讲述特别生动，在短短一个半小时内，涌现了大量的"干货"，从艰难而好学的童年，以工农兵学员的身份到北京学习，到如何坚定走民间文学研究和民间文化抢救的路，一直讲到离开工作岗位之后还在从事的那些事业……特别励志。他深情地回忆了导师对他的教导："你要做国家最关切的事儿，一个知识分子要对得起国家，要回答时代提出的问题。"为此他以纳西族民间文化为研究对象入手，探讨其背后中国民间文化普遍性问题的解决办法。到中国民协工作以后，他与冯骥才主席携手，发起"中国民间文化遗产抢救工程"这个纲举目张的大工程。在他热情迸发的讲述背后，常常不经意流露出长于思辨和科学理性的另一面。

民间文学　拿命来搏

韦苏文

访谈时间	2019年11月25日
访谈地点	广西壮族自治区文联
访 谈 人	陆晓芹[1]
整 理 人	陆晓芹

韦苏文，壮族，1963年生，广西武鸣人，在职研究生学历。1986年7月参加工作，现任中国文艺家协会副主席、广西文联一级巡视员和副主席、广西民间文艺家协会主席，曾参加《中国民间歌谣集成·广西卷》《中国民间故事集成·广西卷》《中国谚语集成·广西卷》等的编纂工作，先后出版《壮族女性与文化》《壮族悲文化》《广西民间文学》《民间故事心理学》《红水河文化与移民》《千年流韵——中国壮族歌圩》《千年流音——中国铜鼓文化》《千年流波——中国布洛陀文化》《壮族三月三》等专著。

一、从事民间文学和集成工作的始末

我出生在南宁市武鸣县（今武鸣区）陆斡镇大榄村的一个壮族家庭，大榄在地理概念上属于陆斡镇的剑江片区，剑江片区有二塘、大榄、兴江、贵德、育秀、尚志、双泉7个行政村，约3万人。以圩场为中心，距陆斡镇、两江镇、府城镇政府所在地大致在18公里，因从大明山有一条蜿蜒曲折的剑江河流过而得名。

在剑江河两岸，大小村庄星罗棋布，既有壮族的，也有汉族客家和平话人的村落。穿着一样，房屋的建筑风格一样，如果不问，很难分出哪个是壮家村落，哪个又是客家或平话人的村落。在壮族的村寨，小溪边、田间地头大量的妇女讲客家话，在汉族的村落，经常会听到壮话声。这是一个民族团结的乐园，两个民族三个族群的人们在这里和睦相处，繁衍生息。两个民族同饮剑江水，同赶剑江圩，同唱一歌调。因壮人居多，故壮话是公共语言。也有互相交流时使用自己民族语言的，但大家都听得懂。我外公家就在剑江河的另一边，隔江相望，直线距离也就3公里左右，逢年过节经常往那边走。于是除了壮话，我也能用客家话进行交流。

小时曾在村头的榕树下听爷爷和村里的老人讲机智人物故事、特掘扫墓及大明山的故事,听母亲讲《人熊婆》的故事,听奶奶哼几句山歌。每当夜晚时,望着黑黝黝的大明山,总是不自觉地想到特掘和人熊婆。虽然每一天无论是有意还是无意都能看见大明山,但它对我充满着独特的魅力。走进它的怀抱,了解它,一直是我心中的梦。

剑江歌圩,历史上久负盛名。相传在遥远的岁月里,每年三月三,当太阳爬上大明山顶,壮家人便带上五色糯米饭等祭品陆陆续续前往附近的山头祭拜自己的先人,有些客家人、平话人也会到壮家来走亲戚。中午,人们开始赶歌圩,剑江河两岸人山人海,空气中很快塞满歌的元素,嘹亮的歌声与欢快的流水声互相呼应,交融在一起。后来歌圩被禁,人们再也听不到悠扬悦耳的歌声了。

我小时候就已经很少听到山歌声了,只是偶尔还听到一些,如婚礼歌和补锅歌等。那时候清贫,结婚的随礼没有什么东西,基本上也就一个脸盆,一床被子,一对箱子。

我与那个年代大多数农村小孩一样,没有上过幼儿园,从小就帮家里做家务活。那时候我爸响应国家号召,离开教师队伍回乡务农,当生产队的小队长。由于劳动力少,工分低,我们家是超支户,父亲经常半夜上山砍柴,第二天生产队出工前挑着柴火回到家,晒干后拿去圩场买,补点家用。

我7岁上小学,学校的名字叫伏利小学。我家离学校大概50米的距离,预备铃响了,才从家里面去。那时候,我们上学已有助学金,壮族的学生一年可以拿到两块五毛钱,这个钱基本解决了课本和作业本的费用。记得入学的第一节课,老师在黑板上写了"毛主席万岁"五个字,先用武鸣普通话(西南官话)念一遍,再翻译成壮语念一遍,老师不厌其烦地教我们,一直教到我们每个同学都会念会写后才会露出笑脸。我在伏利小学读到小学四年级,五年级以后就到大队所在地练马小学去读书了。那个学校离我家有一公里多,那时有五个年级,还有初中,现在是村委会所在地。

12岁读完五年级后,我和部分同学来到位于剑江河边的剑江初中读书。初中还没毕业,剑江初中和大队的学校相继办起了高中,于是我又在那里读了高中。无论是初中还是高中,活动范围最远的是1976年全校师生半夜走路到公社所在地(今镇政府所在地)参加毛主席追悼会。

1981年,我离开家乡,前往武汉南湖边的中南民族学院预科部学习。1982年,就读该院的中国汉语言文学系。

1986年毕业以后,我被分配到广西民协(那时候叫广西民间文学研究会)工作。

---

[1] 参与访谈人:梁春仙、赖禹。

那时协会有5个人，即农冠品、曹廷伟、李世铭、邢志萍和我。那时"三套集成"工作刚刚启动不久，1985年5月广西民间文学集成领导小组成立，下设办公室，农冠品老师任主任，李肇隆老师从桂林地区群众艺术馆过来担任副主任。我一到单位就参加民间文学三套集成工作，先是同各地市的三套集成办负责人（包括自治区李肇隆、韦苏文，南宁市张丹，南宁地区黎浩邦，柳州市肖扬，百色地区的李少庆，河池地区龙殿宝，玉林地区李燕清等）去江西的庐山参加中国民间文学三套集成的培训班。后又在南宁邕州饭店召开广西民间文学三套集成第二次工作会，当时各县的宣传部长、文化局长、三套集成办主任都来参加。1986年底，我参加自治区扶贫工作组前往富川瑶族自治县。到富川以后，我一方面参加扶贫工作，一方面了解当地的历史文化。富川作为桂东北地区，同样存在着歌圩，特别是蝴蝶歌比较有特点。那个年代，提到蝴蝶歌都讲是梧州人的蝴蝶歌。梧州人是当年古骆越人往北走以后跟南下的一些族群交往融合形成的一个族群，穿的衣服还是蓝靛色的，开右衽。蝴蝶歌是属于双声部的，有和声，跟壮侗语族的差不多。我跟当时富川县富阳的团书记陈天湖一起到歌师歌手家里采录，把一些手抄本拿来抄。经过这么多年演绎，如今变成瑶族的蝴蝶歌，这是我们想不到的。

大约也是那个时候，李肇隆老师离开南宁，回到了桂林，担任《漓江日报》副总编辑。黎浩邦老师从南宁地区过来担任集成办副主任。1988年1月，我从富川瑶族自治县回来以后就参加民间文学集成歌谣卷的编纂，当时歌谣卷的初选工作基本完成。我先是协助黎浩邦老师做歌谣卷的编务、协调、打印、校对等工作，后参加编辑。当时跟我参加歌谣卷编辑工作的是过竹先生。我们两个年轻人也成为歌谣卷年轻的编委，歌谣卷是1992年7月由中国社会科学出版社出版。1991年农冠品老师出任中国民间文艺家协会副主席、广西文联副主席兼广西民协主席。歌谣卷的出版，既是集体智慧的结晶，也是对农老师最好的祝福。随后，黎浩邦老师就任广西民间文艺研究室的副主任兼集成办主任。我大概1992年左右出任"三套集成"办公室的副主任。当时倍感压力，我从来没有做过这么大的官啊。我读书以来当过最大的官就是班委，上大学以后就是当个小组长。但当时我腰杆比较硬，一方面是初生牛犊不怕虎，另一方面是因为有农冠品先生、曹廷伟先生、方士杰先生和黎浩邦先生，当时蓝鸿恩老师、过伟老师、李世铭老师、邢志萍老师、农学冠老师、王光荣老师等前辈给了我极大的帮助和指导。1990年9月歌谣卷通过终审后，故事卷和谚语卷随之开始编纂，但侧重点在故事卷，谚语卷还只是抄录卡片。我任故事卷编委兼责任编辑。到了1995年民协换届，我作为新生力量和过竹先生当选为民协副主席，黎浩邦老师当选广西民协主席，我当选副主席兼秘书长，同时出任集成办主任。1996年6月谚语卷进入编纂阶段，我任副主编兼责任编辑。1999年4月广西故事卷在北京终审，9月定稿，2001年2月由中国ISBN中心出版。1999年12月底，我接替黎浩邦老师出任广西民协主席，那年我刚36岁，是全国各省市自治区最年轻的民协主席。2004年9月谚语卷通过终审，2008年2月由中国ISBN中心出版。广西壮族自治区"三套集成"工作自1985年启动至2008年全部出版完毕，历时23年。

为做好编纂工作，广西开展了前所未有的各民族民间文学大普查，普查范围之广，人数之多，时间之久，组织之严密，成果之多，是以往任何一次调查所无法比拟的。从自治区到各地市、县、乡（镇），层层设立专门机构，基层文化馆、站的工作人员和民间文艺工作者、民间文艺爱好者积极投入采风，普查时间达两年。普查采取专业和业余结合的办法，层层发动群众，做到不漏一村一寨，投入的人力数以万计，搜集到的资料以县为单位编印成资料本。当时全自治区85个县市都编了歌谣、故事、谚语资料本。在编辑过程中，我们力求忠于原貌，在翻译时力求做到"信达雅""传神"。

在编纂三套集成中，我学到了很多在学校没有学到的东西，并开始对浩如烟海的资料进行研究。1997年我评上副研究员，2005年评上研究员。编三套集成曾经获得全国三套集成规划领导小组的一等奖，文化部突出个人贡献奖。2006年4月当选中国民间文艺家协会副主席，2007年7月当选广西文联副主席、广西民间文艺家协会主席，同年获中宣部、人事部和中国文联第二届全国"中青年德艺双馨文艺家"称号。2011年10月获得中宣部全国宣传文化系统"四个一"人才，同年11月再次当选中国民间文艺家协会副主席。2012年12月再次当选广西文联副主席、广西民间文艺家协会主席，同年享受国家国务院特殊津贴。2016年第三次当选为中国民间文艺家协会副主席。2017年第三次当选为广西文联副主席，第四次当选广西民间文艺家协会主席，自1999年至今，我担任广西民间文艺家协会主席整整20个年头了。

二、集成工作的方法和原则

民间文学"三套集成"是根据中华人民共和国文化部、中华人民共和国国家民族事务委员会、中国民间文艺研究会（后改称中国民间文艺家协会）1984年5月28日联合发出的"关于编辑出版《中国民间故事集成》、《中国歌谣集成》、《中国谚语集成》的通知"（文民字〔84〕第808号文件）精神编纂的。1985年5月，广西壮族自治区文化厅、自治区民族事务委员会、广西民间文学研究会（现为广西民间文艺家协会）联合召开会议，研究落实编纂三套集成的有关事宜。会议期间，成立了广西民间文学集成领导小组，下设办公室。由自治区分管文教工作的副主席担任顾问，由民委文化厅文联的领导作为领导小组的成员，办公室就是在广西民间文艺家协会。会议结束后，又联合转发了文化部等三单位的文民字〔84〕第808号文件（桂文民字〔86〕1号），要求全自治区各地、市、县认真做好民间文学集成资料的搜集及编纂工作。不久，各地、市、县陆续成立了编纂地、市、县民间文学集成的领导小组及编委会，充分动员组织民间文艺工作者民间文艺爱好者，深入基层到民间地头去广泛收集民间文学资料，普查、搜集和编纂工作广泛深入地开展起来。基本上每个县出一本歌谣卷一本故事卷一本谚语卷，有些县是集中在同一本。为做好三套集成的编纂工作，成立了以蓝鸿恩为主编，武剑青、韦其麟、蓝怀昌、农冠品、过伟、蒙光朝、黎浩邦为副主编的中国民间文学集成广西卷编委会，编辑部主任由黎浩邦老师担任。同时，根据"先歌谣，后故事再谚语"的编辑工作思路，先后成立以农冠品为主编、过伟和黎浩邦（兼责任编辑）为副主编的中国歌谣集成广西卷编委会；以过伟为主编、农冠品、农学冠、方士杰为副主编，以韦苏文为责任编辑的中国民间故事广西卷编委会；以黎浩邦为主编，韦苏文、邢志萍为副主编兼责任编辑的中国谚语集成广西卷编委会。

广西的歌谣卷当时是作为全国首卷。1986年8月全国民间文学集成工作会在兰州召开，议定1988年出版《中国歌谣集成·广西卷》（16开本8个分卷）。1987年5月，全国艺术科学规划领导小组调整出版计划，《中国歌谣集成·广西卷》改为16开本上下两卷。歌谣卷作为全国的首卷，责任重大，使命光荣。为完成好这一任务，1987年10月我们召开歌谣卷编选会，对全自治区各县、市提供的资料本进行审核、初选，工作分两大组共11个民族组进行，即壮族组、汉族组、瑶族组、侗族组、苗族组、仫佬族组、毛南族组、京族组、水族组、回族组、彝族、仡佬族组，各组的成员均由熟悉该民族歌谣的民间文学工作者组成。工作方法是：统一认识，明确任务，定时定量，责任到组，分散工作，集中研究，保质保量地完成任务。初选工作历时3个月，至1988年元月25日初选打印校对结束。

有一些因为翻译水平问题，我们还得根据编辑需要，做到"信达雅"，翻译要做到通俗易懂科学化，而且还不能有过多的书面语言。打个比方，有些形容词太多，不是民间文学所讲述的东西，所以我们去掉了这些词语。对于各民族的歌谣，我们立足于忠实原貌的原则。在忠实原貌的基础上，既要翻译成汉语，得有汉语的韵味，要不就不会传唱，又要保证用少数民族语言来演绎，确保山歌语义的流畅，像"王想巾艾周跨斗，往想巾漏周很台"，其意是"妹想吃饭就过来，妹想喝酒就上台"。如果翻译不好，那歌味就出不来。同时如果不了解歌的流传地域和语境，也有可能把"妹"译成"你"。因此，我们既要做到忠实原貌，又要做到翻译里头有原来歌的味道，在原来的基础上有韵了才能便于传承，便于记忆。被传承，才能被记录。

1988年4月28日至5月17日，再次召开歌谣卷编选会，我们集中在建政路手工业学校，对各组初选出来的作品进行精选。会议期间，《中国歌谣集成》主编贾芝、副主编张文、中国民间文学集成总编委会办公室主任贺嘉、副主任马捷以及总编委会办公室的刘晓路、李凌燕、朱芹勤等一行7人专程从北京赶到南宁，审阅初选出来的全部作品，并对编选、编辑工作进行具体指导。1988年10月20日编出初稿，并送全国总编委会初审。1988年12月，根据全国总编委会的初审意见进行修改。1989年2月全国总编委会进行复审。根据复审的意见，我们再次进行修改和补充。在这期间，朱芹勤同志亲临广西，参加了为期一个月的编辑工作。1989年12月25—31日，总编委会对终审稿进行终审。1990年4月17日—5月3日，总编委会委派贺嘉、朱芹勤、罗汉田同志到南宁主持召开《中国歌谣集成·广西卷》审稿会，地点在南宁剧场的招待所。我们又组织一些文化水平比较高、懂得山歌流传地语言、还懂得山歌的一些翻译能手，对一些存在疑义或翻译不到位的歌进行现场处理。1990年9月27日，总编委会在北京召开终审会定稿。贾芝作为全国歌谣集成的主编，对广西示范卷非常重视，自始至终对广西歌谣卷的编纂进行指导。

在歌谣卷编纂过程中，过伟老师撰写前言，反复修改，农冠品老师在过伟老师修改的基础上进行了补充。这样我们的歌谣卷在1992年7月作为全国首卷正式出版了。

各卷主编、副主编的人员安排是有交叉，我们跟别的省不一样，别的省有的三套集成同时进行。我们是集中优势兵力，先做歌谣卷，歌谣卷结束以后再做故事，故事结束以后再做谚语。至谚语卷出版止，前后的时间为23年。

1991年歌谣卷付排后，我们即着手对各地、市、县故事资料进行初选。1992年7月2—8日举行故事集成编纂工作会议，在初选的基础上，按歌谣卷的工作方式，分壮族组、汉族组、瑶族组、苗族组、侗族组、仫佬族组、毛南族组、京族组、回族组、水族组、彝族组、仡佬族组，按民族故事复选。过伟老师执笔起草广西卷前言。1996年6月28—29日，在北京举行"中国民间故事集成·广西卷"初审会议。7月9日广西民间文艺家协会举行主席团与故事集成编委联席会议，根据北京审稿会议精神，决定第二稿分为神话、传说、动物故事、幻想故事、生活故事（含机智人物故事）五大部分。1999年4月28—29日，在北京（东三环农展馆附近，长虹桥旁）举行故事卷终审会议。中国民间故事集成主编钟敬文、副主编刘魁立、许钰、陈子艾、贺嘉，特约编审孙剑冰、黄泊苍，责任编辑冯志华参加。钟老那时候已经是九十六七岁高龄了。回来后，我们即传达北京终审会议精神，进行补充完善。9月中旬上报中国民间故事集成编委会。

1996年6月《中国民间故事集成·广西卷》送复审稿后,《中国谚语集成·广西卷》的编纂工作便穿插进行。整理谚语卷的时候,我们把每个县谚语卷的条目一张卡片一张卡片地列出来。比如按事理类按照笔画次序全部弄出来,属于其他类的就像药店一样用卡片列出来,相同的捡出来。基本捞了一轮以后,选卡片打印,再把相同的弄出来,毕竟卡片里面也会有相同的。谚语卷最麻烦的是做注释,因为每个地方的语言不一样,有时候记音一样,它的意思却不一样。

当时,由于故事卷复审稿的修编任务较重,谚语卷的初稿直到2000年7月才完成统稿、打印,得以送审。2001年6月24日至25日,《中国谚语集成》总编委会在北京召开审稿会,对《中国谚语集成·广西卷》提出了具体修编的意见。会后,我们进行了将近一年时间的修编,2002年7月送总编委会复审。2004年3月17日,总编委会在北京召开复审会,副主编陶阳、陶立璠、李耀宗、吉星,特邀编审吕平,责任编辑刘晓路出席。2004年4月至8月,我们组织人员,按总编委会的意见进行统稿、修编,谚语搜集、翻译工作的难度并不比故事、歌谣小。统编时,我们才发现好些类别数量太少,估计是普查时的疏漏。为此,我们特地做了几次专题性的补充搜集。前言由过伟老师撰写。

2004年9月将修改稿打印装订呈北京总编委会终审。《中国谚语集成·广西卷》编纂时间跨度较大,编委会有了多次变动。谚语卷是2008年出版的。越到后尾,各个省编辑完成的卷数越多,当时全国谚语卷的责编刘晓路更是从头到尾地忙个不停。

"民间文学,拿命去搏!"民间文学三套集成凝聚了广西各族民间文艺工作者的心血。"一颗丹心两条腿,一把打开心灵的钥匙一支笔!"他们跋涉千山百水,走访千村百寨,启动一个个民间故事(歌谣、谚语)讲述者的心扉,采录一篇篇(首、条)代代传承的民族文化瑰宝。我虽然有幸参加了三套集成的编纂工作,但与许许多多的民间文艺工作者相比,我所做的工作是微不足道的。

三、价值与收获

民间文学集成的普查搜集、编辑出版,是一项具有前瞻性、抢救性的工程,对留住民族文化记忆、推动民族文化建设发挥了重要的作用。其中,广西歌谣、故事、谚语卷的编辑出版,标志着由数以千万计的人民大众创造和发展起来、活跃在老百姓生活中间的民族民间文艺登上了国家文化艺术的"殿堂",成为国家文化建设的重要组成部分。

通过开展"三套集成"工作，我们搜集了一批资料，发现了人才，壮大了队伍，同时通过三套集成，我们形成了教学、研究队伍。如王光荣先生、黄桂秋先生、过竹先生、吴浩先生、我、邵志忠女士，都是通过编三套集成以后开始进行了民间文艺研究的。可以说"三套集成"的工作是我读的另外一所大学。这所大学里的学问是在学校里头学不到的。我们既深入民间，又跳出民间；既了解当时歌手们传承的艰辛，同时深感我们责任的重大。要搜集传承、发展弘扬我们广西这些民间艺术、民间文学、民俗事象，不是说一朝一夕，而是要通过长远、众人的努力才能达到。也许有人会问，编"三套集成"就是文学作品，怎么还要讲民间艺术和民俗事象呢？其实，"三套集成"编纂过程中的许多注解就涉及民间艺术和民俗的相关知识。今天很多非物质文化遗产的事项都是离不开民间文学，离不开民间文化。通过"三套集成"的普查，搜集编写，形成了广西民间文艺方面的网络。一个是从县一级到乡市一级包括学校老师都有我们的会员。因为通过民间文学资料的搜集增强了人们对本民族文化的自信心，主动加入广西民协。同时，高校也出现了一波以教学研究民间文学为主体的新生力量，像广西民大除了原来的农学冠老师，后面出现了黄日贵、吴盛枝、廖明君，现在的南宁师范大学韦其麟、过伟、王光荣、黄桂秋，广西师大就有欧阳若修、周作秋、黄绍清、杨树喆、覃德清，不论是学科建设，还是研究人才都得到了发展壮大。可以说，我们的民协成员有民间歌手、民间艺人，也有硕士、博士、大学教授，门类广泛，容量相当大。

我通过编"三套集成"，第一个是丰富了自己的阅历，第二个是掌握了很多以前没有接触过的东西。尽管不会唱，但研究起来手中有货，得心应手，包括当时广西的会员，现在谈起来，他们在哪里都很清晰。不是像现在从档案里面看的比较容易忘记，因为我们都接触过，而且哪里有好的故事、好的歌谣，相对比较了解。虽然做不到全面，但有所了解。我一面从事"三套集成"编纂，一面从事研究工作，出版了一些著作。第一本专著就是《壮族女性与文化》，这是1993年出版的。第二部就是《壮族悲文化》（1994年）。这个悲文化是因为在编辑歌谣卷过程中，发现有大量具有悲戚色彩的歌，为什么我们这个民族会有那么多悲伤歌传唱？这样就在里头进行研究，弄成了一个悲文化。同时，那个年代水库建设有移民搬迁的情况，最明显的就是红水河库区的移民，特别是异地安置的移民，移民们的故事和传统文化之间的关系怎么样？是留在原地的保留传统文化比较容易，还是移出去的移民对传统文化需求更为强烈？于是就有了《红水河文化与移民》（2005年）一书，该书试图解释一下传统文化随着人群的转移怎么保留、怎么发展的问题。后来在编民间故事集成中，我通过民间故事慢慢琢磨，试图了解、分析、阐释我们广西的一些民间故事，于是就有了这个《民间故事心理学》（2005年）。2006年以后，随着国务院将每年六月第二个星期六列为我国的"文化遗产日"，我先后出版了《千年流韵——中国壮族歌圩》（2008年）、《千年流音——中国铜鼓文化》（2010年）、《千年流波——中国布洛陀文化》（2011年）、《壮族三月三》（2018年）。现在我们的研究还缺乏历史的厚重感，缺少文化背景和文化纵深感，缺少对时下以及对未来的预估和预判。在新时代，我们不能像以前老讲思想内容，文化成分什么的，而是讲故事歌谣以及相关的民俗事项对当地人的心理影响，现在还有没有人传承，这些文化事项是中华优秀传统文化的重要组成部分，对培育社会主义核心价值观、振兴乡村、构建和谐社会有什么作用。这些年，我也先后主编了一些书，如：《中国民间创世史诗集成广西卷》（2011年）、《广西民间叙事长诗集成》（2012年）、十八大山歌集《山歌甜甜唱未来》（2013年）、《山歌唱响中国梦》（2015年）、十九大山歌集《广西民俗图录》《广西民间文学精选》。在研究著作方面，《壮族悲文化》获得中国民间文艺山花奖的优秀著作奖，《民间故事心理学》获得中国民间文艺山花奖学术著作二等奖。

2007年当选为广西文联副主席后，我所分管的文艺门类基本上都跟我们广西的地域文化有关。我们音乐要走出去离不开我们的歌谣，离不开我们传统的歌唱文化背景。同样舞蹈的斑鸠舞啊捞虾舞啊，这些同样离不开广西这块土壤。我们曲艺的末仑、零零落、文场都离不开。

四、与中国民协的互动

我在三套集成工作中主要负责：一个是联络协调，第二个参与编辑，第三个送审稿件，送稿件去北京。去一趟坐火车得两天多时间，从下午五六点钟到第三天上午十点多。那时开往北京的只有一天一趟T6特快列车，座位很紧张，有时有座位，有时候连座位都没有，买个站票，上车后钻到座位底下。要弄一张卧铺很难，坐飞机就更不用说啦。因为坐飞机是讲究级别的，必须县处级才有资格坐飞机，就是团长一级和县长一级，而且还要盖章证明，还要政审。后来交通方便一些，30多个小时变成20多个小时，大概是36个小时变成27个小时。

有一次，我跟黎浩邦老师上北京听取意见，我们都没有买到坐票，一直站到岳阳才有位置，站了一千多公里。到了北京以后，我们在老北京站下车。那时候没有BB机，打电话叫集成办刘晓路老师来接，最后，他没找到我们，我们也没找到他，于是就扛着这些资料，几十斤重，坐公交车到中国民协。中国民协最先在西单太仆寺街，好像是39号，一处平房，后来到了农展馆南里10号，农业部旁边。

路途虽然艰辛，但是为了完成任务也不觉得累，心里头还是充满希望。因为每去一次，我们都见到那些名家。钟敬文先生、贾芝先生、许钰先生、刘魁立先生，包括陈子艾老师等。钟敬文先生很有趣，叫别人从来不叫小小什么，而是黎同志、韦同志等。每一次听取审稿意见也是一个学习过程。他们从不同的角度指出我们认为已经是可以了的，但是他们从编辑学的角度来说我们做的还不够，特别是对一些方言怎么注解，同源异流的故事怎么处理。我们最先就是把它放在一起，比如《人熊婆》的故事，但是后来听取了专家意见，拿某个地域有影响的出来，其他的做异文。如果还有类似的故事，就注明在某某地方有相类似的故事流传，避免重复拖沓，避免让读者读完之后有疲劳感，样样都似曾相识。翻译难度最大的不是我们少数民族语言，而是讲白话（粤语）地区的那种方言。因为从事歌谣这个方面编辑的人员对白话地区的歌谣了解是有距离的，白话地区内部还有一些小方言。听音听错了，翻译就不一致了，就达不到目的，所以我们需要反复征求意见。这个反复征求意见的过程就是精益求精的过程，对于做学问，对于资料来源有一个相应的学习了解。

这些名家，有的是二三十年代作为全国歌谣运动发起人之一的，如钟敬文先生；有的是从延安走出来的，如贾芝先生；有些是从基层来的，如杨亮才先生。我们在他们身上学到很多东西，学到了他们谦逊的为人品性、一丝不苟、精益求精的学术态度，学到了他们深入基层，掌握第一手资料的田野作业法。

我印象最深的人一个是钟老，一个是贾老。尽管他们名气很大，但是他们对人都是非常客气，尊重别人，懂得我们这些年轻人见到专家都胆战心惊的。他们非常和蔼、亲切、详详细细地、细致入微地和你交流，在交流里头没有以一个长者大腕的身份来跟你说，而是以平等的普通学者身份来跟你谈这个故事卷歌谣卷里头所存在的一些问题，都是一种商量式的口吻，而不是"诶，你必须这样"，而是"认为存在这些问题，希望能够解决，你们觉得怎么样"。通过名家指点以后，我们的歌谣卷和故事卷无论是编辑质量，还是水平都得到了提高，我也从中学到了很多有益的东西，包括做人的，做学问的。做人一定不要沾沾自喜，自以为是，不要有点东西就趾高气扬。不要太自以为是，但是也要对自己充满信心。

我们都到过贾老家，同全国三套集成办的金茂年、刘晓路、朱芹勤和贾芝先生在干面胡同、演乐胡同那里都吃过饭。我们也到北京师范大学那里拜访过钟老，他那个房间里头除了中间一个走路的通道，其他两边都是书。那时候跟我们谈起他心目中的刘三姐，因为最先做刘三姐研究就是他老人家。

五、经验、不足和评价

我们的经验就是要有团队作战,不能够散兵游勇。三套集成第一次将民间的文化上升到国家层面,多少数以亿计的数字呈现出来。这跟文学创作你自己构思不一样,当然在编选、编辑过程中也有编辑人的思想,但这些都是属于次要的。同时要深入基层掌握第一手材料,不断增加增强编辑人员的文化素养,丰富扩大编辑人员的知识面。另一个就是要谨慎细微,认真对待编辑工作。因为广西属于多民族地区,特别是涉及民族题材的故事、歌谣、谚语,我们更要谨慎,不能够出现一些不应该出现的问题。有时候疏忽或者翻译的时候,我们觉得这个应该是这样,但是作为那个民族的人,他认为这种表述方式可能不对,可能对他们有一种歧视的心理。

今后主要改进的有几点,一个是田野考察的立体性工作。过去对于这方面不是太重视,而是注重于文本本身,以至于搜集、采录人员有一些都没有名字的,都佚名,同时对讲述者和采录者的个人文化背景也没有很好地交代。我们中国民间文学大系,先在原有资料的基础上进行补充,同时突出对历史文化的重视,比如说讲述者,20世纪80年代他们都六七十岁了,现在可能过世了,那他家族里头还有没有人能讲述这个故事?演唱这个歌谣?假如这个歌谣是长一点的几百行,还有没有人记得,有没有演唱?同时,这类故事这类歌谣对这个家庭家族或这个地域的人有什么心理影响?我们还要研判未来这个故事这个歌谣在当地会怎么样?因为我们再重复让人家讲述故事演唱歌谣已经是不现实了,也没法忠于原貌,对不对?你说现在拿个录音机摄像机,把现代人讲述或演唱的故事歌谣录下来,那已经不是当年这个故事的讲述人所讲述的内容和场景,整个文化时空变了。因此,我觉得更多的在田野基础上的人类学材料、历史文化材料、宗教信仰以及某些哲学观念的材料、民族学的材料、语言学的材料、考古学材料全部糅在一起以后,弄出来一个故事(歌谣)的文化背景资料,而不是简简单单的某某讲述就完了。比如龙母故事,来自大明山一带。那么,我就得说明大明山是一个什么东西?大明山周边有几个县流传龙母的故事,龙母故事与当地地名有没有关联?讲述龙母故事的人相互间有没有交流过,即上林龙母、宾阳龙母、武鸣龙母、马山龙母故事的讲述者有没有交流过?因为龙母故事更多是流传在大明山周边地带的,我觉得只有这样,我们故事本身内涵才丰富才圆满。

虽然我们在80年代民间文学搜集方面做了很大努力,但是我们所涉及的还是有挂一漏万的,因为我们现在所见到的所听到的,只是我们曾经所搜集到的一部分,不能说百分之百的搜集完了,历史上的收集不完,同时民间文学中新的也都还没搜集到,这个都需要大家共同努力。特别是高校里的师生,他们既有理论经验、理论知识,又有一定的田野经验。可以带着一些学生进行一系列的田野考察，因为现在无论是拍摄条件、录音条件都跟以前不一样了。以前我们是拿个小小的录音机，过不久又卡一下，电源不足，需要电池的。笔记本不断地抄抄抄。人家讲的有些抽烟的，我们还得坐在那里受人家的"熏陶"，喝酒的就猜拳。从事民间文学的必须付出艰辛的劳动和艰苦的努力，才能搜集到需要的材料。现在不用跋山涉水了，进村的路也好了很多，相信经过大家的共同努力，我们所搜集到的资料会越来越丰富，研究成果越来越多。

六、关于中国民间文学大系

在2017年1月，中共中央办公厅、国务院办公厅印发的《关于实施中华优秀传统文化传承发展工程的意见》中，提出了"中国民间文学大系出版工程"，具体由中国文联和中国民协来负责，实际上实施单位就由中国民协来负责。到了地方，也是由我们地方的民协来负责组织队伍，进行编纂。这次编纂对于注音只能里头有某个片段，采取国际音标和汉文版壮语注音方式，别的注音方式还没办法做得到。歌谣韵文体只能是弄一些例子做韵文，对它的韵母做一些注解。比如说我们这边有两句式山歌，如"别妹一身轻，扛不起张纸"，意思是跟妹分别以后，好像心里头不落地，轻飘飘的，拿不起，拿不起什么呢？一张纸都拿不起来，宛若无力，形容情人在心中的重要性。

这一次采取详细分类法，神话、故事、传说作为散文体，韵文体是创世史诗、民间长诗、歌谣这三类，谚语单独一类，还有民间小戏，民间说唱，里头还允许视具体情况增加不同的内容，比如：桂林山水传说比较多，我们可以单独申报桂林山水传说这么一卷；我们的侗族款词比较多，可以单独成立一个侗族款词这么一卷；苗族古歌比较多的，可以单独弄一卷。但是，每一卷都要一百万字。讲起来容易，实际上做起来比较难。广西示范先行本是民间长诗，已经编出来了。第二本是民间故事，初选打印已完成，后续的陆续要上马。

我们编出来以后，要完全忠实原貌已经不可能，更多的是按照历史脉络来做，探寻广西原来到底有哪些比较有影响的故事传说？以传说为例，除了桂林山水之外，我们还有什么传说？80年代以前在民间流传的那种传说，我们要有所记载。每个地方都有一定的风物传说，比如：靖西有鹅泉的传说、荔浦有荔浦芋的传说、壮锦有壮锦的传说。把这这些传说集合起来以后，再查有没有遗漏的。有遗漏要先搜集起来，再通过田野作业补充完善。现在肯定是没办法像以前那样地毯式搜索，无论是时代变化还是人员问题，我们都没办法做到80年代"三套集成"地毯式搜索，在国家层面、省一级层面和各县市都成立办公室。这个做不来了，我们要根据所拥有的资料进行谋篇布局，然后针对不完善信息查遗补漏。

现在我们所有搜集到的资料，除正文外，基本上是某某某采录，采录地点、时间以及讲述者和采录者的文化程度、民族，还有故事流传地的一些异文，这些小的文化背景材料。我们编新的东西要大量地弄这部分内容，同时还要了解这个故事传说的讲述人是什么时候过世的，这个故事流传地目前还有没有人讲述这个故事，他的家族成员有没有能够传承他作为讲述者。因为很多故事，南方跟北方不一样，北方故事篓子都在一个家族里面，南方是在田间地头讲故事的，它不一定是一个家族里头传承，这就需要大量的田野文本材料。此外，故事传说采录者的个人资料也要完备。

叙事长诗和说唱是有交叉的，如果说叙事长诗量不够，我就放在叙事长诗，量够了我就放在说唱这边。但是，放在叙事长诗里，也得把文字背景描述出来。实际上，在民间有很多叙事长诗是作为说唱呈现的，而不是仅仅作为演唱来实现。因为我们南方说唱跟北方说唱不一样，北方说唱是作为曲艺类，我们南方曲艺更多是歌舞表演。我们的说唱实际上就是中间多点说唱词，讲几句道理或者连道理都不讲，嘟囔几句以后就做一个连贯式的，把它连起来，类似我们的卜娅（原意为"公婆"，这里指一种说唱艺术）、末伦、唐皇这个类型。它是在表演的过程中间唱，唱了以后中间就蹦出几句，但是你又不能把它归类到现在的说唱，只能说是作为民间说唱词。另外，戏剧和曲艺，民间历史上几千年来老百姓都讲戏曲，从来不把两者分开。只是西方话剧进来之后，学术界才将两者分开，因为戏剧是属于以表演为中心，通过矛盾冲突表现某个故事，戏曲是以说唱为主，以演员为中心。二者只是角度不一样罢了，你说昆曲是剧还是曲？

任何文化背景都离不开农耕文化。当然游牧也有它的文化，但是游牧民族本身不定居，不定居它就没有文化场，而我们农业地区它是要定居的。我们的文化来源于农耕时代，换句话说，农耕文化是我们文明的一大进步。广西是农耕文化中的稻作文化，很多故事歌谣言语以及民俗事象都与它息息相关。随着时代的发展，有可能变异，也有可能消失。加上现在各种网络传播手段的出现，以至于出现一些伪的民间文学、伪的民俗。我们今天见到的民俗事象只能讲是比较接近生活本源的民俗，还不能讲是真实的民俗、真实的民间生活。

我们必须再出发，编辑民间文学大系，强调历史文化背景的重要性，以客观、科学、理性的态度去搜集资料，去编纂。这对于保留我们这个文化的原生性，保留民间文化记忆，挖掘民间文化对人们心理的影响，增强人们的文化自信，为振兴乡村、为中华民族的伟大复兴提供文化支撑，是非常有意义的。

访谈手记

我在硕士研究生阶段就认识韦苏文先生了,那是2000年4月初左右。他当时很年轻,刚开始担任广西民间文艺家协会主席不久,就组织了广西民协会员前往越南考察采风的工作。我随导师朱慧珍教授前往,在第一次走出广西看世界时,就认识了广西的许多民间文艺名家,感受到广西民间文艺工作的生机与活力。自那以后,我还在许多场合见到韦苏文先生,还曾参与广西民间文艺家协会组织的一些工作,对韦主席及协会的工作也有所了解。但像这样坐下来,就某个话题认真地谈上几个小时,还是第一次。

访谈在2019年11月25日下午进行,地点在广西壮族自治区文联韦苏文主席的办公室,参与访谈的还有我的同事梁春仙和研究生赖禹。韦主席为我们沏上好茶,大家轻松愉悦地围坐在茶几旁,从正在进行的"中国民间文学大系"编纂工作开始聊起,随后慢慢转入广西开展民间文学"三套集成"及与中国民协的互动交往等话题。韦主席大学毕业参加工作不久就参与广西民间文学"三套集成"工作,从一个民间文艺新兵到后来的负责全面工作,对其中的情况非常熟悉。所以,在访谈中我们每提出一个问题,他都能很快回应,如数家珍,还有许多个人的观点感受。访谈进行了三个多小时,过程非常顺利。在整理阶段,先由赖禹完成原字稿的输出和初步整理,陆晓芹通读稿子,对部分人名和地名进行修正,农丽婵在此基础进行了再次整理。随后,我们将两个稿子发给韦主席,请他对一些人名、地名和文句进行了修正,再由农丽婵进行了修改。最后,由陆晓芹进行统稿。

从文稿中,我们能看到韦主席如何从民间文艺战线的一员新兵成长为一个出色的领导者、组织者和研究者。这个持续参与、组织、见证、成长的过程,早已融入他的生命,凝聚着他的酸甜苦辣。所以,他说:"民间文学,拿命来搏!"

70

第二部分

自述

周扬与中国民间文艺

杨亮才

杨亮才,白族,1933年生于大理洱源。1949年参加工作。1957年调入中国民间文艺研究会工作。曾任协会党组成员、书记处书记、常务理事,中国民间文艺出版社社长兼总编辑及《民俗》杂志社主编,中国文学艺术界联合会全国委员会第四届、第五届委员,《中国民间故事全书》执行主编。"中国民间文学大系出版工程"学术顾问。主要作品有:《白族民歌集》《白族民间叙事诗集》《中国少数民族文学》《亮才散文》,长篇历史小说《血盟》。主编大型工具书《谚海》。

今年是中国民间文艺家协会成立70周年。饮水思源——此时此刻,我深深怀念一个人,他就是我们研究会的主席周扬同志。

周扬其名,如雷贯耳。在文艺界,只要一提"四条汉子",人们立刻想起"四条汉子"之首,周扬。周扬,那还真是条汉子。

周扬原名周运宜,曾用名周起应。他1908年出生于湖南益阳一个破落的地主家庭。早年东渡日本,回国后闯荡上海滩。革命低潮时期加入中国共产党。他长期从事党的地下工作,曾担任"左联"党团书记等职务,靠翻译和亲戚接济维持生活。20世纪30年代初与苏灵扬结婚后,改名周扬,并常以"周扬"之名发表文章和参加社会活动。久而久之,人们就只知道周扬,而不知道周起应,更不知道周运宜了。

从20世纪30年代到1989年,半个多世纪以来,周扬一直是我国革命文艺运动和党的文艺工作的主要领导人。特别是新中国成立以后,他是中宣部的副部长,他认真执行党的文艺政策,领导和团结广大文艺工作者,为我国社会主义文艺事业做出了卓越的贡献。

周扬在文艺界享有很高的威信。

周扬喜欢讲话和做报告。他担任中宣部副部长期间,几乎每隔一段时间,就要就文艺理论问题做一次报告。他的口才很好,讲话从来不用草稿,甚至提纲也没有,却出口成章,逻辑很强。把枯燥的理论讲得深入浅出,头头是道,并随时举出生动事例,大家都爱听。讲话时引用毛泽东、鲁迅、车尔尼雪夫斯基、别林斯基等的话,也信手拈来。

有一次,他在中宣部教育楼小礼堂做报告,我有幸去听他的报告。我坐在最后一排,旁边坐着他的秘书谭小邢。报告从下午三点开始,到七点了,他还没有要结束的样子。谭小邢给他送去一个条子,写道:"周扬同志,您已经讲了四个小时了。"周接过条子,看了看,不作声,又继续讲,一直讲到夜里近十二点才结束。礼堂座无虚席。其中不乏学者、专家,大家鸦雀无声,埋头速记。报告结束,已没有公交车,中宣部只好派车，把我们一个个送回家。

周扬一直是中国文联领导，1958年后还兼任中国民间文艺研究会副主席、主席，是我的顶头上司（当时文联、民研会和中宣部同属一个党委）。但那个时候，我只能在开会和听报告时见到他，没有和他单独接触过。他和郭沫若合编《红旗歌谣》时，我曾为《红旗歌谣》做初选工作，所选的民歌，也是经别人转交。那时他离我很远。

我和他直接接触，是打倒"四人帮"他复出后。但不多，充其量也就四五次，且都是向他汇报工作，或请他帮忙办事。

第一次接触是1978年"四人帮"垮台后不久，在海运仓总参招待所一次座谈会上。快要开会时，他从外面缓步进来。大家看到了，就站起来鼓掌欢迎。他坐在主席台上，刚要讲话，眼泪就不住地流下来。一向声音洪亮的他，突然哽咽，说不出话来。主持会议的人说："周扬同志，您来了我们就很高兴，您就坐着吧，别说了。"那次他没有说话。会议结束时，他和每个人都握了握手（人不太多）。他有超强的记忆力，他和我握手时问："你还在民研会工作？"我十分惊讶。中宣部所属单位几千号人，就凭过去和我几次有限的接触，就记住了我的工作单位。

第二次是1979年夏天。我们因要请他出任中国少数民族文学学会名誉理事长去拜访他。当时只是抱着试一试的态度，没想他答应得很干脆。他说："别的学会的会长、名誉会长，我一概不当，但你们的名誉会长，我当！"

第三次是1980年春。为筹建中国民间文艺出版社，我和高野夫多次到国家出版局申请，都不成功。最后我们只好求助于周扬。一天，我和贾芝、王平凡，拿着我起草的报告，驱车到万寿路中组部招待所找他。快到他住所时，他的车子开出来。我眼尖，立刻下车拦住。周说："你们什么事，这么急？"我把报告递上，他匆匆浏览了一遍，然后在空白处写道："请翰伯、子野同志帮助解决。"我和老高拿着周的亲笔批示再到出版局。我俩高兴而去，败兴而回。老高说："恐怕没戏了。"未曾想到，没过两天，峰回路转，成了！3月18日，国家出版局批文来了，赫然写着："经研究，同意你们建立民间文艺出版社。"

写到这里，我要插一段。中国民间文艺出版社艰辛创建。在短短的10年中，出版上千种图书，及时、集中反映了中国民族民间文化的采录、研究成果，保存、抢救了不少不可再生的珍品。河北民协就送来了"泽被燕赵"的牌匾，以表彰出版社给予他们出版图书，宣传燕赵文化的机会。

就连《金枝》这样一部闻名遐迩的人类学百科全书，我们也千方百计把它译校出版，奉献给读者。

民间文艺界是不能没有自己的专业出版社的。如果出版社"健在"，那么我们今天的庆祝会上，就会多一盏小红灯笼：庆祝出版社成立40周年，多好！

第四次是1981年2月18日，周扬在民族宫会见出席中国少数民族文学学会首届年会代表时，特意召见玛拉沁夫和我。这次他谈话不少，全文刊登在《民族文学研究》创刊号上。

第五次是1982年。因工作的事我们到安儿胡同1号他府上拜访。他静静地听完我们讲述后说："民间文艺这个战线很重要，走到今天不容易。民研会是这个战线的司令部，贾芝同志是你们的司令员，王平凡同志是你们的政委。你们一定要加强团结，大家团结才能把工作做好。"

周扬始终关心民研会的工作。

有同志说："没有周扬，就没有中国民间文艺研究会。"真是这样。

1950年初，新中国成立不久，百废待兴。但为让民间文学事业尽快上马，在周扬同志的倡导与运筹下，中国民间文艺研究会成立了。

3月29日，中国民间文艺研究会成立大会在北京东四头条文化部礼堂举行。到会代表二百余人。周扬主持大会并致开幕词。郭沫若、茅盾、老舍、郑振铎相继在会上讲话。大会以自由提名的方式选出茅盾、周扬等47位理事，选举郭沫若任理事长，老舍、钟敬文任副理事长。

4月12日，研究会召开第一次理事会，选出周扬、吕骥、艾青、赵树理、俞平伯、欧阳予倩、程砚秋、常惠、郭沫若、老舍、钟敬文11人为常务理事，并确定各组组长：秘书组组长贾芝，民间文学组组长钟敬文、楼适夷，民间戏剧组组长欧阳予倩，民间音乐组组长吕骥、马可，民间美术组组长胡蛮，民间舞蹈组组长戴爱莲，编辑出版组组长蒋天佐。

中国民间文艺研究会成立，是中国民间文学史上的一件大事。这次到会代表具有广泛的代表性。有党内的，有党外的，各种思潮流派都有。受邀代表除在台湾（如娄子匡）和旅居海外者外，几乎稍有名气的人都参加了。他们来自文学、音乐、戏剧、美术、舞蹈等诸多领域，难怪有人称它"第二文联"。

中国民间文艺研究会的成立，是新中国民间文学的发轫。大会所制定的方针和工作方法，一直是广大民间文学工作者所遵循的准则。它影响了20世纪中国民间文艺事业发展的整个进程。

有个时期，在民间文学界内部引发了"民研会是钟敬文成立的，还是贾芝成立的"之争，我看实在没有多大意思。

对于周扬，他们二位的看法是一致的，都认为周扬同志在建立中国民间文艺研究会上起了决定性作用。

钟敬文:"建立民间文艺研究会这样的机构,假如没有周扬同志的决然拍板和持久支持,是不可想象的。饮水不忘掘井人,在中国民间文艺研究事业的发展上,我们绝不能忘记周扬同志的功劳。"

贾芝说:"如果没有周扬同志拍板,中国民间文艺研究会就成立不了。"贾芝还回忆了当初酝酿成立民研会的情况。他说:"有一次吕骥向周扬提出中国民间音乐研究会的想法。周说:'那就把其他都包括进来,成立一个民间文艺研究会。'吕说:'那将来就没有音乐了。'周说:'不会的,你还在里头嘛!'吕说:'我在里头也不能起作用。'周扬同志尽量说服吕骥,最后吕骥也同意了。这就是成立中国民间文艺研究会的缘起。"

成立之后还有人反对,"已经有了中国文联,周扬同志又成立了中国民间文艺研究会,不是成了第二文联了吗?"主张取消。当时周扬在湖南常德参加土改,民研会一度处于风雨飘摇中。贾芝四处奔走,两次上书中宣部。第二次报告被时任副部长的胡乔木看到了,他在报告上批道:"既已成立,就不必取消了。"这才保住了民研会。

民研会成立时,他不是副理事长,是他自己不当。虽只是常务理事,但他是该会的实际负责人。民研会的大小事他都过问。1958年,在全国民间文学工作者大会上,他当选为副主席。1979年,他代替郭老(已去世)当选为主席。1984年因健康原因辞去了主席职务,但他仍然关心民研会的工作。他在生命垂危之际,还念念不忘民研会,他对夫人苏灵扬说:"我最不放心的是民研会的工作。"令人感动。

周扬之所以如此重视民间文艺,是因为他认为民间文艺可以为人民服务。

周扬重视民间文艺由来已久。早在20世纪30年代,他就关心民间文艺。1932年他在《北斗》上发表署名文章《关于文学大众化》,全面论述文艺如何为人民服务问题。周扬是最早提出"文艺要为人民服务"的文艺理论家之一。

1942年,毛主席《在延安文艺座谈会上的讲话》发表后,在边区涌现出一批民间诗人、歌手。1943年周扬发表《一个不识字的诗人——孙万福》,还把这位诗人的带有泥土气息的诗句一字一句亲自记录下来,共五首,和文章一起发表,称它是"真正的庄稼汉的诗"。最后还向孙万福祝福。祝福他明年"第一在粮食上,第二在诗上,有更大的收成"。

1945年,延安鲁艺师生在周扬的支持和指导下,创作了新歌剧《白毛女》。《白毛女》是民间口头创作和作家创作结合的典范,在中国现代文学史上具有里程碑的意义。这部歌剧的成功演出,首先归功于剧作家贺敬之、丁毅和作曲家马可、张鲁,但周扬作为决策者和指导者,是功不可没的。

1958年,在全国大规模搜集民歌的基础上,周扬和郭沫若合作,编选出版《红旗歌谣》，同时撰写文章《新民歌开拓了诗歌发展的道路》，在《红旗》杂志发表，引起了轰动。此外，他在许多场合讲话中，多次引用民歌。如"天上没有玉皇，地上没有龙王，我就是玉皇，我就是龙王，喝令三山五岳开道：我来了"！他说："这就是人民群众敢想敢说敢干的精神表现。"

1960年6月14日，郭沫若、周扬在颐和园会见出席全国文教群英会的民间诗人、歌手。在座谈会上，郭沫若高声朗诵民间诗人王老九的诗。周扬还特别关心农民诗人孙友田，对他说："我看了你不少诗。"最后，郭老和周扬还把他俩合编的《红旗歌谣》一一签名送给代表。临别，有代表还向周扬建议，在庆祝中华人民共和国成立12周年时，举行一个全国赛诗会，在天安门前，在东西长安街上都贴上诗，要把诗歌贴满北京城。周扬很赞成，连声说好。大家热烈鼓掌，表示拥护。

千秋万岁名，寂寞身后事。周扬同志是一位备受争议的我国文艺界领导人。周扬同志这一生真不容易，但也精彩。他大起大落什么滋味都尝过。他是顺境逆境都经历过的人。

  独识民间文艺 满地生花君乐见
  痛惜文坛巨星 泪洒山川难慰心

这是周扬同志逝世时，中国民间文艺家协会老人毛星、贾芝、王平凡送他的挽联，道出了全国民间文艺工作者的心声。

复兴"歌谣"的责任担当

马汉民

马汉民，1933年生，江苏海安人。江苏省吴歌学会会长，苏州市民间文艺家协会顾问。主要著书有汉族长篇叙事诗《孟姜女》《五姑娘》（与人合作），仿吴歌长篇叙事诗《常德盛》，中篇小说《死囚》《秘密航道》《李玉脱险记》，长篇传记《冯梦龙》，长篇弹词《芦荡火种》，报告文学《走出深巷》等；编有《中国熟语大词典》《中国宝塔故事》等数种，其中《五姑娘》获《钟山》文学一等奖；民间故事《青铜葫芦镇宝塔》获首届中国民间艺术展览会三等奖。

我国是一个历史悠久的世界文明古国，也是一个诗歌的"海"。

在遥远的古代——西周王国，已经有专事振铎，采风的采歌官，行走民间。《诗经》三百首就是平民百姓口头上传唱的歌谣。时跨二千五百多年，在我国广阔的土地上，无分民族，有10多亿人口，依然在唱"山歌"，受到诗歌艺术的熏陶。诗歌进入了人们的生活，歌唱成为他们的需要。尽管遭受到年复一年的残酷打击、抑制和严禁，却总能"野火烧不尽，春来又复生"，有无限的生命力，精神家园永远矗立在广大人民的心头上。

1950年3月，中国民间文艺研究会召开了成立大会，郭沫若先生担任理事长。自此，保护各族人民精神家园的重任，光荣地落在民研会。

轰轰烈烈的1958年的新歌谣运动，是我国史无前例、规模宏大的民歌事项，中宣部直接领导，并组建指挥班子，进驻新民歌发源地——苏州市常熟县白茆公社。

事后，在路工的报告中，叙述了常熟县新民歌运动的盛会状况：去年（1958年的12月）至今年4月底，就从万马奔腾的田野上、河塘里、生产队的干部会议上，飞起十七万多首民歌、快板、顺口溜，常熟是江苏全省生产跃进的擂台主，各县不但打擂，还出现赶超"常熟民歌"的挑战书。

贾芝先生90岁高龄，为《中国歌谣集成·江苏省歌谣卷》审稿，专程前去白茆公社举办的十月歌会，老人家看到"山歌馆"详实地介绍歌手传承的谱系，汇编的《白茆山歌集成》待印稿，兴奋地提笔为歌谣题签。在歌会现场，目睹公社党委的所有工作人员，竟和每一个村，还有波司登羽绒服装厂一样，派出一个个方阵的队伍（足有歌手40名），一队队有序地坐在广场上，互拉歌唱，热闹非凡。大幕开启不久，天气骤变，风雨交加，江苏省委宣传部副部长杨承志和我搀起贾老，请他退场避雨，遭到拒绝。贾老轻声地说："我是观众，全场没有退场的人，歌手在唱。"摇头拒绝退场。

白茆山歌，贾老印象深刻，在后来我们的会见中，几乎每次都会提及，关心他们歌事活动的状况。有一次说到白茆山歌进怀仁堂演唱，贾老笑了："山歌是活态的，有自生自灭的特点，我们有几分扶持的力度，歌唱活动就能添几分亮度。白茆山歌犹存1958年新民歌遗传的温度。"

贾老到江苏超过十多次，苏州有8次之多，每次都担负着宣传、鼓动民间歌谣普查的工作，直接与歌手亲密地交谈，给在一线工作的文化干部上课，希望每一个和他交往的人都爱上歌谣事业。

1979年深秋，我借因公出差的机会去了北京，随身带去由吴江县芦墟镇一位75岁老歌手陆阿妹所唱的长篇叙事诗《五姑娘》的记录稿，去民间文艺研究会寻找曾在苏州见过面的王文宝同志，说明了我遇上了大麻烦。长诗中的人物地主的姑娘爱上了长工，故事曲折，有三千行之多。一位领导直接对我说："你应该好自为之，长工怎么能爱地主？这是阶级调和，知道吗？"字音咬得重重的。我害怕再次戴上右派分子的帽子，便准备收兵回家了。但心中总是郁闷不平，整日失魂落魄。过了个把月，趁到北京的机会，便去求教民研会，出人意料，王文宝将我引荐给贾老，热情的贾老询问了作品的来龙去脉，我汇报了我的要求，请求审视作品，有否触犯阶级斗争？贾老要王文宝将稿件交给杨亮才（白族诗人，民间文艺出版社社长）看稿，要我三日后去听结果。

三日后，贾老又与我见面，笑容可掬地对我说："好诗，没有问题。"也许他看出我心存疑惑，竟大声地说："这是歌手唱的嘛？"我答："有录音。""好，只要有磁带存在，谁说有问题，我替你担当责任！"落地有声，我来不及道谢，捧了诗稿就赶火车回苏州了。

仅相隔半个月的时间，贾老派吴超同志到芦墟寻找老歌手了，调查核实。又过了两个月，《五姑娘》全文在《民间文学》分两期发表，继而又在《诗刊》《钟山》《新华日报》《苏州日报》分别发表，新华社6次为其发声，出新闻通稿，还被移植成苏剧、广播剧、舞剧、电视连续剧等，轰动了文坛。引得北京的一批作家汪曾祺、李陀、刘心武、陈建功等赶至吴江聆听山歌，我们都开心了。但我心里永远铭记贾老的慧眼识宝，在愁云尚未全部消失的年代，为了一个素不相识的基层文化工作者，勇于承担责任，这也决定了《五姑娘》的命运，没有贾老的支持、鼓励，被誉为汉族首部叙事诗将化作灰烬，何谈写进文学史？这更奠定了我终身从事歌谣工作的信心和决心。

正由于《五姑娘》，中国民研会又派出林相泰、王文宝行走于江浙沪，促成长三角区组成民间文学协作区，并由姜彬负责。

热烈的拉网普查工作进行了20天,继而又复查7天,案头的整理工作一般都在4—6个月。

这一史无前例的文化大普查,系一揽子的全面文化大搜索,同时进行发现歌手、故事与即时采风,工作艰巨,资料纷繁,清理归类,成文编目,一连串的工作均需细致有序科学地进行。苏州5市3区,在已选印的普查成果《山歌集》中,7个歌乡,所刊叙事、长歌、短歌,总数超10万字。

滴水可以反射阳光,全国各地和苏州地区、江苏省一样,同样热火朝天地摸清了歌谣的蕴藏量。

我国对民间口头文学的重视、认同和自信,是世界诸多国家无法比的。我们视传统文化为珍宝,在建设当代文化大国的历史进程中,它的主要基因,正是不可撼动的民族传统文化。

在中国民协的领导下,全国的歌谣工作者、爱好者,以及千千万万民歌手,一心一意地投入到民间歌谣大普查的行动中,全世界没有一个国家,像我们今天这样珍爱民间文化遗产,大普查,大搜索,大保护,大传承,这是子孙工程,功在千秋。凡是参与普查的人员,都以能参与抢救歌谣文化为骄傲和自豪。

民间文艺是民族文化的根

刘 琦

刘琦，1935年生，祖籍河南。1949年参加人民解放军，参加过解放战争和抗美援朝战争。1951年，调入解放军总政军乐团仪仗队。1954年转业到山西忻州，从事民间文艺工作。1964年6月在《火花》杂志上发表民歌体叙事长诗《黄连歌》。1978年调至山西省文联，筹建省民间文艺家协会，1981年创办《山西民间文学》，担任主编。1985年创办《故事精选》杂志。1987年获得全国优秀文化艺术工作者称号和全国五一劳动奖章。1989年当选山西省文联副主席、省政协委员。1999年离休，2007年获得"第八届中国民间文艺山花奖"成就奖。

一、由艺转文

我生于1935年，河南舞阳人。1949年3月，14岁参加人民解放军，成为文艺宣传兵，参加过湖北衡宝战役、粤桂边追击战、海南岛战役以及抗美援朝战争。在行军途中讲快板鼓舞士气，还画过政治宣传漫画、写标语。1951年我被解放军总政治部调回北京总政军乐团，因为个头、形象还可以，被选进仪仗队，主要完成国家重大庆典、外国大使呈递国书、怀仁堂举行国宴时的奏乐任务。有时与毛主席、周总理近在咫尺，五十多年后的今天，主席和总理的音容笑貌仍然历历在目。后来因病住院半年多，出院后个子长到1.74米，因为身高超出了当时仪仗队的最高限制，转业到山西忻州从事教学工作，教过音乐、美术、历史、语文等课。后来调到忻州市搞文化工作，开始接触民间文艺，搜集民歌民谣。我被当地那些优美朴素的民歌和传说深深吸引住了，生活是艺术的源泉，在山西还有面塑、剪纸、皮影、刺绣、绘画、彩灯、玩具、锣鼓和民间舞蹈等众多民间艺术，都反映着人们的理想和愿望，而内容最为丰富，表达感情最为细腻的首推民间歌谣。从此我决心当一个掘宝人，让民间文学的珠宝发出璀璨光芒。

二、"十年寒窗"

我1954年转业到山西省忻州市文化单位之后，开始了对当地民间文艺宝藏的发掘工作。山西素称有两个海，一是"煤海"，二是"歌海"。民间歌谣尤其品类繁盛，河曲是脍炙人口的民间艺术奇葩"二人台"的发源地，它可以说是现在"二人台"的雏形。"二人台"经河曲流传至陕蒙冀三省后，经众多民间艺人交流切磋后，更加丰富完美，清末民初终于发展为一门独立的民间艺术。"二人台"以粗犷豪放的艺术风格,盛行于长城内外。河曲"歌海"仅是山西全省"歌海"的冰山一角。除河曲的"山曲"外,全省还有阳高的"爬山调"和"二人台"、临县的"伞头秧歌"、临汾的"凤阳调"、沁源的"对花调"等,规模相当可观。在这个歌的海洋里,涌现出一批又一批著名歌唱家和优秀歌手,像著名歌唱家郭兰英等。在山西众多"歌海"中,忻州河曲县的"歌海"最为著名。这里虽然遍地油沙,十年九旱,但男女老幼皆有唱"山曲"的天赋,日常所见所想,随编随唱。我那时经常下乡去收集民歌,写了很多心得,对这些民歌高超的艺术表现手法、丰富多彩的内容、真挚自然的感情、委婉的曲调拍案叫绝。例如:"太阳落在山畔畔上,眼泪滴在脸蛋蛋上。"在短短两行诗句中,音韵的巧合,声调的和谐,节奏的对称,都达到了惊人的地步,这也深深地影响了我。

1964年三四月间,当时我在忻州搞群众文化工作,一天我陪同文学杂志《火花》编辑部的几位同志到忻县部落大队下乡。座谈会上我们听了第四生产队副队长徐心亮讲述他一家人在中华人民共和国成立前的经历,故事十分悲惨。散会后,我辗转反侧地回忆徐心亮这段家史,当中的人物像过电影一样在我眼前出现,于是我打定主意,要把徐心亮家的故事用农民所熟悉的民歌体写成长篇叙事诗。这首诗我写了七天七夜,可以说是一气呵成。当时感情非常激动,有时泪如雨下,有时失声痛哭,甚至整天不饮不食,长诗脱稿后我竟大病了一场。

《黄连歌》写好后寄给了《火花》编辑部,当时的责任编辑是著名诗人公刘,他看到后很惊讶,马上回信说要发表,并表示如果再精简些会更好,提议三行诗去掉两行,剩下一行就是精华。按照他的修改意见,我把原诗近1200行减到400行左右。这首诗后来发表在《火花》1964年6月号上。公刘还激动地为这首诗写了题为《学好民歌写好诗》的评论文章,但因为很快他被打为右派而未能发表。的确如此,我是先汲取了山西民歌的营养才写出这首诗的,在此前我已收集了八千多首民歌学习研究。这首《黄连歌》后来被评为首届山西省文学艺术创作银牌奖。此后我还创作了《岳云贵》《荷花曲》等民歌体长诗,这几首诗的写作过程都比较短,但在动笔写之前,为了向民歌学习,搜集与研究民歌却用了十多年的时间,也可以说是"十年寒窗"吧。也正是由于《黄连歌》我开始走上振兴山西民间文学事业的路子,包括创办山西省民间文艺家协会和《山西民间文学》杂志(现为《民间传奇故事》)。

三、创办《山西民间文学》

1978年我从忻州调到了山西省文联,筹建省民间文艺家协会。协会在1980年4月成立了,1981年马上办《山西民间文学》。《山西民间文学》是中国民间文艺研究会山西分会(简称:山西民研会)主办的刊物。创业艰难坎坷多,初成立时,连牌子都没处挂,不得不在一个会员的床底下塞了4个月之久,直到1980年8月份才正式将民研会的牌子挂到山西省文联大门口。但此后由于办公室极其困难,不得不在一个废厕所里办公,两摞砖头、一块木板,权充"桌子"。名曰"杂志社",其实从主编到编辑、校对、排版、发行都是我一个人。创刊号终于在1981年1月问世了,首印一万份,我用自行车推到火车站卖,很快一抢而光,于是又加印了5000份。杂志反响不错,中国社科院民间文学研究室的祁连休先生还专门发表了一篇评论文章,称《山西民间文学》是民间文学园地的新葩,内容丰富,有山西民间传说、故事、民歌、谚语、歇后语、外国民间故事以及国内外民间文学评论文章和资料,并且图文并茂,封面装帧精美大方,题图插画活泼多姿。

3年时间,《山西民间文学》发行量就达到近120万份,在全国同类刊物中独占鳌头,经济效益卓著。1984年我们就搞起了自负盈亏的企业化管理,1985年我们又增办了《故事精选》杂志(现为《中外故事》),结果我们不仅自己养活了自己,积累了几十万元发展基金,还每年向国家上缴数万元。所有的员工靠自己的收入都买了商品房,不要国家分房。我们还建立了彩色录相制作中心,拍摄民间文艺资料片,创办了民间工艺美术厂,主办北京自修大学山西分校等。鉴于我的工作成绩,1989年我被选为省文联副主席、省政协委员。

当时的勇气缘自于我对民间艺术魅力的信心。在山西,几乎每个县、每条山沟都有完全属于自己的民间艺术。我想如果把它们挖掘整理出来,不仅是一笔巨大的文化财富,而且能创造可观的经济效益。此外,这本杂志里都是群众喜闻乐见的故事,潜移默化地宣传了精神文明。有一次一位老农一人买了5本,是因为里面有一个儿媳孝顺老人的故事,他要把杂志送给自己和亲朋的孩子,让他们学习孝道。

这样的故事还有很多,比如有故事说:有寡母抚养着一个孤儿,这孩子很不孝顺。舅舅是个牧羊人,知道后把孩子带到身边放羊,让他看小羊吃奶,还唱起"羊羔子吃奶双膝跪,老鸦子无食小鸦子喂"的民歌,一次又一次,孩子感动了:原来小羊羔吃奶都是跪着的,我怎么能不孝敬母亲!他回家后,舅舅又送给他一只羊羔,让他永远记得"羊羔跪乳"的情景,这孩子后来成了个大孝子。这个故事还流传成一个民俗活动,每年农历七月十五是"面塑节",不少地方流行长辈给孩子送面羊的风俗,因此也叫"送羊节"。应该说,这本杂志符合当时人民的欣赏水平,对百姓的口味不是长篇大论,比较容易流传。我们始终坚持大众化、民族化、通俗易懂,决不故弄玄虚,哗众取宠。

四、刊物创办的经验及心得

开始时虽然只有一个人,也要学习河北省沙石峪在青石板上夺高产的精神,便提出了我们也要在厕所里夺高产。创刊号印了14000份,立刻受到读者欢迎,发行量直线上升,1982年上升至20万,1983年上升至70万,1984年升至116万。从1984年1月份起,民研会和编辑部不要国家拨发工资、行政费、事业费以及刊物补助费,试行自收自支、自负盈亏的企业化管理办法,这是旨在加强思想政治工作的同时,正确运用经济杠杆,克服平均主义和吃"大锅饭"的弊端,调动大家的积极性和创造性,办好刊物,促进社会主义精神文明建设。同时,也改变办刊物在经济上依赖国家补贴的状况。在上述办法的基础上还建立了工作岗位责任制以及有关的纪律和制度。改革后使我们得到了经济效益。

自试行改革以来,除去印刷、纸张、广告、稿费、工资、运杂费等刊物开支以及民研会一切业务开支,到第10个月为止,纯利润已达到196746.86元。将其中15%上交能源交通等税,25%上交民研会为民间文艺发展基金,剩余60%再按六、二、二、分成,即:60%为刊物发展基金,20%为集体福利基金;20%为奖金。按比例应提取奖金36200多元,但我们为了照顾对左邻右舍的影响,前半年仅发了1000多元奖金,人均每月增加46元,第一期,每人向上浮动一级,第二期向上浮动二级,第三期向上浮动三级,第四期向上浮动四级,每增加10万份,一般都要再向上浮动一级。此外对于超产者以及有特殊贡献者还有超产奖和贡献奖。为了改善编辑和职工的学习条件,还给每个人都开支了一部分报刊订阅费。为了改善编辑人员的工作条件,还从集体福利基金里抽出一部分钱,买了一些写字台、书柜和文件柜等家具。为解决纸张及刊物运输问题,拿出两万余元买了一辆东风牌汽车。为了解决办公室拥挤的现象,我们还从刊物发展基金里抽出18000元用于小型基建,新盖了四间办公室,之后,我们的编辑部就从厕所里搬出啦!还改善了职工的生活条件,此外,我们把资金支援文联设施建设。

改革能提高刊物质量:过去吃"大锅饭"端"铁饭碗",过去刊物发行量大小,对刊物的生死存亡无关紧要,而对读者的要求无动于衷,终日无忧无虑,从容不迫,这种状态不利于刊物质量的提高。刊物试行改革后,自负盈亏就产生了紧迫感。因为刊物的生存取决于质量，取决于读者是否买你的刊物。过去我们虽然在理论上知道我们的主人是工农兵，是广大人民群众，但我们在为他们服务时行动表现得如何呢？我看差距很大。后来进行了改革，编者就有了紧迫感和责任感，就能从内心深处把读者看成主人，编辑者就好像是厨子一样要满足主人的需求，这就需要做出富有营养的适合主人口味的饭菜来。这样，编者就会全力以赴地到读者中去搞民意测验，去了解发行信息，甚至了解全国每一个县的发行情况。编者要尽最大努力使刊物内容上有益于读者，在艺术编排上为读者所喜闻乐见。这样刊物才能如鱼得水，水涨船高。

在刊物改革中要正确运用经济手段。周恩来同志曾经指出："物质生产的某些规律，同样适用于精神生产。"正确地利用价值规律，可以成为促进艺术生产发展的有力杠杆。只有实行按劳取酬，才能从物质利益上调动办刊人员的积极性。但是，刊物决不能一切向钱看，必须要以实现为人民服务，为社会主义服务和以建设精神文明的社会效果为目的，否则就会走上邪路。

改革能精兵简政，过去在吃大锅饭依赖国家拨款办刊物时，民研会有3个编制，后来又为刊物申请了5个编制，批下来仍感不够，总认为反正是国家给人头费，人多好办事，山水越大越好看，于是便又申请了26个编制，后来省编委又给批下来15个编制，但这时我们已经进行了改革，我们首先感到这15个编制也实在不少了。为什么改革前要26个编制，改革后15个编制也嫌多呢？因为自负盈亏了，自己就会精打细算了。

改革一定要赏罚分明，即使在一个人身上也要体现奖罚分明，这件事你立了功，就奖励你，那件事你造成损失，就要停发奖金，甚至减发工资，绝对不能惜情护面，这样才能克服平均主义吃"大锅饭"，有时候几分钟里就有经济效益。例如汽车司机早出五分钟车和晚出五分钟车是大不一样的，这从责任感上来说是一个分水岭，提前到就应该奖，误点就应该罚。

在改革中要对奖金有一个正确的看法：由于一些人患"红眼病"，我们在改革中拿奖金时，不得不暂时保密，这是很不正常的，我们的奖金制度是社会主义性质，也就是国家拿大头，个人拿零头，个人的奖金越多，说明给国家贡献的大头就更多。此外还有奖金税，超过半年工资的还要交3%的奖金税。在这个意义上说，奖金越多，说明对国家的贡献越大，应该是光荣的，不应该成为眼红的对象。

另外，在刊物改革中不要鞭打快牛：现在办刊物靠国家补贴，有的多至几十万元，有的十几万，至少也要七八万元，这笔开支是不少的。少数刊物提出改革，不要国家补贴，就应该给予优惠政策，不要一提改革就釜底抽薪，使刊物无法办下去，有的刊物可以引导他们逐步减少补贴，不要使他们望而生畏。

改革一定要在党的领导下进行：对于改革，我们没有经验，必须要认真学习中央有关文件精神。历史上的改革者,像商鞅变法,王安石变法、都遭到悲惨的下场。我们现在是党中央号召我们改革,有党给我们引路,我们就有方向,就有信心。在改革中,该批的手续一定要跑到。对于我们的改革办法,财政厅支持了我们,主管民间文学工作的省文联党组副书记郑笃同志、主持文联工作的束为同志、省委宣传部部长张玉田同志、副部长温幸同志等都给我们的改革办法作了批示。此外,副省长张维庆同志、宣传部文艺处长韩玉峰同志都给我们的改革以很大的支持。特别是去北京参加总会的会议时,总会主持工作的负责人贾芝同志和金茂年同志一同到宾馆房间里看望我们时,特别对我关于刊物改革的发言给予了强有力的支持。交谈中还兴奋的得知,我们山西的尧都临汾,就是贾老的故乡。这次会议之后不久,金茂年在总会的通讯上发表了一篇短评,大意是《山西民间文学》杂志,锐意进取,白手起家,在一个废弃的厕所里创刊,用民间故事宣传精神文明,受到读者欢迎,发行量直线上升,有如传说中的金马驹一飞冲天,鼓舞了全国各地的民间文学刊物,形成一马当先、众马奔腾的局面。

改革使我省民间文艺事业得到繁荣,我们实行自负盈亏后得到了经济效益,前半年的盈利就已经超过了财政厅全年的拨款,我们能用更多的钱发展我省的民间文艺事业。原来我们只有民研会和编辑部两个牌子,现在又增加了山西民间文艺资料馆,三套集成(即民间故事集成、歌谣集成,谚语集成)办公室,山西民间书屋等牌子。不仅如此,我们还要增办新刊物,还要编印出一套山西民间文学丛书,还要筹办山西民间文艺彩色录像中心以及赵树理与民间文艺研究中心,文艺改革探索中心,北方歌谣研究中心等。温元凯同志说:他看到了改革的曙光。而我们却看到了金马驹在闪闪发光。金马驹象征着我省丰富的民间文化等蕴藏量,传说一旦有人把山辟开,金马驹就会腾空而起。我们的道路是艰难的,我们的前途是广阔的,我们的前景是灿烂的。在前进中也难免会遇到阻力和各种困难,但是,只要我们依靠党的领导,锐意坚持改革,就一定能排除万难,为振兴山西的民间文艺事业不断做出新贡献。

五、民间文学是人民的艺术

我对民间文学的爱好就可说是如痴如醉。1983年夏天,我乘飞机去北京,飞机在河北省上空发生故障,乘客们吓得脸色发白,我却着急下一期《山西民间文学》的稿子还在皮包里。我把稿子包好,签了字,希望如果飞机失事,人们在清理遗物时能把它们及时送到印刷厂,不要误了发稿。当飞机最后安全地迫降在郑州机场时,我才抱着稿件长喘了一口气。

一直以来，国家对民间文艺工作还是十分重视的，一直都组织进行挖掘抢救、整理研究的工作。早在1984年，文化部、国家民族事务委员会和中国民间文艺研究会就决定编辑《中国民间故事集成》、《中国谚语集成》和《中国歌谣集成》。这三部集成的规模之大，可谓是中国民间文学的"四库全书"。我离休前后一直负责编纂《中国歌谣集成·山西卷》。《中国歌谣集成》的主编是德高望重的贾芝先生，他是研究民间文艺学科的资深专家、学者。他对歌谣有很精辟的见解："它不仅是上乘的文学艺术精品，是诗人、作家、艺术家的乳汁，也是诗学、人类学、社会学、民俗学、语言学、历史学、民族学、考古学、美学等学科的异常珍贵的资料。"1990年他来我们山西指导《中国歌谣集成·山西卷》的编撰工作时，提倡"入乡问俗，进行采风"。他和我一同到山区听民歌手唱民歌，还记录并学唱了一首民歌。当他99岁高龄我去他家看望他时，他已经记忆力严重减退，虽然一下子没有认出我来，却高兴拉住我的双手唱起了在山西学唱的那首民歌。我和金茂年同志都非常兴奋，感叹贾老已经把歌谣铭刻在脑海里，什么都可以忘，唯独民歌绝对不能忘记。民间文艺是民族文化的根，从古至今千古流传。山西现在还保留着远古时期的狩猎舞、傩戏舞，但在流传过程中也流失了很多。例如我早年曾去山西吉县收集民间故事，有个老人会讲人类起源故事，故事十分生动丰富，讲三天三夜都讲不完。当时老人年纪太大，给我们讲时只能讲一部分，光这点内容我听了都十分激动，我让县里的文化干部继续收集，但没想到老人很快去世了，他没讲完的故事就失传了。这些民族文化的无价之宝我们必须要加紧抢救下来，时不我待。现在我们的文艺作品大多都急功近利，包括电影电视都从商业角度考虑得多，过去春晚节目中陈佩斯、朱时茂、赵本山的表演受欢迎，这些都是在民间艺术、民间文化的土壤中成长起来的，你看赵本山的举手投足、张口动嘴间都和民间文化水乳不分，有群众性、民族性，这才是人民喜闻乐见的。

我离休前，和著名民俗学家、北大教授段宝林及广西师范学院过伟教授合作编著了《中外民间诗律》《古今民间诗律》两本书，作为收山之笔。回顾我数十年从事民间文艺工作以来的历程，曾听到过有人认为，民间文学较为粗糙，我认为这是愚人之见。贾芝在40年前就曾说过："民间文学在劳动人民的生活和斗争的土壤中生根、开花，包含着人民群众的丰富的经验和智慧，在艺术上为人民群众喜闻乐见，因而具有很大的认识作用、教育作用、借鉴作用、美的欣赏和娱乐作用。"加里宁说："人民艺术是最高级、最有才能、最有天才的艺术。人民好比淘金者，他们所选择的、保存的、相传的，并且在几百年间加以琢磨的，只是最宝贵最天才的东西。"在我看来，民间文学就是五光十色的文学宝库，任何人都会为它的丰富多彩着迷的！

大地的吻

康新民

康新民，1937年生，20世纪80年代，组建了镇江市集成办公室，先后组织了四千多名民间文学工作者、文化馆、站工作人员、教师、学生等参加了民间文学三套集成采风活动，共采录民间传说、歌谣、谚语各类民间文学作品一千六百余万字，编纂93本乡镇卷本（手抄），并担任了《中国民间故事集成·江苏卷》副主编，同时保存保留了数千份全省各地的普查原始资料。2010年被中国民间文艺家协会授予"中国民间文学集成贡献奖"荣誉称号、2014年荣获由中国民间文艺家协会颁发的"中国口头文学遗产数字化工程贡献奖"。

一

我的童年是在民间文艺的熏陶下度过的。我诞生在大运河畔的淮安市，富饶的淮北平原养育了我。那里人民的淳朴、憨厚、豪爽的秉性，以及富有浓郁的民间文艺色彩的风土人情，在我的思想深处烙上了深深的印记。过年过节的民间舞蹈——荡湖船、耍龙灯、舞狮子、踩高跷……深深地吸引我，尤其是那玩荡湖船时反穿皮马褂的丑角，引起了我浓厚的兴趣，不仅是他们造型奇异，风趣，更主要的是他们能脱口唱出许多有学问的唱词，真使人羡慕。以致在一个节目中，在我的一片苦苦哀求下，大人们给我反穿了皮马褂，扮演了那个讨人喜欢的角色。我一边舞着小竹竿，一边唱起了刚刚学会的有趣唱词。居然，逗得大人们捧腹大笑，一位正在吃饭的老奶奶竟笑得把一口米饭喷了出来……大约这就是我第一次投入民间文艺活动所取得的出乎意料的效果吧！这不能说是什么民间文艺表演，只能算是一次孩子们的嬉戏罢了。尽管如此，在我小小的心灵上，却撒下热爱民间文艺的种子。

大人们总是说，我小时候开窍迟并不聪慧。父母教的方块字，"天"字，也往往分不清，一转脸会将它们念反了。直至成家立业，家乡的老辈人见到我，总是笑我"天"字"地"字分不清，但是我一旦对某个事情感兴趣，干起来会很专注。记得小时候，学民间小调也会"呆"唱个不停。

进入少年时代，我已成了体育迷和文艺迷。这时，我随家搬到大运河畔的另一座古城——镇江。

镇江——淮阴，好像是这银练似的大运河串起来的两颗明珠。镇江是我国著名的历史文化名城，这里的民间文艺蕴藏格外丰厚，这使我又一次自觉不自觉地接受了民间文艺的熏陶。

镇江城外，古西津渡紧连着五十三坡，这儿过去是一个"大众游艺场",类似南京的夫子庙。那里不仅是销售各种商品的交易所,而且有许多民间艺人在设棚献艺,说评书的、唱道情的、演民间小戏的,三百六十行,行行都有。这种简朴的书场和戏院,只有坐到棚里的位子上才收钱,而一般站在棚边的人是无须买票的,这对一个十来岁的少年来说,无疑是一种优惠。我放学以后,往往是背着书包在竹棚外面,抱着竹柱听评书、看小戏。一站就是几个小时,左腿站酸,就换右腿;右腿站累了,就换左腿,不散场是决不离开的。民间艺人的表演富有浓厚的民间气息,语言生动、形象,表演粗犷而有力,故事环环紧扣而吸引人,我是他们最忠实的听众。对于民间文艺我已着了迷,家里人给我起个外号,叫听"呆书"的。夏天,哪里有讲故事的,我朝哪里拱,凡是大人在讲故事、说笑话,我便钻进人堆,呆呆地朝人家面前一站,睁着大眼睛眨都不眨地望着讲故事的人。

我父亲也是一个听书迷。不过,大人们听书都是在规规矩矩的书场上。这样,到了过年过节,我便闹着跟父亲一起到书场听书。那时,镇江书场较多,据说有十六七家,什么"新龙江茶社""艺园书场""有余书场"等,我都去听过书,从王家《水浒》到康家的《三国》不管什么书都听过,都爱听。这样,从小就在书场边上培养了我对民间文艺的感情,萌发了我长大做民间文艺工作的念头。若干年后,我创作的评书话本之所以能受到说书艺人的喜爱和好评,恐怕这都是我听"呆书"的收获吧!记得一次在通过话本时,我学着说书的语气朗读了作品,省电台文艺部的一位老编辑听了指着我说:"你一定是康家说《三国》的后人吧?"我笑着说:"我这个康和那个康可不一样呀!不过,我是王家和康家说书的忠实观众罢了。"随着时间的推移,1960年我赴京参加全国职工文艺会演,回来后即调至镇江市文联工作,这使我有机会参加了民间文学采风工作。由于我本来就对民间文艺的喜爱,使我更加酷爱这一事业。1960年至1965年是镇江民间文学采风的初创阶段,在这段时间里,不管是白天,还是晚上,我都在采风路上努力奔波着,走大街,串小巷,跑田头,上渔船……我已完全沉浸在人民的艺术创作之中。

二

不过采风也有学问,采访时有讲究。开始,我曾闹过一个笑话。五条街旁也有个小巷子,叫梳儿巷,那里有个宛家茶坊,听说那里每天有人吃茶讲故事,可我们一连去了四五天,非但一个故事没听到,连一个知心朋友也没交上。当时弄不清是什么原因,过了段时间,我把这情况告诉了一个熟悉的故事家,他惊讶地说:"啊呀,原来是你们啊，我只听说那几天茶坊里来了两位公安局的侦察员呢！"原来，我们还没有和群众打成一片。在这段时间里，我记了小小几十本笔记，记下了数百个故事家的讲述，故事、民歌、谜语、谚语……什么都有，真可谓废寝忘食。记得在我结婚的大喜日子，因为白天在敬老院听老人讲故事，而迟到了结婚的喜宴，受到了家里人的责备。

对于民间文艺的正确认识，我是在采风中逐步加深理解的。开始，总认为这些不识字的，老木匠、老瓦匠、老机场工人、老渔民，不一定能讲出什么精彩的好文章。可下去一交谈，使我十分吃惊，这些"不识字的作家"，他们知道的是那么多。上知天文，下知地理；地方掌故，风俗人情……好像无所不知，无所不晓。而这些"活"的知识，真是我在课堂上、书本上学不到的。

记得在南门大街走访83岁老江绸工人周小和时，他跟我们讲了三天三晚，活灵活现地讲述了"火烧英国领事馆"的起因、过程以及官府与老百姓的截然不同态度，并唱了朗朗上口的"火烧洋楼"小唱。他14岁学会，唱了近70年。对1842年鸦片战争那段历史，我本知道不多。通过抗英斗争故事采录，从"画圈山""血战焦山""火烧洋楼"等故事的整理中，我对书中未作详细记载的鸦片战争——镇江之役，有了深切的了解。这些故事整理后，有的被收进高等学校文科教材，有的被收进《中国新文艺大系——民间文学卷》。通过不断深入采风，逐渐使我对这些"不识字作家"产生了浓厚的兴趣。在以后的三十多年里，我将深入民间采风列为我人生坐标，采风的足迹得到延伸。我曾到过大文学家施耐庵的家乡兴化搜集故事，也到过周总理的家乡淮安采风，在有着光荣革命传统的茅山路上，和同志们一起骑自行车跑了近千里。在记录的数百万字的原始稿中，使我学到了真正的人民口头创作，从故事的结构，到民间文学的美学价值，从讲述民间文学的艺术风格，到活泼生动的民间文学语言……我都研究、吸收。我渐渐晓得群众喜爱的是什么？不喜爱的是什么？拿语言来说，如果我们认真忠实记录故事家讲述的故事，不仅完整有头有尾，而且因各人性格不同，讲述的语言也各有个性。再仔细推敲，就可以发现他们以非凡的才能，创造了自己特有的艺术节奏美学。他们表达故事时的声调高低、情绪落差、语言的繁简，正是他们艺术节奏美学的自然流露。记得一个隆冬的早晨，我到摊头吃豆浆。来了几位青年学生，对卖豆浆的王老太说："快来一碗热浆，吃了就有劲了。"王老太一边舀豆浆，一边说："吃了腰杆就硬了。"语言多么生动，多么形象呀！比学生们说的"就有劲了"高明得多了。一次听一个小孩与奶奶对话。小孙子说："奶奶天天淌眼泪。"奶奶说："眼睛没干过。""没干过"比"淌眼泪"说得既新鲜又有味。正是这些不识字的人创造了灿烂的文化。正如鲁迅先生所说："乡民的本领并不亚于大文豪。"打这以后，我身边常年放个小本本，凡听到生动的语言就记录下来。今天一条，明天两条，日积月累，越记越多。这个小本本成了我文学创作的语言宝库，到写作时人民群众的语言就源源不断地流淌了出来，这使我的写作受到了人民群众的欢迎。

从民间文学的采风中，我尝到了甜头，我变得聪明起来。民间文学把我引进了繁花似锦的文学园地，从收集研究民间童话，歌谣，到自己创作儿童诗和诗歌；从收集研究民间故事传说、到创作小说，散文，我都研究，都尝试。不过，我最钟情的是民间文艺。

我曾和同人们一起创办了我国最早的民俗小报《乡土》，从一个市发行到全国20多个省市；组织了全市一千多人参加的采风活动，编纂了93本乡（镇）卷本，记录了一千六百多万字的珍贵口头文学资料；创办了我国第一家以收藏、保存和研究民间文艺资料为目的的镇江民间文艺资料库……凡是一切有利于民间文艺发展的活动，我都全身心地投入，民间文艺成了我生命的一部分，命运已注定了我一生要奉献给这个事业。

1989年9月，全国第二届民间文学评奖揭晓，北京传来信息，拙作《梁红玉击鼓战金山》一书荣获二等奖第一名，这是自《肴肉不当菜》等荣获全国首届民间文学评奖三等奖后又一次获奖。我赴大连领奖。会议期间，文化部代部长、著名诗人贺敬之，中国民间文艺家协会主席、著名民俗学者钟敬文接见部分代表并座谈。钟老听说镇江筹建了我国第一家民间文艺资料库，十分高兴。我详细汇报了创建资料库的经过，并有意请钟老给资料库留下墨宝。此时，钟老已是84岁高龄，但他欣然答应。晚上在宿舍写了一张又一张，最后选了两幅任我们挑选。他题词是这么写的"建立资料库是保护民间文艺的重要措施，镇江同志的举动是有创导意义的"。

钟老对创建资料库的评价和希望，无疑是对我们的一种鼓舞和鞭策。回镇江后，我立即将其裱好挂在资料库的主要位置上，作为全库的座右铭。此后，中国民间文艺家协会首席顾问贾芝为资料库题写："人间集粹"4个大字，并题写一行小字：祝贺镇江民间文艺资料库走在前列。中国民间文艺家协会副主席姜彬题写了"百年大计"等，这些墨宝都成了资料库的镇库之宝。原中国民间文艺家协会书记处书记、诗人、书法家陶阳，特地为资料库题写了"中国第一库"5个大字。从此，镇江民间文艺资料库便被人叫成了"中国第一库"。1987年，北京大学中国语言文学系的同学赴扬州采风，北大教授段宝林先生特地来信，约我赴扬州给同学们讲"民间文学的立体描写"。这是我第一次给高等学府同学读者讲课，由于我长期在下面采风，许多事例却来自实践，这些"活"的知识受到同学们的欢迎，当然这也更加促使我坚持开展立体采风的研究。我至今也不能忘记，民间文艺对我一生的影响。我这一生最大的幸福是有缘参加了无数次的民间文艺采风活动，不管是大江南北的田野小茅屋、长江边运河旁的小渔船，还是西双版纳的傣家小竹楼……都给我留下了深深的印象，洒下了我耕耘跋涉的足迹。

　　今天，每当我翻开那些日子的采风笔记，那里的山，那里的水，那里的人，似乎又涌现到我的眼前……不过，最最难忘的还是大地给我的那份甜甜的吻。

　　由于老先生年岁已高，加上身患帕金森症，目前语言表达和大脑思维都不是那么灵活了，无法完成关于"三套集成"收集整理时期的自述文章，上面这篇文章，是刊登在"江苏文化艺术周讯——繁荣报"（2014年第30期第3版名家名作栏）的一篇文章，是康新民自述内容，完整地记录了康新民在民间文化工作中的一生。

镇江市民间文艺家协会　金璐明
2019.11.27

贵州民间文学与民间美术普查札记

余未人

余未人，1942年生，现任中国民协顾问、作家，国务院特殊津贴专家，贵州省文史馆馆员。20世纪90年代以来，投入民间文化遗产的抢救与保护工作，主编《亚鲁王》。2009年在贵州省清镇市发现了苗族长篇史诗《簪汪传》。2018年，在贵州省花溪区发现苗族长篇唱诵《米花古歌》。主持贵州民间美术遗产普查工作，主编《中国民间美术遗产普查集成·贵州卷》。个人著作：出版《民间笔记》等民间文化研究著作13本。

一、"抢救工程"与我

2002年2月，我参加了中国民间文艺家协会主席冯骥才先生主持的"中国民间文化遗产抢救工程研讨会"。冯先生做了语调沉重又激情洋溢的主题发言，并发起全国百名专家签名的《抢救中国民间文化遗产呼吁书》。这是一份庄严的宣示。

与会者平日里在田野上奔走，眼见一些数千年文明的遗存迅疾消失，流行文化强势涌入农村，青壮年大批外出打工，传统民俗无人传承而只剩下躯壳……山寨村落的实景一一在眼前回闪，令人揪心。

那时候城市里忙着"大拆大建"，一条条古街迅疾消失代之以摩天高楼，触目皆新，谁识当年旧主人？"文化搭台，经济唱戏"的时尚之风刮遍神州大地。政府部门深陷其中，有的充当了始作俑者，更没把"民间文化遗产抢救"（简称"抢救工程"）提上工作日程。

知识的积累让人能够先知先觉，目光敏锐。与会者一个个仿佛开了天眼，学者们把书斋中的思虑提升到了一个前所未有的层级，杳然天界高。可是，仅靠"坐而论道"是徒劳的。"抢救工程"犹如一团乱麻千头万绪，我们不理，谁来理呢？我们不做，谁来做呢？签下了这样一份宣言，就不能轻言退路了。

与会专家誓言要对神州大地的民间文化如同1964年的巴黎那样，"大到教堂，小到汤匙"进行一次"地毯式搜寻"。可以说，在维护民间传统文化方面，"中华民族到了最危险的时候"！心跳血热，专家们多少年没有过如此激昂亢奋的时辰了！会上一道道闪电般激发心智的瑞光，让人刻骨铭心，终生难忘。

那时我正要从贵州省文联退休，日后，大把的时间就是自我做主了，这是我参加工作几十年来从未有过的自由。于是我心中决意，就在这边远的、民族民间文化蕴藏最为丰富的贵州做一点儿什么，为即将铺开的

"中国民间文化遗产抢救工程"尽一份绵薄之力。

在2019年的今天，回顾过去的17个寒暑，由冯先生和中国民间文艺家协会发令，在省文化厅及非遗中心、省文联的大力支持下，我主要从事了以下工作：一是2005年至2007年，组织180人的队伍，完成了贵州省民间美术遗产普查工程，出版了《中国民间美术遗产普查集成·贵州卷》（上下册），冯骥才总主编、我任贵州卷主编；二是2009年起，投入了《亚鲁王》史诗抢救保护工作，经普查，紫云县麻山尚有1778名《亚鲁王》歌师。我主编了《亚鲁王（五言体）》，执行主编了苗族英雄史诗《亚鲁王》和《亚鲁王文论集》（一）（二）；三是2009年我在贵州省清镇市发现了苗族长篇史诗《簪汪传》，然后组织专业人员历经9年的搜集整理翻译，由重庆出版社出版，并被贵州省推荐为国家级非遗项目申报；四是2018年我在贵州省贵阳市花溪区发现苗族长篇古歌《米花古歌》，正在组织搜集翻译工作；五是去到了贵州的六十多个村落做田野工作，为报刊和新媒体撰写专栏，并写作出版了《远古英雄亚鲁王》等13本有关民间文化的个人著作。2019年4月起在"动静App"开辟"余的贵州札记"民间文化专栏，每周更新，每篇均有数万读者的阅读量。

二、贵州民间文学概况

贵州是民间文学的大省。自20世纪初人类学传入我国以来，英国的传教士克拉克、日本学者鸟居龙藏做了一些民间文学的搜集、研究工作。抗战爆发后，一批高校内迁贵州，以上海大夏大学吴泽霖先生为首的学者们，深入到少数民族聚居的十多个县，对贵州民间文学做了长达数年的搜集整理工作，并有《贵州苗夷歌谣》《贵州苗族的跳花场》等一批书籍和论文出版。

20世纪50年代，随着苗族、布依族、侗族等少数民族拼音文字的创建，贵州民间文学的搜集工作进入一个新阶段，一批本土文化人走进了这个领域。这项贵州史无前例的创举，在"文革"期间中断了10年，到20世纪80年代，又恢复并做得更加出色。由贵州省文联等单位组织，搜集翻译并内部出版了72集民间文学资料，硕果累累。20世纪90年代，贵州学者又对其进行了一次深入梳理，将其精选，1997年出版了《贵州民间文学选粹》丛书一套；1997—2002年出版了用文化人类学观点对贵州民间文艺和民俗进行研究的丛书3套，它们是：《贵州民间文化研究》《贵州本土文化研究·2001》《贵州本土文化研究·2002》。以上4套丛书共计四十余本，800万字。而这只是贵州出版的民间文学书籍的沧海一粟。据2012年贵州省非遗中心的不完全统计，贵州历年来出版（含非正式出版）的民间文学类书籍496种，收录的作品有数十万件。

从20世纪80年代起，延续了二十多年的中国民间文学三套集成的编撰，是贵州民间文学史上的一大盛举。专业和业余的民间文学工作者对贵州民间文学做了空前规模的搜集整理。贵州出版了全国卷本3部，地州本10部（其中一部打印本，一部手抄本），县卷本136本（其中93本铅印本，43本油印本、手抄本）。

三、苗族史诗《亚鲁王》《簪汪传》

时至今日，贵州的民间文学普查工作还有若干空白点，尤其在苗语西部方言区，因为缺少翻译人员，外界和学者对该地域丰厚的民间文学蕴藏知之有限。当今还有一些被普查"漏网"的民间文学作品。这些作品，皆为牵涉到民众深层信仰的、严肃的、传播面不大、需要费大力气去发掘的东西。比如2009年，因申报非遗项目，紫云苗族布依族自治县青年学者杨正江在麻山发现并用苗文记录了葬礼上的长篇唱诵，后定名为《亚鲁王》。

麻山是贵州最贫瘠的山区之一。这里是无边无际的石山，麻山苗人们大多通过挖水窖蓄积天然雨水饮用。这里苗人的生存环境非常恶劣。

紫云苗族布依族自治县亚鲁王文化研究中心，在杨正江的率领下，长年在《亚鲁王》的田野中记录歌师的唱诵。我亦在自己田野调查的基础上，执行主编这部书稿，对其做了逐字逐句的整理编审。2011年11月，这部民间文学的鸿篇巨制由中华书局出版了第一部10819行。另有第二、三部已经搜集翻译，尚待整理。随着工作的进展，我们深感不只需要实践，更需要民间文学学科理论的支撑与指导。

2009年才进入文化人视野的《亚鲁王》，是全凭歌师用苗语口耳相传，民间没有一个字的抄本，同时它又是一部在葬礼上主导仪式的唱诵，不能创编，不含任何娱乐成分。歌师说不出自己唱诵的是什么内容。而杨正江自己曾经在2004年以来的几年中用苗文记录了16000多行这种唱诵，他也不明白这些记录是什么意思。那些古苗语的词汇、地名可以唱、可以记，却极难懂。

《亚鲁王》不是纯文艺作品，而是信仰的结晶、集大成。我们如果用教科书上的、传统的工作方法，就不可能进入歌师唱诵史诗的空间。像高等学校规划教材《文化人类学概论》，其中引用的格尔兹在《文化的解释》中的文字："我们或至少我本人，既不追求将自己转变成当地人，也不追求模仿他们。似乎只有浪漫主义者和间谍才会那样做。"[1]我认为，这不符合我们田野中至今仅存的、需要下大工夫去搜集的、像

《亚鲁王》这样的大作品。如果有谁只是为获取成果而搜集，只将一些传统的"田野伦理"原则在这里套用，也许会一无所获。

关于民间信仰，一直是我们"民间文学"学科教材比较忌讳的问题。在高等教育出版社2006年出版的"十五"国家级教材《民间文学教程》中，对民间信仰没有专述，极少涉及，与当今的田野工作是脱节的。

翻译是另一个大问题。主要以苗语西部方言区麻山次方言的几个土语流传的《亚鲁王》，翻译成汉文倍加艰难。在麻山地区，大致懂得其中一些土语而又能够用苗文记录的人，在2009年只有苗族大学毕业生杨正江一名。数年来通过《亚鲁王》的搜集翻译，在实践中培养了几位，但其汉文化修养有限，尚不能独顶一面。这也是我国有关民间文学和文化人类学、语言学教育所面临的一个现实问题。

《亚鲁王》最初的意译本，在从苗文到汉文的翻译中，一些口头的苗文词语很难找到相对应的中文字词，于是，书面词、现代词趁虚而入。140多个成语、书面语反复地、数百次、上千次地出现，致使庞大的书面文字群充斥了意译初稿。这种现象在过去少数民族文学特别是韵文的翻译整理中也多有出现，但没有引起足够重视，使得那些作品可以发表、出版，甚至获奖成为范本。2011年4月我介入了《亚鲁王》汉文本的整理，我给自己定下的基本原则，就是尊重5位歌师的原唱和他们唱诵中传递的民间口传文学的审美观念。尽量保留其独特的知识系统，极力维护《亚鲁王》中的口头语言、口头词汇，把文化人所追求的书面文学的"修辞美""韵律美"逐一清除，避免史诗的"书面文学化"。我把这喻之为"捉虫"，将140类虫子一一捉出，将《亚鲁王》史诗文本还原为识字不多或不识字的麻山歌师的口传风格。如何能就这个问题，在语言学、文字学、翻译学等方面深入研究，寻找规律，让更多的年轻学子掌握，是当下民间文学学科的课题之一。

另一部苗族史诗《簪汪传》，是2010年我在贵阳市清镇市麦格乡龙窝村猫寨偶然发现的。著名学者刘锡诚先生也曾前往考察。历经9年，其间最大的困难就是没人能够翻译。2016年到云南省语委特邀了一位译审前来清镇，他非常敬业，语言能力很强，自己住到歌师家里，学会了四印苗支系的语言，又花了两年时间，才将八千行诗句初译出来的。我在主编此书过程中，对其进行了逐字逐句的审改。

在翻译整理方面，《簪汪传》的初译本与《亚鲁王》相比，则是另一种倾向，即过多的"口水话"，没能充分体现史诗的宏大意境和独特韵味。这与歌师自行删减唱诵和译者对四印苗语言的熟悉度有关。同时，翻译整理还要求译者有较高的汉文化水平和文学修养。而最初介入翻译的，是当地苗族农民，汉文化水平很有限，有的甚至写不出相应的汉字来。所以，《簪汪传》的翻译难度更大，我也付出了数倍于《亚鲁王》

[1]《文化的解释》，[美]克利福德·格尔茨，纳日碧力戈等译，15页，上海人民出版社，1999年——转引自《文化人类学概论》58页，2008年，西南师范大学出版社。

的精力。我感到，在原文和译文上，仍然存在提升空间。

我在这两部史诗的编审中体会到，所谓翻译、整理，是把歌师用苗语思维、苗语唱诵的诗句译为中文读者能够阅读、理解的文本。其间必然贯穿了翻译者、整理者的思维逻辑、表达方式和审美观。

四、贵州民间美术遗产普查

2005年3月，在中国民间文艺家协会理事会上，冯骥才主席郑重地把民间美术遗产普查的任务交给了贵州省民协，并宣布《中国民间美术遗产普查集成·贵州卷》列为全国的示范卷先行一步，还从冯骥才民间文化基金会款项中，首批拨给贵州14.5万元作为普查启动资金。

重压如山，我们行吗？贵州在文化方面似乎还没有任何事项被纳入为全国"示范"之列；能够参与这样一项前人所未曾系统做过的事，大家内心涌动着一份激情。

普查队伍聚集了180人。由民族民间文化工作者、收藏家、大学师生、农民和农村小学教师等方面的人士组成。在普查中，参与者们感到这份遗产无比丰厚，在调查中兴奋点不断。一团激情之火始终温暖着我们。

以黔东南为例，大部分县面上的普查是由州民研所的研究人员进行的。他们的高质量普查，得到国内有关民间美术专家的首肯。

收藏家们早在20世纪七八十年代，曾经风餐露宿徒步行走于贵州一些穷乡僻壤，有的一个人就搜集了数千件精美物件。他们是不可多得的"活地图""活宝库"。

雷山县西江千户苗寨是苗族文化蕴藏最为丰富的地区之一，在西江的66名普查队员中，小学教师和农民各半。通过培训，他们对民族民间文物由熟视无睹而变为慧眼识珠，能把自己或亲朋家中祖传的、最有价值的、却常常被忽略的民间文物纳入保护视野。

真正民间的、有时间性的祭祀活动，常常是可遇而不可求。比如苗族12年1次的鼓藏节等，如果没有资料积累，是不可能完成普查的。从事民间文化研究的老同志长期深入田野，做了大量的积累，功不可没。两位特约摄影师把自己与同行多年来拍摄的大规模祭祀活动、节日活动照片精选出数千张供《普查集成》选用。有的专家曾经踏遍了贵州有岩画的深山老箐，拍摄了一千多张照片，而这次入选《普查集成》的十余幅照片，就是从他的珍贵照片中"百里挑一"选取的精品。有的专家曾经系统地拍摄了各乡村不同的土地庙和地戏、傩堂戏的祭祀、面具、表演等照片数百张。这些，都构成了民间美术遗产普查的良好基础。

普查中，憾事多多。2005年11月，黔东南州的普查员前往雷山县西江普查时，当地有个银匠藏有35件20世纪80年代以来从各地乡间收来的古老银饰样品。2006年6月份我们派摄影师专程去那里拍摄，就只剩3件了。这是当下民间文化遗产令人痛心的一幕，而且悲剧还在继续上演。

编撰阶段，我们动员了我省民间美术方面最雄厚的专业力量。在书籍的设计上，冯骥才邀请了优秀的设计人员来做设计。书籍为大16开，分上下册，由华夏出版社免费出版。书籍做得非常精美、极有贵州特色，在美国荣获有全球印刷业奥斯卡奖之称的"班尼"金奖。

冯骥才在为全国各省卷本做的总序中写道："贵州民族众多，遗产丰厚，学者实力强。此次承蒙贵州省委宣传部鼎力支持，学者全力劳作……为此，才有这样一部完全是第一手资料的学术性极强的高质量的图集，堪为全国各省民间美术遗产的普查作出示范。"

面对经济全球化的冲击，民族民间美术遗产日益濒危。目前，贵州仅有六盘水市做了系统的民间美术遗产普查，并出版了书籍《六盘水民间美术图志》，这是一份重要的学术成果。我想，应当创造条件，以地州为单位，进行更加广泛深入的普查，让这项事业生生不息，让人类共同分享贵州民族民间蕴藏的奇美、大美。

栉风沐雨

——与民协同行数十年

龙海清

龙海清,苗族,1944年生,湖南省文联研究馆员,湖南凤凰人。1968年大学毕业后参加工作,曾当过报社编辑、记者。1981年初,到湖南省文联民间文艺家协会工作,曾任《楚风》杂志社社长兼主编、省民协驻会副主席、主席、省民间文学集成办公室主任、省民间文学集成编委会常务副主编、全国民间文学集成总编委会编委。2004年退休。曾两次被文化部等单位授予"先进工作者"称号,主编的《中国谚语集成·湖南卷》获文化部集成志书优秀编纂成果一等奖。1997年,被中国文联评为"百名德艺双馨中青年文艺家"之一。

当初,我怎么也不会想到,自己的命运会和中国民协(用现名简称,下同)结下不解之缘,四十余年栉风沐雨的成长历程竟和中国民协事业的发展息息相关。

其实大学寒窗5年,我所学专业原本是理工科。大学毕业时,我被分到一个大型工厂劳动。为了消磨"三班倒"下班后那无聊的时光,我开始摆弄起"文学"来,不时也就在格子纸上涂鸦变成报刊上的铅字。于是,1973年初被调到报社从事文艺副刊版的编辑。我逐渐了解什么是民间文学,也养成了我对人民大众口头创作的尊重,并偷偷地开始研究起民间文学来。这也许就是和中国民协结缘所埋下的伏线。

中国民协恢复后也面临诸多紧迫的工作任务。其中一项就是完成《中国少数民族文学》一书的编撰。中国民协副主席、中国社科院的毛星任主编,除在北京组织了一个班子外,同时,把各民族的写作初稿任务分到相关省份完成。我有幸参加了土家族部分的写作。书名虽称为"少数民族文学",实际主体部分就是民族民间文学。参与这项工作,是我和中国民协结缘的开始。

令人最难忘的是,中国民协恢复不久,就会同国家民委、文化部于1979年9月底在北京举办了一次规模盛大的全国少数民族民间歌手诗人座谈会。我有幸出席了这次座谈会。那时,来自各地各民族的代表心情都十分激动。劫后余生,相互见面,深情拥抱,热泪涟涟,随处可见。特别是会议规格之高,待遇之厚,都出乎想象。与会全体人员不仅在人民大会堂受到当时党和国家全部领导人的亲切接见并合影留念,还应邀参加了在人民大会堂举行的中华人民共和国成立30周年报告会。发给我们的请帖竟然是由中共中央、全国人大、国务院共同署名的。几十年来,我进入人民大会堂开会的请帖不下十来份,唯独这一份,我至今仍然珍藏着。这样的盛会无论是对民间艺人还是民间文艺工作者都是巨大的鼓舞!

在中国民协的关心下，我省民协也于此会召开不久的第二年，即1980年上半年正式成立。作为驻会人员，我当时的主要任务是参与创办民间文学刊物《楚风》。这一工作，得到了中国民协的热情关心与支持。时任中国文联主席、中国民协主席的周扬同志就带头支持。他虽不擅书法，但应湖南同志之请，还是欣然地为《楚风》题写了刊名。他用毛笔认认真真地写了几幅供我们选用。《楚风》之所以能顺利公开出版发行，周扬功不可没。其他的几位副主席同样给我们的刊物以高度关注与期待。钟敬文、贾芝、马学良等几位老先生，既是文化界的耆宿，又是协会的副主席，我每次到北京开会，他们都十分关切地向我了解刊物种种情况，并且不吝给《楚风》赐稿。《楚风》的创刊也得到了社会各方面的关注。毛主席的老同学、老诗人萧三和当时文联副主席林默涵都给《楚风》题了词。被周总理戏称为"中国最大的自由主义者"聂绀弩也寄来稿件。《楚风》一经问世，就得到了广大读者的热烈欢迎和投稿。谁又知道，在创办初期，《楚风》其实是"三无"刊物，既无办刊经费，也没办公场所，更无专门编制。但在80年代上半叶，却在民间艺术界及社会上产生过良好的影响。

当《楚风》办刊条件逐渐得到改善后，一项巨大的文化建设工程在全国范围内启动了。1984年，中国民协联合国家民委、文化部下发了关于在全国范围内编辑出版中国民间故事集成、中国歌谣集成、中国谚语集成的通知。为此，我已有充分的思想准备。早在文件下发之前，我就参与过对民间文学集成工程的提出、酝酿到编辑方案的制订、修改等多个会议。我模糊地记得，最初提出编辑出版民间文学集成是在工程兵招待所召开的民协工作会中的一次讨论会上。在我的印象中，张紫晨的发言最为积极。这个建议立即在会上得到大家的共同拥护。此后，很快纳入中国民协的工作计划，变成协会的共同意志。当我看到红头文件正式下达时，激动的心情有如决战前夕的将士。

1985年初，我省由省委宣传部牵头，联合省文联、省民委、省文化厅也以红头文件的形式转发了中国民协等三个单位共同签署的文件。文件中，正式宣布成立湖南省民间文学三套集成工作领导小组。我被任命为集成领导小组成员兼办公室主任。为了集中精力做好集成工作，我辞去了《楚风》的职务和一切工作。自集成工作全面铺开之日起，无论是中国民协还是省民协，集成变成了协会工作的龙头。

这是一项前无古人也无愧后人的伟大文化建设事业，人称构筑文化万里长城的巨大工程。为了使这项文化万里长城建设不在湖南留下缺口，我不得不挑起了具体主持湖南民间文学集成工作的重担。曾打报告到省编制办要编制，分管编制办的省委领导反而开玩笑说："等我退休了到你办公室打工好不好？"言下之意，一个也没有。人手缺少，但丝毫不能耽误时间。从起草集成工作文件到组建全省集成工作体系，从下发会议通知到主持会议，从制定工作规划到组织具体实施，从撰写集成知识辅导材料到深入基层辅导检查，从编制经费预算到层层报批落实，从组织队伍进行普查到省卷本的编选定稿，都不能不事必躬亲。在各级党委和政府的关心支持下，到80年代中期，我省参加民间文学集成资料普查的人竟以数万人计。其中，既有文学工作者，又有工人、农民、机关干部、教师、学生，甚至还有不少军人也参加进来。所收集到的资料以数亿字计。已编选成册且铅印出来的县、市集成资料本有三百多部，计数千万字。其中，我们作为编选试点的《中国故事集成·石门县资料本》曾受到中国民协总集成办负责同志的高度赞扬，并在庐山召开的全国民间文学集成工作会上作为示范本向各省推荐。马振同志在中国民协成立40周年所写的纪念文章中对此事有专门记述。

民间文学三套集成虽然与文化部组织编撰的其他七套集成志书，合称为十套集成志书，均为全国艺术科学规划的重点项目，但由于民间文学三套集成是由中国民协提出来的，纳入全国艺术科学规划重点项目时，财政部关于集成志书的经费问题的文件已先期下达，未包括我们的三套集成。我深深感到，民间文学三套集成工作的最大困难是经费问题。我每年为了解决集成的工作经费，都要付出大量的时间和精力。申请解决集成经费的报告，在我省只能一年申请一年的，每份报告还要过文联、省委宣传部文艺处、分管副部长、部长、省委分管副书记、管钱的常务副省长、财政厅厅长、财政厅计划处、行财处等9个关卡，每一关都要有签字，最后才给你批拨申报数字的一小部分。往往我则需要从前一年11月打报告，要到第二年的4月前后才见分晓。我记得，有一年，仅为了两三万元工作经费，就跑省政府16次，这仅仅为了找省政府分管经费的领导。正是在这种艰难的情况下，我省的集成工作还是走在了全国的前列，多次受到中国民协以及国家民委、文化部、全国艺术科学规划领导小组等单位的联合表彰，我个人也多次获得表彰和嘉奖。

为了推动民间文学集成工作的顺利开展，中国民协曾召开过多次工作会议和编选会。除某些片区会议以外，几乎所有的全国性会议我都在场。1987年，全国性的普查工作基本完成后，中国民协在杭州西湖边召开了一次全国首届集成编选工作会。那时，职称的评审工作开始恢复。最先评审的是编辑系列。在从事集成工作的骨干中，有很多同志原是从事编辑工作的。我本人在从事集成工作之前就有十多年的编龄。在会议的讨论中，大家为改行从事集成工作而失去了参评职称的机会深感不平，纷纷提意见。那次会议，中国民协邀请了全国艺术科学规划领导小组组长周巍峙同志亲临大会指导，但在讨论时，他没有在场。于是大家推我为代表，经中国民协领导同志的支持并告知我周老所住宾馆与房号，我便跑到了那里，敲开了周巍峙同志的房门。那时，他正掏出工作证给时任他秘书的李松同志去预订返京的机票。我瞟了他工作证一眼，看到了文化部代部长字样。自始我才明白，原来这位艺术科学规划领导小组组长就是文化部代部长，于是，我更觉得要找的人找对了！我便把大家的意见作了如实的反映。我原以为他会"要研究研究"的官腔来回答，哪知他高兴地说："你反映的意见很及时，我们文化部正准备下发一个关于评职称的文件，我马上打电话回去，将你们的意见和建议考虑进去。"后来，我看到这个红头文件时，确实多了两句话，原话记不清了，大意如此：一、集成工作成就也作为评定职称的条件之一。二、文联系统也照此办理。特别是最后一句更难能可贵，因为当时，很多部委都下发本系统专业工作者评定职称的文件，唯独中国文联没有。文联和文化部是两个不相统属的部门，文化部本可以不管在文联系统工作的同志，而周部长竟能在文化部文件中兼顾文联系统同志，这充分体现了他博大的人文关怀！

几十年来，在民间文化土壤的耕耘中，我得到了许多老前辈、中国民协历届分党组、主席团的关心与支持。使我难以忘怀的是，我成为中国民协的会员，竟然是钟老、马老两位副主席的举荐。1984年，就成为中国民协理事，是当时最年轻的理事，此后一共连任五届，成为年纪最大的理事时才卸任。评定正高职称时，我申请的系列，当时湖南尚无条件组成正高评委会，只能在北京参评。按当时规定，须有两位专家进行论文鉴定。亲自给我写鉴定的一位是周巍峙同志，一位是钟敬文先生。

大约是在1988年，我代表湖南去北京开会，与民协签订民间文学三套集成协议书时，钟敬文先生已85岁，他亲笔题诗一首惠赐于我："民艺民谣尽国珍，穷搜细选费精神，吾侪肩负千秋业，无愧前人庇后人。"这是钟老对我的激励，也是对全体集成工作者的厚望与鼓励。

如今，包括民间文学集成在内的十套集成志书早已完成，而我也已卸任退休多年。但新一轮的非物质文化遗产保护工程又在全国范围内展开。虽然我年迈多病，但还是习惯性地跟随中国民协和时代的脚步，关注着民间文化园地的发展与变化。在过去所选择的道路上，栉风沐雨，自承其苦，也自感其乐，虽然已垂垂老矣。东晋书圣王右军说："虽取舍万殊，静躁不同，当其欣于所遇，暂得于己，快然自足，曾不知老之将至。"我深有同感。

25年筑"长城"，苦中有甜

黄金钰

黄金钰，1944年生，研究馆员，原甘肃省民协驻会副主席，民间文学三套集成办公室主任、编辑部主任、中国民间文艺家协会理事、中国民俗学会理事，《中华民俗大全》编委、中国音乐家协会会员、甘肃省作家协会会员。编辑出版《中国民间歌谣集成·甘肃卷》《中国民间故事集成·甘肃卷》《中国民间谚语集成·甘肃卷》；编著《中华民俗大典·甘肃卷》；还编辑出版《甘肃民间文化论集》《甘肃民间小调》等丛书6部。音乐民俗片《藏族采花节》获全国第四届"山花奖"第二次民俗录相片评奖银奖；2005年专著《三陇民俗》获全国"山花奖"三等奖；2005年获文化部特殊贡献奖。

　　25年在一个人一生中占去三分之一的时间。从一个人的工作年龄算也占一半，而我的工作经历的一半时间是从事民间文艺的"十部文艺集成志书"的组织、普查、搜集、整理和编纂工作。

　　我是1983年就介入民歌集成的普查工作，那时我在省群众艺术馆的民间文艺搜集整理部工作。我们部门的华杰、郝毅和我都是搞音乐的，当时省音乐家协会的彭根发从事民歌集成，由音协副主席庄壮负责当时的省民歌集成，进行全省的民歌普查搜集工作。记得有一次我和郝毅去临夏搜集民歌，从兰州坐船到临夏的黄河边下船，天晚了没有车到临夏州，前不靠村后不靠店，黄河边只有两间平房，一个船夫，房子里只有床板没有铺盖，没有吃的，没电灯，我们饿着肚子合衣躺在床板上等天亮。半夜时刻，进来了几个皮货商点起火烧茶，他们唱起"花儿"来，那时我们才有砖头块录音机（松下砖头大的录音机）赶快打开录音机在衣服里偷录，怕惊动他们打断演唱。第二天天亮雪下大了，根本没有车来，我们饿着肚子步行50里路去临夏。由于雪大路滑，走一步滑退半步，50里路走到下午时我们的腿疼得不能前行只能倒着走。到临夏后腿疼得3天不能动还要采录民歌。1984年我调入省民协。当时还叫中国民间文艺研究会甘肃分会，开始了甘肃省民间文学三套集成组织工作。当时民间文学三套集成工作具体由民间文艺研究会管，驻会工作人员只有3个人，主席曲子贞、赵方中和我，三个人负责全省的民间文学三套集成。从事集成的协会主席曲子贞和赵方中同志于1993年后先后去世了，自始至终从事集成工作至今还活着的就我一个了。

　　25年的民间文学三套集成工作，道路曲折，历经艰辛，同时我也学到了不少知识，大大提高了理论水平，真是难得的25年。

一

25年的工作历程，使我们真正理解和认识到80年代初发起的十大文艺集成志书是一个历史壮举，及时而伟大，功在千秋。

20世纪80年代初，改革开放还处在初期阶段，外来文化和城市流行文化，已经开始冲击着民间非物质文化遗产。特别在那些交通较为发达的城镇，港台流行歌曲代替了民歌，年轻人好多都去学习流行歌曲，民歌后继无人，地摊文学和商人文学代替民间文学，而且很有成就的老艺人陆续过世，有些年轻的民歌歌手也改唱流行歌进城打工挣钱了。民间艺人队伍逐年减少，很多非物质文化遗产濒临灭绝。像甘肃临夏著名的"花儿"歌手王绍明，能演唱多种民间曲艺，"花儿"演唱很有特色。他曾在北京怀仁堂为朱德总司令等中央首长演唱过。关于他的资料还未来得及"抢救"人就过世了。我曾去甘肃特有少数民族——裕固族普查民歌。第一年去为老歌手录音录像，她会唱很多民歌，由于当时还有其他任务没能录完。第二年去她已过世，她女儿告诉我，她妈临终前一直念叨等我再来录她的民歌。这件事一直在我脑海里转，留下终身遗憾。裕固族的婚礼非常隆重热闹，婚礼进行几天，婚礼歌要唱几天，但传统的婚礼赞词和歌现在已经没有人能唱全。东乡族的长篇叙事歌《米拉尕黑》现在也无人能唱全。诸如此类的很多民间艺术再不抢救集成成册，将会随老艺人永远带入坟墓。十大民间文艺集成志书工程的发起就在这个节骨眼上，及时地抢救了一批民间文化遗产，使之得以保存下来，在此工程中民间艺人得到国家的重视和保护。民间文艺集成志书工程发起的时间在改革开放初期，再迟些将造成艺术失传或灭绝，再搞工作难度也更大，甚至很难搞下去。民间文学三套集成于1985年进入基层组织建立和开展普查搜集时，基层文化馆、站等机构还完善，人们的经济意识还不是那么浓厚，基层文化工作者还有很强的事业心和责任感。到1998年以后就大不一样了，经济思潮冲击整个社会，由于我们是经济困难省，财政困难，有些县连工资都发不全，文化经费不足。很多文化馆站都租出去赚钱，文化工作者很多人都下海经商，民间艺人也收取劳务费。中国民协发起的民俗普查就在这个时候，所以很难深入开展而夭折。所以说"十部文艺集成志书"的发起年代是个关键的历史时期，也是普查搜集工作能如期完成的主要原因，如果放到1998年后就没有这个效果了。

二

民间文学三套集成的历史壮举基于各省投入数万人力，投资数万经费，行程数万里，才筑成文化史上的"万里长城"。

今天欣慰地看到文艺集成志书成书，回忆起25年来的工作历程真是艰辛而又漫长的。书上署名的是个别编纂人员的姓名，但千万不要忘记，这个金字塔基是千千万万为成书奠定基础的基层文化工作者。功劳是属于那些在基层艰苦工作的，不计报酬，跋山涉水，行程万里的文化馆站工作人员，是他们一次次到边远山区找民间艺人反复录制记录每一个故事，每一首歌谣，每一条谚语……不厌其烦地核实、抄录，尽可能地做到集成的三个要求：普遍性、科学性、代表性。没有他们辛苦流汗，有些甚至付出生命，没有他们的努力我们无法谈今天。他们是真正文艺集成志书的功臣和无名英雄。

甘肃民间文学三套集成的基础工作之所以搞得那么好，离不开我们已离世的老领导曲子贞老先生。

曲子贞是我省老资格的文化工作者及领导，延安时他就是抗大的文化教员，是甘肃省解放初的文化局长。文联成立时他是筹备组组长，又任文联副主席兼民间艺术家协会主席，也就是以后民间文学三套集成的总负责人。我跟随他工作几十年直到他1996年去世。他知识渊博，文化行当他都懂。我曾问他怎么什么都懂，他说："我是在当文化局长时逼出来的，人家说外行不能领导内行。我就下决心把文化的各行各业都学，硬是把外行变成内行，看谁还敢说我是外行。"他尤其热爱民间文艺，在全国也是很有名望的老人，我记得每年随他去开中国民间文艺家协会工作会议，每次他的见解、讲话都会获得各省代表的赞赏。

1985年民间文学三套集成刚开始，省财政只给了3万元经费，分给12个地、州、市作为启动资金，一个地区只能分到1200元，剩下的省上搞集成业务人员培训和我们下地县出差。民间文学集成由文联管，各基层文化局、文化馆、站归文化厅管，我们去基层文化局工作难度非常大，文化局文化馆不把它当成分内工作。好在曲老是原省文化局的局长，基层文化局局长还买他的账。我省民间文学集成基层班子的建立和经费落实全靠曲老。他当时已是七十多岁高龄，坐着一辆破北京吉普车走遍全省各地、县。每到一地，曲老会直接去找县长、书记，坐在县长办公室，组织经费不落实他就不走。很多县领导看到老革命、老领导的决心如此大被他感动，马上召开会议，落实人员、经费。最起码也是答应落实，曲老才离开。我们省集成工作的基础工作就是这样开展起来的，为下一步的普查搜集工作打下了良好的基础。随后我们就是深入全省各地办学习班，培训人才、抓典型引路。当时曲老派我去庆阳抓典型，搞个样板引导全省。我在庆阳合水县住下，由于当时县上领导也很重视，当时的县长刘泉保负责分工（以后当了行署副专员），合水县文化馆的全体人员都投入到民间文学的普查搜集工作中来，他们跋山涉水，行程万里录制了大量原始资料，然后按记录稿、整理稿分门别类，他们搞的是最规范的。之后，以其做样板召开全省现场会议，典型引路。

基层工作千变万化，从事基层工作的人员，刚培养好又被调去搞其他工作，要使地、县卷质量达到集成要求，得经常下到各文化馆、站亲自辅导。这些琐碎的工作都是曲老带着我们一个县一个县地跑。每到一地连夜找基层工作人员拿来搜集整理稿件阅稿、修改，第二天给他们具体指导，就这样连续工作，当时连我这个年轻人都觉得体力不支，何况一个年过七旬的老人。到出县卷时他也为县上审稿。等到地县卷成书开始编纂省卷（即国家卷）时，他老人家却因心脏病突发离开了我们。

看到现在的国家卷，使我更不能不想到是那些默默无闻、不怕艰辛、不计报酬、为民间文学贡献一生的人。像民勤县的杨澄远，宁县的郭体笃，华池的朱栋苍等。我在编纂省卷时有很多资料都是从他们保存的原始资料中补充的。他们虽已离开我们，但民间文学三套集成的书上永远有他们不可磨灭的功劳。

可以说，甘肃省文艺集成志书基层文化部门是万人投入，耗资数万元，到民间普查、搜集行程数万里，才筑起这文化"万里长城"，这样说一点也不过分。

三

25年的文艺集成志书实践大大丰富了我们国家的文艺理论体系。

我们党的文艺理论是从延安起，民间文艺研究会很多老艺术家根据他们的经历总结出来，有些也是结合国外专家的理论，特别针对中国民间文艺的具体特点。中国56个民族和几千年的民族文化历史。像中国十大民族民间文艺集成志书这样大规模发动全国上下文艺工作者历时25年之久的实践经历，古今中外都是罕有的。总结原有理论的老艺术家们，他们也没有经历过这样全国性如此巨大的文化工程。有很多理论问题是在搜集、编纂过程中发现、认识和总结出来的。比如我在参与民歌集成时就遇到很多现有音乐记谱理论无法解决的问题。诸如藏族民歌中有很多装饰音，要把它省略掉只记录骨干音，那藏族民歌中闪光的东西就少了一半。还有，西北"花儿"演唱中真假声结合的地方怎样记录，有很多歌唱家唱"花儿"远没有民间歌手的那种味道。还有戏曲秦腔和陕北民歌，甘肃陇东和陇中民歌演唱中的"降7"，但实际的音高比"降

7"高一个音分,那么在民间音乐集成中就发明了用音分去标记准确的音高。民间音乐是个非常丰富且复杂的音乐体系,用西洋的理论无法完整地体现它。这些从书上找不到,只有在集成的实践中由专家讨论制定新的理论。

再如民间歌谣集成的审稿中遇到过原来制定的编辑体例无法解决的问题,歌谣集成原国家制定两种分类方法,一种是按民族分;第二种是按内容分。可是在甘肃歌谣卷存在一个特殊问题,按以上哪一种都无法解决,和全国的体例无法统一,像流传西北甘、宁、青、新的民歌"花儿"。在甘肃尤为特殊,它有两种"花儿"——"河湟花儿""洮岷花儿"在民间流传很广。可以说流传大半个省,六七个民族。如果按民族分类,有些"花儿"同一首歌好几个民族在演唱,特别在藏汉交界地区流传的"风搅雪",就是用半藏半汉的语言演唱,这些民歌单纯分给哪一个民族都会引起民族纠纷。如果把它打散按照内容分,那甘肃最有特色的民歌就看不到了,也就失去了甘肃卷最有特色的东西。再则,甘肃是个特殊地区,大致可分三个文化板块,一是以农耕为主的农耕文化板块;二是以游牧为主的少数民族的游牧文化板块,如甘南藏族自治州,和天祝藏族自治县、肃南裕固族自治县等;三是临夏为主的"花儿"流行地区是一个多民族特殊文化圈。农耕文化板块和游牧文化板块民歌有很大差别,农耕板块时政歌谣较多,而游牧民族则歌唱家乡、草原牛羊马群多。农耕地区因受封建礼教约束情歌不多,而游牧板块则爱情自由,情歌特别丰富精彩。农耕板块因人口积聚儿歌比较多,而游牧民族的儿童住在马背随父母游牧很少有儿歌。"花儿"板块则特殊,以情歌为主。这是我们在编纂中发现的,为此在国家主编审稿时,我和各主编们就甘肃的特殊文化结构讨论过好久,关于甘肃的分类问题甚至僵持不下。没有实践是不会接触到这些问题的,讨论的结果大家最后同意保留了甘肃卷现在这种格局,一看就能体现出甘肃的特色。

再有就是整理民间故事时,如何体现它既有科学性又有文学性。在我们检查基层记录整理稿时发现这样一个问题:一种是在整理时完全文学化,用作家的语言民间故事梗概去改编,看不到民间语言和方言特色,这样一来那民间文学的科学价值就没有了。另一种是原原本本按民间艺人的讲述,艰涩难懂的方言,特别有些方言浓的地方,就更看不懂了。在实际操作中,既要保证民间文学的口头性,还要保留它的地方特色,保证它的科学性,保留部分方言,对于个别难懂的方言加注和注音,对于不同版本的故事综合整理,使之完整。还有传说与神话,幻想故事和神话的界定等一些老大难问题,都是在实际工作过程中学习提高的。在甘肃的歌谣和故事卷审稿中,几次修改,最后定稿和初稿比较已经面目全非。这是因为在实践中很多认识不断提高,理论是从实践中认识的,大家都得到提高。

我感受最深也是我最感兴趣的是，每次在北京让国家卷主编副主编这些老专家审稿，比研究生班学到的东西更多。我记得在审我省故事卷时，就一个"前言"，我们修改了三遍还是不能通过。刘魁立教授讲："前言是篇学术文章，要写出国家水平才能和国际接轨，写出省级水平是不够的。"修改第三遍刘魁立教授还不甚满意，这时钟老说话了："得饶人处且饶人，他们尽力了。"钟老发话了这才通过。每修改一次我们的水平都在提高一次。在审歌谣卷时，贾芝老先生说："歌谣也要注释，民歌演唱民俗环境要注明，在什么民俗事象中演唱的，研究民歌不研究民俗是研究不透的。"贾老这个观点在过去的民歌理论中没人提过。他的这个理论一直指导着我研究民歌的路子，以后我在讲课中也给学生这样讲。我也研究民俗学，所以我深有体会。

　　25年的漫长经历和集成过程，虽然历经艰辛但总算把地、县、省卷（即国家卷）编出来成书了。我们工作中遇到种种难以想象的困难，苦不苦，的确苦，工作虽苦但心是甜的。一是完成了一件堪称千秋功德的长卷；二是25年中学到了我一生从其他地方永远学不到的知识，是我人生最光荣最有价值的一页，值得庆幸。

缘分、工作与希望

陶思炎

陶思炎，中国民协顾问（原副主席），江苏省民协名誉主席（原主席），中央文史研究馆馆员，东南大学教授、博士生导师。
主要学术著作：《中国鱼文化》《祈禳：求福·除殃》《风俗探幽》《中国纸马》《应用民俗学》《中国都市民俗学》《民俗艺术学》等。

一、由来与缘分

我与民间文艺的关联可谓由来已久。我出生在六朝古都南京，自幼长在秦淮河畔，感受着南风北俗的交汇，并受到传统民间文艺的熏陶。不论是夫子庙一带的游船桥栏、灯彩玩具，还是游乐场里的木偶戏、皮影戏和多剧种的常年演出，以及街头路边的说书评话和独角戏的表演，都给我留下了难忘的记忆，让我从小在潜移默化中养成了对民间文艺的喜爱。

我的大伯父是一个民间知识广博的长者，他最擅长说古书、讲戏文故事。我们小孩子常常簇拥着他，听他讲《三国演义》《水浒传》《七侠五义》《白蛇传》《孟姜女》之类的历史故事和民间传说，说得高兴时他还给我们唱《空城计》《打严嵩》《钓金龟》等京剧唱段。因为听得多了，我竟也能跟着哼出几段来。此外，大伯父还有蓄养蟋蟀的"秋兴"爱好。他熟读《蟋蟀经》，从他的口中我也知道了一些蟋蟀的捕捉、蓄养、决斗的风俗传统及有关口诀谣谚。如观察蟋蟀能否蓄养的口诀有"头大脖阔身体肥，弓背交眉腿如箭"等。多年后我在写作《斗蟋蟀》一文时，其中不少材料就出于少年时代的所见所闻。

儿童们在一起常念诵儿歌做游戏，而游戏中往往少不了民间文学的成分和民俗文化的内涵。例如，游戏《官兵捉强盗》中有"城门城门几丈高？三十六丈高。骑花马，带把刀，走进城门抄一抄"的童谣，就与南京城墙的坚实高大联系在一起。歇后语"文德桥的栏杆——靠不住！"又与端午节秦淮河上龙舟夺标的民俗活动，及光绪年间因桥栏杆挤断溺死而终遭废止的史事相关。至于"清明不戴柳，死了变黄狗""七月半，鬼乱串""男不拜月，女不祭灶""三天不吃青，肚里冒火星"等岁时性警示与生活劝诫的俗谚也曾引起过我的好奇，成为我长成后欲加以探究的动因之一。

在大学中文系学习阶段，我从大一开始尝试论文的写作，并有3篇文章在《南京师范学院学报》和《江海学刊》上发表。其中《浅谈扬州园林与文学》初次涉及了上古神话，《谈〈哈姆雷特〉剧中的鬼魂》谈到鬼神信仰与心理问题，而《比较神话研究法刍议》则从比较神话学的视角探讨研究方法的问题，提出了创建"超学科多层次复合研究法"的设想。《比较神话研究法刍议》发表于1982年10月，是国内较早的一篇有关比较神话学研究的文章。它作为我的学士论文于1984年被浙江人民出版社全文收入《全国大学生毕业论文选编》一书，并被日本西南学院大学选作教材。由于本科阶段发表了这3篇文章，不期而然地使我与民间文艺结下了永久的缘分。

我在1983年加入了江苏省民间文艺家协会，在1985年加入了中国民间文艺家协会。1986年我参加了中国民协在京举办的"全国青年民间文艺理论家座谈会"，1999年3月获得中国民间文艺家协会的"全国中青年德艺双馨会员"的表彰，担任过江苏省民协主席（现为名誉主席）和中国民协副主席（现为顾问）。成为民协的会员使我的研究方向变得更其确定而明朗。

我从1985年开始在中国民协的理论刊物《民间文学论坛》上发表论文。发表在1985年第6期上的《鱼考》一文，作为该期领衔的重头文章，编辑部特加了"编者按"以推介，还请了著名书法家王遐举为该文题写了篇名，稍后又评为"全国首届民间文学银河奖"的获奖论文。正是因为这篇文章受到中国民协和《民间文学论坛》的鼓励，使我继续对鱼文化进行了深入的研究，并成为我1987年在北京师大攻读民俗学博士学位时的论文选题。后来，我在《民间文学论坛》上又发表了《试论神话与原始宗教》《论水难英雄》《中国求子习俗类型》《华夏神话与渔农经济》《牙角文化探幽》《中日民间信仰研究的历史回顾》等多篇文章。其中，《中国求子习俗类型》获得第二届中国民间文学"银河奖"纪念奖。从我的治学之路看，可以说：中国民协和《民间文学论坛》是我学术成长的摇篮。

《民间文学论坛》作为中国民协主办的理论刊物，它以民间文学、民俗学为主要研究对象，后来又向民间艺术、民间信仰等领域拓展，成为国内在民间文化研究方面最早的权威杂志。在我的学术成长道路上，《民间文学论坛》曾发挥了重要的助推作用，对一个刚抬起脚步摸索前行的青年学子来说，为此而感到十分庆幸，并由衷感激！

我与中国民协的缘分还因为我的恩师钟敬文先生和张紫晨先生而得到加深，他们都是中国民协的老领导和老前辈，他们德高望重，学养深厚，其诲人不倦，爱徒如子的风范给我树立了终身学习的榜样。钟老先生思维敏捷，治学严谨，每当我学习中有所心得或有得意的发现时，总喜欢向他报告。他总是能指点出我需要再看看什么资料，或考虑某个方面的情况。他从不当面夸赞学生，它的严格要求总让学生觉得学海无涯，须不断探求。张紫晨先生是勤奋治学，宽厚真诚，勇于担当，爱才助人的优秀导师。我跟随张先生多次参加过中国民协的或中国民俗学会的研讨会、座谈会或中外学者的交流会。他的认真严谨，善于沟通，特别是把握要点、梳理问题的总结概括能力给我的印象极深，让我有了见习取法的机会。张先生注意对学生学以致用能力和社会活动参与能力的培养，在我刚入学的第一学期，就让我到门头沟第二届全国民俗学培训班上开讲座，使我不仅经受了锻炼，也因此与班上的部分学员接上了学术联系。两位恩师的学术活动常常与中国民协联系在一起，从而也引领我加深了对中国民协的认知与归属。这种缘分是何等的弥足珍贵啊！

二、工作与研究

我参与过一些民协的学术工作，包括学术会议、项目研究、采风调查、考察指导、命名授牌、评审论证、对外交流、讲座培训、著作编纂，等等。

在学术会议方面，1986年春天的"全国青年民间文艺理论家座谈会"，我至今记忆犹新。刘锡诚先生、陶阳先生、吴超先生等邀请了北京、南京、上海、西安、太原、郑州、长沙、金华、昆明等地的青年民间文艺理论研究者十数人汇聚北京，座谈新时期民间文艺理论的发展。当时与会的青年学者有阎云翔、陈勤建、叶舒宪、姚宝瑄、任骋、袁铁坚、王晓华等，他们激情交流，在中国民协的引领下形成了一支虎虎有生气的青年学者队伍，其中有的后来在学术界展露出头角，成为民间文艺战线上的新秀。此外，我还参加了由中国民协在河南开封召开的木版年画研讨会，在江西景德镇江村举办的全国古村落保护现场会暨村落文化论坛，以及在山西、浙江、广东、江苏等省举办的有关寒食节、清明节、端午节、开渔节、民间工艺之类的研讨会，等等。

在项目研究方面，我在江苏省民协主持了"特色文化与民间艺术普查"的江苏省重大项目，经与全省会员历时5年的共同调查、采录、整理与编纂，出版了《江苏特色文化》省卷本和"江苏特色文化丛书"市卷本一套。参与了中国民协的"中国民间文化遗产抢救工程"，担任该工程的领导小组成员和专家委员会委员。此外，我还参与了中日农耕民俗比较研究的联合调查，参与了中国木版画的调查、研讨和"中国木版年画集成"《拾零卷》中有关纸马的写作，等等。

中日农耕民俗的比较研究是日本文部省的项目，日方由民俗学家福田阿鸠、佐野贤治、小熊诚等参加，中方由张紫晨先生、白庚胜、刘铁梁等参加，项目主要对江苏常熟、浙江丽水和日本冲绳的农耕民俗进行调研，我作为该项目的"协力者"，主要参加了在苏南常熟白茆乡的调查。这一项目的中方参加者都是中国民协的会员，他们大多是中国民协当时的领导或未来的领导成员。这一项目的参与为我今后开展国际交流和合作研究积累了经验。我还随同冯骥才主席在江苏苏州和南通进行民间艺术的考察，尤其是对苏州桃花坞木版年画进行了专题的实地调查，对设计者、刻版者、印制者及桃花坞年画社的历史与现状做了较深入的了解，并同拟定的集成分册编纂人进行了写作探讨和学术交代。

我对作为木版画的"纸马"做了二十余年的调查和搜集，曾在江苏、浙江、云南、陕西等省，以及在日本东北地区和越南北方做过纸马与年画的采集，共搜集到纸马约一千余幅，涉及民间神祇一百余位。在实物搜集的基础上我对纸马进行了专题研究，先后在台湾和大陆出版了《中国纸马》（1996）和《江苏纸马》（2011）两种专著，并在日本仙台市历史民俗资料馆举办了"中国纸马展"，在本人专著《问俗东瀛》里写到了日本纸马（日本称作"神像"）。1996年在台湾南投市我参展的三幅木版年画和纸马曾获"台湾光复51周年纪念民间书画艺术展"之民俗版画组"特优奖"。纸马作为特殊的民间版画，包含艺术、民俗、宗教的成分，其构图、色彩、形制是艺术，其在民间生活中的应用是民俗，而以民间诸神为图像中心，以祭祀活动为存在空间，表现为民间宗教的性质。此外，纸马的艺术、民俗与宗教的内涵，除了靠静态的图形和动态的活动来揭示，也需要借助语态的民间口承文学的叙事来说明。其中，民间文学、民间艺术、民俗传统都是民协的工作领域，而民间信仰也逐步进入了民协的工作范围，纸马作为综合性的研究对象正符合钟敬文先生对"民间文化"概念的倡导。纸马虽不属"年画"，但它们同为木版画，当冯骥才主席希望我为中国木版年画集成的《拾零卷》撰写"江苏纸马"篇时，我欣然答应，并从自己在南京、无锡、南通等地的调查所获中选取较精彩的图幅用以配合研究性的文字。

在采风调查方面，在中国民协的组织下，我参加了在陕西、贵州等地的有关"一带一路"民间文化传承与传播的调研活动，以及为民间文艺之乡的命名而在江苏、安徽、浙江、福建、云南等省参加了实地考察与指导论证等工作。

在命名授牌方面，主要在江苏省推进了民间文艺基地的建设，由中国民协验收授牌并指导相关工作。它们包括设在南京市区的"东方工艺美术之都"，设在高淳区桠溪镇的"中国民间文化传承示范基地"等。前者以举办大型的工艺美术博览会和工艺美术论坛为主要活动；后者以举办民间文化的培训、展示、研讨和面向社会的文旅活动为主。在上述基地的建设方面，中国民协的有关领导白庚胜、罗杨、邱运华、潘鲁生等曾先后到场指导并授牌。它们的命名与授牌活动加强了中国民协与地方文联和民协的联系与直接指导，促进了我国民间文艺事业的繁荣与发展。

在获奖方面，我的专著《应用民俗学》，于2004年获民间文艺"山花奖"第二届学术著作奖。2011年由于我在民间木版画方面所做的调查与研究，获中国民协颁发的"中国木版年画抢救与保护工作"的"特殊贡献奖"。

我在担任中国民协副主席期间（2006—2011），除了参与协会的研究工作，主要在民间纸马、民俗艺术学理论、苏南傩面具等方面进行了研究，出版了专著《问俗东瀛》《江苏纸马》，修订再版了《中国鱼文化》；发表了《石敢当与山神信仰》《论民俗艺术学研究》《人鱼与孟姜女——孟姜女原型探论》《民俗艺术研究的历史回顾》等三十余篇文章，其中，用日文、英文、越南文在国外发表4篇。在这期间，我在境外参加了一些学术活动：应邀参加了日本的"东亚的祭祀艺能研究"课题组，在日本爱知县和中国福建省进行了田野考察，还作为报告人出席了在东京举办的第53回国际东方学者会议，并发表《南京高淳的跳五猖和大王会》的演讲。此外，应香港城市大学和香港中国文化协会之邀赴港做了两场民俗讲座；还两次赴台，分别参加了"戏剧教育的回顾与展望"学术研讨会和"宗生死观与生命关怀"学术研讨会。2011年1月我曾赴英国伦敦国王学院参加有关社会科学教育的培训和交流。

在我担任中国民协副主席期间，我还当选为第十三届全国人大代表和中央文史研究馆馆员。这使我得以将民间文化及文化遗产研究中的感悟同参政议政、建言献策及馆内项目的研究联系起来，使个人的学术研究提升了自信心和使命感。

三、建议与希望

中国民协是我在民间文艺研究道路上所倚重的最主要的学术团体，对我个人的成长与发展也有着十分重要的作用。在纪念中国民协成立70周年的时刻，我谨希望并建议：

1. 中国民协要继续在中华优秀传统文化的传承与传播方面做出成绩，尤其在文化建设与文化交流中发挥自身资源丰厚、人才众多、领域宽广、形式多样、优势凸显、群众喜爱等特点，使民协工作成为文联工作的一个重要抓手与标杆，同时在"一带一路"建设和"人类命运共同体"的建构中发挥应用与创新的功能，主动为国策的实施服务，成为党所需要、国家所希望、人民所欢迎、会员所满意的人民团体。

2. 中国民协的自身建设应侧重学术性人民团体的基本定位，坚持民间文艺"研究会"的传统，以理论成果、调研报告带动文化活动的开展，积极申报与承担国家课题与承接国家委托的文化项目，出有影响、有价值的文化成果。在工作领域方面，坚持民间文学、民间艺术和民俗文化的共同推进，不偏废、不缺漏，有序布局，平衡发展，以保持协会的历史传统，并不断创新的工作思路。

3.中国民协要把会员的管理作为一项重要的工作，带领全体会员凝心聚力地团结在党的周围，以优秀的文艺成果奉献给人民，积极参与到"两个一百年"的奋斗目标之中。希望协会加强人才的培养，特别是青年人才的发现与培养，以不断壮大我国民间文艺的骨干队伍，推进我们民族的优秀文化传统永续地传承和发展。同时，也希望重视对老会员、老民间艺术家的关照，为他们发挥传帮带的作用或继续创作提供便利，加强与他们的信息沟通和建立相关的联系制度。总之，要使所有会员能为民协工作而各尽所能，同时又使他们真正感受到协会就像他们的温馨之家。

学术立会　砥砺前行

刘晔原

刘晔原，1977年大学本科毕业，1984年研究生毕业，师从汪玢玲，民间文学专业。1984年入职中国民间文艺家协会，历任研究部副研究员，研究部主任。《民间文学论坛》编辑部主任，中国民间文艺出版社社长助理。1996年调入中国传媒大学，历任民间文化研究所所长，电视剧研究所所长，教授，博士生导师。

1984年，我正式入职中国民间文艺家协会。这一年第四次代表大会在四川峨眉山召开。这是1979年中国民间文艺家协会恢复以来规模最大的一次盛会。会议确立了加强民间文艺研究的宗旨，协会也结束了漂泊，定位于西单太仆寺街39号院。这是一个具有很久历史感的老的衙门院，位于西单商场和中南海西门之间，距离西长安街200米，是六部口北行的第一街。39号院太仆寺街中段，坐北朝南，院内方正，北房有红柱子前廊。进门右手（东面）是一个超大的通房空间，中间冬天可点火取暖。南北两侧间隔成办公间，南面是三个房间，都属于《民间文学》杂志社。北面是研究部，《民间文学论坛》杂志社。人事部、办公室、打字室、组联部在后院东西两侧房间，北房为会议室和分党组办公地。小院闹中取静，肃静而紧凑！院内有小伙房，供大家午餐，院内阳光灿烂，和谐温馨。

一、关于研究部的回忆

我当时来到中国民协，工作的第一个单位就是研究部。当时的研究部主任是魏庆征先生，他是俄罗斯文的翻译家。研究部成员有王汝澜、林相泰、王文宝、王炽文等几位老同志，谢选俊和我是年轻的新人。主管研究部的领导是分党组书记刘锡诚先生，其他几位领导是吉星、陶阳、马振、张文、贺嘉。

80年代百废始兴，民间文学的各个领域都在奋起，当时协会有两个正式出版的刊物，《民间文学》和《民间文学论坛》（现名《民间文化论坛》）。《民间文学》杂志和《民间文学论坛》都是民间文学界的权威刊物，享有极高的声望。民间文学以作品为主，间有协会和业界重要活动简讯。《民间文学论坛》则全部为理论研究文章，因此与研究部关系非常紧密，我也较早介入了《民间文学论坛》的工作。两位主管领导刘锡诚和陶阳先生经常组织协同开会，讨论当前研究热点，召开学术研讨会和组织稿件。

研究部主要的工作是在分党组领导下开展理论研究工作，包括介绍国内外的研究动态。研究部内部对外国和国内相关领域有明确的分工：王汝澜、王文宝主要关注中国民俗学、中国俗文学的研究进展，林相泰关注韩国相关研究，王炽文和谢选俊关注欧美，魏庆征关注俄罗斯，我关注日本。对于全国各省，一方面通过省市民协了解各地的研究动态，包括发现了哪些作品，进行了哪些与学术有关的活动，接待了哪些国际学者等。另一方面通过杂志的作者和高校、文化馆等新老关系直接建立联系。这些动态经过整理讨论，每一季度出一期《民间文学研究动态》（内部资料），无偿提供给国内学者和会员。

20世纪80年代和90年代，各地的研究热情高涨，不断涌现出学术新人和新作，研究部都在力所能及的范围给予支持和推介。民协第四次代表大会后重申了指导民间文学工作的"十六字方针"："全面搜集，重点整理，大力推广，加强研究"，并重点强调要加强研究！研究部除个人的研究之外，协会每一年都组织召开不同主题的小型研讨会，每年年末组织年度学术研讨会，出版论文集。每次研讨会从确定主题，确定规模，确定地点，以及会议程序等，都由研究部负责，会前从组稿开始，到确定到会人选，到会后论文集的遴选出版，也是研究部的工作。此外，研究部鼓励大家积极参与各地的研讨会和相关的学术活动，我在研究部工作期间就在分党组的支持下，多次组织和参加国内外的学术会议。如1984年在杭州召开的民间叙事文学的研讨会、1987年在深圳召开的民间文学学术会议等。

80年代，我国对外开放，中国巨量的民间文学作品和花样繁多的民间文学种类以及云贵各地少数民族民间文学作品的发现，吸引了大批的国际同行和港台学者来访，尤其是日本民俗民间文艺学者，多次组团来我国进行学术交流和实地考察，在这些活动中，研究部配合组联部进行学术介绍和接待工作，先后接待了以福田亚细男教授为团长的日本代表团、加藤千代为代表的多位日本学者，并参与和组织了"中日民俗考察活动"，先后5次对中国浙江沿海进行考察。此外，台湾学者金荣华等人来访，研究部都参与并提供资料。

我1986年由研究部调整到《民间文学论坛》，担任编辑部主任工作，但仍然承担研究部的部分工作，直到1996年调离中国民协。这期间最大的项目是在文化部和中国文联党组的支持下，与联合国教科文组织合作，由其提供资金和摄录器材，中国民协组织专家组成"中国民间文化考察团"。5年的时间里，先后对吉林省、河北省、湖南省、湖北省、云南省、四川省著名的民间文艺项目和传承地进行了考察，每年形成调查报告，并录制了音像资料。这是我们协会的重大活动，当时在立项时，联合国还没有统一的称谓，因而参照日本的提法，叫"保护民间无形文化财产"，实际就是今天的"非物质文化遗产"。所以中国民间文艺家协会继承的是延安采风的光荣传统，继80年代的全国民间文艺工作者参与的"三套集成""中日浙江民俗考察""中芬广西三江考察"之后，在1992年就已经正式开始了非遗的抢救和保护，成功地把中国的文化遗产提升到国际高度，获得了联合国教科文组织的认可与支持，是先知先觉先行的文化遗产保护的实践者。

二、关于《民间文学论坛》和刊授大学的回忆

80年代，由于十年的高校停招，社会急需高学历教育，系统教育，当时从事民间文艺工作的在职和民间的搜集整理者、传承者也都急需理论的指导和提高。《民间文学论坛》（1987年更名为民间文化论坛，以下简称论坛）编辑部常年和作者打交道，了解一线的会员的热切要求。于1985年酝酿准备后，编辑部提出了办刊授大学的方案，经中国民协分党组批准，开始面向全国民间文艺工作者招收学员。刊授大学由刘锡诚、陶阳领导，由《民间文学论坛》承办，吴超、徐纪民、李路阳具体负责实施，相继邀请当时最有影响的专家写教材，北京大学段宝林，师大张紫晨等知名学者都撰写了教材，刘锡诚先生更是亲自动笔。在刊授期间，不定期举办面授班。我当时在研究部受邀来给学员面授讲课。记得题目是"中国四大传说与文化背景"，由李路阳编审主持。调到论坛编辑部后，正式介入刊授大学的组织和管理，在徐纪民、李路阳的带领下，先后在北京门头沟、海淀、昌平等地面授，与学员直接交流。由于刊授大学在当时产生了很大的影响，中国教育电视台也邀请刊授大学的教师去开课，我受邀主讲《民间文学概论》，这为我以后调入中国传媒大学打下了基础。刊授大学在业界很有影响力，各省市民协的基层骨干很多都是当时刊大的学员，还有参加民间文学普查的各界人士，为民间文学论坛培养了一大批基层作者。为刊授大学撰写的教材，后来整理出版，成为学者个人的专著，极大地丰富了民间文学界的学术宝库。

同时，《民间文学论坛》仍然正常出版发行，这对于最初只有5位人员的编辑部来说，工作量是相当大的。尤其是由原来的季刊改为双月刊后，不仅每天都要上班，晚上还要加班审稿，还要跑印刷厂，给作者回复各种咨询。在当时的通信条件，都是手写书信方式。吴超先生每日孜孜不倦，徐纪民、李路阳内外奔波，给我留下深刻的忙碌的印象。虽然后来有靳玮、彭文新、蔡大成、邱希淳、赖亚生等人陆续加入论坛的

工作，但始终由于各种原因调进调出，只有吴超、李路阳一直坚守。在此谨向两位守望者致敬！

在《民间文学论坛》编辑部工作期间，最大的收获是学术视野的提高和开阔，论坛由民间文学改名为民间文化之后，不仅丰富了栏目，扩大了稿源，而且专业性不断提高。德高望重的老专家如杨成志、钟敬文、贾芝、马学良、刘魁立、乌丙安、汪玢玲、张振犁、陶立璠等前辈先生不断赐稿并加以推介。随着民间文学和民俗学学科的全面恢复和发展，80年代起步的一大批的新生力量如陶思炎、叶舒宪等一大批中青年学者成为论坛的主力。他们开阔的眼界和新锐的观点使得编辑部同人尤其是我本人受益匪浅。在此基础上，借鉴中国作家协会刊物的做法，《民间文学论坛》在分党组的支持下，创立了中国民间文学研究"银河奖"，以鼓励浩如烟海、灿如星河的民间文学的研究者。每一届获奖者，由编辑部提名，分党组讨论，最后由协会主席钟敬文先生审定。虽然几乎没有物质奖品，但是极大地鼓励了民间文学研究者的研究热情。更为可贵的是，编辑部就是研究生班，在刘锡诚先生的带领下，本着"编辑不离学术，看稿就是研究"的宗旨，每两周下班后都会举办小型的学术座谈会，刘锡诚、陶阳、马振都亲自主讲，也时常解读业界名人文章。有机会两位先生甚至带领我们去登门拜访文化界的名师，如理论家李希凡、作协的评论家闫纲等，不仅开阔了我们的眼界，拓展了学术的疆域，也培养了跨界的思维。当时的老先生就是拼搏的榜样，从早到晚，坚守岗位，手不释卷，笔不离手！开口学术，闭口研究！除在京、在单位学习之外，论坛编辑部还到各省相关部门进行学术座谈，表彰作者，为其解决困难，尤其是对一些有争论的问题进行研讨，为作者打开研究的外部环境。真正是有筋骨，有温度！

回顾我在民间文艺家协会工作的12年（1984—1996），辗转3个部门，研究部，《民间文学论坛》编辑部，民间文艺出版社，最后回到研究部。直到因为老父年高难以坚持白天上班，无奈调离中国民协，离开了我热爱的专业机构，但中国民间文艺家协会对我的培养，各位前辈的引领和关爱以及各部门同事的情谊，一直留在我的心中！至今那些为中国民间文学起步而贡献力量的老先生还都真真切切地留在我的记忆之中。我感恩中国民协，感恩老前辈和同人！同时，中国民间文艺家协会不忘初心、砥砺前行、学术立会的精神一直激励我、伴随我一路前行。值此中国民间文艺家协会成立70周年之际，我回忆往昔，仍禁不住热泪盈眶，几次停笔。我是中国民间文艺工作者，永远是中国民间文艺家协会温暖的大家庭的成员！

吉林故事集成为全国"打样"

曹保明

曹保明，1949年生，现任中国民协顾问、吉林省民协主席，曾任中国民协副主席、吉林省民协三套集成办公室主任、《民间故事》杂志主编、社长。1982年调入省民协专职从事民间文学杂志、三套集成、文化遗产抢救、挖掘、研究、传播。完成国家样板卷《中国民间故事集成·吉林卷》。1995年被文化部、中国民协评为三套集成先进工作者、2001年中国文联德艺双馨称号并在人民大会堂做典型发言、2008年获中国文化遗产保护十大年度杰出人物称号、2013年获国家人力资源部、中国文联先进工作者称号。已出版记录东北遗产专著《木帮》《淘金》《皮匠》《渔猎》《河灯》等一百二十多部。

想想中国民间文艺家协会70年的辉煌历程，恰恰也是我70年奋斗不止的历程，而且仅就三套集成工作而言，我是从始至终的参与者、领导者、收尾者，这也可能是我一生的主要收获和成果之一。

我1976年毕业于吉林大学中文系汉语语言文学专业，后留校，在民间文学教研室任教师。但非常有幸的是，毕业后，学校为了充实教师队伍、提高教育质量，派我和李景江老师到北京师范大学中文系进行深造，师从钟敬文先生所举办的全国民间文学培训班，进行了半年时间的师资培训。回校之后，我开始投入到民间文学的教学之中。钟老所培训的都是当时全国各个高等院校最优秀的教师和专家，如乌丙安、汪玢玲、柯杨、李子贤、陈子艾、刘铁梁等，这是我国自"文革"之后第一次民间文学高级培训班。毕业之后大家立刻回到本单位开展工作。记得当时，我和教研室的李景江老师、共同进行民间文学教学试点，与吉林省民间文艺家协会进行教学实践对接。我们带领的是我国恢复高考后的第一批大学生77级参加教学实践，李老师带领学员去吉林西部的四平、白城等地区，我带领学员去吉林、延边等地区。这次民间文学的田野文化教学实践工作，全面落实民间文学在新时期的理论成果，得到了丰硕收获，并与吉林省民间文艺家协会联合出版了《民间文学探查专辑》，我的个人民间故事专集《中国民间教子故事》也同时出版。1982年，由于省民间文艺家协会工作需要增加力量，特别是那时已经提出开展三套集成工作，省里便把我调到吉林省民间文艺家协会，专职从事民间文艺家协会、杂志、三套集成工作。

我到任之后，三套集成办公室成立，由李文瑞老师任主任，我任副主任。这时，我省三套集成工作已全面推开，于是我们带领全省民间文学工作者，开始全面落实民间文学三套集成工作。今天回忆起来，民间文学三套集成工作，主要有这样三个重点：一是协调，二是发动，三是抓重点。

三套集成工作从一开始就规定，由省文化厅、省民委、省民协负责，而实际上，还是由省民协具体在干。但是，这种协调工作是大量的，细致的，缺一不可的，这给省民协增加了许多工作量。由于我国行政体制原因，文联和民协属于群众团体，文化厅和民委属于政府，民协到哪儿办事，门难进、脸难看，真难哪！但是我们决定发挥民协的优势，打"人民战争"，发动民间文学工作者力量，组建三套集成发动组。于是，第二个特点，就是发动。

我们的发动，是立体发动。我们的立体，是指将培养、培训组合在一起，称为立体发动。记得当时，由于我们的文化厅老厅长、民协名誉主席吴景春同志，在文化部召开的中国民间文化十部文艺集成志书会议上表示"民间文学的万里长城，决不能在吉林省塌腰"的决心，结果，这个口号一下子被国家所认同，并让吉林省做出典范。当时，我和吴厅长、李文瑞老师参加了这个会。会后，中国民协留下了我们，要求我省全面落实工作要求，并拿出规划，做出表率。从那以后，中国民协对吉林省的三套集成工作提出了高端的要求，决定将三套集成中的《中国民间故事集成·吉林卷》定为全国的样本卷，率先推出，给全国"打样"，这对我们是极大的信任，又是极大的考验。

从北京回来，我们立刻投身到工作中去了。我们决定进行立体发动。我们的立体发动，同时在全省铺开。当时，我们协会只有几位老人，我还算年轻的，我们在开展协会工作、《民间故事》编辑工作的同时，必须全力推进三套集成工程。于是，在我和李文瑞、夏映月、于济源、佟丹、丁宏、傅胜华等同志的带领下（后来又陆续进来了姜颂德、陈宝源、施立学、张徐、金宝忱），我们吉林省三套集成工作，就这样全面、扎实地开展起来。记得当时，我们的立体工作发动法主要收获是把培训工作方式与开展工作同时组合在一起，捆绑在一起，而不是单向的推动。

记得当时，由于我有多年田野探察的经验和体会，来到协会之后，正好发挥在三套集成工作之中，结合在一起了。

所说的立体发动，我们是先把吉林省各地区分成几大块进行培训。我负责长春、吉林、通化和白山地区。我们还请来了乌丙安、贺嘉、张文、李文焕、马捷、汪玢玲等一些专家，对三套集成骨干进行培训。这些培训都是在地方举行，会后，由我们带领各地骨干立刻出发，到各个村落探察，对有故事的地方，立刻扔下一个骨干，让他再去如此发动。这样，我们的发动，就如当年红军的星火燎原，播遍吉林大地，对吉林文化的全面搜集，终于全面展开，遍地开花……

记得当年，初进入三套集成工作的人，把三套集成叫"三进山城"，是因为当年长影拍了一个电影《三进山城》，指我们党的交通员城里城外，三进三出！把三套集成叫"三进山城",其实是形象地记录了吉林省三套集成工作的蓬勃开展。我们积极进行吉林省文化资源的普查,吉林民间文艺家协会从那时开始,先后进行了8次长白山、松花江文化探察。这些探察工作一边是搜集吉林省特色的民族民间文化资源,同时也是布置、推动三套集成工作,发现三套集成工作人才,使得吉林省三套集成工作的资源,特别生动丰富和具体。

吉林省的主要文化就体现在长白山区和西部的科尔沁草原,我们的探察在前期主要在长白山地区的四个地区和西部的白城地区开展。我们每到一个地区,首先是要召开三套集成推动会,利用各种节点去推动三套集成工作的开展。

第三个特点是,重点资源搜索法。三套集成的主要特点是全面性和重点性,立体发动之后,全面性有了,但重点性做得还不够,于是我们一起发动了另一个组合战役,我们称为重点资源挖掘法。吉林省的主要特点文化是自然文化、历史文化、人文文化,地区分布在东部山区、西部平原。于是我们按森林文化、渔猎文化、农耕文化、闯关东文化、原居民文化等,分成若干代表性资源板块,组合成专题小分队,进入这些地域开展记录搜集。

在艰苦的探察工作中,我们留下了许多难忘的回忆。记得一次我们和李文瑞、夏映月老师去桦甸金矿搜集挖掘淘金故事,车坏在了半路,腊月里,零下四十多摄氏度,我们没吃没喝,只好到村里讨饭哪!还有一次,在山里麻达(迷路)了,山体滑坡,公社派驻地部队寻找我们,救出了我们。

工夫不负有心人,我们的努力,有了扎实成果。按要求出版了吉林三套集成54卷县级文本,又出版了《金银壁》《关东山传说》《吉林民间故事选萃》《吉林民间歌谣》(二卷)《人参故事》《鸭绿江传说》等资料文本,奠定了吉林省民间文学三套集成的丰富基础,形成了吉林民间文学三套集成工作独特的优势。

作为中国民协国家项目三套集成的样版卷,《中国民间故事集成·吉林卷》如期在1992年出版,并且于1993年初在人民大会堂召开了首发式。吉林省的三套集成工作,得到了中国文联和中国民协的肯定和表彰。

由于吉林省民协三套集成"故事卷"的率先推出,在国内外产生了深远的影响。1994年,联合国教科文组织和中国民协决定把当年故事文化考察实践项目定位在吉林省,联合国派出以加藤千代(日本驻北京办事处主任)、塔尼雅(澳大利亚专家)、刘晔原(中国民协理论部主任)、中国民协秘书长冯君义、工作人员吉星等为代表的中外专家来吉林省,并组成由我为组长的吉林专家组,在吉林省的四平、梨树、双河、辽源、东丰、通化、白山、抚松、柳河、梅河口等地,进行了为期半个月的成功考察,接受了国际专家组织的检验,使得三套集成成果得到了真正的传播和弘扬。

由于三套集成"故事卷"重要价值所带来的影响，吉林民间故事被美国《乌里希连续出版物辞典》载入，成为国际文化的重要类型。联合国教科文组织负责人塔尼雅认为，吉林的民间故事"具有传统的特点，这意味着百姓的文化声音"。加藤千代认为："吉林的故事具有着地域生活的普遍性，它使这里的传统文化得到了传承和传播。"刘眸媛女士认为："吉林的故事在口述的过程当中，传承了传统的口述方式，这种口述的方式，具有中原文化的特质，又含有着东北地域文化的特质，形成了一种具有自己代表性的北方故事类型。而且这种类型在这次探察中表现得特别充分和鲜明。尤其是在四平梨树的讲述当中，我们的艺术家面对面打擂展示，互相交融，使故事的语言口述方式和交流方式，再次形成了自己独特的活态风格。"专家们的评价，全面概括了吉林故事的特点和特征。

1994年11月初，中国民间文艺家协会首席顾问贾芝教授应台湾文化大学文学院研究所所长金荣华教授邀请，出访台湾，在台湾文学界进行一系列讲座活动。在此期间，在给淡江大学教授、副教授以上研究人员做学术报告时，有一位台湾学者出示一部《中国民间故事集成·吉林卷》，并说，该书已经在宝岛民族民间文化界引起强烈反响，当场就有关学术问题向贾芝先生请教。贾芝先生以"三套集成总编委会"领导的身份，详细阐述了大陆近十年来所进行的三套集成工作，并就中国民间故事三套集成和"吉林故事卷"解答了所提出的有关问题，深受台湾学者欢迎。之后，台湾学者邀请贾芝先生在该卷本上签字留念，贾芝教授欣然命笔。可见当年《中国民间故事集成·吉林卷》在保护弘扬中华民族传统文化的同时，还为海峡两岸学术界的民间文化交流和沟通发挥了重要的作用。

吉林省的三套集成工作，特别是联合国教科文组织"世界文化发展十年"的考察活动，极大地推动了吉林省的各项工作。当时时任省委常委、宣传部长的许中田同志在接待联合国考察团的时候说："这次考察，极大地推动了吉林省各项文化工作的发展，感谢你们来我省进行科学文化考察。"

当年，由于三套集成故事卷的影响，也提高和影响了我协会的杂志《民间故事》的地位。1995年，时逢《民间故事》出版发行百期纪念，全国民间文学报纸、期刊在我省召开了座谈会，总会《民间文学》等全国近二十家"故事"专家参加，极大地提升了吉林故事的地位，留下了吉林故事的历史刻度。这也带动了吉林三套集成《歌谣卷》《谚语卷》的很好开展。

从我33岁（1982）到省民协从事协会、杂志和三套集成工作（当时孩子才6岁）到今天，我参与、领导、发动民间文学三套集成工作，目睹了我省民间文学的辉煌时刻。《中国民间故事集成·吉林卷》于1992年作为全国首卷本出版后、1993年在北京人民大会堂召开了首发式，接下来1994年联合国教科文组织"世界文化发展十年"项目、民间故事田野考察团来吉林进行详细考察，对故事家王海洪、朱连元、李福莲、陈宝山、丛树兰、洪青山、潘竹松、黄显孚、贾成明、刘宏滨、傅国华等11名故事家进行了科学考察，并给予了高度评价。这使得吉林三套集成和故事文化一时在国内外产生了轰动影响。除了联合国"世界文化发展十年"的故事考察专家们给予了高度评价外，钟敬文、贾芝、周巍峙、冯骥才、贺敬之等领导和专家，都对吉林故事给予了高度评价。钟老的评价是"祝民间故事长生不老"；贾老的评价是"民间的口头文学，是文学艺术的源流，文艺的母亲"；周巍峙部长的评价是"黄土地黑土地，民间故事多"；冯骥才主席的评价是"民间故事是千千万万的创造"……

吉林民间故事从此有了自己辉煌的历史高峰！

回想起吉林三套集成工作的奋斗历程，我们感受最深的是，中国民协老一辈领导、专家、学者，以及协会驻会的各个部门对吉林民协的厚爱和支持。当年钟老为修改《中国民间故事集成·吉林卷》，无论严寒、酷暑，他带领中国民协专家，日夜奋战在北戴河；贾老为了修改急待下厂的《歌谣卷》前言，正月十五，北京突然停电，他点着蜡烛，连夜握笔修改；为了解决吉林三套集成经费问题，周巍峙老部长亲临吉林找省领导推进解决……

光阴多么快呀，一晃，几十年的岁月就这样过去了，许多当年参加三套集成工作的人，已经永远地走了！但是，那曾经的记忆没有消失。在此，感谢中国民协举行这次关于三套集成历史的回顾，这是让人们更好地不忘历史，珍惜今天，面向未来。让我们永远记住那些难忘的岁月吧。

与集成相伴的日子

马 青

马青，回族，1952年生，祖籍山东青州，生于杭州。曾任中国民间文艺家协会、中国民俗学会、中国少数民族文学学会理事，宁夏民协驻会副主席兼秘书长，宁夏民间文学集成编委会委员，宁夏民间文学集成办公室、编辑部副主任，《中国歌谣集成·宁夏卷》常务副主编，《中国风俗大系·宁夏卷》主编（并列）等。1997年获中国文联首届德艺双馨优秀会员称号，并因集成工作多次获得国家级和自治区级奖项。

　　回首往事，值得忆念的日子太多，然而，值得说道的日子就不一定那么多了。平心而论，连续十几年的民间文学集成编纂工作还是有点说头的，因为它是我职场生涯中较长的一段，在我的人生轨迹中留下了较为深刻的印痕。

　　说来也巧，当年我正是因为集成工作的需要而调入宁夏文联的。那时我还在宁夏图书馆从事西文图书编目工作，同时也是一名宁夏文学期刊《朔方》的业余作者。一天，我和时任宁夏文联副主席、兼任宁夏民协主席的前辈王世兴同志在路上相遇，他问我："你想不想来文联工作？我们要编纂民间文学三套集成，正缺人手呢。"

　　我一听能去文联工作，十分高兴，这不是离《朔方》和我的文学梦想又近了一步吗？没有半点犹豫，我当即表态：只要能去文联，干啥都行！于是，我成了宁夏民间文学三套集成编辑队伍中的一员。那是1985年4月，宁夏的三套集成工作刚刚起步。

　　三套集成是一项卷帙浩繁的工程，不仅需要大量资金和人力，更需从事者的热情投入，以及足够的耐心和定力。否则很难想象一个人或一群人连续十几年做一件同样的事情，是怎样坚持下来的。

　　初来乍到，立刻投入到发文件、通知，办培训班的紧张工作中。每个市、县都组建起民间文学三套集成工作班子，抽调了专职人员，在自治区民间文学集成办公室的组织领导下开展工作。那场景，今天想来犹如一场群众运动，从上到下都发动起来了。

　　作为自治区（省）级集成工作班子成员，我和同人们的任务是编纂总计300万字的三个卷本——《中国民间故事集成·宁夏卷》《中国歌谣集成·宁夏卷》和《中国谚语集成·宁夏卷》，每卷各100万字。首先要通过全自治区范围内的民间文学普查获取货真价实的第一手资料，在此基础上编印县卷本，然后编纂省卷。普查要求覆盖到每一个乡镇、村寨乃至家家户户，原则上不能有死角或遗漏。那规模和阵势，不知用"地毯式搜索"或"无差别"去形容是否恰当。因而,越是基层的同志工作量越大,也越辛苦。

编辑县卷本阶段,我们开始参与和介入,与下面的同志一道工作。按照三套集成的规范和体例要求,从一大堆杂乱无序的原始资料中一点一点地筛选,分类编排,汇集成册。一个县一个县地跑,一个县卷本一个县卷本地编,一次接一次地出差,一年中至少有半年时间在下面奔波,根本顾不上管家。那时孩子还小,特别需要母亲的照顾和陪伴。说实话现在已记不清当年家里的困难是怎样克服的了,记得清的只有忙碌、忙碌、不停地忙碌,怎一个忙字了得!忙而充实着,累并快乐着。或许,这正是全国集成人当年状态的集体写照。

集成工作最大的困难是缺少经费,最重要的是争取上级领导的支持。尤其是县卷本,尽管红头文件写明各地要给以大力支持并落到实处,然而实际情况却是困难重重,不知所终。记得一次我到中宁县与基层的同志一起编选《中宁歌谣》,编好了书稿,却没有钱印刷。书出不了,我也回不了家,这可怎么办呢?想来想去,索性一不做、二不休,硬着头皮直接上门去找领导。一天晚上,我和县里的同志一起抱着书稿,壮着胆子叩开了主管文化工作的县委领导同志的家门,晓之以理,动之以情,一番陈词后,这位领导当即拍板拨付印刷经费,把我们乐坏了!

后来,我也用同样的方法——抱着先行出版的《中国谚语集成·宁夏卷》直接去找自治区主管文化工作的副主席,陈述情由。领导同志也是当场应允,很快为宁夏故事卷和歌谣卷拨付了10万元专项经费,使这两部大书得以如期出版。

待县卷本基本出齐后,我们便回到办公室,开始"趴"稿子,编纂省卷本了。首先是《中国谚语集成·宁夏卷》被确定为全国试点卷,这件事情,中国民协并集成办公室从各方面给予了全力支持。

为了早日完成谚语卷的编纂工作,使"先行卷"名副其实,我在承担歌谣卷编纂任务的同时,也参与了谚语卷的组稿和编辑工作。我的任务是与宁夏社会科学院西夏研究专家罗矛昆先生取得联系,征得他的同意后,将他根据西夏文原本,参考俄译本,先逐字对译,然后意译的珍贵历史文化遗产——西夏谚语《新对偶谚语集锦》作为附类编入宁夏谚语卷,并由我撰写引言。

《新对偶谚语集锦》,1905年由科兹洛夫率领的沙俄地理考察队在西夏"黑城"遗址(今内蒙古额济纳旗境内)发现的大量西夏文物中便有这部珍贵的古籍。该本原件现存俄罗斯(当时还叫苏联)圣彼得堡(时称列宁格勒)东方学研究所,由此更显其珍贵。

在大家的共同努力下,《中国谚语集成·宁夏卷》于1990年4月正式出版,打响了全国第一炮。

20世纪90年代初，因前任民协和集成负责同志姚力调离，上级领导决定由我全盘接手她的工作。我应聘担任了宁夏民间文学集成编委会编委，宁夏民间文学集成办公室、编辑部副主任，全面负责宁夏民间集成工作。

有意思的是，由于人手紧张，我们三个省卷本的编辑人员不仅自始至终互相协作，有时候还需交叉使用，在主要承担一个卷本的情况下，互为其他卷本的图表、图片编辑，比如我客串谚语卷和故事卷的图表、图片编辑，谚语卷责编陆阁丽客串歌谣卷图片编辑……这正是团队精神的体现。

由我担任常务副主编的《中国歌谣集成·宁夏卷》总共收选了近1400首歌谣，其中宁夏"花儿"就有700余首之多，数量占到全卷的50%以上。而这七百多首"花儿"是从8000多首原始资料中筛选出来的。从分拣开始，至编选结束，是一个去粗取精，去伪存真的过程，工作量之大，耗时之多，回想起来真不知那段时日是怎样"熬"过来的。有时为了一个方言字的写法和注音，或一条注释，或作品涉及的人名、典故，需要查阅很多资料，《说文解字》《康熙字典》《古今人名大辞典》《常用典故词典》《嘉靖宁夏新志》……能用的工具书都用上了。那时没有网络，全凭人工手动，海量地翻，慎重地选，只能靠时间去解决一切，水滴石穿。所以说集成工作也是一个学习和探索的过程，特别需要秉持实事求是的精神和严谨的科学态度，写定的文字必须准确而有依据，经得起时间和历史的检验。这个过程既增长知识，又磨炼意志，今天想来真是获益匪浅，个中甘苦，三天三夜也说不完……

完成初编后，又记不清去北京开了多少会，审了多少次，打回来修订了多少回，这种"拉锯战"前后少说也有三五年。集成工作者并非钢筋铁骨、坚如磐石的金刚，在漫长的岁月里，那种单调和枯燥的感觉会时时袭上心头，继而遍布全身，遥想当年真有几分"往事不堪回首"的感觉。也曾有过犹豫，也曾想到放弃，改弦更张，去做点别的什么能给人带来新鲜感的事情。但是不能——既已选择，就必须坚持到底，半途而废岂不前功尽弃？一件事都做不好，以后还能做好什么事呢？怀着尽快完成工作、尽早看到成果的渴望和期盼，一鼓作气坚持了下来。

1996年6月，《中国歌谣集成·宁夏卷》终于正式出版，最后一册《中国民间故事集成·宁夏卷》也于3年后的1999年6月见书。至此，宁夏成为除浙江省外，全国第二个全面完成民间文学三套集成工作、出齐三个卷本的省（区），走在了全国前列，多次受到全国性的表彰奖励。屈指算来，历时14年之久。

1988年，在全国十大文艺集成志书首届表彰会上，我被文化部、国家民委、全国艺术科学规划领导小组办公室和中国民间文学集成编委会联合评定为先进工作者，同年被自治区党委宣传部、民委、文化厅和宁夏文联联合评定为先进工作者。1989年，我破格评定了中级职称，1995年又破格评定为副编审。

1996年12月，我与宁夏文艺工作者的代表们一道出席了中国文联第六次全国代表大会，会间聆听了江泽民总书记、朱镕基总理和钱其琛外长的讲话，并且受到党和国家领导人的亲切接见。

1997年，作为宁夏文艺界的唯一代表，我获得了中国文联各文艺家协会德艺双馨优秀会员称号，赴京出席表彰大会。说起这件事，还有一段插曲。这一年，中国文联决定举办全国首届德艺双馨优秀会员评选活动，委托全国和各省（自治区）各文艺家协会推荐候选人。当时由我主持工作的宁夏民协并未推荐人选。中国民协特地为此打来电话，说宁夏的民间文学集成工作在全国名列前茅，我的工作做得不错，决定推荐我为候选人。我觉得这荣誉太高，受之有愧，便没有接受。何况，身为协会驻会副主席兼秘书长，我也不能自己推荐自己啊！不久，中国文联在内蒙古锡林郭勒草原举行工作会议，时任宁夏文联党组书记的谭积洪同志赴会期间，中国文联有关同志专门找他商谈此事，坚持推荐了我。

同年，我还获得了文化部等四部委联合颁发的国家级编纂成果奖。

我深深知道，一切成绩和荣誉，都是集成工作带给我的。

因为参与集成工作，我有幸结识了不少享誉中外的知名文化学者，以及中国民协和各地民协的同人。他们中有我国民间文艺和民俗文化的先驱，德高望重的前辈钟敬文、贾芝、乌丙安先生，论年纪可以是我的祖父辈或父辈。曾几何时，多少次面对面地聆听他们的教诲，从中汲取丰富的精神文化营养，高山仰止，崇敬有加。特别是乌丙安先生，从1985年在广西三江侗族自治县一起参加中国芬兰民间文学考察时相识，到后来成为无话不谈的忘年之交，值得回忆的往事太多、太多……如今他们都先后离我们而去，怎不令人唏嘘、慨叹！以几位老前辈的个人学养及对中国民间文化的杰出贡献，说他们终结了一个时代，并不为过。

他们之中，有当时正值盛年的刘锡诚、刘魁立、陶立璠、李耀宗、张文、吴超等老师，都是各门类的专家、学者，一直如兄长般关爱着我们，平易近人，亦师亦友。记得1991年，刘锡诚先生专门介绍苏联著名汉学家、民间文化学者李福清先生来宁夏找我，我和这位大胡子老外一起采风，一起写文章（后见诸台湾报刊），陪他到宁夏社会科学院做报告。从此，我和李福清先生开始了长达十多年的书信往来，结下了深厚的忘年情谊。而今，李福清先生已驾鹤西去，我和他之间的两地书信，成为我珍藏的无价之宝……

他们之中，更有自入行起便相识相熟的贺嘉、吴薇、冯志华、李凌燕、刘晓路、朱芹勤等中国民协的同人。那些年，我们一起开会，一起看稿，互相切磋，沟通交流，既是同人，也是朋友，直到今天还时常想起他们。各省民协的同人好友就更多，限于篇幅，就不一一列举了。总之，一串长长的名单，镌刻着多少往事，勾起了多少回忆，见证了真诚的友情。

我还记得全国规划办的徐守正同志，人长得富态，说话也声如洪钟，每次开会都可以看到他忙碌的身影。李松同志当年也给我留下了深刻的印象，这几年经常见他在央视直播的各类全国性音乐赛事中担任评委，还是当年那个样子。

而今，我们宁夏文联的几位老领导兼三套集成宁夏卷主编朱红兵、杨韧、王世兴等前辈都已相继作古，我们团队中最年轻的成员陆阁丽也加入了浩浩荡荡的退休大军。光阴荏苒，岁月如梭，时间的力量如此强大，怎不令人感慨万千！

回望来路，我觉得自己对于工作和事业，基本上可以算一个热情投入的人。我担任过一届中国民间文艺家协会理事，一届中国民俗学会理事，两届宁夏民间文艺家协会驻会副主席兼秘书长，直到2000年转入专业文学创作，其间从事时间最长的就是民间文学集成工作，前面已说过，总共14年时光。

几十年弹指一挥间，我从一个不谙世事的小青年成长为一名文化工作者。在人生最好的年华，有幸参与到八五期间国家社会科学重点项目——中国民间文学三套集成的伟大工程中，并因此获得成绩，得到认可；获得荣誉，成长、成熟。回首往事，我时常作想：一个人要想真正做成一件事情，除了自身的素质和不懈的努力，机遇也同等重要，更重要的是坚持。我庆幸自己赶上了盛世修志的年代，也庆幸自己终于坚持了下来。我坚信：大凡从事过集成工作，并且坚持到底的人，没有什么事情是做不成的。能够为抢救和保留中华民族的文化遗产做一点有意义的工作，此生无憾，并且无悔！

牛粪火味香醍醐

张宗显

张宗显，1954年生，青海民和古鄯人。1975年毕业于西安地质学校，留校任教。1977年自愿进藏，西藏昌都马查拉煤矿技术员。1982年调西藏文联，1994年任《西藏民俗》杂志副主编。1996年任《西藏自治区志·民俗志》第一、二审稿主编。著有《花地人家》(《门巴族家庭实录》)、《中国民族团结考察报告》(与人合著)、《人文西藏·生活习俗》。主编了《中国民俗大系·西藏民俗》,《中国歌谣集成·西藏卷》编委，中国民协第七届理事。2007年任西藏民协副主席。

　　没想到，一晃在西藏40年。1977年进，2017年退。俯仰之间，小伙成了老头儿。

　　老了，回老家，这是自然。人是回来了，心没回来。心呢？梦迷了。梦呢？遗落在羌塘草原上，帐篷人家的炊烟里了。炊烟？对，牛粪烟火里。牛粪？对，你没有看错，是牛粪。牛粪，是帐篷人家及整个藏区从古至今赖以生存的燃料，须臾不可离的宝贝，燃烧过程中散发出来的自然味道，若醍醐，令人安神醒脑启智慧。不信？给你讲个我的左邻右舍的故事。

　　我的左邻是西藏的名画家，1986年，他的布画《邦锦梅朵》捧走当年的中国第六届美展金奖。第二年他和他的藏族学生巴玛扎西的布画《五彩路》又一次摘得第七届全国美展银奖。接着他的布画《佛印》又将加拿大国家大奖枫叶奖收入囊中。不久，法国请他往绿卡上签其大名，一旦签下，将是法国公民。他没签，令很多人不解。问其故，答："三个月嗅不到牛粪火味，便没了灵感。我还是韩书力嘛！我的生命在西藏，除了西藏，哪里都不去。"这一番掷地有声的话语。震得初入社会不久的我对他肃然起敬。以后，每当有人问心目中的韩书力先生是啥样时，我会非常认真地告诉他：高山仰止，景行行之。有的人表示不解。那么，让我讲一件事情。西藏美术家协会的首任主席是达赖喇嘛的宫廷画师安多强巴。第二任主席就是韩书力，从20世纪80年代到现在三十多年了，开了几届文代会，别的协会换了几任主席，唯独西藏美协的主席仍是他。不是他把持着这个位置不让位，而是他们协会的同人都觉得他干得好，舍不得他离任，到2019年，他已是73岁的老人了，就是不让他退。你说这样的人格魅力哪儿有，没听说过吧。原因很简单，他的心扑在西藏艺术上，培养了一批又一批的以藏族为主体的美术家队伍。他带着这个队伍到世界各地办画展，他的会员大多都曾踏出过国门，开了眼界，长了见识。任哪个协会的主席有这个能力，他视他们若兄弟，他们视他为兄长、父辈，崇敬有加。他已成为精神领袖，焉能取而代之。难得乎？难得。

因为我在编《西藏文联通讯》时，每个协会的活动都需要了解。因工作关系常与韩书力先生有往来。知道他忙，又惜时如金，谈完工作便告辞，不便耽搁他的宝贵时间。临出门时他总不忘给你送一本他的新著。或一帧册页。或一张自制的贺年卡，总之就是不会让你空手出门，以后从他的文章中得知这是他的信念，善取不如善舍。

20世纪90年代起韩书力有了一座藏式院落，二楼设有画室，书房。又是从他的文章中得知他的书房叫水流西舍。观他的画，读他的书，久了，就会觉得这水流西舍是圣地。它的主人是圣人。当然，只是我这么认为，这么敬仰，与他人无涉。

既然是圣地，心向往之，应常去。常去？不可能！他视绘画若生命。又肩负西藏美协主席、西藏文联主席、社会兼职多，忙得晕头转向，一般情况下，不到万不得已不忍心打扰他。随意去造访，是给他添乱，罪过也，为了节约时间，他立下规矩，无论公私，对来访者限时，提前预约，不得有违。

20世纪90年代前，我在西藏民协任副职。有一天接到《中国故事集成·西藏卷》在京审稿人员、北京师范大学陈子艾教授电话："我们正在审读《中国故事集成·西藏卷》，有专家发现并提出：西藏是绘画和唐卡的发祥地，送审稿中缺了这个内容，这是不应该的。若按正常程序补上来则费时费事，这事需找人急事特办，尽快补上来，不能影响我们的工作进程。"

放下电话，思忖再三，只能找韩书力主席。尽管心里有点发怵，但还是硬着头皮按下了那座藏式院落——我心中的圣地的门铃。正是上午时分，他好像手中握着画笔开了院门。问我："啥事，多长时间能谈完，十分钟够不够？""五分钟都要不了。"我说。他说："那好，你说。"我就把来意做了简单说明。他让我去拜访西藏大学的丹巴绕旦教授，西藏唐卡勉唐派一代宗师。并告知大师的汉语有困难，先找他的学生阿旺晋美。我和阿旺晋美一起拜访丹巴绕旦先生，说明了来意。他说："我说不好汉语，很抱歉。这样吧，我得准备一下，过两天才行。"两天后，2000年12月7日，我们又去拉萨市噶旦康萨巷10号丹巴绕旦先生府上，丹巴绕旦先生对我俩说："我先用藏语讲给阿旺晋美，然后他给你译成汉语，你回去录音整理即可。"丹巴绕旦先生用藏语讲述了《"日母"艺术的来历》和《唐卡起源的传说》，然后先生让他的学生、唐卡艺术理论研究硕士研究生阿旺晋美给我口译成汉语，我录了音，回来整理的。我按先生的要求完成了《西藏绘画的传说》和《西藏唐卡的传说》，及时补上了这个缺漏。《中国故事集成·西藏卷》中收进了这两个传说，传说后面详细记载着丹巴绕旦、阿旺晋美和我3人工作的时间、地点。

2014年以前的某个日子，韩书力先生正在抓《西藏百幅唐卡精品》筹集工作的时候，中国民协的冯莉也在做《中国唐卡文化档案》。她在拉萨期间，我全力配合她的工作。有一天她向我提出要求，要我联系韩书力先生，就相关事宜要请教韩书力先生，我去请示韩主席，说明来意。他答应次日15：00—15：30约见冯莉一行。第二天下午，我和冯莉一行如期而至。冯、韩直奔主题，相谈甚欢，提前五分钟约谈结束。韩书力先生送我们出门时笑盈盈的，说明对我们的守时很满意，我也会心地舒了一口气，长长地。

我的右舍，是西藏人昵称为廖啦的故事篓子廖东凡先生。1960年北京大学中文系毕业支援西藏的金子一般金贵的高才生，操着一口流利的藏语和那可爱的笑容，走到哪里都受欢迎。草原上的阿妈啦视他若儿子，因为他用藏语讲她们熟悉的生活笑话甜到人心里了，见到他就喜欢，一段时间不见，托人捎些藏北的牛肉干给他送到西藏文联大院的家里。农区的爸啦来拉萨朝佛，不会忘了来看望廖啦，背来上好的青稞酒、糌粑，约到林卡里用彩色花布拉个围子席地而坐，吃着，喝着，唱着，聊着，问候着，开心了就舞起来，如若来和女婿团聚一般亲热。没有人不羡慕廖啦的好人缘，我下乡了解民风民俗的地方，经常会碰上这样的问话，你也是搞文化的呀，拉萨有个廖啦，你认识吗？当我告诉他不但认识，而且是一个单位的，并且是我的"本布"（领导）啦时，他们的脸上顿时溢满兴奋的光彩。逢人便说他认识廖啦哎，好像在说廖啦是一位非常了不起的人物，因此我也沾光不少，这是自然的，暂且按下不表。

廖东凡先生是我在西藏民协工作的领路人。1982年，我初到西藏文联时，他送给我一本由翟跃飞设计、韩书力配图和廖东凡搜集整理的《西藏民间故事》第一辑，那种只有西藏才有的古朴味的书籍震撼得我不知所措，视为珍藏。

中国民协筹划中国三套集成工作之初，派刘魁立先生进藏在西藏大学开讲集成工作课程时，我是听课学员之一，对下一步的集成工作有了最初认识，明白了要干什么和怎么干了。

1987年8月间，一个偶尔的机会，我有幸参加了北京师范大学在门头沟博物馆（前身为咸丰皇帝家庙）里举办的全国第二届民俗学讲习班。聆听了钟敬文、费孝通、马学良、乌丙安、张紫晨、段宝林、陶立璠等先生的讲学。听课的除了来自全国各地初涉民俗学的门外汉以外，还有正在读博的陶思炎、董晓萍，读硕士的郭于华、何彬、尹成奎等。

最难忘的是这一年的中秋节是钟先生和我们一起过的。这天晚上，钟先生与我们一起赏月。他提议，以月为令，酒杯转到谁的面前，谁就朗诵一首带月字的诗或词，重复者无效，与说不出来者皆罚酒一杯。每回酒杯转到我面前时，我会的一半句被人说过了，我只好认罚，自觉喝下一大杯酒，下一圈过来，还是我喝，过了好几圈，我就喝了好几杯。惹得大伙哄堂大笑，开心不止。大多数人或多或少被罚了一半回，但唯独郭于华稳操胜券，每回安全过关，令人佩服她扎实的文学功底。

结业仪式上，钟先生给我颁发了证书，有一张很漂亮的照片，可惜不在身边，不能随文配图，甚觉遗憾。

培训班结束后，背了一批民俗学方面的书回西藏。闲了就读。1992年，第一批8年援藏大学生到期返回内地时，西藏民协的刊物《邦锦梅朵》（汉文版）因为无人编而将面临停刊。西藏文联临时抽我去编，据说是有刊号，又有专项经费，更重要的原因是该刊是由中国民俗学之父钟敬文先生题的刊名。乃金字招牌也，不能停刊。

1993年，又编了一年《邦锦梅朵》。我觉得《中国民间故事集成·西藏卷》《中国歌谣集成·西藏卷》《中国谚语集成·西藏卷》正在陆续出版，再编西藏民间文学方面的杂志有吃回锅饭的味道，意义不大，想改刊。经多方走动，征求意见，最后听取韩书力先生之先生余友心的话，他说："你就编一本《西藏民俗》，西藏的民俗文化这么丰富，这是富矿区，待你开发。你理直气壮、大刀阔斧地干，这是最有干头的活儿。"

当我要改刊时，引来一片反对声：这是钟敬文先生题写的刊名，你有本事让钟先生给你题了刊名，才可更改。我立即赴京城拜访钟先生。说明了来意，他听到后很高兴，答应题写，并电话马学良、段宝林、陶立璠、刘锡诚等先生题字。有他们的墨迹在此为证。到印刷时，美编是一位新潮派年轻人，不想用老先生的字，改用印刷体。为此我还与他耿耿于怀了好多年。至今还是不舒服，总觉得是一件憾事。

《西藏民俗》的前身是由廖东凡先生于1983年创办的西藏民间文学小报，1988年又改为32开版的《邦锦花》，1990年改为16开版的《邦锦花》，1994年由《邦锦花》改刊为西藏民俗。改刊前，想到要改刊，还得征求一下西藏民间文学元老廖东凡先生的意见，有他的认可才好。1993年秋季，捧着钟敬文先生等名家的墨迹到中国民协去拜访时任中国民协书记处书记的廖东凡先生，向他说明了来意并呈上名人墨迹。他看后说："我对改刊没有意见，这是时代发展的必然，是好事。我支持你办好这份新刊物，不过你还得办一个手续，这个手续以前没有，这两年才流行的新事物，即条形码，是《西藏民俗》的出生证，户口，有了它，你的刊物可以在国内外公开发行。"他说着，我听着一脸茫然，在哪儿办？有哪些程序？廖老师看出我的窘态，就说我帮你办吧，看把你难的，过了一周他就办妥了，让我去取。我捧着这个宝贝，向钟先生、陶立璠、段宝林、陈子艾教授辞行。他们问："你办好啦？""办好啦！"我回答得很干脆，他们示意让我拿出来瞧瞧。当他们看见红丝绒的证件时，一旁的博士生、硕士生的眼睛都大了。"妈呀，我们借钟先生之名办一个《民俗》刊物刊号都几年了还没办下来，你使了什么魔法，这么容易就搞定？"我笑而不答，他们不依不饶要探个究竟,有人说:他从西天佛地来,肯定是"佛法"啦。这件事令我自豪,有了信心,当即就向先生和他的子弟们约稿。他们的大力支持,使《西藏民俗》内容丰富,极富可读性。北师大民俗学博士生、硕士生层出不穷,这里成了西藏民俗的稿源地,钟先生百忙之中还撰文鼓励过这个小刊物,令我没齿难忘。

《西藏民俗》从1994年创刊,向全国发行,引来一片叫好声,钟先生要我每期给他20本,用来分送朋友。西藏文联的领导也认为编出了西藏特色,有品位。它成为文联的名片,每有北京中央各有关部门来藏的客人,就把它送给他们当礼物。可是好景不长。不久,钟先生在一次会上给他的博士生说:"《西藏民俗》印得好看,花花绿绿的,没内容。"令我羞愧不已。到了2003年底。这份本应大有可为的可爱的刊物,不幸地夭折了,令民俗学界痛惜不已。多年后,仍有热心人寄款索购,我只有泪水洗面。

2006年4月在中央社会主义学院参加了中国民间文艺家协会召开的会议。从这儿开始,我频频参与中国民协的活动,一直到退休。其间,正是冯骥才主席大干的年月,让我们去了许多地方,开了眼界,对冯主席很是敬佩。

2006年12月,中国首届讲故事大赛在上海金山召开。由我带队,西藏的阿旺年扎一副藏族帅哥打扮,说是讲故事,与内地的说书大不相同。他在台上说、学、逗、唱、舞,把这些年内地民工与藏族小工在建筑工地上的《打工趣事》讲得绘声绘色,台下叫好声,口哨声响彻一片,一举夺得银奖,并获得"讲故事能手"荣誉。一夜之间成了明星,一时间成了媒体和靓女们的追逐对象。那几天我是白天不见他人,晚上也不见他人,忙。有一天夜里传来哭声,时轻时重,断断续续,没完没了。拉开灯,房间无人,关灯又有声。是男声,我倒没怕,后来发现哭声是从卫生间传来,便去劝他出来,哄他上床安睡。他醉眼蒙眬地说:"我想念远在西藏日喀则乡下的阿妈啦了,很想与她分享我的快乐。"次日得知,头天傍晚中央电视4台在金山海边沙滩上采访他。结束后,他与其他故事能手开怀畅饮,一时间得到这么多好处,超出了他的想象,这哭声是缘于一个苦地方来的孩子的感念。

也许你很难想象,阿旺年扎的家乡在西藏日喀则偏远的乡间。和其他地方一样,这里的人们仍然用牛粪火取暖,生火做饭。跟阿旺年扎一路同行,开心又快乐。不知道这里面是不是有牛粪火味的作用。

退休回来以后,老是想念以前生活过的地方和那里的人,没有牛粪火味的生活让人不自在,总觉得缺点啥。想着想着坐不住了。2018年借接待小学和中学时期的同学的机会又进藏了。同学们只玩了一周就走了,我留下来又待了一些时日,临回家的前几天,总觉得有件该办的事儿还没办,啥事儿?想不起。不办,不想走。2018年9月

9日的这一天想起来了,应该去看望一下韩书力先生,向他辞行。这回去了,下一回不知何时才能见到他。说去就去,立刻行动。翻出来一瓶珍藏了好几年的茅台酒,揣在怀里就去了。行至他的门前,他刚好从外边回来也刚到门口。问我干啥来了,我说来看你。他就让我进门,落座后他沏了一杯上好的茶。我说我是来向你辞行,明天回老家去。你不打算回北京老家吗?他说:"这里好,看书累了,画画。画画累了,看书。过上一段时间感到闷了,到乡下转一圈嗅嗅牛粪火味啥病都没了。这里是颐养天年的好地方。我舍不得离开,看样子这辈子就在这儿了。"

我说,一直以来,对你心存感激,无以为报,以前想给你送点儿手礼,总有嫌疑。现在你我都退休了,可以释怀,送瓶酒,画累了,写累了,看累了,抿两盅,解乏。他立马正色道:"你这人不知道我不饮酒吗?"我说你画画不是要用酒嘛。他说:"你还喝酒吗?"

"喝。"

"喝啥酒?"

"二锅头。"

"比二锅头好的呢?"

"有肉不吃豆腐。"

他学着我的话语:"好一个有肉不吃豆腐。"他起身抱来一箱酒,"你抱回去喝了它吧。呵呵。"说着他让我看他案头上的一函装帧精美的大部头:"你有吗?"我说:"哦,这是《中国唐卡集成·昌都卷》。"韩书力先生摩挲着封面感慨道:"大冯小冯,配合默契,这是真心付出的成果,是一套能流传下去的好书。"

我送去一瓶,抱回一箱,这酒我咋喝呀?问归问,还是忍不住打开了一瓶。与好友喝了两瓶,其余封存。意欲以后的某个日子里,约三五好友,去草原上帐篷人家,围着牛粪火炉享用它,品砸一番:烟味?酒味?此乃人间真味也。

难忘的三套集成普查

刘朝宽

刘朝宽，1955年生。中国民间文艺家协会会员，中华诗词学会会员，江苏省群文学会会员，江苏省书法家协会会员，润州区民间文艺家协会副主席兼秘书长，润州区文化馆副高级研究馆员。1987年参加了全国民间文学"三套集成"普查，获全国艺术科学规划领导小组、中国民间文艺家协会、中国民间文学集成全国编辑委员会颁发的"中国民间文学集成编纂先进工作者"。经手挖掘的非遗项目有两个列为省级保护名录，三个列为市级保护名录。出版了民间文学资料集《蒋乔民间故事》。

1987年注定要在文化史上留下一笔。前一年的年尾，群艺馆康新民馆长在全市文化站长培训班上，透露了1987年要进行全国民间文学"三套集成"普查的信息，要求全市及早准备，用一年时间，深入基层搜集挖掘民间故事、民间谚语、民间歌谣。这个任务当然地落在了各乡镇文化站的头上。

当年我在蒋乔文化站工作。当时蒋乔属乡，自然环境分山区、圩区，山区是丘陵地带，圩区是滨江的水网平原。而在山区和圩区之间，横插着一条不属于蒋乔的七里甸，把蒋乔分隔成不相连属的两个地块，一南一北，使得蒋乔的地域越发地显得辽阔。当时交通不便，除了243省道，乡间全是土路。而在山区和圩区之间又有一条小江相隔，往来工作更为不便，所以当年"三套集成"普查，除了全乡发动，还特地与省地质三队的老民间文艺工作者谢庆富联系，请他帮忙负责山区的采访。我负责圩区，因为省地质三队驻山区，而他又住在地质队，并且已经在山区采访了好多故事。

圩区滨临长江，东起金山，西止六摆渡村的八摆渡，是被南北大岸环绕的狭长区域。之所以称为圩区，是因为这里的自然村落大多以圩命名，其格局多是一字形的东西走向。圩与圩之间一般首尾相连，中间或间隔条马路，或间隔条河流。圩基是建圩初始，由人工开挖池塘的泥土堆垒而成，因而高出田地，这样盖房子住人，可免去生活的水患和潮湿。圩与圩之间有路相通连，人们顺着圩势走，从一条圩走到另一条圩——人们称为"圩套圩"——向东可进到城里，向西则走向乡下。这样节省了许多筑路的工程和种粮的田地，在小农经济时代，这无疑是一个非常聪明的做法。当然要是推车，圩套圩就不便了，必得从围江的大岸上绕行。家居一般前面菜田，后面竹园，前后有水塘，前塘的水用，后塘的水吃。前塘是小块的，一般两三户人家合一个塘，塘与塘之间留出塘埂做路，方便各家到田地里劳作。而屋后的塘多半是连片的大河，人们称为大宕，河面宽阔，水也更清澈。隔着大宕北望，是一片别人家的田地和树木掩映的长条圩寨。

望着一条条逶迤葱茏的村落，怎样才能将深藏在百姓中的民间故事、民间歌谣、民间谚语搜集到手呢？好在我是圩区人，母亲非常了解当地的风土人情，她的谚语和儿歌，几乎涵盖了地方流传的所有，因此我没有费多大精力就搜集到手。但是民间故事、民间歌谣，必得走出家门，到掩映在绿树丛中的农家细户中去采访了。

熟人带路　顺着线索访

在六摆渡村采访的时候，找到当地供销社代销点的张怀宝，他曾在乔家门集镇的蒋乔饭店工作过，与我文化站隔着两个店面，是我多年的老朋友。他家住在六摆渡西大圩，离他现在上班的代销点没有几步路，可谓调回自家门口上班了，因此人头熟，我便请他帮忙排查线索找故事家。他也很热心，第一站便抽空带我去离他家不远的一座老旧青砖瓦屋，一个老人坐在靠香几的太师椅上。老人叫徐存培，当年八十多岁，读过私塾，精神矍铄，身体硬朗。见我们来，从太师椅上站起来，非常和蔼地接待了我们。了解了我们的来意后，先有些顾虑，后经我们宣传，渐渐地放开了思绪，跟我们讲起了《张玉书砌相府》《郭家墓的传说》《乾隆苏州对对》《王仁堪弃武习文》等故事，语气轻松恬淡，不紧不慢，有条有理。他说："这些故事要是不讲，就没有人知道了。"是的，郭璞墓在金山脚下的塔影湖，王仁堪在镇江做过知府，两个故事都是镇江的地方文化。不要说"王仁堪的故事"以前我没有听说过，就是"郭家墓的传说"，以往听到的也大多不全，没有徐老讲得这样原原本本津津有味！这使我大喜过望，也让我第一次领略到民间文学的魅力，更增强了我普查民间文学"三套集成"的信心。由于有熟人带路，我的采风顺顺当当，一连好几天，从六摆渡一路采访到八摆渡，有故事，有歌谣，收获满满，超过预期。其中在贾家圩采访到的歌谣，演唱者童国平给我留下很深的印象。他是个泥瓦匠，跟人家砌房子，正忙着粉墙，听说要搜集民歌，便抽出时间给我唱了送房的"金坐子"，颂扬古人的麒麟唱，前后总共有数十段之多。其文辞雅俗共赏，有很强的感染力，可见偏僻的乡村也有厚实的文化土壤，普通的百姓也有骄人的文化蕴含。

病床前的抢救

在六摆渡西北圩一队,遇到一位罹患食道癌的病人。他 65 岁,两间土墼墙的草房在戗岸上,一个人生活,遇见我时,他已经两顿未食。当听说要普查民歌故事,便打起精神从床上坐起来,为我唱歌谣,说故事,谈身世。问他这样的身体怎么办?他说地方政府对他不错,属于五保老人,生产队天天有人来看望他。他原籍盐城建湖,在镇江市畜牧场工作,会拉二胡,1962 年下放到这里,时常协助大队文艺宣传队排练演出。在畜牧场工作期间,曾有一次筑路,他因打硪领唱硪号,鼓动起劳动的热情,受到了当时厂党委书记的握手表扬。他那天为我讲述了《解学士》《丹阳大麦粥的来历》《桑树为什么会淌水》《蚯蚓颈项里为什么有一道箍》等故事,还演唱了歌谣《十二字歌》。

两心相印　不厌其烦

得知五摆渡曹家圩的曹有余是个故事篓子,家里经常坐满了听故事的人,外出办事也常被人堵着讲故事,于是前去采访他。不料他在四摆渡蚕研所找了份仓库保管员的工作,要等下班后才能回家。于是一次次地候他下班,他也一次次下班即直奔家里,顾不及喝水,也顾不及堂间的凌乱和苍蝇的飞舞,掇一张小凳子,就着堂间的小矮桌,就对着我讲述起故事来。太阳透过大门斜照在他赤膊的身上,瘦小的个子,黝黑的脸庞,六十出头的年纪显得有些苍老,看得出他是一个经历了沧桑的人。他的故事都很长,一个下晚讲不完。又正值初夏的农忙时节,不敢耽误他太多的时间,所以每天及早前去守候,也不等天黑就结束采访。第二天再去,将一个故事分出几天说。他仿佛与我心心相印,从来没有怨言,想着的是要把肚里的故事传扬出去。他记忆力好,声音不高,娓娓道来,没有多余的闲词,没有颠三倒四的重复。他说他现在要忙着砌房子,已经没有时间讲故事了。但他还是耐心地为我讲了《朱元璋的传说》《寡妇对楹联　惊醒老塾师》。后来他还陆续为我讲了《白蛇的故事》《驸马庄的传说》《好抬杠子》等故事。

坐在门槛上的故事

在五摆渡采访的时候,一次路过小东圩,一个看上去有点干瘪的老人坐在自家门槛上,便与他搭讪,想听他说故事。老人叫高大坤,68岁,退休工人,精气神很好。他二话没说,坐在门槛上就跟我讲起了《张百忍的故事》,故事很精彩,是我生平第一次听到有张百忍这个故事,也是我后来搜集到的所有张百忍故事里情节最全最生动的一个版本。他讲故事眉飞色舞,精气神很足,音调忽高忽低,语气紧扣情节的氛围,非常吸引人。他讲完这个故事,说肚里还有两个故事,要我明天再去。他的另外两个故事也非常有特色,一个是地方传说《焦山是把伞》,一个是机智人物故事《地主与帮工伙计》。特别是《焦山是把伞》,传奇生动,留下了不可多得的地方文化资料,填补了焦山传说的一个空白。

鱼塘边的邂逅

李荣,又名李更生,龙门村二份子农民,脸上有些麻子,当年68岁。他年轻时喜欢唱唱,常跟一班玩友为人家"送房""贺寿",是民间艺人中的一员。采访他的时候,他正在自家承包塘的看鱼棚里编虾篓。他听我要采访他唱曲,便放下手中的竹篾,一口气唱了170句的仪式歌《闹花灯》,中途竟然未打一个呃嚓。最让人惊喜的,是他唱了一首以往我没有听到过的曲调《五更相思》,虽然歌词有些低俗,但是曲调非常优美,使我与这首曲子有了邂逅。当时正逢对越自卫反击战,我便将此曲重新填词,内容为家乡妹子思念恋人,盼他前方为国立功。歌词写好后组织排练,为演员安排手持酒盅的道具,一人领唱,众人伴舞,民歌的旋律,民族的风情,使得节目有着不同一般的气质,一经推出,即为广大群众所喜爱,被选调参加了在金山佛地楞伽台举办的镇江市"三套集成"普查成果汇报演出。后来这个节目还被选调参加了中国第二届艺术节华东片区的演出。

案头的锱铢必较

故事、歌谣白天采访录音,晚上回家便及时过录到纸上。过录非常的烦琐,一要安静,二要凝心,不能马虎,既要用耳朵细细地听,又要用心用脑细细地品,对听不清楚的词语还要不厌其烦地反复播放，直到把每一个字辨别清楚为止。而有一些字音，由于方言的原因，或者口传的因素，说起来大家都懂，但是真正落到纸上却有些犯难，需要认真地甄别，去伪存真、锱铢必较。比如谚语"猫多不辟鼠"的"辟"字，方言口语是"逼"音，很多稿本都记成"逼"。但是细细品味这句谚语的含义，感觉"逼"字用来不妥，猫不是"逼"鼠，而是要捉鼠，通过"捉鼠"而使鼠不敢来，达到驱除老鼠的目的。于是思考用什么字表达才更为准确。忽然想到"辟邪"一词豁然开朗，"辟"字有驱除之意，用在这里感觉非常贴切，完全符合谚语的用意。还有描述潮汛汛期的谚语："初三前，十八后，二十还有个来带凑"，但人们在口头传诵的时候，都说成"二十还有个奶奶臭"。这"奶奶臭"怎么讲？左思不得其解，右思不得其解，难道有奶奶臭这个典故吗？问你问他都说不明白。后来联系前文，忽然悟到，"二十"是紧跟在大潮"十八"后面的潮汛，是大潮过后的回潮，"奶奶臭"应该是"来带凑"的讹音，这样一想就顺理成章了。也有自作聪明误记的：在《寡妇对槛联 惊醒老塾师》一文中，私塾先生看见一个妇人穿着素服从门前走过，估计是学生的母亲，便出了一副对子："六尺白绫，三尺缠腰三尺拖"，要学生回去对。学生回去对不出，愁眉苦脸。他母亲问清情况，便帮他对出下联："一张锦被，半张遮体半张寒"，但是我记录时，却根据"六尺"的对文，误记成："一丈锦被，半丈遮体半丈寒"。

"三套集成"普查已经成为遥远的过去，当年为我们讲故事的人已大多不在人世，就连圩区葱茏的圩寨现在也不复存在，代之而起的是一片工业园区，真是沧海桑田的变化。幸运的是当初有了"三套集成"普查，使得今天的人们还能看到当年老人讲述的传奇故事。"三套集成"普查为我们留下了珍贵的民族记忆。

岁月悠悠已去，抹不去的是心心念念的乡土文化，我们为能在那段岁月里为"三套集成"普查做一点工作而感到荣幸和自豪。

打开几近尘封的时光记忆

李路阳

李路阳，编审。1982年2月毕业于北京师范大学中文系，学士学位。1984年8月调入中国民间文艺家协会，曾任《民间文学论坛》编辑、研究部副主任、《民间文学论坛》副主编。主要著作：《迷途有路》（专著）、《追寻生命的灯——与九十九位藏民的心灵对话》（专著）、《广西傩文化探幽》（主笔，合著）、《中国清代习俗史》（主笔，合著）等。主要论文：《侗族一个故事之家传承诸因素调查》《黑色艺术——民间鬼故事"无形"与"有形"论》《侗族风雨桥的民俗文化内涵》《试论侗族"乔王愿"的文化意义》《傩之起源新探》等。

2020年是中国民间文艺家协会成立70周年，也是《民间文化论坛》杂志创刊38周年。《民间文化论坛》杂志副主编冯莉女士给我打电话，希望我能为八九十年代的编辑部写点儿什么，并给了我几个命题，诸如刊授大学、银河奖评选等，因为时间已过去35年，我离开岗位也20年有余，早已成了与这个专业没啥联系的守望者，要想打开尘封的记忆，真实地写出当年的人和事儿，委实有点儿难。我想婉言拒绝，但数来算去，当时在杂志工作的人，不是在天国，就是已早早调离，我在岗的时间最长，是八九十年代编辑部工作的见证者，还真的没法张口拒绝，也就只好硬着头皮接了这项写匠的活儿。

一、在环境最糟糕的编辑部享受精神愉悦

我调到《民间文学论坛》杂志编辑部的时候，编辑部已从东四八条52号搬到了太仆寺街39号，而且已由1983年创刊时的季刊改为双月刊（1985）。那是我见过的环境最破烂的编辑部，原本39号是个四合院，前院在"大跃进"年代被拆，改建成一个建筑简陋的大食堂，1983年，分散在京城多地办公的中国民间文艺研究会（中国民间文艺家协会的前身，简称：民研会）及其中国民间文艺出版社、民间文学编辑部、民间文学论坛编辑部、研究部和资料室全部集结于此。

民研会及其职能部门坐拥39号院最体面的四合院原装后院，其余的都进了前院的大食堂，出版社坐拥食堂的办公要地，相对独立，办公环境还算可以。两家编辑部和研究部、资料室都进了大食堂两侧被分割成若干斗室的办公间，食堂中央的空场地就成了各部门堆放资料柜、堆积刊物的地界儿。《民间文学》编辑部在阳面，民间文学论坛编辑部、研究部、资料室在阴面，研究部的办公环境最惨，连后窗户都没有，屋里

若不开灯,那真是伸手不见五指。研究部的人好静,每日伏案疾书,走到门前往屋里看,那是一幅幅台灯下的剪影。民间文学论坛编辑部东墙紧邻研究部,西墙紧邻资料室,编辑部顶多有8平方米的地盘,桌子一个挨着一个,副主编吴超先生和我们编辑们一样都挤在这间斗室办公,好在陶阳先生是书记处书记,办公室在后院,否则,这小屋真的没腾挪之地。因为冬季取暖各屋烧煤炉的缘故,房子的墙壁是烤黄的混沌色,煤灰粉尘是屋里的常态。记得赖亚生到编辑部来面试的时候,穿着一件米色风衣,还带了一副白手套,一不留神,手套掉在地上,捡起后成了黑的,在座的都忍不住笑出了声。这房子不隔音,民间文学论坛编辑部的徐纪民和隔壁资料室的老陈都是大嗓门,说点儿什么,大食堂地界儿上的各屋都能够听见。幸亏各办公室门外堆满的八卦阵般资料柜基本过滤了《民间文学论坛》编辑部的声音,否则,不练出一身闹市独处的工夫,还真没法在这儿待下去。

在太仆寺街39号的那段工作经历,对我们这波77年恢复高考后念大学又被分配或调到民研会的年轻人来说,是值得怀念的。我在想,为什么如此破烂的办公环境会吸引那么多的年轻学子?究竟是什么吸引了我们?应该就是改革开放的春天魅力。那时候,《民间文学论坛》编辑部和研究部陆续来了一批年轻学子,我毕业于北京师范大学中文系,陈代阳毕业于四川大学中文系,赖亚生毕业于厦门大学中文系,蔡大成肄业于西北大学经济系,宋萱毕业于人民大学经济管理系,彭文新毕业于北京大学中文系,莫保平毕业于中央美术学院民间美术系。除了我们这些本科生,《民间文学论坛》编辑部和研究部还陆续来了一批硕士生,如毕业于中国社科院研究生院的谢选骏,毕业于东北师范大学中文系的刘晔原,毕业于北京大学中文系的靳玮和毕业于北京师范大学中文系的邱希淳。

改革开放复活了民研会,对于20世纪五六十年代进入民研会的老同志来说,最想做的事情,除了争分夺秒地将痛失的时间抢回来,还有一个就是希望能够建立起民间文学的理论基础和理论体系。因为没有理论的专业是苍白的、没有根基的。而对于我们这些年轻人来说,在百废待兴的年代,可研究的太多太多,随便一抓都是选题。我们耳边天天听到的是老同志的学术鼓励,而我们的大脑里也像泉涌一般不断冒出各种好的选题与策划。

陶阳先生任主编的时候,抓的是民间文学基础理论的研究。在那几年里,我们看到《民间文学论坛》上发表的论文基本是围绕着民间歌谣、民间故事、民间谚语、神话传说等民间文学的基础理论研究展开的。在刘锡诚先生任主编的几年内,随着西方各学派鼻祖、权威的专著引入中国出版市场,中国的民间文学研究从狭义向广义延伸,从单一学科向多学科融合发展,各种学派兼收并蓄,奠定了建设理论体系的基础。《民间文学论坛》也因此成为构建广义民间文学（民间文化）理论体系研究的发布平台。20世纪80年代末期，《民间文学论坛》在报刊局的月发行量跃升至四千余册，比创刊初期增加了一千余册；海外发行位列前三。

二、陶阳先生：创建银河奖的总发起人

陶阳先生是我最敬重的老领导之一。1985年，我调到民研会的时候，他是书记处书记、研究部主任并《民间文学论坛》主编，一位非常善良、有涵养的学者型官员，一个愿意把心沉淀在乡间，一丝不苟地做田野考察的民间文学专家。20世纪50年代，他到云南大理白族自治州调查采风3个月，与当时还在大理工作的杨亮才先生合编了《白族民歌集》[1]。1964年至1966年，中国民间文艺研究会与新疆文联、柯尔克孜族自治州联合成立史诗《玛纳斯》调查采录组，陶阳先生和新疆文联的刘发俊任组长，以阿图什为驻点，带着调查采录组的同事，骑马分赴柯族聚居区的4个县补充调查采录，集体翻译了居素普·玛玛依的唱本6部。他在油灯下记下《史诗〈玛纳斯〉的调查采录方法》，并最终完成一份有分量的田野调查报告。20世纪80年代初，陶阳先生带着研究部的徐纪民和吴锦两个年轻人回到自己的家乡——泰山，调查采录一个月，回京后，他领衔整理编辑《泰山民间故事大观》并于1984年5月在文化艺术出版社出版。从20世纪50年代到陶阳先生退休，他的每一本书都坚持"忠实记录"，成为不可多得的学术研究基础资料。

我从没见他发过脾气，即便被别人欺负到了头上，他也不会动怒，挥挥手了之。他的心思都放在了做学问上。编辑部会经常策划、讨论选题，每一次，他都是静静地聆听大家的意见，甚至做笔记，从不打断别人的发言，也绝不会先亮出自己的意见，而是让大家充分讨论。当编辑们的意见出现分歧的时候，他会客观地提出折中方案，有人说他是和事佬，但我觉得他对中庸之道拿捏得游刃有余。当事情出现分歧，特别是因为历史的恩恩怨怨而陷入对峙僵局的时候，唯有中庸可破局。正是他的中庸，最终推进了《民间文学论坛》杂志银河奖评选活动等开创性工作的顺利进行。

1985年夏，就在那间环境破烂的编辑部里，陶阳先生提出《民间文学论坛》已经出版3年，是否可以搞一个评奖活动，这个提议得到了全编辑部的一致赞同。经过讨论，我们把这个理论奖的名称定为"银河奖"。吴超先生诠释了银河的象征意义：民间文学战线犹如白练横天的银河，汇聚了全国各民族老中青几代理论工作者的智慧之光，恰如银河中的璀璨群星彼此辉映。我们设计了首届评选活动规则：以读者推荐与

---

[1] 人民文学出版社，1958年。

专家评审相结合的方法进行，还向各地民研会、院校、文化馆等发出了五百多张选票。每日，我们都会从传达室拿到几十封甚至百封选票，并造册登记，最后按作者获票多少——做统计。坦率地说，是金子总会发光，投票结果比较集中，但是谁为一等奖，还要由评委专家认定。当时的评委专家由《民间文学论坛》杂志顾问钟敬文、马学良、毛星、姜彬、刘魁立、刘锡诚和陶阳组成。钟敬文先生时任民研会主席，是北京师范大学民间文学学科的奠基人、著名民间文艺学和民俗学泰斗；马学良先生时任民研会副主席，是著名的民族语言文学家、民间文学家、中央民族学院民族语言文学学科奠基人；毛星先生是著名的文艺理论家、少数民族文学理论研究奠基人、中国社科院文学所研究员；姜彬先生时任民研会副主席，是民间文艺学家、民俗学家；刘魁立先生时任中国社科院少数民族文学研究所所长，是著名的民间文艺理论家；刘锡诚先生时任民研会驻会副主席、分党组书记、知名文学评论家、民间文艺学家；陶阳先生是中国神话与史诗研究专家。这些评委在学术界均享有很高威望，尽管在评选中他们的论文获票很多，但我们建议，出于公允性，评委的论文应不参加评选。我们的这一建议得到了评委的一致赞同。

  记得评委开会的时候，讨论非常激烈，特别是对一等奖得主的讨论更是激烈，最终确定的三篇获奖论文乃中庸之道的结果，也可看出评委，特别是陶阳先生的良苦用心。杨堃先生乃中国民族学家、民俗学家、人类学家、社会学研究领域的鼻祖级专家，他的《论神话的起源与发展》[2]为神话学的研究奠定了理论基础。乌丙安先生是中华人民共和国成立后培养的第一代民间文学研究生，师从钟敬文先生，是中国著名民俗学家、民间文艺学家，他的《论中国风物传说圈》[3]，为中国民间文学研究从单一走向跨学科研究做出了突破性贡献。林河（本名李鸣高）是来自湖南基层的一位作者，他与杨进飞联合署名的《马王堆汉墓飞衣帛画与楚辞神话南方民族神话比较研究》，从考古发现与民族神话的比较出发，基于田野考察的实证得出价值结论。最有意思的是，我在写此稿的时候才发现这三篇稿子的初审推荐编辑均是我。杨堃先生的稿子是我亲自登门拜访讨要的；因为我分管北京、上海及东北、华中、西南的来稿，乌丙安先生的来稿我都先睹为快，他的观点标新立异，学术突破在他那儿是一种常态。林河先生给编辑部投过不少稿子，但我与他素未谋面，直到这次写稿，我在网上查资料才知道他曾是《楚风》杂志主编、作家，还曾担任过湖南民间文艺家协会副主席。

  那个时代就是这样，以稿论英雄，绝无学术腐败之类的事情发生。首届银河奖定音后，陶阳先生非常高兴，欣然地为《民间文学论坛》杂志揭晓首届银河奖题字——"群星灿灿集银河"。

---

[2]《民间文学论坛》1985年第1期。

[3]《民间文学论坛》1985年第2期。

第二届银河奖的评选采用了设立评选委员会，由评委投票的方式进行。评委会集结了中国民间文学、民俗学、民族学、人类学等领域的专家，这些评委除了前面提到的首届银河奖的评委和一等奖获奖作者外，还包括蒙古族文学家仁钦道尔吉，文学人类学家叶舒宪，民间故事学家刘守华，神话学家张振犁，民俗学家张紫晨，人类学家宋兆麟，民间故事学家祁连休，民间文学家汪玢玲、云南民族民间文学家杨智勇，民间文学家、民俗学家郑凡，藏民族民间文学家降边嘉措、神话学家袁珂，神话学家、民俗学家萧兵，神话学家谢选骏，壮族民间文学家蓝鸿恩，文艺理论家、美学家鲍昌，以及当时民研会的几位副秘书长廖东凡、杨亮才、王浩和《民间文学论坛》编辑部副主编吴超先生。评选委员会主任由钟敬文先生担任，刘锡诚先生和陶阳先生为副主任。

由于名列前茅的论文难分伯仲，因此，第二届银河奖取消了一二三等奖别，16位获奖作者的论文统为银河奖，同时增设了优秀论文纪念奖，有64位作者的论文与调查报告获奖。我以笔名李溪所写的《侗族一个故事之家传承诸因素调查》[4]的调查报告也有幸在列。

三、在斗室里办了一个民间文学刊授大学

我到编辑部没几个月，1984年冬，脑袋活络的徐纪民提议《民间文学论坛》编辑部办中国民间文学刊授大学。文化饥饿了近20年，当时的社会上，学习风气很浓烈，买书像抢书，各种社会大学如雨后春笋。民间文艺界急需提升理论水平，急需培养基层理论队伍，徐纪民的提议得到了大家的赞同。我们起了一个很大的名字：中国民间文学刊授大学。其实我们就那么一间又破又脏的斗室，就吴超、徐纪民、金辉和我四个人。刘锡诚先生义不容辞地做了这所看去来头很大但实际小得可怜的刊大校长。

办刊授大学，是动真格的事儿，那就必须解决教材、招生、刊授事务怎么做这三个问题。

可教材在哪儿？那时候，市面上民间文学理论著作寥寥无几，现成的教材肯定没有，唯一的办法就是利用《民间文学论坛》杂志的专家资源，现写现发。我们几个臭皮匠一合计，立马着手给专家、教授们写信、打电话相约，没想到，这些专家都非常支持，爽快地答应了邀请。就这样，我们很快搞定了撰写10门课程教材的研究员、教授。《民间故事学》教材由华中师范大学刘守华教授撰写，《民俗学与民俗调查》教材由辽宁大学乌丙安教授撰写，《民族学概论》教材由中央民族学院陶立璠教授撰写，

[4]《民间文学论坛》1986年第5期。

《中国民间文学史略》教材由北京大学屈育德教授撰写，《中国俗文学》教材由北京大学段宝林教授撰写，《文化人类学》教材由中国历史博物馆宋兆麟研究员撰写，另外四本由民研会、论坛编辑部和研究部的人分头落实，刘锡诚领衔撰写《原始艺术》，研究部谢选骏负责撰写《神话学》，吴超负责撰写《中国歌谣》，我和徐纪民负责集合钟敬文先生和其他人写的几本民间文学概论，精选编辑了《民间文学原理》。

招生对象定位是谁？基于涉及全国县域民间文学三套集成工作即将开始，各县急需建立民间文学搜集整理的普查队伍，我们将招生对象对准了这个群体。我们通过《民间文学论坛》杂志刊登刊授大学招生广告并向各地民研会和文化馆邮寄招生简章及报名信函。没想到，报名回执像雪片一样被邮递员送到太仆寺街39号《民间文学论坛》编辑部刊授大学，3个月的报名时间内，我们收到了一千多名学员的报名回执。这些学员分布在全国除台湾省外29个省市自治区，来自汉、蒙古、回、藏、彝、壮、布依、朝鲜、满、侗、瑶、土家、哈尼、黎、傈僳、畲、水、纳西、土、羌、撒拉、仡佬、锡伯、赫哲24个民族。其职业有工、农、兵、中小学教师、文化馆（站）管理人员、演员、医护人员、工程师、技术员、司机、邮递员、采购员、售货员、财务人员、摄影师、放映员等，最接地气的从业人员几乎应有尽有。也有地方文化局局长、文联主席。年龄最大的64岁，最小的16岁。看到如此庞大的自愿学习群体，真的让我非常感动。

刊授大学要做的杂事儿太多了，我们几个人除了要编辑出版《民间文学论坛》杂志外，还要处理刊授大学与所有老师、学员的对接、沟通事务，也就是从那时候开始，我们进入加班加点儿紧张运行状态。当时，每个学员的一年刊授学费是40元，虽说收进了四万多元钱，但若不精打细算，还真撑不到一年。那是铅字印刷时代，每一个字都是印刷工人一个一个码出来，然后再制版印刷，成本很高，如果印刷量大可以摊薄成本，但若只印一千来份，那成本能把这笔学费全部吃掉还不够。我们只好另辟蹊径。我通过朋友找到了降低成本的办法，他们有一个小设备可以把打字机敲出来的文字扫描后印出来，非常适合我们这种小规模的印量。于是，每当陆续接到刊授大学老师写出来的教材，我就第一时间把它送过去，待他们打字并扫描印制好后再骑车将教材驮回来。取回来后，编辑部全体上手，一一装进我们事先写好地址的信封中，这基本需要花半天的时间。这还没完事儿，接下来我们还要动用协会的小轿车，把它送到邮局，并且要在那里帮邮局同志敲邮戳。今天的快递服务业已经让人足不出户搞定所有，那时候的服务业可不然，原本应该享受的服务项，也会因为对方忙不过来而遭遇拖延，你若着急，就只能亲力亲为。

这一年间，我们通过信函为学员解惑，审读他们的作业（四篇搜集整理的作品和一篇论文)。我们还在江苏南通举办了刊大面授班,请兰州大学中文系柯杨教授就学员如何把握自学民间文学时需注意的若干问题进行了辅导。

广西社科院文学所的过竹先生,就是第一期刊授大学的学员,他报名上刊授大学的时候,是广西师范学院的门卫。他在学习期间写的论文作业是《葫芦说》,此文是我初审的,我感觉很不错,推荐发表并传给刊授大学校长刘锡诚先生和主编陶阳先生,得到他们的首肯,刊发于《民间文学论坛》1985年第6期。第一期刊授大学学员结业时,过竹以优异成绩被我们推荐到段宝林先生门下进修一年,学费由刊授大学提供。这段经历让好学的过竹在学术殿堂迅速成长,1988年,他破格调入广西社会科学院,现早已是学富五车的研究员,出版了《苗族神话研究》《苗族歌谣文化》《苗族源流史》《苗族民俗风情》《南方民族文化探幽》《乡土寻幽》等独著10部,还与人合作论著二十多部。

四、刘锡诚先生:一位真心提携年轻人的学者型官员

刘锡诚先生是一位令我尊敬的领导。记得我调到民研会的时候,最后一关是接受他的考查,人事处副处长李毅先生将我带到后院北房的会议室候着,刘锡诚先生来后,没有寒暄,直奔主题。开头还一问一答,还没问两个问题,他就刹不住闸地畅谈起来,从柯尔克孜族的《玛纳斯》英雄史诗谈到蒙古族的《江格尔》英雄史诗,又从藏族的《格萨尔》英雄史诗跳跃到芬兰民族史诗《卡勒瓦拉》。他表达了一个学者专家的忧患:"我们中国有三大活着的英雄史诗,但我们的搜集整理研究与芬兰对其民族史诗《卡勒瓦拉》的搜集整理研究相比,差得很远。"他那张原本很自豪的脸上瞬间变得沉重。他讲到了《民间文学论坛》对于培养理论工作者的重要性,讲到了田野调查的重要性,讲到了学术交流的重要性,讲到了年轻人要沉下心来做学问……我一直静静地听着。他说完了,让我直接去编辑部上班。

我刚到论坛编辑部的时候,他还不是《民间文学论坛》的主编,但他对民间文学理论、对民俗学、对民间文化的研究是深入的,而且是骨子里热爱。他经常给《民间文学论坛》写稿,还不时地会来旁听我们编辑部的编前会。旁听应该是不说话的,刘锡诚先生却是要讲话的,即便不给机会也要讲,而且是滔滔不绝,几乎每一次他都要说到理论队伍建设的重要性,论坛就是发现、聚集理论研究工作者的平台云云。20世纪80年代,在他的主导下,民研会陆续来了一批年轻的大学生、研究生,除了我在前面提到的在论坛编辑部及研究部工作的一行人外,还有在《民间文学》编辑部工作的

朴康平、王强，在出版社工作的崔爱贞、白旭旻，在三套集成办工作的朱芹勤和在组联部工作的冯伟。

1988年，陶阳退休后，刘锡诚先生做了《民间文学论坛》杂志主编。在他任主编的三年多时间里，《民间文学论坛》真的成了发现、培养、聚合民间文化、民俗研究人才的平台。在他的主导下，编辑部在全国东南西北很多地方举办了理论笔会。我印象最深的是在贵州举办的西南地区理论笔会，因为西南地区的来稿由我分管，自然那个笔会也由我一手张罗。在那次会上，我见到了很多未曾谋面的笔友，见面后才恍然发现多是青年学者，比如彭兆荣、潘年英、徐新建、张晓、王亚南、周国茂、周明、唐楚臣等。他们在会上阐述的学术观点让刘锡诚先生异常兴奋，他鼓励这些年轻人继续多做突破性研究。今天，这些人当中的大多数都成了培养年轻理论学子的博士生导师。

刘锡诚先生就是这样一位真心实意提携年轻人的专家型官员，只要你喜欢学习，只要你愿意踏踏实实地做学问，他就会帮助你，就会给你创造机会。1986年4月，我参加了中芬民间文学联合考察，被分配在由中国民协副主席、广西民协主席蓝鸿恩先生带队的广西三江县八江乡考察点。我考察了一位名叫杨雄新的老故事家，听他讲述当地的神话传说故事。交谈中我意外发现，他的家里老少三代人中很多都会讲故事，于是，决定不随考察队每日返回县城，而是留在村里，利用晚上时间继续采访他家的其他人。蓝鸿恩先生是田野考察派，听了我的想法，立马同意了我的请求。就这样，我晚上住进了杨雄新老先生家的木楼里，和他那会讲故事的小女儿住在一屋。杨老先生是八江小学退休教师，在他家住的几天里，我采访了他家所有会讲故事的人并请他们讲述自己拿手的故事。这段考察经历成就了我后来写的《侗族一个故事之家传承诸因素调查》。从此，我也与杨老先生一家结下不解之缘。

刘锡诚先生看到我写的这个调查报告后，给我提了些修改意见，没有表扬，但是我从别人嘴里得知他对我的这个调查报告是满意的。因为当年民研会参加考察的人虽然不少，但最终写出田野考察报告的只有我一人。也正是这个原因，1986年11月底，我被刘锡诚先生安排随王强一道去三江县，和当地以县文化局局长吴浩先生、县文联主席杨通山先生为首的一帮当地专家一道，整理中芬联合考察搜集的资料。我在三江待了一个月，王强在三江待了两个月，完成了整个考察资料的翻译整理工作。这一次浸泡于侗族风俗与文化的经历，让我对侗族古老文化有了更深入的了解。也成就了后来我对侗族民间文学和古老傩文化的系列研究与深入考察。

回来后，我陆续完成了《黑色艺术——民间鬼故事"无形"与"有形"论》[5]、《侗族风雨桥的民俗文化内涵》[6]、与吴浩先生共同完成《试论侗族"乔王愿"的文

---

[5]《民间文学论坛》1988年第5—6期合刊。

[6]《民间文学论坛》1990年第5期。

[7]《民间文学论坛》1991年第1期。

化意义》[7]。

1991年2月,刘锡诚先生调到中国文联理论研究室,这部中芬联合考察报告未能在他离任前完成,成了他的心病。后来,每当我去看望他的时候,他都会提起这批资料,他不希望这批资料遭遇当年陶阳先生在新疆完成《玛纳斯》史诗搜集调查后却因"文化大革命"致使资料全部丢失的悲剧。让他欣慰的是,王强一根筋地捍卫了这堆资料,就像是他的第二生命一样把它带到国外,一直放在身边,直到2019年5月21日,将资料带回中国,正式交给民协编辑出版。王强来京后,首先去拜访了刘锡诚先生。刘锡诚先生与王强紧紧拥抱,老泪纵横。用他的话说:"我的最后一个心愿了啦。"在民协会议室举行的交接仪式上,刘锡诚先生委托组联部原主任刘晓路先生将他保存的全部中芬民间文学联合考察的资料,包括多次合作协商会议记录的资料完璧归赵。

五、做了一回在田野里欢喜行走的考察者

1991年,为了加强理论研究,我被调到研究部做副主任,与刘晔原搭档,她是研究部主任。不久,研究部就被批了一个新更名的公章,成了民间文艺研究所。我呢,也美其名曰地成了副所长。这帽子戴得有点儿累,我和刘晔原都不喜欢,所以,对外对内我们还是喜欢说研究部,实在。

研究部的中心工作就是研究,我觉得对胃口。之前两次赴广西三江侗族自治县考察的经历,让我对傩文化研究产生了浓厚的兴趣。后来,我又几次去广西壮族自治区三江县、罗城县、环江县,考察了侗族、苗族、壮族、瑶族、仫佬族、毛南族的民间信仰以及婚丧嫁娶习俗。我在三江县期间,与吴浩先生多次切磋,在参阅了大量民间文化书籍,并佐之以贵州的龙从汉先生、潘朝霖先生、罗汧河先生、庹修明先生,江西的张涛先生、余裕新先生,广西的蓝鸿恩先生、农冠品先生提供的资料基础上,完成了《傩之起源新探》[8],我提出了傩起源于楚、越图腾之争而非起源于中原的观点,并进一步指出,中原傩来自楚傩,是周朝为慑服商朝而从楚借过来的一种宗教形式。此文的观点引起了国际傩学研究者的兴趣,被收入台湾施合郑民俗文化基金会出版的《中国傩戏——傩文化研究通讯》。接着,我又撰写了《傩之起源新探(续)》[9],我从傩之源——鸟图腾说起,从图腾崇拜之遗痕探讨越傩文化圈生成的原因,从而证明在驱鬼逐疫的"傩"产生之时,尚有一对立宗教存在:即越族的求子求嗣、求图腾保佑的越"愿"或者说越"傩"。

有意思的是,当年我住在三江县八江乡八江村考察的时候,碰见了一个到这里来

---

[8]《民间文学论坛》1992年第3期。
[9]《民间文学论坛》1992年第4期。

看侗族风雨桥的美国人,他向我询问侗族的习俗,我用磕磕巴巴的英语跟他连比带划说。他了解到我是到这里做民间文化考察的,为了感谢我对他的帮助,回到美国后,竟给我寄了两本不知从哪儿淘的旧书《美国民俗学研究》和《神话学》,让我十分感动。后来,我翻译的美国戴维·李明的《神话的创造者》的论文[10],就是从他送给我的书中选的。

之后,我和吴浩先生共同完成了22万多字的论著《广西傩文化探幽》,我撰写了其中第一、二、三、五、六、七、八、九章,约16万字;吴浩撰写了第四、十章及两个调查报告附录,约6万字。在这部论著中,我们立足于理论与考察成果相结合,注重第一手资料的挖掘与利用,力图尽可能全面地展示傩文化起源、发展、变异的真貌。我们以大量实证对当时学界流行观点"傩起源于中原"之说提出异议,并提出我们的观点:"傩之发源地并非中原,周王室的宫廷傩是从楚傩接受来的,而傩的真正起源来自于信仰熊图腾的楚族对信仰鸟图腾的百越族的图腾宗教战。傩实际上是楚人驱鬼逐疫的重点,而越人'鸟'字发音即为'傩',楚人实际要驱赶的是越人的鸟图腾力量。"

《广西傩文化探幽》的书稿完成后,我带着厚厚的手稿去拜访杨堃先生,请他斧正此书。杨老先生生前致力于原始宗教的研究,他看了《广西傩文化探幽》的手稿后,给予本书较高评价并为本书作序,让我非常欣慰。他说:"关于'傩'的问题很值得重视。它是宗教的活化石,研究'傩'的学者普遍认为,'傩'文化是宗教文化,现在几乎演变成娱乐性戏剧。而'傩'的雏形与音乐、舞蹈有关。我近来看了几本傩文化的专著,而读罢本书原稿,著者李路阳、吴浩的观点却引起了我很大兴趣。著者认为'傩'起源于图腾,是由图腾演变的结果,这一观点我非常赞同。著者的另一个主要观点是对'傩'研究领域普遍持有的"傩起源于中原"说的否定,提出了楚'傩'与越'愿'图腾对峙的问题。著者的观点十分大胆,叙述很有说服力,研究比较深入,论证角度也很新颖。这本书资料非常丰富,其中有不少是作者田野考察采集的第一手资料。应当说,这本书是这几年'傩'文化研究的一个新突破。……总而言之,这部著作对于我们目前正在研究的原始宗教、民间宗教、传统文化,特别是'傩'文化,提出了新的问题和新的看法,有新的突破,是值得祝贺的。我由衷地希望这本著作出版后,能够促进我们的民族学、民俗学、宗教学、民间文化学的更进一步深入的研究。"

最让我感到意外的是,《广西傩文化探幽》这部论著在广西人民出版社出版后的第八年,中国民间文艺山花奖首届学术著作奖(2001)揭晓时,我和吴浩先生合写的这部著作获得了三等奖。这个中国民间文艺山花奖是经中宣部批准,由中国文联、中

---

[10]《民间文学论坛》1993年第2期。

国民间文艺家协会联合主办,是对改革开放以来至20世纪末中国民间文艺学、民间文学、民俗学、民间文化研究个人学术著作成果的评比,集中检阅了二十年来中国民间文艺学、民俗学科的研究业绩;获奖作品反映了我国民间文学、艺术、文化研究的水平和重大成果,反映了这一学科从不为人知到享誉世界的当代学术历程。我的研究成果有幸在此之列,深感欣慰,有一种对得起自己辛苦的感觉。

后来,我又将20世纪90年代几次到西藏考察的经历,写成了一部名叫《追寻生命的灯——与99位藏民的心灵对话》[11]的书。说起西藏民俗考察,就不能不提到廖东凡先生,我调到民研会不久,老廖也从西藏调到民研会任书记处常务书记,他经常和我们讲西藏的风俗民情,这让我对西藏有一种强烈的向往。到研究部工作后,虽然没有考察经费,却有大把时间让我圆了西藏梦,也就有了后来几度进藏的经历。

《追寻生命的灯——与99位藏民的心灵对话》一书出版后,刘锡诚先生为我这本书写了一个书评《生命考验的旅程——读〈追寻生命的灯〉》[12]。他在书评中说:"使我格外感到有兴趣的是,作者所记述的那两个至今还保留着原生态的苯教信仰和古老风习的藏北地区尼玛县的小村子:一个叫文部村,一个叫当琼村。这两个村子,无论是地图上还是经典中,都是名不见经传的,但它们在作者的笔下,却具备了无与伦比的文化意义。它们的见于载籍,也许就是从李路阳的这本散发着油墨香的《追寻生命的灯——与99位藏民的心灵对话》才开始吧?这是两个令人心往神驰而又难于亲历的藏北小村。这是两个保存着过多的文化信息而又迄今未为人所知的象雄文化遗民小村。文部村,背依神山——达尔果山,面向圣水——当热雍错湖,坐落在一座活火山的身边。那清幽而神秘的自然环境,那很像是四合院结构的石屋和小巷,那丝丝缕缕、似隐似显的古象雄遗风,那淳朴勤劳天然未凿的山民,那清香四溢的青稞酒,那温暖如春的气候,那有别于其他族群的族源神话传说,都给了我们如许的阅读快感和难忘的印象。"

六、钟敬文先生:将生命浸泡于民间的学术泰斗

1999年,我重返《民间文学论坛》杂志工作。这时候的《民间文学论坛》杂志已经到了几近无钱办刊的地步。当时编辑部有两种意见,一种意见是向通俗方向发展,通过增加市场发行量获取办刊资粮;一种意见是坚守研究方向,通过减少刊期、办半年刊或年刊和扩大研究领域让杂志活下去。我是后一种意见的主倡者。两种风马牛不相及的意见最终在一个问题上达成共识:那就是改名。

---
[11]团结出版社,2003年。
[12]《中国西藏》2003年第4期。

我的意见是就改一个字,将《民间文学论坛》改为《民间文化论坛》,而赖亚生的意见是改成《民间文化》。最终时任协会领导同意了小赖的意见,将靠钱养的学术刊物《民间文学论坛》改为《民间文化》,办成挣钱的市场化通俗刊物。

小赖让我陪他一道去拜访钟敬文先生,汇报向新闻出版署申请更名的事情。小赖的心思是我和钟先生比较熟。1977年恢复高考我考上了北京师范大学中文系,钟先生平反恢复工作后任中文系主任。那时候,无论春夏秋冬,每天清晨,钟先生都会跟着我们班同学一起做早操,4年间几乎没有间断过。我调到民研会后,被分配在《民间文学论坛》杂志工作,跟钟先生的交往就更多了。而我的心思是想知道钟先生究竟会怎么看这个事儿。

来到钟先生家,小赖汇报了因办刊处境艰难拟更名的想法。开明的钟先生听完后,没说任何阻拦的话,他让我把那份给新闻出版署写的更名申请报告念一下。我念后,他说:"名字改叫'民间文化',但研究不能丢,宗旨中要加上'研究'二字。路阳,你把这两个字加上。"我在申请报告上加上了这两个字。当时,我心里真的好钦佩先生,要知道,那时候钟先生已经97岁高寿。我们出门后,小赖告诉我,他是有意没写"研究"二字,如果钟先生没听见,那就算混过去了。小赖想一步到位办通俗刊物的小九九没能如意。研究不能丢,这就是钟先生的坚守。

改名后的《民间文化》杂志,起初确实没丢研究,但是因为经费很少,办得十分艰难。我们尝试着和不同机构合作,以出版地方专刊的形式做研究专号。我主导策划了与黑龙江旅游局合作的民间文化黑龙江专号(2001年2期),并游说黑龙江旅游局赞助。那期杂志集合了很多专家学者的学术见地。像刘锡诚的《孪生子:民俗与旅游》,富育光的《北方冰雪文化述考》,汪玢玲的《关东三宝文化源流》,曹保明的《论中国东北马贼的信仰体系》,满都尔图的《萨满文化:黑龙江流域诸民族传统文化的核心》,孟慧英的《赫哲族伊玛堪的原始精神》,刘晓春、关德明的《开发鄂伦春民俗文化旅游的特殊意义》,王永生、张晓光的《发展街津口赫哲族民俗旅游》,傅朗云的《东北亚丝绸之路旅游文化》,徐丽丽、张泰湘的《渤海国文化简论》,程妮娜的《金源饮食文化述论》,刘东辉的《"北大荒"不荒》,张铁江《哈尔滨:近代东亚犹太人的文化中心》,祁学俊《中俄文化的交流与影响》,汪立珍的《鄂温克族狩猎文化的价值与意义》,张嘉宾的《赫哲族饮食习俗掠影》,波·少布的《独特的杜尔伯特蒙古族人生礼俗》,白晓青的《黑龙江蒙古族服饰民俗》,张昀、马斌的《试析回族恪守伊斯兰教规的婚姻观》,黄中祥的《哈萨克族命名的心理特征》,等等。最重磅的是,钟敬文先生的《民间文化保护与旅游经济开发》,这是我去钟先生家讨要稿子的时候,钟老向我口述的。钟老提出了怎么看待中国五十多个兄弟民族的民间文化遗产?如何选择、保护？如何使之在当前的经济，特别是旅游经济中发挥其应有的作用等系列问题。他认为，我们每一个民俗学、民族学的专家学者都应该在这些方面帮助政府，提供有益的学术建议。他说："要想使我国民间文化继续存在于我们新创造的社会主义文化系统里，就一定要对其进行选择、加工和发扬。要做到这一点，首先要对那浩如烟海、性质各异的民间文化，尽可能地进行调查、收集、整理和保存；其次对它进行科学研究。这样才能淘炼出文化金子，使之成为最先进的社会主义文化的一个组成部分。"他强调指出："目前，国际上对民俗的搜集、研究，正朝着区域化方向发展，十分重视区域化、地方化的研究。像我们中国地域这么辽阔，民族又这么多，泛泛地研究，就会挂一漏万。所以，民间文化的地域研究，民俗事象的区域搜集，在我们这里就非常适用。只有重视地域化、地方化研究，才能更好地挖掘民间文化宝藏。就拿黑龙江省来说，其地域文化就很丰富，有十几个民族的民俗文化宝藏，还有东西方文化的碰撞、交融，认真研究这一地域文化，对指导黑龙江的文化经济开发，特别是旅游经济的开发是有意义的。"在讲述中，他再三强调："民俗大多数是过去遗留下来的，其中糟粕精华都有，如何保留有价值的东西？这就涉及一个如何应用的问题。比如说，要研究其中哪些是有保留价值的，哪些是没有保留价值的；旅游经济的开发如何应用民俗中有价值的东西；如何利用旅游展示民俗，吸引游客，宣传我们中华民族文化。对研究民俗的学者来说，不仅要研究基础，更要研究应用。要通过民俗应用的研究，帮助政府职能部门指导人民改良工作。就拿旅游业来说，把民俗中可利用的资源应用于当地的旅游业，从科学的角度、美学的角度提出自己的建议，对旅游经济的开发是不无帮助的。"

19年过去了，钟先生的这番话，对日益兴盛的旅游文化产业的发展仍有学术指导意义，也值得中国民协深思自省当年丢弃全国唯一的民间文化学术刊物价值而捡拾满街尽是的通俗刊物的教训。

2001年秋，为了配合协会拟于2002年举办钟先生百岁华诞活动，我们《民间文化》杂志策划了一个选题：祝贺钟敬文先生百岁华诞学术专刊。那时候，《民间文化》杂志已沦为包给别人操办的通俗刊物。我们只好向国家新闻出版署申请了一个增刊。我是这本专刊的责任编辑，北京师范大学中文系的万建中应邀做了特邀编辑。此增刊被批准后，我就开始电话约稿，相约的每一位专家都非常支持，因为打算在2002年元月完成出刊，我们给每一位写稿专家留出的时间是很吝啬的，况且他们都担负着很繁重的教学科研任务，但令我没有想到的是，他们都在规定的时间完成了稿子。专刊文章实现了集各路专家之大成：《钟敬文神话学管窥》（陶阳），《世纪学人千秋功业——钟敬文先生百年长征学术成果礼赞》（汪玢玲），《钟敬文歌谣学建设历程述析》（陈子艾),《特殊的学科 特别的贡献——钟敬文民间文艺学思想管窥》(向云驹),《刍议钟敬文民间叙事文学研究——以二三十年代系列论文为考察对象》(万建中),《钟敬文与历史民俗学》(萧放),《钟敬文先生的教育思想》(黄涛),《钟敬文83年学术生涯掠影》(王文宝),《百岁宗师 壮心不已》(乌丙安),《向世界敞开心扉——钟敬文在国外学界的影响》(高木立子〔日本〕),《一滴水,就是一个海洋——钟敬文留日求学三题》(曹晋),《仄径与辉煌——钟敬文与中国民间文艺家协会》(刘锡诚),《钟敬文与民间文学集成》(贺嘉),《钟敬文与鲁迅的不解之缘》(朱金顺),《诗笔诗心两兼之——谈钟敬文的诗论与诗作》(赵仁珪),《智慧的结晶 人生的良师——略论钟敬文先生的格言体随感录》(蔡清富),《我的民俗学老师钟敬文先生》(娄子匡),《悠悠五十载 殷殷师尊情》(张振犁),《智者善者钟敬文》(刘魁立),《愿为传火一枝薪——从我笔记本中的"钟敬文先生谈话录"说起》(柯杨),《我眼中的钟老》(苑利),《钟敬文年谱》(王文宝),《以钟敬文为代表的北师大民俗学科人才培养情况》(程善伟),《钟敬文主要著作年表》(程善伟),《美国图书馆馆藏钟敬文图书略况》(陈子艾)等。

这些文章的分量很重,从多角度、多方面让读者近距离地了解到一位将生命浸泡于民间的学术泰斗的真实。但让我更为感动的是高育武设计的专刊封面,那个创意设计与专刊内容简直就是绝配。我和高育武去医院探望钟先生时,高育武带了一盒印泥,我问他带这干啥?他说让钟先生按个掌印,他要设计到封面中。这是一个多高明的创意,生命的全息。他很担心钟先生不乐意把手上涂满印泥,没想到钟先生见到我们后特别高兴,欣然接受了高育武的这个创意请求,钟先生看着涂着红印泥的手,哈哈大笑起来。高育武小心翼翼地将钟先生的手按在了准备好的白纸上,完成了封面杰作的灵魂。

2002年1月10日清晨,我被电话铃闹醒,电话是乌丙安先生打来的,他告诉我:"钟先生走了。你们策划出版这本专刊真的太珍贵了。"由于增刊是2001年申请的,不能跨年使用,所以我们在专刊上写的出版日期是2001年12月31日。实际上,钟先生去世时这本增刊还没印出来。为了能够赶上向钟先生遗体告别时让先生看见这本专刊,印刷厂24小时连轴转,加班加点将专刊赶印出来。

高育武又增设了一个刊封,我写了一句话:"一位百岁老人走了,他给我们留下了生命的坐标——正直、勤奋、淡泊。"然后,高育武将这本专刊巧妙地镶嵌进编辑部送的花圈上。

之后,作为学术刊物的《民间文化》杂志,画上了休止符,走向通俗刊物。直到2004年重新恢复学术刊物身份。

七、最后的赘语

因为是从 35 年前开始追述,很多事情都已模糊不清甚至忘却,为了确认一些细节,我给一些知情人打电话,除了我过去知道的,还有很多已无联系的作者、同事和老领导也先后前往天国。这篇为纪念中国民协成立 70 周年的文章,是以发生的主要事件的时间依次排序,权当是为了忘却的纪念吧!以此纪念那些为《民间文学论坛》杂志贡献过智慧与精彩论文的专家学者,也纪念那些曾经在《民间文学论坛》和研究部工作过的同事和领导。

我与河南民间文学三套集成

程建军

程建军,笔名程健君,1956年生,现任中国民协副主席、河南省民间文艺家协会主席、河南省非物质文化遗产保护工作专家委员会副主任。1982年毕业于河南大学中文系;1989年调任河南省民间文学三套集成编辑部副主任、《中国民间故事集成·河南卷》副主编。1991年被全国艺术科学规划领导小组评为"先进工作者";1995年获联合国教科文组织和中国民间文艺家协会颁发的"民间文艺发掘、保护、传播组织奖";2000年获全国艺术科学规划领导小组颁发的"文艺集成志书编纂成果奖"。2010年获"中国民间文学集成贡献奖"。著作《民间神话》曾获中国民间文艺山花奖·学术著作奖。

20世纪80年代,中国民间文学三套集成工作开始的时候,我在河南大学中文系讲授民间文学专业课。因为专业的关系,一开始便参与了我省民间文学三套集成普查搜集阶段的业务培训和指导工作。1988年,我省民间文学三套集成工作进入县卷和省卷(国家卷)的编纂关键阶段,我从河南大学被调到省民间文学三套集成编辑部,任编辑部副主任,专职从事"三套集成"编纂业务工作。至1997年的10年间,我的主要精力都倾注在组织编纂民间文学三套集成的事业之中。

古人曰:盛世修志。中国民间文学三套集成这项工程开始于我国进入改革开放新时期的盛世之初。1984年5月,由文化部、国家民委和民研会(中国民间文艺家协会的前身)共同签发了《关于编辑出版〈中国民间故事集成〉〈中国歌谣集成〉〈中国谚语集成〉的通知》的文民字(84)808号文件。自此,我国文化史上史无前例的、规模最大、普查面最广、参加人数最多、成果最显著的一项伟大工程开始了。在这以后,1985年11月27日,中宣部发出了《转发民研会〈关于编辑出版中国民间文学集成第二次工作会议纪要〉的通知》,要求各省、自治区、直辖市党委宣传部、人民政府文化厅、文联,要关心、支持并督促本地民间文学集成的编辑出版工作。1986年,民间文学三套集成与其他七套文艺集成志书并列为"十套文艺集成志书",向国家申报列入了五年计划的国家重点科研项目。

我国是历史悠久的多民族的文明古国,各族人民世世代代创造了极其丰富而优美的民间口头文学,这是中华民族灿烂文化宝库中极为珍贵的财富。但是随着社会的发展、岁月的流逝,民间口头文学这一文学形式也逐渐式微,淡出人们的生活。民间文学的传承人群严重老龄化,后继乏人。在这种状况下,搜集、编纂、出版民间文学三套集成,是十分必要和非常及时的。这一壮举起到了保存我国各地各民族的口头文学财富,继承和发扬我国民族文化的优良传统，在社会主义物质文明和精神文明建设中发挥应有的作用，同时也为民间文艺学和社会科学领域中相关学科的研究，以及文学艺术创作的借鉴提供珍贵的资料。

自1985年到1991年6年的时间里，我们和全省民间文艺工作者一道，团结协作，克服了经费不足、人手短缺、区划调整、市县文联不健全等多重困难，完成了普查、搜集、整理和资料卷本的编印工作。在整个民间文学集成工作中，全省约积累了1亿多字的资料，仅编印成册的卷本就达321种，其中故事117卷，歌谣110部，谚语94卷，总计六千多万字。同时，河南省民间文学集成编辑部与有关出版社合作，组织基础好、有条件的地、市、县将"三集成"卷本作为"河南民间文学集成丛书"公开出版发行，共出版25卷（册）约800万字。这一举措主要是宣传推广优秀的民间口头文学遗产。

各地市县的民间文学三套集成资料本陆续送到省卷编辑部，摆满了两间资料室，蔚为壮观。为确保资料不流失，我们在保证编卷用书同时，封存两套完整卷本作为档案。然后根据规定向总编辑部和"十部文艺集成志书"办公室提交了样本。为保险起见，我们还向省图书馆地方文献部提供一套资料本，供存档和社会使用。1997年7月，河南省文联干部轮岗，夏挽群同志到省民协接任秘书长，交接工作时我特意对夏挽群同志说，这几柜子集成卷本资料，是全省民间文艺工作者十多年的心血，是民协的一笔宝贵财富，其他东西可以不要，集成资料一定要保管好。夏挽群同志原是省文联资深编辑、小说家，他接任民协秘书长时，正是民间文学三套集成编辑出版的关键阶段，卷本内容的复核和补充，全靠这批档案资料。挽群同志深知资料的重要性，民协办公室几经搬迁，他都叮嘱工作人员一定保护好三套集成资料。有一段时期文联办公用房紧张，文联主要领导要处理掉这批资料，都被挽群同志顶回去了。10年后，2007年7月，我重回民协工作时，看到这批资料安在。挽群同志功莫大焉！民间文学三套集成县卷本资料，在后来的"中国民间故事全书"编纂中发挥了重要作用。当今进行的《中国民间文学大系》出版工程，仍是以民间文学三套集成县卷本作为基础资料。

当年，丰富的县卷资料为民间文学"三套集成"的全省性整理出版工作奠定了雄厚的基础。1990年，省卷编纂进入案头工作。1997年，省卷编卷工作基本完成，进入编辑出版阶段。至2006年，前后历时21年，我省全部完成了《中国民间故事集成·河南卷》（2001年出版）、《中国歌谣集成·河南卷》（2003年出版）、《中国谚语集成·河南卷》（2006年出版）"三套集成"编纂出版工作。这是河南民间口头文学的精华和集大成，是中国民间文学万里长城的重要组成部分。

此阶段，一百八十余部资料卷本获"河南省民间文学集成优秀成果奖"，111位同志获全国民间文学集成先进工作者称号，省民间文学集成办被评为全国先进集体，我和编辑部的其他同志也多次受到表彰。

"三套集成"的编纂要求非常高，编辑部工作人员基本上都是从文化部门常年借调来的，他们不计报酬，无私奉献，默默无闻地从堆积如山的资料中撷取民间口头文学之精华，剖蚌求珠，分类梳理，尽最大可能为后人留下最珍贵的民间文学遗产。比如歌谣卷，省卷编辑人员自1991年开始，先从110部、三万余首、四千余万字的资料中初选出二十余万行，再从二十万余行中选出十万多行、3600首形成初稿。到1996年9月总编委通过对本卷的终审，用了整整6年的时间。谚语卷也是如此，到1990年我们着手编纂省卷的时候，驻马店、信阳、开封、安阳、平顶山等5个市编纂的谚语卷本，已由出版社公开出版发行，南阳等48个市县作为豫内准印而铅印成册，另外还有39个市县为油印本，两个县为手抄卷本。这些市、县卷本中的谚语构成十分丰富而厚实，为省卷本的遴选工作奠定了良好基础。我们从这五十多万条谚语中进行筛选，撷其精华汇编成卷，前后用了10年编纂时间。

在组织编纂河南民间文学三套集成的同时，我主要参与了《中国民间故事集成·河南卷》卷的具体编辑工作，任该卷副主编。

凝聚着河南历代各族人民的思想感情、聪明智慧和艺术才能，又渗透着河南广大民间文学工作者和爱好者的汗水与心血的《中国民间故事集成·河南卷》，对继承和发扬中国民族文化优良传统，具有积极的影响作用。我有幸从事这卷书的编纂工作，深知其任务艰巨，责任重大。既要对创作这些文学作品的历代前辈负责，尽量不使口头流传的文学艺术因变成书面文字而逊色；又要对享受这些文学作品的子孙后代负责，尽量不使他们阅读这些作品的时候，感觉远远不如听老人们讲的时候美妙动听而遗憾。因之，整个编纂工作，始终以严肃认真的态度对待，从未马虎，也不敢偷懒。我们在编纂《中国民间故事集成·河南卷》时，强调按照中国民间文学集成全国编辑委员会提出的"高度文学价值和高度科学价值"的要求与"科学性、全面性、代表性"的标准。编纂工作于1990年7月开始，首先是把全省的民间故事资料卷分类剪贴，通读进行比较，选定篇目。然后对所选的故事，在强调保持原貌、保持讲述者口语特色的前提下，进行慎重整理。主要是去芜取精，挤掉"水分"。对普查以前少数地区搜集编印的民间故事资料本和公开发表过的民间故事作品，通过甄别，也选用了一些。这些故事有的原来加工较大，均让原搜集者"回炉"重炼，去伪存真。对故事内容比较好但又存在一定技术问题的篇目，则多次组织编辑到故事原发地进行复查。这样经过反复修改，在修改过程中又删、补了部分篇目，到1994年完成初稿。几经反复，1997年12月，中国民间文学集成全国编辑委员会终审通过了《中国民间故事集成·河南卷》。此时距编纂之初已是7年有余。虽历七度寒暑，工作比较辛苦，总觉得乐在其中。

在故事卷编纂过程中，中国民间故事集成编委会和中国民间文学三套集成办公室不断给予指导。我和我们编辑部成员也多次到北京向专家请教，钟敬文先生在疗养期间专门接待我们，为我们答疑解惑。特别是许钰先生，多次来河南指导民间故事集成工作。在他生病期间，仍然关心本卷的编纂情况。在病床上，他还审读河南的稿件，并提出具体意见，令我们十分感动。

民间文学集成总编辑部办公室对河南的编卷工作特别关注，多次来河南检查指导工作，特别让我们感动的是他们陪我们一起到乡下、到民间去采录、去复查民间故事。印象最深的是1991年4月16日，中国民间文学集成总编辑部主任贺嘉、编辑刘晓路和我们一起到桐柏县月河乡采访故事家曹衍玉大娘。这次同去采访的还有桐柏县文化馆的马卉欣同志。那天，我们扛着摄影器材，冒雨走进了故事家曹衍玉大娘的农家小院。我之前采访过曹大娘，但已有6年了，曹大娘还是一眼就认出了我，那热情劲儿，简直像见到了久别的亲人。大娘虽年近古稀，但身板很硬朗。她笑呵呵地为我们倒茶拿烟，端出了炒得喷香的花生果。寒暄以后，我向大娘说明了来意：一是她讲的故事要出版了，我来给她照张相，印到书上；二是北京的同志来给她录像，把她讲故事的情形永远保存下来，好让后人也听一听、看一看。那时候，乡下人很少见到摄像机，听说大娘要上电视，左邻右舍来了不少人看热闹。曹大娘招呼乡亲们坐下，三句话未说完，就打开了故事匣子。她落落大方，谈笑风生，乡亲们也听得如痴如醉。整个拍摄工作在自然和谐、轻松愉快的气氛中完成了。贺嘉同志记录完后，连声称赞曹大娘的故事讲得娓娓动听，充满乡土气息，讲述环境好，没有矫揉造作之感，是我们民间文学三套集成工作过程中发现的优秀的民间故事家。

最初发现曹衍玉这位故事家是在1984年。那时候，我在河南大学中文系一边教授民间文学课程，一边给张振犁先生做"中原神话研究专题"的助手。我们从学生的作业中，发现郑大芝记录的几篇故事语言很好，张先生对此很感兴趣。大芝同学说，故事是她母亲讲的，她母亲是个"故事篓子"，会讲很多故事。是年冬，我随同张先生到桐柏县做中原神话专题调查，于12月18日至19日顺便采访曹衍玉。那次，我们在曹大娘家里住了一天一夜，录制了三个多小时的磁带。因我们有专题调查任务，没能在那里久留。回校后，我们把继续采录的任务交给了郑大芝，她利用寒假将她母亲讲述的故事全部录了音。后来，郑大芝又以她母亲讲述的故事为题，撰写了毕业论文。钟敬文先生看到大芝的论文后十分高兴，写了一封热情洋溢的信予以鼓励和具体指导，并提名让大芝参加了全国首届民俗学讨论会。曹衍玉讲述的故事1990年底全部由录音转成文字，形成书稿。《中国民间故事集成·河南卷》收录了曹衍玉讲述的《金板凳》《泥巴匠》《傻女婿》《孟姜女》《牛郎织女》等十多篇。她讲的一些故事陆续在报刊上公开发表后，引起了钟敬文、许钰等有关专家的重视和关注，中国民协《民间文学》杂志社也派记者专访过曹衍玉。1998年12月16日，联合国教科文组织（北京）和中国民间文艺家协会在北京首次联合向我国10位民间故事家颁发了"中国民间故事家"证书，曹衍玉便是其中的一位。曹衍玉的故事专集《故事婆讲的故事》（张振犁、程健君、郑大芝采录）2000年6月由海燕出版社出版发行。

像曹衍玉这样的故事传承人，在全国民间文学三套集成编纂过程中发现得很多。中国民间文学三套集成办公室对部分故事家进行了立体式的音像资料采集，这也为我们后期对民间文学传承人的保护提供了范式。

自行车轱辘底下出集成

甄 亮

甄亮，1956年生，祖籍河南林州，生于陕西渭南，陕西师范大学文学院现当代文学专业研究生，中共党员，陕西省文联研究员。曾任陕西省民间文艺家协会副秘书长、秘书长、副主席和中国民间文艺家协会理事，兼任中国民间文学集成陕西卷编委会办公室主任和《中国民间故事集成·陕西卷》编委、责任编辑。曾荣获中国民间文艺家协会德艺双馨会员称号，荣获中国文艺集成工作先进个人和贡献奖。专著《真情在民间》获中国民间文艺首届"山花奖·学术著作奖"。

1988年，我执笔写的题为《自行车轱辘底下出〈集成〉——高陵县民间文学集成资料采录工作报告》记录了那段令人难忘的工作经历。我是从1969年参加陕西省工农兵艺术馆（今陕西省文化馆）编讲新故事活动开始步入民间文艺领域。那时，我讲出的新故事《起根发苗》《石头赶车》《娃他妈》连续在北京电视台（中央电视台前身）、中央人民广播电台和陕西电视台、陕西广播电台等媒体播出，产生了较大影响。1977年我从工厂调入高陵县文化馆工作，1982年至1985年我借调到时称中国民间文艺研究会陕西分会工作，1988年正式调到陕西省民间文艺家协会工作，有幸在驻会领导高少峰老师带领下参与民间文学集成工作。

一、我经历民间文学集成工作全过程

1984年，高少峰老师组织在华县召开了"全省民间文学'三套集成'工作现场会"。从此，规模空前并持续十多年的陕西民间文学集成资料大普查和民间故事、歌谣、谚语搜集、整理、编印出版工作如火如荼地开展起来了。陕西民间文艺工作者发出"决不让编纂民间文学集成这项浩大文化工程的'万里长城'在我们这里塌豁豁！"的豪言壮语，动员起全省各地文化行政管理部门和以107个区县（市）文化馆为主体的各种社会文化团体及其群众文化工作者、民间文学讲述者等三十多万人，采集的各种民间文艺作品达数千万件。据不完全统计，仅结集铅印的民间文艺丛书有877种册，其中陕西省的咸阳、宝鸡、汉中、渭南等地市和九十多个区县（市）编印了民间文学集成资料本，总计一亿六千多万字。至于全省各地乡（镇）村油印本、手抄本的民间文艺资料不计其数。如此巨大采录成果给编纂中国民间文学集成陕西卷打下了坚实的基础。

1985年4月21至5月8日，我参加了延安地区子长县的民间文学采风活动,并执笔写了《子长采风报告》。子长县原为安定县,为了纪念革命先烈谢子长,陕甘宁边区于1939年将安定县改名为子长县。我们先后走访子长县南沟岔、李家岔、安定、玉家湾、杨家园则5个乡镇,29个行政村,47个自然村,采集到各种民间文学作品349件,字数有二十多万字。其中散文类有:人物传说、地方传说、民俗传说和幻想故事、生活故事、机智人物故事等。首先是革命先烈谢子长的传说,如《一床棉被》是说在1934年的寒冬,谢子长与敌人作战受重伤,但他还是把自己仅有的一床棉被送给房东。《乔装出城》《笤帚手枪》说的是谢子长足智多谋与敌人进行斗争的事迹。传说《陕北人不吃第一铲捞饭》抨击元代不公平待人的"种族歧视"政策,具有清醒的民族意识和反抗精神。传说《释迦牟尼额头上的红点是咋来的》,表现了儒释道文化融合的民众情怀。动物故事《骡子告状》以拟人化手法,让骡子替受害的主人"伸张正义",宣扬了惩恶扬善的思想,暗喻恶人不如牲畜。《虎、猫和狗的故事》说的是既敦厚又报复心强的老虎、奸猾自私的猫和老实心诚的狗互相求教学"艺",结果不欢而散,造成各自之间的矛盾。这是把人类社会的生活状态通过动物形象表现出来,颇有讽刺的哲思意味。生活故事《任相公与李桂姐》讲述一对青年男女,大胆追求自由恋爱,具有反封建的积极意义。《路不平众人铲》《农妇巧斗县官》《刘二揽工》等歌颂真善美、鞭挞假恶丑的故事,充满浓郁的陕北地域文化特色。

采录的韵文类有:红色歌谣、情歌、仪式歌、信天游和陕北道情、秧歌及陕北"链子嘴"(顺口溜)、谚语等。反映陕北"闹红"的歌谣较多,如妻子鼓励丈夫闹革命的歌谣《只要你们革命成了功》等。有争取婚姻自主的《盖世上缺少我这苦命人》歌谣说:"豌豆开花麦穗穗长,我妈妈同我没商量。捣腾鬼媒人爱吃糕,你把我奴家哄到山旮旯。"有痴情女对负心郎发出哀怨"半涯上开花半涯上红,半路上撂妹子哥哥你太狠心"的歌谣《半涯上开花》等。子长县的民间小曲和道情是最受当地百姓欢迎的艺术形式,如小曲《闫兰青》唱出一位年轻貌美的农家少女向往新生活的心声:"脚蹬包底子鞋,洋巾头上戴,腰里又紧红带带,年轻人见了爱……"曲词朴实美,叙事与抒情兼备。有一首《谈情歌》说:"如果你真正地爱上了我,不是爱我的车子、手表、缝纫机,不是用花言巧语把我欺。"很有时代气息。"链子嘴"是说像铁链子一环套一环的把词句连接起来,如《说"怕"字》开头说"花怕黄风、草怕霜,露水怕见太阳。"链子嘴《说红喜、白喜》和《上头》是研究陕北婚丧嫁娶和风土人情的第一手资料。还有散韵结合的生活故事《快嘴》塑造了一位争取婚姻自主、人格独立的女子形象,该女子对她娘亲说:"叫娘亲,你听着,话儿说到你跟前,嫁上个木匠撑橼子,嫁上个铁匠掌钳子,嫁上个秀才当娘子……"生动形象。这次子长采风活动,深入陕北革命老区,爬原翻梁、越沟过川,黄风伴人行,沙尘扑脸面,走乡串村,在田间地头、崖畔、土坑与民间艺人面对面接触,体验生活,增长见识,受益匪浅。

1988年,在高陵县召开的"西安市民间文学集成资料搜集整理出版成果展暨工作经验交流会"上,重申严格遵守《中国民间文学集成工作手册》确定的"科学性、全面性、代表性"和"忠实记录、慎重整理"的原则,并依照《中国民间文学集成分类编码总表》,对所有民间文学资料进行科学细致的分类编码。大会肯定了高陵县开展民间文学集成资料搜集整理的工作实践,赞评"不怨、不嫌、不悔、不烦,自行车轱辘底下出《集成》"的行动口号,并作为一种"集成精神"予以推广。想当年,我作为高陵县文化馆工作人员,身挎录音机、骑上自行车,跑遍全县各个乡镇、村庄进行普查。为便于接近农民群众,我们曾帮助故事讲述人冬灌麦田;我们自掏腰包买礼品探望病重在床的民间艺人。白天,无论是烈日炎炎、还是寒风扑面,我们骑着自行车"滚"在乡间小路上;夜晚,不管蚊虫叮咬,还是气温零下,我们一头钻进路边席棚、围在田间地头,与被采访者说个没完没了。我们用了近一年时间,访问万余人,采录到二千八百多件第一手资料,大家幽默说:这些民间文学资料是自行车轱辘"滚"出来的。

之后我调到省民协,在时任陕西省民间文艺家协会主席高少峰老师带领下,参与编纂中国民间文学集成陕西卷工作。这使我有机会当面向著名国际民俗学家、时任中国民间文艺家协会主席钟敬文先生和贾芝先生求教、有机会参加全国和省上举办的文艺集成专业培训班学习。那时我还担任中国民间文学集成陕西卷编辑委员会委员兼编辑部主任和《中国民间故事集成·陕西卷》编辑委员会委员、责任编辑。经过几年辛勤劳动,终于结出丰硕成果:《中国民间故事集成·陕西卷》(主编:高少峰)是全国较早正式出版的民间故事集成之一。随后,《中国谚语集成·陕西卷》(主编:马少亭)、《中国歌谣集成·陕西卷》(主编:雷达)相继出版。高少峰、雷达、宁锐、甄亮等荣获全国艺术科学规划领导小组和中国民间文艺家协会颁发的全国文艺集成工作先进个人和文艺集成贡献奖。

二、我在民间文学集成工作中不断提高学术研究能力

我在民间文学集成工作实践的同时,先后创作发表了《陕西民间文艺研究概论》《论李登峰日记歌谣的文化生态环境》《农民诗人王老九与歌谣家李登峰比较研究》《从陕北酒曲谈饮酒观》《西安民俗的历史发展及其特征》《陕北民俗文化动力谈》等学术论文和专著《真情在民间》。其中《陕西民间文艺研究概论》获陕西省艺术科研

成果论文一等奖、《陕北民俗文化动力谈》获陕西省陕北文化研究论文一等奖；民俗文化专著《真情在民间》荣获首届中国民间文艺"山花奖·学术著作"优秀奖。以上这些论文和专著得益于自下而上参加民间文学集成普查采录工作实践和资料积累及其学术认知。下面择例简要汇报我的研究心得：

1.史论结合的《陕西民间文艺研究概论》[1]是在占有大量民间文艺资料的基础上，从陕西地域文化历史切入，试图梳理陕西民间文艺各个（项目）学科内涵进而架构之体系。文中得出基本认知和定位研判，即"民间文艺是我们认知先民思想意识和文化传统的重要途径，所以说民间文艺是'地上文物'。然而，真正发掘、研究和应用民间文艺宝藏，是从新中国建立后开始的。"著名作家、陕西省文联前主席李若冰和陕西省民间文艺家协会前主席高少峰老师指导我顺利完成这篇长达数万字的论文，并赞评该文有"填空白"的建设性价值。

2.研究民间文学家的《论李登峰日记歌谣的文化生态环境》和《农民诗人王老九与歌谣家李登峰比较研究》[2]。李登峰是在咸阳市民间文学集成资料普查工作中发现的农民歌谣家。他是出生于旧社会的礼泉县农民，迫于生计，靠补锅手艺常年往来于礼泉与西安两地，白天走村串巷，夜晚就把所见所闻以歌谣日记方式记录下来。他说自己"爱写日记是本性，每天夜晚把笔动"，如记录"卢沟桥前生故变，来了日本和咱战""四九年，解放咧！地主不敢放账咧，土匪不敢胡逛咧""'文化大革命'，煽动闹派性，村里不安定"等史实。李登峰的日记歌谣民俗味很浓，如说关中建房民俗"去旧换新盖大房，立木上梁大家忙"，说陕西关中"老碗会"习俗"一碗菜，一碗饭，聚在一起谝闲传"等。1990年7月，在礼泉县召开的"民间歌谣家李登峰研讨会"上，我发言运用比较文学研究方法，对农民诗人王老九和农民歌谣家李登峰，各自文化生态环境的异同、各自艺术特点做了比较细致深入的剖析。王老九（1894—1969）原名王建禄，因在家族兄弟中排行第九，被人们称为"王老九"。王老九5次到北京参加会议，受到毛泽东主席亲切接见，曾即兴与郭沫若对诗。王老九被誉为"中国农民诗人的楷模"。

3.研究都市民俗论文《西安民俗的历史发展及其特征》[3]作为"都市民俗研究发凡"重要论文发表在由上海市民间文艺家协会编的《中国民间文化·第八集》首篇。该文从西安民俗发展的几个历史时期，即周秦基础期、汉代定型期、魏晋南北朝和隋唐融合期、宋元明清近代期、新中国至今取舍更新期，历时性地梳理西安都市民俗的滥觞、形成、成熟、发展全过程。在西安都市民俗事象基础上，总结论证西安民俗的形成特点：第一，正统观念较强。这是与西安（古长安）长期以来为帝王都城（历经13个朝代）的特殊地位有关。第二，融合性。汉唐开放包容精神，造就西安人来人往

---

[1]《陕西民间文艺论集》，西安：陕西旅游出版社，1994年。

[2]《艺苑论集》，西安：陕西人民教育出版社，1994年。

[3]《中国民间文化》第八集，上海：学林出版社，1992年。

中民族融合的历史传统。第三,时代性。西安人虽然正统,但并不守旧,具有与时俱进的民俗意识。第四,文化娱乐性。抗日战争爆发,西安成为后方,不少工业、企业迁入西安,全国各地人齐聚西安,有利于文化交流。西安地处中华民族文化发祥地,又是奴隶社会、封建社会黄金时期的所在地,因而西安民俗从产生之日起就带有全国性的意义,也就是说西安民俗更多反映出华夏民族传统民俗文化特征,因此,研究探讨西安民俗的形成发展,是具有代表性意义的。

4. 全面总结《陕西民间文艺(民俗)七十年》的论文,入选2019年中国民俗学会年会论文。我在文中写道:中华人民共和国成立后,民间文艺事业历史性地步入正轨。突出表现在民间文艺的"人民性"地位,从组织建设、法律制度上得到保障。特别是广大知识分子由过去从兴趣出发到如今文化自觉地走近民间文艺领域,而且这个文化自觉呈现出"互动"局面:即民间文艺工作者与民间故事家、歌谣家、民俗表演家和民间艺人等共同从事民间文艺事业——这是中国共产党领导全国人民进行中国特色社会主义建设的"新生态"必然之路。陕西民间文艺70年历史起点具有开创性和代表性。所谓开创性是说1942年5月,毛泽东的《在延安文艺座谈会上的讲话》指明了文艺为人民大众服务的方向,确立了民众文艺是党和人民文化事业组成部分的历史地位,这个具有开创意义的"文化革命"发生在陕西延安。所谓代表性,是说作为中华民族文化发祥地之一、"自古长安帝王都"的陕西厚重的历史文化和延安革命文化所生发的文化传统影响全国,陕西自然地理文化环境造成的陕北游牧文化、关中农耕文化、陕南稻作文化融合兼具中国南北文化特征,使得陕西民间文艺的"代表性"意义凸显。

从学术上讲,真正文化自觉、文化自信地进行民间文艺研究是从延安出发的,即延安时期广大知识分子走与工农大众相结合的创作道路,以科学态度主动接近工农大众、面对面直接采录民间文艺作品,这有别于传统文人采用"文创"手法、"记录"民间文艺的"仿制品"。中华人民共和国成立后,特别是改革开放以来,陕西民间文艺(民俗)工作"知行合一"成为新常态,即民间文艺(民俗)工作与非物质文化遗产抢救、保护、利用工作相结合成为新常态,民间文艺(民俗)"创造性转化,创新性发展"成为新常态。

我最大的财富就是民间文化

郭晋渊

郭晋渊，1957 年生，祖籍山西临县，出生于青海省海西蒙古族藏族自治州，青海省民族学院毕业，中共党员，曾任青海省民间文艺家协会秘书长和中国民间文艺家协会理事，兼任青海民间文学集成办公室副主任和《中国民间故事集成·青海卷》副主编。在国家级和省部级期刊发表民间文学作品及研究论文近百篇，编辑出版民间文学作品集十余部本。多次获国家民委、文化部、中国社科院、中国文联四部委及中国民协表彰。

一、"集成"吹响集结号

1982 年初，春节刚刚过完，这是我在青海民间文艺研究会上班的第三个月的一天早晨，我接到领导的通知：马上去党组办公室（指青海省文联党组），有重要事情找你！

我健步如飞地奔了过去。经过一番严肃认真的交谈，等我从党组办公室出来的那一刻，是彻底地蒙了！

谈话的原意是：让我和部门的其他三位老同志去参加中国民间文艺研究会组织的一个采风团，这个采风团是由北方 10 省（区）的民间文艺家组成，采风团将赴贵州省黔东南苗族侗族自治州进行实地考察。

我的天哪！我当时就被震到了。那个时候，别说我不是民间文艺家了，我连青海省民研会的会员都不是呢！我哪里有资格去参加这么高规格的团队呢？我不配呀！

"但，这是党组的决定，你要好好珍惜这难得的机会！要好好向老同志学习啊！"

多少年以后我才明白，中国民研会组织的一系列活动，都是为日后开展的民间文艺三套集成做前期铺垫，包括接下来搞的"民间文学理论函授""民间文化骨干培训"等。

1979 年，被撤销的青海文联及各协会开始筹备恢复工作。而在当时，群众对民间文艺的各种作品和各种活动都心存戒备，青海省民间文艺工作如能继续开展起来，必须首先解决基层群众心中的顾虑，而解除顾虑最重要的就是为《格萨尔》平反。

就这样，1980 年，青海省召开了为藏族英雄史诗《格萨尔》平反的大会，从根本上消除了阻碍工作的隐患。

直到今天，我依然庆幸自己在那么一个重要的时间节点，投身到了中国民间文艺的庞大队伍之中，真的是：不早不晚正合适啊！在当时，青海民研会有 8 名成员，与全国相比，我们也是属于兵强马壮的大协会。

二、与"集成"一起成长

跟随着"中国民间文艺家采风团"的队伍，我们走进了苗乡、走进了侗寨……

当我们穿行在人头攒动的赛马场、斗牛场，当我们捧着牛角、品尝着香甜的米酒，当我们伫立在温馨的风雨桥边，当我们围坐在鼓楼中央熊熊燃烧的火堆旁欣赏侗族姑娘曼妙灵动的"踩歌堂"之舞，尤其是当我生平第一次听到了雄浑激昂的"侗族大歌"错落有致的五声部歌唱，立时觉得热血沸腾，不能自已……

南北民间文艺的差异，南北民间文艺工作者相互的切磋交流，对于提高我们的业务水平，专业技能，绝对是最佳的一种方式！

之后，我们青海民研会欣然承担了筹办来年南方各省区民间文艺家赴青海高原采风的任务。

在中国民研会接着举办的一系列活动中，我们都积极参与其中。

民间文学理论函授班，我们全员参与，民间文化骨干培训班，我们挑选部门和基层人员赴京受训……

1984 年初，中国民研会向全国各省区传达了编纂出版中国民间文艺三套集成卷本的工作方案。

同年 7 月，我们适时举办了"青海省民间文学骨干培训班"，全省各州、地、县文化馆（站）的二十多人参加了培训。

根据青海省地广人稀，东农西牧的特点，我们将青海基层卷的编纂单位确定为：六州（六个牧区以州为单位）八县（东部农业区以县为单位）一市（省会西宁市），共计 45 卷。

部署完全省基层工作的集成进度计划，我们除了积极协助他们的工作，我们自己也有一堆的工作需要做。

要知道，20 世纪 50 年代，我们的工作重心是积极搜集、抢救藏族民间英雄史诗《格萨尔》，而对自己民族、其他体裁的民间文学作品的搜集、抢救工作却显得异常薄弱。那时候，我们编辑的《格萨尔》不同部本的资料 80 本之多，而其他民族其他题材的民族民间文艺资料几乎为零。在重新恢复工作后的这六七年时间中，虽然我们重印和新印了大约十本民间文学资料本，但是，我们从基层收集挖掘到手的各种民间文艺各种资料稿件，把我们的资料柜塞得满满当当的，用堆积如山来形容，一点也不为过!

就拿我自己来说吧,几年的时间里,我不停地下基层去寻找民间艺人,调查民间文艺线索,采录民间文学资料……我手头也积累了许多文字稿件和录音资料。这些资料中的绝大部分,都是基层集成卷本和省卷本需要的第一手资料!

随着不断有老同志退休、转岗,人员锐减,我们所剩的几个人都变成了多面手!这么多珍贵的资料堆在那里,难以发挥应有的作用,必须尽快把它们编辑整理印刷出来。

这是我们当前必须全力完成的首要任务。经过大家一商量,终于有了一个最佳方案,那就是:人人动手动脑做编辑和整理者,齐心协力完成任务。

很快,当十几本散发着油墨清香的资料本摆进我们的办公室的时候,我们大家都会心地笑了……

捧着自己亲手编辑印刷的图书,我们一脸的自豪感,我们在心底庆幸的是:这些宝贵的第一手资料,总算可以长久地保存下来了!

而我也在不断地学习工作中锻炼了自己,其后我搜集整理的藏族民间故事、歌谣、谚语等作品在《三月三》《山茶》《西藏文艺》等省内外刊物公开发表。我搜集翻译的藏族民间叙事诗《扎洛去经商》在《民间文学》上发表,1989年10月该作品又获"青海省优秀民间文学作品奖"……

三、几十年做成一件事

随着全省集成卷的全面完成,省卷集成的编纂工作就成了我们的核心任务。

但是,一直以来集成工作面临的最大困难就是经费不足。自从集成办公室成立以来,我们和协会的经费就是完整的一个数,从来没有什么专项经费。在那些年,我写工作总结和集成工作情况汇报出现频率最高的一句话就是:"协会和集成办每年只有一万元的工作经费,严重制约了集成和协会工作的开展。"

经费要不来,等不来。可是,工作依然要开展起来。我们便采取精打细算的办法,制定出了集成编纂工作的时间进度和工作方案。我们的具体做法是:这一万元经费必须要挤出一半来用于集成各卷召开编纂会议和给各卷编委发放编辑费。因为经费有限,所以,我们每年只能为其中某一卷召开编纂会议,发放微薄的编辑稿酬。

用我们当地人的话说,这就是:瓜籽不饱,是心意。即便是这样,参与集成编纂工作的所有编纂人员,从来都没有一句不满的牢骚话。

这，深深地感动着我，激励着我！

经费不足，但是我们编辑的稿件质量却不容有一丝的马虎，必须按照总编委的要求，完全达标。有了经费安排和质量要求，我们还根据省情特点制定了突出地方特色的内容和选项。而所有这些设想和方案都事先与总编委各卷的专家沟通，专文报批，再去具体实施。于是，青海民间文艺三套集成在缓步推进，在一点一点地稳固前行！有些不了解的人曾开玩笑地调侃道："青海民间文学集成啊，起了个大早，赶了个晚集！"

进入 21 世纪以后，我们青海民间文学三套集成各卷的全国总审工作就重重地压在了我们的肩头！

我们面临的问题和困难受到了中国民协集成办和文化部规划办领导的高度重视，他们也在自己有限的经费中想方设法给我们挤出来一些，用实际行动支持我们各卷的审稿。可以说，如果没有他们具体的支持，我们就不会在一年内完成几个卷本的审稿的工作。我们也许就真的拖了全国的后腿！

时至今日，我依然没有忘记每一卷本每一次审稿的过程：各卷的专家老师们都把自己对稿件中存在的问题，认认真真地写在稿纸上，亲自交到我们手中。遇到一些地域特色很强，一时不太理解的问题，他们总是以谦和的态度同我们沟通，和我们交流。经过反复交流，在彼此都释疑之后，他们依然不忘记把结论公公正正地写在稿纸上，交到我们手中……

都说，中国民族民间文艺十部文艺集成志书是中国文化的万里长城。此话一点不假！历时二十载，老中青三代人，共同完成了有生之年的夙愿。而每一卷参与的人都是以千以万来计算的，规模宏大，成果丰硕，当之无愧！

我为这宏伟的万里长城的耸立，奉献出了自己的努力，我感到非常幸福和自豪！

几十年的职业生涯，我只从事了这一份职业。

我热爱你——中国民间文化，你是我此生获得的最大的财富！

四、青海民歌走出国门

也就是在这个时间段，我们却有了一个意外的惊喜和收获！

记得那是在 2001 年初的时候，我偶然听说中国民协正在和联合国教科文组织北京办事处讨论申报一个中国民歌保护项目。我立即去找项目的负责人，把我们省民歌的分布情况，各民族歌谣的风格和特色进行了扼要的说明介绍。我的介绍打动了项目负责人，立马要求我拿出一个具体的实施预案。

我们青海省是个多民族省份，其中的土族、撒拉族是我省特有的民族，而藏族由于地域因素，也和西藏、四川的藏族在语言、风俗等方面有差异。凭着这么多年对省内民间文化的了解，我做出了采录实施的具体方案！很快，我得到回复，青海省民歌采录入选的民族是：藏族、土族、撒拉族，初次采录的时间也按我们的要求定在阴历"六月六"期间。

要知道，每年从阴历六月初开始，一直到七月初，在青海高原的大地上会有近百场大大小小的民间歌会举行。而在这个季节进行采录就可以采录到很多古老活态的民歌及相关的仪式礼俗等宝贵资料！

中国民协和联合国教科文组织将要实施的这个抢救项目是采取分期录入的原则。也就是说：我们上报的采录方案，只适应于第一次初采。根据初采材料的分析结果，再重新制订第二年实采的计划。如果所采录的东西不够精彩，或许就没有下次的实采，我们的工作就失去意义了。我知道能够入选也不容易，我必须选择把最精彩的东西分享出去，以便获得下一次实采的资格。

阴历六月，狂欢的青海高原，到处是高亢嘹亮的歌声飞扬，到处都可以看到在赛马或者射箭的场所，很多自发赶来看会的人，三五成群聚在一起，时不时从远处近处会传来一阵阵或轻柔或激昂的歌唱……

当我们充满喜悦地看着穿彩虹花袖衣的土族艳姑转着圈跳起"安昭"舞，听他们唱古老的"混沌创世歌谣"……

当我们在绿草茵茵的大草原，接过藏族阿妈搭给我们的洁白哈达，欢快的藏族像姑娘百灵鸟一般地歌唱着，把心中的爱慕之情送到对面小伙子的心里……

当我们在村庄的打麦场上，望着远道而来送亲的马队徐徐走起，听着送亲的藏家娘舅高喊着：一百碗吉祥的迎亲酒，请你们快拿来啊，我们送亲的娘舅和亲人，有如大海一样的酒量啊……

作为一个热爱民间文艺的工作者，如果说有什么让你铭记一生总也忘却不了的场景，这恐怕会是其中之一吧！

经过精彩纷呈的初采之后，我们终于获得了来年实采的资格。第二年的实采计划中变动最大的就是在我们青海省采录的时间了。初采时，确定在青海的采录时间为5天，而实采时，采录时间延长到了12天。历时两年，这一部有录音、有影像，用汉文和少数民族文字或国际音标注音的《中国民歌保护行动项目》读本隆重问世。为世界各国了解我们中国文化、了解我们青海民歌提供了方便。我为该书撰写的《青海民歌简介》一文也收录其中。

可以说，这个项目是我们青海民歌走出国门，走向世界的一次成功范例！也是中国民协把中国民间文化推向世界的一次巨大贡献！

五、我最大的底气就是热爱《格萨尔》

1982年，我满怀憧憬，揣着散发着油墨清香的分配通知书到中国民间文艺研究会青海分会报到。1991年8月，单位名称改成了"青海省民间文艺家协会"，系中国民间文艺家协会的团体会员，不再以中国民研会分会相称。

从我走进民研会的那天起，在如何使用我的问题上，我们内部就有两种不同的意见。一种意见是：希望我专心致志地从事藏族长篇英雄史诗《格萨尔》的抢救整理翻译工作。另一种意见就是：希望我兼顾全局，协会的其他工作也不可偏废。

但是，无论哪种意见，民研会的工作千头万绪，样样都有人去干。况且，我是刚刚走出校门，岁数最小的一员新兵。

那个时候有一首流行歌曲的歌词是这样的："毛主席的战士，最听党的话，哪里需要哪里去，哪里艰苦哪安家。"

我自己没有挑三拣四的资格和权利。谁叫我年轻呢。我很有自知之明啊！很快，领导就找我安排工作道："内蒙古作家安柯钦夫和蒙古学者道荣嘎要去海西州搜集蒙古族民间文学和《格斯尔》的资料，你陪他们去，做好协调工作！"

20多天的搜集工作，很快就画上了圆满的句号，整个工作期间的交通食宿，部门协调工作被我安排得井井有条。

在20多天的时间里，我们行程数百公里，采访了七八位蒙古族民间艺人，收集到了蒙古族民歌，故事几十篇（首）。最令人兴奋的是：我们寻访到了当地一位盲医艺人名叫：苏合。他能完整地讲唱7章本的蒙古族《格斯尔》韵文体故事，这实在是出乎我们所有人的意料。

我们还在当地一位艺人的带领下，实地察看了蒙古族群众传说中格斯尔杀死妖魔的山谷和他遗留在戈壁大漠中的棋盘等遗迹遗址。在采访临近结束的最后一天下午，我们意外遇到了一位八十多岁的老牧民，攀谈中，他居然给我们唱了7首古老的蒙古歌谣，老人说这是成吉思汗时代留下来的歌谣。

这一次搜救工作，也让我们民研会的资料柜中又新增添了珍贵的海西蒙古族民间文学资料和蒙古族《格斯儿》的录音磁带，也算是填补了一项空白吧。

1986年，我接到组织上发的调动通知，暂时离开民研会，去新组建的"青海省

《格萨尔》史诗工作领导小组办公室"报到。

众所周知，20世纪50年代那场规模宏大的收集抢救藏族英雄史诗《格萨尔》的工作，是由青海省委宣传部牵头，由青海省文联组织落实，最后由我们青海民研会直接实施的中心工作。

而这一次，《格萨尔》的搜集抢救工作又被列入国家哲学科学六五、七五规划的科研项目，我们青海民协自然就成了项目的实施部门之一。很快，青海省首届《格萨尔》工作领导小组工作会议在西宁召开，我负责起草完成了这次会议达成的《会议纪要》。根据《会议纪要》，我们具体工作如下：

第一，把《格萨尔》工作领导小组办公室，由办公室改为青海省《格萨尔》史诗研究所，其编制也由以往的行政单位变更为事业单位，以此改善和提高工作人员的待遇。由青海省作家、民间文艺家王歌行先生出任所长。

第二，与中国民研会下属的中国民间文艺出版社合作出版文学版的《格萨尔王传·霍岭大战》（上中下）三部一套普及读本。与青海电视台合作拍摄，20余集的电视连续剧《格萨尔王》。加强对青海省内《格萨尔》说唱艺人的专项调查工作，待时机成熟举办首届青海省《格萨尔》艺人演唱大会。编辑内部资料版的《格萨尔》工作通讯或青海《格萨尔》研究。从当年民族学院毕业生中挑选优秀人员，充实研究所工作队伍。

很快，《格萨尔王传·霍岭大战》（上中下）由中国民间文艺出版社出版发行。电视连续剧《格萨尔》在青海电视台公开播映，青海《格萨尔》工作通讯和《格萨尔》研究相继印刷成册。

1987年，是我们青海格萨尔史诗研究所最繁忙的一年。全体人员赴省内六个州的藏族群众中，认真细致地寻找《格萨尔》说唱艺人，同时对分散在各地的《格萨尔》人物传说和老百姓指认的格萨尔遗物遗址遗迹等进行实地考察和鉴别。经过全所人员两个年头的努力工作，我们收获满满，已然具备了举办艺人演唱会的条件。

1988年夏，美丽的青海湖草原迎来了一批神秘的客人——青海省首届《格萨尔》史诗艺人演唱大会在黑马河乡的湖畔草原上隆重开幕了——来自果洛草原的年轻艺人格日尖参是一位每天都奋笔书写《格萨尔》史诗的艺人。据说他会写几十部格萨尔不同内容的史诗作品，满腹经纶，内容令人咋舌。演唱会上，他翻阅着自己书写的史诗故事，满腔激情地说唱博得满场喝彩……

来自玉树草原的两位女艺人是会用几十种《格萨尔》传唱歌调传颂史诗的艺人，史诗中不同人物，不同场景的歌调，或高亢激昂或缠绵悱恻，或如莺鸟鸣啼，或如翠竹细吟，同样受到全场观众的喜爱。

同样来自果洛大草原的一位画师，此生只爱绘画格萨尔史诗中的人物，他脑中早已存储了史诗中百位人物的音容笑貌。

来自唐古拉山大草原的才让旺堆浑身蕴藏着神秘色彩的艺人，据说就是因为在神湖边一场7天7夜的神梦，才让他变成口若悬河的传唱《格萨尔》史诗的神秘艺人，俗称：巴仲艺人。他自报会说唱120多部不同版的《格萨尔》史诗。

一场规模空前的这坐姿《格萨尔》艺人演唱会，就这样在中国民间文艺界，引起了不小的震动。

不久我们研究所便带着才让旺堆进京，请中国民间文学界的各位专家进行鉴定。才让旺堆也被破格录用，是我们研究所唯一没有文凭却享受副研究员待遇的工作人员。

我们研究所里诞生了一批研究《格萨尔》艺人的学术论文，同时，每一届国际《格萨尔》学术研讨会上我们省入选的论文数量在不断增加。

在研究所的几年中，我撰写的调查报告，收集的格萨尔风物传说和我撰写的论文、文化稿件被不同的报刊，杂志采用发表。我还写了介绍青海省《格萨尔》不同说唱艺人的专访文章，详细介绍了唐古拉艺人才让旺堆、尖扎艺人仓央加措、同人盲艺人李加等。

我同时还根据在艺人演唱会上采录的百余首《格萨尔》说唱曲调和史诗传唱中的近百个词牌，撰写了论文《试论格萨尔史诗中的藏戏文化》。论文在《西藏研究》上发表，同时还获1990年青海首届戏剧论文优秀奖。1991年8月，在拉萨举办的"第二届国际《格萨（斯）尔》史诗学术研讨会，我的论文获准在大会上进行宣读。

人，有的时候，并不会轻易改变自己的热爱，无论道路有多么蜿蜒曲折。

我在想当初我走进中国民间文艺家队伍的那时候，我还是一个朝气蓬勃的青年，那时候，我还真的有一点底气的。我的底气就是：上大学的时候，我曾有过三个月，与藏族群众零距离接触，收集藏族民间文学的经历。况且我大学毕业前，我们几位同学撰写的论文就是藏族儿童文学浅析，论文发表在1981年，青海民院学报第4期。

但我最大的底气就是热爱这份事业！

热爱，使人变得——敢于面对一切！

接到中国民协给我发来的约稿信，就在那一瞬间，曾经如雷鸣般让我震撼不已的画面便如决堤的大浪在我心中久久激荡，久久久久地激荡着……

　　阿拉拉毛阿拉（地）唱，

　　塔拉拉毛塔拉（地）唱！

　　阿拉是唱出的歌调，

　　塔拉是唱出的词律。

　　……

当我走进蜂拥围坐的藏族群众之中,当我也模仿着他们双手合十,凝神屏气聆听《格萨尔》说唱艺人或恢宏大气或缠绵悱恻的歌唱时,一种虔诚神圣的感觉油然升起……

这就是我们青海省《格萨尔》说唱艺人传颂史诗的排场!

这也是我不止一次地聆听神奇的《格萨尔》传唱艺人颂唱百万诗行宏大史诗故事的其中一幕!

转眼之间,从我开始从事《格萨尔》搜救、抢救工作,到我转战民间文学三套集成工作,这已经是29年前的事情了。

具有典型时代特征的民间文学集成

李 松

李松，1958年生，文化部民族民间文艺发展中心原主任。长期从事民族民间文化保护研究工作。目前担任国家社科基金重大委托项目《中国节日志》编委会常务副主任；《中国史诗百部》编辑委员会主任。在山东大学、西南民族大学、云南大学、新疆师范大学等国内多所高校任特聘教授和研究生、博士生导师。

应邀为民间文艺家协会成立70周年写篇文章，应允之后难免觉得有些唐突。民间文艺家协会作为一个涉及文化事项非常广泛、与社会文化方方面面都有密切联系的专业组织和学术机构。我并非这一专业出身，唯一的理由是因为一种工作关系，也就是我长期从事的民间文学三套集成的编辑出版工作。

我从1986年接触这项工作至今，的确是从未中断过民间文学三套集成以及其他七部艺术集成志书的工作，同时，我工作过的全国艺术科学规划领导小组办公室，以及之后在这个机构工作基础上成立的文化部民族民间文艺发展中心（现为文化和旅游部民族民间文艺发展中心）一直是从事文艺集成志书工作的专门机构。以下我主要从长期为此项工作做服务的视角，谈一点个人体会和感受。

一、对优秀传统文化的继承

对文化成就的评估，继往开来、承上启下从来都是核心的维度。在继承和发展创造上对前人的研究做价值层面的讨论，也是所有学术工作在开始时必修的功课。论及民间文学集成的工作，从文化层面上讲，集成工作继承了什么？它从何而来？

其一，它与中华民族悠久的"采诗"传统，与我国各民族文化传统中将口头叙事传统符号化、文本化、典籍化、艺术化的文化历史一脉相承。中国历史上对民族民间文化的收集、记录与整理有着久远的传统，三千多年前（西周）就有采诗活动；先秦时代的著名文化典籍（《易经》《尚书》《周礼》《礼记》《山海经》等）、《诗经》均有民俗及口头文学的记载。其实，这也是人类文明所共有的文化"习俗"。这种人类文化的"规定性"，使得一个文化体系能够具有群体性、连续性的文化记忆。这种文化记忆的方式也是绵延不断的中华文明的重要组成部分,民间文学三套集成的工作,首先是这种文化传统的延续和发展。

其二,它继承了"五四"以来的学术传统。在"五四"新文学建设之初,蔡元培、胡适、刘半农、俞平伯等著名学者意识到:没有任何媒介能比民间文学更易于用来改造国民精神。以歌谣运动为中心,民间文学被知识分子当作文化改良和文学变革的资源。在关注民间,倡导民间性、平民性的新文学浪潮中,民间文学成为一个"五四"新文化运动后出现和流行的学术名词,在理论和实践层面,为之后民间文学作为一个学科,奠定了学术基础。民间文学集成工作,可以说是这个学术传统的延续。无论是从钟敬文、贾芝、马学良等主要参与顶层设计的学术前辈的学养上看,还是从刘魁立、张文、许钰、李耀宗、张紫晨、陶阳、陶立璠、陈子艾等一大批学者的学术背景和作为上看,集成志书学术视角下的具体工作,延续着"五四"以来的民间文学研究学术传统的特征十分显著。

其三,三套集成工作又对应着中国共产党所一贯主张的革命文艺方针。重视民间文化的作用,可以说是我党在各个历史发展阶段中逐渐形成的一个文化传统。从延安时期的采风运动、新秧歌运动,到中华人民共和国成立之后民间文艺工作的蓬勃发展,党和国家一直高度重视民间文艺工作。从三套集成的规划和实际工作的内容上看,它是文化建设百废待兴局面下的工作,很大成分是延续和恢复被"文革"中断的各类文化专项工作。中国共产党的革命文艺传统,是民间文学集成编纂工作得以开展的重要思想和工作基础。简言之,民间文学三套集成的工作,与其他七部集成志书一样,具有文化传承意义上的历史的必然性,是优秀传统文化传承发展的历史过程。

需要特别提及的是,从集成工作30多年的过程看,广大文艺工作者怀着对民族文化崇高的责任感、使命感,克服了各种困难,足迹遍及我国所有省区的乡村、街道、荒漠、渔村。他们在工作条件十分艰苦、经费非常紧张的情况下,在市场经济大潮冲击下,仍然不为所动,坚守文化建设的基础性工作的岗位,保证了集成工作得以完成。特别是在各级集成编辑部从事具体业务工作的同志,专职性地从事集成工作,一干就是十年二十年,有的同志从参加工作一直干到退休,这方面,与兼职、参与或领导、组织有很大不同。当时,流传一句顺口溜,叫"要受穷,搞集成",虽是调侃和自嘲的笑谈,却也真实地反映了长期从事基础性工作必然会远离名利的现实。自古以来,成大事者,不争一夕,做前人栽树、后人乘凉之事,是中华民族的优秀文化传统,是文人风骨,也是党对文艺工作者一贯的要求。作为从事集成具体工作的众多编辑人员,4.5亿字的国家典籍要一字一句、一个标点、一个符号、一个音符、一张图片的梳理、核对、编辑、校订,到结集出版,没有"功成不必在我"的文化情操,很难有此定力。千秋大业，国家工程，不是哪一个人的事，这里讲的是我在多年的实际工作中感受到的一种精神，一种文化工作者对自己钟爱的事业无怨无悔，求真务实的敬业精神。有了这种精神，方可众志成城，成就今天被海内外专家学者誉为文化长城的十部民族民间文艺集成志书。

二、史无前例的文化典籍

如果说，评估民间文学集成的文化价值，首先是从它在文化继承意义上的不可替代，是它不同于一般意义上的工程或事件，在文化发展历史上具有典型性、代表性的价值。更重要的是，就其工作内容而言，首先是作为系统性、全面性（多样性）的文化典籍，在工作规模上的史无前例。十部文艺集成志书是在政府组织下全面、系统调查各地20世纪八九十年代中国戏曲、曲艺、民间音乐、民间舞蹈、民间文学状况的基础上编纂而成的，因而是反映这一时期中国民间文化艺术最全面、最权威的文献。面向全国的资料收集，面向基层的地毯式普查，来自田野的第一手资料收集工作，在不留空白点的总体要求下，参与各卷编纂工作的众多工作人员中竭尽全力，尤其是基层广大文艺工作者的付出可歌可泣。可以说，这方面工作量的巨大和所面临的困难对工程的设计者们来说也是始料未及的，实施过程规划的不断调整和延期也间接地说明了这种状况。它第一次对我国民族民间文艺进行了全面的普查和深入的挖掘，第一次将中华民族数千年来散落民间的无形精神遗产变为有形（文本）的文化财富，是一项具有基础性、战略性的文化建设工程，在我国文化发展史上具有重要意义，是社会主义文化建设的重大成果，是中华民族对人类文明的重要贡献。就内容的宏大而言史无前例，文旅部民族民间文艺发展中心数据库中统计，民间文学集成全国收集故事27万则，总字数约5亿字，其中2万则（约4000万字）故事以国家卷方式出版。谚语收集45万条，歌谣收集近20万首，三套民间文学集成共计收集资料80万笔以上，如果将港、澳、台（港澳卷工作正在进行中）三地资料统计在内，预计应该在90—100万笔之间[1]。这些全面反映各地区、各民族口头传统的宝贵资料，在涵盖空间范围和数量上与中华文明历史上历朝历代的收集整理不可同日而语。这在一定意义上秉承了盛世修志的文化传统。更为重要的是，处于社会转型期的三套集成工作，把握了历史机遇，使民间文学集成的内容具有明显的不可替代性。历史变局中的文化抢救性记录，时间窗口并不长，由于"集成"普查下限（大致为1985至1995年间）之后约20年间，是中国社会发生巨变的时代，是我国民族民间文化变化最大的时期：所谓机不可

---

[1] 关于民间文学集成资料的相关数字，与实际材料相对应的确切统计数字还没有，有很多说法是根据部分地方所报数字的推算结果。本文例举的部分数据，系文化和旅游部民族民间文艺发展中心在民间文学集成90卷及近4000本县卷本数字化基础上的统计。实际数字当大于此数。

失,失不再来。口头文化是伴随社会发展的大众文化,社会高速发展使得长期主要在农耕文化基础上养育传承的口头演述传统在近50年发生了千年未有之快速变化,许多传统的民族民间文化受到现代化和市场经济的极大冲击而消失。这使得集成工作成为一项具有历史前瞻性的文化工程,大量宝贵资料具有"文物"价值,不可复制性的特点十分明显。大量具有文化基因性质的宝贵材料得以保留,其价值弥足珍贵。它为我们了解中国民族民间文化发展规律,应对社会高速发展所带来的文化转型,提供了不可替代的文化财富,随着时间的推移,其价值会愈加明显。

因此,集成所具有的开创性、唯一性文化价值,是其构成文化典籍的价值基础。将大众口头文化叙事以如此规模进行全面普查记录,以国家典籍形式留存,成为永久性的国家记忆。

三、协同创新的工作典范

民间文学集成,从工作机制上而言,是一项自上而下的文化系统工程,党和国家领导人关心指导;中宣部、文化部、中国文联、财政部、国家民委、全国哲学社会科学规划领导小组的领导;各有关部门的大力支持;各省区市宣传部、民协和文化厅(局)协同工作。全面普查、资料汇集、研究梳理、逐级遴选、编审校订、结集出版,从乡镇文化馆(站)、市县编辑部、省卷编辑部到全国总编辑部到全国哲学社会科学规划领导小组办公室,仅在省(市)一级就有300个编辑部展开工作,行政管理意义上的系统性工作具有开创性的意义,为社会科学研究领域的国家工程积累了宝贵的经验。就学术研究体系而言,与七部艺术集成一样,跨学科、跨体系的工作协同性是完成集成工作的重要保证。同一专业内部有不同学术观点,同一卷本内部不同省卷有争论和重复,不同学科、不同卷本之间业务内容有交叉和重叠。以歌谣集成与民歌集成为例,民间文学与传统音乐研究,不同专业、不同的学术取向、不同的方法体系在面对"民谣"这个口头传统时如何各有侧重?诸多学术问题相互交叉关联,在大的体例基本一致的前提下,学术的交流、碰撞、合作伴随集成工作始终。与个人专著,机构专门研究项目有本质的不同。总体上,国家、民众、学术界、文化工作者能够形成合力,都参与其中并做出了积极的贡献,凸显国家工程上的制度优势。回顾这项工作的历程,更加感佩以周巍峙同志为代表的诸多文艺界专家学者。他们对中国传统文化及以往工作基础和当时研究状况、人才状况有深刻了解和认识,加之对未来中国文化建设事业有前瞻性思考,提出设想并亲自参与规划和指导具体工作,这才描绘出了现在矗立在世人面前的"文化长城"的早期蓝图。应该讲,在这个蓝图的描绘和实施过程中,受文化部党组委托,作为全国艺术科学规划领导小组组长的周巍峙同志发挥了关键性作用。作为一名文化战线上的"老兵",从整体设计、健全体制、协调关系,到争取经费、安排出版,20余年来亲力亲为,竭尽全力,功不可没。能做到这一点,我个人体会,首先是源于他对国家文化建设事业的高度责任感和深远的战略思考。1979年,文化战线百废待兴,钟敬文、吕骥、张庚、吴晓邦、周巍峙、李凌、孙慎、贾芝、马学良、罗扬等一批文艺界老专家、老同志先后提出进行以收集整理民族民间文艺资料为主要目的集成志书编纂工作,并且陆续启动,但由于各部集成作为单独的工作或艺术科研项目,无法形成总体的业务规划,在组织机构、人员编制、审稿、出版和经费保障等方面有很多问题尚待解决。当时作为文化部领导的周巍峙同志一方面对各部集成的工作均给予了关注和支持,更重要的是,丰富的文艺实践经历和领导经验使他从文化发展的战略高度看待集成志书的编纂,将其视为一个事业而不是一个短期的、时效性的项目。就此,可持续的整体规划,在他的主持下不断完善:1984年,由文化部牵头的全国艺术科学规划领导小组成立;1985年,文化部商同财政部解决集成志书的出版和编纂经费问题,1986年1月,文化部、财政部下发《关于国家重点艺术科研项目七部艺术集成(志)编纂费请列入各级财政预算的通知》[2],在经费上保证了文艺集成(志)编纂出版工作的完成;同年8月,全国文艺集成志书编纂工作会议在兰州召开,从总体上明确了十部集成志书的总体规划,在组织机构,经费保障,业务要求,承担单位,日常工作,编纂审订,出版验收等各项工作都有了较为系统明确的要求。在这一过程中,周巍峙同志协调各方面关系,结构总的管理框架和运行机制,在相关工作的各个环节上精心安排。国家财政提供了全面的经费保障,加上广泛参与的专业队伍和系统、科学的业务规划,使这样一个宏大的系统工程逐步形成了政府主导、社会参与、形成合力的局面,从根本上保证了这一系统工程的顺利进行。从系统的搭建、维护、运行,周巍峙同志可说是竭尽全力,起到了不可替代的重要作用。作为系统工程,准确把握和运用制度优势,熟知专业工作,了解管理和业务工作流程,善于沟通协调和化解矛盾,表现了他的组织能力。而甘愿为事业做"嫁衣"的人梯精神,他率先垂范、身体力行的表率作用,更体现了一个文艺老兵的文化情怀和求真务实的敬业精神,在数万编纂集成志书的同志眼中,他是志同道合的老同志,是业有专攻的学问家,更是和蔼可亲的老朋友。

总体上,集成作为一个系统工程,集成工作离不开国家各有关部门的大力支持和通力合作,离不开集成工作者的协同努力和密切合作,离不开组织者们的精心运筹和身体力行,离不开全体工作人员的辛勤付出。它在机制体制建设和系统实施效能上,

---

[2] 由于当时三套民间文学集成出版经费未列入其中,因此国家财政保证"十部文艺集成志书"各总部编纂经费和七部艺术集成出版经费的财务政策一直持续到1998年,其间部分民间文学集成出版经费由地方承担,之后在文化部和财政部的支持下,民间文学三套集成的出版经费80%以上由国家财政承担。

为国家大型文化工程的实施,积累了宝贵的工作经验,是国家文化系统工程的典范。

四、后集成时代的民间文艺研究

以历史的眼光回顾集成工作所取得的成果,其价值和意义毋庸置疑,当然它也必然地具有历史的局限性。在田野工作的全面性、立体性上,在记录手段的可视听技术应用上,在整理编选过程中的全面性、多样性、科学性上,在资料建档保存的科学性、系统性上,可以说或多或少地留有遗憾。其主要原因是受到技术、经费、人力等方面的制约。以民间口头演述为对象的工作,以文本转写为主要工作目标的工作框架,主要是与当时的可操作性条件以及带有抢救性记录性质的时间要求相适应的。以当下的学术视野和技术条件,以当下的国家财力和重视程度,在集成工作基础上能够和应该展开的相关研究性工作可以归纳为以下几个方面。

其一是学科建设。通过全面的普查和资料收集,摸清家底,通过研究梳理,为建设具有中国特色的学术体系奠定基础,是集成工作的顶层设计。民间文学集成汇集的资料史无前例,遴选其中约十分之一的内容以国家卷本方式出版是文化建设的新起点。同时作为一个学术熔炉的民间文学集成工作,30年来在中央和地方造就了一大批干有所长,学有所专的专业人员,这些人员大都积淀在有关协会、艺术科研院所、大学相关科研机构。应该说,资料建设和人才培养为相关学科建设和各类文化保护工作提供了一定基础。然而,集成后续的学科建设工作在学界少有基础性、系统性、全面性、持续性的研究。究其原因,大型国家项目的完成,协同性工作的终止,一大批专业人员的退休,是此类工作弱化的外在因素。但深究起来,文化建设事业连续性较差的原因,恐怕与急功近利的学术观、政绩观不无关系。其实,就集成工作而言,认知局限是为了开展进一步的工作,这是事物发展的规律,但不是为了否定前人的工作,彰显原创和遮掩无法超越的继承。文化事业的发展主要是一个不断积累的过程,一定是在继承的基础上有创新意义的发展。国家在各个领域大力倡导基础性研究工作,应该说,对后集成时代的学科建设和文化工程具有很强的指导意义。当今,谋求发展的渴望要求我们和谐地连接历史与未来,也必然要求我们改变对民间文学体系化、系统化的科学研究能力还不够强大的现状,这正是后集成时代应有的学术关照。

其二是资料的抢救性保护和建档保存。众所周知,集成出版面世的文本,只占收集资料总量的十分之一。以图、文、音、像方式存在的大量宝贵资料散落各类机构和民间,对其文化价值,学界一直有不低于精选出版部分的总体判断。这方面,民间文学集成的资料相对系统全面,以县卷本为主的4000余册资料,主要由故事、神话、传说和歌谣构成,虽然少有录音录像资料,同时在全国范围内也存在不平衡的情况(有些地方在集成工作期间的普查工作相对较弱),但就全面性和系统性及保存状况而言,是比较好的。这方面,文旅部民族民间文艺发展中心自21世纪初即在数字化保存、数据库建设、资料本数字化方面展开相关工作,民间文艺家协会也将协会成立以来的相关资料和集成工作收集的资料,一并利用现代信息技术,在数字化保存、管理等方面展开工作,取得了可喜的成果。这方面的工作十分重要,要本着对国家负责,对子孙后代负责的态度,要有面对信息化时代的紧迫感和责任感,继续常抓不懈。

其三是开展新的基础建设工作。学习借鉴、总结提高,在"十部文艺集成志书"的工作基础上,进一步开展相关文化基础建设工程,是利用继承集成工作最为直接有效的路径。说直接的继承,是指在不同领域编纂国家文化典籍的空间很大,以民间文艺家协会的工作内容来看,仅民间工艺美术领域的相关工作就有巨大空间。这方面进行的全国性、系统性的工作如木版年画、剪纸等,当属此类,是十分难能可贵的。这类项目从来就不可能一蹴而就,也不可能像流行文化一样靠轰动效应和"事件级"显示度维系其运行,坐不住冷板凳是干不了的。说有效继承,是指集成工作在行政及业务管理机制体制上,系统协调和成果质量管理上应该既有继承、又要有创新,要有新的贡献。在此,以民间文艺发展中心承担的《中国节日志》[3]和《中国史诗百部》[4]两项工程为例,说明这方面的想法和观点。这两项工程,一部是志书,历史上,为某个民族民间艺术品种修专志(戏曲志、曲艺志),集成工作是开创之举。《中国节日志》秉承和使用了传统修志与文化人类学范畴的文化志方法,是一部中西学术方法论体系并行的志书,是在集成文化专志编纂工作基础上的发展。《中国史诗百部》是一项以抢救性记录为主的工作。此两项工作与集成工作的继承关系和创新之处,用下面的表格方式,做一个简要的说明。

集成工作与节日志、史诗工作说明表

事项	集成	节日志、史诗	说明
文化成果	《中国民间故事集成》《中国歌谣集成》《中国谚语集成》	《中国节日志》《中国史诗百部》	继承集成工作编纂国家文化典籍的价值观,对专门文化事项展开全国性系统研究。事项不同,工作原则不变。
基本组织架构及主要系统资源配置	国家主导,从上至下,动用国家文化行政领域的公共文化管理和服务资源。	国家主导,从上至下,调动院校及相关学术研究机构的人才资源,同时拉动研究机构与影像研究和制作机构及个人参与。	共同点是长期稳定的项目组织管理机构,为需要较长时间才能完成的基础性工作,提供了组织保证。不同点是是否调动教育系统相关资源。

---

[3]《中国节日志》国家哲学社会科学特别委托项目(2009年编号09@ZH013)名誉主编:周巍峙,主编:雒树刚,常务副主编:李松。

[4]《中国史诗百部》国家哲学社会科学特别委托项目(2009年编号:09@ZH014)主编:李松、朝戈金。

续表

事项	集成	节日志、史诗	说明
主要参与人员和参与方式	文化部、文联有关机构、各地文化系统、研究院所、文化馆、站的文化工作者。以职务工作方式参与。	院校和相关研究机构的专家学者和硕博研究生。以项目申报及科研管理方式布置。以承担研究项目方式参与。	主要参与研究的队伍和参与方式有较大差异。在准入方式,管理模式,责任主体和评估方式更加清晰。
成果形式	文本出版。每类4000万字左右。	文本出版、图片、影像、数据库。节日志文本5000万字(含图片)。节日影像志180部,资料21.6万千分钟。史诗百部文字预计20至50万行。音像资料预计不少于12万分钟。数据库数据总量50万笔左右。	文化记录和保存传播技术手段有较大发展,数字化技术在记录、建档、保存检索等环节甚至成为主要工作手段。大幅度提高了文化记录工作的信息量。对文化事项的各种关联性信息的记录做出了规定性要求。实现了国家典籍的数字化、影像化。
参与学科	民间文学、语言学、民俗学	民族学、人类学、民俗学、史诗学、影像学、信息技术、档案学。	跨学科特点显著,尤其是人文学科与影像学、信息技术的协同合作。

力求在学术方法体系和技术系统应用上符合时代的要求,是这两个项目在规划和确定工作体例时的总体要求,在三年多的项目设计过程中,借鉴集成工作的成功经验,理性地把握集成工作的历史局限,认真学习和实践跨学科文化记录的基本要求,认真做好前期试点工作和尽可能全面周到的顶层设计,同时实施过程中不断优化详细的工作体例,凡此种种,基本的工作理念和方法,无不得益于集成工作为我们积累的宝贵经验。

如果说文化过程和成果,如能长期具有承前启后之能力,可谓之为文化典范,那么,民间文学集成工作和它所取得的成就,应当之无愧。这也是回顾民间文艺家协会70年工作当引以为豪的大事。祝愿协会工作继往开来,取得更大辉煌。

最难忘的还是福建民间文学三套集成工作

汪梅田

汪梅田，1956年生，福建省民间文艺家协会副主席，编审。曾任福建省民间文艺家协会秘书长兼福建省民间文学三套集成办公室主任，《中国民间故事集成·福建卷》副主编，《中国谚语集成·福建卷》常务副主编、责编，《中国歌谣集成·福建卷》常务副主编、责编，福建省文联《故事林》杂志主编、社长。

　　1981年，我大学毕业参加工作不久，便调到福建省文联民间文艺研究会（后改称福建省民间文艺家协会）从事民间文学工作，至2017年1月正式退休，已整整35年过去了。35年时间很长，基本上这辈子都献给了民间文学事业；但又感觉很短，不知不觉就走过了大半生。回顾我一生的工作经历，最难忘的就是参加当年被誉为"文化长城"的民间文学三套集成编纂工作。我至今还清楚地记得，我这个初出茅庐、没有民间文学工作经验的新手，跟着陈炜萍、刘清河二位前辈到闽东山区屏南县，在当地文联干部带领下，在尚未开发、处于原始状态的鸳鸯溪深山密林中手足并用艰难前行，深入山村向村民搜集当地民间传说的情景。

　　1984年，中国民间文艺家协会发起编纂中国民间文学三套集成工作，在省委宣传部直接领导下，由省文化厅、省民委、省文联民间文艺家协会共同成立福建省民间文学三套集成领导小组，下设办公室（设在省民间文艺家协会，承担具体工作）。从20世纪80年代中期开始，省三套集成领导小组动员组织全省上百名民间文学专家学者、上万名基层民间文艺工作者和爱好者投入全省民间文学普查，开展田野采风，搜集了数以10亿字计的珍贵资料。经过20多年的搜集、整理、编纂工作，至2010年初结出了丰硕成果。据不完全统计，全省共出版地（市）、县（市、区）卷铅印资料本240卷，累计4000万字。其中故事89卷2380万字，全部出齐；歌谣70卷940万字，谚语72卷530万字，也基本上出齐。此外，各地县还出版油印本30卷，约150万字；许多乡（镇）、村还出版乡镇村资料卷，共30多卷，约250万字，其中铅印本14卷。特别值得一提的是，南平市巨口乡在20世纪80年代末出版了全省第一部村卷精装本，约15万字；顺昌县谟武村也先后出版两卷民间文学铅印资料本，近30万字。地县一级民间文学集成资料本出版得如此之全、如此之精美，在全国是数一数二的，北京总集成办领导同志曾多次肯定和赞扬。三套集成福建省卷本编纂工作，就是在如此丰富、坚实的县卷本基础上，根据

"科学性、全面性、代表性"的原则进行编纂并出版的。之后，福建省民协和《故事林》杂志社又专门建立福建省民间文学资料馆，完整收藏全省民间文学三套集成县卷本和乡镇村卷本。为了更好地保存和发挥这批珍贵资料的作用，应中国民协要求，几年前省民协还无偿赠送一套完整的福建省民间文学三套集成县卷本给中国民协信息库收藏。

在民间文学三套集成编纂工作中，福建省民间文学工作者多次得到上级有关领导部门的肯定和表彰。1991年6月在北京召开的全国十套集成志书工作会议上，中国艺术科学规划领导小组、中国民间文艺家协会、中国民间文学三套集成全国编辑委员会联合召开全国民间文学集成工作先进集体和先进个人表彰会，福建省有52人受到表彰。1997年文化部和全国艺术科学规划领导小组对在完成国家艺术科学研究重点项目十部中国民间文艺集成志书工作中编纂成绩突出人员予以表彰，福建省有2人获编纂成果一等奖，3人获二等奖，2人获先进个人称号。1997年11月文化部在北京召开中国民族民间文艺集成志书编纂工作暨编纂成果表彰会议，《中国民间故事集成·福建卷》编委会获得文化部颁发的文艺集成志书编纂成果集体奖。2001年12月文化部、全国艺术科学规划领导小组在北京召开第三届全国文艺集成志书编纂成果表彰会，《中国谚语集成·福建卷》编委会获文化部颁发的文艺集成志书编纂成果集体奖，该卷主编、副主编等6人分别获文艺集成志书编纂成果一、二、三等奖。2004年12月文化部、全国艺术科学规划领导小组在北京召开第四届全国文艺集成志书编纂出版成果表彰暨总结大会，《中国歌谣集成·福建卷》编委会获文化部颁发的文艺集成志书编纂成果集体奖，该卷主编、副主编等7人分别获文艺集成志书编纂成果一、二、三等奖和优秀编审工作奖；省民间文学三套集成办公室获组织工作集体奖。我也先后获得全国艺术科学规划领导小组颁发的10部文艺集成志书"优秀编审工作奖"、中国民间文艺家协会颁发的"中国民间文学集成工作贡献奖"等多个奖项，成为一生中值得骄傲的纪念。

回顾往昔，我深深怀念曾经为福建省民间文学三套集成工作付出无数心血、现已去世的老一辈民间文学工作者，他们做的巨大贡献将永远被后人铭记。借此机会，我想对极富福建地方特色的福建民间文学三套集成各卷本做一简要介绍。

一、福建故事传说

《中国民间故事集成·福建卷》于1998年首先通过中国民间文艺集成总编委会终

审，1999年5月出版，是一部名副其实的集大成的福建人民口头创作巨著。该卷收录汉族、畲族各类民间故事596篇，共130万字。各类故事是从全省县市卷本16000多篇故事中精选出来的，分为神话、传说、故事三大类，传说、故事类下又细为人物传说、妈祖传说、四大传说、地方传说、侨乡传说、老苏区传说、动植物传说、土特产传说、风俗传说、动植物故事、幻想故事、鬼狐精怪故事、生活故事、机智人物故事、寓言、笑话等若干小类。

该卷收录的8篇神话，大都属于创世神话和人类起源神话。其中《盘古与女娲成亲》《盘古分天地》等与中原盘古开天辟地、女娲创造人类的神话一脉相传。《皇天爷和皇天姆造人》则纯属闽东畲族山哈的口头创作：天神用五色土造黄种人、黑种人、白种人和棕色、红色人种，用竹管做成竹哨吹奏不同的调子，从而教会不同地区的人使用不同的语言，还不断鞭策他们干活，教会他们劳动。

"四大传说"和一些重要历史人物传说，在福建既得到很好的传承，又有新的发展。如孔子在儒学发源地被奉为至圣先师，而在福建民间流传的《孔子无奈拗事馆》中，孔子却成了人民智慧的反衬。

福建名人辈出，群星灿烂，历史人物传说特别丰富。如李纲、柳永、杨时、朱熹、蔡襄、李贽、戚继光、叶向高、黄慎、郑成功、林则徐等先贤，有的是可歌可泣的民族英雄和爱国者，有的是为民造福的清官名宦，有的是才华横溢的文人学士。这类传说除了艺术上的审美价值，还蕴含着中华民族传统美德。

古代社会生产力低下又多灾多难，"造神"文化由此产生，许多民间传说则是这种"造神"活动的忠实记录。福建民间除广泛流传为全国熟知的观音、如来、八仙等仙佛道传说，古代民众又创造了自己的"地方神"——保童神陈靖姑、保生大帝吴夲、海上保护神妈祖等。该卷收录的"妈祖传说"是福建民间文化的瑰宝，包括妈祖出生、升天、降妖、救助海难等系列传说。福建古代民众创造的地方神，早已超出地域界限，中国台湾与东南亚一些华侨聚居地也信奉保生大帝和保童神，对于妈祖的信仰更是遍及五湖四海。

风俗传说反映了八闽民众习俗风情的多彩多姿。其中祭灶、清明插柳、端午挂菖蒲等习俗属于整个汉民族，而正月初四做"大岁"、正月二十九过"孝父节"、夏至过"分龙节"、冬至过"团圆节"等，则是只属于福建某个县市的地方习俗。随着社会发展与民众心理的变化，在福建早年流行的新婚闹洞房、哭嫁、破瓜、抢吃等风俗已有所改进以至渐渐消失，但因其史料价值也收录该书。

福建南部是著名侨乡，该卷收录21篇侨乡传说，既有华侨与侨乡人民民风民俗与艰辛生活的写照，如《姑嫂塔》《寡妇塔》等脍炙人口的名篇，像那些石塔一样永存于天风海涛之中；也有华侨领袖、俊彦陈嘉庚和胡文虎的传说，已成为侨区鼓舞后人爱国爱乡、奋发向上的乡土教材。还有优美的植物故事如《茉莉仙子》等，记载着福建华侨薪传华夏文化与汲取传播域外文化的贡献。许多侨乡故事往往在侨乡与华侨侨居地同时流传，成为中外文化交流最初的媒介。

该书收录的生活故事、幻想故事、动植物故事，表现出福建人民丰富的艺术想象力和创造力。其中巧媳妇故事的主角是智慧过人、勤劳勇敢的劳动妇女，她们在与贪官劣绅的斗争中，总是充满乐观主义精神的胜利者，比平庸懦弱的丈夫要高出一头。这在以儒家道统占主导的封建社会尤为难能可贵，是劳动人民对于迂腐的妇女观的大胆挑战。

流传于八闽大地的机智人物故事相当丰富，本书选入郑堂、丘蒙、包国生、赵六滩、郑德明等人的故事。其中又以郑堂故事最多，流传最广，许多妙趣横生的故事早在清末出版的《闽都别记》中就有记载。这些机智人物在某种意义上已经成为见义勇为、机智勇敢的代表符号。

在生产力低下的农业社会，劳动者正直善良的品性与对美好安定生活的渴望，赋予幻想的形式，就成为幻想故事，如《范丹寻如来》《田螺姑娘》等；赋予荒诞的形式，便成为鬼狐精怪故事，如汉族的《水鬼朋友》、畲族的《鬼太守》等。这些故事中的鬼狐精怪、神佛和动植物，无不拟人化而富有人情味，是特定时代民众心态曲折的反映与潜意识的流露。

北宋末年理学家程颢预见"吾道南矣"，其真传弟子朱熹等在福建创建闽学即考亭学派，在全省各地广收门人，设帐授课，从此读书成风，仕途熙攘，自宋以降，福建进士及第者数以千计。于是许多亲人激励、书生苦读、尊师重教、金榜题名的传说和故事应运而生并广为流传。《程门立雪》《考中状元又得妻》等就属于这类传说故事。

海上救死扶伤的故事《好兄弟》，不仅记述闽台人民有许多相同风俗，更表现两岸人民骨肉相连情同手足。如果通观全书并与台湾民间故事认真对照，人们将会发现两岸民间文化（包括传说、故事、风俗与信仰）完全同根同源。

该卷还收录8篇革命老苏区传说，或颂扬老一辈革命家的优良作风（如《神被》），或讴歌人民军队秋毫无犯的军风军纪（如《红军不骗百姓》），或讥讽国民党反动派的愚蠢可笑（如《抓"苏维埃"》），都是红土地留下的宝贵精神财富。

该卷还收录40篇畲族民间故事，从内容到形式都新颖别致，独具风采。闽东地区是全国畲族最大的聚居地，至今仍保留着本民族固有的语言、服饰、生活习俗，其民族文化积淀甚为丰厚。这些民间故事是畲族同胞绚丽多彩生活的记录。

二、福建民间谚语

福建民间谚语蕴藏极为丰富，是福建人民长期生活的积淀，与当地的民间故事、历史典故有密切关系，多由方言组成，长期在福建民间口头流传，历代也有一些民间文学爱好者加以搜集，成为手抄本并流传下来。大规模地全面搜集整理福建民间歌谣，则是在20世纪80年代中期以来开展的全省民间文学普查、采录工作，并在此基础上基本出齐了全省地市县乡谚语卷本。

按照中国民间文学三套集成"科学性、全面性、代表性"的要求，该卷编委会从资料汇拢到分类编纂，从初稿审、读、改，到终稿齐、清、定，克服种种困难，付出了艰辛的劳动。2000年《中国谚语集成·福建卷》通过全国总编委会终审，2001年6月出版发行。该卷的编纂历经16载，从普查搜集的72本谚语县卷本、约70万条谚语资料中选编汇集而成。全书140万字，共收谚语2万余条，所涉及的内容包括社会、伦理、民族、宗教、民俗、哲学、美学、语言以及自然、农林、工商、工艺、文教等方方面面，多姿多彩，极富特色，全面反映了福建各地区、各民族古今谚语创作流传的概貌和特色。

该卷所收谚语中，有不少谚语将各地民俗特征刻画得淋漓尽致。如惠安女子披花头巾，上衣很短，露出肚脐，民谚称："崇武查某（妇女），封建头，民主肚。"众多风土谚反映出当地各种民间习俗，包括衣食住行、婚丧嫁娶、祭祀礼仪、岁时节庆以至宗教信仰、禁忌崇拜等风俗，使得该卷也成为一种记录福建民俗的宝库。

就艺术特征来说，福建谚语以独特的八闽形象生动入谚，给人留下难忘的印象。如讲人要有胆识："有胆做事有胆当，笊篱唔怕滚粥汤。"再如"会做媒人吃膀泥（猪蹄膀），勿会做媒人吃草鞋"，"客人像鲜鱼，过三天就发臭"，这些谚语不但形象生动，入木三分，而且以特有的幽默诙谐，表现出闽人畅快豁达的特有气质。

精巧凝练是福建谚语的又一特征。如泉州人讲"斤鸡两鳖"，是指一斤左右的鸡、一两左右的鳖最为滋补，概括为4字，精当非常。泉州一带人爱练武术，唱南曲，喝烧酒，如此消遣娱乐之事，便概括成"拳头烧酒曲"的谚语。龙海民俗中，给客人倒茶斟酒都不能太满，否则被视为无礼，便有"七分茶，八分酒"之谚。龙岩人也有此俗，谚称"茶七酒八"，概括得更加凝练。

福建谚语所用修辞手法常别开生面，谚中所用喻体多是人民群众熟见的鲜活事物，充满生活气息。有的用对比手法，如"有钱建宁福，无钱建宁苦"，"自己仔金子银子，别人仔柴头椅子"；有的用夸张手法，如"六月鲎，爬上灶"，"春天伲子面，上树戴斗笠"；还有的用递进手法，如"六月天，七月火，八月石上煎得粿"，等等。

福建是个多方言省份，仅福建境内流行的就有汉语七大方言，同一方言区内也有很大差异，有的一个县境内竟有 30 几种土语。闽东方言区，又称福州方言区，包括福州市及宁德市各辖县。莆仙方言区，又称兴化方言区，主要通行于莆田、仙游 2 县。闽南方言区，包括厦门、泉州、漳州 3 市所辖各地，以及龙岩、漳平、大田、尤溪等县市的部分区域。闽北方言区，又称建州方言区，通行于建瓯、建阳、松溪、政和、浦城、武夷山、南平（大部分区域）等县市。闽赣方言区，主要是邵武、光泽、顺昌、将乐、明溪、建宁、泰宁 7 个县市。闽西客家方言区，即长汀、上杭、武平、永定、连城、宁化、清流 7 个县市。再加闽中方言区。在这 7 个主要方言区以及交接部，往往又存在大大小小的方言孤岛。谚语"福建百鸟音"就指福建方言种类多，"闽南廿四县，语言无相同"，"一地一风俗，一方一言语"。因此，福建谚海基本上是由方言谚汇聚而成。乡音俚谚虽然在传播流行时受到一些限制，却凸显出浓郁的乡土气息，使之更加绚丽多姿。如该卷收录的龙岩谚语："做狮离暝，领粿精神。""做狮"指道士做道场，"离暝"指打瞌睡，"领粿"指领取报酬，通篇都是方言，将懒人无心干活只知取酬的丑态揭露得淋漓尽致。闽南谚语"人死如虎，虎死如水查某"，"查某"是闽南方言，即妇女，意为死人像老虎一样吓人，死虎则像漂亮女人一样吸引人。这些方言谚如用普通话来表达则索然无味，因此不少福建谚语只能用方言来说，既押韵又别具韵味和语言魅力。

三、福建民间歌谣

《中国歌谣集成·福建卷》2004 年 10 月通过全国总编委会终审，2007 年 7 月正式出版，历时最长。主要以全省普查中采录的歌谣市区县卷本以及"五四"以来福建省代表性民间歌谣资料本共 104 册中，精选 1500 余首，按内容分为引歌、劳动歌、时政歌、革命斗争歌、仪式歌、情歌、生活歌、风物歌、传说故事歌、儿歌共 10 辑。

福建是三面环山一面靠海的丘陵省份，因此劳动歌谣涵盖面宽，内容丰富，既反映高山地区的农耕狩猎生活，也反映沿海沿江的渔业、畜牧业和其他服务行业的生活。该卷劳动歌共收百余首，分为农田歌、茶歌、林业歌、渔歌、工匠歌、船歌、苦力歌、放牧歌及其他等几部分，大部分为新中国成立前广为流传的歌谣，小部分为新中国成立后在全省传唱的新歌谣。茶歌也是劳动歌的重要部分。福建乌龙茶在全国数量最多，安溪铁观音和曾为朝廷贡品的武夷山大红袍无不享誉海内外。"有茶便有歌，有歌便有茶"，福建茶歌世代相传，妇孺能唱，不但数量多，而且构思精巧。明代吴拭《武夷杂记》里就有采茶歌的记载。福建依山面海，有3300多公里海岸线和众多江河，因此有许多反映海上、河上生活的歌谣，如捕鱼歌、行船歌等。有的是广大渔民、船民穷苦生活的真实写照，有的则是渔民、船民行船经验的总结，具有浓烈的生活气息。《讨鱼歌》等还介绍了捕鱼经验，颇具指导作用。

福建人民具有反帝、反封建的优良革命斗争传统，并用口头形式创作了大量革命斗争歌谣。明末清初，郑成功率军跨海驱逐荷兰侵略者，收复宝岛台湾，在祖国统一大业史册上写下光辉一页。18世纪40年代以后，林则徐虎门销烟、太平天国革命以及震惊中外的甲申福州马江海战等事件，是我国近代史上可歌可泣的篇章。孙中山先生领导的辛亥革命，结束了我国几千年的封建帝制，永载史册。这些在福建民间歌谣中都得到充分反映，如赞颂驱荷复台的《驱逐侵台荷夷兵》，歌颂林则徐禁烟斗争的《林则徐摆尿壶阵》，歌唱百姓参加太平天国起义的《参军辞家进酒歌》，颂扬与法国侵略者殊死战斗壮烈牺牲海军将士的《马江海战壮烈歌》，讴歌辛亥革命历史功绩的《欢迎孙中山》等。第二次国内革命战争时期，福建人民在中国共产党领导下，踊跃参加红军，奋不顾身投身革命，留下了《敢跟朱毛打江山》等激动人心的民歌民谣。抗日战争时期，福建人民一方面坚决反抗日本侵略者，另一方面用歌谣鼓舞人民团结一心英勇抗敌，如《中华民族万万岁》《抗日歌》等。

华侨歌是福建歌谣的一大特色。它大量产生于新中国诞生之前，真实而又艺术地反映了当时华侨和侨眷的生活。福建人侨居国外的历史十分悠久，据史书记载，秦朝时就有零星移民，主要侨居于婆罗洲、沙捞越。到了唐宋中外交往更加频繁，10多个国家有中国侨民，那时华侨聚居地被称为"唐人街"或"唐人区"，这个叫法延用至今。明朝郑和七下西洋，我国与东南亚各国关系更为密切，福建出洋谋生的人日益增多。19世纪中叶外国列强进入第一次工业革命时期，劳动力奇缺，到我国征集华工，福建出洋的人和所到国家也更多，这从《华侨歌》中就可得到印证。从经济上看，生活的逼迫是福建沿海百姓移居国外的重要原因。但移居国外的侨民仍然没有过上好日子，《出洋歌》中就唱道："做牛做马也有歇，华工牛马还不如。"因此发出"不如在家耕田亩，悔不当初租地耕"的感叹。夫妻天各一方，离别情，相思苦，增添了侨乡百姓家庭生活的悲剧色彩。如《问君番邦几时返》发出诘问："天顶明月伴孤星，咱夫妻何时能团圆？"《过番歌》描绘漂泊异乡的华侨："想念家庭如刀割，眼泪流落当饭吞。"《阿公离家几十春》更是令人心酸："阿公生来啥模样？是肥是瘦是斯文？为何一去几十年？……忽听门外人叫声，说是阿公回家门……两个老人泪纷纷，阿公抱着奶奶说，总算见到老妻和子孙。"这位阿公和奶奶算是幸运的，在有生之年还能相见，而有的却是男人"变心不认唐山人"，有的则是"尸身抛落海洋中"，家中妻子永远见不到自己的丈夫了。

　　在漫长的历史岁月中，闽南各地流传着许多有关两岸的歌谣。收录该卷共有23首，一是表现海峡两岸人民同祖同源；二是表现两岸人民心心相印，互相思念；三是表现两岸人民交往频繁，大陆同胞在台湾、台湾同胞在大陆生活的情况；四是表达两岸人民共同呼唤祖国早日统一的心声。如《台湾岛 唐山祖》唱道："台湾路，有几铺？算来三五步……台湾岛，唐山祖，从来同甘苦；夫与妻，孙和姑，本是一门户。"

　　畲族歌谣是该卷一大特色。福建是全国畲族人口的集中居住地，闽东、浙南的畲族加起来占畲族总人口的96%。畲族是一个善歌的民族，唱山歌是畲族人民文化生活的最主要形式，男女老少对歌谣无不爱好，有的抄成唱本，有的口传心授，代代相传，能唱数百上千首歌的歌手到处都有，很多歌手能不重复地连唱两三个晚上。畲族没有文字，所以作品都是以歌唱形式口头流传下来。许多作品虽然有手抄本，但都是借汉字记音，只供唱，不能读。畲歌题材广泛，政治、历史、经济、文化、生活、爱情、宗教等应有尽有。畲族人民以歌叙事，以歌咏物，以歌言情，以歌传授知识，几乎到了以歌代替语言的地步。在婚丧喜庆和祭祖活动中，从头到尾歌声不断。特别是遇有客人进村，或逢节日歌会，唱歌竟通宵达旦，甚至几天几夜。畲族歌谣分布于福建各地，而闽东地区的畲歌群众性最广，生命力最强，分量也最重。本卷精选其中精华，具体包括劳动歌、时政歌、仪式歌、情歌、生活歌、历史传说歌、儿歌等，堪称我国畲族歌谣的一座宝库。

另一种燃情岁月

孟 燕

孟燕，四川省民间文艺家协会主席、四川省民俗学会副会长、研究馆员。担任《中国民间故事集成·四川卷》责编、《中国歌谣集成·四川卷》副主编，主持完成《中国唐卡艺术集成·德格八邦卷》等国家项目。荣获全国艺术科学规划领导小组颁发的"全国艺术集成编纂成果一等奖"和"优秀编审奖"。

白驹过隙——一晃，就在民间文艺领域干了34年。2019年在重庆召开的全国理事会上，曾担任过中国民协秘书长的向云驹讲到中国民协有史以来完成的三大战役，我竟然全程参与了两项，现在又开始做第三项——已列入"中华优秀传统文化传承发展工程"重点实施项目之一的《中国民间文学大系》出版工程。遵嘱，为中国民协成立70周年，写一篇关于四川民间文学三套集成的文章。话题大事久远，作为应该载入史册的一项标志性文化工程（加上文化厅负责的七套），四川省完成前后就用了二十余年，那也是我将青春全部奉献其中的岁月。一些人一些事又都浮上心头，只是当年参加被誉为"文化长城"的这项文艺集成工程的许多人都已不在了，只能靠回忆海里拾贝。

1984年，由中宣部、文化部、财政部、国家民委和中国民协共同发起编纂全国十套文艺集成，文联和民协负责其中的《中国民间故事集成》《中国歌谣集成》《中国谚语集成》三套集成。我于1985年2月到四川省文联、省民间文学三套集成编委会办公室做编辑工作。当时四川省集成办在四川省委副书记冯元蔚和省委宣传部常务副部长李致的重视、关怀下成立，专门批了10个编制，与已有5个编制的省民间文艺家协会（那时叫中国民间文学研究会四川分会）形成一套人员、两块牌子的工作班子，这也成为四川省民间文学事业投入人员最多的时期。通过不断推进，全省所有地市州和大部分县（区、市）都有民间文学三套集成办公室，有编制有经费。借用鲁迅小说中的话，我们也曾"阔"过。

省民协当时有被称"二老一小"的萧崇素（我们去时萧老已退休）、洪钟、曾小嘉、刘尚乐、张晓帆、王沙。我算是新人中到集成办的第一人，并一直做到副主任（同时任民协秘书长）至集成工作结束。半年后陆续有各院校毕业的李建中（李鉴踪）、汪青玉、罗雪村、李鸿菲、黄红军、江永长、夏述贵等本科生、研究生来报到。

记得刚来不久，民协、集成办就合署办了一个全省的首届集成工作培训班，有近两百人参加，每人都得到一本由全国集成办编印的蓝色的集成工作手册。冯元蔚书记、李致副部长还有省民委主任孙自强等均出席，省文联党组副书记黎本初更是全力以赴投入，著名学者袁珂、李绍明等先生讲课。随即开启了全省范围内对民间文学的普查、搜集、整理工作。当时四川省还包括重庆市以及后来划归重庆市的万县、涪陵、黔江3个地市，有221个县，是全国人口排第一的省。至2004年四川省卷共5册近六百万字全部出版完成，分别为《中国民间故事集成·四川卷》上下册、《中国歌谣集成·四川卷》上下册、《中国谚语集成·四川卷》，从数量和完成时间上都居全国前列。可以说，冯元蔚、李致等老领导为四川三套集成这项利在当代、功在千秋文化工程的顺利完成，起到了极其重要的保障和推动作用。

一、难忘的几位老集成

当时我们集成办的年轻人按东西南北分片负责集成的普查推进和选编工作，也就与省里的专家和各地区、县的集成负责人有了密切接触，有几位给我留下较深印象。

首先是萧崇素先生。我到省集成办时他已70岁，曾任中国民研会（中国民协前身）顾问、四川省民协副主席、省《格萨尔》办公室主任，1929年就参加左翼时期戏剧活动，是真正有学问又酷爱民间文学的大家。我们尊称他为萧老，他的一系列民间文学书籍，如《增布的宝鸟》《青蛙骑手》《五色海的传说》和学术著作《四川少数民族民间文学漫步》《萧崇素民族民间文学论集》等，影响了一大批人、特别是少数民族青年投身到民间文学集成工作中。当他97岁去世时，一个叫达尔基的藏族学者连夜从还没有高速的阿坝州马尔康赶来，送引他走上民间文学这条道的恩师一程。后来他也收集、出版了多部藏族民歌等民间文艺作品，并成为省民协的副主席。

可以作爷爷辈的萧老博学而又朴实，听他讲话、聊天是件愉快的事。至今我还能记得他特别喜欢的一首藏族民间歌谣《忘不了》：

我喝过的美酒都忘记了，只有阿妈的奶水忘不了。

我说过的话都忘记了，只有情人的话忘不了。

我走过的路都忘记了，只有回家的路忘不了。

当年集成办的年轻人都忘不了萧老的言传身教。我到省集成办后写的第一篇论文是《民间文学在当下面临新的挑战》，我将论文交给萧老请他指导，结果他返还我时，论文上密密麻麻的批改让我感动不已。1986年8月，我们一同去陕北参加有关民间歌谣的研讨会，年岁最大的萧老总是怕麻烦别人，走路、提包都尽量不要他人帮忙。会议的其中一个内容是实地考察信天游等陕北民歌。一位五十多岁的歌手正在演唱"酸曲"（情歌），一下看见我就不唱了，说这种歌他不会在年轻姑娘面前唱，萧老忙解释："她是搞民歌研究的，没关系。"其实我当时只觉得音调婉转优美，歌词唱的啥几乎没听懂。后来去多了羌寨，我又写了一篇论文《羌族"毒药猫"浅论》[1]这与萧老的鼓励分不开。

其次是有话语权的王其慎。重庆隶属四川时，也是分量很重的一个市。我当时分管川北片，但对王其慎印象很深，他嗓门大，最早在永川地区，后来好像归到重庆市艺术馆了，于是代表的是重庆老大哥。每次省里开会他都提不少要求，但由于工作做得细，推进顺，最后大都能得遂其愿。特别是他们发掘的故事窝子九龙坡区走马镇，引起联合国教科文组织重视前往考察，并成为四川故事卷县卷编纂的示范点。当时分管川东片的李建中提到这一点也很自豪。2005年走马镇故事讲述成为首批国家非物质文化遗产。2019年开中国民协理事会期间，大家去了走马镇，当地依然还有每月2号、12号、22号群众讲民间故事的传统。曾参与过集成、现为九龙坡区民协副主席的朱伟一听说我也是"集成"的一份子，马上来握手合影，像久别的战友重逢。据悉王老师人已不在了，但我总能记起他的相貌，并把他与川东故事中的机智人物联系起来。

另一位是还健在的宜宾市的钱正杰老师。从部队转业后，他在市文化馆担任主持工作的副馆长，有很好的文字功底。尤其喜欢时政歌谣，自己搜集了数百首，但由于种种原因，多数都没能发表，他依然乐此不疲。也是个既爱发牢骚，又肯磨破嘴、跑断腿的实干家，主编了160万字的《宜宾地区民间文学三套集成卷》。后来，经我们推荐，被授予全国集成工作的先进。现在已76岁的他听说我们又开始了民间文学大系工程，还主动说需要的话，他愿意出力。

川北片区有个绵阳地区的刘大军，是公开发行的《剑南》杂志的主编、作家。可一旦接手民间文学集成，便对作为文学的母亲艺术热爱有加，他放下小说、散文的创作，投入集成的普查、编纂。我们配合极好，还请作为安县人的萧老在当地办了一个讲习班，推动集成工作。由他领衔的绵阳市民间文学三套集成卷成为全省第一个完成的地区示范卷。再后来省卷工作结束后，他又开始了新故事的创作，作品让学生讲述，参加了由中国民协主办的全国故事演讲大赛并获奖。

其他如都已年过70岁的乐山市帅哥且好口才的郑自谦，多次到平武县搜集白马人民间文学资料的四川大学教授毛建华，晚年每次来办公室都给我们带卤牛肉的梅俊怀等，限于篇幅，不再细说。

---

[1]《民间文学论坛》，1989年第6期。

二、普查抢救规模空前、备尝艰辛

这里指的是当年集成工作对民间文学普查的相对全面彻底，而且随着科技的进步，手段和条件上也不会再有过去的艰难（随时间推移老一辈故事家、民歌手的去世，再寻访、搜集的难度是另一个命题）。现在我办公室还保存着广州无线电厂生产的摩星牌录音机和索尼磁带，已是当年普查阶段采录民间文学用的古董。

1985年8月，时任省集成办副主任的刘尚乐带我和李汉森去凉山彝族自治州唯一的木里藏族自治县普查、调研，那是我到文联第一次出差，没意识到竟去了西南的偏远之地，后来都再无机会回访。那时都是乘坐公共交通工具，我们坐火车到西昌，又坐汽车到盐源县。现在的著名景区泸沽湖大半部分在盐源境内，那时从未听说也没去过。一大早乘公共汽车从盐源出发，晚上8点才到木里，又坐了整整12小时。到县里后我们兵分两路，一路去了木里大寺所在的桃坞乡，我们还有县文化馆的小曾和叫李子英的苗族女歌手去的是苗乡和藏族的康坞牧场。多数乡没有公共汽车，我们坐在已堆满木头的卡车顶上，手紧紧抓着捆绑木头的钢丝绳。在伐木工到站后，只得还赖在车上央求司机再送一程，因为距要去的李子坪苗族乡还太远。采录有时也不是太顺，因通信不便，要么很远去了要找的人不在；要么人还有许多顾虑不肯讲，还得磨嘴皮做思想工作。

我们租骑过6天的建昌马，因马鞍不够，结果文化馆的小李主动把马鞍让给了省里来的男同胞。过蚂蟥沟时眼看着马的四蹄被蚂蟥咬出血，下山时我们便无论如何都不肯下马，让向导着实心痛了一把他的马匹。将马送还牧场时有很长一段平缓的马路，没想到马也归家心切，无论我怎样拉缰绳都狂奔不停，到得牧场马终于停了下来，我肠胃里翻江倒海的滋味至今想着都后怕。山高路远常不能按点吃饭，有时在农家吃面，能切两片肥膘肉漂点油花在里面已很满足了。条件的确艰苦，但也是从那时开始，我知道了故事、山歌那几乎就是偏远山乡村民最爱的精神食粮，也从此喜欢上了优美的民间故事和动听的民歌。

还记得1987年6月去松潘的小姓乡采风。同行的同事小伙罗雪村在成都到松潘的长途车上就已晕得一塌糊涂，这下，由三节组成的"三洋"录音机总不能让已五十多岁的领导刘主任来提，我便充当了提录音机的女汉子。

三套集成有专项经费，但使用起来都很节约，绝不多花一分钱。现在翻看相册，那会儿省民协和集成办一同开茶话会，开四川省民间文学集成表彰会，横幅都是由我手书的不花钱的排笔字。另两个小插曲也权当佐证，松潘县在高原，紫外线很强。我们当时向领导申请买几顶草帽，未获准。而且坐了一天车终于住进县招待所，可是因我和小罗的级别不够也为了节约经费，有标间却不能住，我俩赌气，他住了一个大通铺，我住了一个6人间。那会儿的小失落后来都变得云淡风轻，让我们当笑话讲。而更多记住的是参与集成的无论省里的领导、专家还是基层的工作者，都充满了激情，倾情投入，艰苦工作，无私奉献。这种精神后来也成为民协的宝贵财富。

像其他羌族聚居的寨子一样，寻访这个云朵上的民族在当时只能坐拖拉机上山。年轻的乡长格见车带我们见到了村中一宝——已七十多岁的雷磋大妈，豪爽的她哈哈笑说着："你们再不来收集，我肚子里的东西就要带到棺材里啦。"性格与有点耳聋不说话的她的丈夫刚好相反。连续几天，雷磋给我们讲故事，唱山歌。尤其是羌族长诗《尼撒》，让我们如获至宝，大喜过望。格乡长兼任翻译。也算我们去得及时，回来后没几年，就听说雷磋老人去世了，让人惋惜。这就应了冯骥才先生的话："民间文艺首先是抢救。"也再次证明三套集成工作开展得多么及时和有意义。遗憾的是《尼撒》因篇幅长，并没有进入省集成歌谣卷，好像后来西南民大的李明教授一行也去了小姓乡采录，最后结合多个版本综合整理，印了单行本。

那时黄龙、九寨沟的山水美景刚开始对外公布，九寨沟的门票大约是2元，松潘县距此很近，但我们还是眼巴巴地坐上长途公交车返回了，不舍又无奈，不知大禹治水三过家门而不入是否这种感觉。更糟的是车行至理县米亚罗时，暴雨致前方山体垮塌，我们在大巴上蜷缩一晚，直到第二天才通车。

现在想想，当年的艰苦也都变成了必要的磨砺和美好的回忆。至今我走过看过的自然景观已不胜枚举，但第一次在木里藏族自治县牧场看见的月亮和满天的繁星，永远印刻在脑海里，觉得那是世间最大的月亮、最亮的星星；不惧海拔，总向往高原人文山水，也是那会儿"跑"甘孜、阿坝、凉山三州烙下的爱好。

三、敬业、坚守是集成整理编纂阶段的关键词

作为八五期间全国艺术科学重点科研项目，三套集成的确规模宏大，战线自然也比较长。据统计，最终的成果为50亿字的资料，3896卷县卷本（个人认为不止，因我省有的油印本印得简陋易损未送），会讲50个以上故事的有3万余人。在10年左右的普查和县卷、地区卷出版后，省卷的编纂提上了日程。此时最大的问题是面对浩瀚的卷本——甚至有的是油印本和手抄本，省卷怎么选。好在那时老一辈专家还在，人才济济。大家一致明确，严格按照三套集成总编委会制定的"全面性、代表性、科学性"的原则，为集中力量先选编故事，其次是歌谣、谚语，地区和民族相对平衡，既

注重在全国流传的四川表达，又重点突出独具四川特色的民间文学。于是故事里有伏羲女娲开天辟地、大禹治水，更有传说中蜀国的原始部落首领蚕丛、鱼凫、望帝杜宇和修建都江堰的李冰父子。以李白、苏轼等为代表的文人传说和三国故事更是彰显了巴蜀文化的特质。后来我担任歌谣卷副主编时，面对送审的二十余万首，七千余万字的歌谣，也一以贯之了这样的选编原则，既入选孟姜女、梁山伯与祝英台这类流传全国的民歌，也重视如藏区颇多的"红军歌谣"和"盐和茶"，彝族的"妈妈的女儿""甘嫫阿妞"以及羌族的"木姐珠和斗安珠""嘎"等有地域和民族特色的歌谣。

在北京的中国民间文学三套集成总编委会也会应邀赴川给予指导，我们便与爱笑的贺嘉主任、儒雅的马捷、冯志华老师、论坛编辑李路阳等熟络起来，和不沾一点辣椒的刘晓路、北大毕业的高才生朱芹勤等更是密切联系。在钟敬文、贾芝、张紫晨、刘魁立、陶立璠等民间文艺大家对四川卷框架结构的指点下，我们的故事卷、歌谣卷得以获批分别出汉族和少数民族上下两卷。

故事卷在省里编纂完成后，我们去北京终审，没想到担任中国民协主席的钟敬文老先生还亲自出席审稿会。我们都有他写的有关民俗、民间文学方面的专著，再次见到这位德高望重的大学者实在喜出望外。印象中博学的他给予的意见非常中肯，人不仅平易而且极幽默，称北师大已满70岁的许钰教授为"耳顺先生"。这让我想起第一次见钟老，那是1991年3月在中国民协举办的全国首届民间文学理论培训班上，他来开班讲话并讲课。课毕在室外合影，学员争先恐后与之照相，冷风中，钟老拄着拐杖一一满足大家的愿望。钟老百岁仙逝。2019年1月19日，《钟敬文全集》出版座谈会在北京召开，一千余万字32册的巨著，让人们再次为中国民间文艺泰斗的治学精神和风范而钦佩不已。

1998年3月，《中国民间故事集成·四川卷》在北京ISBN出版中心正式出版，版权页上印着全国总主编周扬，周巍峙、钟敬文为常务副总主编，四川卷的总主编是李致，故事卷的主编为洪钟，我和李鉴踪分别为上下卷的责任编辑，并因此荣获了全国艺术科学规划领导小组颁发的"全国艺术集成编纂成果一等奖"。运用集成搜集的成果和集成带来的民间文学热，我们编辑了中国少数民族民间故事大系之一的《羌族民间故事选》，由上海文艺出版社出版。省民协由黎本初先生任主编出版了一套《四川民间文学丛书》。

时光如梭，到编纂歌谣和谚语省卷时，因时间跨度太长，人员变动很大。我们集成办的同事作为骨干先后调去了文联机关、作协、美协、文艺报等部门（可以说省集成办也为四川的文艺事业培育了人才）。特别到后期，民协和集成办仅剩侯光主任、曾小嘉、王沙和我了，民协的业务也从民间文学、民俗扩展至民间工艺、民间艺术表演，各类展览、大赛开始多起来，"集成"为中心的工作有点位移。随着改革开放的步伐加快，市场化等各种思潮涌入，甚至开主席团会时总有民协被边缘化的声音出现。对民间文艺的敬业、坚守，抵制诱惑，坚持坐冷板凳，把剩下的卷本高质量完成，成为我们必须要做好的思想准备。

四川歌谣卷的难点还在于押韵的词，虽同属北方方言区，但四川话读音不同，仅从字面读音，北方人完全看不出是押韵的，或理解不了方言在歌词中的寓意，所以方言注释注音成为歌谣卷的重要一环。翻译是另一个难点，找到懂民族语言有文学功底又不过度修饰的翻译者是关键。还有一个难题是省卷必须有配曲谱的代表性歌谣，普查时不缺歌谣演唱者，缺记谱人，送上来的歌谣也是浩如烟海，但配曲谱的很少。最后我通过省音乐家协会介绍，去求助省音乐舞蹈研究所，最终得以解决。"集成"涉及的学科多，我们也都得到了方方面面人们的支持。凡例、类序、图片、后记、主要歌手简介……当我一一把这些完成后，真的是如释重负。

当然，在北京终审后又有查漏补缺，反复打磨完善的过程。总编委会的专家张文、吴超、李耀宗、金茂年等多次给予指导，四川参与过审稿、编稿的还有川大教授吴蓉章、毛建华，西南民大教授李明、林忠亮，阿坝抽调来的蒋永志，成都的王陶宇等。最终省歌谣卷从二十余万首多彩动听的歌谣中入选2117首，二百余万字。2004年11月，黎本初、侯光两位领导率领三位靠实干成长为副主编的娘子军，终于把歌谣两卷、谚语一卷的后续编纂全部完成付梓，为四川民间文学三套集成项目画上了圆满的句号。

最后还想说的是感谢中国民协给我这个回忆、纪念的机会，这等于四川民间文学"三套集成"完成15年后，给了我作为一名参与者、见证者，再次感谢四川省所有参加过这项震古烁今伟大工程的人的机会。我在省歌谣卷后记里曾表达过诚挚的谢意，由于当年四川省委、省政府、省委宣传部、省文联领导的重视、支持，动员广泛，数以万计的专家和基层民间文艺工作者投身到"集成"事业中，没有他们艰苦卓绝的普查搜集和呕心沥血的整理编辑，就不会有四川民间文学三套集成的丰硕成果。而如今当年的那些讲述者、演唱者、采录者、整理者包括我们编纂者在世的已不多了，这让我颇为感伤。一串四川集成的主要参与者彭维金、阿鲁斯基、沐涛、王纯五等名字又都浮出脑海，能记起的人不少，想感谢的人太多，这篇文章难免挂一漏万，请原谅我追忆的疏漏和文字之不逮，但还是想以此纪念那段燃烧过的激情岁月，那些共同奋斗过的"集成人"。

忆往云烟过　民协未尽缘

李　扬

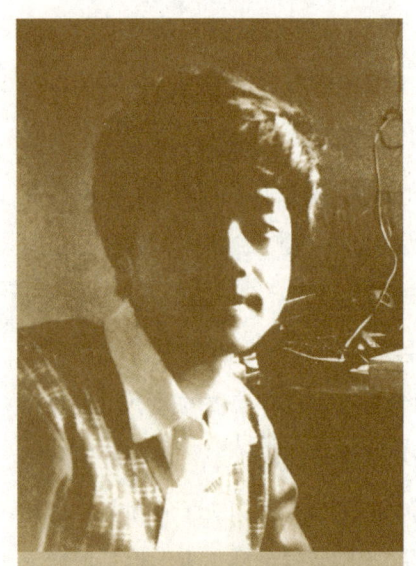

李扬，1962年生，四川自贡人。1985—1987年在中国民间文艺研究会辽宁分会工作。1987—1997年在汕头大学中文系任讲师、副教授，1997年至今，任中国海洋大学文学与新闻传播学院教授。出版《中国民间故事形态研究》《民间文学研究新视野》《西方民俗学译论集》《新编美国民俗学》《消失的搭车客：美国都市传说及其意义》等专著、译著、编著20部（部分合作），在国内外发表各类文章近百篇，获得首届民间文艺"山花奖"等各类科研、教学奖项四十余项。现任美国民俗学会（AFS）终身会员、中国民俗学会常务理事，青岛市民间文艺家协会主席。

不久前，因缘巧合，与中国民协冯莉女士结识，她正在征集编纂有关纪念中国民间文艺家协会成立70周年的文集，得知我曾经与民协有过一段交集，便极力约我写篇回忆的文字。盛情难却，便答应了。然而打开电脑甫一码字，便发现脑海里尽是一些零乱模糊的记忆碎片，很多具体的细节已经淡忘。老之将至，才后悔从小没有养成记日记的习惯。因此，也只能努力搜寻记忆，东鳞西爪，草成此文。

与民协之缘，始于1982—1985年在辽宁大学读硕士研究生时期。当时，我的导师乌丙安先生兼任中国民间文艺研究会（中国民间文艺家协会的前身）辽宁分会的主席，他推荐我成为省民协会员（后来在1984年2月，又推荐我加入了中国民间文艺研究会，会员证号是000466），我开始参加协会的一些会议等活动，如1983年8月，参加了在辽宁兴城举办的第二届民族民间文学、民俗学研习班，除导师乌先生之外，还有幸聆听了许钰、张紫晨、张振犁、柯杨、屈育德等民间文艺界大家的讲课。同年2月，省民研会理事会议通过了成立"理论研究组"的决定，旨在开展民间文学理论研究、调查研究和外国民间文学理论的翻译工作。为了给省民协会员们提供一个发表研究成果的阵地，民协决定由理论研究组负责编印内部发行的文集，乌先生主持策划，时任驻会秘书长的白希智老师具体负责，我也参与了部分组稿、审稿和编辑工作。随后几年，3本以"中国民间文艺研究会辽宁分会"为编者的《民间文学论集》，分别于1983年、1984年、1985年印行问世。这几本文集对我而言，具有特殊意义，在当时的学术环境下，自己的一些粗浅的习作，能够变成铅字印刷收在书中（尽管是没有书号的内部资料本），对一个刚入门不久的研究生而言，真是莫大的激励。主持其事的乌先生非常重视外国民间文学、民俗学理论的译介，3本文集中，都辟出了相当的篇幅，刊载原文为英文、俄文、日文等语种的翻译文章。我收录文集的习作，除自撰论文外，有多篇是我翻译的外国学者的论文，如《美国民俗研究序论》《民俗学（大英百科全书选译）》《中国和印度支那的灰姑娘型故事》《答爱本哈德教授》等，还组稿、校对了当时刚从辽宁大学英语系本科毕业、留校任教的张举文翻译的《民俗学中母题的概念》，原作者丹·本·阿姆斯（阿莫斯），后来成为举文在美国读博士的导师；而我也通过这些翻译工作，陆续与美国的布鲁范德、丁乃通等教授建立了长期的学术联系，翻译了不少他们的著述，这是后话了。

1985年我研究生毕业，本来分配到另一个研究机构，但岗位是一本社科刊物的编辑，考虑再三，还是决定到专业对口、且自己已经比较熟悉的省民研会工作。6月，我报到上班，正式成为辽宁省民研会的一员。从那时起，到1987年4月调动至广东汕头大学任教，我在民研会工作的时间总共不到两年，其间还被两次抽调：一次是被中国民间文艺研究会借调到北京半年，另一次是被选调参加省委工作队，到辽宁彰武县对口支援半年。真正在省民研会工作的时间，其实还不到一年，除了日常协会事务，主要就是参与了省民间文学《三套集成》的编辑工作。

借调赴京，也是事出偶然。记得读研时有一次去北京出差，顺便去中国民间文艺研究会帮师母刘航教授送书稿，由此结识了研究部的魏庆征老师。1985年10月，芬兰的劳里·航柯教授到北京，最后议定了中芬民间文学搜集整理学术会议和联合考察事宜。相应的筹备工作紧锣密鼓展开，负责双边论文翻译工作的魏老师，顿觉人手短缺。他知道我对外语素有学习的兴趣，也看到过我翻译的一些国外理论文章，就与省民研会商量借调事宜，得到时任秘书长孙丕任的支持。当年冬天，我就背着简单的行囊，揣着两部英汉词典，走进了北京西单太仆寺街39号中国民研会的院子，成为研究部的一个"临时工"。

民研会所在的四合院，与我之前想象中的北京四合院差距甚大，很是老旧简陋，各部门房间内都很狭小拥挤，条件远不如我在沈阳的省文联的办公楼。冬天屋子里也没有暖气，靠烧煤炉取暖——这也引致了今天想起来还颇为后怕的一次险情：我晚上就睡在组联部办公室临时安放的行军床上，有一天晚上刮大风，把屋顶的烟筒盖子刮得扣在了烟筒出口，煤气无法排出，早上我迷迷糊糊醒来，就觉得头疼晕眩，四肢好像都不听使唤，意识倒还清醒，知道不妙，可能是一氧化碳中毒了，挣扎着爬起来打开房门，半天才缓过劲来。幸亏房门是有不少缝隙的旧木框门，多少还通风透气，否则后果不堪设想。

虽然生活和办公条件不尽如人意，但那时年轻力壮，精神头也足，并没有太在意这些，每日忙碌，颇为充实。研究部负责人魏庆征老师，除了"征召"我入京外，还组建了一个翻译团队，散布在全国各地，魏老师安排调度，将中芬学者的论文分派给大家，有的负责中译英，有的负责英译中。我除了分担论文翻译任务外，还协助翻译了一些信件、文件等，校核了一些译稿，并协助筹备组做一些事务性工作。其间我翻译的论文，有劳里·航柯的《中央和地方档案制》、劳里·哈尔维拉赫蒂的《民间文学的分类系统》，均收录在中国民间文艺出版社1987年底出版的《中芬民间文学搜集保管学术研讨会文集》一书中。此外还有劳里·航柯的《民间文学的保护》，刊载于《民间文学》1986年第6期，署名译者是我，但是在上述《文集》中，这篇论文的译者署名是他人，我现在也着实不记得这篇的翻译是否出自我手。我自己撰写了一篇论文《简论中国民间故事的分类体系》提交给研讨会，也有幸被收录在这本《文集》中。

1986年春节前，工作告一段落，我回到沈阳。4月，奔赴广西南宁，参加"中芬民间文学搜集保管学术研讨会"。原本以为我的翻译任务已经完成，没想到又迎来新的挑战。中国、芬兰学者会师南宁，展开会上会下的学术交流，当时负责口译的是桂林电子工业学院的史昆和中南矿冶学院的余小金，两位都是专职的大学英语教师，也是魏老师论文翻译团队的成员。因为活动安排多，两位口译分身无术，临时决定让我承担研讨会部分论文宣读的现场翻译工作。如果说笔头翻译自己当时还有些基础的话，口译则完全没有什么经验，特别是这种重要的国际学术会议场合。但当时真是初生牛犊不怕虎，壮着胆子就上场了。研讨会上，先后担任了劳里·航柯、劳里·哈尔维拉赫蒂、乌丙安等教授的论文宣读口译。会后虽然大家都给予鼓励，但我有自知之明，就那半瓶子醋的口语水平，能勉强及格就不错了。

几天的研讨会之后，中芬民间文学联合考察队乘坐几辆中巴，一路向北，奔赴三江侗族自治县，展开田野调查活动。考察队兵分三路，我被分在第二组，组长是祁连休、马名超老师，考察地点是马安乡、冠洞村。程阳风雨桥让我们对侗族工匠巧夺天工的营造技艺感叹不已，而鼓楼里的"款词""多耶""琵琶歌"、火塘边的行歌坐月情歌对唱、老人家讲述的民间故事……更是深深吸引了我们。除了大组的集体采录观摩活动之外，又分成若干小组，分散在侗寨中进行采访调查，我和宁夏文联的马青搭伴，她主要负责询问交流，我负责录音摄影，最后我们完成了《关于三位侗族讲故事能手的调查报告》。每天调查结束回到驻地后，各组还要开会总结，听取中芬专家的点评指导。虽然我读硕士时，因论文写作需要，也采访过民间故事讲述家等，但像这样集中而系统地进行田野调查，还是第一次。特别是得到劳里·航柯等芬兰学者的指导和示范，学习了他们的田野作业观，亲眼观摩了他们在现场的作业情景，印象深刻，收获甚丰。这次联合考察队的青年队员，绝大部分是来自各省市民研会系统，自己也是因为在辽宁民研会工作，才有幸得到此次宝贵的机会入选考察队，获得一次终生难忘的田野作业经历。

从北京到广西，从借调翻译到参加中芬研讨会和联合考察，一路走来，除了学术上的收获，更幸运的是得以结识民研会的师长同行。贾芝先生是民间文学界的老前辈、老领导，读研时就拜读过他的《新园集》等著作和他编选的故事集。在北京和广西期间，和贾老接触并不多，当时他已年逾七旬，却精神矍铄，和年轻队员们一同深入侗寨调查，瘦小的身躯里似乎蕴藏着无尽的活力。1992年，我赴奥地利因斯布鲁克参加第十届国际民间叙事研究会大会，没想到居然在大街上偶遇贾老，他和刘守华、刘铁梁等老师也是来参加这次会议的。随后几天，我们一起开会，一起访问当地大学，一起参观民俗村，其间我拍了一些照片，回国后给贾老寄去。他随即回信，在信中鼓励我："你能操英语，参加国际学术会议的条件更好，这是非常重要的，祝你今后多多登上国际论坛！"如今贾老已经离开我们好几年了，每每读信忆人，感怀不已。刘锡诚先生当时是中国民研会的主要领导，也是这次中芬会议和考察的主持负责人，给我的印象是：既有诗人的情感气质，又有文学评论家的识见谨严，学养深厚，才思敏捷，行事干练，是一位富于使命感的学者型领导。在我借调期间，他总是行色匆匆，公务繁忙，没有太多的交流。但他没有忘记我这个"临时工"，始终在关注支持我在事业上的点滴进步。这次活动10年后，我的第一本著作《中国民间故事形态研究》出版，当时在学界反响寥寥，最早公开提及拙著的学者，就是刘锡诚先生[1]。后来在《20世纪中国民间文学学术史》[2]中，他又对拙著进行了中肯的评价，并指正不足之处。刘先生对青年学人的关心期望和鼓励支持，有口皆碑，我自己也感同身受。三十多年过去了，我和刘锡诚先生依旧保持着联系，前几天还刚刚收到他惠赠的两部研究新著，桑榆寓居，笔耕不辍，大作迭现，令人敬佩！我的"顶头上司"魏庆征老师，看上去胡子拉碴、不修边幅，却是一位俄文翻译大家，曾参与《马克思恩格斯全集》部分中文版的译校，担任过《中国大百科全书》《简明不列颠百科全书》等多部权威百科全书的译名统一小组组长，至今网上还可以买到他翻译的宗教、艺术、历史等方面的学术名著。他生活简朴之至，工作上极其认真、一丝不苟，对我的翻译也严格要求、悉心指导，同时在生活上也给了我很多关照。他也暂住在研究部的办公室，有时会招呼我一块吃饭——不过他的"厨艺"可就不敢恭维了，通常也就是下个挂面、煮点菜啃个馒头。一只电炉子，一口发黑的铝锅，水开了，热气冒上来，魏老师平时不苟言笑的面容也放松了很多，他把白菜梆子一片片撕碎，丢进锅里，然后晃晃自己粗壮的手指，不无得意地说：别看老汉这指头，当年可是全国俄文打字比赛第一名！这场景，今天仍然历历在目。

在太仆寺街39号的四合院里，还认识了《民间文学论坛》编辑部的刘晔原、李路阳；《民间文学》编辑部的吴薇、王强等人。王强那时从编辑部抽调到中芬项目筹备组，也住在单位办公室，到了晚上，我们常常一块从外面买些吃食和葡萄酒，两个快

---

[1] 张烟主编：《新中国文学五十年》，济南：山东教育出版社，1999年。

[2] 刘锡诚：《20世纪中国民间文学学术史》，开封：河南大学出版社，2006年。

乐的单身汉喝酒唱歌侃大山，何其乐也！后来王强远走异国，很多年一直杳无音信，直到2001年，我去澳大利亚墨尔本大学开会，分会场发言完毕，出门就愣住了：门口站着王强，这老兄笑眯眯地看着我，等我半天了——人生就是有这么多让人惊喜的巧遇！

这段借调中国民研会和广西考察期间结识的师长朋友，还可以列出很多：刚从西藏归来、请我去他家吃饭，吃了一半就在屋子中间跳起藏族踢踏舞的廖东凡书记；特意为我写了一首诗的四川民研会的诗人曾小嘉，后来合作翻译《世界神话百科全书》的史昆，田野作业的搭档、歌喉美妙的宁夏作家马青……还有些人已经辞世，有些已经退休，有些不知去向，但值得欣慰的是，迄今我仍然和一些师友保持着联系。师友同人们当时给予我的帮助和情意，以及此后的学术交往和合作，是我人生里格外珍贵的收获。而我和民研会的缘分，也一直延续至今。1997年我调到青岛海洋大学（现中国海洋大学）任教，不久就担任了山东省民间文艺家协会的理事、青岛市民间文艺家协会的副主席。2015年至今，一直担任青岛市民间文艺家协会的主席，依然在民协系统中，贡献自己的微薄力量，承续着和民协难解的缘分。

骑着自行车，从西单大街的西单商场旁边的胡同拐进去，便是太仆寺街了。右转，再左转，巷子便直直的了，路边有包子铺，刚出锅的包子散发着腾腾热气，天空中偶尔划过几声鸽哨，嘹亮而悠长。胡同里行人不多，再骑不远一段，就到了那熟悉的院落——35年过去了，太仆寺街39号的四合院，不知今天尚在否？

中国非物质文化遗产保护的先行者

——周巍峙同志与民间文学三套集成

唐晓刚

唐晓刚，1962年生于北京，大学文化。1983年毕业后入职文化部工作，先后在保卫司二处、办公厅秘书二处、离退休干部局工作。现任文化和旅游部离退休干部局副局长，党委副书记，纪委书记。

1997年1月25日，在人民大会堂举行的中国十部民族民间文艺集成志书出版百卷嘉奖会上，一个镜头永远定格在我的脑海中，周巍峙同志俯身在出版的百卷集成志书上，像拥抱刚刚呱呱坠地的孩子一样，眼睛里满是喜悦激动的泪水。是啊，从发动到出版百卷，十几年的坚守与探索、努力与艰辛、收获与成就都在周老的这一肢体动作中得到了生动体现。

一、中国非物质文化遗产保护的领导者与开拓者

说到《中国民间故事集成》《中国歌谣集成》《中国谚语集成》这民间文学三套集成，一定离不开"十套民族民间文艺集成志书"。党的十一届三中全会以后，中国进入了改革开放的中国特色社会主义建设新时期。1979年，时任文化部代部长的周巍峙同志，代表文化部会同国家民委和中国文联有关文艺家协会，共同发起编纂出版七套中国民族民间文艺集成志书，即《中国民间歌曲集成》《中国戏曲音乐集成》《中国民族民间器乐曲集成》《中国曲艺音乐集成》《中国民族民间舞蹈集成》《中国戏曲志》和《中国曲艺志》的工作。1984年成立了由周巍峙任组长的全国艺术科学规划领导小组，下设办公室，列编在中国艺术研究院，具体负责艺术集成志书的编纂工作。

1983年4月，中国民间文艺研究会召开第二次学术讨论会，确定编纂《中国民间故事集成》《中国歌谣集成》《中国谚语集成》，周扬任三套集成总主编，钟敬文、贾芝、马学良分别任各卷主编；1984年5月，由文化部、国家民委、中国民间文艺研究会共同发文编纂"民间文学三套集成"；1986年3月，在北京召开民间文学集成主编会议，讨论成立"中国民间文学集成全国编辑委员会"，委任周扬为总主编，周巍峙（常务）、

任英、林默涵、高占祥、钟敬文（常务）、贾芝、马学良为副总主编；1986年5月，在北京召开的"中国民间文学集成第三次工作会议"上，全国艺术科学规划领导小组组长周巍峙同志在会上宣布，接纳中国民间文学三套集成与其他七套艺术集成志书并列成为"十套文艺集成志书"。自此开始，三套民间文学集成志书的编纂走上了快车道。

10个总编辑部，汇集了我国10个艺术学科顶级的文化界泰斗级人物和知名的专家学者，全国各地参加这项工程的文化工作者有10万之众。文艺集成志书按现行行政区划立卷，每个省（自治区、直辖市）各10卷，共计300卷（台港澳卷暂缺，因下限到1985年，重庆市也未列入），约5亿多字。这十套文艺集成志书，被国家先后列入"六五""七五""八五"重点科研项目，1988年又被列入"国家社科基金重大项目"。

十套民族民间文艺集成志书的编纂，既是一项为新中国文艺事业奠基性的文化工程，也是对中国非物质文化遗产抢救性的保护工程。因为随着城市化进程和世界一体化进程的加快推进，那些蕴藏在民间的口口相传的文学艺术，正快速地消失。这个工程用通俗的话来讲，在于为中华民族的子孙保留下了一个内容丰富，文艺门类齐全且原生态的文化基因库。集成志书工作的开展之初，就在各省市自治区文化系统建立了艺科所，文联系统建立了三套集成编纂办公室，专门负责十部集成志书的编纂出版。这些机构后来都被保留下来，集成志书的收集编纂过程，也为全国文化、文联系统组建起了一支完备的文艺科研队伍，锻炼培养了一大批文学艺术研究人才。三十多年的三套民间文学集成和七部艺术集成志书的编纂出版，为中国非物质文化遗产的保护开辟了道路，奠定了基础，带动了全国非物质文化遗产保护热潮的兴起。用巍峙同志的话说，300卷文艺集成志书的编纂出版，向全国人民和全世界人民，形象直观地展示了我国各民族世代相传，丰富多彩，优秀灿烂的传统文化。这项非物质文化遗产保护工程的竣工，其意义是非凡的，搜集整理的资料是弥足珍贵的，随着时间的推移会越来越凸显其在中国文化史上的重要地位。

二、中国非物质文化遗产保护的守望者和实践者

巍峙同志从参加革命工作的那天起，就一直在为党领导的革命文化的实践，优秀传统文化的传承和社会主义先进文化的建设而殚精竭虑。对祖国优秀传统文化的守望与传承在他一生的工作中，占有很大的比重。

中华人民共和国成立之初，巍峙同志就参与了多次对外的文化交流活动，1951

年,他带领中国青年文工团到苏联和东欧9国巡回演出一年零一个月,交流演出数百场,演出的节目,都是具有中国民族特色的戏曲、舞蹈和民歌,越是民族的越是世界的理念可以讲深深地植根于他的心里。演出间隙,他到苏联民间文化保护机构实地参观考察,苏联对民族民间文化的重视与保护,给他留下了很深的印象。多年艺术实践使他坚信,中国的文化艺术的发展,必须厚植在民族民间文艺的土壤之中,必须由民族民间文艺的哺育滋养,才能放射出它耀眼的光芒。

1986年,巍峙同志离开文化部领导岗位后,全身心地投入十部民族民间文艺集成志书的编纂出版工作中。进入20世纪90年代后,十部文艺集成志书的编纂陷入了停滞期,出现了多重困难。出版经费被挪用,多个省、自治区由于负责集成志书编纂工作的文化、文联领导频繁更换,各省卷编辑部编辑人员编制、编辑经费不稳定,尤其是民间文学三套集成编纂经费没有着落,工作的连续性中断,严重制约了这项工作的顺利开展。为了扭转被动局面,巍峙同志一是找中编办筹建了文化部民族民间文艺发展中心,专门负责集成志书的编纂出版工作;二是督促重组、健全各省卷编辑部;三是多方筹措经费,给三套集成的编辑出版以经费的保障,几项工作同时发力,使集成的编纂重回正轨。

我是1994年10月起到巍峙同志身边工作的,有幸经历了许多巍峙同志为三套民间文学集成编纂出版奔走的故事,现择其一二,与大家分享。1996年12月他当选第六届中国文联主席的时候,正是三套民间文学集成遭遇困难最多的时期。为了解决经济欠发达地区的编辑出版经费,他多次找中宣部领导汇报集成的编纂工作,争取社会科学基金的资助与支持;他还两进贵州,三去新疆等多个边远地区,利用文联主席的身份约见省委、自治区党委的主要领导,见面就向他们宣传集成编纂的重要意义和全国的编纂进度情况,请他们为文联、民协筹措足够的编辑出版经费。当地领导见他八十多岁了还为集成如此奔波,很是感动,时任新疆维吾尔自治区党委书记的王乐泉同志当面作出批示,为自治区民协解决落实了编辑出版经费。2002年4月,为了推进东北三省的民间文学三套集成的编纂出版工作,他利用半个月的时间从沈阳、长春一路走到哈尔滨。到长春时,他因冠心病发作,连夜被送到医院救治,时任吉林省文化厅副厅长的董伟同志冒雪赶到医院陪护。第二天病情缓解后,巍峙同志马上出院,继续召集三套民间文学集成的编辑人员开会调研,解决困难,为集成的编辑出版加油鼓劲。他这样不顾身体,忘我工作的态度,感染了许多从事集成工作的同志,他们纷纷表示一定按时保质完成编纂任务。巍峙同志的身体力行,确保了三套民间文学集成的全部编纂出版任务的胜利完成。

在工作中,巍峙同志真心尊重从事集成志书的每位同志。同志们虽然来自不同的系统和单位，可在一起工作时，是团结高效的。他为从事集成志书编纂工作的年轻同志，疏通了业务职称的晋升通道。与各位主编、副主编更是结下了深厚的友情。钟敬文老先生是令人敬重的知名文化学者，任职于北京师范大学，他建议时任文化部部长的孙家正同志春节期间到钟老家中慰问看望，感谢钟老对祖国文化建设的贡献。钟老对巍峙同志也是敬意满满，1997年他谢绝邀请，推荐巍峙同志到韩国参加中日韩民俗学研讨会，向日韩两国从事无形文化财（非物质文化遗产）保护的专家学者介绍中国的十套民族民间集成志书的编纂和非物质文化遗产的传承与保护，促进了三国的传统文化保护交流与合作。

习近平总书记指出，文化自信是更基本、更深沉、更持久的力量。他指出，源自于中华民族五千多年文明历史所孕育的中华优秀传统文化，是中国特色社会主义文化重要来源之一。以周巍峙同志为首的这群文化专家学者，将一生献给了祖国优秀传统文化保护、传承与发展。10位主编和民间文学的总主编、副总主编中的大多数人并没有最终看到十套集成志书的完全出版，但他们作为中国文化界的脊梁，所开创的非物质文化遗产保护事业，已在中华大地上开出绚丽的花朵，他们为文化事业的进步所收集整理的文化宝藏，正为文化自信发挥着重要作用，他们闪光的名字被镌刻在祖国文化大厦的基座上，为我们这些文化工作的后来者所景仰。

岁月的记忆
——我与《中国谚语集成·宁夏卷》的缘

陆阁丽

陆阁丽，1964年生，中国民协理事。1986年7月分配到宁夏区文联民研会，参与了《中国谚语集成·宁夏卷》的编辑工作，任责编。任《中国歌谣集成·宁夏卷》图表编辑；任《中国风土谚志》编委和撰稿。1988年、1991年、1997年三次获中国民间文学三套集成先进集体奖；1991年获文化部等颁发的先进工作者奖；1997年获全国艺术规划办颁发的编纂成果一等奖及自治区颁发的相关奖。2010年获中国民协颁发的全国三套集成集体奖和个人贡献奖。

1986年7月，我从中央民院分配到宁夏西北二民院（现北方民族大学），当时我不愿意当教师，在学校费了一番周折被二次分配到宁夏银川。在教育厅等行李通知时听说张贤亮所在的宁夏文联要招收一个搞民间文学的，我妈立刻陪我去文联面试。王世兴主席跟我们说：单位想要一名男大学生做谚语编辑，因为工作非常辛苦，以后要常下乡，说走就走，怕我吃不了苦。我当时急于工作，没多想就说想试试，王主席同意了。不知谁给了我一份蜡纸的校样，第二天，7月23日我拿着校样到民研会正式上班了。第一天的工作是校对校样、油印450份简报，由于没经验，印上百十来张蜡纸就开始抽摺起皱，我抻展再印，衣服上总会被溅上油墨，这种工作头两年没少干。记得上班没几天，民研会就在银川市邮电招待所开了全区民间文学三套集成会议。我买了本《中国谚语词典》抄成卡片，像背单词每天背诵，可就是记不住，但我还是每天有空就拿出来背诵。

我真正进入编辑角色是在1986年11月，宁夏民研会在中卫县中卫宾馆召开了全区各市、县主编、副主编会议。当时中卫的谚语工作特别出色，唐育勤等编辑的《中卫谚语》县资料本已经成书。中国民研会派来了马捷、张文、李耀宗三位专家教授到中卫参加了会议。会议分了三个分会场，分别对民间故事、歌谣、谚语进行现场编辑指导。当时我被指派负责会议会务、住宿登记收费、合影照片收费工作及谚语会议的工作。中央民院的李耀宗教授对《中卫谚语》中的谚语逐条进行了鉴别、筛选、剔除、分类、排序等工作并详细地做了讲解。我是第一次学习如何鉴别谚语、俗语、歇后语等知识，各县、市主编、副主编们学习如何编辑谚语资料本的编辑经验，是为了回去编辑民间文学三套集成的县、市资料本做准备。我知道了宁夏民间文学大规模的普查、搜集工作已基本结束，将要进入到全面的县、市资料本编辑阶段了。宁夏民间文学三套集成省卷本的编委会、主编、副主编们也都已经确定。在中卫会议上，中国民研会把《中国谚语集成·宁夏卷》(简称宁夏谚语卷)作为国家谚语试点卷,并决定宁夏的民间三套集成采取两级编辑制,即县、市资料本和省卷本。会后各市、县都开始紧锣密鼓地进行民间故事、歌谣、谚语县市资料本的编辑工作。姚力让我负责协助各县市谚语资料本的编辑工作,好让我快速熟悉并上手。于是我开始下乡,到县里去编辑谚语县资料本。很多县文化馆采编人手有限,十套民间文艺志书集成的资料本及搜集、采风工作齐头并进,普查工作任务繁重,人员大多身兼数职。从1986年底到1988年我编辑了18个县市的谚语资料本,除了《中卫谚语》和陶乐县(没有搜集资料)外,包括没有出版的永宁县的谚语卡片,那时能够出版内部资料本都是一件了不起的事情。那两年,出差就是换一地方埋头苦干工作。下乡全都是坐长途汽车去的,县里的公路基本都是崎岖不平的,大搓板路加上小搓板的土路,颠得人头皮发麻屁股生疼,有时把人撩到空中,有时又感觉撅到地下。冬天车厢四处漏风,叮叮当当地响,我穿着棉衣棉裤都冻得瑟瑟跺脚,土崩得满脸满头。记得1988年我跟姚力好像去泾源,正好遇到宁夏伐树,天牛把杨树吃了,树都死了,公路上砍倒的树木乱七八糟地躺着,阻断了道路,我们早上8点多出发,到泾源县已经是晚上9点多,冻饿交加,无法联系县上的同志,他们也是等到末班车没有了才回去,以为我们不去了,那时通讯条件差,无法联系。

1988年初,姚力给宁夏民间文学三套集成各省卷起草了三份协议:杨韧、高耀山和我签了《中国谚语集成·宁夏卷》的编辑协议。谚语卷的编辑时间是1988年4月1日至1988年12月。杨韧任主编、高耀山任副主编,我负责协调、联络编辑工作。

编辑宁夏谚语卷——国家试点卷无先例可循,这"是一项浩繁的前无古人,后无来者的工程",我们只有严格按照谚语总集成办凡例要求的类别和谚语编辑手册进行工作。为了保证工作不受干扰,民研会给我申请了一间文联二楼的老干部活动室,我搬进了十几平方米有两张高低不一样的旧办公桌的房间,其中一张还是三条腿,并在一起可以摆放谚语卡片了,每天我都锁上门,一个人在屋里鼓捣那些卡片。为了保证我能如期完成编辑任务,有时我干脆在家里上班,我早早起来就把卡片铺满整床编辑。到了五六月份,全国艺术规划领导小组发文,要在年底奖励部分编辑人员。宁夏谚语卷也要提前到10月前完成编辑工作并打成油印本,为颁奖会献礼。我更是加班加点不敢怠慢。每天我的工作就是从卡片中筛选、鉴别、剔除重复、分类像是玩扑克牌,按照手头的谚语的内在逻辑编排,枯燥乏味但又必须集中精力,细心耐心,不然就前功尽弃。我从开始抄谚语背诵到拿到一条谚语就知道它在哪个类里用了两年的时间,这归功于那两年编辑县、市资料本的功劳,有时遇到分类问题难以解决时,连做梦都梦见编辑谚语,有时躺下了觉得今天分的类不妥或是好像有重复,就立马起来翻看卡片确认。由于谚语的句式短，一般就十来个字或十个字以内，前一句能分到这一类，后一句能分到那类，全凭记忆力去除重复，每天不知道要翻几百次卡片。银川市、石嘴山市是移民城市，宁夏谚语卷虽然是国家第一卷，但我们也希望不要编辑出的谚语卷都是大路货，所以注重选择有宁夏地方特点、民族特色和方言土语等特点的谚语，才不枉费我们付出心血和精力。比如："色中一点，不怕脓鼻子烂眼""君子一言，白布染蓝"。宁夏谚语卷的内容主要来自各县、市谚语资料本的资料和很多爱好者的来稿。最典型的例子就是中卫永康中学的侯宏周老师提供的几万条谚语，他不明白谚语是历代劳动人民生活经验和智慧的结晶，是人类的共同的精神财富。他提供的"谚语"绝大部分都是他自己编写创作的，我们不清楚到底有多少谚语，花大量时间去鉴别、筛选，浪费了很多时间，入选率却不高。宁夏谚语卷是从22万条谚语中手工筛选编辑出来的，可想而知我们3人当时的工作量有多大，多累，多繁重。

1988年11月，宁夏民研会的王世兴主席、姚力秘书长，杨韧主编和我去北京，住进了北京和平里北街七省驻京办宁夏宾馆，谚语总编委会的马学良主编、陶阳、李耀宗、陶立璠副主编和刘晓路责编也来到我们的驻处，对宁夏谚语卷进行初审。每天都是从早8点工作到晚上10点多，有时甚至到11点多。长期熬夜我有些吃不住劲，有时哈欠连天，可是总编委会的马学良教授当时已经75岁，杨韧主编也有65岁左右了，他们都坚持每天长时间的工作，我也打起了精神。老先生们的工作态度和专业精神让我终生难忘，我们每天还是在宾馆的床上铺开卡片又重新分类、排序。初审总算通过了，这意味着宁夏谚语卷不需做大的调整了。回到银川后，我们还是继续遵照编委会的意见修改完善编辑工作。

1989年3月初，我们又带着宁夏谚语卷去北京参加复审和终审了，这次宁夏歌谣卷副主编的马乐群也去了。3月的北京天气乍暖还寒、冷热不定，我们都感冒了。谚语总编委会的主编、副主编们又提出了很多修改意见，我们几人在宾馆里工作了一个月，除了出去买药，没有出过宾馆的大门，每天都是睁开眼就编辑，很晚才能合眼。3月底宁夏谚语卷终审通过了。其他人都陆续回银川了，刘晓路责编带我去了全国艺术规划领导小组组长周巍峙先生家，周先生审阅后，签字批复印刷。宁夏谚语卷使用了全国艺术规划办的经费，由中国民间文艺出版社出版。

1989年7月初，中国民研会打电话急着催我去校对。我买了硬座去了北京西单太仆寺街中国民间文艺出版社等校样，按照总集成办公室的要求，我对宁夏卷谚语卷校对了两遍，我最初等到的秦皇岛印刷厂的校样不是一校，只是毛条，没有给我前言、后记和图表等附录部分，当时我没有经验，应该跟谚语总编委会的副主编们或是三套集成总编委会的贺嘉主任和刘晓路责编多沟通就好了，我只对正文校做了两遍校对。

1990年4月《中国谚语集成·宁夏卷》出版了，我付出了5年心血、汗水、泪水和情感的作品终于面试了。

喜悦之余我发现由于我们的编辑水平问题，宁夏谚语卷出现了一些硬伤和瑕疵。比如重复、错字、分类有待商榷等，有些问题在编辑时我们就遇到了，但是由于谚语分类限制，条目不多难以成小类，像"师傅领进门，修行在个人"可以放在修养类里，也可以放在学习类里之类的问题。谚语的编辑并不像民间故事、歌谣那么有篇幅，可以辅助参考，判断，遇到这样的问题原则上可以根据谚语的侧重分类，但是像师徒关系我们只能分在学习类中。总编委会强调谚语一定要有判断、推理，只是描述的不是谚语。所以我们力求把歇后语、俗语、名人名言剔除，这是谚语编辑的第一关，也是编辑的难点。像"出头的椽子——先烂"不是谚语是歇后语，"枪打出头鸟"是谚语。

凭心而论，当时我自己是付出了一百二十分气力和努力，并全心全意地付出了我那些年所有时间和精力的，但是我的编辑水平受限，加上当时条件所限，缺人，缺时间，缺设备。除了民族宗教谚，西夏谚部分是马乐群编辑的，那是32年后的2018年，我在文联《宁夏文艺家》报做的口述历史栏目采访他时才知道的，这部分也是宁夏谚语卷民族特色和历史特色的亮点。直到1994年，宁夏文联只有一台铅字打字机和油印机。编辑谚语的琐碎工作全靠我们老中青3人手工完成，并且走了很多弯路浪费了一些时间。比如编码工作，对于现在的计算机大数据时代是很好的编辑方法，可以有效剔除重复，但当时没有电脑，时间紧，民研会只能多雇佣几位临时工，花了很长时间很多经费专门打码，最后没有派上用场。

宁夏谚语卷出版后，我和马乐群继续为《中国歌谣集成·宁夏卷》做图表小传编辑，马乐群主要做歌谣流传地分布图，我主要做歌谣卷所有的表格、撰写艺人小传工作。马青是宁夏谚语卷的图表编辑，我们人手少，都是这样相互工作的。

2012年，中国民协刘晓路主任推荐我为文化部中国民间文艺发展中心的《中国民间故事集成精选》精选了50篇宁夏民间故事。2014年中国民协吕军副秘书长负责中国口头文学遗产数字化项目时，通过王知三老师找到我，聘我为宁夏项目专家，圆满地完成了一二期宁夏部分的资料搜集提供和撰写调查报告的任务。另外2012年到2014年，我参与了杨继国主席主持的国家社科出版基金项目《中国回族文学通史》，为民间文学部分撰稿，在武宇林主持的文化部民族民间文艺发展中心的子项目《中国节日志·宁夏春节》项目做行政秘书、项目采风小组长及写志略和三个调查报告。

偶然的机缘，我到了宁夏民研会，也有幸参与了国家八五艺术学科重点项目和宁夏民间三套集成的编辑工作，这是我人生的大幸运。让我有机缘认识了全国各地和身边的民间文学的专家和民间文学工作者，他们有的常年在田间地头，冒着寒冬酷暑用心用笔记录收集民间文学，有的人还没自己的成果就去世了，他们身上很多优良的品质和奉献的精神潜移默化地影响着我。三人一心，其利断金。我们三人精诚团结合作，唯一的目的就是在规定的时间内完成工作，最后实现了。

宁夏谚语给了我一生取之不尽用之不竭的财富，使我有幸与大量中华民族的传统观念零距离接触的机会。老祖先的智慧、精华、谋略、得失，都凝聚在谚语中，"前襟子是穿烂的，后襟子是指烂的"，我非常明白人的名誉和诚信是立身之本。本分做人，老实做事，老实人才能常在世。

第三部分

论文

中国民协与藏族《格萨尔》史诗的发掘名世

李连荣

李连荣(宗哲迦措),藏族,1970年生,青海大通人。现为中国社会科学院民族文学研究所研究员,主要从事《格萨尔》与藏族民间文学方面的研究工作。发表论文《〈格萨尔〉在西藏的传播特点》(2005)、《论〈格萨尔〉史诗情节基干的形成与发展》(2008)、《安多地区〈格萨尔〉史诗传承的类型特点》(2015)等多篇;出版著作《格萨尔学刍论》(2008)、《穆蒙银宗》(藏文精选本2013)、《格萨尔手抄本、木刻本解题目录(1958~2000)》(2017)、《赛马称王》(汉译2017)等。

内容提要 本文主要分析了新中国成立以来中国民协发掘藏族《格萨尔》史诗的情况。从《格萨尔》史诗学术史来看,尽管自18世纪以来受到西方学界的关注而在学界产生了"广泛影响",但其在学术界的真正发掘与确立地位,则是新中国成立以后的时期。而且在此过程中,中国民协作为整个中国民间文艺的引领者,为《格萨尔》史诗的发掘名世做出了不可磨灭的贡献。除了自始至终指导和参与《格萨尔》史诗的搜集、翻译、整理、研究、推广等各方面的具体工作外,它还在确定其"史诗属性"、领进国家层面的学术殿堂、建立协调统一的"抢救机制"、促使其列入"非遗名录"等方面,都发挥了至关重要的作用。

关键词 民研会 中国民协 《格萨尔》

一、小引

上千年来，《格萨尔》史诗在藏族文化中持续不断地传承与演变着，最终像滚雪球似的形成了我们目前所见到的卷帙浩繁的宏伟篇章。这期间，《格萨尔》史诗虽然像印度两大史诗那样广泛传播到了其他民族中，而且促使其形成了各自的史诗演唱传统，如蒙古族的《格斯尔》、土族的《格赛尔》等。不过，直至清末乃至20世纪初，这部史诗并没有在汉文化中引起过多关注。而在西方世界，从18世纪开始，学者们就已前赴后继地对这部史诗进行了搜集与探索，并于1959年出版了在学界具有重要影响的皇皇巨著《西藏史诗与说唱艺人的研究》。但是，随着现代意义上的研究概念的影响，我国学人从20世纪三四十年代也开始挖掘这部史诗。特别是新中国成立直至今天，70年来，我国在发掘这部史诗上所取得的成绩，的确前无古人，超过了以往任何时代与地区发掘这部史诗的总和。

在此，本文重点回顾1950年至1984年间，中国民间文艺家协会（后文中简称中国民协或民协，初成立时称为中国民间文艺研究会，简称民研会，1987年改名为现称）在挖掘、整理、研究、翻译和出版藏族《格萨尔》史诗方面所做出的重要功绩。1984年2月28日，"全国《格萨尔》工作领导小组"机构成立，民协作为其组成之一，依旧发挥着其重要作用，但在《格萨尔》工作方面的主导功能角色开始减淡。尽管如此，它对《格萨尔》史诗的支撑力度和热情，从未减淡。其后，它还在一系列独自开展的活动中，一如既往地关心与支持《格萨尔》史诗各方面的工作。比如命名青海省果洛州为"中国格萨尔文化之乡"（2008）、以及在其重大文化工程《中国非物质文化遗产百科全书·史诗卷》（2015）、"中国民间文学大系出版工程"（2017）等方面，依旧给予充分关注。

二、民研会在发掘《格萨尔》史诗中的作用（1950—1966）

（一）民研会成立及其影响：藏族民间文学与《格萨尔》史诗引起关注

1950年3月29日，中国民间文艺研究会在北京宣告成立，成立大会上推选郭沫若为理事长，老舍、钟敬文为副理事长。47人组成的理事会中包括了来自各地区的专家学者以及文艺界的领导和相关文艺界名人。会议通过了《中国民间文艺研究会章程》与《征集民间文艺资料办法》。4月12日召开第一次理事会，决定由周扬、吕骥、艾青、赵树理、俞平伯、欧阳予倩、程砚秋、常惠、郭沫若、老舍、钟敬文等11人组成了常务理事会，下设七个组：秘书组（组长贾芝）、民间文学组（组长钟敬文与楼适夷）、民间美术组（组长胡蛮）、民间音乐组（组长吕骥与马可）、民间戏剧组（组长欧阳予倩）、民间舞蹈组（组长戴爱莲）、编辑出版组（组长蒋天佐）。

在《中国民间文艺研究会章程》中规定了其宗旨："搜集、整理和研究中国民间的文学、艺术，增进对人民的文学艺术遗产的尊重和了解，并吸取和发扬他的优秀部分，批判和抛弃它的落后部分，使有助于新民主主义文化的建设。"[1]

由以上信息可知，当初民研会是以"理事

会"尤其是由"常务理事会"主持工作、行使权力的学术机构,并不是某一两个人就能产生和执行某项决议的机构。而且,作为民研会中民间文学理论方面的专家人选,我们可以从"常务理事会"和各分组主管人员的组成情况得知,事实上大家推选的是钟敬文先生。因此,直至1957年"反右"斗争前夕撤销其副理事长职务为止,钟敬文先生的民间文学理论思想在中国民间文艺研究会的工作中一直具有重要的影响。这个情形也可从后来他撰写的《民间文学》(1955年创刊)发刊词中得到进一步的印证[2]。另外,从该会当初的"宗旨"中可以知道,它是以搜集、整理和研究中国民间的文艺为主要目标,建设新民主主义文化是其辅助功能。

中国民间文艺研究会成立以后,在全国范围内开展了宣传搜集和"征集"中国民间文艺的活动。其中编辑出版的《民间文艺集刊》(1—3)在全国范围内产生了广泛的影响。特别是1951年9月1日编辑的《民间文艺集刊》(第3册),为配合签订西藏和平解放条约的需要,特别编辑了"藏族民间文艺特辑",其中收录了转译自国外编译的几则藏族故事、歌谣、谚语以及介绍藏族音乐的文章等[3]。估计限于时间仓促,并没有来得及刊印国内搜集的藏族民间文学作品。但从民研会这种要广泛"征集"各民族民间文学资料的行动以及"宣传"与"示范"工作,为当时打开搜集包括《格萨尔》史诗在内的藏族民间文学的新局面,起到了非常重要的表率作用。

不久,四川、青海、甘肃等各地的各种机构和学人开始了藏族民间文学的搜集工作。尤其是通过"民间文艺汇演"的方式,发掘民间文艺人才并进行搜集工作,是当时采取的一种行之有效的方法。新中国对藏族《格萨尔》史诗的搜集工作,正是通过这种方式开启的。这就是1953年3月,青海省文教厅举办全省各民族民间文艺汇演。期间发现了来自贵德县的《格萨尔》史诗演唱艺人华甲[4]。回顾历史,我们可以毫不夸张地说,艺人华甲的发现,为后来我国《格萨尔》史诗一切工作的源头。

(二)民研会的理论支持:《格萨尔》"史诗"属性的确立

当下我们确认《格萨尔》是堪与希腊和印度等民族之史诗相提并论的一部伟大史诗作品时,还不得不归功于民研会于20世纪五六十年代对其属性的确认之力。

尽管"史诗"概念自晚清至民国之间已经在中国文学中出现,但由于在汉文化中没有找到相对应的作品,因此它一直在中国学界并没有引起足够的注意。即便到了20世纪三四十年代,钟敬文先生发表的《民间文艺学底建设》一文中也没有提到"史诗"概念。当国外学者将《格萨尔》当作"史诗"进行译介和研究时,我国还没有确认其为史诗。即使20世纪五六十年代将其确认为"史诗"属性时,也依然经过了一段曲折的道路。

我们从民研会最初通过的《征集民间文艺资料办法》中可以看到,其征集的体裁范围包括:"全国各地区流行于人民大众中间的民谣、民歌、平话、弹词、鼓词、地方戏脚本、民间故事、神话、传说、谚语、谜语、年画、门神、剪纸、花样玩具等,无论新旧,无论长短大小,也无论是语言文字的、演唱的,或绘塑的,只要真正是民间所作所传，不是伪造或仿制的各种文学艺术创作。"[5] 从其征集的"各项民间文艺资料"中可见并无"史诗"概念。也就是说，"史诗"在中华人民共和国成立初期仍然没有发现。

直至1955年，钟敬文先生撰写的《民间文学》创刊号的"发刊词"——"一篇比较全面阐述民间文学的含义和工作宗旨的宣言"[6]中，就开始明确提出了"民族史诗"的概念。"到目前为止……许多兄弟民族的史诗，我们还没有发现或好好记录下来。"[7] 自此，"民族史诗"或"少数民族史诗"的概念出现在了中国民间文艺学界。关于《格萨尔》是"史诗"属性的确认，正式提出于1956年2月27日至3月6日中国作家协会第二次理事会会议（扩大）。其间，中国民间文艺研究会副理事长老舍作了题为《关于兄弟民族文学工作的报告》，其中将藏族《格萨尔》明确定性为史诗，并呼吁大力开展搜集工作。[8]

事实上，在青海等真正开展搜集《格萨尔》史诗的地区，很长一段时间内，并没有将其当作"史诗"来认识。

上文提到1953年《格萨尔》艺人华甲被正式发现，接着1955年6月13日程秀山主持召开青海省第一次文代会，并在此次大会上成立了青海省文联[9]。大约正是在这次会议上，因其多才多艺，艺人华甲才被吸收为了青海文联的干部。但是，随后从华甲译意、金放整理的新中国第一篇《格萨尔》史诗汉译文的"附记"中可见："这个古典神话剧本多少年来，流传在藏族的广大人民中间……可惜的是，现在还没有找到藏文原本。这个片段，是根据化（华）甲同志的口头译述，可能有些地方与原本有出入……"[10]。也就是说，这篇文章发表的1957年，青海的搜集者们也并没有认为它是一部史诗作品。

不仅如此，直至1959年12月中国民研会在北京主持召开"《格萨尔》史诗座谈会"以后，青海的搜集者及其领导者们，才上下逐渐统一认识，将《格萨尔》的属性明确认定为史诗作品。在这之前，尽管少数搜集者如徐国琼、《民间文学》编辑王亚平等人坚信它是民族史诗[11]，但大多数领导者、文艺学者等并不认同它是一部史诗作品。我们从1957年青海省委发出的《关于继承发扬本省各民族民间文化艺术遗产的指示》、1958年6月号《青海湖》杂志开始连载的华甲与王沂暖翻译、整理的后来称为《贵德分章本》各章节的总名称《格萨尔王传》、乃至于1959年11月27日青海省文联党组向中共青海省委宣传部提交的《关于藏族民间文学〈格萨尔王传〉的调查、搜集、翻译、整理情况的报告》等正式文献中，并没有明确提出是"史诗作品"，而是笼统地称为"藏族民间文学""藏族古典民间文学作品"等[12]。

究其原因，除了传统中国文学的深刻影响如接受过传统文化的学者将其称为"传奇""小说"或"传奇小说"[13]外，也与中国民间文学界内部对其的认识出现的"犹豫"有关。尽管当时苏联民间文学界已经将其认定为"史诗"并在中国学界具有决定性的作用，比如米哈依洛夫的《必须珍惜文化遗产——关于〈格斯尔史诗〉的内容本色》等理论文章已转载于《青海民族民间文学资料》[14]并得到广泛转引，但是，此前（1958年12月9日）中国民研会通过中宣部传达到各省的正式《通知》文件及附件《〈中国歌谣丛书〉和〈中国民间故事丛书〉编选计划》中，将《格萨尔》称为"藏族英雄故事"[15]，也即，民研会的正式文件肯定也对青海的搜集者与领导们产生了对这部史诗属性认识的"动摇"，起到了一定的"混淆视听"的效果。

但是，如上所述，自1959年12月北京召开《格萨尔》史诗座谈会以后；特别是当年民研会还派专人如刘锡诚等人来青海文联"调研""视察"和"指导"《格萨尔》工作[16]，以及给予"马克思主义史诗理论"的指导等[17]；尤其是1960年4月中国民研会的下属组织青海民研会成立以后，《格萨尔》史诗的"史诗属性"基本上确定下来了。

（三）民研会的关注：《格萨尔》登上中国民间文学殿堂

毋庸置疑，《格萨尔》被确定为"史诗"属性，对其自身的深远意义和影响了。同时，在此尚需谈到自民研会给予关注以后，《格萨尔》的命运彻底变革的事。即它从一部少数民族的文艺作品，一跃而成为了"中国史诗"，引起了国家层面的关注；并且被赋予了"多重含义"，比如具有"文学意义""历史意义""民族意义"和"政治意义"等。

首先，1958年12月9日，中宣部向各级宣传部批转了中国民间文艺研究会为国庆十周年献礼拟定的"中国歌谣丛书"和"中国故事丛书"编选计划。《故事丛书》拟编选的6部书目中，蒙古族《格斯尔传》和藏族的《格萨尔王传》就占了两项。其中将史诗《格萨尔》作为藏族英雄故事郑重列于其中，并指名藏族《格萨尔》由青海负责定稿和写序工作。但这一编辑出版计划得到了中宣部的批准，中宣部责成内蒙古自治区和青海省分别负责蒙文《格斯尔》和藏文《格萨尔》的搜集、整理和翻译出版。这在《格萨尔》发展的历史上，具有里程碑的意义，从此开始了自上而下，有领导、有组织、有计划的搜集整理工作。[18]尽管这项活动起初仅仅是一个"政治项目"，但它却从侧面推动了《格萨尔》史诗的搜集工作，并且提升了它的"地位"。在此以前，《格萨尔》的搜集工作仅仅是个别学者的爱好与本职工作，并没有得到充分的关注。之后，成为了一项政治任务，引起了青海文联的全新关注，明显的标志便是，在青海文联民间文学组中，于1959年2月成立了"《格萨尔》工作组"[19]，专门负责搜集、翻译和整理等工作。

因此，民研会开展的这项"国庆十周年献礼"活动，将《格萨尔》列入其中，肯定并提升了其"地位"，客观上促进了《格萨尔》史诗的搜集、翻译和整理等工作。在这个大好形势下，后来为《格萨尔》搜集工作做出重大贡献的黄静涛同志于1959年3月担任了青海文联党组书记并兼任青海省委宣传部副部长一职。他在这一年起用了尚在劳改之中的老学者杨质夫（1961年去世[20]）、吴均等人参与翻译工作。1960年4月成立青海文联民间文艺研究会并担任主席。特别是1960年夏天，[21]他动员组织了大约200人的"青海民族民间文学调查团"，自任团长一职，开展了长达半年范围波及省内外的调查搜集工作，在《格萨尔》史诗的资料搜集方面取得了丰硕的成果[22]。

其次，1959年12月18日在北京由中国民间文艺研究会、中国科学院文学研究所和青海省文联联合召开了《格萨尔王传》的搜集、翻译、整理工作座谈会。会议由民研会副主席老舍主持，由国家民委、中央民族学院、中国科学院语言研究所、民族出版社等单位人员参加[23]。这次会议纪要，经过整理刊登在了《青海民族民间文学资料》第6辑上[24]。从中可见，相比于此前8月份青海文联在省内召开的"征求意见会"[25]。此次由民研会主持的座谈会的意义在于，不仅如上文中提到确立《格萨尔》的史诗属性，统一了大家的认识。同时，在肯定搜集工作取得的良好成绩后，大家提出"翻译和整理"应分步走，先做翻译，然后再尝试整理[26]。基本上否定了青海文联民间文学组开展的"整理"工作。也即自这一年4月至10月，编印了10册署名为"王沂暖、华甲、徐国琼、歌行、可国翻译整理"的《格萨尔》史诗[27]。自此，搜集和翻译工作成为了青海文联《格萨尔》工作组和青海民研会的主要工作，不再进行大规模的"整理"工作。

最后，特别是1960年4月青海文联民研会成立以来，作为民研会的下属机构，积极配合民研会志趣，开展《格萨尔》史诗的搜集和翻译工作。同时，《格萨尔》史诗作为中国民间文学的重要组成部分，相应地得到了民研会全方位的支持与影响，比如1962年《霍岭大战》（上册）出版后，《民间文学》等刊物进行了宣传报道；又如民研会1958提出的"全面搜集，重点整理，加强研究，大力推广"的民间文学工作方针，也对青海民研会的工作产生了积极影响[28]。

三、新时期民研会为抢救《格萨尔》史诗奠定基石

（一）助推青海省委完成《格萨尔》史诗的平反工作

1978年春，中国文联即将恢复，民研会筹备组也开始活动。了解到这些信息后，曾受十年浩劫的《格萨尔》及其热心于这项事业的工作者们看到了新的希望。他们四处积极奔波，想方设法，利用各种时机恢复《格萨尔》工作。最终，在当年年底经民研会助推，青海省委彻底平反了《格萨尔》史诗。事后民研会还在《民间文学》《人民日报》《民间文学工作通讯》等刊物上为此进行了大力宣传报道，扩大影响。进而此事成为了中国民间文学史上的大事，树立了新时期中国民间文学中的平反"典型和榜样"[29]。

在此，我们仅从一位我国《格萨尔》工作开创者之一的徐国琼的个人经历，简述青海省委平反《格萨尔》工作的历程。尽管个人的经历仅仅是完成这项大事的微不足道的一个侧面，而且我们也了解到，当时不止一人为恢复《格萨尔》的名誉和平反工作进行过不折不挠的奔波呼吁，但仅举一例也就可以窥见全豹了。

1978年5月，徐国琼这位"文革"期间饱受摧残又不顾一切保存了《格萨尔》史诗资料[30]的热心者，看到向新华社青海分社反映平反的事宜迟迟没有反响后，直接向中国民研会筹备组写信汇报"四人帮"破坏《格萨尔》的罪行和自己保护《格萨尔》资料的情况。他在这份报告中报告了《格萨尔》史诗及其工作者们遭受的"极其残酷的破坏"情状：《格萨尔》

史诗被诬蔑为"反党反社会主义反科学的毒箭、毒草、封建迷信"、机构被砸散、专业人员被迫改行、民间艺人揪斗致死、搜集的珍贵资料全部烧毁或送进了造纸厂，以及他个人冒着危险保存资料情况等[31]。

1978年9月，中国民研会筹备组给青海文联去函，要求徐国琼来京汇报工作。与此同时，青海文联与青海省委宣传部向省委提交报告，要求平反《格萨尔》史诗及受牵连的同志。同年10月18日，青海省委宣传部向省委呈送了《关于为藏族民间史诗〈格萨尔〉平反的请示报告》。11月13日，青海省委发出青发（1978）300号文件，向全省党、政、军各级领导机关党委，批转了宣传部的报告[32]。同日，徐国琼前往北京向中国民研会筹备组汇报工作。10月19日，中国文联、中国民研会联合召开了徐国琼介绍《格萨尔》史诗工作的汇报会，有文化部、国家民委、中国科学院文学所、北大、北师大、民族文化宫、民族出版社、新华社等单位人员参加，大家听取汇报后，一致要求赶快给《格萨尔》冤案平反。在此前一天，他与民研会贾芝向中宣部副部长、中国文联主席周扬同志汇报工作时，周扬也曾做出指示：快给《格萨尔》平反与重新组织人力好好搞，快点搞[33]。

正是鉴于这样上下一致的努力，特别是得到中国民研会的大力支持，1978年11月30日，青海省委召开全省大会，公开平反了《格萨尔》和相关人员。此后，中国民研会将此事在全国范围内进行了大力宣传报道，将其树立成了新时期给中国民间文学平反的榜样与典型，为新时期展开的全国范围内的民间文学"抢救"工作，起到了推波助澜的作用。

（二）《关于抢救藏族史诗〈格萨尔〉的报告》的意义

得力于民研会在全国范围内大力宣传青海平反《格萨尔》史诗的影响，个别地区如西藏已于1979年初，发现著名《格萨尔》讲唱艺人扎巴，并率先成立了"西藏师院《格萨尔》抢救小组"，开始展开录音抢救工作。但是正如此时青海民研会等地方同志诉求的那样，希望建立全国性的《格萨尔》工作领导小组，统一协调这项工作[34]。

经过民研会与中国社会科学院少数民族文学所筹备组共同努力，1979年《格萨尔》史诗的全国性工作领导小组筹建了起来，从此拉开了《格萨尔》史诗"抢救"工作的序幕。这就是1979年8月8日，中国社科院少数民族所筹备组和中国民研会向中国社科院、国家民委和中宣部呈送的《格萨尔》抢救报告——《关于抢救藏族史诗〈格萨尔〉的报告》。关于这个报告的申请及其批复情况的经过，据时任民研会负责人的贾芝回忆："1979年8月8日，我主持杨亮才协办，以中国社科院少数民族文学研究所和中国民间文艺研究会名义向中宣部递交了《关于抢救藏族史诗〈格萨尔〉的报告》，提出成立《格萨尔》工作领导小组的建议。经武光、邓力群、宋一平、于光远、周扬、梅益、马寅、江平、杨静仁、李英敏共10位领导阅批，成立《格萨尔》工作领导小组：贾芝、王平凡、马寅、毛星、黄静涛、程秀山、蒙定军；贾芝任组长。"[35]

鉴于这份编号为"值办字464号"的报告在新时期《格萨尔》"抢救"工作中所具有的划时代意义，在这里稍作概要阐释。首先从报告批复的最后日期即中宣部文艺局李英敏的签字日期来看,最后审批通过是在1979年10月28日。从其审批领导结构至经办周期可知,它是新时期全国《格萨尔》整体规划抢救工作中的纲领性文件,它的影响遍及宣传部门、民族事务、文化部门和研究机构等国家各个领域。举例来说,这对于我们为何在次年民研会于四川峨嵋山主持召开第一届全国《格萨尔》工作会议之前,西藏已经成立了自治区《格萨尔》抢救工作领导小组这件事,不难理解了。即1980年4月,西藏自治区党委发出了藏党复(1980)5号文件,批复了区党委宣传部的《关于抢救藏族史诗〈格萨尔王传〉的报告》。责成有关部门广泛宣传抢救这一史诗的价值和意义;为《格萨尔》史诗公开平反;立即成立抢救工作领导小组,开展工作,所需经费单造预算,由财政拨款[36]。

其次,从其内容来看,除了成立涉及宣传、民族事务、文化部门和民族民间文艺研究部门等统一协调的全国《格萨尔》工作领导小组以外,更重要的是做出了工作计划。即制定长期规划,做好资料抢救、翻译、整理、出版和研究工作,建立专门的资料馆将《格萨尔》资料保存于青海、甘肃等地,并且作为一项长期事业由少数民族文学所的经费给予支持等。

最后,这份报告基于此前一年青海省委平反《格萨尔》史诗引起的国内外良好反应的基础,重申了《格萨尔》史诗抢救工作所具有的重要意义:"做好这一史诗发掘工作,对于丰富祖国文化宝库,贯彻党的文艺政策、民族政策,提高民族自信心,加强民族团结,都具有十分重要的意义。"[37]

(三)四次全国《格萨尔》工作会议及《格萨尔》列入"六五"规划

尽管1979年8月8日的报告中提出了成立全国《格萨尔》工作领导小组的计划,但事实上直至1984年2月28日中宣部发出7号文件以前,这个小组虽然以各种方式运转并行使着实际的工作权力,但并没有真正的"名分"[38]。这个组织的真正执行者实际上就是民研会与中国社科院少数民族文学所。也就是说,自1979至1984年,全国性《格萨尔》史诗工作的开展,其中民研会起到了关键的主导作用。

在此期间,在《格萨尔》史诗的抢救工作中,发挥了至关重要的作用的事件,即是由民研会与中国社科院少文所主持召开的四次全国《格萨尔》工作会议,与促成《格萨尔》史诗的抢救搜集项目列入了国家哲学社会科学"六五"规划。

四次会议分别是1980年4月在四川峨嵋山召开的会议[39],1981年2月[40]、1982年5月[41]和1984年1月[42]在北京召开的会议。总结这四次会议,从其讨论的内容、部署的规划以及产生的实际效应来看,主要取得以下几个方面的成绩。首先,强调了建立全国一盘棋的领导与组织结构重要性,从最初1980年4月召开的第一次会议上,计划成立全国《格萨尔》翻译、整理协调小组,督促各省区成立《格萨尔》工作组,到1982年5月第三次会议上正式成立这一组织,直至最终于1984年2月28日建立了名正言顺的由四部委组成的"全国《格萨尔》工作领导小组"机构及办公室,并刻印了公章。同时,呼吁在《格萨尔》与《格斯尔》流传的7省区建立了相对独立的《格萨尔》工作领导小组及办公室，1984年以来各省都在省文联或民委等机构组建了实体的《格萨尔》工作领导小组及办公室。

其次，领导与督促了全国《格萨尔》史诗的"抢救"工作，取得了可喜的成绩。正如四次会议纪要中突出报告的每一年度每个地区普查、搜集、录音、翻译和出版的主要成果，通过综合性的报告，既了解到各地工作的进展情况，同时也在客观上形成比较，激励了各地区抢救《格萨尔》史诗的积极性。同时，这一时期创刊的《格萨尔工作通讯》，也起到了互通信息的作用。

最后，通过四次全国性《格萨尔》工作会议的召开，奠定了《格萨尔》史诗今后发掘工作的方向和基石。特别是1984年1月11—16日隆重召开的第四次全国《格萨尔》工作会议，不仅邀请了7省区即西藏、青海、甘肃、四川、云南、内蒙古和新疆的代表与中宣部文艺局、中国社科院科研局、文学所、少文所以及民研会等单位三十余人出席，听取报告和商议了列入全国哲学社会科学工作"六五"规划的《格萨尔》史诗的抢救工作事宜；而且还邀请了一批新时期以来长期支持与领导《格萨尔》抢救工作的重要领导光临，如中宣部顾问、中国文联主席周扬，文化部顾问、中国文联副主席陈荒煤，统战部副部长江平，中国社科院副秘书长孙尚清，中国民研会副主席钟敬文、贾芝，常务书记刘锡诚，中国作协书记处书记玛拉沁夫等出席会议，并作了重要讲话[43]。

1984年2月28日，中宣部向各省下达了《关于加强少数民族文学研究和资料搜集工作的通知》（中宣通〔1984〕7号），突出强调了《格萨尔》搜集、整理、翻译、研究工作的意义，作为附件批转了《关于加强国家重点科研项目〈格萨尔〉工作的报告》[44]。这也标志着多年来在民研会与中国社科院少文所积极努力下，建设起来的"全国《格萨尔》工作领导小组"（1991年更名为"全国《格萨（斯）尔》工作领导小组"）正式得到了承认。这个组织由文化部、国家民委、中国社科院和中国民间文艺研究会以及7省区相关机构领导组成，下设办公室于中国社科院少文所。相应地在青海省、西藏自治区、四川省、甘肃省、云南省、内蒙古自治区、新疆维吾尔自治区等流传《格萨（斯）尔》史诗的7省区相继成立了《格萨（斯）尔》工作领导小组和办公室，开展搜集抢救工作。自此，全国《格萨尔》的主要工作由这一办公室负责，其他单位给予配合行动。

总之，通过四次全国《格萨尔》工作会议，7省区《格萨尔》史诗工作者，统一了认识和思想，形成了《格萨尔》史诗抢救工作的全新模式：即重视各级党委领导，各单位之间加深纵横向的密切合作，建立全国性的《格萨尔》史诗搜集、研究队伍，加强宣传工作等。这些成功的经验成为了全国《格萨尔》工作领导小组成立以后，持续推动《格萨尔》工作的纲领。

此外，1983年3月1日至7日，在广西桂林召开全国文学学科规划会议上，"《格萨尔》史诗的搜集整理"项目被列入了国家第六个五年计划期间的重点科研项目。期间，民研会的钟敬文、马学良、贾芝等领导也积极支持，起到了重要作用[45]。自此，《格萨尔》史诗的搜集整理工作进入国家学术殿堂，为今后新的发展打开了大门。

四、小结

民研会作为全国《格萨尔》工作领导小组的成员之一，在其后的工作中给予了积极配合与支持，发挥了重要作用，做出了应有的贡献。比如全国《格萨尔》工作领导小组于1986年、1997年分别举行全国《格萨尔》工作表彰大会，1991年举行全国《格萨（斯）尔》艺人命名大会等，期间，民研会尽管已不再像前期那样承担主要工作，但都发挥了积极的辅助作用，完成了自身的使命。

此外，1984年以来，民研会对《格萨尔》史诗的抢救工作，特别是新世纪《格萨尔》史诗列入国家和联合国非物质文化遗产以来，在《格萨尔》史诗的保护和传承方面，独自开展工作，做出了重要贡献。如上文提到的"中国《格萨尔》文化之乡"建设、以及在其重大文化工程《中国非物质文化遗产百科全书·史诗卷》、"中国民间文学大系出版工程"等方面。另外，民研会主办的《民间文学》《民间文学论坛》《民间文化》《民间文化论坛》等杂志，一直以来关心与支持《格萨尔》史诗，刊发了众多《格萨尔》史诗的报道、评论和研究论文，切实推动了《格萨尔》史诗事业的蓬勃发展。

总之，现在回顾《格萨尔》史诗在新中国的发掘名世，民研会在其中自始至终发挥了关键的主导作用。比如从最初作为"民间文学"或者"故事"直至提升到"史诗"属性的确立，到最后促成全国《格萨尔》工作领导小组及办公室的建立，乃至将《格萨尔》史诗列入国家级的哲学社会科学殿堂和舞台，期间总缺不了民研会积极支持和引领的身影，其功绩是卓著而不可磨灭的。

此外，值得引人深思的一个现象也记录于此：关照整个《格萨尔》发掘史，在纷乱的学术表象后面，我们发现学术的命脉并未中断过，实际上它自身一直是持续不断地联系着的。比如我们看到，石泰安1959年的著作，在青海调研者中，已经是非常熟悉的。而且，尽管具体内容还没有了解得多么透彻，或者他们宁愿从自己的立场出发去选择需要的内容，但他们正是从这里作为起点，开始了自己的工作。相应地，1979年开始的全国范围内统一行动的《格萨尔》史诗的抢救工作中，自然也是在前期青海地区的《格萨尔》工作为经验基础展开的。也就是说，学术工作事实上并不被民族、国家乃至政治等因素割断，它有自身独立而相续不断的命脉。

注释

[1] 刘锡诚：《20世纪中国民间文学学术史》，开封：河南大学出版社，2006年12月，第587—591页。

[2] 同上，第595页。

[3] 同上，第592页；毛巧晖《民研会：1949—1966年民间文艺学重构的导引与规范》《中央民族大学学报》2019年第1期，第173页。

[4] 笔者1999年采访青海民研会秘书长董绍宣先生的口述资料。

[5]《人民美术》1950年第4期，第48页。

[6] 刘锡诚：《20世纪中国民间文学学术史》，开封：河南大学出版社，2006年12月，第595页。

[7] 中国民间文艺研究会主编：《民间文学》（创刊号）"发刊词"，北京：通俗读物出版社，1955年4月，第8页。

[8] 老舍：《关于兄弟民族文学工作的报告》，《人民日报》1956年3月25日。

[9] 黄金花、李连荣：《青海早期〈格萨尔〉史诗资料学建设研究》，《青海师范大学学报》，2015年第4期。

[10] 华甲译意、金放整理：《南瞻部洲的雄狮——盖舍尔》，《青海湖》，1957年7月号，第6页。

[11] 徐国琼：《关于史诗〈格萨尔王传〉》《青海民族民间文学资料》第3集，青海省文联印，1959年10月；王亚平：《谈〈格萨尔王传〉》，《青海湖》1959年2月号。

[12] 青海省文联：《关于藏族民间文学〈格萨尔王传〉的调查、搜集、翻译、整理情况的报告》，赵秉理编：《格萨尔学集成（一）》，兰州：甘肃民族出版社，1990年12月，第8—9页。

[13] 杨质夫：《关于格萨尔王传奇情况的材料》，《搜集、研究青海藏族文学的参考材料》第1期，青海省文联印，1959年4月。

[14] 米哈依洛夫：《必须珍惜文化遗产——关于〈格斯尔史诗〉的内容本色》，《青海民族民间文学资料》第4集，青海省文联民间文学研究组印，1959年11月。

[15] 赵秉理编：《格萨尔学集成（一）》，兰州：甘肃民族出版社，1990年12月，第8页。

[16] 刘锡诚：《20世纪中国民间文学学术史》，开封：河南大学出版社，2006年12月，第615、705页。

[17] 刘锡诚编：《有关史诗的言论录》，《青海民族民间文学资料》第6集，青海省文联民间文学研究组印，1960年2月。

[18] 王乎凡：《巨大的成就，灿烂的前景——回顾四十年的〈格萨尔〉工作》，《中国民间文艺学四十年》，兰州：敦煌文艺出版社，1991年。

[19] 徐国琼：《20世纪50年代末60年代初〈格萨尔〉史诗发掘抢救工作的回顾》，《格萨尔研究集刊》第5集，北京：民族出版社，2001年6月，第363页。从当时参与这项工作的情况看来，《格萨尔》工作组的组成人员包括程秀山、华甲、徐国琼、王歌行、左可国等人。

[20] 吴均：《青海藏文研究社》，《中国藏学》，1996年第2期，第140页。

[21] 据徐国琼回忆，1960年7月程秀山受到"批判"而撤销了职务，改由青海民研会主席黄静涛负责。参见《我是怎样发掘抢救藏族史诗〈格萨尔〉的》，《〈格萨尔〉史诗谈薮》，昆明：云南民族出版社，2010年12月，第15页。

[22] 黄金花、李连荣：《青海早期〈格萨尔〉史诗资料学建设研究》，《青海师范大学学报》，2015年第4期。

[23] 长山：《青海省大力搜集著名史诗〈格萨尔王传〉》，《民间文学》，1960年第1期。

[24] 从徐国琼著作目录可见，此纪要整理者为徐国琼。参见徐国琼《〈格萨尔〉史诗求索》，昆明：云南民族出版社，2007年8月，第301页。

[25] 青海省文联民间文学研究组记录《讨论会纪要》，《青海民族民间文学资料》第3集，青海省文联印，1959年10月。

[26]《各地对〈格萨尔王传〉调查、搜集、翻译、整理工作的反映和意见（纪要）》，《青海民族民间文学资料》第6集，青海省文联民间文学研究组印，1960年2月，第45—46页。

[27] 李连荣编：《〈格萨尔〉手抄本、木刻本解题目录1958—2000》，北京：中国社会科学出版社，2017年，第729—731页。

[28] 左可国：《调动一切积极因素让民族民间文学在四化中大放光彩（草稿）》，《民间文学工作通讯》第34期，中国民间文艺研究会编印，1981年5月，第49页。

[29] 刘锡诚：《20世纪中国民间文学学术史》，开封：河南大学出版社，2006年12月，第687—688页。

[30] 据黄静涛的回忆，他也曾不顾个人安危、鼓励过徐国琼保护《格萨尔》资料。1967年他个人处境极端危困之际，正在激烈接受批斗、小组逼迫交出《格萨尔》资料的徐国琼遇到他，他告诫徐国琼："绝不能交出，那要毁灭的。好好收藏，秘不告人。困难不会永远的。"参见黄静涛《往事一瞥——2001年11月14日上午在中国社科院少数民族文学所〈格萨尔〉室座谈会发言追述》（打印稿）。

[31] 徐国琼：《愤怒控诉"四人帮"破坏民间文学事业的罪行》，《民间文学工作通讯》第2期，中国民间文艺研究会筹备组、中国社会科学院文学所民间文学组编印，1978年7月，第16—18页。

[32] 赵秉理编：《格萨尔学集成（一）》，兰州：甘肃民族出版社，1990年12月，第23—25页。

[33] 徐国琼：《20世纪50年代末60年代初

〈格萨尔〉史诗发掘抢救工作的回顾》，《格萨尔研究集刊》第5集，北京：民族出版社，2001年6月，第382—383页。

[34] 青海省民研会：《中国民间文艺研究会青海分会积极开展业务活动》《民间文学工作通讯》第12期，中国民间文艺研究会编印，1981年5月，第16页。

[35] 贾芝：《中国史诗〈格萨尔〉发掘名世的回顾》，《西北民族研究》2012年4期。

[36] 《西藏〈格萨尔〉抢救办公室工作简报》第1期，西藏《格萨尔》抢救办公室编印，1981年。李连荣《格萨尔学刍论》，北京：中国藏学出版社，2008年11月，第118—119页。

[37] 赵秉理编：《格萨尔学集成（一）》，兰州：甘肃民族出版社，1990年12月，第30—31页。

[38] 比如第二次（1981年2月）全国《格萨尔》工作会议后成立了各省（区）工作组组长参加的全国《格萨尔》整理、翻译协调小组，并附有小组名单。参见《全国第二次〈格萨尔〉工作会议纪要》，《民族文学研究》1981年第1—2期。

[39] 《全国第一次〈格萨尔〉工作会议纪要》，赵秉理编：《格萨尔学集成（一）》，兰州：甘肃民族出版社，1990年12月，第31—33页。

[40] 《全国第二次〈格萨尔〉工作会议纪要》，赵秉理编：《格萨尔学集成（一）》，兰州：甘肃民族出版社，1990年12月，第33—35页。

[41] 《全国第三次〈格萨尔〉工作会议纪要》，赵秉理编：《格萨尔学集成（一）》，兰州：甘肃民族出版社，1990年12月，第36—38页。

[42] 《全国第四次〈格萨尔〉工作会议纪要》，赵秉理编：《格萨尔学集成（一）》，兰州：甘肃民族出版社，1990年12月，第51—53页。

[43] 《全国第四次〈格萨尔〉工作会议纪要》《周扬同志在全国第四次〈格萨尔〉工作会议上的讲话》《陈荒煤同志在全国第四次〈格萨尔〉工作会议上的讲话》《江平同志在全国第四次〈格萨尔〉工作会议上的讲话》《孙尚清同志在全国第四次〈格萨尔〉工作会议上的讲话》《钟敬文同志在全国第四次〈格萨尔〉工作会议上的讲话》《贾芝同志在全国第四次〈格萨尔〉工作会议上的讲话》《刘锡诚同志在全国第四次〈格萨尔〉工作会议上的讲话》，赵秉理编：《格萨尔学集成（一）》，兰州：甘肃民族出版社，1990年12月，第51—65页。

[44] 赵秉理编：《格萨尔学集成（一）》，兰州：甘肃民族出版社，1990年12月，第73—75页。

[45] 降边嘉措：《中国〈格萨尔〉事业的奋斗历程》，北京：社会科学文献出版社，2012年10月，第46—47页。

中国民协与《玛纳斯》搜集保护

阿地里·居玛吐尔地

阿地里·居玛吐尔地，柯尔克孜族，1964年生。现任中国社会科学院民族文学所北方室主任，研究员，中国社会科学院研究生院教授，博士生导师。中国作家协会会员，中国民协会员，中国少数民族文学学会常务理事，中国民俗学会理事，国际史诗研究会咨询委员（中国），国际民俗学会通讯会员（芬兰），国际《卡勒瓦拉》研究会会员（芬兰），国际艾特玛托夫研究院院士。主攻新疆少数民族文学、口头史诗传统以及我国和中亚"一带一路"跨界民族文学研究，在国内外核心刊物上发表相关论文百余篇。独立或合作出版主要学术著译有《玛纳斯史诗歌手研究》《口头传统与英雄史诗》《玛纳斯演唱大师居素普·玛玛依评传》（汉文版，吉尔吉斯文版，日文版）、《中国玛纳斯学辞典》等十余种，编有《世界玛纳斯学读本》《中国玛纳斯学读本》《柯尔克孜民间文学精品选》等若干种，译有《玛纳斯》史诗10万多行，《突厥语民族口头史诗》《文学与艺术》《吉尔吉斯斯坦诗歌选集》（2卷）等若干种及各类著述文学作品二百多万字。主持或参与国家级省部级研究课题十余种。

内容提要 从20世纪60年代初开始，在中国民协、新疆文联等单位的合力协作下，我国《玛纳斯》史诗开始得到大规模搜集记录翻译出版，从柯尔克孜族民间走出来，从国内走向国际，最终成为享誉世界的史诗杰作得到世界认可，进入我国非物质文化遗产代表作名录并成为人类非物质文化遗产代表作，在我国民间文学发展史上画上了浓墨重彩的一笔。在这一过程中花费了我国各民族民间文化工作者的心血，汇聚了我国各民族文化工作者的智慧与情感。我国的《玛纳斯》史诗工作之所以取得今天这样的成就，除了党的正确方针政策指引外，与中国民协的很多负责具体工作的领导及专家学者们的高瞻远瞩、运筹帷幄、精心策划和组织领导分不开。

关键词 《玛纳斯》史诗 柯尔克孜族 搜集整理 中国民协

中国《玛纳斯》史诗抢救保护搜集研究，即我国《玛纳斯》学的肇端要追溯到20世纪50年代末60年代初。在中国特色社会主义文化建设史上，《玛纳斯》史诗的搜集抢救保护宣传研究是其中重要的一段精彩华章。中国民间文艺家协会（原中国民间文艺研究会）与《玛纳斯》史诗的搜集抢救有着深厚的渊源，从20世纪60年代初抢救保护与传承宣传《玛纳斯》史诗直至2006年国家公布我国第一批国家级非物质文化遗产名录，2009年申报联合国人类非物质文化遗产代表作，翻译出版《玛纳斯》史诗居素普·玛玛依唱本，深入研究有关这部史诗的各类问题方面都发挥了引领作用。从20世纪60年代初开始，在党的文艺方针的正确领导和指引下，在中国民协历届领导成员半个多世纪以来一贯的悉心关怀和组织下，在新疆维吾尔自治区文联、新疆民间文艺家协会和新疆克孜勒苏柯尔克孜自治州党委的积极配合下，在各民族学者开拓进取不断努力下，我国《玛纳斯》史诗工作从最初的起步阶段不断推向深入，从国内走向国际，最终得到世界认可，并上升成为人类非物质文化遗产代表作。我国《玛纳斯》学也从无到有，不断走向国际学术舞台并且走上国际《玛纳斯》学的高峰，在我国民间文学发展史上画上了浓墨重彩的一笔。我国的《玛纳斯》史诗工作之所以取得今天这样的成就，除了党的正确方针政策指引外，与很多负责具体工作的同志们的高瞻远瞩、运筹帷幄、精心策划和组织领导分不开。

一、挖掘优秀文化遗产，绘就人类文化华章

要想总结我国《玛纳斯》史诗抢救搜集宣传研究工作，我们就得从1963年说起，这不仅与党的正确方针政策有关，而且与时任中国民间文艺研究会秘书长贾芝，新疆文联党组书记刘肖芜，克孜勒苏柯尔克孜自治州党委副书记、州长塔依尔·麦麦提艾力等有关部门的老一辈领导对《玛纳斯》史诗的关心关爱分不开，他们的高瞻远瞩，认真负责，精心策划是这一工作最重要的原动力。尤其是贾芝同志在其中发挥了重要作用[1]。

1963年，文联党组书记刘肖芜将新疆文联之前搜集记录并翻译的《玛纳斯》史诗两卷本汉译文铅印文稿带到北京中国民间文艺研究会，并提出希望两家合作，由中国民协主编，完成这部享誉世界的史诗的出版。当时的中国民间文艺研究会丛书组组长陶建基拿到这两卷本的《玛纳斯》译稿之后，将丛书编辑陶阳叫到办公室对他说："你喜欢诗，也比较懂诗。你看看这能否出版。从内容、译文、注释各方面看看有什么问题？有的人不相信中国有史诗，还有人怀疑这是一个人编造的。你看这是不是民间传承的口头文学？"然后接着对他说，"贾芝同志很重视这项工作，新疆文联党组书记刘肖芜同志曾和贾芝同志协商今后如何合作的问题。看来这是一个较为长期的工作，你要有思想准备。"[2]据陶阳先生的回忆，《玛纳斯》史诗当时拟由中国民研会负责翻译编辑，由人民文学出版社出版。正是这样的机缘巧合，陶阳先生从此便与《玛纳斯》结缘，在《玛纳斯》史诗的

搜集出版研究方面战胜各种艰难险阻，为《玛纳斯》史诗耗费了一生的心血，取得了显著成绩。1964年5月，在贾芝及刘肖芜同志的积极努力和协调下，由中国民间文艺研究会、新疆文联和新疆克孜勒苏柯尔克孜自治州联合在北京成立《玛纳斯》工作领导小组和组建《玛纳斯》工作组，领导小组成员由贾芝、刘肖芜、塔依尔·麦麦提力担任。在领导小组之下成立《玛纳斯》调查采录组，由陶阳担任组长，刘发俊担任副组长，开始了学术含量极高的史诗调查采录工作。按照陶阳先生的回忆，调查采录组这次的任务是（1）补记居素普·玛玛依唱本遗漏部分；（2）到克孜勒苏柯尔克孜自治州四县进行全面调查，尽量全面地采集其他玛纳斯奇的唱本资料；（3）补充调查柯尔克孜族历史文化、社会生活、民俗文化、民间信仰及宗教等，以便深度了解《玛纳斯》史诗的文化背景[3]。最终目的是翻译编辑出版《玛纳斯》史诗完整的汉文资料本和文学读本。

新组建的调查采录组的调查工作随着陶阳先生于1964年6月23日从北京出发，6月27日抵达乌鲁木齐，7月4日与新疆文联和作协刘肖芜等有关领导及工作组部分成员见面并召开具体会议而拉开了序幕。当时从北京与他同行的有柯尔克孜族作家，民族大学特聘教师萨坎·吾买尔以及中央民族大学柯尔克孜语文专业毕业生赵潜德。然后从乌鲁木齐同行的人增加了刘发俊。这次调查采录不仅参加调查工作的人与队伍强大，而且任务繁重，收获也很大。中国民间文艺研究会除了陶阳担任调查组组长外，于次年（1965年）还专门派去了刚走出大学校门后来成为我国《玛纳斯》学领头雁的郎樱先生。中国民间文艺研究会的这两位堪称精兵强将，在我国《玛纳斯》学六十多年的发展历程中始终成为中坚力量，为我国《玛纳斯》的奠基发展不断走向学术高峰做出了不朽的贡献。调查组其他成员还有玉赛音阿吉（柯尔克孜族民俗学家、历史学家）、帕孜力（柯尔克孜族翻译家）、图尔干·伊仙（柯尔克孜族音乐家）、玛特·托合塔玛特（柯尔克孜翻译）以及稍后加入的阿布德卡德尔·托合托诺夫（柯尔克孜族语言学家）、尚锡静（中央民族大学柯尔克孜语文专业毕业生）、黑再勤（中央民族大学柯尔克孜语文专业毕业生）等。

这次调查从1964年7月开始到1966年7月结束。在工作组的精心安排和热情关怀下，居素普·玛玛依心情舒畅，诗情焕发，又一次大展歌喉。在近半年时间内，毫无怨言地不仅重新演唱了他3年前唱过的史诗前五部的内容，而且还演唱了四万五千余行的史诗的第六部《阿斯勒巴恰与别克巴恰》。已经习惯于为记录者演唱的居素普·玛玛依，不像先前那样感到拘谨而是自由自在地放开自己的想象，尽量发挥自己的诗歌才能，使史诗在语言的运用上、情节的安排上比第一次更为成熟和合理，演唱达到了炉火纯青的地步。这样，史诗的内容也比第一次演唱的更为丰富，一些遗漏的细小情节得到了补充，史诗前五部的内容也相应地得到了扩展，第一部《玛纳斯》由原来的38000行增加到50900行，第二部《赛麦台》由原来的27000行增加到32000多行，第三部《赛依铁克》由原来的18360行增加到24430行，第四部《凯耐尼木》从原来的16000行增加到34058行，第五部《赛依特》从2880行增加到

10130行。加之新唱的第六部《阿斯勒巴恰与别克巴恰》的45000行,使《玛纳斯》史诗的总行数达到了196500余行。[4]这个数字已经是著名的"荷马史诗"《伊利亚特》和《奥德赛》总和的近5倍,居素普·玛玛依当之无愧地成了"中国的荷马"。

记录工作完成之后,工作组抓紧时间进入第二阶段的翻译工作。居素普·玛玛依充当了翻译人员的顾问和老师,对翻译过程中的疑难问题进行解答。工作组日夜奋战,加班加点,从1965年3月到1966年7月终于将居素普·玛玛依唱本全部译成了汉文。居素普·玛玛依一边为翻译人员解答疑难问题,一边又不甘寂寞,为工作组演唱了自己熟知的《库尔曼别克》《艾尔托什吐克》《托勒托依》《玛玛凯与绍波克》《英雄阔班》《江额勒木尔扎》等柯尔克孜族其他史诗,显示了自己超人的史诗演唱才能。

当然,这此应该算是对《玛纳斯》史诗的第二次专题调查。《玛纳斯》史诗虽然享誉世界,但在我国的搜集采录工作肇始于1953—1961年全国范围内开展的对少数民族语言文字的大规模的普查工作。当时,柯尔克孜族语言调查组先后若干次在柯尔克孜族地区调查搜集语言资料,走遍了新疆维吾尔自治区天山南北的柯尔克孜地区,在搜集语言资料的同时还搜集了一部分民间口头文学作品及《玛纳斯》史诗的一些片段。民族语言学家,中央民族学院胡振华教授,民族历史学家,中国社会科学院荣誉学部委员杜荣坤都曾是调查的骨干成员。胡振华则是从那时开始介入《玛纳斯》史诗的搜集、翻译、研究工作当中[5]。当然,这些调查主要针对的是民族语言,主要目的也是搜集相关语言材料而不是《玛纳斯》史诗的专题调查。所以,对于《玛纳斯》史诗真正意义上的专题调查是从1961年3月由新疆文联和作家协会具体实施的调查活动。当然,此前为了给文学刊物《天山》和维吾尔文刊物《塔里木》组稿而由新疆作协发起的一次小规模调查和翻译,应该说是柯尔克孜族民间流传千年的《玛纳斯》开始揭开其神秘的面纱,真正开始走进我国各民族公众视野的序幕[6]。

1960年11月,由新疆维吾尔自治区作家协会派到南疆为《天山》杂志《塔里木》杂志的组稿的刘发俊、阿不力米提·沙迪克等在喀什、克孜勒苏柯尔克孜自治州等地区组稿过程中,在乌恰县黑孜苇乡发现了玛纳斯奇铁木尔·吐尔迪玛木别特和艾什玛特·买买提,并从铁木尔·吐尔迪玛木别特口中记录下《玛纳斯》史诗第二部《赛麦台》中的《赛麦台与阿依曲莱克的婚礼》一节,很快译成汉文、维吾尔文发表在上述杂志上[7]。与此同时,由刘发俊等翻译的居素普·玛玛依《玛纳斯》史诗唱本第一部传统章节"阔阔托依的祭典"在《新疆日报》第四部《凯耐尼木》的一章,在中国民间文艺研究会主办的《民间文学》上先后发表[8]。他们还从人们口中了解到柯尔克孜地区有许多能够连续数十天甚至数月演唱《玛纳斯》史诗的玛纳斯奇存在,并得知在偏远山区的阿合奇县有一个名叫居素普·玛玛依的大玛纳斯奇能够演唱数月时间。他们把这一新发现向有关部门进行了汇报。在刊物上连续刊发的《玛纳斯》史诗片段在国内学界引起了轰动。各民族学者和读者都为柯尔克孜族中保存有这样一部传唱千年的口头史诗而感到无比惊奇。这些史诗译文以及关于史诗歌手们的信息通过各种渠道传到了远在首都北京的中国民间文艺研究会及其他相关部门领导那里。居素普·玛玛依能唱数十万行的消息从阿图什传到北京,又从北京传向全世界,立即震惊了国内外史诗学界,从黑格尔以来就认为中国没有史诗的论断被居素普·玛玛依响彻全球的歌声彻底推翻了。

此后不久,即1961年3月至10月,由新疆维吾尔自治区文联、新疆社会科学院少数民族文学研究所以及克孜勒苏柯尔克孜自治州、中央民族学院等单位便联合组成了一个《玛纳斯》史诗普查搜集工作组,开始了对《玛纳斯》史诗大规模的普查搜集工作。关于当时的普查搜集情况,时任调查组组长的刘发俊回忆:"1961年初,新疆维吾尔自治区文联、自治区社科院文学研究所在刘肖芜同志的倡导下,由刘发俊、太白、刘前斌组成三人调查组去南疆克孜勒苏柯尔克孜自治州、与州党委宣传部联合组成史诗《玛纳斯》调查组。调查组组长刘发俊,组员有沙坎·奥麦尔、胡振华、玉赛音阿吉、托合塔逊、阿里同、太白、刘前斌。当时在克州实习的中央民族学院柯语班学生也应邀参加了调查工作。工作组分为阿合奇、乌恰、阿图什(包括阿克陶县)分组分别去各县的农村、牧区对史诗《玛纳斯》进行首次普查,历时3个月,调查工作取得很大成绩。发现了阿合奇县麦尔克什村[9]的著名歌手居素普·玛玛依及其他歌手20多位。工作组决定重点记录居素普·玛玛依演唱的史诗《玛纳斯》。"[10]

当时参加《玛纳斯》史诗搜集、翻译工作的玉赛音阿吉回忆说:"居素普·玛玛依当时正是年富力强,充满激情的时期,只要我们让他唱,他就会滔滔不绝地连续演唱起来,他知道我们来不及记录,只好尽量放慢速度,以便让我们记录。当时参加记录工作的有我、玛木别特哈孜、萨坎·奥木尔。我们即使让他一行一行地唱,他也从来不曾因有这些人为的干扰而唱错过。他有时用史诗的音调来唱,有时用直接朗诵的形式来唱,一唱就是三四个小时。做记录的人手指麻木写不下去了,但他却依然充满激情从来不知道累。有时我们也让他自己做记录。"[11]就此,刘发俊在自己的《向居素普·玛玛依学习》一文中写道:"当时居素普·玛玛依承担的任务最为繁重,他每天要唱8—12个小时,日夜不停,做记录的同志手麻木了,可以替换另外一个人,但歌手却是不可以替换的。居素普·玛玛依在演唱史诗时脸色发黄、嘴唇发干,我们担心他的身体让他休息一两天,然后又不满足地继续让他唱。居素普任劳任怨,从来不曾主动提出过休息。他唯一的愿望就是让《玛纳斯》史诗早日印成书籍,让更多的人们了解。"[12]

从各地聚集来的到玛纳斯奇们看到居素普·玛玛依那无与伦比的史诗演唱才能,都为他出神入化的演唱所折服,一致称赞他是《玛纳斯》史诗的演唱大师,是《玛纳斯》史诗完整内容的唯一传人。居素普·玛玛依虽然被柯尔克孜族人们奉为圣人,但他却并不骄傲自满,而是虚心听取其他玛纳斯奇及调查组专家们的意见,吸收其他玛纳斯奇们的长处,使自己的演唱不断得到充实和提高。那些年代,不仅是居素普·玛玛依史诗演唱的黄金时期,而且也是中国民间文艺界值得骄傲的时期。

这次调查近6个月,重点记录了居素普·玛

玛依《玛纳斯》史诗的前五部。具体行数为：第一部《玛纳斯》38000行，第二部《赛麦台》27000行，第三部《赛依铁克》18360行，第四部《凯耐尼木》16000行，第五部《赛依特》2800行，五部共计十万多行[13]。此外，还采录了当时已进入耄耋之年的著名玛纳斯奇艾什玛特演唱的《玛纳斯》史诗第二部以及其余二十多位玛纳斯奇的演唱各种变体。事隔不久，1963年这位83岁高龄《玛纳斯》史诗歌手中的代表人物与世长辞了。

总之，以上两次调查采录对于我国《玛纳斯》学而言至关重要，其间搜集资料之丰富，调查范围之全面，搜集资料之珍贵都堪称一流，为今后的快速提高和发展奠定了坚实的基础。假如当时没有贾芝、刘肖芜等领导的高度重视和及时安排，如果没有陶阳、刘发俊、郎樱、尚锡静等人以高度的责任感和奉献精神全身心投入其中，我国《玛纳斯》学达到今天的水平是难以想象的。

二、拨乱反正重振旗鼓，再次唱响史诗凯歌

随着党的十一届三中全会的召开，改革开放的春风吹遍全国各地，各行各业又呈现出拨乱反正，万物复苏，百花竞放的景象。在中国民研会领导贾芝、钟敬文、马学良、陶阳等的积极协调下，在20世纪60年代参加过《玛纳斯》调查搜集工作的刘发俊、胡振华、郎樱等的奔走呼吁下，停止了十多年的《玛纳斯》史诗工作很快就被提上了议事日程。中国民研会立刻与新疆方面联系并派出专人（委托胡振华先生[14]）到新疆将居素普·玛玛依接到北京。民研会领导贾芝、马学良等周密协商，落实经费，考虑到老人已年过花甲，而且因长期经受磨难身体变得很虚弱，于是为了方便他的生活起居、让他安心地演唱《玛纳斯》史诗而将他与工作组一起安排在中央民族大学校园内，开始了《玛纳斯》史诗的第三次采录搜集工作。

1978年11月22日，经过中国民研会领导的组织协调，根据当时的具体情况，从新疆克孜勒苏柯尔克孜自治州、新疆维吾尔自治区文联、中央民族学院（下文简称民院，今中央民族大学）等组织人力抽调专人到北京，在民院开始了对居素普·玛玛依唱本的第三次抢救性记录和翻译工作。所幸这位伟大的史诗歌手在"文革"中以顽强的毅力，克服各种心灵和肉体上的折磨，拖着疲惫的身体和保存在记忆深处的《玛纳斯》史诗存活了下来，才使得《玛纳斯》史诗有了重见天日的机会。如果他在"文革"中挺不下来，那我们今天所津津乐道、引以为豪的世界上最完整的《玛纳斯》史诗8部唱本就无从谈起了。对此，我们只能感谢伟大的史诗歌手居素普·玛玛依。参加这次记录工作的有胡振华、刘发俊、萨坎·玉麦尔、尚锡静、禾加什等，由民院教授时任中国民研会副主席的马学良具体指导这项工作[15]。

工作虽然重新启动，但困难重重。60年代初演唱的资料，除了第二部《赛麦台》比较完整地保存下来之外（由刘发俊保存），几乎全部遗失[16]，因此，只能重新从头开始演唱和记录。正如陶阳先生发出的感叹那样，若不是"文革"，《玛纳斯》早就问世。这一次重新采录

《玛纳斯》史诗，首要工作依然是《玛纳斯》演唱大师居素普·玛玛依。虽然他在"文革"中因演唱《玛纳斯》而受尽了折磨，但他却以高尚的爱国情操和对弘扬柯尔克孜族文化的责任感，毫无怨言地又一次（也就是第三次）开始了演唱。这次，他首先演唱了先前两次调查时都不曾唱过的史诗第七部《索木碧莱克》（共计14868行）、第八部《奇格台》（共计12325行），把原先唱过的6部增加到了8部。由于失散的资料暂时都没能找到，居素普·玛玛依毫无怨言地又重新演唱了《玛纳斯》第一部。他这次演唱的史诗第一部内容比前两次又有所增加，达到了53287行，比1964年时演唱的内容增加了两千多行。这些内容均由萨坎·玉麦尔一行一行记录完成。

居素普·玛玛依及《玛纳斯》工作组在北京期间，正值改革开放如潮涌动，文艺事业也同其他行业一样重新走上突飞猛进的正确道路，大家干劲十足，充满希望。在这期间，中国文联、中国民研会的领导和中央民院的领导都给予居素普·玛玛依更多的关心和关爱，生活上给予关心，精神上给予激励和支持，并对他的史诗演唱给予高度评价和肯定。居素普·玛玛依也充分感受到了党和国家的关怀，对于《玛纳斯》史诗的演唱信心更足，热情更高了。在这一年当中，随着改革开放的春风，他经历和见证了太多鼓舞人心的事情。他的名气传遍了民院校园，传遍了整个北京城。他走在校园内就成了一道风景和一部传奇，至今都有师生对此津津乐道。这一年，他在中国民研会的精心安排下不仅多次参加了中国民研会组织召开的各种会议，并在不同的场合应邀为各民族学者演唱《玛纳斯》史诗，得到各级领导的多次接见，而且得到国内外相关学者以及记者的拜访和访谈，可以说刮起了一股《玛纳斯》史诗的旋风，掀起了《玛纳斯》的热潮。他甚至在贾芝先生的帮助下向中央有关领导递交了关于在新疆恢复使用柯尔克孜文的新疆近20万柯尔克孜族同胞的请求。没有想到，很快得到中央批准，停用了十多年的柯尔克孜文恢复了使用[17]。在众多来访者中就有师从著名民俗学家、辽宁大学乌丙安先生门下，然后经他介绍前来采访居素普·玛玛依的日本女学者乾寻（Ino Hiroi），以及另一位知名中国少数民族文学专家西胁隆夫（Nishivaki Takao）等。她采访居素普·玛玛依回国后不久就连续在日本的有关刊物上发表了《玛纳斯》的日文译文和有关介绍文章，第一次将我国的《玛纳斯》史诗介绍到了日本[18]。

1979年，居素普·玛玛依应邀出席了由贾芝先生组织、中国民协举办的《全国少数民族、民间诗人座谈会》。会上，居素普·玛玛依演唱了《玛纳斯》的精彩片段。当时聆听过史诗演唱的周扬称其为"国宝"，而中国民间文学界的泰斗钟敬文先生则称他为"当代荷马""中国的荷马"。在这一年之内，居素普·玛玛依不仅在国内外媒体上得到广泛宣传。其中最具有历史意义的事件无疑要数1979年10月30日在人民大会堂参加中国文学艺术工作者第四次代表大会。大会期间，他怀着激动的心情与全国各地前来与会的3000名各民族文艺工作者一起亲眼见证了这次久违的会议的盛况，得到了邓小平、叶剑英、李先念等党和国家领导人接见并与合影留念，并在此次会议当选中国文联委员。

1979年11月4—10日参加中国民协第三次全国代表大会并被选为中国民协理事。

　　1979年底，北京的天气开始转冷。居素普·玛玛依一直为抢救《玛纳斯》而不停地演唱史诗，离开家一年多不曾回新疆老家探望亲人，加上因此前长期受到监督劳动而变得虚弱的身体出现不适。于是经中国民协领导批准他回新疆探亲休养一段时间。但是，他这一去便再也没有能重新回到北京。1980年初，新疆召开了文学艺术界代表大会。在这次会议上，居素普·玛玛依当选为新疆维吾尔自治区文联副主席，并举家从故乡阿合奇县搬迁到乌鲁木齐居住。不久，经新疆维吾尔自治区党委宣传部的申请，中国民协报中宣部审批同意，《玛纳斯》工作组也从北京转移到乌鲁木齐办公。为了节约时间，使《玛纳斯》其余各部能够保质保量地尽快完成记录，居素普·玛玛依提出，史诗的第三、四、五、六部由他自己亲笔记录。经组织同意，他在1980年至1983年的三年时间里，亲自记录完成了《赛依铁克》（共计22590行）、《凯耐尼木》（共计32922行）、《赛依特》（共计24000行）、《阿斯勒巴恰与别克巴恰》（共计36780行）的记录工作。至此，居素普·玛玛依演唱的《玛纳斯》史诗8部的全部内容都记录到了纸上，总计为二十三万六千五百余行。这是目前世界上最完整的唱体。目前由新疆人民出版社出版的史诗柯尔克孜文版正是根据这一唱本编辑整理的，共计二十三万多行。居素普·玛玛依经过一生的努力，反复演唱才最终保存下了它完整的内容，为中华民族的文艺事业立下了不可磨灭的功勋。

三、一生风雨坚守，谱写精彩人生

　　居素普·玛玛依于1918年4月出生于新疆克州阿合奇县，2014年6月1日驾鹤仙逝，享年96岁。他曾被周扬、钟敬文、卡尔·赖谢尔等国内外专家誉为中国的"国宝""活着的荷马""21世纪的荷马"，曾经是国内外唯一一位能够完整演唱8部《玛纳斯》史诗的大玛纳斯奇。他8岁开始师从自己的哥哥学唱《玛纳斯》史诗，与此同时也从自己周边的前辈民间史诗歌手口中聆听史诗，耳濡目染，在一个具有浓郁民间口头文化底蕴的地区成长为一名享誉世界的《玛纳斯》演唱大师。他虽然历经生活的磨难，社会的不公，但经过不懈努力，以顽强的毅力曾先后于1961年、1964年、1979年3次为《玛纳斯》采录组的民间文学专家们完整地演唱《玛纳斯》，为我国的《玛纳斯》史诗的保护和传承做出了极大的贡献。如果没有他的演唱，那么我国《玛纳斯》史诗今天的成就是无法想象的。他的唱本《玛纳斯》史诗由《玛纳斯》《赛麦台》《赛依铁克》《凯耐尼木》《赛依特》《阿斯勒巴恰与别克巴恰》《索木碧莱克》《奇格台》等8部构成，共计长达二十三万多行，是目前世界上结构最宏伟，内容最完整的《玛纳斯》史诗文本。他生前堪称是我国柯尔克孜族文化的象征和一面旗帜，为我国多民族文化事业的发展做出了巨大贡献，并在20世纪末和21世纪初在我国文化艺术界乃至在国外史诗学界产生了巨大的影响。

　　我国以及世界民间文学界对他的贡献都给予了高度评价。他从1980年在新疆文学艺术界联合会第三次代表大会上当选为新疆文联副主席，到1997年第六届推选为名誉主席一直到与世长辞。此外，他还从1983年开始到2002年一直担任历届新疆维吾尔自治区政协常委，并曾于1979年在中国文联第四次代表大会上当选中国文联委员，还分别在中国民协第三届（1979年11月）、第四届（1984年11月）代表大会上当选中国民间文艺家协会理事，常务理事。1985年自治区人民政府授予"在新疆工作三十年荣誉勋章"。1995年荣获自治区人民政府授予"在新疆的四十年建设做出贡献"奖章并于同一年获得国务院特殊津贴。他所演唱的《玛纳斯》史诗第二部获得首届国家民族图书一等奖（1992年）。他所演唱的柯尔克孜族史诗《女英雄沙依卡丽》获得新疆维吾尔自治区图书评奖一等奖（1995年），并于1991年受到国家民委、文化部的表彰。1999年获得新疆维吾尔自治区党委政府举办的新疆"天山文艺奖"贡献奖。

在由中国文联、中国民间文艺家协会组织举办的各类评奖活动中，居素普·玛玛依也从来没有被冷落，而是屡屡获得大奖，得到高度评价。比如1983年他演唱的《玛纳斯》史诗第五部《赛依特》获得中国民协1979—1982年全国民间文学作品评奖一等奖；1995年他演唱的《玛纳斯》第四部《凯耐尼木》获得中国民协第二届北方15省区民间文学评奖一等奖；1999年在第一届中国民间文艺家协会"山花奖"评奖中获得成就奖；2007年在第八届中国民间文艺"山花奖"评选中获得终身荣誉奖；同年入选第一批国家级非物质文化遗产项目代表性传承人并获得"中国民间文化杰出传承人"称号。

1998年9月，新疆克孜勒苏柯尔克孜自治州、新疆文联在自治州首府阿图什举办《玛纳斯》演唱大师居素普·玛玛依诞辰80周年大会，中国民间文艺家协会、中国社会科学院民族文学所、文化部民族文化司、中央民族大学等单位和钟敬文、贾芝、马学良、陶阳、胡振华都纷纷来电祝贺，表达对这位世纪老人的敬意。中国民间文艺家协会的贺电中写道："几十年来，您对柯尔克孜族英雄史诗《玛纳斯》的传承和保护，对继承和弘扬优秀民族文化遗产，对建设有中国特色社会主义文化做出了卓越的贡献。您亲自演唱的8部巨著《玛纳斯》唱本成为中华民族文化宝库中的传世珍宝。您高歌的英雄主义精神永远激励着各族人民。您是民族的伟大歌手，人民的天才诗人，是功勋赫赫的民间艺术大师。正当金秋到来之际，迎来了您的八十华诞，我们谨代表全国各族民间文艺工作者向您致以深深的敬意和衷心祝贺。愿您健康长寿，福如东海，愿您高吭的歌喉，伴随着祖国各族人民英雄的步伐，阔步奔向新世纪。"钟敬文先生在亲笔写来的贺电中说："您传唱和保存民族史诗的功绩是巨大的，我诚心祝愿您的生命和业绩，将与民族同存！"马学良先生在亲笔写的贺电中说："历史和人民将永远记着您为抢救祖国优秀文化遗产——史诗《玛纳斯》而做出的突出贡献，衷心祝愿您健康长寿！"

亲自前往克孜勒苏柯尔克孜自治州参加庆祝活动的郎樱先生在大会上发言说："两千多年前，希腊出了史诗演唱家荷马，才使希腊史诗《伊利亚特》和《奥德赛》得以保存下来。两千多年后，柯尔克孜民族出了居素普·玛玛依，才使柯尔克孜伟大的史诗得以保存下来，居素普·玛玛依与荷马一样功垂青史。居素普·玛玛依史诗与荷马史诗一样，必将成为人类文化史上的辉煌篇章。"

四、永久守望，再续辉煌

从20世纪60年代，专门指派陶阳、郎樱两位先生赴新疆参与组织调查和翻译《玛纳斯》史诗以来，中国民间文艺家协会一直都将《玛纳斯》史诗作为我国民间文艺中的珍宝加以爱护，积极进行挖掘、保护、宣传和研究，始终成为《玛纳斯》的"娘家"。1980年《玛纳斯》史诗工作组虽然从北京迁到新疆，但是中国民协对于《玛纳斯》史诗工作的全面指导并没有因此而停止。中国民协始终如一地将《玛纳斯》史诗工作作为民协工作的一个重要内容，长期加以支持和关怀，可以说改革开放四十年多年来，《玛纳斯》史诗工作各方面的成就都离不开中国民间文艺家协会的关心支持，每一项工作都得到中国民协的组织和指导。民协的历届领导中，除了陶阳先生亲自参与调查采录工作外，钟敬文、贾芝、周扬、马学良、毛星、杨亮才、王平凡、冯元蔚、刘锡诚、刘魁立、贺嘉、冯骥才、白庚胜、罗杨、刘铁梁、曹保明等以及现任领导邱运华、马雄福等都从不同角度关心《玛纳斯》的翻译出版研究，不同程度地对《玛纳斯》进行过指导或具体参与，为《玛纳斯》史诗的抢救、保护、研究、宣传做出贡献。

2012年，中国民协开始实施"中国口头文学遗产数据库"建设工程。民协领导冯骥才、罗杨经征求刘锡诚、杨亮才两位先生的意见，决定在第一阶段工作中将20世纪60年代搜集的在"文革"中失散，后经过郎樱、陶阳等先生多方努力才陆续找到一部分的《玛纳斯》珍贵资料作为抢救内容首先纳入其中。在郎樱先生的积极努力、中国社会科学院民族文学研究所领导协助下，完成了对这批94册《玛纳斯》手稿《玛纳斯》手稿资料的扫描、复印、编目、入档、保存，并请郎樱先生撰写了当年调查组采录《玛纳斯》的有关情况，对手稿进行了审阅、整理。与此同时，她详细地查看了手稿，再次编排目录，并写了说明。而后，我将以上情况整理成中国口头文学遗产数据库档案材料之二十六——《玛纳斯（1961—1964手稿）总目录》，存档备查，完成了对这批珍贵资料的数字化永久保存。这批资料除了居素普·玛玛依的唱本资料之外，还包括艾什马特·曼别特居素普的唱本第二部的一个片段。具体负责完成这项工作的吕军先生在其文章中写道"'1961—1965年《玛纳斯》汉译手稿'是中华人民共和国成立后我国民间文艺工作者早期的比较系统、完整记载的柯尔克孜族《玛纳斯》英雄史诗。这批手稿是两位《玛纳斯》大师20世纪60年代的唱本，是最早期的大批量柯文和汉译同时进行采录的文稿，历时多年，凝聚了许多民间文艺工作者的心血，具有不可替代的学术价值和历史地位。[19]"

中国民协对于《玛纳斯》史诗20世纪60年代的手稿资料的数字化保护，对于保护这部优秀的文化资源必将是润泽后世的伟大工程，让人振奋。除此之外，中国民协在《玛纳斯》史诗保护传承所发挥的作用无须赘述，我们在文章的结尾只想蜻蜓点水挂一漏万地总结清点一下其在《玛纳斯》工作中的具体事略作为文章的结尾。第一，中国民协主办的刊物《民间文化论坛》（原《民间文学论坛》）从创办之日起就始终关注并刊发有关《玛纳斯》史诗研究方面的论文，成为我国《玛纳斯》史诗研究的主要平台。到目前为止，已经刊发了数十篇学术含量极高的学术论文，为我国《玛纳斯》学的奠基和发展做出了重要贡献。第二，从20世纪60年代开始在《民间文学》刊物上编辑刊发了大量史诗汉文译文。比如1962年在《民间文学》（北京）第五期上发表的居素普·玛玛依唱本第四部《凯耐尼木》的汉文译文片段；1978年，由《玛纳斯》工作组在北京油印的艾什玛特唱本第二部、居素普·玛玛依唱本第一部资料本。由中国民协有关专家负责编撰的《中国民间文学大系》《中国非物质文化遗产百科全书》《中国少数民族民间文学作品选》等大型丛书和辞书中也多有大篇幅的内容。尤其是这几年来受中央委托，由中国民协负责推动的中华优秀文化传承发展工程重点项目，中国民间文学大系出版工程第一批示范项目中就纳入了《玛纳斯》第一批四卷，随着中国民间文学大系的不断推进，《玛纳斯》史诗8部18卷都将列入其中出版。这一工程的完成必将使《玛纳斯》史诗永远载入我国民间文化的史册，万古流芳，润泽后世。第三，我国居素普·玛玛依、萨尔塔洪·卡德尔、曼别塔勒·阿拉曼、奥诺佐·卡德尔、巧勒帕西·伊赛卡克等玛纳斯奇通过中国民协专家们的评审推荐先后获得"非物质文遗产国家级传承人"称号。其中居素普·玛玛依、萨尔塔洪·卡德尔生前还曾获得"代表性杰出传承人"称号。郎樱先生的《〈玛纳斯〉论》，阿地里·居玛吐尔地与托汗·依萨克合著的《〈玛纳斯〉演唱大师居素普·玛玛依评传》，阿地里·居玛吐尔地撰写的《〈玛纳斯〉史诗歌手研究》等著作先后于2002年，2004年，2007年获得中国民协"山花奖"学术著作奖。这些著作和陶阳先生的《英雄史诗〈玛纳斯〉调查采录集》，和郎樱先生的一系列著作已经成为我国《玛纳斯》学的重要标志性成果，在国内外产生了重大影响。

2018年6月21日，由中国文联主办，中国民协、新疆文联等在乌鲁木齐联合承办了我国著名"玛纳斯奇"居素普·玛玛依诞辰100周年座谈会。中国民协分党组书记、副主席邱运华，新疆文联主席阿拉提·阿斯木以及中国文联组联部、新疆维吾尔自治区党委宣传部等有关方面的领导，有关单位、科研院所、高校等相关领域的专家学者，居素普·玛玛依老人的亲属等近百人参加会议，纪念和缅怀这位举世闻名的"21世纪的荷马"《玛纳斯》演唱大师。本文主要是想进一步强调下面几个方面：第一，正像习近平总书记所指出的那样，《玛纳斯》（同《格萨尔王》《江格尔》一起）是震撼人心的伟大史诗，是中华民族优秀文化中不可或缺的重要组成部分，是我国乃至世界不可多得的文化瑰宝；第二，享誉世界的居素普·玛玛依是我国《玛纳斯》演唱大师，是传承这部伟大史诗中功不可没的第一人，他的丰功伟绩必将永世长存；第三，20世纪60年代开始，我国《玛纳斯》史诗的抢救保护传承工作自始至终受到中国民协（原中国民间文艺研究会）的组织和领导以及地方各级党政部门大力配合，也少不了各民族学者的努力和付出；第四，中国民协与新疆文联专门为这位"玛纳斯奇"举办其诞辰一百周年座谈会具有特殊重要的深远意义,在国内外都会产生积极影响。毫无疑问,无论过去现在还是将来,中国民协在组织领导我国《玛纳斯》史诗的搜集记录保护传承翻译宣传推广普及以及研究方面,都是也必将继续起到不可替代的引领作用。

总之,我国的《玛纳斯》史诗工作自始至终得到党和国家的重视和大力支持,在以中国民协、新疆文联等各级部门的积极协作和大力支持下,在各民族学者不断努力下,虽然已经取得了令世人瞩目的成就,但我们依然任重而道远,依然有很多具体工作需要实施和完成。这部世世代代以口头形式传唱的史诗杰作已被载入中国多民族文学史的殿堂,成为中华民族文学大花园中的奇葩,越来越呈现出他的独特魅力。随着对这部史诗研究的不断深入,它必将展现出所蕴含的巨大学术价值,绽放出更加更大的艺术魅力。

注释

[1] 参见阿地里·居玛吐尔地:《贾芝先生的〈玛纳斯〉情怀》,《新疆艺文》(汉文),2016年第4期。

[2] 陶阳:《英雄史诗〈玛纳斯〉调查采录集》,北京:中国文联出版社,2010年,第2页。

[3] 参见陶阳:《英雄史诗〈玛纳斯〉工作回忆录》,载《英雄史诗〈玛纳斯〉调查采录集》,北京:中国文联出版社,2010年,第255—263页。

[4] 参见刘发俊《史诗〈玛纳斯〉搜集、翻译工作三十年》,载《玛纳斯研究》,乌鲁木齐:新疆人民出版社,1994年版,第263页。

[5] 参见杜荣坤主编:《柯尔克孜族社会历史调查》,乌鲁木齐:新疆人民出版社,1987年;胡振华:《柯尔克孜语言调查回顾》,载《胡振华文集》,上卷,北京:中央民族大学出版社,2011年,第34—38页。

[6] 参见刘发俊:《史诗〈玛纳斯〉搜集、译工作30年》,载《玛纳斯研究》,新疆民间文艺家协会编,1994年,第260—271页。

[7] 参见《天山》,1961年第1、2期,《玛纳斯》史诗第二部《赛麦台》传统章节"赛麦台与阿依曲莱克",铁木尔演唱,刘发俊等译;《塔里木》(维吾尔文)1961年第1、2、3期。阿不力米提·萨迪译。

[8] 参见"阔阔托依的祭典",刘发俊等译,《新疆日报》1961年12月14、15日连载;《凯耐尼木(片段)》,刘发俊等译,《民间文学》1962年第5期。

[9] 麦尔克什:即麦尔凯奇村。

[10] 参见刘发俊:《史诗〈玛纳斯〉搜集、翻译工作三十年》,载《玛纳斯研究》,乌鲁木齐:新疆人民出版社,1994年,第261页。

[11] 根据1995年10月8日,采访玉赛音阿吉的记录。

[12] 《向居素普·玛玛依学习》,刘发俊著,托汗·依萨克译,柯尔克孜文,《新疆柯尔克孜文学》1993年第6期,第13页。

[13] 参见刘发俊:《史诗〈玛纳斯〉搜集翻译工作三十年》,载《玛纳斯研究》,乌鲁木齐:新疆人民出版社,1994年,第261页;另参见胡振华:《〈玛纳斯〉及其研究》,载《胡振华文集》,上卷,北京:中央民族大学出版社,2011年,第449—489页。

[14] 参见《胡振华文集》(上卷),北京:中央民族大学出版社,2011年,第463页。

[15] 参见刘发俊:《〈玛纳斯〉的调查采录》,载《中国柯尔孜族百科全书》,乌鲁木齐:新疆人民出版社,1998年,第267—269页。

[16] 后来这部分《玛纳斯》资料经过陶阳、郎樱等多方查找,最后找回来一部分。参见陶阳:《英雄史诗〈玛纳斯〉工作回忆录》,载《英雄史诗〈玛纳斯〉调查采录集》,北京:中国文联出版社,2010年,第255—263页。

[17] 参见金茂年:《百岁贾芝的拓荒之路》,《中国艺术报》,2014年10月29日版。

[18] 日本《丝绸之路》杂志1981年第2、3合期发表了乾寻女士介绍《玛纳斯》及歌手居素普·玛玛依的文章,封面则刊发了居素普·玛玛依与胡振华教授的照片,在同一刊物的同年第4期翻译堪布了居素普·玛玛依《玛纳斯》唱本第四部《凯耐尼木》的曾在《民间文学》1962年第2、3期上发表的经典片段,参见胡振华:《胡振华文集》(上卷),北京:中央民族大学出版社,2011年,第480—481页。

[19] 参见《民间文化论坛》,2015年第6期。

民研会与《江格尔》史诗的学术史

刘思诚

刘思诚，1990年5月出生，女，蒙古族。本科毕业于北京师范大学文学院汉语言文学专业，硕士毕业于北京师范大学文学院民俗学专业。现为辽宁师范大学文学院讲师、在职博士研究生。中国民俗学会会员，中国少数民族文学学会会员，大运河国家文化公园研究中心特约研究员，大连市民俗文化促进会理事。主要研究方向为民俗学、非物质文化遗产学。近年来，主持教育部青年项目1项，主持完成省级青年项目2项，发表论文十余篇，其中2019年发表的《非物质文化遗产：一宗重大的文化旅游资源》（CSSCI）一文，被《人大复印资料·旅游管理》全文转载。

内容提要 《江格尔》史诗70年的学术史分为20世纪五六十年代，20世纪八九十年代和21世纪以来三个阶段。"民研会"（今"民协"）在三个阶段都发挥了关键的组织引领作用，抢救、保存和推广了这宗重大的民族文化遗产。在第一阶段，"民研会"注重搜集整理成果的珍稀性和填白性，并以点带面，扩大了《江格尔》史诗的全国影响力；在第二阶段，"民研会"注重搜集整理成果的完整性和科学性，真正做到了面上铺开、点上深入，在国内外产生了较大的影响力；在第三阶段，"民研会"注重搜集整理成果的转化性和集成性，《江格尔》史诗的搜集整理工作从学术界拓展为社会各界的民族文化自觉。未来"民研会"将继续发挥组织引领作用。新时代"江格尔学"应该上升到国学的高度，在现有成果基础上不断发展和深入。

关键词 《江格尔》《洪古尔》 民研会 学术史 搜集整理 蒙古族史诗

2014年至2019年，习近平总书记在三次重要会议中高度评价了《格萨尔王传》《玛纳斯》和《江格尔》这三大史诗，如"不仅为中华民族提供了丰厚滋养，而且为世界文明贡献了华彩篇章"[1]，又如"震撼人心的伟大史诗"[2]。"江格尔学"是对蒙古族文学宝藏的发掘，是对中华文化瑰宝的珍视，更为世界多国文化交流和共享搭建桥梁。《江格尔》与《蒙古秘史》《格斯尔》并称为蒙古族文学史上的三大高峰，"像一部描述蒙古民族古代政治、经济、文化等各个领域问题的百科全书"[3]。《江格尔》还与《格萨（斯）尔》《玛纳斯》被誉为"中国三大英雄史诗"，篇幅长且至今活在人民口头上，在世界上较为罕见，引起国际学界的注目。[4]"中国三大英雄史诗"加上各民族陆续发现的蕴藏丰富的史诗，不仅填补了中国文学史上史诗体裁的空白，还确立了中国史诗在中国文化史乃至世界文化史上的地位。"20世纪50年代以后，尤其是80年代以后，中国少数民族史诗的发掘、搜集、记录、整理和出版，不仅驳正了黑格尔妄下的中国没有民族史诗的著名论断，也回答了'五四'以后中国学界曾经出现过的一个'恼人的问题'，那就是'我们原来是否也有史诗'？"[5]大规模的史诗搜集整理成果的释出让我们逐渐走出外国偏见和自我怀疑，并重新确立和坚定了文化自信。而这一过程与1950年3月宣告成立的"中国民间文艺研究会"（简称民研会）的"导引与规范"[6]是分不开的，与"民研会"身体力行的搜集整理实践是分不开的。

今年既是《江格尔》史诗出版70周年，也是民研会成立70周年。这或许是一种年份上的偶合。但是无可否认，《江格尔》史诗是旨在"接受中国过去的民间文艺遗产"[7]的"民研会"势在必行的抢救对象；民研会是开展《江格尔》史诗搜集整理工作必不可少的组织保障。本文把《江格尔》史诗70年的学术史划分为三个时段，通过系统梳理《江格尔》史诗的搜集整理、翻译和研究工作，我们可以看到民研会对江格尔学最强有力的推动作用，看到国家对民族民间文艺的珍视，看到前辈民间文艺工作者和研究者筚路蓝缕的艰辛和漫长的努力，看到蒙古族史诗这一口头传统的巨大魅力。

一、20世纪五六十年代的《洪古尔》与史诗眼光

1949年，新中国的成立为各民族民间文学的搜集整理工作创造了和平稳定的环境，《江格尔》的搜集整理与我们党一直以来重视各民族民间文艺的指导思想是分不开的。在20世纪五六十年代，有《江格尔》部分章节《洪古尔》的搜集整理和出版、再版，有外国《江格尔》搜集整理成果的译介引入，还有《江格尔》部分章节的汉译尝试。从作品成果来看，搜集整理工作处于萌芽阶段，同时有计划的搜集整理和翻译工作正在酝酿。在研究方面，边垣在50年代对《洪古尔》思想艺术的分析和对自己搜集整理《洪古尔》的过程和方法的反思具有个案性质，引起了学界的重视；色道尔吉在60年代对《江格尔》的介绍几乎是国内最早的关于《江格尔》史诗的总体研究，这一介绍彰显了《江格尔》史诗的国际化程度和重大学术价

值,为《江格尔》研究奠定了高起点。

(一)《洪古尔》的搜集整理与"民研会"再版

1950年1月,《洪古尔:蒙古民族故事》[8]出版,是国内最早正式出版的《江格尔》版本,是第一个汉译本,也是新中国成立后各民族最早出版的史诗作品。这个版本有86页,作为史诗体裁这一篇幅称不上很长,但是可贵的是边垣为这部作品标了38个注释,用以解释蒙古族的生活环境、地方风物、民族饮食、民俗习惯、语词含义、蒙古传说、谚语和游戏等。

"1950年3月29日,也就是在全国第一次文代会后仅半年的时间,宣布成立了中国民间文艺研究会;此后直至今天,民研会成为发动搜集和研究中国各民族民间文学的工作中心。"[9]中国民间文艺研究会这一机构的成立对全国民间文艺工作的发展具有重大作用。在思想上,贯彻落实党的文艺工作指导思想,明确搜集原则、方法和意义等;在实践上,建设民间文艺搜集队伍,发动群众,为民间文学的搜集整理与研究提供了制度和组织保障。贾芝指出,"在民研会成立后的第四天召开的第一次理事会上,首先决定编辑出版一套《中国民间文学丛书》……特别值得一提的是,丛书还收录了边垣在新疆监狱里从一位难友蒙古艺人满金口中记录的蒙古族史诗《江格尔》的重要章节《洪古尔》,这是我国第一次出版世界闻名的蒙古族史诗《江格尔》。"[10]《中国民间文学丛书》当时在全国民间文学搜集整理工作中是起着示范作用的。1958年,民研会将《洪古尔》[11]纳入《中国民间文学丛书》再版,在当时的条件下可谓给予了《江格尔》史诗最高程度的重视,也使《洪古尔》成为全国民间文学搜集整理工作的代表作,扩大了《江格尔》史诗的影响力。新中国成立初期,百业待兴,由于文艺宣传的需要,在形式上更偏重成书快、形制短小、易于流传的民歌体裁作品。[12]但是,中华人民共和国成立初期民研会已经有了全面搜集整理《江格尔》史诗的意识,充分意识到这是一件抢救性的工作,期待以《洪古尔》的再版为先导,以《江格尔》部分章节的影响力激励和推动更为完整的经过忠实记录和翻译的《江格尔》史诗作品的出现。[13]

(二)译介国外搜集整理的《江格尔》

除了《洪古尔》的出版和再版,20世纪五六十年代还翻译介绍了国外搜集整理的《江格尔》唱本,出版了两个蒙文版本和一个汉文版本。

1958年,莫尔根巴特尔和铁木耳杜希合作出版《江格尔传》[14],是我国最早的《江格尔》蒙古文版本,[15]这一版本是对苏联出版的13部《江格尔》[16]的转写,即由托忒蒙古文转写为回鹘蒙古文。1964年,又在乌鲁木齐用托忒文[17]出版了这13部《江格尔》。[18]

1963年,多济[19]、奥其在"民研会"主办刊物《民间文学》上合作汉译发表了《江格尔传——蒙古族史诗〈江格尔传〉的一章》[20]。后来色道尔吉自述这一时期汉译《江格尔》的缘起,是1950年在张家口看到了边垣记录出版的《洪古尔:蒙古民族故事》。[21]1955年4月,民研会主办的《民间文学》创刊,这一刊物对于推动全国民间文学搜集整理和研究工作具有重要意义。《江格尔》汉译章节在这一民间文学阵地的发表,其影响力是全国性的。

(三)史诗搜集整理、翻译与研究相关问题的初涉

首先,在思想内容和艺术形式的研究方面。1949年,边垣在《洪古尔:蒙古民族故事》出版序言中的寥寥数语应该是当代中国关于《江格尔》史诗的最早的论述。[22]《洪古尔》是《江格尔》史诗的一个章节,也是《江格尔》史诗的重要章节之一。边垣认为《洪古尔》在故事内容上具有传奇性和神话性,在体裁上是一种弹词类作品,曲调冗长沉重,道白哀怨动人,还有对"马"这一意象的描述,凸显了蒙古族文学的独特魅力,是蒙古族游牧生活的写照。边垣少而精地总结了《洪古尔》的思想主题、史诗体裁特点、民族风格和民俗特征,研究视野开阔,对了解《江格尔》史诗有窥一斑而知全豹之效。

1956年,在中国作家协会第二次理事会会议(扩大)上,老舍发表了《关于兄弟民族文学工作的报告》,在报告中老舍盛赞《格斯尔》《江格尔》这些史诗具有较高的文学价值,是至今活态传承的人民的口传巨著。老舍还将《江格尔》和《格斯尔》进行比较,认为《江格尔》比《格斯尔》更能展现蒙古族的艺术天才和语言创造力。[23]《江格尔》史诗被老舍写入报告,可见《江格尔》在1950年代的受重视程度之高,是少数民族文学的代表之一。

1963年,多济在民研会主办的《民间文学》刊物上发表汉译《江格尔》的同时,发表了《〈江格尔传〉简介》[24]的论文,对《江格尔》的产生年代、地点、篇幅、国外版本、江格尔的词义等问题进行了介绍和讨论,指出《江格尔》在思想方面体现了对理想国的向往、强烈的爱国主义情感、勇猛的斗争精神、乐观主义精神和智勇结合的思想;在艺术方面也有很高的成就,如歌颂勇士的战马这类浪漫主义描写。

其次,在搜集整理与翻译的原则和方法方面。边垣在1958年版《洪古尔·后记》中写道:

> 1942年,我开始根据记忆把它写成文字。在情节结构方面,我未加删改。在形式方面,它原系说唱体,类似北方的大鼓词,说的时候也像唱一样,每小段一口气唱完,腔调重,哀怨动人。我为了记录的方便,改用了诗的体裁。[25]

可见,第一,由于客观条件限制,边垣搜集《洪古尔》不是现场记录,而几年后根据回忆记录的,不论边垣的主观想法如何,都很难做到忠实记录。因此,这个版本主要是文学读本性质,而非科学研究性质。[26]

第二,在内容结构和艺术形式方面,体现了变与不变相结合的整理原则和方法,既保留了情节结构,也对作品的体裁形式进行了转换。边垣对作品进行了整理和编写,融入了自己的诗情才华,使我们看到的《洪古尔》是非常精美的现代诗体形式,共分为290个诗节。如起到过渡作用的"诗节269"对自然环境的描述就非常引人入胜:

> 欢乐逝去像飞鹰那样快,希望莅临却像耕牛那样慢,一天,飓风在戈

壁上吼叫盘旋，似一条黑的幔帐自天上扯到地面，又从地面舞起了砂石飞上了天。

（注释：蒙古地之飓风甚大，自地及天，遥望如幔帐，又似黑色之天柱，数十里外即可望见，行旅多惧而避之，否则飓风至，即将人马骆驼等逃去或湮没。）

第三，关于翻译问题没有明确的说法。斯钦巴图认为，《洪古尔》的初始汉译者应该是蒙古族演唱者满金本人，采用边唱、边翻译、边讲解的方式，同时，边垣是搜集者、记录者、转述者、编写者，也是汉译工作的直接参与者。[27]很大程度上我们可以推测，《洪古尔》的翻译工作是由蒙古族的满金和汉族的边垣共同完成的。蒙汉合作翻译也是新中国成立初期蒙古族民间文学汉译工作的重要方法之一。其实关于翻译，语言翻译是基础，但是对于民族史诗的翻译，诗体形式的转化翻译和民族民俗的文化翻译也非常重要。边垣的《洪古尔》汉译本以注释的方法很好地达成了对蒙古族民族民俗的文化翻译。

二、20世纪八九十年代大规模搜集整理与全面研究

从国内外搜集整理史诗《江格尔》的整体版图来看，《江格尔》最早正式出版和学术研究工作肇始于国外，但是20世纪八九十年代的搜集整理成果使我国后来居上。"从1802年至1803年间，德国旅行家贝尔格曼在伏尔加河流域的卡尔梅克人种发现并记录《江格尔》两部长诗算起，《江格尔》学研究已经有了整整200年的历史。其间，从俄罗斯联邦境内搜集出版了《江格尔》31部独立长诗的数十种异文；从蒙古国境内搜集出版了《江格尔》不同异文25种；而从我国新疆的卫拉特蒙古族当中则搜集出版了70部独立长诗的近200种异文。"[28]"《江格尔》一直广泛传播于我国的新疆巴音郭楞、博尔塔拉、伊犁、塔尔巴哈台、阿尔泰地区24个县的土尔扈特、额鲁特、扎哈沁、和硕特等卫拉特人聚居地区和一部分察哈尔、乌梁海人之中。"[29]我们搜集整理到蕴藏巨大的《江格尔》章节和调查到的活态传承情况，力证了中国新疆是《江格尔》史诗的故乡，也为"江格尔学"研究奠定了基础。《江格尔》的大规模搜集整理工作主要是在民研会的领导下开展的。

（一）"民研会"新疆分会与大规模搜集整理

1978年，托·巴德玛、宝音和西格率先有组织地搜集记录《江格尔》，[30]用5个月的时间到新疆天山南北的12个县搜集记录。[31]1980年，托·巴德玛、宝音和西格合作出版了15章托忒蒙文版《江格尔》[32]。其重大意义在于，它是首部采录于我国新疆、呈现《江格尔》史诗原貌的忠实记录版本。[33]1982年，二人又推出了回鹘蒙文版《江格尔》[34]。

1979年底，有组织、有计划的搜集和出版工作得以开展，[35]由新疆维吾尔自治区副主席浩·巴岱担任主要负责人的新疆搜集、整理《江格尔》工作领导小组成立。1980年9月，

"中国民间文艺研究会新疆分会"成立，为大规模开展《江格尔》史诗搜集整理工作提供了直接的组织保障。[36] 1980年，工作组成立，由中国民间文艺研究会新疆分会具体负责，深入南北疆24个县开展普查工作，召开了7次《江格尔》演唱会，重点开展了对一百多名江格尔奇采风的活动，录制盒式磁带187盒，搜集《江格尔》本文及异文变体共157章，约十九万余诗行，还积累了大量的民俗资料。[37] 从1982年开始，进入了整理阶段。一方面，按照严格的学术要求陆续整理出版了12卷的《江格尔》[38]资料本，共124章。另一方面，在资料本的基础上，精选出版了两卷本托忒蒙文版《江格尔》[39]文学读本，共60章；随后不久出版了3卷本回鹘蒙文版《江格尔》[40]文学读本，共70章，其中前两卷内容同托忒蒙文版。

可见，首先在搜集组织方面，中国民间文艺研究会及新疆分会使《江格尔》有组织、有计划的搜集、整理、研究和大范围的学术研讨活动成为可能。苏联蒙古学联合会秘书长瓦·策日诺夫高度评价这一工作，"无论是在苏联卡尔梅克自治共和国，还是在蒙古人民共和国，尽管很早便开始了对《江格尔》的搜集和记录，但从未进行过如新疆开展的如此规模宏大而系统的普查和搜集工作，也从未获得过如此丰富而系统的资料，从而在极短的时间里收到如此显著的成就。"[41]《江格尔》史诗受到空前的重视，搜集整理工作本身就是一次民族口头传统的大展示。

其次，在搜集方法方面，创造性地采用演唱会的搜集形式，能够一次性集结艺人和听众，短时高效，节约成本，搜集到了数量和质量俱佳的史诗章节；能够解除史诗艺人的顾虑，充分发挥艺人的史诗演述能力，达到自然演述的效果；还能够呈现《江格尔》史诗演述的宏大场面，在热烈娱乐的气氛中凝聚民族精神，提升民族文化自信心和自豪感。

最后，在搜集成果方面，出版了资料本和文学读本两种形式的成果，各有侧重，既有利于《江格尔》的资料保存和科学研究，又有利于《江格尔》的阅读普及和推广传播。

（二）汉译本与汉译方法研究

1983年，色道尔吉汉译《江格尔》[42]出版，"是国内出版的第一本较为完整的汉译本《江格尔》"[43]，共15章，其底本是1958年转写自国外的《江格尔传》[44]的13章加上托·巴德玛、宝音和西格搜集整理的《江格尔》[45]中的2章。

1988年，霍尔查汉译《江格尔》[46]选译本出版，其底本是托·巴德玛、宝音和西格搜集整理的15章《江格尔》[47]。"虽然这之前人民文学出版社已经出版了一本色道尔吉先生精心殚力的译作《江格尔》……但由于它主要依据的仍然是俄国时期的13章本，这就使现在的这个汉文选译本不失更多的意义和价值了。"[48] 郝苏民高度评价这个汉译本，称之为边垣《洪古尔》那枝小花之后，在祖国大地上结出的第一个丰硕的果实。[49]

1993年开始，黑勒等人汉译的《江格尔》全译本[50]陆续出版，共有二百余万行，是国内外章节和诗行最多的新疆托忒蒙古文版的70章。[51]

在汉译方法方面，首先，色道尔吉指出了《江格尔》汉译的困难在于民族诗体韵律的转换。《江格尔》是能唱的口头传统,"蒙文的《江格尔》,有的句子不押头韵,有的句子不很工整对仗,有的句子长短不齐,也没有韵脚,但是它是能唱的,它有旋律和鲜明的节奏感。民间艺人弹奏'陶克舒尔'(冬不拉)或拉起'肖儿'(马头琴)演唱《江格尔》,还有多种曲调。"[52]色道尔吉采取了从内容到形式尽量保留民族民间作品特点的翻译方式。[53]王智杰指出,这一版本运用存现句表现了诗歌语言的音乐美、密度美、洗练美和跳跃美。[54]包秀兰认为色道尔吉的汉译本是文笔最优美、行文最流畅的。[55]

其次,关于程式化描写的处理。霍尔查指出《江格尔》史诗中存在大量对勇士的家谱、身世,骏马的神通技能以及武器、鞍具等等功能的重复描写,是江格尔奇根据现场观众的增换和要求反复演唱的结果。霍尔查熟知史诗演唱的程式化特点,但是作为书面作品,霍尔查采取了对程式化描写进行一定程度的删除处理,以避免冗赘重复。[56]色道尔吉的汉译本也对于程式化内容进行了一定的删减。[57]黑勒等人的全译本是未经删节的,保留了史诗演唱的艺术程式,是最大程度保存和展现《江格尔》史诗原貌的完整版本,是可供学术研究的科学版本。当然,作为书面文本,对于普通读者来说可能会显得拖沓冗长。其实,单纯用长度作为史诗的衡量标准是不切实际的,朝戈金在《"多长算是长":论史诗的长度问题》一文中指出:"歌手根据不同场合和环境,任意处理故事长度的事情,随时都会发生。"[58]因此,一部史诗的演唱长度不是一成不变的。除了有意识地删节,由于史诗演述的口头性和即兴特征,演唱版本在内容和长度上有所差别反而是史诗这一口头传统的特点。

最后,关于特定地理词汇的翻译。包秀兰特别提到《江格尔》史诗中出现频率极高的地名"宝勒召图—宝日—陶鲁盖"的翻译问题,"'宝勒召图—宝日—陶鲁盖'(boljootiin bor tolgoi)并非真实地名,而是一种诗意的表达,且具有多种功能。巴·布林贝赫将其归纳为9种：1.战场；2.传递消息的驿站；3.远眺、观察地形的观察站；4.宣传动员或告示舞台；5.休息场所；6.寻回马群时可登高望远之处；7.迎接英雄归来的凯旋门；8.领土边界或天然屏障；9.祭天祭神的祭祀敖包。"[59]可见,这个词的内涵具有丰富性和民族性,诗性十足,在翻译时也就不容易找到对应的词汇。包秀兰通过分析认为,目前的汉译本都没有传达出这一诗性地理词汇的风采,应该"保留原文的形式,以便于更好地领略史诗语言原汁原味的特点,也有利于对照原文进行研究"[60]。

（三）史诗研讨会、教材与高水平学术论著

首先,20世纪八九十年代有3次重要的《江格尔》史诗研讨会。1982年,新疆维吾尔自治区文联在乌鲁木齐举办了首届《江格尔》学术研讨会,这次研讨会共有二十余人发言,围绕《江格尔》的流传情况、产生背景、哲学与社会思想、艺术特征、民族和地方特色、文学史地位等问题展开研讨,具有凿空意义。[61]1988年,在乌鲁木齐召开的首届《江格尔》国际学术研讨会具有里程碑意义,本国学者和外国学者济济一堂,彰显了江格尔学的世界性。各国学者从发生学、版本学和史诗母题、结构程式和艺术特点等方面展开讨论和比较研究，在关于《江格尔》的断代问题方面还存在较大分歧，但是更多的是在学术交流中酝酿了更为深入的国际合作研究意向。[62] 1996年，第二届《江格尔》国际学术研讨会在北京举行。

其次，《江格尔》在20世纪80年代就被写入了高校民俗学教材。1985年，乌丙安在《中国民俗学》这部民俗学教材中，谈到了关于新疆卫拉特蒙古地区《江格尔》史诗演唱的调查，他以30年代末著名的江格尔奇胡里巴尔·巴耶尔在布克赛尔演唱比赛会上演唱七天七夜《江格尔》史诗为例，说明《江格尔》史诗演唱活动的隆重。[63]

最后，20世纪90年代集群式地产出了研究《江格尔》史诗的高水平学术专著。国内《江格尔》研究的第一部学术专著是1990年出版的仁钦道尔吉的《中国少数民族英雄史诗〈江格尔〉》[64]，该书共分10章，对《江格尔》的形成时间地点、故事内容、主题思想、艺术形式、江格尔奇和搜集研究等情况进行了全景式的介绍和分析，为我国"江格尔学"研究奠定了高起点。关于《江格尔》史诗，仁钦道尔吉提出了很多重要的观点：如《江格尔》在结构形式上，属于并列复合型史诗；在主题思想上，表达了爱国主义思想；在产生背景上，最初产生于我国新疆地区的蒙古族人民中间；在国际影响上，江格尔奇鄂利扬·奥夫拉的发现及其演唱的10章的记录是江格尔学发展史上划时代的大事，使《江格尔》史诗得到了国际学界的重视。[65]

1994年，仁钦道尔吉的另一部专著《〈江格尔〉论》[66]出版，"表明目前史诗研究已由搜集整理原资料、出版介绍、专题分析论述阶段步入了系统化理论化研究的阶段"。[67] 1999年修订版《〈江格尔〉论》[68]被纳入中国社会科学院少数民族文学研究所出版的中国史诗研究丛书，这部丛书的"集团优势初步构建了中国诗学理论框架，被钟敬文先生誉为'中国史诗理论霸气'的奠基之作"[69]，而《〈江格尔〉论》被评为"代表了迄今为止中国《江格尔》史诗专题研究的水准"[70]，"是我国《江格尔》研究的奠基性成果"[71]。

另一位有分量的学者是中国民间文艺家协会新疆分会《江格尔》研究室的贾木查，1996年出版了专著《史诗〈江格尔〉探渊》[72]。贾木查重点探讨了"《江格尔》产生的时间、地点、历史背景，《江格尔》同蒙古民族精神的关系，《江格尔》在蒙古民族历史文化中所占地位以及近二百年来国内外学者搜集、整理、出版和研究《江格尔》的概况和悬而未决的一系列问题。"[73]贾木查提出，"13世纪蒙古帝国的兴盛是《江格尔》产生的历史背景"[74]，"'江格尔'这个名字，其实是'成吉思汗'这个名字的定语。"[75]这部专著偏重于语词和史实的考据，在利用多语研究资料的丰富性方面达到了极致，主要凸显了《江格尔》史诗的历史价值和社会价值，展现了江格尔学作为一门世界性学科所涉领域的广袤，但是对于《江格尔》史诗最本质的文学审美价值的研究略显不足。

除此之外，1993年，扎嘎尔的《〈江格尔〉史诗研究》[76]出版，"颇有分量的是对史诗艺术形象的研究部分"[77]。1995年，格日勒的《十三章本〈江格尔〉中的审美意识》[78]，是国内第一部从美学角度对《江格尔》13章本进行系统研究的专著。[79]1996年，金峰的《〈江格尔〉黄四国》[80]出版。1999年，斯钦巴图的博士学位论文《〈江格尔〉与蒙古族宗教文化》出版[81]，分为上、中、下3篇，共6章，该书系统总结了20世纪50年代以来的《江格尔》搜集整理和研究情况，尤其是八九十年代的研究成就，还有存在的问题等。斯钦巴图指出，《江格尔》史诗研究还主要停留在书面的文本研究层面，对史诗演唱这一活态形式的民俗研究存在不足。[82]

除了以上专著外，这一时期还涌现了数量可观的研究论文，主要关注了以下问题：

第一，在思想内容研究方面，主要涉及对《江格尔》史诗反映的政治社会理想（理想国）和人格理想（英雄）的探讨，凸显了《江格尔》中蕴含的爱国主义和英雄主义主题精神，描摹了江格尔、洪古尔等英雄形象，体现了英雄主义精神，还有对生命理想的审美观念。1984年，贾芝指出，《江格尔传》描绘了蒙古族对理想家园的构想和誓死守护家园的英雄精神，"忠心耿耿，捍卫'宝木巴'，宁死不屈的江格尔和洪古尔及其他众英雄，长年烈马奔腾，所向无敌，他们正是恩格斯所说的英雄时代传说中的第一批可歌可泣的英雄们"。[83]贾芝还提到《江格尔传》中对江格尔夫人阿盖的美貌和美好品质的描写，温顺纯洁、擅长音乐、雍容华贵、如光明一样美丽，从牙齿、手指、嘴唇、头到品德、声音，反映了蒙古族史诗丰富细腻的修辞和审美价值取向。

第二，在艺术形式研究方面，《江格尔》带有史诗体裁的一般特征，还带有民族艺术风格，

如"马"的意象化和艺术化。1994年，哈森在《论蒙古族史诗〈江格尔〉的比喻》一文中指出，《江格尔》中比喻修辞手法的运用具有民族性和丰富性的特点，"运用比喻多达三百八十多处，其中选作喻体的比喻物竟多达一百八十多种"[84]。1998年，孟慧英在《史诗艺术的一般特点》一文中，以《江格尔》史诗为例说明了史诗在艺术风格方面感官色彩强烈和形象创造类别化的特点。[85]结合史诗的艺术特征，1999年，宝音和西格在《关于〈江格尔〉研究中的几个理论问题》一文中反对"定型论"的说法，他强调："《江格尔》作为民间文学，和其他民间文学一样，变异性是它的最根本的特征，它在传承和流传过程中不会发生定型时期和产生定型作品。《江格尔》是虚构的文学作品，它不是编年史，不直接表现历史。"[86]

第三，在民族民俗研究方面，也有较为深入的研究。"抢婚"是蒙古族古代婚俗之一。1995年，罗明成在《"争夺英雄妻子"母题的社会文化研究——以几部有代表性的英雄史诗为例》一文中，对包括《江格尔》在内的国内外著名史诗中广泛存在的争夺英雄的妻子这一母题进行了分析，指出妻子是部落人口与财富的象征，"史诗这种叙事艺术样式在英雄妻子的象征性与部落战争的实质性目的之间找到了契机，将部落战争的实质性目的艺术化、象征化为对英雄妻子的争夺"[87]。从《江格尔》史诗中的动物意象出发，1996年，斯钦巴图在《蒙古英雄史诗抢马母题的产生与发展》一文中指出，马是重要的生产、生活资料，具有经济军事双重性，因而抢马具有要英雄进贡纳税和缴械投降的双重象征意义。[88]"在《江格尔》中，抢马

母题得到了空前的发展，出现了大量的由它扩展而成的篇章。这样的篇章在卡尔梅克《江格尔》25部中竟有5部以上，占整个异文的五分之一强。"[89]

三、21世纪以来集大成式的成果与转型研究

进入21世纪，20世纪八九十年代的大规模搜集整理工作逐渐收尾，搜集整理工作一方面以更为广泛的非物质文化遗产保护形式开展，另一方面以学界开展个案研究的田野调查形式开展。从出版作品来看，《江格尔》的搜集整理工作进入了总结阶段，作品具有丰富性和多样性。在研究方面，随着世界各国文化交流和学术交流愈加紧密，国外口头程式理论相关成果的译介，给《江格尔》史诗研究带来了新的理论视角和研究方法，使我们对《江格尔》史诗这一口头传统的把握更贴近它的内在特质，产出了更为全观的研究成果。同时，非物质文化遗产保护逐渐成为国内外的文化共识和实践趋势，关于《江格尔》的保护、传承和利用问题的研究也有了新的面貌。

（一）集大成式的《江格尔》与精选本、改编本、经典本

2000年，旦布尔加甫校注的《卡尔梅克〈江格尔〉校注》[90]出版，是包含31部卡尔梅克《江格尔》史诗和二千六百余条注释的厚重之作。"是专门为研究《江格尔》的国内学术界提供的一部集学术资料、学术著作、工具书特征于一身的古籍整理成果。……本书是目前在国内外最完整而可靠的卡尔梅克《江格尔》汇集、我国现行蒙古文转写和校注本，具有重要的文献价值，填补了国内外《江格尔》学的一项空白。"[91]这部校注本集大成式地呈现了卡尔梅克《江格尔》史诗的全貌，对于从更宏观的角度认识、理解和研究《江格尔》史诗具有重要意义。

2005年，贾木查主编的《史诗〈江格尔〉校勘新译》[92]出版，"由导论、正文和名词索引3部分组成。导论用汉文和托忒蒙文写成……正文共25章，包括托忒蒙文、拉丁文转写、汉译文等。这25章的故事情节均是从中、蒙、俄三国《江格尔》的各种文本（包括以前没有出版的手写本和录音带）中挑选校勘的精品。用托忒蒙文、拉丁文、汉文所写或翻译的25章故事，每一章的开头都分别用蒙文、英文、汉文附有内容梗概"[93]。这一版本由王蒙撰序，还得到了巴·乌力促、孙瑾、王仲明、王堡等学者的肯定[94]。然而，仁钦道尔吉转引朝戈金提出的"最好的《江格尔》文本是录音记录本"[95]，严肃批评了贾木查"综合整理"的做法，"《史诗〈江格尔〉校勘新译》中收入了25章长诗，其中整合的'汇编本'11章、删减和增添的有13章、诗人新创作有1章。此外，还有将4500行诗缩为1390行诗、将2928行诗缩为904行诗的现象。《江格尔》没有一章不被贾木查删改，完全失去了文献资料价值"[96]。其实关于搜集整理问题的争论不是现在才出现的，早在中华人民共和国成立初期50年代中后期学界就集中讨论过这个问题。这一版本对国内外江格尔奇演述的原始文稿进行整理和删减是从书

面阅读的角度出发的,以提升了读者的阅读审美体验,并采用四种语言文字,更倾向于推广利用和跨文化交流。当然,它不能反映《江格尔》史诗的原貌,更不能反映全貌,它遮蔽了史诗体裁本身的特征、江格尔奇演述的个性和具有时代性、地域性和民族性的一次性的史诗演述现场,是修饰过的文本化的《江格尔》,不能作为口头诗学视域下的学术研究资料。这一版本是集大成式的精选本。我们一方面要肯定《史诗〈江格尔〉校勘新译》的经典化尝试,让《江格尔》产生更大的国内外影响,以便携的方式走进千家万户,另一方面要严格区别经典化文本和作为史诗学研究资料的《江格尔》,保证科学研究的严谨态度,平衡好两者之间的关系。

2011年,何德修编撰的汉文版《江格尔传奇》[97]出版,何德修精选《江格尔》史诗中流传最广的故事并改编为小说形式,共11回,并配有近30幅彩色插图,是在非物质文化遗产保护背景下编撰的普及性质的大众读物,是精选本和改编本。

2015年,《中国非物质文化遗产百科全书·史诗卷》编委会推出了《中国非物质文化遗产百科全书·史诗卷:格萨(斯)尔、江格尔、玛纳斯》[98]。《江格尔》史诗部分由斯钦巴图、仁钦道尔吉和塔亚编写,分为概览、人物、内容篇、版本篇、民俗篇、艺术篇、研究篇和其他篇8个大部分,以词条形式呈现,集大成式地总结了《江格尔》史诗的学术成就。[99] 2006年,《江格尔》入选了第一批国家级非物质文化遗产名录,由"新疆维吾尔自治区和布克赛尔蒙古自治县""新疆维吾尔自治区博尔塔拉蒙古自治州""新疆维吾尔自治区巴音郭楞蒙古自治州"和"新疆维吾尔自治区文联民间文艺家协会"共同申报而成。[100] "全书近一百余万字,是对20世纪50年代以来学界三大史诗研究所取得的成果进行盘点、梳理,在吸收和借鉴的基础上编撰而成。"[101]

2016年,色道尔吉汉译的《江格尔》[102]被纳入《中华大国学经典文库》再版,内容与1983年版一致。《中华大国学经典文库》在传统"汉学"的基础上收录了42种少数民族典籍,体现了21世纪以来的新"国学"观念。[103]这一版本肯定和凸显了《江格尔》的国学经典价值。

(二)汉译本、英译本与翻译方法研究

这一时期的汉译实践只有2010年贾木查编著的《江格尔》汉译本[104]一种。全书分为25章《江格尔》故事和《江格尔》文化两部分。故事是由陈乃雄、郭永明、汪仲英、哈达奇刚和赵文工5位译者合作汉译而成的,对《江格尔》中的人名、地名、马名采用了音译、意译加音译、音译加注解等多种方式,对故事的汉译坚持了忠实于原作思想内容的原则,然后力求"音美"和"形美"。[105]

而在这一时期最令人瞩目的是英译本的首次出现和多种尝试。上节提到的2005年版贾木查主编《史诗〈江格尔〉校勘新译》,虽然只出现了各章故事的英文简介,但已经填补了空白。[106]该书采取了团队合作翻译的模式,其中汉文翻译为汪仲英、陈乃雄、郭雨桥、赵文工和哈达奇·刚,汉文审校为陈乃雄和汪仲英;英文翻译为王菲和满泽,英文审校为美国的简·崔丝（Jane Trice）、满泽和吴扬才。

2011年，在汉文版《江格尔传奇》的基础上，何德修同时编撰出版了英文版 The Epic of Jangar[107]，共11回，由潘忠明一人英译。这部英文版《江格尔》对于国际社会尤其是使用英语的国家了解《江格尔》史诗这一非物质文化遗产，了解我国的非遗保护工作具有重要意义。

2012年，吴松林主编的汉英对照本《中华民族文库·蒙古族系列——〈江格尔〉》（上、下册）[108]出版。这部汉英对照本选用的汉语底本包括1983年色道尔吉汉译的15章《江格尔》[109]，还包括《勇士古诺干》《乌赫勒贵灭魔记》《仁钦·梅尔庚》和《阿果扎和巴特尔》四部史诗作品，由刘兰、林阳、贺培杰、方云、王红、惠良红、李英、李卫东、李晓丹和张海艳10位译者分章英译而成。

以上3种英译本，在翻译规模上，贾本是摘要英译，何本是改编选本英译，吴本是较为完整的全文英译。在翻译形式方面，贾本是多种语言文字的结合，何本是纯英译本，吴本是汉英对照本。在翻译人员方面，贾本是合作翻译和审校，何本是独立译者，吴本是多人团队翻译。贾本的英译部分只可作为《江格尔》史诗的一般介绍。而何本和吴本都是以《江格尔》汉语译本为底本，这对于想要原汁原味地传达史诗的思想内容和艺术魅力则更为困难。就英译本的现状而言，张媛认为，"目前出现的所有英译本都是中国人自己翻译的，缺乏英语世界译者和海外汉学家的英译本"[110]。贾本英译的审校者包括英语母语学者，但是从国内外来看，亟待补充英语母语译者的《江格尔》英译本。

（三）转型研究：《江格尔》口头程式研究及跨学科研究

2000年，朝戈金的博士学位论文《口头史诗诗学：冉皮勒〈江格尔〉程式句法研究》[111]出版，是《江格尔》口头程式研究的代表。钟敬文在序言中提出史诗研究应该进入转型时期这一重要观点，即由主观地占有文本资料转向客观地探究史诗传统。[112]钟敬文认为朝戈金的研究贡献不仅限于《江格尔》史诗研究，更是为研究蒙古族史诗、中国史诗的内在规律和宏观特质提供了支撑，甚至为民间文艺学乃至某些古典文学研究提供了一个新的视角。[113]杨义、郎樱、扎拉嘎等很多学者都高度评价这一标志史诗转型研究的专著。这部专著还引起了国际学者的充分重视。2001年，美国俄亥俄州立大学的马克·班德（Mark Bender）几乎在第一时间就为这部专著撰写了书评，他指出，"朝戈金的研究延续了钟敬文和马学良前辈在中国少数民族民俗、文学和语言方面的研究传统。朝戈金还将这些学者的成果和西方的'帕里－洛德'传统、劳里·航柯的研究，约翰·迈尔斯·弗里关于史诗口头传统的研究和那些整体上受到表演理论及相关学科影响的研究结合在一起"[114]。即在继承文学、语言学和民俗学的文本研究、语法研究和民族民俗研究方法的基础上，还能够从史诗这一民间文学体裁自身的特点出发，结合相关口头传统的研究方法开展研究，为21世纪中国史诗研究方向的聚焦提供了经典个案。

除了朝戈金的专著，乌日古木勒介绍了2001年内蒙古大学塔亚博士的学位论文《新疆江格尔奇研究》[115]"是采纳人类学田野调查方法撰写的第一部蒙古史诗艺人研究专著……对新疆自治区蒙古族聚居区13个县的江格尔奇做了为期6个月的人类学田野调查,搜集到342位江格尔奇的可靠资料"[116]。我国长时间的田野调查个案是较为缺少的,塔亚以一人之力,以史诗艺人江格尔奇为主要调查和研究对象,创新而扎实,这部博士论文的分量不容小觑。

史诗转型体现在口头程式研究范式的确立和发展,《江格尔》研究还在跨学科研究领域不断出新。在史诗的比较研究方面,可以追溯至20世纪50年代,但是系统全面的史诗比较研究成果是在21世纪以后出现的,如王卫华的《〈江格尔〉与〈荷马史诗〉比较研究》[117],曹都格日勒、斯琴呼的《〈江格尔〉与其他游牧民族史诗比较研究》[118],那日苏、灵利的《〈江格尔〉与〈伊利亚特〉和〈罗摩衍那〉比较研究》[119]。在非物质文化遗产学研究方面,很多学者致力于保护好、传承好和利用好《江格尔》这一非物质文化遗产的研究,包括江格尔奇的培养[120]、史诗传承[121]、打造文化品牌[122]、带动文化产业[123]、开展文化旅游[124]、为跨文化交流提供支撑[125]等。

结语

《江格尔》史诗的搜集整理、翻译和研究工作的3个阶段一脉相承,具有连续性。"民研会"在3个阶段都发挥了关键的组织引领作用,抢救、保存和推广了这宗重大的民族文化遗产。

在第一阶段,"民研会"充分注重搜集整理成果的珍稀性和填白性,并以点带面,尽最大可能扩大《江格尔》史诗作品的全国影响力。无论是"民研会"主编的丛书,还是主办的刊物,都给予了《江格尔》史诗成果足够的重视。

在第二阶段,"民研会"注重搜集整理成果的完整性和科学性,真正做到了面上铺开、点上深入,在国内外产生了较大的影响力。真正大规模,有计划、有组织地开展史诗《江格尔》的搜集、整理、翻译、出版和研究工作是在中国民间文艺研究会和中国民间文艺研究会新疆分会的组织和推动下得以实现的,是党的文艺指导思想、国家意志和集体力量的体现。这一工作不是民族学者的个体偶然行为,而是各民族各地区学者有组织有计划的集体必然行动。很多《江格尔》的搜集整理者、翻译者同时也是《江格尔》的介绍者和研究者,如边垣、仁钦道尔吉、贾木查、托·巴德玛、宝音和西格等。第二阶段的搜集整理与研究工作所取得的丰硕成果,确立了中国新疆作为《江格尔》故乡的源头地位,确立了中国作为世界"江格尔学"重镇的地位。

在第三阶段,"民研会"更加注重搜集整理成果的转化性和集成性,在国内外重视保护非物质文化遗产的文化背景下,作为国家级非物质文化遗产项目,《江格尔》史诗的搜集整理工作从学术界拓展为社会各界的民族文化自觉。学术研究在第一和第二阶段的基础上进入了史诗研究的转型期,口头程式研究备受瞩目,更加注重用史诗的方法研究史诗,从口头传统的理论视角和研究方法出发直接抵达史诗的本质。与此同时,更为丰富的跨学科研究已经兴起。

未来我们仍有很多工作要做,民协(民研会)将继续发挥组织引领作用。在搜集整理方面，要在非物质文化遗产背景下保护好、传承好和利用好《江格尔》的活态传承特点和优势，兼顾学术资料的科学性、普及资料的文学性和文旅资源的传播性，形成搜集整理工作的长效机制。特别是在翻译方面，要加快推出形式多样的英译本，并拓展多语版本。在研究方面，更为宏观的《江格尔》程式研究有待拓展，中国史诗研究整体也有待突破。新时代"江格尔学"应该上升到国学的高度，在现有成果基础上不断发展和深入。

注释

[1] 习近平：《在文艺工作座谈会上的讲话》，《人民日报》2015年10月15日（第2版）。文艺工作座谈会召开于2014年10月。

[2] 习近平：《在第十三届全国人民代表大会第一次会议上的讲话》，《人民日报》2018年3月21日（第2版）。习近平：《在全国民族团结进步表彰大会上的讲话》，《人民日报》2019年9月28日（第2版）。

[3] 仁钦道尔吉：《中国少数民族英雄史诗〈江格尔〉》，杭州：浙江教育出版社，1990年，第55页。

[4] 钟敬文主编：《民俗学概论》，上海：上海文艺出版社，1998年，第279页。

[5] 钟敬文：《序》，朝戈金：《口传史诗诗学：冉皮勒〈江格尔〉程式句法研究》，南宁：广西人民出版社，2000年，第5页。落款时间：2000年8月5日。

[6] 毛巧晖：《民研会：1949—1966年民间文艺学重构的导引与规范》，《中央民族大学学报》（哲学社会科学版）2019年第1期，第168—176页。

[7] 周扬：《中国民间文艺研究会成立大会开幕词》，贾芝主编：《新中国民间文学五十年》，北京：大众文艺出版社，2004年，第2页。落款时间：1950年3月29日。原载《周扬文集》第2卷。

[8] 边垣编写：《洪古尔：蒙古民族故事》，上海：商务印书馆，1950年。

[9] 贾芝：《我们在开拓中前进——〈中国新文艺大系·民间文学集〉（1949—1966）导言》，贾芝：《播谷集》，北京：人民文学出版社，1994年，第204页。落款时间：1990年4月11日。

[10] 贾芝：《我们在开拓中前进——〈中国新文艺大系·民间文学集〉（1949—1966）导言》，贾芝：《播谷集》，北京：人民文学出版社，1994年，第206页。

[11] 中国民间文艺研究会主编、边垣编写：《洪古尔》，北京：作家出版社，1958年。

[12] 参见拙作刘思诚：《新中国初期内蒙古民间文艺搜集整理史（1949—1959）》，北京师范大学硕士学位论文，2015年。

[13] 中国民间文艺研究会：《出版说明》，中国民间文艺研究会主编、边垣编写：《洪古尔》，北京：作家出版社，1958年，第1页。落款时间：1957年5月。

[14] 莫尔根巴特尔、铁木耳杜希转写：《江格尔传》，呼和浩特：内蒙古人民出版社，1958年。

[15] 博尔古德：《为了传承民族优秀文化——史诗〈江格尔〉出版情况简介》，《新疆新闻出版》2006年第2期，第47页。

[16] 这13部包括1910年科特维奇在彼得堡出版的鄂利扬·奥夫拉演唱的10部和1911年阿·波兹德涅也夫出版的单行本中的3部。

[17] 莫尔根巴特尔、铁木耳杜希转写：《江格尔传》，乌鲁木齐：新疆人民出版社，1964年。

[18] 仁钦道尔吉：《中国少数民族英雄史诗〈江格尔〉》，杭州：浙江教育出版社，1990年，第167—168页。

[19] 多济，即色道尔吉。

[20] 多济、奥其译《江格尔传——蒙古族史诗〈江格尔传〉的一章》，《民间文学》1963年第4期，第21—72页。

[21] 色道尔吉：《译后记》，色道尔吉译：《江格尔》，北京：人民文学出版社，1983年，第525页。落款时间：1981年10月14日。

[22] 边垣：《序》，边垣：《洪古尔：蒙古民族故事》，上海：商务印书馆，1950年，第1—2页。落款时间：1949年10月。

[23] 老舍：《关于兄弟民族文学工作的报告》，中国作家协会编：《中国作家协会第二次理事会会议（扩大）报告、发言集》，北京：人民文学出版社，1956年，第

55页。

[24] 多济：《〈江格尔传〉简介》，《民间文学》1963年第4期，第73—78页。

[25] 边垣《后记》，边垣编写《洪古尔》，北京：作家出版社，1958年，第77页。落款时间：1957年3月18日。

[26] 钟敬文指出民间文学的搜集整理工作有两种态度："一种是科学的态度，主要针对学术型的探讨和研究；另一种是文学的态度，针对知识性的普及和教育。"钟敬文：《序》，朝戈金：《口传史诗诗学：冉皮勒〈江格尔〉程式句法研究》，南宁：广西人民出版社，2000年，第5—6页。

[27] 斯钦巴图《关于史诗〈洪古尔〉研究的几个问题——纪念〈洪古尔〉出版60周年》，《民族文学研究》2010年第4期，第86页。

[28] 仁钦道尔吉：《蒙古族英雄史诗〈江格尔〉》，《中国民族报》2004年3月5日（第10版）。

[29] 浩·巴岱：《我国对〈江格尔〉的搜集出版及其研究展望（代前言）》，《江格尔·汉文全译本》（第一册），黑勒、丁师浩译，浩·巴岱校订，乌鲁木齐：新疆人民出版社，1993年，第3页。

[30] 李晓峰：《新中国70年少数民族文学：在全面发展中走向辉煌》，《文艺报》2019年9月6日（第5版）。

[31] 仁钦道尔吉：《〈江格尔〉研究概况》，《蒙古学信息》1982年第4期，第1页。

[32] 托·巴德玛、宝音和西格搜集整理：《江格尔》，乌鲁木齐：新疆人民出版社，1980年。

[33] 郝苏民：《卫拉特人民贡献于世界文化的瑰宝——为〈江格尔〉史诗选译本而作》，《江格尔》，霍尔查译，乌鲁木齐：新疆人民出版社，1988年，第2页。落款时间：1987年4月。

[34] 托·巴德玛、宝音和西格：《江格尔》（上、下），呼和浩特：内蒙古人民出版社，1982年。

[35] 贾芝：《后来居上的〈江格尔〉——新疆〈江格尔〉学术讨论会致词》，贾芝：《播谷集》，北京：人民文学出版社，1994年，第157页。

[36] 白新菊：《发展中的新疆民间文艺家协会》，《民间文化论坛》2011年第4期，第126页。

[37] 刘宾：《可喜的成果有益的交流——新疆〈江格尔〉国际学术讨论会综述》，《新疆社会科学》1988年第5期，第78页。

[38] 中国民间文艺研究会新疆维吾尔自治区分会编：《江格尔》（一、二），内部印行，约1982年。中国民间文艺研究会新疆维吾尔自治区分会编：《江格尔》（三、四、五），乌鲁木齐：新疆人民出版社，1985年。中国民间文艺家协会新疆分会、新疆维吾尔自治区民族古籍办公室合编：《江格尔》（六、七、八、九），北京：中国民间文艺出版社，约1988年。中国民间文艺家协会新疆分会、新疆维吾尔自治区民族古籍办公室合编：《江格尔》（十），乌鲁木齐：新疆人民出版社，1993年。中国民间文艺家协会新疆分会、新疆维吾尔自治区民族古籍办公室合编：《江格尔》（十一、十二），乌鲁木齐：新疆人民出版社，1996年。

[39] 中国民间文艺研究会新疆分会、新疆维吾尔自治区《江格尔》工作组搜集整理：《江格尔》（一），乌鲁木齐：新疆人民出版社，1985年。中国民间文艺研究会新疆分会、新疆维吾尔自治区《江格尔》工作组搜集整理：《江格尔》（二），乌鲁木齐：新疆人民出版社，1987年。

[40] 内蒙古少数民族古籍编委会、内蒙古社会科学院文学研究所编：《江格尔》（一），格日勒图、特·那木吉拉转写注释，索德那木拉布坦审订，呼和浩特：内蒙古人民出版社，1988年。内蒙古少数民族古籍编委会、内蒙古社会科学院文学研究所编：《江格尔》（二），格日勒图转写注释，索德那木拉布坦审订，呼和浩特：内蒙古人民出版社，1989年。内蒙古少数民族古籍编委会、内蒙古社会科学院文学研究所编：《江格尔》（三），格日勒图转写注释，索德那木拉布坦审订，赤峰：内蒙古科学技术出版社，1996年。

[41] 刘宾：《可喜的成果有益的交流——新疆〈江格尔〉国际学术讨论会综述》，《新疆社会科学》1988年第5期，第78页。

[42] 《江格尔——蒙古族民间史诗》，色道尔吉译，北京：人民文学出版社，1983年。

[43] 博尔古德：《为了传承民族优秀文化——史诗〈江格尔〉出版情况简介》，《新疆新闻出版》2006年第2期，第47页。

[44] 莫尔根巴特尔、铁木耳杜希转写：《江格尔传》，呼和浩特：内蒙古人民出版社，1958年。

[45] 托·巴德玛、宝音和西格搜集整理：《江格尔》，乌鲁木齐：新疆人民出版社，1980年。

[46] 《江格尔》，霍尔查译，乌鲁木齐：新疆人民出版社，1988年。

[47] 托·巴德玛、宝音和西格搜集整理:《江格尔》,乌鲁木齐:新疆人民出版社,1980年。

[48] 郝苏民:《卫拉特人民贡献于世界文化的瑰宝——为〈江格尔〉史诗选译本而作》,霍尔查译:《江格尔》,乌鲁木齐:新疆人民出版社,1988年,第2页。落款时间:1987年4月。

[49] 郝苏民:《卫拉特人民贡献于世界文化的瑰宝——为〈江格尔〉史诗选译本而作》,霍尔查译:《江格尔》,乌鲁木齐:新疆人民出版社,1988,第5页。落款时间:1987年4月。

[50]《江格尔》(一、二),黑勒、丁师浩译,浩·巴岱校订,乌鲁木齐:新疆人民出版社,1993年。《江格尔》(三、四),黑勒、丁师浩译,浩·巴岱校订,乌鲁木齐:新疆人民出版社,1999。《江格尔》(五、六),黑勒、李金花译,浩·巴岱校订,乌鲁木齐:新疆人民出版社,2004年。

[51] 王佑夫:《十年磨一剑——汉文全译本〈江格尔〉评价》,《中国出版》2007年第6期,第61页。

[52] 色道尔吉:《译后记》,《江格尔——蒙古族民间史诗》,色道尔吉译,北京:人民文学出版社,1983年,第526页。落款时间:1981年10月14日。

[53] 色道尔吉:《译后记》,《江格尔——蒙古族民间史诗》,色道尔吉译,北京:人民文学出版社,1983年,第526—527页。落款时间:1981年10月14日。

[54] 王智杰:《史诗〈江格尔〉的平行式及其语言美——以存现句为例》,《内蒙古大学学报(哲学社会科学版)》2013年第1期,第111页。

[55] 包秀兰:《〈江格尔〉史诗中诗性地理的翻译》,《民间文化论坛》2018年第6期,第102页。

[56] 霍尔查:《译后记》,《江格尔》,霍尔查译,乌鲁木齐:新疆人民出版社,1988年,第822—823页。落款时间:1987年3月5日于呼和浩特。

[57] 色道尔吉:《译后记》,《江格尔——蒙古族民间史诗》,色道尔吉译,北京:人民文学出版社,1983年,第528—534页。落款时间:1981年10月14日。

[58] 朝戈金:《"多长算是长":论史诗的长度问题》,《中央民族大学学报(哲学社会科学版)》2015年第5期,第133页。

[59] 包秀兰:《〈江格尔〉史诗中诗性地理的翻译》,《民间文化论坛》2018年第6期,第101—102页。

[60] 包秀兰:《〈江格尔〉史诗中诗性地理的翻译》,《民间文化论坛》2018年第6期,第103页。

[61] 详见中国民间文艺家协会新疆维吾尔自治区分会编:《〈江格尔〉论文集》,乌鲁木齐:新疆人民出版社,1988年。

[62] 刘宾:《可喜的成果有益的交流——新疆〈江格尔〉国际学术讨论会综述》,《新疆社会科学》1988年第5期,第76—82页。

[63] 乌丙安:《中国民俗学》,沈阳:辽宁大学出版社,1985年,第328—329页。

[64] 仁钦道尔吉:《中国少数民族英雄史诗〈江格尔〉》,杭州:浙江教育出版社,1990年。

[65] 仁钦道尔吉:《中国少数民族英雄史诗〈江格尔〉》,杭州:浙江教育出版社,1990年,第34—47、55、158、160页。

[66] 仁钦道尔吉:《〈江格尔〉论》,呼和浩特:内蒙古大学出版社,1994年。

[67] 呼日勒沙、甘珠尔扎布:《"江格尔"研究的一部佳作——简论仁钦道尔吉教授〈"江格尔"论〉一书》,《民族文学研究》1996年第4期,第79页。

[68] 仁钦道尔吉:《〈江格尔〉论》,呼和浩特:内蒙古大学出版社,1999年。

[69] 梁庭望:《20世纪的中国少数民族文学研究》,《中南民族学院学报(人文社会科学版)》2001年第1期,第101页。

[70] 朝戈金:《口传史诗诗学:冉皮勒〈江格尔〉程式句法研究》,南宁:广西人民出版社,2000年,第44页。

[71] 斯钦巴图:《蒙古族英雄史诗〈江格尔〉的活态传承与研究》,《中国民族报》2018年8月17日(第11版)。

[72] 贾木查:《史诗〈江格尔〉探渊》,汪仲英译,乌鲁木齐:新疆人民出版社,1996年。

[73]《内容提要》,贾木查:《史诗〈江格尔〉探渊》,汪仲英译,乌鲁木齐:新疆人民出版社,1996年。

[74]《内容提要》,贾木查:《史诗〈江格尔〉探渊》,汪仲英译,乌鲁木齐:新疆人民出版社,1996年。

[75] 贾木查:《史诗〈江格尔〉探渊》,汪仲英译,乌鲁木齐:新疆人民出版社,1996年,第85页。

[76] 扎嘎尔:《〈江格尔〉史诗研究》,呼和浩特:内蒙古教育出版社,1993年。

[77] 斯钦巴图:《〈江格尔〉与蒙古族宗教文化》,呼和浩特:内蒙古大学出版社,1999,第8页。

[78] 格日勒:《十三章本〈江格尔〉中的审美意识》,呼和浩特:内蒙古教育出版社,1995年。

[79] 斯钦巴图:《〈江格尔〉与蒙古族宗教文化》,呼和浩特:内蒙古大学出版社,1999年,第8页。

[80] 金峰:《〈江格尔〉黄四国》,呼伦贝尔:内蒙古文化出版社,1996年。

[81] 斯钦巴图:《〈江格尔〉与蒙古族宗教文化》,呼和浩特:内蒙古大学出版社,1999年。

[82] 斯钦巴图:《〈江格尔〉与蒙古族宗教文化》,呼和浩特:内蒙古大学出版社,1999年,第23页。

[83] 贾芝:《"江格尔奇"与史诗〈江格尔传〉》,《民族文学研究》1984年第1期,第28页。

[84] 哈森:《论蒙古族史诗〈江格尔〉的比喻》,《内蒙古大学学报(哲学社会科学版)》1994年第2期,第46页。

[85] 孟慧英:《史诗艺术的一般特点》,《青海社会科学》1998年第1期,第67页。

[86] 宝音和西格:《关于〈江格尔〉研究中的几个理论问题》,《内蒙古大学学报(人文社会科学版)》1999年第4期,第33页。

[87] 罗明成:《"争夺英雄妻子"母题的社会文化研究——以几部有代表性的英雄史诗为例》,《民族文学研究》1995年第2期,第84页。

[88] 斯钦巴图:《蒙古英雄史诗抢马母题的产生与发展》,《民族文学研究》1996年第3期,第14—15页。

[89] 斯钦巴图:《蒙古英雄史诗抢马母题的产生与发展》,《民族文学研究》1996年第3期,第15页。

[90] 阿·科契克夫、诺·毕提盖耶夫、鄂·奥瓦洛夫编:《卡尔梅克〈江格尔〉校注》,旦布尔加甫校注,北京:民族出版社,2000年。

[91]《〈卡尔梅克《江格尔》校注〉出版》,《民族文学研究》2003年第4期,第67页。

[92] 贾木查主编:《史诗〈江格尔〉校勘新译》,汪仲英等译,乌鲁木齐:新疆大学出版社,2005年。

[93]《内容提要》,贾木查主编:《史诗〈江格尔〉校勘新译》,汪仲英等译,乌鲁木齐:新疆大学出版社,2005年。

[94] 单雪梅:《史诗〈江格尔〉在英语世界的推介与英译本特色》,《新疆师范大学学报》(哲学社会科学版)2011年第1期,第100页。

[95] 仁钦道尔吉:《〈史诗《江格尔》校勘新译〉述评》,《民族文学研究》2010年第3期,第161页。

[96] 仁钦道尔吉:《〈史诗《江格尔》校勘新译〉述评》,《民族文学研究》2010年第3期,第164页。

[97] 何德修编撰:《江格尔传奇》,北京:五洲传播出版社,2011年。

[98] 冯骥才总主编,诺布旺丹主编:《中国非物质文化遗产百科全书·史诗卷:格萨(斯)尔、江格尔、玛纳斯》,北京:中国文联出版社,2015年。

[99] 详见冯骥才总主编,诺布旺丹主编:《中国非物质文化遗产百科全书·史诗卷:格萨(斯)尔、江格尔、玛纳斯》,北京:中国文联出版社,2015年,第373—544页。

[100] http://www.ihchina.cn/project.html?tid=1#sy_target1.

[101] 王治国:《少数民族活态史诗翻译的三重维度》,《内蒙古社会科学(汉文版)》2019年第2期,第133页。

[102]《江格尔》,色道尔吉译,北京:中国国际广播出版社,2016年。

[103] 张炯:《序》,《江格尔》,色道尔吉译,北京:中国国际广播出版社,2016年,第1—2页。

[104] 贾木查编著:《江格尔》,陈乃雄等译,乌鲁木齐:新疆大学出版社,2010年。

[105] 贾木查编著:《江格尔》,陈乃雄等译,乌鲁木齐:新疆大学出版社,2010年,第159—166页。

[106] 张媛:《〈江格尔〉翻译研究综述》,《民族翻译》2013年第4期,第56—57页。

[107] He Dexiu. *The Epic of Jangar*, translated by Pan Zhongming, Beijing: China Intercontinental Press, 2011.

[108] 吴松林主编:《中华民族文库·蒙古族系列——〈江格尔〉》(上、下册),刘兰、林阳等译,长春:吉林大学出版社,2012年。

[109]《江格尔——蒙古族民间史诗》,色道尔吉译,北京:人民文学出版社,1983年。

[110] 张媛:《〈江格尔〉翻译研究综述》,《民族翻译》2013年第4期,第57页。

[111] 朝戈金:《口传史诗诗学:冉皮勒〈江格尔〉程式句法研究》,南宁:广西人民出版社,2000年。

[112] 钟敬文:《序》,朝戈金:《口传史诗诗学:冉皮勒〈江格尔〉程式句法研究》,南宁:广西人民出版社,2000,第5页。

落款时间：2000年8月5日。
[113] 钟敬文：《序》，朝戈金：《口传史诗诗学：冉皮勒〈江格尔〉程式句法研究》，南宁：广西人民出版社，2000，第10页。落款时间：2000年8月5日。
[114] Mark Bender, Oral poetics: Formulaic diction of Arimpil's 'Jangar Singing', *Asian Folklore Studies*, 2001, No.60, p361.
[115] 塔亚：《新疆江格尔奇研究》，内蒙古大学博士学位论文，2001。
[116] 乌日古木勒：《中国蒙古史诗研究对人类学田野调查方法的借鉴》，《民族艺术》2002年第3期，第124页。
[117] 王卫华：《〈江格尔〉与〈荷马史诗〉比较研究》，北京：昆仑出版社，2007年。
[118] 曹都格日勒、斯琴呼：《〈江格尔〉与其他游牧民族史诗比较研究》，乌鲁木齐：新疆人民出版社，2014年。
[119] 那日苏、灵利：《〈江格尔〉与〈伊利亚特〉和罗摩衍那〈比较研究〉》，乌鲁木齐：新疆人民出版社，2014年。
[120] 黄适远：《〈江格尔〉传承：回归民间才有活力》，《中国民族报》2016年3月18日（第10版）。
[121] 冯吉亮：《新疆民族音乐文化在中小学教育传承的调查报告——以巴音郭楞蒙古自治州和静县第四中学为例》，《戏剧之家》2017年第6期。
[122] 巴特：《史诗〈江格尔〉的现代传承研究——以"江格尔的故乡"构建为例》，北京师范大学博士学位论文，2010。
[123] 南快莫德格：《新疆蒙古族文化产业发展现状及其思考》，《新疆社会科学》2016年第1期，第141页。
[124] 刘思诚：《非物质文化遗产：一宗重大的文化旅游资源》，《财经问题研究》2019年第6期，第139—145页。
[125] 杨海鹏：《〈江格尔〉中蒙古族非物质文化遗产与"一带一路"文化传播》，《内蒙古民族大学学报（社会科学版）》2018年第3期，第11页。

新文艺·民族遗产·学术研究
——民间文学"搜集整理"的三重旨向

漆凌云

漆凌云,江西宜丰人,1976年生,民俗学博士,湘潭大学文学与新闻教授,中国民俗学会理事,《中国民间文学大系》出版工程"民间故事组"专家,湖南省文艺人才"三百工程"人选,湖南省民间文艺家协会理事,主要从事故事学、民间文学学术史研究,曾在《民俗研究》《民族文学研究》《民间文化论坛》等核心刊物发表论文十余篇,出版专著《中国民间故事研究史论》(中国社会科学出版社,2019),主编《中国民间游戏总汇·跑跳卷》《湖南春节卷》。

内容提要   搜集整理在中华人民共和国成立后成为民间文艺学人讨论的热门话题,与民间文学的地位提升和社会价值认知有紧密关联。"搜集整理"论争源于延安时期民间文学采录形成的"重文艺轻学术"倾向。新中国成立后,民间文艺学者虽一致肯定忠实采录原则的重要性,但基层文艺工作者大多以建构社会主义新文艺的目的搜集整理民间故事,忽视学术性,从而在1956年形成了"搜集整理"论争。"十六字"方针是特定时期的产物,兼顾了文艺创作和学术研究两种取向。改革开放后,民间文学的学术本位得到确立,"民间文学三套集成"的编撰确立了"科学性、全面性和代表性"原则。采录以"科学性"为核心原则,日渐脱离文艺生产环节。这一方面积累了大量的民间文艺资料,夯实了中国民间文艺学的学科根基;另一方面也导致民间文艺远离大众,社会影响日渐弱化。步入20世纪末期,"搜集整理"术语日渐被"田野作业"替代。

关键词   新民主主义文艺　学术本位　搜集整理　十六字方针　三套集成

一、民间文学价值新定位:"搜集整理"论争溯源

"搜集整理"研究是17年时期中国民间文学研究的热点话题。[1]从现有资料看,王国栋1935年发表的《谚语的搜集和整理》[2]是民间文学领域最早关于搜集整理的讨论。他主要从民间文学学科视角讨论谚语的整理问题,但并未在学界产生较大影响。如何搜集?为何整理?如何整理?是17年间"搜集整理"论争的关键。从民俗学学术史来看,忠实记录是民俗学人一以贯之的要求。周作人1914年的《征求绍兴儿歌童话启》要求:"录记儿歌须照本来口气记述,俗语难解处以文言注释之,有音无字者可以音切代之,下仍加注。童话可以文言叙说,但务求与原本切近,其中语句有韵律如歌词者,仍须逐字照录,如蛇郎之宁可吞爹吃,不可嫁蛇郎等是。"[3]周作人主张的"须照本来口气记述""务求与原本切近,其中语句有韵律如歌词者,仍须逐字照录"与1950年代搜集整理讨论中关于忠实记录的本意大体相近了。1918年《北京大学日刊》上发布的《北京大学征集全国近世歌谣简章》亦注明"歌辞文俗,一仍其真。不可加以润饰、俗字俗语改为官话"。[4]可见保留民间文学的"原汁原味"是民俗学人的共识。《歌谣》周刊的发刊词也旗帜鲜明地提出搜集歌谣的目的"共有两种:一种是学术的,一种是文艺的"[5]。刘枝后来对民间故事的采录过程进行详细阐发,"不能听人家说一句,你写一句;等你写完了,或是说一句一停,人家再说,要是叫人家说一句你停一句,这事恐怕除了你自己的老婆或亲人外,人家没这工夫耐这麻烦!要是听一句写一句,除非先学会速记,后再搜集故事不可;况且说者看你在旁写他所说的,他又不好意思说了,听完了再写,又恐不免有遗漏和谬误的地方……故事虽不能听一句写一句或是叫说者说一句一停;但可当他说时执笔记其大概,或者避免说者看你写他所说的嫌疑,索性等他说完你再写,怕说完有遗漏和谬误的地方,不妨多校正几次。"[6]董作宾在《征求民间文艺简章》中进一步指出:"记的方法,韵语如歌谚等,须一依口语写出,其中方言俗字,可用罗马字或拼音字母,注明其音韵,宜详释其意义,勿随意改成国语或文言;散文如神话童话等,则以宜质朴的国语传写之,遇有韵语处,仍当尽量保持本色。又该材料采自何处,通行于何地,并须一一注明。"[7]

忠实记录是学术研究的基本要求。但不同的学科专业,记录的水平各有差异,大体形成3种模式,一种是民俗学模式,以《歌谣》《民俗周刊》登载作品为典型;另一种是人类学模式,如凌纯声、芮逸夫的《湘西苗族调查报告》[8]、陈志良的《广西特种部族歌谣集》[9];最后一种是语言学模式,如李方桂的《龙州土语》[10]中记录的民间故事和歌谣均配有国际音标。学者们的讨论也大多集中在如何做到忠实记录,并未涉及如何整理的问题。[11]搜集整理问题论争实践源于延安时期对民间文学社会价值的新认知。

民间文艺自晚清以来就受到政治人物的关注,如晚清改良派和革命派均曾借助民间文艺形式宣传政治主张。[12]中国共产党历来对民间文艺的社会价值和艺术价值青睐有加。毛泽东

早在井冈山时期就注意到民间文艺是宣传发动群众参与革命的有力工具[13]。1938年4月，他在鲁迅艺术学院发表讲话时说："到群众中去，不但可以丰富自己的生活经验，而且可以提高自己的艺术技巧。夏天的晚上，农夫们乘凉，坐在长凳子上，手执大芭蕉扇，讲起故事来，他们也懂得胡适之先生的八不主义，他们不用任何典故，讲的故事内容却是那么丰富，言辞又很美丽。这些农民不但是好的散文家，而且常是诗人。"[14]作为政治领导人的毛泽东对民间故事的讲述者给予了"散文家""诗人"等崇高评价，这在中国文学史上并不多见。毛泽东还将民间文艺视为民族文化遗产、新民主义文艺创作的重要宝库："对于中国和外国过去时代所遗留下来的丰富的文学艺术遗产和优良的文学艺术传统，我们是要继承的，但是目的仍然是为了人民大众。对于过去时代的文艺形式，我们也并不拒绝利用，但这些旧形式到了我们手里，给了改造，加进了新内容，也就变成革命的为人民服务的东西了。"[15]毛泽东格外重视民间文艺的社会价值，视为文艺创作的"唯一源泉"，号召知识分子深入群众，学习老百姓的语言，借助旧形式（民间文艺）发挥社会动员作用为政治服务。《讲话》发表后，民间文学采录工作在延安广泛开展，成果有《陕甘宁老根据地民歌选》《陕北民歌选》《刘志丹的故事》，等等。[16]

值得注意的是，此前学人对民间文艺的认识大多是从文学价值、学术价值和社会价值展开论述，毛泽东则进一步将其提升为中华民族的文学艺术遗产，还是新民主主义文化的有机组成部分。他指出新民主主义文化是无产阶级领导的人民大众的反帝反封建文化，赋予劳动人民以革命性和先进性的属性，把传统文化思想内容层面的"精华与糟粕"分别对应于劳动人民和封建统治者，明确提出，"把古代封建统治阶级的一切腐朽的东西和古代优秀的人民文化即多少带有民主性和革命性的东西区别开来"，通过"剔除其封建性的糟粕，吸取其民主性的精华"从而建立起"民族的科学的大众的"新民主主义文化。[17]毛泽东的"阶级分析法"和"精华—糟粕"二元观对此后民间文学的采录和研究产生了广泛影响[18]。

延安时期的民间文艺采录者多为文艺工作者，如柯蓝、康濯、董均伦、李季等。他们实地采录民间文艺作品目的在于通过思想内容和艺术价值的筛选，把具有教育宣传价值的作品加工整理后在民间推广，从而实现民间文艺的社会价值。如柯蓝采录的民间故事集《咱们的老高》中15篇是作者在陕北农村搜集民间故事的一部分，"（5篇）是收集现实材料，采用民间故事、传说的形式写出来的。其他10篇写的时候，连结构也经过了很大的改动，和原来的样子也大不相同。这便是我要把这15篇民间故事收集出版的第一个原因。因为我这种尝试，是企图使新文艺与民间形式结合的尝试，是企图使文艺为工农兵服务的尝试，虽然这些尝试并不很成功。"[19]可见，文艺工作者采录民间故事的目的是为了更好地为工农兵服务。李束为也谈到整理民间文艺作品的必要性："这些经过采集与整理出来的民间故事，（或说略加提高的故事），比起原来在群众中流传的未经整理的故事所产生的影响大得多了。因为那些未经整理的故事是在一种自然状态下流传，想起什么故事就讲什么故事，并不一定根据当前工作与群众目前的思想状况加以选择，同时所讲的故事也不一定都是有教育意义的。"[20]尽管何其芳在《从搜集到写定》倡导忠实记录原则："尊重老百姓和他们的作品。首先要忠实地记录。其次，民间文学既是在口头流传，就难免常因流传地区不同与唱的人说的人不同而有部分改变或脱落。我们在采录时，同一民歌或民间故事就应该多搜集几种，以资比较参照……至于民间故事，则因地区与说的人不同而变化更大，当然于一字一句保存原来面目，但也应基本上采取一种忠实于原故事的态度。若系自己改写，那就不算是地道的民间文学，而是我们根据民间文学题材写成自己的作品了。无论民歌、民间故事、民间戏剧，写定时都应附注流传于何地。普通不易了解的土语、事物，以及与之有关的一切也都最好加以说明，以便旁人阅读或研究。"[21]但延安文艺工作者深入民间采录民间文艺作品，一方面是学习民众的语言艺术，"直接地就必须从民间去获得，间接地就必须从民间文艺获得"；另一方面"利用旧形式并不是停止于旧形式，而正是要从思想上、艺术上加以改造，在批判地利用和改造旧形式中创造出新形式"[22]，从而为政治服务。可见，延安文艺工作者深入民间采录民间文艺作品重在为老百姓提供精神食粮，发挥宣教功能。

二、加工取向与学术本位：中华人民共和国成立初期的搜集整理论争

中华人民共和国成立后，文化政策的核心路线是围绕"延安文艺座谈会讲话"展开的。伴随着劳动人民社会地位的变化，民间文艺地位也发生反转，不仅是"新的人民的文艺"[23]，还是"重大的民族文化遗产"[24]。1950年成立的中国民间文艺研究会是中国民间文学学术史上的大事件。民间文艺研究会团结的民间文艺学人，学术理念各有差异，但在资料搜集上达成以下共识。《中国民间文艺研究会征集民间文艺资料办法》号召搜集民谣、民间故事、神话、传说、年画、弹词等文艺资料，要求搜集资料时注意："1.应记明资料来源，地点，流传时期，及流传的状况等。2.如系口头传授的唱词或故事等，应记明唱者的姓名、籍贯、经历、唱讲的环境等。3.某一作品应尽量搜集完整；仅有片段者，应加以声明。4.切勿删改，要保持原样。5.资料中的方言土语及地方性的风俗习惯等，须加以注释。6.美术品最好是寄原作，唯摄影图片或精确的复制品亦可。7.搜集资料时，倘有何种重大困难，个人难于解决者，可向本会提出，本会当在可能范围内帮助解决。"[25]

《中国民间文艺研究会征集民间文艺资料办法》不仅明确提出民间故事的采录要保留原样，还要注明资料、地点、流传时期、流传状况、唱讲的环境、保留方言土语及地方习俗。比延安时期的民间采录工作要求更为科学、翔实，关注到了民间故事的传承语境。中华人民共和国成立后，民间文学的采录取得重大成绩，中国社会科学院、国家民委系统及各省市均有诸多优秀成果。尤其值得一提的是许多少数民族地区的作品得到挖掘，如《爬山歌》《天牛郎配夫妻》《白族民间故事传说集》《白族民歌集》

《藏族民间故事选》《南北方民歌选》《召树屯》《阿诗玛》《娥并与桑洛》《刘三姐》《嘎达梅林》《格萨尔王传》《玛纳斯》《江格尔》，等等。[26]其中不少搜集成果后来成为少数民族文学经典，进入21世纪后被列入国家级非物质文化遗产名录。

《中国民间文艺研究会章程》提出："广泛的搜集我国现在及过去的一切民间文艺资料，运用科学的观点和方法加以整理和研究。"[27]这样的表述说明搜集、整理和研究是三项互相关联的工作。在当时协会领导人看来，民间文艺作品的采录主要还是为社会主义新文艺服务的。周扬在中国民间文艺研究会成立大会的开幕词中提出："今后通过对中国民间文艺的采集、整理、分析、批判、研究，为新中国新文艺创作出更优秀的更丰富的民间文艺作品来。"[28]郭沫若也主张"我们不仅要收集、保存、研究和学习民间文艺，而且要给以改进和加工，使之发展成新民主主义的文艺"。[29]《中国民间文艺研究会章程》也明确提出："在搜集、整理和研究中国民间的文学、艺术，增进对人民的文学艺术遗产的尊重和了解，并吸取和发扬它的优秀部分，批判和抛弃它的落后部分，使有助于新民主主义文化的建设。"[30]也就是说，对采录到的民间文艺作品加以适当改造为社会主义新文艺服务是民间文艺研究会的工作内容。当时采录、出版的民间故事科学性暂且不论，但社会价值显著，面向大众出版的具有鲜明人民性和艺术性的民间故事"将新的社会主义伦理价值扩散到全国各地域、各民族，加速社会主义'新儿童'的塑造"。[31]

文艺创作取向与学术研究取向差异甚大，所以钟敬文先生对当时民间故事搜集整理中的任意改写情况提出了批评："在记录和整理的方法上，也有些地方值得我们考虑。有些故事的记录者，拿当前的思想或政策去改串故事的意思和情节，拿现在流行的或个人爱好的文体去改变它固有的叙述，并且大都连一点声明也没有（有的歌谣的记录者也这样做，但是比较少）。记录民间故事、歌谣等，必须充分忠实于民众原有的思想和口吻，这是起码的规条。为什么要这样做呢？因为劳动人民的固有创作（至少有些的创作），是有它自己思想上和艺术上的优点和特色的。一般记录、整理的主要目的，是供给文艺工作者、文化工作者以研究、参考或学习的资料。因此，就必须尽量保持原来的精神和面貌。"[32]但钟敬文先生的学术本位观点并未改变当时民间故事搜集整理中的改写状况，创作取向问题依然存在，并在1956年形成了一次大争论。

这场争论是在繁荣科学和艺术必须坚持"百花齐放，百家争鸣"的背景下展开的，导火索是刘守华发表《慎重地对待民间故事的整理编写工作——从人民教育出版社整理的〈牛郎织女〉和李岳南同志的评论谈起》一文。此后朱宜初、刘魁立、巫瑞书、刘锡诚（署名刘波）、张文（署名蔚刚）、吉星（署名星火）[33]、陶阳、毛星、贾芝等学者也纷纷加入讨论，董均伦、江源、陈玮君、张士杰等民间故事采录家也撰文回应，讨论成果汇集在《民间文学搜集整理问题》（第一集）[34]中。刘守华对改写后选入初中语文课本的《牛郎织女》及李岳南所写的评论提出批评，指出："由于我们许多从事民间文学搜集整理工作的同志对这种工作采取了一种简单的、粗暴的态度，忽略了整理民间故事最基本的一个要求，即保持民间故事原有的风格和艺术特点。"[35]李岳南随后撰文回应。陈纬君把整理和改编混同起来，发表《必须勇敢地跃进一步》，号召"（喜爱）民间文学的作者同志们，必须勇敢地跃进一步，从内容到形式、风格，要创作些新的来"。[36]

刘魁立1957年发表的《谈民间文学搜集工作——记什么？如何记？如何编辑民间文学作品？》对董均伦、江源夫妇在整理过程中只注重搜集反地主、反皇帝、反封建迷信题材的作品提出批评，指出记录民间文学作品总的原则是"以珍惜尊重的态度对待每一篇作品、每一句话和每一个词。准确忠实、一字不移——这是对科学记录的第一个要求。不加任何篡改、歪曲、扩大或缩减，如实地、全面地提供有关人民创作和生活的材料——这就是民间文学搜集者的基本任务"。[37]刘魁立除了提出著名的"一字不移"论，还提出"活鱼要在水中看"的观点，注意"记录民间作品的'生活'"，还结合自己在苏联采录民间故事的情况，对民间故事采录中如何记录讲述者的语言、手势、表情、异文等问题提出一套比较系统的操作方案。董均伦对刘魁立的"学院派"做法不以为然，结合自己的采录实践指出刘魁立的采录方法没有现实性。

这场论争集中在两大群体间，一方是基层民间文艺采录者，一方是民间文艺研究者，一方侧重将民间故事视为文学作品，一方则视民间故事为科学研究资料，立足点不同，难以达成共识。刘锡诚、陶阳、张文、吉星、毛星、贾芝等民研会学人都肯定了忠实记录的重要性，要求区分整理、改写和再创作的界限。但大多数还是以文学立场来看民间文学采录工作。毛星的《从调查研究说起》对此次论争做了较完整的学术总结。他肯定了采录民间文学作品的复杂性，"同样一个故事，各个人有各个人的讲法，除了巧拙的不同，对于那些已形成自己独自风趣的高明的故事家说来，各个人又具有各个人的讲述风格。而且，就是同一个人讲同一个故事，这次讲的和另一次讲的，也常常是不完全相同的……心情好时，可以讲得眉飞色舞，讲得很细致；心情不好时，或者不讲，或者就只讲一个大概，甚至三言两语就把一个故事'交代'了。面对这样的一些情况，对于忠实记录或忠实的整理，很自然地就提出了一个问题：既然故事的讲述不那么固定，究竟忠实于一个人某一次讲述呢，还是要忠实于民间的这一个故事。我的看法是，两个都要，后者是目的，前者是基础。"[38]

毛星结合具体的讲述情境对讲述人、讲述风格进行了较深入探讨，殊为不易。他有丰富的采录经验，认为民间故事的讲述文本尽管不是固定的，但忠实记录是基本原则。对于从事民间故事采录者而言，尽管逐字逐句记录困难，但"从事民间文学搜集整理工作的人，为什么不应该有记录故事的专门技能呢？"他对民间文学作品从讲述现场到写定过程进行较深入的学理分析，同时提出如何才能采录到"民间的这一个故事"。"只讲忠实于民间的这一个故事，不讲要一次次的忠实记录，这里所说的民间的这一个故事，岂不成为抽象的悬空的东西，而这里所说的忠实不是也就失去根据了吗？如果只有一次忠实的记录，就认为把这个故事的民间原貌完全记录下来了，也不妥当。因为除了故事讲述者的巧拙和所讲的粗细，还有这样的情况：讲故事的人由于记忆的错误或别的什么原因，或者把有的内容讲漏了，或者在一个故事中甚至可能把别一个故事误掺进来；而故事在流传过程中，剥削阶级把他们的某一些思想掺入故事中，也完全是可能的；甚至，可能这个讲故事的人，由于种种原因，比如或者他本人不是真正的劳动人民，或者他是从剥削阶级那里直接或间接听来的，因而所讲的故事的主题思想和情节内容，与一般劳动人民所讲的差异很大，立场观点和思想感情与一般劳动人民相违背。这样，这一次记录，对于这一个故事的民间原貌来说，它的忠实性就存在着疑问。"毛星指出民间故事的采录需要长时间的深入调查才能获取口承文艺的完整面貌，散发出浓郁的学术探索气息。但他主张的"民间的这一故事"多少带有完美主义色彩，侧重文学性和艺术性的统一，革命性和大众性的统一，剔除剥削阶级的影响。在他看来，"整理加工的目的，是力求最充分地显现出这个故事在民间的最完美的面貌，拭去其他阶级点染在它身上的尘污，集中可以集中的民间对这一故事的一切美的创造……民间的这一个故事，可能已有了比较固定和比较完整的讲述内容，而且存在于当前的一个或某几个故事家的口中。也可能本来有很完整的讲述内容，但现在已没有一个人讲得很完全，有的比较详细地记得这一段，有的则比较详细地记得另一段。另外的或较多的情况是：这个故事的主题思想和基本情节尽管已大致固定，但故事的细节描写，这样的描写的精华，则存在许多人的口中，有的把这一段讲得好，有的则对另一段有更完美的描述，或者这一段昨天还比较粗糙，今天有了新的细致的讲法。这样，这一个故事在现实生活的人民口头实际上并没有集中组织在一起，这就有待于搜集整理者的整理。经过艰苦的搜集整理，这一个故事才能真正成为一个"。[39]毛星所说的"这一个故事"应该属于恩格斯在谈典型人物塑造时引用黑格尔所说的"这一个"[40]，具有典型性和完美性，需要严谨的综合整理才能实现。但就民间故事的讲述实际来看，要采录到完美的"这一个故事"是不大可能的，整理加工是必不可少的环节。事实上，此后成为民间文学经典的文本皆经过文人的反复加工，诸如《阿诗玛》《刘三姐》《召树屯》，等等。傣族叙事诗《娥并与桑洛》便是在8份原始资料基础上整理而成，"整理本只用了很少的诗行描绘沙铁家的富有；大力删除求神求佛生子的过程，剔除宣扬封建迷信的部分，又适当保留能反映出佛教对傣族人民生活产生过影响的部分诗句；削去对桑洛外貌美的不健康的夸张描绘；选取了桑洛追求自由幸福的爱情生活的情节。而摒弃了表现唯利是图的思想与主题无关的对经商情况的具体细微的描写。这有助于人物形象的完美、主题思想的深化，也符合傣族人民歌颂自己的理想人物的愿望。这无疑是做得正确而且必要的。"[41]

论争的最终结果体现在1958年全国民间文学工作者大会报告上提出的十六字方针："全面搜集，重点整理，大力推广，加强研究。"[42]十六字方针体现了特定学术语境下对民间文艺的采录要求，注重民间文艺的政治教育功能，要求"在全面搜集的基础上，有重点地进行整理编选。先整理对建设社会主义帮助大的，富有教育意义的作品，如目前的新民歌、优美的民间故事、在群众中流传最广的歌颂英雄人物的民间说唱以及优秀的长篇叙事诗，等等"。[43] 内容上对革命内容的强调，导致此后民间故事采录注重革命传说，忽略幻想故事等传统民间故事。同时要求采录时保留民众生动的语言。另外，也关注民间故事的科学研究价值，指出"首先强调忠实记录。民间文学工作需要树立科学态度、科学方法。因为把群众的作品忠实地记录下来，是一切工作的基础"。[44]

"忠实记录、适当加工"，既强调了民间文学采录工作的科学性，同时也强调了民间故事的教育功能。由于当时从事民间故事采录工作大多是缺乏专业素养的基层文艺工作者，对采录的故事作品进行或大或小的加工现象比较普遍。张士杰在介绍自己采录经验时谈到，"在开头老渔翁得宝的一段，讲者说的比较简单，我就把这一段做了详细的描写。我认为，这更能突出老渔翁的勇敢机智和'宝贝不是凭空得到的'（原述时就说明这点，只是不突出）。在渔翁连钓金鱼、砸水珠、变金豆子一节中，讲述者只说渔童连钓带唱，我就根据这情况让渔童唱出了8句歌谣。我认为，故事本身就很优美，特别是在这一节里，如果要渔童唱起来，不就更加强效果了吗？我就给加了8句歌谣"。[45] 所以就当时出版的民间文艺作品而言，忠实记录的作品并不多，但我们如果翻阅20世纪60年代广西、湖南、云南、贵州等地由中国民间文艺家协会、中国社会科学院和国家民委等单位组织采录的少数民族民间文学作品油印本资料，依然能看到"忠实记录"的鲜明印记。

三、"搜集整理"与中国民间文学集成

"搜集整理论"论争过后的1958年，全国各地兴起了"新民歌"运动，民间文学界呈现向主流文学挑战的"越界"现象。[46] 受此影响，民间文学界搜集整理的"文学创作"取向越发显著，出现全民创作的高潮，日渐偏离学术本位，直至改革开放时期才实现反转。

（一）确立学术本位：《泰山民间故事大观》的采录实验

1978年4月，钟敬文、贾芝、毛星、马学良、吉星、杨亮才等开始筹备恢复中国民间文艺研究会。在民间文学采录实践中，忠实记录与慎重整理的尺度如何把握依然没有达成共识。1980年5月，中国民间文艺研究会委派陶阳、吴纪民、吴绵3人在泰安地区进行"忠实记录、慎重整理"的一个实地试验，成果结集为《泰山民间故事大观》[47]。陶阳等人的具体做法为：

1. 依靠地区文化部门的领导；

2. 全面搜集、全面调查（包括口头记录与查考历史文献）；

3. 利用录音机，同时笔记；还要力求做到有闻必录；

4. 记录同一母题故事的异文；

5. 研究每一尊神的来历，对故事的异文作比较研究和有关理论上的探索。[48]

他们以学术本位来采录，将采录到的故事分为"原始记录稿较完美的故事""同一母题的异文与'综合整理'的故事""同一题目又各自独立的故事"，特意把录音记录稿同加工过

多的整理稿做比较。如张建新讲述、吴绵录音的记录稿《吕洞宾给王母娘娘拜寿的故事》和搜集者加工稍多的整理稿《瑶池会》两相比较，"发现记录稿故事井井有条，层次清楚，易懂易记，有情趣。而加工多的整理稿《瑶池会》则打乱了原来的叙述方式，把原来的述论式变成了吵架式。尽管文笔流畅，故事却大为逊色。由此我们可以得到一个启示，整理民间传说故事，还是尽可能保持原故事的结构和叙述方式为好"[49]。因此，他们提出整理工作要注意保持"口头性"，录音稿优先。[50] "泰山民间故事调查实验"注重查考历史文献记述，记录各种母题的异文，保留方言特色，通过注释和附记阐发讲述文本的相关信息，是当时"忠实记录"的样板，为此后进行的民间文学三套集成工作积累了有益经验。

（二）科学整理方法与原则的确立：《中国民间文学集成工作手册》的出台

1984年5月28日，文化部、国家民委、中国民研会联合发文编辑出版包括《中国民间故事集成》在内的三套集成。《中国民间文学集成》的编撰旨在"汇集和总结全国各地各民族民间文学搜集整理的成果，保存我国各族人民的口头文学财富，继承和发扬我国各民族文化的优良传统，让民间文学更好地为人民服务，在社会主义物质文明和精神文明建设中发挥应有的作用；同时也为民间文艺学和社会科学领域中有关学科的研究，以及文学艺术创作的借鉴提供较完整的资料"[51]。编撰宗旨体现了民间文学采录的文化遗产保护价值、科学研究价值、文艺创作资料价值和社会价值，要求利用录音、摄像和录像技术进行采录，尤其强调在普查基础上，"三套集成各卷本要严格注意科学性、全面性和代表性，选入的作品，一定要符合'忠实记录、慎重整理'的原则，避免失真。要具有高质量，真正反映各民族劳动人民口头文学的原貌"[52]。三套集成的编撰把科学性列为首要原则，但口承文艺是处于生活层面的演述，转换成书面文本需要经历寻找讲述人、建立田野关系、全面采录等多重程序，在具体实践中科学性的实施难免出现各种问题。为此中国民间文学集成总编委会办公室在1987年5月专门出台了《中国民间文学集成工作手册》，对搜集的方式和方法、记录的原则和方法进行翔实解答，着重指出"民间文学作品一经采集和记录，就作品本身来说，便离开了口头讲述环境，进入了以文字符号为载体的另一种流传过程。这一流传过程，是以书面形式发挥它的资料和阅读作用。在这个从口头到书面的过程中，为使口述的原材料更好地呈现在书面上，就需要对原材料进行一定的整理工作。它同样是一件科学性很强的工作，需要严肃的科学态度。民间文学的整理，其性质是科学的性质，即通过整理的手段更好地再现出民间口述的原材料的本来面貌和光彩。整理者的责任，不是修正改变和拔高原作的主题、增加情节、改换语言，表现整理者的创造才华，而是不改变原作，忠实原作，更好地再现原作。"[53]《中国民间文学集成工作手册》从国家层面对以往的搜集整理工作进行了系统总结，明确了搜集整理的学术本位要求，并对此前在公众读物中常使用的综合整理法提出"能不用尽量不用"。整理稿是口头文学的书面定本，《中国民间文学集成工作手册》还提出采录过程中应加以检验和复核,"复核时可着重下列问题:对作品原貌体现如何?对原作主题、情节是否保持,程度如何?整理中可否有加工?有否添加情节、改换人物?有否整理者的语言?其程度如何?必要性如何?对原作的特色韵味有否体现?对原作品的语言体现如何?可否看出讲述人的特点?对原讲述风格体现程度如何?辅助材料(如讲述人、时间、地点、讲述环境、方言注释、必要的有关说明等)是否准确、清楚。"[54]

《中国民间文学集成工作手册》以学术本位为指导,对新中国成立以来搜集整理工作的原则及操作实践进行了系统总结,吸纳国外的采录经验[55],具有"田野作业"特质,确保了中国民间文学集成工作的科学性,避免了胡乱加工现象。在三套集成的普查和采录实践中,我们充分利用延安时期和新中国初期形成的动员式采录机制,借助行政力量通过国家、省、地、县、乡的专业培训来实现普查目标,发动上百万人参与,共采录"民间故事184万篇、民间歌谣302万首、谚语748万条,总字数超40亿字"[56],为中国民间文艺学人留下了一大批宝贵的研究资料和文化遗产,启迪了后续的非物质文化遗产保护和《中国民间文学大系》出版工程。

四、结语

"搜集整理"是中国特色的学术话语,彰显了民间文学文艺价值、文化遗产价值、社会认同价值和学术价值的多棱面向。新中国成立初期,民间文学成为"接驳国家话语的重要场域"[57],建设新文艺强化对新政权的认同是首要目的,自然呈现重文艺价值的和民族文化遗产价值而忽视学术价值趋向,但造就了《刘三姐》《阿诗玛》等文艺经典。改革开放后,学术生态得到恢复,民间文学"搜集整理"的社会价值开始弱化,"改旧编新"论广受批评,民族文化遗产价值得到广泛认同,学术价值重迎生机。随着三套集成工作的铺开,"忠实记录"原则成为共识,"搜集整理"逐渐被"田野作业"收编,学术研究逐渐成为重要旨向,涌现出诸如"立体描写"[58]的本土学术话语,推进了中国民间文艺学的话语体系建设。可见,"搜集整理"折射的是不同历史时期民间文艺在"求真"与"致用"间的功能转换。最后需要指出的是,随着学界对"搜集整理"文艺创作价值的淡化,也导致民间文艺远离大众,社会影响日渐弱化,近年来出现了"重新改写中国民间故事"[59]"超越语境,回归文学"[60]的呼吁。

注释

[1] 相关论著详见刘守华:《1949—1966:中国民间文艺学》,《通俗文学评论》1996年第3期;刘锡诚:《二十世纪中国民间文学学术史》,北京:中国文联出版社,2014年;施爱东:《民间文学:向田野索要什么》,《中国民间文化的学术史观照》,哈尔滨:黑龙江人民出版社,2004年,第171—206页;毛巧晖:《民间文学批评体系的构拟与消解——1949—1966年"搜集整理"问题的再思考》,《西北民族研究》,2018年第2期,等等。

[2] 王国栋:《谚语的搜集和整理》,《师大月刊》,1935年第22期,212—225页。

[3] 周作人:《征求绍兴儿歌童话启》,《绍兴县教育会月刊》,1914年第4期,25—26页。

[4]《北京大学征集全国近世歌谣简章》,《北京大学日刊》,1918年9月21日第5版。

[5]《〈歌谣〉周刊发刊词》,《歌谣》,1922年12月17日第1版。

[6] 刘枝:《对于搜集民间故事的一点小小意见》,《歌谣》,1924年第54期,3—4版。

[7]《征求民间文艺简章》,《民间文艺》,1927年第2期。

[8] 凌纯声、芮逸夫:《湘西苗族调查报告》,上海:商务印书馆,1947年。

[9] 陈志良:《广西特种部族歌谣集》,《说文月刊丛书》,桂林:科学印刷厂,1942年。

[10] 李方桂:《龙州土语》,上海:商务印书馆,1940年。李方桂在序言中介绍了采录方法:"这些故事中的第1、3、4、5、11是先用 Fairchild 记音机先记在铝片上然后再让发音人一句一句的慢慢说出来用笔记,回来又重新听写改正。其余只是发音人一面说,著者一面笔记。有些字发音人认为龙州乡下常用的字而城里不大用的,我也都注下来……这些故事可以供留心民间故事的人参考。"

[11] 万建中、李琼:《20世纪民间故事书写研究评述》,《广西民族大学学报》2009年第2期。

[12] 详见钟敬文:《晚晴革命派作家对民间文学的运用》《晚晴改良派学者的民间文学见解》,《钟敬文文集》(民间文艺学卷),合肥:安徽教育出版社,2002年,第259—352页。

[13] 郑长天:《毛泽东与民间文学》,《湘潭大学学报》,2003年第6期。

[14] 毛泽东:《在鲁迅艺术学院的讲话》,《毛泽东文集》第二卷,北京:人民出版社,1993年,第124—125页。

[15] 毛泽东:《在延安文艺座谈会上的讲话》,《毛泽东文艺论集》,北京:中央文献出版社2002年,第57页。

[16] 详见贾芝:《延安文艺丛书·民间文艺卷》,长沙:湖南文艺出版社,1988年。

[17] 毛泽东:《新民主主义的政治与新民主主义的文化》,《中国文化》,1940年创刊号。

[18] 如延安文艺代表人物周文在分析四川机智人物张官甫的故事就指出:"在民间流传的故事,不一定全是从民间产生的。其中有许多固然是很好的,但有些却是不好的,反民众的,即是产生于统治者,或者受了统治阶级教养的人编造过传给民间的。"详见周文:《再谈搜集民间故事》,《大众文艺》,1940年第5期。

[19] 柯蓝:《咱们的老高》,上海:群育出版社1949年版,第1页。

[20] 李束为:《民间故事的采集与整理》,《文艺报》1949年第11期,第8—9版。

[21] 何其芳:《从搜集到写定》,《民间文艺新论集》,北京:中外出版社,1950年,第177—178页,该文写于1946年11月10日。

[22] 周扬:《对旧形式的利用在文学上的一个看法》,《中国文化》,1940年创刊号。

[23] 周扬:《新的人民的文艺》,新华书店,1949年。

[24] 钟敬文:《口头文学:一宗重大的民族文化遗产》,北京:北京师范大学出版部,1951年。

[25]《本会征集民间文艺资料办法》,《民间文艺集刊》第1册,新华书店,1950年,第105页。

[26] 详见刘锡诚:《二十世纪中国民间文学学术史》,北京:中国文联出版社,2014年,第640—658页。

[27]《中国民间文艺研究会章程》,《民间文艺集刊》(第1册),新华书店,1950年,第104页。

[28] 周扬:《在中国民间文艺研究会成立大会上的讲话》,《周扬文集》第2卷,北京:人民文学出版社,1985年,第10页。

[29] 郭沫若:《我们研究民间文艺的目的——在本会成立大会上的讲话》,《民间文艺集刊》,1950年第1册,第9页。

[30]《中国民间文艺研究会章程》,《民间文艺集刊》(第1册),新华书店,1950年,第104页。

[31] 毛巧晖:《1949—1966年童话的多向度重构》,《上海师范大学学报》,2017年第5期。

[32] 钟敬文:《民间文艺学上的新收获》,《新建设》,1951年第1期。

[33] 上述作者的笔名源于刘锡诚的博文,详见 https://www.chinafolklore.org/blog/?uid-7681-action-viewspace-itemid-35980。

[34] 中国民间文艺研究会编:《民间文学搜集整理问题》(第一集),上海:上海文艺出版社,1962年。

[35] 刘守华:《慎重地对待民间故事的整理编写工作——从人民教育出版社整理的〈牛郎织女〉和李岳南同志的评论谈起》,《民间文学》1956年第11期。

[36] 陈玮君:《必须勇敢跃进一步》,《民间文学》,1957年第6期。

[37] 刘魁立:《谈民间文学搜集工作——记什么?如何记?如何编辑民间文学作品》,

《民间文学》，1957年第6期。

[38] 毛星：《从调查研究说起》，《民间文学》，1961年第4期。

[39] 毛星：《从调查研究说起》，《民间文学》，1961年第4期。

[40] 李衍柱：《试谈黑格尔所说的'这一个'》，《外国文学研究》，1978年第5期。恩格斯说："每个人都是典型，但同时又是一定的单个人，正如老黑格尔所说的是一个'这一个'，而且应当如此。"

[41] 刘廷珊、傅光宇、马永福：《对〈娥并与桑洛〉整理工作的一些看法》，《民间文学》，1962年第1期。

[42] 贾芝：《采风掘宝，繁荣社会主义民族新文化——1958年7月9日全国民间文学工作者大会报告》，《民间文学论集》，北京：作家出版社，1963年版，第96—100页。

[43] 贾芝：《采风掘宝，繁荣社会主义民族新文化——1958年7月9日全国民间文学工作者大会报告》，《民间文学论集》，北京：作家出版社，1963年，第97页。

[44] 贾芝：《民间文学论集》，北京：作家出版社，1963年，第99页。

[45] 张士杰：《我对搜集整理的看法》，《民间文学》，1959年第12期。

[46] 毛巧晖：《越界：1958年新民歌运动的大众化之路》，《民族艺术》2017年第3期。

[47] 陶阳等：《泰山民间故事大观》，北京：文化艺术出版社，1984年。

[48] 陶阳等：《泰山民间故事大观》，北京：文化艺术出版社，1984年，第3页。

[49] 陶阳等：《泰山民间故事大观》，北京：文化艺术出版社，1984年，第211页。

[50] 陶阳等：《泰山民间故事大观》，北京：文化艺术出版社，1984年，第210页。

[51] 《关于编辑出版民间文学三套"集成"的意见》，《中国口头文学遗产数字化工程全纪录》，北京：中国文史出版社，2014年，第62页。

[52] 《关于编辑出版民间文学三套"集成"的意见》，《中国口头文学遗产数字化工程全纪录》，北京：中国文史出版社，2014年，第62页。

[53] 中国民间文学集成总编委员会办公室编：《中国民间文学集成工作手册》（内部资料），1987年，第59页。

[54] 中国民间文学集成总编委员会办公室编：《中国民间文学集成工作手册》（内部资料），1987年第68页。

[55] 如《手册》总结了定居式搜集和采录队搜集的方法，要求采录者关注被采访者的心境、忙闲、仪式过程及演述情境，注意讲述者的开头语、接续语、感叹词、语气词、方言、特殊用语，制定了三套集成的分类编码方案等。详见中国民间文学集成总编委员会办公室编：《中国民间文学集成工作手册》（内部资料），1987年。

[56] 季成：《任重行难 成绩斐然——全国民间文学集成工作已逾十年》，《民间文学论坛》，1997年第1期。

[57] 毛巧晖：《现代民族国家话语与民间文学的理论自觉（1949—1966）》，《江汉论坛》，2014年第9期。

[58] 详见段宝林：《论民间文学的立体性特征》，《民间文学论坛》，1985年第5期。

[59] 刘守华：《论民间故事的"改写"》，《民俗研究》，2017年第1期。

[60] 刘宗迪：《超越语境，回归文学——对民间文学研究中实证主义倾向的反思》，《民族艺术》，2016年第2期。

民研会对民间文学讲述家的搜集、记录与研究（1950—1966）

冯 莉

冯莉，1977年生，祖籍甘肃张掖，博士。中国民间文艺家协会理事、《民间文化论坛》副主编、中国文联民间文艺艺术中心副研究员。著有《东巴舞蹈传承人——习阿牛、阿明东奇》(2007)、《民间文化遗产传承的原生性与新生性——以纳西汝卡人的信仰生活为例》(2014)、《传承人口述史方法论研究》(合著, 2016)、《北京市非物质文化遗产传承人口述史："泥人张"彩塑（北京支）》(2017)等。2012年荣获第八届中直机关青年岗位能手称号。2013年入选国家"万人计划"首批青年拔尖人才支持计划。主持管理国家社科基金特别委托项目《中国唐卡文化档案》、国家社科基金艺术学青年项目《纳西族仪式舞蹈研究》等多个国家科研项目。

内容提要 民研会成立于1950年，它秉承了20世纪20年代民间文艺的学术理念和"延安学派"文艺大众化的实践精神。1950年至1966年间，民研会在全国范围内开展了对民间文学大规模地搜集，特别是对民间文学讲述家所进行的搜集、记录和研究，这些探索和实践不仅奠定了中国民间文学本土理论的基石，也为新时期以来中国民间文艺学学科的构建和中国民俗学学科的建立奠定了坚实基础。

关键词 民研会　学术史　民间文学讲述家　搜集整理

引言

自20世纪10年代后期至20年代,中国的一部分知识分子接受了19世纪70年代俄国的理论,开始倡导"到民间去"。这一趋势无疑对中国现代民间文学理论和运动产生了直接影响。[1]中国近代民间文学的征集和搜集工作也肇始于20世纪20年代。刘锡诚在《二十世纪中国民间文学学术史》中提出,从20世纪现代民间文艺学的肇始到20世纪中叶曾出现过"民俗学派""文学人类学派""古史辨派""社会—民族学派""俗文学派""延安学派"等流派。[2]他们运用各自的方法和理念对中国民间文艺给予了关注和研究。

刘半农、周作人、顾颉刚、刘兆吉等在这一时期,对不同地区民间歌谣进行了零星的个人搜集和调查,这些成果成为中国现代民间文学学术史上重要的成果。同一时期,一次以小区域搜集,有组织、有系统的采集调查,开启了对重要讲述者的关注,很值得我们研究。

1926年,以晏阳初为代表的"中华平民教育促进会"组织了一支以"扫盲"运动为主的下乡队伍,在河北定县和山东邹平县进行了调查,其中包括采集秧歌、歌谣、鼓词等民间文艺资料。"定县的民间文学研究项目有四个程序:调查、研究、编辑和出版。最终使他们收获甚丰,搜集了二百多首歌谣、三百多条歇后语、三百多条谜语、六百多条谚语和一百多个笑话。"[3]这次调查成果比学者们零星的个人搜集调查更加系统,记录的内容较为广泛,关注到了重要的讲述者并大量记录了他们的作品:记录了刘洛便和田三义两个农民讲述的戏词和鼓词,1933年出版的《定县秧歌选》[4]选辑了定县刘洛便48出秧歌。当时,田野调查和记录尚没有形成专业系统的方法,此次调查行动和成果可谓是难能可贵,可以说,它是中国新文学运动以来,关注民间文学讲述者较早的、记录规模最大的调查成果。

20世纪40年代,一批文艺工作者在陕甘宁边区,晋察冀、东北、苏北、冀中等解放区收集民歌和民间艺术资料,希望通过改造旧说书、旧秧歌来建立解放区的新文艺。其间,有几位作家和文艺研究者撰写了多篇关于解放区民间艺人的文章,如周扬《一位不识字的劳动诗人——孙万福》、萧三和安波《练子嘴英雄拓老汉》、艾青《汪庭有和他的歌》、丁玲《民间艺人李卜》、马可和青宁《刘志仁和南仓社火》[5]、林山《盲艺人韩起祥》[6]。在今天来看,这些对延安时期民间艺人的作品记述及研究的代表性文章,为新中国社会主义新文艺事业的建构开了先河。

一、对民间故事家的发现

1949年7月,中华全国文学艺术工作者代表大会(简称第一次文代会)召开,来自国统区和解放区的824位文艺界代表参加大会。毛泽东、朱德、董必武、陆定一、陈伯达到会讲话。周恩来作政治报告,郭沫若[7]、茅盾[8]、周扬[9]、付钟[10]代表文艺界分别做大会报告。在大会筹备工作文件中,会议代表中有两部分人:当然代表、聘请代表。聘请代表"凡具备以下条件之一者,得被聘为大会代表"第三条:

"思想前进、文艺上有显著成绩者（包括民间艺人）"。[11]

周恩来在代表大会上做的政治报告[12]第二部分"文艺方面的几个问题"中，第四条"关于改造文艺的问题"专门讲到如何团结民间艺人：

> 旧社会爱好旧形式的艺术，但是他们瞧不起旧艺人，现在是新社会新时代了，我们一定尊重一切受群众爱好的旧艺人，尊重他们方能改造他们。……如果不团结广大的旧艺人，排斥他们，企图一下子代替他们是不可能的。应该是包含几十万艺人并影响几千万观众、听众、读者的旧文艺部队的巨大力量，动员起来积极地参加这个改革运动。[13]

在大会报告中，周恩来提出完善组织机构，"不仅成立一个全国的文学艺术界的联合会，……还要分部门成立文学、戏剧、电影、音乐、美术、舞蹈等协会，以便于进行工作，便于训练人才，便于推广，便于改造"[14]。

第一次文代会期间，钟敬文被选为全国文联候补委员。之后，他计划在北京建立民间文艺的研究机构，留在北京，并与对此事感兴趣的同志着手商议。随后，他们向时任文化部副部长周扬建议，成立全国性民间文艺机构。[15]

（一）从征集到搜集

1950年3月29日，中国民间文艺研究会（以下简称民研会）成立。周扬在大会开幕词中非常清晰地道出了民研会成立的目的和意义："成立民间文艺研究会是为了接受中国过去的民间文艺遗产。民间文艺是一个广阔的富藏，它需要我们有系统的有计划地来发掘"，"今后通过对中国民间文艺的采集、整理、分析、批判、研究，为新中国新文化创作出更优秀的更丰富的民间文艺作品来"[16]。至此，民研会一方面秉承了"五四"时期知识分子"到民间去"抢救记录民间文艺的思想，另一方面延续了延安时期收集民歌和故事等民间口头文学的实践精神。

在民研会成立大会上公布的《本会征集民间文艺资料的办法》，第三条明确提出了："如系口头传授的唱词或故事等，应记明唱讲者的姓名、籍贯、经历、唱讲的环境等。"[17]显然，这些要求是在"五四"歌谣运动和延安时期文艺工作的征集方法基础上提出的。它为50年代大规模搜集民间文艺资料、发现民间文学讲述者提供了较为科学的方法。

民研会从创立之初的征集资料逐渐转向大规模搜集民间文学资料，是一段特殊发展过程，更是一次历史机遇。从1951年9月民研会出版的《民间文艺集刊》第三册"编后记"中，我们可以读出民研会对于倡导征集资料转向鼓励搜集整理工作的痕迹。

在"编后记"中，除介绍本辑编纂内容之外，专门提到两个内容"值得大家注意"。第一，文中提到刊登的老苏区的革命山歌10首，"搜集编印它们是整理人民艺术财产的重要工作之一，今年有些地方文艺工作者已经开始注重这种工作"[18]。第二，贵州贵定县委会的"民歌征集简报"中提到，该地文艺工作者响应贵州省军区文艺科征集万首民歌的号召，已经搜集到6000首。编后记认为，如果各地宣传部门和机关在搜集工作上加以重视，对于宣教工作以及新文学、新艺术的建设事业有着重要贡献。"编后记"在最后一小段提出征集来稿中的缺点，辗转抄袭的，来自报纸和旧书，耗费了人力，对民间文艺的发掘和整理很少补益。"我们愿意向一切热心民间文艺工作的同志们建议：请深入到劳动人民和各少数民族中间去吧，那才是最丰富的民间文学艺术宝藏所在的地方！"[19]

从中，不难解读出民研会由最初以征集资料编撰刊发相对"被动"工作方式，开始逐渐转变为鼓励更多的人到"民间文学艺术宝藏所在的地方"搜集。不得不说，这篇不足千字的小文，已经表露出民研会大规模搜集调查的初步思想。

（二）民间故事家的发现

如何在搜集和调查工作中抓住重点，是当时民研会开展工作的着眼点。50年代初至1958年前，民研会在做好民间歌谣和民间故事采集和出版工作的同时，开始有意识地发现和记录民间故事讲述家。例如，与中国科学院文学所的同志一起赴云南、内蒙古等地开展民间文学的搜集调查工作。参与调查工作的孙剑冰[20]、李星华[21]、毛星[22]都先后就民间文学讲述者的搜集记录撰写了相关研究文章，随着《民间文学》的创刊，这些文章陆续刊发，引导民间文艺界在搜集作品的同时，更加注重对民间文学讲述人记录、搜集方法的研究。

1954年秋，孙剑冰、韩燕如在内蒙古乌拉特前旗6个村进行故事搜集工作，第二年3月，孙剑冰撰写了《略述六个村的搜集工作》[23]。文章详细叙述了故事家"秦地女"的发现过程，

明确在搜集民间文学作品的同时，还特别注重对故事家、歌手和民间艺人的发现和访谈。此文于4月发表在《民间文学》创刊号上，在民间文艺学界引起了不少关注。值得注意的是，这篇文章中对讲述者、听众、搜集整理的关系所进行了更深层次阐明。孙剑冰认为，搜集者在场的参与观察对于后期的整理和理解非常重要。在这次田野中，他意识到，即便有更多的资料可以整理为书面文字，但在场的鲜活的语音、语调、手势、表情和观众的反应能够更好地帮助记录者理解内容，更忠实地将记录资料转换为书面文字。

搜集者把这个故事完善记录下来，即使再占有同类故事的全部资料，经过整理，进入书面，无论如何，那些生动的表演艺术（讲述者独特的音调、手势与面部表情等）和观众的反应，讲述者与听众之间的感情的共鸣，是不会再现了；而所有这些，于记录者对故事的理解与整理，都是有帮助的。[24]

此外他注意到，同一个访谈者在不同场景中讲述的内容存在着巨大的差异。"同一个人的同一个故事，由他本人在不同的场合（例如只有一个听众——记录者）重述，差别不但会有，而且常常是蛮大的。"[25]

如何在搜集工作中发现典型访谈对象，也是文章中关注的焦点。他认为，调查中搜集故事发现典型和抓住典型，"决定着全部搜集工作的关键"。他在文中写了四种在发现典型的调查中可能遇到的情况和工作方法。第一，普通人一般化平常的故事。针对这些平淡无奇的"自己的故事""自己的歌"，搜集工作不能满足于此，要吸收有用的，寻找更好的。第二，

搜集者在工作中需要深入细致地调查，然后再确定访谈对象。如果"听风就是雨"贸然行动，往往"事倍功半"，浪费精力，收获甚少。第三，会说故事的人有可能并不为人知，需要做深入调查发掘。如秦地女这样真正的故事家。第四，当地民众认可的民间艺人、歌手和故事家。[26]孙剑冰认为，在搜集工作中，以上四种情况要特别重视后两种。

乌丙安后来撰文评价了孙剑冰这篇文章：发现民间故事传承人秦地女，更重要的是，此次发现总结出了故事蕴藏特点和传承特性以及民间故事活动的规律。[27]刘锡诚在《二十世纪中国民间文学学术史》中写道："他在内蒙古南部的农耕地区发现女故事家秦地女，并提出了故事讲述者的个人讲述风格问题，这在我国民间故事搜集史上尚属首次。"[28]如果从民间文学讲述家的发现这一视角来理解这篇文章的重要性，说它是我国学术界关于中国民间文学传承人及其调查方法的发轫之作一点也不为过。

1956年9月至11月，民研会与中国科学院组成的民间文学调查组赴滇西考察。民研会参加调查的有四位同志：李星华、陶阳、刘超、青林，中国科学院的毛星、孙剑冰。李星华在1959年刊发的《搜集民间故事的几点体会》中，记录了她在白族地区进行采录的体会和思考。通过调查邓川"朱大娘"讲述故事的事例，李星华认为，要在采录和调查中让讲故事的人"像谈心一样地随便讲出一个趣味浓厚的故事"。故事讲述人个体的审美情趣决定了故事语言的生动和情节的丰富性，采录者与讲述者比较熟悉，讲述人才能讲起来无拘束地充分发挥讲述的天才。她认为："采录者要想把工作做得深入，就必须跟讲述者打成一片，交朋友。最好的办法就是同吃、同住、同劳动。"[29]她不仅关注到了民间文学与讲述者生活之间的关系，更多地注意到了相同主题故事不同讲述者的差异。她认为，故事细节因讲故事的人职业和生活不同而说法不同。"一个故事我们只记一种说法是不能看到故事在传说中的全部面貌的。需要尽可能听听各种人的不同讲法。这对整理和研究工作都有好处。"[30]她借用苏联民间故事研究者爱尔娜·瓦西里也夫娜对民间故事记录的看法：同一个故事每个人都有自己的讲法，每个讲法都有它的价值。在此基础上李星华进一步分析，这种方法不仅便于对故事全面了解，便于研究和整理，更重要的是讲述者依据自己的生活经验"修改故事"。

在20世纪50年代至60年代关于搜集整理的研究中，毛星是不可绕过的人物[31]。1956年，中国科学院与民研会组成联合调查组赴云南调查采录，毛星是负责人，1958年他当选为第二届民研会理事，之后任第三届、第四届副主席。1961年他发表《从调查研究说起》[32]一文认为，民间文学搜集整理工作与科学工作者的调查和作家诗人采风有着很大的区别，忠实记录是其根本原则。他提出了忠实记录的最高标准和最低标准，"忠实记录故事讲述者的讲述，不加入自己的任何'补充'，也不随便删削讲述者所讲述的内容，这应该是最基本的要求"[33]。

比起基本要求，毛星更加提倡研究者"不止记录一个人的讲述，还记下较多人所讲的，并且选择故事讲述者，创造讲述故事的良好条件，使所能找到的最好的故事家兴高采烈地展示他的绝技，必要时还请他讲第二次、讲第三次"[34]。

值得注意的是,文中总结了"劳动人民故事家"应具备的4个条件:

> 充分熟悉和长期参加劳动人民的生活并充分具备劳动人民的思想情感,充分熟悉劳动人民的一切心理特征并具备劳动人民所独有的对事物感受、思维和幻想的方式,充分熟悉和掌握人民的口头艺术的传统并具备劳动人民的艺术智慧和艺术才能,又充分熟悉、理解这些作品并能巧妙地来讲述他们……对一些故事的内容合乎劳动人民需要的某些增加和修改。

当时毛星在文中预见到,随着劳动人民文化水平的提高,会出现越来越多既能够口头讲述,也能够熟练运用文字记录的故事家。

民研会创立之初对民间故事讲述家的发现及对搜集调查方法的讨论,是新中国民间文学搜集整理本土调查方法的一种探索。这一时期,我们从学者们的文章中经常读到"征集与搜集""忠实记录""搜集者、讲述者、听众、记录者的关系""搜集整理方法"等问题的探究及讨论。尤其是初期组织的一些相对规模较小的调查,为新中国民间文艺的科学地搜集、调查、记录工作起到了引领和示范作用,为后来大规模搜集民歌及史诗专题性调查提供了宝贵的学术理念和实践经验。

二、民间艺人的话语地位与国家认同

如果说民研会50年代对民间故事讲述家调查的总结和思考是出于学界对民间文学学术性话语的体现,那么自1956年之后,民间艺人的称谓逐渐成为了新民歌运动话语中的主角,具有了重要的政治属性。

(一)民间艺人话语地位的变化

1956年10月2日,《人民日报》第一版发表了《重视民间艺人》的社论文章。社论中,首先批评了新中国建立以来,特别是社论发表前的近两三年中,出现了"民间艺人生活困难、无以为生"的现象。文章认为,主要原因是"文化部门缺乏对于国家文化事业的整体观念",注重国家的专业表演团体,不重视民间艺术队伍,特别是民间艺人的生活得不到关心。甚至出现了"官僚主义的态度",出现了"欺凌和侮辱民间艺人、对于他们的演出活动加以刁难和粗暴干涉"的严重事件。文章中特别强调了民间艺人性质、作用和在文化事业中的定位,提出了民间艺人和民间艺术的作用是"使人民得到教育的娱乐":民间艺人的队伍远比国家举办的艺术表演团体人数多。如果能够提高民间艺人的思想觉悟和艺术质量,发挥其特长和积极性,他们不仅能够"继承和发扬艺术遗产,繁荣和发展我国的艺术事业,满足人民日益增长的文化生活的需要",而且能够深入到人民群众中。

1956年,"民间艺人"的称谓与"延安时期"相比发生了变化。民间艺人的身份和话语逐渐进入了国家意识形态话语体系。"民间艺人"已经成为国家文化话语中可以与专业演员群体并列,甚至更加重要的群体,因为他们既继承了传统优秀文化艺术遗产,而且可以在此基础上以人民喜闻乐见的方式起到引导、教育、娱乐作用。

（二）民间艺人主体地位的彰显

1958年3月，在成都会议期间，毛泽东从民歌问题，讲到中国诗歌发展的出路。他认为，中国诗的出路：第一条民歌，第二条古典，在这个基础上产生出新诗来。形式是民歌的，内容应当是现实主义与浪漫主义的对立的统一。太现实了就不能写诗了。[35]

周扬在1958年《红旗》杂志撰文《新民歌开拓了诗歌的新道路》，文中道出了搜集新民歌的起因："毛泽东同志十分重视民歌。三十多年前，他在办农民运动江西所的时候，就作了搜集民歌的尝试。'在延安文艺座谈会上的讲话'以后，我们开始注重民间文学艺术的搜集整理工作，在这一方面虽然已经取得了一些成果，但工作仍然做得十分不够。"[36]周扬借用古代的国风来比喻新民歌，它代表的是"社会主义时代的新国风"。他倡议："诗人只有向群众学习，向民歌，特别是向新民歌学习，才能为我们的诗歌打开一个新的局面。"[37]

1958年4月14日，《人民日报》再次发表与民间文艺搜集相关的社论文章《大规模地收集全国民歌》。文章指出，全国搜集民歌是为了发展新的时代的诗歌艺术。"传统的或者新产生的民间歌谣，是人民群众和诗人们所需要的珍贵食粮"，"我们既要把它们忠实地记录下来，选择印行，也要加以整理和研究，并且供给诗歌工作者们作为充实自己、丰富自己的养料"。[38]

作为新中国成立以来专门从事民间文艺搜集和研究的机构民研会来说，这个关于民间文艺的社论对"民研会"的工作起到了重要推动作用。

民研会理事长郭沫若专门就搜集民歌问题答《民间文学》编辑部问。在当时关于搜集传统民歌和整理加工的问题上，郭沫若延续了"文艺的"，还是"学术的"两种解释。他认为，重视记录保留原始材料是必要的，再润色加修改也是必要的，两者可以并行不悖。

从科学研究来看，必须有忠实的原始材料。特别是研究语言学的，你把材料给他改了，他就没有办法研究了。科学研究，要强调材料的"第一手性"。同时为了很好地加工，也要有可靠的材料。忠实的原始记录是工作的基础。原始材料应该大量保存。

但是从文学观点上来说，加工也很重要。我们有点经验的人都知道，诗，硬是可以点石成金的嘛！改一个字，诗就活了。"推敲"就是很有名的例子。改一个字，全诗就有了声音。拿《诗经》来说，"国风"毫无问题是经过删改，经过润色的。[39]

他强调，大规模采集运动是一种方法，可以促使民歌民谣在全国乃至世界流传。

1958年，在新民歌运动中，"民间艺人"与"作家"的阈限被打破。[40]向民间艺人和民间歌手学习，很快成为一个个响亮的口号；人人可以搜集民歌，人人可以成为诗人。"农民诗人"与作家们有着同样的权利，可以在报纸和刊物上发表诗文。他们引领了当时文化新的创作风尚，这种新创作的文学体裁被冠以"新"

为开头的"新民歌""新诗",作家文学和民间文学的界限和受众都模糊化了。"民间艺人"的身份转换为"农民诗人",他们不仅仅是被记录的对象,更重要的是成为了歌唱社会主义文化的艺术家和创作者。转换身份的民间艺人、歌手、故事家,讲述的场景从田间地头到了北京的会议厅;讲述的内容也由传统的民歌、故事等,逐渐转变为歌颂新中国、新生活的新民歌、新故事。

(三)对民间艺人地位的肯定

由于民间艺人身份在国家层面的重视,民研会一方面加大了对故事讲述人和歌手的搜集和调查,另一方面发现典型人物,将其作品进行整理、出版。

在这个时期,民研会的业务分为两个部分。一部分人员专门为新民歌成立了采编部,精选各地选送的新民歌,于1959年出版了《红旗歌谣》;另一部分继续做搜集和调查传统民歌、故事工作,延续50年代对故事家和民歌手传统作品的采集,并进行整理出版。

同年5月,民研会研究部组织干部到江苏省常熟县白茆公社进行的民歌调查。[41] 这次调查采录的成果,出版了《白茆公社新民歌调查》。从此白茆山歌因为陆瑞英这个民歌手的发现而扬名全国。

研究部在对陆瑞英进行实地调查后,又去了安徽省肥东县访问当地女农民歌手殷光兰。刘锡诚《民间歌手殷光兰》的文章编入《向民歌学习》[42],殷光兰因此次的缘分被推荐参加了1958年7月在北京举行的全国民间文学工作者大会,并和全体代表一起到中南海接受了毛泽东主席的接见。

1958年民研会组织召开全国民间文学工作者大会。大会名单中除了大会领导机构名单,还有全国各地推荐的民间歌手、诗人,成为大会代表名单中的新成员。不少来自基层的故事讲述家、歌手、民间诗人作为代表参会并发言。殷光兰、王老九、爬杰、康朗甩等人的大会发言被刊登在《民间文学》。[43] 从他们的发言材料中,可以看到民间艺人对国家新民歌号召的呼应和主体能动性的表述。此次大会一方面凝聚了全国民间文学研究者,向全国发出大规模搜集新民歌的呼吁;同时农民诗人、民间歌手、故事家成为了民间文学的创作家。他们在这次大会上成为国家新文学的代言人。由此民间诗人、歌手、故事家成为民间文艺研究、创作中重要的群体。1958年,民间文学讲述者塑造的典型被推向了更大的舞台。他们的讲述被主流话语引用,成为知识分子精英、文艺界人士,甚至是全社会发扬新文学的学习模范。全国大规模采集民歌的运动,极大地促进了民间文学的采集和研究,对民研会在全国开展民间文学工作奠定了重要基础。

在1958年全国民间文学工作者大会期间,中国民研会召开第二次代表大会,会议修改了第一次代表大会的章程。修改后的章程中明确表述,会员的条件如果是民间诗人、歌手、故事家,"可向本会常务理事会提出申请,经本会常务理事会通过成为会员"。[44] 这相当于开通了一条民间身份走入国家群团会员的绿色通道。在这次全国民间文学工作者大会上,民间文学体现了国家意识形态。与此同时,民研会借助新民歌搜集运动,完善了自身机构和队伍,成为全国开展民间文学搜集整理工作的"指挥中心"。新民歌运动在客观上为各地成立民研会的分支机构打下了坚实的基础。1958年全国民间文学工作者大会后，各省纷纷成立民研会分会。1958年后，民研会组织国庆十周年献礼成果，这个过程为后续的60年代开展的少数民族民间文学调查提供了组织机构上的保证。

1959年2月，中宣部召开会议，陆定一、周扬就"大跃进"中文艺工作中存在的"人人唱歌、人人写诗、人人画画"等问题进行了纠偏。即便如此，在60年代的报纸刊物及会议活动中，民间艺人、歌手、诗人的话语进入国家意识形态话语体系已然成为常态，"民间草根"完成了向国家新文学创作者身份的转换。这种政治身份的光环一直延续到"文革"前，甚至到20世纪八九十年代，仍在举办民间艺人、诗人进京的活动。

三、史诗歌手的调查与采录

20世纪50年代初，构建社会主义多民族国家提上日程。1953—1956年，民族识别、构建新中国多民族文学成为中国科学院和民研会的主要任务之一。从50年代起至60年代，民研会与中国科学院共同承担起中国各民族文学作品的采集调查工作。

（一）史诗属性的确立

民研会副理事长老舍在1956年2月27日中国作家协会第二次理事会扩大会议上，作了《关于兄弟民族文学工作的报告》[45]。报告分为两大部分：（甲）民族文学遗产和新文学的兴起；（乙）开展搜集、整理研究工作。报告中明确使用了"史诗"的概念，并将其列入"民族文学遗产"范畴。报告介绍了蒙古族史诗《格斯尔》《江格尔》；藏族《格萨尔王传》的发展历史和大致内容。老舍认为，民族文学"无论是古典的还是新兴的文学"，"理应从事搜集、整理、翻译，使他们成为全中国的文学遗产！"[46]

老舍在谈到开展搜集、整理、研究工作时呼吁，"我们有责任去搜集、整理这些宝贵的材料，教（叫）他们成为全中国的文化财富！""要搜集就须赶快下手，特别是那些口头文学——记得最多诗歌的歌手恐怕都是老年人了，我们必须及时地搜集记录，以免人去诗亡，使文学遗产受到无可补偿的损失！"[47]

他在报告中谈到创作问题时，强调"在还没有文字的民族里，目前我们应着重帮助的对象是歌手与艺人。他们保存了时代相传的民族文学遗产，同时也是创作者。如何帮助他们，还须详为计划"[48]。

我们不得不说，老舍在会议上的呼吁不仅在当时成为指导全国民族文学搜集整理的思想理论，即使在时空穿越半个多世纪后的今天，对于当下民间文学工作者在田野中抢救口头文学遗产仍具有价值和意义。

（二）国庆献礼与《格萨尔》史诗调查

1958年7月17日，中宣部召集来京参加"全国民间文学工作者大会"各省自治区及少数民族聚居省的部分代表和北京有关单位，座谈编写少数民族文学史和文学概况的问题。会上决定：编写一部以马克思主义观点阐述的包括各少数民族的中国文学发展史，并对第一批编写少数民族文学史的省份做了分工。纪要中的第五条要求："在有少数民族的省份，要编一套少数民族文学作品，中央有关单位再根据省出版的选集分别编选全国性的选集。这个工作由中央与地方合作。"[49]

会后，中央转发的《全国文联党组关于全国民间文学工作者大会的报告》明确提出：

> 在有少数民族的地区，要把少数民族的优秀作品整理、翻译出来，编印各少数民族文学选集（包括过去和现在的作品）。中国民间文艺研究会和科学院文学研究所在各地所出版的民间文学选集基础上分别编选一套民间歌谣、民间故事和少数民族文学选集。会后拟定编辑计划，予以分批出版，使民间文学得到有力的推广。[50]

随后，中宣部向全国宣传、文教和国家民族事务委员会发文，要求交稿期限是1959年国庆节前。[51]

为国庆十周年献礼，民研会专门成立了献礼办公室，将藏族《格萨尔》、蒙古族《江格尔》列入"中国民间故事丛书计划"[52]。在民研会档案中，至今保留有当年的计划，其中详细说明了列入出版书目计划的两部书的情况。

"格斯尔传"，蒙古族英雄故事，约三十万字，分上下两部。上部已有蒙古族桑杰扎部初译稿，约十六万字。国庆前可先出版上部。由内蒙古自治区负责定稿及写序工作。"格萨尔王传"藏族英雄故事，说唱本，约三十万字，已有华嘉、王沂暖初译稿。拟请青海负责定稿及写序。

计划要求，各省在1959年1月底以前将具体编选计划寄交中宣部和民研会各一份，便于修订总计划；5月前将完全定稿及写好的稿子寄交民研会，安排出版工作。

当时，民研会为了尽快落实中宣部的文件精神，抽调了刘锡诚在献礼办公室做秘书，派他赴青海督促组织《格萨尔》的调查搜集工作。他拜访了青海省委宣传部副部长兼文联副主席、作协主席程秀山，了解了编选的工作情况。1959年12月，程秀山带着编印的六十多本内部资料到北京汇报工作。[53] 在老舍的主持下召开了座谈会。

从当年内部汇报资料《藏族民间史诗"格萨尔王传"的搜集、翻译、整理情况》[54] 中可以了解到青海文联对《格萨尔》艺人调研的基本情况。青海省文联工作组于1958年8月—1959年11月，用了一年多的时间，在青海、甘肃、四川、内蒙等地开展实地调查。调查工作主要放在搜集、翻译和整理，同时对"格萨尔"艺人的情况做了初步调查。

报告将"格萨尔职业艺人"以听众的阶级身份来分类。这样的分类在当时的历史场域中有着特殊的历史语境，能够呈现出时代的历史色彩和社会文化结构性的样貌。

第一类艺人的听众，绝大多数都是劳动群众。艺人行踪不定，特点是往返巡回说唱。统治阶级很难直接施展剥削。报告中例举甘孜炉霍艺人对这一类艺人进行了总结，"这种艺人，所说故事情节变化较多，唱词更加口语化，有时便把大量的民歌插入唱词中一并演唱。这种艺人大都能唱许多部分，但其所唱的往往故事比较短小的东西，他们所唱的，多凭记忆和随口增减"[55]。

第二类艺人的听众是"上层阶层"。唱述内容比较定型，故事较长。说唱多以民间流传抄本为依据，故事情节比较完整，唱词中随意增加一些对统治阶级歌功颂德一类的题外之词。四川甘孜地区一个叫洛桑的艺人，被当地公认为"说格萨尔专家"。这类有名的艺人藏有不少有价值的抄本。

工作组对说唱艺人的演唱形式和场景进行了调查。格萨尔说唱民间艺人在讲述时，自弹自唱，"有的随身携带与格萨尔相关的大幅彩色画轴，手持一长竿，竿上悬挂大画，如展一旗，口里高喊'说格萨尔'。沿村叫唱。人们听之，便集于广场或院中，艺人将画卷高挂于听众前方，然后用长竿指点画中故事，边指点边说唱"[56]。

报告总结认为，艺人说唱的内容根据不同场景而变化。"群众举行赛马盛会，则说'赛马称王之部'，如遇人结婚，则说'迎娶珠牡之部'。如遇人生子或祝寿则说'英雄诞生之部'。"[57]

报告已经关注到史诗说唱在民众中有断代的危机，并且调查人员已经意识到由于人们的意识没有转变，有的说唱家仍然有顾虑，部分史诗资料被烧毁焚尽，搜集工作需要加快抢救。

如果说老舍的报告提出了"史诗"的明确概念并确定了属性，那么1959年12月召开的这次座谈会不仅对《格萨尔》史诗的属性进行了再确认，并在搜集调查研究层面统一了认识：《格萨尔》艺人抢救和资料搜集翻译的重要性不可置否。虽然1959年4月至10月"整理"的工作成果并没有得到会议的认可[58]，但这次调查工作却为青海民研会的成立和60年代以后的《格萨尔》工作明确了方向。

（三）《玛纳斯》歌手的调查

1964年1月，民研会与新疆作协、中央民族学院在北京举行了柯尔克孜族史诗《玛纳斯》搜集翻译整理工作座谈会。民研会对《玛纳斯》现有的全部资料提出了工作建议。由中国民协、新疆作协、新疆克孜勒苏柯尔克孜自治州州委宣传部联合组成《玛纳斯》工作组。

工作组的工作内容目标和步骤非常明确：翻译居素普·玛玛依演唱的资料，并组织力量进行补充搜集三至五个月；搜集翻译国内外有关《玛纳斯》的研究参考资料；出版整理本，争取在1969年国庆节前整理出一部分，向国庆20周年献礼。[59]

由于前期新疆作协的搜集基本上是围绕居素普·玛玛依的演唱资料为主，取得了不小的成绩。[60] 由此《玛纳斯》工作组于1964年6月制订了详细的计划。在工作计划调查搜集部分的要求中，第1—6条的核心都是与史诗歌手有关的内容。涉及歌手的这6条"任务要求"不仅包括搜集唱述的作品：继续补充居素普·玛玛依的三部及更加广泛的调查采录艺人、歌手、故事家讲述的各种题材的《玛纳斯》作品。值得注意的是，在第4条和第5条则强调了歌手的个人情况。如第4条，"歌手们的学习、创作、演唱情况和他们的师承关系、个人经历、家庭历史"，第5条"各个歌手演唱特色和艺术风格"[61]。

陶阳在《玛纳斯》调查采录细则中写道：

为了使调查资料更加全面，更充足和资料本的编辑注释更准确、更科学，制定细则非常必要。此次《玛纳斯》采录的原则是重点记录作品并结合社会调查。[62]

调查采录原则中第三项"关于玛纳斯奇、额尔奇、交毛克奇的调查访问"，除了对说唱歌手和故事能手基本情况进行记录登记，在访问内容上则更加关注他们的"身世、师承关系、讲唱情况"。原则的第三项第二点，则建议"最好以小传的形式，将访问的每位歌手和故事家简要地写成单项材料"[63]。

在方法上，与50年代大规模采集记录作品，较少关注歌手情况相比，此次调查采录对个人的讲唱风格及成长史、传承谱系等给予更多的关注。在调查中特别提出"要有一套保证质量的记录技术"，在字里行间中无不在强调歌手的重要性。"第一，先记歌手小传，了解其师承关系及其经历；第二，唱以前，先请歌手讲故事梗概；第三，唱一段检查一段，在唱的时候，记录者发现有问题，即作一记号，不打断歌手的歌唱，等一段唱完之后，记录者再念一遍请歌手听，有遗漏处，再补记。"[64]

陶阳在1965年的汇报中用比较多的笔墨总结史诗的调查采录及史诗歌手的调查方法。

工作组采用宣传采录史诗意义，鼓励唱新歌等办法，发动群众和歌手协助工作；拟宣传提纲，让群众成为课题组的宣传员。[65]

对于大"玛纳斯奇"，我们要尊重他们，因为他们是民族文化的保存者，应该从政治上关怀他们。……象（像）居素普·玛玛依这样的大歌手，我们在当地的帮助下给他做了适当的安排，他成了工作组的一个成员。同时，"忠实记录"的原则和记录方法也要讲清楚，使其与记录者配合。[66]

此次调查方法延续了50年代以来的民间文学采集传统，强调"忠实记录"的原则，但是同时融合了少数民族社会调查的方法，强调记录作品与调查研究相结合，在规模和方法上都做了比较充分的准备。

《玛纳斯》调查从1964年7月至1966年7月结束，工作组访问了克孜勒苏柯尔克孜自治州所属的阿合奇、阿图什、乌恰、阿克陶4个县的农村和牧场，加上1961年的调查，总计访谈"玛纳斯奇""额尔奇""交毛克奇""桑吉拉奇""考姆孜奇"等五百余人。记录了一部完整的六卷本史诗《玛纳斯》；搜集异文材料三十七万多行，社会历史调查文字约十六万字；搜集新旧民歌一百六十余首，民间故事84篇，民间小型史诗与叙事诗28篇。[67] 调查不仅记录了众多说唱歌手、故事家的作品数量，特别是《玛纳斯》六部完整版，更为重要的是探索出中国史诗调查采录的经验方法。

1964年的《玛纳斯》调查采录是国家学术团体与高校、地方机构合作的专题性调查，与之前《格萨尔》《江格尔》搜集的章节和片段相比，其采录资料的数量、质量和完整度极大地提高，打破了"中国无史诗"的定论。此次调查不仅为《玛纳斯》史诗走向专业化研究打下了坚实的基础，也为《格萨尔》《江格尔》史诗在20世纪80年代大型田野采录工作提供了本土方法的实践经验。

结语

民研会作为新中国最早成立的全国性民间文艺学术团体,其学术理念、学术队伍、学术实践在不同的历史阶段中涌现出的学术思想和观点,通过一个个事件在全国学术界、文艺界、产生了深远的影响。民研会的学术历史折射出中国民间文艺学领域的学术发展历史。用学术史的方法回顾和梳理历史能够更好地理解新中国文学建立至今发展过程中的主要问题。

1950—1966年民间文学搜集整理,是民研会从创立到带领全国民间文艺界建构新文学的实践历程。这个时期民间文学搜集整理工作,在血脉上承继了中国古代文学搜集整理思想之风骨,更为20世纪80年代三套集成、21世纪中国民间文化遗产抢救、国家非物质文化遗产保护、中国民间文学大系等后续的大型学术项目及政府文化政策的实施奠定了扎实的基础,不仅收获了大量的资料,最重要的是探索出大规模田野调查本土实践的方法及理论。

笔者以民研会1950—1966年搜集整理实践中关注的民间文学讲述家(诗人、歌手、故事家等)为主线,通过梳理历史文献、人物口述史、内部文件档案资料,在历史语境中围绕这些材料进行文本细读。希冀从民研会内部的视角"自观"其发展脉络,厘清学术团体性质、结构、联系、发展及外部互动过程,揭示出不同历史阶段学术团体在实践过程中,关键学术事件、人物思想所呈现出的张力和复杂性,以此探索机构学术史书写的一种方法。

注释

[1] [美]洪长泰:《到民间去——中国知识分子与民间文学1918—1937》(新译本),董晓萍译,北京:中国人民大学出版社,2015年,第15页。

[2] 参见刘锡诚:《二十世纪中国民间文学学术史》(上卷),北京:中国文联出版社,2014年,第8页。

[3] [美]洪长泰:《到民间去——中国知识分子与民间文学1918—1937》(新译本),董晓萍译,北京:中国人民大学出版社,2015年,第69页。

[4] 李景汉、张世文:《定县秧歌选》,中华平民教育促进会刊行,1933年。

[5] 周扬、萧三和安波、艾青、丁玲、马克和青宁的5篇文章被收于周扬、萧三、艾青编的《民间艺术和艺人选集》,东北书店,1947年出版。

[6] 林山:《盲艺人韩起祥》,《华北文艺》,1949年第6期。

[7] 郭沫若:《为建设新中国的人民文艺而奋斗》,中华全国文学艺术工作者代表大会宣传处编:《中华全国文学艺术工作者代表大会纪念文集》,北京:新华书店,1950年,第35—44页。

[8] 茅盾:《在反动派压迫下斗争和发展的革命文艺》,中华全国文学艺术工作者代表大会宣传处编:《中华全国文学艺术工作者代表大会纪念文集》,北京:新华书店,1950年,第45—67页。

[9] 周扬:《新的人民的文艺》,中华全国文学艺术工作者代表大会宣传处编:《中华全国文学艺术工作者代表大会纪念文集》,北京:新华书店,1950年,第69—96页。

[10] 付钟:《关于部队的文艺工作》,中华全国文学艺术工作者代表大会宣传处编:《中华全国文学艺术工作者代表大会纪念文集》,北京:新华书店,1950年,第99—117页。

[11] 《大会的筹备经过》,中华全国文学艺术工作者代表大会宣传处编:《中华全国文学艺术工作者代表大会纪念文集》,北京:新华书店,1950年,第127页。

[12] 周恩来:《中华全国文学艺术工作者代表大会上的政治报告》,中华全国文学艺术工作者代表大会宣传处编:《中华全国文学艺术工作者代表大会纪念文集》,北京:新华书店,1950年,第19—33页。

[13] 同上,第29—30页。

[14] 同上。

[15] 参见《钟敬文全集》15卷,北京:高等教育出版社,2019年,第232页。

[16] 周扬:《中国民间文艺研究会成立大会开幕词》,见《周扬文集》(第2卷),北京:人民文学出版社,1985年,第10页。

[17] 中国民间文艺研究会编：《民间文艺集刊》（第一册），北京：新华书店，1950年，第105页。

[18] 中国民间文艺研究会编：《民间文艺集刊》（第三册），北京：人民文学出版社，1951年，第139页。

[19] 同上。

[20] 孙剑冰：《略述六个村的搜集工作》，《民间文学》，1955年4月创刊号。

[21] 李星华：《搜集民间故事的几点体会》，《民间文学》，1959年第6期。

[22] 毛星：《从调查研究说起》，《民间文学》，1961年第4期。

[23] 孙剑冰：《略述六个村的搜集工作》，《民间文学》，1955年4月创刊号。

[24] 孙剑冰：《略述六个村的搜集工作》，《民间文学》，1955年4月创刊号；钟敬文主编：《中国民间文艺学的新时代》，兰州：敦煌文艺出版社，1991年，第310页。

[25] 同上。

[26] 同上，第313—315页。

[27] 乌丙安：《民俗文化新论》，沈阳：辽宁大学出版社，2001年，第355页。

[28] 刘锡诚：《二十世纪中国民间文学学术史》（下卷），北京：中国文联出版社，2014年，第641页。

[29] 李星华：《搜集民间故事的几点体会》，《民间文学》，1959年6月号。

[30] 同上。

[31] 毛巧晖：《20世纪下半叶中国民间文艺学思想史论》（修订版），北京：学苑出版社，2018年，第77页。

[32] 毛星：《从调查研究谈起》，《民间文学》，1961年4月号。

[33] 同上。

[34] 同上。

[35] 人民网·中国共产党新闻网：http://dangshi.people.com.cn/n/2013/1230/c85037-23975446-3.html，2013年12月30日。

[36] 周扬：《新民歌开拓了诗歌的新道路》，《红旗》1958年1月号。转自钟敬文：《中国民间文艺学的新时代》，兰州：敦煌文艺出版社，1991年，第33页。

[37] 同上，第34页。

[38] 《大规模地收集民歌》，《人民日报》，1958年4月14日。

[39] 郭沫若：《关于大规模收集民歌问题郭沫若答"民间文学"编辑部问》，《人民日报》，1958年4月21日。

[40] 毛巧晖：《越界：1958年新民歌运动的大众化之路》，《民族艺术》，2017年第3期。

[41] 此次调查者有路工、张紫晨、刘锡诚，江苏的周正良、钟兆锦、陆瑞英。刘锡诚口述，访谈人：冯莉、王素珍。访谈时间：2019年11月19日上午，访谈地点：刘锡诚家。参与访谈者：李航、刘晓路、杨尚志。

[42] 中国民间文艺研究会编：《向民歌学习》，北京：作家出版社，1958年。

[43] 《民间文学》1958年7—8月合刊。

[44] 中国民研会档案：1958年第3卷31号，《中国民间文艺研究会章程（修改稿）》1958年7月。

[45] 老舍：《关于兄弟民族文学工作的报告》，《民间文学》，1956年3月号。

[46] 同上，第6页。

[47] 同上，第8页。

[48] 同上，第16页。

[49] 中国民研会档案1958年9卷1号，《关于少数民族文学史编写工作座谈会纪要》，1958年8月12日。

[50] 中国民研会档案1958年4卷4号，《中央转发全国文联党组关于全国民间文学工作者大会的报告》（抄件），1958年7月25日。

[51] 中国民研会档案1958年9卷1号，中宣部1958年8月15日发文抄件。

[52] 中国民研会档案1958年8卷26号，《中国民间文学作品编选计划（草案）》《中国民间故事丛书编选计划》。见《"国庆十周年献礼"："中国歌谣丛书"和"中国民间故事丛书"编选计划》，1958年12月8日。

[53] 刘锡诚口述，访谈时间：2019年11月19日上午，访谈地点：刘锡诚家。访谈人：冯莉、王素珍。

[54] 中国民研会档案1959年7卷2号，青海省文联民间文学研究组：《藏族民间史诗"格萨尔王传"的搜集、翻译、整理情况》（内部资料），1959年12月北京。

[55] 同上，第2页。

[56] 同上。

[57] 同上。

[58] 李连荣：《中国民协与藏族〈格萨尔〉史诗的发掘名世》，《民间文化论坛》，2020年第2期。

[59] 中国民研会档案（未编号），《柯尔克孜史诗〈玛纳斯〉搜集翻译整理研究工作座谈会工作纪要》。

[60] 1961年，中共新疆维吾尔自治区党委宣传部、自治区文联、新疆科学院分院文学研究所、中共克孜苏勒柯尔克孜自治州委宣传部组成的工作组，进行了为期半年的搜集，共记录史诗各种异文资料约二十四万行，并把居素普·玛玛依演唱的部分作品资料译成汉文，其中第一部《玛纳斯》之部》印成铅印本资料。

[61] 中国民研会档案（未编号），《玛纳斯》工作组：《史诗〈玛纳斯〉的调查搜集译校出版工作计划（1964年7月——1966年底）》。

[62] 陶阳：《〈玛纳斯〉调查采录细则》，1964年7月16日，见陶阳编著：《英雄史诗〈玛纳斯〉调查采录集》，北京：中国文联出版社，2010年，第13页。

[63] 同上，第16页。

[64] 中国民研会档案（未编号），陶阳：《英雄史诗〈玛纳斯〉的调查采录及翻译工作汇报》，1965年7月30日北京，第4页。

[65] 同上。

[66] 同上。

[67] 同上。

组织建设与项目管理
——中国民间文学三套集成学术回顾与反思

王素珍

王素珍，文学博士，现为中国文联出版社副编审。主要研究方向为民俗学史、民间文艺学。主要著作：《地可发千祥——湘中的土地神与土地庙》《铭记家训》；发表学术论文：《赞土地与唱春——我国民间说唱艺术比较研究》《俗说、谣谚与叙事》《流动的家乡风味——饮食的记忆和想象》《〈周礼〉民俗思想研究》等多篇。

内容提要 中国民间文学三套集成是中国民间文学史，甚至是中国文化史上的一项宏伟工程。中国民间文学三套集成通过试点、培训、学术研讨等组织形式，进行团体学术成果的规划、实践和呈现，在我国建立了新的学术项目管理模式。民间文学三套集成学术项目建设，特别是其组织机构的建设，是民间文学三套集成实施和得以完成的重要保障，也是民间文学三套集成学术理论和方法的重要组成部分。随着高校和研究机构学术项目的滥觞，"学术项目"及"高等教育质量项目化"为人所诟病，学术项目建设的学术史回顾与反思也因此显得尤其重要。学术项目建设既是时代发展的需求，也是学术同人为共同的学术理想共同推动和共建的。我们对中国民间文学集成这一学术项目的建设，既要有学术上的总结和反思，同时也应对"学术项目"与"学术行政化管理"保持应有的警醒。

关键词 中国民间文学三套集成 学术项目 组织建设 学术史

1984年5月28日，文化部、国家民委、中国民研会联合签发了《关于编辑出版〈中国民间故事集成〉〈中国歌谣集成〉〈中国谚语集成〉的通知》和《关于编辑出版民间文学三套"集成"的意见》，并以民文字（84）第808号文件，向各省、自治区、直辖市的文化厅（局、民委、民研会分会）发出。中国民间文学三套集成从倡议、启动到2009年，历时25年，出版省卷本90卷（1.2亿字），地县卷本（含内部出版）4000多卷，总字数过40亿，被誉为中华民族的"文化长城"。中国民间文学三套集成是中国民间文学史，甚至是中国文化史上的一项宏伟工程。"其最终成果完全称得上是中国民间文艺学经历百年风雨大步迈向成熟的标志。"[1]

中国民间文学三套集成通过试点、培训、学术研讨等组织形式，进行团体学术（集体）成果的规划、实践和呈现，在我国建立了新的学术项目管理模式。民间文学三套集成学术项目建设，特别是其组织机构的建设，是民间文学三套集成实施和得以完成的重要保障，也是民间文学三套集成学术理论和方法的重要组成部分。

一、民研会及民间文学组织建设

新中国成立后，延续了《在延安文艺座谈会上的讲话》精神，重视民间文学的调查与研究，在国家文化和教育机构中设立了全国性的民间文艺工作机构：中国民间文艺研究会。研究会的成立标志着我国民间文学组织机构走向规范、成熟。

（一）民研会及其组织工作

1950年3月29日，中国民间文艺研究会（以下简称中国民研会）在北京成立。一方面，中国民研会是一个全国性的民间文艺工作机构，是集合、组织、联络、协调全国民间文学工作者的机构。"不仅让对民间文艺有素养的文艺工作者来参加，还让那些只爱好民间文艺并非文艺工作者来参加。我们的民间文艺专家要和广大的民间文艺采集者紧密结合。"[2]正是这一全国性的专门的民间文艺工作机构的成立，为民间文学在全国范围内开展采风、采集、采录、编选提供了可能性和可行性。1958年的新民歌运动，"全国（台湾除外）各省区市，各地、县一级的文艺宣传部门，都纷纷设立了民歌的采录编选机构"[3]。民研会的组织工作一开始就受到重视，贾芝先生对自己的工作做概括时将组织工作和研究工作并置，强调组织工作对建立新的学科有重要的意义。[4]1978年，民研会筹备小组建立，着手调查了解民间文学状况[5]，抓紧重建机构和印行《民间文学工作通讯》。1979年10月，民研会宣告正式恢复。80年代初我国各省、直辖市纷纷成立民研会分会，不少县乡也有了相应的组织，他们创办刊物，编选、印发民间文学资料和图书。[6]"这种专门机构，对整个民间文艺事业起着组织、计划和推动等巨大作用。"[7]1980年，中国民研会在除台湾外的29个省、市都已经恢复和成立了分会或筹备组。除了省、市一级的组织外，还有州、地区，甚至县的组织，例如云南的德宏傣族、景颇族自治州就有中国民间文艺研究会瑞丽县小组。[8]以省、市、县为单位的民间文学组织机构的广泛建立意义重大。1987年，钟敬文先生在谈及当前民俗学工作的迫切任务时，就指出迅速地、广泛地建立必需的机构是民俗学工作的前提和基础。[9]

另一方面，中国民研会同时还是一个研究实体，有"小文联"之称的民研会自成立日始，就组建了一支高水平专业的研究队伍，承担了民间文艺学的研究工作，领导并组织开展民间文学的资料搜集和学术活动。第一，民研会组织采风队，深入民间调查、采录各民族民间文学。[10]第二，民研会创办期刊，刊载民间文学采录整理资料、民间文学研究论文，为民间文学提供学术交流和争鸣的平台与阵地。1950年创办不定期刊物《民间文艺集刊》[11]，1955年4月创刊《民间文学》，1982年5月创办《民间文学论坛》。第三，民研会组织编辑出版民间文学丛书。20世纪50年代，其主编的民间文学丛书，一共15种[12]。1958年全国民间文学工作者大会提出了"全面搜集、重点整理、大力推广、加强研究"的工作方针，并酝酿了系统编选民间文学丛书的事。1980年3月27日，中国民间文学出版社成立，后改名为中国民间文艺出版社，出版了大批民间文艺方面的图书。[13]此外，民研会召开全国民间文学工作者代表大会及理事会，加强全国范围民间文学组织和领导工作，组织民间文学学术研讨会及学术交流活动。[14]

民研会所领导和组织的搜集、采录、研究、出版工作最大的特点就是：集体性和规模性。也就是说，民研会作为全国性的民间文学机构，发挥了组织和引领作用。更重要的是，民研会早期的这些组织和机构为民间文学三套集成的开展提供了基本前提和实践经验。

（二）其他民间文学组织机构

1953年3月，科学院文学所成立中国各民族民间文学组，贾芝任组长。贾芝兼任民研会与文学所民间文学组的领导工作，文学所民间文学组主要和民研会一起，负责民间文学的采集、整理工作，特别是少数民族地区的民间文学调查与研究工作。1958年，中宣部召开编写《中国少数民族文学史》会议。1961年召开少数民族文学编写会议，讨论编写工作中一些原则性的问题，重点讨论《蒙古族文学简史》《白族文学史》《苗族文学史》。1978年10月，由西北民族学院发起组织在兰州召开的少数民族文学教材编选和学术讨论会议，国内很多高等院校派出教师参加。兰州会议将民间文学和少数民族文学研究队伍集合起来，在一定意义上，推动了民间文学的队伍建设。1978年，社科院筹建少数民族文学研究所，1980年正式成立。1980年，少数民族文学所联合民研会召开了《格萨尔》工作会议，组织了全国协调小组，1982年，《格萨尔》被列为六五、七五国家重点项目，并成立了全国性的领导小组。这些机构和组织的成立为少数民族文学普查和研究工作提供了制度上的保障。

1979年，钟敬文先生起草顾颉刚、白寿彝等七教授签名的《建立民俗学及有关研究机构的倡议书》印发。1979年底，中国民研会设立"民俗学研究部"，1983年中国民俗学会成立。在中国民俗学会成立前后，中国民研会各地分会（包括全国省区市），或成立民俗学组，或成立民俗学会，有的地方成立了相应的地区级组织。中国民俗学会，这一全国性的民俗学会，进行了一些业务活动和组织工作，起到了学术带头的作用，特别是在组织机构方面大大丰富和补充了中国民间文学和民俗学的普及、调查和研究力量。

为培养民间文学人才，在各地高校里，民间文学教学与研究机构也陆续建立。在这些高等院校开设"民俗学""民间文学"课程，集中而有效培养了一批有志于民间文学研究的中高级专业人才。高等院校和科研机构在培养民间文学普查和研究队伍中发挥了重要作用。一般综合性大学的文科及师范院校大多设置民间文学课程，特别是在少数民族地区，民俗学、民间文学这两门课更是受到重视。少数民族文学、民俗学的恢复和发展，为民间文学的普查、搜集、整理和研究提供了材料上的丰富多样性和理论方法上的多维度、多学科交叉性。

总体而言，中国民间文学三套集成时期，民间文学改变了过去单枪匹马、各自为政、涣散混乱的局面，建立了以中国民研会、各地民研会分会、民俗学会、研究院以及高等院校等为核心的科研学术机构，形成了一个全国性的民间文学普查、研究的有序网络。中国民研会成为总揽全国各地各民族民间文艺工作的核心团体或工作机构，它与高校、地方文化部门并称为中国民间文艺工作的"三驾马车"，奔驰向前，共同构成了在全世界罕见的推进民间文艺事业发展的独特体制。[15]全国性的民间文艺机构民研会的成立以及各地方民间文学力量的组建，为三套集成的开展准备了条件。

二、集成办与民间文学集成项目管理

民间文学三套集成的组织和机构是在全国性的民间文学机构民研会的基础上发展而来的，中国民间文学集成总编委会办公室（简称集成办）以及各地集成办的组建成为民间文学集成项目的管理的中枢机构。集成办通过举办集成工作会议、编印集成工作手册和通讯资料，协调和管理民间文学集成项目。

（一）集成办的组建

1981年12月29日至1982年1月2日的中国民研会常务理事扩大会议上，经过讨论，作出了决议：1982年着手做，需要较长时期才能完成的几项具体工作：1.普查是民间文学工作的基础。2.在普查、采录的基础上编辑一套《中国民间故事集成》；一套《中国民歌、民谣集成》；一套《中国谚语大观》。[16]1983年4月，中国民研会在北京西山第二次学术讨论会期间召开的工作会议上，商得文化部、国家民委的同意，由文化部、国家民委、中国民研会联合发布关于编辑出版《中国民间故事集成》《中国歌谣集成》《中国谚语集成》的文件，同时商定周扬同志为中国民间文学集成总主编，钟敬文、贾芝、马学良同志为副总主编并分别兼任《中国民间故事集成》《中国歌谣集成》《中国谚语集成》的主编。[17]1984年5月28日，文化部、国家民委、中国民研会联合签发了民文字（84）第808号文件，向各省、自治区、直辖市的文化厅（局、民委、民研会分会）发出，组织全国力量编纂三套集成。《关于编辑出版民间文学三套"集成"的意见》对组织机构

进行了规划:

> 成立三套集成的总编委会,由周扬同志任总主编。以下分别成立中国民间故事集成编委会、中国歌谣集成编委会、中国谚语集成编委会。总编委会下设一个办公室,处理三套集成的日常事务。各省区市分别成立各套集成的分编委会,负责省区市分卷的编辑工作;各分卷的主编、副主编、编委由各省区市确定后报总编委会批准。省区市成立三套集成办公室,负责日常工作。[18]

1985年1月,正式成立总编委集成办公室,1986年在北京召开的有文化部、国家民委、中国民研会及民间文学集成副总编辑钟敬文、贾芝、马学良参加的联席会议上决定,总编委会办公室在主办单位中国民研会的领导下,代表文化部、国家民委及中国民研会负责处理集成的日常工作。总编委办公室作为三套集成组织机构的核心枢纽,负责组织、协调、联络工作。

在总编委会以及集成办公室的组织协调下,逐步完善了各省卷参加的总编委会。同时,各省市县也先后建立了相应的机构,包括省卷领导小组、省卷编委会、省民间文学三套集成办公室。如1986年江苏省文化厅、江苏省民族宗教事务局、江苏省民间文学工作者协会给中共江苏省委宣传部提交的《关于编辑出版〈中国民间文学三套集成江苏卷〉的报告》中强调"加强领导,建立组织"。[19]

1986年5月,全国第三次集成工作会议举行,三套集成的组织工作取得了阶段性的成效。全国各省区市,除西藏以外,都已经建立起了集成办公室,大多数省市都成立了集成领导小组和编委会,有8个省市给集成办公室以专门的编制,多数省市的集成办公室由民研会调拨适当人选。个别省区只确定了集成办公室负责人,许多省还在地、市、县多级设立了集成办公机构,并举办了省、地、县多级的培训班,训练了骨干。[20]需要说明的是,各地集成办公室与民研会、民俗学会之间有着交叉重叠之处,如黑龙江省的《民研集成简讯》[21]是由中国民间文艺研究会黑龙江分会、黑龙江民间文学集成编委会办公室编印。《云南民俗集刊》[22]也是由中国民间文艺研究会云南分会,云南省民间文学集成编辑办公室联合编印的。《云南民族民间文学通讯》则由中国民间文艺研究会云南分会,云南省民间文学集成编辑办公室以及中国少数民族文学学会云南分会联合编印。

一方面,各地民间文学集成办公室、中国民研会分会、中国少数民族文学学会分会以及各地民俗学会等组织机构的建立与完善,是促进集成工作顺利开展的重要保证。另一方面,中国民间文学集成工作,特别是集成办的组建与协调,不仅加强了各地民研会的组织力量,而且密切了民研会与少数民族文学学会、民俗学会、各地高等院校的联系,以及他们与文化部门、民委部门等政府部门的合作。

(二)集成工作会议

中国民间文学集成总编委会组织三次全国民间文学集成工作会议,举办选编会、审稿会以及各种专题座谈会、研讨会,组织民间文学集成的普查、搜集整理和编选出版工作。集成工作会议及时提出、讨论、解决集成工作中的问题，为集成工作的开展提供理论和政策上的组织保障，为各地集成工作者提供交流平台和协商解决问题的组织机制。1984年至1986年，中国民间文学三套集成举行了三次全国集成工作会议，举办了三次全国性的业务讲习班、研讨会。

1984年7月，在中国民研会组织的山东威海读书会期间，于17、18两日召开了中国民间文学集成第一次工作会议。会议讨论了编辑出版三套集成的指导思想、工作方针、步骤等问题，决定：各省、自治区、直辖市应在党的领导下，成立由宣传部、文化厅、民委、文联及有关各方面负责同志组成的领导小组，同时成立省卷编委会及集成办公室。会议还初步规划了集成编辑工作步骤：1986年前完成普查、采录工作；1987年进入选编阶段；1990年争取各套集成全部出齐。[23]

1985年6月24日至29日，在北京召开了中国民间文学集成第二次工作会议。会议根据各地集成工作进展的情况和经验，讨论并通过了《中国民间文学集成编辑出版规划》（1985—1990）和《中国民间故事集成》《中国歌谣集成》《中国谚语集成》的编辑方案。[24]各省份在总结集成工作经验时提出，依靠省委的领导及文化部门、民委系统的协助，还要发动本省大专院校中文系的师生和文化馆、站的力量，进行民间文学的普查工作，此外，采取培训班的方式培养普查、采录和编辑骨干的办法，都是一些好的经验。[25]

1986年5月20日至27日，在北京召开第三次集成工作会议。会议决定：1.成立由中直若干人及各省卷一人组成的总编委会；确定三套集成副总主编名单；宣布并通过各套集成副主编名单；2.责成集成总编委会办公室根据讨论意见，对三套集成编纂细则及各套集成编辑规范草案进行修改定稿；3.根据各省集成工作进展情况，普查结束时间延长至1987年底；4.全国艺术学科规划领导小组组长周巍峙在会上宣布接纳中国民间文学三套集成与其它七套艺术集成（志）并列为"十套文艺集成"，并向国家申报列入"七五"重点项目。[26]

这三次全国性的集成工作会议，成为三套集成项目组织和管理的核心，明确了集成工作的根本方针和方向，确立了集成的基本组织架构和工作方案和实施步骤，并制定了切实可行的编纂方案和集成的编辑细则。通过组织和开展一系列全国性的中国民间文学集成工作会议，中国民研会在全国组建了集成工作班子，初步解决经费和人员问题，积累了经验，集成工作渐渐步入正轨。

（三）集成工作手册及通讯

中国民间文学集成总编委会以及各省民间文学集成办公室发起和组织民间文学的普查、搜集整理以及编辑出版的另一重要工作是编辑出版《中国民间文学集成工作手册》《民间文学集成通讯》《中国民间文学集成总编委会简报》等内部交流材料。

1983年4月，在北京西山召开的民研会工作会议上，决定草拟编辑出版民间文学三套集成的各项基本文件的同时，就曾提出编印一本手册的要求和设想。1985年，在中国民间文学集成第二次工作会议上，根据各地集成工作进展的情况和经验，讨论并通过了《中国民间文学集成编辑出版规划》和《中国民间故事集成》《中国歌谣集成》《中国谚语集成》的编辑方案和细则。1987年3月，邀请故事集成副主编许钰教授、张紫晨教授；歌谣集成副主编张文同志；谚语集成副主编李耀宗副教授共同讨论和编写了《中国民间文学集成工作手册》。值得一提的是，有些省份在此之前或之后也编印过其他民间文学集成工作手册或编辑体例，云南1983年在"三套集成"工作开始就撰写了《云南民族民间文学集成的编辑体例》，并在工作会议以及各个州市开展的集成工作培训班都用过。[27]再比如1986年山东省民间文学集成办公室编印《民间文学集成工作手册》[28]，四川省民间文学集成办公室编《民间文学集成工作手册》[29]。此外，也有专门针对不同卷本的工作手册，如湖北省还编印过《〈中国歌谣集成〉湖北卷工作手册》[30]。这些不同地区、不同门类的集成工作手册，是全国各地各民族集成实际工作多样化、丰富性的重要体现，更重要的是，这些工作手册在制度层面上进一步规范和推动了中国民间文学集成工作。

中国民间文学集成总编委会办公室不定期编写《中国民间文学集成简报》《中国民间文学集成通讯》，各省（市、自治区）集成办、中国民研会各地方分会也编写相关的民研集成简讯、通讯、汇编、简报等内部交流资料，如《江苏民间文学集成通讯》《浙江省民间文学三套集成工作通讯》《贵州民间文学集成通讯》《民间文学三套集成通讯》[31]《西藏自治区民间文学三套集成工作简报》《湖北省民间文学集成情况简报》等。各地市、县民间文学集成办公室也同时编印各种简报和通讯，如鄞县民间文学集成办公室编：《民间文学三集成工作简报》[32]，成都市民间文学集成编委会办公室编辑的《民间文学集成工作通讯》[33]等。

《中国民间文学集成工作手册》和民间文学集成简报和民研集成简讯等为各地集成工作交流经验、解决实际工作中的问题提供了重要的平台。此外，中国民研会《民间文学》开辟了"民间文学集成选粹""民间集成故事选登""集成园地"等专栏；《民间文化论坛》1986起开辟专栏"编好中国民间文学集成""三套集成工作""集成园地"等，刊载相关理论和解决实际的文章。这些内部交流资料以及公开刊载的集成工作动态为中国民间文学集成提供了重要的经验交流平台，成为各地集成工作者讨论和解决集成理论和实践工作问题的重要渠道。

三、抢救与普查：民间文学集成学术意义

中国民间文学集成的实施具有时代紧迫性，抢救与普查工作迫在眉睫。中国民间文学集成就是要在全国范围内进行一次普查来抢救和保存千百年来我国各族劳动人民创造的优秀口头文学遗产。

（一）抢救民间艺人

民间文学三套集成在搜集整理民间文学方面首先表现为对民间文学主体民间艺人的重视：抢救民间艺人。

在民间文学的搜集整理过程中，发掘了许多活跃在民间的艺人、诗人、歌手、故事家，少数民族如傣族的"赞哈"、纳西族的"东巴"、彝族的"贝玛"一类的歌手，多是民族传统文化的传承者、保存者和传播者。"文革"中，许多民间艺人受迫害，仅存的老歌手、老故事家都已年届高龄，民间文学关于"人"的抢救、作品的搜集工作迫在眉睫。1979年，民研会与国家民委、文化部联合召开了"全国少数民族民间歌手、民间诗人座谈会"，大会肯定了他们的地位和作用，在《民间文学》发了专题报道，并发表了他们的作品。为抢救柯尔克孜族英雄史诗《玛纳斯》，民研会约请著名歌手居素普·玛玛依到北京来，组织记录、翻译这部史诗的口传本。自此，民间故事讲述家、民间艺人的发掘、抢救和研究等内容作为中国民间文艺学学科建设新的方向，这些也成为三套集成普查的基本内容。《民间文学》开辟了民间故事家和民间故事家讲述的故事专栏，发表了朝鲜族女民间故事讲述家金德顺的作品以及关于金德顺的评价文章，后来又发表了湖北的刘德培老人和他的讲述的故事。《民间文学论坛》编辑部和中国故事学会以及各省民研会先后召开民间故事讲述家的研讨会。

三套集成普查过程中，民歌手、故事家、故事篓子、歌桶子、歌王、故事村不断涌现。在普查和编选中，特别注意对重点故事（讲述）家、歌手等传承人等的发现及相关资料的保护。全国发现能讲50个以上故事的民间故事家九千多人，能唱50首以上民间歌手一万五千人，能讲百则以上故事的故事家在辽宁省就有一百多人。在河北耿村、湖北伍家沟、重庆走马镇等地，发现相当数量的故事家群、故事村。[34]

在河北我们努力寻找故事篓子，顺藤摸瓜，令人十分欣喜和受鼓舞的是，瓜是成串的，继城南的王王氏、城中的纪文道之后，我们又在城北六十里地外的张古庄镇发现了新的故事家王保志、郭从美和民歌手张善修……[35]

民间文学集成普查中，发掘故事讲述家、歌手成为一项重点工作。《集成工作手册》明确要求普查人员在调查访问中"特别要注意与歌手、故事讲述家、民间艺人及师公赞哈等重要传承人的接触与调查了解"。对于重点故事讲述家和歌手不仅掌握他们的民间文学蕴藏、传承，还要专门为他们撰写"小传"。《中国民间故事集成》在各省卷本末附有故事讲述家的简介，并为三百多位能讲成百上千篇故事的讲述家专门立传，简要介绍他们的基本情况、人生经历、故事传承方式和谱系，以及其讲述、表演的特点和代表作品篇目。有的省市还将本地著名故事讲述家讲述的作品结集出版，如《金德顺故事集》《尹泽故事歌谣集》等。辽宁省在民间文学集成普查中发现了著名的故事讲述家谭振山，2006年，"谭振山民间故事"入选"第一批国家级非物质文化遗产名录"。

民间文学普查中对民间文学歌手和故事家的挖掘调查有着重要意义。一方面，这些讲述人为民间文学普查提供了丰富的民间文学样式和作品，这些优秀的民间文学作品是活态民间文学的精品和样本；另一方面，这些讲述人的发现，对其进行专门的发掘调查，特别是对他们传承路线、艺术道路、成长环境、讲述表演风格等多方面的考察和研究，有助于民间文学基本理论研究的深入。

(二) 普查与民间文学队伍建设

民间文学进行搜集普查需要有专业的人员，中国民研会从一开始就注重人才的培养。"中国民间文艺研究会的工作主要是两个任务：一个是出人才，一个是出成果。成果包括公开出版的书、内部资料和研究著作。"[36]

民间文学集成组织全国各地基层普查者[37]，深入乡间田野，进行全面的、大规模的、系统的民间文学调查，发动和培养了一大批民间文学基层爱好者和研究者。这一支庞大的民间文学工作队伍一直活跃着，成为三套集成及以后的民间文学抢救保护工作、非遗保护等工程的中坚、核心力量，为保护和传承我国优秀传统文化做出了独特的杰出贡献。"民间文学集成工作，不但要出书，还要出人才——出现民间文学采录家，民间文学理论家。"[38]三套集成从开始普查时就注意，对从事这项工作的业务骨干进行专业培训和队伍建设。

组织民间文学普查队伍，培训民间文学工作骨干，是搞好民间文学普查的中心环节。各地民研会、三套集成办公室以及各地民间文学专业机构、研究室，高校民间文学小组汇聚了民间文学专业人才队伍。

> 第一，各级文化领导干部和文学创作干部，以及解放以来特别是粉碎"四人帮"后辛勤培育成长的民间文学工作者和爱好者，是普查工作的中坚力量。……第二，区、乡文化专干是这次普查的主力军。第三，发动教师和学生搜集。第四，发动社会力量和退休干部、知青、民主人士等搜集。第五，印征文发启事征集稿件。[39]

民间文学三套集成为完成紧迫而艰巨的全国范围的民间文学普查和抢救任务，培训和培养普查者、采录者和研究者，开创了多种形式的培训。首先是民间文学骨干培训班的创办，多种形式的民间文学骨干训练班、讲习班、培训班应运而生。1979年北师大开办民间文学教师进修班、暑期民间文学讲习班。1980年，江苏省民间文学工作者协会举办了民间文学采风培训班。[40] 1982年，中国民研会召开了21省市自治区参加的"全国培训民间文学工作骨干经验交流会"，肯定了办培训班的好处，总结和推广民间文学的搜集普查经验。

> 讲习班培训班的创办，及时迅速培养了一支新型的搜集队伍，初步改变了过去搜集队伍大多缺乏专业训练的状况，为搜集研究工作的加强科学性，准备了新的条件。[41]

> 一九八六年十月份，省文化厅又下发了《关于抓紧举办民间文学三套集成业务骨干培训班的通知》……通过举办培训班，不仅对提高基层文化干部的业务素质起到了良好作用，壮大了民间文学队伍，同时这也是发动群众，调动基层文化工作者积极性的一个实际有力的步骤。[42]

1984年到1987年，民间文学三套集成总编委会举办三次全国性业务骨干培训活动。1984年9月在昆明举办了25个省市的人员参加的中国民间文学集成工作座谈会，培训了第一批集成工作骨干。1985年10月3日至15日，在贵州省举办了有26个省市参加的以贯彻各套编辑方案为主题的培训班，着重讲解了集成作品分类及"三性"问题。1986年10月在江西举办了有28个省区市参加的以贯彻"三性"原则为主题的培训会。各省、自治区、直辖市以及各地、市、县都分别举办了各种类型的业务骨干培训班。

……经过一定程度培训，省里办了2期讲习班，为地、县培训学员400名；地区办2—3期讲习班，为县培训3千名学员；县办1—2期讲习班，培训学员约15000人次。[43]

我县的集成工作从四月到八月来，历时五个月，这一阶段培训骨干、组建队伍、全面普查、全面搜集，发现了能讲述三十篇以上民间故事的，能演唱二十首以上民歌的讲述家和演唱家四十八人；热心于搜集整理的骨干力量二百八十五人……[44]

基层普查者和民间文学爱好者在常年的普查实践中，不断提升普查、搜集民间文学的能力和技巧。同时，通过组织三套集成的业务经验交流会，这些普查经验得以推广。

我们平阳镇的集成工作是从四月初开始的。县讲习会结束后，向党委做了汇报，党委决定成立了领导小组，并下发了文件。培训了以镇创作组为主的骨干力量，镇五金站接到文件后，就成立了搜集小组……各村屯都动起来以后，我们又以镇团委、文化站、中心校的名义下发了文件，这样，各小学也动起来了。紧接着，又走访了敬老院，发动老人们讲故事。普查中，我们总结出"晚走一屯，不拉一人"的工作方法。……集成工作不下乡，纯属走过场，总结出"不进百家门，就没有托底人"的粗浅经验。[45]

全国性的业务骨干培训活动、各种类型的业务骨干培训班、讲习班，不仅普及了民间文学理论知识，而且培养和壮大了民间文学队伍，这些多样式的培训班是中国民间文学集成组织建设的重要构成。

四、结 论

中国民间文学三套集成在一定意义上，可以说在我国建立了新的学术项目管理模式。首先，通过试点、培训、学术研讨等组织形式，进行团体学术（集体）成果的规划、实践和呈现。中国民间文学三套集成工作的最初经验是从云南开始的。[46] 1984年3月20日，在云南省召开的民间文学三套集成工作会议，为中国民间文学三套集成在全国铺开拉开了序幕。同时，举办了全国民间文学骨干培训会，将普查、采录、翻译工作的原则等经验推广普及。在后期省卷本的编选上，故事、歌谣和谚语选取了不同卷本作为试点，故事吉林卷、谚语甘肃卷，歌谣广西卷作为各门类的首卷，为整个三套集成提供了试点经验。三套集成首卷本与其他卷本存在一定差异。一方面，体现了民间文学学术理念、学术方法根据实际情况进行策略上的调整；另一方面，学术理念在贯彻过程中与实践有着学术协商、学术妥协的过程。对这一问题的关注,可以更好地总结大型学术工程项目的经验,推进大系之类的工程项目的实际工作。

其次,中国民间文学三套集成在学术项目管理是有布局,分层次的。不同层级的学术成果及其文本信息呈现差异性:普查时在方法上要求忠实记录(即忠实原貌,记述准确无误),县卷本基本是普查资料上的收集、整理,注重的是真实性和资料性;而省卷本是在县卷本的基础上精选而成的,更注重文本的科学性、艺术性、欣赏性。

再次,中国民间文学三套集成加入十套集成,列入国家"六五"(跨"七五")重点科研项目。但三套集成在十套集成(志书)中,是具有一定学术探索和项目管理示范意义的。中国民间文学三套集成提出的"科学性、全面性、代表性"原则以及在普查基础上,编选出版县卷本、省卷本,对民间文学的资料建设和学科建设都具有重要的意义。此外,中国民间文学三套集成全国范围各地各民族民间文学作品采集和民间文学档案建设具有重要的价值。

中国民间文学集成开辟了我国民间文学大型、集体学术项目模式。三套集成之后,中国民协开展了中国民间文化遗产抢救工程[47]、中国口头文学数字化工程,传统村落立档调查项目、中国唐卡文化档案以及中国民间文学大系工程等大型民间文化普查工作,为传承和保护中华优秀传统文化做出了卓越的贡献。近年来,随着高校和研究机构学术项目的滥觞,"学术项目"及"高等教育质量项目化"为人所诟病,学术项目建设的学术史回顾与反思也因此显得尤其重要。学术项目建设既是时代发展的需求,也是学术同人为共同的学术理想共同推动和共建的,它在很长一段时间里,为我国民间文艺事业的发展做出了独特的贡献。我们对中国民间文学三套集成这一学术项目的建设,既要有学术上的总结和反思,同时也应对"学术项目"与"学术行政化管理"保持应有的警醒,真正在历史的经验中发展我们的民间文艺事业。

注释

[1] 刘守华:《〈中国民间故事集成〉的特色与价值》,《北京师范大学学报》(社会科学版),2010年第2期。

[2] 周扬:《中国民间文艺研究会成立大会开幕词》,《周扬文集》第2卷,北京:人民文学出版社,1985年,第10页。

[3] 张文:《新民歌运动与民间文学》,苑利主编:《二十世纪中国民俗学经典·学术史卷》,北京:社会科学文献出版社,2002年,第160页。

[4] "(贾芝)我从中国民间文艺研究会成立到参加文学所工作、筹建少数民族文学所,一贯主张组织工作和研究工作并行,而且把组织工作放在第一位,在实践中进行某些理论、作品研究。因为中国民间文学处在开拓时期,不做组织工作就不可能开拓资源,建立这门新的学科。"王平凡:《贾芝对民间文学研究的拓展》,《中国社会科学报》,2013年2月18日,总第416期。

[5] 毛星5—7月先后到甘肃、陕西、四川、广东等八个省调查民间文学现状,并征求了各地今后开展民间文学工作的意见和建议。参见毛星:《各地民间文学状况调查报告》,《民间文学工作通讯》,1978年11月。

[6] 如1980年7月,中国民研会上海分会创

办《采风》月报。1980 年 11 月，江苏省民间文学工作者协会镇江分会《乡土》报试刊。1981 年 2 月，中国民研会山西分会创办《山西民间文学》双月刊。3 月，中国民研会浙江分会创办《山海经》季刊。5 月，中国民研会黑龙江分会创办不定期的《黑龙江民间文学》。8 月，中国民研会湖南分会创办《楚风》季刊。

[7] 钟敬文：《新中国学术史上富有意义的一页（代序）——纪念中国民间文艺家协会创立四十周年》，钟敬文主编：《中国民间文艺学四十年》，兰州：敦煌文艺出版社，1991 年，第 2 页。

[8] 贾芝：《关于中国民间文学研究的现状和方向——一九八〇年十二月十三日在中国民间文学工作者与日本口承文艺学会访华代表团座谈会上的发言》，《新园集》，中国民间文学出版社，1981 年，第 157—158 页。

[9] 而民俗学工作，主要是一种田野作业，它的组织非常需要普及到下层去。理由很明显，凡有人的地方就有民俗，特别是偏僻的地方，往往更多地保存着那些传统的风俗习尚，那里所保存的甚至于是人类文化史上极其珍贵的东西。因此，民俗学会这种组织，最好能够普及到各乡镇，至少也希望能以县为单位（中国现在有 2000 多个县）比较广泛地建立起来。古语说："十步之内，必有芳草。"《当前民俗学工作的迫切任务——迅速地、广泛地建立必需的机构》，《钟敬文全集·2·第一卷·民俗学卷·第一册·中国民俗学派》，北京：高教出版社，2018 年，第 275—276 页。

[10] 1956 年中国科学院文学研究所民间文学组和民研会组织去云南大理等地采风，整理出版《白族民歌集》《白族民间故事传说集》《纳西族的歌》。云南的调查采风带动了云南、四川、贵州等省广泛开展深入调查和采风。（张文：《亦师亦友话贾芝》，《民间文化论坛》，2012 年第 5 期）

[11] 共三册，第一册新华书店出版于 1950 年 9 月，第二册人民文学出版社于 1951 年 5 月 15 日；第三册人民文学出版于 1951 年 9 月 1 日。

[12] 如《东蒙民歌选》《信天游选》《爬山歌》《阿诗玛》《嘎达梅林》《陕北民歌选》等。吉星：《一九五八年编书的回忆》，钟敬文主编：《中国民间文艺学四十年》，兰州：敦煌文艺出版社，1991 年。

[13] 中国民间文艺出版社，1980 年—1989 年 10 年间，出版上千种民间文艺专业方面的图书。

[14] 1958 年 10 月 1 日，中国民研会编印《民间文艺通讯》第 1 期，至 1960 年 6 月 20 日，共出 13 期。

[15] 此部分参考了民协 70 年学术口述史，刘守华：《谋事在人 成事在天》，《民间文化论坛》，2020 年第 3 期。

[16] 见《民间文学》，1982 年第 2 期，参见张文著：《民间文学论集》，北京：大众文艺出版社，2013 年，第 240—241 页。

[17] 中国民间文学集成总编委会办公室编：《中国民间文学集成工作手册·中国民间文学集成大事记》，1987 年，第 173 页。

[18] 中国民间文学集成总编委会办公室编：《中国民间文学集成工作手册》，1987 年，第 5 页。

[19] 江苏省民间文学集成办公室编：《江苏民间文学集成通讯》（二），内部资料，第 3 页。

[20] 马振：《中国民间文学三套集成工作汇报》，江苏省民间文学集成办公室编：《江苏民间文学集成通讯》（二），内部资料，第 6 页。

[21] 不定期，如 1986 年 10 月 17 日印第二十八期，1986 年 11 月 6 日印第二十九期。

[22] 1984 年编印了第一集。

[23] 中国民间文学集成总编委会办公室编：《中国民间文学集成工作手册》，1987 年，第 174—176 页。

[24] 中国民间文学集成总编委会办公室编：《中国民间文学集成工作手册》，1987 年，第 174—176 页。

[25] 中国民间文艺研究会：《关于编辑出版中国民间文学集成第二次工作会议纪要》，1985 年 7 月。

[26] 中国民间文学集成总编委会办公室编：《中国民间文学集成工作手册》，1987 年，第 174—176 页。

[27] 刘辉豪：《从事云南民间文学集成工作是我一生的骄傲》，中国民协 70 周年口述资料。

[28] 山东省民间文学集成办公室编印：《民间文学集成工作手册》，1986 年 3 月，32 开，58 页。

[29] 四川省民间文学集成办公室编：《民间文学集成工作手册》（精装），149 页。

[30] 湖北省民间文学三套集成办公室编印：《〈中国歌谣集成〉湖北卷工作手册》（何伙编），1986 年 7 月。

[31] 河北省三套集成办公室辑印：《民间文学三套集成通讯》，有各种专辑，如普查和搜集整理经验专辑（4）、耿村民间文学普查活动专号（11）、在全国获奖典型材料专辑（17）、省三套集成五年成果表彰会专辑（19）等。

[32] 第一期内容包括：高桥乡普查试点情况、邱隘区召开文学集成骨干会议，1987 年 4 月 15 日。

[33] 成都市民间文学集成编委会办公室编辑：《民间文学集成工作通讯》（第一期），1986 年 1 月 20 日，8 开报纸的形式，共 4 版。

[34] 贺嘉：《中国民间文学集成是一项宏伟的文化工程》，《民间文化论坛》，1989 年第 4 期。

[35] 河北省辛集市集成办:《以抓"故事篓子"为主 深入开展普查工作》,1986.9,见中国民间文学集成总编委会办公室编:《中国民间文学集成简报》(第二期),1986年10月。

[36] 刘锡诚:《民间文艺学学科建设讲演录选·民间文学集成与民间文学普查——1985年6月29日在第二次中国民间文学集成工作会议上的总结讲话》,上海:上海文艺出版社,2019年,第66—67页。

[37] 记录、搜集、整理民间文学的人不同时期有不同的称呼,如采风者、记录人、搜集者、普查者、整理者、搜集整理者、访谈人、采录者等。

[38] 巫瑞书:《民间文学集成与故事讲述家——中国民间文艺研究会四届二次理事会上的发言》(油印本),第12页。

[39] 黎本初:《再接再厉,发扬艰苦奋斗精神,为高质量完成民间文学集成编辑任务而奋斗》(草稿),第5—6页。

[40] 训练班经过二十五天的训练圆满结束,学员们一致反映效果很好,觉得既在理论上得到了挺高,每人又都记录了三到五万字的资料,因而大大增强了进行民间文学工作的信心。训练班在短短的时间内不仅对干部进行了一次培训,而且对一个县的民间文学做了重点普查。这确实是一种又训练又采集,一举两得的好方法,值得推广和重视。(星火:《江苏省民研会举办采风培训班》,《民间文学》1980年)

[41] 陈子艾:《民间文学搜集工作四十年》,钟敬文主编:《中国民间文艺学四十年》,兰州:敦煌文艺出版社,1991年,第150页。

[42] 青海民间文学三套集成工作进展情况汇报。一九八八年元月,中国民协青海分会。

[43] 黎本初:《再接再厉,发扬艰苦奋斗精神,为高质量完成民间文学集成编辑任务而奋斗》(草稿),第5—6页。

[44] 中国民间文艺研究会黑龙江分会 黑龙江省民间文学集成编委会办公室编:《民研集成简讯》第二十八期,1986年10月17日,第1—2页。

[45] "在甘南县集成工作座谈会上部份[分]同志发言摘录》马玉林发言,中国民间文艺研究会黑龙江分会 黑龙江省民间文学集成编委会办公室编:《民研集成简讯》第二十八期,1986年10月17日,第5—6页。

[46] [德]傅玛瑞:《中国民间文学及其记录整理的若干问题》,《北京师范大学学报》(社会科学版),2005年第5期。

[47] 中国文联和中国民间文艺家协会提出议案:设立中国民间文化遗产抢救工程。

中芬民间文学联合考察

毛巧晖

毛巧晖，博士，中国社会科学院民族文学研究所研究员，中央民族大学博士生导师；中国民俗学会常务理事兼副秘书长、中国少数民族文学学会理事等。主要研究领域：民间文学学术史、民俗学等，主持国家社会科学基金项目和北京市宣传部重大委托项目三项。出版《20世纪下半叶中国民间文艺学思想史论》（上海文化出版社2010年版，获得中国民间文学"山花奖"学术著作奖，该书2018年由学苑出版社出版修订版）等著作四部、主编民间文学教材一部，发表论文五十余篇。

内容提要 中国民间文艺研究会自20世纪70年代末恢复以来，关注中外民间文学的交流。中芬联合考察是新中国成立以后民间文学领域一次重要的国际性学术活动，中国和芬兰结合本国的民间文艺实践，对民间文学搜集整理、保管、出版等进行了交流，而且芬兰文学协会主席劳里·航柯将国际上对民间文艺的新认知及当时联合国教科文组织有关民间文艺资料搜集、保护的理念带入中芬国际学术会议，推动了中国民间文艺研究与国际的对接与交流。

关键词 中芬联合调查 民研会 学术史 资料保管 田野作业

一

20世纪70年代末以来的中国民间文学，由于国家政策的调整，过去的学术传统得以复兴与重建。1978年4月，钟敬文、贾芝、毛星、马学良、吉星、杨亮才组成筹备组，筹备恢复中国民间文艺研究会（以下简称民研会）的工作，民间文学中断近十年后开始了新的历程。在这一发展阶段，民研会重视对"中华人民共和国民间文学事业发展源头的寻索"[1]，重视民间文学的搜集整理。20世纪70年代末，在民研会的组织和推动下，中国与日本民俗学者开启了交流与合作[2]、20世纪80年代中期的中芬民间文学联合考察项目及20世纪90年代与美国民俗学界的接触[3]，这些对中国民间文学的发展起到了极为重要的作用。其中，中国和芬兰（简称中芬）民间文学联合考察可说是新中国成立后民间文学领域一次重要的国际性学术活动，参与活动的中芬两国民间文学工作者结合本国的实践，就民间文学的搜整理、保管、出版以及有关的学术问题进行了交流和研讨。正如劳里·航柯所说：

> 这次活动说明民间文学的国际交流是符合两国的需要的，因为这种合作给双方带来了介绍自己的机会。[4]

中芬民间文学联合考察于1986年4月1日至20日在广西南宁和三江侗族自治县进行。这次活动是由民研会、芬兰文学协会及北欧民俗研究所、图尔库大学文化研究系共同组织。参加这次活动的有五十多位老、中、青民间文学学者。以芬兰文学协会主席、国际民间叙事文学研究会主席劳里·航柯为团长的芬兰民间文学学者代表团参加此次考察。此次联合调查旨在相互交流有关民间文学搜集和保管的经验[5]，同时培训青年民间文学工作者。

二

据当时作为芬兰代表团[6]成员之一的劳里·哈维拉提（Lauri Harvilahti）回忆：

> 这是一次具有历史意义的学术之旅。据我了解，这是第一次在中国组织这样大规模的民俗学国际学术会议。来自中国各地的学者聚到一起，和芬兰调查队进行讨论。从这一点上说，的确是非常有意义的。这也是一个良好合作的开始，从那时起，到现在已经将近三十年了。而第一个访问芬兰的中国代表团则是稍早一些，在《卡勒瓦拉》会议期间。[7]

实际上，中国与芬兰之间关于民间文学的交流要从民研会副主席贾芝两次应邀到芬兰访问和从事民间文学考察活动谈起。自1950年芬兰与中国建交，中芬关系在一定意义上成为中国和欧洲国家关系的典范[8]。1980年5月2日，《中华人民共和国同芬兰共和国一九八〇——一九八一年文化合作计划》在北京签字，这是中芬两国建交以来签订的第一个文化合作计划。[9]此后每3年续签一次，两国间文化交流在此基础上得到蓬勃发展。

中芬民间文学交流活动正是在这一历史语境中展开。1983年9月3—26日，贾芝为筹划民间文学资料馆，组织中国民间文学考察组到芬兰、冰岛考察，在芬兰先后访问赫尔辛基、图尔库、约恩苏三个城市。1983年9月7日，他在图尔库大学与劳里·航柯教授见面。劳里·航柯表示，这是具有历史意义的一次会面。因为这是"第一个中国民间文学专家代表团"，也是"第一个中国代表团"[10]访问芬兰。当时，中国民间文学考察组作为民间团体出访，此次活动之后，芬兰教育部国际司司长建议把民间文学交流写入两国文化协定。这一考察活动，直接促成了1984年4月9日以劳里·航柯为团长的芬兰文学协会代表团来华进行为期10天的友好访问和学术交流活动。在此次活动中，中芬双方商议1985年参加芬兰纪念《卡勒瓦拉》150周年及世界史诗讨论会，并同时在中国举行纪念活动。劳里·航柯作了题为《民间文学、〈卡勒瓦拉〉和芬兰的民族性》的学术报告。1985年2月13日—3月18日，贾芝等乘火车途经莫斯科赴芬兰参加《卡勒瓦拉》出版150周年纪念活动，在"《卡勒瓦拉》与世界史诗讨论会"上宣读论文《史诗在中国》（后收入劳里·航柯主编的《世界史诗中的宗教、美学和民俗》，该著1990年由Mouton de Gruyter出版社在柏林和纽约同时出版），并放映了1984年在西藏拉萨拍摄的藏族、蒙古族民间艺人演唱《格萨尔王传》的录像，引起轰动。据贾芝文中回忆，德国著名学者、蒙古学家海西希，中华人民共和国成立前后都来过中国。听了他的介绍后说："我了解中国。中国解放以后民间文学发展非常快，很有成绩，你们的发言就是证据。""你讲了20分钟，就讲了那么多东西。应该让你讲两个小时才对。"匈牙利学者提出愿意和我们交换资料。芬兰泰波（Temper）大学的一位音乐学教授说他要到西藏去搜集民歌。有两位研究非洲史诗的法国女学者，对中国也很有兴趣，很愿意和我们交往。芬兰总统毛诺·科伊维斯托接见了贾芝。会后顺访丹麦、挪威。其实在之前去芬兰时，他介绍中国史诗传承现状就引起了关注，正如他在《谈民间文学走向世界一文》[11]中所提到的，1983年他第一次去芬兰时就介绍了史诗在中国活态传承、艺人演述等状况，当时就引起了芬兰学者的极大兴趣。

1985年2月28日，中华人民共和国文化部、中国文学艺术界联合会、中国人民对外友好协会、民研会在京联合召开芬兰史诗《卡勒瓦拉》出版150周年纪念会[12]，并在《民间文学》《民间文学论坛》《民族文学研究》《信使》[13]等刊物上开设专栏刊载相关学术论文[14]。1985年10月15—16日，贾芝接待芬兰学者劳里·航柯教授，商定两国民间文学联合考察学术研讨会的计划和方案，地点定为广西三江[15]。

三

中国芬兰民间文学搜集保管研讨会于1986年4月3—6日在南宁举行。芬兰文学协会主席、国际民间叙事文学学会主席、图尔库大学教授劳里·航柯，中国民间文艺研究会副主席贾芝、刘锡诚、蓝鸿恩等七十多名中国及芬兰学者出席会议，提交论文31篇。如《关于中国民间文学的搜集整理》（贾芝）、《民间文学的保护》（劳里·航柯）、《民间文学普查中若干问题的探讨》(刘锡诚)、《民间文学田野采集方法论》(马名超)、《中原神话考察述评》(张振犁)、《史诗〈玛纳斯〉的调查采录方法》(陶阳)、《藏族英雄史诗〈格萨尔王传〉资料的保管》(顿珠、李朝群)、《民间文学的实地采集方法》(马尔蒂·尤诺纳霍)、《分类系统》(乌丙安)、《民间文学的分类学和分类系统》(张紫晨)、《我国各民族口头文学的多种价值》(祁连休)、《激发人们对民间文学的广泛兴趣》(劳里·哈尔维拉赫蒂[16])等,这些论文涉及6个论题:1.民间文学的保护与普查;2.民间文学的分类系统;3.民间文学田野考察方法;4.民间文学资料归档的技术;5.对民间文学的广泛兴趣;6.民间文学的出版。由于时间原因,会上只宣读了25篇论文(其中芬方8篇)。

贾芝在研讨会开幕式上说:

> 民间文学是一门国际性的学问。没有世界各民族民间文学的比较和研究,不探寻其共同的规律,也就不可能完全认识自己民族的民间文学;不广泛地鉴赏各民族民间文学的千姿百态,也就难以完全看待自己民族民间文学所独具的光彩。[17]

芬方代表劳里·航柯在开幕式上也激动地说:

> 我曾多次到过中国,但这次来的意义更加重大,也使我更加高兴。为我和我的同伴们将同中国民间文学老、中、青年学者一起,进行一次国际性的田野考察活动。
>
> 芬兰多年来在搜集、调查和保存民间文学方面,做了一些工作,获得了一定的经验,我们愿意将这方面的指导思想和技术措施,一起带来与中国朋友共同探讨,使民间文学这门学问在世界范围内,发挥它应有的作用。[18]

芬方的8篇论文,对民间文学的保护、分类与保管等重要问题,作了精辟的、内容充实的阐述,对我国民间文学搜集与保管有着极其重要的借鉴意义。

会后中芬两国学者进行了联合考察。中芬民间文学联合考察于1986年4月9日—15日进行,据当时参加中芬民间文学联合考察的时任三江林溪乡工作队长的杨通山回忆,他在1985年3月接到广西民研会主席蓝鸿恩来信,信中告知中芬联合考察的地点放在三江。1985年10月16日,经过中芬双方会谈,产生了《1986年中芬学者联合进行民间文学考察及学术交流计划》。10月23日,广西壮族自治区民研会农冠品和地区文化局领导等5人来三江传达该计划。这一计划确定了先在南宁召开学术研讨会,再到三江县进行实地考察。据他回忆:

> 1985年11月20日,中国民研会副主席刘锡诚和编辑王强、广西民研会秘书长农冠品等人来到三江,下到林溪、八江两乡观察之后,确定为三个考察点:林溪村(包括皇朝、岩寨),马安村(包括冠洞),八斗村(包括八江),最后产生了《中芬民间文学联合考察秘书处三江会议纪要》。[19]

中芬民间文学联合考察秘书处三江会议《纪要》中要求:"请县里编写一份故事家、歌手的名册交区民研会印发考察队,三个点之外的其他的著名歌手和故事家,由县里酌情邀请若干人到古宜镇安排时间向他们采录。"应此要求,相关工作人员立即分工搜集歌手和故事家名单,八江点有莫以章、吴永勋、杨腾引等39名;林溪点有吴仲儒、吴仕英、龙寅弯等51名,马安点有杨连花、陈信能、陈永基等42名。另外从独峒、同乐、良口、富禄、古宜等乡镇各选8至10名歌手。

1986年4月7日,考察队队员赴三江侗族自治县进行民间文学联合考察。8日下午抵达古宜镇。当地群众采用侗族传统的迎客方式接待考察队员。林溪点考察组组长是乌丙安、杨通山;马安点考察组组长是祁连休、马名超;八江点考察组组长是蓝鸿恩、张振犁。以劳里·航柯教授为首的芬兰学者、中国民研会的学者和两名翻译为第4组,流动考察。

为了在短期内让考察队员了解各种民间文学的流传形式,各点采取集中在鼓楼表演的方法。杨通山身兼考察队员与翻译员,感到最大的问题是"翻译工作跟不上,要在演唱的那一阵子完成侗译汉、汉译英的任务是不可能的"[20]。劳里·航柯在接受《民间文学》记者采访时说到没有准备足够的翻译这一问题:

> 在准备期间,我曾提出侗语翻译的力量应足够的。在南宁研讨会期间,我听说侗语翻译只有两个。事后,我知道至少有5个担任了专职翻译。事实证明,对侗语翻译的需求是严重的。因此,我们芬兰的主要力量就都放在技术工作方面,特别是录音、录像以及那些活生生的演出,在那些不大需要翻译的地方。在记录及翻译过程中,或是正在进行的活生生的演出中,我们不好随便插话,怕影响效果,有时,我们发现侗语翻译,因为有好多名单要问他们,他们就感到疲劳了,本应通过侗语翻译了解一下背景、自然环境情况,可我没有进行,因为感到不适合。如果侗语翻译足够,人员再分散一些,就可以对采录不发生其他影响。应该说,从技术上讲,我们记录了高水平的活生生的演出,但我们并没有得到深入和了解,也缺乏直接接触。[21]

参加此次考察的劳里·哈维拉提也表示:

> 这是非常有意思的经历,可惜我们根本不懂他们的语言。而且,我的印象是,好像在某种程度上为我们的田野调查做了专门的准备。他们有一段很长的筹备过程。但是,不管怎么说,还是很特别的,遗憾的是除了很少的有翻译的部分外,我们并没有真的理解很多。[22]

对于此种情况,劳里·航柯提到未来进行田野作业时,需要提前准备一个田野作业手册。

> 作为教师在手册中应事前提出指导这次活动的原则,而且这些原则要事先商讨,比如考察人员应互相进行采访联系,指导教师应现场指导,特别是(侗语翻译)在各种不同情况下出现的各种不同情况,怎么来适应。我相信,大家都在探讨这个问题,将来会有很好研究的……[23]

此次考察活动的最大特点是采用比较先进

615

的技术手段（录像、录音、摄影）和科学方法。

"记录活在群众口头的民间文学作品，观察研究民间文学作品在群众中活的形态和讲述人在讲述中的作用、特点，探讨民俗、风情、文化传统对民间文学的形成、变化的影响。"[24]杨通山在回忆文章中特别提道：

> 芬方学者装备精良，用录音录像的办法进行密集采录，不但要录歌、还要观察研究演唱特点和演唱环境。[25]

这种对于"演唱情境"的重视，对当时中方的一些队员在采录过程中存在的问题具有指导意义。在考察中，有些队员对讲述环境不够重视，急切地想知道采录者所唱所述的内容，故而时有打断，造成被采录者的讲述情绪受到破坏，原始材料缺失。对此，劳里·航柯提出了3点建议：

> 在人数较多的环境下进行田野作业，应化整为零，在各个角落分散活动，并注意静听观察并录音；采访上要注意让周围所有人都感到自己不是局外人，不要一开始就钉住一人问，而不顾其他人；要注意保护演唱和讲述环境。当场翻译，会破坏歌手情绪。歌手不愿唱的歌，不要强迫。而要注意发现其中的原因是否与演唱环境有关。[26]

据杨通山回忆，由于考察队员携带了照相机、录音机、录像机进行采录，保存了大量真实可靠的现场资料。"中国民研会录制了5个小时的录像资料，芬兰学者录制了20个小时的录像资料，广西民研会也录制了3个小时的录像资料……中方队员共录制150盘录音磁带，交由中国民研会和三江县的同志共同翻译成汉文初稿，并且整理成30万字的《三江侗族民间文学》的科学版本。"[27]此外，杨通山还提到此次考察活动对于三江地区民间文学发展的深远的影响。1987年匈牙利科学院民俗学委员会主席瓦特沃什教授到中国访问时，"指名要见我和农冠品两人"。1992年，杨通山还接到通知，邀请他去奥地利参加"国际民间叙事研究会第十次大会（Internatinal Society for Ealk Narrative Researeh）"，虽最终未能成行，但也足以说明中芬民间文学联合考察活动在国际上的影响力。

在中芬民间文学联合考察活动中，《人民日报》《光明日报》《文艺报》《广西日报》《南宁晚报》《柳州日报》《桂林日报》均发表相关通讯；《民间文学》第6期发表劳里·航柯在学术研讨会上的论文《民间文学的保护》节选；《民间文学论坛》第5期选发邓敏文（侗族）、吴浩（侗族）的《侗族款词的传承情况及社会影响考察》、金辉的《劳里·航柯的田野作业观》、李溪（李路阳）的《侗族一个故事之家传承诸因素调查》3篇调查报告。芬兰在北欧民俗研究所Nordic Institute of Folklore主办的 News letter 上发表了劳里·航柯、贾芝、刘锡诚的文章。

中芬民间文学联合考察活动的开展，对于推动"民间文学抢救、搜集、整理"工作，建立与国外的文化交流，培养中青年学者，起到了极其重要的作用。劳里·航柯在接受《民间文学》采访时表示，今后可以就档案馆的工作方法问题和民间文学的分类、整理和民间文学的比较研究两个领域开展交流与合作。[28]中芬民间文学联合考察活动也开启了90年代民间文学研究之先声。

注释

[1] 贾芝:《播谷集·自序》,北京:人民文学出版社,1994年,第4页。

[2] 如1978年6月贾芝会见日本民间文学专家、世界口头文学学会(后译为"国际民间叙事研究会")副会长小泽俊夫;1983年5月,日本君岛久子、小泽俊夫、白鸟芳郎、松居直等一行访华,贾芝主持座谈会及学术报告会等。

[3] 1990年6月26日率团赴华盛顿参加"1990美国生活节"。7月到伊利诺州看望丁乃通教授夫人许丽霞教授,为丁乃通扫墓并就许教授捐赠丁乃通书刊资料及运送回国问题进行商讨。

[4] 中国社会科学院文学研究所《中国文学研究年鉴》编辑委员会编:《中国文学研究年鉴1987》,北京:中国文联出版公司,1989年版,第401页。

[5] 包括1.鉴别:识别、鉴定民间文学材料,制定民间文学资料的总目录以及用分类和存档的方法分析、保存材料。2.保存:存档的方法和保存的技术;内容的分类、编目;资料的抢救及中央与地方存档的关系。3.保护:在现代文化中提高民间文艺的地位,提供各项活动的计划、方法,如民间节日的表演、演员;民间节日、比赛以及大规模的搜集和出版工作。4.利用:出版活动,保护和提供资料的讲述人及表演者;在保护民间文学中研究机构及个人的关系等。

[6] 成员包括劳里·航柯(图尔库大学教授、芬兰文学协会主席)、马尔蒂·尤诺纳霍(图尔库大学)、阿托斯·佩泰耶(图尔库大学视听教学协调人)、劳里·哈尔维拉赫蒂(赫尔辛基大学)、安芬尼(女,翻译,芬兰驻华使馆秘书)。

[7] 刘先福、唐超、劳里·哈维拉提:《芬兰民俗学的历史经验与反思——劳里·哈维拉提教授访谈录》,《民间文化论坛》,2015年第5期。

[8] 2017年4月3日,在对芬兰共和国进行国事访问前夕,国家主席习近平在芬兰《赫尔辛基时报》发表题为《穿越历史的友谊》的署名文章,"成为不同幅员、不同文化、不同发展水平国家和平共处、友好交往的典范"。

[9] 芬兰外交部新闻中心文化处长克利斯托费尔·格莱斯贝克、中国文化部对外文化联络三司负责人卢耀武分别在计划上签字。文化部副部长周而复和芬兰驻华大使苏奥梅拉出席了签字仪式。资料引自《中国芬兰签订文化合作计划》,《人民日报》,1980年5月4日。

[10] 王炽文:《芬兰、冰岛访问札记》,《民间文学》,1983年第12期。

[11] 贾芝:《谈民间文学走向世界》,《中南民族学院学报(社会科学版)》,1986年第2期。

[12] 龚文:《北京集会纪念芬兰史诗〈卡勒瓦拉〉出版150周年》,《世界文学》,1985年第3期。

[13] 《信使》杂志是联合国教科文组织1948年创办的旗舰性期刊,长期致力于宣传教科文组织促进文化多样性、推动文明间对话、构建和平文化的理念。

[14] 如孙玮:《〈卡勒瓦拉〉和隆洛德》,《民间文学论坛》,1985年第2期;邓启龙:《芬兰人民的史诗〈卡勒瓦拉〉》,《民间文学》,1985年第2期;劳里·洪科:《〈卡勒瓦拉〉芬兰民族史诗的诞生》,《信使》,1985年第10期;劳里·杭柯著,王培基译:《民族文化鉴定的典范——1985年国际纪念〈卡勒瓦拉〉的

活动》，《民族文学研究》，1986年第6期；潜明兹：《纳西族〈黑白之战〉与芬兰〈卡勒瓦拉〉之比较》，《民间文学》，1985年第2期等研究文章。此处劳里·航柯译名按照当时期刊印刷，不予统一，特此说明。

[15] 有关贾芝中芬民间文化交流的相关资料由金茂年回忆并提供。

[16] 当时译名为此，便于其他学者查找当时的资料，全文不予统一。

[17] 参见王光荣：《中芬民间文学联合考察散记》，《中南民族学院学报（社会科学版）》，1987年第2期。

[18] 参见王光荣：《中芬民间文学联合考察散记》，《中南民族学院学报（社会科学版）》，1987年第2期。

[19] 杨通山：《中芬联合考察在三江》，政协三江侗族自治县委员会编：《三江文史资料》第6辑，内部资料，2002年，第143页。

[20] 杨通山：《中芬联合考察在三江》，政协三江侗族自治县委员会编：《三江文史资料》第6辑，2002年，第147页。

[21] 贺嘉、王强：《〈民间文学〉记者对航柯采访记录》，访谈时间：1986年4月16日，访谈地点：广西桂林榕湖饭店。访谈翻译由石敬厉担任。此资料由王素珍、冯莉提供，特此致谢！

[22] 刘先福、唐超、劳里·哈维拉提：《芬兰民俗学的历史经验与反思——劳里·哈维拉提教授访谈录》，《民间文化论坛》，2015年第5期。

[23] 贺嘉、王强：《〈民间文学〉记者对航柯采访记录》，访谈时间：1986年4月16日，访谈地点：广西桂林榕湖饭店。访谈翻译由石敬厉担任。

[24] 《中芬民间文学联合考察暨学术交流总结》，刘锡诚：《民间文学：理论与方法》，北京：中国文联出版社，2007年版，第401页。

[25] 杨通山：《中芬联合考察在三江》，政协三江侗族自治县委员会编：《三江文史资料》第6辑，内部资料，2002年，第147页。

[26] 《中芬民间文学联合考察暨学术交流总结》，刘锡诚：《民间文学：理论与方法》，北京：中国文联出版社，2007年版，第406页。

[27] 杨通山：《中芬联合考察在三江》，政协三江侗族自治县委员会编：《三江文史资料》第6辑，2002年，第148页。关于最终搜集到的资料，刘锡诚在《似水流年忆往事》一文中的记录与此稍有出入，刘著记为：录音磁带200盘，近千张黑白和彩色照片（其中包括讲述人/演唱人像，讲述环境像，队员活动照片）；队员的调查报告、专题论文、采风日志共18篇（包括一个村落的文化背景调查，一种文艺形式的专题考察，一个讲述人/演唱人的专题考察，某一个民间神的调查等）。10个小时的录像带。

[28] 贺嘉、王强：《〈民间文学〉记者对航柯采访记录》，访谈时间：1986年4月16日，访谈地点：广西桂林榕湖饭店。访谈翻译由石敬厉担任。

中日联合江南地区民俗调查

王 京

王京，湖北武汉人，北京外国语大学、北京日本学研究中心毕业后赴日攻读民俗学，师从福田亚细男教授，2007年获日本神奈川大学历史民俗资料学博士学位。现任北京大学外国语学院日语系副教授，文化教研室主任。主要研究领域为日本民俗学、柳田国男研究、日本文化等。专著《一九三〇、四〇年代の日本民俗学と中国》（日文），主编《柳田国男文集》，发表中日文论文、札记、翻译多篇。

内容提要　20世纪80年代末正式启动到2010年为止，跨越二十余年的中日联合江南地区民俗调查，是中日学界交流史上的一件大事。在项目负责人福田亚细男教授的坚持和领导、日本政府科研经费长期的资金支持及日方学者的参与、以钟敬文先生为首的中国民俗学界的积极响应，中国文联及浙江省为中心的地方文联、民协的不懈努力，调查地政府及文化单位的积极配合下，联合调查在摸索中克服种种困难，取得了丰富的成果。本文对调查的背景及前后共6期调查的具体经过进行整理，并简要论述了调查的成果及意义。

关键词　中日联合民俗调查　浙江省　村落调查　民俗志　福田亚细男

中日联合江南地区民俗调查，从20世纪80年代末正式启动，到2010年结束，前后跨越二十余年，可谓中日学界交流史上的一件大事。

调查背景

1985年日本国立历史民俗博物馆（以下称"历博"）民俗研究部部长坪井洋文教授、福田亚细男教授、法政大学的曾士才教授，与萩原秀三郎、金丸良子等自费赴贵州黔东南自治州进行了民俗调查。在此基础上，1986年在文部省科学研究费补助金（海外学术调查）的支持下，历博各研究部日本史、建筑学、动物考古学、民俗学的学者，以"日本与中国农耕文化的比较研究"为题，对贵州省威宁地区进行民俗调查，出版了《华南畑作村落的社会与文化》（坪井洋文编，1987年）一书。1987年、1988年两年同样在文部省科研费的支持下，以历博为中心，联合其他从事中国研究的日本学者，在贵州民族学院、贵州民族研究所、中国民间文艺家协会贵州分会等中方单位的支持、配合下，兵分两路，对黔东南自治州的台江县梅影村、雷山县虎羊村进行了民俗调查，出版了报告书《中国贵州苗族的民俗文化——日本与中国农耕文化的比较研究》（福田亚细男编，1996年）。经过贵州调查的日本学者为了更加深入理解中国的农耕文化，将研究视线由少数民族地区转向汉族社会。

另一方面，1985年3月福田亚细男教授与家人访问北京，在北京师范大学第一次与钟敬文先生见面。同年作为历博访中团的一员，带领其他日本民俗学者在中国社会科学院与钟老及张紫晨、刘魁立等先生见面，就中日民俗学的交流与合作交换了意见。1987年7月，坪井与福田两位教授访问北京，与社科院、北师大、中国民协、中央民院的中国学者们展开交流，并拜访钟老，双方商定采取中日联合的形式，对中国江南地区展开民俗调查。在准备过程中坪井教授因病去世，日方由福田教授领衔，中方则在钟老的指导下以张紫晨先生为中心推进（以下行文省略敬称）。

第一期调查（1989—1991）

虽然中日联合江南地区民俗调查的对象和方式都与之前的贵州调查完全不同，但对农耕文化的学术关心依然有所承接，所以第一期调查仍以"日本与中国农耕文化的比较研究"为题，获得了日本文部省科学研究费补助金（国际学术研究）为期3年（1989—1991）的资助，研究机构为历博，课题负责人为福田亚细男。

具体成员为中日双方各自确定。日方成员除福田外共8名，岩井宏实、小林忠雄、福原敏男、桥本裕之等4名都是历博民俗研究部的学者，通过博物馆内的公开募集确定加入，佐野贤治（筑波大学）、矢放昭文（京都产业大学）、曾士才（法政大学）等3名则是之前1987年、1988年黔东南调查时的成员，还有一名是当时在冲绳国际大学任职的小熊诚。

中方成员一共8名，除张紫晨外，还有刘铁梁（北师大）、陶立璠（中央民院）、周星（北大）、白庚胜和巴莫曲布嫫（社科院少民所）、周正良（江苏省社科院文学所）、朱秋枫（浙江省艺术研究所）。当时还在北师大读博的何彬、尹成奎等2人作为翻译全程参加了调查。此外，还邀请对江南地区较为熟悉的陈勤建（华东师大）、陶思炎（东南大学）、王恬（浙江省民协）、史克（金华市民协）、吴刚戟（丽水市文化局）等5人为研究合作者。

1989年7月起，日方在历博及法政大学召开数次研究会，将希望的调查地确定在江苏省常熟市白茆乡、浙江省金华市及丽水市。9月中方负责人张紫晨访日，确定中方邀请单位为中国社科院，由中国社科院负责与上海市社科院、江苏省社科院、浙江省文联的协调。双方还就研究者的分担、调查项目、方法、年度计划等进行了确认。

1990年3月1—20日，在当地外事及文化相关单位的支持下，中日双方全体成员对常熟市白茆乡（4日）、该乡的溇泾村（5日）、山泾村（6日）、上塘村（7—8日）、琴南乡的元和村（9日上午）、兰溪市殿山乡的姚村（13日）、金华市金华县的曹宅镇（14日）、丽水市的丽东村（15日下午）、龙江乡的山根村（16日）、联城乡的敏河村（17日上午）、新合乡的堰头村（17日下午）等地进行了调查。

同年12月1—15日，日方邀请中方正式成员及翻译共8人访问日本，在历博召开研讨会，之后在日方学者陪同下赴千叶县佐仓市饭塚（3日）、千叶县立"房总之村"、茨城县牛久市久野、岛田地区（4日）、冲绳县读谷村座喜味、长滨地区（8—11日）等进行了调查。

1991年3月10—30日，除福原、桥本、曾3名以外的日方成员6名和中方全体成员，在前一年初步调查的基础上，选取兰溪市姚村（13—17日）、丽水市的山根村、堰头村（20—25日）等3处进行了持续多日的集中调查。

同年10月18—29日，日方成员福田亚细男、小林忠雄、曾士才、小熊诚等4名，对姚村和山根村进行了补充调查。

同年11月，病中的张紫晨带着中方报告书的原稿赴日召开编辑会议，翌年2月不幸病逝。

1993年3月，成果报告书福田亚细男编《中国江南的民俗文化——日中农耕文化的比较》刊行。报告书共约350页，在对调查背景、经过及调查地概况的详细说明之后，正文共收录22篇文章，分为4个部分：1.村落社会与生活空间（5篇，福田亚细男、尹成奎、小熊诚、岩井宏实、张紫晨）；2.人生礼仪与他界观（5篇，佐野贤治、巴莫曲布嫫、曾士才、何彬、小林忠雄）；3.民间信仰与农耕礼仪（6篇，张紫晨、吴刚戟、周星、陶立璠、周星、小熊诚）；4.语言传承与艺能（6篇，刘铁梁、白庚胜、周正良、史克、朱秋枫、矢放昭文）。

第二期调查（1992—1993）

本期调查仍在日本文部省科学研究费补助金（国际学术研究）资助下进行，为期2年（1992—1993），课题名中删除了"比较研究"，加入了研究地区范围和学科性质，改为"环东海农耕文化的民俗学研究"，研究单位为历博，课题负责人为福田亚细男。

与第一期相比，双方成员变化较大。本期

日方成员6名，参加过第一期的只有小林忠雄和矢放昭文等2人，其他4人均为首次参加。他们是历博民俗研究部的朝冈康二和菅丰、东京都立大学的渡边欣雄，以及经钟敬文介绍参加的桥谷英子（新潟大学）。

第一期中方负责人张紫晨病逝，中方的对应体系有较大调整，由中国文联全面负责邀请接待、调查地斡旋、调查活动协调等各项工作，具体由中国民协以及浙江省民协执行，中国民协副秘书长林相泰接任中方负责人。

除林相泰外，本期中方成员为6名，其中参加过第一期调查的有刘铁梁、陈勤建等2人，刘晔原（民研所）、冯育楠（天津民协）、陈德来和蒋水荣（浙江民协）等4人为首次参加。研究合作者除了参加过第一期的王恬，还邀请了浙江文联的柯燕、程士庆等2人。调查期间全程担任翻译的有浙江省农科院的朱富云、曹欣、浙江省地震局的陈玲等3人。

第一期调查跨浙江、江苏两省，调查范围大，地点多，移动距离长，调查也未能深入，其中对浙江省的调查主要集中在内陆地区。在总结前期的基础上，本期调查将对象限定在浙江省内，并且为了全面把握情况，调查地向沿海方向移动，具体为湖州、桐乡、宁波、奉化、温州等地的村落。

1992年8月17日—9月12日，日方除矢放之外的全体成员及中方全体成员参加，沿途对瑞安市梅头镇东溪村（22日）、苍南县桥墩镇碗窑村（23日）、苍南县莒溪镇田贡村（畲族，24日）、温州市瓯海区泽雅镇吴坑村（26日）、永嘉县廊下村、花担村（27日）、奉化市溪口镇畸上村（29日）、余姚市河姆村（31日）、宁波市北仑区溪东村乌石岙（2日）、宁波市邱隘镇邱二村（3日）、桐乡县石门镇利星村（5—6日）、湖州市东林乡东明村（8日）、湖州市白雀乡小梅村（9—10日）等进行了调查。

1993年9月1—15日，中方受邀访日，除林相泰之外的中方全体成员参加，除研讨会外，在日方学者陪同下赴新潟县西蒲原郡卷町福井地区（4—6日）及熊本县人吉市（8—12日）进行了调查。

同年12月11日—1994年1月5日，中日双方全体成员参加，从第一次的调查地中选取了湖州市东林乡东明村（15—18日）、奉化市溪口镇畸山地区（畸上村、畸东村、畸南村，21—25日）、宁波市北仑区溪东村（27—31日）等3个地区进行了持续多日的集中调查。

1994年2月28日—3月7日，中方负责人林相泰访日，赴历博、新潟大学、新潟县西蒲原郡卷町福井地区调查，中日双方就报告书的方式进行了讨论。

此外，同年8月16—26日，日方朝冈康二、桥谷英子2人自费对宁波市北仑区溪东村进行了补充调查。

90年代初，随着改革开放的深入和中国社会的发展，浙江农村地区也涌现出所谓"民俗复兴"现象，即中华人民共和国成立之后一度随着相关政策及运动逐渐消亡的宗族、民间信仰活动伴随着极大的热情复苏，重修或新修族谱，修葺或重建祠堂、庙宇，恢复相关祭祀活动成为潮流，这引起了调查团的极大兴趣，也成为报告书中的重要主题。

本次调查成果福田亚细男编《中国浙江的

民俗文化》于1995年6月刊行。报告书正文共收录13篇文章，分为3个部分：1.社会组织与经济活动（4篇，福田亚细男、刘铁梁、朝冈康二、菅丰）；2.人生礼仪与他界观（4篇，陈德来、蒋水荣、渡边欣雄、小林忠雄）；3.民间信仰与文艺（5篇，冯育楠、陈勤建、刘晔原、桥谷英子、矢放昭文）。

第三期调查（1996—1998）

本期调查在日本文部省科学研究费补助金（国际学术研究）资助下进行，为期3年（1996—1998），课题延续了上一期的"环东海农耕文化的民俗学研究"的名称，但以副标题"中国浙江省温州、丽水地区的民俗调查"的形式明确了研究地区的范围。由于课题负责人福田亚细男的工作单位的变动，研究单位跨新潟大学和神奈川大学两个学校，研究领域属于"文化人类学（含民族学、民俗学）"。

本期日方成员6名，其中小林忠雄、矢放昭文、菅丰（北海道大学）、渡边欣雄与桥谷英子5人为上一期的老成员，保持了基本稳定，首次参加的只有历博民族研究部的比嘉政夫1人。

中方沿袭了前期的体系，由文联下的民协负责具体协调。中方成员共7名，其中上一期的成员有林相泰、陈德来、刘铁梁、陈勤建、刘晔原（北广）5人，新增了白旭旻（民协）和曹启文（浙江民协）等2人。此外邀请了王恬、吴刚戟（丽水文联）、潘一钢（温州民协）等3人为调查合作者。浙江文联的程士庆、严向明、马海莺等在调查安排、斡旋等方面贡献也较为突出。

前一期调查对浙北、浙东、浙南的较广范围进行了调查，本次则将调查地进一步限定在浙南地区，具体而言，温州地区在温州市瓯海区和永嘉县，丽水地区在丽水市和景宁畲族自治县。

1996年12月14日—1997年1月1日，除矢放外的中日双方所有成员参加，其中17—24日在丽水地区，调查了丽水市碧湖镇上街村、城关镇灯塔村、景宁畲族自治县大漈乡西岸底村、鹤西镇惠明寺村（畲族）。24—30日在温州地区，调查了温州市瓯海区泽雅镇黄坑村、同周岙村、永嘉县巽宅镇小溪村、同东皋乡篷溪村。

中日双方全体成员参加的集体调查有方便交流，便于深化的优势，但调查团也发现正式成员、合作者、翻译、方言翻译、加上当地文联和政府相关者人数众多，给调查村落带来了较大负担，于是决定将后面的调查分为8月和12月两组，以减少人数，减轻负担。

1997年8月15—29日，第一组日方矢放、渡边、桥谷与中方刘晔原、陈德来、曹启文等6名，集中对温州地区前次调查的温州市瓯海区周岙村、1992年曾调查过的永嘉县花坦乡廊下村，以民间信仰为中心进行了为期各5天的调查。

同年12月13—31日，第二组日方福田、小林、菅与中方刘铁梁、陈勤建、陈德来、白旭旻等7名，分别对永嘉县蓬溪村（5天）、青田县温溪镇洲头村（2天）、丽水市老竹畲族镇黄桂村（畲族，5天）进行了集中调查，通过族谱等文字资料收获了不少社会经济民俗的信息。

在此之前的10月18—27日，中方除陈德来外的6名成员及合作者潘一钢、吴刚毅等2人受邀访问日本，研讨会之外，在日方学者的陪同下，调查了千叶县立"房总之村"、冲绳县系满市大里地区等地。

1998年8月5—16日，除渡边外的中日双方成员参加，在永嘉县蓬溪村和廊下村（4天），以及与周岙村相邻的温州市瓯海区藤桥镇、丽水市黄桂村（3天）各自进行了补充调查，其中菅、矢放还延长了调查期。

本期的调查中，团员们亲身感受到了近郊村落的城市化发展、居民的老龄化、青壮年劳动力外流等对传统村落造成的巨大影响。本次调查的成果于1999年3月以福田亚细男编《中国浙南的民俗文化——环东海农耕文化的民俗学研究》为题结集刊行。正文共16篇，分为4个部分：1.地域社会的特质（4篇，福田亚细男、刘铁梁、陈德来、小林忠雄）；2.环境与生产、生活（4篇，菅丰、林相泰、曹启文、白旭旻）；3.地域的信仰与仪式（5篇，刘晔原、潘一钢、陈勤建、王恬、吴刚毅）；4.民俗知识与语言传承（3篇，渡边欣雄、桥谷英子、矢放昭文）。

第四期调查（1999—2000）

本期调查在日本政府的科学研究费补助金（基础研究A）资助下进行（由于制度上的变更，补助金的管理单位由文部省转为日本学术振兴会），为期2年（1999—2000），课题名为"中国江南村落的民俗志的研究"，课题负责人福田亚细男，研究单位为神奈川大学，研究领域属于"文化人类学（含民族学、民俗学）"。

本期日方成员5名，菅丰（东京大学）、桥谷英子2人为上一期成员，筑波大学的中込睦子、古家信平、琉球大学的辻雄二等3人为首次参加。此外神奈川大学的广田律子也在名单内但未实际参加。

制度变更后，外国学者均称为研究合作者，中方有老成员刘铁梁、陈勤建、刘晔原等3名，及华东师大朱希祥、顾伟列，上海海关高专的尹荣方，松江区地方史志办的欧粤，新潟大学研究生院的陈玲等5名。

本次调查在申请与批复之间日本科学研究费补助金制度有所变更，获得审批后的时间较为仓促，无法如前两次那样事先进行周全的准备。幸而通过陈勤建获得华东师大的全力支持，在陈勤建及该校陈晓芬、薛伟红等的协调下，与各级政府等机构的沟通、交通及住宿等的安排等调查相关事务得以顺利进行。在此背景下，选择了交通较为方便的上海近郊青浦县、嘉定区及松江区等地的农村作为调查地。

1999年8月15日—23日，日方全体成员和中方陈勤建参加，参观了南市区及浦东新区的庙会及道教设施（17—18日），对青浦县练塘镇朱家村、同商榻镇石米村（19日）、嘉定区马陆镇石岗村（20日）、与商榻镇相邻的江苏省昆山市周庄镇（21日）、南市区文南花鸟市场（22日）等进行了调查。

同年11月23日—12月7日，日方全体成员（其中福田12月1日—5日参加），中方除刘铁梁外的成员和合作者参加，对松江区张泽镇井凌桥村（25—26日）、同四村村（26—27日）、同车墩镇联建村（28—29日）、联庄村（29—30日）、嘉定区封浜镇先农村（2—3日）、同江桥镇勤丰村（4—5日）进行了调查。

2000年8月6—22日，中日双方全体成员参加，集中在松江区展开调查，具体如下：张泽镇井凌桥村（8—10日）、同四村村（10—12日）、车墩镇联庄村（14—16日）、同联建村（16—18日）、佛教道教设施参观（19日）、佘山镇道教仪式调查（20日）。

同年10月20日—29日，中方全体成员受邀来日，研讨会后在日方陪同下对滋贺县野洲郡中主町安治地区进行了调查（22—25日），并访问了位于大阪吹田市的日本国立民族学博物馆。

本次调查以尝试全面把握特定地区的社会与民俗，撰写该地区的"民俗志"为目标，其成果2001年2月以福田亚细男编《中国江南村落的民俗志研究——上海近郊村落的民俗》的形式结集。报告书分为张泽镇民俗志、车墩镇民俗志两个部分。每个地区分为9章共14个部分，每个部分各由一人负责，两篇民俗志的章节结构及执笔分担者均相同，具体如下：

1. 村落（福田亚细男）

2. 家族（中込睦子）

3. 社交

（1）姻亲与交际、自治组织（刘铁梁）

（2）交际与伦理（顾伟列）

4. 生产与职业（菅丰）

5. 衣食住

（1）民居（朱希祥）

（2）饮食与居住（陈玲）

6. 人生礼仪

（1）婚姻与生育（辻雄二）

（2）入赘婚（刘晔原）

（3）育儿与信仰（欧粤）

7. 信仰（古家信平）

8. 年节活动（尹荣方）

9. 口承文艺

（1）信仰与文艺（陈勤建）

（2）谜语（桥谷英子）

第五期调查（2002—2005）

本期调查仍在日本学术振兴会的科学研究费补助金（基础研究A）资助下进行，为期4年（2002—2005），鉴于此前的调查主要以农村地区为对象展开，本次调查以浙江省东南沿海的渔村地区，具体而言，宁波市象山县和台州市下的温岭市为主要对象。与之相应课题名称也加入了"沿海"这一限定词，调整为"中国江南沿海村落的民俗志研究"，课题负责人、研究单位、研究领域均与前一次相同。

本期日方成员6名，因为有来自研究单位的学者必须过半数的新规定，人员上有一定的调整，田岛佳也、橘川俊忠、津田良树等3名来自神奈川大学的学者首次参加（广田律子也在名单内但未实际参加），前一期成员中只有菅丰继续参加、另外增加了常光彻（历博）、中野泰（筑波大学）等2人。此外矢放昭文、须永敬（岐阜市立女子短大）也参加了调查，研究生川田桂（名古屋大学，2002年）、宫本一志（神奈川大学，2003年）和小野寺淳（神奈川大学，2004年）也作为研究合作者参加了调查活动。

中方成员的名义是"海外共同研究者"，有刘铁梁、陈勤建、刘晔原（传媒大学）、王恬，及周静书（宁波文联）等5人。此外两地的调查分别得到了丁爵连（《象山东门岛志略》编撰办公室）、林迪新（温岭文化馆）的大力支持，翻译方面浙江工业大学的徐萍飞提供了全面协助，宁波大学（2002）、浙江大学（2003—2004）、浙江工业大学（2004—2005）日语专业的学生们参与了调查的翻译。

2002年8月18—28日，日方除菅丰外的全体成员，以及中方全体成员参加，对象山县石浦镇沙唐湾（21日下午及23日上午）、东门岛（22日）、温岭市石塘镇石塘（24日）、箬山（25日）进行了调查，决定以东门岛和箬山为民俗志的调查对象。

2003年8月2—11日，日方成员福田、田岛、津田、常光以及矢放、须永、宫本等7人，及中方全体成员参加，对温岭市石塘镇箬山（3日下午—6日）、象山县石浦镇东门岛（7日下午—9日）展开集中调查。

2004年2月28日—3月7日，除中野、刘晔原外的中日双方全体成员参加，对东门岛（29日—2日上午）、箬山（3—4日）再次进行深入调查。

同年8月5—11日，中日双方全体成员及须永参加，对东门岛一地进行了再次调查（6日下午—9日）。

同年10月30日—11月6日，中方全体成员及林迪新、徐萍飞等7人受邀访日，原定的调查地新潟县佐渡市旧相川町受一周前中越地震的影响交通不畅，故临时调整为日本代表性的渔港静冈县烧津市调查（1日下午—3日）。

2005年3月10—18日，日方全体成员及须永、小野寺共9名，及中方全体成员参加，对箬山一地进行了再次调查（12—15日）。

同年8月23—30日，除中野、陈勤建外的中日双方全体成员参加，对东门岛（24—25日）及箬山（27—28日）分别进行了补充调查。

本次调查的成果于2006年3月以福田亚细男编《中国江南沿海村落民俗志——浙江省象山县东门岛与温岭市箬山》为题结集刊行。如副标题所示，报告书分为东门岛民俗志和箬山民俗志两个部分，虽然各部分均由10篇文章构成，整体结构也大致按家族亲属、民居、社会结合、渔业技术、民间信仰与宗教、民间工艺的顺序排列，但并未如上一期那样采取两部分章节结构完全相同，同一主题由同一人执笔的形式，而是更多地尊重个性，调查者能够各自围绕自己感兴趣的主题成文。除日方橘川俊忠（东门岛）与常光彻（箬山）分别撰写1篇外，其他9人（福田亚细男、田岛佳也、津田良树、菅丰、中野泰、须永敬、刘铁梁、陈勤建、刘晔原）都在两个民俗志中各执笔1篇，但二者题目完全相同的只有须永1人（《庙宇祭祀与民俗宗教》）。

第六期调查（2007—2010）

本期调查仍在学术振兴会科学研究费补

助金（基础研究 A）资助下进行，为期4年（2007—2010）。2004年昆曲进入联合国非遗名录后，在政府的大力推动下，"非物质文化遗产"逐渐获得市民权，民俗文化作为非遗的重要内容得到重视，同时也逐步成为观光等消费行为的对象。在文化政策背景下思考民俗文化的变迁成为重要问题，本次调查的课题名称为"中国民俗文化政策的动态研究"，其意正在于此。课题负责人福田亚细男，研究单位为神奈川大学，研究领域属于"文化人类学、民俗学"。

本期日方成员5名，前一期成员有菅丰、津田良树、中野泰等3人参加，安室知（神奈川大学）、德丸亚木（筑波大学）等2人首次参加。此外，曾参加过第一期调查的小熊诚（神奈川大学）于2009年底加入。

中方成员6名，民协秘书长向云驹担任中方负责人，其他成员有刘晓路、冯莉（民协）、王恬、崔成志（衢州民协）以及陈志勤（日本学术振兴会研究员）等。浙江工业大学徐萍飞组织该校日语专业的学生负责调查中的翻译工作。

在研究手法上，第六期调查尝试以具体的村落为对象，对其保存的民俗文化进行全方位、体系化的收集，以"民俗志"的形式加以整理，并通过动态性民俗志的撰写对民俗文化的变迁进行把握。具体以浙江省西北部的衢州市为对象，通过对开化县、江山市、龙游县等地的预备调查，最终选定作为古镇、古村受到保护、修复，逐步成为观光资源的江山市廿八都镇，龙游县三门源村为调查地。

2007年8月29日—9月7日，中日双方成员对霞山（31日）、开化（1日）、廿八都（2日）、三卿口（3日）、湖镇（4日）、三门源（5日）等沿途各地进行了调查。

2008年8月24日—9月2日，中日双方成员对廿八都（26—28日）、三门源（30—1日）进行了集中调查。之后的9月3—4日在宁波召开了中日非物质文化遗产保护论坛，日方初期6名成员及中方4名成员（向云驹、王恬、刘晓路、陈志勤）分别发言。

2009年9月22日在日本神奈川大学召开中国与日本的非物质文化遗产与保护研讨会，日方初期6名成员及中方4名成员（向云驹、刘晓路、陈志勤、冯莉）分别发言。研讨会后，中方成员在日方陪同下访问长野县长野市善光寺门前町、松代町、东御市海野等地，对传统民居及街道的保存状况进行了调查。

2009年12月25日—2010年1月2日，中日双方成员对廿八都（27—28日）、三门源（30—31日）、安昌镇（1日）进行了调查。

2010年8月8—11日在北京召开中日非物质文化遗产保护论坛，中日双方全体13名成员都做了发言。

2010年8月22—30日，中日双方成员对廿八都（23—26日）、三门源（27—28日）进行了补充调查，并对兰溪市诸葛村（29日）进行了调查。

本次调查的成果2011年3月以福田亚细男编《中国江南山区的民俗文化及变迁——浙江省江山市廿八都与龙游县三门源》为题结集刊行。分为"廿八都的民俗文化与古镇保护开发"（13篇）和"三门源的民俗文化及变迁"（12篇）两个部分，除向云驹外中日双方成员12人都在两个部分各提交1篇文章，德丸还在廿八都部分多提交了1篇。结构上沿袭了上一期报告书的方式，即两个部分提交的文章间没有强求主题完全一致，而是尊重个性，交由研究者自由发挥。

调查的成果与意义

中日联合江南地区民俗调查从1989年启动到2010年结束，前后持续了二十余年，在文联国际学术交流的历史上，也留下了浓墨重彩的一笔。在完全没有先例可资参考的情况下，中外学者以如此规模持续展开以田野调查为主要形式的共同研究，是难得一见的盛举。福田亚细男教授的坚持和领导能力、日本科研经费长期的资金支持、中国民俗学界的积极响应，中央及地方文联、民协的不懈努力，调查地及各地政府、文化单位的积极配合等，都是其得以实现的重要条件。联合调查克服种种困难与限制，取得了丰富的成果。以江南地区尤其浙江省为对象，通过对稻作农业地区、沿海渔业地区以及山区、古镇等众多村落类型的调查，形成了对该地区的村落生活及民俗文化较为立体的认识，积累了一大批有价值的学术成果。对特定村落的集中调查、撰写民俗志等方法，通过本调查逐渐获得了理解和肯定。改革开放后社会急剧变化之中村落社会与民俗文化的变迁，也得到了宝贵的同时代记录。两国大量中青年民俗学者参加了这次调查，在过程中得到了熏陶和锻炼，或是开拓出新的领域，或是获得了新的机遇，逐步成长为各自民俗学界的中坚力量。在长期的共同合作中，两国学者结下了深厚的友谊，促进了两国民俗学界建立和维持良好的合作关系。

本调查时间跨度之长，参与人数之多，在学界影响之大，几乎没有其他调查能够比肩。今后有必要全面总结其经验与教训、成就与不足，并对其在中日两国民俗学史乃至中日文化交流史上的意义做出恰如其分的评价。

保护与行动
——中国西部少数民族民歌保护行动

刘晓路

刘晓路，中国民间文艺家协会原集成办公室负责人、研究部主任、国际部主任、权益保护部主任，从事民间文艺专业工作多年。

内容提要　正值中国民间文艺家协会成立70周年之际，回顾历史，不论在哪个历史时期，工作任务如何变化，田野调查和学术研究始终贯穿其中，从未间断，成果斐然。改革开放之后的调查研究工作得益于好的环境和政策，开始国际合作形式的我国各民族民间文化调查研究活动和项目，对我国非物质文化遗产抢救保护工作起到借鉴和促进作用。"中国西部少数民族民歌保护行动"就是其中之一。

关键词　民协七十年　调查研究工作　国际合作项目

今年是中国民间文艺家协会（原名中国民间文艺研究会）成立70周年。70年的时间里，协会为抢救保护我国民族民间文化遗产工作做出了巨大贡献，在取得的众多成就之中，尤以田野调查和学术研究的成果最为突出。在很长一段时间里，协会作为唯一的民间文艺国家级专业组织，始终是我国民间文艺学科建设、队伍建设、资料搜集整理，各项活动开展，以及民间文艺传承人研究等方面的开拓者、组织者和工作者，是如今我国非物质文化遗产保护工作的重要奠基者。本文仅通过对协会与联合国教科文组织北京办事处合作完成的"保护中国西部少数民族民歌《行动计划》"的总结，将协会在田野调查和研究工作方面的具体情况，做一个简单的展示。同时就改革开放之后逐渐开始的、以国际合作方式进行一定规模的科学的田野调查这个新事物进行系统的梳理，通过具体项目经验总结，吸取教训，弥补不足，以使今后的田野调查和研究工作做得更好。

一

协会成立的70年历程，伴随着国家的发展历程，也经历了不同的历史阶段，每个阶段的工作特点和性质各不相同。但是，贯穿了整个70年历史始终未变的，就是"在中国共产党的领导下，以马克思列宁主义、毛泽东思想为指导，贯彻百花齐放、百家争鸣方针，团结广大民间文学工作者，积极搜集、整理、推广、研究我国各民族民间文学，为繁荣和发展我国社会主义科学文化事业而奋斗！"的办会宗旨。首任会长郭沫若将实现这一宗旨的目的归纳为"（一）保存珍贵的文学遗产并加以传播。中国幅员广大，各地有各地方的色彩，收集散在各地的民间文艺再加以保存和传播，是十分必要的。（二）学习民间文艺的优点。我们搜集了民间文艺，并不是纯粹为了当作艺术品来欣赏，甚至奉为偶像，而是要去寻找它的优点来学习。（三）从民间文艺里接受民间的批评与自我批评……包含着对当时社会，尤其是政治的批评。（四）民间文艺给历史家提供了最正确的社会史料……民间文艺才是研究历史的最真实、最可贵的第一把手的材料。（五）发展民间文艺。我们不仅要收集、保存、研究和学习民间文艺，而且要给以改造和加工，使之发展成新民主主义的新文艺"[1]。以上这些，体现在具体工作上，就是踏踏实实、认认真真，广泛深入地开展民间文艺的田野调查和研究工作。

我国现代民间文艺调查和研究工作开始于20世纪初，其代表如北大歌谣运动。到20世纪30年代初，国内学者与国外学者的西北科学考察也有涉及民间文艺的，如刘半农绥远语言调查就采录了大量的当地民歌。抗战全面爆发，一批国外学成归来的学者因时局集中到西南，在迁徙的途中和到当地后进行民族、社会等学科的调查时，有人收集整理出版了少数民族民歌。1942年在解放区，《在延安文艺座谈会上的讲话》发表之后，解放区的文艺工作者开展了民歌调查。以上这些都为日后成立的中国民间文艺研究开展民间文艺调查和学术研究工作树立了很好的榜样，提供了很好的经验。

协会成立之后，最先开展的工作就是搜集整理民间文艺的资料和开展民间文艺调查研究。在很短的时间里，就通过征集和调查寻访，得到一大批珍贵的民间文艺资料，建立了文联各协会中规模最大收藏最丰富的资料室，为研究工作提供了很好的条件，注重图书资料工作成为协会优良传统在相当一段时间里被继承下来。从20世纪50年代开始，协会进行的田野调查活动就从未间断，协会的研究人员经常与会员、业务合作单位的人员组成调查组，到全国各地，尤其是少数民族地区进行民间文学调查，云南、内蒙古、广西、贵州、四川、青海、新疆、西藏，以及内地一些民间文学发达的地区，都有协会研究人员调查采录的足迹，所取得的成果，大多编辑成公开出版物和内部资料，成为国家文化建设和人民群众文化生活的重要组成部分。

"文革"之后，协会恢复活动，田野调查和学术研究工作随即又重新开展起来，并焕发出新的活力，开辟了一个新的调查研究领域，即开始了与国外民间文艺组织及专家学者合作，及至后来与联合国教科文组织合作的调查研究活动和项目。这些活动和项目，对弥补我国停止了一段时间的民间文艺调查研究工作，学科的建设，队伍的培养和民间文艺抢救保护工作都起到了积极促进作用，缩短了学科研究和建设上与世界先进水平的距离。以上局面能顺利打开，得益于当时中国民协唯一国家级民间文艺学术团体得天独厚的位置。一段时间里，在我国一些地区相继合作进行了规模化、现代化的一系列田野调查研究活动，如1986年与芬兰文学会合作在广西进行的"中芬民间文学联合考察"（1986年4月4日至15日，在广西三江侗族自治县林溪乡皇朝寨、岩寨，马安乡马安村、冠洞村，八江乡八斗小、八斗大、八江村；采访歌手近200名；录制影像资料300分钟、录音9000分钟，摄制考察资料片一部和大量照片；编辑出版《1986年中国芬兰民间文学搜集保管学术研讨会文集》）；1994年至1997年与联合国教科文组织北京办事处合作的"保存中国汉族民间故事、歌谣和其他无形文化遗产"（1994年9月24日至10月4日在吉林省梨树县、梅河口市、白山市；1994年10月24日至11月4日在湖北省五峰县、长阳县、丹江口市，1995年11月29日至12月9日在丹江口市六里坪镇伍家沟村；1996年12月4日至12日在重庆市走马镇；1997年2月12日至27日在云南大理，采访民间故事家歌手89人，采录民间故事、二人转、歌谣、大本曲共计520篇，录音近5000分钟，制作宣传册1本、故事集1本）；2001年至2004年的"中国西部少数民族民歌保护行动"（具体情况在本文后面详述）；1990年至2010年和国内相关单位一起与日本神奈川大学福田亚细男教授合作进行的"中国江南民间文化调查"（时间为1989年至2010年，所到地方有浙江省的丽水、金华、温州、宁波、湖州、衢州；江苏省的苏州；上海市南市区、浦东新区、嘉定区。期间分别在宁波、北京和日本东京等4地召开中日非物质文化遗产保护论坛；分别撰写、编辑出版6期调查报告集，内容涉及村落社会与生活空间、人生礼仪与他界观、民间信仰与农耕礼仪、民俗风情与节俗、民间文学与民间艺术、语言传承与民间技艺等）。这几次合作，对当地民间文学的历史和现状进行了调查，对民间故事家歌手进行了采访，对他们表演的故事和歌谣进行了音像采录。这一系列活动和项目的进行，对我国各民族民间文化遗产抢救保护工作即将开始新局面时，如何开展具体工作有尝试的意义，并提供了不错的范例。

"保留中国少数民族的民歌及口述传说"的《行动计划》，是1994年协会与教科文组织北京办事处签署的用录音录像方式记录保存中国汉族民间故事、歌谣和其他无形文化遗产《项目实施计划协议书》的延续。

在与芬兰文学会和教科文组织合作之前，我国的民间文艺调查虽然成绩很大，但是以科学方法和严格规范进行一定规模的田野调查还不多见，即使是"三套集成"这样的大型国家项目，也因为当时条件限制，在调查方式、方法和过程方面，未作统一的、硬性的规定。而此次与教科文组织合作的项目是在科学规范基础上进行，各方面具体内容和要求，都经过专家们反复论证和实地考察，并在所签署的文件中有明确和严格的规定，落实时也是一丝不苟。协会与教科文组织先后签署了《利民文化无偿援助申请表》、《行动计划》和《活动资助合同》，文件条款涉及要求、责任、权利和义务等，一系列的事先约定，为项目完善和顺利实施提供了保证，这当中有许多方面是值得我们借鉴的。由此可见，《项目计划》是一次高层次国际合作的科学考察项目，即参与者为国内外文化遗产保护最高级别的学术团体和组织；考察活动严格按照学术标准制定计划和实施方案，采用了先进的科学技术作为采录手段，同时，采录地区和对象的选择科学合理，即我国民族分布最广，语言种类最多，民歌蕴藏丰富，经济和生活条件艰苦，地理环境复杂，因此民间文化保存相对完善，但在如今社会迅速发展潮流中也最易受到冲击，此时进行抢救保护恰逢其时。诸多因素，使《项目计划》明显与众不同。

二

"中国无形文化遗产保护项目"《行动计划》于2000年12月10日正式签署，项目由日本国政府通过联合国教科文组织提供资金，主要活动要求在两年时间完成。根据协议中国民协为项目具体实施者。项目考察组由协会领导，组联部和集成办有关人员组成。协会领导负责项目计划和实施方案的制订和领导执行，组联部负责前期工作和几个阶段的具体组织工作，集成办主要承担调查采录工作。

项目实施的过程是在充分准备和周密策划下进行的。具体情况是，在协议签署之前，制订项目计划书，联系教科文组织和文化部，完成项目启动工作。协议签署之后，按照其规定的任务"挑选和录制民歌的演唱及传说故事的讲述过程；收集和整理音像记录，并编辑档案进行保存；与语言学家合作总结出一套挑选、录制和保存少数民族民歌及传说的方法论"。为此将计划实施分三个步骤，第一步是准备阶段，这一阶段主要是落实具体采录方案及内容细节的完善，对采录地区进行前期调查；第二阶段是实地调查采录；第三阶段是将调查采录的资料进行整理、翻译，出版物和宣传品制作，以及将项目成果立档保存和回馈采录地。项目计划全部内容的完成时间是从2001年至2004年。

在选择调查采录地区和对象上，因为《行动计划》及其他协议对时间、经费的严格规定，计划调查内容几经变化，最初申请表提供的范围、对象和内容是：甘肃、青海、广西、四川、贵州、云南、新疆的回、藏、东乡、保安、裕固、蒙古、撒拉、哈萨克、满、土、壮、瑶、侗、苗、布依、仫佬、仡佬、毛南、水、京、彝、羌、傈僳、纳西、土家、白、维吾尔、柯尔克孜、塔吉克、塔塔尔、锡伯、俄罗斯等30余个民族的民歌、长篇叙事诗、史诗。项目计划书签署之后，将其定为广西、贵州、四川、甘肃、青海及其世居民族。2001年3月、7月分别对广西、甘肃和青海进行前期调研之后，发现一些问题，项目组在北京召开座谈会，听取了专家意见之后，最终确定广西、甘肃、青海及其壮族、瑶族、侗族、裕固族、回族、东乡族、保安族、土族、撒拉族、藏族为本项目调查采录的地区和对象。

采录内容、地区和民族的选择，是依据多年少数民族民歌研究成果的积累和田野调查的规律，经过了深思熟虑确定的。首先，与教科文的第一次合作项目是以"保存中国汉族民间故事、歌谣和其他无形文化遗产"为主，作为它的延续，本次的合作顺理成章选择与民间故事相得益彰的"少数民族的民歌"，使系列调查的内容更全面了。其次，选择西部少数民族地区是因为这里一直是我国民间文艺工作和研究者们的重点关注地区，从20世纪三四十年代起直到今天，民间文艺研究者和相关学科学者从未间断过对当地少数民族民间文学的调查采录和研究，发现了许多与内地汉族民间文学不同的少数民族民间文学作品，并采录和编辑出版了不少民歌集，取得不少研究成果。协会成立之后的民间文学田野调查，也是从西南地区开始的。我国56个民族，聚居于西部地区的就有近50个之多，这些民族的历史、风俗、语言、文化各具特色，表现在各族民歌上又呈现不同风格，那些地方至今保留了不计其数民歌小调，也有许多记录各民族历史文化的长篇叙事作品和史诗。这些作品不仅是我国民族民间文化遗产的重要组成部分，也是世界文化遗产的一部分，受到国内外专家学者们的极大关注。囿于过去各方面条件的局限，我国少数民族民歌调查研究方面还有不尽如人意之处，尤其是时代发展之迅速给一些地区民间文化遗产生存带来的不利因素，更急需和有必要进行科学调查采录，以便更好地抢救保护这些珍贵的民族民间文化遗产。此次入选的一些民族是当地独有的、人数较少、保留了民族语言但没有文字的民族，此次《项目计划》有"与语言学家合作总结出一套挑选、录制和保存少数民族民歌及传说的方法论"的要求，也是选择调查对象时的条件之一。最终入选的调查地区和对象，都有较好的民歌生存环境，唱民歌在民众中有良好的传统，保留了大量的民歌和丰富的种类；每个民族在历史、文化、语言和风俗方面又独具特色，广西的壮族、侗族、瑶族都是善长歌唱的民族，其歌谣和叙事长歌除了表现日常生活外，还记录了本民族历史和文化；甘肃和青海有不少沿着丝绸之路迁徙而来的独有民族，具有浓厚的民族文化融合特色，如甘肃的裕固族的叙事歌表现了本民族艰难的迁徙历史，土族是青海独有民族，其民歌有浓厚的语言特色，内容许多表现了本民族文化和生活，撒拉族也是经过迁徙落户当地的外来民族，他们的民歌很多是用民族语言演唱，也有不少歌谣体现了民族融合。入选民族中，壮族、藏族、土族有本民族文字，其他民族均没有文字，在民族文化迅速融合的大环境里，没有文字保护的民间文化最容易消失，因此这些民族的民歌更急需抢救保护，这也是本项目选择调查对象的条件之一。

在歌手的选择上，条件一般是上了年纪的普通劳动者，没有文化要求，能讲本民族语言，有民歌传承经历和唱一定数量的民歌，本次采录的对象大部分符合要求。广西三江是"中芬联合调查"地，也是本次调查采录地，调查对象中有上次的参加者，他们都是当地著名歌手，除了善唱民歌，还能讲述本民族历史文化，也有很好的语言互动能力。甘肃和青海的调查对象也都是当地著名的歌手，他们都能用本民族语言演唱歌谣和长篇叙事歌，有些德高望重者还能讲述历史传说，他们许多都曾经是当地民间文艺工作者的调查对象。有了这些好的歌手是调查采录顺利进行的重要保障。在选择歌手的过程中，协会很好地依靠了各地民协，广西、甘肃和青海民协在选择调查采录地点和歌手上，认真负责，严格按照协会提出的条件，根据他们以往对本地民歌调查了解的情况，为项目提供了很好的调查采录地点和优秀歌手。广西的农冠品、韦苏文、吴浩，甘肃的黄金钰，青海的郭晋渊，以及一些基层的同志都是学有专长、多年从事民间文艺调查研究的专家，他们除了为项目实施提供了充分的条件，也是调查采录的重要成员，为项目计划的执行助力不少。

《项目计划》虽然是协会主要负责实施，但在整个过程中，得到很多相关单位和专家的协助和支持。因为项目中涉及语言学方面的内容，教科文组织聘请的项目顾问黄行，就是中国社会科学院民族学和人类学研究所副所长、院少数民族语言研究中心主任、《民族语文》杂志主编、研究生院民族系主任，研究方向为汉藏语系语言研究，少数民族语言规划研究，他负责对项目实施方案进行论证，对项目实施过程进行指导，并参加了甘肃、青海的前期调研和正式调查采录，在行程之后有正式报告，很好地帮助了《项目计划》的完成。

广西是本次调查采录的重点地区，考察组特聘中国社会科学院民族文学研究所研究员罗汉田参加考察，罗研究员对考察组在广西的考察地区、对象和内容提供了很好的建议并始终随行，考察中还承担了不少民族语言翻译的任务，在后期考察采录资料的整理和编辑出版工作中，罗研究员做了大量民族语言翻译和国际音标标准工作。

考察组在各地调查采录时都有当地民歌研究专家参加工作。在广西，参加调查组的农冠品、韦苏文、吴浩等人都是当地著名民间文艺研究者，也参加了"中芬联合调查"，有丰富的学术积累和调查经验；甘肃省民间文艺家协会秘书长黄金钰有音乐从业背景，在民协专门研究甘肃民歌，并主管"民间文学集成"工作，对甘肃特有民族的民歌十分熟悉和有研究心得，他提供的资料使我们在裕固族的调查采录十分顺利；郭晋渊大学主修藏语，研究《格萨尔》和青海民歌多年，调查采访了许多藏族和土族的歌手，对青海民歌情况相当了解。在调查采录过程中，他身兼参加者、向导和翻译。

在三个地区调查采录时，每到一处都得到当地民歌专家和歌手的帮助和支持，为调查组提供当地民歌的相关资料，介绍民歌传承情况，歌手们尽可能将自己能记住的民歌唱出来，供调查组录音录像。当地政府对调查采录也很支持，提供了很多帮助。这次的采录地点很多是山高路远，交通十分不方便，在广西三江调查时，因山路陡峭，调查组的车辆无法行走，乡政府用越野吉普将调查组人员一批批送到目的地侗寨；在甘肃，我们要采录的地点分别在张掖、武威、酒泉三个地区，每到一个采录点都要走几十甚至上百公里，由于裕固族多是从事牧业，采录对象分散在各自牧场，距离很远，不可能个别采录，每次都是当地乡政府负责通知采录对象，将他们集中一起，有的还要安排食宿，以便我们工作，采录场地和所有人员的餐食也是由乡政府提供。

在完成前期考察后，考察组召开了座谈会，聘请中国社会科学院、中央民族大学、北京师范大学等单位的民族学、民俗学、民间文学和语言学专家，针对发现的问题进行专门研究和讨论，交流观点、提出建议，形成了最终方案。

在项目实施第三阶段，进行成果整理、资料编辑和宣传品制作时，考察组聘请了青海民族学院李克郁教授、中央民族大学周拉老师、中国社会科学院民族学和人类学研究所陈宗振研究员和斯钦朝克图研究员、国家民委李旭练先生等，做民族语言翻译和国际音标标注工作；考察资料的汉英翻译工作有相关专家和教科文组织北京办事处人员参加。我们的工作就是在方方面面共同合作下顺利完成的。

根据项目主要为"保护中国少数民族民歌"的特点和实际情况，适合由我国专家学者和组织独立完成，因此除了教科文北京办事处的项目官员参加考察外，没有聘请国外的学者参加。

本项目与以往一个显著的不同之处是"录制民歌的演唱及传说故事的讲述过程"，过去的田野调查通常是一支笔、一个本，口说手记，过程简单易行，但缺乏生动表演、相互交流和与之相适应的环境效果，对深入研究是个遗憾。此次计划中要求用现代科技手段真实、生动、完整地记录讲唱者活动的整个过程。考察组根据要求进行了认真的准备，选择了当时好的、适用的设备，并使这些设备在调查采录中发挥了应有的作用，获得了预期的成果。在使用现代技术进行生动采录的同时，考察组也根据以往调查惯用的方法，制定了相应的表格，一个表格主要涉及社会学、民族学和民间文学田野调查要求的各个方面；还有一份关于民歌的表格，此表格主要内容是对采录的民歌的情况进行记录，如歌名、调性、演唱者、地点、时间以及歌词等。表格的填写方式，一是在调查时由对象自己口述，二是在无法分身情况下由当地与之相熟的人员填写；歌词多是现场翻译记录。这些表格在调查过程中，弥补了遇到日程紧张不能互动交流时的不足。

三

按照《项目计划》的实施方案，中国民协和联合国教科文组织北京办事处组成的考察组分别于2001年4月17日至21日，到广西壮族自治区巴马瑶族自治县；7月5日至17日，到甘肃省岷县、临夏市、肃南裕固族自治县和青海省大通回族土族自治县、互助土族自治县、湟源县、同仁县进行前期考察。正式考察是2002年3月28日至4月9日和2003年1月6日至15日到广西三江侗族自治县、巴马瑶族自治县、南丹县、田东县、田阳县，对侗族、瑶族、壮族歌手的采录；2002年7月8日至8月5日，到青海省互助土族自治县、平安县、循化撒拉族自治县、同仁县、尖扎县，甘肃省永靖县、积石山保安族东乡族撒拉族自治县、肃南裕固族自治县对土族、藏族、回族、撒拉族、保安族、东乡族、裕固族歌手的采录。在以上13个县的23个乡镇，采访了10个民族的235名歌手，录音3120分钟，录像3420分钟，采录各类民歌385首，内容有情歌、仪式歌、生活歌、劳动歌、儿歌、历史传说歌和各民族独有的叙事歌，以及款词等，从歌种上分有勒脚歌、盘歌、琵琶歌、信歌、花儿、酒曲、宴席曲、玉儿、拉依、小调等。

2003年至2004年期间，将调查采录的音像资料和调查表格等进行分类整理，并将选择的部分民歌资料，进行了民族语言翻译和国际音标标注，制作了60分钟的向联合国教科文组织总部汇报项目实施情况资料片（英文字幕），45分钟的项目宣传片（中文解说、英文字幕），选编420分钟的民歌资料片（民族语言演唱、中文和国际音标字幕），编印项目宣传册（中英文对照）和采录民歌作品选集（中文和国际音标）各一册。以上成果得到教科文组织的肯定和好评。

2004年3月16日，"保护中国少数民族无形文化遗产·民歌保护行动"新闻发布会在北京国际俱乐部召开。中国文联、文化部，联合国教科文组织北京办事处、日本国驻中国大使馆等部门和机构，六十余家新闻媒体与会；被考察采录地的代表和民歌手也出席了发布会，民歌手现场演唱了当地民歌。这次国际合作保护中国少数民族民歌行动，产生了广泛的社会影响。

《项目计划》最后一项活动是，按照联合国教科文组织总部的要求和原定计划，中国民协和联合国教科文组织北京办事处共同行动，分别把调查采录的成果——宣传册及光盘、民歌作品选集，送往三个省自治区采录点的中小学校和有关部门，如甘肃省的永靖县中学、岷县政府有关部门和县城小学，青海省的互助土族自治县东沟乡姚马小学、平安县角加村中银希望小学，广西壮族自治区的巴马瑶族自治县龙劳乡小学等。这次回送调查采录成果活动受到了当地政府的重视，对当地民族民间文化抢救保护工作起到了促进作用。

四

这次考察采录呈现了四个特点：一是按照科学的田野调查方式，采取面对面、现场的采录方式，以确保资料的真实性；二是采用现代手段，对歌手演唱的全过程，运用录音、录像的方式，进行采录。这种形象化的资料，不仅保存了歌手演唱时语言、音乐、民俗的原始风貌，而且有利于对民歌的含义与歌手的情感进行全面的科学研究，这是以往普查所少有的；三是记录、整理时采用了民族语言、汉语、英语、国际音标同步标注和互译的方式，既便于科学记录，又便于多种层次和范围的文化交流；

四是联合国教科文组织的参与,使用和借鉴了国际学术界的先进理论。这本身说明了中国传统文化的抢救工作已经引起了国际上的关注,从而唤起国内各有关方面以及全社会珍爱自己的民族文化遗产,激发起人们的民族自豪感,同时也为今后开展考察采录创造了良好的社会条件。

经过两年的考察采录,我们感到,随着中国的经济发展和社会的转轨变型以及人们生活方式的改变,民歌赖以生存的条件正在消亡。"皮之不存,毛将焉附"。青海、甘肃两省少数民族中,除"花儿"传统演唱形式和环境还保存较为完整外,传统民歌演唱的人越来越少,特别是那些记载民族历史文化的长歌。分析原因,大概有以下几种。

一、传统民歌主要靠歌手口耳相传,随着老一代歌手的相继辞世,不少民歌种类已经失传。健在的老歌手也想向后人传授,但是无人可教。年轻人外出打工,不想学唱。像甘肃省肃南裕固族自治县扬哥乡等地的牧民,一半以上在县城里买了房子。30岁以下的年轻人大都不会讲本民族的语言,唱民歌也就更困难了。

二、民歌演唱需要一定的条件和环境。少数民族的民歌应该是用本民族语言演唱,但是社会环境变化产生文化融合,一些民族语言失去使用的环境而渐渐弱化,甚至没有了世代传承,在采录过程只能在一些上年纪的人口中还能听到用民族语言演唱民歌。随着现代生活方式的不断形成,旧的习俗已逐步退出历史舞台。如"月也"(即走寨),是广西侗族民间的传统活动,即以村寨为单位,春节期间互相走访,历史上曾十分盛行,场面宏大。随着这种习俗的消亡,"月也"活动中许多动听的民歌也没人唱了。又如:由于大量青年外出打工,歌墟歌节活动难以组织,致使瑶族的坐歌堂、踏歌堂、蝴蝶歌等著名民歌种类因无演唱环境而濒于消失。再如:青年男女搞对象,传统习俗是"以歌言情""以歌择友"。现在青年男女可以自由交往,又有现代化的通讯工具,交流方式多种多样,民歌在传情达意方面的作用被取代了。以前,在环境闭塞的村寨,人们生活单调,唱歌是他们为数不多的娱乐形式。现在电视机、网络进入山村农户,人们的文化生活开始丰富起来,每个人可以根据自己的兴趣爱好选择更多的娱乐形式,而唱民歌的人越来越少。

三、随着农村向城镇化发展的进程,传统民歌中的演唱内容也在发生变化。比如:现在农村盖房用的是水泥构件,不再用木头做梁柱了。这样,过去盖房仪式中唱的"盖房歌""上梁歌"等,也就失去了传唱的基础。

尽管如此,在考察中我们也了解到,为了使少数民族的民歌得以传承,各地有关部门都采取了一定的措施。比如:有的省民协成立起山歌学会(或研究会),组织了各种形式的民歌比赛,给优秀民间歌手命名,举办歌手培训班;有的还与旅游相结合,建立起少数民族生态村,以经济为原动力,推动民族民间文化的保护与发展。大家认识到,抢救和保护民族民间文化遗产已经迫在眉睫,贻误时机,将会成为千古憾事。

通过这次考察和采录,我们为中国少数民族富有多姿多彩的传统民歌感到十分自豪。这些人类文化宝库中绚丽的珍宝,能够得到国际的关注和承认,令人振奋。值得重视的是当前我国一些少数民族地区适合民歌传承的环境还没有被完全破坏，还有不少人能唱传统民歌，许多地区民歌传承的种类和数量也还可观，很值得挖掘。中国的少数民族民歌蕴藏丰厚，是座含量巨大的"富矿"，应该抓住时机，进行调查采录，并加以研究、保护和传承。事实证明，联合国教科文组织的参与与合作，对引起各地政府和人民群众对民歌遗产的重视具有极大的推动作用；把采录成果回馈采录地，送入中小学，将有力地促进民歌遗产的保护和传承。

注释

[1]《人民日报》，1950年4月9日；又《民间文艺集刊》，1950年第1期。

站在未来看现在

——对中国木版年画价值的再认识

王 坤

王坤，天津大学冯骥才文学艺术研究院副教授，民间美术与非物质文化遗产方向博士，中国民间文艺家协会理事，中国木版年画研究中心副主任。出版专著有《社会转型期杨柳青年画的发展与传承研究》《义成永画店田野调查报告》《中国木版年画传承人口述史丛书·滑县年画》等，发表学术论文二十余篇。

内容提要 在人类"非遗"公约签订前，中国民间文艺家协会已启动对全国年画的普查，这可被视为一场知识分子的文化自觉行动。从年画传承人到海内外学界再到各级政府，一致认同历时9年（2002—2011）的"中国木版年画抢救普查工程"为保护和弘扬我国传统的年文化和年画艺术做出了巨大贡献，其影响深远。进入"非遗后"时代，通过梳理年画研究的学术史，深挖中国年画的文化价值与艺术价值，可以更好地把握中国民协对木版年画抢救、普查、保护的背景、优势、学术特色、创新成果。冯骥才作为"工程"的发起、组织与实施者，近年持续在年画学术领域生发新观点、新思想，分析这些观念和实践不仅是对"年画学"的学术探索，同时也是对民间艺术、民间文化事项的理论建构。

关键词 中国木版年画 人文艺术价值 抢救工程 年画学

一、年画研究的学术史梳理

（一）国内研究年画的历史与现况分析

最早关注年画并将其视为学术对象而非乡野粗俗之物的国内学者是民国时期的作家、画家、史学家。比如，鲁迅对年画的重视和提倡，他曾向青年画家提出要向传统木版年画学习；又如，郑振铎对木刻版画的收集、研究与编印，其发行的收图千余幅的《中国版画史图录》具有重大历史意义；再如，阿英对年画的搜集、整理和研究，其出版的《中国年画发展史略》开创了年画史著作的先河；以及郭味蕖对年画的收集考察，所著《中国版画史略》也对年画的形成发展有所论及。此外，1950年，刚刚创刊的《人民美术》第二期就是一本"年画专号"。其中包括对年画调查的内容。此间对年画的兴趣，虽然含有力图将这种大众艺术改造为政治工具的功利性目的，并且由于时代的局限，仅仅将其作为一种民间美术的画种来调查，但终究及时地抢救了一大批木版年画的历史精华，并收集和整理了有关木版年画大量的口头传承的遗产。

"从时间层面上看到年画意义的，也就是最早把年画作为文化来对待的是王树村、薄松年这一代人。50年代的中国年画正走向衰落。一种文化将要消亡和开始消亡的时候，是丢失得最快的时期。幸亏有这一代年画专家，他们在那个时期，先觉地开始了抢救中国民间年画的工作，使得我们一大批最重要的年画遗产保留下来了。"[1]显然，在中国民协发起大规模年画普查之前，王树村等专家的年画研究成果已为学界所赞誉。"王树村认为史料的价值是第一位的，是留给后人的遗产、是永恒的，是一切研究工作的切入点。为此，他的研究工作一直植根于资料。"[2]其代表性著作《中国年画史》《中国民间年画史论集》等都是在大量史料研究基础上撰写的。可以说，王树村的每一立论，都用大量材料来证明，文献功底十分深厚。不过，大量的文献铺陈之下，其在实地田野调查方面稍显不足。例如王树村在《绵竹年画见闻记》《福建传统年画调查记略》等文中，都没有分析当地年画的分布比例，也没有调研其相关实况。而这部分内容恰恰是中国民协历来深为看重的，即重视田野调查的源头性记录，后来由民协发起的"年画抢救普查工程"的一大意义也在于深入田野建立文化档案，即"将书桌搬至田野"。

21世纪初，时任中国民协主席的冯骥才在对一些年画产地考察后，发表了讲话《抢救与普查：为什么做、做什么和怎么做》，文章《四访杨家埠》《南乡问画记》以及专著《武强秘藏古画版发掘记》等。他提出"年画是民间美术的龙头"。有学者指出，"冯骥才的田野工作对他的思想形成和学术理论不仅具有先在的意义，并且成就了他一系列的学术发现与思想成果。"[3]作家、画家出身的冯骥才凭着对民间文化的责任感，著述繁多，以传播思想理念。其笔下有关年画的文章大多来自田野。刘铁梁评价冯骥才的研究极具时代性特色，他说："冯骥才不仅是抢救工程的领导者，而且是一位了不起的志愿者。他不遗余力地为工程进行呼吁和动员；争分夺秒地走进各地城乡开展调查，不辞辛劳地在现场指挥文化的抢险作业；接连不断地推出大部头的民间文化志书和集结着前瞻思想的讨论文集,总能让人眼前一亮而振作起来。"[4] 由此可见,冯骥才将书斋搬到田野的研究方式与早期学者研究年画的方式十分不同。

自2006年至今,18个产地的年画项目被列为国家级非物质文化遗产代表作名录,无论是学界还是各级政府,都逐渐开始重视年画这一民间传统绘画中不可或缺的重要门类。然而,作为学术研究的对象,"年画自诞生之时起,便受到历代画论——文人论画的'歧视',以致作者'名不见经传',作品难登高雅之堂。"[5]目前看,在民俗学、美术学等相关学科领域,真正将年画纳为基础研究(社科)对象的少之甚少,国内只有为数不多的中青年学者在尝试探讨,且多是近10年的事情。将目前可获得的资料进行分析会发现,有关年画的出版发行成果大致可分为三类:第一类为观赏性图集或画册。第二类主要是发表在杂志上的以年画为主题的文章,以及将这些文章集结成册的论文集。第三类是年画史专著以及美术史著作中的相关章节。刊载于杂志上以年画为主题的文章,其研究角度大致可归纳为4个方面:(1)回顾年画某一阶段的历史并分析相关特征;(2)宏观阐释年画的艺术特色以及对当代艺术、产品设计、文化产业的启示;(3)探讨年画的传承现状并提出相关的保护和发展设想;(4)将年画视为具有人文精神的民俗艺术品进行研究。

综上所述,国内已有的研究成果主要探讨了年画的艺术特色、独特价值、发展前景等方面内容,但很少有学者既从历史、美术和文化保护的角度关照年画、民间文化,又从社会学、人类学的角度深入剖析年画的演变进程。特别是进入"非遗后"时代,年画的创作者、接受者、销售者作为民间文化主体的转变,以及年俗、年画消费方式的变化,应当为学界所关注与研究。

(二)国外年画研究史回顾与述评

"当中国人尚未意识到木版年画及纸马等一年一换的粗糙艺术品的潜在价值时,外国人就开始有目的、大量地收集中华民族这一珍贵文化遗产了。"一般来说,本国人容易看不起民间文化,因为它是来自生活的文化,不够"阳春白雪",而外国人却对它十分有兴趣。大概这也可以从一个侧面解释,为什么俄罗斯竟藏有六千余幅的中国传统木版年画。此外,"德国、法国和日本国的博物馆或收藏家,都收有我国清代民间年画多种。中华人民共和国成立后,开始注意到这一问题,命令将清代年画列为文物,不准出口"。[6]在这些国家的收藏中,尤其以日本收藏的众多康熙、乾隆时期的姑苏版年画最为珍贵,许多作品实所罕见。

据王树村的研究,"国外收集中国民间年画及纸马等艺术并编印成册者,以英国出版的《中国风俗画》为最早。该书于1800年出版。可知国外早有对中国木版年画之类的民俗艺术感兴趣并著书立说者"。[7]梳理对中国年画的收集与研究较早且较全面的国外学者,从现在掌握的资料看,应当是俄罗斯的科马罗夫(В. Л. Комаров, 1869—1945)和阿列克谢耶夫(В. М. Алексеев, 1881—1951)。

科马罗夫是俄罗斯的植物学家,他于1896年和1897年两次来到中国东北,他对中国民间的风俗生活有着浓郁兴趣,收集了大约三百幅年画,并在圣彼得堡地理学会展出,这也可能是世界上第一次的中国年画展览。阿列克看了这个展，被深深吸引，并于1906—1907年、1912年、1926年3次到中国收集年画，共得3000种。他对中国年画非常喜爱，这从他的笔记中可以看出："说实在的，我不知道世界上哪一个民族能像中国人民一样用如此朴实无华的图画充分地表现自己。这里描绘了他们多彩的生活和神奇的世界。有讲述传说、寓言、神话的；有进行道德教育、针砭时事的；有漫画，桃符，画谜；还有张灯结彩和披红挂绿的年画。"[8]阿列克的贡献不止于收集与珍藏。他在收集的同时，对这些年画的内容与含义以及使用规范都做了大量的记述。

著名汉学家鲍里斯·李福清（Б.Л.Рифтин，1932—2012）是近年俄罗斯乃至世界研究年画的重要专家。李福清一方面继承了其导师阿列克通过中国年画认识中国精神文化的传统，同时在研究方法上不断创新，比如对中俄民间版画进行对比分析以及将年画引入中国古典小说研究等，发表了一系列有重要影响的成果。2009年出版的《中国木版年画集成·俄罗斯藏品卷》由李福清担任主编。该卷《集成》除了展示大量俄罗斯所藏的珍贵年画作品，还附有李福清撰写的长篇论文《中国木版年画在俄罗斯》，叙述了俄罗斯收藏与研究中国年画的历史与现况。

从可获得的资料信息看，除中国之外，世界上收藏中国年画数量最多的国家当数俄罗斯。而收藏清代康熙、乾隆、嘉庆时期年画数量最多的国家是日本。虽然欧洲的一些国家也有此类收藏，但数量都远不及日本。2011年出版发行的《中国木版年画集成·日本藏品卷》从日本的11个机构和8位藏家所收藏的中国民间版画中，以年画为主挑选出了362幅作品并做分类整理，这些作品的年代从清初的康乾时期至清末民国年间。

此外，欧洲及北美多国近年也开始重视对中国年画的研究和展示。2011年创刊的《年画研究》杂志刊发了诸多欧美学者研究年画的最新成果，如捷克学者包捷（Lucie Olivova）的论文《中国民间木版画中的"烟"文化》；波兰学者多洛塔（Dorota Dzik-Kruszelnicka）的论文《维拉诺夫宫"中国风"壁纸艺术试析》；美国学者梁庄爱论（Ellen Johnston Laing）的论文《域外来财、迎财神和发财还家：年画中的三个相关主题》等。2013年3月，波兰举办了"遥远的长城——华沙国家艺术博物馆藏中国艺术品展"，其中不少藏品为中国年画。2018年2月，中国传统年画在瑞士莱特博格博物馆展出。

总体看，国外学者收集和研究中国年画，是将年画作为一种独特的东方文化形态来调查，在他们眼中，年画不只是一种艺术作品，更是一种文化（文化符号、文化形象）。这大概是由于"他者"的视角自然而然会产生某种认识上的错位，当然这里的错位并非贬义，而是具有一定高度的文化价值判断。实际上，这恰恰给国内学者面对年画的研究以启示，也许改变既有的思维模式，不再将年画仅仅视作小美术学或内艺术学的研究对象，应能产生多角度的发现和观念。

二、年画的人文艺术价值

（一）年画的人文价值

从图像层面看，回顾中国年画自身的发展历程可以知道，信仰类年画最早出现。在汉代，门神的形象已广泛使用，这从传世的画像石、画像砖及壁画的神祇纹样中可以看出，这种形式通常被视作后世张贴纸质门神的雏形。随着岁时神祇信仰及相关图像的出现与传播，这一时期的门神图像一定程度上就是后世年画的先导。直到今天，承载着辟邪、祈福心理的精神信仰类年画依然为各个年画产地所印制。这是民间自发延续原始"万物有灵观"的直接体现。无论是宗教中的神佛，还是民间自创的行业神、地方神，信仰类年画名目繁多，不可胜数。深入研究这类年画，也是厘清中国民间信仰与造神方式的主要途径之一。

作为一种习俗，年画的产生与年关联密切。历史地看，春节习俗在萌芽时期具有浓厚的宗教色彩和功利性。随着时代的演进，春节逐渐呈现出世俗化的倾向，功能亦由"娱神"逐步转为"娱人"，活动内容也更为丰富。据北宋孟元老《东京梦华录》卷十："近岁节，市井皆印卖门神、钟馗、桃板、桃符，及财门、钝驴、回头鹿马、天行帖子……祀时以纸印灶神像供灶门。谓之灶马……贴灶马于灶上……"的记载可知，北宋时期人们过年已离不开年画，年画的使用伴随着一定的祭祀活动，体现了当时的民间崇拜。

作为年的伴生物，年画的源起与春节的演进过程相似，经历了由精神信仰向世俗装饰的转变。从文化角度看，早期的年画形式为门神、灶君等题材，后来才出现了装饰性的年画。从技术角度看，造纸术与雕版印刷术的普及，促成了真正意义的年画产生，快捷的复制手段使得民间百姓很容易能够拥有年画，继而才有可能发展成为一种风俗。

直到今天，年画依然是民间百姓喜闻乐见的一种绘画形式。然而，如前文所述，尽管年画本身承载着大量的文化、艺术信息，但是当人们真正认识到年画的价值则是到了20世纪。自那时起，学界对年画的关注，大都聚焦在艺术特色层面，这与研究者仅将其视为传统民间绘画的一个画种有关，而其研究成果则大致呈现两种，其一是图集，多以单纯的作品展示为目的，配以简短的图说；其二是论文，多是某地年画的艺术特色分析，如色彩、构图、造型等。

谈到年画的价值，时任中国民协主席的冯骥才与以往学者有较大不同，他说："就其本质而言，木版年画不是单纯的艺术。在民间的生活中，它更是一种风俗的需要，是年俗的方式与载体。浓厚的人文精神与年心理便注入其间，年画自然也就不是一般意义的绘画了。"[9]这样的观念反映出冯骥才不仅把年画看作一种民间美术，更将其视为民俗学、遗产学、人类学的研究对象，重视年画与人、民俗、地域以及文化的关系，他认为"年画中最重要的价值是精神价值"[10]。因此，格外关注与年画相关的各种文化心理、民俗特点、地域审美等，如年画的张贴方式、使用功能、文化内涵，以及年画艺人在创作之初的思维意识、个人修养等。他的文章《中国木版年画的价值及普查的意义》以及讲话《我们为中华文化做了一件事而尤感欣慰》等都彰显出其"重视年画的人文价值"的观点。冯骥才说:"在我国灿如繁星的民间美术中,木版年画是最夺目的。不仅由于它题材广博,手法斑斓,地域风格多彩多姿,其他任何民间美术都无法与之攀比;若论其人文蕴含之深厚,信息承载之密集,民族心理表现之鲜明与深切,更是别的民间美术难以企及的。"[11]

面对年画,人们可以直观地看到自己内心的愿景。比如,镇宅辟邪,即避免灾祸、疾病和不测风云。这是人们过年时最基本的心理,是人们对自身命运的企望。这类年画在各个年画产地都较为常见,除了人们所熟知的门神类如《秦琼敬德》《神荼郁垒》《持刀将军》之外,其他代表性的还有《钟馗》《镇宅神虎》《神鹰镇宅》等。又如,迎福纳祥,即希望福气降临,祈求富裕发财,家安事顺,功业兴旺,这是人们期盼一切生活和社会的欲望得到满足的核心愿望。因此,这类年画只读"画名"就知道人们在新的一年中要讨个好彩头,代表作品如《摇钱树》《聚宝盆》《五谷丰登》《金玉满堂》《发财还家》《福寿三多》《连年有余》《瓜瓞绵长》等,不胜枚举。

总体看,年画所涉及的宗教、历史、神话、传说、生活、生产、名胜、建筑、戏曲、游戏、节庆和社会时事之广阔,可谓无所不包,因而表现手段纷繁,审美含量极高,自成独特的体系。

(二)年画的艺术价值

作为民间艺术重要门类的年画,其一大作用便是为观者带来愉悦的审美体验,这种美感必然是由人的手工带来。日本"民艺之父"柳宗悦曾这样评价手工艺:"民艺必然是手工艺。除了神之外,没有比创造者之手更令人吃惊的。不幸的是迫于经济的压力,如今几乎一切都由机械制作。在那里或许能够产生某种美,也未必招致厌恶,但那样的美是有限的。人不能不限制地、无远虑地使用机械的力量,机械的美是规范的、停滞的,单纯的规范会使美闭塞。"[12]而手工艺之所以会诱发奇迹,因其并非是单纯的手工劳动,其背后有心的控制,可以说,手工作业是心之作业。尽管在历史上,石印、胶印的年画也曾兴盛一时,甚至到今天不少机器印刷的年画仍然是年货市场的主角,并且在每年岁时民俗活动中做装饰之用,但由于"不是手工的,就不是民间艺术"[13],不是民间艺术自然不能算作民间文化。因此,机器制作的年画不作为本文的主要考察对象。当然手工制作的年画并不限于单纯的套版印刷,还有手绘、扑灰技艺制成的年画。不过,相对于木版印制的年画数量,不使用画版印墨线而制成的年画数量极少。因此,本文尤其关注木版水印的年画。由中国民协发起的"中国木版年画抢救普查工程"于2002年启动,从该项目的命名便可以看出其强调年画的木刻技艺。

在手工性之外,年画艺术的乡土性,也是其价值之所在。这种在田野中诞生、在乡土中成长起来的艺术,纯朴真率,乐观诙谐。艺人们在农忙时耕作,农闲时作画。它们是农民的自娱自乐,嬉笑怒骂,一任自由。于是画面上的人情物态,都是充分的农民的性格形态。农民作画没有多少理性的技术,除去一代代口传心授而积累下来的程式化的经验,便是各自的天性与自生自灭的才华。虽然他们笔下的形象时而简率，时而稚拙；却有一种朴直的、天真的、极其生动和一任天然的乡土美感。

另一个能够体现年画艺术非凡价值的，是它的地域性。年画几乎覆盖整个中国。由于中国地域多元，民族多样，风俗各具特色，年画从题材、体裁、风格、手法和制作方式上呈现出迥然不同的局面。北方年画如山东杨家埠与河北武强之粗犷豪放，南方年画如江苏桃花坞与广东佛山之细腻柔媚，是一望而知的。然而，如若仔细比对，即便是北方各个产地的年画，画风也相去甚远。比如杨家埠、武强的年画，带有较强的乡土气息；朱仙镇地处中原腹地，雕版历史可上溯两宋，更多呈现出中古时代的典雅与大气；天津杨柳青畿近京都，为了顺应都市大户人家的审美要求，崇尚精雅与华美。

总的来看，民间年画的创作不是某个人的单独创作，而是大众的共同创作。进一步说，一个产地的年画通常会反映本地域人们的集体认同和本地域审美的共性表现两种特征。研究年画所承载的民间审美问题，并将其与精英艺术相比较也有一定意义。一般而言，精英的创作与民间的创作十分不同，它强调个性，提倡个人独来独往的精神。此外，精英的创作带有不同程度的理性思考，且有一定的逻辑可循，较少受到各类规范所限制，因其不必过多考虑画作受众，可以随物赋形、任意驱驰，自由地表达内心情感与思想。年画的画样却要追求共性，画师很少有绝对意义上的自由发挥，因为离开共性的元素，画样有所变化，在短时间内就很难得到本地域人们的认可。尤其是具有敬神祭祖功能的年画更是如此，画版翻刻多少遍、传承多少代，画样还是和百年以前保持一致。

杨柳青南乡年画艺人杨立仁曾讲过一段他的经历，反映的就是年画创作不能忽视接受者的规律。大约是1956年，杨立仁掌管画店时，曾翻刻过一幅畅销年画，专为海滨渔民使用，他说："由于《连九圣》是神像类年画，供人敬奉，因此仿的人物稍有不对，买主一眼就能看出来，是不会'请'的。翻刻的时候，最多在不重要的背景部分稍做改动，画上的人物形象则千万不能动，否则这张画上的神就不灵了。"[14]年画艺人的这番话似乎引出了这样一个问题，即艺术创作为谁？

由于民间文化常常是非理性的，感性色彩浓郁，因此民间审美又是一种民间情感。民间审美的重要特点是地域化，也就是审美语言的方言化。张道一认为："凡是扎根于广大群众之中的艺术，或是出自手工艺人的作品，它的样式，虽然也能显示出具体作者的个人独创性，但就其主要的倾向说，无不表现了浓厚的地方风格。"[15]不同年画产地迥异的艺术风格，正是审美方言化带来的结果。因此说，年画艺人的创作在很大程度上是为了符合他人或某个群体的审美习惯，这是研究年画艺术特征的重要途径之一。

三、对"中国木版年画抢救普查工程"应用价值的再确认

虽然距离2011年4月抢救工程"收尾"已过去近9年，但是工程的效应至今仍在发挥作用，工程的理念也早已深入人心。这一方面体现在各年画产地对制作技艺的复兴，一方面体

现在各级政府近年来对年画的重视与投入，还体现在海内外学界对年画文化与艺术层面的深入研究。

今天，回顾抢救工程的发起背景、学术创新、取得成果等方方面面的内容，不仅有利于拓展年画研究的新视野，而且有利于更好地开展民间文化的保护与研究事业，同时还有助于丰富和完善中国特色社会主义文化体系的相关成果，并在一定程度上推进当前学界和政界对于文化强国建设相关思想的深化和实践党的十八大将文化建设纳入到中国社会"五位一体"的总体布局之中。

（一）抢救的背景、阶段与成果

近一个多世纪以来，社会政局的动荡，经济模式的转变，文明的转型，都与民间文化的嬗变有着千丝万缕联系。到了2001年，为了应对我国民间文化遗产急速濒危、消亡、流失的客观境况，中国民间文艺家协会经过论证、规划，提出了"中国民间文化遗产抢救工程"的设想，并制定了全国性文化大普查的思想纲领与宏观计划。2002年10月，"中国民间文化遗产抢救工程"被中宣部批准列入"国家社科基金特别委托项目"，随后又被并入文化部主导的"中国民族民间文化遗产保护工程"[16]。

虽然"中国的民间艺术成千上万种，但是年画是第一位的"。[17]基于年画的文化价值与艺术价值之高，"中国木版年画抢救普查工程"（以下简称为"工程"）被确定为"中国民间文化遗产抢救工程"的龙头项目，"起着带头和示范作用，在整个工程中发挥'领军'的作用"。[18]保护了我国大批宝贵的文化遗产，尤其是传统木版年画。尽管"工程"在2011年初已圆满完成，但是中国民协对年画的保护、抢救和研究却没有因此画上句号。

回顾"工程"发起的时代背景，即当历史的车轮进入21世纪初，以木版年画为代表的中国各类民间艺术形式已经消亡到了濒临绝迹的境地。经统计，不少年画产地仅存一两位老艺人在腊月里勉强维持印制，更多地方的木版年画已基本消失，传承人难觅，如四川夹江、安徽阜阳、山西绛州。

自2001年，冯骥才为抢救民族民间文化遗产发表了一系列文章和讲话。其中，尤以年画主题为最多。在其著作《年画行动》中，将"中国木版年画抢救普查工程"分为4个阶段：筹备（2001—2002）、启动（2002—2003）、推动（2003—2009）、收尾（2009—2011）。每一阶段的主要思想与工作重点在书中均有详细描述，此处不再赘述。值得注意的是，在各年画产地开展的年画抢救工作，都不同程度地受到了当地政府相关部门的重视，且不乏媒体的跟踪报道。当然，最受益的是年画艺人及其作坊，作为草根的民间艺人得到了前所未有的重视。伴随着不少地方兴办年画节、年画展览等大型活动，年画正逐渐成为当地的文化名片。于是，年画的生产与销售得到了较快地复苏，年画手艺的传承也逐渐摆脱了后继无人的尴尬困境。

中国木版年画抢救普查工程的主要成果是《中国木版年画集成》，共出版发行22卷。它的出版可以说为全国所有年画产地建立了一份立体且完整的档案，甚至连国外收藏年画的详细情况也悉数收录其中，冯骥才真正做到了将中国年画的遗存"一网打尽"。在此之前，还没有任何个人或组织对所有年画产地逐一进行普查调研，全面概述各产地的历史、发展、现状。尽管该套集成以画册的形式出版，但并非一般性的作品展示，而是对民间文化现存状态的记录与呈现。

（二）学术创新、特色与评价

由于年画时常被学界视作一种单纯的民间美术，因而过去的学者多以物质性的年画本身作为调查和研究的主体，如果中国民协发起的"中国木版年画抢救普查工程"仍是片面的美术调查，那么其中的非物质内容必将流失。从冯骥才撰写的《〈中国木版年画集成〉编辑实施方案》一文中可以看到，他倡导中国民协团队要着眼于年画的文化，而不仅仅限于年画作品本身。这就要求大家的视角必须用多学科交织的办法，进行综合的调查与研究。

相对于物质文化遗产如故宫、长城，非物质文化遗产看不见、摸不着，只能靠口传心授、婆领媳做、师傅带徒弟等方式传承。2006年，国家公布的第一批非物质文化遗产名录中便有年画，此后2008年的第二批以及2011年的第三批均有年画。既然年画是非物质文化遗产，其非物质性应当被重视。然而，学界过去多偏重年画作品的收集，因而更注重其物质性的本身，"中国木版年画抢救普查工程"则更注意年画的非物质性，这从《中国木版年画集成》的编辑特色可以看出。每一个年画产地均是在多维与立体的视角下呈现的，无论是自然环境、村落形态、人文历史、地域审美、民俗生活等生发背景，还是年画的制作技艺、工具材料、印制禁忌等技艺特色，抑或是年画的张贴时间、使用习俗、张贴方位等日常惯习，以及年画作坊的传承历史、艺人传记、口传歌谣、销售区域等周边土壤，均有所记录与涉及。这种综合的调查与研究方式在当时无疑是一种创新。

由于年画艺人的记忆与技艺绝大多数没有经过文字记录，"非物质性"较强，其精髓也往往体现在口传过程中，非常容易流逝。因此，中国民协在进行年画普查之处，非常重视年画传承人的口述调查以及动态的影音记录。"工程"的领军人冯骥才说："在调查手段上，除去传统的文字和摄影，还加入录音和录像，以适应活态和立体的记录。同时，口述史和视觉人类学等学科的调查手段也在此次年画大普查中发挥积极作用。"[19]实践证明，动态记录可将年画这一国家级"非遗"项目可视地、立体地保存下来，这是借鉴了20世纪70年代西方兴起的视觉人类学的方式。与此同时，为了使每一个年画产地的抢救普查都在科学、规范、专业的学术框架内开展，中国民协制定了5个"统一"，"第一，统一目标；第二，统一标准；第三，统一规范；第四，统一方法；最后是统一写法。"[20]这就使得尽管负责年画抢救普查的大量工作者来自不同区域、不同机构、不同层次，但是一定程度上仍能在书写的体例与结构上保持一致，从而保证了"工程"在学术上的严谨性与准确性。

全套《中国木版年画集成》的陆续出版与发行引起了国内外学界的赞誉。原中国民协秘书长、《中国艺术报》社长向云驹说："《中国木版年画集成》的总主编冯骥才先生，为这一浩大工程付出了巨大的投入与心血。他参与了'集成'的设计、组织、普查、撰写、审订等一系列工作，自始至终直接组织实施工作的各种细节。'集成'中凝聚着他的智慧、思想、创造、创新。"[21]俄罗斯科学院院士李福清说："《中国木版年画集成·日本藏品卷》在北京问世是一件具有重要意义的事。"[22]日本年画专家三山陵说："冯骥才主席通过这个'抢救工程'，创造了许许多多的'奇迹'。"[23]直到今天，22卷"集成"在社会各界的应用依然十分广泛。一方面是海内外学界开展学术研究的重要参照；一方面是各地年画艺人恢复失落题材与制作技艺的科学依据；一方面还是各级政府保存、弘扬、传播民间文化精粹的可视参考。

（三）对《中国木版年画传承人口述史丛书》的再认识

为了建立中国木版年画的抢救和保护体系，承担"中国民间文化遗产抢救工程"的龙头项目"中国木版年画抢救普查工程"的相关工作，中国民间文艺家协会与天津大学于2007年在冯骥才文学艺术研究院共同成立了"中国木版年画研究中心"，目的是有计划地对全国乃至世界保留的年画遗产、数据进行普查、收集、整理和保护，并开展深入的学术研究。这也是我国第一个国家级的年画保护与研究专业机构。

中国木版年画研究中心成立之时，正值"年画抢救工程"进行到中期。当时，全国有12个产地的年画项目列入2006年国务院批准确定并公布的第一批"国家级非物质文化遗产名录"，相关年画传承人也随后被确定为国家级或省级代表性传承人。然而，进入国家"非遗"名录之后，是否宣告田野普查即已完成？单就年画传承人而言，首先，作为"非遗"主要载体的他们是田野调查的重中之重；其次，年画产地的普查成果侧重于对传承人集体性的总结；最后，传承人的个人记忆还保存着大量具有遗产价值的文化材料。因此，"工程"的领军人冯骥才带领刚成立的年画研究中心师生快速承担起了这一延伸性的口述调查工作——中国木版年画传承人口述史。他说："相信这是历史上首次中国木版年画各产地传承人的口述调查。它无论在民艺学、民俗学、美术学，还是人类学和文化遗产学方面，都具有标本的意义和文化研究的基础价值。[24]"虽然今天学界已经形成了为传承人做口述史和口述史研究是保护"非遗"最得力、有效且有益的途径之一的共识，但是在当时，很少有学者意识到并且实际投入到传承人口述史调查与研究的相关工作中。

自2006年11月至2011年4月，中国木版年画研究中心先后对河南滑县、陕西凤翔、天津杨柳青等全国19个年画产地的五十余位年画传承人及相关知情人进行了真实、丰富的口述调查。并于2009年至2011年由天津大学出版社陆续出版了这些口述调查成果，共14册。这是国内首次对单项民间艺术传承人进行全面的口述史学术调查，堪称民间文化研究领域的一个典范，因此荣获中国民间文艺"山花奖"。《中国木版年画传承人口述史丛书》被视为整个年画抢救普查工程的又一重要成果，也是国家社科基金特别委托项目"中国民间文化遗产抢救工程"系列成果之一。

截至2018年，国家文化主管部门先后命名了26位年画项目的国家级代表性传承人，其中8位已相继离世[25]。口述史丛书的价值也因此正在日益凸显，成为不可多得的珍贵历史资料。

同时，近年学界不断涌现的各类传承人口述史实践证明，通过传承人口述史研究，可以获得遗产最有价值的资料，并且真正理解遗产的精髓。由于民间文化的传承往往是自发性的，很多传承人对于自身的传承行为及其价值并没有自觉清醒的认识，如何把这种自发状态激活为自觉的表达，正是口述史有所作为的地方。口述史不只是被动的记录，更是能动的实践，它能够通过研究者与传承人之间的对话，深入到人文、历史、文化等价值层面，把握"非遗"传承机制中的人文诉求，最终达至文化自觉。虽然口述史文本具有一定的文学性，但是相比较而言，更偏重于历史性，可以说是一种特殊的历史生产方式。比如，在农耕文明向工业文明转型的时期，传承人的心理会实现客观的过渡，经历了这些岁月，农业时代的人变成了改革开放时代的人，这本身也是一个真实、客观存在的历史过程。

四、"年画学"学科的探索

虽然"中国木版年画抢救普查工程"为国内外学界整理出了众多可靠的、全面的年画文化与艺术资料，这对日后进行年画研究的学者来说是不可多得的珍贵财富，但是，一个不容忽视的现象却是"中国民间文化像年画这样的品类，可以说百分之九十以上的都还没有进入学术研究的视野[26]"。如何在大规模的抢救、普查、保护开展之后进行深入的学术研究？自2011年11月至今，中国民协与天津大学联合主办了系列年画国际学术会议、展览、活动等，尝试从多种学术途径探索建构"年画学"的可能性。在此之前，几乎还没有学者或机构从这样的学术路数上去把握中国木版年画。

（一）中国木版年画数据库建设及口述史方法论再研究

2011年10月，"中国木版年画数据库建设及口述史方法论再研究"被确定为国家社科基金重大项目，课题负责人系冯骥才。这是基于对"中国木版年画抢救普查"成果和经验推广而提出的重大课题。怎样使大量的田野第一手资料得到妥善保存？如何将各地大量的年画作品进行科学分类？简便实用地用于学术研究？如何将就要失传的民间艺术通过视频和图像的方式得到更大规模的展示？这些都是摆在课题组面前的一道道难题。从学科角度来讲，木版年画的保护和传承已经不仅仅局限于人文学科，需要软件技术的及时跟进，需要跨学科的主动协同，于是该课题的提出成为必需。此外，在民间文化遗产抢救工程中，民间文化工作者陆续对多个领域的代表性传承人进行了口述史田野作业。天津大学冯骥才文学艺术研究院的师生对全国各年画产地代表性传承人进行了口述史访谈，积累了大量的口述史料和丰富经验。这对于口述史学术研究无疑是一种拓展，对"非遗"保护工作是一种创新。抓住"非遗"传承人，就抓住了文化遗产保护的关键。在实地田野调查的基础上，亟须对口述史进行学术上的梳理和提升。毕竟传承人口述史和历史学口述史的关注点不同，方法论不同，所以，理论研究成为当时乃至现在的学术任务。

年画数据库对七千余幅收藏于海内外各大

博物馆和民间个人的年画作品进行了图像格式的统一化工作，形成三层结构的多分辨率图像尺寸金字塔，并通过页面的方式展现，实现前后台数据的综合呈现。数据库对年画代表作图片根据年代、题材、关键词、产地等二十余个属性可进行查询、检索功能，并设置组合检索和全文检索的功能，以此为研究人员快速开展各地年画图像的内容与形式的对比研究提供便利。目前看，作为一种电子媒介，数据库对非物质文化遗产的记录、传播已然起着不容忽视的作用。

传承人口述史方法论研究，是将人类学、民俗学、非物质文化遗产的田野考察方法进行细致分析和研究，结合长期的口述史访谈的实践经验，对口述史的学理方法进行进一步的系统化、理论化，以期获得对口述史方法论的总结，对今后的田野作业和口述史研究给予指导。

在具有学科性质的口述史方法与实践出现以前，民间文化和非物质文化遗产传承人的研究很难真正抵达传承人所拥有全部文化秘密的深处，具有传承人主体性的文化重建也几乎不可能。因此，课题的独到之处在于，发现了口述史研究的新的学科生长点，将口述史中非常重要的传承人作为一个研究对象提出来，而且以浓墨重彩的方式，让更多的治史者能跨学科地认识到无论从历史研究的角度还是民间文化保护的角度，传承人口述的研究都具有重要学术意义。

（二）年画学术前沿理念的建构

如前文所述，中国民协与天津大学共建的中国木版年画研究中心（以下简称"中心"）的核心职能是进行年画的学术探索，在搭建年画数据库、藏品库、陈列馆等基础平台的同时，成功举办了众多年画主题的国际学术研讨会及展览，生发出诸多年画领域的学术思想，引领海内外学界开展相关研究，目前已成为研究年画的学术重阵。

在2011年11月由"中心"主办的"中国木版年画国际研讨会暨中国木版年画十年普查成果展"上，冯骥才提出了建立"年画学"的可能，他认为："建立一个学科，必须包含有几个因素：第一，必须是深不见底、浩无际涯的，才能构成一个'学'的对象。第二，必须有研究的历史。第三，必须有大批的具有高质量学术价值和学术水平的研究文章和著作。第四，必须有一个很大的研究队伍，才能有一个'学'。"[27]现在看，无论是木版年画精神的、历史的文化内涵，还是其审美的、地域的艺术意蕴，都已达到一定程度的广阔性和深刻性，因而具备建立"学"的可能性。

在没有建立"年画学"之前，作为专业的学术平台，"中心"一直在集中学术力量，致力将年画的研究向广度和深度推进。比如，2007年9月主办"滑县年画普查成果展"，是以河南滑县木版年画抢救工作为例，展示"中国木版年画抢救普查工程"的思路及方法；2009年1月主办"以画过年——天津年画史展"，是对天津年画史一次清晰的梳理，也是对天津这一文化遗产独特的学术挖掘。

2015年10月，"中心"主办了"年画与年文化——第二届中国木版年画国际会议"，年画网（www.nianhua.org.cn）在会上宣布开通。这是经天津市教委批准，由"中心"主办，以中国年画弘扬传播为主的网络信息平台。开设关于中心、新闻资讯、研究资料、十年抢救、产地·传承人、网上展厅、年画藏品库7个主题内容，无功利地展示海内外年画相关资讯，无偿提供年画研究资料电子档下载，持续呈现产地传承人的近况，传播年画的文化内涵和艺术审美。

各年画产地最早的一批传承人，被视为"自然传人"，他们大都经历过农耕文化土壤的变迁，如今一半已故去。新生代传人如何保留原生态的核心特征呢？为此，"中心"于2016年12月主办"年画新力量：中国木版年画传承人新生代作品展暨原生态·新生代——传统木版年画的当代传承国际研讨会"，探索新生代传承人如何把历史生命激活，如何传承经典和精髓。

既然年画是国家级"非遗"项目，也是民间美术的龙头，那么，举办"木版年画海外巡展"必然可以促进中国美学价值和文化精神的海外传播。2017年7月，冯骥才文学艺术研究院的年画藏品接连亮相意大利斯佩齐亚Risolo城堡、威尼斯大学、佛罗伦萨大学以及位于罗马的意大利国家版画研究中心。同年10月，中国民协在西班牙瓦伦西亚手工艺中心主办了"中国木版年画展"，展出来自天津杨柳青、苏州桃花坞和四川绵竹三大重要年画产地的作品50件。这些在海外进行的年画展览和学术交流，不仅传播了中国的年画和年文化，促进海外民众对中国传统文化经典的理解，也加深了中国学界与海外学界的密切联系，补充了中国年画在意大利、西班牙的收藏和研究信息。

虽然冯骥才开创性提出建构年画学，但是年画学究竟有没有建立的可能以及此种提法是否科学仍需进一步探讨。因此，2019年10月"中心"主办了"年画世界的学术构建——第三届中国木版年画国际会议"，旨在廓清年画领域的正确研究对象与研究方法，厘清年画学与民俗学、人类学、民间文艺学的关系，找寻年画学的本体和独有特征，才能建构完整的年画学理论。

在主办国际学术会议及展览的同时，"中心"于2011年开始创办专业的学术刊物《年画研究》。内容既有年画的理论建设、个案研究、文化分析、艺术探索、数据整理，以及相关各种信息发布，也是国际与国内年画专家最新研究成果发布与相互交流的媒介。《年画研究》的创刊目的在于始终坚守在年画研究的学术前沿，为这一重要文化遗产的整理、研究、保护、弘扬做切实的事，努力使其以活态和本色地存在，并光大于未来。目前看，越来越多的海内外专家学者将其丰硕的年画研究成果、收藏与展览资讯发送至刊物，并加入"中心"的专家委员会，这不仅是由于刊物已产生较大影响，更是年画自身的魅力在日益彰显。

（三）从持续的田野调查到实施年画申"世遗"

田野调查一直是中国民协日常工作的重心之一。首先，田野不是冷冰冰的客观陈述，不是看似科学的数据收集，因为田野面对的是活态的生活，是生活其中的人。其次，调查工作把时代性抢救作为重点。不只是单纯的艺术调查和年画搜集，更注重全方位的文化调查。调查手段是立体的，既有文字记录，也有录音、录像、拍照。由于一直坚守在田野第一线，冯骥才带领的中国木版年画研究中心关注各年画产地及传承人的真实现状，做事件的亲历者，并在其亟待保护之际，迅速开展相应的文化抢救。以往研究年画的专家学者，大都仅将年画作为自己学术生涯的阶段性研究对象，很少开展连续性的研究，他们的研究成果也因此呈现片段式的单篇论文或单册专著。冯骥才对年画的关注却是持续的，无论在年画市场的繁荣期还是萎靡期，他总是十分重视年画的当下，频繁地从书斋走进田野。正因为此，一些年画产地在面临新的问题时，会在第一时间得到他的关切。此处，可以天津南乡为例，展示其田野抢救的思路及成果。

天津"南乡三十六村"是杨柳青历史上著名的画乡，经过10年的抢救与保护，其文化生态得以稳定维护。2011年初，这个昔时"家家能点染，户户善丹青"的画乡，突然间成了城镇化的目标，很快将不复存在。面对这种文化遗产的"突然死亡"，冯骥才发起了"临终抢救"，意为抢在文化消失之前进行针对性极强的紧急抢救性的文化调查与存录，对这里的传统年画店、传承人、实物遗存等做最终记录。这无疑是一个极具时代特色的举动，也是十分有现实意义的年画"再抢救"，因为此地在"中国木版年画抢救普查工程"开展初期，已经被全面地记录和保护过一次，但转眼间它再陷危机。面对这一剧变，冯骥才带领"中心"师生"迅速深入村庄，兵分三路：研究人员去做重点对象的口述挖掘；摄影人员用镜头寻找与收集一切有价值的信息，并记录下这些画乡消失前视觉的全过程；博物馆工作人员则去整体搬迁年画艺人王学勤特有的农耕时代的原生态的画室"[28]。经过紧张撰写，当年11月出版了《一个古画乡的"临终抢救"》和《义成永画店田野调查报告》。面对年画遗产的突变，冯骥才显然是积极地应对和自觉地出动。由此可以肯定地说，他不是关上窗一心只在书斋中做研究的学者，不闻田野中的现实情况，他对年画、民间艺术、民间文化的关切是持续的。

2011年11月，在冯骥才文学艺术研究院开幕的"中国木版年画国际会议"上，与会中外学者联合发布了《中国木版年画申请列入人类非物质文化遗产代表作名录的宣言》，这标志中国年画申报"人类非物质文化遗产"工作正式启动。作为该申报工作的倡导者、组织者和主要参与者，中国木版年画研究中心一直致力于传承、保护、研究、宣传、弘扬、振兴"中国年画制作技艺及使用习俗"的事业。这些工作在学界内外产生了很大的反响。回顾这段历程，冯骥才说："我们从2011年通过中国民协帮助国家做了木版年画的申遗工作的准备，2011年到今天已是5年的时间，我们完成了木版年画申遗的文本和视频，而且通过了国内专家的考核，已经列入了国家申请世界文化遗产的计划，这是一件大事。"[29]是的，年画虽然是中国的，但是年画艺术与文化却是世界的。首先，年画用艺术语言形象地反映了人们在与自然、历史的长期互动中形成的民间信仰和生活观念。其次，年画承载着丰富的中国传统知识与价值观念，是农历新年风俗的重要内容，在众多地区发挥着信仰传承（如祭拜神像祖宗类年画）、伦理规范（如为儿童展示敬老类年画）、知识教育、文化传播的社会功能，是增强中国民众、海外华侨文化认同感与凝聚力的重要载体。最后，年画是普通百姓情感愿望的可视呈现。年画作品以喜闻乐见的传统题材和鲜艳明快的艺术形象增加年节的喜庆气氛，寄托着人们对新的一年平安健康、富裕和谐、吉祥如意的期盼。如《一团和气》《连年有余》等代表性作品，已经成为中国人追求生活圆满与富足的文化符号。年画的使用习俗一直是中国人传承传统文化的重要实践方式。

注释

[1] 冯骥才：《年画手记》，银川：宁夏人民出版社，2007年，第156页。

[2] 王海霞：《民间美术学家王树村》，《美术观察》，1997年第2期。

[3] 向云驹：《特立独行的思想者——冯骥才文化遗产学术思想论》，《民间文化论坛》，2007年第3期。

[4] 刘铁梁：《冯骥才民间文化思想的时代性特色》，《西北民族研究》，2011年第1期。

[5] 王树村：《中国年画发展史》，天津：天津人民美术出版社，2005年，第11页。

[6] 王树村：《中国民间年画百图》，北京：人民美术出版社，1988年，第5页。

[7] 王树村：《中国年画史》，北京：工艺美术出版社，2002年，第28页。

[8] （俄）米·瓦·阿列克谢耶夫；阎国栋译：《1907年中国纪行》，昆明：云南人民出版社，2001年，第23页。

[9] 冯骥才：《年画行动：2001—2011木版年画抢救实录》，北京：中华书局，2011年，第412页。

[10] 冯骥才：《年画行动：2001—2011木版年画抢救实录》，北京：中华书局，2011年，第415页。

[11] 冯骥才：《年画行动：2001—2011木版年画抢救实录》，北京：中华书局，2011年，第414页。

[12] （日）柳宗悦著；石建中，张鲁译：《民艺四十年》，桂林：广西师范大学出版社，2011年，第70页。

[13] 冯骥才：《年画行动：2001—2011木版年画抢救实录》，北京：中华书局，2011年，第113页。

[14] 冯骥才主编；王坤著：《义成永画店田野调查报告》，北京：中国戏剧出版社，2011年，第99页。

[15] 张道一：《造物的艺术论》，福州：福建美术出版社，1989年，第379页。

[16] 关于文化部"中国民族民间文化遗产保护工程"定名之始末，详见冯骥才：《漩涡里：1990—2013我的文化遗产保护史》，北京：人民文学出版社，2018年，第156—157页，166—168页。

[17] 冯骥才：《年画行动：2001—2011木版年画抢救实录》，北京：中华书局，2011年，第60页。

[18] 冯骥才：《年画行动：2001—2011木版年画抢救实录》，北京：中华书局，2011年，第12页。

[19] 冯骥才：《为未来记录历史——中国木版年画普查总结》，《年画研究·2011秋》，北京：中国戏剧出版社，2011年，第8页。

[20] 冯骥才：《年画行动：2001—2011木版年画抢救实录》，北京：中华书局，2011年，第94页。

[21] 向云驹：《十年辛苦不寻常——略记冯骥才和〈中国木版年画集成〉工程》，《年画研究·2011秋》，北京：中国戏剧出版社，2011年，第14页。

[22] [俄]李福清：《读〈中国木版年画集成·日本藏品卷〉有感》，《年画研究·2011秋》，北京：中国戏剧出版社，2011年，第28页。

[23] 三山陵：《中国木版年画集成·日本藏品卷》，北京：中华书局，2011年，第13页。

[24] 冯骥才：《年画行动：2001—2011木版年画抢救实录》，北京：中华书局，2011年，第447页。

[25] 这8位国家级年画代表性传承人分别是：钟海仙（1928—2008）滩头木版年画；李咸陆（1934—2010）滩头木版年画；陈兴才（1920—2012）绵竹木版年画；邰瑜（1932—2013）凤翔木版年画；高腊梅（1933—2014）滩头木版年画；房志达（1935—2018）桃花坞木版年画；陈义文（1929—2019）老河口木版年画；冯炳棠（1936—2019）佛山木版年画。

[26] 向云驹：《特立独行的思想者——冯骥才文化遗产学术思想论》，《民间文化论坛》，2007年第3期。

[27] 冯骥才：《冯骥才文化保护话语》，青岛：青岛出版社，2017年，第369页。

[28] 冯骥才：《一个古画乡的"临终抢救"》，北京：生活·读书·新知三联书店，2011年，第9页。

[29] 冯骥才：《在"原生态·新生代——传统木版年画的当代传承"国际研讨会开幕式上的讲话》，《"原生态·新生代——传统木版年画的当代传承"国际研讨会论文集》，北京：文化艺术出版社，2017年，第4页。

《中国民间剪纸集成》与中国剪纸研究

朱芹勤

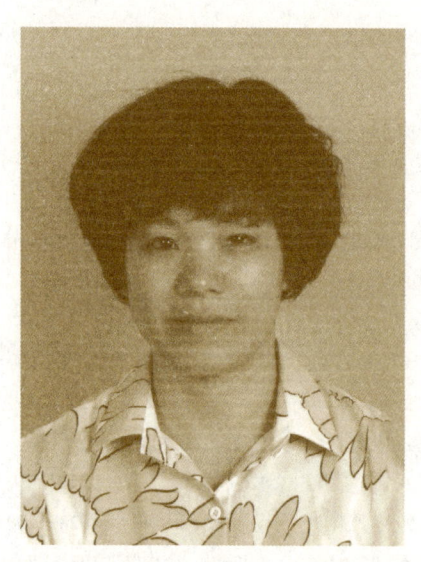

朱芹勤，编审，1987年毕业于北大中文系，在中国民协工作三十多年，曾任《缤纷》杂志主编，现任教育培训处主任、中国剪纸研究中心执行主任。参与了国家"七五"社科重点项目"中国民间文学三套集成"，担任歌谣卷责编；国家财政支持项目"中国口头文学遗产数据库工程"，任专家组专家。现为国家社科基金特别委托课题《中国民间剪纸集成》项目负责人。曾两度获文化部授予"文艺集成志书编审成果一等奖"（1997年）、国家社科重大项目、艺术科学国家重点项目"特殊贡献个人奖"（2004年）。

内容提要 中国剪纸是我国传承久远、分布最广、使用最普遍的民间艺术，目前已知在中国境内有三十多个民族具有与剪纸相关的习俗传统。中国传统剪纸是中华民族代表性的非物质文化遗产，广泛应用于民俗文化活动的剪纸，其纹饰和色彩的应用都具有深刻的文化内涵和寓意，形象地记载和表达了人们的精神信仰和理想愿望，表现对生命、情爱、幸福等美好生活的追求与期盼。传统剪纸中保留有最原始的剪纸艺术生成形态，记载了远古时代的文化符号，中国剪纸是用图像和符号记录的民族文化史册，留存了几千年的历史文化积淀。而因中国剪纸是与民众民俗生活融于一体，在其图像、符号背后，还隐藏着大量珍贵的文化信息，只有通过科学的田野调查才能获取到。中国剪纸的文化价值远远超过了它自身的美学价值，成为研究社会学、历史学、考古学、文化人类学、艺术学、民族学、民俗学等多学科的宝贵资料。中国民间文艺家协会于2003年发起"中国民间文化遗产抢救工程"，启动《中国民间剪纸集成》项目，旨在通过科学、全面、严谨、详细的田野调查，发现、记录中国多民族剪纸活态的文化传统，并编撰出与之相匹配的《中国民间剪纸集成》系列卷本，为已列入世界非物质文化遗产名录的中国剪纸建立一份珍贵完整的文化档案。

关键词 剪纸 中国剪纸 民间剪纸 中国民间剪纸集成 活化石 文化档案 民间艺术 民间美术

中国剪纸，在本文里主要是指中国传统的民间剪纸，相较于雕刻、泥塑、绘画等其他门类艺术，中国剪纸不仅是作为一种独立的艺术形式存在，也是民俗文化的载体，与民俗相伴相融，在文化历史发展和民众的生活中扮演着独特的不可或缺的角色。中国剪纸在历史悠久的传承应用中，形成了较为固定的应用内容规制和模式，各种民俗仪式上使用的剪纸种类、形式和内容为众人所认同，有约定俗成的纹饰系统和使用禁忌，有大众公认的审美标准。民间剪纸在民俗活动中发挥着极其重要的作用。

一、中国传统剪纸是最广泛流传、最普遍使用、群众基础最深厚的民间艺术

中国的剪镂艺术发源久远，早在汉代造纸术发明以前就已开始。在纸张还没有出现的时候，人们已经在皮革、金属箔片、织物、叶子和树皮等薄片材料上开始了镂空剪刻艺术。这些艺术实践为后来的剪纸积累了丰富的技艺经验。镂空艺术不仅包含用纸张剪刻的图案作品，也包含用非纸薄片材料剪刻制作的作品，如鄂伦春族的兽皮树皮剪刻、赫哲族的鱼皮剪刻、满族的苞米皮、辣椒叶剪刻等。纸材与非纸材的剪刻作品，在艺术上具有共同的特点，都是在薄片材质上用剪刀、刻刀进行镂空制作而成的平面造型艺术。1966年湖北省江陵县望山一号楚墓出土了战国时期的皮革镂花，1950—1952年，河南辉县固围村战国遗址出土了银箔镂空刻花，这些都是出土的非纸材剪镂作品。

《史记》中也记述了"剪桐封弟"之事，西周初期成王用梧桐叶剪成"圭"赐其弟，封叔虞到唐为侯（见《吕氏春秋·览部》卷十八《审应览·重言》）。纸张出现后，纸可折可叠，可烧可揉，成为镂空艺术最理想的材质。我国目前发现最早的纸质剪纸实物是1959—1969年间在新疆吐鲁番地区阿斯塔那古墓葬群中出土的南北朝至隋唐时期的剪纸，先后4批共7件。由此推断，中国剪纸至少已有1500年的历史。

剪纸在中国民间的应用非常普遍，全国各省市汉族群众都有在生活中使用剪纸的习俗，在少数民族地区也被广泛使用。据中央美术学院乔晓光教授率队完成的全国少数民族剪纸调查，目前已发现包括哈尼族、德昂族、拉祜族、傈僳族、苗族、布依族、侗族、水族、仡佬族、白族、彝族、纳西族、傣族、毛南族、瑶族、壮族、黎族、满族、蒙古族、鄂伦春族、赫哲族、鄂温克族、维吾尔族、锡伯族、柯尔克孜族、哈萨克族、回族、土族、土家族、羌族、藏族、裕固族、达斡尔族等33个少数民族的日常生活中也保留着剪纸文化传统。

早期剪纸多用于祭祀、巫术。造纸术的发明使纸张易得，推动剪纸的应用普及到生活的方方面面，从神圣的宗教用途到隆重的人生仪礼、岁时节令，再到日常的生产劳动、生活环境美化，剪纸更被广泛地使用于作为服饰佩饰等生活、家居用品的绣花底样。中国剪纸在民间的传统应用中多是跟宗教仪程、民俗信仰、年节活动、人生礼仪、劳动生产等民俗事项和地域文化紧密结合，或作为沟通人与神灵鬼怪、人与自然、人与人之间的媒介，或作为人、神灵魔怪的象征，或为表达人的生活理想和愿望、

体现人的生存状态，或为美化生活，剪纸都在其中各大放异彩，同时兼具寓教于乐。

剪纸被大量应用于民间信仰活动中。中国各地乡村都有数量众多各种各样的神庙，每年各个庙都要举办庙会，庙会是乡民集众合力敬神之所，也是传统农耕社会中乡民精神活动和物资交流的中心。四里八乡的民众都会聚集前来对神明表达他们的虔诚，献供的祭品既有食品供也有神衣、鞋帽、花果等剪纸供品。庙会剪纸的使用量巨大，当地的专职经师、信众及妇女们都会提前用银箔、彩纸和黄裱纸等剪制用于庙会活动的神幡、经幡、万民伞、五谷斗、万花灯、五方灯、令旗、五色童子幡、供桌桌围和供桌上摆的如意、佛手、宝瓶、元宝、金钱、仙桃等，布置庙门和经堂，并为供奉的神明制作靴帽衣袍等服饰，用剪纸烘托出浓厚的宗教气氛。信众敬奉给神明的服饰，参照古人的衣着来剪制，也有衬衣、衬裤、罩袍、鞋袜、筒靴、帽、手包等，用彩色纸张裁剪，上面用金银纸和色纸镶边并拼贴花样，就像描金绣银的绣花服饰。神衣在敬神的当天一件件在庙前对神倡明后焚化。陕西一些庙宇在庙会期间由于送神衣的信众太多，庙会当天，经师起早贪黑为每个信众敬献的神衣唱祝而后焚烧，忙得不可开交。

旧时农村的人们生了病，认为是鬼怪作祟或神灵降罪，要由巫师来治病。巫师口中念念有词，掐算一下，用黄表纸剪出一个小人形，念咒语作法之后送出门外烧掉，认为病患已除，病就会好。小儿夜哭，用黄表纸写上"天皇皇，地皇皇，我家有个夜哭郎，过路君子念三遍，一觉睡到大天光"，送到村口热闹之处贴好，而后就会痊愈。燎疳娃娃、拉手娃娃、嬷嬷人就是典型的巫术剪纸。当阴雨绵绵水涝发生时，人们会在大门外悬挂扫晴娘（扫天婆）来驱散乌云，"扫天媳妇真不瓤，手拿扫帚扫天忙，黑云疙瘩都扫净，雨过天晴出太阳"；当干旱无雨时，同样悬挂扫天婆来驱走烈日、聚拢雨云，"扫天媳妇扫得欢，扫了一遍又一遍，扫走日头换黑云，请来龙王灌庄田"。在民间祛病、求雨、祈晴等巫术中，剪纸是具有神性的道具，是沟通三界的手段，又是神灵或鬼怪的象征。唐代杜甫的诗《彭衙行》就写到了"暖水濯我足，剪纸招我魂"，剪纸在这些活动中被赋予了神性，这些小纸人具有上天入地沟通神鬼的灵力。

在漫长的农耕社会，科学技术和生产力尚欠发达，人们对自然、生命的认识也很局限，人类的生息繁衍、生命的延续过程遭遇不测，都要乞求神灵保佑。从出生到成婚、上寿直至死亡，在人生的各个重要节点，人们都会举行一些特定的仪式来祈请神灵眷顾，佑护他一生平安、子嗣繁多、生活幸福。在很多地方，小孩出生后，家里会剪葫芦纹样的剪纸贴在门上，一是告知众人这家有新生儿，外人莫入；二是借用葫芦护生，保佑小孩健康成长，福寿延绵。有的地方还会在葫芦剪纸上写上"莲生百子""长命百岁"等吉语。内蒙古包头一带，在孩子出生一百天后，家人要摆筵席庆祝，给孩子戴上面团蒸的长命锁，讲究的人家还要剪一幅带福字的十二生肖剪纸贴到正墙上，站在贴剪纸的地方举行戴面锁仪式，全家人祝福孩子长命百岁。

婚俗中的剪纸更是铺天盖地，男婚女嫁是

人生头等大事,大喜临门,大红囍字在门上、窗上、墙上、床上、院子里到处闪耀,作为聘礼、嫁妆的物品都要用特定品种的剪纸来装饰,喜家及婚房都会用剪纸来布置,以大红色调的剪纸营造出喜气洋洋的婚庆氛围,满足人们吉庆祈祥的心里需求。这些喜花品种繁多,礼品花、门楣花、窗花、墙围花、炕围花、顶棚花、碗筷花、酒壶花,各种家具上也有贴花,多是有美好寓意的花鸟虫鱼、表达良好祝愿的"龙凤呈祥""花开富贵""百年好合""白头偕老"等吉祥图案和"鱼戏莲""老鼠啃瓜""蛇盘兔""扣碗""碗生花""莲生贵子""榴生百子""瓜瓞连绵"等有关夫妻恩爱生育繁衍的内容。喜花要由父母儿女双全的"全福人"来剪,剪时还有各种禁忌,如一个剪纸要一次剪成,不能剪坏,否则就是不吉利,等等。

在为老人祝寿时,也同样有剪纸礼品花,也有各式的鞋花、墙花、窗花、顶棚花等,但不一定是红色剪纸,有些地方尚黑,讲究给老寿星贴黑色窗花和顶棚花,礼品花用红色。祝寿的剪纸纹样多用寿桃、佛手、牡丹、蝙蝠、猫、蝶等,寓意福寿延绵、富贵长久。

剪纸也大量用于丧葬中,且种类繁多。人死了,其家人就会在大门口高高竖起一挂吊帘一样的剪纸(岁头纸),告知乡邻家里有了丧事。而后会准备各种纸扎,包括布置灵堂用的各种花、送给亡人的车马、轿子、童男童女、金银山、靠山、房子、箱柜、冥衣冥鞋、纸钱、出殡用的各种幡子、纸鹤等,既用剪纸营造丧事悲伤肃穆的环境氛围,也用剪纸供献表达对亡者的孝心,慰藉亡灵。同时,剪纸也是丧礼中阴阳界不同事物的象征和沟通人鬼神的媒介。你无法想象一个缺席了剪纸的丧礼会是什么样。

在人类的宗教、信俗、人生仪礼以及时令节俗中,剪纸的使用都不可缺少,剪纸既是通达神灵、成就所愿的媒介,也是用来营造氛围、装饰礼品、美化环境的艺术,同时也是告知众人的手段。举行仪式的地方,通常也是众人聚集、围观之所,所用的剪纸内容、传达的观念会被观赏者接收,因而剪纸又兼具宣传教化功能。传统剪纸的内容除了吉祥如意,表达祝福,也包含中华民族传统道德观、人生价值观和审美观念。如忠勇孝悌、诚信善良、与人为善、勤奋上进、劳动为美等,是劳动人民教化子弟的重要教材。

二、剪纸的种类及其在节日、日常生活中的应用

中国传统剪纸主要是用剪刀或刻刀制作,根据所用材料和工艺的不同,剪纸的种类大致包括单色、拼色、染色、镶拼、擦贴、拼绘、熏样剪纸、纸扎等几种,而按照民俗功能来分类,则可分为俗信祭祀剪纸、巫术剪纸、岁时节令剪纸、人生礼仪剪纸、服饰花样等类别。每一类根据其用途,又可再细分,如巫术剪纸又分为祛病、解厄、求雨、祈晴等;人生礼仪剪纸又包含婚嫁、生育、祝寿、丧葬等各种仪式的剪纸。按照剪纸张贴的位置和用途来分,各地剪纸又有很多种,如陕西剪纸就又有窗花、门神、门楣花、神龛挂帘、碗架云子、碗架对子、筷篓花、碗筷花、顶棚花、炕围花、墙花、桌裙花、酒壶花、坐帐花、寿花、灯花、神幡、

纸扎、鞋花、帽花、肚兜花、老花样等很多品种。

从剪纸的种类就可知道剪纸的应用情况，除使用于前述的民俗信仰、民间巫术、人生礼仪中，也普遍使用于时令节俗和日常生活。

一年中各族都有自己的传统节日，各地过节有不同的习俗，剪纸在其中起着不可或缺的重要作用。春节是我国各族共同的最隆重的节日，农历十二月就拉开了春节序幕，贴新窗花、换新春联已成为全国各地春节的标志。黄河流域乡村进入腊月，大姑娘、小媳妇就"放下锄头上炕头，拿起剪刀绞虎头"，开始准备春节的剪纸。整个正月，都是展现剪纸艺术最为集中的时期。届时，各家的门、窗、墙壁、顶棚、神龛等各处都被剪纸打扮得焕然一新，花花绿绿的剪纸，表达了他们对新一年的生活更美好的期盼和祝愿，也是妇女们慧心才智的集中展示。大年初一，姑娘媳妇们会结伴串门相互拜年顺带"赏花"，借机学艺，而欣赏各家窗花、品评拙巧也成了村民一大乐事。花样儿剪得好的大姑娘、小媳妇，是众人夸赞、敬慕的心灵手巧的人。成为有出色剪花和刺绣技艺的"巧媳妇"，是农耕时代的妇女体现自身价值、赢得荣誉的传统途径。剪纸已成为旧时代妇女自我奠定社会地位的重要手段。剪纸也是村民节日文化生活非常重要的一部分。

元宵节也称"灯节"，观赏花灯是节日的重要内容，正月十五这天，各地官方、民间都有观灯赛灯的传统，北京宫灯、秦淮花灯、泉州花灯饮誉天下。这时节正是剪纸艺人展示才艺的好机会，栩栩如生的花鸟鱼虫灯花、满足各家的吉祥祝愿字花、人们津津乐道的戏文故事，各种内容的精美剪纸灯花亮在花灯上，挂满大街小巷，接受观灯者的欣赏品评。剪纸灯花也随孩子提灯串门玩耍而得到游动展示。陕西关中一带元宵节挂的彩灯，灯花贴吉祥文字的十分普遍，"吉庆有余""连年有余""吉星高照"，小孩子打的灯会用金箔纸剪"长命富贵"四字，祝愿孩子平安成长、长寿富贵；女儿过门第一年，娘家要给女儿追灯，在民俗里，灯代表丁，追灯就是追丁，祝福女儿早生贵子，故花灯上的灯花多是"鱼戏莲""蝶扑瓜"等生殖繁衍的内容。豫西乡村到了农历正月二十三那一天，家家都要剪"金牛"并书写"正月二十三，老君来散丹，家家剪金牛，四季保平安"，贴在大门头上；到农历二月二（龙抬头之日），家家女人又要剪"甘露"（龙），边剪边吟唱"二月二龙抬头，家家门脑贴'甘露'，风调雨顺光景好，五谷丰登庆丰收"。

清明节祭拜祖宗，必须烧纸钱，要给祖坟压纸、烧纸，陕西关中有用留下来的烧纸剪"福门"（也有叫蝎子门）的习俗，由家中的主妇剪成门楼造型的"福门"，福门中的门要由新媳妇剪开，门里贴上银箔剪成的银锞，而后将其贴在大门上，表示已上坟祭祖了，也寓意后继有人，家族兴旺。东北满族人清明节祭祖不烧纸，而是用纸（现在多用五色彩纸）做成花或者剪成古钱状的连续花样，一串串贴在木棍上做成伞状的"佛托"插在亲人的坟上，祝愿亡灵升入天堂。

端午节，各地都有剪贴五毒、给小孩佩戴绣有五毒图案肚兜的传统。河南、陕西等地都有用大红纸剪公鸡贴在大门和屋里墙上以镇五毒的习俗，雄健的公鸡嘴里叼着蝎子，爪下踩着毒蛇、蜈蚣、蜘蛛、蟾蜍（即"五毒"），是辟邪驱疫的灵物，"五月里五端阳，吃粽糕饮雄黄，金鸡贴在俺门上，蝎子、蜈蚣都死光"。一些地方在畜栏、鸡窝、水缸、门上也要贴辟邪祈祥的剪纸。

七月七，是天上牛郎会织女的日子，传说在这天夜里子时，天上的牛郎星和织女星会双双下凡向人间传授剪花和刺绣技艺。我国南方北方民间在节日里都要举行"乞巧"活动，是专属于女孩子的传统活动。各地"乞巧"的具体仪式有不同之处，但目的都是请仙女赐予技艺，让女孩子变得心灵手巧掌握精湛的女红手艺。豫西农村的"乞巧会"风俗是每年七月七的夜晚，村子里未出嫁的姑娘们挑选夹竹桃的叶子来剪成针、小剪刀、纺锤和织布用的梭子，然后携手围坐在窑洞前或庭院里，一起高声吟唱："年年有个七月七，天上牛郎会织女，牛郎哥，织女嫂，夫妻双双来送巧"，"七月七、七月七，俺给姐姐送饭吃。教俺巧，绣对花鞋送您老；教俺拙，找个葛针扎您脚。""乞巧"活动为女孩子提供了集中学习剪纸、刺绣手艺的机会，得巧比巧的过程也提升了她们学艺的兴趣和荣誉感，促进了传统女红技艺的传承和发展。

还有六月六剪"花扇"送亡人、八月十五中秋"拜月"、九九重阳节、冬至等形形色色的各地民俗节日，都有特定的剪纸参与其中。一般来说，北方的剪纸文化传承总体上看要比南方地区完整些，剪纸习俗氛围浓厚，节令剪纸中窗花、墙花等居室张贴类作品占很大分量，南方的窗花较少，剪纸更多使用于礼品花、祭祀及庆典仪式、制作花灯用的灯花和刺绣花样。

剪纸在日常生活中的应用以刺绣花样为最普遍。旧时代刺绣是妇女的必修课，女孩从小就受到严格训练，出嫁后，女红水平也是评价女子是否聪慧的主要标准。结婚当天或第二天，新媳妇要行"开箱礼"，新娘要把婚前亲手剪制的妆奁花和绣制的嫁衣、枕顶、鞋帽、荷包、手帕等展示给众人观赏，有的作为礼物送给新郎及婆家人和亲朋好友。平时，女子也要裁剪绣制家人的服饰、小孩的衣帽鞋子和背带围嘴肚兜等用品。等女儿出嫁生了孩子，做外婆的还要将绣制精美的背带、衣裤鞋帽等东西送给外孙做礼物。这些绣制了花卉、动物等图案的绣品都是用剪纸作刺绣花样。

作为刺绣底样的剪纸纹样多是经过千百年流传下来的，往往被珍藏在花样夹中，通过母传女、婆传媳一代代传承。绣活做得好的女子通常也是剪花样的巧手。不同种类的绣品使用花样纹饰有相对固定的用法，童衣裤鞋帽、围嘴、背带上的花样图案一般是活泼可爱的动物、吉祥美丽的花草和具有护生功能的虎、蛙等；老人衣服多用蝙蝠、鹤、鹿、桃子、松、菊花等寓意多福多寿、健康平安的纹饰；结婚时新人衣服上绣的多是蝶恋花、鸳鸯戏荷、富贵牡丹、桂花等象征爱情美满幸福的图案。陕西关中的新娘新婚之夜送新郎的肚兜上要绣上蛙，端午节外婆也要给外孙送蛙裹肚，蛙是地域文化中的祖先神，是女娲娘娘的寓意符号。同时，蛙也是旺盛繁殖力的象征，寓意多子。送给亲友的礼物绣品多用美好寓意的花草动物纹样。枕顶、鞋子上多采用象征福禄寿喜富贵的蝙蝠、鹿、猴、鼠、鱼、鸳鸯、蝴蝶、雀鸟和牡丹桂花百合梅兰竹菊等纹饰，用于婚俗的则多是桃榴莲桂等寓意生殖繁衍的花草和鸳鸯、蝴蝶等象征爱情炽烈长久的动物,以及表达祝愿的龙凤呈祥、麒麟送子等。

各族的剪纸花样都有本民族的传统纹样,蕴含着传承久远的民族文化特色。汉族有庞大的吉祥图案系列,包括珍禽异兽、花鸟虫鱼、吉祥文字、象征器物等。黔东南苗族剪纸绣样具有独特的文化形态,把民族历史和神话传说记载在刺绣服装上,成为研究苗族的历史、生活、风俗习惯的珍贵形象资料。贵州侗族的刺绣中,太阳、月亮、蜘蛛是其三大主要纹饰,反映了其远古时期太阳星辰等自然崇拜的遗风。东北满族、蒙古族的婚俗绣品中,还保留着很直观的阴性、阳性等生殖符号,是母女间代代相传的生殖崇拜信息。

十里不同风,百里不同俗。在漫长的社会历史发展中,剪纸被广泛应用于民俗生活中,因各地文化风俗的不同而发生变化,带有浓厚的地域文化特质,被赋予丰富的文化内涵。中国民间剪纸的文化价值,就体现在这种地域文化的丰富性、民俗内涵的差异性之上。蕴含丰富文化信息的剪纸,也是现代人类学、文化学、民族学、民俗学、艺术学等学科研究极珍贵的资料。

三、近70年中国民间剪纸研究情况及成果

中国剪纸是传承久远,又具有极大普遍性和文化多样性的民族传统艺术,其中蕴含着非常丰厚的文化内涵,是祖先留给我们的珍贵的精神、文化财产,也是学术研究的宝贵资料。

然而,千百年来,民间传统的剪纸在民俗生活中被消费,自生自灭,没有被视作文化的载体来加以重视和研究。由于民间文化长期不被主流文化所重视,即使到近现代,对民间文化尤其是民间美术的搜集研究也偏少,更多是自发的、个体兴趣驱动所做的局部零星研究,有组织、成系统的搜集研究不多。近百年来,较大的有影响的搜集研究活动主要有"五四"时期由北京大学发起的"歌谣运动"、20世纪三四十年代延安时期革命文艺工作者对民间文艺的关注和研究、借鉴,中华人民共和国成立初期,中国民间文艺研究会(中国民协前身)组织的对少数民族语言、文学的调查研究。而规模最大、影响最深远的是1984年中国民间文艺研究会联合文化部、国家民委共同发起的"中国民间文学三套集成"工程,这是我国民间文艺研究的一个里程碑,标志着民间文艺作为文化抢救保护的对象进入了国家的视野,对民间文化的研究和保护已上升为国家行为。三套集成覆盖了全国各省区和各民族,对各区域民间文学、民俗实施地毯式普查、搜集和研究、出版,这个工程后来与我国同期实施的其他七套民间文艺集成合并成为"全国十套文艺集成志书",是对我国各地区各民族民间文艺最广泛最深入的一次抢救挖掘。十套集成按照当时的行政区划立卷,共编纂出版了400卷,被誉为新"四库全书"、伟大的"文化长城"。但包括十套文艺志书集成在内的这些学术项目,其研究对象主要是民间文学、曲艺音乐舞蹈等,没能涵盖民间美术,民间剪纸作为民俗文化的承载体,未被纳入研究保护范围。

在20世纪近百年里，中国民间剪纸的研究成果并不丰富。这时期关注民间剪纸的人主要是从事艺术研究的学者和美术工作者，从美术的角度来收集、研究民间剪纸。这种从美术学出发的单学科研究方法，将剪纸作为美术作品，从造型、布局、色彩、风格、题材、技巧等方面进行研究，着眼处局限于作品本身，因此所呈现的成果体现为图像为主的美术图册，较少涉及传承主体以及传承历史、民俗等文化信息。较早出版的剪纸书籍主要有诗人艾青和木刻艺术家江丰编印的陕北《民间剪纸》集（1946年出版，1949年再版时改名《西北剪纸集》，增补了延安时期的木刻新剪纸），日本人搜集中国北方剪纸绣花样编印的《中国刺绣图案》（1924年），法国人搜集中国南方剪纸图样编辑的《中国剪纸艺术》（1921年）等。到了20世纪80年代，中央美术学院教授杨先让、靳之林分别率队对黄河流域北方汉民族的乡村剪纸及其他民间艺术进行了深入的调查研究，影响很大。杨先让先生通过"黄河十四走"，使民间艺术家们的姓名第一次传出了村落，也因此留存了黄河流域包括剪纸在内各种民间艺术珍贵的图文资料。靳之林先生在十多年田野调查基础上，编纂出版了剪纸研究专著《抓髻娃娃》《生命之树》。还有江丰编的反映陕北延安地区民间剪纸系统田野普查成果的《延安剪纸》（人民美术出版社1981年出版）；山东滨州张洪庆先生多年关注鲁北剪纸、调研二百多个村庄走访三百多位剪纸能手，收集大量作品之后编的《滨州民间剪纸》（江苏美术出版社1988年出版）；黔东南苗族侗族自治州文学艺术研究室编的《苗族民间剪纸》（贵州美术出版社1987年出版）；胡容、周卫主编的《东北民族民间美术总集·剪纸》（辽宁美术出版社1995年出版），等等。

21世纪初，国际非物质文化遗产概念的传播推动了中国的剪纸研究。对文化人类学、民俗学研究方法的借鉴，使民间剪纸研究者的眼光延伸到了剪纸作品以外，关注到创作、传承剪纸的人，逐步体现出"以人为本"的学术观念，并开始注意民间剪纸存续的空间、地域文化、民俗等因素。出版的剪纸专著主要有：配合中国民间剪纸向教科文申报《人类口头和非物质遗产代表作》出版的《中国民间剪纸天才传承者的生活和艺术》，乔晓光主编，山西人民出版社2004年出版；《关注母亲河——中国非物质文化遗产民间剪纸国际学术研讨会文集》，山西人民出版社2005年出版。各地在田野资料及历史文献方面也有了比较深入的发展，代表成果有《萨满剪纸考释》，王纪、王纯信著，时代文艺出版社2007年版；《中国民间剪纸史话》，王树村著，百花文艺出版社2007年版；《中国民俗剪纸史》，陈竟著，北京大学出版社2007年版；《浦城剪纸》，吴卫东编著，福建美术出版社2011年出版；《陕西剪纸》，五卷本，陕西省文化厅、陕西省非物质文化遗产保护中心编，陕西人民美术出版社2012—2013年出版；《医巫闾山满族剪纸图录》，王光、敬彪主编，辽海出版社2016年出版。还有就是中国民协2003年启动《中国民间剪纸集成》项目系列卷本之后，截至本文发稿时已经出版的蔚县卷、豫西卷、医巫闾山卷、和林格尔卷、陕北卷、豫北卷、湖湘卷、乐清卷、关中卷等9个卷本，是全面记录我国剪纸文化、传承状况和学术成果的综合性剪纸巨著。

纵观以上对中国民间剪纸的研究现状,其成果主要集中在黄河流域为主的汉民族地区民间剪纸研究领域,贵州苗族、东北满族的剪纸研究比较领先,其他地区、其他少数民族的剪纸很少涉及。总体上看,在《中国民间剪纸集成》项目启动前,没有系统性地对全国范围民间剪纸进行普查搜集,缺乏基础性的田野调查和深入的历史文化和民俗方面的研究。作为中华民族优秀传统文化重要部分的民间剪纸面临衰亡却长期没有受到重视,没得到系统的抢救和保护。

2003年,中国民间文艺家协会启动了"中国民间文化遗产抢救工程",专门针对民间文化、艺术、手工艺进行抢救保护,该项目得到国家的批准和支持,是国家社科基金特别委托项目。中国民间剪纸被纳入抢救保护范围,设立了《中国民间剪纸集成》子项目,于2003年开始试点实施,2011年11月开始在全国大规模启动。项目首期工程启动30卷,优先考虑已列入我国非物质文化遗产名录的剪纸产地和剪纸文化重点传承区域立卷。截至2019年底,已对辽宁、吉林、黑龙江、河北、河南、湖北、湖南、陕西、山西、甘肃、内蒙古、新疆、四川、云南、贵州、广东、福建、浙江、江苏、山东等地的剪纸立卷,并进行了深入的调查研究,取得了丰硕成果。一期项目已覆盖全国重点剪纸文化区域,涉及多个民族,目前已经出版了蔚县卷、豫西卷等9个卷本。

在抢救工程的推动下,民间手艺、民间工艺、民间美术的抢救保护工作逐渐得到各地政府和文化部门的重视,对民间剪纸的调查研究越来越多,越来越广泛深入。在全国民间文艺工作者的共同努力下,2006年5月20日,中国剪纸被列入第一批国家级非物质文化遗产名录。2009年,中国剪纸入选联合国教科文组织人类非物质文化遗产代表作名录。

四、《中国民间剪纸集成》立项的意义

中国民间剪纸的历史传承非常久远,资源蕴藏极其丰厚,所承载的文化信息更是丰富深邃,但其研究一直非常薄弱。虽然民间剪纸在中国的存续已超过千年,但作为草根文化,鲜少得到主流社会的关注。中国剪纸长期以来一直依靠民俗的约定俗成和民众自发的传承而延续,处于自生自长状态。民间习惯上也一直将剪纸视为民俗生活的消耗品,用完就烧掉、扔掉,缺少文化自我保护的意识。美术工作者的关注也多是为了学习和借鉴。《中国民间剪纸集成》项目是我国第一次从国家层面把民间剪纸提到文化的高度来加以关注,是第一次由国家出面对民间剪纸组织实施全面的抢救保护,在全国范围内对民间剪纸进行大规模的普查、搜集和研究、出版。

作为非主流文化的民间剪纸,农耕社会是它存在的土壤,乡村民俗生活是它传续的根基,地域文化差异是它繁荣的阳光,依附民俗而产生、依靠民俗而传续,是中国剪纸文化传承千年延绵不断的原因。但这种民众自发传承的艺术,也极易受到外来因素的干扰。延安鲁艺时期革命文艺工作者对剪纸的借鉴以及提出强调

宣传功能的新剪纸概念，还有从美术视野出发的艺术展览，已经使剪纸逐渐脱离民俗使用功能而产生流变，许多接触过这些新概念新剪纸的艺人其创作由此发生了很大变化。"文革"期间许多民俗活动被定为封建迷信加以禁止，乡村的民俗文化头人受到迫害和摧残，许多剪纸艺人被迫放下了剪刀，烧掉了祖辈传下来的剪纸花样。经过文化浩劫，"破四旧"，乡村的民俗生活已经衰落，熟知当地民俗文化的老辈人有的已去世，有的经过百般安慰劝说后才重新拿起了剪刀，却已想不起剪纸民俗的许多记忆。改革开放后，发展经济的需要使包括剪纸在内的民间工艺、民间美术在某些地方得到重视和发展，但又是一种典型的拿来主义，是把民间工艺美术作为创收的手段，而没有将重点放在文化传统的承续和发展。在这种经济型的民间美术热烧灼下，到20世纪80年代中期，一些乡村婆婆的剪纸已经是脱离民俗内涵的剪纸艺术品。

　　民间剪纸的文化价值，在其纹饰中只能体现出一部分，更丰富的信息是蕴含在相关的民俗文化以及具体使用中，故其完整传承需要有特定的民俗环境和文化空间。20世纪前半叶，中国农耕文明仍然完好、乡村传统习俗生活仍盛行，二三十年代出生的乡村妇女，传承沿袭了传统的女红技艺，工于剪纸、刺绣，也熟谙当地民俗和民间文化。她们的剪纸较完整地保留了祖辈传承下来的文化基因，体现出那个时代、那个区域的文化特性。因为具有较深厚的民俗剪纸功底，也较全面了解所在区域的民俗和剪纸文化，她们即使受了外界影响剪其他题材的非民俗剪纸作品，也能保持协调统一的民间剪纸风格，较好地保留传统文化的信息。例如陕北的高凤莲、郭佩珍，但她们都年事已高，很多人已经不在世。今天活跃在剪纸领域的主要力量已是中青年，他们生长、生活在新旧文明交替、生活方式巨变、各种文化交融冲击导致传统动摇的时代，没有全面接受传统的女红技艺系统训练，传统的习俗生活也已改变、淡漠，他们对传统民俗文化不甚了解，也缺乏深厚的剪纸功底，他们创作的作品依稀可见传统的影子，而基因五官已模糊，民俗文化记忆已退化缩减。特别是年青一代的剪纸创作，已基本脱离民俗，抛弃了剪纸的语言，向绘画剪纸靠拢，传统的技艺、民间剪纸所承载的历史文化信息，已基本失传。这使《中国民间剪纸集成》为中国剪纸立档传世的任务更加困难也更加紧迫。

　　作为祖先创造、传留给我们的文化遗产，民间剪纸最集中地承载和体现了中华文化核心精神，反映了民族心理特质和审美取向。民间剪纸是乡土文化的载体，是人民理想愿望的表征，是幸福感的来源，也是亲情乡情的浓缩。习近平主席讲过："中华文化积淀着中华民族最深沉的精神追求，包含着中华民族最根本的精神基因，代表着中华民族独特的精神标识，是中华民族生生不息，发展壮大的丰厚滋养""中华文明绵延数千年，有其独特的价值体系。中华优秀传统文化已经成为中华民族的基因，植根在中国人内心，潜移默化影响着中国人的思想方式和行为方式。今天，我们提倡和弘扬社会主义核心价值观，必须从中汲取丰富营养，否则就不会有生命力和影响力。"在当今经济、文化全球化大潮中，许多地域性的民间剪纸习俗传统正在发生流变。工业化和城市化的快速发展，使社会生活方式急遽现代化，不断吞噬、瓦解剪纸民俗赖以生存的乡村土壤，使民间剪纸失去故园和接棒人，日趋衰落及濒危。将作为世界非物质文化遗产的中国多民族民间剪纸传统记录抢救下来，为它留一份文化档案，无疑是非常具有意义的，也是迫在眉睫的任务。

五、《中国民间剪纸集成》的项目宗旨和项目要求

民间剪纸是祖先留给我们的宝贵精神财富，一千多年不间断的文化传承和它独特的传续方式，使它保留了许多远古时代的文化信息，反映出中华文明的发展进程。如果让这种蕴含着丰厚文明历史记忆的文化物种在现代消失，将是中华文化无法估量的损失。《中国民间剪纸集成》项目的宗旨就是要为濒临消失的中国传统剪纸建立一份完整的文化档案，把祖先的创造忠实全面地记录下来，传留给后人。这是一项前所未有的对全国民间剪纸及其文化多样性进行系统田野调查记录整理的工作，工作的难度、复杂程度超出想象，需要对整个项目做合理的规划和科学的设计。经过专家多年的考察和论证，拟订了项目方案，又经过试点实践，于2011年开始在全国大范围实施。

《中国民间剪纸集成》项目以传统的剪纸主要产区以及剪纸文化的重要传承区域来立卷，要求在田野调查基础上，采用文字、摄影、摄像的方式，不仅完整地记录遗存在各地的剪纸艺术成果，也重视记录剪纸活态文化的传承发展状态，真实展现剪纸创作、制作、传播、应用的全过程，反映剪纸产生、存续的社会历史文化背景和地理环境。各卷大体包括总序、前言、概述、剪纸的民俗内涵及其使用、剪纸类别、剪纸代表作品、剪纸的制作及其工具材料、剪纸艺人的传承与流脉、剪纸的传播与销售、剪纸的传说、故事与歌谣、主要代表作品图录、后记等几部分内容。项目成果以图文并茂的形式，全面、深入地揭示和阐释各地民间剪纸的形成和发展脉络，以及其深厚的农耕文化底蕴。

《中国民间剪纸集成》项目严格按照文明档案的高标准来实施，要求所用基础资料必须原真、准确、丰富、完整，要以第一手田野调查资料为主体，同时结合相关的历史、民俗、学术研究等文献及地方文史资料；引用的文献材料应有严谨的文化相关性以及相匹配的文化针对性。在卷本编纂上，要求各卷在项目编撰体例的统一规范下进行，以保证内容的丰富性、完整性，编撰时还要注意在客观真实的田野资料基础上突显出区域文化特色和民俗文化活态现状；对剪纸文化内涵的阐释应符合所属文化区域的民俗观念与民众的理解，能够客观真实地反映民俗文化的活态现状，避免主观臆测及过分阐释。深入的田野调查才能获得真实可靠、完整充分的第一手资料，科学严谨、全面客观的编撰要求，保证了《中国民间剪纸集成》作为文化档案项目的高质量。

为保障项目质量，编制了《中国民间剪纸集成》编撰体例。中国剪纸是分布最广泛、最普遍的民间艺术，已知有三十多个民族具有与剪纸相关的习俗传统。剪纸集成的编撰工作涉及多民族各种民俗文化类型，汉民族分布的辽

阔地区不同区域也呈现出文化的差异性，这也是中国剪纸文化的多样性与普遍性的魅力所在。《中国民间剪纸集成》不片面强调各卷完全符合编撰体例，而是编撰中注意突出不同区域卷本的文化特色。编撰体例所涉及的条目有一定的普适性，只是作为工作的基本规范，各地、各族剪纸文化有其独特性，对于不同地区、不同民族的卷本，根据田野调查的事实和掌握情况的实际需要，会对某些条目做调整充实，同时在已有条目中也会有不同类型的侧重点，以体现其文化特色。

《中国民间剪纸集成》的立卷原则也适应了这一要求，不按照行政区划立卷，而是根据剪纸产地和剪纸文化传承区域立卷，剪纸资源特别丰厚的地方，一个行政区划内可以编纂多个卷本，便于将区域内具有不同民俗形态、文化类型的剪纸特色充分地加以体现。

六、《中国民间剪纸集成》项目对剪纸研究的贡献

《中国民间剪纸集成》项目经过16年的实施（大规模实施8年），项目已覆盖全国大部分的剪纸文化重要传承区域，已完成的田野调研基本摸清了各个区域民间剪纸的资源情况及剪纸文化的传承状况，取得了丰硕的成果。已出版的有9个卷，另有十几个卷本已编成初稿送审或正在编撰。《中国民间剪纸集成》项目的实施为濒危的剪纸文化传统建立了一个档案馆、文化基因库，抢救了大量濒临失传的剪纸资料，丰富了剪纸的学科研究素材。它在实施过程中

探索积累的实践经验，也为剪纸研究拓宽了视野，开辟了新的路径，提供了宝贵借鉴。

（一）建立了跨学科的立体研究方法，极大丰富了民间剪纸的资料信息

中国民间剪纸不单是一种独立的艺术，也是某一区域历史文化、民俗生活的表征，它承载了某个族群生生不息的文化记忆和理想追求、审美特质，记录了他们对自然、社会、人生的理解认识，反映他们对美好生活的理解和向往。剪纸像是一种图像的典籍，浓缩了非常丰富的文化信息。以往从民间美术角度来研究中国剪纸，仅从剪纸图像来认识是不可能得到其全部信息的。《中国民间剪纸集成》改变了以往的单学科研究方法，采取多学科的跨界研究方法，从历史学、文化学、人类学、民俗学、民族学、美术学等各个角度来认识剪纸，将关注的视角从作品延伸到人、到民间剪纸发生、发展的农村乡野，还原剪纸传承群体的现实生活环境和生存境遇，透过剪纸作品，进而了解到它产生、传承和使用的过程、民俗习惯、当地约定俗成的寓意甚至其历史传承等，使平面的剪纸作品呈现出丰满立体的文化形象。这种跨学科的立体研究方法，使剪纸作品所携带的文化信息被最大限度发掘出来，使《中国民间剪纸集成》收录的文化资料具备更高的完整性、全面性、丰富性。

（二）注重挖掘和记录剪纸活态文化的调研，获得了许多重要的文化发现

活态文化的概念是指一定区域或一定时间内仍保留自然生态的具有民族性和地域信仰传

统内涵的社会生活形态和生存实体。"活态文化"既是目前存活的文化形态，也包含一个文化内在核心精神——信仰价值体系仍然存活着的文化传统。"文化遗产"的概念重在遗产，着眼处是物，而把民间剪纸视为一种活态文化，其视角着重点是人，体现了"以人为本"的文化价值观，强调民间艺术的研究还原生活事实的基本原则，强调以活的文化事实和传承人（群体）作为研究主体。用这种研究方法对某一事象进行追根溯源，更容易探寻到文化的本真事实，更接近文化的内在本质。这种重视活态文化的调查方法，不仅使《中国民间剪纸集成》的资料极大地丰富了，而且在项目实施过程中屡屡获得意外的重要文化发现。

辽宁的医巫闾山曾孕育了氏族社会灿烂的红山文化。在对医巫闾山民间剪纸的实地调研中，在多地发现当地剪纸艺人都剪一种造型相似的"腹乳如山"的"媳妇人"剪纸，经过十几年深入的调查研究，发现医巫闾山及东北地区的"嬷嬷人""媳妇人"剪纸，可能是起源于红山文化的女神崇拜，它的原始形态是祭祀用的神偶，是生殖神、祖先神和家庭神。调研时也找到了许多相关的文化证据。调研中还发现了一个奇特的"柳树妈妈"剪纸纹样，是来源于山林民族古老的植物图腾"柳树妈妈"崇拜习俗。

在全国各地的剪纸中，五毒形象比较普遍，都是以自然形态来表现。但在陕西关中的千阳县，发现一个古老而又神秘的五毒精气剪纸"精气子"。五毒就是蟾蜍、蝎子、蛇、蜈蚣、蜘蛛或壁虎。在千阳的剪纸里，五毒的形象都变成了人格化的童子形象，各自手持葫芦、石榴、佛手等花果或手持刀枪剑戟，围绕在蛙的周围。这些五毒精气剪纸多应用于端午节的刺绣花样或新娘的裹肚花样。五毒的寓意通常认为是以毒攻毒，有辟邪功能。但千阳的五毒精气剪纸造型，蝎童子手持一蔓葫芦，蛙童子手持一蔓葡萄，蜈蚣童子手持莲花，壁虎童子手持祥云，都与生殖繁衍相关联。当地农村有"一蔓葫芦一蔓瓜，祖祖辈辈发大家"的民谣。根据民间美术研究专家李辛儒先生的考证，五毒并非毒，古时"毒"与"育"音义通。"毒"字在中国的古代，并不专门表示有毒的事物，老子《道德经》有"亭之毒之"一语，亭谓品其形，毒谓成其质。毒，是化育之意。在甲骨文中，蝎子代表"万"，是无限增殖的象征，也是善生育的英雄。蜘蛛在民俗文化中有主喜事、好兆头的文化内涵。从中可以看出五毒精气剪纸是远古先民生殖繁衍意识和图腾崇拜文化在千阳民间的孑遗。千阳精怪剪纸所呈现的生殖与护生的文化内涵，或许暗示出精怪剪纸最原始的本源。

（三）为民间剪纸的田野调查建立了一整套工作规范。

《中国民间剪纸集成》实施中全方位地了解中国剪纸的历史发展、掌握它现存状态，并加以科学整理忠实记录，保证其资料翔实准确科学完整。在项目多年的大规模实施中，遇到了各种各样的困难和难题。在不断摸索求解过程中，积累了丰富的经验。在此基础上编制的《〈中国民间剪纸集成〉田野调查与编撰工作手册》（以下简称《工作手册》）为田野调查工作制定了非常详细、实用的工作规范，对民间剪纸的调研具有普遍的指导意义。

《工作手册》明确要求把民间剪纸还原到区域性活态文化传统中来进行细致调查，不能单纯从剪纸到剪纸，而应当从生活进入剪纸，再进入到代表性传承人的阅历和作品，并从中发掘出活态的文化内涵，为剪纸调查研究制定了基本原则。只有把剪纸还原到具体的村社（村寨）生活形态中去理解、认识，才可能进入到剪纸的文化内涵中，解释剪纸背后蕴藏的深厚文化。也只有从生活入手，才可能深入传承人的心灵，与传承人、与调研对象建立信任友好关系，使调研能顺利进行并获得真实信息、更多信息。

《工作手册》写明对剪纸传承人的认定及其代表作的选择不以艺术性作为唯一标准；田野调查要遵循文化尊重原则，具体、关联、整体的调查与研究原则，采用活态文化的实地调查方法等等，进一步细化了剪纸田野调研必须遵循的原则、判定标准以及具体的实地调研方法，这些是调研取得圆满成功的宝贵经验。田野调查的重要性在于它是调研者从未知去求答案，这个过程中调研者的态度、方式、方法等，都会对调研对象产生影响，进而影响到所得答案的真伪、正确性、准确性、丰富性与深刻度。田野调查建立在对地域文化历史的深入认识和研究的基础上，将剪纸置于更完整的区域文化乃至文明体系中，从人文历史、社会习俗、民族文化的层面审视分析剪纸传统，才能更接近剪纸的本真面貌。

（四）为中国剪纸保存了一份内容详尽、完整可靠的文化档案

《中国民间剪纸集成》是在系统、深入的田野调查中获得第一手材料的基础上来编纂，资料详尽可靠，编纂严谨客观，整个项目规模宏大，囊括全国重要的剪纸产地、剪纸文化重要传承区域和多民族的剪纸文化传统，按项目最初规划全套集成编纂50卷，一期已经启动30卷，等项目全部完成，将会给剪纸领域建成一个极为宝贵的大型资料档案库。这套书各卷叙述性的文字达10万—20万字，基本包括总序、前言、概述、剪纸的民俗内涵及其使用、剪纸的分类、剪纸的制作及其工具材料、剪纸传人的传承与流脉、剪纸的传播与销售、剪纸的传说、歌谣与故事、主要作品图录、后记等章节，对剪纸传承地的自然生态、文化历史概况、相关文化艺术、习俗风情、地域民俗活动中剪纸的使用情况、使用方式以及在民俗中所包含的文化象征意义、相关民俗内涵、剪纸的种类、剪纸精品及代表作、剪纸的工具材料及技艺、代表性传承人、传承谱系、地域性传承的群体特征以及文化方式、剪纸传播与销售、与剪纸信仰习俗及剪纸艺人等相关的民间传说、歌谣与故事等与剪纸相关的民俗、文化进行全面、详尽、细致的介绍，全方位呈现一个区域剪纸的文化面貌。项目以田野调查为基础的做法，限定了它作为剪纸活态文化档案的属性。强调调研要亲历剪纸相关的民俗文化的活动现场，对剪纸相关仪式的日期、持续时间、程序与环节顺序进行完整记录，并深入调查剪纸在仪式中的使用功能与文化内涵，保证了卷本资料的

真实性与准确性。项目实施中注重对地方民俗专家的采访，从中了解地方文化概况、历史沿革以及传承人等信息，将这与调查结果互相印证，减少了信息资料的偏误，从中亦可获取调查线索，减少遗珠之憾。项目调查少数民族剪纸传统时对非纸材剪镂艺术的重视，适应了广义剪纸的历史客观性，扩充了《中国民间剪纸集成》的资料范畴。各卷编撰中凸显本区域文化特色，使各地剪纸文化多样性、丰富性得以体现，争奇斗艳。一系列的措施使这套图书不仅资料详实可靠、完整全面，而且地域文化丰富多彩，宜读宜考，成为剪纸及其他学科研究可以信赖的文献资料。

各卷精选项目区域民间剪纸精品及代表作300—500幅，所选作品按照民俗功能分类，大致有岁时节令剪纸、人生礼仪剪纸、民俗信仰剪纸、巫术剪纸、日用剪纸、游艺剪纸等，岁时节令剪纸又包含春节、元宵节、清明节、端午节、中秋节等节日剪纸，人生礼仪剪纸包含生育、婚嫁、祝寿、丧葬等剪纸。按照具体用途分类，则大致有窗花、墙花、炕围花、顶棚花、门楣花、碗架花、坐账花、碗筷花、脸盆花、礼品花、神龛帘子、供花、桌裙、神衣、纸幡、招魂娃娃、送病娃娃、祈子娃娃、扫晴娘、龙船花、灯花、玩具剪纸、服饰花样等。按照作品的材料、制作工艺来分，又有单色剪纸、衬色剪纸、拼贴剪纸、染色剪纸、剪绘剪纸、熏样，等等。每幅作品标注有标题、尺寸、时间、作者（收藏者）、地区等详细的信息。每一卷都包括了该区域最具代表性的剪纸传承人及其代表作。此外，每卷还编入该地民间剪纸活态应用的民俗图片几十到上百幅，直观地体现剪纸的应用情况，给阅读者、研究者提供更直接的文化信息。这样一套材料丰富可靠、编辑科学严谨、充分体现"以人为本"、总卷数达几十个卷的大型剪纸文化档案库，是剪纸领域绝无仅有，必将对中华传统文化的传承和剪纸研究产生深远的影响。

剪纸集成项目各卷普查中获得的作品数以千计，编入各地卷本的作品只是从中精选的一部分，更多的资料留存下来，是项目传给后人的又一笔巨大财富。此外，通过项目普查，各地摸清了家底，掌握了剪纸传承人的现状和分布情况，初步建立了传承人档案，为进一步采取措施保护文化奠定了基础。民间文化的保护归根结底是要对人进行保护，了解传承人的情况，建立传承档案，才有可能针对性地实施有效保护。

七、结语

中国剪纸是一种具有很强综合性的民间艺术，在其不间断的传承延续中，承继了中华民族漫长发展历程中形成的传统文化理念，传递着各个时代的人文精神与思想脉搏，反映了各民族的信仰追求、民风民俗及价值取向、审美观念。中国剪纸就像活化石一样，浓缩了中华民族几千年的农耕传统文化。中国幅员辽阔，民族众多，不同地区的自然地理环境、历史文化、民俗风习、生活习惯不尽相同，形成了各地多种多样的民俗文化。各地民俗中应用的剪纸，形成了不同的俗规禁忌，对剪纸的数量、内容、色彩、式样及文化内涵有不同认识和理解，有大同也有小异。剪纸作为精神的物化形态，在农耕时代伴随着丰富多彩的民俗活动，融入了几千年的历史文化积淀，它的价值已远远超过了美术学上的审美价值，而具有了更丰富的哲学、艺术学、考古学、历史学、民俗学、民族学、社会学和文化人类学等多学科的文化价值。

中国民间文艺家协会启动《中国民间剪纸集成》项目，并于2011年专门成立项目组以加快实施进度、扩大实施范围，就是为抢在这个古老的文化物种消失之前尽可能地全面记录下它存在的样貌。为保障项目实施高质量，从开始就做了严密的设计，制定了详细的项目编辑体例，对卷本编撰提出严格的要求，规定各个卷本必须将本地区的剪纸文化进行全面、系统、深刻的记录和呈现，要以田野调查为基础，掌握第一手资料；强调各地要把田野调查做充分、做到位。对项目质量实行过程控制和成果审核双重管理，召开全国剪纸集成编纂会议，对本项目调查方法、编纂体例、编纂要义、工作要求等进行讲解和培训。项目组对启动各地项目先做宣传和业务培训，实施过程中发现问题及时进行个别指导。结合学术调研，了解各地剪纸情况及工作状况，根据项目实施中存在的实际问题，专门编制了剪纸集成田野调查工作手册。对项目成果采用"三审"制度，各卷由地方负责普查并编成初稿，送交总编委会经过初复终审验收合格后，发给出版社，再经过至少四个校次才能印刷出版。近乎严苛的编撰、出版要求，都是为了保证《中国民间剪纸集成》作为中国剪纸文化档案在资料、编撰、出版方面都具备高质量。这样一项规模宏大、涉及地域广阔、民族众多的文化抢救记录工作，是我国剪纸领域头一次，其复杂程度、遇到的问题和困难之多，常常超出想象。摸着石头过河，《中国民间剪纸集成》披荆斩棘地前行，为我国剪纸研究抢救保存了大量宝贵资料，也踏出了一条新的光明路径。

中国快速的城市化与现代化进程，促使中国农耕时代的乡村生活进入快速的衰退期，自然村落减少速度加快，乡间空心村也渐成常态；现代化、城市化的生活方式冲击着乡村传统习俗生活与传统的价值观，民间文化赖以扎根的生存土壤在急速崩溃瓦解，其传承人在变异流失。民间文化流变衰退的速度，已引起整个社会的关注。我们在实施项目的十几年间，已深刻地感受到民间文化飞速离去的现实。在《中国民间剪纸集成》项目开始的第二年，陕西天才的剪纸艺术大师、被联合国科教文组织授予"杰出中国民间艺术大师"称号的库淑兰去世；在陕北卷出版的前两个月，陕北剪纸艺术大师、民间工艺美术大师、国家级非物质文化遗产延川剪纸项目代表性传承人高凤莲去世；今年，就在乐清卷出版的前一天，浙江乐清细纹刻纸的第四代传人、国家级非物质文化遗产项目代表性传承人、中国工艺美术大师林邦栋去世。老辈的最深刻最完整掌握民间剪纸文化的传承人已存世稀少，民间剪纸的抢救工作只有和快速发展的时代去赛跑，才有可能抢救记录下来更多的民间剪纸文化。现在，保护、传承和弘扬中国传统文化，已经前所未有地被提升到国家战略高度，事关民族复兴，现在民间文化的存续遭遇到时代难题，需要靠全社会共同努力来传承弘扬。对民间文化怀有感情、做民间文化遗产的知情者、有目标的行动者,是国家对新世纪民间文艺工作者的期待。不辜负祖先,不愧对当代,无论抢救保护的路多难走,我们应当去尽力。

本文参考书目

1. 冯骥才总主编,王光分卷主编:《中国民间剪纸集成·医巫闾山卷》,石家庄:河北教育出版社,2011年。
2. 冯骥才总主编,倪宝诚分卷主编:《中国民间剪纸集成·豫西卷》,石家庄:河北教育出版社,2009年。
3. 冯骥才总主编,陈山桥分卷主编:《中国民间剪纸集成·关中卷》,石家庄:河北教育出版社,2020年。
4. 乔晓光:《村寨里的纸文明》第一卷,青岛:青岛出版社,2018年。
5. 乔晓光:《〈中国民间剪纸集成〉田野调查与编撰工作手册》,石家庄:河北教育出版社,2015年。

数字化的民间文化长城　手掌上的"民间四库全书"[1]
——中国口头文学遗产数字化工程综述

侯仰军

侯仰军，中国民间文艺家协会分党组成员、副秘书长。历史学博士，编审。山东大学历史文化学院考古学及博物馆学专业毕业。历任山东省微山县第五中学教师，齐鲁书社编辑、发行部主任、编辑室主任，中国书籍出版社副总编辑，中国文史出版社总编室（办公室）主任，中国民间文艺家协会办公室主任、研究资料部主任、国内联络部主任、活动管理处处长。著有《考古发现与夏商起源研究》《历史真相与文化反思》等著作10部，在《人民日报》《光明日报》《民俗研究》等报刊上发表文章一百余篇。曾参与《关于实施中华优秀传统文化传承发展工程的意见》等文献的起草工作，成功策划、组织、主持了一系列历史学、民俗学与中国传统文化的学术研讨、学术讲座和田野调查活动。荣获第四届、第五届国家图书奖，第二届、第三届中华优秀出版物奖等省部级以上优秀图书奖28项。

内容提要　新中国成立60年来，中国民间文艺家协会先后发动了三次大规模的、全国性的口头文学普查运动，基本上摸清了我国口头文学的总体状况与各种体裁的分布格局，第一次把几千年来仅仅存在于百姓口头的文学记录成文字。在此基础上建成的数据库，是迄今为止人类最大的口头文学遗产数据库，是蕴含民间灵气、智慧和大美的民族民间文学宝库和矿藏，是我国规模最大、种类最齐全、资料最丰富的民间文学数字图书馆，堪称"数字化的民间文化长城"，手掌上的"民间文学四库全书"。

关键词　口头文学　数字化　数据库　文化长城

2014年2月28日,"中国口头文学遗产数字化工程(一期)成果演示会"在北京召开,时任中国文联党组书记赵实、中国民协主席冯骥才揿动按钮,宣布中国口头文学遗产数字化工程(一期)圆满建成。演示会上,中国文联和中国民协领导为在数字化工程建设中做出突出贡献的专家学者、工作人员颁发了"中国口头文学遗产数字化工程贡献奖"奖牌、证书,与会嘉宾观看了数据库效果演示并进行了现场体验。自2010年12月30日中国文联、文化部、中国民间文艺家协会正式启动中国口头文学遗产数字化工程(以下简称"数字化工程"),整整三年,几十位民间文学专家和工作人员的心血终于结出了如花硕果。

口头文学是与作家文学相对应的一个概念,就是口耳相传的文学作品,包括神话、传说、民间故事、民间歌谣、谚语、谜语和歇后语等。口头文学一般很难确定其具体作者,绝大部分为群众集体的口头创作,在流传的过程中被不断完善和发展,大多不入文学典籍。所以,口头文学具有很强的变异性,内容乃至形式经常会发生变化,许多作品在核心内容相对稳定传承的基础上会产生很多"变体",衍生出大量异文。由于口头文学来源于民间,是千百年来老百姓心声的真实表达,故有着重要的文学、史学、民俗学、语言学、社会学价值。

一、口头文学的价值

口头文学最本质也是最重要的特点就是产生于民间,流传于民间,发扬于民间。它是民众最真实的生命体验,属于"原生态"的文学样式,毫不矫揉造作;它直抒胸臆,活泼生动,老少咸宜,往往能用最简单的语言揭示最深刻的内容。人类的文学最早就是口头文学。因为上古时期,在文字产生之前,人们想表达自己的感情,只能通过口头的交流。久而久之,一些简单的文学样式就随之慢慢产生。正如冯骥才先生所说,一个文学大国的文学,总是分为两种:一种是用文字创作、以文字传播,这种文本的文学是看得见的、确定的、个人化的。这是文人文学多采用的方式。另一种是用口头创作、以口传播,这种口头的文学是无形的、不确定的、在流传中不断改变和加工的,而且是集体性的。这是老百姓的民间文学方式。

(一)口头文学是作家文学的母体与创作源泉

口头文学发生于劳动人民的生产和生活,因人们生产、生活的需要而产生和流传,精确地反映了人们各方面的生产生活和思想感情,直接地或间接地为人们的生产生活服务——慰藉心灵;活跃生活;传播知识;教育后代;弘扬精神;凝聚人心。由于口头文学的作者(包括修改者和传播者)人数众多且生活在底层,他们比那些数量有限的专业作者,能够更广泛地反映出社会生活,故口头文学是很多作家文学创作的母体与源泉。文字产生之前,文学只能是口头文学;文字出现后,口头文学开始分化,有些仍流传于民间,有些就开始变为形式各异的作家文学。中国四大民间传说"牛郎织女""孟姜女哭长城""梁山伯与祝英台""白蛇传"就是由口头文学演变而来的。

（二）口头文学具有较大的语言学、社会学价值

孔子说："礼失而求诸野。"[2] 意思是说在上层社会礼乐崩坏的时候，还可以到民间去寻求礼乐文化。民间有着丰厚的道德积淀，而民间的礼乐文化和道德积淀自然要通过口头文学表现出来。因此，口头文学具有较大的语言学、社会学价值。以客家山歌为例，作为民间歌谣的一部分，客家山歌是集文学与音乐为一体的传唱艺术，不仅在粤、赣、闽、桂、川、湘、台等省区客家人聚居地流传，还由客家华侨传播到世界各大洲客家人居住的地方。客家文化研究大家罗香林先生在20世纪二三十年代曾对粤东兴宁的客家山歌兴盛情况作一描述："客家男女，雅好歌唱。偶过冈头，樵夫薪妇，耕子牧童，唱和之声，洋洋盈耳。"[3] 客家山歌可以说是客家人的百科全书，对于我们研究文学、历史、民俗、语言、音韵等等都大有裨益。它保留着纯正的客家语言本色，常运用比喻、双关、起兴、重叠、直叙、对比、排比、对偶、顶真、夸张等表现手法，旋律优美，委婉动听，几乎所有曲调中都有颤音、滑音、倚音等装饰音；内容包括劳动歌、时政歌、仪式歌、情歌、生活歌和儿歌等，涵盖了客家人生活的方方面面。客家山歌用的都是客家方言，对于我们研究古代汉语音韵和流变，其作用无可替代。罗香林先生曾经说过："客族人的语言，实在包含得古中原的官话最多。虽然不能说就是古中原的官话，然而总算是比较纯粹的汉族话。"[4]

早在两千五百多年前，孔子就意识到了诗歌的教育价值，曾说过："《诗》，可以兴，可以观，可以群，可以怨。迩之事父，远之事君，多识于鸟兽草木之名。"[5] 诗如此，其他口头文学也如此。由于更贴近广大劳动人民的生活，口头文学比作家文学在民间的社会价值特别是教化作用更大一些，这一点在传统的农业社会表现尤其明显。实际上，现代学校教育产生之前，对国民的道德教化主要是通过口头文学来实现的。直到今天，口口相传的民间故事与歌谣，对学龄前儿童的道德观、审美观、价值观的形成，仍具有不可替代的作用。小学语文课本中，属于中外各国各民族的民间文学范畴的课文，占半数以上。许多世代相传的古老神话和传说，不但给人们讲述了一定的历史知识，还培养了他们的国家意识、民族感情、团结精神；许多描写下层劳动人民反抗斗争的故事、歌谣和小戏，都长时期地、广泛地教育着人民，培养着他们高尚的情操和品格；大量的民间俗语谚语，如"谷雨前后，种瓜种豆""头伏萝卜二伏菜"，"白露早，寒露迟，秋分种麦正当时"，由于是农民、渔民、工匠等长期生产、生活经验的总结，反过来又成为他们生活和劳动的教科书；不少劳动歌，则是广大劳动人民在生产劳动中调整呼吸、协调动作和鼓舞情绪的不可缺少的东西……

（三）口头文学具有一定的资政功能

在我国古代，统治阶级往往通过派人（采诗官）到民间"采风"来了解民意，作为政策调整的依据或参考。《诗经》中《国风》的绝大部分和《小雅》的一部分，就是西周初到春秋中期的民歌，它们都是从民间采来的。清末著名诗人黄遵宪感叹道："十五国风，妙绝古今，正以妇人女子，矢口而成，使学士大夫操笔为之，反不能尔：以人籁易为，天籁难学也。"[6] 两汉时期，老

百姓常常编唱一些歌谣来表达他们对政事的看法,即使对天子的作为也敢于评头论足。汉政府时常选派一些职位较低但精明强干的官员去民间采访,回京后上报朝廷,以作为赏罚官员的参考依据。有时,朝廷还下令让公卿"以谣言奏事"。据统计,《史记》《汉书》记载百姓评价西汉吏治的歌谣、时语共23条,而《后汉书》中记载的百姓或赞美或抨击东汉吏治的歌谣、时语就达70条。[7]近代以来,巨量的民歌民谚、戏曲故事广泛反映了各阶层的社会生活和心理诉求,具有更大的资政功能。

二、中国民协对中国口头文学的搜集与整理

新中国成立后,党和政府十分重视口头文学的搜集、整理工作。1950年3月,在中国民间文艺研究会("中国民间文艺家协会"的前身)成立大会上,专门制定了《征集民间文艺资料办法》。不久,时任中国民间文艺研究会副理事长的钟敬文发表《口头文学:一宗重大的民族文化遗产》,认为:"口头文学的作者,是生息在广大的民间的,是熟悉各种社会现象、关心各种实际生活的。因此在他们的故事中、歌唱中,甚至三言两语的俗谚中,大都能够反映出比较有普遍性的世态人情。汉、魏以来文人骚客所作的仅少的社会诗、故事诗,大抵取法于乐府,而所谓乐府'古辞'(即许多乐府诗题的最初篇作),却大都是取自民间的口头创作。""口传文学的内容价值,不但在于广泛地并且正确地反映了社会的、生活的真相,尤其在于忠实地表现出人民健康的进步的种种思想、见解。""人民口头创作在教化上的潜力,往往不是我们脑子一时能完全测度得尽的。"呼吁对中国口头文学遗产"充分发掘出来,充分清理出来,特别是充分利用起来"。[8]第二年,由中国民间文艺研究会主编的《民间文学丛书》开始出版,首先出版的是何其芳、张松如编选的《陕北民歌选》。

60年来,中国民间文艺家协会先后发动了三次大规模的、全国性的口头文学普查运动:1958年,中国民间文艺研究会开展民歌调查运动;1984年起实施"中国民间文学三套集成"普查编纂工作;2002年启动实施中国民间文化遗产抢救工程。

为抢救民间文学遗产,1984年,文化部、国家民委、中国民协联合发起民间文学普查和《中国民间故事集成》《中国歌谣集成》《中国谚语集成》的编纂工作,对我国各民族、各地区的口头文学进行了拉网式的普查,获得了巨量的第一手口头文学资料。据不完全统计,1984年至1999年,全国数十万文化工作者,二百多万人次深入第一线采录资料,共搜集民间故事184万篇,歌谣302万首,谚语478万余条。2009年三套集成的省卷本全部出齐,计90卷,1.2亿字;地县卷本(内部出版)四千多卷,总字数逾40亿。

三次调查运动,中国民协基本上摸清了我国口头文学的总体状况与各种体裁的分布格局,第一次把几千年来仅仅存在于百姓口头的文学记录成文字。

这些民间口头文学资料具有以下特点与价值:

1. 都是原始记录资料,绝大多数作品第一次

被记录，总量巨大，古今中外绝无仅有。

2. 除极少部分曾公开出版外，绝大部分都是内部编印资料，一部分为铅印本，一部分为蜡版刻印油印本，还有少量手抄本或手抄复写本。其中一千多册的手抄本和蜡版刻印的油印本，本身已具有珍贵的文物价值，其中20世纪早期周作人、刘半农等先生的口头文学调查手稿，弥足珍贵。

3. 基本上遵循统一的要求，坚持忠实记录，并附有讲述人情况（身份、年龄、性别等），记录人与记录情况（记录人身份，记录时间、地点等），符合记录民间文学的国际惯例，具有高度的科学性。

4. 中国民协保存了规模最大、数量最多、卷册最完整的全国民间口头文学资料，散存于各省市民协的县级资料本也及时补充进来。由于民间文学普查工作和集成工程系中国民协和各省民协主持和实施，故中国民协系统代表国家拥有此项目资料本的知识产权。

5. "中国民间文学三套集成"只出版了省卷本，绝大多数县卷资料未被收入、未能公之于世。县卷本资料作为民间文学的口头记录本，其资料是最具第一手性、最真实、最原始的，因而也最受国际学术界关注（欧、美、日等地学者多次呼吁公布或出版民间文学县卷资料本）。

6. 这些资料是我国民间文学工作者历时60年采集而得，许多讲述人都已故去，会讲民间文学的人越来越少，这使得这些资料具有不可重复性，在中国文化遗产保护和中国文化史上具有特殊的价值和特别重要的地位，对于弘扬社会主义核心价值观具有不可替代的作用。

中国民协60年的普查成果，有一大批填补了中国文学史、文化史的空白，如少数民族三大英雄史诗和众多斑斓多姿的神话作品，华北、中原与西北地区活态神话群的发现，江南和中南地区汉族民间叙事长诗的发现。特别值得一提的是，大量中原神话的被挖掘，改变了以往被某些中外学者所谓"中国没有神话"或"中国是无神话的民族"等的错误论断。从1982年到2000年近20年的时间里，著名民俗学家张振犁先生率领"中原神话调查组"跑遍中原大地，基本上摸清了中原神话的系统分布情况。盘古、女娲、伏羲、神农、燧人、黄帝、颛顼、帝喾、尧、舜、大禹、夸父、后羿、嫦娥、牛郎织女等等神话群被挖掘出来，拭去千年的尘垢，放射出了耀眼的光芒。这些神话，有创世神话、造人神话和文化英雄神话，像一串串奇珍异宝一样，遍布中原大地，活在人民口头上，被我国学术界誉为人类"文化史上的奇迹"。[9]

20世纪以前，由于口头文学总体上不被重视，政府没有进行较大规模的调查整理；近代以来，战乱频仍，不少学者虽然意识到其重要价值，也无力进行大规模的搜集整理；只有在新中国成立后，党和政府高度重视，人民安居乐业的形势下，才能投入这样大的人力物力进行拉网式的普查。20世纪中后期，我国广袤的乡村基本上还停留在农业社会，大体保留着几千年来的生产、生活方式和民俗事象。21世纪的今天，乡村发生了巨大变化，城镇化、现代化的浪潮风起云涌，很难再找到原汁原味的口头文学。从这方面来说，中国民间文艺家协会发动的三次全国性的口头文学调查运动，可谓"前无古人后无来者"。

经过几代人搜集、整理的这些口头文学资

料，其完整性和丰富性举世罕见，必须妥善、精心地保护、保存好，并按珍贵文献档案资料和图书典籍的要求加以登记、保管，防止损坏损毁；适当的时候，将这批珍贵资料申报为国家级档案文献，并向联合国教科文组织申报世界记忆遗产名录。

三、启动中国口头文学遗产数字化工程，建设数字化的民间文化长城

从20世纪80年代进行中国民间文学三套集成普查算起，弹指间几十年过去了，中国民协组织全国民间文艺工作者采集、记录的宝贵资料历经风雨：存放在地方机构的多有失散；存放在中国民协资料室的也因为保管条件有限而开始出现字迹漫漶、文本损坏的现象，急需施以再抢救。由于纸质图书出版工程量大，周期长，费用高，传播速度慢，不如做成数据库，既便于长久保存，也便于互联网传播。

2009年，冯骥才主席在抽看了中国民协资料室保存的口头文学资料后，建议启动数字化工程，通过数字转化实现对这些资料的再抢救和永久存储，还可以趁机对这批资料进行系统整理。在罗杨书记和向云驹秘书长的领导下，中国民协立即组织大量的人力（包括外请了一大批高校师生）逐一登记协会所藏全部口头文学资料（不限于"三套集成"）。经过一个多月的奋战，光目录就整理出厚厚两大本，粗略估计有8亿多字。2010年的"两会"期间，冯骥才主席将相关资料、报告、方案带到会上研究并考虑立项工作。不久，数字化工程得到文化部批准并资助，进入了实际实施阶段。[10]

数字化工程的具体内容包括：

（一）把中国民协现存的口头文学资料县卷本，按民间文学的科学分类编排、扫描、录入，同时继续在全国征集留存在各地基层文化机构和个人手中的口头文学资料。

（二）按我国56个民族编排各民族民间文学资料库。每个民族的资料库包括该民族口头文学的各个类别，如神话、传说、故事、歌谣、谚语等。

（三）设计科学、简便的检索体系与功能，运用当前最先进的检索技术，使中国口头文学遗产普查资料实现包括全文检索在内的多种检索功能，方便使用和网上传播。

（四）适时将普查资料中的民间故事部分进行研究和主题分析分类，按国际通行的分类法，进行类型编序和分类。

2010年12月30日，中国文联、文化部、中国民协在北京人民大会堂正式启动中国口头文学遗产数字化工程，计划用4年的时间，打造出数字化的中国民间文化长城，以方便学人，造福子孙万代。同月，中国民间文艺家协会与汉王科技股份有限公司就中国口头文学遗产数字化项目达成合作意向，双方签订合作协议，正式展开合作。依据合同，本项目总量为5166本8.4亿字的图书，经过数据加工后灌装到数据库软件系统中，最终形成一套完整的数字图书馆系统。具体包括：

1. 扫描的图像文件。图像文件指的是从封面到封底，一本书所包含的所有页的扫描图。书内页插图、图表等非文本信息单独提供扫描图。

2. 文本文件。文本文件指的是扫描的图像文

件经 OCR 识别及人工校对后，识别错误率为万分之一以内的 XML 文件。图书章节目录单独制作 XML 文件。

3. PDF 文件。将图像和文本制成双层 PDF 文件，图在上，文本在下。同时制作单层纯图像 PDF 文件，黑白、灰度、彩色图片为 300dpi。

4. 检索发布系统。基于局域网环境下，可供 200 人同时查阅浏览的检索发布系统，同时附带一套资源管理软件。

高级检索提供字段检索功能，具体关键字段包括：关键字、分类、流传区域、采集者、讲述者、整理者、翻译者、采录时间、印刷时间九项内容。如果用户只输入关键字不输入其他字段，那么系统会进行全文检索将所有含有关键字的文件列出。

5. 最终成果。初步商定为 5 套光盘和一个硬盘存储器，具体数据量及套数，双方协商后确定。

四、中国口头文学遗产数字化工程建设历程

中国民协对数字化工程高度重视，3 年间，冯骥才主席、罗杨书记、叶舒宪副主席、吕军副秘书长一直密切关注，随时指导；由侯仰军、郝静、刘加民三人组成中国口头文学遗产数字化工程工作组（简称"数字化工作组"），专职负责，协调与专家组、汉王公司等有关方面的对接，提供全方位服务[11]；从中国文联、中国社科院、中国艺术研究院、北京师范大学、中央民族大学聘请了一批民间文学方面的专家学者组成专家组。

这些专家学者有：刘锡诚、杨亮才、陶立璠、刘晔原、万建中、李耀宗、贺嘉、郎樱、常祥霖、安德明、杨利慧、关艳茹、毛忠、苏永前、朱芹勤、刘祯、陈泳超、巴莫曲布嫫……

历经 3 年艰辛，中国口头文学遗产数字化工程（第一期）圆满完成预定目标：1. 录入中国口头文学遗产资料 4905 本，8.878 亿字，形成 TIF、PDF、TXT 三种数据格式，文字差错率低于万分之一；2. 制作了检索发布系统软件；3. 对神话、传说、民间故事、民间歌谣、史诗、民间长诗、谚语、谜语、歇后语、民间说唱、民间小戏等 11 类口头文学作品进行了一级分类，计神话 8085 篇，传说 111666 篇，民间故事 160373 篇，民间歌谣 272917 篇，史诗 1424 篇，民间长诗 2248 篇，谚语 518660 条，谜语 21331 条，歇后语 64555 条，民间小戏 850 篇，民间说唱 2891 篇，总计 1165000 篇（条）；4. 用 Flash 动画形式概括中国民间文艺工作者百年来对口头文学遗产挖掘、整理的历程；5. 完成了数据库文档多种形式的备份；6. 按照国家图书馆标准对 4905 册资料进行了分类整理；7. 对数字化工程一期建设过程的资料进行了整理归档。

（一）确定数据库的分类标准，给口头文学资料安一个数字化的"家"

中国民协现有的口头文学遗产资料大体是按照县区分类的。为了方便使用，就要按照内容分类。冯骥才主席说，我们要用数字化的方式将这些失不再来的文化财富可靠地保护起来，我们要给古代文明安一个数字化的"家"，这个"家"必须是：严格的学术分类，科学的程序编排，方便的检索方式，以利于保存、传播和使用。

为了进行"严格的学术分类",中国民协精心挑选了一批民间文学方面的专家学者,聘任了分类项目专家负责人:杨利慧、万建中、贺嘉、朱芹勤、巴莫曲布嫫、杨亮才、李耀宗、安德明、常祥霖、刘祯。2011年3月8日,冯骥才主席召集有关专家开会,确定了一级分类目录。3月24日,罗杨书记主持召开分类项目负责人会议,要求各位负责人尽快做出二级分类目录。6月初,各分类项目专家负责人提交了所负责项目的二级目录。中国民协数字化工作组经过反复磋商,反复论证,作了部分调整,并将调整后的二级目录送专家再次征求了意见。7月18日,中国民协召集各分类项目专家负责人开会,讨论分类目录。会议由吕军主持,罗杨参加会议并讲话,侯仰军作二级分类专家意见汇总情况说明并提出一、二级分类意见,刘锡诚、常祥霖、李耀宗、杨亮才、贺嘉、刘祯、万建中、刘晔原、朱芹勤参加会议。按照"容易分类、方便使用、宜粗不宜细"的原则,会议基本达成一致意见。在请示冯骥才主席后,数字化工作组确定分类如下。一级分类:神话、传说、民间故事、民间歌谣、史诗、民间长诗、谚语、谜语、歇后语、民间说唱（原来叫"传统曲艺"）、民间小戏（原来叫"小戏"）。二级分类:（神话）诸神起源神话、宇宙起源神话、人类起源神话、文化起源神话、动植物起源神话、其他;（传说）人物传说、史事传说、风物传说、其他;（民间故事）动物故事、幻想故事、鬼狐精怪故事、生活故事、机智人物故事、寓言、笑话、其他;（民间歌谣）劳动歌、时政歌、革命斗争歌、仪式歌、情歌、生活歌、历史·传说·故事歌、儿歌、其他;（史诗）创世史诗、迁徙史诗、英雄史诗、其他;（民间长诗）民间叙事长诗、民间抒情长诗、民间说理长诗、其他;（谚语）事理谚、修养谚、社会谚、生活谚、自然谚、行业谚、其他;（谜语）物谜、事谜、字谜、其他;（歇后语）写人、叙事、状物、哲理、其他;（民间说唱）评书评话类、鼓曲唱曲类、快书快板类、相声滑稽类、少数民族曲种、其他;（民间小戏）传统小戏、花灯戏、采茶戏、花鼓戏、滩簧戏、秧歌戏、道情戏、仪式剧、少数民族小戏、其他。

为适应分类的繁重任务,数字化工作组逐渐调整专家分工,最终确定:神话由杨利慧负责,传说由万建中负责,民间故事由贺嘉、刘晔原负责,民间歌谣由朱芹勤负责,史诗由苏永前负责,民间长诗由杨亮才负责,谚语、歇后语由李耀宗负责,谜语由安德明负责,民间说唱由常祥霖负责,民间小戏由刘祯、毛忠负责。专家们都尽职尽责,既严格分类,又认真验收,许多专家验收的次数都不下几十次,圆满完成了预定的分类目标。

（二）完成了图书资料的整理与录入

中国民协数字化工作组先后整理出口头文学图书资料县卷本9931本。通过甄别,发现重复本4690本,不能录入的398本,最终确认可以录入的图书4843本（含709本手抄本）,8.547亿字（原定5166本,8.4亿字）。到2013年3月,已全部完成图像扫描、图像处理、版式分析、文字处理等数据加工工作,通过了专家验收。其后,又补充了一部分资料,最终录入数据库内的图书为4905本,8.878亿字。

（三）数据录入质量全部合格

按照规定，中国民协要对数据库产品进行三个项目的多次验收，如不验收工作就不能继续下去。2011年11月至12月，数字化工作组请校对公司的专职校对人员从已录入的1100本中抽审了5本书，计1309页，约920千字。其中，《中国民间谚语集成·福建卷·三元区分卷》差错率万分之0.7，《中国民间故事集成·福建卷·三明市分卷（上）》差错率万分之0.1，《青川民间故事》差错率万分之0.18，《中国谚语集成·新疆卷·乌鲁木齐县分卷》差错率万分之0.5，《藁城民间故事集（第三集）》没有差错。差错率都在万分之一以下，全部合格。此后，数字化工作组又多次验收，全部合格。

（四）完成了图书资料的存放工作

在完成数字化录入后，中国口头文学遗产数字化工程所用图书除一部分还给专家外，9740本图书要装入函套，放置到民协书库。经过几个月的反复试验，共做了1300个函套（其中1000个装32开书，300个装16开书），对所有的口头文学资料进行了妥善安置。

（五）完成了数据库系统前端flash演示动画的设计工作

为了给广大用户提供直观、动态的口头文学形象，数字化工作组决定设计中国口头文学遗产数据库系统前端Flash演示动画，时长为2分钟左右。在专家的指导下，设计出来的演示动画四易其稿，最终完成，做到了形式上活泼、时尚，内容上全面、简要，体现出了厚重的民间文化，浓缩了中国民协60年搜集、整理口头文学资料的辉煌历史。

（六）工作中发现的问题及解决办法

1.资料缺失问题

因各种原因，现存手头的三套集成资料并不齐全，后来又有部分散失，加上三套集成以故事、歌谣、谚语为主，史诗非常少，歇后语、民间小戏几乎没有。中国口头文学遗产数字化工程启动后，经广泛搜集资料，填补了部分空白。其中，从四川省民协征集了一批图书；专家提供了一部分个人图书；2012年3月11日至14日，中国民协数字化工作组赴镇江调研时带回来长篇叙事吴歌《鲍六姐》和《太平天国苏福省传说故事辑录》等。

2.数据录入质量问题

2012年2月以来，在组织专家检查、验收工作中，发现原资料中存在一些问题：（1）正文与整理者没有区分开；（2）采集时间中，有汉字数字，有阿拉伯数字，大小写不统一；（3）标题下的作者信息框处，既有流布区域，又有流传市县，不仅重复，也不好区分；（4）标题上存在数字"一""二""0401"等信息；（5）后注问题；（6）有的没篇名；（7）有的不属于民间文学作品。

针对上述问题，2012年2月18日，侯仰军到汉王制造燕郊基地，同在那里进行检查、验收工作的专家杨亮才、万建中、杨利慧、常祥霖、刘晔原、贺嘉分别谈话，商议解决办法，最终确定：正文与整理者要区分，至少空一行的距离；汉字数字与阿拉伯数字不要强行统一，尊重原作品；标题下的作者信息框处，把"流布区域"和"流传市县"合并成一项,叫"流传地区",把作者改成编者,增加出版年代信息,有的编者和出版年代信息要重新做;标题上的数字"一""二""0401"等信息尊重原作品;注释中出现的问题,如字号、字体不统一,重复,内容不完整等,抓紧修改;有的作品没有篇名,有的不属于民间文学作品,交给专家处理,比如"民间长诗",99首中有81首是文人创作的,不是民间长诗,就要由专家提出重做意见,汉王公司员工不要擅自改动。

录入的图书中,由于原稿缺字、原稿手写或油印、方言区生僻字、自然污损等原因,有2063本图书数据在从PDF格式转化为TXT格式时使一些字符无法识别,只好以黑框的形式代替。自2012年12月24日至2013年1月16日,4—7名专家先后11次去汉王公司进行识别确认工作,处理黑框19048个。

3. 手写本、油印本的识别、录入问题

数字化工作组整理出来的几千本口头文学图书资料中含709本手抄本,由于时间久,质量差,识别困难,手工录入效率极低。在听取多数专家的建议后,决定手写本、油印本不再进行文本转化,以PDF格式存目备查。

4. 数据库检索系统存在的问题

在检查、验收工作中,数据库检索系统显示及使用中存在以下问题需要解决:(1)页面跳动。每一类的内容不规则性跳动,检查完的数据不知道跳到哪里了。(2)搜索功能不能使用,经常出现乱码的情况。(3)插图造字不显示。(4)一篇文章的PDF只能显示标题页,一篇文章有三页内容,其余两页的内容显示不出来。(5)段落前的空格太小,应该有两个全角字符的距离。

(6)需要增加数据统计功能,每个二级分类下面显示进入分类的条数。例如:歌谣—时政歌(225条)。(7)需要增加页码跳转功能。比如,某二级分类有50页内容,想看哪一页内容直接输入页码就能跳转到,或者用水平滚动条的形式找到。(8)标题颜色不醒目。(9)已经检查过的内容没有记录,每次都要重复工作。

经过专家、汉王公司的反复修改,以上问题都已解决。

五、中国口头文学遗产数字化工程建成的重大意义

中国口头文学遗产数字化工程,是一项功在当代、利在千秋的伟业。它为国家和民族保存了一份精彩而珍贵的人类记忆遗产,为广大文艺工作者提供了丰富的创作素材,为我国非物质文化遗产保护工作增添了新的亮点。

中国口头文学遗产数字化工程中建成的数据库,是迄今为止人类最大的口头文学遗产数据库,是一个蕴含民间灵气、智慧和大美的民族民间文学宝库和矿藏,是我国规模最大、种类最齐全、资料最丰富的民间文学数字图书馆,堪称"数字化的民间文化长城"。

作为我国最大的一部丛书,清朝官修的、保存了许多珍贵文献资料的《四库全书》,共收书3503种,7.7亿字。不论在收书品种、总字数上,还是文化覆盖的地域和民族上,中国口头文学遗产数据库都远远超过了《四库全书》,可谓当代最宏伟的中华文明集成工程,手掌上的"民间文学四库全书"。

注释

[1] 此文原载《民间文化论坛》，2014年第5期总第228期，第35—43页。
[2] 《汉书·艺文志》。
[3] 罗香林:《粤东之风》第33页，《兴宁文史》第30辑，2006年9月。
[4] 罗香林:《粤东之风》第44页，《兴宁文史》第30辑，2006年9月。
[5] 《论语·阳货》。
[6] 黄遵宪著、钱仲联注:《人境庐诗草笺注》，北京:中国青年出版社，2000年版。
[7] 尚恒元、彭善俊:《二十五史谣谚通检》。
[8] 《民间文艺集刊》第1期，1950年11月出版。
[9] 张振犁:《情系中原神话》，载《中国口头文学遗产数字化工程全纪录》，北京:中国文史出版社，2014年1月版。
[10] 向云驹:《关于民间文学数字化工程二三事》，载《中国口头文学遗产数字化工程全纪录》，北京:中国文史出版社，2014年1月版。
[11] 在数字化工程建设过程中，许多同志做出了突出贡献。2014年2月中国民协决定在表彰专家学者的同时，表彰中国民协工作人员，有六位同志获得"中国口头文学遗产数字化工程贡献奖"。他们是:侯仰军、郝静、刘加民、莫保平、李建平、白鹤。

振兴传统节日 促进优秀民族文化传承

萧 放

萧放,北京师范大学中国社会管理研究院/社会学院教授、博士生导师,国际亚细亚民俗学会副会长、中国民俗学会副会长、中国民间文艺家协会理事兼中国节日文化研究中心主任、全国文化艺术资源标准化委员会委员。主要研究岁时节日文化、传统礼仪文化。主持多项国家与省部级科研课题,出版著作十余部,发表学术论文百余篇。曾多次获政府与行业学术奖励。

内容提要 传统节日是传承优秀民族文化的重要载体,中国民间文艺家协会积极响应党中央与政府的号召,在"我们的节日"的旗帜下,将传统节日研究与保护实践纳入重要工作日程,开展了卓有成效、影响广泛的传统节日保护振兴与传承创新活动。中国民协在振兴传统节日与促进优秀民族文化传承工作中形成以下经验特色:扎根乡土,挖掘节日资源;充实与丰富民间节日文化内涵;以学术立会,依靠专家、学者与民间文化传承人,形成智慧合力;注重总结回顾,汇聚成果精华出版;以节日文化促进地区民心相通。中国民协围绕党中央的"我们的节日"主题活动,将继续深耕基层,服务社会,在传承民族文明,发扬优秀民族文化上做出新的贡献。

关键词 传统节日 中国民协 民族文化传承

中国民间文艺事业始终是党和政府关注的重要领域，中国民间文艺的组织与领导机构从中国民间文艺研究会（1950）到中国民间文艺家协会（1987）都十分重视优秀民间文化的保护与传承。20世纪后期，中国民协启动民族民间文化抢救与保护工作，传统节日研究实践开始纳入中国民协工作。进入21世纪，在保护与传承非物质文化遗产的国际环境下，党中央启动了以传统节日弘扬民族文化优秀传统的重要举措，"我们的节日活动"蓬勃开展。2017年，中共中央办公厅、国务院办公厅印发了《关于实施中华优秀传统文化传承发展工程的意见》，传统节日的传承创新是其中重要工作之一。中国民协为了落实节日传承创新工作，成立了中国节日文化研究中心，有力推进传统节日的研究与活动实践。

一、传统节日与民族文化传承保护工作

中华民族的传统节日具有深厚历史渊源，是具有独特文化价值的重要文化资源和富有文化魅力的宝贵文化遗产。

随着中国改革开放政策的深入，2001年11月中国加入了世界贸易组织（WTO），中国社会日益成为世界现代化的重要组成部分，开放的中国面临着全球化浪潮的强劲冲击，中国民族主体文化价值也日益显现出来。20世纪80年代的"文化热"，21世纪初出现的"国学热"等，人们都表现出对中国传统文化的浓厚兴趣。当然，我们还要看到20世纪后期以来联合国教科文组织在保护世界文化多样性方面卓有成效的工作，

教科文组织的"非物质文化遗产"的保护计划与保护行动，对推动中国传统复兴运动有着重要的启示与促进作用。在国内外的合力之下，中国政府承担起保护传统文化的历史任务，2003年中国文化部启动了中国民族民间文化保护工程。中国民协积极响应。2004年全国人大常委会批准中国加入联合国教科文组织颁布的《保护非物质文化遗产公约》，包括传统节日在内的非物质文化遗产得到政府角度积极而正面的评价。2004年5月6日，《人民日报》发表了"不要冷落了自己的传统节日"的标题文章。中宣部、中央文明办由此启动重要传统节日弘扬民族文化优秀传统专题调研。

2005年6月17日，中央宣传部、中央文明办、教育部、民政部与文化部联合发出"关于运用传统节日弘扬民族文化的优秀传统的意见"的通知。这一通知应该是中国共产党首次系统评价中国传统节日的纲领性文件，通知对传统节日高度重视，予以积极的正面评价。通知认为，"中国传统节日，凝结着中华民族的民族精神和民族情感，承载着中华民族的文化血脉和思想精华，是维系国家统一、民族团结和社会和谐的重要精神纽带，是建设社会主义先进文化的宝贵资源"。因此，要加强传统节日内涵研究，重视传统节日教育进入学校，传统节日教育要纳入学校教学活动之中。社会上要精心组织传统节庆活动，充分发挥新闻媒体对宣传民族传统节日的导向作用，切实加强对民族传统节日的舆论宣传，积极营造尊重民族传统节日、热爱民族传统节日、参与民族传统节日的浓厚氛围。积极开展传统节日的研究和保护工作，积极探索保护传统节日的措施和办法，使传统节日得以不断传承和发展。强调依

法保护传统节日。要求文化部门认真实施民族民间文化保护工程，切实加强民族民间文化保护工作，对具有历史、文化和科学价值的传统节日文化进行有效保护和合理利用。此前一直处于民间呼吁状态的传统文化复兴活动，获得政府层面高度肯定与积极推进，从而成为当代中国国家文化建设的组成部分。清明节、端午节、中秋节等节日相继被列为我国法定假日，由中宣部、中央文明办等单位倡导的"我们的节日"主题活动随即在全国各地蓬勃展开。中国民间文艺家协会作为协助推进国家文化建设的重要机构，在中宣部与中国文联的直接领导下，充分发挥行业优势，积极投入"我们的节日"活动之中，为民族民间文化传承保护，为国家非物质文化的创造性转化与创新性发展做出了重大贡献。2017年元月，中共中央办公厅、国务院办公厅印发的《关于实施中华优秀传统文化传承发展工程的意见》提出了基本形成中华优秀传统文化传承发展体系的战略目标，明确了工作导向和基本原则，对深入阐发文化精髓、保护传承文化遗产、融入生产生活等任务进行了重点部署，中央文明办《关于2017年广泛开展"我们的节日"主题活动的通知》又对围绕节日活动对如何弘扬传承中华优秀传统文化提出新的要求。中国民协为了落实传统节日传承保护工作，进一步做好节日在人民生活中的传承，加大研究与实践力度，2017年6月成立了"中国节日文化研究中心"专门工作机构，以深入研究传统节日文化内涵，以及创新节日民间传承活动实践。经过持续的努力，优秀传统节日传承活动已成为中国民间文艺家协会传承中华文化、建设精神文明的一个响亮品牌，在培育和弘扬社会主义核心价值观中发挥了重要作用。

二、中国民协以"我们的节日"为抓手，围绕振兴传统节日开展的主要工作实践

"我们的节日"主题活动是弘扬传统文化的时代强音，是宣传普及传统节日习俗、涵养节日文化内涵的重要抓手，是破解文明存续难题、促进城乡区域协调发展、提高人民生活水平的重要途径。党中央、国务院高度重视传统文化传承发展工作。近年来，我国大力推动文化产业的发展和地方文化的保护，使得中国优秀传统文化的保护、研究、传承有了很大的发展空间，《中央文明办关于2017年广泛开展"我们的节日"主题活动的通知》对围绕节日弘扬传承中华优秀传统文化进行了部署，中共中央办公厅、国务院办公厅印发的《关于实施中华优秀传统文化传承发展工程的意见》提出了基本形成中华优秀传统文化传承发展体系的战略目标，明确了牢牢把握社会主义先进文化前进方向、坚持以人民为中心的工作导向、坚持创造性转化和创新性发展、坚持交流互鉴和开放包容、坚持统筹协调和形成合力的基本原则，对深入阐发文化精髓、保护传承文化遗产、融入生产生活等任务进行了重点部署。围绕"我们的节日"主题活动推进优秀传统文化传承工作，中国民间文艺家协会和地方民协积极探索，做了大量工作。

（一）扎根乡土，挖掘节日资源

中国民间文艺家协会充分发挥民间文艺传承民俗、广接地气的优势，紧紧抓住"人民的节日人民办，人民的节日人民过"的特点，联手地方党委政府及文化宣传部门，在传统节日的

重要发源地、流传地，在节日特色鲜明、群众参与广泛的地区，在边疆或内陆偏远地区少数民族聚居区，开展地域特色浓郁、群众喜闻乐见、形式多姿多彩、具有时代风貌的节庆文化活动。"中国（开封）清明文化节""中国（鹤壁）民俗文化节""海峡两岸端午文化节""中国汨罗江国际龙舟节""两岸四地西湖国庆中秋系列活动""中国七夕民俗文化艺术节""中国篁岭晒秋文化节""丙戌年重阳节海内外中华儿女恭祭轩辕黄帝大典""中国壮族唐皇文化节""西畴女子太阳节""西双版纳布朗族桑康节""芦笙斗马节""中国（贵定）稻雕艺术节"等活动不仅进一步挖掘和弘扬了七大传统节日以及少数民族传统节日在民俗传承和文化上的内涵，也使得诸多沉寂已久、濒临消亡的地域性节庆礼仪或二十四节气习俗等重新回归民众的视野与生活，让各民族群众充分享有传统节日带来的人伦亲情与过节欢愉。

（二）充实与丰富民间节日文化内涵

"我们的节日"主题活动以民间文化资源调研、民间文艺表演、民间文化学术研讨、传统节庆活动主题展览、民间祭祀仪式以及民间游艺、民间竞技等方面多层次、多角度、多维度、多形态地展现了节日民俗文化的丰富表现样式和深刻人文精神。为了探究传统节日的历史根脉，调研传统节日面临的现实困境，探讨传统节日复兴的切实出路，中国民协力邀知名民俗学家、非遗学者，进行多次深入一线的田野调查，举办高层次、专题性的节日论坛。中国民协领导亲自带队赴江西赣州、抚州等地年俗文化调研，重点考察了赣南客家的"装古史""添丁炮""桥梆灯"与傩仪、傩戏等民俗事项；赴泉州考察闽南元宵节俗文化；赴山西绵山考察寒食清明文化；赴陕西渭南、白水、韩城调查传统节日习俗与黄土高原高原的节气习俗资源；赴甘肃陇南考察西和乞巧"女儿节"；走进四川大凉山考察彝族火把节；赴青海藏区考察热贡艺术等。在民间文艺的田野里行走，我们的收获是沉甸甸的。2019年9月，中国民协配合中国农民丰收节分别在广西南宁与江西万安举办"我们的节日中国农民丰收节"系列活动。农民的丰收季节正是我们中国民协人的节日。

（三）以学术立会，依靠专家、学者与民间文化传承人，形成智慧合力

民协在全国各地举办群众性节庆活动的同时，还进行田野考察，精心组织召开"我们的节日——中国传统节日"论坛、研讨会、座谈会、面向社会公众的专题讲座，并通过网络直播形式向社会广泛传播"我们的节日"的传统知识与文化理念。这些工作已经成为中国民协的工作品牌。对保护和弘扬中华优秀传统节日文化起到极大的促进作用。

以弘扬和传承优秀民间文化为主旨的"我们的节日"系列主题活动，经过多年的拓展和丰富，已经在全国各地生根开花，结出硕果，不断释放出生机与活力，成为备受社会关注的常项工作和品牌活动。中国民协在2009年新春来临之际，举办了"以画过年——天津杨柳青年画史展"；2010年1月31日至2月6日，中国文联、中国民协、福建省文联在福州市联合举办的"中华情——海峡两岸民间艺术嘉年华"活动，以加深两岸同胞相互了解、让两岸文化薪火相传为

宗旨，以两岸民间艺术的盛宴、两岸人民欢乐的节日为主题，为推动两岸传递中华文明薪火、传承优秀民间艺术、加强两岸民间往来、建设中华民族共有精神家园营造了良好的节日气氛和喜庆团圆的情感基调，提供了两岸文化新的交流平台和发展舞台；2011年春节，中国民协与四川省文联于农历腊月至正月十六，在春节文化传承地四川省阆中市举办了丰富多彩声势浩大的春节民俗文化系列活动，并命名阆中市为中国春节文化之乡，2020年1月继续在阆中举办春节习俗活动。

十多年来，以"我们的节日"主题活动领衔，以弘扬节日文化为宗旨，中国民协分别在河南、河北、广东、广西、浙江、福建、四川、陕西、山西、湖北、云南、江苏、宁夏等地举办的节日活动有："中国（鹤壁）民俗文化节""吕梁市第二届年俗文化节""第八届元宵民俗文化节"，每年一届的"中国（开封）清明文化节""中国（绵山）寒食清明文化节""中国·都江堰清明放水节""清明（泰州姜堰区）溱潼会船节""端午中国古镇（三河）民俗文化周""端午看（宁波鄞州区）云龙""海峡两岸端午文化节""海峡两岸端午莲花褒歌（山歌）会""福建（宁德市蕉城区）海上龙舟竞渡暨云淡美食节""屈原故里端午文化节""2016追本溯源——凤舟竞渡与端午文化传统学术研讨会""牛郎织女七夕文化活动""第六届中国和顺牛郎织女文化旅游节""海峡两岸七夕文化与（洞头）成人礼学术研讨会""月圆桂香——咸安祭月暨中秋民俗歌舞晚会""中秋大型文人雅集""两岸四地西湖国庆中秋系列活动""第十届扬州中秋拜月活动""中国七夕民俗文化艺术节""中国（合阳）七夕情歌会""丙戌年重阳节

海内外中华儿女恭祭轩辕黄帝大典""中国·上蔡第十届重阳文化节""九九重阳活动""中国重阳民俗文化艺术节""弘扬民俗·欢度重阳""屏南冬至节暨（黛溪北墘）黄酒文化节"等传统节日活动。同时拓展主办的少数民族和地域特色鲜明的节日活动包括"中国壮族唐皇文化节""西畴女子太阳节""西双版纳布朗族桑康节""壮族赛巧节""芦笙斗马节""中国（康定）藏晒佛节""中国（青海）阿尼玛卿转山节""中国（临夏）花儿会""内蒙古莫力达瓦达斡尔族斡包节""中国（贵定）稻雕艺术节""中国（连南）瑶族文化节""广东省麒麟文化节""番禺美丽乡村民俗文化节""第四届中国汉牡丹文化节""中国（中宁）枸杞文化节""浙江象山开渔节""中华孝文化旅游节""中华慈孝节""岭南年俗文化研讨会"等等，向世人展示中华民族历史文明和灿烂文化以及民族个性，歌颂民族团结，颂扬各民族人民伟大的文化创造力，激发人们热爱祖国、追求民族平等与团结、珍爱各民族文化遗产的情感。这些盛大的节日活动，是优秀传统文化的天然载体，承载着百姓世世代代传续下来的民间信仰、民风民俗和难以割舍的乡愁情结。也正是因为有了群众的广泛自觉参与，这些不可再生的文化资源才得以在当代得到了保护和弘扬，实现了优秀文化在新时期的传承与发展。

2017年中共中央办公厅与国务院办公厅联合印发《关于实施中华优秀传统文化传承发展工程的意见》之后，中国民协分党组积极贯彻这一工作精神，进一步提升"我们的节日"工作力度。

4月3日至4日，中国民协与宁夏文联在宁夏灵武共同举办了"我们的节日传承与发展"高

层专家研讨会,专题研究"我们的节日"十多年来的开展情况,按照中办与国办文件要求如何更有效地利用传统节日促进传统文化的生活传承,以及传统节日适应当代社会文化建设与经济建设需要的创造性转化与创新性发展。这次会议是进一步推进中国民协节日研究与节日活动开展的重要工作会议。各与会专家为"我们的节日"活动提出了许多富有建设性的意见建议。

2017年之后,中国民协"我们的节日"活动,以服务社会、文化与经济发展为目标,任务更加明确,操作流程更加规范,节日活动与节日文化研讨更加高效。中国民协每年根据地方需要与我们的节日活动安排,在各地更加重视论坛质量,重视论坛、研讨会、专题讲座的社会传播,利用传统媒体与新媒体平台,与报刊、网络、微信公众号积极联动,让中国民协我们的节日活动与研讨更能进入社会大众心中。

2017年4月2日,在中国民协与山西民协、山西省图书馆、山西省工艺美术协会联合举办了"我们的节日·清明礼俗的传承与创新"专题讲座,中国民协节日专家、北京师范大学萧放教授的讲座文字,在4月4日的《光明日报》"光明讲坛"获得全文发表,讲座获得良好的社会反响。

5月,中国民协与山西民协合作在太原举办了"礼敬传统,感念家国"端午节俗主题活动,并请民协专家在山西美术馆进行了"端午节俗传统要素及其当代意义"的公众讲座。2017年8月27日至29日,中国民协在河南鲁山召开的"我们的节日——2017中国(鲁山)七夕节"系列活动,并举办了中国节日文化中心成立仪式。中国民协分党组书记、驻会副主席邱运华给萧放教授颁授了中心主任的聘书。萧放教授随后在"七夕民俗与现代生活大讲堂"作了"七夕民俗传统的传承与创新"的主题报告。2018年3月2日至5日,中国民协中国节日文化研究中心,响应国家乡村振兴与传统节日文化传承的工作要求,组织民协节日专家在河北井陉考察了系列乡村庙会,举办庙会文化论坛,各位专家有关"乡村庙会与乡村振兴"的发言成果,随后在《中国文艺报》发表,以引起社会更广泛的关注。2018年8月6日至8日,中国民协在江西篁岭举办"立秋与二十四节气"研讨会。2018年9月21日至23日,中国民协在山西长治举行了首届中国农民丰收节暨炎帝文化研讨会。

2019年2月15日至2月20日,中国民协与陕西民协联合主办陕北榆林过大年考察与年俗文化论坛研讨。2019年4月2日至3日,中国民协邱运华书记带领民协专家赴山西介休绵山,举办"清明寒食民俗文化论坛"。2019年6月13日至14日,中国民协与江西文联举办了端午暨鄱阳渔俗文化研讨会。6月18日至21日,在湖北黄石市举办"我们的节日——2019中国黄石西塞山端午民俗考察与高峰论坛"。7月20日至26日在贵州举办"我们的节日香炉山爬坡节暨雷公山节庆文化与西江模式研讨会"。8月2日,中国民协与甘肃文联共同举办"我们的节日·乞巧节",并主持召开了"乞巧节民俗学术研讨会"。9月13日至14日,在湖北咸宁举办"我们的节日——2019中国中秋节俗高峰论坛",2019年11月21日至23日,中国民协与陕西文联合作在西安举行"我们的节日——二十四节气民俗文化论坛",民协组织专家就人类非物质文化遗产二十四节气的内涵与当代价值进行了较深入的对话交流。2019年中国民协我们的节日系列民俗文化活动共计27次，其中节日研讨会12次。中国民协重视节日文化的深入研讨，以强化节日传承的学术性指导。

2020年1月16日至18日，中国民协与四川省文联合作在四川阆中举办的"2020春节文化论坛"，民协专家就春节文化的传承与创新进行了积极的交流与对话。

中国民协举办的这一系列学术研讨活动，紧密团结与密切联络民间文艺家和民间文艺工作者，及时总结交流了传统节日田野调查与理论研究的新理念、新思想、新方法、新成果。

（四）及时汇聚成果精华，出版节日丛书与节日论文集

中国民间文艺家协会一贯注重对最新的田野经验和理论成果予以编辑整理，先后出版发行了传统节日丛书《节日文化纵横》《端午与屈原——中国端午节俗与屈原文化学术研讨会论文集》《2018我们的节日调研论文集》等，集中展示了中华民族节日文化的宏伟画卷和独特魅力，并在社会上引起较大影响。同时还编纂并即将出版《节日名录》《文山欢歌》等图书，组织编撰了关于传统节日的知识性、普及性的系列丛书"我们的节日"之《清明》《端午》《中秋》《春节》。这些著作撷取了中华民族几千年不同地域的节日传说、神话故事、歌谣、谚语、风俗、饮食、游艺、诗词、书画等，为读者勾勒出一幅幅生动的节日文化图景。

（五）节日文化促进地区人民民心相通

2010年1月31日至2月6日，中国文联、中国民协、福建省文联在福州市联合举办的"中华情——海峡两岸民间艺术嘉年华"活动，以加深两岸同胞相互了解、让两岸文化薪火相传为宗旨，以两岸民间艺术的盛宴、两岸人民欢乐的节日为主题，为推动两岸传递中华文明薪火、传承优秀民间艺术、加强两岸民间往来、建设中华民族共有精神家园营造了良好的节日气氛和喜庆团圆的情感基调，提供了两岸文化新的交流平台和发展舞台。"我们的节日"有联系多年的海峡两岸的共同研讨，如"海峡两岸七夕文化与（洞头）成人礼学术研讨会""两岸四地西湖国庆中秋系列活动""丙戌年重阳节海内外中华儿女恭祭轩辕黄帝大典"等，还有专题节日会议对台湾学者多有邀请。中国民协在两岸民间文化交流方面做出了贡献。

三、"我们的节日"主题活动成功举措和基本经验

在一个有着几千年文明历史的国度，对于一年中最为隆重的民族传统节日，如何发掘其潜在的传统文化魅力，如何在现代化的进程中让传统节日成为赓续绵延民族精神与情感力量的重要载体，是当今文化界应该深入思考的一个社会问题。尤其是当代青少年如何真正了解我们的民族文化，认知我们的优良传统，认知我们祖先对美好生活的不懈追求、对大自然的感恩与敬畏、对家庭团圆与世间和谐的永恒期盼。这是"我们的节日"之共有主题，也是中国民协举办"我们的节日"主题活动的真正意旨。在"我们的节日"主题活动组织实施中，中国民协采取的成功举措

和基本经验有如下几点。

一是舆论先行，发动社会。善于借力媒体资源主动发声，宣传节日文化，广泛传播保护传统文化的意义、作用、内容、方法及节日文化的相关知识；中国民协主席团成员、理事及专家会员在各级政协、人大会议提案，呼吁保护传统节日；中国民协专家会员还在大学及有关机构举办讲座及研讨活动，为全社会关注和重视节日文化造势。

二是深入民间，广泛动员。保护节日文化不仅需要专家深入田野深入调查，更需要向各地各级领导宣传节日文化的意义，宣传节日文化与地方经济、社会、文化发展的深刻关联，求得理解与支持，使各级领导纷纷加入到支持弘扬节日文化的工作中来，并使他们成为民间文化事业坚定有力的支持者。中国民协近年来不间断地组织了"送欢乐下基层"新春民间文艺慰问演出，并将精心打造的民间文化系列图书和民间艺术家精心创作的手工艺品于节日期间赠送到了基层群众手中。同时，专家学者以及民间文艺工作者在与基层民间艺人、村民市民的深入交流和共同实践中，得到了他们的积极响应和广泛支持，为"我们的节日"聚拢了人气，打下了深厚的群众基础。

三是多管齐下，争取资金。一方面"以行动策群力，用成果换支持"，努力争取国家财政支持；另一方面夯实基础，发力基层，持续发动地方政府加大关注和提高投入；此外，"我们的节日"主题活动依托社会资源，通过提升自身品牌效应和影响力，不断吸纳社会资助。除了中宣部、财政部、文化部、中国文联对"我们的节日"活动给予了实际的资助外，中国民协还充分调动地方及旅游部门对利用传统节日促进地域文化品牌建设及地方经济发展的积极性，以实际行动资助节日文化的抢救、保护、研究、传播与弘扬。中国民协与山西介休市绵山风景区管委会合作举办寒食清明文化节，与河南开封市清明上河园管委会举办清明文化节等，并使之成为可持续发展的有影响的节庆文化品牌项目，是这方面的成功案例。

四是发挥优势，学术推动。"我们的节日"坚持高标准的学术要求，以示范调查和学术研究成果指导各地节日文化活动的开展。在节日活动期间，在民间文化重要流传地举办中国花馍艺术节、中国木版年画艺术节、中国剪纸艺术精品展、中国泥彩塑艺术展、社火展演与傩文化展演、舞龙舞狮表演、清明春耕节、龙舟竞渡、花儿会、藏族拉伊大赛、蒙古族那达慕批等活动，并将中国民间文艺山花奖评奖纳入其中，以提高民俗文化表演的技艺水平，以及社会主义核心价值观理念的推广与普及。在这样的文化空间和环境氛围中展开相关学术研讨，收到了很好的宣传效果和社会效应。

五是紧扣主题，服务大局。中国民协认真思考节日文化与地方文化建设、旅游经济、民间艺术的关系。在具体实施中，将节日文化活动有关内容与开展民间文化旅游、发展文化特色产业、非遗项目申报相结合，促进了地方社会、经济、文化的协调发展。同时，在贯彻党和国家关于加强利用节日弘扬优秀传统文化、推动文化体制改革、加强非物质文化遗产保护、加强农村文化建设等一系列重要方针、政策、法规中积极行动，取得良好效果。在命名民间文艺之乡，建立民间艺术传承基地，打造地方节会等文化品牌等活动中很好地贯彻了中央有关精神，深受地方党政领导和群众欢迎。

六是培养人才，壮大队伍。人才是事业的根本，中国民协通过各种渠道、各种方式聘请有关学者、专家、文化界负责人及优秀民间艺术家积极参与节日文化活动及相关业务指导。中国民协有关业务部门在工作实践中不断积累经验，培养出一批懂专业、有奉献精神的民间文艺工作者队伍，并与各地建立广泛的人脉关系，使我们的事业同行者队伍越来越壮大，专业水准和服务本领也得到了不断提升。

四、继续推进"我们的节日"主题活动深入开展的基本思路

一是以计划推项目，以项目串主线。2017年开始，中国民协将依托自身资料积累、会员优势和专家力量这三个优势，对"我们的节日"主题活动进行通盘谋划，提前申报、合理布局、科学规划，认真做好"我们的节日"主题活动的全年计划和工作安排。"我们的节日"主题活动将按照主创型、合作型和支持型三类实施不同的运作机制，并在年度计划中对不同类型的活动进行科学统筹。

二是做强既有项目，打造创新品牌。原有的品牌活动和特色项目将继续深挖细作，着重挖掘濒危、濒临灭绝的民俗风俗，不断加强与地方各级政府和各省市文联、民协的沟通联动，摸准真正繁荣文化的脉搏，深入挖掘各地深厚的文化内涵，持续提升节日活动的影响力和吸引力，培育新的节日民俗风尚；紧抓中华传统文化资源这一宝库创新节日活动的载体和形式，着力宣传普及传统节日习俗，充分展现地域特色和民族个性。

三是聚焦活动成果，丰富节日内涵。自2017年起，中国民协将把成果转化作为节日活动的一项重要工作，通过组建专门的节日文化研究中心，扩充专家智库和外宣团队，线上线下多点开花，形成学术论文、媒体报道、影音资料等多种形式的成果转化。更加重视节日活动的传播功能，通过传承节日使传统节日、民族节日的保护、弘扬、传播实现机制化、系统化和平台化。一方面要利用好讲坛、讲座或论坛等强项，有意识地打造系列活动，形成品牌效应，利用传统媒体优势资源做好传播工作；另一方面要善于使用网络直播平台、微信公众号、微博、自媒体等新媒介，不断创新传播形式和手段，推动节日文化的传播与社会传承，主动适应时代风向，把节日活动与社会各个群体紧密联系起来，更加科学准确地解读、传播中国传统节日文化，让更多人了解传统文化节日的真谛。接下来，中国民协还将积极地自上而下引导推出更多介绍节日文化的通俗读物、文艺作品、视听节目，激励地方研发生产更多具有美好寓意的节日文化产品，激发正能量，引导全社会形成礼敬传统节日、弘扬节日文化的良好氛围。

四是注重总结回顾，凝聚集体智慧。中国民协将进一步完善节日活动定期回顾总结汇报制度，全面了解掌握节日活动各阶段工作进展情况，并形成常态机制。同时，定期组织节日论坛，就"我们的节日"主题活动开展过程中遇到的新问题和优秀经验进行专项讨论，群策群力、广纳良策。

"我们的节日"主题活动是我们振兴传统节

日，促进优秀民族文化传承的重要抓手，它是我们传播节日文化、记住乡愁乡情、涵养优良家风、培育文明风尚的重要途径，是留住文化记忆、传承与创新民众生活的坚强助力。中国民间文艺工作者需要用更多的心思、花更大的气力去维系我们中华文化血脉，更加有效地维护滋养中国人的文化土壤。中国民协将继续坚持以薪火相传、代代守护的节日文化为载体，将中华文化独一无二的理念、智慧、气度和神韵弘扬起来，不断增添中国人民和中华民族内心深处的自信和自豪，努力做好中华传统文化的传承者和弘扬者。

中国民间文艺家协会传统村落保护理论建设与实践

蒲 娇 唐 娜

蒲娇，1982年生，研究生学历，博士学位。天津大学副教授、中国传统村落保护与发展研究中心副主任、冯骥才民间文化基金会理事、中国区域科学协会文化发展委员会副秘书长。主要研究方向为非物质文化遗产、传统村落、民间美术。曾在各种学术期刊、重点期刊及报纸媒体发表文章五十余篇，出版专著9本，参与及承担国家及省部级课题9项。

唐娜，1984年生，研究生学历，博士学位。天津大学讲师，就职于中国传统村落保护与发展研究中心。研究方向为传统村落保护实践，少数民族口头传统。

内容提要 　中国民间文艺家协会（简称"中国民协"）自成立以来，认真贯彻执行党的文艺方针政策，有效地组织实施了对各地传统村落的保护工作。中国民协注重传统村落保护实践，从早期对村落民俗与民间文学的关注到世纪之初民间文化遗产抢救工程的发起与推动，再到传统村落保护理念的践行，都深刻体现出民协一贯扎实的学术作风。社会转型期内，中国民协将传统村落作为重要文化遗产，用发展的眼光展开对其保护背景、现状与价值意义的持续理论思考，并形成了独特的保护理念与实践方式。

关键词 　中国民协　成立70年　传统村落保护与发展　理论建设与实践

在农耕文明向工业文明转型的社会大背景下，传统村落因其作为农耕文明的缩影，已经成为了当前文化遗产保护的重要组成部分。作为专业学术机构，中国民协自成立以来就已成为诸多民间文化遗产保护有识之士的大本营。通过充分发挥学术研究、资料存录、项目实践、学术交流、宣传教育等职能，积极推动与实施传统村落的保护和发展工作。传统村落保护工作的不懈开展，不但对文化本身的普查、存录、研究奠定了深厚基础，也为全面实施乡村振兴战略，决胜建成小康社会，实现中华民族伟大复兴的中国梦贡献了巨大的学术支持。

一、中国民协传统村落保护实践

（一）民间文化遗产抢救工程的进行（2001—2010）

2001年，中国民协全面启动"中国民间文化遗产抢救工程"，并牵头展开多省市民间文化的调查和认定工作。在此之前，中国民协已广泛展开有关民俗、民间歌谣及民间文学的深入调研。2002年，在中国民间文化遗产抢救工程研讨会上，来自全国各地近百名民间文艺家在《抢救民间文化遗产呼吁书》签名并表示支持，著名人士季羡林、于光远、启功等民协会员签名支持，由此开启了"大到古村落，小到荷包"的民间文化遗产的普查，对"中华大地960万平方公里56个民族的一切民间文化，进行盘清家底的抢救式普查"行动。当年10月，冯骥才、乌丙安、向云驹、乔晓光和潘鲁生等民协会员从各地集结在山西榆次后沟村，首次开展传统村落采样调查，建筑学、民俗学、人类学、考古学、美术学等多学科专家，共同编写《中国民间文化遗产抢救工程普查手册》，并以山西榆次后沟村作为此次工程中的古村落农耕文化遗产保护采样地。后沟村，因此成为中国传统村落保护的原点与起点。

潘鲁生说："这是一次让人无法忘怀的民间文化行动。自此，中国民间文化遗产抢救工程的普查工作从这里起步走向全国。"纵观历史，后沟村无疑是一个重要的起跑点，是中国民间文艺家协会带领下的文化界的一次集体自发起跑，是为抢救自己濒危的文化遗产而发起的一次义不容辞的集体行动。随后，中国民协专家先后多次赴山西、河北、浙江、山东等地进行深入村落调研，并发表重要文章、讲演，召开关于古村落保护与发展方面的学术会议，如首届"抢救、保护和开发民间文化遗产"县（市）长论坛（2004）、"中国古村落保护"（西塘）国际高峰论坛（2006）、"婺源·第三届中国古村落保护与发展研讨会"等，此类学术会议的召开，为未来社会各界，特别是协会内部对村落价值的全面认知奠定了深厚的理论基础。

在此后若干年抢救工程的推进过程中，"古村落集成""古村落名录""古村落代表作"等围绕传统村落保护为主题的策划与计划始终列在中国民协的工作日程中。其中2010年与清华大学合作的古村落代表作项目，计划以河北和河南的中间即安阳、邯郸地区为工作起点，意欲在中华民族的中心向四面放射，开展和推进古村落保护工作，团队充满热情与豪情。随后国务院发文建立历史文化名村保护条例，历史文化名村体系的建立，与民协的工作计划有相似的背景、旨意和工作方法。考虑到古村落这一遗产形式的多元性、复杂性，以及经费、人力等诸多因素，民协认为政府更具主导此项事业的实力、合理性，从而暂停了相关工作计划的实施。

可以说，中国民协不遗余力将古村落的抢救与保护列为重要工作计划，做了大量案头文本和筹划工作，先后发布《大型经典历史文化图集〈中国古村落集成〉编辑草案》（2004）、《大型经典历史文化图集〈中国古村落集成〉简要说明》（2004）、《关于中国古村落普查与认定计划》（2007）等文件。在中国民协七届三次主席团会议（2007）文件中发布"关于实施中国古村落抢救性普查工作的通知""中国古村落抢救性普查工作（目录）""《中国古村落名录》（以省立卷）编撰体例及细目"以及"关于实施中国古村落全面普查项目的决议"等系列文件。为了能推动工作的顺利进行，中国民协向中国文联发出请示，如《关于请中国文联与中国民协联合下发〈关于实施中国古村落抢救性普查工作的通知〉的请示》《关于中国文联与中国民协联合下发〈关于实施中国古村落抢救性普查工作的通知〉的请示》《关于请严隽琪副委员长担任中国古村落紧急普查全国工作委员会顾问的请示》《关于邀请中国民主促进会中央委员会作为中国古村落紧急普查工作主办单位的请示》《关于邀请民进作为中国古村落紧急普查工作主办单位的请示及严隽琪主席的批复》等，以期与多方面力量联合，共同实现对传统村落保护工作的全面开展。以冯骥才为代表的民协人，积极参与参政议政，多次在全国政协会议上汇报提案，相继提报《关于紧急抢救民间文化遗产的提案》（2002）、《关于确立"中国文化遗产日"的提案》（2004）、《关于加紧抢救少数民族濒危文化的提案》（2005）、《关于规划新农村建设要提前注重文化保护问题的提案》（2006）、《关于建议重要的古村镇抓紧建立小型博物馆的提案》（2007）等提案。

这一阶段是中国民协关于村落保护生根发芽时期。一批协会工作者对于村落价值的认知已经颇具深度，相关保护体系正在构建，对村落的关注正在由地方走向全国，由个人觉悟上升至国家行为。同时社会的各领域对于传统村落等民间文化遗产越来越重视，大量民俗、考古、建筑、人类学等方面的专家学者，开始了积极寻求古村落的保护与研究之路。然而，随着城镇化速度的加快，此时的传统村落正以惊人的速度消失，传统村落的保护面临着极为严峻的形势，举国体制下保护举措的建立与施行已时不我待。

（二）传统村落保护理念的践行（2011年至今）

2011年，冯骥才在中央文史研究馆成立60周年座谈会上做了《为紧急保护古村落再进一言》[1]的主题发言，得到时任总理温家宝的回应，总理大致表达了"我们不能让我们后代看不见我们自己的家园，不知道我们自己是从哪里出来的"观点。2011年9月，冯骥才在会后不久在天津大学冯骥才文学艺术研究院接受了住建部相关部门的来访，并给出建立中国传统村落名录的建议。在冯骥才的倡议和推动下，住建部牵头四部委共同参与的中国传统村落名录保护体系逐步建立起来。在评审工作中，冯骥才担任专家委员会主任委员。传统村落的审定区别于之前公布的中国历史文化名村,传统村落的保护范围扩大。截至2019年,国家已公布五批共计6819个国家级传统村落名录。

为了加强传统村落文化遗产保护工作,把传统村落保护作为一项重大工程抓细抓实,推动传统村落文化遗产保护工作取得新成效,中国民协相继召开了一系列的国际学术研讨会,如:古村落工作经验交流会暨第二届中国古村落保护与发展研讨会(2012)、全国古村落保护现场会议暨村落文化论坛(2012)、中国北方村落文化遗产保护工作论坛(2012)、中国历史建筑与传统村落保护协同创新中心第一届理事会暨学术委员会会议(2013)、中国古村落保护现场会暨村落文化论坛(2014)、全国传统村落立档调查(河北·沙河)工作现场经验交流会(2015)、中国传统村落保护(鸣鹤)国际高峰论坛(2016)、何去何从·中国传统村落(保定)国际高峰论坛(2016)、中国(福建·泰宁)古村落文化遗产保护高峰论坛(2016)、中国传统村落保护(武义)国际高峰论坛(2017)、中国(福建·南平)古村落文化遗产保护高峰论坛(2017)、"剪不断的乡愁——中国剪纸传统与创新艺术邀请展"(2017)、"留住乡愁——中国乡规乡约、家风家训研讨会(陕西)"(2017)、"全国农民画优秀作品展"(2018)、"巧夺天工——国际手工艺邀请展"(2017)、中国(青木川)古村落保护与发展高峰论坛(2018)、中国传统村落(海南·儋州)保护高峰论坛(2018)、"壮丽70年·阔步新时代"全国农民画创作展巡展(2019)、"民俗文化与乡村振兴——2019'美丽南方'中国农民丰收节研讨会"(2019)"乡关何处·传统村落'空心化'问题及其对策"国际学术研讨会(2019)等会议活动。

2012年4月,在冯骥才先生的倡议下,国家决定由四部局——住房和城乡建设部、文化部、国家文物局、财政部联合启动了中国传统村落的调查与认定。在国家公布传统村落名录的同时,冯骥才深入探讨了传统村落的价值、意义以及保护方法,发表了系列的演讲、文章和提案,同时积极注重实践与理论的结合,培养更多的专业人才。以此为背景,冯骥才先生提出建立中国传统村落保护与发展研究中心(以下简称村落中心),旨在进一步科学地推动与实施传统村落的保护和发展工作。2013年6月4日,村落中心由中国民协和天津大学共同批准,于天津大学冯骥才文学艺术研究院揭牌。中心不但成为中国民协关于传统村落保护理论实践的前沿阵地,同时也成为关于传统村落的理论研究与现代大学教育的结合的学术阵营。中心成员相继开展大量的田野调查,并协助各地民协展开传统村落调研工作,进行学术支持。

2014年6月4日,受住建部委托,由中国民间文艺家协会、中国摄影家协会联合承担的"中国传统村落的立档调查项目"正式启动。这一项目的目的是为了对传统村落进行全面的标准化的调查,盘清家底,以图文结合的方式将村落的各方面原生态的信息记录下来,为国家这一重大的历史文化资源与财富立档。中国民协协调多方面专家于中心召开多次学术会议,共同商讨传统村落保护前沿话题。由于对村落全国性的立档调查属于首次,故前无借鉴,无章可循,没有具体样板可以效法。为此,中心决定制作范本，即时由村落中心牵头组织的专业工作者和摄影家组成的工作小组，奔赴山西晋中地区，选择后沟村和张壁村进行调查，并先后编写《中国传统村落立档调查田野手册》《中国传统村落立档调查范本》《中国传统村落立档调查图典》《20个古村落的家底：中国传统村落档案优选》等书籍，系列书籍的出版既可作为各地调查和登记的样板使用，也可对调查成果进行检查与对照。立档调查项目的启动实为中国传统村落保护工作吹响冲锋号，在城镇化的浪潮中将最为珍贵的传统村落的信息进行抢救和打捞，同时也响应了中央文件精神中对国家急需、重大课题的攻关要求，符合各学科部门的协同创新精神的要求，具有重要的现实意义。

当下传统村落的保护进入到国家政策层面，名录的公布使得大批传统村落得到一定程度的保护，但依然不能回避"名录后时代"所面临的种种问题。冯骥才等一系列民协专家针对这一现象，提出了"传统村落立档调查的重要价值""传统村落保护要防止二次破坏""最好的保护就是合理利用"等一系列观点，其言辞不仅具有时效性，且具有前瞻性，从文化规律本身出发指导着传统村落的保护与发展趋于理性，并积极呼吁出台《传统村落保护法》。其间还发表了系列文章，如《传统村落的困境与出路——兼谈传统村落是另一类文化遗产》《传统村落保护要防止二次破坏》等，先后作了《传统村落保护需要国家作为》（2014）、《关于传统村落开展旅游要以文化遗产保护为前提》（2017）等提案。其中《传统村落保护需要国家作为》提案得到李克强总理的支持，进入传统村落名录的部分村落陆续得到每村300万的国家支持，在完善村落基础设施工作中发挥了重要作用。

二、传统村落保护背景、现状与价值再认知

20世纪80年代以来，经历过改革开放的大潮，中国大地上的城镇建设如火如荼。在这一背景之下，包括传统村落在内的民间文化遗产正面临着急速消逝的局面。对于这一社会转型现象，中国民协不但将传统村落作为重要文化遗产的价值以及保护的意义之所在的理论思考定为工作目标，同时也将如何让传统村落在保护中持续发展，在发展中不断焕发出新的生机和活力作为长久大计的实践探索作为重要工作之一。

（一）社会转型期的文化担忧

冯骥才曾指出："我们这个时代正经历着一个特殊的时代，就是文明转型期。整个人类的历程中，总共有两次大的转型。一次是从渔猎文明向农耕文明的转型。一次是由农耕文明向工业文明的转型。"[2]在第二次的文明转型期，人类开始关注遗产的价值，并积极地开展各类遗产的保护，但这一任务十分艰巨。

1. 城镇化下传统村落的"空心化"现象

在大规模的城镇化进程中，伴随着经济的发展和居民生活水平的提高，也出现了大量的现实问题和社会矛盾，传统村落"空心化"现象便是不容忽略的重点。冯骥才最早引用的一

组数据说明了在城镇化背景下村落消失之急剧。"2000年，中国有370万座村庄。到了2010年，这一数字已下降到260万，这就意味着，每天有大约300座村庄消失。"[3]城镇化愈加速，传统村落与民间文化的消失速度愈快。古村镇的消失，一方面是人口流失导致以建筑为主体的整体上的瓦解，另一方面是村镇内部的历史文化遗存的大量流失。有些村镇虽然表面看风格犹存，但实际上内部遗存残存无多，已成文化的空巢。城镇化的加快最终将指向村落消失和农村的文化空巢。

2019年，"乡关何处·传统村落'空心化'问题及其对策"国际学术研讨会在津召开。会上发布了村落中心近期成果《大汖村志》《大汖村最后十三人》二书，并展出专题展览"大汖村——一个即将消失的村庄"。以山西省阳泉市盂县大汖村为范本的空村化研究，是村落中心近几年来的研究重点。通过展览，中心将展示一个即将消亡的传统村落的历史、信仰、生产、生活、物质遗存，以及13位留守者的生存状态。中国民协作为会议主办方之一，邱运华书记在会上致辞，"多年以来，中国民协长期耕耘和活跃在民间文化遗产抢救一线，在非物质文化遗产的主要载体——村落当中，与乡村、乡土有着深厚的依恋情感。在长期的田野工作中，我们能够深刻地感受村落的凋零，尤其是传统村落的空心化问题的存在。具有悠久历史、文化厚重的村落，经过层层普查筛选进入传统村落名录，然而经历持续的空心和逐渐消失，对民间文化遗产的抢救和保护工作是巨大的威胁"。参会的中国民协等其他专家、顾问，也根据多年来的经验与思考，在会上发表了自己的观点。冯骥才认为，"村落空心化不是对不对、好不好的问题。村落空心化是一种历史现象，也是一种现实，是该如何对待的问题"，并希望此现象可以引起广大专家学者的高度重视。此次会议的召开，引起社会各界强烈的共情、共鸣及反思，会议紧密围绕社会进程中所出现的传统村落"空心化"问题的表征和本质、所产生的原因与要素、对现实生活和精神文化产生的影响等一系列具有现实性、紧迫性和濒危性的问题展开，并注重学术理论研究与当前关于三农问题和城乡社会发展等实际问题的紧密结合，将保护与发展优秀农耕文化遗产，全面建成小康社会、建设社会主义现代化国家的重大历史任务为目标，积极贡献学术思考与智力成果。

面对城镇化背景下农村的文化空巢，冯骥才在《关于建议重要的古村镇抓紧建立小型博物馆的提案》中谈道："小型和多样的博物馆是保护古村镇遗产的重要方式。"[4]同时他进一步强调，"各地的博物馆都要强调自己独有的文化特征，不要搞一般化的千篇一律的村史展览和民俗展览。在文化上，它应是农村新文化建设的根基。是一方水土历史创造的归宿，也是一种地域精神的聚集与弘扬。小型博物馆应是我们面对'文化空巢'现象的积极对策。它最直接的意义是，把那些容易流失却失不再来的历史遗存留在自己的土地上。[5]"如今，村镇小型博物馆已经成为了新农村建设中的一抹亮丽的风景。

2.传统村落的"开发"与"十大雷同"

针对当前社会中存在的不良文化现象，如在村落发展的过程中充斥着大量"以文化搭台，经济唱戏",为追求GDP而过度开发的现象,特别是在一些古村镇之中,为了以文化谋利,许多民间故事、传说等经过粗鄙化的打造,而形成了大量的"伪文化",从而出现了文化遗产产业化的结果,使得文化遗产缺失了完整性和丰富性,更加加速了村落中物质和非物质文化遗产的消失。

针对传统村落中"建设性破坏"、"维修性拆除"和"旅游性破坏"的旅游开发,冯骥才多次在中国民协召开的会议中指出"开发"这一词的不恰当,"开发"对于文化遗产来说太野蛮,联合国用的是"利用",香港和台湾地区用的是"活化"[6]。他强调自己并不反对旅游,但是反对"旅游开发"[7],反对"村落粗鄙的旅游化"。针对传统村落面临新的困境,2016年,由中国民协主办的"何去何从·中国传统村落(保定)国际高峰论坛"在河北大学召开。在会上冯骥才指出,已经建立名录的传统村落正趋向同质化,部分村落出现了"十大雷同",一是旅游为纲,二是"腾笼换鸟",三是开店招商,四是"化妆景点",五是公园化,六是民俗表演,七是农家乐,八是民宿,九是"伪民间故事",十是"红灯笼"。如果失去了千姿百态的文化个性和活力,传统村落的保护将无从谈起,留住乡愁也将落空。[8]对于传统村落中的旅游发展,冯骥才表示喜忧参半、忧大于喜,他指出传统村落不是不能发展旅游,恰恰相反,这一文化遗产非常需要通过旅游产业传播出去,让人们欣赏它、热爱它。但是,传统村落的价值是多种价值的融汇:历史见证的价值、研究的价值、欣赏的价值、怀旧(情感)的价值,还有旅游价值,不能只为了其中一个价值,损害甚至牺牲其他更重要的价值。

2017年,冯骥才在"两会"上提交《传统村落开展旅游要以文化遗产保护为前提的提案》。其中包括"建立国家对传统村落开展旅游的批准机制;申请开展旅游的传统村落,前提是必须按照国家的保护规定与标准制定严格的保护规划和旅游规划,报请国家管理部门核准;申请开展旅游的传统村落,要对村民进行传统村落的重要价值、保护内容与方法的宣传和教育,启发村民的文化自觉;凡开展旅游的传统村落,干部与管理人员必须经过培训。学习和掌握国家相关部门制定的保护规定;监管工作要落实到县一级。县一级要建立对开展旅游的村落日常监管机制。村落一级的工作是做好实地保护。传统村落的管理权不能归属投资方;国家相关部门对开展旅游的传统村落应制定专门针对旅游的管理规定与监督制度"[9]等内容,对于传统村落的旅游和文化遗产保护的关系做出了具体详细的解答和展望。2018年,在中国民族文化旅游暨中国传统村落·黔东南研讨会上,冯骥才指出了"传统村落不是取款机,是压在背上的大石头",然而现状却是"传统村落公布出来,大家想的不是保护,而是传统村落可以赚钱。官员想把政绩放进传统村落,开发商想把利益放进去,老百姓希望传统村落能改善自己的生活。所有的利益诉求不解决,传统村落定了也是白定"。对于传统村落的价值,民协专家认同高度一致,传统村落作为遗产的价值在各种精神、会议、谈话中得到认可。

(二)传统村落内涵与价值再认知

为了更好地进行传统村落的保护,"村落遗

产这个本质还需要重新认识，如果不认识它的本质我们就不知道它的价值，就没有准确地保护它的方法[10]"。对于传统村落的价值认知与否，这不但是中国民协在传统村落保护方面的重要任务，同时也是整个学界对于传统村落价值把握的目标与方向。

冯骥才曾强调，传统村落是指那些历史悠久、遗存雄厚、文化典型的村落。他认为以前的"'古村落'一称是模糊和不确切的，只表达一种'历史久远'的时间性；'传统村落'则明确指出这类村落富有珍贵的历史文化的遗产与传统，有着重要的价值，必须整体保护[11]"。2012年，在冯骥才的提议下，审议并通过将古村落改为传统村落的建议。

在中国民协组织的一次次学术研讨与田野考察中，对于传统村落的价值有了更为深刻的理解，其中"村落文化，深不见底，浩无际涯[12]""村落文化是一种'根性文化'[13]""村落是我们民族最重要的精神文化财富之一，是民族历史和精神情感之根[14]""村落是人类历史上最早的家园[15]""村落里有我们的精神贵族、文化贵族[16]""村落是中华文化的箱底儿，[17]而且已是中华民间文化中的最后箱底[18]""中国文化的多样性在古村落中，中华文化的根深深地扎在村落里，村落是比万里长城更大的文化遗产[19]""村落是我们中华民族最大的文化遗产[20]""村落是民间文化生态的'博物馆'，每一个村落都是一部历史[21]""村落是中华文明接续不断的极为重要的传承载体[22]""我们民族的精神，我们民族的情感，彼此的个性与互相认同、民族认同，我们民族的DNA，都在我们的村落里[23]""村落是我们母体文化最有效的载体，也是我们的最后一个文化堡垒"[24]等学术思想，都是对传统村落价值的"再认知"。在对于传统村落价值的不断概括与总结中，冯骥才提出，传统村落是与现有的两大类——物质与非物质文化遗产大不相同的另一类遗产，从遗产学角度看，传统村落是另一类遗产。它是一种生活生产中的遗产，同时又饱含着传统的生产和生活。[25] 冯骥才对于传统村落的价值评价与认知，不仅提升了大众对于村落内涵的认识，而且对于传统村落保护实践有着重要的指导意义。

三、传统村落的保护理念与方式

（一）传统村落的保护理念

在关于传统村落的保护与发展路径的探索之中，中国民协通过不断总结，积极探索，针对传统村落保护理念提出了一系列的观点与创见。特别是国家传统村落名录陆续公布以来，中国民协发挥自身优势，积极调动组织各基层会员力量，共同探讨传统村落的科学、可持续保护发展理念。虽然在木版年画、剪纸及口头文学方面已经积累了一定经验，但对于传统村落保护这项全新的工作而言，更应该认识到其中充满挑战，且任重道远。

在长期的理论探索中，中国民协始终认为：对于传统村落的保护，首先应该坚持基本原则，也就是底线。"底线"包括四个方面内容："第一个传统村落的原始格局不能变，第二个经典民居和公共建筑不能动，第三个非物质文化遗产的原生性是不能改变的，第四个地域个性的特征不能同质化。"但是在守住底线的同时，"必须变的一定要变，如老百姓的生活设施、硬件等，这些问题就是现代科技给人们带来的恩惠和方便必须要注入我们的村庄，这是防止村庄空巢化的一个重要的方式。"[26]同时，村落保护原则应该是一村一品，绝对不能一刀切。并应遵循两条原则，第一，对物质文化遗产进行原真性保护；第二，对非物质文化遗产进行原生态保护。只有在坚持这些原则基础之上，才能够避免传统村落的发展走向歧路。

针对传统村落的保护，如何建立一整套科学的传统村落保护体系最为关键。冯骥才对此提出了6个方面保护体系的建设，其中包括对传统村落的科学认定、传统村落要有责任保护人、监督是科学保护的重要保证、传统村落保护必须有法可依、首要工作是制定科学的保护规划、启迪老百姓的文化自觉最为关键等[27]。在建立保护体系的过程中，就需要国家作为，包括将传统村落保护列为城镇化重要目标之一，从试点入手，设立专项保护资金等[28]。而对于那些已经列入中国传统村落名录，但保护不力的传统村落，还应该有相应的监管机制和退出机制。

传统村落的保护需要各领域人士的广泛参与。冯骥才特别指出，地方政府对传统村落保护负有最主要的责任，尊重专家和支持专家、利用好专家的专业意见是科学保障[29]。即"政府主导，专家说了算"。他强调传统村落保护的真正主体是原住民，他们才是保护村庄真正的主人，我们要帮助他们树立保护的自觉[30]。老百姓的文化自觉才是最重要的、最根本的。包括村落中的乡贤，尤其受过高等教育的年轻人更应该关注自己的家乡，关注村落价值。

（二）传统村落的保护方式

1.传统村落抢救与立档调查

在中国民协2001年发起中国民间文化遗产抢救工程之时，即提出了"抢救"作为这一巨大的时代性工程的主题，由此拉开了对于民间文化地毯式的普查序幕。民间文化工作者的当代使命就是抢救，抢救比研究更重要，而对于传统村落的抢救就是在与时间赛跑。

传统村落的抢救工作包括了5个方面的内容：普查、登记、分类、整理、出版。对于传统村落的保护，必须进行全面的普查，弄清楚其现存状况。由于村落保护最大的问题是没有村落史，因此在传统村落进入到"名录保护"之后，除去要提供必不可少科学的理念、规划、标准与试验，还有一项工作必不可少，即为国家确定的传统村落建立基础档案。这个工作的内容是：对传统村落进行全面的标准化的调查，盘清家底，以精确的图文结合方式将村落各方面原生态信息记录下来，为国家这一重大的历史文化资源与财富立档[31]。

2014年，冯骥才在"中国传统村落立档调查启动仪式"上的讲话中发表"行动起来，盘点我们文明的家园"一文。他深入阐释了传统村落的立档意义，认为这是一项举国行动，是对中华民族的文明家园的全面盘点与记录。一方面为列入国家的"中国传统村落名录"的传统村落建立档案；一方面去发现尚未列入名录的有重要历史文化价值的村落，向国家相关部门提供信息。要用标准化的手段记录传统村落，不让任何一个错误信息进入档案和数据库[32]。

这一工作的开展包括设立专家委员会，并制定规范科学的《立档调查手册》，建立互通互联的工作网站，编辑出版相关书籍，建立中国传统村落数据库等。对于传统村落保护而言，立档只是保护工作的开始，未来的路还有很长。

2. 传统村落遗产清单

冯骥才建议给所有进入传统村落名录的村落建立遗产清单，将传统村落的保护落在实处，大至庙宇小至桌椅，需要明确位置及责任人。通过清单明确传统村落的价值所在，凡有历史鉴定价值的必须要保留在村落中。并以此作为传统村落的认定依据，也是未来保护和审查的依据。并将遗产清单与村落保护工作的核查体系相关联，若遗产有所损失，其损失程度可与黄牌警告甚至名录退出机制挂钩，避免传统村落因管理不善得而复失。

3. 传统村落保护的方式

面对传统村落的消失以及保护问题的严峻，中国民协以冯骥才为代表的专家学者在大量的田野考察和理论总结的基础上，提出了关于传统村落保护的几种方式。

首先是关于传统村落中古民居保护的露天博物馆方式。冯骥才认为，在加紧对传统村落实施整体保护的同时，也要关注那些有历史文化价值、零散的历史民居的保存。我们既不能失去一只只从历史飞来的美丽的大鸟，也不能丢掉从大鸟身上遗落的每一片珍贵的羽毛[33]。对于散落乡野、零散又珍贵的古民居的保护，重要的就是露天博物馆的保护方式。具体而言：露天博物馆是一种收藏和展示历史民居建筑及其生活方式的博物馆，即把这些零散而无法单独保护的遗存移到异地，集中一起保护，同时还将一些掌握着传统手工的艺人请进来，组成一个活态的"历史空间"。对于民居建筑来说，采用露天博物馆的方式来集中保护，并加以利用，确实是最佳的选择之一。正如晋中王家大院的保护方式一样，综合地采用"就地保护"、"易地保护"和"原址重建"三种方式，建立庄园式的露天博物馆，对于复原其建筑整体，保护古民居有积极效果。

其次就是古村落保护区的方式。他指出古村落保护区是指将一个区域内形态相同、人文相关的一些村落（古村落群）整体地保护起来，有助于村落人文的相互支持以及历史记忆的传承与传统生命力的保持。比如江西的婺源地区、浙江的松阳地区和黔东南的一些苗寨、侗寨等。这些地区通过对一个个"古村落群"集体的人文力量进行自我的凝聚、互补与强化，都取得了显著成效，是古村落保护的成功典范[34]。

最后是因地制宜的灵活方式。地域文化的不同，造就了保护模式的不同。针对不同地域的村落，他提出几种不同的保护形式，如乌镇、同里等景区形式；西塘等维持当地原住民原生态生活的生态区方式；贵州黔东南梭戛地区与挪威学者共建的生态博物馆的方式；丽江的束河镇老区和新区分开的分区保护方式。他指出，这些方式各有优点缺点，但应该比较、思考、研究，每个城镇应该有自己的样式。他希望通过依靠国家和各省高校、研究部门的专家学者，集中力量选择典型传统村落，先从试点入手，使其保护与发展尽快进入实际操作的进程。

结语

对于传统村落的保护，自国家层面至社会各界，都表现出了鲜明的、高度的文化自觉。历届中央领导一系列重要讲话和政府文件，深刻阐述到保护文化遗产与弘扬中华文明优秀传统密不可分的关系，明确强调保护传统村落是中国社会全面发展之必需。对于处于城镇化进程潮流中的中国，习近平总书记提出"要望得见山，看得见水，记得住乡愁"，切中了传统村落最深切的精神意义与存在价值，彰显了力保不失的决心，在社会上引起了强烈和热切的反响。社会转型期内，中国民协对于探究传统村落保护的背景、现状以及价值的认识与分析、传统村落的保护理念以及保护方式等方面正在做积极探讨。在传统村落保护思考与实践的过程中，民协工作者不但为国家层面献计献策，也通过自身影响力唤起了当代知识分子的文化先觉和全民的文化自觉，为助力乡村振兴，延续乡愁，深入发掘和弘扬乡村文明提供现实推动力，显示了国家专业协会的文化和历史担当。

注释

[1] 冯骥才：《为紧急保护古村落再进一言》，《文化诘问》，北京：文化艺术出版社，2013年，第72—74页。

[2] 冯骥才：《古村落是我们最大的文化遗产》，《不能拒绝的神圣使命：冯骥才演讲集（2001—2016）》，郑州：大象出版社，2017年，第124页。

[3] 《中国城镇化中那些消失了的乡村与民俗》，《南方人物周刊》，2014第4期，第13页。

[4] 冯骥才：《关于建议重要的古村镇抓紧建立小型博物馆的提案》，《文化诘问》，北京：文化艺术出版社，2013年，第71页。

[5] 冯骥才：《文化空巢及其对策》，《文化诘问》，北京：文化艺术出版社，2013年，第27页。

[6] 葛江涛：《冯骥才：把古村落保护起来，然后呢？》，《瞭望东方周刊》，2015年第12期。

[7] 冯骥才：《古村落是中华文化的箱底》，《不能拒绝的神圣使命：冯骥才演讲集（2001—2016）》，郑州：大象出版社，2017年，第108页。

[8] 陈建强、刘晓艳：《失去文化个性活力 留住乡愁恐将落空——中国文联副主席冯骥才谈传统村落保护新困境》，《光明日报》，2016年11月25日第9版。

[9] 冯骥才：《关于传统村落开展旅游要以文化遗产保护为前提的提案》，《工作通讯（内部）》，2017年第1期，第2—3页。

[10] 冯骥才著，祝昇慧、孙玉芳摘编，《冯骥才文化保护话语》，青岛：青岛出版社，2017年，第496页。

[11] 冯骥才：《传统村落的困境与出路——兼谈传统村落是另一类文化遗产》，《文化诘问》，北京：文化艺术出版社，2013年，第85页。

[12] 冯骥才：《把书桌搬到田野上》，《羊城晚报》，2012年9月30日第B01版。

[13] 冯骥才：《守护中华民族的"根性文化"》，《设计艺术》，2012年第4期，第6—7页。

[14] 黄维：《冯骥才：守望民间文化 做行动的知识分子》，《人民网》，2006年3月7日。

[15] 冯骥才：《保护我们最早的家园》，《华夏时报》，2012年11月29日。

[16] 《冯骥才接受凤凰专访：古城已完蛋 别再祸害古村》，《凤凰卫视》，2015年3月13日。

[17] 冯骥才：《古村落是中华文化的箱底》，《不能拒绝的神圣使命：冯骥才演讲集（2001—2016）》，郑州：大象出版社，2017年，第106页。

[18] 周凡恺：《旅游开发与文化箱底——冯骥才谈古村落保护》，《天津日报》，2005年11月8日第008版。

[19] 冯骥才：《理清中华文化的根》，《文化诘问》，北京：文化艺术出版社，2013年，第88页。

[20] 冯骥才：《古村落是我们最大的文化遗产》，《不能拒绝的神圣使命：冯骥才演讲集（2001—2016）》，郑州：大象出版社，2017年，第120页。

[21] 冯骥才：《守护中华民族的"根性文化"》，《设计艺术》，2012年第4期，第6—7页。

[22] 张志勇：《冯骥才：留住生活的家园、精神的故园》，《中国艺术报》，2013年7月

[23] 冯骥才：《古村落是我们最大的文化遗产》，《不能拒绝的神圣使命：冯骥才演讲集（2001—2016）》，郑州：大象出版社，2017年，第107页。

[24] 冯骥才著，祝昇慧、孙玉芳摘编，《冯骥才文化保护话语》，青岛：青岛出版社，2017年，第467页。

[25] 冯骥才：《传统村落的困境与出路——兼谈传统村落是另一类文化遗产》，《文化诘问》，北京：文化艺术出版社，2013年，第81页。

[26] 冯骥才：《守住底线，遵循科学，和谐发展，来保护住中华民族的文明家园——在首期中国传统村落保护发展培训班上的讲话》，《工作通讯（内部）》，2016年第4期，第3—10页。

[27] 冯骥才：《必须建立传统村落严格和科学的保护体系》，《中国艺术报》，2014年12月29日第S01版。

[28] 冯骥才：《关于传统村落保护需要国家作为的提案》，《村落遗产（内部）》，2014年第3期，第1页。

[29] 冯骥才：《传统村落的困境与出路——兼谈传统村落是另一类文化遗产》，《文化诘问》，北京：文化艺术出版社，2013年，第78—87页。

[30] 冯骥才：《传统村落保护的真正主体是原住民——与浙江省丽水市松阳县委一行人谈话要点》，《村落遗产（内部）》，2013年第2期，第2—3页。

[31] 冯骥才：《到田野去，盘点我们文明的家园！》，《中国传统村落立档调查田野手册》前言，北京：文化艺术出版社，2014年。

[32] 冯骥才：《行动起来，盘点我们文明的家园》，《不能拒绝的神圣使命：冯骥才演讲集（2001—2016）》，郑州：大象出版社，2017年，第256—260页。

[33] 冯骥才：《传统村落保护的两种新方式》，《人民日报》，2015年6月19日第024版。

[34] 同上。

中国民间文学大系出版工程的编纂思想与新时代人文理念

潘鲁生 邱运华

潘鲁生，1962年生，山东菏泽人，艺术学博士、教授、博士生导师。中国文联副主席、中国民间文艺家协会主席、山东省文联主席、山东工艺美术学院院长。担任国家非物质文化遗产保护工作专家委员会委员、教育部高等学校艺术类专业教学指导委员会委员、"中国民间文化遗产抢救工程"专家委员会委员。代表著作《论中国民间美术》《中国民俗剪纸图集》《山东曹县戏曲纸扎艺术》《中国民间美术工艺学》等。

邱运华，1962年生，祖籍湖南祁阳，毕业于北京师范大学文艺学专业，文学博士。中国民间文艺家协会副主席、分党组书记。

内容提要 "中国民间文学大系出版工程"是新时代后中国民间文学遗产的抢救保护与传承创新工程，以"科学性、广泛性、地域性、代表性"为原则，收集整理民间口头文学作品及理论方面的原创文献，在已有数据库的基础上，编纂出版大型文库，同时开展一系列以中国民间文学为主题的社会宣传活动，促进全社会共同参与民间文学的发掘、传播、保护。"大系工程"把从田野调查中积累和提炼出来的成果和研究中形成的学术思想，作为提升工程质量的新理念新经验，着力构建有中国底蕴、中国特色的思想体系、学术体系和话语体系，通过创新理论思维和学术研究方式对各类别民间文学作品和资料进行全面梳理和盘点，激活田野调查采风累积下来的存量资源。

关键词 中国民间文学大系 编选原则 标准 学术定位

2017年，中共中央办公厅、国务院办公厅印发《关于实施中华优秀传统文化传承发展工程的意见》（以下简称《意见》），中国民间文学大系出版工程（以下简称大系出版工程）作为首批实施的重大工程被列入其中。"大系出版工程"的主要任务是收集整理民间口头文学作品及理论方面的原创文献，在已有数据库的基础上，编纂出版《中国民间文学大系》（以下简称《大系》）大型文库，同时开展一系列以中国民间文学为主题的社会宣传活动，促进全社会共同参与民间文学的发掘、传播、保护。《大系》文库包括神话、传说、歌谣、史诗、故事、长诗、说唱、小戏、谚语、谜语、俗语等民间文学形式以及民间文学理论12个门类，计划出版1000卷，是有史以来记录民间文学数量最多、内容最丰富、种类最齐全、形式最多样、最具活态性的文库，充分展现了民间文艺的田野调查成果和当代研究水平。作为中华优秀传统文化传承发展重大工程，也是进入新时代后中国民间文学遗产的抢救保护与传承创新工程。大系出版工程自正式启动以来，在普查、调查、搜集、整理、编纂工作实践中所推出的新举措、新方法、新探索，是推动中华优秀传统文化创造性转化和创新性发展的生动体现和时代表征。在正确处理民间文学与人民生活、与传统文化、与民族精神的关系，正确处理民间文化与当代人文科学、学术思想的辩证关系等方面，大系出版工程提炼出一套符合新时代中国特色社会主义思想的理论创新成果和实践手段，具有重要学术意义。

一、深刻领会传承发展中华优秀传统文化的重大意义，担负起大系出版工程的重大责任

组织实施大系出版工程是贯彻落实习近平新时代中国特色社会主义思想和党的十九大精神的重要举措。党的十八大以来，以习近平同志为核心的党中央高度重视中华优秀传统文化的传承发展。习近平总书记就传承发展中华优秀传统文化多次发表重要讲话，强调要坚守中华文化立场、传承中华文化基因，展现中华审美风范，为传承发展中华优秀传统文化提供了理论指导和重要遵循。

中国文联、中国民协在组织编纂出版《大系》过程中，始终坚持具有鲜明政治导向，始终坚持新时代中国特色社会主义思想，紧紧围绕实现中华民族伟大复兴中国梦这一重大主题，坚持以人民为中心的工作导向，坚持以社会主义核心价值观为引领，坚持创造性转化、创新性发展，坚定文化自信，增强文化自觉，树立正确的价值观、历史观、文化观、审美观，将社会主义核心价值观贯穿于"大系出版工程"的全过程和各环节，积极思考和探索民间文学的继承与发展等时代命题，坚持交流互鉴、开放包容，关注民间文学新的时代内涵和现代表达形式，以使我们的民间文艺工作更接地气、更有底气、更具生气。

二、把握时代脉搏，坚持正确导向

（一）坚持时代引领，坚定文化自信

文化自信是一个国家、一个民族发展中更根

本、更深沉、更持久的力量。要深入挖掘中华优秀传统文化蕴含的思想观念、人文精神、道德规范，结合时代要求继承创新，让中华文化展现出永久魅力和时代风采。中华文化源远流长，积淀着中华民族最深层的精神追求，代表着中华民族独特的精神标识，为中华民族生生不息、发展壮大提供了丰厚滋养。认准这一精神，就牢牢把握了大系出版工程的正确方向。编纂《大系》是在充分认识传承发展中华优秀传统文化重大意义的基础上，以高度的文化自信和文化自觉，积极传承发展中华优秀传统文化，大力弘扬社会主义核心价值观，为推动建设社会主义文化强国、实现"两个一百年"奋斗目标和中华民族伟大复兴的中国梦贡献力量。

（二）坚持创造性转化、创新性发展的重要方针

坚持"两创"方针，关键是要处理好继承与创新的关系，处理好传统民间文学和当代文化建设的关系，必须结合新的时代条件，传承和弘扬中华优秀传统文化，传承和弘扬中华美学精神。这就要求我们要认识和尊重民间文艺的发展规律和民间文艺工作的基本特点及客观要求，坚持用发展眼光和辩证思维来传承和弘扬传统文化，防止和克服简单粗暴的方式，防止功利化、庸俗化、简单化。传承是根本，民间文学的本质是中华民族性格、精神和文化，因此民间文学的传承就是保证中华民族文化不断流、不绝根；创新是生命，民间文学只有适应新的时代社会条件方可生存发展，因此内容和形式的创新是当下民间文学生存之路。有效处理好传承与创新的辩证关系，是"大系出版工程"的核心理念，贯穿"大系出版工程"的全过程。"大系出版工程"在抓紧抢救整理的同时，充分利用数字化手段来进行保存和传播，在实践过程中突出新的出版理念，创新出版成果形式，既有文本记录经典作品及典范样式，也有图片、音频和视频呈现口头文学遗产传承的鲜活样态，以便于真实快捷地实现优秀民族民间文化的现代传播。

大系出版工程继承和发扬中国民间文学三套集成工作（《中国民间故事集成》《中国歌谣集成》《中国谚语集成》）时期逐渐形成的优良传统和中国民间文化遗产抢救工程的科学精神，按照中国民间文学的学术规范和要求开展工作，把从田野调查中积累和提炼出来的成果和研究中形成的学术思想，作为提升工程质量的新理念新经验，以示范本、示范卷和示范作业促进和带动项目的开展，致力于实现与中国口头文学遗产数字化工程的相互促进、良性发展，编纂出具有优秀传统文化精神和当代人文思想的精彩文本和精致样式。

（三）坚持正确的价值观、历史观、审美观

大系出版工程坚持先进文化的前进方向，坚持社会主义核心价值观，坚守中华文化立场，传承中华文化基因，展现中华审美风范，在搜集整理编纂出版过程中，坚持保护为主、抢救第一、合理利用、加强管理的保护传承文化遗产的方针，向国内外推介更多代表中国水平、具有中国风格、体现中国精神、蕴含中国智慧的优秀民间文学作品，深入阐发中华优秀传统文化精髓，着力构建有中国底蕴、中国特色的思想体系、学术体系和话语体系；以立德树人为根本任务，把中华优秀传统文化全方位融入教育各环节，传递弘

扬中华人文传统和中华美学精神；努力从中华文化资源宝库中提炼题材、获取灵感、汲取养分，滋养文艺创作，把中华优秀传统文化的有益思想、艺术价值与时代特点和要求相结合，运用丰富多样的艺术形式进行当代表达；把中华优秀传统文化内涵更好更多地融入生产生活各方面；综合运用各类媒介和载体，创新表达方式，大力彰显中华文化魅力；挖掘和保护各区域各民族文化资源，提升各区域各民族文化内涵，形成良性文化生态；加强港澳台中华文化普及和交流，增强国家认同、民族认同、文化认同；加强对外文化交流合作，创新人文交流方式，丰富文化交流内容，不断提高文化交流水平。

（四）明确大系出版工程的指导思想、总体目标、基本原则、重点任务

"大系出版工程"坚持以习近平新时代中国特色社会主义思想为指导，以推动民间文学知识普及与对外交流传播、培育社会主义核心价值观为根本任务，以传承中华优秀传统文化、弘扬中华美学精神为核心内容。

1.进一步明确大系出版工程的基本原则，坚持中央统筹与地方落实、社会机构协作相结合，坚持基础建设与创新发展相结合，坚持学术指导与文化实践相结合，坚持活动引领与机制建设相结合，坚持传承普及与传播交流相结合。要重点围绕整理出版1000卷左右的《大系》大型文库，建设中国民间文学大系基础资源数据库，组织编写民间文学经典读物及系列普及读本等中心任务，同时辅之以举办各类别民间文学系列活动，通过讲座论坛、学术研讨、说唱表演讲述以及传习传播等形式，广泛深入地宣传推广优秀民间文学里蕴含的先进思想理念，积极培育社会主义核心价值观。

2.通过示范卷本的优选精选，使编纂原则、入卷标准、文本架构、规范要求等明确化、清晰化，以先行试点省份地区的组织经验、编纂实践、成果质量、保障措施等带动、推动、促进其他试点地区的编纂工作。

3.严格执行《著作权法》及《出版管理条例》有关规定，全面落实意识形态工作主体责任制，明确责任分工，认真分析研判，严格把关，坚持重大选题报备制度，完善"三审三校"制度措施，守住底线，不断提高"大系出版工程"的政治站位和学术引领，以高质量高水平的学术思想指导《大系》文库整理出版，确保"大系出版工程"成果质量及学术含量稳步提升。

4.充分发挥体制优势，充分发挥文联引领作用、民协的基础作用、地方编委会的示范作用、基层单位的普及作用，广泛动员和吸引社会机构、社会力量组织参与，形成合力，多方联动，加强统筹规划，整合各方优质资源，群策群力，推进"大系出版工程"年度项目和后续工作的顺利开展和深入实施。

5.人才是事业的保证，要充分发挥人才优势，实施人才创业、人才兴业战略，在工作实践中重用人才，发现人才，锤炼人才，培养人才，尤其是中青年人才、基层人才的培养是重中之重。要不断加强政治学习和业务培训，多给基层民间文艺工作者和青年学者创造压担子、挑大梁的机会和条件，要不断探索、摸索出一整套的人才培育机制，以使我们的事业后继有人，蒸蒸日上。

6.通过创新理论思维和学术研究方式对各类别民间文学作品和资料进行全面梳理和盘点，激

活民间文艺工作者用智慧心血和辛勤汗水经过田野调查采风累积下来的存量资源。

三、始终坚持深入民间、深入群众、深入生活，坚持高起点、高标准、高质量，不断树立"精品意识"

民间文学与人民群众有着天然的也是深厚的文化血脉关系，它来源于人民、扎根于人民，必须服务于人民。中华文化既是历史的也是当代的，既是民族的也是世界的。只有扎根脚下这块生于斯、长于斯的土地，文艺才能接住地气、增加底气、灌注生气。民间文学浩瀚无比，题材虽小，但其中有人物、有情感、有哲理、有精神、有骨气。

1. 要坚定德在民间、艺在民间、文在民间的信念，充分尊重人民群众的思想观念、风俗习惯、生活方式、情感样式、表达形式，让民间文艺回到"衣袍之地"。新中国成立七十多年来，民间文艺工作的实践与经验，数十亿字民间文艺资料的积累与储备，数十万民间文艺工作者的心血和智慧，既是民间文艺事业发展的宝贵财富，也是"大系出版工程"的基础性资源和传统优势，所以要进一步发扬优良传统，充分尊重各区域各民族的民间文学传统，充分利用各时期前辈民间文艺工作者的创造性劳动及其劳动成果，凝聚共识，精耕细作，不断书写出中国民间文学新的辉煌。

2. 要立足于经典，立足于当今的文化建设，坚定文化自信。要通过专家甄别筛选出符合中华人文精神的民间文学作品，要在国家层面对世界产生深远影响。文化自信要有文化底蕴，如果没有来自民间的鲜活的经典作品作为保障，就会缺乏源头活水。

3. 要立足于汇集社会共识，讴歌真善美，突出人民群众的艺术智慧和创造力；坚守艺术理想，展现民间传统的审美风范，传承和弘扬民族民间口头传统；努力讲好中国故事，传播好中国声音，展示好中国形象。通过开展一系列以中国民间文学为主体内容的社会活动，促进全社会共同参与民间文学的发掘、传播、保护，形成全社会热爱、传承传统优秀民间文学的热潮，推动民间文学知识普及与对外交流传播。

四、坚持新时代文化标准，科学定位《大系》文库体系

《大系》按照神话、史诗、传说、故事、歌谣、长诗、说唱、小戏、谚语、谜语、俗语、理论12个门类，制定详细的编纂体例，并在理论探索和工作实践中统一思想认识，完善体例标准和流程规范。在全面调查和整理的基础上，充分吸收当代民间文学研究的新成果、新理念，按照科学性、广泛性、地域性、代表性的"四性"原则，搜集文本、编选作品。这些由各地区各民族人民群众创造并传承，数以万计的民间艺人演唱、讲述，经由民间文艺工作者采集、记录、搜集、翻译、整理的原创作品和记录文本，其要素齐全，样式完备，体现出了我国民间口头文学的地域文化特色和民族传统风格，其中也真实地记录了中国民间文艺的创业史、发展史。

（一）针对不同读者群体，内容与形式各有侧重

1. 立足于加强中华优秀传统文化相关学科建设，对抢救、保护、传承和发展具有重要文化价值和传承意义的民间文学样式及作品，兼顾广泛性、丰富性、多样性、地域性、民族性、濒危性、独特性、典型性、代表性等特点，以我国各地区、各民族民间文学文本资源存量和现存活态形式为搜集、整理、编纂范围，囊括所有民间文学样式，尤其关注濒危文种以及"孤本""绝本"、独有样式。

2. 普及类读物要求具有丰富性、民族性、典型性、代表性。小学读本内容包括神话、史诗、民间传说、民间故事（含寓言、童话、笑话）、民间歌谣（含儿歌）、谚语、谜语、歇后语当中通俗易懂、含有生活哲理和中华民族健康美德和爱国主义精神、英雄主义思想的内容和形式，以短小精悍、朗朗上口、易学易记为主要特点；中学读本精选神话、史诗、民间传说、民间故事、民间歌谣（含民间长诗节选）、民间说唱、民间小戏当中民族风格鲜明、地域特色浓郁，富有人生哲理、智慧、经验和爱国主义情怀的作品；大学读本精选神话、史诗、民间传说、民间故事、民间歌谣（含民间长诗）、民间说唱、民间小戏当中的全本，以体现民族团结、民族进步、中华民族非凡创造力及对外交往优良传统和体现社会主义核心价值观理念的完整性作品和全景样式，以及富有人生哲理和爱国主义情怀的作品。

3. 对外交流作品，以综合筛选中学版、大学版和专业版中的精品为主，强调民族性、代表性、典型性，精选没有争议和歧义的作品，如中国创世神话、四大传说、机智人物故事等，突出中华民族对人类文明进程奉献出的智慧和经验等方面的内容。

4. 党政干部读本兼取中学读本和大学读本之长；衍生产品系列突出启蒙教育和健康生活特点，从小培养爱国爱家爱自然的思想和意识。

5. 将《大系》实施进程、推出的系列成果、优秀作品、优秀传承人、发掘出的深刻文化意义、对社会良好风尚及社会主义核心价值观思想有实践意义和引领作用的事例、先进人物事迹等进行适度宣传，面向大众开放共享，为推动形成人人传承发展中华优秀传统文化的生动局面，做出中国民间文艺界的应有贡献。

（二）编选原则

1. 科学性原则

第一，忠实记录，要保持口头文本的真实面目，对原始资料可以适当整理，但限于改正错讹或缺漏字词及规范文字，不得将若干作品或其片段综合集成，不得篡改被采录者口述（含讲述、演说、唱，下同）的内容，即对所记的内容要做到忠实，避免移植、改编、删减、拼接、错置和加工润色等不妥当的修改与编辑。

第二，提供口述者的姓名、性别、年龄、民族、职业、学历或教育程度、家庭状况以及其承袭的文化传统等相关信息。对于故事家、歌手及非物质文化遗产传承人，需要书写出他们的个人生活史、故事的来源以及讲述技巧的习得等。

第三，努力还原民间文学的实际状况。除了记录口述了什么，还需要尽可能描述民间文学演述的现场和情境，注重记录民间文学的演述行为、方式和过程。

第四，对民间文学作品涉及的历史、宗教、

信仰、伦理、民俗等需要给予适当的解释，以"页下注"的形式加以呈现。搜集者应在记录文本之外，广泛搜集讲述者、听众、讲述事件发生的前因后果以及相关的仪式、风俗、制度和观念等信息。

第五，少数民族作品译文要求忠实原作，力求真实、准确、科学地表达人民心声，坚决反对臆想、编造和任意增删改换，严禁伪造。少数民族民间文学作品只出汉译本。

第六，所采录作品的流传范围和传播情况。对一些流传广泛的、具有代表性的作品及其异文，应绘制其全国分布图。省级卷本应提供同类作品在该地区流传的图表。

2. 广泛性原则

第一，包括全国各民族、各地区的民间文学，尽可能覆盖到全国所有的村寨。对那些还没有被全面调查的村寨要发掘更多优秀的民间文学作品，充实我国民间文学宝库。

第二，包括所有的民间文学体裁和题材及主要的民间文学活动。

第三，讲述者一般不限定于某一特定文体，多数讲述者往往既演述民间传说，也演述神话、民间故事以及其他民间文学形式，因此，应尽可能广泛搜集讲述者的全部作品。

3. 地域性原则

作品中的方言土语、风土习俗要尽量保留，不易明白的地方用注释解决。所收的作品要尽量标明讲述者、整理者，以及其流传地区、收集时间等。记录文本应尽可能接近当地的口头传统。如果文本中有一些难懂的专用名词、方言语汇，可以通过注释或"方言对照表"加以说明。

4. 代表性原则

第一，入选作品应注意在地区、民族、内容、形式、风格、类型等方面有代表性，能够反映民族风格和当地历史文化特点。

第二，在同一地区、同一母题的异文中，应尽量选择风格独具、特色鲜明、结构完整并在同类文本中具有代表性及普遍流传的作品。

"四性"相互关联，不可分割。科学性是核心，广泛性是基础，地域性是关键，代表性是支撑。凡进入编选范围内的作品，均须按照"四性"原则进行搜集、整理、甄别和选编。

（三）编选标准

在选编标准上，必须坚持正确的政治导向，坚持优秀传统民间文化的标准。

1. 萃取经典、服务当代。《大系》收集全国各省市自治区的优秀民间文学作品，去粗取精，去伪存真，萃取精华，内容健康，结构完整，形式多样。《大系》收录的民间口头文学作品全部来源于田野调查，具有高度的科学性和民间口传传统的特点，并能真实地反映出我国各地的民间文化特色。选择的标准必须是优秀的民间文学，那些与文明进程不相适应的不在之列。

2. 既注重学术分类，又突出地域文化特色和民族风格。《大系》立足各地区域文化特色，力求编纂出具有显著区域特色的主题鲜明的各省别、各族别、各类别民间文学分卷。入选作品必须在地区、民族、内容、形式、风格、类型等方面有代表性，能够反映民族风格和口承传统与特点。

3. 既推动学术研究，又加强宣传普及。要按照学术规范和要求开展工作，始终把理论研究和学术总结放在重要位置。要不断丰富和提升编纂新方法，创新编纂理念，通过示范本和示范卷的实践性探索，促进和带动项目的全面开展，编撰出具有民间文化传统精神和当代人文意识的本真性的民间文学文本。同时，在编撰过程中，利用公共媒体（电视、网络、报刊等）进行广泛宣传，向全社会普及民间文学，唤起对民间文学的关注，传播民间文学所蕴含着的先进价值观念和人文气质。

4.出版工程与数字化工程同时推进。数据库收入丰富的原生态民间文学作品，《大系》则优选精品，出版纸质书籍。将民间口头文学数据库工程并入大系出版工程，并与之相互衔接与支撑。数据库既延伸了大系出版工程的宽度与频率，也为民间文艺的未来发展布局提供了战略平台意义上的强力支点。大数据时代民间文学面貌和格局也将随之发生根本性的易容与改变。我们希望未来在有条件的情况下，将四级民间文艺家协会架构填充海量信息，真正实行民间文艺数字化、网络化并使之成为民间文艺爱好者的掌中宝。

（四）学术定位

《大系》将辐射所有省市自治区、新疆生产建设兵团，包括港澳台地区。《大系》既注重学术传承，强调对前人遗产特别是"三套集成"、中国口头文学遗产抢救工程等的继承，同时又强调充分体现当代主流意识形态和学术进展，是"后集成"时代民间文学田野调查和学术研究成果的体现。《大系》既是在民间文学记录、编辑实践基础上的延展，又是在一个全新的时代背景下提出的重大命题，也承载着全新的时代使命。

相比"三套集成"和"抢救工程"，大系出版工程的组织体系将更加有力，保障措施将更加齐备，规模和体量将更加庞大，视野将更加开阔，题材将更加广泛，体裁将更加多样，要素将更加齐全，结构将更加完整，观念将更加新颖，人才队伍将更加合理，成果将更为卓著，利用程度将更高，社会影响将更大。

第一，大系出版工程是在《意见》的指导思想下，列入中央《意见》的重点工程。这一点赋予其崇高的政治意义。《大系》编撰思想宗旨，要着眼于新时代社会主义文化建设的新要求，着眼于进一步坚定文化自信和文化自觉，着眼于文化传承和创新，赋予民间文学以崭新的时代内涵和现代表达形式。

第二，《大系》的编纂起点在21世纪，立足于21世纪民间文学学术境界，汲取自20世纪80年代以来的民间文学学术研究新进展、新成果，强调"文本""语境""田野现场"与"演述行为"等多元要素结合，遵循民间文学的现代规范和要求，把从田野调查中积累和提炼出的智慧经验和学术思想，运用于编纂具有优秀传统民间文化精神和当代人文情怀的经得起历史检验的科学文本。

第三，大系出版工程涉及民间社会流传下来的神话、史诗、长诗、传说、故事、歌谣、说唱、小戏、谚语、谜语、歇后语、绕口令、民间格言、禁忌语、俗语等口头文学诸形式，以及新时代的口头创作，主要包括新传说、新故事、新歌谣、新说唱以及逐渐形成或产生的新谚语、新歌谣、新的民间小戏等。另外，"五四"时期以来搜集、整理的民间文学成果，特别是近20年来非物质文化遗产普查、保护中民间文学方面的田野收获及理论研究成果，都在编选范围。

五、图书编纂出版定位与形态学思考

《大系》文库图书编纂定位于适合根据当代人的图文视听阅读欣赏习惯和未来研究利用的思考，并根据以往大系类、集成类图书特点及编纂规律与要求，既要符合大型精品集萃的典范思想，又有文献、文化遗产档案、工具图书特点，也有民间文学必读书目与专业研究权威读物的基本要素，还有民间文化百科全书式的规模与体量，尤其是图片、视听原样呈现等配置更有便于传播的新媒体特征和融纸质出版与电子出版于一体的时代特色。《大系》图书基本框架具体设计为：总序、分类别序言、前言、凡例、目录、正文、附录、后记。其中，正文部分包括概述、作品（包括作品名称、少数民族族别、背景语或导读、附记）。前言涉及本省（或本民族）民间文学发展简况，其区域或族群民俗文化传统格局、主要民间文学形式及其分布与流传、社会影响、研究与利用等。凡例是对本卷编纂原则及体例的说明。概述部分主要内容为本类别民间文学的概念、称谓、样式、特点、背景、缘起、传承脉络及传承方式、代表性作品及传承人。作品部分中：①作品的名称（或文本标题）选择原口述文本原初名称，或者用当地的语言和称谓，涉及方言俗语可在当页页下栏标注，尽量避免使用"×××的传说""×××的故事""×××的起源""×××的来历"等缺乏口头文学个性和地域或民族人文特征的笼统概念；②作品族别只标少数民族，汉族不标；③作品名称及少数民族族别下、作品内容前书写背景语或导读，核心要素为作品在区域或族群中的地位、作用和影响，作品的结构、风格、特色及思想、认识、教育、审美价值，如《伊玛堪》在每部作品前有作品概述、主要内容，后有演述者简历、采录过程、研究情况等；④作品附记主要包括田野调查概况、口述文本的甄别与选择、记录与翻译、文本的成书过程。概述和凡例，分类与排序，注释、附记和附录（图片部分前置，给人以先入为主的阅读效果和视觉冲击的吸引力；运用二维码识别技术并将视听作品后置以加深对照品的认知、理解及活态形式表现）等方面的内容也是《大系》体现新时代特色、反映最新学术研究成果不可缺少的重要环节，也是各卷编纂出版中的重点和难点。尤其是方言俗语、民族语言是民间文学地方特征的最突出表现，也是大系编纂理念在注重地域生态环境、重视时代背景、人文语境的重要体现，这些问题的解决程度在某种意义上决定着工程的质量和价值。每一类别编纂体例中根据"意见"精神及大系实施方案和编纂原则确立基本统一的规范和文本结构要求，如各卷如何选编、分类、按何种顺序编排作品以及正文中的注释，方言俗语加注及其格式及语言风格应该如何规范，如何通过对民族语言翻译作品加注来补充文本背后的语境信息，其中也不排除可根据实际情况进行补充调整，这也是开放包容共享的当代人文理念的生动体现。

由于《大系》所收录的各地、各民族民间文学作品下限为1949年以前，它们对当今大部分读者和民间文学爱好者来说，没有共同的和相似的传统文化语境和民俗文化背景及其成长经历与生活体验，必然有阅读障碍方面的问题，尤其是青少年及未来的潜在的阅读消费者群体，更有"恍如隔世"之感。所以，除了准确甄别遴选哪些符合当代文化标准外，还要充分呈现和最大程度地还原作品的形态、状态、情态、景态、事态、语态，深刻揭示其真实内涵，就成为《大系》文本书写的文化价值增长点。如《大系》故事卷附记内容包括故事来源、流传情况，故事讲述者及讲述情况，故事的文化背景，故事研究情况等。附记补充了故事讲述的语境，体现此次编撰的学术理念和编纂特点。附记与正文形成文本互动，它们均有熟悉地方知识、历史掌故、民间文学活态存在，且具有一定学术功底的地方专家撰写而成。在正文故事后面附录有讲述者、采录者、采录时间、采录地点，以及讲述者或采录者个人信息，包括人名用字，出生年月，年龄，出生地、居住地、职业，学历等，都是作品文本的重要构成要素。这些集成式信息，极大地丰富和延伸了民间文学作品的族群语境和文化品格。

附录是编纂理念及学术成果呈现的重要补充，其内容包括方言对照表或民族语言及相关术语对照表，代表性传承人及采录者小传，相关的历史文化、地方民俗情况等内容。附录既有统一的规范，同时又体现地方风格。方言附录表排序故事卷按音序排。民族语言术语对照表按照学术规范，以国际音标注音。如《伊玛堪》卷赫哲语与汉语对照表，先按义类分序，义类之下再按出现的先后顺序来排列。

大系出版工程集中体现了当下民间文学抢救与保护工作的主体意识和顶层设计应有的视野、格局与境界，并融入了新时代编纂思想和学术理念之精华。我们要不断增强"四个意识"，坚持创造性转化和创新性发展的方针，引导人们树立和不断增强中华民族的归属感、认同感、尊严感、荣誉感，充分彰显民间文学的时代价值和永恒魅力，使之与现代文化相协调，与现实生活相通融，与构建人类命运共同体相适应，不断推动我们的民间文学事业渐入佳境，尽善尽美。

编后记

2020 年，是中国民间文艺家协会（1987 年之前名称为"中国民间文艺研究会"）成立 70 周年。作为新中国成立的第一个全国性民间文艺学术团体，自 1950 年成立之初，它就明确而一以贯之地承袭了中国古代文学史开辟的民间文艺采风之路径，承继了"五四"时期知识分子倡导的民间文学运动理念，承传了延安民间文艺大众化的实践精神。在新中国文艺开创的历程中，中国民间文艺家协会对中国民间文艺的搜集、整理、研究、传播起到了极大的推动作用，对构建中国民间文艺学、中国民俗学等学科建设发挥了不可估量的作用。可以说，一部中国民间文艺家协会 70 年的学术史，就是半部新中国民间文艺史。

2019 年七八月，编撰中国民协学术史的初步构想由《民间文化论坛》副主编冯莉博士提出，并通过与王素珍博士、毛巧晖研究员的几次讨论而形成了初步方案。协会分党组书记邱运华同志对该方案给予了积极的肯定。10 月中旬，潘鲁生主席主持召开了中国民协 70 周年纪念活动筹备座谈会。会上，协会部分退休老干部和理事、相关处室负责人对 70 周年纪念活动进行了充分论证，决定出版中国民协 70 年学术史、发展史两本文集。

2019 年 11 月初，学术史采编分成三个小组，分别就口述史访谈、自传文字征集及学术论文的约稿开展工作。经过近一年的调查、访谈、征集和约稿，经过几番编辑整理，文字打磨，图片征集遴选，形成了目前的文本。

作为后来者，整个采编过程既是梳理协会学术发展史的一个机遇，也是我们向前辈学习和礼敬的一次机会，十分令人珍惜。中国民协 70 年的学术发展历程，不仅是一部开疆拓土、筚路蓝缕、跌宕起伏、波澜壮阔的宏大史诗，也是几代学人每个独立的主体在协会各个发展时期的学术记忆总汇。70 年学术史的回望，不仅仅是对一个人民团体学术发展历程和脉络的梳理，更是对众多学人用思考、智慧、身体力行实现学术理想，构建新中国民间文艺理论"共同体"伟大实践的回顾与总结，其中饱含着时代的脉搏、温度及生动鲜活的细节。它是一个个亲历者生命史的重要组成部分，更是未来学术发展薪火相传的宝贵财富。

学术史文本的口述部分，由会内外37位前辈口述史的访谈成果整理结集；自述部分征集了23位由各地的民间文艺家协会的同志撰写的自述回忆录。为了便于读者以时间为序理解协会学术史的脉络，以上两部分我们按照作者的出生时间进行排序。第三部分是对协会不同时期重要学术事件、学术项目进行梳理总结的15篇论文。这部分按照事件或项目发生的时间进行排序。

学术史编撰工作虽然遇上了新冠疫情的干扰，但在协会分党组领导和艺术中心徐岫鹃主任的支持和鼓励下，始终在紧锣密鼓地向前推进。在口述史访谈整理阶段，我们得到了众多高校师生和科研机构学者的支持及参与，在此表示衷心感谢。在整个过程中，我们有幸得到了刘晓路、谢桂华、朱芹勤、王素珍、张志勇、周利利等同志的倾情相助，他们对民间文艺事业的热情和严谨对这本学术史的面世贡献巨大。在此，感谢白鹤同志与老前辈多方联系，使学术史的口述史访谈工作得以顺利推进；感谢杨惠惠、丁红美、李航三位同志自始至终耐心细致的沟通联络工作，使得口述史、自述文字在短时间内汇集形成规模，为后期编辑和出版工作争取了时间。同时，衷心感谢中国文学艺术基金会对中国民协70周年纪念活动经费的支持，为这本学术史顺利出版提供资金保障；衷心感谢学苑出版社名誉社长孟白先生、洪文雄副社长、编辑郭人杰女士，设计师张亚静女士陪伴着学术史从策划到出版呕心沥血整个过程，没有你们的督促、支持和体谅，在疫情肆虐的一年时间里完成出版几乎不太可能。你们对民间文艺事业的热心和工作魄力，令我们深受鼓舞与鞭策！

最后，我们要特别感谢那些年事已高，身处各地，甚至病魔缠身的民间文艺工作的拓荒者和老前辈对学术史的生动回顾。在一年的时间里，他们有的已经过世，有的突然身患重疾，这本学术史的出版更是对他们的怀念和致敬。他们是历史的书写者、见证者，他们将与民间文艺学术的发展历程一同彪炳史册。

编者

2020年10月